Kauf und Restrukturierung von Unternehmen

Handbuch zum Wirtschaftsrecht

Kauf und Restrukturierung von Unternehmen

Handbuch zum Wirtschaftsrecht

Herausgegeben von

Dr. Gerhard Picot
Rechtsanwalt in Köln

Verfaßt von

Dr. Stephan Eilers, LL.M. (Tax), Rechtsanwalt, Köln;
Prof. Dr. Klaus Heubeck, Büro für betriebliche Altersversorgung, Köln;
Heinz Joachim Kummer, Rechtsanwalt, Köln;
Dr. Frank Montag, LL.M., Rechtsanwalt, Brüssel;
Dr. Karsten Müller-Eising, Rechtsanwalt, Köln;
Dr. Gerhard Picot, Rechtsanwalt, Köln

C. H. BECK'SCHE VERLAGSBUCHHANDLUNG
MÜNCHEN 1995

Zitierempfehlung:
Picot/*Verfasser*, Kauf und Restrukturierung von Unternehmen,
Teil G RN 509.

Die Deutsche Bibliothek – CIP-Einheitsaufnahme

Kauf und Restrukturierung von Unternehmen :
Handbuch zum Wirtschaftsrecht / hrsg. von Gerhard
Picot. Verf. von Stephan Eilers ... – München : Beck,
1995
 ISBN 3-406-38716-0
NE: Picot, Gerhard [Hrsg.]; Eilers, Stephan

ISBN 3 406 38716 0

© 1995 C. H. Beck'sche Verlagsbuchhandlung (Oscar Beck), München
Satz und Druck: Appl, Wemding
Gedruckt auf säurefreiem Papier;
hergestellt aus chlorfrei gebleichtem Zellstoff

Vorwort

Angesichts tiefgreifender Umwälzungen und Strukturänderungen in der Wirtschaft befassen sich Wirtschaftsfachleute im In- und Ausland zunehmend mit Themen der Verbesserung der Wirtschaftsstandorte Deutschland und Europa. National und grenzüberschreitend sollen Käufe und Verkäufe von Unternehmen oder Unternehmensteilen sowie Änderungen der Unternehmensstrukturen die Wettbewerbsfähigkeit der Unternehmen sichern und verbessern. Dabei reichen die Restrukturierungsmaßnahmen vom Abbau und von der Verlagerung von Produktions- und Personalkapazitäten bis hin zum sogenannten Reengineering[1], der radikalen Reorganisation der Unternehmens- und Arbeitsorganisation, des Führungsstils und der Mitarbeitermotivation. Insgesamt sollen schlanke, kostensparende und zugleich flexible Produktions-, Vertriebs- und Organisationsstrukturen geschaffen werden, die die kundenorientierte Leistungsqualität und Effizienz der Unternehmen grundlegend verbessern.

Bislang fehlt es an der interdisziplinären Mitwirkung der Rechtswissenschaft und Rechtspraxis bei der Bewältigung dieser Thematik. Insbesondere fehlt es an Beiträgen, die das breit gefächerte wirtschaftsrechtliche Instrumentarium übersichtlich darstellen und interessengerechte Lösungen und Empfehlungen zu den wirtschaftlichen Fragestellungen bieten.

Das vorliegende Handbuch soll diese Lücke schließen. Auf der Grundlage langjähriger wirtschaftsrechtlicher Beratung und Erfahrung soll es zugleich einen fundierten und praxisorientierten Überblick über die komplexen Bereiche des nationalen und internationalen Wirtschaftsrechts geben, die in der Thematik des Kaufes und der Restrukturierung von Unternehmen eng ineinander greifen.

Ausgangspunkt des Handbuches ist in seinem ersten Teil die Darstellung des Vertragsrechtes, das vor allem für den Unternehmenskauf von zentraler Bedeutung ist. Der zweite Abschnitt befaßt sich sodann mit den gesellschaftsrechtlichen Aspekten des Kaufes und der Umstrukturierung von Unternehmen; er kommentiert bereits die Neuregelungen des Gesetzes zur Bereinigung des Umwandlungsrechts (UmwBerG), das seit 01.01.1995 in Kraft ist und die Möglichkeiten für Unternehmen, sich umzustrukturieren, zusammenfaßt, systematisiert und wesentlich erweitert. Es schließen sich zwei arbeitsrechtliche Beiträge an, die zunächst die

---

[1] Hammer/Champy, Business Reengineering – Die Radikalkur für das Unternehmen, 1994

Unternehmensübertragung in der speziellen Form des Betriebsüberganges sowie die kollektiv- und individualrechtlichen Änderungen der betrieblichen Strukturen und Arbeitsbedingungen betrachten und sodann die komplexen Fragen des Betriebsrentenrechtes darstellen, die für die Thematik von besonderer wirtschaftlicher Bedeutung sind. Die beiden folgenden Teile des Handbuches geben einen Überblick über die wichtigen bilanz- und steuerrechtlichen Zusammenhänge sowie über die kartellrechtlichen und insbesondere fusionskontrollrechtlichen Implikationen. Abgerundet wird das Handbuch durch eine Darstellung des Umweltrechtes, das sowohl im Zusammenhang mit Unternehmenskäufen als auch im Hinblick auf die Restrukturierung von Unternehmen zunehmend an Bedeutung gewinnt.

Insgesamt ist dieses Handbuch ein Beleg dafür, daß die wirtschaftlichen Zielsetzungen des Kaufes und der Reorganisation von Unternehmen hohe Anforderungen an die Funktionsfähigkeit des Wirtschaftsrechts stellen und ohne eine interdisziplinäre betriebswirtschaftliche und wirtschaftsrechtliche Behandlung nicht zu verwirklichen sind.

Köln, Januar 1995 *Dr. Gerhard Picot*

Inhaltsübersicht

Abkürzungsverzeichnis IX

Teil A: Vertragsrecht *(Picot)* 1

Teil B: Gesellschaftsrecht *(Picot/Müller-Eising)* 109

Teil C: Arbeitsrecht *(Picot)* 321

Teil D: Betriebsrentenrecht *(Heubeck)* 429

Teil E: Steuerrecht *(Eilers)* 491

Teil F: Kartellrecht *(Montag)* 545

Teil G: Umweltrecht *(Kummer)* 621

Sachverzeichnis 857

Detaillierte Inhaltsverzeichnisse sowie Literaturnachweise befinden sich am Anfang der einzelnen Teile dieses Handbuches.

Abkürzungsverzeichnis

a. A.	anderer Ansicht
AbfG	Abfallbeseitigungsgesetz
ABl	Amtsblatt
ABlEG	Amtsblatt der Europäischen Gemeinschaften
AFG	Arbeitsförderungsgesetz
AG	Aktiengesellschaft; Die Aktiengesellschaft (Zeitschrift)
AktG	Aktiengesetz
Amtl.Slg.	Amtliche Sammlung
AnfG	Anfechtungsgesetz
Anm.	Anmerkung
AO	Abgabenordnung
AöR	Archiv des öffentlichen Rechts (Band, Seite), (Zeitschrift)
ArbG	Arbeitsgericht
ArbPlSchG	Arbeitsplatzschutzgesetz
Art.	Artikel
Aufl.	Auflage
AÜG	Arbeitnehmerüberlassungsgesetz
AZO	Arbeitszeitordnung; Allgemeine Zollordnung
BABl.	Bundesarbeitsblatt
BAG	Bundesarbeitsgericht
BAGE	Entscheidungen des Bundesarbeitsgerichtes
BB	Betriebs-Berater (Zeitschrift)
BetrAVG	Betriebsrentengesetz
BetrVG	Betriebsverfassungsgesetz
BfAI	Bundesstelle für Außenhandelsinformation
BFH	Bundesfinanzhof
BFHE	Entscheidungen des Bundesfinanzhofs (Band, Seite): Amtliche Sammlung
BGB	Bürgerliches Gesetzbuch
BGBl.	Bundesgesetzblatt
BGH	Bundesgerichtshof
BiRiLiG	Bilanzrichtlinien-Gesetz
BKartA	Bundeskartellamt
BPO(St)	Betriebsprüfungsordnung (Steuer)
BStBl.	Bundessteuerblatt
BVerfG	Bundesverfassungsgericht
BVerwG	Bundesverwaltungsgericht
c.i.c.	culpa in contrahendo
DB	Der Betrieb (Zeitschrift)
DStR	Deutsches Steuerrecht (Zeitschrift)
DStZ	Deutsche Steuerzeitung (Zeitschrift)
DStZ/E	Deutsche Steuerzeitung, Ausgabe E (Eildienst)
DVBl.	Deutsches Verwaltungsblatt
DVO (oder: DV)	Durchführungsverordnung

Abkürzungsverzeichnis

E	Entscheidung
EFG	Entscheidungen der Finanzgerichte (Zeitschrift)
EG	Einführungsgesetz; Europäische Gemeinschaft
EinfGRealStG	Einführungsgesetz zu den Realsteuergesetzen
ErbSt.	Erbschaftsteuer
ErbStDV	Erbschaftsteuer-Durchführungsverordnung
ErbStG	Erbschaftsteuergesetz
ESt.	Einkommensteuer
EStDV	Einkommensteuer-Durchführungsverordnung
EStG	Einkommensteuergesetz
EStR	Einkommensteuer-Richtlinien
EStRG	Einkommensteuerreformgesetz
EU	Europäische Union
EuGH	Gerichtshof der Europäischen Gemeinschaften
EuGHE	Entscheidungen des Gerichtshofs der Eropäischen Gemeinschaften
EuR	Europa-Recht (Zeitschrift)
EuZW	Europäische Zeitschrift für Wirtschaftsrecht
EWGV	Vertrag zur Gründung der Europäischen Wirtschaftsgemeinschaft
EWS	Europäisches Wirtschafts- und Steuerrecht (Zeitschrift)
EzA	Enscheidungssammlung zum Arbeitsrecht
FG	Finanzgericht
FGO	Finanzgerichtsordnung
Fn.	Fußnote
FR	Finanz-Rundschau (Zeitschrift)
FS	Festschrift
GBl.	Gesetzblatt
GesO	Gesamtvollstreckungsordnung
GewSt.	Gewerbesteuer
GewStDV	Gewerbesteuer-Durchführungsverordnung
GewStG	Gewerbesteuergesetz
GG	Grundgesetz
GmbHG	GmbH-Gesetz
GoB	Grundsätze ordungsmäßiger Buchführung
GrESt.	Grunderwerbsteuer
GrEStG	Grunderwerbsteuergesetz
GrSt.	Grundsteuer
GrStDV	Grundsteuer-Durchführungsverordnung
GVBl.	Gesetz- und Verordnungsblatt
HdB	Handbuch der Bilanzierung
HdR	Handbuch der Rechnungslegung
HFR	Höchstrichterliche Finanzrechtsprechung, Entscheidungs-Sammlung
HGB	Handelsgesetzbuch
h.M.	herrschende Meinung
HURB	Handwörterbuch unbestimmter Rechtsbegriffe im Bilanzrecht
INF	Die Information über Steuer und Wirtschaft (Zeitschrift)
InsO	Insolvenzordnung
InvBeschFöG	Investitions- und Beschäftigungsförderungsgesetz
IStR	Internationales Steuerrecht (Zeitschrift)

JbFfSt.	Jahrbuch der Fachanwälte für Steuerrecht
JR	Juristische Rundschau (Zeitschrift)
KAGG	Gesetz über Kapitalanlagegesellschaften
KapErhStG	Gesetz über steuerrechtliche Maßnahmen bei Erhöhung des Nennkapitals aus Gesellschaftsmitteln
KapSt.	Kapitalertragsteuer
KG	Kommanditgesellschaft; Kammergericht
KK	Kölner Kommentar zum Aktiengesetz
KSchG	Kündigungsschutzgesetz
KSt.	Körperschaftsteuer
KStDV	Körperschaftsteuer-Durchführungsverordnung
KStG	Körperschaftsteuergesetz
KStR	Körperschaftsteuer-Richtlinien
KTS	Konkurs-, Treuhand- und Schiedsgerichtswesen (Zeitschrift)
KVStDV	Kapitalverkehrsteuer-Durchführungsverordnung
KVStG	Kapitalverkehrsteuergesetz
LAG	Landesarbeitsgericht
LFG	Lohnfortzahlungsgesetz
LG	Landgericht
MDR	Monatsschrift für Deutsches Recht
MitbG	Mitbestimmungsgesetz
MTV	Manteltarifvertrag
MuSchG	Gesetz zum Schutze der erwerbstätigen Mutter (Mutterschutzgesetz)
MwSt.	Mehrwertsteuer
NJW	Neue Juristische Wochenschrift (Zeitschrift)
NSt.	Neues Steuerrecht (Zeitschrift)
NWB	Neue Wirtschafts-Briefe
NZA	Neue Zeitschrift für Arbeitsrecht
OFD	Oberfinanzdirektion
OFH	Oberster Finanzgerichtshof
OLGE	Sammlung der Rechtsprechung der Oberlandesgerichte
OVGE	Sammlung der Entscheidungen der Oberverwaltungsgerichte
PersVG	Personalvertretungsgesetz
PSVaG	Pensions-Sicherungs-Verein
RAP	Rechnungsabgrenzungsposten
RdA	Recht der Arbeit (Zeitschrift)
Rdnr. oder Rn.	Randnummer
RegBl.	Regierungsblatt
RegE	Regierungsentwurf
RGZ	Reichsgericht, Entscheidungen in Zivilsachen
RIW	Recht der Internationalen Wirtschaft (Zeitschrift)
RsprGH	Sammlung der Rechtsprechung des Gerichtshofes der Europäischen Gemeinschaften
SAE	Sammlung arbeitsrechtlicher Entscheidungen
SchwbG	Schwerbehindertengesetz

SozplKonKG	Gesetz über den Sozialplan im Konkurs- und Vergleichsverfahren
StuW	Steuer und Wirtschaft (Zeitschrift)
SubvG	Subventionsgesetz
TreuhG	Treuhandgesetz
TVG	Tarifvertragsgesetz
UmwStG	Umwandlungs-Steuergesetz
VermG	Vermögensgesetz
vGA	verdeckte Gewinnausschüttung
VO	Verordnung
VwGO	Verwaltungsgerichtsordnung
z. B.	zum Beispiel
ZfA	Zeitschrift für Arbeitsrecht
ZGR	Zeitschrift für Unternehmens- und Gesellschaftsrecht
ZHR	Zeitschrift für das gesamte Handelsrecht und Wirtschaftsrecht
ZIP	Zeitschrift für Wirtschaftsrecht
ZKW	Zeitschrift für das gesamte Kreditwesen
ZTR	Zeitschrift für Tarifpolitik

TEIL A: Vertragsrecht

RN

I. Allgemeines zum Unternehmenskauf und zur Restrukturierung von
   Unternehmen 1

II. Die Bedeutung des Vertragsrechts für den Unternehmenskauf und die
    Restrukturierung von Unternehmen 2

III. Begriff und Arten des Unternehmenskaufs 3
   1. Begriff des Unternehmenskaufs 3
   2. Ablauf des Unternehmenskaufs 5
   3. Arten des Unternehmenskaufs 11
      a) Kauf einzelner Wirtschaftsgüter 13
      b) Kauf einer Gesellschaft oder Beteiligung an einer Gesellschaft. 14

IV. Vorvertragliches Verhandlungsstadium 17
   1. Geheimhaltungsvereinbarungen 19
   2. Verhandlungsprotokolle/Punktation 23
   3. Letter of Intent 24
   4. Option 26
   5. Vorvertrag 27
   6. Due Diligence / Checkliste 29

V. Vertragsgestaltung 32
   1. Vertragsgegenstand 33
      a) Vertragsgegenstand beim Kauf einzelner Wirtschaftsgüter 33
         aa) Bestimmtheit der einzelnen Wirtschaftsgüter 34
         bb) Kaufpreis 43
         cc) Übergangszeitpunkt 51
         dd) Übertragung von Forderungen und Rechtsverhältnissen,
             insbesondere Arbeitsverhältnissen 53
      b) Vertragsgegenstand beim Kauf einer Gesellschaft oder Beteiligung
         an einer Gesellschaft 54
         aa) Kapitalgesellschaft 54
         bb) Personengesellschaft 59
   2. Gewährleistungsrecht- und Haftungsrecht 62
      a) beim Kauf einzelner Wirtschaftsgüter 68
         aa) Fehler des Unternehmens 68
         bb) Zusicherungsfähige Eigenschaften des Unternehmens 71
         cc) Haftung aus Verschulden bei Vertragsschluß (c.i.c.) 75
         dd) Verjährung 83
         ee) Garantien 85
         ff) Berater- und Dritthaftung 96
      b) beim Unternehmenskauf durch Anteilserwerb 99
   3. Haftung für Altverbindlichkeiten 102
      a) beim Kauf einzelner Wirtschaftsgüter 105
         aa) Firmenfortführung § 25 HGB 105
         bb) Vermögensübernahme § 419 BGB 112
         cc) Verjährung und zeitliche Begrenzung der Haftung §§ 159, 160
             HGB 118

Picot

A. Vertragsrecht

dd) Betriebsübergang § 613 a BGB 125
ee) Betriebssteuern § 75 AO 127
b) beim Kauf von Personengesellschaften oder Beteiligungen 133
   aa) Haftung bei Übernahme einer Kommanditbeteiligung 133
   bb) Haftung bei Komplementär-Wechsel 137
c) beim Kauf von Kapitalgesellschaften oder Beteiligungen, insbesondere GmbH-Anteilen 141
4. Wettbewerbsverbote 145
   a) Vereinbarkeit mit § 138 I BGB 146
   b) Vereinbarkeit mit § 1 GWB 150
   c) Vereinbarkeit mit dem europäischen Kartellrecht 154
5. Form des Vertrages 160
   a) beim Kauf einzelner Wirtschaftsgüter 161
   b) beim Kauf einer Kapitalgesellschaft oder Beteiligung 163
   c) beim Kauf einer Personengesellschaft oder Beteiligung 167
6. Verfügungsbeschränkungen, Zustimmungs- und Genehmigungserfordernisse 168
   a) Gesellschaftsrechtliche Beschränkungen 169
      aa) Zustimmungserfordernisse beim Erwerb einer Kapitalgesellschaft 169
      bb) Zustimmungserfordernisse beim Erwerb einer Personengesellschaft oder Beteiligung 174
   b) öffentlich-rechtliche Beschränkungen 179
   c) familien- und vormundschaftsrechtliche Beschränkungen 180
   d) erbrechtliche Beschränkungen 184
7. Besonderheiten des Gesellschaftsrechts, des Arbeitsrechts, des Kartellrechts und der Fusionskontrolle, des Steuer- und Bilanzrechts sowie des Umweltrechts 185

VI. Abschluß und Durchführung des Unternehmenskaufvertrages 186
1. Closing 187
2. Anmeldung des Erwerbs einer Kapitalgesellschaft oder Beteiligung (§ 16 GmbHG) 190

VII. Rückabwicklung von Unternehmensübertragungen 191

VIII. Besonderheiten des Management Buy-Out und des Leveraged Buy-Out 195
1. Allgemeine Probleme des MBO/LBO 196
2. Rechtsfragen eines MBO/LBO bei einem Übernahmeunternehmen in der Rechtsform einer GmbH/AG 198
3. Steuerfragen bei der herkömmlichen Gestaltung eines MBO/LBO bei einem Übernahmeunternehmen in der Rechtsform einer GmbH 199

IX. Unternehmensfortführung und Unternehmenskauf in der Krise und im Konkurs 200

X. Finanzierung des Unternehmenskaufs 204
1. Die Eigenkapitalbeschaffung der Aktiengesellschaft als Instrument der Außenfinanzierung 206
   a) Kapitalbeschaffung durch die Ausgabe neuer Aktien 207
   b) Kapitalbeschaffung durch die Ausgabe von Wandelschuldverschreibungen und Optionsanleihen 210
2. Die Eigenkapitalbeschaffung nicht emissionsfähiger Unternehmen ... 213
3. Sonstige Kapitalbeschaffungsmaßnahmen im Wege der Außenfinanzierung 218

Picot

A. Vertragsrecht 3

XI. Besonderheiten des Unternehmenskaufes in den neuen Bundesländern . 225
  1. Der Unternehmenskauf von der Treuhandanstalt 225
  2. Ansprüche enteigneter Eigentümer 228
  3. Besondere Käuferpflichten 230

XII. Besonderheiten des Unternehmenskaufes in Osteuropa 236
  1. Rußland 237
    a) Allgemeines 237
    b) Gesellschaftsformen 238
    c) Registrierungsverfahren 241
    d) Sondervorschriften für ausländische Investoren 248
    e) Kartellbestimmungen 251
    f) Teilnahme an der Privatisierung 252
    g) Devisenrecht 253
  2. Polen 254
    a) Allgemeines 254
    b) Gesellschaftsformen 255
    c) Investoren 256
    d) Ausländische Beteiligungen 257
    e) Verfahren der Gründung einer polnischen Gesellschaft
       bzw. des Erwerbs einer Beteiligung 259
    f) Form des Gesellschaftsvertrages bzw. der Satzung 263
    g) Registrierung im Handelsregister 264
    h) Registrierung im REGON-System 265
    i) Staatliche Pensionskassen 266
    j) Devisenrecht 267
    k) Erwerb von Grund und Boden 268
  3. Ungarn 269
    a) Allgemeines 269
    b) Gesellschaftsformen und Investoren 270
    c) Sonderregelungen für ausländische Beteiligungen an
       Wirtschaftsgesellschaften 272
    d) Verfahren bei der Gründung einer Gesellschaft mit beschränkter
       Haftung bzw. Aktiengesellschaft 273
    e) Devisenrecht 278
    f) Erwerb von Grund und Boden 279
  4. Tschechische Republik 280
    a) Allgemeines 280
    b) Vorschriften des HGB betreffend den Unternehmenskauf 281
    c) Investoren und Gesellschaftsformen 282
    d) Ausländische Beteiligung 283
    e) Verfahren bei der Gründung einer Gesellschaft mit beschränkter
       Haftung bzw. Aktiengesellschaft 284
    f) Devisenrecht 289
    g) Erwerb von Grund und Boden 291

Literatur

Ballerstedt, Rezension zu Raiser „Unternehmen als Organisation", ZHR 134 (1970), 251; *Baumbach/Hefermehl*, Wettbewerbsrecht-Kommentar, 15. Aufl. 1988; *Baumbach/Duden/Hopt*, HGB-Kommentar, 28. Aufl. 1989; *Beisel/Klumpp*, Der Unternehmenskauf, 2. Aufl., 1991; *Binz/Götz*, Die Bilanzgarantie im Unternehmenskaufvertrag, DStR 1991, 1629; *Blumers/Schmidt*, Leveraged-Buy-Out/Management-Buy-Out und Buchwertaufstockung-Gestaltungsalternativen für die Praxis, DB 1991, 609; *Brandes*, Die Rechtsprechung des Bundesgerichtshofes zur Personengesellschaft, WM 1994, 569; *Buchwaldt*, Bilanz und Beteiligungserwerb, NJW 1994, 153; *Christians* (Hrsg.), Finanzierungshandbuch, 1980; *Davies*, Draft Reprivatisation Laws in Poland, International Business Lawyer 1993, 438; *Depping*, Geschäftsführervertrag als Unternehmensmangel?, DStR 1994, 1197; *Erman*, BGB-Handkommentar, 9. Auflage 1993; *Georgiades*, Optionsvertrag und Optionsrecht, in: Festschrift für Larenz, 1973, S. 409; *Geßler*, AktG 1984 ff.; *Großkommentar-HGB*; *Groß*, Sanierung durch Fortführungsgesellschaften, 2. Aufl., 1988; Günther, Unternehmenskauf, in: Münchener Vertragshandbuch Bd. 2, IV, 2. Aufl., 1987; *Hachenburg*, GmbHG-Kommentar, 8. Aufl. 1991 ff.; *Harnischfeger/Ksoll*, Rechtliche Rahmenbedingungen für Gemeinschafts-Unternehmen in der UDSSR, Ungarn, Polen, Jugoslawien und der CSFR, DB 1991, 637; *Heinrich*, Firmenwahrheit und Firmenbeständigkeit, 1982; *Helbling*, Unternehmensbewertung und Steuern, 5. Aufl., 1989; *Heymann*, GmbHG-Kommentar 1989; *Hiddemann*, Leistungsstörungen beim Unternehmenskauf aus der Sicht der Rechtsprechung, ZGR 1982, 435; *Hölters* (Hrsg.), Handbuch des Unternehmens- und Beteiligungskaufs, 3. Aufl., 1992; *Holzapfel/Pöllath*, Recht und Praxis des Unternehmenskaufs, 7. Aufl., 1994; *Hommelhoff*, Zur Abgrenzung von Unternehmenskauf und Anteilserwerb, ZGR 1982, 366; derselbe, Der Unternehmenskauf als Gegenstand der Rechtsgestaltung, ZHR 150 (1986), 254; *Immenga/Mestmacker*, GWB-Kommentar, 2. Aufl. 1992; *Jung*, Praxis des Unternehmenskaufs, 2. Aufl., 1993; *Knobbe-Keuk*, Unternehmens- und Bilanzsteuerrecht, 9. Aufl. 1993; *Kuhn-Uhlenbruck*, Konkursordnung, 10. Aufl. 1986; *Kurth*, Zur Kompetenz von Schiedsrichtern und Schiedsgutachtern, NJW 1990, 2038; *Lutter*, Der Letter of Intent, 1982; *Marinov*, Foreign Investment Law of Bulgaria, International Business Lawyer, 1994, 177; *Michel*, Die Freistellung von der Altlastenhaftung gem. Art. 1 § 4 Abs. 3 URG als Instrument des Risikomanagements beim Grundstückerwerb in den neuen deutschen Bundesländern, BauR 1991, 265; *Mösbauer*, Die Haftung des Erwerbers eines Unternehmens für Betriebssteuern, BB 1983, 587; derselbe, Die Steuerhaftung bei Unternehmensveräußerung, BB 1990, Beilage 3 zu Heft 4; *Müller*, Umsätze und Erträge – Eigenschaften der Kaufsache?, ZHR 147 (1983), 501; *Münchener Kommentar*, BGB, 2. Auflage, 1988; *Münchener Vertragshandbuch*, Bd. 1, 3. Aufl. 1992; Bd. 2, 2. Aufl. 1987; *Oehler*, Checkliste für Beteiligungen und Geschäftsübernahme,1976; *Palandt*, Bürgerliches Gesetzbuch, 53. Auflage 1994; *Petzoldt*, Beurkundungszwang im Gesellschaftsrecht wegen § 313 BGB, BB 1975, 905; derselbe, Beurkundungspflicht bei Übertragung von GmbH-Anteilen bei gesellschaftsrechtlichen Vorgängen, GmbHR 1976, 81; *Pfeffer*, Die Gründung und der Erwerb von Gesellschaftsbeteiligungen in Polen, EWS 1992, 121; *Pflug (Hrsg.)*, Checkliste Umweltschutz, Fragenkatalog zur Erkennung von Schwachstellen im betrieblichen Umweltschutz, 1992; *Picot*, Der Unternehmenskauf, in: Messerschmidt, Deutsche Rechtspraxis, 1991, S. 486; derselbe, Mehrheitsrechte und Minderheitsschutz in der Personengesellschaft, BB 1993, 13; derselbe, Mergers and Acquisitions in East Germany, International Business Lawyer, 1991, 296; derselbe, Investitionshemmnisse beim Kauf ehemaliger DDR-Unternehmen, Betriebswirtschaftliche Forschung und Praxis, 1991, 23; *Priester*, EWiR, § 16 GmbHG 1/90, 1209; *Quack*, Der Unternehmenskauf und seine

A. Vertragsrecht

Probleme, ZGR 1982, 350; *Rädler/Pöllath*, Handbuch der Unternehmensakquisition, 1982; *Redo*, Ownership Transformations in Poland: Implications for Foreign Investors, Business Lawyer 1994, 307; *Reichhold*, Das neue Nachhaftungsbegrenzungsgesetz, NJW 1994, S. 1617; *Reichling/Reß*, § 128: Erstattung des Arbeitslosengeldes durch den Arbeitgeber, 1993; *Rowedder*, GmbHG-Kommentar, 2. Auflage 1990; *Scheifele/Thaeter*, Unternehmenskauf, Joint Venture und Firmengründung in der Tschechischen Republik; *Scheifele*, Praktische Erfahrungen beim Unternehmenserwerb in der CSFR, DB 1992, 669; *Schmidt*, „Unternehmen" und „Abhängigkeit": Begriffseinheit und Begriffsvielfalt im Kartell- und Konzernrecht, ZGR 1980, 277; *derselbe*, Unternehmenskontinuiät und Erwerberhaftung nach § 25 I HGB, ZGR 1992, 621; *derselbe*, Vertragliche Wettbewerbsverbote im deutschen Kartellrecht, ZHR 149 (1985), Bd. 1; *Scholz*, GmbHG-Kommentar, Bd. 1, 8. Auflage 1992; *Seibel*, Wirtschaftshandbuch Ost, Ungarn; *Sigle/Maurer*, Umfang des Formzwangs beim Unternehmenskauf, NJW 1984, 2657; *Soergel*, BGB-Kommentar, 12. Auflage, 1988 ff.; *Staudinger*, BGB-Kommentar, 12.Auflage 1978 ff.; *Streck*, Probleme beim Kauf steuerkontaminierter Unternehmen, BB 1992, 1539; *Suechting*, Finanzmanagement, 5. Aufl. 1989; *Uechtritz*, Sicherer Erwerb restitutionsbelasteter Grundstücke und Unternehmen trotz angefochtener Investitionsvorrangentscheidung, BB 1992, 581; *Uhlenbruck*, Die GmbH & Co. KG in Krise, Konkurs und Vergleich, 2. Aufl. 1988; *Ulmer*, Wettbewerbsverbote bei Unternehmensveräußerungsverträgen, NJW 1979, 1586; *Ulmer/Wiesner*, Die Haftung ausgeschiedener Gesellschafter aus Dauerschuldverhältnissen, ZHR 144 (1980), 393; *v.Gramm*, Neuere Rechtsprechung zum Kartellverbot und zur Abgrenzung der zu einen gemeinsamen Zweck geschlossenen Verträge, NJW 1984, 1245; *Wessing*, Vertragsklauseln beim Unternehmenskauf, ZGR 1982, 455; *Wiesner*, Beurkundungspflicht und Heilungswirkung bei Gründung von Personengesellschaften und Unternehmensveräußerungen, NJW 1984, 95; *Wirth*, Vinkulierte Namensaktien: Ermessen des Vorstands bei der Zustimmung zur Übertragung, DB 1992, 617.

I. Allgemeines zum Unternehmenskauf und zur Restrukturierung von Unternehmen

1   Die Zahl von – zum Teil grenzüberschreitenden – Unternehmenskäufen mit deutscher Beteiligung ist in den vergangenen Jahren stetig gestiegen.[1] International als „**Mergers & Acquisitions**"oder kurz „**M & A**" bezeichnet, sind sie auf Finanzanlagen einerseits und unternehmerische Beteiligungen andererseits gerichtet. Dabei zeigt sich, daß Unternehmenskäufe, insbesondere auch im transnationalen Bereich zunehmend mit der Zielrichtung vorgenommen werden, durch gleichzeitige Restrukturierungen, teilweise unter Verlagerung oder Reduzierung anderweitiger Produktions- und Personalkapazitäten, die Wettbewerbsfähigkeit und Marktpräsenz zu verbessern sowie Synergieeffekte und andere wirtschaftliche Vorteile sowohl für das veräußerte Unternehmen wie auch für den Unternehmensverbund des Erwerbers zu erzielen. Weitere Motive neben unternehmerischen Verbund- und Ergänzungseffekten sind vor allem Abrundungs- und Diversifikationsvorstellungen, wie z.B. der Erwerb zusätzlichen Know-Hows und neuer Technologien sowie die Erreichung von Markt-, Kapazitäts- und Produkt-Erweiterungen. Bei **Management-Buy-Out-** und **Management-Buy-In**-Modellen ist es auf Seiten der Käufer vornehmlich der Wunsch der Manager nach Selbständigkeit und unternehmerischer (Gestaltungs-) Freiheit, indem sie Unternehmen, in denen sie beschäftigt sind (MBO), oder fremde Unternehmen (MBI) kaufen, sowie auf der Verkäuferseite häufig das Streben nach einer Lösung etwaiger Nachfolge- oder Managementprobleme. Oftmals liegt es dabei im Interesse des Veräußerers, Reorganisationen bereits vor dem Unternehmensverkauf durchzuführen, um die Verkaufsfähigkeit des zu veräußernden Unternehmens oder Unternehmensteils zu verbessern.

Zu den gestiegenen Zahlen von Unternehmenskäufen und Restrukturierungen haben vor allem die weltweit grundlegenden technischen, gesellschaftlichen, wirtschaftlichen und politischen Änderungen beigetragen; ferner auch die Einführung des EG-Binnenmarktes, die Privatisierung ostdeutscher Betriebe, die Öffnung des osteuropäischen Marktes sowie die Entwicklung neuer, wirtschaftlich interessanter Formen des Unternehmenserwerbs sowie der Unternehmensstrukturen. All dies kann jedoch nicht darüber hinwegtäuschen, daß nicht zuletzt das deutsche Unternehmensrecht, wie zum Beispiel das erst jetzt neu gestaltete Umwandlungsrecht,[2] dazu geführt hat, daß in der Vergangenheit Trans-

---

[1] Quelle: M & A Review Database: von 1.350 im Jahre 1985 auf 2.895 im Jahre 1991.
[2] Siehe dazu nachfolgend Teil B.

aktionen und Strukturänderungen von Unternehmen eher eine Domäne ausländischer, insbesondere amerikanischer Unternehmen gewesen sind.

II. Die Bedeutung des Vertragsrechts für den Unternehmenskauf und die Restrukturierung von Unternehmen

Die Vielfalt von Restrukturierungs- und Reorganisationsmaßnahmen macht es dem Gesetzgeber und der Rechtsprechung unmöglich, bereits im allgemeinen Vertragsrecht selbständige Rechtskonzepte oder gar Rechtsinstitute für die Umsetzung derartiger Maßnahmen zur Verfügung zu stellen. Erst in den besonderen Rechtsbereichen des Gesellschaftsrechts, des Arbeitsrechts, des Steuerrechts, des Kartellrechts und des Umweltrechts finden sich Regelungen, die insoweit einer typisierenden Ordnung und Betrachtung zugänglich sind. 2

Im Gegensatz dazu bietet das Vertragsrecht für den Bereich des Unternehmenskaufs, und zwar vom Beginn der Vorverhandlungen bis hin zur Abwicklung der Unternehmensübertragungen, konkrete Prinzipien und Bestimmungen, die in den genannten besonderen Rechtsbereichen ihre Ergänzung und Abrundung finden.

III. Begriff und Arten des Unternehmenskaufs

1. Begriff des Unternehmenskaufs

Der Begriff des Unternehmens[3] ist im deutschen Recht nicht definiert. Die Versuche einer treffenden **Definition** sind zahlreich: Vom Bundesgerichtshof[4] als ein Gebilde bezeichnet, das sich institutionell und funktionell als Unternehmen im hergebrachten Sinne darstellt, in der Betriebswirtschaftslehre als ökonomische Einheit der Gesamtwirtschaft verstanden, die von einem Unternehmen auf eigene Rechnung und Gefahr zum Zwecke des Erwerbs betrieben wird,[5] ist ein Unternehmen jedenfalls weder eine Sache noch ein Recht im Sinne des deutschen Zivilrechts. Ein Unternehmen ist vielmehr eine **Gesamtheit von Sachen und Rechten, tatsächlichen Beziehungen und Erfahrungen sowie unternehmerischen Handlungen**.[6] Dabei ist nicht zu übersehen, daß auch diese Definition Begriffe enthält, die ihrerseits näherer Bestimmung bedürfen. Merkmale wie Vertragspositionen, Marktanteile, Ressourcen, Geschäftschancen, 3

---

[3] Siehe dazu auch die zusammenfassende Darstellung von Picot, Der Unternehmenskauf, in: Messerschmidt, Deutsche Rechtspraxis, S. 486 ff.
[4] BGHZ 74, 359, 364,; BGHZ 69, 334, 336.
[5] Handwörterbuch der Betriebswirtschaft I/1, S. 551.
[6] Beisel/Klumpp, RN 13 unter Hinweis auf Ballerstedt, ZHR 134 (1970), 251, 260.

Arbeitsverträge und „ähnliches mehr"[7] geben zwar Hinweise bezüglich der Ausfüllung dieser Begriffe; allerdings können sie nicht darüber hinwegtäuschen, daß eine umfassende Definition des Unternehmens und damit des Unternehmenskaufs nicht möglich ist.[8]

4   Rechtsfähig ist nur der **Rechtsträger**, der das Unternehmen betreibt. Dabei kann es sich um natürliche und juristische Personen oder auch um eine Personen- oder Handelsgesellschaft handeln.[9]

2. Ablauf des Unternehmenskaufs

5   Der Ablauf eines Unternehmenskaufs unterliegt keinen festen Regeln. Er ist ebenso vielfältig, wie die zu erwerbenden Unternehmen bzw. Unternehmensteile, die sich bei ihnen ergebenden wirtschaftlichen Fragestellungen und die weitgehend widerstreitenden Verkäufer- und Käuferinteressen.

6   Der Eintritt der Parteien in Vertragsverhandlungen setzt auf Seiten des Käufers eine wirtschaftliche Bereitschaft oder Notwendigkeit zur Akquisition voraus. Er muß sich zunächst anhand allgemein verfügbarer Informationen einen Eindruck von der Marktsituation des Zielunternehmens, gegebenenfalls auch von dessen Unternehmensgeschichte verschaffen; insoweit kann auch ein Informationsdienst, wie zum Beispiel der M & A Review sowie der Recherchendienst der Frankfurter Allgemeinen Zeitung hilfreich sein. Vergleichsweise einfach wird dies sein, solange der Erwerber im gleichen Markt wie das Zielunternehmen oder auf vor- oder nachgelagerten Marktstufen tätig ist. Daneben empfiehlt sich die frühzeitige Hinzuziehung externer **M & A – Berater**, z. B. Unternehmensmakler, unabhängige oder in Bankenbesitz befindlichen Beratungsfirmen, Investmentbanken, Wirtschaftsprüfungsgesellschaften und wirtschaftsberatende Anwaltskanzleien.[10] Anhand der erlangten Informationen kann sich der Kaufinteressent erste Vorstellungen über die Vertragsbedingungen, insbesondere den Kaufpreis bilden. Der Inhaber des Zielunternehmens hat umgekehrt die Konditionen festzulegen, unter denen er zur Veräußerung bereit ist.

7   Falls erforderlich wird der Unternehmensinhaber bereits vor den ersten Vertragsverhandlungen das Unternehmen bzw. den betreffenden Unternehmensteil so strukturieren, daß eine Übertragung möglich ist. Sinn dieser **Vorbereitung der Unternehmensveräußerung** kann es sein, die Erscheinungsform des Unternehmens, die Rechtsform, die Organisation, die Beziehungen zur Außenwelt und die das Unternehmen sonst

---

[7] Vgl. Holzapfel/Pöllath, RN 130.
[8] Schmidt, ZGR 1980, 277, 280; Quack ZGR 1982, 350, 351; Hölters, Teil I, RN 2; Wessing, ZGR 1982, 455, 460 ff.
[9] Hölters/Semler, Teil VI, RN 2; Beisel/Klumpp, RN 18.
[10] Dazu ausführlich Hölters, Teil I, RN 30 ff.

prägenden Merkmale zu ändern und den tatsächlichen Entwicklungen anzupassen, um das Unternehmen zu einer überschaubaren und in sich geschlossenen Einheit zu machen. Beispiele für solch vorbereitende Maßnahmen sind organisatorische Trennungen bei Unternehmen mit mehreren Geschäftsgegenständen oder Betrieben, insbesondere die Spaltung oder Realteilung, sowie die Abgrenzung des Privatbereichs.[11]

Der Erwerber besitzt ein nachhaltiges Interesse daran, die Angemessenheit seiner (Preis-)Vorstellungen durch eine **Untersuchung des Zielunternehmens**, eine sogenannte **Due Diligence**, zu überprüfen.[12] Umgekehrt besteht auf Seiten des Veräußerers häufig die Befürchtung, daß der potentielle Erwerber erlangte Informationen im Falle eines – möglicherweise gar provozierten – Scheiterns der Verhandlungen zu Wettbewerbszwecken einsetzt. Dem versucht die Vertragspraxis mit **Geheimhaltungsvereinbarungen** (sogenannten **Statements of Non-disclosure**)[13] Rechnung zu tragen.

Halten die Parteien nach dem ersten Verhandlungsstadium an der Veräußerungs- bzw. Erwerbsabsicht fest, so bekräftigen sie ihre wirtschaftlichen Zielvorstellungen und Absichten oftmals durch einen sogenannten **Letter of Intent**,[14] eine **Option**[15] oder durch einen **Vorvertrag**.[16]

Auf dieser Grundlage wird dann der Unternehmenskaufvertrag ausgehandelt. Dabei können vielfältige begleitende Regelungen erforderlich sein, wie zum Beispiel der Abschluß von Kooperations- oder Liefervereinbarungen. Komplexe Vertragswerke können in einen **Rahmenvertrag**, der die übergreifenden vertraglichen Regelungen enthält, sowie in verschiedene Einzelverträge aufgeteilt werden.

3. Arten des Unternehmenskaufs

Der Unternehmenskauf kann strukturell auf zwei unterschiedlichen Wegen vorgenommen werden, und zwar entweder durch den **Erwerb der zum Unternehmen gehörenden Sachen und Rechte** oder durch den **Erwerb des Rechtsträgers selbst**.[17]

Der Unternehmenskauf ist zwar ein Kauf im Sinne der §§ 433 ff. BGB. Unternehmenskaufverträge lassen sich aber nicht mit den einfachen Kategorien des Sach- und Rechtskaufes erfassen, sondern beinhalten ein ganzes Bündel besonderer Rechte und Pflichten. In der Literatur wird deshalb vorgeschlagen, den Unternehmenskauf zumindest teilweise der

---

[11] Beisel/Klumpp, RN 406 f.; Holzapfel/Pöllath, RN 721 ff.
[12] Siehe nachfolgend RN 29.
[13] Siehe nachfolgend RN 19.
[14] Siehe nachfolgend RN 24.
[15] Siehe nachfolgend RN 26.
[16] Siehe nachfolgend RN 27.
[17] Zur Abgrenzung von Unternehmenskauf und Anteilserwerb ausführlich Hommelhoff, ZGR 1982, 366 ff.

Einordnung als Kauf im Sinne des BGB zu entziehen. Eine dem wirtschaftlichen Tatbestand und den gesellschaftlichen Anschauungen angepaßte Betrachtungsweise läßt es jedoch als sachgerecht erscheinen, das Unternehmen als Gegenstand des Kaufrechts anzuerkennen.[18]

a) Kauf einzelner Wirtschaftsgüter

13   Der Unternehmenskauf kann durch eine **Übertragung der Gesamtheit der Wirtschaftsgüter**, also der Aktiva und Passiva des Unternehmens erfolgen. Diese Variante wird als „**Kauf durch Singularsukzession**" oder „**Asset Deal**" bezeichnet und stellt einen Sachkauf im Sinne des § 433 I Satz 1 BGB dar.[19]

Der Verkäufer verpflichtet sich dabei zur Abtrennung und Übertragung der zum Unternehmen gehörenden Wirtschaftsgüter von ihrem bisherigen (direkten) Rechtsträger auf den Unternehmenskäufer nach den dafür maßgeblichen Vorschriften. Kein Unternehmenskauf liegt hingegen vor, wenn zum Beispiel nur einzelne Sachen oder Rechte, Sachsamtheiten, alle Warenzeichen oder das gesamte Know-how verkauft werden. Das Unternehmen muß vielmehr entweder als Ganzes oder doch zumindest mit allen wesentlichen Bestandteilen verkauft werden.[20]

b) Kauf einer Gesellschaft oder Beteiligung an einer Gesellschaft

14   Die Veräußerung eines Unternehmens kann auch durch die Übertragung des Rechtsträgers im Wege des **Anteils- bzw. Beteiligungserwerbs** erfolgen. Rechtsträger eines Unternehmens kann eine juristische Person (z.B. AG, GmbH), eine Personengesellschaft (oHG, KG, GmbH & Co. KG) oder ein Einzelunternehmen sein. Bei der Kapital- und Personengesellschaft ist das dem Unternehmen zugeordnete Vermögen eindeutig vom Privatvermögen der Gesellschafter getrennt. Die Gesellschafterbeteiligung des Verkäufers stellt den unmittelbaren rechtlichen Kaufgegenstand dar, so daß die Identität des Unternehmens unberührt bleibt. Diese Form des Unternehmenskaufs wird als „**Share Deal**" bezeichnet und ist ein Rechtskauf im Sinne des § 433 I Satz 2 BGB.[21] Ein Sachkauf liegt neben dem Rechtskauf nur dann vor, wenn das Mitgliedschaftsrecht in einem Wertpapier, z.B. einer Aktie verkörpert ist.[22]

---

[18] Vgl. MünchKomm-Westermann, § 433, RN 9; davon gehen auch die Entscheidungen RGZ 63, 57, 60; 67, 81, 86 und BGH WM 1970, 319, 320; 1977, 712, 714 aus. Siehe auch Picot, Messerschmidt, Deutsche Rechtspraxis, S. 435, 486 ff.

[19] Vgl. Hiddemann, ZGR 1982, 435, 438, der den Unternehmenskauf als „Prototyp des Verkaufs einer Sachgesamtheit" ansieht, sowie Beisel/Klumpp, RN 926, die insoweit von einem „echten Unternehmenskauf" sprechen.

[20] Ebenso Beisel/Klumpp, RN 20 f.

[21] MünchKomm-Westermann, § 433, RN 14; Beisel/Klumpp, RN 139; Hiddemann, ZGR 1982, 435 f., 438 f. mit weiteren Rechtsprechungs-Nachweisen.

[22] Staudinger-Honsell, § 459, RN 9; Beisel/Klumpp, RN 928.

Problematisch und von erheblicher praktischer Bedeutung im Hinblick auf die **Anwendbarkeit der Gewährleistungsregeln** des Kaufrechts ist die Frage, ab welcher Beteiligungsquote der Kauf der Anteile dem Kauf des Unternehmens gleich kommt. Nach der Rechtsprechung des Bundesgerichtshofes soll dies dann der Fall sein, wenn der Erwerber durch den Erwerb eine **beherrschende Stellung** erlangt und die verbleibende Beteiligung des Veräußerers oder Dritter an dem Unternehmen so gering ist, daß sie die Verfügungsbefugnis des Erwerbers über das erworbene Unternehmen nicht entscheidend beeinträchtigt.[23] Die insoweit maßgebliche (beherrschende) Beteiligungsquote wurde von Fall zu Fall unterschiedlich festgelegt; die Spanne reicht von 50 %[24] über 75 %[25] bis 90 % oder 95 %.[26] Eindeutiger wird die Grenzziehung erst dann, wenn der Käufer alle Anteile bis auf einen unbedeutenden Rest von 0,4 bzw. weniger erhält.[27]

15

Besteht die Wahlmöglichkeit zwischen einem Asset Deal und einem Share-Deal, so sind bei der Entscheidung insbesondere deren steuerrechtlichen Folgen zu berücksichtigen.[28] Der Vollzug eines Unternehmenskaufs nach den Regeln des Share-Deals ist zwar in der Regel einfacher,[29] den Sorgfaltsmaßstab und Aufwand bei der Vorbereitung des Unternehmenskaufs mindert dies jedoch nicht.

16

IV. Vorvertragliches Verhandlungsstadium

Unternehmen sind komplexe Kaufgegenstände. Unternehmenskäufe bedürfen daher einer **sehr sorgfältigen Vorbereitung und Verhandlung.** Im Vorfeld des Vertragsschlusses müssen zahlreiche rechtlich relevante Einzelheiten beachtet werden, die sowohl für das Zustandekommen und die Durchführung des Vertragswerkes bzw. der Transaktion als auch für etwaige Ansprüche oder deren Abwehr beim Scheitern der Vertragsverhandlungen bedeutsam sind.[30] Bei den Vertragspartnern kann im Laufe fortschreitender Verhandlungen das Bedürfnis entstehen, den bisherigen Verhandlungsstand schriftlich festzuhalten. Hinsichtlich ihrer im Vorfeld

17

---

[23] Vgl. BGH WM 1970, 819f.
[24] BGH WM 1980, 284f.
[25] BGH NJW 1980, 2408f.
[26] BGH NJW 1976, 236f. sowie BGH NJW 1977, 1536f. Diese Zahlen wurden am häufigsten für maßgeblich erachtet, vgl. die ausführlichen Nachweise bei Holzapfel/Pöllath, RN 301.
[27] Vgl. BGH WM 1970, 819, 821. Ausführlich zur Abgrenzung von Unternehmenskauf und Anteilserwerb Hommelhoff, ZGR 1982, 366ff. sowie Hiddemann, ZGR 1982, 435ff.
[28] Siehe dazu nachfolgend die steuerrechtliche Betrachtung in Teil E.
[29] Vgl. Holzapfel/Pöllath, RN 134.
[30] Ausführlich dazu Jung, S. 3ff.; Beisel/Klumpp, RN 35.

abgegebenen Erklärungen müssen sich die Parteien deshalb entscheiden, ob diesen Erklärungen Bindungswirkung zukommen soll oder nicht.

18 Der bloße Eintritt in Vertragsverhandlungen verpflichtet die Verhandlungspartner nicht zum Vertragsabschluß. Hat jedoch einer der Beteiligten bei dem anderen ein **besonderes Vertrauen in den späteren Vertragsabschluß** geweckt oder diesen ausdrücklich oder konkludent als sicher dargestellt, so kann er im Falle eines willkürlichen Abbruchs der Vertragsverhandlungen aus dem Rechtsinstitut des Verschuldens bei Vertragsabschluß (culpa in contrahendo) auf Schadensersatz in Anspruch genommen werden. Dies gilt unter Umständen selbst dann, wenn er das berechtigte Vertrauen des Verhandlungspartners nicht schuldhaft hervorgerufen hat.[31]

1. Geheimhaltungsvereinbarungen

19 Ein allzu frühes Bekanntwerden des beabsichtigten Unternehmenskaufs kann für beide Parteien nachteilige Auswirkungen haben: Kunden, Lieferanten und Kreditgeber des Veräußerers können aus dessen Verkaufsabsicht eventuell nachteilige Schlüsse hinsichtlich des wirtschaftlichen Zustands seines Unternehmens ziehen. Wettbewerber des potentiellen Erwerbers können sich auf die Akquisition einstellen und deren wirtschaftliche Auswirkungen zu neutralisieren versuchen. Vertragsverhandlungen im Rahmen eines Unternehmenskaufs setzen auch aus diesem Grunde ein hohes Maß an gegenseitigem Vertrauen voraus. Dieses Vertrauen bildet die Grundlage dafür, daß sich die Parteien gegenseitig einen weitgehenden Einblick in ihre betrieblichen und wirtschaftlichen Verhältnisse gewähren. Die Verhandlungen verschaffen dem potentiellen Erwerber regelmäßig auch erhebliche Einblicke in die Geschäftsgeheimnisse und das betriebliche Know-how des Veräußerers. Auf der Veräußererseite besteht daher häufig die Befürchtung, daß der Kaufinteressent die gewonnenen Einblicke nach dem – möglicherweise provozierten – Scheitern der Verhandlungen im Wettbewerb gegen den Veräußerer einsetzt. Diese Befürchtung kann ein erhebliches, nicht zuletzt auch psychologisches Hemmnis für einen raschen Abschluß der Verhandlungen darstellen.

20 Bereits aufgrund des **vorvertraglichen Schuldverhältnisses** sind die Parteien verpflichtet, die Kaufverhandlungen **vertraulich zu behandeln** und die gewonnenen Erkenntnisse nicht zum Nachteil des Veräußerers zu verwenden.[32] Dritte dürfen nur dann und insoweit über die Verhandlungen informiert werden, als dafür ein sachlich gerechtfertigter Grund besteht.[33] Wirbt der Kaufinteressent bei Gelegenheit der Vertragsverhandlungen besonders qualifiziertes Personal des Veräußerers (planmä-

---

[31] BGHZ 71, 386 ff.; BGHZ 92, 164, 175 ff.; BGH WM 1989, 685, 687.
[32] Soergel-Wiedemann, vor § 275, RN 175, Hölters/Semler, Teil VI, RN 12.
[33] Hölters/Semler, Teil VI, RN 12.

IV. Vorvertragliches Verhandlungsstadium

ßig) ab, so kann darin ein Verstoß nicht nur gegen das vorvertragliche Vertrauensverhältnis, sondern auch gegen § 1 UWG liegen. Das gilt auch dann, wenn die abgeworbenen Angestellten den Wunsch haben erkennen lassen, das zu veräußernde Unternehmen zu verlassen.[34]

Die Reichweite vorvertraglicher Geheimhaltungspflichten kann im Einzelfall zweifelhaft sein. Sie kann daher durch vertragliche **Geheimhaltungs- und Unterlassungsvereinbarungen** (sogenannte **Statements of Non-disclosure**) bekräftigt und präzisiert werden. Diese Vereinbarungen können vorsehen, wann, unter welchen Voraussetzungen und an wen aus den Verhandlungen erlangte Informationen weitergegeben werden dürfen. Der Nutzen derartiger Vereinbarungen ist jedoch begrenzt.[35] Im Streitfall wird der Verletzungsnachweis nämlich schwierig zu führen sein. Der durch die Verletzung der Geheimhaltungspflicht entstehende Schaden wird nicht nur schwer zu berechnen, sondern auch kaum wieder gutzumachen sein. Selbst die Vereinbarung einer Vertragsstrafe vermag nur wenig zu helfen. Sie erspart nicht den Verletzungs-, sondern nur den Schadensnachweis (vgl. § 340 BGB). 21

Unter Umständen kann daher die Einschaltung eines zur Verschwiegenheit verpflichteten Sachverständigen, namentlich eines Wirtschaftsprüfers hilfreich sein, der seine Prüfungsergebnisse nur in dem für die Verhandlungen erforderlichen Umfang mitteilt.[36] 22

2. Verhandlungsprotokolle/Punktation

Während längerer Vertragsverhandlungen können die Parteien **Verhandlungsprotokolle** oder sogenannte **Punktationen** erstellen. Damit werden Punkte, über die bereits (abschließend) verhandelt wurde, schriftlich festgelegt, um sie später in den Hauptvertrag als Teil der Gesamtvereinbarung einzubringen. Mit der schriftlichen Formulierung der Verhandlungs-(Zwischen-)Ergebnisse ist noch keine Einigung über den Vertragsabschluß verbunden. Es fehlt somit bis zum Abschluß des Unternehmenskaufvertrages die rechtliche Bindungswirkung (§ 154 I S. 2 BGB).[37] Die Parteien können den Inhalt der Punktation deshalb einseitig 23

---

[34] BGH NJW 1961, 1308, 1309; Vgl. auch OLG Frankfurt a.M. 16.12.1993, BB 1994, 376f. (Adam Opel AG/General Motors Corp. ./. Volkswagen AG), wonach der Unterlassungsanspruch gegen alle an der Aktion Beteiligten gerichtet werden kann, insbesondere auch gegen Vorstandsmitglieder als Organe einer AG. Schuldner eines Beseitigungsanspruchs ist aber nur derjenige Beteiligte, der die Rechtsmacht hat, die Folgenbeseitigung selbst durchzuführen, d.h. das Beschäftigungsverhältnis der abgeworbenen Personen so abzuändern, daß der Störzustand beseitigt wird; bei einer Aktiengesellschaft ist der Beseitigungsanspruch gegen die Gesellschaft zu richten.
[35] Dazu eingehend Hommelhoff, ZHR 150 (1986), 254, 257 sowie Hölters/Semler, Teil VI, RN 13.
[36] Vgl. Hölters/Semler, Teil VI, RN 13.
[37] Vgl. Beisel/Klumpp, RN 65; Holzapfel/Pöllath, RN 6.

und ohne Gründe aufheben oder abändern,[38] sofern nicht ausdrücklich eine Rechtsbindung vereinbart ist. Ist dies nicht geschehen, kann die Gegenseite allenfalls einen Anspruch aus c.i.c. geltend machen, wenn die Vertragsverhandlungen ohne erkennbaren Grund willkürlich abgebrochen worden sind.[39]

3. Letter of Intent

24 Das aus dem angelsächsischen Rechtskreis stammende Institut des **Letter of Intent**[40] entzieht sich einer allgemeingültigen Definition. Die häufigste Erscheinungsform ist die Erklärung der Absicht, zu einem bestimmten rechtsgeschäftlichen Ergebnis, nämlich der Unternehmensübertragung zu kommen. Eigentlicher Grund für eine solche Erklärung ist deren verhandlungspsychologische Wirkung. Immerhin schreibt ein Letter of Intent faktisch ein bereits erreichtes Verhandlungsergebnis fest. Ferner kann er als Grundlage für Überlegungen sowie Entscheidungen von Gremien dienen, deren Zustimmungen möglicherweise erforderlich sind.

Dem Letter of Intent kommt – je nach Formulierung – regelmäßig noch keine rechtliche Bindungswirkung zu. Vielmehr stellt er grundsätzlich nur die rechtlich nicht verbindliche Fixierung der Verhandlungspositionen desjenigen dar, der die Erklärung abgibt.[41] Der Bezeichnung eines Schreibens als „Letter of Intent" allein kommt für die rechtliche Beurteilung keine entscheidende Bedeutung zu. Nach §§ 133, 157 BGB ist vielmehr auf den Parteiwillen abzustellen. Ein als „Letter of Intent" bezeichnetes Schreiben kann deshalb im Einzelfall durchaus eine rechtlich verbindliche Vereinbarung beinhalten.[42] Zur Vermeidung von Mißverständnissen sollte daher – falls gewünscht – ausdrücklich festgehalten werden, daß der Letter of Intent noch keine rechtliche Bindungswirkung entfalten soll.

25 Auch bei einem rechtlich unverbindlichen Letter of Intent können allerdings Sorgfaltspflichtverletzungen zu einer **Haftung aus c.i.c.** führen. Dies gilt jedenfalls dann, wenn durch die Erklärung ein besonderes Vertrauen der anderen Partei auf einen Vertragsschluß erweckt wird, sodann aber die Vertragsverhandlungen ohne triftigen Grund abgebrochen werden.[43]

---

[38] Vgl. RGZ 130, 73, 75.
[39] Siehe Beisel/Klumpp, RN 65.
[40] Ausführlich dazu Lutter, Der Letter of Intent, 1982.
[41] OLG Köln, OLG Report Köln 1994, 61; Palandt-Heinrichs, 54. Auflage, Einf. vor § 145, RN 21.
[42] OLG Köln, OLG Report Köln 1994, 61.
[43] Vgl. BGH WM 1989, 685, 687; OLG Stuttgart BB 1989, 1932. Siehe auch Holzapfel/Pöllath, RN 7 m.w.N.

4. Option

Die **Option** gibt einem der Vertragspartner das Recht, den **Vertrags-** 26
schluß durch einseitige **Erklärung** herbeizuführen, also das Unternehmen entweder zu kaufen oder zu verkaufen. Es handelt sich um einen aufschiebend bedingten Vertrag, der durch die Abgabe der Optionserklärung seine endgültige Wirksamkeit erlangt.[44] Optionsrechte werden in der Praxis zum Beispiel dann vereinbart, wenn der Verkäufer einen möglichst weitgehenden Gewährleistungsausschluß durchsetzen will und der Käufer dementsprechend Zeit und Gelegenheit zur Überprüfung der für die Ertragskraft des Unternehmens maßgeblichen Verhältnisse erhalten soll.

Wegen ihrer rechtlichen Bindungswirkung ist die Option für beide Vertragspartner riskant. Da mit der Ausübung der Option der Vertrag zustande kommt, muß die Vereinbarung den Inhalt des abzuschließenden Kaufvertrages vollständig wiedergeben. Gefährlich für den Käufer ist ein solcher Gewährleistungsausschluß zugunsten des Verkäufers, während der Verkäufer vor allem befürchten muß, daß offengelegte Interna seines Unternehmens vom Käufer mißbraucht werden, falls es nicht zum Kaufabschluß kommt.[45]

5. Vorvertrag

Der Vorvertrag begründet eine **Verpflichtung zum Abschluß des** 27
Hauptvertrages, der unter Umständen deswegen noch nicht vereinbart werden kann, weil bestimmte, von den Parteien als klärungsbedürftig angesehene Punkte noch offen sind.[46]

Für die Wirksamkeit eines Vorvertrages müssen alle wesentlichen Punkte genügend bestimmt sein.[47] Diese hinreichende **Bestimmtheit** ist regelmäßig gegeben, wenn Kaufgegenstand und Kaufpreis sowie die von den Parteien als wesentlich angesehenen Nebenpunkte geregelt sind oder sich im Wege der Auslegung bestimmen lassen.[48]

Vorverträge führen zu erheblichen Risiken für beide Vertragspartner. Dies liegt insbesondere daran, daß Vorverträge typischerweise noch lückenhaft sind, da sie vielfach im wesentlichen aus der Festschreibung bisheriger Verhandlungsergebnisse über die aus kaufmännischer oder

---

[44] Vgl. BGHZ 47, 388, 391; OLG Bamberg, NJW-RR 1989, 1449. Siehe auch Palandt-Heinrichs, Einf. § 145 RN 19 ff. sowie Georgiades, S. 409, 423 f.
[45] Vgl. dazu ausführlich Günther, S. 356, 357; Holzapfel/Pöllath, RN 9.
[46] Beisel/Klumpp, RN 57 ff.; Hölters/Semler, Teil VI, RN 25. Zur Unterscheidung zwischen einem befristeten Optionsrecht und einem Vorvertrag, der unter einer Potestativbedingung des Berechtigten steht, vgl. OLG Hamburg, EWiR § 313 BGB 1/91, 547.
[47] BGH NJW 1990, 1234, 1235 f.; BGH BB 1990, 585. Siehe ferner Medicus, BGH EWiR § 157 BGB 1/89, 1069.
[48] BGH ZIP 1989, 1402, 1403.

technischer Sicht relevanten Punkte bestehen, ohne jedoch bereits alle wichtigen rechtlichen und steuerlichen Fragen zu regeln.⁴⁹ In der Rechtsprechung ist eine Tendenz erkennbar, die vorvertraglichen Lücken auch hinsichtlich wesentlicher Vertragspunkte im Wege der ergänzenden Vertragsauslegung durch Anwendung der einschlägigen gesetzlichen Bestimmungen zu schließen.⁵⁰

Bei Vorverträgen sollte daher stets sorgfältig darauf geachtet werden, daß alle wesentlichen Verhandlungspunkte erfaßt und geregelt sind. Enthält der Vorvertrag hinsichtlich des Kaufgegenstandes und Kaufpreises ein solches Maß an Bestimmtheit, daß im Streitfall der Inhalt des versprochenen Hauptvertrages richterlich festgestellt werden kann, so kann auf der Grundlage eines nicht erfüllten Vorvertrages unmittelbar Schadensersatz wegen Nichterfüllung des nicht abgeschlossenen Hauptvertrages verlangt werden.⁵¹

28   Bei Abschluß eines Vorvertrages bestehen somit vor allem **zwei Risiken**: Werden die Bestimmtheitserfordernisse nicht erfüllt, so erzielt der Vorvertrag keinerlei rechtsgeschäftliche Bindungswirkung. Andererseits können offen gebliebene Punkte über §§ 315, 316 BGB durch Bestimmung des jeweils anderen Teils, des Gerichts oder auch durch gerichtliche Vertragsauslegung ausgefüllt bzw. ergänzt werden. Beide Risiken lassen sich nur durch eine weitgehende Festlegung sämtlicher Vertragsbestandteile vermeiden. Der Abschluß von Vorverträgen ist daher in der Praxis eher selten und wenig empfehlenswert. Stehen die Essentialia Negotii, d. h. die wesentlichen Bestandteile des Unternehmenskaufvertrages fest,⁵² so wird man sogleich den Hauptvertrag abschließen können bzw. sollen.⁵³ Ein solcher Hauptvertrag und nicht mehr nur ein Vorvertrag liegt vor, wenn sich die Parteien beim Abschluß des Vertrages die Regelung einzelner Aspekte, z. B. die endgültige Kaufpreisbestimmung, für einen späteren Zeitpunkt vorbehalten, in den Vertrag jedoch bereits konkrete Bewertungskriterien aufnehmen und den Vertrag fest abschließen.⁵⁴ Zur Abgrenzung von Vor- und Hauptvertrag ist im übrigen zu beachten, daß eine endgültige Bindung auch durch konkludentes Verhalten, z. B. im Wege des tatsächlichen Vollzugs zustande kommen kann.⁵⁵ Bedarf der **Hauptvertrag** der **notariellen Form**, so genügt für die Wirksamkeit eines Vorvertrages nicht eine nur schriftlich getroffene Vereinbarung.⁵⁶

---

[49] Siehe dazu BGH DB 1978, 978 f.
[50] Vgl. BGH DB 1978, 978; BGH BB 1990, 585 (teilweise sogar unter Anwendung der §§ 315, 316 BGB).
[51] BGH ZIP 1989, 1402, 1404.
[52] Siehe dazu BGH NJW 1990, 1234 m. w. N.
[53] Hölters, Teil I, RN 83.
[54] Ähnlich Beisel/Klumpp, RN 62.
[55] OLG Frankfurt NJW 1977, 1015, 1116.
[56] RGZ 124, 81, 83; RGZ 169, 185, 188.

IV. Vorvertragliches Verhandlungsstadium

6. Due Diligence

Um Klarheit über einerseits den Inhalt bzw. Umfang und andererseits 29
den Wert des Kaufgegenstandes zu erlangen, ist es für den Unternehmenskäufer in der Praxis üblich und empfehlenswert, in einem möglichst frühen Verhandlungsstadium und vor der Abgabe eines bindenden Angebotes eine sorgfältige Unternehmensprüfung (sogenannte **Due Diligence**) durchzuführen und sowohl hinsichtlich der rechtlichen als auch der wirtschaftlichen Gegebenheiten und Exspektanzen eine eingehende Analyse (sogenannte **Pre-Acquisition-Audit**) vorzunehmen.

Die zu diesem Zweck anzufordernden Listen und Dokumente bieten für den Kaufinteressenten allerdings nicht nur den Vorteil besserer Klarheit über den Kaufgegenstand. Vielmehr sollte er sich darüber bewußt sein, daß die Aushändigung dieser Unterlagen für ihn im Rahmen der Gewährleistung und Garantiehaftung des Verkäufers auch das Risiko in sich birgt, daß ihm der Verkäufer später die Kenntnis der in diesen Unterlagen enthaltenen Tatsachen entgegenhalten kann. Macht der Kaufinteressent daher von diesen Prüfungsmöglichkeiten Gebrauch, so liegt es in seinem besonderen Interesse, die Prüfungen – erforderlichenfalls unter Einschaltung seiner Berater – gründlich und genau durchführen und protokollarisch festhalten zu lassen.

Die für die Vornahme der Prüfungen erforderlichen Unterlagen kann 30
der Kaufinteressent mit folgender beispielhaften **Checkliste**[57] anfordern:

D = Dokument
L = Liste

1. Auszüge aus dem Handelsregister (D)
2. Gesellschaftsverträge (D)
3. Historische Aufstelllung sämtlicher notarieller Urkunden über die Gründung, die Abtretung von Geschäftsanteilen sowie etwaige Kapitalerhöhungen seit der Gründung; Angaben über einen Beirat/Aufsichtsrat (D und L)
4. Auflistung der wichtigsten Wettbewerber mit geschätzten Marktanteilen (D)
5. Letzter Betriebsprüfungsbericht (D)
6. Liste der Bankkonten (L)
7. Bilanzen sowie G+V Rechnungen nebst WP-Berichten für die letzten drei Geschäftsjahre (D)
8. Übersicht der Umsätze in den letzten drei Geschäftsjahren aufgeteilt nach den Hauptproduktgruppen (L)
9. Auflistung der Betriebsgrundstücke, getrennt nach Eigentumsgrundstücken mit Grundbuchauszügen und Grundstücken in fremdem Eigentum mit Miet-, Pacht- und Leasingverträgen (D und L)

---

[57] Siehe dazu auch die ausführlichen Checklisten von Helbling, 5. Aufl. S. 583 ff.; Oehler, Checkliste für Beteiligungen und Geschäftsübernahme, 1976; siehe auch die Prüfliste bei Holzapfel/Pöllath, RN 399 ff., 403 ff. Eine Gesamtbetrachtung der Bewertung beim Unternehmens- und Beteiligungskauf findet sich bei Hölters/Fischer, Teil II. Siehe dazu auch Heft 1, 1991, Betriebswirtschaftliche Forschung und Praxis. Siehe auch die Checkliste zur Umwelt-Audit von Pflug (Hrsg.), 1992.

10. Darstellung der bisherigen Nutzung der Grundstücke unter besonderer Berücksichtigung früherer Industrieansiedlungen (früherer Eigentümer, Art der produzierten Stoffe und Umweltbelastung / Altlasten) (D)
11. Darstellung der bauplanungsrechtlichen Situation der Betriebsgrundstücke und der angrenzenden Umgebung und Vorlage eines Auszuges aus dem neuesten Bebauungsplan und Flächennutzungsplan sowie Darstellung einer eventuell abweichenden tatsächlichen Nutzung) (D).
12. Aufstellung der Miet- und Leasingverträge über betriebliche Gegenstände und Maschinen unter Angabe der jeweiligen Laufzeit (Beginn und Ende) und der jährlichen Zahlungsverpflichtungen (D und L).
13. Verträge der vergangenen 5 Jahre über Erwerb oder Veräußerung von Grundstücken oder grundstücksgleichen Rechten (D und L).
14. Noch nicht erfüllte Verträge über Investitionen bzw. Anschaffung von Gegenständen des Anlagevermögens (D und L)
15. Verträge über die Inspruchnahme oder Gewährung von Krediten und deren Besicherung, ausgenommen handelsübliche Stundungen von Forderungen oder Verbindlichkeiten (D und L)
16. Bürgschaften, Garantien oder sonstige Sicherheiten aller Art der Gesellschaften zugunsten Dritter, sowie Verpflichtungen gegenüber Dritten, die umgekehrt für die Gesellschaft Bürgschaften, Garantien oder sonstige Sicherheiten gestellt haben, ausgenommen branchenübliche Verpflichtungen im Zusammenhang mit der Abwicklung von Lieferungen und Leistungen im gewöhnlichen Geschäftsbetrieb (D und L)
17. Factoring-Verträge (D)
18. Versicherungsverträge mit Stichwortangabe der gedeckten Risiken und Versicherungssummen (L); bei Industrieanlagen unter besonderer Berücksichtigung bestehender Versicherung gegen Umweltschäden (z.B. Gewässerschaden- Haftpflichtversicherung) (D und L)
19. Vereinbarungen mit verbundenen Unternehmen oder Verwandten (D)
20. Zusammenstellung der gewerblichen Schutzrechte mit stichwortartigen Angaben zum Inhaber, sachlichen und geografischen Schutzumfang und zur Schutzdauer (L)
21. Lizenzverträge, Entwicklungsverträge und sonstige Vereinbarungen auf dem Gebiet der gewerblichen Schutzrechte (D)
22. Vereinbarungen mit wichtigen Kunden und Lieferanten (D und L)
23. Wettbewerbsbeschränkende Vereinbarungen, insbesondere Verträge, die das Recht der Gesellschaften sachlich oder geografisch ausschließen oder beschränken, sich in bestimmten Sparten oder Bereichen zu betätigen (D)
24. Liste aller Arbeitnehmer einschließlich leitender Angestellter unter Angabe des Alters, des Eintrittsjahres, der Funktion und der Vergütung (L)
25. Dienstverträge soweit die jährliche Vergütung mehr als DM 100.000,- (brutto) im Einzelfall und/oder die Kündigungsfrist mehr als drei Monate beträgt (D)
26. Pensionszusagen und dazu vorhandene versicherungsmathematische Gutachten (D und L)
27. Betriebsvereinbarungen, einschließlich etwaiger Interessenausgleichs- und Sozialplanvereinbarung der letzten 10 Jahre, und Tarifverträge (D und L); Angaben über bestehenden Betriebsrat / Wirtschaftsausschuß (L)
28. Beraterverträge aller Art (D)
29. Verträge mit Handelsvertretern, Eigenhändlern und sonstige Vertriebsvereinbarungen (D und L)
30. Auflistung aller schwebenden und drohenden Prozesse und behördlichen Untersuchungen und Verfahren mit kurzer Darstellung des Sachverhaltes und ihrer wirtschaftlichen Bedeutung (L)

31. Öffentlich-rechtliche Genehmigungen der Betriebsanlage einschließlich aller Nebenbestimmungen und Hinweise zur Genehmigung (D und L)

32. Auflistung aller im Betrieb vorhandener umweltgefährdender Stoffe mit Mengenangabe, Lagerungsort und Schutzvorkehrung (L) sowie aller vorhandenen umweltgefährdenden Stoffe, Kontaminationen und sonstigen Altlasten (L)

33. Darstellung aller bisher behördlicherseits oder betriebsintern festgestellten Umweltschädigungen und deren Beseitigung unter Vorlage behördlicher Verfügungen und Gutachten einschließlich etwaiger Umwelt-Audits, die bereits durchgeführt worden sind, und des betrieblichen Umweltmanagement-Systems[58] (D und L)

34. Sonstige Verträge oder Verpflichtungen außerhalb des gewöhnlichen Geschäftsverkehrs, soweit diese nicht bereits in eine der vorbezeichneten Kategorien fallen oder soweit diese sich nicht aus der letzten Jahresbilanz ergeben (D)

Soweit das zu verkaufende Unternehmen Tochtergesellschaften hat, bezieht sich die vorstehende Checkliste auch auf diese Gesellschaften.

V. Vertragsgestaltung

Aufgrund der bereits dargestellten Tatsache, daß ein Unternehmenskauf stets eine Vielzahl von Rechtsgebieten berührt und insoweit die Gefahr von Rechtsunsicherheiten groß ist, empfiehlt es sich, möglichst alle für die Vertragspartner bedeutsamen wirtschaftlichen Aspekte vertraglich so detailliert zu regeln, daß Überraschungen ausgeschaltet und voraussehbare Risiken unter den Vertragspartnern insbesondere durch Zusicherungen oder Garantien bzw. entsprechende Verzichtsvereinbarungen möglichst klar verteilt werden.

1. Vertragsgegenstand

a) Vertragsgegenstand beim Kauf einzelner Wirtschaftsgüter

Betrifft der Unternehmenskauf als **Asset Deal** den Kauf einzelner Wirtschaftsgüter, so folgt aus § 433 I BGB die Pflicht des Verkäufers einer Sache, dem Käufer die Sache zu übergeben und das Eigentum an der Sache zu verschaffen. Der Verkäufer eines Rechts ist verpflichtet, dem Käufer das Recht zu verschaffen und, wenn das Recht zum Besitz einer Sache berechtigt, die Sache zu übergeben. Da der Kauf eines Unternehmens den Kauf eines Inbegriffs von Sachen und Rechten beinhaltet,[59] ergeben sich auch für die Überleitung des Unternehmens auf den Erwerber Besonderheiten.

Da die Übertragung eines Unternehmens zugleich die Überleitung des gesamten Organismus „Unternehmen" bedeutet, ist neben der Übertra-

---

[58] Siehe auch Verordnung (EWG) Nr. 1836/93 des Rates vom 29.06.1993 über die freiwillige Beteiligung gewerblicher Unternehmen an einem Gemeinschaftssystem für das Umweltmanagement und die Umweltbetriebsprüfung, Amtsblatt der EG vom 10.07.1993, Nr. L 168, S. 1 ff., in Kraft ab April 1995.
[59] Siehe vorstehend RN 3.

gung von Sachen und Rechten auch die Einweisung des Erwerbers in den Tätigkeitsbereich geschuldet. Nur so kann der Erwerber in die Lage versetzt werden, das Unternehmen so fortzuführen, wie es der Veräußerer mit Hilfe der veräußerten Werte selbst betrieben hat.[60]

34 **aa) Bestimmtheit der einzelnen Wirtschaftsgüter.** Gegenstand des schuldrechtlichen Unternehmenskaufvertrages kann auch ein Unternehmen als Sach- und Rechtsgesamtheit sein.

35 Davon zu unterscheiden ist die **sachenrechtliche** Vereinbarung: Das Unternehmen als solches kann nicht Gegenstand eines Übertragungsvorgangs sein; vielmehr bedarf es nach dem **Grundsatz der Bestimmtheit** der klaren und zweifelsfrei unterscheidbaren Festlegung, welche Einzelbestandteile des Unternehmens im Wege des sachenrechtlichen Geschäftes übertragen werden sollen.[61] Dem Unternehmensträger gehörende Sachen und Rechte sind daher nach Maßgabe der jeweiligen zivilrechtlichen Vorschriften (§§ 398, 873 ff., 929 ff. BGB) zu übertragen. Für den mit dem zu erwerbenden Unternehmen nicht vertrauten Käufer ist dieser Vorgang nicht ohne Risiken.

36 Hat das zu übertragende Unternehmen bilanziert, so kann zur Bestimmung und Übertragung der zu übertragenden Sachen und Rechte auf die **Bilanz** nebst Inventarverzeichnis Bezug genommen werden. Vermögensgegenstände, die entweder nicht bilanziert werden müssen oder nicht bilanzierungsfähig sind, wie z.B. die sofort abschreibungsfähigen geringwertigen Wirtschaftsgüter des Anlage-Vermögens, Schutzrechte und nicht entgeltlich erworbene Firma, sind allerdings ebenso konkret zu bestimmen, wie etwa die voll abgeschriebenen Wirtschaftsgüter oder die im Sonderbetriebsvermögen eines Gesellschafters stehenden Wirtschaftsgüter, die dieser nur selbst vertraglich übertragen kann.[62]

37 Um Zweifelsfälle auszuschließen, empfehlen sich Auffangklauseln, wonach zum Beispiel alle Büroeinrichtungsgegenstände und alle in der Fabrikhalle befindlichen Maschinen übertragen werden. Eine bloß wert- oder zahlenmäßige Bestimmung genügt nicht.[63]

38 Ein **Warenzeichenrecht** kann gemäß dem im Jahre 1992 neugefaßten § 8 WZG[64] durch formlosen Kaufvertrag übertragen werden, und zwar entgegen der frühreren Rechtslage auch ohne den betreffenden Geschäftsbetrieb oder Geschäftsbetriebsteil. Der Rechtsnachfolger kann das Warenzeichen allerdings erst nach der Eintragung des Überganges in die Zeichenrolle Dritten gegenüber geltend machen (§ 8 II WZG). Die erforderlichen Umschreibungsanträge und öffentlich zu beglaubigenden Um-

---

[60] BGH NJW 1968, 392, 393.
[61] Vgl. MünchKomm-Quack, § 929 BGB, RN 52.
[62] Hölters/Semler, Teil VI, RN 30.
[63] Vgl. MünchKomm-Quack, § 929, RN 83.
[64] Siehe BGBl. I, 1992, 938.

schreibungsbewilligungen sollten daher schon bei Abschluß des Unternehmenskaufvertrages erfolgen.[65] Soll das Schutzrecht nicht als solches dinglich übertragen werden, so können die Vertragspartner gemäß § 5 VII WZG eine exklusive oder eine nicht-exklusive, alleinige oder räumlich begrenzte oder unbegrenzte Gebrauchsüberlassung im Wege einer **Lizenz** vereinbaren. Dabei sind einerseits die §§ 18, 20, 21 GWB in Verbindung mit der Schriftformbestimmung des § 34 GWB und andererseits Artikel 85 EWGV mit der Gruppenfreistellungsverordnung 2349/84 für Patentlizenzvereinbarungen zu berücksichtigen.

Ist ein **Patent** nicht dem Unternehmen, sondern dem bisherigen Inhaber persönlich erteilt worden, erstreckt sich der Unternehmenskaufvertrag nicht ohne weiteres darauf und es empfiehlt sich eine klarstellende Regelung.[66] Für die Übertragung des Patentes ist dann eine separate Vereinbarung gemäß § 15 PatG mit dem Patentinhaber erforderlich, die je nach Bedeutung des Patentes für die Fortführung des Unternehmens zeitgleich mit dem Abschluß des Unternehmenskaufvertrages erfolgen sollte. 39

Das **Know-How** eines Unternehmens, insbesondere bezüglich Herstellungs- und Ablaufverfahren, Rezepturen und andere Betriebs- und Geschäftsgeheimnisse werden regelmäßig bei der Übertragung sämtlicher oder der wesentlichen Assets mit übertragen. Auch insoweit empfiehlt sich allerdings eine klarstellende Vereinbarung im Kaufvertrag. In jedem Fall sollte eine nur lizenzweise Überlassung des überlassenen Know-How möglichst genau definiert und dokumentiert werden, wobei auch hier die genannten Bestimmungen des GWB und Artikel 85 EWGV mit der Gruppenfreistellungsverordnung 565/89 für Know-How-Vereinbarungen zu beachten sind. 40

Urheberrechte selbst können nicht übertragen werden (§ 29 S. 2 UrhG), sondern nur die daraus ableitbaren Nutzungsrechte (§§ 31 ff. UrhG). 41

Die **Firma** kann nur zusammen mit dem Handelsgeschäft, für welches sie geführt wird, veräußert werden (§ 23 HGB). Voraussetzung ist der Übergang des Unternehmens im großen und ganzen, und zwar derart, daß die Bestandteile und Tätigkeitsbereiche übergehen, welche die Betriebsfortführung ermöglichen und mit denen das Unternehmen am Markt operiert. Es muß zu erwarten sein, daß die damit verbundene Geschäftstradition vom Erwerber fortgesetzt wird.[67] 42

bb) Kaufpreis. Eine zentrale Problematik des Unternehmenskaufvertrages ist oftmals die **Bestimmung des Kaufpreises.** Vom Kaufpreis zu un- 43

---

[65] Vgl. Baumbach-Hefermehl, § 8 WZG, RN 33.
[66] Eingehend dazu Würdinger, Großkommentar HGB, § 22, Anm. 9.
[67] BGH NJW 1972, 2123 m.w.N.; BGH GRUR 1967, 89, 92; BGH DB 1991, 590, 591; Siehe auch Baumbach/Duden/Hopt, § 23, Anm. 1 sowie Hölters/Semler, Teil VI, RN 33. Siehe auch Hüffer, Großkommentar HGB, § 22, RN 48 ff.

terscheiden ist der Unternehmenswert, der jedoch in der Regel für die Kaufpreisfindung von entscheidender Bedeutung ist. Die Bestimmung des Kaufpreises erfolgt durch die Parteien auf der Grundlage der beiderseitigen Wertvorstellungen, die nach den bei Vertragsschluß vorhandenen Erkenntnissen gebildet werden. Die Parteien müssen dabei dem schwierigen Umstand Rechnung tragen, daß bei der Bewertung fast immer Zukunftsentwicklungen zu berücksichtigen sind.[68] Auch können zukünftige Leistungsstörungen zu der Frage führen, welcher Minderwert des Unternehmens daraus resultiert und ob der Verkäufer es zu dem geringeren Wert veräußert hätte.[69]

44 In einfacher gelagerten Fällen genügt es, wenn die Parteien im Vertrag einen zahlenmäßig bestimmten **festen Kaufpreis** vereinbaren. Um in Gewährleistungs- oder Schadensersatzfällen Anhaltspunkte für die Ermittlung des Minderwertes zu haben, kann es sinnvoll sein, die Grundlagen für die Kaufpreisbestimmungen im Vertrag zu fixieren, sofern dies aufgrund der Verhandlungen überhaupt möglich ist.[70]

45 Ausnahmsweise kann sich ein **negativer Kaufpreis** ergeben, wenn zum Beispiel das Unternehmen erst mit erheblichem Sanierungsaufwand, zum Beispiel durch Betriebsstillegungen, Ablösung ungünstiger Dauerschuldverhältnisse oder Beseitigung von Altlasten rentabel gemacht werden kann.[71]

46 Fallen Kaufvertragsabschluß und Übergangsstichtag auseinander, so ist bei Vertragsabschluß oft noch nicht absehbar, welche Vermögenswerte tatsächlich auf den Käufer übergehen werden. Darüber hinaus können einzelne Vermögensgegenstände, z.B. Grundstücke und Schutzrechte, Bewertungsschwierigkeiten aufwerfen. In vielen Fällen wird sich daher empfehlen, einen **variablen Kaufpreis** zu vereinbaren. Dies geschieht zum Beispiel, indem die Vertragspartner übereinkommen, einer zwischen dem Kaufvertragsdatum und einem von ihnen festzulegenden späteren Bilanzierungsstichtag eintretenden Wertänderung des Unternehmens durch eine im einzelnen näher zu bestimmende Modifizierung des Kaufpreises Rechnung zu tragen. Der ursprünglich vereinbarte Kaufpreis wird dann durch einen anderen, nunmehr verbindlichen ersetzt.[72]

---

[68] Ausführlich dazu Hölters/Fischer, Teil II. Zu Einzelheiten des Kaufpreises und der Zahlung siehe auch Holzapfel/Pöllath, RN 611 ff. Siehe dazu auch „Wert und Bewerbung von Unternehmen in der ehemaligen DDR", Betriebswirtschaftliche Forschung und Praxis, 1991, Heft 1.
[69] Siehe dazu nachfolgend RN 79; Vgl. ausführlich Quack, ZGR 1982, 350, 358.
[70] Holzapfel/Pöllath, RN 636, 639.
[71] Hölters/Semler, Teil VI, RN 52.
[72] Strukturell gleicht diese Ersetzungsbestimmung der Minderung nach §§ 462, 472 BGB: Bei der Veränderung der wertmindernden Faktoren bleibt der Vertrag zwar aufrechterhalten, der geschuldete Kaufpreis wird jedoch entsprechend herauf- oder herabgesetzt; vgl. Hommelhoff, ZHR 150 (1986), 254, 271.

Häufig vereinbaren die Parteien, daß der endgültige Kaufpreis anhand 47
einer auf den Übergangsstichtag aufzustellenden **Abrechnungsbilanz** ermittelt wird. Sie soll das gesamte bilanzierbare Vermögen erfassen, das dem verkauften Unternehmen am Übergangsstichtag zugeordnet ist und etwa aufgetretene Schwankungen in den Vermögensbeständen ausgleichen. In Abweichung von den Bilanzierungsregeln der § 238 HGB können die Parteien Bilanzierungs- und Bewertungsgrundsätze vertraglich festlegen.

Über das – eigens für den Vertragstyp des Unternehmenskaufs entwickelte[73] – Instrument der Eigenkapital-garantierenden Abrechnungsbilanz läßt sich die Gewährleistungsproblematik als eine der schwierigsten Fragen beim Unternehmenskauf zumindest teilweise lösen.[74] Ferner kann die Eigenkapital-garantierende Abrechnungsbilanz dazu dienen, Störungen aus verdeckten Verbindlichkeiten zu bewältigen.[75]

Die Abrechnungsbilanz kann vom Verkäufer allein oder vom Verkäufer und Käufer gemeinsam erstellt werden. Für anfängliche und nachträgliche Meinungsverschiedenheiten über die Bilanzansätze sollte ein streitentscheidendes Verfahren, etwa durch die Einsetzung eines Dritten als Schiedsgutachter i. S. d. §§ 317 ff. ZPO vorgesehen werden. Der Schiedsgutachter stellt regelmäßig nur die Tatsachen fest; allerdings kann ihm auch die rechtliche Beurteilung übertragen werden.

Bei der Vereinbarung eines Schiedsgerichtes findet die Formvorschrift des § 1027 ZPO Anwendung.[76]

Häufig hat der Verkäufer ein Interesse an der **Sicherung des Kaufpreis-** 48
anspruchs. Dies ist insbesondere dann der Fall, wenn der Kaufpreis langfristig in Raten zu zahlen ist oder wenn es sich um eine Veräußerung gegen Rentenzusage handelt. In erster Linie kommt als Sicherung eine selbstschuldnerische Bankbürgschaft „auf erstes Anfordern" in Betracht. Dadurch werden dem Bürgen gegenüber den Kaufpreisansprüchen des Verkäufers grundsätzlich alle Einwendungen aus dem Verhältnis zwischen Käufer und Verkäufer, insbesondere auch die Einrede der Vorausklage (§ 773 BGB) verwehrt. Als geringere Sicherungsform kommt auch die Abgabe einer **Patronatserklärung**[77] bzw. eines sogenannten **Comfort-Letters** durch eine über, neben oder unter[78] dem Käufer stehende Kon-

---

[73] So Hommelhoff, ZHR 150 (1986), 254, 270.
[74] Beisel/Klumpp, RN 642 ff.
[75] Zu Einzelheiten der Gestaltung der Abrechnungsbilanz siehe Hommelhoff ZHR 150 (1986), 269 f., 271 f. Vgl. auch BGH NJW 1979, 33.
[76] BGHZ 48, 25, 30; vgl. auch Kurth, NJW 1990, 2038.
[77] Zur Auslegung von Patronatserklärungen siehe OLG Stuttgart WM 1985, 455 sowie OLG Düsseldorf NJW-RR 1989, 1116 ff; Siehe dazu auch Schröder, ZGR 1982, 552 ff.
[78] Sog. „upstream"-Garantie, z. B. einer inländischen Tochtergesellschaft für eine ausländische Muttergesellschaft, um dem inländischen Vertragspartner (z. B. im Falle eines Rechtsstreites) eine erhöhte Sicherheit zu gewähren.

zerngesellschaft in Betracht. Auch kann der Verkäufer die Übertragung seiner Rechte an die Erfüllung des Kaufpreisanspruchs knüpfen oder sich dingliche Sicherungen einräumen lassen.[79]

49   Zur Sicherung gegen Wertverlust bei Ratenzahlung des Kaufpreises stehen die Instrumente der **Wertsicherungs- bzw. Gleitklauseln** zur Verfügung.[80]

50   Häufig wird es im Interesse des Käufers liegen, den Kaufpreis in mehreren Raten zu zahlen; die noch ausstehenden Raten können in diesem Fall zur Sicherung etwaiger Gewährleistungs- bzw. anderer Schadensersatzansprüche dienen. Ist eine sofortige Zahlung des Kaufpreises vorgesehen, kommt zur Sicherung der Gewährleistungs- und Garantieansprüche sowie etwaiger Schadensersatzansprüche des Käufers ebenfalls eine Bürgschaftserklärung von Banken oder anderen Dritten in Betracht.[81]

51   cc) **Übergangszeitpunkt.** Bestand und Wert des Unternehmens können vom Beginn des Verhandlungsstadiums, über den Kaufvertragsabschluß bis hin zum Übertragungsstichtag erheblichen Schwankungen unterliegen. Sowohl wirtschaftliche wie auch steuerliche Gesichtspunkte können insoweit eine Rolle spielen. Wie vorstehend ausgeführt, hat die Kaufpreisbemessung dies zu berücksichtigen. Der **Festlegung des Übergangsstichtages** kommt daher besondere Bedeutung zu. Der Übergangsstichtag ist der zeitliche Bezugspunkt für die Rechtswirkungen, die mit dem Übergang des Unternehmens auf den Käufer verbunden sind. Bestandteil der Stichtagsregelung ist die Vereinbarung, daß mit dem Stichtag der Besitz, die Nutzungen und die Gefahr hinsichtlich der zu übertragenden Gegenstände auf den Käufer übergehen. Auch vertragliche Garantie- oder Gewährleistungszusagen seitens des Verkäufers sollten deshalb auf den Übergangsstichtag bezogen sein.

52   Für die Zeit zwischen dem Abschluß des Kaufvertrages und dem Übergangsstichtag liegt die **Leitung des Unternehmens** weiterhin beim Veräußerer. Je nach den wirtschaftlichen Erfordernissen können im Unternehmenskaufvertrag abweichende Regelungen vorgesehen werden, die jedoch in der praktischen Abwicklung und Handhabung oftmals nicht unproblematisch sind.[82]

53   dd) **Übertragung von Forderungen und Rechtsverhältnissen, insbesondere Arbeitsverhältnissen.** Beim **Asset Deal** müssen alle Sachen und Rechte nach den jeweils für sie geltenden Vorschriften übertragen werden. Besonderheiten ergeben sich dabei hinsichtlich der **Übertragung**

---

[79] Hölters/Semler, Teil VI, RN 70 ff.; Beisel/Klumpp, RN 631.
[80] Hierzu ausführlich Beisel/Klumpp, RN 629 f.
[81] Hölters/Semler, Teil VI, RN 74; Beisel/Klumpp, RN 632.
[82] Ausführlich Holzapfel/Pöllath, RN 27-30.

V. Vertragsgestaltung 25

von Forderungen, Vertragspositionen und Rechtsverhältnissen, für die das Zivilrecht nur wenige Sonderbestimmungen, wie zum Beispiel die §§ 398 ff. BGB für die Abtretung von Forderungen, § 571 BGB für Mietverhältnisse, § 613 a BGB für Arbeitsverhältnisse[83] und §§ 69, 151 II VVG für Versicherungsverträge bereit hält. Will der Unternehmensverkäufer seine Pflichten aus laufenden Verträgen mit befreiender Wirkung auf den Unternehmenskäufer übertragen, so ist dafür zumeist die Zustimmung des Vertragspartners nach § 415 BGB bzw. ein sogenanntes **dreiseitiges Rechtsgeschäft** aller Beteiligten erforderlich.[84] Problematisch ist insbesondere die Überleitung von Rechten und Pflichten aus Dauerschuldverhältnissen. Ist z. B. der Verkäufer verpflichtet, dem Käufer eine Mieterposition bezüglich eines Betriebsgebäudes zu verschaffen, gelingt ihm dies aber wegen der Weigerung des Vermieters nicht, so kann die gesamte Unternehmungsübertragung scheitern. Wegen der möglicherweise weitreichenden Folgen ist eine Regelung dieser Fragen im Kaufvertrag unentbehrlich.[85]

b) Vertragsgegenstand beim Kauf einer Gesellschaft oder Beteiligung an einer Gesellschaft

aa) **Kapitalgesellschaft.** Bei Kapitalgesellschaften erfolgt der Unter- 54 nehmenskauf im Wege der Übertragung der Gesellschafterbeteiligung durch den Rechtsträger auf den Käufer. Der Kauf von kapitalgesellschaftsrechtlichen Mitgliedschaftsrechten ist **Rechtskauf**.[86] Wird das Mitgliedschaftsrecht zugleich in einem Wertpapier verkörpert (z. B. Aktie), so liegt daneben auch ein **Sachkauf** vor.[87]

Ist das Stammkapital einer GmbH in mehrere Geschäftsanteile unter- 55 teilt, so behalten diese ihre rechtliche Selbständigkeit auch dann, wenn sie einem Gesellschafter zustehen (§ 15 II GmbHG); die zu übertragenden Geschäftsanteile müssen daher im Unternehmenskaufvertrag einzeln mit ihrem Nennbetrag aufgeführt werden.[88] Gemäß §§ 16 I, 35 II GmbHG ist für die rechtswirksame Übertragung der Gesellschafterrechte auf den Anteilskäufer erforderlich, daß dieser den **Erwerb** unter Nachweis des Überganges mindestens **einem Geschäftsführer** anzeigt.[89]

---

[83] Dazu ausführlich nachfolgend C RN 23.
[84] Vgl. dazu MünchKomm-Möschel, Vorbemerkung 7 f. zu § 414 BGB.
[85] Eingehend dazu Holzapfel/Pöllath, RN 727, 730; vgl. auch Beisel/Klumpp, RN 405 ff. mit einer ausführlichen Darstellung der Überleitung von Energielieferungs- und Wasserlieferungsverträgen, Versicherungsverträgen, Handelsvertreterverträgen, sowie Miet-, Pacht- und Leasingverträgen (BGHZ 171, 189, 194).
[86] Zur Abgrenzung im einzelnen vgl. Hommelhoff, ZGR 1982, 366, 369; Hiddemann, ZGR 1982, 435, 438.
[87] Staudinger-Honsell, § 459, RN 6, 9.
[88] Vgl. Münchener Vertragshandbuch, Bd. 1, IV 68.
[89] Siehe dazu BGH DB 1990, 1709, 1711; BayObLG DB 1990, 167. Kritisch dazu Priester, EWiR § 16 GmbHG 1/90, 1209.

56 Bei Kapitalgesellschaften ist ein wirksamer Zwischenabschluß auf den Übergangsstichtag nur mit einer Änderung der Satzung möglich. GmbH-Anteile werden daher in der Regel mit den Gewinnbezugsrechten übertragen. Bei einer Veräußerung des Geschäftsanteils während des Geschäftsjahrs steht der in diesem Geschäftsjahr erwirtschaftete **Gewinn** gemäß § 101 Nr. 2 BGB dem Veräußerer und Erwerber zeitanteilig zu. Eine anderweitige Verteilung zwischen Verkäufer und Käufer kann im Wege eines nur im Innenverhältnis maßgeblichen Zwischenabschlusses oder im Wege einer Schätzung vorgenommen werden.[90]

57 Der **Gewinnanspruch** steht gemäß §§ 29, 41, 46 Nr. 1 GmbHG demjenigen zu, der im Zeitpunkt des Gewinnverwendungsbeschlusses Gesellschafter ist,[91] soweit dies nach dem Gesellschaftsvertrag nicht ausgeschlossen ist. Abweichende schuldrechtliche und dingliche Vereinbarungen[92] sind möglich, insbesondere die Abtretung des künftigen Anspruchs auf den anteiligen Gewinn vom Erwerber, der gemäß § 46 Nr. 1 GmbHG allein an der Feststellung des Jahresabschlusses und an dem Gewinnverwendungsbeschluß des laufenden Geschäftsjahres mitwirkt, auf den Veräußerer. Sofern und soweit die Gesellschafter über die Verwendung der Gewinne vorausgegangener Geschäftsjahre nicht bereits anderweitige Beschlüsse gefaßt haben und die Gewinne insbesondere nicht ganz oder teilweise in die Gewinnrücklagen eingestellt worden sind, stehen die anteiligen Gewinnansprüche gemäß § 101 Nr. 2 BGB dem Veräußerer zu. Um Unklarheiten zu vermeiden, sollte in jedem Fall in den Kaufvertrag eine Regelung dahingehend aufgenommen werden, wem der Gewinn des laufenden Geschäftsjahres und wem die unter die Gesellschafter etwa noch nicht verteilten Gewinne vorausgegangener Geschäftsjahre zustehen sollen.[93]

58 Ein bis zum Übergangsstichtag erwirtschafteter **Verlust** mindert das Vermögen der Gesellschafter. Dem Käufer steht daher die Möglichkeit der Kaufpreisminderung zu.[94]

59 bb) **Personengesellschaft.** Die Übertragung von Personengesellschaftsanteilen wird grundsätzlich behandelt wie die von Kapitalgesellschaften. Allerdings kann zweifelhaft werden, ob und inwieweit neben dem Kapitalanteil weitere **Rechte und Pflichten aus dem Gesellschaftsverhältnis**, wie z.B. Darlehens-, Kapitalrücklage-, oder Allgemeine Verrechnungskonten, Stimmrechte, Informationsrechte, Kündigungs-

---

[90] Beisel/Klumpp, RN 144 sowie zur steuerlichen Anerkennung der Schätzung Holzapfel/Pöllath, RN 196 unter Hinweis auf BFH BStBl. II, 1974, 234.
[91] Scholz-Emmerich, 8. Aufl., § 29, RN 14.
[92] Zur gesonderten Veräußerung des Gewinnanspruchs siehe Holzapfel/Pöllath, RN 198 ff.
[93] Vgl. Günther, Münchener Vertragshandbuch, 2. Auflage, 380 f.
[94] Siehe auch Beisel/Klumpp, RN 145.

recht, Recht auf Gewinn und Auseinandersetzungsguthaben, übergehen sollen. Deshalb empfiehlt sich eine detaillierte vertragliche Regelung. Bei Fehlen einer ausdrücklichen Regelung gehen sämtliche mit dem Gesellschaftsverhältnis verbundenen Rechte und Pflichten auf den Erwerber über, wenn sie im Zeitpunkt des Vertragsschlusses im Rechenwerk der Personengesellschaft Niederschlag gefunden haben;[95] im Falle einer bloßen Teilübertragung eines Personengesellschaftsanteils wird die Annahme eines – ebenfalls – nur anteiligen Überganges der Rechte und Pflichten sachgerecht sein.[96] Soweit nicht gesellschaftsvertraglich etwas Gegenteiliges vereinbart ist, stehen unteilbare Rechte beiden Vertragsparteien zu. Vermögensgegenstände, die der Gesellschaft von einem Gesellschafter zur Nutzung überlassen sind, werden mangels einer gesamthänderischen Bindung vom Beteiligungserwerb nicht erfaßt. Soweit ihre Nutzung für die Unternehmensführung erforderlich ist, bedarf es entsprechender vertraglicher Regelungen mit diesem Gesellschafter.

Der bis zum Übergangsstichtag erwirtschaftete **Gewinn** steht grundsätzlich dem Veräußerer zu. Da anders, als bei Kapitalgesellschaften, ein Zwischenabschluß ohne weiteres möglich ist, kann der zeitanteilige Gewinn des Veräußerers auf diesem Wege festgestellt werden.[97] Ensteht bis zum Übergangsstichtag ein **Verlust**, so kann dieser kaufpreismindernd berücksichtigt werden. Wird das Privatkonto des Verkäufers nicht übernommen, so kann ein Verlust dem Privatkonto des Veräußerers belastet werden.[98] 60

Weichen der Zeitpunkt des Vertragsschlusses und der Übergangsstichtag voneinander ab, so sollten in jedem Falle die Entnahmerechte des Veräußerers für die Zwischenzeit vertraglich geregelt werden. 61

2. Gewährleistungs- und Haftungsrecht

Die Regelungen der Gewährleistung gehören zu den schwierigsten und umstrittensten Rechtsfragen im Zusammenhang mit dem Unternehmenskauf. Neben der bereits angesprochenen Rechtsunsicherheit darüber, ab welcher Beteiligungsquote auch der Share Deal als Kauf im Sinne des § 433 BGB einzuordnen ist und demzufolge auch auf ihn die Gewährleistungsregeln der §§ 459 ff. BGB Anwendung finden,[99] gibt es eine Vielzahl von Auffassungen darüber, inwieweit und in welcher Art und Weise Unternehmensmängel zu Gewährleistungs- oder Schadensersatzansprüchen führen. 62

---

[95] Vgl. BGHZ 45, 221, 223; BGH NJW 1966, 1307, 1309; BGH NJW 1969, 133.
[96] Vgl. dazu BFH BStBl. II 1982, 211, 214.
[97] Beisel/Klumpp, RN 144; BFH BStBl. II 1977, 248.
[98] Siehe dazu Holzapfel/Pöllath, RN 34 ff., sowie Beisel/Klumpp, RN 145.
[99] Siehe dazu nachfolgend RN 99-101.

63 Der Bundesgerichtshof wendet auf den Unternehmenskauf uneingeschränkt die **Regeln über die Sachmängelhaftung** an.[100] Dies ist insbesondere im Hinblick auf die Wandlungsbefugnis des Käufers bei Fehlern des Unternehmens oder fehlenden zugesicherten Eigenschaften problematisch, da die Rückübertragung des Unternehmens sich insbesondere wegen der fortlaufenden Änderungen vielfach als nicht interessengemäß darstellt. Gleichwohl hat die Rechtsprechung die Wandlungsbefugnis des Käufers als Rechtsfolge von Sachmängeln nicht eingeschränkt. Sie hat vielmehr, um insbesondere die Wandlungsbefugnis des Käufers in Grenzen zu halten, den **Fehler- und Eigenschaftsbegriff** des § 459 I und II BGB sehr restriktiv ausgelegt und besonders strenge Anforderungen an das **Vorliegen einer (stillschweigenden) Zusicherung** (§ 459 II BGB) gestellt.[101]

64 Die bereits dargelegte Rechtsunsicherheit hinsichtlich der Mängelhaftung erfordert es, daß die Vertragspartner die Mängelhaftung detailliert im Unternehmenskaufvertrag regeln. Dabei werden Abgrenzungsschwierigkeiten weitgehend ausgeschaltet, wenn die wesentlichen Umstände nicht nur im Sinne von § 459 II BGB zugesichert, sondern **selbständig garantiert** werden.[102]

65 Dem kann allerdings das Bedürfnis des Verkäufers an einer vertraglichen Begrenzung seiner Garantie- und Gewährleistungshaftung entgegenstehen. Bei Vertragsverhandlungen stoßen deshalb die gegensätzlichen Interessen regelmäßig aufeinander. Ein weitgehender Gewährleistungsausschluß zugunsten des Verkäufers kann für den Käufer dann akzeptabel sein, wenn die Unternehmensverhältnisse hinreichend transparent und geordnet sind.[103] Bei komplizierten und unübersichtlichen Unternehmensverhältnissen bedarf es dagegen zum Schutze des Käufers einer möglichst weitgehenden **Garantie- und Gewährleistungshaftung des Verkäufers**. Diese kann durch eine **Vollständigkeitszusicherung** des Verkäufers ergänzt werden, daß er dem Käufer vor Abschluß des Kaufvertrages sämtliche Geschäftsunterlagen zu dessen sorgfältiger Prüfung (sog. Due-Diligence) zur Verfügung gestellt hat und darüber hinaus keine Geschäftsbeziehungen bzw. wirtschaftlichen Verpflichtungen bestehen.

66 Da das gesetzliche Gewährleistungsrecht zwischen dem Zeitpunkt des Kaufvertragsabschlusses und den unterschiedlichen Zeitpunkten trennt, zu denen der Kaufgegenstand einen bestimmten rechtlichen oder tatsächlichen Zustand aufweisen muß, sind im Vertrag die relevanten Zeitpunkte präzise zu bestimmen und möglichst zusammenzufassen.

---

[100] BGH NJW 1959, 1584; WM 1970, 819, 820; WM 1988, 1700; ZIP 1991, 321, 322.
[101] Vgl. Hiddemann, ZGR, 435, 442f.; Hölters/Semler, Teil VI RN 110; Beisel/Klumpp RN 934.
[102] Holzapfel/Pöllath, RN 391.
[103] Günther, S. 440; Beisel/Klumpp, RN 962.

V. Vertragsgestaltung

Dies geschieht in der Praxis durch die Bestimmung des sogenannten **67**
Closing,[104] also die Festlegung des Übergangsstichtages, an dem Leitungsmacht und unternehmerische Verantwortung auf den Erwerber übergehen. Das Closing ist aber nicht nur für die Gewährleistung von Bedeutung, sondern auch für die eindeutige Abgrenzung der laufenden Geschäfte zwischen Altinhaber und Erwerber.[105]

a) Beim Kauf einzelner Wirtschaftsgüter

aa) Fehler des Unternehmens.

Ein **Fehler des Unternehmens im Sinne** **68** des § 459 I BGB ist die für den Käufer nachteilige Abweichung der tatsächlichen von der vertraglich vereinbarten Beschaffenheit.[106] Welche Abweichungen beim Unternehmenskauf einen Fehler des Unternehmens darstellen, ist eine Frage des Einzelfalls. In der Rechtsprechung ist allerdings eine **restriktive Tendenz** festzustellen.[107] Zwar können auch Fehler einzelner Gegenstände des übertragenen Unternehmens einen Mangel des Unternehmens im Ganzen begründen. Voraussetzung dafür ist allerdings, daß durch den Fehler des einzelnen Gegenstandes die Tauglichkeit des Unternehmens als Ganzes nicht mehr gegeben und seine wirtschaftliche Grundlage durch den Mangel erschüttert ist.[108] Ein solcher Mangel kann auch auf einem Rechtsmangel beruhen, der auf das Unternehmen durchschlägt. Die Rechtsprechung hat dies z. B. bei der Versagung der Baugenehmigung für eine Verkaufsstelle auf dem gekauften Grundstück wegen gewerberechtlicher Bedürfnisprüfung angenommen.[109] Auch Quantitätsmängel können einen Fehler des Unternehmens darstellen, so z. B. wenn beim Verkauf eines Getränkegroßhandels das mitverkaufte Leergut unauffindbar ist[110] oder wenn beim Verkauf eines Gerüstebauunternehmens Fehlbestände an Gerüsten gegeben sind.[111]

Keinen Fehler stellen **unrichtige Angaben über Umsätze, Erträge und** **69** **Ertragskraft des Unternehmens** dar.[112] Derartige Angaben, auch wenn sie in Bilanzen und Statusangaben niedergelegt sind, beeinträchtigen die Gebrauchstauglichkeit eines Unternehmens jedenfalls nicht unmittelbar.[113] Sie haften dem Unternehmen nicht unmittelbar als Sacheigen-

---

[104] Siehe dazu nachfolgend RN 187.
[105] Hommelhoff, ZHR 150 (1986), 254, 265 f.; Beisel/ Klumpp, RN 471.
[106] BGH NJW 1983, 2242; BGHZ 90, 198, 202.
[107] Vgl. Hiddemann, ZGR 1982, 435, 443; Hölters/Semler Teil VI RN 110; Beisel/ Klumpp, RN 934.
[108] BGH WM 1970, 819, 821; NJW 1970, 556; Beisel/Klumpp RN 935; Hölters/Semler, Teil VI, RN 110.
[109] OLG München HRR 1936, Nr. 590.
[110] BGH WM 1974, 312.
[111] BGH NJW 1979, 33.
[112] BGH WM 1970, 132, 133; 1974, 51; 1977, 712, 714; BGH NJW-RR 1989, 306, 307; Hölters/Semler, Teil VI, RN 110.
[113] Beisel/Klumpp, RN 937; Hiddemann, ZGR 1982, 435, 445.

schaft an, vielmehr rechtfertigen sie nur mittelbar Schlüsse auf den Wert des Unternehmens.[114] Ebenso beinhalten unrichtige Angaben des Verkäufers über die Höhe der bestehenden **Verbindlichkeiten** keine Sachmängel, weil Verbindlichkeiten den Wert des Unternehmens nicht unmittelbar beeinflussen.[115] In diesem Fall scheidet auch eine Haftung für Rechtsmängel aus, weil der Verkäufer seiner Rechtsverschaffungspflicht ungeachtet der höheren Verbindlichkeit in vollem Umfang nachkommt.[116] Ebensowenig ist das Vorhandensein oder Fehlen bestimmter Charaktereigenschaften eines maßgeblichen Mitarbeiters als Fehler des Unternehmens anzusehen.[117] Schließlich stellt auch die unrichtige **Bewertung von Sachen** keinen Fehler dar.[118]

70 Wünscht der Unternehmenskäufer insoweit eine Freistellung von bestehenden Risiken, bedarf es klarer Garantievereinbarungen[119] im Sinne des § 305 BGB zu Lasten des Verkäufers.

71 bb) **Zusicherungsfähige Eigenschaften des Unternehmens.** Eine zusicherungsfähige Eigenschaft im Sinne des § 459 II BGB ist jedes dem Kaufgegenstand auf gewisse Dauer anhaftende Merkmal, das für den Wert, den vertraglich vorausgesetzten Gebrauch oder aus sonstigen Gründen für den Käufer erheblich ist.[120] Zugesichert ist eine Eigenschaft dann, wenn in der Erklärung des Verkäufers, die Vertragsbestandteil geworden ist, der Wille zum Ausdruck kommt, für das Erklärte einstehen zu wollen.[121] Die Haftung für zugesicherte Eigenschaften ist vom Gesetzgeber als Ausnahme konzipiert. An ihr Vorliegen sind daher strenge Anforderungen zu stellen. Das gilt insbesondere für die Annahme einer stillschweigenden Zusicherung. Die bloße Vorlage von Unterlagen anläßlich der Vertragsverhandlungen genügt dafür nicht.[122]

72 Gegenstand einer Zusicherung können Angaben des Verkäufers über die Höhe der bestehenden Verbindlichkeiten ebenso sein, wie über die **Ertragsfähigkeit des Unternehmens**.[123] Demgegenüber werden **Umsatz- und Ertragsangaben** von der Rechtsprechung grundsätzlich nicht als zusiche-

---

[114] BGH WM 1970, 132, 133; NJW 1970, 653.
[115] RGZ 146, 120, 123; BGH WM 1970, 819, 821; 1979, 944, 945. – A. A. für Verbindlichkeiten aus einem Geschäftsführervertrag, den der Alleingesellschafter einer GmbH ohne Wissen des Käufers mit der Gesellschaft abgeschlossen hatte, OLG Hamm GmbHR 1994, 48. Siehe dazu auch Depping, Geschäftsführervertrag als Unternehmensmangel?, DStR 1994, 1197 ff.
[116] BGH WM 1970, 819, 821; 1980, 1006.
[117] BGH NJW 1991, 1223, 1224.
[118] BGH WM 1979, 944.
[119] Siehe nachfolgend RN 85.
[120] BGHZ 87, 302, 307; 88, 130, 134.
[121] Staudinger-Honsell, § 459, RN 60.
[122] Hölters/Semler, Teil VI, RN 113; Hiddemann, ZGR 1982, 435, 445, 447.
[123] Vgl. BGH WM 1970, 819, 821; 1979, 944 und BGH NJW 1970, 653, 655; 1977, 1538.

rungsfähige Eigenschaften eines Unternehmens betrachtet,[124] da ihnen in aller Regel das Merkmal der Dauerhaftigkeit fehlt und sie nicht unmittelbar dem Unternehmen als Sacheigenschaft anhaften, sondern – ebenso wie Angaben in Bilanzen – nur Anhaltspunkte darstellen, die in Verbindung mit anderen Kriterien für die Einschätzung der Ertragsfähigkeit maßgeblich sind.[125] Werden Umsätze und Erträge allerdings für einen längeren, mehrjährigen Zeitraum angegeben, so können auch sie Gegenstand einer gewährleistungsrechtlichen Zusicherung sein, da sie in diesem Fall einen einigermaßen verläßlichen Anhalt für die Ertragsfähigkeit des Unternehmens bieten und diesem gleich einer Eigenschaft dauernd anhaften.[126]

Gegenstand einer Zusicherung nach § 459 II BGB kann jedoch der **Ruf eines Betriebes** sein, denn dieser zählt zu den tatsächlichen, sozialen und rechtlichen Beziehungen eines Unternehmens zu seiner Umwelt, die über dessen physische Eigenschaft hinaus zusicherungsfähig im Sinne des § 459 II BGB sind. So hat der BGH in einer neueren Entscheidung die Ansicht vertreten, daß der schlechte Ruf eines als gepflegte Pension verkauften Raststättengrundstücks, bei dem – wie sich nach Verkauf des Grundstücks herausstellte – ein wesentlicher Teil des Geschäfts auf dem Betrieb der Raststätte als Stundenhotel beruhte, eine Eigenschaft im Sinne des § 459 I BGB sei.[127] Mit dieser Entscheidung stellt der BGH nachdrücklich klar, daß eine zusicherungsfähige Eigenschaft sich zwar auf die Kaufsache beziehen muß, ihr aber nicht unmittelbar immanent sein muß und nicht von ihr auszugehen hat. 73

Zusammenfassend ist festzustellen, daß die Rechtsprechung beim Unternehmenskauf eine **restriktive Auslegung des Fehler- und Eigenschaftsbegriffs** verfolgt und besonders strenge Anforderungen an das Vorliegen einer sogenannten (stillschweigenden) Zusicherung stellt. Auf diese Weise schränkt die Rechtsprechung den Anwendungsbereich des Gewährleistungsrechtes ein und eröffnet damit den **Rückgriff auf das Rechtsinstitut der Haftung aus Verschulden bei Vertragsschluß (culpa in contrahendo/c.i.c.).** Für eine flexible Erfassung und Bewältigung der Leistungsstörungen beim Unternehmenskauf erscheint das Rechtsinstitut der c.i.c. grundsätzlich besser geeignet, als das starre Gewährleistungsrecht, denn es eröffnet dem Käufer unter anderem die Möglichkeit, an Stelle einer sonst drohenden Rückabwicklung des Unternehmenskaufes (Wandelung) den Verkäufer am Vertrag festzuhalten und lediglich auf Schadensersatz gerichtete Ansprüche geltend zu machen.[128] 74

---

[124] BGH NJW 1977, 1536 u. 1538; 1979, 33; DB 1990, 1911; NJW-RR 1989, 307.
[125] Hiddemann, ZGR 1982, 435, 446; Hölters/Semler, Teil VI RN 113; Beisel/Klumpp, RN 939.
[126] BGH NJW 1977, 1536, 1537, 1538; insoweit kritisch Hölters/Semler, Teil VI, RN 113 m.w.N.
[127] BGH NJW 1992, 2564, 2565.
[128] Hiddemann, ZGR 1982, 435, 437.

75 cc) **Haftung aus Verschulden bei Vertragsschluß (c.i.c.).** Die Regeln über die Haftung aus Verschulden bei Vertragsschluß (c.i.c.) wegen **fahrlässigen** Verhaltens des Verkäufers kommen nach ständiger höchstrichterlicher Rechtsprechung nur dann zur Anwendung, wenn die Spezialregeln der kaufrechtlichen Gewährleistung nicht einschlägig sind.[129] Im Falle **vorsätzlichen** Verhaltens konkurrieren die Ansprüche aus Gewährleistung und c.i.c.[130] Diese Regeln gelten auch für den Unternehmenskauf; hier sind die Grundsätze der c.i.c. also nur dann anwendbar, wenn fehlerhafte Angaben des Verkäufers zum Unternehmen nicht als Fehler im Sinne des § 459 I BGB und nicht als Zusicherung einer Eigenschaft im Sinne § 459 II BGB gewertet werden können.[131] Ferner greifen die Regeln der c.i.c. dort ein, wo zwar einzelne Gegenstände des veräußerten Unternehmens rechts- oder sachmängelbehaftet sind, ein Mangel des Unternehmens als ganzes jedoch nicht vorliegt, da dessen wirtschaftliche Grundlage nicht erschüttert ist.[132]

76 Angesichts dieses Konkurrenzverhältnisses wird deutlich, daß die restriktive Auslegung des Fehler- und Eigenschaftsbegriffs durch die Rechtsprechung insbesondere dazu dient, den Anwendungsbereich für die Haftung aus c.i.c. zu erweitern.[133] Dies hat für den Bereich des Unternehmenskauf zur Folge, daß die verschuldensunabhängige Gewährleistung mit eingeschränkten Schadensersatzmöglichkeiten zugunsten einer verschuldensabhängigen Haftung mit flexibleren Rechtsfolgen zurückgedrängt wird und daß zum anderen die kürzere Verjährungsfrist des § 477 BGB nicht zur Anwendung kommt.[134]

77 Das letztlich aus dem Grundsatz von Treu und Glauben (§ 242 BGB) hergeleitete Rechtsinstitut der c.i.c. erweist sich der gesetzlichen Sachmängelhaftung als in vielfacher Weise überlegen. Dies zeigt sich nicht nur im Zusammenhang mit den noch darzustellenden flexibleren Rechtsfolgen, sondern bereits bei dem Tatbestandsmerkmal der Pflichtverletzungen. Pflichtverletzungen liegen entweder bei vorsätzlichen oder fahrlässigen Falschangaben oder bei Unterbleiben gebotener Aufklärungen vor. Hierbei können auch fehlerhafte Angaben berücksichtigt werden, die im Rahmen der Gewährleistungsregeln nicht als Fehler oder zusicherungsfähige Eigenschaften anerkannt werden, wie z.B. Umsatz- und Ertragsangaben für kürzere Zeiträume und einzelne Bilanz- und Statusangaben.[135] Ob bzw. ab wann eine Verletzung von Hin-

---

[129] BGHZ 60, 319, 320 ff.; WM 1988, 124, 125; 1990, 1344.
[130] Hölters/Semler, Teil VI, RN 132.
[131] BGHZ 65, 246, 253; 69, 53, 55; NJW 1980, 2408; WM 1990, 1344.
[132] Holzapfel/Pöllath, RN 327.
[133] Vgl. Hölters/Semler, Teil VI, RN 132; Beisel/Klumpp, RN 941.
[134] Hiddemann, ZGR 1982, 435, 437; Hölters/Semler, Teil VI, RN 132.
[135] Beisel/Klumpp, RN 249.

V. Vertragsgestaltung

weis- und Aufklärungspflichten durch einen Verkäufer gegeben ist, ist für jeden Einzelfall gesondert zu beurteilen und richtet sich nach Art und Umfang der jeweiligen Darlegungs- und Mitteilungspflicht. Je mehr der Käufer **für den Verkäufer erkennbar** Wert auf bestimmte Angaben legt, um so umfassender, ausführlicher und sorgfältiger sind die entsprechenden Informationen zu erteilen. Nach der jüngsten Entscheidung des Bundesgerichtshofs zu den Anforderungen an die Pflichtverletzung im Sinne der c.i.c. bei einem Unternehmenskauf reicht z.B. die bloße Übergabe einer fehlerhaften/nichtigen Bilanz durch den Verkäufer nicht zur Begründung dessen Haftung aus. Dies ist nur dann anders zu beurteilen, wenn der Verkäufer im Bewußtsein gehandelt hat, daß es dem Käufer auf bestimmte Angaben und deren Richtigkeit ankomme.[136]

Mangels eines einheitlichen und allgemein gültigen Maßstabes für die Beurteilung von Unternehmen und aufgrund der unterschiedlichen Intentionen, die ein Käufer mit dem Erwerb eines Unternehmens verfolgt, trifft diesen die Obliegenheit, sich selbst einen Überblick über ein Unternehmen und dessen Beurteilung zu verschaffen und den Bedarf an weiteren Auskünften zu ermitteln. Von daher ist es grundsätzlich Sache des Käufers, sich vom Verkäufer konkrete und verbindliche Informationen über Eigenschaften eines Unternehmens zu verschaffen, die keinen Fehler im objektiven Sinne darstellen, aber für die individuelle Preiskalkulation und Vertragsgestaltung von Bedeutung sind. In diesem Zusammenhang spielen nach der vorgenannten BGH-Entscheidung unter anderem auch Besonderheiten in der Käuferpersönlichkeit, wie z.B. wirtschaftliche Bedeutung und Erfahrung mit dem Erwerb von Unternehmen, eine Rolle sowie der Umstand, daß sich der Käufer der fachlichen Beratung und Unterstützung durch Wirtschaftsprüfer bei der Beurteilung des Unternehmens bedient. Je erfahrener der Käufer hinsichtlich Unternehmenskäufen ist, um so konkreter, ausdrücklicher und unmißverständlicher muß er seine Interessen gegenüber dem Verkäufer deutlich machen.

Hinsichtlich des Tatbestandsmerkmals der Pflichtverletzung bleibt somit festzuhalten, daß ein Käufer sich im Hinblick auf die ihn interessierenden Aspekte durch besondere und gezielte Nachfragen und die Einholung von Zusicherungen vergewissern und versichern sollte, um in den Genuß der Vorteile dieses Haftungstatbestandes zu kommen. Die Beweislast dafür, daß die Pflichtverletzung nicht schuldhaft war, trifft gemäß § 282 BGB den Verkäufer.

Ist der Haftungstatbestand der c.i.c. gegeben, so ist der Verkäufer dem Käufer zum Ersatz des Vertrauensschadens verpflichtet, d.h. der Verkäufer hat den Käufer so zu stellen, wie dieser ohne die unrichtige,

---

[136] BGH DStR 1994, 1019 ff. = WM 1994, 1378.

haftungsbegründende Angabe stehen würde.[137] Dabei kommen **primär zwei Fallkonstellationen** in Betracht.

79 Der Käufer kann erstens trotz der unrichtigen Angabe aus wirtschaftlichen Erwägungen ein **Interesse** daran haben, **an dem Vertrag festzuhalten**. In einem solchen Fall wird er geltend machen, er hätte **bei richtiger Information nur einen geringeren Kaufpreis vereinbart,** und dementsprechend Schadensersatz fordern.[138] Die konkrete Bestimmung des zu gewährenden Schadensersatzes erfolgt in der Regel aufgrund einer vom Gericht gemäß § 287 ZPO vorzunehmenden Schätzung des Betrages, um den der Käufer das Unternehmen zu teuer erworben hat.[139] Zur Durchsetzung seines Schadensersatzanspruches braucht der Käufer nicht den Nachweis zu führen, daß sich der Verkäufer seinerseits mit dem niedrigeren Kaufpreis zufrieden gegeben hätte.[140]

80 Es ist zweitens die Situation denkbar, daß der **Vertrag** ohne die falsche Angabe des Verkäufers **überhaupt nicht zustande gekommen** wäre und der Käufer Rückzahlung des ganzen Kaufpreises Zug um Zug gegen **Rückübertragung des Unternehmens** wählt.[141] Der Verkäufer muß dann gegen Rückgabe des Unternehmens den Kaufpreis zurückzahlen.

Unklar ist hierbei, ob der Käufer dafür beweispflichtig sein soll, daß es bei richtiger Information und Offenlegung des wahren Sachverhaltes[142] tatsächlich nicht zum Abschluß des Kaufvertrages gekommen wäre.[143] Macht der Käufer Schadensersatz geltend, so ist nach der Rechtsprechung dieser Anspruch weder davon abhängig, daß sich der Käufer vom Vertrage löst, noch davon, daß er den Abschluß eines für ihn günstigeren Vertrages für den Fall pflichtgemäßen Verhaltens des Verkäufers beweist. Wäre der Vertrag ohne das schuldhaft schädigende Verhalten überhaupt nicht oder jedenfalls nicht mit dem später vereinbarten Inhalt zustande gekommen, so steht dem Käufer nach der Rechtsprechung das Wahlrecht zu, sich vom Vertrag zu lösen, oder daran festzuhalten und seinen durch die Pflichtverletzung entstandenen Mehraufwand als Schaden geltend zu machen.[144]

Diese Ausführungen deuten darauf hin, daß ein Käufer berechtigt ist, sich vom Vertrag unbelastet von der vorgenannten Beweispflicht zu lösen. Diese Lösung entspräche auch den praktischen Schwierigkeiten,

---

[137] BGH NJW 1977, 1536, 1537; NJW 1980, 2408, 2409.
[138] BGH NJW 1977, 1536; 1989, 1793; NJW-RR 1989, 300.
[139] BGH NJW 1980, 2408; BGHZ 69, 53, 56 ff.
[140] BGHZ 69, 53, 57; WM 1988, 1700; NJW 1989, 1793, 1794.
[141] BGHZ 65, 246, 253; Soergel-Huber, § 459, RN 244.
[142] Zur Verpflichtung des Verkäufers bei der Führung von Kaufvertragsverhandlungen zur Offenbarung von Tatsachen, die für den Käufer von erkennbarer Bedeutung sind, vgl. BGH DB 1978, 979.
[143] So Beisel/Klumpp, RN 944.
[144] BGH NJW 1970, 653; 1980, 2408, 2409.

V. Vertragsgestaltung

die einen Käufer treffen, wenn er im Nachhinein einen hypothetischen Nachweis dahingehend führen müßte, daß er bei Kenntnis den Kaufvertrag nicht abgeschlossen hätte.

Im Rahmen der Haftung aus c.i.c. ist es **im Interesse einer sachgerech-** 81 **ten Streitentscheidung** desweiteren möglich, ein etwaiges **Mitverschulden** des Käufers gemäß § 254 BGB zu berücksichtigen. In diesem Zusammenhang können insbesondere eine mangelnde oder unsorgfältige Überprüfung eines Unternehmens an Bedeutung gewinnen.[145] Da der Käufer nach der Rechtsprechung jedoch nicht dazu verpflichtet ist, das zu erwerbende Unternehmen eingehend zu überprüfen, überwiegen Entscheidungen, in denen es dem Käufer nicht negativ angerechnet wurde, daß er z.B. übergebene Bilanzen nicht durch einen Steuerberater überprüfen ließ oder nicht auf Angaben nach Erträgen oder Umsätzen beharrte.[146] Schließlich ist bei Unternehmenskaufverträgen zu beachten, daß es grundsätzlichen **keinen Vorteilsausgleich** gibt. Insoweit hat der BGH in seiner Entscheidung vom 25.05.1977 ausdrücklich darauf hingewiesen, daß ein solcher Ausgleich mit späteren Gewinnen des Käufers nicht stattfindet, da ein innerer Zusammenhang zwischen diesem Gewinn, den der Käufer bei fortbestehendem Vertrag in jedem Fall und aufgrund eigenen unternehmerischen Einsatzes erzielt hätte, und dem schadensstiftenden Ereignis fehlt.[147]

Der Bundesgerichtshof versucht, durch die Anwendung der Regeln der 82 c.i.c. insgesamt zu einem rechtlichen Ergebnis zu gelangen, das den wirtschaftlichen Bedürfnissen der Praxis entspricht. Dieser Vorteil kommt ohne Unterschied dem Asset- und dem Share Deal zugute.

dd) Verjährung. Die restriktive Anwendung des Gewährleistungs- 83 rechts zu Gunsten der c.i.c. wirkt sich insbesondere im Bereich der Verjährung aus. Aufgrund der Komplexität eines Unternehmens als Kaufgegenstand wird der Käufer Fehler häufig erst nach einer gewissen Zeit feststellen können. Die Rechtsprechung wendet gleichwohl auch bei dem Unternehmenskauf die für bewegliche Sachen ab dem Zeitpunkt der Ablieferung geltende **6-monatige Verjährungsfrist des** § 477 BGB an, sofern nicht der Verkäufer den Mangel arglistig verschwiegen hat. Das gilt selbst dann, wenn zu dem verkauften Unternehmen ein Grundstück gehört.[148] Dabei nimmt die Rechtsprechung bewußt in Kauf, daß die Verjährungsfrist bereits vor der erstmaligen Erkennbarkeit des Mangels abgelaufen sein kann.[149]

---

[145] Siehe dazu die Ausführungen zu den Risiken der sog. Due Diligence, FN 29.
[146] Holzapfel/Pöllath, RN 334 ff. unter Hinweis auf BGH NJW 1977, 1538, WM 1974, 51.
[147] BGH NJW 1977, 1536, 1538.
[148] RGZ 138, 354, 358.
[149] Vgl. Hiddemann, ZGR 1982, 435, 449.

Diese Rechtsprechung ist daher nicht unumstritten. Die Literatur befürwortet teilweise die Anwendung der einjährigen Grundstücksverjährungsfrist gemäß § 477 I BGB,[150] teilweise die Anwendung der grundsätzlich dreijährigen Verjährungsfrist gemäß § 852 BGB.[151]

84 Demgegenüber unterliegen die Ansprüche des Unternehmenskäufers auf Schadensersatz wegen c.i.c. nach ständiger Rechtsprechung grundsätzlich nicht der Verjährung gemäß § 477 BGB, sondern verjähren gemäß § 195 BGB in 30 Jahren.[152] Nur ausnahmsweise gilt die kurze Verjährungsfrist auch für Ansprüche des Unternehmenskäufers aus c.i.c., soweit sie ihre Grundlage in Sachmängeln haben.[153]

85 **ee) Garantien.** Die zuvor dargestellten Probleme des Gewährleistungsrechts beim Unternehmenskauf lassen sich durch die **Vereinbarung selbständiger Garantieversprechen** (§ 305 BGB) vermeiden. Allein solche Garantien des Verkäufers führen zu dessen **verschuldensunabhängiger Haftung** für fehlende oder falsche Angaben, die nicht vom Begriff des Fehlers im Sinne des § 459 I BGB und der zugesicherten Eigenschaft im Sinne des § 459 II BGB erfaßt werden.[154] Darüber hinaus können auf diese Weise Rechtsunsicherheiten beseitigt werden, wie z.B. die Abgrenzung zwischen der Sach- und der Rechtsmängelhaftung beim Share Deal oder die Zuordnung von Abschlußangaben zu den gewährleistungsrechtlichen Zusicherungen, die der kurzen Verjährung des § 477 BGB unterliegen, oder zur c.i.c., die in dreißig Jahren verjährt.

86 Die Annahme eines selbständigen Garantieversprechens setzt voraus, daß der Verkäufer über die gesetzliche Gewährleistung hinaus für das Vorhandensein bzw. Fehlen bestimmter Umstände **verschuldensunabhängig** einstehen und den Käufer im Falle der Risikoverwirklichung schadlos halten will.[155] Ob ein Unternehmenskauf ein Garantieversprechen enthält, ist durch Auslegung zu ermitteln. Da selbst Formulierungen wie „versichern" oder „garantieren", auch in einer notariellen Urkunde, nicht notwendig auf eine selbständige Garantie hindeuten,[156] empfiehlt die Rechtsprechung, entsprechende Erklärungen oder Angaben im Vertrag ausdrücklich als Garantieversprechen oder -vertrag zu kennzeichnen und getrennt von einfachen Gewährleistungen in den Vertragstext aufzunehmen.[157]

---

[150] H.P. Westermann, ZGA 1982, 45, 61; Prölss, ZIP 1981, 337 ff.
[151] Canaris, ZGA 1982, 395, 425.
[152] BGH WM 1974, 51, 52; Kritik an den unterschiedlichen Verjährungsfristen übt Hiddemann, ZGR 1982, 435, 449 f.
[153] BGHZ 47, 312, 319; 88, 130, 137.
[154] BGHZ 65, 246, 252.
[155] Binz/Götz, DStR 1991, 1629; Buchwaldt, NJW 1994, 153, 156.
[156] BGH NJW 1960, 1567; OLG München NJW 1967, 1326.
[157] Binz/Götz, DStR 1991, 1629, 1631 unter Hinweis auf BGHZ 65, 246; 69, 53.

V. Vertragsgestaltung

Im Gegensatz zur gewährleistungsrechtlichen Zusicherung kann sich ein Garantieversprechen nicht nur auf Eigenschaften im Sinne der Sachmängelhaftung beziehen, die im Zeitpunkt des Vertragsschlusses vorliegen, sondern auf alle gegenwärtigen oder zukünftigen Umstände.[158] Der Verkäufer kann hierbei verschiedene Arten von Garantien abgeben.

87

Bei einer **Erfolgsgarantie** steht er für den Eintritt eines bestimmten wirtschaftlichen Erfolges ein; durch eine **Unsicherheitsgarantie** sichert er zu, daß ein genau beschriebenes Risiko sich nicht nachteilig für der Käufer auswirkt.[159] Ein Unterfall der Unsicherheitsgarantie ist die **Bilanzgarantie**, die sich auf die Richtigkeit der bilanziellen Angaben bezieht.[160] In aller Regel wird hierduch nur die Einhaltung der Grundsätze ordnungsmäßiger Buchführung (GoB) zugesagt. Darüber hinaus sollte sich die Garantie aber auch auf die Ausübung von Bilanzierungs- und Bewertungswahlrechten erstrecken.[161] Anstelle oder zusätzlich zur Bilanzgarantie können die Vertragsparteien ferner eine **Eigenkapitalgarantie** in den Vertrag aufnehmen. Hierdurch verspricht der Verkäufer das Vorhandensein eines bestimmten Eigenkapitals in bestimmter Höhe zu einem bestimmten Zeitpunkt.[162] Die Höhe des Eigenkapitals wird durch eine Abrechnungsbilanz ausgewiesen. Sie vermag allerdings nur gegen Wertbeeinträchtigungen abzusichern. Das über das reine Wertinteresse hinausgehende Tauglichkeitsinteresse ist daher gegebenenfalls durch eine spezielle **Bestandsgarantie** zu schützen.[163] Bestandsgarantien können sich ferner auf Art und Lage von Grundstücken, betriebliche Anlagen, Beteiligungen an und Beziehungen zu Unternehmen, Vorräte und Personalbestand beziehen.[164]

88

Insbesondere im Zusammenhang mit der Bilanzgarantie, aber auch bezüglich der übrigen Garantien, stellt sich die Frage, ob die Garantie von der Kenntnis des Verkäufers abhängig und damit subjektiver Natur sein soll oder ob der Verkäufer uneingeschränkt für die objektive Richtigkeit einstehen soll.[165] Wird das Garantieversprechen des Verkäufers dahingehend eingeschränkt, daß ihm keine Umstände bekannt sind, die der Richtigkeit seiner Angaben entgegenstehen können, so sollte aus Sicht des Käufers insoweit die Frage der Beweislast geregelt werden. Ohne ausdrückliche Regelung trifft ihn die Beweislast für die Kenntnis des Ver-

89

---

[158] BGH NJW 1977, 1536, 1538; Beisel/Klumpp, RN 955.
[159] Buchwaldt, NJW 1994, 153, 157.
[160] Hölters/Semler, Teil VI, RN 126; Buchwaldt, NJW 1994, 153, 157; Binz/Götz, DStR 1991, 1629, 1631.
[161] Hölters/Semler, Teil VI, RN 127.
[162] Beisel/Klumpp, RN 960; Hölters/Semler, Teil VI, RN 128.
[163] Beisel/Klumpp, RN 960; Binz/Götz, DStR 1991, 1629, 1631.
[164] Vgl. Die Auflistung bei Beisel/Klumpp, RN 964 und bei Holzapfel/Pöllath, RN 403 ff.
[165] Buchwaldt, NJW 1994, 153, 157; Hölters/Semler, Teil VI, RN 126 f.

käufers. Will er dies vermeiden, so wäre in den Vertrag eine Umkehr der Beweislast dahingehend aufzunehmen, daß der Verkäufer haftet, „es sei denn, er habe von dem fraglichen Umstand keine Kenntnis gehabt".[166]

90 Gesetzliche **Rechtsfolge eines selbständigen Garantieversprechens** ist in erster Linie der Erfüllungsanspruch des Käufers.[167] Der Verkäufer hat den Zustand herzustellen, der bestehen würde, wenn das Garantieversprechen erfüllt worden wäre.[168] Bei einer Bilanzgarantie heißt dies, daß der Zustand hergestellt werden muß, der bestehen würde, wenn die Bilanz von Anfang an dem Gesetz und den Grundsätzen ordnungsmäßiger Buchführung entsprochen hätte; dies erfolgt gegebenenfalls durch Auffüllung der Bilanz.[169] Nur wenn die Herstellung des garantierten Zustandes nicht möglich ist, hat der Käufer Anspruch auf Schadensersatz.[170]

91 Da sich die gesetzlich vorgesehene Rechtsfolge häufig als nicht praktikabel und nicht interessengerecht erweist, empfiehlt es sich, mit der Aufnahme von selbständigen Garantien in den Vertrag zugleich Regelungen bezüglich der Rechtsfolgen aufzunehmen. Diese können sich über die Bestimmung zu den Rechtsfolgen auch auf die Begrenzung oder Erweiterung des Haftungstatbestandes oder auf die Art und Weise der Rechtsausübung erstrecken.[171]

Als Rechtsfolgen kommen u. a. Schadensersatz, Minderung oder Rücktritt vom Vertrag in Betracht. Hierbei bietet sich je nach Interesse der Vertragsparteien im Einzelfall eine Kombination der verschiedenen Rechte des Käufers bis hin zu einem Wahlrecht zwischen diesen Rechten an.[172]

92 Der vertraglich vereinbarte **Schadensersatzanspruch** ist auf das Erfüllungsinteresse gerichtet. Hierbei ist der Käufer so zu stellen, wie er gestanden hätte, wenn der Garantiefall nicht eingetreten wäre.[173] Im Gegensatz zum Erfüllungsanspruch muß der Verkäufer hier direkt an den Käufer leisten, ohne die Möglichkeit der Erfüllung an die Gesellschaft zu haben.[174] Zentraler Problempunkt des Schadensersatzanspruchs ist die Bestimmung der Höhe des Schadens, wenn der Garantiefall nicht bestimmte ersetzbare Vermögensgegenstände betrifft, sondern Umstände, deren Wert für das Unternehmen nicht ohne weiteres festgestellt werden kann, wie z. B. gewerbliche Schutzrechte, qualifiziertes Personal oder Verträge mit Geschäftspartnern.[175] Im Gegensatz zur c.i.c. ist in diesem

---

[166] Hölters/Semler, Teil VI, RN 126.
[167] Buchwaldt, NJW 1994, 153, 157; Hölters/Semler, Teil VI, RN 129.
[168] Hölters/Semler, Teil VI, RN 129.
[169] Buchwaldt, NJW 1994, 153, 157.
[170] Hölters/Semler, Teil VI, RN 129.
[171] Buchwaldt, NJW 1994, 153, 157.
[172] Hölters/Semler, Teil VI, RN 129; Buchwaldt, NJW 1994, 153, 157.
[173] Binz/Götz, DStR 1991, 1629, 1631; Buchwaldt, NJW 1994, 153, 157.
[174] Buchwaldt, NJW 1994, 153, 157.
[175] Hölters/Semler, Teil VI, RN 130.

Fall nicht die Bedeutung dieser Umstände für die Ermittlung des Kaufpreises entscheidend, sondern ihre Auswirkung auf den Wert des Unternehmens selbst.[176] Letztere hängt jedoch je nach dem Einzelfall von unterschiedlichen Kriterien ab, so daß die Aufnahme einer detaillierten Schadensbemessungsregel in den Vertrag dringend geboten ist.

Das Vorgesagte gilt ebenso für ein vertraglich vereinbartes **Minderungsrecht**. Mangels ausdrücklicher Regelungen finden insoweit die kaufrechtlichen Bestimmungen entsprechende Anwendung.[177] Dies mag im Falle einer Eigenkapitalgarantie unproblematisch sein, da eine Unterschreitung des garantierten Betrages ohne weiteres bei der Kaufpreisbemessung bzw. nachträglich durch eine Kaufpreisanpassung berücksichtigt werden kann.[178] Betrifft der Garantiefall jedoch wiederum Umstände, deren Wert erst zu ermitteln ist, so wäre im Falle der Minderung, wie bei der c.i.c., die Bedeutung dieser Umstände für die Kaufpreisermittlung durch den Käufer nachzuweisen. Dies ist eine in der Praxis häufig nicht zu bewältigende Aufgabe. Die Auswirkungen auf den Kaufpreis sollten also auch in diesem Fall vertraglich ausdrücklich geregelt werden.

Schließlich besteht noch die Möglichkeit, ein Rücktrittsrecht des Käufers zu vereinbaren. Aus Gründen der Verhältnismäßigkeit und der Praktikabilität dürfte dieses Recht allerdings nur in Ausnahmefällen bei schweren Verletzungen von Garantieversprechen, die ein Festhalten am Vertrag nicht mehr zumutbar erscheinen lassen, einzuräumen sein.[179] Im Zusammenhang mit der Aufnahme eines Rücktrittsrecht in den Vertrag sollte auf jeden Fall eine detaillierte Regelung über die Rückabwicklung getroffen werden. Die gesetzlichen Bestimmungen, insbesondere §§ 351 bis 353 BGB, sind angesichts der ständigen Fortentwicklung und Veränderung eines Unternehmens wenig interessengerecht und kaum praktikabel.

Ein selbständiges Garantieversprechen einschließlich der vertraglich geregelten Rechtsfolgen eröffnet den Vertragsparteien eines Unternehmenskaufvertrages die Möglichkeit, den Vetrag speziell nach ihren individuellen Interessen und Bedürfnissen zu gestalten und die Risiken aufgrund der oben dargestellten Rechtsunsicherheiten auszuschalten.

ff) Berater- und Dritthaftung. Berater der Vertragsparteien eines Unternehmenskaufs haften ihren Auftraggebern grundsätzlich nach vertraglichen Grundsätzen aus dem jeweiligen Auftragsverhältnis. Unter den engen Voraussetzungen eines „Vertrages mit Schutzwirkung zugunsten Dritter" haftet der Berater auch einem am Vertrag formal nicht Beteiligten. Darüber hinaus kann sich eine Haftung des Beraters aus der Verlet-

---
[176] Binz/Götz, DStR 1991, 1629, 1631 unter Hinweis auf BGH WM 1988, 1700, 1702.
[177] Ebenso Buchwaldt, NJW 1994, 153, 157.
[178] Siehe Hölters/Semler, Teil VI, RN 131.
[179] Ebenso Buchwaldt, NJW 1994, 153, 158.

zung öffentlich-rechtlicher Pflichten ergeben, wenn beispielsweise ein Rechtsanwalt bei der Bearbeitung eines anmeldepflichtigen Zusammenschlusses von Unternehmen die kartellrechtliche Anmeldepflicht des Zusammenschlusses fahrlässig verletzt.[180]

97   Rechtsanwälte und andere Beratungs- oder Vermittlungspersonen haften grundsätzlich nicht persönlich nach den Grundsätzen über Verschulden bei Vertragsschluß (c.i.c.) für bei den Vertragsverhandlungen abgegebene **Parteierklärungen**.[181] Eine Ausnahme gilt nach den von der Rechtsprechung für die Prospekthaftung bei Kapitalanlagen entwickelten Grundsätzen dann, wenn sie als Vertreter besonderes Vertrauen für ihre Person in Anspruch genommen und dadurch die Vertragsverhandlungen beeinflußt haben.[182] Dann können die Voraussetzungen eines Anspruchs aus culpa in contrahendo (c.i.c.) vorliegen. Nach einer neueren Entscheidung des Bundesgerichtshofs kann die Haftung eines Vertreters oder Vermittlers nach den Grundsätzen der c.i.c. auch dann gegeben sein, wenn er wirtschaftlich besonders stark am Vertragsschluß interessiert ist.[183] Diese Haftungsgrundsätze finden auch im Bereich der Beratung bei Unternehmenskäufen Anwendung.[184]

98   Die Haftung des Beraters, die auf Schadensersatz in Geld gemäß § 251 BGB gerichtet ist, ist beim Unternehmenskauf insbesondere für den Käufer von Bedeutung, denn die Ansprüche gegenüber einem Berater verjähren überwiegend später als die Gewährleistungsansprüche gegenüber dem Veräußerer. So verjähren Schadensersatzansprüche gegenüber einem Rechtsanwalt aus dem Beratungsvertrag gemäß § 51 BRAO erst in drei Jahren vom Zeitpunkt des Entstehens, spätestens jedoch drei Jahre nach Beendigung des Auftrages.

b) Beim Unternehmenskauf durch Anteilserwerb

99   **Der Kauf eines Anteils an einem Unternehmen** stellt – wie bereits ausgeführt – einen **Rechtskauf im Sinne des** § 433 I S. 2 BGB dar und keinen Sachkauf. Gemäß § 437 BGB haftet der Verkäufer deshalb nur für den rechtlichen Bestand des verkauften Rechtes, nicht dagegen für die Beschaffenheit der von dem Recht repräsentierten Unternehmenswerte.

100 **Der Erwerb sämtlicher Beteiligungsrechte** an einer Gesellschaft ist allerdings nach ständiger Rechtsprechung wie der Erwerb des von dieser Gesellschaft betriebenen Unternehmens, also als **Sachkauf**, zu behandeln.[185]

---

[180] BGH NJW 1976, 1280; DB 1978, 978.
[181] BGH DB 1988, 2398; vgl. ebenso Holzapfel/Pöllath, RN 465.
[182] Vgl. nur BGHZ 71, 284, 286 f.; BGHZ 72, 382, 384.
[183] BGH WM 1988, 1888, 1889.
[184] Ebenso Beisel/Klumpp, RN 1011; Holzapfel / Pöllath, RN 450 ff. mit weiteren Rechtsprechungsnachweisen.
[185] BGHZ 65, 246. Siehe dazu auch OLG Hamm GmbHR 1994, 48.

Gleiches soll gelten, wenn der Erwerber eine derart beherrschende Stellung erlangt, daß keine Minderheitenrechte mehr bestehen bleiben, die geeignet sind, die unternehmerische Leitungsmacht des Erwerbers zu beeinträchtigen.[186]

Dem Anteilserwerber steht grundsätzlich kein unmittelbares Recht an dem von der Gesellschaft betriebenen Unternehmen zu.[187] Dem einzelnen Mitgliedschaftsrecht haften Mängel des Unternehmens nicht an.[188] Der Anteilserwerber kann daher jedenfalls über die Gewährleistung für das Mitgliedschaftsrecht keinen Ausgleich für die in das Unternehmen selbst gesetzten und enttäuschten Erwartungen verlangen.[189] 101

3. Haftung für Altverbindlichkeiten

Ein Unternehmenskauf hat – je nach der konkreten Ausgestaltungsform – zur Folge, daß der Erwerber in die zum Zeitpunkt des Unternehmensübergangs bestehende Rechtsstellung des Verkäufers eintritt. Vorbehaltlich abweichender vertraglicher Vereinbarungen kann sich dabei eine Haftung des Unternehmenskäufers für Verbindlichkeiten des übernommenen Unternehmens bzw. eine fortbestehende Haftung des Verkäufers aus gesetzlichen Vorschriften ergeben. 102

Beim Unternehmenserwerb im Wege des Share-Deals wird der Unternehmenskäufer zum neuen Unternehmensträger, so daß die Verbindlichkeiten des Rechtsträgers gegenüber Dritten wirtschaftlich auf den Erwerber übergehen.[189a] Hier ergeben sich jedoch weitergehende Fragen gesellschaftsrechtlicher Haftung u. a. dann, wenn der bisherige Anteilsinhaber seine Einlageschuld nicht erfüllt hat oder aus dem Gesichtspunkt der Differenzhaftung verpflichtet bleibt.[190] 103

Erfolgt der Unternehmenskauf im Wege des Asset Deals, so kommt eine Haftung des Unternehmenskäufers auch für solche Verbindlichkeiten des Verkäufers in Betracht, die nicht ausdrücklich vertraglich übernommen werden. 104

a) Beim Kauf einzelner Wirtschaftsgüter

aa) Firmenfortführung § 25 HGB. Nach § 25 I Satz 1 HGB haftet der Erwerber eines Handelsgeschäfts für alle betrieblichen Verbindlichkeiten des früheren Inhabers, wenn er **das Handelsgeschäft unter der bisherigen Firma** fortführt. 105

---

[186] Siehe vorstehend RN 62 und die Nachweise aus der Rechtsprechung bei Hiddemann, ZGR, 1982, 435, 441.
[187] Hiddemann, ZGR 1982, 435, 438.
[188] BGHZ 65, 246, 250.
[189] Hiddemann, ZGR 1982, 435, 438.
[189a] Zur Haftung für vom Verkäufer als Geschäftsführer begründete Verbindlichkeiten siehe Depping DStR 1994, 1197 ff.
[190] Vgl. dazu ausführlich Holzapfel/Pöllath, RN 561 ff.

Das Recht, beim Erwerb eines Handelsgeschäfts die bisherige Firma fortzuführen, hängt nach der Rechtsprechung des Bundesgerichtshofes[191] davon ab, daß der bisherige Geschäftsinhaber in die Fortführung der Firma „ausdrücklich einwilligt" (§ 22 HGB). Das erfordert die vertragliche Einigung über die Übertragung der Firma als Teil des Vertrages über die Veräußerung des Handelsgeschäfts.[192] Sie setzt zwar weder eine bestimmte Form noch den Gebrauch bestimmter Worte voraus.[193] Es genügt vielmehr jede Form, in welcher eine Äußerung unmittelbar erfolgen kann,[194] insbesondere wird auch eine stillschweigende Einigung für möglich gehalten.[195] Notwendig ist aber die Feststellung von Tatsachen, aus denen sich die Einwilligung unzweideutig ergibt. Allein aus der Übertragung eines Handelsgeschäftes kann die nach § 22 I HGB erforderliche ausdrückliche Einwilligung des bisherigen Geschäftsinhabers in die Firmenfortführung nicht entnommen werden.[196]

106 Voraussetzung für diese Haftung ist, daß ein vollkaufmännisches Handelsgeschäft übernommen wird. Dabei greift die in § 25 I HGB vorgesehene Rechtsfolge bereits dann, wenn einzelne Vermögensbestandteile oder Betätigungsfelder von der Übernahme ausgenommen werden, solange neben einem entsprechenden **Fortführungs-Rechtsschein** nur der den Schwerpunkt des fortführungsfähigen Unternehmens bildende wesentliche **Kernbereich** desselben übernommen wird, so daß sich der nach außen für den Rechtsverkehr in Erscheinung tretende Tatbestand als Weiterführung des Unternehmens in seinem wesentlichen Bestand darstellt.[197] Auf das Vorliegen eines (wirksamen) Übernahmevertrages zwischen Veräußerer und Erwerber kommt es nicht entscheidend an. Erforderlich ist allein der tatsächliche Erwerb, der sich in der Fortführung des Handelsgeschäftes unter der bisherigen Firma niederschlägt. Dadurch wird in der Öffentlichkeit der Rechtsschein erweckt, der Erwerber sei zur Übernahme der Verbindlichkeiten des früheren Inhabers bereit. Hierauf gründet sich die Rechtsscheinhaftung des Erwerbers.[198] Auf Minderkaufleute (§ 4 HGB) findet § 25 HGB keine Anwendung.

---

[191] BGH 27.04.1994, WM 1994, 1209, 1211.
[192] Baumbach/Duden/Hopt, § 22, Anm. 1 G b; Heymann/Emmerich, § 22, RN 11.
[193] Hüffer, Großkommentar-HGB, § 22, RN 25; Heinrich, RN 147.
[194] RG JW 1911, 594 Nr. 46 = SeuffArch 67, 72; RG JW 1888, 220; OLG Düsseldorf HRR 1936, Nr. 407.
[195] Baumbach/Duden/Hopt, § 22, Anm. 1 G b.
[196] BGH WM 1994, 1209 ff.; Baumbach/Duden/Hopt, § 22 Anm. 1 G b; Heinrich, RN 147; OLG Hamm ZIP 1983, 1199 unter I 2 b.
[197] BGHZ 18, 248, 250; BGH NJW 1992, 911; OLG Celle BB 1994, 1033, 1034 (nicht ausreichend: die bloße Übernahme einiger – weniger – Äußerlichkeiten einer Alt-GmbH, wie das Firmenlogo und die Büroräume).
[198] BGH NJW 1992, 911. Vgl. dazu Schmidt, ZGR 1992, 621.

Für eine Fortführung des Handelsgeschäfts und der bisherigen Firma 107
reicht es aus, daß nach der Verkehrsanschauung die Firmenidentität erhalten bleibt, wobei geringfügige Änderungen der Firma nichts an der Haftung ändern.[199] Die Haftung gemäß § 25 I HGB erstreckt sich auf das gesamte Vermögen des Erwerbers.[200]

Die nach § 25 I HGB begründete Haftung des Erwerbers für Altverbindlichkeiten aus dem Gesichtspunkt der Firmenfortführung ist gemäß Absatz II dieser Vorschrift dispositiv. Allerdings ist eine abweichende Vereinbarung einem Dritten gegenüber nur wirksam, wenn sie in das Handelsregister eingetragen und bekannt gemacht oder von dem Erwerber oder dem Veräußerer dem Dritten mitgeteilt worden ist. Daher ist zu beachten, daß der Haftungsausschluß unverzüglich nach der Geschäftsübernahme angemeldet wird und Eintragung und Bekanntmachung erfolgen.[201] Hinsichtlich des Umfangs der Ausschlußvereinbarung besteht Vertragsfreiheit. Die Vertragspartner können deshalb den Übergang der Verbindlichkeiten auch nur teilweise vertraglich ausschließen, also bestimmte Verbindlichkeiten vom Übergang ausnehmen.[202]

Nicht anwendbar ist § 25 I HGB auf eine Unternehmensveräußerung durch den Konkursverwalter im Rahmen eines Konkursverfahrens, denn die Aufgabe des Konkursverwalters besteht darin, das Unternehmen im Interesse der Gläubiger an der bestmöglichen Verwertung der Masse im ganzen zu veräußern. Dies soll nicht durch eine mögliche Haftung des Erwerbers für die Schulden des bisherigen Unternehmensträgers erschwert werden.[203]

Auf die Übernahme des Unternehmens eines überschuldeten Rechtsträgers außerhalb eines Konkursverfahrens trifft diese Erwägung jedoch nicht zu. Dies gilt auch für den Fall, daß die Eröffnung des Konkurses in Ermangelung einer die Verfahrenskosten deckenden Masse abgelehnt worden ist. In beiden Fällen steht daher der Anwendbarkeit des § 25 I Satz 1 HGB nicht entgegen, daß der Erwerb des Handelsgeschäfts vom Konkursverwalter erfolgt.[204]

Wird die Firma nicht fortgeführt, so haftet der Erwerber eines Han- 108
delsgeschäftes gemäß § 25 III HGB für die früheren Geschäftsverbindlichkeiten nur, wenn ein besonderer Verpflichtungsgrund vorliegt, insbesondere wenn die Übernahme der Verbindlichkeiten in handelsüblicher Weise von dem Erwerber bekannt gemacht worden ist.

---

[199] BGH, Urt. v. 4.11.1991 – II ZR 85/91, DB 1992, 314-316; vgl. Baumbach/Duden/Hopt, § 25, Anm. 1 D.
[200] Baumbach/Duden/Hopt, § 25 Anm. 1 E.
[201] BGHZ 29, 1.
[202] Vgl. Heymann-Emmerich, § 25 RN. 45.
[203] BGH NJW 1988, 1912; BGH NJW 1992, 911.
[204] BGH NJW 1992, 911.

109   Der frühere Geschäftsinhaber haftet gemäß § 26 I HGB in der Fassung vom 18. März 1994[205] für **Alt-Verbindlichkeiten** „nur, wenn sie **vor Ablauf von 5 Jahren fällig** und daraus Ansprüche gegen ihn gerichtlich geltend gemacht sind". Die Frist für diese Haftung beginnt dabei im Falle des § 25 I HGB mit dem Ende des Tages, an dem der neue Inhaber der Firma in das Handelsregister des Gerichts der Hauptniederlassung eingetragen wird, im Falle des § 25 III HGB mit dem Ende des Tages, an dem die Übernahme kundgemacht wird.

110   Tritt jemand als persönlich haftender Gesellschafter oder als Kommanditist in das **Geschäft eines Einzelkaufmanns** ein, so haftet die Gesellschaft gemäß § 28 I HGB für alle im Betrieb des Geschäftes entstandenen Verbindlichkeiten des früheren Geschäftsinhabers, und zwar auch dann, wenn die frühere Firma nicht fortgeführt wird. Gegenüber den Schuldnern gelten die in dem Betrieb begründeten Forderungen als auf die Gesellschaft übergegangen. Gemäß § 28 II HGB ist eine abweichende Vereinbarung Dritten gegenüber nur wirksam, wenn sie in das Handelsregister eingetragen und bekannt gemacht oder von einem Gesellschafter dem Dritten mitgeteilt worden ist.

111   Wechselt der frühere Geschäftsinhaber in die Kommanditistenrolle und haftet die Gesellschaft für die im Betrieb seines Geschäfts entstandenen Verbindlichkeiten, so bestimmt der in § 28 HGB ergänzte neue Abs. III,[206] daß für die Begrenzung der Haftung des früheren Geschäftsinhabers § 26 HGB mit der Maßgabe entsprechend anzuwenden ist, daß die in § 26 I HGB bestimmte Frist mit dem Ende des Tages beginnt, an dem die Gesellschaft in das Handelsregister eingetragen wird. Gemäß § 28 III Satz 2 HGB gilt dies auch, wenn der Altkaufmann und neue Gesellschafter in der Gesellschaft oder einem ihr als Gesellschafter angehörenden Unternehmen geschäftsführend tätig wird.

112   bb) **Vermögensübernahme § 419 BGB.**[206a] Übernimmt der Erwerber durch Vertrag das Vermögen eines anderen, so können dessen Gläubiger gemäß § 419 I BGB, unbeschadet der Fordauer der Haftung des bisherigen Schuldners, von dem Abschluß des Vertrages an ihre zu dieser Zeit bestehenden Ansprüche auch gegen den Übernehmer geltend machen.

113   **Vermögen im Sinne des § 419 BGB** ist das Aktivvermögen, d.h. die Gesamtheit der dem Schuldner zustehenden Vermögenswerte, aus denen sich der Gläubiger befriedigen konnte.[207] § 419 BGB findet nach der Rechtsprechung aber auch dann Anwendung, wenn nur einzelne Gegenstände oder Rechte übernommen werden, sofern sie nur nahezu das ge-

---

[205] BGBl. I 1994, 560.
[206] BGBl. I 1994, 560.
[206a] Zum 1.1.1999 wird die Regelung des § 419 BGB durch Art. 32 Nr. 16 EG InsO aufgehoben; vgl. BGBl. 1994 I, 2911, 2925.
[207] BGHZ 66, 217, 220; 93, 135, 138.

V. Vertragsgestaltung

samte Vermögen des Veräußerers darstellen.[208] Bis zu welcher Grenze eine Vermögensübernahme vorliegt, ist unsicher. Die Rechtsprechung schwankt hinsichtlich des verbliebenen Restvermögens zwischen Werten von ca. 10% bis 20%.[209]

Voraussetzung für die Haftung ist die **Kenntnis des Erwerbers**, daß er **114** nahezu das gesamte Vermögen des Veräußerers übernimmt. Dabei reicht bereits eine positive Kenntnis der Verhältnisse, aus denen sich dies ergibt.[210] Die Gegenleistung des Vermögensübernehmers bleibt nach ständiger Rechtsprechung außer Betracht.[211] Hat der Erwerber die erforderliche Kenntnis bezüglich der Vermögensübernahme, beginnt die Haftung des § 419 gemäß der Rechtsprechung[212] schon mit dem Abschluß des schuldrechtlichen Vertrages und nicht erst in dem Moment des dinglichen Rechtserwerbs, sofern zu diesem Zeitpunkt Kenntnis vorliegt.[213]

Die Haftung ist auf den **Bestand des übernommenen Vermögens** be- **115** schränkt (§ 419 II BGB). Anders als im Falle der Haftung gemäß § 25 HGB, die neben § 419 BGB in Betracht kommt, sofern das Handelsgeschäft das Gesamtvermögen ausmacht, kann die Haftung des Übernehmers nach § 419 BGB **nicht durch Vereinbarung zwischen ihm und dem bisherigen Schuldner abbedungen** d.h. ausgeschlossen oder beschränkt werden (§ 419 III BGB). Beruft sich der Käufer auf die Beschränkung seiner Haftung und hat er zugleich neben anderen Gläubigern eigene Ansprüche gegen den Schuldner, so hat der Übernehmer das Recht der Vorwegbefriedigung aus dem übernommenen Vermögen, ohne daß ein Urteil entsprechend § 419 II S. 2 BGB in Verbindung mit § 1991 III BGB erforderlich wäre, da der Übernehmer nicht durch Klage gegen sich selbst ein Urteil erwirken kann.

Die Haftung wegen Vermögensübernahme nach § 419 BGB ist zwar **116** unabdingbar, jedoch können die Parteien durch die Vertragsgestaltung erreichen, daß der Unternehmenskäufer für die Altverbindlichkeiten nicht haftet. Insofern kommt zunächst eine vertragliche Zusicherung des Verkäufers in Betracht, daß er neben dem Unternehmen noch weiteres Vermögen in hinreichendem Umfang hat.[214] Entspricht diese Zusicherung nicht der Wahrheit, kann der Erwerber gegebenenfalls seine kaufvertraglichen Gewährleistungsrechte geltend machen.[215]

Ferner sollte der Käufer nach Möglichkeit sämtlichen Altgläubigern den **117** Unternehmenskauf (falls möglich sogar im Vorhinein) anzeigen und sie dar-

---

[208] BGHZ 66, 217, 218; BGH NJW 1972, 719, 720.
[209] Vgl. die Nachweise bei MünchKomm-Möschel, § 419, RN 13. Siehe auch Günther, 396 ff.; Beisel/Klumpp, RN 438, Hommelhoff, ZHR 150 (1986), 267.
[210] BGH NJW 1976, 1398, 1400.
[211] BGHZ 33, 123, 125; 66, 217, 219.
[212] BGHZ 66, 217, 225; BGH MDR 63, 671.
[213] So: Erman-Westermann, § 419, RN 21.
[214] RGZ 139, 199, 202; BGH WM 1962, 964.
[215] BAG AP Nr. 24, 26 zu § 611 BGB.

über informieren, daß er für die Altverbindlichkeiten nicht haften wolle und davon ausgehe, aufgrund des beim Verkäufer verbliebenen Vermögens gesetzlich nicht haften zu müssen.[216] Solche Mitteilungen führen zwar nicht zu einer Enthaftung des Unternehmenskäufers, geben ihm jedoch möglicherweise das Recht, Altgläubigern, die ihre Forderungen ihm gegenüber zunächst verschwiegen haben, die sog. Dolo-Petit-Einrede entgegenzuhalten.

118   cc) **Verjährung und zeitliche Begrenzung der Haftung §§ 159, 160 HGB.** Persönlich haftende **Gesellschafter von Personengesellschaften** haben für die während der Dauer ihrer Mitgliedschaft begründeten Verbindlichkeiten als **Gesamtschuldner neben der Gesellschaft** einzustehen. Entgegenstehende Vereinbarungen sind Dritten gegenüber unwirksam (§§ 128, 161 II HGB). Scheidet der Gesellschafter aus der Gesellschaft aus, so bleibt seine Haftung grundsätzlich bestehen, es sei denn, die Verbindlichkeit ist bereits vor seinem Ausscheiden durch Erfüllung seitens der Gesellschaft oder eines Gesellschafters oder durch Erlaß seitens des Gläubigers (§ 397 BGB) untergegangen.

Die bisherige unzureichende gesetzliche Regelung zur Nachhaftung des ausgeschiedenen Gesellschafters in den §§ 159, 160 HGB und die infolgedessen von der Rechtsprechung entwickelten, jedoch ebenfalls nicht vollständig überzeugenden, Rechtsinstitute zur Enthaftung des ausgeschiedenen Gesellschafters[217] haben durch das am 26.03.1994 in Kraft getretene neue „Gesetz zur zeitlichen Begrenzung der Nachhaftung von Gesellschaftern" (**Nachhaftungsbegrenzungsgesetz**-NachhBG) eine umfassende Korrektur erfahren.[218]

---

[216] Hommelhoff, ZHR 150 (1986), 267, 268.
[217] Siehe dazu im einzelnen die nachfolgende Darstellung.
[218] Aufgrund des Nachhaftungsbegrenzungsgesetz-NachhBG vom 18.03.1994 erhält die Titelüberschrift vor § 159 HGB folgende Fassung: „Sechster Titel – Verjährung, zeitliche Begrenzung der Haftung."
§ 159 HGB wurde wie folgt geändert:
a) In Abs. I wurden die Worte „oder nach dem Ausscheiden des Gesellschafters" gestrichen.
b) In Abs. II wurden die Worte „oder das Ausscheiden des Gesellschafters" gestrichen.
c) Nach Abs. III wurde der alte § 160 HGB als Abs. IV angefügt.
§ 160 HGB erhielt folgende Fassung:
(1) *Scheidet ein Gesellschafter aus der Gesellschaft aus, so haftet er für ihre bis dahin begründeten Verbindlichkeiten, wenn sie vor Ablauf von fünf Jahren nach dem Ausscheiden fällig und daraus Ansprüche gegen ihn gerichtlich geltend gemacht sind; bei öffentlich-rechtlichen Verbindlichkeiten genügt zur Geltendmachung der Erlaß eines Verwaltungsakts. Die Frist beginnt mit dem Ende des Tages, an dem das Ausscheiden in das Handelsregister des für den Sitz der Gesellschaft zuständigen Gerichts eingetragen wird. Die für die Verjährung geltenden §§ 203, 206, 207, 210, 212 bis 216 und 220 BGB sind entsprechend anzuwenden.*
(2) *Einer gerichtlichen Geltendmachung bedarf es nicht, soweit der Gesellschafter den Anspruch schriftlich anerkannt hat.*
(3) *Wird ein Gesellschafter Kommanditist, so sind für die Begrenzung seiner Haftung für die im Zeitpunkt der Eintragung der Änderung in das Handelsregister begründeten Verbindlichkeiten die Absätze 1 und 2 entsprechend anzuwenden. Dies gilt auch, wenn*

Nach § 159 I HGB (alt) verjährten Ansprüche gegen einen Gesellschafter aus Verbindlichkeiten der Gesellschaft zwar spätestens binnen 5 Jahren nach der Auflösung der Gesellschaft oder nach dem Ausscheiden des Gesellschafters, wobei die Verjährung gemäß Abs. II mit dem Tage begann, an welchem die Auflösung der Gesellschaft oder das Ausscheiden des Gesellschafters in das Handelsregister eingetragen wurde. Gemäß § 159 III HGB begann die Verjährung für Ansprüche, die erst nach der Eintragung fällig wurden, jedoch erst mit dem Zeitpunkt ihrer Fälligkeit. 119

Dies bedeutete für den ausgeschiedenen Gesellschafter bislang die **Gefahr einer möglichen Endloshaftung**, die sich primär aus vor seinem Ausscheiden bzw. vor dessen Eintragung und Bekanntmachung von der Gesellschaft bereits begründeten **Dauerschuldverhältnissen** ergeben konnte (z.B. langfristige Miet- oder Arbeitsverhältnisse). Denn nach der Ansicht der Rechtsprechung sollte es bereits ausreichen, daß lediglich das Dauerschuldverhältnis vor Ausscheiden des Gesellschafters begründet worden war. Die Forthaftung des ausgeschiedenen Gesellschafters erstreckte sich damit auf alle künftig aus dem Dauerschuldverhältnis resultierenden Einzelansprüche. Die uneingeschränkte Anwendung des §§ 159 III HGB bürdete dem ausgeschiedenen Gesellschafter demnach ein nicht überschaubares und unzumutbares Risiko auf. Es war daher einhellige Auffassung in Schrifttum[219] und Rechtsprechung,[220] daß es zwar der Normzweck und die Funktion des § 159 HGB sei, den Gesellschafter vor einer dauernden Inanspruchnahme zu schützen, daß aber offensichtlich dem Gesetzgeber die Problematik der Dauerschuldverhältnisse nicht bewußt gewesen war und die Vorschrift daher diese Fälle gar nicht regelte. 120

Infolge dieser Erkenntnis wurden mehrere **Rechtsinstitute zur Enthaftung des ausgeschiedenen Gesellschafters** entwickelt. Der Konflikt zwischen den berechtigten Interessen des jeweiligen Gesellschaftsgläubigers und denen des ausscheidenden Gesellschafters wurde überwiegend mittels der sog. Kündigungstheorie sowie der sog. 5-Jahres-Frist für Ansprüche aus Dauerschuldverhältnissen zu lösen versucht.[221] 121

Um eine vernünftige zeitliche Begrenzung der Haftung des ausgeschiedenen Gesellschafters zu erreichen, wurde gemäß der sog. **Kündigungstheorie** – unabhängig von den Verjährungsfristen des § 159 HGB – auf den nächsten, ordentlichen Kündigungstermin des Gläubigers nach Ausscheiden des Gesellschafters abgestellt. Der ausgeschiedene Gesellschafter haftete bei **kündbaren** Dauerschuldverhältnissen nur für die Verbindlichkeiten fort, die bis zu diesem Zeitpunkt nach seinem Ausscheiden entstan-

---

er in der Gesellschaft oder einem ihr als Gesellschafter angehörenden Unternehmen geschäftsführend tätig wird. Seine Haftung als Kommanditist bleibt unberührt.
Vgl. Reichold, Das neue Nachhaftungsbegrenzungsgesetz, NJW 1994, 1617ff.
[219] Ulmer/Wiesner, ZHR 144 (1980), 398ff. m.w.N.
[220] BGHZ 70, 132; BGH NJW 1983, 2254, 2255 BGH, NJW 1983, 2283, 2284.
[221] BGHZ 70, 132, BGH NJW 1982, 2253, 2254, jeweils m.w.N.

den waren. Die Anwendung der sog. Kündigungstheorie erfuhr jedoch eine Einschränkung für Ansprüche aus Dauerschuldverhältnissen, bei denen entweder eine baldige Kündigung aus tatsächlichen Gründen ausgeschlossen, nicht zumutbar (beispielsweise im Arbeitsverhältnis) oder, weil vertraglich nicht vorgesehen, rechtlich nicht möglich war.[222] In diesen Fällen berief sich die herrschende Meinung[223] auf die **gesetzliche Wertung des § 159 HGB (alt)**, die darin zu sehen sei, daß der ausgeschiedene Gesellschafter, von Ausnahmen abgesehen, grundsätzlich nach 5 Jahren von dem Risiko einer fortbestehenden Haftung freigestellt werden sollte. Anknüpfend an diese Wertung hat der BGH als weitere Haftungsgrenze neben der sog. Kündigungstheorie eine sog. **5-Jahres-Frist als Obergrenze der Forthaftung** des ausgeschiedenen Gesellschafters für Verbindlichkeiten der Gesellschaft aus Dauerschuldverhältnissen entwickelt. Diese Ausschlußfrist, die mit der Eintragung des Ausscheidens des Gesellschafters im Handelsregister zu laufen begann, sollte zur Folge haben, daß die nach ihrem Ablauf fällig werdenden Ansprüche nicht mehr der Haftung des Ausgeschiedenen unterlagen.[224] Allgemein war anerkannt, daß die rechtsfortbildende Anwendung des § 159 HGB (alt) durch den BGH zum Schutze des ausgeschiedenen Gesellschafters dann nicht greifen sollte, eine zeitliche Beschränkung der Nachhaftung also dann nicht in Betracht kam, wenn eine OHG in eine GmbH & Co. KG umgestaltet wurde und der früher persönlich haftende Gesellschafter weiterhin mit Hilfe der Komplementär GmbH die Geschicke des Unternehmens bestimmte.[225]

122 Die zentralen Regelungen des neuen NachhBG zielen denn auch auf die unzulängliche Regelungstechnik des § 159 III HGB (alt) ab und normieren eine **klare zeitliche Beschränkung der Nachhaftung** des Gesellschafters, der Kommanditist wird, auch sofern er in der Gesellschaft oder einem ihr als Gesellschafter angehörenden Unternehmen geschäftsführend tätig wird.

123 Während im § 159 HGB (neu) lediglich die Tatbestandsalternativen „Ausscheiden des Gesellschafters" gestrichen wurden, hat der Gesetzgeber mit der Neufassung des § 160 I HGB eine klare zeitliche und inhaltliche Haftungsgrenze gesetzt, denn allein der Ablauf von 5 Jahren nach Eintragung des Ausscheidens des Gesellschafters läßt seine Nachhaftung erlöschen. Der ausgeschiedene Gesellschafter haftet nach dem neuen Wortlaut für Altverbindlichkeiten nur, „wenn sie vor Ablauf von 5 Jahren nach dem Ausscheiden fällig und daraus Ansprüche gegen ihn geltend gemacht sind". Die Ausschlußfrist des § 160 I 1 HGB gilt dabei für sämtliche Gesellschaftsverbindlichkeiten und ist nicht auf Dauerschuldverbind-

---

[222] BGH NJW 1983, 2254, 2255.
[223] BGH NJW 1983, 2254, 2255 mit weiteren Literatur-Nachweisen.
[224] BGH a.a.O.; BGH, NJW 1990, 938, 939; BGH, NJW 1992, 2300.
[225] BAG AP Nr. 1 zu § 128 HGB.

lichkeiten begrenzt. Diese Lösung ist wegen der nicht unproblematischen Unterscheidung von Dauerschuldverbindlichkeiten und einfachen Verbindlichkeiten zu begrüßen. Sie hat jedoch zur Folge, daß z. B. auch Ansprüche aus deliktischer Handlung nach der 5-Jahres-Frist keine persönliche Haftung des ausgeschiedenen Gesellschafters mehr auslösen können, selbst wenn der ausgeschiedene Gesellschafter selber für die schadensbegründende Handlung verantwortlich gewesen ist.[226] Die Gesetzesbegründung bekräftigt noch einmal die allgemein herrschende Meinung, daß für die Wahrung der Frist die Inanspruchnahme des Altgesellschafters und nicht der Gesellschaft maßgeblich ist; Klage und Urteil gegen die Gesellschaft können nicht gegen den ausgeschiedenen Gesellschafter wirken.[227]

Der neue § 160 III HGB korrigiert die bisherige Rechtsprechung, wonach die für Dauerschuldverhältnisse allgemein entwickelten Enthaftungsgrundsätze nicht auf persönlich haftende Gesellschafter angewendet wurden, die nach der Umformung des Unternehmens in eine GmbH & Co. KG als Geschäftsführer der Komplementär-GmbH oder als deren Teilhaber einen maßgeblichen Einfluß auf die Geschäftsführung der Personenhandelsgesellschaft behielten. Die Praxis der Rechtsprechung war zu Recht auf Kritik gestoßen, denn sie setzte sich in einen unüberbrückbaren Wertungswiderspruch zu der Regelung des Umwandlungsgesetzes von 1969 in der Fassung von 1982 (insbesondere §§ 45, 49 IV, 56 und 56 f. II).[228] Darüber hinaus ist nicht einzusehen, wieso der Umstand, daß der Gesellschafter maßgeblichen Einfluß auf die Komplementär-GmbH behält, für den Umfang seiner Forthaftung relevant sein soll.[229] Dem trägt die Neuregelung des § 160 III HGB Rechnung, indem in Satz 2 die Haftungsbegrenzung gemäß § 160 I, II HGB (neu) auch für den Fall angeordnet wird, daß der ehemalige Gesellschafter „in der Gesellschaft oder einem ihr als Gesellschafter angehörenden Unternehmen geschäftsführend tätig wird". 124

dd) Betriebsübergang § 613 a BGB.[230] Geht ein Betrieb oder Betriebsteil durch Rechtsgeschäft auf einen anderen Inhaber über, so tritt dieser gemäß § 613 a I BGB in die Rechte und Pflichten aus den im Zeitpunkt des Übergangs bestehenden Arbeitsverhältnissen ein. Der bisherige Arbeitgeber haftet gemäß § 613 a II BGB neben dem neuen Inhaber als Gesamtschuldner für Verpflichtungen nach Abs. I, soweit sie vor dem Zeitpunkt des Übergangs entstanden und vor Ablauf eines Jahres nach diesem Zeit- 125

---

[226] Vgl. Reichhold, NJW 1994, 1620.
[227] Gesetzesbegründung, BT-Dr. 12/1868, S. 8.
[228] Der durch das Nachhaftungsgesetz vom 18.03.1994 ebenfalls geänderte § 45 Umwandlungsgesetz (abgedruckt in Bundesgesetzblatt, 1994, 560) wurde dem neuen § 160 HGB angepaßt.
[229] Vgl. Heymann/Emmerich, § 128 RN 36.
[230] Siehe dazu eingehend C RN 5.

punkt fällig werden. Aufgrund der Vielschichtigkeit der im Zusammenhang mit dem Beriebsübergang auftretenden Fragen, soll hierauf im Rahmen der arbeitsrechtlichen Darstellung (nachfolgend in Teil C) detailliert eingegangen werden.

126 Die §§ 25 I und 28 I HGB beinhalten gegenüber § 613a Abs. 2 BGB **Spezialvorschriften**, so daß die darin enthaltene Begrenzung der Nachhaftung dem Betriebsveräußerer nicht zugute kommt. Gleiches gilt auch hinsichtlich der Haftungsübernahme gemäß § 419 BGB[231] und der Begrenzung der Nachhaftung gemäß § 159 HGB.[232]

127 ee) **Betriebssteuern § 75 AO.**[233] Nach § 75 der Abgabenordnung haftet der **Übernehmer eines Unternehmens oder Teilbetriebes** mit dem übernommenen Vermögen für betriebliche Steuern und Steuerabzugsbeträge, die im letzten vor der Übernahme liegenden Kalenderjahr entstanden sind. Unternehmen in diesem Sinne ist jede organisatorische Einheit von persönlichen und sachlichen Mitteln zur Verfolgung eines wirtschaftlichen oder ideellen Zwecks.[234]

128 Gemäß § 39 AO genügt der Erwerb des wirtschaftlichen Eigentums. Dieser ist dann zu bejahen, wenn der Erwerber wirtschaftlich in die Position des Veräußeres getreten ist.[235] Dazu ist nicht erforderlich, daß sich wirtschaftliches und rechtliches Eigentum bereits in der Person des Erwerbers vereinigt haben. Entscheidend ist, daß ein tatsächlicher Zustand geschaffen ist, der nach wirtschaftlicher Betrachtung als ein Übergang des **Unternehmens als Ganzes**, d.h. in seinen wesentlichen Grundlagen, angesehen werden kann.[236]

129 Daher begründet beispielsweise die Sicherungsübereignung keine Übereignung im Ganzen im Sinne von § 75 Abs. 1 Satz 1 AO. Gemäß § 191 AO können die Finanzbehörden allerdings aufgrund der zivilrechtlichen Vermögensübernahme selbst dann den Übernehmer auf steuerliche Haftung in Anspruch nehmen, wenn ein Unternehmensübergang im Sinne von § 75 AO nicht vorliegt.[237]

130 Unter § 75 AO fallen die Gewerbesteuer, die Umsatzsteuer,[237a] die Verbrauchsteuern, die Versicherungssteuern und die Steuerabzugsbeträ-

---

[231] Vgl. BAG, Urt. v. 23.01.1990, AP Nr. 56 zu § 7 BetrAVG.
[232] Siehe vorstehend RN 118. Vgl. auch BGH, NJW 1983, 2283, 2284.
[233] Siehe dazu die eingehende Darstellung des Steuerrechts nachfolgend in Teil E sowie Mösbauer, BB 1983, 587 und Holzapfel/Pöllath RN 564ff.
[234] Ob sich der Unternehmensbegriff des § 75 AO auch auf die freiberufliche Tätigkeit erstreckt, ist umstritten; Vgl. Mösbauer, BB 1990, Beilage 3 zu Heft 4.
[235] BFH BB 1967, 1363.
[236] Vgl. BFH/NV 1986, 381; BFH/NV 1988, 1; BGH DB 1993, 1648.
[237] Vgl. FG Freiburg, EFG 1979 S. 581 sowie BFH BStBl. 1980, 258. Siehe zur persönlichen Haftung des Übernehmers und des Managements auch Streck, Kauf steuerkontaminierter Unternehmen, BB 1992, 1539.
[237a] Vgl. OLG Köln, DB 1994, 1867.

ge, nicht aber die Einkommen- und Versicherungsteuer des Veräußerers. Die Besteuerung eines möglichen Veräußerungsgewinns auf Seiten des Veräußerers des Unternehmens wird von § 75 AO nicht erfaßt.[238]

131 Im Bereich der Haftung für Betriebssteuern bieten sich Freistellungsverpflichtungen des Verkäufers an. Typischerweise wird in Unternehmenskaufverträge eine Verpflichtung des Verkäufers aufgenommen, Ergebnisse aus noch nicht durchgeführten Steuerveranlagungen sowie aus steuerlichen Außen- und Zollprüfungen für die Zeit bis zum Stichtag zu übernehmen und den Käufer von einer Haftung nach § 75 AO für Verpflichtungen freizustellen, die bis zum Stichtag entstanden oder fällig geworden sind.[239] Eine mechanische Freistellungsklausel wird aber häufig den steuerrechtlichen Gegebenheiten nicht gerecht. Betriebsprüfungen, die u.U. zu höheren Steuerverbindlichkeiten für Veranlagungszeiträume vor der Veräußerung des Unternehmens führen, können den Effekt haben, daß in Veranlagungszeiträumen nach dem Veräußerungsstichtag eine geringere Steuerbelastung für den Erwerber entsteht. Dies gilt zum Beispiel in folgendem Fall: Der Veräußerer hat ein Wirtschaftsgut von DM 500,- auf DM 250,- abgeschrieben, der Absetzungsbetrag von DM 250,- wird aber von der Betriebsprüfung auf drei Jahre verteilt. Im Jahr 1 ergibt sich also ein steuerliches Mehrergebnis von rund DM 170,-, in den Jahren 2 und 3 ein steuerliches Minderergebnis von jeweils DM 83,-. Davon profitiert der Erwerber, so daß die Klausel des Unternehmenskaufvertrages solche späteren Steuererleichterungen flexibel auffangen muß.[240]

132 Eine weitere Möglichkeit des Erwerbers, sich gegen eine ungewollte Inanspruchnahme gemäß § 75 AO abzusichern, besteht darin, vor dem Unternehmenserwerb vom Finanzamt mit Zustimmung des Veräußerers eine Auskunft über etwaige Steuerrückstände des Veräußerers einzuholen.

b) Beim Kauf von Personengesellschaften oder Beteiligungen

133 **aa) Haftung bei Übernahme einer Kommanditbeteiligung.** Die Haftung des Erwerbers einer Kommanditbeteiligung richtet sich danach, ob die Hafteinlage voll geleistet war oder nicht.

134 **Bei voll geleisteten Hafteinlagen** muß die Sonderrechtsnachfolge durch die Eintragung eines Rechtsnachfolgevermerks im Handelsregister kenntlich gemacht werden. Geschieht das nicht und wird lediglich eingetragen, daß der bisherige Kommanditist ausgeschieden und der Erwerber eingetreten ist, kann sich nur der Käufer und nicht der Verkäufer gegenüber den Gläubigern auf die Leistung der Hafteinlage berufen. Der Verkäufer haftet dann in den Grenzen des § 159 HGB.[241]

---

[238] Näher dazu: Hölters/Purwins, Teil IV, RN 29 sowie Holzapfel/Pöllath, RN 567.
[239] Vgl. Wessing, ZGR 1982, 455, 467.
[240] Vgl. hierzu Knobbe-Keuk, § 10 II c), S. 432.
[241] Holzapfel/Pöllath, RN 545; Beisel/Klumpp, RN 451.

Die geleistete Einlage muß im Vermögen der Gesellschaft verblieben sein. Insbesondere darf die Gesellschaft dem ausscheidenden Gesellschafter nicht aus ihrem Vermögen als Gegenwert für sein Ausscheiden seine Einlage zurückerstatten.[242]

Erfolgt die Eintragung in das Handelsregister erst, nachdem die Kommanditbeteiligung auf den Erwerber übergegangen ist, haftet dieser unbeschränkt für die zwischen Übertragung und Eintragung begründeten Verbindlichkeiten der Gesellschaft. § 176 II HGB gilt auch für die Fälle der Rechtsnachfolge durch Abtretung einer Kommanditbeteiligung.[243] Im Vertrag sollte daher vereinbart werden, daß der dingliche Rechtsübergang nicht vor der Eintragung des Rechtsnachfolgevermerks eintreten soll.[244] Ist der Erwerber aber bereits Kommanditist der Gesellschaft, trifft ihn für die Zeit zwischen Anteilserwerb und Eintragung die Haftung gem. § 176 II HGB nicht, denn diese Norm ist auf innergesellschaftliche Vorgänge unter eingetragenen Gesellschaftern nicht anwendbar.[245]

Nach der Rechtsprechung des Bundesgerichtshofs kann aber seit dem Inkrafttreten des § 19 V HGB am 01.01.1981 niemand mehr damit rechnen, daß ein nicht eingetragener Gesellschafter einer GmbH & Co. KG kein Kommanditist sei. Daher sei die unbeschränkte Haftung des nicht eingetragenen Erwerbers eines Geschäftsanteils an einer GmbH & Co. KG für die zwischen Übertragungs- und Eintragungszeitpunkt entstehenden Schulden der Kommanditgesellschaft in diesen Fällen wohl zu verneinen.[246]

Für Schadensersatzansprüche aus unerlaubter Handlung haftet auch ein noch nicht eingetragener Kommanditist nur beschränkt.[247]

135 Bei noch nicht voll einbezahlten bzw. zurückgezahlten Hafteinlagen haftet der Erwerber gem. §§ 128, 161 II, 172 IV S. 1 HGB unabhängig von der Eintragung des Rechtsnachfolgevermerks gesamtschuldnerisch neben dem Verkäufer in Höhe der noch offenstehenden Einlage. Gemäß § 172 IV Satz 2 HGB ist der Fall, daß der Kommanditist eine Entnahme vornimmt, obwohl sein Kapitalanteil durch Verlust unter den Betrag seiner Einlage sinkt, der Rückzahlung seiner geleisteten Einlage in entsprechender Höhe gleichzusetzen. Dies gilt gem. § 172 IV Satz 2 HGB auch dann, wenn der Kapitalanteil durch Entnahmen unter die Hafteinlage absinkt. Eine Unterdeckung kann auch auf einer überbewerteten Sacheinlage beruhen.[248]

---

[242] BGHZ 47, 149, 155.
[243] BGH NJW 1983, 2258, 2259.
[244] Holzapfel/Pöllath, RN 546; Beisel/Klumpp, RN 455.
[245] BGH NJW 1976, 848, 849.
[246] BGH NJW 1983, 2258, 2260.
[247] BGHZ 82, 209, 215f.
[248] Beisel/Klumpp, RN 457.

Im Hinblick auf diese Fallgestaltungen sollte der Vertrag entsprechen- 136
de **Zusicherungen des Veräußerers** enthalten. Anderenfalls kommt eine
Berücksichtigung bei der Festlegung des Kaufpreises in Betracht.[249]

bb) **Haftung bei Komplementär-Wechsel.** Die später in eine schon be- 137
stehende Gesellschaft eintretenden persönlich haftenden Gesellschafter
haften gemäß § 130 I HGB wie die anderen Gesellschafter nach Maßgabe
der §§ 128, 129 HGB unbeschränkt für sämtliche vor ihrem Eintritt begründeten Verbindlichkeiten der Gesellschaft. Es kommmt nicht darauf
an, ob die Gesellschaft bereits bei Eintritt des neuen Gesellschafters eine
oHG oder KG war oder erst durch den Eintritt des Gesellschafters zu einer solchen wurde.[250]

Unerheblich ist auch die Form des Eintritts in die Gesellschaft. Erfaßt 138
wird sowohl die Aufnahme eines neuen Gesellschafters durch einen Vertrag mit den bisherigen Gesellschaftern als auch die Übertragung eines
Gesellschaftsanteils durch einen früheren Gesellschafter und schließlich
auch der Eintritt als Erbe gemäß § 139 HGB.[251] Der Eintritt in eine Gesellschaft ist ferner auch in der Weise möglich, daß alle bisherigen Gesellschafter ihren Anteil mit Zustimmung der anderen auf einen oder mehrere Rechtsnachfolger übertragen.[252]

Nach ganz herrschender Meinung beginnt die Haftung eines neuen 139
Gesellschafters analog § 123 HGB erst mit Wirksamwerden des Eintritts
gegenüber den Gläubigern durch die Eintragung im Handelsregister oder
mit der Fortsetzung der Geschäfte mit Zustimmung des neuen Gesellschafters.[253]

Eine Haftungsbeschränkung des Veräußerers gegenüber Dritten ist ge- 140
mäß § 128 Satz 2 HGB unwirksam. Für eine Haftungsbeschränkung des
Erwerbers gilt dies gemäß § 130 II HGB. Es bleibt aber die Möglichkeit,
die Haftung des neuen Gesellschafters durch unmittelbare Vereinbarungen mit den Gläubigern oder zwischen den Gläubigern und der Gesellschaft zugunsten des neuen Gesellschafters zu beschränken.[254]

c) **Beim Kauf von Kapitalgesellschaften oder Beteiligungen, insbesondere GmbH-Anteilen**

Gemäß § 16 III GmbH-Gesetz haftet der **Erwerber von GmbH-Ge-** 141
schäftsanteilen neben dem Veräußerer für noch ausstehende Stammeinlagen und alle anderen rückständigen Leistungen, die vor der Anmeldung
fällig geworden sind. Nach § 19 IV GmbHG ist der Erwerber zur vollen

---

[249] Holzapfel/Pöllath, RN 549; Beisel/Klumpp, RN 458.
[250] Heymann/Emmerich, § 130, RN 3.
[251] Heymann/Emmerich, § 130, RN 3.
[252] BGHZ 44, 229, 231.
[253] Vgl. nur Baumbach/Duden/Hopt, § 123, Anm. 2F.
[254] Heymann/Emmerich, § 130, RN 8.

Leistung der Stammeinlage innerhalb von 3 Monaten verpflichtet, wenn sich innerhalb von drei Jahren nach der Eintragung der GmbH in das Handelsregister die Geschäftsanteile in der Hand eines Gesellschafters vereinigen.[255] Veräußerer und Erwerber haften als Gesamtschuldner.[256] Die Haftung trifft gem. § 16 III GmbHG nur den angemeldeten Erwerber.[257] Der angemeldete Erwerber haftet ferner gemäß § 26 GmbHG für Nachschüsse.

142 Noch nicht geklärt ist die Frage, ob der Erwerber eines GmbH-Anteils nur für an den Veräußerer verbotswidrig zurückgezahlte Stammeinlagen (§ 31 GmbHG) oder darüber hinaus sogar für die Erstattung zurückgezahlter kapitalersetzender Darlehen gem. § 16 III GmbHG haftet.[258] Zumindest haftet der Erwerber anteilig und subsidiär über § 31 III GmbHG.[259]

143 Der angemeldete Erwerber kann sich von seiner Haftung für rückständige Stammeinlagebeträge nach § 16 III GmbHG nicht mehr durch eine nachfolgende Anfechtung seines Anteilserwerbs wegen arglistiger Täuschung befreien.[260]

144 Um das aus § 16 III GmbHG für den Erwerber resultierende Haftungsrisiko – jedenfalls im Innenverhältnis gegenüber dem Verkäufer – zu reduzieren, empfiehlt es sich, in den Kaufvertrag eine Klausel aufzunehmen, in der der Verkäufer versichert, daß er die Einlagen in vollem Umfange erbracht hat.[261]

4. Wettbewerbsverbote

145 Beim Unternehmenskauf ist oftmals die **Vereinbarung eines Wettbewerbsverbotes**[262] zu Lasten des Verkäufers unerläßlich. Die Vereinbarung eines solchen Wettbewerbsverbots dient dem Käufer in der Regel dazu, sicherzustellen, daß der Verkäufer in Zukunft daran gehindert ist, sein Know-How, seine Kundenbeziehungen etc. zu verwerten und durch Wettbewerbshandlungen die wirtschaftliche Rentabilität des Unternehmenskaufes für den Käufer zu gefährden. Beim Unternehmenskauf ergibt sich für den Verkäufer ein **Wettbewerbsverbot** bereits als **(ungeschriebene) Nebenpflicht**, soweit die Unterlassung des Wettbewerbs für eine ordnungsgemäße Überleitung des Unternehmens auf den Käufer erforderlich ist. Je nach Erforderlichkeit im Einzelfall dürfte sich jedoch

---

[255] Beisel/Klumpp, RN 442; Holzapfel/Pöllath, RN 535 f.
Zur Haftung bei verdeckten Sacheinlagen siehe OLG Karlsruhe DStR 1991, 1635.
[256] Scholz-Winter, § 16, RN 42.
[257] Vgl. dazu BGH GmbHR 1991, 311.
[258] Ablehnend: Scholz-Westermann, § 31, RN 15; Beisel/Klumpp, RN 449 a.
[259] BGH ZIP 1990, 451, 452; Holzapfel/Pöllath, RN 542.
[260] BGH DB 1991, 1218, 1219.
[261] Vgl. dazu BGH NJW 1990, 1915 sowie BGH NJW 1994, 446.
[262] Siehe dazu allgemein: Pöllath, Rädler/Pöllath, S. 252 ff.

die Abfassung einer klaren Wettbewerbsvereinbarung einschließlich einer konkreten Beschreibung z. B. des geschützten Know-Hows etc. empfehlen. Dabei sind jedoch eine Reihe von gesetzlichen Bestimmungen zu beachten.

a) Vereinbarkeit mit § 138 I BGB

Die Vereinbarung eines Wettbewerbsverbots beim Unternehmenskauf kann ein sittenwidriges Rechtsgeschäft gemäß § 138 I BGB darstellen. Dabei ist zu beachten, daß nach der Rechtsprechung des BGH die Sittenwidrigkeit die **völlige Unwirksamkeit des Wettbewerbsverbotes** zur Folge hat.[263] Eine Umdeutung nach § 140 BGB kommt daher ebenso wie eine Reduzierung des Wettbewerbsverbotes auf ein inhaltlich zulässiges Maß entsprechend § 139 BGB wegen der Einheitlichkeit eines umfassenden Wettbewerbsverbotes grundsätzlich nicht in Betracht.[264] 146

Ein Wettbewerbsverbot ist dann **sittenwidrig**, wenn es den Veräußerer in seiner Erwerbstätigkeit übermäßig beschränkt und schützenswerte Interessen des Erwerbers überschritten werden. Eine übermäßige Beschränkung oder gar Knebelung des Verkäufers kann sich daraus ergeben, daß das Wettbewerbsverbot zeitlich, räumlich oder inhaltlich zu weit ausgedehnt ist.[265]

Die Beurteilung der **zeitlichen** Begrenzung eines Wettbewerbsverbotes ist stets eine Frage der Interessenabwägung im Einzelfall. So hat der BGH[266] in einem Fall ein Wettbewerbsverbot über 10 Jahre als sittenwidrig beurteilt, in einem anderen Fall hielt das OLG Hamm bereits ein 7-jähriges Wettbewerbsverbot für unzulässig.[267] Allerdings hat der BGH in Fällen, in denen es um die Nichtigkeit von Wettbewerbsverboten allein wegen der Überschreitung zulässiger zeitlicher Grenzen ging, eine geltungserhaltende Reduktion der vertraglichen Vereinbarung zugelassen.[268] 147

Die **räumliche** Reichweite eines Wettbewerbsverbotes wird nur insoweit zulässig sein können, als sie sich auf das Gebiet beschränkt, in dem der Verkäufer seine Waren oder Dienstleistungen schon vor dem Unternehmensverkauf am Markt eingeführt hat.[269] Ein räumlich weitergehendes Wettbewerbsverbot würde den Verkäufer unangemessen wirtschaftlich beeinträchtigen, ohne zur Wahrung der schutzwürdigen Interessen des Käufers erforderlich zu sein. 148

---

[263] BGH BB 1984, 1826, 1827.
[264] BGH WM 1986, 1251 und BGH DB 1989, 1620, 1621.
[265] Vgl. grundsätzlich dazu BGH NJW 1979, 1605f. Siehe ferner Ulmer, NJW 1979, 1586 sowie Holzapfel/Pöllath, RN 736-739.
[266] BGH NJW 1979, 1605f.
[267] OLG Hamm GRUR 1973, 421.
[268] Siehe BGH GmbHR 1991, 17 sowie OLG Hamm GmbHR 1993, 655.
[269] So auch Hölters/Sedemund, Teil VII, RN 235.

149 Ähnliches gilt auch für die **sachliche** Reichweite eines Wettbewerbsverbotes. Ein sachliches Wettbewerbsverbot kann nur insoweit zulässig sein, als es sich auf die Waren oder Dienstleistungen beschränkt, bezüglich derer der Verkäufer in Konkurrenz zu dem Käufer treten kann. Ein sachliches Wettbewerbsverbot ist demnach dann unzulässig, wenn es sich nicht auf die Gebiete beschränkt, in denen eine Konkurrenzsituation zu dem Käufer entstehen kann.[270]

b) **Vereinbarkeit mit § 1 GWB**[271]

150 Die im Zusammenhang mit Unternehmenskäufen vereinbarten Wettbewerbsverbote können eine **Wettbewerbsbeschränkung für den jeweiligen Verkäufer** darstellen. Solche Wettbewerbsverbote können daher gegen § 1 GWB verstoßen, wonach Verträge, die Unternehmen zu einem gemeinsamen Zweck schließen, unwirksam sind, soweit sie geeignet sind, die Erzeugung oder die Marktverhältnisse für den Verkehr mit Waren oder gewerblichen Leistungen durch Beschränkungen des Wettbewerbs zu beeinflussen. Anders als bei einer Sittenwidrigkeit gemäß § 138 BGB führt die Kartellrechtswidrigkeit jedoch nicht zur völligen Unwirksamkeit des Wettbewerbsverbotes, sondern zu einer **geltungserhaltenden Reduktion** des Wettbewerbsverbotes auf den rechtmäßigen Umfang.[272]

151 Eine **zu einem gemeinsamen Zweck geschlossene Vereinbarung** im Sinne dieser Vorschrift ist nach der Rechtsprechung des BGH[273] „anzunehmen, wenn die zwischen den Beteiligten getroffene Absprache die wettbewerbsrechtliche Handlungsfreiheit aktueller oder möglicher Wettbewerber untereinander beschränkt und damit eine horizontale Wettbewerbsbeschränkung zur Folge hat.[274] Von der Anwendung des § 1 GWB ausgenommen sein können solche Vereinbarungen dann, wenn sie als Nebenbestimmung im übrigen kartellrechtlich neutraler Verträge erforderlich sind, um deren Zwecke zu erreichen und zu gewährleisten; unter diesen Voraussetzungen erweisen sie sich als eine diesen Geschäften immanente und im Hinblick auf Funktion und Ziele des GWB unbedenkliche Folge des im übrigen kartellrechtsneutralen Vertrags."[275] Danach

---

[270] Vgl. Beisel/Klumpp, RN 686.
[271] Siehe dazu die kartellrechtlichen Ausführungen nachfolgend in Teil F.
[272] BGH BB 1984, 1826, 1827; BGH GmbHR 1991, 17; OLG Hamm GmbHR 1993, 655.
[273] BGH WM 1994, 220 ff.
[274] Vgl. Senatsurteil vom 27.05.1986 = WM 1986, 1422 – Spielkarten.
[275] Vgl. BGHZ 68, 6, 9 = WM 1977, 651, 652 – Fertigbeton I; Senatsurteil v. 06.03.1979 = WuW/E BGH 1597, 1599 – Erbauseinandersetzung; v. 03.11.1981 = WuW/E BGH 1898, 1899 – Holzpaneele; v. 20.03.1984 = WuW/E BGH 2085, 2086 – Strohgäu-Wochenjournal; v. 27.05.1986 = WM 1986, 1422 – Spielkarten; zuletzt Beschl. v. 10.11.1992 = BGHZ 120, 161, 166 = WM 1993, 917 – Taxigenossenschaft II; v. Gamm, NJW 1988, 1245; Immenga, in: Immenga/Mestmäcker, § 1 Rdn. 162 ff., 368 ff.; Schmidt, ZHR 149 (1985), 1, 11 ff. m. w. N.

"sind jedenfalls solche Wettbewerbsbeschränkungen der Anwendung des § 1 GWB entzogen, die lediglich die ohnehin nach dem Inhalt des primären, kartellrechtlich neutralen Geschäftes mit Rücksicht auf Treu und Glauben und die Verkehrssitte bestehenden Verpflichtungen des durch das Wettbewerbsverbot Gebundenen aufgreifen und konkretisieren."[275a]

Ob ein Wettbewerbsverbot noch im Rahmen des zur Sicherstellung der Unternehmensübertragung Erforderlichen bleibt, bestimmt sich somit nach der **funktionalen Notwendigkeit des Wettbewerbsverbots**.[276] Ein Verstoß gegen § 1 GWB mangels funktionaler Notwendigkeit liegt regelmäßig dann vor, wenn das Wettbewerbsverbot in gegenständlicher, örtlicher und zeitlicher Hinsicht nicht angemessen ist. Die Beurteilung der „Angemessenheit" hat sich dabei an den besonderen Umständen des Einzelfalles und dem Grad der Schutzwürdigkeit des Käufers zu orientieren. 152

Der BGH hat zur Angemessenheit der **zeitlichen Wettbewerbsbeschränkung** ausgeführt, daß das Wettbewerbsverbot nicht über den Zeitraum hinausgehen darf, die der Begünstigte bei den von ihm zu fordernden ernsthaften Anstrengungen benötigt, um den Betrieb soweit zu **konsolidieren**, daß Eingriffe des Adressaten des Wettbewerbsverbotes ohne gewichtige Wirkung bleiben.[277] 153

c) **Vereinbarkeit mit dem europäischen Kartellrecht**

aa) **Materielles Recht.** Wegen ihrer grundsätzlichen wettbewerbsbeschränkenden Wirkung können Wettbewerbsverbote unter das in Art. 85 Abs. 1 des Vertrages zur Gründung der Europäischen Gemeinschaft (EG)[278] normierte Verbot fallen. Danach sind alle Vereinbarungen zwischen Unternehmen, Beschlüsse von Unternehmensvereinigungen und aufeinander abgestimmte Verhaltensweisen mit dem Gemeinsamen Markt unvereinbar, verboten und nichtig, welche den Handel zwischen Mitgliedstaaten zu beeinträchtigen geeignet sind und eine Verhinderung, Einschränkung oder Verfälschung des Wettbewerbs innerhalb des Gemeinsamen Marktes bezwecken oder bewirken. 154

Ein Verstoß gegen Art. 85 Abs. 1 EG-Vertrag ist jedoch nur dann gegeben, wenn das Wettbewerbsverbot in zeitlicher, sachlicher und räumlicher Hinsicht über das Maß hinaus geht, das zur Erreichung des eigentlichen Zweckes eines Wettbewerbsverbotes erforderlich ist, nämlich die 155

[275a] BGH WM 1994, 220 (221).
[276] Vgl. BGH ZIP 1986, 1489 ff.
[277] BGH WM 1994, 220, 223 für den Fall einer gesellschaftsrechtlichen Auseinandersetzungsvereinbarung sowie mit weiteren Rspr.-Nachweisen für die insoweit vergleichbare Problematik des Unternehmenskaufs.
[278] In der Fassung vom 07.02.1992, BGBl. II, 1992, II, 1253; in Kraft getreten am 01.11.1993 gemäß Bekanntmachung vom 19.10.1993 (BGBl. 1993, II, 1947).

Unternehmensübertragung einschließlich des mit dem Unternehmen verbundenen Good-Will, des Know-how und sonstiger immaterieller Werte, sicherzustellen.

156 Die Kommission führt anläßlich ihrer Bekanntmachung über Nebenabreden zu Zusammenschlüssen nach der Verordnung 4064/89 aus, daß ein Wettbewerbsverbot durch das mit der Herbeiführung des Zusammenschlusses verfolgte rechtmäßige Ziel dann gerechtfertigt ist, wenn es im Hinblick auf seinen Gegenstand, seine Dauer und seinen räumlichen Anwendungsbereich nicht die **Grenzen** dessen überschreitet, was **vernünftigerweise als notwendig** angesehen werden kann.[279]

157 Bei einem Unternehmenskauf hat die Kommission ein 5-jähriges Wettbewerbsverbot für zulässig erklärt, wenn der Good-Will und das Know-How mit übertragen werden. Erstreckt sich die Übertragung nur auf den Good-Will, so wurde von der Kommission eine nur 2-jährige Dauer als mit Art. 85 Abs. 1 EG-Vertrag vereinbar beurteilt.

158 Die zulässige Dauer eines Wettbewerbsverbotes kann jedoch ebenso wie die zulässige räumliche und sachliche Reichweite eines solchen Verbotes nicht abstrakt bestimmt werden, sondern richtet sich nach der jeweiligen Wettbewerbssituation im konkreten Einzelfall.[280]

159 bb) **Verfahrensrechtliche Besonderheit.** Von besonderer praktischer Bedeutung für die vertragliche Vereinbarung eines Wettbewerbsverbotes im Hinblick auf das Europäische Kartellrecht ist die durch EG-Verfahrensrecht gegebene Möglichkeit, **ein Negativ-Attest der EG-Kommission** für ein Wettbewerbsverbot einzuholen.[281] Ein solches Negativ-Attest bewirkt, daß ein unzulässiges Wettbewerbsverbot nicht mit einem Bußgeld geahndet werden kann.[282]

5. Form des Vertrages

160 Der Unternehmenskauf als solcher bedarf zu seiner Wirksamkeit keiner besonderen Form. Eine bestimmte Form kann jedoch deshalb zu beachten sein, weil beim Unternehmenskauf im Wege der Singularsukzession eine Vielzahl einzelner Sachen, Rechte und Pflichten, beim Unternehmenskauf durch Beteiligungserwerb im wesentlichen die Gesellschaftsanteile übertragen werden. Soll eine etwaige Nichtigkeit des gesamten Unternehmenskaufvertrages gemäß § 125 BGB vermieden werden, so ist **die für das jeweilige schuldrechtliche oder dingliche Geschäft vorgeschriebene Form** zu beachten.[283] Beim Abschluß eines **Rahmenvertrages** ist

---

[279] ABl. 1990 Nr. C 203, S. 5.
[280] Vgl. Beisel/Klumpp, RN 684 mit weiteren Nachweisen.
[281] Vgl. Art. 85 Abs. 1 EWGV und Art. 2 VO 17.
[282] Zur Anmeldung eines Negativ-Attestes vgl. Art. 4 VO 17 und DB 1984, 283.
[283] Vgl. Hölters/Semler, Teil VI, RN 76.

eine für einen der Einzelverträge geltende Formvorschrift auch für den Rahmenvertrag einzuhalten.[284]

a) Beim Kauf einzelner Wirtschaftsgüter

Gehören zum verkauften Unternehmen auch **Grundstücke oder Erbbaurechte**, so bedarf der Kaufvertrag bei der Singularsukzession notarieller Beurkundung (§§ 313 BGB, 11 ErbbRVO). Das gilt für das Geschäft im ganzen und damit auch für eigentlich formlos mögliche Abreden. Voraussetzung ist, daß die unterschiedlichen Vereinbarungen „miteinander stehen oder fallen" sollen.[285] Formfrei sind nur solche Geschäfte, die auch ohne die Grundstücksgeschäfte abgeschlossen worden wären. Mit Blick auf die Unsicherheiten dieser Abgrenzung sollten grundsätzlich alle Abreden notariell beurkundet werden. Die Nichtbeachtung der Formpflicht bei Nebengeschäften führt zur Unwirksamkeit des gesamten Geschäfts (§ 125 BGB). Umgekehrt wird der Formmangel auch hinsichtlich der Nebengeschäfte[286] durch Auflassung und Eintragung in das Grundbuch geheilt (§ 313 S. 2 BGB).[287] 161

Zwar ist die Verpflichtung zur **Übertragung des gesamten gegenwärtigen Vermögens** grundsätzlich beurkundungsbedürftig (§ 311 BGB). Entscheidend ist, daß der Vertrag nach dem Willen beider Parteien auf die Übertragung des gesamten Vermögens in „Bausch und Bogen" gerichtet ist.[288] Sind die Gegenstände daher im Vertrag einzeln oder mit Sammelbezeichnungen angeführt, ist § 311 BGB auch dann unanwendbar, wenn die angeführten Gegenstände praktisch das gesamte Vermögen ausmachen.[289] Ob eine solche konkrete Bezeichnung stattgefunden hat, kann im Einzelfall allerdings zweifelhaft sein. Daher empfiehlt sich auch insoweit in jedem Fall eine notarielle Beurkundung,[290] wenn es sich bei dem Vertragsgegenstand um ein Sondervermögen handelt. Verpflichtet sich ein Einzelkaufmann, sein Unternehmen zu übertragen, so ist der Vertrag nicht beurkundungsbedürftig[291] auch wenn das Unternehmen das gesamte gegenwärtige Verkäufervermögen darstellt.[292] 162

b) Beim Kauf einer Kapitalgesellschaft oder Beteiligung

Beim Erwerb von Gesellschaftsanteilen an einem Unternehmen mit Grundbesitz ist der **Grundbesitz nicht selbst Vertragsgegenstand**. § 313 BGB findet daher keine Anwendung. Das gilt selbst dann, wenn das Ge- 163

---

[284] Vgl. OLG Stuttgart BB 1989, 1932.
[285] BGHZ 101, 393, 396.
[286] BGH NJW 1974, 136.
[287] Vgl. Hölters/Semler, Teil VI, RN 77.
[288] RGZ 94, 314, 315; Staudinger-Löwisch, § 311, RN 13.
[289] BGHZ 25, 1, 4.
[290] Vgl. Hölters/Semler, Teil VI, RN 81.
[291] Siehe Beisel/Klumpp, RN 74.
[292] Siehe dazu Hölters/Semler, Teil VI, RN 77.

sellschaftsvermögen im wesentlichen aus Grundstücken besteht.²⁹³ Eine Ausnahme kommt lediglich in bewußten Umgehungskonstellationen in Betracht.²⁹⁴ Solche Umgehungsfälle werden allerdings nur dann anzunehmen sein, wenn die Beteiligten die rechtliche Konstruktion der Anteilsübertragung ausschließlich wählen, um Grundvermögen zu übertragen.²⁹⁵

164 Auf Verpflichtungen juristischer Personen zur Übertragung ihres gesamten Vermögens findet § 311 BGB Anwendung. Für die Verschmelzung und Umwandlung gelten allerdings Sondervorschriften.²⁹⁶

165 Der Verkauf (§ 15 IV Satz 1 GmbHG) und die Abtretung (§ 15 III GmbHG) von **Geschäftsanteilen einer GmbH** bedürfen der notariellen Beurkundung. Die mit dem Kaufvertrag hinsichtlich der Geschäftsanteile verbundenen zusätzlichen Abreden sind protokollierungsbedürftig.²⁹⁷ Bei der Abtretung sind lediglich die Abtretungsabrede selbst, nicht aber die Nebengeschäfte nach § 15 III GmbHG formbedürftig.²⁹⁸ Erfolgen Kauf und Abtretung des Geschäftsanteils gleichzeitig, so werden etwaige Verstöße gegen das Beurkundungserfordernis des § 15 IV Satz 1 GmbHG, die hinsichtlich der Nebengeschäfte eingetreten sein mögen, sofort geheilt.²⁹⁹

166 Beim **Erwerb von Kommanditanteilen an einer GmbH & Co. KG** verbunden mit dem Erwerb von Geschäftsanteilen an der Komplementär-GmbH führt die Verbindung beider Verpflichtungsgeschäfte dazu, daß auch der Kauf der Kommanditanteile formbedürftig ist.³⁰⁰ Beim Verkauf aller gesellschaftsrechtlichen Beteiligungen an einer GmbH & Co. KG wird in der Praxis aus Kostengründen³⁰¹ regelmäßig so verfahren, daß allein die Übertragung der Geschäftsanteile an der Komplementär GmbH beurkundet wird, während der Kaufvertrag inklusive der Übertragung der Kommanditbeteiligung nur schriftlich abgeschlossen wird.³⁰² Die Heilung nach § 15 IV Satz 2 GmbHG erfaßt auch die nicht notariell beurkundeten Teile der Gesamtvereinbarung.³⁰³

---

²⁹³ BGH NJW 1983, 1110; MünchKomm-Ulmer, § 705, RN 25; Petzoldt, BB 1975, 905, 908.
²⁹⁴ BGH NJW 1983, 1110f.
²⁹⁵ Beisel/Klumpp, RN 68a.
²⁹⁶ RGZ 137, 324, 348. Siehe hierzu Teil B.
²⁹⁷ Beisel/Klumpp, RN 69.
²⁹⁸ H.L. Hachenburg-Zutt, GmbHG, § 15, RN n92f.; Hölters/Semler, Teil VI, RN 83.
²⁹⁹ BGH BB 1991, 496, 497.
³⁰⁰ H.M., vgl. Hölters/Semler, Teil VI, RN 83; Beisel/ Klumpp, RN 70; Wiesner, NJW 1984, 95, 97; Petzoldt, GmbH Rundschau 1976, 81, 84. A.A. Sigle/Maurer, NJW 1984, 2657, 2661.
³⁰¹ Ablehnend Mayer, DNotZ 1990, 134.
³⁰² Vgl. Münchener Vertragshandbuch, Band II, 3. Aufl., 112f.
³⁰³ BGH NJW-RR 1987, 807; GmbHR 1993, 106.

c) Beim Kauf einer Personengesellschaft oder Beteiligung

Überträgt eine Personengesellschaft ihr gesamtes Vermögen, so findet § 311 BGB keine Anwendung,[304] da diese Gesellschaften keine eigene Rechtspersönlichkeit besitzen, sondern nur die gesamthänderische Vermögensbindung der Gesellschafter repräsentieren. Es handelt sich daher nicht um die Veräußerung von Gesellschaftsvermögen, sondern um die **Veräußerung gesamthänderisch gebundener Teilvermögen der Gesellschafter**.[305]

6. Verfügungsbeschränkungen, Zustimmungs- und Genehmigungserfordernisse

Soll die Unternehmensübertragung wirksam und ohne Störungen erfolgen, kann es erforderlich sein, Beschränkungen und Mitwirkungsrechte Dritter zu beachten. Derartige Verfügungsbeschränkungen und Zustimmungserfordernisse können sich insbesondere aus der Rechtsform des zu veräußernden Unternehmens sowie aus öffentlich-rechtlichen, familien- oder vormundschaftsrechtlichen sowie erbrechtlichen Bestimmungen ergeben.

a) Gesellschaftsrechtliche Beschränkungen

aa) Zustimmungserfordernisse beim Erwerb einer Kapitalgesellschaft. Nach dem Leitbild des Gesetzes sind **Geschäfteile einer GmbH grundsätzlich frei veräußerlich** (§ 15 I GmbHG). Der Gesellschaftsvertrag kann die Abtretung der Geschäftsanteile jedoch an weitere Voraussetzungen, insbesondere an die Genehmigung der Gesellschaft knüpfen (§ 15 V GmbHG). Davon wird in der Praxis regelmäßig Gebrauch gemacht.[306] Die Genehmigung der Gesellschaft „ist vom Geschäftsführer zu erklären".[307] In der Regel ist der Geschäftsführer, auch ohne ausdrückliche Bestimmung in Satzung, Geschäftsordnung oder Anstellungsvertrag, verpflichtet, einen Gesellschafterbeschluß darüber einzuholen, ob er die Zustimmung erteilen oder verweigern soll.[308] Anstelle der Zustimmung der Gesellschafter wird häufig auch die Zustimmung der Gesellschafterversammlung oder anderer Gesellschaftsorgane oder Dritter vorgesehen.[309]

Die **Satzung einer Aktiengesellschaft** kann die Übertragung von Namensaktien, ebenfalls von der Zustimmung der Gesellschaft abhängig machen (§ 68 II AktG).[310] Verkauft eine AG das von ihr betriebene Un-

---

[304] Beisel/Klumpp, RN 74.
[305] Hölters/Semler, Teil VI, RN 82.
[306] Rowedder, § 15, RN 92.
[307] RGZ 104, 413, 414; 160, 225, 231.
[308] BGH WM 1988, 704, 706; Hachenburg-Zutt GmbHG, § 15, RN 108.
[309] Vgl. Hachenburg-Zutt, § 15, RN 111 ff.; Hölters/Semler, Teil VI, RN 100.
[310] Hölters/Semler, Teil VI, RN 101, 102.

ternehmen, so bedarf der Kaufvertrag der Zustimmung der Hauptversammlung (§ 361 AktG). Das gleiche gilt, wenn der Vertrag **das wesentliche Vermögen** der Aktiengesellschaft betrifft.[311] § 361 AktG will die Gesellschafter dagegen sichern, daß die Gesellschaft ohne ihren Willen das Gesellschaftsvermögen als die Grundlage ihrer satzungsmäßigen Unternehmenstätigkeit völlig aus der Hand gibt.[312] Daher entfällt nach Wortlaut und Zweck der Tatbestand des § 361 AktG nur dann, wenn die Gesellschaft mit dem zurückbehaltenen Betriebsvermögen noch ausreichend in der Lage bleibt, ihre in der Satzung festgelegten Unternehmensziele weiterhin, wenn auch im eingeschränkten Umfang, selbst zu verfolgen.[313] Die Wertverhältnisse des übertragenen und des verbliebenen Vermögens spielen keine Rolle.[314]

171 Auch die **Einbringung des Unternehmens** der Aktiengesellschaft in ein anderes Unternehmen kann die Zustimmungspflicht nach § 361 AktG auslösen, da es sich dabei um eine Vermögensübertragung handelt.[315]

172 Der Zustimmungsbeschluß bedarf einer Mehrheit von mindestens 3/4 des bei der Beschlußfassung vertretenen Grundkapitals, soweit nicht die Satzung zulässigerweise[316] Erschwerungen vorsieht (§ 361 I S. 2 AktG).

173 Auch über die Regelung des § 361 AktG hinaus hat der Vorstand die Mitgliedschaftsrechte der Aktionäre zu achten. Ein Hauptversammlungsbeschluß ist daher erforderlich, wenn eine Aktiengesellschaft **ein Unternehmen oder einen Betrieb veräußert** und dies ein so wichtiger Vorgang ist, daß der Vorstand „vernünftigerweise" nicht annehmen kann, ohne Zustimmung der Hauptversammlung handeln zu dürfen.[317]

174 **bb) Zustimmungserfordernisse beim Erwerb einer Personengesellschaft oder Beteiligung.** Beim Erwerb eines Unternehmens in der Rechtsform einer OHG ist von Bedeutung, daß nach § 126 I, II HGB die Vertretungsmacht der zur Vertretung der Gesellschaft berechtigten Gesellschafter grundsätzlich unbeschränkt und unbeschränkbar ist. Dennoch unterliegt die Vertretungsmacht der vertretungsberechtigten Gesellschafter nicht nur den im Gesetz selbst genannten Grenzen. Vielmehr erstreckt sich die Vertretungsmacht der grundsätzlich vertretungsberechtigten Gesellschafter nicht auf die Rechtsgeschäfte, die die sogenannten „**Grundlagen der Gesellschaft**" betreffen.[318]

---

[311] Geßler-Kropff, AktG, § 361, RN 14.
[312] BGH WM 1982, 86; BGHZ 83, 122, 128.
[313] BGHZ 83, 122, 128.
[314] Gessler-Kropf, AktG, § 361, RN 14.
[315] Beisel/Klumpp, RN 352. Vgl. auch für die Verschmelzung unter Beteiligung einer Aktiengesellschaft § 65 UmwG n. F.. Dazu ausführlich Teil B, RN 261 ff.
[316] Geßler-Kropff, AktG, § 361, RN 33.
[317] Vgl. BGHZ 83, 122, 133 f.; Hölters/Semler, Teil VI, RN 97.
[318] Dazu ausführlich Picot, Mehrheitsrechte und Minderheitenschutz in der Personengesellschaft, BB 1993, 13, 17 ff.; BGHZ 26, 330, 333; RGZ 162, 370, 347.

Zu den Rechtsgeschäften, die die Grundlagen der Gesellschaft tangieren, zählt auch die **Veräußerung eines Unternehmens einer Personengesellschaft**, denn infolge der Veräußerung kann der Zweck, werbendes Unternehmen zu sein, nicht mehr verwirklicht werden.[319] Das bedeutet, daß ein vertretungsberechtigter Gesellschafter die Veräußerung des Unternehmens rechtswirksam nur dann vornehmen kann, wenn der Gesellschaftsvertrag die Vertretungsberechtigung ausdrücklich auch auf die Veräußerung des Unternehmens erstreckt oder alle Gesellschafter der Veräußerung zugestimmt haben.[320] 175

Diese Grundsätze gelten entsprechend bei der **Veräußerung des Unternehmens einer Kommanditgesellschaft**. Obwohl die Kommanditgesellschaft gemäß §§ 161 II, 125–127 HGB ausschließlich durch ihre Komplementäre organschaftlich vertreten wird, kann die Veräußerung des gesamten Gesellschaftsunternehmens nicht allein von den vertretungsberechtigten Gesellschaftern (Komplementäre) ohne die Zustimmung der Kommanditisten wirksam vorgenommen werden.[321] Dies gilt auch für eine Kommanditgesellschaft, deren Komplementärin keine natürliche Person, sondern eine GmbH ist. 176

Auch der zur Vertretung einer **BGB-Gesellschaft** berechtigte Gesellschafter kann ohne ausdrückliche gesellschaftsvertragliche Regelung nicht über das Gesellschaftsvermögen im Ganzen wirksam verfügen.[322] 177

Die **Übertragung eines Personengesellschaftsanteils oder eines Teiles desselben** ist nur bei genereller Zulassung im Gesellschaftsvertrag oder im Einzelfall erteilter Zustimmung der anderen Gesellschafter möglich.[323] 178

b) Öffentlich-rechtliche Beschränkungen

Öffentlich-rechtliche Beschränkungen sind deshalb zu beachten, weil sie den Erwerber eines Unternehmens daran hindern können, den Betrieb des Unternehmens auszuüben. Die Gewerbeausübung kann an eine **persönliche Konzession** des Betreibers (z. B. zur Ausübung des Bewachungsgewerbes, einer Makler-, Bauträger- oder Baubetreuertätigkeit) oder an eine **sachbezogene Anlagegenehmigung** gebunden sein. Die dem Veräußerer erteilte Anlagegenehmigung erstreckt sich auch auf den Erwerber. Dies gilt nicht hinsichtlich der persönlichen Konzession. Allerdings hat die Nichterteilung der erforderlichen persönlichen Gewerbegenehmigung für den Erwerber keine Auswirkung auf die Wirksamkeit des Kaufvertrages und des Verfügungsgeschäftes, sofern die Vertragsparteien 179

---

[319] Vgl. Heymann-Emmerich, § 126, RN 10.
[320] Fischer, Großkommentar HGB, § 126, RN 3.
[321] BGH LM Nr. 13 zu § 161 HGB.
[322] RGZ 162, 370, 374.
[323] Siehe Picot, Mehrheitsrechte und Minderheitenschutz in der Personengesellschaft, BB 1993, 13, 14; Brandes, WM 1994, 569 ff.; Baumbach/Duden/Hopt, § 124, Anm. 2 B.

für einen solchen Fall keine besondere Vereinbarung getroffen haben. Es liegt weder ein Sach- noch ein Rechtsmangel vor.

c) Familien- und vormundschaftsrechtliche Beschränkungen

180 Beim Unternehmenskauf können sich **familienrechtliche Verfügungsbeschränkungen** neben dem Erfordernis der Zustimmung des Ehegatten zur Verfügung über das Vermögen im Ganzen im gesetzlichen Güterstand der Zugewinngemeinschaft (§ 1365 BGB) auch durch die Zuordnung des Unternehmens zum Gesamtgut (§ 1416 BGB) ergeben.

Gehört ein Unternehmen zum Gesamtgut, soll § 1419 BGB verhindern, daß ein Ehegatte während der Dauer der Gütergemeinschaft diese durch Verfügung über seinen Anteil sprengen kann; daraus folgt, daß eine wirksame Verfügung des einen Ehegatten über das zum Gesamtgut gehörende Unternehmen nur mit Zustimmung des anderen Ehegatten möglich ist.[324]

181 Die Einwilligung des anderen Ehegatten ist auch beim gesetzlichen Güterstand der Zugewinngemeinschaft erforderlich, wenn die Veräußerung des Unternehmens nach wirtschaftlicher Betrachtungsweise eine Verfügung über das Gesamtvermögen eines Ehegatten darstellt (§ 1365 BGB).[325]

182 **Vormundschaftsrechtliche Beschränkungen** sind dann zu beachten, wenn Minderjährige, beschränkt Geschäftsfähige oder unter Vormundschaft stehende Personen Partei eines Unternehmenskaufvertrages sind. Für diese Fälle bestimmt das Gesetz eine vormundschaftliche Genehmigungspflicht des Vertrages (§ 1822 Ziffer 3 BGB) dahingehend, daß der Vormund der Genehmigung des Vormundschaftsgerichtes bedarf.

183 Nach der Rechtsprechung[326] gilt dies nicht nur bei der Veräußerung eines Einzelunternehmens, sondern auch bei der Anteilsveräußerung an einer Personengesellschaft, die ein Erwerbsgeschäft betreibt.

d) Erbrechtliche Beschränkungen

184 Soll ein Unternehmen aus dem Nachlaß veräußert werden, so ist zu beachten, daß die **Erben nur gemeinschaftlich** wirksam über das Unternehmen verfügen können (§ 2040 I BGB). In der Literatur wird zum Teil die Ansicht vertreten, daß die Veräußerung des Unternehmens eine Maßnahme zur ordnungsgemäßen Verwaltung des Nachlasses darstellen kann, mit der Folge, daß den Miterben eine Zustimmungspflicht zur Veräußerung trifft.[327]

---

[324] Ermann-Häckelmann, § 1419, RN 2.
[325] BGHZ 64, 246, 247.
[326] RGZ 122, 370, 371; OLG Karlsruhe NJW 1973, 1977.
[327] Vgl. Beisel/Klumpp, RN 319; weniger weitgehend BGHZ 30, 391, 394.

7. Besonderheiten des Gesellschaftsrechts, des Arbeitsrechts, des Betriebsrentenrechtes, des Kartellrechts, des Steuerrechts und des Umweltrechts

Wie bereits ausgeführt, berühren Unternehmenskäufe und Restrukturierungen von Unternehmen stets eine Vielzahl von Rechtsgebieten. Soweit nicht das Vertragsrecht unmittelbar von anderen Rechtsbereichen tangiert ist, werden diese aufgrund der besonderen Bedeutung und Komplexität der Rechtsmaterie in den weiteren Teilen dieses Handbuches gesondert dargestellt.

VI. Abschluß und Durchführung des Unternehmenskaufvertrages

Die dingliche Übertragung des Unternehmens erfolgt regelmäßig nicht schon bei Abschluß des Kaufvertrages, sondern z.B. aus steuerlichen oder kartellrechtlichen Gründen oder wegen der Notwendigkeit weiterer Prüfungen erst **zu einem späteren Zeitpunkt**. Der Stand und Wert des Unternehmens können in der Zwischenzeit erheblichen Veränderungen ausgesetzt sein. Bis zum Unternehmensübergang liegt die Unternehmensführung und deren wirtschaftliches Risiko weiterhin beim Verkäufer; dieser hat nach Maßgabe der oben dargestellten Gewährleistungsregeln die eingetretenen Veränderungen zu vertreten.

Die Parteien eines Unternehmenskaufs sind daher in der Regel bemüht, mit Hilfe des sogenannten **Closing**, den Zeitpunkt der Unternehmensübertragung vom Veräußerer auf den Erwerber genau zu fixieren.

1. Closing

Der Begriff des Closing entstammt der anglo-amerikanischen Vertragspraxis. Sein Gebrauch ist uneinheitlich. Überwiegend wird der **Übergangsstichtag als Closing** bezeichnet.[328] Vereinzelt wird darunter aber auch die zusammenfassende Beschreibung der an diesem Stichtag vorzunehmenden Rechtshandlungen verstanden.[329]

Erfolgt der Unternehmenskauf im Wege der Singularsukzession, so erstreckt er sich auf eine Vielzahl von Sachen, Rechten und immateriellen Geschäftswerten. Da das Unternehmen als Ganzes übertragen werden soll, ist der **Zeitpunkt des Übergangs** hinsichtlich der unterschiedlichen Bestandteile möglichst zusammenzufassen. Das geschieht beim Closing jedenfalls hinsichtlich der Übertragung von Forderungen und bewegli-

---

[328] Hölters/Semler, Teil VI, RN 40; Beisel/Klumpp, RN 471 ff.; Hommelhoff, ZHR 150 (1986), 254, 266.
[329] Holzapfel/Pöllath, RN 17.

chen Sachen gemäß §§ 398, 413, 929 ff. BGB. Bei Grundstücken ist dies nicht möglich, da es dafür gemäß § 873 I BGB auf den Zeitpunkt der Eintragung ankommt. Allerdings wird bei Grundstücken grundsätzlich davon auszugehen sein, daß § 446 II BGB von den Parteien stillschweigend abbedungen worden ist und stattdessen die Grundregel des § 446 I BGB gilt; danach gehen die Gefahr des zufälligen Unterganges und einer zufälligen Verschlechterung sowie die Nutzungen und Lasten der verkauften Sache nicht mit der Eintragung, sondern mit der Übergabe auf den Käufer über.[330] Es kann aber vorgesehen werden, daß der Veräußerer einen Anspruch auf den bis zum Übergangsstichtag angefallenen Gewinnanteil haben soll.[331]

188 Der **Übergangsstichtag** wird meist **in die Zukunft** verlegt. Aus steuerlichen oder bilanztechnischen Gründen kann sich das Ende des Geschäftsjahres empfehlen.[332]

189 Ausnahmsweise kommt auch ein **rückwirkender Übergangsstichtag** in Betracht. Einer solchen Regelung kommt allerdings keine dingliche, sondern lediglich schuldrechtliche Wirkung zu.[333] So können die Parteien vorsehen, daß das Unternehmen von dem in der Vergangenheit liegenden Übergangsstichtag an als auf Rechnung und Gefahr des Käufers geführt gelten soll.[334] Eine solche Regelung wirft allerdings zahlreiche rechtliche Schwierigkeiten auf. Das Recht der Geschäftsbesorgung (§ 675 BGB) kann die Haftung für nachteilige Veränderungen nicht bewältigen. Der Verkäufer wußte zur maßgeblichen Zeit nicht, daß er das Unternehmen auf Rechnung eines anderen führte. Hat er dessen Interessen verletzt, so wird ihm regelmäßig kein Verschulden zur Last fallen.[335] Der Käufer kann sich dagegen nur durch Zusicherungen des Verkäufers für die Rückwirkungszeit schützen.

2. Anmeldung des Erwerbs beim Kauf einer Kapitalgesellschaft oder Beteiligung (§ 16 GmbHG)

190 Beim Erwerb von Geschäftsanteilen an einer GmbH kann der Käufer die mit dem Geschäftsanteil verbundenen Rechte und Pflichten gegenüber der Gesellschaft erst nach Anmeldung des Übergangs bei der Gesellschaft geltend machen (§ 16 I GmbHG).[336] Veräußerer und Erwerber wird damit die Möglichkeit eingeräumt, mit Wirkung gegen die Gesell-

---

[330] Hommelhoff, ZHR 150 (1986), 254, 266.
[331] Hölters/Semler, Teil VI, RN 48; Beisel/Klumpp, RN 472.
[332] Beisel/Klumpp, RN 473; vgl. insgesamt Jung, Abschnitt D, E, F.
[333] Hölters/Semler, Teil VI, RN 40; Holzapfel/Pöllath, RN 31, ebenfalls zum steuerlichen Rückwirkungsverbot.
[334] Holzapfel/Pöllath, RN 31; Beisel/Klumpp, RN 475.
[335] Holzapfel/Pöllath, RN 31; Beisel/Klumpp, RN 476.
[336] Siehe oben RN 55.

Picot

schaft den Zeitpunkt des Gesellschafterwechsels zu bestimmen.[337] Eine zusätzliche Anmeldepflicht gegenüber dem Registergericht besteht nicht.[338]

Die Anmeldung bei der Gesellschaft hat unter Nachweis des Übergangs stattzufinden (§ 16 I GmbHG). Auf die Wirksamkeit der Anteilsübertragung kommt es nicht an. Ist der Gesellschafter einmal angemeldet, so ist er von der Gesellschaft als solcher zu behandeln.[339]

Für die Entgegennahme der – auch formlos möglichen – Anmeldung ist jeder Geschäftsführer (auch) einzeln zuständig (§ 35 Abs. 2 Satz 3 GmbHG). Die Anmeldung kann auch konkludent erfolgen. Das ist der Fall, wenn ein Gesellschafter, der zugleich Geschäftsführer der Gesellschaft ist, den Anteil veräußert[340] oder Veräußerer oder Erwerber bei der Gesellschaft um eine Genehmigung gemäß § 15 Abs. 5 GmbHG nachsuchen.[341] Die Satzung kann die Anmeldungserfordernisse erschweren.[342]

Ab dem Zeitpunkt der ordnungsgemäßen Anmeldung ist die Gesellschaft berechtigt und verpflichtet, ausschließlich den angemeldeten Erwerber als Gesellschafter anzuerkennen und zu behandeln.[343] Der Veräußerer wird auch von Nebenverpflichtungen frei.[344] Auch der Erwerber haftet für alle auf den Geschäftsanteil entfallenden rückständigen Leistungen (§ 16 III GmbHG).[345]

VII. Rückabwicklung von Unternehmensübertragungen

Ist ein Unternehmen verkauft worden, so hat der Käufer nach der gefestigten Rechtsprechung die in den §§ 459 ff. BGB geregelten Gewährleistungsansprüche, sofern ein Mangel des Unternehmens (§ 459 I BGB) vorliegt oder eine zugesicherte Eigenschaft (§ 459 II BGB) fehlt.

191

Macht der Käufer einen ihm zustehenden Wandlungsanspruch geltend, so kann die **tatsächliche Durchführung der Wandlung** große Schwierigkeiten verursachen, insbesondere dann, wenn der Unternehmenskauf im Wege des Asset-Deal (Singularsukzession) erfolgt ist. Die praktischen Rückabwicklungsschwierigkeiten ergeben sich in der Regel dadurch, daß ein Unternehmen kein statisches Gebilde ist,[346] sondern durch Neuinvestition des Erwerbers, sich kontinuierlich ändernde Marktsituationen

---

[337] BGH LM § 16 GmbHG Nr. 3.
[338] BayObLG BB 1985, 1149.
[339] BayObLG DB 1990, 167 f.; Hachenburg – Zutt, GmbHG § 16, RN 26.
[340] OLG Hamm GmbHR 1985, 22.
[341] Rowedder, GmbHG, § 16, RN 5.
[342] Rowedder, GmbHG, § 16, RN 6 mit Beispielen.
[343] BayObLG DB 1990, 167 f.
[344] Rowedder, GmbHG, § 16, RN 13.
[345] Siehe vorstehend RN 141.
[346] Müller, ZHR 147 (1983), 527.

und häufig mit dem Unternehmenserwerb einhergehende Personalfluktuationen schon bald nach dem Unternehmensübergang einen völlig geänderten (Rechts-)Gegenstand darstellt.[347] Wenngleich dies die rechtliche Möglichkeit der Wandlung gemäß §§ 467, 346 ff. BGB nicht ausschließt, so erschwert es ihren praktischen Vollzug jedoch nicht unerheblich und führt häufig dazu, daß eine sachgerechte Lösung des Interessenkonflikts zwischen Unternehmensverkäufer und Unternehmenserwerber nicht erreicht wird.

192 Dem trägt die Rechtsprechung – wie bereits dargestellt – dadurch Rechnung, daß sie den Fehler- und Eigenschaftsbegriff des § 459 I und II BGB besonders restriktiv auslegt und besonders strenge Anforderungen an das Vorliegen einer stillschweigenden Zusicherung (§ 459 II BGB) stellt.[348] Da die Durchführung der Rückabwicklung – insbesondere dann, wenn sich der Verkäufer dem Wandlungsbegehren des Käufers widersetzt – unweigerlich negative wirtschaftliche Auswirkungen auf das Unternehmen hat und schlechtestenfalls existenzvernichtend wirken kann, werden und sollten die Vertragsparteien in der Regel darum bemüht sein, durch vertragliche Vereinbarungen eine **Rückabwicklung soweit wie möglich auszuschließen oder bereits im Kaufvertrag konkrete vertragliche Regelungen für die Rückabwicklung vorzusehen**. Dies kann auch dadurch geschehen, daß Wandlungs-, Rücktritts- und Anfechtungsrechte durch einen abschließenden Schadensersatzanspruch ersetzt werden.[349]

193 Sofern die Rückabwicklung des Kaufvertrages weder durch die restriktive Anwendbarkeit der Gewährleistungsansprüche noch durch vertragliche Vereinbarungen der Parteien ausgeschlossen ist, erfolgt die Wandlung durch gegenseitige Rückgewähr der erlangten Vorteile. So hat der Käufer das Unternehmen in dem Zustand zurückzugewähren, in dem es sich zum Zeitpunkt des Wandlungsvollzugs befindet. Der Verkäufer ist dem Käufer zur Rückzahlung des Kaufpreises nebst Zinsen gemäß § 467 Satz 1 BGB in Verbindung mit § 347 Satz 3 BGB verpflichtet. Darüber hinaus hat der Unternehmenserwerber infolge des Rücktritts gemäß §§ 347, 987 BGB den aus dem Gewerbebetrieb gezogenen Gewinn als Nutzung im Sinne von § 987 BGB an den Verkäufer herauszugeben. Eine Einschränkung des Anspruchs auf Herausgabe der Nutzungen in Form des aus dem Unternehmen gezogenen Gewinns kann sich nur insoweit ergeben, als der Gewinn auf den persönlichen Leistungen oder Fähigkeiten desjenigen beruht, der die gewinnbringenden Einnahmen erzielt hat. Sind die Betriebseinnahmen sowohl auf den gegenständlichen Bereich des Betriebes als auch auf persönliche Leistungen oder Fähigkeiten des Betriebsinhabers zurückzuführen, so hat das Gericht – gegebe-

---

[347] Vgl. Müller, ZHR 147 (1983), 528; Beisel/Klumpp, RN 972.
[348] Siehe vorstehend RN 63.
[349] Holzapfel/Pöllath, RN 385.

nenfalls unter Anwendung des § 287 ZPO – den Anteil der beiden Faktoren am Betriebsgewinn zu ermitteln. Beruht der Gewinn jedoch ausschließlich auf den persönlichen Leistungen oder Fähigkeiten des Betriebsinhabers, so kommt eine Nutzungsentschädigung nicht in Betracht.[350]

Vorschläge, die Befugnis des Unternehmenskäufers zur Wandlung zu erschweren bzw. auszuschließen, indem dem Verkäufer zuvor die Möglichkeit der Nachbesserung gegeben wird oder eine Rückabwicklung des Kaufvertrages nur dann zugelassen wird, wenn das Festhalten am Vertrag für den Käufer – auch unter Berücksichtigung einer weitgehenden Minderung des Kaufpreises – schlechthin unzumutbar ist, haben sich nicht durchsetzen können.[351] Das **Wandlungsrecht** kann daher **nur aufgrund der §§ 351–353 BGB** sowie einer Verwirkung ausgeschlossen sein. Gemäß § 351 BGB ist der **Rücktritt ausgeschlossen**, wenn der Unternehmenskäufer eine wesentliche Verschlechterung, den Untergang oder die anderweitige Unmöglichkeit der Herausgabe des empfangenen Gegenstandes verschuldet hat. Sofern vertraglich zwischen den Parteien nichts anderes vereinbart wurde, ist die Wandlung auch dann ausgeschlossen, wenn der Berechtigte die empfangene Sache durch Verarbeitung oder Umbildung in eine Sache anderer Art umgestaltet hat (§ 352 BGB). Dies gilt entsprechend für § 353 BGB (Veräußerung oder Belastung der Kaufsache). Schließlich ist der Wandlungsanspruch wegen **Verwirkung** dann ausgeschlossen, wenn der Käufer in Kenntnis des Mangels vor dem Vollzug der Wandlung mit der Kaufsache so verfährt, daß nach den Umständen des Einzelfalles und Treu und Glauben (§ 242 BGB) davon auszugehen ist, er wolle die Sache behalten.[352] Diese primär für den Sachkauf entwickelten Verwirkungsgrundsätze sind beim Unternehmenskauf jedoch nur sehr restriktiv anzuwenden, da der Weiterbetrieb des Unternehmens durch den Unternehmenskäufer in Kenntnis seines Wandlungsrechtes bis zum Vollzug der Wandlung schon aus wirtschaftlichen Erwägungen im Interesse beider Vertragsparteien geboten ist. **194**

VIII. Besonderheiten des Management Buy-Out und des Leveraged Buy-Out

Die Begriffe des Management Buy-Out (MBO) und Leveraged Buy-Out (LBO) entstammen dem anglo-amerikanischen Rechtskreis und bezeichnen eine spezifische Form des Unternehmkaufs. Mangels einer präzisen Übersetzungsmöglichkeit hat sich diese Begrifflichkeit auch im deutschen Rechtskreis etabliert. **195**

---

[350] BGH NJW 1978, 1578.
[351] Vgl. Hiddemann, ZGR 1982, 435, 442.
[352] Vgl. BGH WM 1984, 479 m. w. N.

Der **Management Buy-Out (MBO)** bezeichnet den Kauf eines Unternehmens durch **eigene**, der **Management-Buy-In (MBI)** den Unternehmenskauf durch **fremde** leitende Mitarbeiter, wobei diese gegebenenfalls durch Dritte (institutionelle Anleger, Industrieunternehmen) unterstützt werden können. Da der Personenkreis der leitenden Mitarbeiter in der Regel nur über geringe Eigenkapitalreserven verfügt, wird der MBO mit Hilfe eines Kreditgebers häufig fremdfinanziert. Im Falle einer solchen fremdfinanzierten Übernahme spricht man von einem **Leveraged Buy-Out (LBO)**.

Während sich in den USA diese Varianten des Unternehmenskaufs bereits fest etabliert haben, gewinnt die Übernahmetechnik des MBO und LBO in Deutschland und im Bereich der Europäischen Gemeinschaft erst allmählich an Bedeutung. Immerhin rechnen Experten mit jährlich mehreren hundert solcher Unternehmensübernahmen.

1. Allgemeine Probleme des MBO/LBO

196 Die spezifische Terminologie dieser Form des Unternehmenskaufes darf jedoch nicht darüber hinwegtäuschen, daß diese Form der Unternehmensübertragung grundsätzlich die gleichen Probleme aufwirft wie ein gewöhnlicher Unternehmenskauf.

197 Eine **Besonderheit**[353] ergibt sich jedoch daraus, daß das Management in der Regel den Kaufpreis des Übernahmeobjektes nicht aus eigenen Mitteln finanzieren kann und daher zur Kaufpreisfinanzierung ein Darlehen aufnehmen wird. Wegen der niedrigen Eigenkapitalquote des Managements stellt das Objektunternehmen die Sicherheiten für das aufgenommene Darlehen, ebenso wie das übernommene Unternehmen die finanziellen Mittel zur Tilgung des Darlehens und zur Bedienung der Zinsen erwirtschaften muß. Daraus ergibt sich zugleich, daß nicht jedes Unternehmen für eine LBO-Finanzierung geeignet ist. Handels- und Dienstleistungsunternehmen werden in der Regel nur selten über ausreichendes Vermögen zur Sicherung der Finanzierung verfügen. Geeignete Übernahmeobjekte sind daher primär Produktionsgesellschaften. Da das Verschuldensvolumen allein durch den Zugriff auf den Cash-Flow und die stillen Reserven nur langfristig reduziert werden kann, wird häufig noch durch zusätzliche Maßnahmen der Liquiditätszufluß erhöht. So werden betriebswirtschaftlich nicht notwendige Vermögensteile kurz nach der Übernahme veräußert oder notwendige Betriebsanlagen veräußert und im Wege des Lease-Back weiterhin verfügbar gehalten.

Potentielle Objekte eines als LBO-finanzierten MBO sind insbesondere auch (Produktions-)Gesellschaften, die im Eigentum einer Familie stehen, die sich außerstande sieht, das Nachfolgeproblem zu lösen sowie

---

[353] Eine ausführliche Darstellung findet sich bei Holzapfel/Pöllath, RN 224–279.

Konzerngesellschaften, die aufgrund von Diversifizierung nicht mehr in die Gesamtkonzeption des Konzerns passen.

2. Rechtsfragen eines MBO/LBO bei einem Übernahmeunternehmen in der Rechtsform einer GmbH/AG

Ist das **Übernahmeobjekt eine GmbH,** so hat das übernehmende Management § 30 GmbHG zu beachten, der die Auszahlung des zur Erhaltung des Stammkapitals erforderlichen Vermögens der Gesellschaft verbietet. Das in § 30 GmbHG normierte Prinzip der Kapitalerhaltung dient dem Interesse der Gesellschaftsgläubiger an der Erhaltung des Stammkapitals.[354] Für die MBO/LBO-Fälle bedeutet dies, daß eine Darlehens- und Sicherheitsgewährung zu Lasten des Vermögens der Ziel-GmbH dann eine unzulässige Auszahlung an die übernehmenden Gesellschafter darstellt, wenn die Darlehensaufnahme zu einer Unterbilanz der GmbH führt.[355] Da nach dem Normzweck des § 30 GmbHG Auszahlungen im Sinne dieser Vorschrift und Bestellungen von Sicherheiten gleichzusetzen sind,[356] stellt die Sicherheitsleistung des Übernahmeobjekts an die kreditgebende Bank zur Finanzierung des Kaufpreises ebenfalls eine unerlaubte Auszahlung im Sinne des § 30 GmbHG dar.

Da das Prinzip der Vermögensbindung bei der GmbH nur auf das zur Erhaltung des Stammkapitals erforderliche Vermögen beschränkt ist, ist die Regelung in den §§ 30 ff. GmbHG anders und weniger streng als diejenige des § 57 I AktG, der für **Aktiengesellschaften** jede Rückgewährung von Einlagen untersagt, die nicht aus dem Bilanzgewinn stammen.[357]

3. Steuerfragen bei der herkömmlichen Gestaltung eines MBO/LBO bei einem Übernahmeunternehmen in der Rechtsform einer GmbH

Die geringe Eigenkapitalquote und das erhebliche Verschuldungsvolumen des Erwerbers macht es für diesen erforderlich, nach **steuerrechtlichen Konstruktionen** zu suchen, die für einen möglichst langen Zeitraum eine vollständige oder zumindest überwiegende Entlastung von Steuern auf die zukünftigen Gewinne ermöglichen. Dies erreicht der Erwerber häufig dadurch, daß er eine Zwischenholding in der Rechtsform einer GmbH gründet, die als **Erwerbergesellschaft** dient. Die steuerlichen Vorteile für das Erreichen einer Buchwertaufstockung beim Erwerb von Geschäftsanteilen an einer GmbH wird im einzelnen durch folgende Schritte erreicht:

---

[354] Koppensteiner-Koppensteiner, § 30, RN 6.
[355] Vgl. Rowedder-Rowedder, § 30, RN 5.
[356] Fischer-Lutter-Hommelhoff, § 30, Anm. 5.
[357] Hachenburg-Goerdeler/Müller, § 29, RN 83; OLG Hamburg AG 1980, 275, 278.

- Gründung einer Erwerbergesellschaft in der Rechtsform einer GmbH
- Erwerb sämtlicher Geschäftsanteile an dem in der Rechtsform einer GmbH organisierten Objektunternehmen
- Kauf der Einzelwirtschaftsgüter durch die Erwerbergesellschaft von dem Objektunternehmen
- Ausschüttung des Gewinns der Objektgesellschaft durch den Verkauf der Einzelwirtschaftsgüter an die Erwerbergesellschaft
- Ausschüttungsbedingte Teilwertabschreibung der Erwerbergesellschaft auf den Buchwert der Beteiligung an dem Objektunternehmen
- Einstellung der werbenden Tätigkeit des Objektunternehmens nach der Gewinnausschüttung an die Erwerbergesellschaft.[358]

IX. Unternehmensfortführung und Unternehmenskauf in der Krise und im Konkurs

200 Die Veräußerung des Unternehmens stellt für den Inhaber eines in einer Krise befindlichen Unternehmens eine Möglichkeit dar, die Schwierigkeiten nicht durch ein Vergleichs- oder Konkursverfahren lösen zu müssen, sondern die Gläubiger aus dem Verkaufserlös des Unternehmens zu befriedigen.[359] So begrüßenswert eine solche Lösung ist, um den Konkurs als „Wertvernichter schlimmster Art" zu vermeiden, so beinhaltet sie dennoch für den Unternehmenskäufer nicht nur erhebliche wirtschaftliche, sondern auch rechtliche Risiken. Dies gilt insbesondere, wenn der Unternehmenserwerb im Wege der Singularsukzession (Asset-Deal) zeitlich vor Stellung des Vergleichs- bzw. Konkursantrages erfolgt. Erwirbt der Käufer das Unternehmen mit Aktiva und Passiva muß er in diesem Fall mit den Folgen der §§ 613a BGB,[360] 419 BGB, 25 HGB und 75 AO rechnen.

201 Beim Erwerb des Unternehmens im Wege des Share-Deal ergeben sich Risiken für den Unternehmenskäufer nur dann, wenn er die Komplementärstellung oder die Kommandit- und Geschäftsanteile mit nicht voll geleisteten Einlagen übernimmt. Ist der Unternehmenskaufvertrag im Zeitpunkt der Vergleichs- oder Konkurseröffnung noch nicht von beiden Vertragsparteien erfüllt worden, so besteht für den Unternehmenserwerber die zusätzliche Gefahr der Erfüllungsablehnung durch den Vergleichsschuldner (Veräußerer) nach §§ 36, 50 Vergleichsordnung, bzw. nach § 17 KO durch den Konkursverwalter. § 17 KO, der auf der Erwägung beruht, daß es unbillig wäre, den Gläubiger nach Eröffnung des Konkursverfahrens einerseits seine Leistung noch voll erbringen zu lassen, ihn andererseits aber hinsichtlich der Gegenleistung auf die Quote zu verweisen,[361] gibt dem Konkursverwalter das Wahlrecht, ob er den

---

[358] Vgl. im übrigen Blumers/Schmidt, DB 1991, 609 ff. und Hölters, Teil I, RN 204 ff.
[359] Ausführlich zu dem Entscheidungsprozeß „Sanierung oder Liquidation" siehe Uhlenbruck, 190 ff.; zu den Wegen der Sanierung siehe auch Groß, 22 f.
[360] Dazu ausführlich C RN 5.
[361] BGHZ 58, 246, 248; Kuhn-Uhlenbruck, § 17 RN 1.

Vertrag seinerseits erfüllen und vom anderen Teil ebenfalls Erfüllung verlangen will oder ob er die Erfüllung ablehnt. Lehnt der Konkursverwalter die Vertragserfüllung ab, bleibt der Vertrag bestehen, jedoch kann keine der beiden Vertragspartner Erfüllung verlangen. Anstelle der vertraglichen Erfüllungsansprüche tritt eine einseitige Konkursforderung des Vertragspartners auf Schadensersatz.[362]

Erfolgt der Erwerb eines Unternehmens nach der Vergleichs- bzw. Konkurseröffnung, so trifft den Erwerber zwar nach allgemeiner Auffassung keine Haftung gemäß § 419 BGB und § 25 HGB,[363] der Erwerber läuft jedoch Gefahr, daß der Konkursverwalter die einzelnen Veräußerungsvorgänge gemäß § 30 Nr. 1 und 2 KO sowie § 31 Nr. 1 oder 2 KO anficht. § 30 Nr. 1 Fallgruppe 1 KO (Benachteiligungsanfechtung) betrifft den Fall, daß dem Vertragspartner (Unternehmenskäufer) bei Abschluß des Rechtsgeschäfts die Zahlungseinstellung oder der Konkursantrag bekannt war und die Konkursgläubiger durch die Eingehung des Rechtsgeschäftes benachteiligt werden. § 31 Nr. 1 KO regelt die sogenannte Absichtsanfechtung, wonach Rechtshandlungen, die der Gemeinschuldner in der dem anderen Teil bekannten Absicht, seine Gläubiger zu benachteiligen, vorgenommen hat, durch den Konkursverwalter anfechtbar sind (§ 36 KO).

Die §§ 25 I HGB und 419 BGB bleiben gleichwohl anwendbar, wenn ein Konkursverfahren mangels Masse gar nicht erst eröffnet wird, denn die Übernahme des Unternehmens erfolgt in diesem Fall außerhalb eines Konkursverfahrens.

Abschließend ist daher festzuhalten, daß ein Unternehmenskauf (durch Singularsukzession) direkt vom Konkurs- oder Vergleichsverwalter für den potentiellen Käufer ein wesentlich geringeres Risiko birgt. Die Möglichkeit der Veräußerung des Unternehmens im Konkurs durch den Konkursverwalter als zulässiges Mittel der Verwertung der Teilungsmasse ergibt sich aus § 134 Nr. 1 KO, wonach der Konkursverwalter die Genehmigung des Gläubigerausschusses bzw. der Gläubigerversammlung einzuholen hat, wenn das „Geschäft" des Gemeinschuldners „im Ganzen" veräußert werden soll. Schon aus betriebswirtschaftlichen Überlegungen wird der Konkursverwalter ein Interesse daran haben, das Unternehmen des Gemeinschuldners als Ganzes zu veräußern, denn im Gegensatz zur Liquidation bleiben in diesem Fall die im Know-How und Good-Will sowie in der betrieblichen Organisation und in der Marktstellung liegenden Vermögenspositionen erhalten.[364]

---

[362] BGH NJW 1963, 1869, 1870.
[363] RGZ 58, 166, 168; Hüffer, Großkommentar HGB, § 25, Anm. 60 ff.
[364] Vgl. Hölters/Semler, Teil VI, RN 155.

X. Finanzierung des Unternehmenskaufs

204 Soll dem Erwerber das Unternehmen Zug um Zug gegen Zahlung des Kaufpreises übertragen werden, so muß der Erwerber im Zeitpunkt der Unternehmensübertragung nicht unerhebliche finanzielle Mittel bereit halten.[365]

Die Entscheidung, welcher Finanzierungsinstrumente der Unternehmenskäufer sich dazu bedient, hat dabei insbesondere unter Berücksichtigung des benötigten Finanzmittelbedarfs, der Kosten der Finanzierung, der zeitlichen Verfügbarkeit der Finanzmittel, des bereits bestehenden Verschuldungsgrades des Erwerbers und der Verfügbarkeit von Sicherheiten bei einer beabsichtigten Finanzierung durch Fremdmittel zu erfolgen.

205 Die möglichen Finanzierungsinstrumente lassen sich grundsätzlich in solche der Innenfinanzierung und solche der Außenfinanzierung unterscheiden. Bei der **Innenfinanzierung** werden die Finanzmittel durch interne Dispositionen des Erwerbers aufgebracht. In Betracht kommen neben einem Finanzmittelzufluß aus laufenden Umsatzerlösen auch Erlöse aus einmaligen Transaktionen, wie z.B. durch Sale-Lease-Back Operationen sowie die Liquidation von Aktiva (z.B. Betriebsmittel, Immobilien), die für den Erwerber bzw. das erwerbende Unternehmen entbehrlich sind. Bei der **Außenfinanzierung** hingegen werden die Finanzmittel vornehmlich von den Geld- und Kapitalmärkten beschafft. Die Mittelbeschaffung im Wege der Außenfinanzierung bestimmt sich dabei im wesentlichen nach der Rechtsform des Käufers und des zu erwerbenden Kaufobjektes.

1. Die Eigenkapitalbeschaffung der Aktiengesellschaft als Instrument der Außenfinanzierung

206 Die Aktiengesellschaft hat die Möglichkeit, ihre liquiden Mittel dadurch zu erhöhen, daß sie ihr Grundkapital aufstockt (ordentliche Kapitalerhöhung und genehmigtes Kapital) bzw. Wandelschuldverschreibungen und Optionsanleihen ausgibt.

a) Kapitalbeschaffung durch die Ausgabe neuer Aktien

207 Die beiden Formen der Kapitalerhöhung durch Ausgabe neuer Aktien, die ordentliche Kapitalerhöhung und das genehmigte Kapital, sind in den §§ 182ff. AktG bzw. in §§ 202ff. AktG geregelt. Aus diesen Vorschriften ergibt sich auch der wesentliche Unterschied zwischen diesen beiden Maßnahmen der Eigenkapitalbeschaffung, der darin liegt, daß eine Kapi-

---

[365] Ausführlich zur Finanzierung des Unternehmenskaufs siehe Hölters/Weiss, Teil III, S. 199ff.

talerhöhung über das genehmigte Kapital nur relativ langfristig erfolgen kann, da das Gesetz für sie einen aufwendigen formalen Ablauf, unter anderem die Einberufung einer Hauptversammlung (§ 202 AktG) vorsieht.³⁶⁶

Vor der **Ausgabe der neuen Aktien** (Emission) über die Börse bzw. bei nicht börsennotierten Aktiengesellschaften auf dem Weg des Eigenvertriebes, ist die Findung des Emissionspreises die zentrale Aufgabe für das emittierende Unternehmen und die betreuende Emissionsbank. Dabei befinden sich das emittierende Unternehmen und die Altgesellschafter in der Regel in einem Zielkonflikt. Denn einerseits sind sie an einem hohen Plazierungspreis interessiert, um für die neu ausgegebenen Aktien einen möglichst hohen Gegenwert zu erhalten, andererseits darf die Emission durch einen zu hohen Emissionspreis nicht an Attraktivität für die potentiellen Publikumsaktionäre verlieren, was sich negativ auf die Kaufbereitschaft der neuen Aktien auswirken würde. 208

Bei der **Festsetzung des Plazierungspreises** ist daher maßgeblich die wirtschaftliche Lage des Börsenmarktes zu berücksichtigen. Daneben empfiehlt es sich, bei der Preisfindung das Kurs-Gewinnverhältnis bereits börsennotierter Unternehmen der gleichen Branche als Vergleichsmaßstab heranzuziehen. In der Praxis bestimmt auch die Art der Aktie entscheidend ihren Wert. So wird eine Stammaktie, die volle Mitgliedschaftsrechte gewährt, in der Regel höher bewertet als stimmrechtslose Vorzugsaktien (§§ 139ff. AktG), bei denen das Stimmrecht zur Abwehr ungewollter Unternehmensübernahmen (**unfriendly Take-Over**) und zu starker Einflußnahme ausgeschlossen ist.³⁶⁷ 209

b) Kapitalbeschaffung durch die Ausgabe von Wandelschuldverschreibungen und Optionsanleihen

Lassen die wirtschaftlichen Rahmenbedingungen und die Verfassung des Kapitalmarktes, insbesondere hohe Kapitalmarktzinsen, die Emissionen neuer Aktien wenig erfolgreich erscheinen, so bleibt dem Unternehmen noch die Möglichkeit, seine Liquidität kurzfristig durch die Ausgabe von Wandelschuldverschreibungen und Optionsanleihen zu erhöhen. 210

Wandelschuldverschreibungen sind für die potentiellen Käufer insofern von Interesse, als sie gegenüber Aktien dem Gläubiger eine größere Sicherheit bieten, da er eine feste Verzinsung erhält und im Konkurs seine Forderung gegenüber der Gesellschaft geltend machen kann. Wandelschuldverschreibungen haben für ihre Inhaber den weiteren Vorteil, daß sie innerhalb bestimmter Fristen und zu bestimmten Konditionen in Aktien umgetauscht werden können. Von dieser Möglichkeit wird der 211

---

³⁶⁶ Ausführlich dazu Christians-Ratjen, 72 ff.
³⁶⁷ Vgl. dazu auch Wirth, DB 1992, 617 ff.

Inhaber der Wandelschuldverschreibung Gebrauch machen, wenn aufgrund einer positiven Entwicklung der Aktiengesellschaft die Kurse der Aktien am Aktienmarkt steigen und eine erhöhte Dividende zu erwarten ist.

212 Der Inhaber einer **Optionsanleihe** kann hingegen nicht die Wandlung seines Kapitalbetrages in Aktien verlangen, sondern nur ein Bezugsrecht auf Aktien neben dem Rückzahlungsrecht aus seiner Anleihe.[368] Übt der Inhaber der Optionsanleihe sein Optionsrecht aus, so wird er zugleich Gläubiger und Gesellschafter.

2. Die Eigenkapitalbeschaffung nicht emissionsfähiger Unternehmen

213 Unternehmen, die nicht in der Rechtsform einer Aktiengesellschaft organisiert sind und daher nicht an der Börse neues Kapital aufnehmen können, haben lediglich beschränkte Möglichkeiten zur Eigenkapitalbeschaffung.[369] Die Eigenkapitalbeschaffungsmöglichkeiten solcher Unternehmen sind im wesentlichen darauf beschränkt, daß Altgesellschafter die Eigenmittel des Unternehmens aufstocken und/oder neue Gesellschafter in das Unternehmen eintreten, die durch Bareinlagen die liquiden Mittel des Unternehmens erhöhen. Jedoch sind den neuen Gesellschaftern regelmäßig mit ihrer Aufnahme auch Mitwirkungsrechte bei der Geschäftsführung einzuräumen und selbst der grundsätzlich von der Geschäftsführung ausgeschlossene Kommanditist muß bei über den gewöhnlichen Betrieb des Handelsgewerbes der Gesellschaft hinausgehenden Handlungen seine Zustimmung erklären. Da dies nicht immer im Interesse der Altgesellschafter ist, können diese den Weg der sogenannten **stillen Beteiligung** des neuen Gesellschafters wählen, denn der stille Gesellschafter ist zur Geschäftsführung grundsätzlich weder berechtigt noch verpflichtet.[370]

214 Wegen der aufgezeigten begrenzten Möglichkeiten nicht emissionsfähiger Unternehmen zur Eigenkapitalbeschaffung kann für diese jedenfalls unter dem Aspekt des erleichterten Finanzmittelzuflusses eine **Umwandlung in eine Aktiengesellschaft**[371] im Wege des Formwechsels von Interesse sein. Bei einer solchen Umwandlung sind jedoch eine Reihe wichtiger Regelungen zu beachten. Soll beispielsweise eine GmbH in eine Aktiengesellschaft umgewandelt werden, ist hierzu ein Beschluß der Gesellschafterversammlung (§ 240 UmwG) erforderlich, der der notariellen Beurkundung bedarf (§ 193 III UmwG). Eine solche Umwandlung erlangt erst mit ihrer Eintragung ins Handelsregister Wirksamkeit (§ 202 UmwG).

---

[368] Vgl. Hölters/Weiß, Teil III, RN 37.
[369] Siehe Süchting, S. 152 ff.
[370] Heymann/Horn, HGB, § 230, RN 47; Vgl. zur atypischen stillen Gesellschaft auch BGH 07.02.1994, WM 1994, 593 ff.
[371] Siehe dazu ausführlich Teil B RN 398 ff.

Sollen die Aktien der umgewandelten Gesellschaft im amtlichen Börsenhandel gehandelt werden, so bedarf die Aktie einer Zulassung zum Börsenhandel gemäß den §§ 36ff. BörsenG in der Fassung des BörsenzulassungsG vom 16.12.1986. Die Zulassung hat das emittierende Unternehmen zusammen mit einem Kreditinstitut zu beantragen, das an einer inländischen Börse mit dem Recht zur Teilnahme am Handel zugelassen ist. Die Zulassungsstelle (§ 37 Abs. 1 Satz 1 BörsenG) kann die Aktie zum amtlichen Handel nur dann zulassen, wenn der voraussichtliche Kurswert der zuzulassenden Aktie oder, falls eine Schätzung nicht möglich ist, das Eigenkapital der emittierenden Gesellschaft mindestens DM 2,5 Mio. beträgt (§ 2 Abs. 1 BörsenzulassungVO).

Der Emittent muß darüber hinaus mindestens drei Jahre als Unternehmen bestanden und seine Jahresabschlüsse für die drei dem Antrag vorangegangenen Geschäftsjahre entsprechend den hierfür geltenden Vorschriften offengelegt haben (§ 3 Abs. 1 BörsenzulassungsVO). Desweiteren müssen die Wertpapiere in Übereinstimmung mit dem für den Emittenten geltenden Recht ausgegeben werden, den für das Wertpapier geltenden Vorschriften entsprechen (§ 4 BörsenzulassungsVO) und frei handelbar sein (§ 5 Abs. 1 BörsenzulassungsVO). 215

Gemäß § 6 BörsenzulassungsVO muß die Stückelung der Wertpapiere, insbesondere die kleinste Stückelung und die Anzahl der in dieser Stückelung ausgegebenen Wertpapiere den Bedürfnissen des Börsenhandels und des Publikums Rechnung tragen. 216

Aus Gründen des Anlegerschutzes muß der von dem Emittenten herauszugebende Prospekt über die tatsächlichen und rechtlichen Verhältnisse, die für die Beurteilung der zuzulassenden Wertpapiere von Bedeutung sind, besondere Voraussetzungen erfüllen. Der Prospekt muß vollständig, in deutscher Sprache und in einer Form abgefaßt sein, die sein Verständnis und seine Auswertung erleichtern. Der Prospekt ist von den Antragsstellern (emittierendes Unternehmen und Emissionsbank) zu unterzeichnen (§ 13 Abs. 1 BörsenzulassungsVO). Die weiteren inhaltlichen Anforderungen an den Prospekt ergeben sich insbesondere aus den §§ 14ff. der BörsenzulassungsVO. 217

3. Sonstige Kapitalbeschaffungsmaßnahmen im Wege der Außenfinanzierung

Neben den aufgezeigten Möglichkeiten der Kapitalbeschaffung kann das kapitalbedürftige Unternehmen noch auf weitere Instrumente der liquiditätserhöhenden Außenfinanzierung zurückgreifen. Die in der Praxis gängigsten Methoden der Fremdfinanzierung sollen im folgenden kurz dargestellt werden. 218

Neben der klassischen Fremdfinanzierungsform des (langfristigen) Einzelkredites, sei hier zunächst die Kapitalbeschaffung mittels **Schuld-** 219

scheindarlehen genannt.[372] Schuldscheindarlehen sind langfristige Darlehen, bei deren Aufnahme in der Regel lediglich ein Darlehensvertrag abgeschlossen wird und auf die Ausstellung eines gesonderten Schuldscheines verzichtet wird, da ein solcher mangels bestimmter Formvorschriften (§§ 607–610 BGB) zur Geltendmachung der Forderung nicht notwendig und daher insgesamt entbehrlich ist. Da die Aufnahme von Schuldscheindarlehen die Erfüllung der Bonitätsanforderungen nach dem Versicherungsaufsichtsgesetz (VAG) für deckungsstockfähige Anlagen voraussetzt, stellen Schuldscheindarlehen vornehmlich für größere Industrieunternehmen ein mögliches Finanzierungsmittel dar. Das Schuldscheindarlehen weist als Finanzierungsinstrument für das finanzmittelbedürftige Unternehmen den Vorteil auf, daß seine Abwicklung nur mit relativ geringen Kosten verbunden ist und zu einem schnellen Liquiditätszufluß führt, da keine staatlichen Genehmigungen und Anmeldungen beim zentralen Kapitalmarktausschuß notwendig sind. Dies ermöglicht den darlehenaufnehmenden Unternehmen eine etwas höhere effektive Verzinsung, die dieses Finanzierungsinstrument bei den kapitalgebenden Kapitalsammelstellen, wie z.B. Lebensversicherungen, Pensionskassen und sonstigen institutionelle Anlegern besonders interessant macht.

220 Neben der Kapitalbeschaffung durch Schuldscheindarlehen, die nicht an der Börse eingeführt werden, besteht für größere, etablierte Unternehmen die Möglichkeit einer langfristigen **Darlehensaufnahme in verbriefter Form über die Börse** (Industrieobligation, auch Industrieschuldverschreibung bzw. Industrieanleihe).

Die Emission einer Industrieanleihe setzt zwar nicht zwingend eine bestimmte Unternehmensgröße voraus, im Hinblick auf den gewünschten Erfolg der Emission ist jedoch eine gewisse Bonität und Bekanntheit des Unternehmens als erforderlich anzusehen. Für kleinere Unternehmen ist das Finanzierungsinstrument der Industrieanleihe bereits wegen der relativ hohen einmaligen Kosten der Emission, die erst bei einem entsprechend hohen Anleihenennbetrag weniger ins Gewicht fallen, von nur geringerem Interesse. Aus Kostengesichtspunkten sollte der Nennbetrag der Anleihe 50 Millionen DM nicht unterschreiten.[373]

221 Eine besondere Methode der Fremfinanzierung stellt das **partiarische Darlehen** dar. Hierbei tritt der Darlehensgeber des partiarischen Darlehens zu dem darlehensaufnehmenden Unternehmen lediglich als gewährender Darlehensgeber in Beziehung, der für sein Darlehen keine festgeschriebene bzw. von der Kapitalmarktverfassung abhängige, sondern eine gewinnabhängige Verzinsung erhält. In der Praxis wird in dem Darlehensvertrag eine Verlustbeteiligung regelmäßig ausgeschlossen. Der partiarische Darlehensgeber erhält bei Beendigung des Darlehensverhältnis-

---

[372] Vgl. hierzu Süchting, 141 ff.
[373] Vgl. Diel, in Christians-Ratjen, 180.

ses den gewährten Darlehensbetrag zurück und seine Forderung bleibt auch im Konkursfall in voller Höhe ohne Verlustanteil bestehen.

Ebenso wie bei den **Sale and Lease-Back** Operationen[374] werden bei den sogenannten **Pensionsgeschäften** die Aktiva des Unternehmens zur Liquiditätsbeschaffung eingesetzt. Das Pensionsgeschäft gestaltet sich derart, daß ein Barverkauf von Unternehmensaktiva erfolgt und gleichzeitig deren Rückkauf zu einem bestimmten Termin und Preis durch den Verkäufer (Pensionsgeber) vereinbart wird. Dabei kann zwischen einem echten und unechten Pensionsgeschäft differenziert werden. Beiden Arten von Pensionsgeschäften ist gemeinsam, daß der Pensionsgeber immer verpflichtet ist, die in Pension gegebenen Aktiva zurückzunehmen. Der Unterschied besteht jedoch darin, daß bei echten Pensionsgeschäften der Pensionsnehmer (Käufer) zum Rückverkauf des Pensionsgutes verpflichtet ist, bei unechten Pensionsgeschäften diese Verpflichtung jedoch nicht besteht. 222

Bei den Möglichkeiten der Finanzierung eines Unternehmenskaufes sollte schließlich auch die Möglichkeit der Inanspruchnahme von **staatlichen Hilfsmitteln** (Subventionen) berücksichtigt werden. Informationen über die aktuellen Förderungsmöglichkeiten können bei den verschiedenen Subventionsgebern, wie Bund, Ländern und Gemeinden, in der Regel aber auch bei der Hausbank eingeholt werden. Die staatliche Förderung wird regelmäßig in der Form von direkten Subventionen (Krediten, Investitionszulagen und Zuschüssen) oder indirekten Subventionen (Steuerstundungen und Steuerverzichte) gewährt. 223

Die Finanzierung eines Unternehmenskaufs im Wege eines Leveraged-Buy-Out (LBO) bzw. Management-Buy-Out (MBO) wurde bereits vorstehend ausführlich dargestellt.[375] 224

XI. Besonderheiten des Unternehmenskaufes in den neuen Bundesländern

1. Der Unternehmenskauf von der Treuhandanstalt

Der Kauf ehemaliger DDR-Unternehmen in den fünf neuen Bundesländern birgt spezifische Probleme in sich.[376] Im Vordergrund stehen dabei die Investitionsrisiken, die sich aus Ansprüchen ehemaliger Eigen- 225

---

[374] Siehe vorstehend RN 205.
[375] Siehe vorstehend RN 197.
[376] Ausführlich dazu Holzapfel/Pöllath, RN 950-1012. Siehe ferner Picot, International Business Lawyer, 1991, S. 296 ff.; Picot, Betriebswirtschaftliche Forschung und Praxis, 1991, S. 23 ff.; Siehe zum Gesellschaftsrecht nach dem Einigungsvertrag auch Wasmuth in: Messerschmidt, Deutsche Rechtspraxis, 1991, S. 492 ff. sowie zum Wert und zur Bewertung von Unternehmen in der ehemaligen DDR das Sonderheft 1, Betriebswirtschaftliche Forschung und Praxis, 1991.

tümer aufgrund von Enteignungen, aus dem überhöhten Personalbestand im Zusammenhang mit der Bindung des Betriebsübernehmers durch § 613 a BGB sowie aus der Umweltproblematik ergeben.

226 Unternehmensverkäuferin ist stets die Treuhandanstalt, die gemäß Art. 25 des Einigungsvertrages als rechtsfähige bundesunmittelbare Anstalt des öffentlichen Rechts mit der Umwandlung der ehemals volkseigenen Wirtschaftseinheiten Inhaberin sämtlicher Anteile der dadurch entstandenen Kapitalgesellschaften wurde (§ 1 Abs. 4 TreuhandG). Ihre Aufgaben sind die Entwicklung sanierungsfähiger Betriebe zu wettbewerbsfähigen Unternehmen, die Privatisierung von sanierungsfähigen Unternehmen und die zweckmäßige Entflechtung von Unternehmensstrukturen. Die Übertragung der ehemals volkseigenen Betriebe erfolgt zweistufig: Zunächst ist eine Entscheidung der Treuhandanstalt über die Privatisierung erforderlich. Erst danach können Unternehmenskaufverträge (in Form des Asset Deal oder des Share Deal) geschlossen werden.

227 Nach anfänglichen Schwierigkeiten der Treuhandanstalt, die in ihren Besitz übernommenen Unternehmen zu privatisieren, hat sich ihre Privatisierungsbilanz im Laufe der Zeit zunehmend verbessert:
Vom 01.07.1990 bis zum 30.06.1994 wurden 14.256 Privatisierungen durchgeführt, die sich aus 6.139 vollständigen, 274 mehrheitlichen und 7.374 Teil-Privatisierungen von Unternehmen sowie 470 Bergwerksrechten zusammensetzten. Die Privatisierungsaktivitäten im Wege des sog. Management-Buy-Out haben seit dem Bestehen der Treuhandanstalt mit einer Anzahl von 2.667 einen Anteil von 18,7% der Privatisierungen erreicht. Die Anzahl der Privatisierungen von Firmen- bzw. Betriebsteilen durch ausländische Investoren belief sich per 30.06.1994 auf insgesamt 839, wobei die Investoren vor allem aus der Schweiz, Großbritannien, Österreich sowie den Niederlanden kamen.[377]

2. Die Bedeutung ungeklärter Eigentumsverhältnisse für den Unternehmenskauf von der Treuhandanstalt

228 Der Kauf ehemaliger DDR-Unternehmen ist wegen der vielfach noch ungeklärten Eigentumslage häufig riskant und problematisch. Die Problematik des Grundsatzes „Rückgabe vor Entschädigung" ist durch Erlaß des Bundesinvestitionsgesetzes und des Hemmnisbeseitigungsgesetzes zumindest teilweise entschärft worden. Eine zentrale Bedeutung kommt dem § 2 Investitionsvorranggesetz zu, der eine Art „Super-Vorfahrtsregelung" darstellt: Nach § 3 III Vermögensgesetz besteht bei Anmeldung eines Restitutionsanspruchs eine Verfügungssperre über das

---

[377] Bis Ende Mai 1994 belief sich die Summe der Privatisierungserlöse auf 52,3 Mrd. DM, die Summe der Investitionszusagen auf 198,1 Mrd. DM sowie die Summe zugesagter Arbeitsplätze auf 1.461.560 (Monatsinformation der THA, Zentrales Controlling, 31.05.1994).

Grundstück oder Unternehmen, auf das sich der Restitutionsantrag bezieht. Diese Verfügungssperre greift nach § 2 Investitionsvorranggesetz nicht, wenn der Verfügungsberechtigte selbst oder ein anderer in das Grundstück, Gebäude oder Unternehmen investiert, d.h. zum Beispiel das Grundstück oder Gebäude veräußert, vermietet oder verpachtet, ein Erbbaurecht oder eine Dienstbarkeit daran bestellt oder aber auf dem Grundstück ein Bauwerk oder Gebäude errichtet, ausbaut oder wiederherstellt. Erforderlich ist dabei in jedem Fall, daß durch einen Investitionsvorrangbescheid festgestellt wird, daß die Maßnahme einem der hierfür bestimmten besonderen Investitionszwecke dient. Den Bescheid erteilt grundsätzlich der Verfügungsberechtigte. Ist dieser eine Privatperson, so wird der Bescheid von dem Landkreis oder der kreisfreien Stadt erteilt, in dessen oder deren Gebiet der Vermögenswert liegt (§ 4 II InVorG). Da diese Entscheidung im Verwaltungsrechtsweg nachprüfbar ist, stellt sich die Frage, ob der Käufer eines Unternehmens befürchten muß, nach einem Obsiegen des Restitutionsgläubigers in der Hauptsache mit Rückübertragungsansprüchen konfrontiert zu werden.[378] Diese Problematik regelt das zweite Vermögensrechtsänderungsgesetz vom 14. Juli 1992,[379] insbesondere das neue Investitionsvorranggesetz.

Sofern der Kauf eines ehemaligen „DDR-Unternehmens" Grundstücke umfaßt und auf den Kauf die Vorschriften des Investitionsvorranggesetzes keine Anwendung finden, ist eine Genehmigung gemäß der „Verordnung über den Verkehr mit Grundstücken"[380] einzuholen. Diese Genehmigung erteilt das örtlich zuständige Landratsamt oder die zuständige Stadtverwaltung und ist Voraussetzung für die Wirksamkeit eines Grundstückkaufvertrages. Die Genehmigung kann nicht erteilt werden, wenn vermögensrechtliche Ansprüche auf das zu veräußernde Grundstück angemeldet worden sind, es sei denn, diese Ansprüche sind offensichtlich unbegründet.

3. Besonderheiten des Unternehmenskaufs von der Treuhandanstalt

Aufgrund der zum Teil noch ungeklärten Eigentumsverhältnisse und des gesetzlichen Auftrages der Treuhandanstalt weist der Unternehmenskauf von der Treuhandanstalt einige „treuhandspezifische" Besonderheiten auf, die ihren Niederschlag in der typischen Gestaltung eines Kaufvertrages mit der Treuhandanstalt finden.

So sehen Unternehmenskaufverträge mit der Treuhandanstalt zum Ausgleich einer unverhältnismäßigen Begünstigung des Unternehmenskäufers regelmäßig Klauseln für den Fall vor, daß wegen mangelnder

---

[378] Erörterung dieser Problematik bei Uechtritz, BB 1992, 581 ff.
[379] BGBl. I 1992, 1257 ff.
[380] Letzte Neufassung im BGBl. I 1994, 2221.

Zahlungsfähigkeit der Schuldner des erworbenen Unternehmens eine Wertberichtigung von Forderungen auf seiten des Gläubigerbetriebes notwendig wird, die Schuldnerbetriebe nach Abschluß des Kaufvertrages jedoch wieder zahlungsfähig werden. Eine vertragliche Kompensation der Treuhandanstalt in diesen Fällen wird dadurch erreicht, daß entweder eine Abtretung aller wertberichtigten Forderungen an die Treuhandanstalt erfolgt oder der Kaufpreis in einer bestimmten Relation zu den Forderungen erhöht wird.

Da in den neuen Bundesländern nicht in jedem Fall konkrete Marktpreise für Grund und Boden feststellbar sind, werden in die Verträge üblicherweise Klauseln aufgenommen, wonach ein zunächst vereinbarter Grundstückspreis nach Ablauf einer Übergangsfrist einer Überprüfung und gegebenenfalls einer nachträglichen Anpassung zu unterziehen ist.

232 Bei der Vertragsgestaltung von Kaufverträgen über Treuhandunternehmen sind ebenfalls mögliche Restitutionsansprüche zu beachten.

Sind bereits Restitutionsansprüche für das in Frage stehende Unternehmen bzw. für Grundstücke oder Gebäude desselben angemeldet, so verpflichtet sich der Erwerber regelmäßig zur Rückübereignung, sofern der entsprechende Anspruch von den Behörden rechtskräftig festgestellt werden sollte. Auch wenn etwaige Ansprüche Dritter nicht ersichtlich sind, empfiehlt es sich trotzdem, in den Vertrag eine Klausel aufzunehmen, in welcher die Treuhandanstalt den Erwerber von möglicherweise später gestellten Ansprüchen freistellt[381] oder ein Zusammenwirken dergestalt zu vereinbaren, daß mit Unterstützung der Treuhandanstalt eine Entschädigung der Ansprüche erreicht werden kann.[382]

233 Dem Problem des Umweltschutzes wurde in der ehemaligen DDR nur geringe Bedeutung beigemessen. Demzufolge stellt sich hier das Altlastenproblem beim Kauf von Unternehmen in besonderer Weise. Die nach dem Umweltrahmengesetz bestehende Möglichkeit, eine Haftungsfreistellung zu erwirken, besteht mit Ablauf der Antragsfrist am 28.03.1992 nicht mehr. Auch bei rechtzeitiger Antragstellung ist es jedoch angesichts des Ermessens der zuständigen Behörden zweifelhaft, ob eine Freistellung tatsächlich erfolgt.[383] Deshalb empfiehlt es sich, im Unternehmenskaufvertrag zumindest eine anteilige Haftung der Treuhandanstalt für Kosten im Zusammenhang mit Umweltaltlasten zu vereinbaren.[384]

234 Die Treuhandanstalt ist aufgrund ihres gesetzlichen Auftrages dazu verpflichtet, sich beim Abschluß von Unternehmenskaufverträgen nicht

---

[381] Hölters, Teil I., RN 180.
[382] Holzapfel/Pöllath, RN 984.
[383] Michel, BauR 1991, 265.
[384] Siehe dazu ausführlich Picot, Betriebswirtschaftliche Forschung und Praxis, 1991, 41 ff. sowie Holzapfel/Pöllath, RN 980.

allein von wirtschaftlichen Erwägungen leiten zu lassen, sondern auch arbeitsmarktpolitische Aspekte hinreichend zu berücksichtigen. Dies führt in der Regel dazu, daß sich der Unternehmenserwerber vertraglich verpflichten muß, verbindliche Zusagen über die Weiterbeschäftigung einer bestimmten Zahl von Arbeitnehmern abzugeben und in einer bestimmten Höhe Investitionen in dem erworbenen Unternehmen vorzunehmen. Für den Fall, daß der Käufer seinen Beschäftigungs- und Investitionsverpflichtungen nicht nachkommt, sehen die Verträge regelmäßig Vertragsstrafenklauseln vor. Wegen der Akzessorietät der Vertragsstrafe zu der Hauptverbindlichkeit, kann die Vertragsstrafe unter anderem nur dann verwirkt werden, wenn der Unternehmenskaufvertrag als solcher wirksam ist. Eine Verwirkung tritt auch dann nicht ein, wenn der Erwerber die Nichterfüllung nicht zu vertreten hat. Beweispflichtig hierfür ist die Treuhandanstalt.

Da die Treuhandanstalt wegen der großen Zahl der von ihr zu privatisierenden Unternehmen weniger gut über das zu verkaufende Unternehmen informiert ist als der potentielle Erwerber, ist die Treuhandanstalt gewöhnlich nur in ganz geringem Umfange bereit, Gewährleistung zu übernehmen. Üblicherweise werden in den Verträgen der Treuhandanstalt Gewährleistungsansprüche weitestgehend ausgeschlossen. Die Gewährleistung der Treuhandanstalt beschränkt sich meistens darauf, daß die Gesellschaft besteht und die Treuhandanstalt – mit Ausnahme von Restitutionsansprüchen – frei über die Gesellschaft verfügen kann. Die Zulässigkeit eines so weitgehenden Gewährleistungsausschluß ist im jeweiligen Einzelfall an § 9 AGB-Gesetz zu messen, sofern das AGBG anwendbar ist, d.h. der betreffende Unternehmenskaufvertrag für eine Vielzahl von Verträgen vorformulierte Vertragsbedingungen enthält, die die Treuhandanstalt der anderen Vertragspartei bei Abschluß des Vertrages stellt (vgl. § 1 I Satz 1 AGBG).[384a] **235**

XII. Besonderheiten des Unternehmenskaufes in Osteuropa

Seit sich die politischen und wirtschaftlichen Verhältnisse in den osteuropäischen Staaten tiefgreifend verändert haben, besteht seitens deutscher und anderer ausländischer Kapitalanleger ein wachsendes Interesse an einem Engagement in diesen Staaten. Im Vordergrund stehen dabei vor allem Rußland, Polen, Ungarn und die Tschechische Republik.[385] Aus diesem Grund sollen nachfolgend einige Besonderheiten der Gründung von Gesellschaften bzw. des Erwerbs einer Beteiligung an einer Gesellschaft in diesen Staaten dargestellt werden. **236**

[384a] Vgl. LG Berlin, ZIP 1994, 1320.
[385] Zur Entwicklung in Bulgarien siehe Marinov, International Business Lawyer, 1994, 177.

1. Rußland

a) Allgemeines

237 Bei Investitionen in Rußland ist das wirtschaftliche Engagement mit verschiedenen Unsicherheitsfaktoren belastet. Unter anderem beruht dies darauf, daß die neuere Gesetzgebung unvollständig und häufig mit erheblichen Widersprüchen behaftet ist. Der überwiegende Teil des Wirtschaftsrechts ist noch zu Zeiten der Sowjetunion, überwiegend in der Übergangszeit, erlassen worden und gilt mangels neuer Gesetze fort, soweit die Bestimmungen nicht später erlassenen Vorschriften widersprechen. Dies gilt auch für das „Gesetz über ausländische Investitionen" vom 04.07.1991, das „Gesetz über die Investitionstätigkeit" vom 26.06.1991, das „Gesetz über Unternehmen und unternehmerische Tätigkeit" vom 25.12.1990 sowie für die „Ordnung über Aktiengesellschaften" vom 25.12.1990, die noch zu Zeiten der Sowjetunion erlassen wurden. Der rudimentäre Charakter des Rechtssystems im Bereich des Wirtschaftsrechts führt dazu, daß viele Fragen auf der Ebene der Verwaltungspraxis gelöst werden, wobei sich die Behörden allerdings nicht an früheres Verwaltungshandeln gebunden fühlen.

Ausländische natürliche und juristische Personen haben in Rußland grundsätzlich das Recht, sich in den Formen wirtschaftlich zu betätigen, die auch für russische Staatsbürger und juristische Personen zugelassen sind. Aus dem Gesetz über ausländische Investitionen ergeben sich allerdings einige Besonderheiten, die sich jedoch weniger auf die grundsätzlichen Betätigungsmöglichkeiten als vielmehr auf Formalitäten und Kontrollmöglichkeiten der Behörden beziehen. Ausgangspunkt für eine Betätigung in Rußland sind somit die allgemeinen Gesellschaftsformen.

b) Gesellschaftsformen

238 Das Unternehmensgesetz sieht als **Gesellschaftsformen** neben Staatsbetrieben folgende Privatunternehmen vor (die in Klammern gesetzten Begriffe geben in etwa das Äquivalent im deutschen Recht wieder):
- das individuelle (Familien-) Privatunternehmen
- die volle Genossenschaft (offene Handelsgesellschaft)
- die gemischte Genossenschaft (Kommanditgesellschaft)
- die Genossenschaft mit beschränkter Haftung / Aktiengesellschaft geschlossenen Typs (Gesellschaft mit beschränkter Haftung)
- die Aktiengesellschaft offenen Typs (Aktiengesellschaft).

239 Praktische Schwierigkeiten ergeben sich daraus, daß eine wirtschaftliche Tätigkeit nach dem Unternehmensgesetz nur dann erlaubt ist, wenn das Unternehmen zuvor staatlich **registriert** wurde. Zwar trat mit Veröf-

fentlichung des Präsidentenerlasses Nr. 1482 am 13.07.1994 eine neue Verordnung zur Registrierung von Gesellschaften in Kraft. Allerdings ist mit weiteren Änderungen der Anforderungen zu rechnen. Hinzu kommt, daß das Unternehmensgesetz zwar die Vermögensgrundlage sowie die Haftungsgrundsätze der einzelnen Unternehmensformen regelt; Detailregelungen der Organisation der Gesellschaften sind jedoch speziellen Vorschriften vorbehalten, die bisher nur für die beiden letztgenannten Unternehmenstypen erlassen wurden. **In der Praxis** werden daher ganz überwiegend Aktiengesellschaften (offenen und geschlossenen Typs) sowie Genossenschaften mit beschränkter Haftung gegründet.

Bemerkenswert ist, daß das Unternehmensgesetz die **Genossenschaft mit beschränkter Haftung (TOO)** sowie die Aktiengesellschaft geschlossenen Typs gleichsetzt, diese sich in der Praxis aber als unterschiedliche Unternehmensformen herausgebildet haben. Während es für die TOO keine Rechtsgrundlage gibt, ist die Aktiengesellschaft offenen und geschlossenen Typs in der Aktienordnung vom 25.12.1990 geregelt. Der wesentliche Unterschied zwischen der Aktiengesellschaft geschlossenen Typs und der TOO besteht darin, daß letztere nur mit mindestens zwei Gesellschaftern gegründet werden darf und das Gesellschaftskapital in Anteile aufgeteilt ist, während erstere mit nur einem Gesellschafter gegründet werden darf und das Satzungskapital in Aktien aufgeteilt ist. Im übrigen kann die Satzung einer TOO mangels detaillierter Vorschriften flexibler gestaltet werden, wenngleich viele Bestimmungen der Verordnung über Aktiengesellschaften in der Praxis analog angewendet werden.

240

c) Registrierungsverfahren

Bei der **Gründung** von Aktiengesellschaften offenen und geschlossenen Typs dürfen die Behörden keine Dokumente verlangen, die über die in der Aktienordnung genannten hinausgehen. Demhingegen werden bei der Registrierung einer TOO mangels einer festgelegten Registrierungsordnung von den regionalen Registrierungskammern unterschiedliche Anforderungen gestellt.

241

Im folgenden soll daher das Gründungsverfahren für offene und geschlossene Aktiengesellschaften anhand der Aktienordnung dargestellt werden.

aa) Geschlossene Aktiengesellschaft. Gemäß Ziff. 11 der Aktienordnung (AktO) kann eine Aktiengesellschaft geschlossenen Typs, die **einer deutschen GmbH vergleichbar** ist, sowohl durch natürliche als auch durch juristische Personen gegründet werden. Die Anzahl der Gründer ist unbeschränkt, so daß nach der ausdrücklichen Regelung in Ziff. 13 AktO auch eine Einzelperson als Gründer auftreten kann.

242

Nach der Verordnung zur Registrierung von Gesellschaften vom 13.07.1994 darf das Mindeststammkapital von Aktiengesellschaften ebenso, wie dasjenige von Gesellschaften mit ausländischer Kapitalbeteiligung unabhängig von der Gesellschaftsform sowie von staatlichen und kommunalen Unternehmen das Tausendfache des staatlich festgesetzten monatlichen Minimallohnes am Tage der Abgabe der Registrierungsunterlagen nicht mehr unterschreiten. Der Minimallohn ist zur Zeit auf monatlich 20.500 Rubel festgelegt, so daß das Mindeststammkapital nunmehr 20.500.000 Rubel (umgerechnet zur Zeit ca 17.000 DM) betragen muß. Beträgt das Stammkapital 500.000.000 Rubel oder mehr so wird eine Registrierung des Unternehmens nur vorgenommen, wenn gleichzeitig eine Zustimmungserklärung der Antimonopolkommission vorgelegt wird.

Als Einlagen sieht Ziff. 37 AktO sowohl Sacheinlagen in Form der Übertragung von Eigentums- und Nutzungsrechten an Sachwerten, Wertpapieren und intellektuellen Eigentumsrechten als auch Bareinlagen in Rubeln oder ausländischer Währung vor. Die Bewertung der Einlagen hat jedoch stets in Rubeln zu erfolgen.

Das Stammkapital ist in Aktien aufzuteilen, wobei nur Namensaktien zugelassen sind. Die Inhaber müssen in einem Aktionärsverzeichnis registriert werden, das im Unternehmen zu führen ist. Neben Aktien mit Stimmrecht können auch Vorzugsaktien ohne Stimmrecht ausgegeben werden. Eine Übertragung der Aktien ist gemäß Ziff. 7 der AktO nur mit Zustimmung der Mehrheit der Gesellschafter möglich, sofern die Satzung keine abweichende Bestimmung enthält.

Die Gesellschaft ist verpflichtet, einen Reservefonds in Höhe von mindestens 10% des Stammkapitals zu bilden, aus dem Verluste beglichen und Investitionen getätigt werden können.

244 Die AktO sieht eine relativ komplizierte Organstruktur vor, die insbesondere bei der Gründung von kleinen Unternehmen bei genauer Einhaltung der Rechtsvorschriften zu einem kaum zu vertretenden Verwaltungsapparat führt. Neben der Gesellschafterversammlung als höchstem Organ sind ein Direktionsrat mit mindestens drei Direktoren, eine Direktion (Vorstand) sowie eine Revisionskommission zu bilden. Hat die Gesellschaft weniger als drei Gründungsmitglieder, so kann die Anzahl der Direktoren im Direktionsrat der Anzahl der Gründer entsprechen. Grundsätzlich müssen die dem Direktionsrat angehörenden Direktoren selbst Aktionäre sein, zugelassen ist aber auch eine Direktorentätigkeit aufgrund der Vollmacht eines Aktionärs.

Eine Kompetenzabgrenzung zwischen dem Direktionsrat und dem Vorstand sieht das Gesetz nicht vor, so daß es sich empfiehlt, diesbezüglich Regelungen in der Satzung zu treffen. Die laufende Geschäftstätigkeit wird von dem Generaldirektor geführt. Er muß gleichzeitig Mitglied des Direktionsrates (in der Regel ist er der Vorsitzende) sowie Vorstandsvorsitzender sein.

245 Zur Gründung der Gesellschaft bedarf es einer Satzung, die die grundlegenden Merkmale der Gesellschaft enthalten muß. Darüber hinaus wird häufig ein Gesellschaftsvertrag zur Regelung der Beziehungen zwischen den Gesellschaftern abgeschlossen. Die Satzung und gegebenenfalls die Verpflichtungen aus dem Gesellschaftsvertrag werden – außer im Fall der Gründung durch einen Gesellschafter – in der Gründungsversammlung von den Gesellschaftern bestätigt. Auf der Gründungsversammlung werden auch die Direktoren bestellt. Die Satzung, gegebenenfalls der Gesellschaftsvertrag, das Gründungsprotokoll sowie ein Antrag auf Registrierung bilden zusammen die Gründungsdokumente, die zur Registrierung des Unternehmens vorgelegt werden müssen. Bemerkenswert ist, daß im Gegensatz zur früheren Regelung, die teilweise eine notarielle Beurkundung, teilweise eine notarielle Beglaubigung der Gründungsdokumente vorsah, die Dokumente heute in privatschriftlicher Form eingereicht werden können. Insoweit bestehen allerdings Sonderregelungen für ausländische Investoren.

Die Registrierung der Gesellschaft erfolgt zunächst vorläufig. Innerhalb von 30 Tagen sind sodann 50% des Stammkapitals einzuzahlen sowie weitere Registrierungsvoraussetzungen, wie etwa die Eröffnung eines Bankkontos sowie die Registrierung bei der Finanzbehörde vorzunehmen. Wird die Erfüllung dieser Voraussetzungen innerhalb der vorgesehenen Frist nachgewiesen, so erfolgt die endgültige Registrierung, ansonsten verfällt die vorläufige Registrierung. Der Restbetrag des Stammkapitals ist innerhalb eines Jahres nach der Registrierung einzuzahlen. **246**

Die Ausübung einer wirtschaftlichen Tätigkeit ist erst ab der staatlichen Registrierung zugelassen. Das Institut der Vorgründungsgesellschaft ist in Rußland nicht bekannt, die Gesellschaft kann bei der Gründung jedoch bereits eingegangene Verpflichtungen der einzelnen Gesellschafter übernehmen.

bb) Offene Aktiengesellschaft. Die Aktiengesellschaft offenen Typs entspricht in etwa der deutschen Aktiengesellschaft. Sie ist ebenso, wie die Aktiengesellschaft geschlossenen Typs, in der Aktienordnung vom 25.12.1990 geregelt und unterscheidet sich von dieser im wesentlichen dadurch, daß die Aktien frei übertragbar sind. Auch die Organe entsprechen denen der Aktiengesellschaft geschlossenen Typs, mit dem Unterschied, daß der Direktionsrat – außer im Falle der Gründung durch weniger als fünf Gründungsmitglieder – aus fünf Direktoren bestehen muß. **247**

d) Sondervorschriften für ausländische Investoren

Ausländische Investoren dürfen grundsätzlich in der gleichen Form wie russische Unternehmer am Wirtschaftsverkehr teilnehmen. Das Gesetz über ausländische Investitionen vom 4.7.1991 sieht ausdrücklich vor, daß ausländische Investoren berechtigt sind, in Rußland sowohl Unternehmen mit 100% ausländischer Beteiligung oder in Form von Joint Ventures mit russischen natürlichen oder juristischen Personen zu gründen; ebenso können sie sich an bestehenden Unternehmen beteiligen oder diese erwerben. **248**

Picot

Beabsichtigt ein ausländischer Investor, alleine ein Unternehmen zu gründen, so kann dies entweder in Form eines Tochterunternehmens, das entweder in einer der vorstehend genannten Gesellschaftsformen zu errichten ist, oder in Form einer Filiale oder Vertretung geschehen. Die Vertretung wiederum kann in Form einer Repräsentanz oder einer Betriebsstätte geführt werden.

249 Ausländische Investoren dürfen sowohl juristische als auch natürliche Personen sein. Der **Begriff der juristischen Person** ist in diesem Zusammenhang anders zu verstehen als im deutschen Recht, da nach dem Verständnis der russischen Verwaltungspraxis die Registrierung als Gesellschaft (Eintragung im Handelsregister) maßgeblich ist. Für ausländische natürliche Personen gilt die Einschränkung, daß diese in dem Land, dessen Staatsangehörigkeit sie besitzen oder in dem sie ihren ständigen Wohnsitz haben, zur Ausübung einer wirtschaftlichen Tätigkeit zugelassen sein müssen.

250 Das Gesetz über ausländische Investitionen sieht für Unternehmen, die mit ausländischer Kapitalbeteiligung gegründet werden, sowohl zusätzliche Kontrollmechanismen als auch besondere Rechte vor. So können nach Art. 14 dieses Gesetzes insbesondere Gutachten zur Umweltverträglichkeit bzw. epidemiologische Gutachten eingefordert werden. Unternehmen, die mit umfangreichen Baumaßnahmen oder Rekonstruktionen befaßt sind, unterliegen zudem einer besonderen Begutachtung. Darüber hinaus müssen bei der Registrierung zusätzliche Dokumente, insbesondere über die staatliche Registrierung des Investors im Heimatstaat sowie zu seiner Zahlungsfähigkeit eingereicht werden. Sämtliche Dokumente müssen in öffentlich oder notariell beglaubigter Form, versehen mit einer Apostille sowie mit beglaubigter Übersetzung in die russische Sprache eingereicht werden.

Diesen zusätzlichen Anforderungen stehen bedeutende Vorteile gegenüber: Nach Art. 24 des Gesetzes sind Sacheinlagen des ausländischen Investors in das Unternehmen von Zoll- und Importsteuern befreit, was angesichts der steigenden Einfuhrabgaben bei Importen nach Rußland von entscheidender Bedeutung ist. Gleiches gilt für Vermögenswerte, die für die eigene Produktion des Unternehmens bestimmt sind. Die Sacheinlagen können zudem auf Valutabasis bewertet werden, sofern eine Umrechnung des Wertes in Rubel zum Kurs der Zentralbank vorgenommen wird.

e) **Kartellbestimmungen**

251 Nach Art. 17 des russischen Antimonopolgesetzes unterliegen die Gründung, Umwandlung und Auflösung jeder Art von Teilnehmern am Wirtschaftsverkehr einer präventiven Fusionskontrolle, d.h. vor Aufnahme der Tätigkeit ist die Gründung anzumelden und zu genehmigen. Von dieser Kontrolle ausgenommen sind nur Bagatellfälle, bei denen das Grundkapital unter 500 Millionen Rubeln liegt. Die Zustimmung ist im Falle wesentlicher Wettbewerbsbeschränkungen zu versagen, kann aber

bei Vorliegen gesamtwirtschaftlicher Vorteile ausnahmsweise erteilt werden.[386]

f) Teilnahme an der Privatisierung

Auf der Grundlage des Gesetzes über die Privatisierung staatlicher und kommunaler Unternehmen vom 3.7.1991, das durch immer wieder neu aufgelegte Privatisierungsprogramme ausgefüllt wird, wird die überwiegende Anzahl der Staatsunternehmen privatisiert und hierbei zum Teil entflochten. Privatisierungsobjekte können in diesem Zusammenhang Unternehmen als Ganzes, Betriebsteile bzw. Produktionsbereiche, einzelne Vermögensgegenstände des Unternehmens oder Anteile des Staates am Grundkapital des Unternehmens sein. Als Veräußerungsformen kommen Auktionen, Ausschreibungen unter Vorgabe der Investitionsvoraussetzungen, der Verkauf von Vermögensgegenständen sowie der Anteilsverkauf in Betracht, wobei sich in der Praxis bei bedeutenderen Unternehmen Mischformen durchgesetzt haben. Bis auf einige Produktionsbereiche, in denen die Teilnahme ausländischer Investoren am Privatisierungsverfahren verboten ist oder Einschränkungen unterliegt, haben ausländische Investoren beim Erwerb der Privatisierungsobjekte die gleichen Rechte wie russische Interessenten.

252

g) Devisenrecht

Ausländischen Investoren wird garantiert, daß sie Gewinne, die sie im Zusammenhang mit Investitionen erwirtschaftet haben, nach Abzug von Steuern und sonstiger Abgaben ins Ausland transferieren können. Gleiches gilt für Beträge, die dem Investor aufgrund von vertraglichen Ansprüchen zustehen, für die Rückzahlung von Darlehen in Bezug auf Kapitalanlagen sowie für Beträge, die der Investor aufgrund teilweiser oder gänzlicher Liquidation oder des Verkaufes des Investitionsgutes oder aus Entschädigungen erlangt. Dies ergibt sich aus Art. 10 des Gesetzes über ausländische Investitionen sowie aus bilateralen Investitionsschutzabkommen; diese bieten den Investoren grundsätzlich einen stärkeren Schutz, da sie als internationale Verträge nicht jederzeit wie einfache Gesetze geändert werden können.

253

Die Schutzbestimmungen gelten allerdings nur dann, wenn die zum Teil komplizierten Devisenbestimmungen der Russischen Föderation eingehalten werden, insbesondere der Transfer auf dem zugelassenen Wege erfolgt. Ausländische Investoren eröffnen hierzu Investorenkonten, die ihnen auch die Konvertierung von Rubelerträgen in Devisen sowie deren abschließende Ausfuhr ermöglichen.

---

[386] Siehe dazu Pfeffer, Vergleichende Betrachtung der neuen Kartellgesetze in Osteuropa, Festschrift für Deringer, 1993, S. 346 ff.

Eine Beschränkung des freien Transfers ergibt sich aus der Pflicht zum Zwangsumtausch gemäß dem Erlaß des Präsidenten der Russischen Föderation vom 14.06.1992, wonach grundsätzlich die Hälfte des durch den Export von Waren und Dienstleistungen in Devisen erzielten Ertrages dem obligatorischen Devisenverkauf unterliegt. Privilegierungen gelten insoweit für Unternehmen mit mehr als 30% ausländischer Kapitalbeteiligung.

2. Polen

a) Allgemeines

254 Während der Zeit der staatlich gelenkten Planwirtschaft waren ausländische Investoren bei der Gründung und Tätigkeit von Unternehmen in Polen durch die polnischen Gesetze starken Beschränkungen ausgesetzt. Der vorläufige Endpunkt einer Politik der wirtschaftlichen Öffnung, die mit dem „Beschluß Nr. 24 des Ministerrates über Gründung und Tätigkeit von Unternehmen mit Beteiligung ausländischen Kapitals im Lande" vom 07.02.1979 begann, ist das „Gesetz vom 14.06.1991 über Gesellschaften mit ausländischer Beteiligung" (Auslandsinvestitionsgesetz).[387] Dieses Gesetz sowie das polnische Handelsgesetzbuch vom 27. Juni 1934[388] in der neuesten Fassung bilden heute den rechtlichen Rahmen für die Beteiligung ausländischer Investoren an einem polnischen Unternehmen.[389]

b) Gesellschaftsformen

255 Gemäß Art. 1 Abs. 2 des neuen polnischen Auslandsinvestitionsgesetzes sind die Möglichkeiten der Beteiligung ausländischer Investoren auf **zwei polnische Gesellschaftsformen**, nämlich die Gesellschaft mit beschränkter Haftung und die Aktiengesellschaft, beschränkt. Entweder gründet der Investor in Polen eine Gesellschaft mit beschränkter Haftung bzw. eine Aktiengesellschaft oder er erwirbt Anteile bzw. Aktien an einer solchen Gesellschaft.

c) Investoren

256 Als ausländische Investoren (sogenannte „ausländische Subjekte") kommen gemäß Art. 3 Auslandsinvestitionsgesetz natürliche Personen mit Wohnsitz außerhalb Polens oder juristische Personen mit Sitz außerhalb Polens in Betracht sowie von solchen natürlichen oder juristischen Personen nach ausländischem Recht gegründete Gesellschaften ohne ei-

---

[387] Dziennik Ustaw 1991, Nr. 60, Pos. 253; deutsche Übersetzung in: Investitions- und Kooperationsführer Polen, Ostausschuß der deutschen Wirtschaft 1991, S. 205 f.
[388] Dziennik Ustaw Nr. 57, Pos. 502.
[389] Ausführlich dazu Pfeffer, EWS 1992, 121 ff.; siehe auch Davies, International Business Lawyer 1993, 438 ff. u. Redo, International Business Lawyer 1994, 307 ff.

XII. Besonderheiten des Unternehmenskaufes in Osteuropa

gene Rechtsfähigkeit. Ferner wird gemäß Art. 7 Auslandsinvestitionsgesetz hinsichtlich bestimmter, auch nach dem neuen Auslandsinvestitionsgesetz der Genehmigung bedürftiger Tätigkeiten eine solche juristische Person mit Sitz in Polen als sogenanntes „**ausländisches Subjekt**" im Sinne des Art. 1 Auslandsinvestitionsgesetz angesehen, die von einem „ausländischen Subjekt" im Sinne der Art. 3 des Auslandsinvestitionsgesetzes abhängt. Die Voraussetzungen, unter denen eine solche Abhängigkeit angenommen wird, sind in Art. 7 II und III genannt (z.B. direkte/indirekte Stimmenmehrheit, Einflußmöglichkeiten auf Verwaltungsorgane der Gesellschaft).

d) Ausländische Beteiligung

Im Gegensatz zur früheren Gesetzeslage gelten für ausländische Investoren keine speziellen Mindestbeträge mehr. Vielmehr finden auch für sie die allgemeinen Regelungen des polnischen Handelsgesetzbuches Anwendung. Danach beträgt nach Art. 159 § 2 des polnischen Handelsgesetzbuches das **Mindestkapital** bei einer Gesellschaft mit beschränkter Haftung 40 Millionen Zloti, wobei die Höhe eines Anteiles nicht geringer als 500.000 Zloti sein darf. Bei einer Aktiengesellschaft muß das Stammkapital nach Art. 311 § 1 des polnischen Handelsgesetzbuches mindestens 1 Milliarde Zloti betragen. 257

Der Gesellschafter kann seine Einlage in bar oder durch Sacheinlagen leisten. Bareinlagen können gemäß Art. 10 I Nr. 1 Auslandsinvestitionsgesetz in polnischer Währung erbracht werden, die aus dem Verkauf konvertierbarer Währungen in der Devisenbank stammt, sofern dem Verkauf der von der polnischen Nationalbank veröffentlichte Einkaufskurs zugrunde liegt. Die polnische Währung kann nach Art. 10 Abs. 2 des Auslandsinvestitionsgesetzes ferner aus dem Gewinn oder dem Verkauf von Anteilen oder Aktien stammen. 258

Das Auslandsinvestitionsgesetz nennt keine Höchstgrenze für ausländische Beteiligungen.

e) Verfahren der Gründung einer polnischen Gesellschaft bzw. des Erwerbs einer Beteiligung

Eine Genehmigung für die ausländische Beteiligung an einer polnischen Gesellschaft ist nach dem neuen Auslandsinvestitionsgesetz nur noch in Ausnahmefällen erforderlich. Gemäß Art. 4 Auslandsinvestitionsgesetz muß der Investor bei der **Gründung einer Gesellschaft** eine **Genehmigung** beantragen, wenn der Gegenstand des Unternehmens folgende Bereiche umfaßt: 259

– die Leitung von See- und Flughäfen
– Tätigkeiten in der Vermittlung und im Verkauf von Liegenschaften
– die nicht durch Konzessionierung erfaßte Verteidigungsindustrie
– den Großhandel mit importierten Konsumgütern
– die Erteilung von Rechtshilfe.

Eine Genehmigung ist ferner gemäß Art. 4 I Nr. 2 Auslandsinvestitionsgesetz für die Gründung einer Gesellschaft durch ausländische Investoren notwendig, wenn Anteile oder Aktien eines Staatsbetriebes – mit Ausnahme der eingliedrigen Staats-Gesellschaften – übernommen werden sollen, sofern Vermögensgegenstände des Staatsbetriebes als Sacheinlage eingebracht werden sollen.

260 Nach Art. 6 I Auslandsinvestitionsgesetz ist auch dann eine Genehmigung einzuholen, wenn Anteile oder Aktien bzw. Rechte daraus von den in Art. 4 I genannten Gesellschaften erworben bzw. übernommen werden sollen. Dies gilt auch für Gesellschaften, die nach anderen Vorschriften einer Konzession oder Genehmigung bedürfen. Betroffen sind davon u. a. Tätigkeiten auf dem Gebiet des Bergbaus, der Verarbeitung und des Verkaufs von Edelmetallen sowie der Herstellung von Spirituosen und Tabakwaren.

Ebenso bedarf gemäß Art. 6 I Nr. 2 Auslandsinvestitionsgesetz einer Genehmigung, wer eine Erweiterung des Unternehmensgegenstandes auf einen der in Art. 4 Abs. 1 Nr. 1 des Auslandsinvestitionsgesetzes genannten Bereiche durchführen will. Eine Genehmigung nach Nr. 4 dieser Bestimmung ist ferner notwendig, wenn ein Staatsbetrieb Anteile oder Aktien einer Gesellschaft, an der sogenannte „ausländische Subjekte" beteiligt sind, übernimmt, sofern zur Deckung des Stammkapitals Vermögensgegenstände des Staatsbetriebes als Sacheinlage eingebracht werden.

Die Genehmigungen werden gemäß Art. 8 Auslandsinvestitionsgesetz auf Antrag vom **Minister für Privatisierung** erteilt. Eine Ausnahme gilt nach dieser Vorschrift für die Fälle, in denen Anteile oder Aktien bzw. Rechte einer Gesellschaft erworben oder übernommen werden sollen, für deren Tätigkeit eine Konzession nach anderen Gesetzen als dem Auslandsinvestitionsgesetz erforderlich ist. In diesen Fällen wird die Genehmigung vom konzessionierenden Organ erteilt. Ein Exemplar des Antrags sowie der beigefügten Dokumente soll dem Amt für Gesellschaften mit ausländischer Beteiligung in Warschau zugeleitet werden.[390]

Im übrigen bestimmt Art. 5 Auslandsinvestitionsgesetz, daß die für die Aufnahme bestimmter Wirtschaftstätigkeiten nach anderen Vorschriften erforderlichen Konzessionen und Genehmigungen vor Aufnahme der Tätigkeit einzuholen sind. Wird eine nach den §§ 4 und 6 Auslandsinvestitionsgesetz erforderliche Genehmigung nicht eingeholt, sind die entsprechenden Tätigkeiten des Investors gemäß Art. 9 Auslandsinvestitionsgesetz unwirksam.

261 Der **Antrag auf Erteilung der Genehmigung zur Gründung einer Gesellschaft** muß gemäß Art. 12 Auslandsinvestitionsgesetz folgende Angaben enthalten:

---

[390] Informationsschrift des polnischen Ministeriums für Privatisierung: „Establishing a company with foreign capital participation", S. 8.

XII. Besonderheiten des Unternehmenskaufes in Osteuropa

- die Gesellschafter und bei einer Aktiengesellschaft die Gründer
- den Firmennamen und Sitz der Gesellschaft
- den Gegenstand des Unternehmens
- die Art und den Wert der Kapitaleinlagen.

Dem Antrag müssen gemäß Art. 13 Auslandsinvestitionsgesetz bei Gesellschaftsgründungen folgende Dokumente beigefügt werden:

- Dokumente, die die rechtliche Situation der Antragsteller darstellen (bei natürlichen Personen: Kopie des Passes, bei juristischen Personen: den Handelsregisterauszug),
- der Entwurf des Gründungsakts sowie der Satzung bzw. des Gesellschaftsvertrages; der Vertragsentwurf muß auf jeder Seite von allen Antragstellern oder ihren Bevollmächtigten unterschrieben werden,
- eine objektive Schätzung des Wertes der Sacheinlage der Gesellschaft (bei Neueinrichtungen z. B. Rechnungen, im übrigen eine Schätzung durch einen unabhängigen Sachverständigen).

Einem Genehmigungsantrag bezüglich der Beteiligung an einer bereits bestehenden polnischen Gesellschaft sind gemäß Art. 13 II des Auslandsinvestitionsgesetz folgende Unterlagen beizufügen:

- Dokumente, die die rechtliche Situation der Antragsteller darstellen
- Gesellschaftsvertrag bzw. Satzung
- Kopie eines Handelsregisterauszuges.

Darüber hinaus kann der Minister für Privatisierung gemäß Art. 14 Abs. 1 Auslandsinvestitionsgesetz innerhalb von 30 Tagen nach der Antragstellung Dokumente über die finanzielle Situation der Antragsteller sowie ein Gutachten über die Antragsteller, die Gesellschaft und den Vertragsgegenstand anfordern, das von einem mit Zustimmung des Ministers zu bestimmenden Sachverständigen angefertigt werden muß.

Sowohl der Antrag als auch die erforderlichen Anlagen müssen nach Art. 15 Auslandsinvestitionsgesetz in polnischer Sprache oder aber im Original nebst einer beglaubigten Übersetzung in die polnische Sprache eingereicht werden. Der Antrag muß von allen Antragstellern oder von einem Bevollmächtigten unterschrieben werden.[391]

Für das Antragsformular müssen Steuermarken im Wert von 5.000 Zloti beigefügt werden. Hinzu kommen für jede Anlage Steuermarken im Wert von 500 Zloti. Die Gebühr für den Erlaß der Genehmigung beträgt 2.100.000,- Zloti, für eine Änderung der Genehmigung 520.000 Zloti.[392]

f) Form des Gesellschaftsvertrages bzw. der Satzung

Der Gesellschaftsvertrag einer Gesellschaft mit beschränkter Haftung sowie die Satzung einer Aktiengesellschaft sollten so ausführlich wie möglich vereinbart werden und müssen entsprechend den allgemeinen Regelungen des polnischen Handelsgesetzbuches **notariell beurkundet** werden (Art. 162 § 1 bzw. Art. 308 HGB).

---

[391] Informationsschrift des Ministeriums für Privatisierung, S. 8.
[392] Informationsschrift des Ministeriums für Privatisierung, S. 8 f.

Das staatliche Notariat prüft die Übereinstimmung mit dem polnischen Recht. Dies gilt auch für den Vertrag über den Erwerb einer Beteiligung an einer polnischen Gesellschaft.[393]

Gemäß Art. 158 § 1 des polnischen Handelsgesetzbuches können auch Ein-Mann-GmbHs gegründet werden.

Bei einer Gesellschaft mit beschränkter Haftung mit einem Stammkapital von mehr als 250 Millionen und mehr als 50 Gesellschaftern sowie bei einer Aktiengesellschaft mit einem Grundkapital von mehr als 5 Milliarden Zloti muß gemäß Art. 206 § 2, Art. 377 § 2 HGB zwingend ein **Aufsichtsrat** gebildet werden.

g) Registrierung im Handelsregister

264   Gemäß Art. 165 des polnischen Handelsgesetzbuches muß der Vorstand einer GmbH die Errichtung einer Gesellschaft zur Eintragung in das Handelsregister anmelden. Entsprechendes gilt nach § 329 HGB für die Aktiengesellschaft. Die Gesellschaften erwerben nach Art. 171 § 1, Art. 335 § 1 des polnischen Handelsgesetzbuches erst durch die Eintragung ihre Eigenschaft als juristische Personen. Erst nach der Registrierung darf die Gesellschaft sich wirtschaftlich betätigen. Gemäß Art. 171 Abs. 2 HGB haften die Personen, die im Namen der Gesellschaft vor ihrer Eintragung gehandelt haben, persönlich und als Gesamtschuldner.

h) Registrierung im REGON-System

265   Jedes Unternehmen mit einer eigenen Rechtspersönlichkeit muß beim zentralen statistischen Amt im sogenannten REGON- System registriert werden. Die Vorlage der vom statistischen Amt erteilten Nummer wird sowohl vom Finanzamt und der staatlichen Pensionskasse als auch von der Bank verlangt, wenn ein Konto eröffnet wird.[394]

i) Staatliche Pensionskasse

266   Wenn die Gesellschaft Arbeitnehmer fest anstellt, muß dies der regionalen Geschäftsstelle der staatlichen Pensionskasse innerhalb von 10 Tagen mitgeteilt werden. Ein entsprechendes Formular ist in der Zweigstelle der staatlichen Pensionskasse erhältlich. Der Mitteilung sollte eine Kopie der Eintragung in das REGON-System sowie eine Kopie des Handelsregisterauszuges beigefügt werden.[395]

j) Devisenrecht

267   Nachdem eine Gesellschaft eine eigene Rechtspersönlichkeit erworben und eine Registrier-Nummer des statistischen Amtes erhalten hat, kann ein Konto in polnischer Währung bei einer in Polen ansässigen Bank er-

---

[393] Vgl. Pfeffer, EWS 1992, 121, 123.
[394] Informationsschrift des Ministeriums für Privatisierung, S. 10.
[395] Informationsschrift des Ministeriums für Privatisierung, S. 10f.

öffnet werden. Gemäß Art. 6 Abs. 1 des Gesetzes über das Devisenrecht vom 15.02.1989 müssen polnische juristische Personen und Unternehmen mit ausländischer Beteiligung, die wirtschaftliche Aktivität entfalten, ihre Einnahmen in ausländischer Währung unverzüglich an die polnischen Devisenbanken weiterverkaufen. In rechtlich vertretbaren Fällen kann eine Gesellschaft von der polnischen Staatsbank die individuelle Erlaubnis erhalten, ein Konto für ausländische Währung zu eröffnen.[396]

Auch die Eröffnung eines Kontos im Ausland bedarf einer Genehmigung der polnischen Staatsbank nach Art. 9 Nr. 6, Art. 21 Abs. 2 des Devisengesetzes.

Alle Gesellschaften können gemäß Art. 8 Abs. 1 des Devisengesetzes bei der polnischen Devisenbank Fremdwährungen in unbegrenzter Höhe ankaufen, die sie zur Erfüllung ihrer Verbindlichkeiten gegenüber ausländischen Geschäftspartnern brauchen.

Die ausländischen Gesellschafter dürfen gemäß Art. 25 Auslandsinvestitionsgesetz ihren Gewinnanteil und gemäß Art. 26 Auslandsinvestitionsgesetz Erlöse und Entschädigungen aus ihrem Gesellschaftsanteilen bei der Devisenbank in Devisen eintauschen und in unbegrenzter Höhe ins Ausland transferieren.

k) Erwerb von Grund und Boden

Gesellschaften, an denen ein ausländischer Partner mit mehr als 50 % der Anteile beteiligt ist, bedürfen nach dem Gesetz über **Immobilienerwerb durch Ausländer** vom 24. März 1920[397] sowohl für den Erwerb von Immobilien als auch für die langfristige Anmietung von Immobilien und die Einbringung von Immobilien als Sacheinlage einer **Genehmigung des Innenministeriums.**[398] Insofern sind diese Gesellschaften ausländischen juristischen oder natürlichen Personen gleichgestellt.

268

Dem Antragsformular sollten detaillierte Informationen über Namen, Sitz, Adresse und Betätigungsfeld der Gesellschaft, über das zu erwerbende Grundstück sowie über die Gestaltung des Kaufs beigefügt werden. Darüber hinaus sollten noch folgende Dokumente beigelegt werden:

- ein Handelsregisterauszug
- eine (soweit erforderlich) eingeholte Genehmigung zur Gründung der Gesellschaft
- ein Exemplar des Gesellschaftsvertrages bzw. der Satzung
- die Versicherung, die für den Kauf erforderlichen finanziellen Mittel zu besitzen
- eine sachverständige Schätzung des Grund- und Bodenwertes
- Informationen über die Immobilie
- ein Grundbuchauszug – falls die Größe von einem Hektar überschritten wird

---

[396] Informationsschrift des Ministeriums für Privatisierung, S. 16.
[397] Dziennik Ustaw 1933, Nr. 24, Pos. 202; 1988, Nr. 41, Pos. 325; 1990, Nr. 79, Pos. 466.
[398] Siehe ausführlich dazu Barbier, Joint Ventures in Poland, International Business Lawyer, 1994, 206 ff.

– sofern der Grund und Boden von einer natürlichen Person erworben werden soll, die Erklärung dieser Person, an den Antragsteller verkaufen zu wollen.[399]

Nach dem Gesetz vom 29. April 1985 über Bodenwirtschaft und Immobilienenteignung[400] müssen Gesellschaften beim Kauf von Grundstücken, die sich in staatlichem oder kommunalem Eigentum befinden, eine Ausschreibung organisieren. Die Gesellschaft muß für diesen Zweck beim Innenministerium beantragen, Hilfe bei der Zusammenstellung der oben genannten Anlagen zu erhalten, wobei an die Stelle der persönlichen Erklärung einer natürlichen Person über ihre Bereitschaft zum Verkauf die Kopie der Mitteilung über die Ausschreibung tritt. Bei positivem Abschluß des Verfahrens erhält die Gesellschaft auf Antrag eine entsprechende Bescheinigung.

Die Antragsgebühr beträgt 5.000 Zloti zuzüglich 500 Zloti für jede Anlage. Die Genehmigungsgebühr beträgt 1 % des Wertes der Immobilie.[401]

Das polnische Innenministerium war insbesondere bei Gesellschaften mit deutscher Beteiligung bisher zurückhaltend mit der Erteilung einer Genehmigung zum Immobilienerwerb.[402]

3. Ungarn

a) Allgemeines

269   In Ungarn zeigt sich die Liberalisierung des Wirtschaftsrechts, insbesondere des Gesellschaftsrechts, besonders deutlich in dem neuen Gesetz über Wirtschaftsgesellschaften vom Oktober 1988.[403] Daneben gilt seit dem 01.01.1989 das Gesetz über Investitionen von Ausländern in Ungarn (Auslandsinvestitionsgesetz).[404]

Diese beiden Gesetze regeln die Investitionstätigkeit von Ausländern in Ungarn und sollen ausweislich der Einleitung zum Auslandsinvestitionsgesetz die unmittelbare Anlage ausländischen aktiven Kapitals in der ungarischen Wirtschaft fördern und ausländischen Anlegern eine diskriminationsfreie und nationale Behandlung gewährleisten.

b) Gesellschaftsformen und Investoren

270   Gemäß § 3 des Auslandsinvestitionsgesetzes werden Gesellschaften mit ausländischer Beteiligung entsprechend den Regelungen über die Gründung von Gesellschaften im Wirtschaftsgesellschaften-Gesetz ge-

---

[399] Informationsschrift des Ministeriums für Privatisierung, S. 18 f.
[400] Dziennik Ustaw 1991, Nr. 30, Pos. 127.
[401] Informationsschrift des Ministeriums für Privatisierung, S. 19.
[402] Vgl. auch Pfeffer, EWS 1992, 121, 124.
[403] Gesetz Nr. VI/1988 i.d.F. der Neubekanntmachung vom 23.12.1991 (MK 1991 S. 2917) abgedr. in: Informationsschrift BfAI, Ungarn, S. 41 ff.
[404] Gesetz Nr. XXIV/1988 vom 22.12.1988 (MK 1988 S. 1710), abgedr. in BfAI, Ungarn, Gesetz über ausländische Investitionen bzw. über Wirtschaftsgesellschaften, S. 22 ff.

gründet. Dies gilt auch für die Beteiligung an bereits gegründeten ungarischen Gesellschaften.

Hinsichtlich der Auswahl der Gesellschaftsform gibt es für den ausländischen Investor grundsätzlich keine Beschränkung.

Gesellschaften mit ausländischer Beteiligung können sich nach § 4 I Auslandsinvestitionsgesetz auch an der Gründung anderer Gesellschaften beteiligen und selbst Gesellschaften gründen. Eine Ausnahmeregelung trifft insofern § 4 II Auslandsinvestitionsgesetz; danach können Aktiengesellschaften, die sich mehrheitlich oder vollständig in ausländischem Besitz befinden, keinen mehrheitlichen Anteil an anderen Aktiengesellschaften erwerben.

Das Wirtschaftsgesellschaften-Gesetz sieht folgende Gesellschaftsformen vor:

271

– die offene Handelsgesellschaft
– die Kommanditgesellschaft
– die Vereinigung
– das gemeinsame Unternehmen
– die Gesellschaft mit beschränkter Haftung
– die Aktiengesellschaft

Für ausländische Investoren bietet sich besonders die Beteiligung an bzw. die Gründung von Gesellschaften mit beschränkter Haftung und Aktiengesellschaften an.[405]

Gemäß § 7 Auslandsinvestitionsgesetz, § 7 Wirtschaftsgesellschaftengesetz können sich Ausländer an der Gründung einer Wirtschaftsgesellschaft beteiligen, wenn sie nach ihrem heimischen Recht über eine Firma verfügen oder im Unternehmens- bzw. einem anderen Wirtschaftsregister eingetragen sind.

Als Aktionär kommt jede ausländische natürliche oder juristische Person in Betracht.

Nach § 9 I Auslandsinvestitionsgesetz darf eine Wirtschaftsgesellschaft mit ausländischer Beteiligung jegliche Wirtschaftstätigkeit ausüben, die nicht durch ein Gesetz verboten oder eingeschränkt wird.

c) Sonderregelungen für ausländische Beteiligungen an Wirtschaftsgesellschaften

Nach der neuesten Fassung des Auslandsinvestitionsgesetzes und des Wirtschaftsgesellschaften-Gesetzes ist zur Gründung einer **Wirtschaftsgesellschaft in mehrheitlichem oder vollständigem ausländischem Besitz** nicht mehr die gemeinsame Genehmigung des Finanz- und des Handelsministers erforderlich. Das gilt auch für die Umwandlung einer Gesellschaft in eine Wirtschaftsgesellschaft und für das Erlangen einer mehrheitlichen Beteiligung an einer solchen Gesellschaft.

272

---

[405] Siehe auch Seibel, Wirtschaftshandbuch Ost, Ungarn, LR 230, S. 2.

Ausreichend ist dafür vielmehr – wie auch schon vorher für Minderheitsbeteiligungen – die Eintragung in das Firmenregister nach §§ 5, 9 III Auslandsinvestitionsgesetz. Darüber hinaus bedarf es keiner weiteren devisenbehördlichen oder sonstigen Genehmigung.

§ 12 Auslandsinvestitionsgesetz schreibt vor, daß der ausländische Investor seine Geldanlage in frei konvertierbarer Währung einzahlen muß. Gemäß § 13 Auslandsinvestitionsgesetz können Ausländer nur Namensaktien erwerben.

Hinsichtlich der Nationalität der die Gesellschaft leitenden Personen schreibt § 27 des Auslandsinvestitionsgesetzes ausdrücklich vor, daß Ausländer diese Ämter uneingeschränkt wahrnehmen können. Als erste Regelung des Auslandsinvestitionsgesetzes normiert § 1 einen Enteignungsschutz für Ausländer, sowie eine Enteignungsentschädigungspflicht.

Zu beachten ist allerdings, daß nach § 10 I des Wirtschaftsgesellschaften-Gesetzes eine Gesellschaft, die ausschließlich natürliche Personen als Gesellschafter hat, maximal 500 Arbeitnehmer beschäftigen darf. Von diesem Grundsatz nimmt Absatz 2 der Norm Aktiengesellschaften aus, die sich mehrheitlich oder vollständig in ausländischem Besitz befinden.

d) Verfahren bei der Gründung einer Gesellschaft mit beschränkter Haftung bzw. Aktiengesellschaft

273 aa) **Gesellschaft mit beschränkter Haftung.** Gemäß § 4 I in Verbindung mit § 2 II Wirtschaftsgesellschaften-Gesetz können Gesellschaften mit beschränkter Haftung sowohl von natürlichen als auch von juristischen Personen gegründet werden. Dabei gilt hinsichtlich der Anzahl der Gründerpersonen keine Beschränkung; insbesondere ist nach § 156 I Wirtschaftsgesellschaften-Gesetz auch die Gründung einer Ein-Mann-GmbH zulässig. In diesen Fällen ist gemäß § 215 Wirtschaftsgesellschaften-Gesetz ein Buchprüfer zu bestellen. Die Gründer müssen gemäß § 158 II Wirtschaftsgesellschaften-Gesetz ein Mindestkapital in Höhe von 1 Million Forint aufbringen. In § 22 II Wirtschaftsgesellschaften-Gesetz ist geregelt, daß auch Sacheinlagen möglich sind. Allerdings haftet derjenige Gesellschafter, der die Sacheinlage einbringt, gemäß § 22 III Wirtschaftsgesellschaften-Gesetz für die richtige Bewertung der Einlage noch bis zu 5 Jahren nach Gründung der Gesellschaft.

274 Zur **Gründung einer ungarischen GmbH** schließen die Gründer-Gesellschafter zunächst einen Gesellschaftsvertrag. Gemäß § 19 II Wirtschaftsgesellschaften-Gesetz muß der Vertrag von allen Gesellschaftern unterzeichnet und von einem Anwalt oder Justitiar gegengezeichnet beurkundet werden. Entsprechend der Regelung in § 157 I, II Wirtschaftsgesellschaften-Gesetz muß der Gesellschaftsvertrag Angaben über den Firmennamen und Sitz der GmbH, die Gesellschafter einschließlich ihrer Anschrift bzw. ihres Sitzes, den Gegenstand der Gesellschaft, das Stammkapital und die Stammeinlagen, sowie die Art der Erbringung und

XII. Besonderheiten des Unternehmenskaufes in Osteuropa

bei noch ausstehenden Einlagen den Zeitpunkt der Erbringung enthalten. Schließlich muß der Gesellschaftsvertrag die Regelungen zur Beschlußfassung, die Namen des bzw. der ersten Geschäftsführer und der Mitglieder eines obligatorischen Aufsichtsrates enthalten.
Weitergehende Regelungen sind möglich und sachdienlich.
Der Zeitraum, in dem die Einlagen auf das Stammkapital eingezahlt werden müssen, ist in § 160 Wirtschaftsgesellschaften-Gesetz geregelt: Bei Gründung der GmbH muß die Summe der Geldeinlagen mindestens 500.000 Forint bzw. 30 % des Stammkapitals betragen. Die bei der Gründung noch nicht eingezahlten Bareinlagen müssen innerhalb eines Jahres nach der Eintragung der Gesellschaft in das Firmenregister eingezahlt werden.
Die Errichtung einer GmbH setzt gemäß §§ 23 I, 161 I Wirtschaftsgesellschaften-Gesetz die Eintragung der Gesellschaft im Firmenregister innerhalb von 30 Tagen nach der Errichtung des Gesellschaftsvertrages voraus. Die Eintragung bewirkt die rückwirkende Errichtung der GmbH zum Zeitpunkt des Abschlusses des Gesellschaftsvertrages (vgl. § 24 I Wirtschaftsgesellschaften-Gesetz). Anders, als z.B. in Polen, darf die GmbH sich gemäß § 25 III Wirtschaftsgesellschaften-Gesetz auch schon vor ihrer Eintragung wirtschaftlich betätigen. Die Eintragung erfolgt gemäß §§ 23 II, 161 II Wirtschaftsgesellschaften-Gesetz, wenn dem Firmengericht nachgewiesen wird, daß mindestens die Hälfte der Bareinlage, d.h. mindestens 500.000 Forint, eingezahlt worden sind bzw. daß bei der Ein-Mann-GmbH die gesamte Bareinlage erbracht worden ist. Für Sachgründungen gilt entsprechend dieser Regelung, das die Erbringung der gesamten Sacheinlagen nachgewiesen werden muß.
Für die Eintragung ist eine Gebühr in Höhe von mindestens 2 % des Stammkapitals d.h. 20.000 Forint und höchstens 90.000 Forint zu entrichten. Ferner fällt eine Veröffentlichungsgebühr in Höhe von 10.000 Forint an.[406]

275 Die GmbH hat als **Organe** zwingend eine Gesellschafterversammlung und mindestens einen Geschäftsführer. Der Geschäftsführer vertritt die GmbH nach außen. Seine Geschäftsführungsbefugnis ist gemäß § 199 II Wirtschaftsgesellschaften-Gesetz nur im Innenverhältnis beschränkbar.
Nach § 208 II Wirtschaftsgesellschaften-Gesetz muß ein Aufsichtsrat eingerichtet werden, wenn das Stammkapital der GmbH mehr als 20.000.000 Forint beträgt oder die Gesellschaft mehr als 25 Gesellschafter hat oder im Jahresdurchschnitt mehr als 200 hauptberufliche Mitarbeiter beschäftigt. Bei der Ein-Mann-GmbH ist ein Aufsichtsrat nur im letzteren Fall obligatorisch. Die Mindestanzahl der Aufsichtsratsmitglieder ist in § 208 I Wirtschaftsgesellschaften-Gesetz auf drei Personen festgelegt.

---

[406] Seibel in: Wirtschaftshandbuch Ost, Ungarn, LRG 230, S. 4.

Zu beachten ist, daß gemäß § 171 I Wirtschaftsgesellschaften-Gesetz der Geschäftsanteil einer GmbH auf einen Ausländer nur dann übertragen werden kann, wenn der Gesellschafter seine Stammeinlage voll eingezahlt hat.

276 bb) **Aktiengesellschaft.** Auch für die **Gründung einer Aktiengesellschaft** gilt nach § 2 I in Verbindung mit § 4 I des Wirtschaftsgesellschaften-Gesetzes, daß sie sowohl von natürlichen als auch von juristischen Personen vorgenommen werden kann. Zulässig ist gemäß § 250 I 2 Wirtschaftsgesellschaften-Gesetz auch die Gründung einer Ein-Mann-Aktiengesellschaft. Allerdings darf es sich gemäß § 298 II 2 Wirtschaftsgesellschaften-Gesetz bei dem Alleingesellschafter nicht um eine natürliche Person handeln.

Das Grundkapital einer Aktiengesellschaft muß gemäß § 251 I Wirtschaftsgesellschaften-Gesetz mindestens 10 Millionen Forint betragen, wobei wie bei der Gründung einer ungarischen GmbH sowohl Sach- als auch Bareinlagen gesetzlich erlaubt sind (vgl. § 22 II Wirtschaftsgesellschaften-Gesetz). Sacheinlagen sind auch hier schon bei der Gründung in voller Höhe einzubringen. Entsprechend der Regelung für die GmbH muß die Summe der Geldeinlagen bei Gründung der Aktiengesellschaft nach § 251 II Wirtschaftsgesellschaften-Gesetz mindestens 5 Millionen Forint bzw. 30 % des Grundkapitals betragen.

Wie bei der Gründung einer GmbH muß auch bei der Gründung einer Aktiengesellschaft nach § 264 I 1 Wirtschaftsgesellschaften-Gesetz binnen eines Jahres nach Eintragung der volle Nominalwert der Aktien eingezahlt sein. Zu beachten ist in diesem Zusammenhang, daß gemäß § 235 I Wirtschaftsgesellschaften-Gesetz der Nennwert einer Aktie mindestens 10 Millionen Forint oder dessen durch 10.000 teilbares Mehrfaches betragen muß.

Zur Gründung einer Aktiengesellschaft wird von der Gründungsversammlung gemäß § 258 Wirtschaftsgesellschaften-Gesetz die Satzung beschlossen, wobei wiederum die notarielle Beurkundung – oder nach Unterzeichnung durch alle Gründungsaktionäre – die Gegenzeichnung durch einen ungarischen Rechtsanwalt erforderlich ist.

Gemäß § 261 I Wirtschaftsgesellschaften-Gesetz müssen in der Satzung der Aktiengesellschaft zwingend Angaben enthalten sein, zur Firma, zum Sitz und der Dauer der Gesellschaft, zu ihrem Zweck, zur Höhe des Grundkapitals und zu den ausgegebenen Aktien, zu den Vorstands- und Aufsichtsratsmitgliedern. Ferner müssen Regelungen hinsichtlich der Hauptversammlung und der Gewinnverteilung vorhanden sein.

277 Die Vorschriften über die Eintragung der Aktiengesellschaft in das Firmenregister entsprechen den für die GmbH geltenden Regelungen. Nach §§ 23, 262 I Wirtschaftsgesellschaften-Gesetz muß die Gründung innerhalb von 30 Tagen nach der Beschlußfassung über die Satzung beim Fir-

mengericht zur Eintragung in das Firmenregister angemeldet werden. Erforderlich ist hier nach § 262 II Wirtschaftsgesellschaften-Gesetz der Nachweis der ordnungsgemäßen Einberufung der Gründungshauptversammlung, der Zeichnung des gesamten Grundkapitals durch die Gründungsaktionäre sowie der Einzahlung des Grundkapitals in Höhe von 30 %. Wie bei der GmbH bewirkt die Eintragung der Aktiengesellschaft in das Firmenregister gemäß § 24 I Wirtschaftsgesellschaften-Gesetz die rückwirkende Gründung zum Zeitpunkt der Errichtung der Satzung.

Die ungarische Aktiengesellschaft hat zwingend eine Hauptversammlung, einen Vorstand, sowie als Kontrollorgane einen Aufsichtsrat und einen Buchprüfer. Der Vorstand führt die Geschäfte der Aktiengesellschaft. Daneben erstellt er den Jahresabschluß, eine Vermögensaufstellung und erstattet der Hauptversammlung Bericht (vgl. § 288 Wirtschaftsgesellschaften-Gesetz). Seine Vertretungsbefugnis kann zwar gemäß § 287 Wirtschaftsgesellschaften-Gesetz im Innenverhältnis, nicht jedoch im Außenverhältnis beschränkt werden. Die Anzahl von mindestens 3 und höchstens 11 Vorstandsmitgliedern (Direktoren) ist in § 285 II Wirtschaftsgesellschaften-Gesetz geregelt.

e) Devisenrecht

Nach § 31 III Auslandsinvestitionsgesetz kann die in frei konvertierbarer Währung gezahlte Geldeinlage eines Ausländers von der Wirtschaftsgesellschaft auf einem Devisenkonto gehalten und frei verwendet werden. Im übrigen müssen nach § 31 I Auslandsinvestitionsgesetz die Gesellschaften ihre Valuten- und Devisengeschäfte entsprechend den für andere inländische Gesellschaften geltenden Vorschriften vornehmen. Der Umrechnungskurs für alle Transfervorgänge ist gemäß § 31 II Auslandsinvestitionsgesetz der von der ungarischen Nationalbank festgelegte jeweilige offizielle Kurs.

Wichtig ist, daß nach § 32 I Auslandsinvestitionsgesetz der einem ausländischen Investor zustehende Gewinnanteil sowie der ihm im Fall der Auflösung der Gesellschaft bzw. der (teilweisen) Veräußerung seines Gesellschaftsanteils zustehende Betrag bei Deckung des jeweiligen Betrages in der Währung der getätigten Einlage frei ins Ausland überwiesen werden kann. Allerdings setzt dies bei der Auflösung der Gesellschaft nach § 32 II Auslandsinvestitionsgesetz voraus, daß der Ausländer zuvor seine Verbindlichkeiten erfüllt hat.

Nach der Regelung des § 33 Auslandsinvestitionsgesetz dürfen ausländische führende Amtsträger sowie mit der Geschäftsführung beauftragte Mitglieder, Aufsichtsratsmitglieder und ausländische Angestellte 50 % ihrer von der Gesellschaft bezogenen und über die kontoführende Bank der Gesellschaft ausbezahlten besteuerten Einkommensbeträge frei in das Ausland überweisen, wobei wiederum der offizielle Kurs der ungarischen Nationalbank maßgeblich ist.

Nach der in Art. 5 des deutsch-ungarischen Investitionsförderungsvertrages statuierten Transfergarantie gibt es auch keine innerungarischen devisenrechtlichen Beschränkungen.[407]

f) Erwerb von Grund und Boden

279 Gemäß § 19 Auslandsinvestitionsgesetz kann eine Wirtschaftsgesellschaft an Immobilien, die zur Ausübung der in ihrer Satzung festgelegten Tätigkeiten notwendig sind, Eigentum und andere Rechte erwerben. Daraus folgt z.B., daß Gesellschaften, die in der Tourismusbranche tätig sind, auch Wohngrundstücke erwerben dürfen.[408] Entsprechend dieser Regelung ist der Immobilienerwerb weiterhin unzulässig, wenn er lediglich als Geldanlage anzusehen ist.[409]

4. Tschechische Republik

a) Allgemeines

280 Seit der sog. „Sanften Revolution" im November 1989 setzte in der Tschechoslowakei eine wirtschaftliche Reformentwicklung ein, die durch wesentliche gesetzliche Änderungen die Gründung tschechischer Gesellschaften durch ausländische Investoren oder ihre Beteiligung an bestehenden tschechischen Gesellschaften erleichterte. Im Zuge dieser Entwicklung trat am 01.01.1992 das neue Tschechische Handelsgesetzbuch in Kraft.

Dieses Gesetz gilt auch nach der Teilung der Tschechoslowakei in die Tschechische und die Slowakische Republik in der Tschechischen Republik weiter, da gemäß Art. 1 I Satz 1 des Verfassungsgesetzes der Tschechischen Republik alle Bundesgesetze und Bundesvorschriften übernommen wurden.

Wie in Polen fehlt es in der Tschechischen Republik an einer detaillierten gesetzlichen Regelung des Wirtschaftsrechts. Hinzu kommt, daß Gesetzeslücken derzeit noch nicht durch Gewohnheitsrecht oder richterliche Rechtsfortbildung geschlossen werden konnten. Dementsprechend sollte ein Vertrag über den Kauf eines Unternehmens so detailliert wie möglich gefaßt werden.[410]

Interessant ist, daß das Tschechische Handelsgesetzbuch[411] in § 5 den Unternehmens-Begriff definiert. Danach ist ein Unternehmen die Gesamtheit materieller sowie auch persönlicher und immaterieller Bestand-

---

[407] Vgl. Informationsschrift der BfAI, Ungarn, S. 8.
[408] Vgl. Informationsschrift der BfAI, Ungarn, S. 10.
[409] Vgl. Informationsschrift der BfAI, Ungarn, S. 10.
[410] Ebenso Scheifele/Thaeter, Unternehmenskauf, S. 29.
[411] Gesetz vom 05.11.1991 Nr. 513/1991, Sbirka Zakonu (Gesetzesblatt der CSFR) Nr. 98/91, BfAI, Ausländisches Wirtschafts- und Steuerrecht, Reihe A: Gesetzestexte und Erläuterungen – Heft 14/92, Tschechoslowakei, GmbH-Recht S. 15 ff.

teile eines Unternehmens. Dazu gehören Sachgüter, Rechte und andere wirtschaftliche Werte, die dem Unternehmer gehören und dem Betrieb des Unternehmens dienen oder in Bezug auf ihre Bestimmung diesem Zweck dienen sollen.

b) Vorschriften des HGB betreffend den Unternehmenskauf

Der Kauf von Unternehmen – sei es im Wege eines Share-Deal oder im Wege eines Asset-Deal – richtet sich zunächst nach den §§ 477 ff. HGB.[412] Die genannten Regelungen sind auf Unternehmenskäufe auch dann anwendbar, wenn sie sich nicht auf eine unternehmerische Tätigkeit beziehen oder die Vertragspartner keine Unternehmer sind. Der überwiegende Teil dieser Vorschriften kann überdies nicht abbedungen werden. Die Regelungen sind entsprechend anzuwenden, wenn ein Unternehmen in ein Gemeinschaftsunternehmen eingebracht wird.[413]

Die Haftung des Erwerbers eines Unternehmens ist in § 477 I HGB geregelt. Danach übernimmt der Käufer kraft Gesetzes alle Rechte und Pflichten, die von dem Unternehmenskauf erfaßt werden, wobei nach Abs. III die Gläubiger der Verbindlichkeiten nicht zustimmen müssen. Erwirbt ein ausländischer Investor ein Unternehmen, dessen Privatisierungsprojekt noch nicht nach dem „Gesetz über die Bedingungen für die Übertragung von Vermögen des Staates auf andere Personen" vom 26.02.1991[414] genehmigt worden ist, ist die Haftung des Käufers spezialgesetzlich in § 15 dieses Gesetzes geregelt. Auch hier ist ein gesetzlicher Übergang der Passiva vorgesehen.

Der Verkäufer haftet für die Vollständigkeit der übertragenen Objekte und ihre Mängelfreiheit. Der Käufer kann den Kaufpreis mindern oder unter bestimmten Voraussetzungen sogar vom Vertrag zurücktreten, wenn der Verkäufer nicht ordnungsgemäß erfüllt. § 486 V HGB gibt dem Käufer bei dem Vorliegen von Rechtsmängeln darüber hinaus einen Schadensersatzanspruch.

Da die Gewährleistungsregeln jedoch kein zwingendes Recht enthalten, werden in der Praxis überwiegend Gewährleistungsvereinbarungen getroffen, die in der internationalen Praxis üblich geworden sind.[415]

Für die Ermittlung des für ein Unternehmen zu zahlenden **Kaufpreises** ist der Unternehmenswert von zentraler Bedeutung. Nach der amtlichen Begründung zu den §§ 5-7 HGB[416] hat das Unternehmen als Ganzes einen Wert, der durch die Bewertung aller Bestandteile gebildet wird. Soll

---

[412] Siehe dazu die Übersetzung der BfAI-Rechtsinformation.
[413] Scheifele/Thaeter, S. 59, 61; zu den rechtlichen Rahmenbedingungen für Gemeinschaftsunternehmen vgl. Harnischfeger/Ksoll, DB 1991, 637 ff.
[414] Ausführlich dazu Scheifele, DB 1992, 669 ff.
[415] Scheifele/Thaeter, S. 63.
[416] Abgedruckt in: Veröffentlichung der BfAI-Tschechoslowakei, GmbH-Recht S. 20 und Aktienrecht S. 17.

der Wert des Unternehmens im Zusammenhang mit einem Unternehmenskauf ermittelt werden, wird nicht nur der (Rest-)Wert der Sachgüter errechnet, sondern es werden auch alle betrieblichen Bestandteile (z.B. Struktur und Qualifikation der Mitarbeiter) sowie die immateriellen Rechte, wie der Firmenname und gewerbliche Schutzrechte, bewertet.

c) Investoren und Gesellschaftsformen

282   Nach § 21 Abs. 1 HGB gilt der Grundsatz, daß ausländische Personen auf dem Gebiet der Tschechischen Republik unter den gleichen Bedingungen und im gleichen Umfang unternehmerisch wie tschechische Personen tätig werden können, sofern nicht gesetzlich etwas anderes geregelt ist. Demnach gilt für ausländische Investoren hinsichtlich der Rechtsformwahl und des Tätigkeitsfeldes keine Beschränkung. Es ist derzeit kein Gesetz ersichtlich, das den in § 21 I HGB statuierten Gleichbehandlungsgrundsatz durchbrechen würde.[417]

Natürliche und juristische Personen sind gemäß § 21 II HGB „ausländisch", wenn sich ihr Wohnsitz bzw. ihr Sitz außerhalb der Tschechischen Republik befindet. Somit kommt es nicht auf die Staatsangehörigkeit an.

Gemäß § 21 III HGB ist ein ausländischer Investor im Sinne des § 21 I HGB auf dem Gebiet der Tschechischen Republik tätig, sofern das Unternehmen oder dessen Zweigstelle auf dem Gebiet der Tschechischen Republik gelegen ist. Wie der amtlichen Begründung[418] zu entnehmen ist, liegt dann keine unternehmerische Tätigkeit in der Tschechischen Republik vor, wenn ein ausländischer Investor ohne Hilfe der genannten Einheiten Verhandlungen führt oder Verträge mit tschechischen Personen auf dem Gebiet der Tschechischen Republik abschließt. Allerdings wird das Handelsgesetzbuch auf die daraus entstehenden Vertragsbeziehungen angewendet, sofern überhaupt nach den Vorschriften des internationalen Privatrechts tschechisches Recht zur Anwendung kommt.

Aufgrund des in §§ 21 I, 24 III HGB statuierten Gleichbehandlungsgrundsatzes gibt es derzeit in der Tschechischen Republik kein besonderes Genehmigungsverfahren für die Gründung oder den Erwerb von Unternehmen durch ausländische Investoren.

d) Ausländische Beteiligung

283   Gemäß § 24 I HGB können sich ausländische Investoren an der Gründung einer tschechischen juristischen Person beteiligen oder als Gesell-

---

[417] Vgl. Veröffentlichung der BfAI – Tschechoslowakei, GmbH-Recht, S. 6.
[418] Abgedruckt in: Veröffentlichung der BfAI – Tschechoslowakei, GmbH-Recht, S. 33 f. und Aktienrecht, S. 28 f.

schafter oder Mitglied an einer bestehenden tschechischen juristischen Person beteiligt sein.[419] Im Hinblick auf die Beteiligung gelten keine Höchstgrenzen. Eine ausländische Person kann daher auch allein eine tschechische juristische Person gründen oder einziger Gesellschafter einer tschechischen juristischen Person werden, sofern nach dem Handelsgesetzbuch die Gründung durch einen Einzelgesellschafter zulässig ist. Dies ist bei Gesellschaften mit beschränkter Haftung gemäß § 105 II HGB der Fall. Für Aktiengesellschaften schreibt § 162 I HGB vor, daß die Gründung durch einen einzelnen Gesellschafter nur zulässig ist, sofern es sich dabei um eine juristische Person handelt. Im übrigen, d. h. bei natürlichen Personen, bedarf es mindestens zweier Gründer. Ebenso ist auch die Gründung eines Unternehmens durch mehrere ausschließlich ausländische Investoren möglich.

Darüber hinaus ist in § 26 I HGB geregelt, daß eine nach ausländischem Recht zu unternehmerischen Zwecken gegründete juristische Person ihren Sitz in die Tschechische Republik verlegen kann, sofern die Rechtsordnung des Landes, in dem die juristische Person ihren bisherigen Sitz hatte, bzw. – falls abweichend – auch des Landes, nach dessen Recht sie gegründet wurde, dies zuläßt.

e) Verfahren bei der Gründung einer Gesellschaft mit beschränkter Haftung bzw. Aktiengesellschaft

Der **Wert des Stammkapitals einer Gesellschaft mit beschränkter** 284 **Haftung** muß gemäß § 108 I HGB mindestens 100.000 Kcs betragen. Der Wert der Stammeinlage eines Gesellschafters muß gemäß § 109 I HGB mindestens 20.000 Kcs betragen. Eine Gesellschaft mit beschränkter Haftung darf nach § 105 III HGB höchstens 50 Gesellschafter haben. Ein Gesellschafter kann sich gemäß § 109 II Satz 1 HGB jeweils nur mit einer Stammeinlage an der Gründung beteiligen. Im Hinblick auf Sacheinlagen schreibt § 109 III HGB vor, daß der Gegenstand, die Art der Festlegung ihres Preises und der Betrag, der auf die Stammeinlage angerechnet wird, im Gesellschaftsvertrag festgelegt werden müssen.

Der Mindestinhalt des Gesellschaftsvertrages ist in § 110 HGB aus- 285 führlich geregelt. Danach muß der Gesellschaftsvertrag Regelungen enthalten über den Gegenstand des Unternehmens, die Höhe des Stammkapitals und die Höhe der Stammeinlage jedes Gesellschafters einschließlich der Art und des Zeitpunktes der Einzahlung sowie ferner Namen und Wohnort der Geschäftsführer und der Mitglieder des ersten Aufsichtsrates, sofern ein solcher eingerichtet wird.

---

[419] Siehe dazu das Gesetz über Unternehmen mit ausländischer Kapitalbeteiligung vom 23.11.1988 in der Neufassung vom Juli 1990, BfAI – Schriftenreihe Ausländisches Wirtschafts- und Steuerrecht Nr. A – 6/90.

286 Nach § 137 HGB wird ein Aufsichtsrat in den Fällen gebildet, in denen der Gesellschaftsvertrag dies bestimmt. Aufgaben und Zusammensetzung des Aufsichtsrates sind in den §§ 138–140 HGB geregelt.

287 Die Entstehung der Gesellschaft ist gemäß § 112 HGB an die Eintragung im Handelsregister geknüpft. Der Antrag auf Eintragung, der von allen Geschäftsführern unterzeichnet werden muß, kann jedoch gemäß § 111 I HGB erst dann gestellt werden, wenn auf jede Geldeinlage mindestens 30 % eingezahlt worden sind und insgesamt Einlagen im Wert von mindestens 50.000 Kcs erbracht worden sind. Noch strenger ist die Regelung des § 111 II HGB für die Ein-Mann-GmbH, die nur in das Handelsregister eingetragen werden kann, wenn das Stammkapital in voller Höhe einbezahlt ist. Dem Antrag müssen ein Exemplar des Gesellschaftsvertrages und Urkunden zum Nachweis, daß die erforderlichen Einlagen geleistet wurden, beigefügt werden.

288 Für die Gründung einer **Aktiengesellschaft** verlangen die §§ 162 ff. HGB bei einer Ein-Personengesellschaft eine Gründungsurkunde, ansonsten einen Gründungsvertrag. Bestandteil der Gründungsurkunde bzw. des Gründungsvertrages ist der Satzungsentwurf. Der Gründungsvertrag bzw. die Gründungsurkunde müssen u.a. das vorgesehene Grundkapital, die Anzahl der Aktien und ihren Nennbetrag sowie ihre genaue Bezeichnung, die gezeichneten Einlagen einzelner Gründer und genaue Angaben zu den Sacheinlagen enthalten.

Wenn das vorgesehene Grundkapital durch Zeichnung von Aktien nach öffentlicher Aufforderung zur Subskription (§ 164 HGB) erreicht wurde, kann eine Gründungsversammlung einberufen werden. Dies muß innerhalb von 60 Tagen ab dem Zeitpunkt des Erreichens des Kapitals geschehen. Weitere Voraussetzung für die Durchführung der Gründungsversammlung ist gemäß § 170 I HGB, daß mindestens 30 % des Nennbetrages der Geldeinlagen eingezahlt wurden. Gemäß § 171 I HGB beschließt die Versammlung über die Gründung der Gesellschaft, billigt die Satzung und wählt diejenigen Organe der Gesellschaft, die nach der Satzung von der Hauptversammlung gewählt werden. Über den Verlauf der Versammlung ist ein notarielles Protokoll zu erstellen.

Eine Ausnahme von diesem Verfahren gilt, wenn die Gründer der Gesellschaft im Gründungsvertrag festlegen, daß sie das gesamte Grundkapital in einem bestimmten Verhältnis einzahlen; in diesen Fällen sind die öffentliche Aufforderung zur Subskription und die Gründungsversammlung nicht erforderlich (§ 172 I HGB).

Die Aktiengesellschaft wird gemäß § 175 HGB mit konstitutiver Wirkung in das Handelsregister eingetragen, sofern nachgewiesen wird, daß eine erforderliche Gründungsversammlung ordnungsgemäß abgehalten wurde, die Gründer das gesamte Grundkapital gezeichnet haben und mindestens 30 % der Geldeinlagen – mit Ausnahme der Arbeitnehmeraktien – eingezahlt haben, daß die Satzung gebilligt und die Mitglieder der Organe gewählt wurden.

Die Geschäfte der Aktiengesellschaft werden vom Vorstand geführt. Dieser entscheidet über alle Angelegenheiten der Gesellschaft, über die nicht aufgrund Gesetzes oder der Satzung die Hauptversammlung entscheidet. Das höchste Kontrollorgan der Aktiengesellschaft ist der obligatorische Aufsichtsrat, dessen Aufgaben und Zusammensetzung in den §§ 197–201 HGB geregelt sind.

f) Devisenrecht

Mit dem am 01.01.1991 in Kraft getretenen Devisengesetz wurde in der Tschechoslowakei die interne Konvertibilität eingeführt. So können gemäß § 13 I Devisengesetz Verbindlichkeiten einer tschechischen Gesellschaft gegenüber ausländischen Geschäftspartnern in ausländischer Währung erfüllt werden.

Die Eingehung einer Devisenverbindlichkeit durch einen Deviseninländer ist gemäß § 14 I Devisengesetz grundsätzlich nicht genehmigungsbedürftig. Deviseninländer sind gemäß § 5 I Devisengesetz natürliche Personen, die ihren dauernden Aufenthalt in der Tschechischen Republik haben und juristische Personen, die ihren Sitz im Inland haben. Es kommt somit nicht auf die Staatsangehörigkeit an.

Bemerkenswert ist, daß nach den §§ 14, 23 Devisengesetz der Deviseninländer nur gegenüber einem Devisenausländer, nicht jedoch gegenüber einem anderen Deviseninländer, Devisenverbindlichkeiten begründen darf. Deviseninländer, die juristische Personen sind, müssen Devisen gemäß §§ 11, 12 Devisengesetz dem Devisengeldinstitut innerhalb von 30 Tagen nach dem Erwerb zum Kauf anbieten. Davon ausgenommen sind nach § 11 III Devisengesetz Devisenmittel, mit denen Devisenausländer am Grundvermögen von inländischen Unternehmen nach dem HGB beteiligt sind.

Zu beachten ist, daß ebenso wie natürliche Personen nach § 16 Devisengesetz auch deviseninländische juristische Personen nach § 10 I Devisengesetz verpflichtet sind, im Ausland erwirtschaftete Gewinne in die tschechische Republik zu transferieren.

Eine natürliche Person, die ihren dauernden Aufenthalt in der tschechischen Republik hat, kann gemäß § 22 I Devisengesetz ein verzinsliches Devisenkonto in einer bestimmten Währung eröffnen und über die Devisenmittel gemäß § 22 II Devisengesetz grundsätzlich frei verfügen. Darüber hinaus können auch Devisenausländer gemäß § 35 Devisengesetz ein verzinsliches Konto in tschechischer oder fremder Währung einrichten. Über die auf dem sogenannten Ausländerkonto vorhandenen Devisenmittel kann der Devisenausländer gemäß § 36 I Devisengesetz grundsätzlich frei verfügen, z.B. für In- und Auslandsüberweisungen.

Picot

g) Erwerb von Grund und Boden

291 Devisenausländern ist nach § 25 des Devisengesetzes vom 01.01.1991 der Erwerb von Grund und Boden grundsätzlich verboten. Sie dürfen Immobilien vielmehr nur dann erwerben, wenn ihnen dies durch Gesetz erlaubt wird. Devisenausländer sind nach der in § 5 I Satz 1 Devisengesetz getroffenen Definition der Deviseninländer alle natürlichen Personen, die nicht im Inland wohnhaft gemeldet sind, und juristische Personen ohne Sitz im Inland.

Gesetzlich erlaubt ist für Devisenausländer der Immobilienerwerb zum Beispiel für eine diplomatische Vertretung oder in verschiedenen anderen Fällen, die im wesentlichen dadurch gekennzeichnet sind, daß der Verkäufer Deviseninländer und mit dem Erwerber verwandt ist oder daß der Devisenausländer auf dem Grundstück ein Gebäude errichtet hat. Erfüllt ein Devisenausländer, der Grundbesitz erwerben möchte, diese Voraussetzungen für eine Ausnahmegenehmigung nicht, empfiehlt es sich für ihn, eine Tochtergesellschaft mit Sitz in der Tschechischen Republik zu gründen.[420]

Die Vereinbarung des Kaufpreises für eine Immobilie ist zwar genehmigungsfrei, muß jedoch angezeigt werden.[421]

---

[420] Ebenso Scheifele/Thaeter, S. 16.
[421] Scheifele/Thaeter, S. 17.

TEIL B: Gesellschaftsrecht

	RN
I. Die Gründung und Umstrukturierung der Personengesellschaft	7
1. Die Gründung einer Personengesellschaft bei Vorhandensein eines Einzelunternehmens	7
a) Die Gründung einer Personenhandelsgesellschaft	8
b) Besonderheiten bei der GmbH & Co. KG	19
c) Aufnahme eines typischen oder atypischen stillen Gesellschafters in ein Einzelunternehmen	22
2. Die Umstrukturierung von Personengesellschaften	24
a) Gesellschafterbeschluß und Bestimmtheitsgrundsatz	24
b) Neuaufnahme von Gesellschaftern in eine bestehende Personengesellschaft	30
c) Gesellschafterwechsel	40
d) Umwandlung einer GbR in eine OHG oder Kommanditgesellschaft	45
3. Umwandlung von Einzelunternehmen und Personengesellschaften in Kapitalgesellschaften	46
a) Entgeltliche Übertragung des Unternehmens	48
b) Einbringung als Sacheinlage	51
c) Umwandlung nach dem Anwachsungsmodell bei Personengesellschaften	52
d) Ausgliederung aus dem Vermögen eines Einzelkaufmanns in Kapitalgesellschaft	56
4. Verschmelzung von Personengesellschaften nach dem Anwachsungsmodell	58
5. Realteilung von Personengesellschaften	61
6. Umwandlung einer Personengesellschaft nach UmwG	64
II. Kapitalerhöhung und Kapitalherabsetzung bei Kapitalgesellschaften	65
1. Grundsätze des Kapitalschutzes	68
a) Funktionen der Kapitalaufbringung	68
b) Prinzip der Kapitalaufbringung	69
c) Bar-/Sacheinlage	71
d) Verdeckte Sacheinlage	72
2. Kapitalerhöhung bei der Aktiengesellschaft	92
a) (Reguläre) Kapitalerhöhung gegen Einlage	93
aa) Kapitalerhöhungsbeschluß	94
bb) Sacheinlagen	99
cc) Anmeldung und Eintragung ins Handelsregister	105
dd) Zeichnung der Aktien	106
ee) Bezugsrecht und Bezugsrechtsausschluß	107
ff) Weitere Durchführung der Kapitalerhöhung	117
b) Bedingte Kapitalerhöhung	122
c) Genehmigtes Kapital	133
d) Kapitalerhöhung aus Gesellschaftsmitteln	142
3. Kapitalerhöhung bei der GmbH	146
a) Stammkapitalerhöhung gegen Einlagen	147
aa) Satzungsänderungsbeschluß	148
bb) Zulassung zur Übernahme und Übernahmeerklärung	154
cc) Sacheinlagen	162

　　　　dd) Leistung der Mindesteinlagen.................... 168
　　　　ee) Anmeldung zum Handelsregister, Eintragung und Bekanntmachung... 170
　　b) Kapitalerhöhung aus Gesellschaftsmitteln 173
　4. Kapitalherabsetzung bei Aktiengesellschaft und GmbH 178
　　a) Zweck der Kapitalherabsetzung 178
　　b) Aktiengesellschaft 180
　　　　aa) Ordentliche Kapitalherabsetzung.................. 181
　　　　bb) Vereinfachte Kapitalherabsetzung 182
　　　　cc) Kapitalherabsetzung durch Einziehung von Aktien 184
　　c) GmbH 187

III. Die Verschmelzung von Personenhandels- und Kapitalgesellschaften ... 189
　1. Einführung 189
　2. Verschmelzung durch Aufnahme........................ 192
　　a) Verschmelzungsvertrag 192
　　b) Verschmelzungsbericht 204
　　c) Prüfung der Verschmelzung......................... 210
　　d) Unterrichtung der Gesellschafter und Offenlegung 213
　　e) Verschmelzungsbeschlüsse 214
　　f) Anmeldung und Eintragung der Verschmelzung 219
　　g) Wirkung der Verschmelzung 228
　　h) Gläubigerschutz 238
　3. Verschmelzung durch Neugründung 240
　4. Besonderheiten bei einzelnen Rechtsformen 241
　　a) Personenhandelsgesellschaften 241
　　　　aa) Möglichkeit der Verschmelzung 241
　　　　bb) Durchführung der Verschmelzung 243
　　　　cc) Nachhaftung der Gesellschafter.................... 247
　　b) Gesellschaften mit beschränkter Haftung 248
　　　　aa) Verschmelzung durch Aufnahme 248
　　　　bb) Verschmelzung durch Neugründung 259
　　c) Aktiengesellschaften 261
　　　　aa) Verschmelzung durch Aufnahme 261
　　　　bb) Vereinfachte Konzernverschmelzung 273
　　　　cc) Verschmelzung durch Neugründung 275
　　d) Genossenschaften................................. 278
　　e) Beteiligung sonstiger Rechtsträger 286
　　f) Verschmelzung einer Kapitalgesellschaft auf den Alleingesellschafter. . 290

IV. Spaltung nach Umwandlungsgesetz 293
　1. Möglichkeiten der Spaltung............................ 293
　2. Spaltung zur Aufnahme 297
　　a) Spaltungs- und Übernahmevertrag..................... 297
　　b) Spaltungsbericht und Spaltungsprüfung 307
　　c) Spaltungsbeschluß und Anmeldung 309
　　d) Wirksamwerden der Spaltung........................ 314
　　e) Haftungsfragen 322
　3. Spaltung zur Neugründung............................ 328
　4. Besonderheiten bei einzelnen Rechtsformen 330
　　a) Personenhandelsgesellschaften 330
　　b) Gesellschaften mit beschränkter Haftung 332
　　c) Aktiengesellschaften 336
　　d) Genossenschaften................................. 342

Picot/Müller-Eising

B. Gesellschaftsrecht

e) Ausgliederung aus dem Vermögen eines Einzelkaufmanns 345
  aa) Möglichkeit der Ausgliederung 345
  bb) Ausgliederung zur Aufnahme 349
  cc) Ausgliederung zur Neugründung 352
f) Sonstige Spaltungs- und Ausgliederungsmöglichkeiten nach dem UmwG 354
5. Spaltung von Treuhandunternehmen 355
6. Spaltung von landwirtschaftlichen Produktionsgenossenschaften 362

V. **Vermögensübertragung nach Umwandlungsgesetz** 364

VI. **Formwechsel nach Umwandlungsgesetz** 365
1. Einführung 365
2. Allgemeine Vorschriften zum Formwechsel 368
   a) Umwandlungsbericht 368
   b) Umwandlungsbeschluß 371
   c) Firma, Gründungsvorschriften, Aufsichtsrat 375
   d) Anmeldung des Formwechsels 378
   e) Wirkungen der Eintragung 380
   f) Angebot der Barabfindung 384
3. Besondere Vorschriften des Formwechsels 386
   a) Formwechsel von Personenhandelsgesellschaften 386
   b) Formwechsel von Kapitalgesellschaften 393
      aa) Formwechsel in eine Personengesellschaft 394
      bb) Formwechsel in eine Kapitalgesellschaft anderer Rechtsform ... 398
      cc) Formwechsel in eine eingetragene Genossenschaft 407
   c) Formwechsel eingetragener Genossenschaften 408
   d) Formwechsel anderer Rechtsformen 411

VII. **Spaltung von Kapitalgesellschaften außerhalb des Umwandlungsgesetzes** 412

VIII. **Konzern- und Holdingstrukturen** 416
1. Das Unternehmen im Konzernverbund 416
2. Vertragskonzern 419
3. Faktischer Konzern bei abhängiger Aktiengesellschaft 424
4. Qualifiziert faktischer GmbH-Konzern 426
5. Die Haftung im grenzüberschreitenden Konzern 428

Picot/Müller-Eising

Literatur

Autenrieth, Zur Abgrenzung des Bestimmtheitsgrundsatzes im Personengesellschaftsrecht, DB 1983, 1034; *Autenrieth,* Verschleierte Sachgründung und Haftung des Steuerberaters, DStZ 1988, 252; *Autenrieth,* Zur Ablösung des Bestimmtheitsgrundsatzes im Personengesellschaftsrecht, DB 1993, 1034; *Ballerstedt,* Zur Bewertung von Vermögenszugängen aufgrund kapitalgesellschaftsrechtlicher Vorgänge, Festschrift für Geßler, 1971, S. 69; *Bartl/Henkes/Schlarb,* GmbH-Recht, 3. Aufl. 1990; *Bartodziej,* Reform des Umwandlungsrecht und Mitbestimmung, ZIP 1994, 580; *Barz,* Verschmelzung von Personengesellschaften, Festschrift für Ballerstedt, 1975, S. 143; *Baumbach/ Duden/Hopt,* Handelsgesetzbuch mit Nebengesetzen, 28. Aufl. 1989; *Baumbach/ Hueck,* GmbH-Gesetz, 15. Aufl. 1988; *Bayer,* Informationsrechte bei der Verschmelzung von Aktiengesellschaften, AG 1988, 323; *Bergmann,* Verschleierte Sacheinlage bei AG und GmbH, AG 1987, 57; *Beusch,* Die Aktiengesellschaft – Eine Kommanditgesellschaft in Gestalt einer juristischen Person, Festschrift für Werner, 1984, S. 1; *Bezzenberger,* Zum Bezugsrecht stimmrechtsloser Vorzugsaktionäre, Festschrift für Quack, 1991, S. 153; *Binz,* Die GmbH & Co., 8. Aufl. 1992; *Bischoff,* Sachliche Voraussetzungen von Mehrheitsbeschlüssen in Kapitalgesellschaften, BB 1987, 1055; *Boecken,* Der Übergang von Arbeitsverhältnissen bei Spaltung nach dem neuen Umwandlungsrecht, ZIP 1994, 1087; *Böttcher/Zartmann/Kandler,* Wechsel der Unternehmensformen, 4. Aufl. 1982; *Bork,* Die Einlagefähigkeit obligatorischer Nutzungsrechte, ZHR 154 (1990), 205; *Bork/Stangier,* Nachgründende Kapitalerhöhung mit Sacheinlagen?, AG 1984, 320; *Brändel,* Änderungen des Gesellschaftsvertrages durch Mehrheitsentscheidung, Festschrift für Stimpel, 1985, S. 95; *Dehmer,* Umwandlungsrecht, Umwandlungssteuerrecht, 1994; *Dehmer,* Auf dem Weg zur Reform des Umwandlungsrechts: Die Entwürfe zur Bereinigung des Umwandlungsrechts und zur Änderung des Umwandlungsteuerrechts, WiB 1994, 307; *Döllerer,* Das Kapitalnutzungsrecht als Gegenstand der Sacheinlage bei Kapitalgesellschaften, Festschrift für Fleck, 1988, S. 35; *Döllerer,* Die Rechtsprechung des Bundesfinanzhofs zum Steuerrecht der Unternehmen, ZGR 1983, 407; *Drüke,* Der Gesetzentwurf für kleine Aktiengesellschaften und zur Deregulierung des Aktienrechts, WiB 1994, 265; *Ebenroth/Kräutter,* Der Einfluß der zweiten gesellschaftsrechtlichen EG-Richtlinie auf die Lehre von der verdeckten Sacheinlage bei der Aktiengesellschaft, DB 1990, 2153; *Emmerich/Sonnenschein,* Konzernrecht, 5. Aufl. 1993; *Feddersen/Kiem,* Die Ausgliederung zwischen „Holzmüller" und neuem Umwandlungsrecht, ZIP 1994, 1078; *Festl-Wietek,* Bewertung von Sacheinlagen, Umwandlungen und Verschmelzungen bei Gesellschaften mit beschränkter Haftung, BB 1993, 2410; *Finken,* Die verdeckte Sacheinlage im Kapitalgesellschaftsrecht, DStR 1992, 359; *Finken/Decher,* Zur verschleierten Sacheinlage bei der Aktiengesellschaft, AG 1989, 391; *Fischer,* Gedanken über einen Minderheitenschutz bei den Personengesellschaften, Festschrift für Barz, 1974, S. 33; *Fleck,* Schuldrechtliche Verpflichtungen einer GmbH im Entscheidungsbereich der Gesellschafter, ZGR 1988, 104; *Frey,* Das IBH-Urteil, ZIP 1990, 288; *Frey/Hirte,* Vorzugsaktionäre und Kapitalerhöhung, DB 1989, 2465; *Fritz,* Spaltung von Kapitalgesellschaften, 1991; *Fromm,* Realteilung mit Spitzenausgleich und Reinvestitionsrücklage, BB 1994, 1042; *Ganske,* Spaltung von Treuhandunternehmen, DB 1991, 791; *Ganske,* Reform des Umwandlungsrechts, WM 1993, 1117; *von Gerkan,* Schwerpunkte und Entwicklungen im Recht der kapitalersetzenden Gesellschaftsleistungen, GmbHR 1986, 218; *von Gerkan,* Schwerpunkte und Entwicklungen im Recht der kapitalersetzenden Gesellschaftsleistungen, GmbHR 1992, 433; *Geßler,* Die Umwandlung von Krediten in haftendes Kapital, Festschrift für Möhring, 1975, S. 173; *Geßler,* Einberufung und ungeschriebene Hauptversammlungszuständigkeiten, Festschrift für Stimpel, 1985, S. 771; *Geßler/Hefermehl/Eckhardt/ Kropff,* Kommentar zum AktG, 1973ff.; *von Godin/Wilhelmi,* AktG, Kommentar,

B. Gesellschaftsrecht

4. Aufl. 1971; *Götz*, Die Sicherung der Rechte der Aktionäre der Konzerngesellschaft bei Konzernbildung und Konzernleitung, AG 1984, 85; *Groh*, Die Betriebsaufspaltung in der Selbstauflösung, DB 1989, 748; *Groß*, Die Lehre von der verdeckten Sacheinlage, AG 1991, 217; *Groß*, Verdeckte Sacheinlage, Vorfinanzierung und Emissionskonsortium, AG 1993, 108; *Groß*, Zuständigkeit der Hauptversammlung bei Erwerb und Veräußerung von Unternehmensbeteiligungen, AG 1994, 266; *Großkommentar zum Aktienrecht*, 3. Aufl. 1970–1975; *Grunewald*, Der Ausschluß aus Gesellschaft und Verein, 1987; *Grunewald*, Rechtsfolgen verdeckter Sacheinlagen, FS für Heinz Rowedder, 1994, S. 111; *Gustavus*, Die Sicherung von mit ausländischen Optionsanleihen verbundenen Bezugsrechten auf deutsche Aktien, BB 1970, 694; *Hachenburg*, GmbH-Gesetz, Großkommentar, 7. Aufl. 1985, 8. Aufl. 1989; *Hadding*, Mehrheitsbeschlüsse in der Publikums-Kommanditgesellschaft, ZGR 1979, 636; *Hahn*, Zum Gläubigerschutz bei der Spaltung von Kapitalgesellschaften, GmbHR 1991, 242; *Happ*, Kapitalerhöhung mit Sacheinlagen im GmbH-Recht und „Sacherhöhungsbericht", BB 1985, 1927; *Heckschen*, Fusion von Kapitalgesellschaften im Spiegel der Rechtsprechung, WM 1990, 377; *Heinsius*, Organzuständigkeit bei Bildung, Erweiterung und Umorganisation des Konzerns, ZGR 1984, 383; *Heinsius*, Kaptialerhöhung bei der Aktiengesellschaft gegen Geldeinlagen und Gutschriften der Einlagen auf einem Konto bei der Emissionsbank, Festschrift für Fleck, 1988, S. 89; *Heinsius*, Bezugsrechtsausschluß bei der Schaffung von genehmigtem Kapital. Genehmigtes Kapital II, Festschrift für Kellermann, 1991, S. 115; *Hennrichs*, Wirkung der Spaltung, AG 1993, 508; *Henze*, Zur Problematik der „verdeckten (verschleierten) Sacheinlagen" im Aktien- und GmbH-Recht, ZHR 154 (1990) 105; *Herzig/Förster*, Grenzüberschreitende Verschmelzung von Kapitalgesellschaften, DB 1994, 1; *Hirte*, Bezugsrechtsausschluß und Konzernbildung, 1988; *Hoffmann-Becking*, Vorstandsdoppelmandate im Konzern, ZHR 150 (1986), 570; *Hoffmann-Becking*, Das neue Verschmelzungsrecht in der Praxis, Festschrift für Fleck, 1988, S. 105; *Hommelhoff*, Zur Kontrolle strukturändernder Gesellschafterbeschlüsse, ZGR 1990, 446; *Hommelhoff*, Minderheitenschutz bei Umstrukturierungen, ZGR 1993, 452; *Hommelhoff/Stimpel/Ulmer*, Heidelberger Konzernrechtstage: Der qualifiziert faktische GmbH-Konzern, 1992; *Hueck*, Das Recht der offenen Handelsgesellschaft, 4. Aufl. 1971; *Hueck*, Gesellschaftsrecht, 1983; *Hübner*, Die Ausgliederung von Unternehmensteilen in aktien- und aufsichtsrechtlicher Sicht, Festschrift für Stimpel, 1985, S. 791; *Hüffer*, Das Gründungsrecht der GmbH – Grundzüge, Fortschritte und Neuerungen, JuS 1983, 161; *Hüffer*, Aktiengesetz, 1993; *Hüttemann*, Der Entherrschungsvertrag im Aktienrecht, ZHR 156 (1992), 314; *Ihrig*, Die endgültige freie Verfügung über die Einlage von Kapitalgesellschaften, 1991; *Ising/Thiell*, Erfahrungen mit dem Spaltungsgesetz, DB 1991, 2021; *Joost*, Verdeckte Sacheinlagen, ZIP 1990, 549; *Jürgens*, Teilung, Zusammenschluß und Umwandlung von Landwirtschafts-Produktionsgenossenschaften in der ehemaligen DDR, DtZ 1991, 12; *Karollus*, Die Umwandlung von Geldkrediten in Grundkapital – eine verdeckte Sacheinlage?, ZIP 1994, 589; *Keil*, Der Verschmelzungsbericht nach § 310a AktG, 1990; *Kempter*, Das Partnerschaftsgesellschaftsgesetz, BRAK-Mitteilungen 1994, 122; *Kiem*, Das neue Umwandlungsrecht und die Vermeidung „räuberischer" Anfechtungsklagen, AG 1992, 430; *Klauss/Mittelbach*, Die Stille Gesellschaft, 1. Aufl. 1973; *Kleindiek*, Vertragsfreiheit und Gläubigerschutz im künftigen Spaltungsrecht nach dem Referentenentwurf UmwG, ZGR 1992, 513; *Klevemann*, Heilung einer gescheiterten Kapitalerhöhung, AG 1993, 273; *Klinke*, ECLR Europäisches Unternehmensrecht und EuGH, Die Rechtsprechung in den Jahren 1991–1992, ZGR 1993, 1; *Knobbe-Keuk*, „Umwandlung" eines Personenunternehmens in eine GmbH und verschleierte Sachgründung, ZIP 1986, 885; *Knobbe-Keuk*, Bilanz- und Unternehmenssteuerrecht, 9. Aufl. 1993; *Kölner Kommentar zum Aktiengesetz*, 2. Aufl. 1988 ff.; *Krieger*, Der Konzern in Fusion und Umwandlung, ZGR 1990, 517; *Kropff*, Das TBB-Urteil und das Aktienkonzernrecht, AG 1993, 485; *Kübler*, Gesellschaftsrecht, 3. Aufl. 1991; *Kutzer*, Die Tilgung der Bareinlageschuld

durch GmbH-Gesellschaft, GmbHR 1987, 297; *Leenen,* „Bestimmtheitsgrundsatz" und Vertragsänderungen durch Mehrheitsbeschluß im Recht der Personengesellschaften, Festschrift für Larenz zum 80. Geburtstag, 1983, S.371; *Loh,* Wahrt das Spaltungsgesetz die Rechte der Arbeitnehmer?, DStR 1992, 1246; *Loos,* Betriebseinbringung in Personengesellschaften (§§ 22 und 26 III UmwStG), DB 1972, 403; *Loos,* Zur verschleierten Sacheinlage bei der Aktiengesellschaft, AG 1989, 381; *Lüke,* Das Verhältnis von Auskunfts-, Anfechtungs- und Registerverfahren im Aktienrecht, ZGR 1990, 657; *Lutter,* Sicherung der Kapitalaufbringung und Kapitalerhaltung in den Aktien- und GmbH-Rechten der EWG, 1964; *Lutter,* Optionsanleihen ausländischer Tochtergesellschaften, AG 1972, 125; *Lutter,* Materielle und förmliche Erfordernisse eines Bezugsrechtsausschlusses – Besprechung der Entscheidung BGHZ 71, 40 (Kali + Salz), ZGR 1979, 401; *Lutter,* Zur inhaltlichen Begründung von Mehrheitsentscheidungen – Besprechung der Entscheidung BGH WM 1980, 378, ZGR 1981, 171; *Lutter,* Die zivilrechtliche Haftung in der Unternehmensgruppe, ZGR 1982, 245; *Lutter,* Organzuständigkeiten im Konzern, Festschrift für Stimpel, 1985, S.825; *Lutter,* Verdeckte Leistungen und Kapitalschutz, Festschrift für Stiefel, 1987, S.505; *Lutter,* Zur Abwehr räuberischer Aktionäre, Festschrift Der Betrieb, 1988, S.193; *Lutter,* Die Vorbereitung und Durchführung von Grundlagenbeschlüssen in Aktiengesellschaften, Festschrift für Fleck, 1988, S.169; *Lutter,* Das überholte Thesaurierungsgebot bei Eintragung einer Kapitalgesellschaft im Handelsregister, NJW 1989, 2649; *Lutter,* Zur Reform von Umwandlung und Fusion, ZGR 1990, 392; *Lutter,* Europäisches Unternehmensrecht, 3. Aufl. 1991; *Lutter/Gehling,* Verdeckte Sacheinlagen – Zur Entwicklung der Lehre und zu europäischen Aspekten, WM 1989, 1445; *Lutter/Hommelhoff,* GmbH-Gesetz, 13. Aufl. 1991; *Lutter/Hommelhoff/Timm,* Finanzierungsmaßnahmen zur Krisenabwehr in der Aktiengesellschaft, BB 1980, 737; *Marburger,* Abschied vom Bestimmtheitsgrundsatz im Recht der Personengesellschaften?, NJW 1984, 2252; *Martens,* Die Entscheidungsautonomie des Vorstands und die „Basisdemokratie" in der Aktiengesellschaft, ZHR 147 (1983), 377; *Martens,* Die bilanzrechtliche Behandlung internationaler Optionsanleihen nach § 150 II AktG, Festschrift für Stimpel, 1985, S.621; *Martens,* Kontinuität und Diskontinuität im Verschmelzungsrecht der Aktiengesellschaft, AG 1986, 57; *Martin,* Die negative Ergänzungsbilanz nach § 22 UmwStG bei Zuzahlung ins Privatvermögen, DB 1974, 201; *Mayer,* Ein Beitrag zur „Entschleierung" der verschleierten Sacheinlage im Recht der GmbH, NJW 1990, 2593; *Mayer,* Zweifelsfragen bei der Spaltung der Treuhandunternehmen, DB 1991, 1609; *Mayer,* Zivilrechtliche Möglichkeiten und Haftungsrisiken bei der ertragsteuerlich neutralen Spaltung einer GmbH, GmbHR 1992, 129; *Mayer/Vossius,* Spaltung und Kapitalneufestsetzung nach dem SpTrUG und dem DMBilG, 1991; *Mecke,* Vertragsändernde Mehrheitsbeschlüsse in der OHG und KG, BB 1988, 2258; *Meilicke,* Die „verschleierte" Sacheinlage – eine deutsche Fehlentwicklung –, 1989; *Meilicke,* „Verschleierte" Sacheinlage und EWG-Vertrag, DB 1990, 1173; *Meilicke,* Die Kapitalaufbringungsvorschriften als Sanierungsbremse – Ist die deutsche Interpretation des § 27 II AktG richtlinienkonform?, DB 1989, 1067, 1119; *Mertens,* Die bilanzrechtliche Behandlung internationaler Optionsanleihen nach § 150 II AktG, Festschrift für Stimpel, 1985, S.621; *Mertens,* Der Bezugsrechtsausschluß anläßlich eines ausländischen Beteiligungserwerbs, Festschrift für Steindorff, 1990, S.151; *Mertens,* Die Gestaltung von Verschmelzung und Verschmelzungsprüfungsbericht, AG 1990, 20; *Kai Mertens,* Zur Universalsukzession in einem neuen Umwandlungsrecht, AG 1994, 66; *Meyer-Landrut/Miller/Niehus,* Gesetz betreffend die Gesellschaften mit beschränkter Haftung (GmbHG), 1987; *Meyer zu Lösebeck,* Die Verschmelzungsprüfung, WPg 1980, 499; *Möhring,* Vertraglicher Ausschluß von Abhängigkeiten und Konzernvermutung, Festschrift für Westermann, 1974, S.417; *Mosthaf,* „Schütt' aus – Hol zurück" oder die Sacheinlage in bar, in: Europäische Integration und globaler Wettbewerb, Festschrift für Ebenroth 1993, S.605; *Mülbert,* Das magische Dreieck der Barkapitalaufbringung, ZHR 154 (1990), 145; *Klaus Müller,*

Kommentar zum Gesetz betreffend die Erwerbs- und Wirtschaftsgenossenschaften, 1980; *Müller-Eising,* Die verdeckte Sacheinlage, 1993; *Münchener Handbuch des Gesellschaftsrechts,* Bd. 2, Kommanditgesellschaft, Stille Gesellschaft, 1991, Bd. 4, Aktiengesellschaft, 1988; *Münchener Kommentar,* Bürgerliches Gesetzbuch, 3. Aufl. 1993; *Münchener Vertragshandbuch,* Bd. 1, Gesellschaftsrecht, 3. Aufl. 1992; *Neye,* Das neue Umwandlungsrecht vor der Verabschiedung im Bundestag, ZIP 1994, 917; *Neye,* Reform des Umwandlungsrechts, DB 1994, 2069; *Oetker,* „Partielle Universalsukzession" und Versicherungsvertrag, VersR 1992, 7; *Paulick/Blaurock,* Die Stille Gesellschaft, 4. Aufl. 1988; *Pentz,* Geschäftswert, Gegenstandswert und Rechtsstellung des gemeinsamen Vertreters im Spruchstellenverfahren nach § 306 AktG, DB 1993, 621; *Picot,* Der Unternehmenskauf, in: Messerschmidt, Deutsche Rechtspraxis, 1991, S. 486; *Picot,* Allgemeines Handelsrecht, in: Messerschmidt, Deutsche Rechtspraxis, 1991, S. 395; *Picot,* Mehrheitsrechte und Minderheitenschutz in der Personengesellschaft, BB 1993, 13; *Picot,* Mithaftung der GmbH-Gesellschafter bei kapitalersetzenden Darlehen, BB 1991, S. 1360; *Post/Hoffmann,* Die stille Beteiligung am Unternehmen der Kapitalgesellschaft, 2. Aufl. 1984; *Priester,* Die Erhöhung des Stammkapitals mit kapitalersetzendem Gesellschafterdarlehn, Festschrift für Döllerer, S. 475; *Priester,* Die GmbH-Novelle, Überblick und Schwerpunkte aus notarieller Sicht, DNotZ 1980, 515; *Priester,* Notwendige Kapitalerhöhung bei Verschmelzung von Schwestergesellschaften?, BB 1985, 353; *Priester,* Kapitalausstattung und Gründungsrecht bei Umwandlung einer GmbH in eine AG, AG 1986, 29; *Priester,* Gläubigerbefriedigung – Bar- oder Sacheinlage?, BB 1987, 208; *Priester,* Stammeinlage auf debitorisches Bankkonto der GmbH, DB 1987, 1473; *Priester,* Strukturänderungen – Beschlußvorbereitung und Beschlußfassung, ZGR 1990, 420; *Priester,* Die Heilung verdeckter Sacheinlagen im Recht der GmbH, DB 1990, 1753; *Priester,* Kapitalaufbringung bei korrespondierenden Zahlungsvorgängen, ZIP 1991, 345; *Priester,* Die Bedeutung der Umwandlungsprüfung, in: Reform des Umwandlungsrechts, 1993, S. 196; *Quack,* Die Schaffung genehmigten Kapitals unter Ausschluß des Bezugsrechts der Aktionäre, ZGR 1983, 257; *Rädler/Raupach/Bezzenberger,* Vermögen in der ehemaligen DDR, 1991; *Rasner,* Verdeckte Sacheinlage und ihre Heilung, NJW 1993, 186; *Rechtshandbuch Vermögen und Investitionen in der ehemaligen DDR,* Loseblattsammlung, Stand Feb. 1994; *Roth,* Gesetz betreffend die Gesellschaften mit beschränkter Haftung, 2. Aufl. 1987; *Rowedder,* Gesetz betreffend die Gesellschaft mit beschränkter Haftung, 2. Aufl. 1990; *Rodewald,* Zur Ausgestaltung von Verschmelzungs- und Verschmelzungsprüfungsbericht, BB 1992, 237; *Schaub,* Arbeitsrechtshandbuch, 7. Aufl. 1992; *Schlegelberger,* Handelsgesetzbuch, 5. Aufl. 1992; *Claudia Schmidt/Müller-Eising/Gayk,* Die Übertragung mittelständischer Unternehmen: ein neues Feld für rechtspolitische Aktivitäten der Europäischen Gemeinschaft?; *Karsten Schmidt,* Haftung des Gesellschafters oder Einzelkaufmanns für Altverbindlichkeiten nach haftungsbeschränkender Umwandlung, NJW 1981, 159; *Karsten Schmidt,* Die sanierende Kapitalerhöhung im Recht der Aktiengesellschaft, der GmbH und Personengesellschaft, ZGR 1982, 519; *Karsten Schmidt,* Die Beschlußanfechtungsklage bei Vereinen und Personengesellschaften, Festschrift für Stimpel, 1985, S. 217; *Karsten Schmidt,* Wege zum Insolvenzrecht der Unternehmen, 1990; *Karsten Schmidt,* Obligatorische Nutzungsrechte als Sacheinlagen?, ZHR 154 (1990), 237; *Karsten Schmidt,* Fehlerhafte Verschmelzung und allgemeines Verbandsrecht, ZGR 1991, 373; *Karsten Schmidt,* Gesellschaftsrecht, 2. Aufl. 1991; *Karsten Schmidt,* Gläubigerschutz bei Umstrukturierungen, ZGR 1993, 366; *Ludwig Schmidt,* Einkommensteuergesetz, Kommentar, 13. Aufl. 1994; *Uwe H. Schneider,* Die Gründung von faktischen GmbH-Konzernen – Zuständigkeiten und Finanzierung –, in: Hommelhoff/Roth, Entwicklungen im GmbH-Konzernrecht, ZGR-Sonderheft 6, 1986, 121; *Schockenhoff,* Gesellschaftsinteresse und Gleichbehandlung beim Bezugsrechtsausschluß, 1988; *Schockenhoff,* Der rechtmäßige Bezugsrechtsausschluß, AG 1994, 45; *Scholz,* Kommentar zum GmbHG, 7. Aufl. 1986; 1. Bd., 8. Aufl. 1993; *Schumann,* Optionsanleihen,

1990; *Schwedhelm,* Die Unternehmensumwandlung, 1993; *Seibert,* „Kleine AG" im Rechtsausschuß verabschiedet, ZIP 1994, 914; *Seibert,* Die kleine AG, 1994; *Sernetz,* Die Folgen der neueren Zivilrechtsprechung zum „Ausschüttungs-Rückhol-Verfahren" für zukünftige Kapitalerhöhungen bei der GmbH, ZIP 1993, 1685; *Sethe,* Die Berichtserfordernisse beim Bezugsrechtsausschluß und ihre mögliche Heilung, AG 1994, 342; *Sina,* Grenzen des Konzern-Weisungsrechts nach § 308 AktG, AG 1991, 1; *Soergel,* Bürgerliches Gesetzbuch, Bd. 6, 12. Aufl. 1990; *Sommer,* Die Gesellschaftsverträge der GmbH & Co. KG, 1992; *Staub,* Handelsgesetzbuch, Großkommentar, 4. Aufl. 1989ff.; *Staudinger,* Bürgerliches Gesetzbuch, 12. Aufl. 1989; *Steinberg,* Die Erfüllung der Bareinlagepflicht nach Eintragung der Gesellschaft und der Kapitalerhöhung, 1973; *Sudhoff,* Der Gesellschaftsvertrag der GmbH & Co., 4. Aufl. 1979; *Sudhoff,* Familienunternehmen, 1980; *Teichmann,* Die Spaltung von Rechtsträgern als Akt der Vermögensübertragung, ZGR 1993, 396; *Timm,* Das neue GmbH-Recht in der Diskussion, GmbHR 1980, 128; *Timm,* Der Bezugsrechtsausschluß beim genehmigten Kapital, DB 1982, 211; *Timm,* Zur Sachkontrolle von Mehrheitsentscheidungen im Kapitalgesellschaftsrecht, ZGR 1987, 403; *Timm,* Neue Entwicklungen im GmbH-(Vertrags-)Konzernrecht, GmbHR 1992, 213; *Ulmer,* Verlustübernahmepflicht des herrschenden Unternehmens als konzernspezifischer Kapitalerhaltungsschutz, AG 1986, 123; *Ulmer,* Die gesellschaftsrechtlichen Aspekte der neuen Insolvenzordnung, in: Kübler, Neuordnung des Insolvenzrechts, 1989, S. 119; *Ulmer,* Verdeckte Sacheinlagen im Aktien- und GmbH-Recht, ZHR 154 (1990), 128; *Wardenbach,* Aktiengesellschaften im Zielfeld räuberischer Aktionäre, BB 1991, 485; *de Weerth,* Treuhandgesetz und Umwandlung nach Umwandlungsverordnung und Unternehmensgesetz, DB 1994, 1405; *Weimar,* Spaltung von Treuhandunternehmen, DtZ 1991, 182; *Westermann u. a.,* Handbuch der Personengesellschaften, Bd. 1, 3. Aufl. Stand September 1993; *Westermann,* Die Zweckmäßigkeit der Verschmelzung als Gegenstand des Verschmelzungsberichts der Aktionärentscheidung und der Anfechtungsklage, Festschrift für Johannes Semler, 1993; *Widmann/Mayer,* Umwandlungsrecht, Stand 1994; *Wiedemann,* Gesellschaftsrecht I, 1980; *Wiedemann,* Die Erfüllung der Geldeinlagepflicht bei Kapitalerhöhungen im Aktienrecht, ZIP 1991, 1257; *Wiesner,* Beurkundungspflicht und Heilungwirkung bei Gründung von Personengesellschaften und Unternehmensveräußerungen, NJW 1984, 95; *Wilhelm,* Kapitalaufbringung und Handlungsfreiheit der Gesellschaft nach Aktien- und GmbH-Recht, ZHR 152 (1988), 333; *Willemsen,* Arbeitsrechtliche Anforderungen an die Reform des Umwandlungsrechts, in: Reform des Umwandlungsrechts, 1993, S. 105; *Wochinger,* Realteilung (Spaltung) von Kapitalgesellschaften, DB 1992, 163; *Würdinger,* Aktienrecht und das Recht der verbundenen Unternehmen, 4. Aufl. 1981.

Vorbemerkung

Das Gesellschaftsrecht geht vom **Begriff des Unternehmens** als einer auf Dauer angelegten und in der Regel gewinnstrebenden wirtschaftlichen Organisation aus. Bei der Vorbereitung und Durchführung eines Unternehmenskaufs[1] sowie bei der Restrukturierung von (zusammengeführten) Unternehmenseinheiten geht es gesellschaftsrechtlich vor allem darum, einerseits das bestehende ordnungspolitische Umfeld (**Rechtsformfragen**) und andererseits den Interessenausgleich der Gesellschafter (**interne Regelungen unter den Gesellschaftern**) im Rahmen der wirtschaftlichen Zielsetzung optimal zu gestalten, anzupassen oder zu begleiten.

Die gesellschaftsrechtlichen Maßnahmen berühren dabei vornehmlich Fragen
– der Aufnahme neuer Gesellschafter,
– des Gesellschafterwechsels,
– der Veränderung des Kapitals bei Kapitalgesellschaften (die ebenfalls zur Aufnahme neuer Gesellschafter führen kann),
– aller Formen der Umwandlung, und zwar
  • durch Verschmelzung
  • durch Spaltung (Aufspaltung, Abspaltung, Ausgliederung),
  • durch Vermögensübertragung und
  • durch Formwechsel.

Das Gesellschaftsrecht beinhaltet hierbei nicht nur rechtliche Randbedingungen. Wo es zum Beispiel um Fragen der Kapitalerhöhung oder des Ausschlusses von Gesellschaftern geht, können gesellschaftsrechtliche Aspekte vielmehr die alleinigen Beweggründe für eine Umstrukturierung darstellen.

Unternehmenskäufe und -verkäufe wurden bislang in Deutschland – im Gegensatz zu weiten Teilen des Auslandes – erheblich dadurch behindert, daß der Gesetzgeber die Möglichkeiten, Unternehmen vor, bei oder nach Transaktionen umzustrukturieren, nur unzulänglich, unübersichtlich und unvollständig geregelt hatte.

Mit Wirkung ab dem 1. Januar 1995 sind die Möglichkeiten der Umstrukturierung in dem **Gesetz zur Bereinigung des Umwandlungsrechtes (UmwBerG)**[2] zusammengefaßt, systematisiert und erweitert worden. Entsprechend den Motiven des Gesetzes sind aus fünf verschiedenen Gesetzen, nämlich dem Umwandlungsgesetz 1969, dem Aktiengesetz, dem

---

[1] Zum Vertragsrecht beim Unternehmenskauf siehe vorstehend Teil A. Siehe auch die zusammenfassende Darstellung von Picot, Der Unternehmenskauf, in: Messerschmidt, Deutsche Rechtspraxis, S. 486 ff.
[2] Vom 28.10.1994, BGBl. I, S. 3210.

Kapitalerhöhungsgesetz, dem Genossenschaftsgesetz und dem Versicherungsaufsichtsgesetz, die früher bestehenden gesetzlichen Möglichkeiten zur Umwandlung von Unternehmen durch Vermögensübertragung im Wege der Rechtsnachfolge oder durch Wechsel der Rechtsform herausgelöst, für gleichgelagerte Sachverhalte einander angeglichen und für alle betroffenen Rechtsformen der Unternehmen in diesem Gesetz zusammengefaßt worden. Das UmwBerG schafft darüber hinaus zahlreiche neue Möglichkeiten der Umwandlung von Unternehmen und dehnt sie auf bisher überhaupt nicht oder nur teilweise erfaßte Rechtsformen aus.

3   Als „**Umwandlungs**"-**Arten** sieht das neue Umwandlungsgesetz – abweichend vom bisherigen Sprachgebrauch des Umwandlungsgesetzes 1969 – in seinem § 1 die **Verschmelzung**, die **Spaltung**, die **Vermögensübertragung** und den **Rechtsformwechsel** vor. Diese Aufzählung ist abschließend, so daß andere Umwandlungsarten einer ausdrücklichen gesetzlichen Regelung bedürfen.

Als **umwandlungsfähige Unternehmen** (das neue Gesetz spricht von **Rechtsträgern**) werden dabei durchgehend Personenhandels- und Kapitalgesellschaften (GmbH, Aktiengesellschaft) sowie teilweise auch die übrigen Rechtsformen angesehen, sofern diese Gesellschaften ihren Sitz im Inland haben; grenzüberschreitende Vorgänge werden von dem neuen Umwandlungsgesetz nicht erfaßt. Die genannten Umwandlungsarten sind im neuen Umwandlungsgesetz im einzelnen sehr detailliert dargestellt; dabei werden angesichts der Vielzahl der Umwandlungsfälle aus Gründen der Übersichtlichkeit und Vereinfachung die für alle Rechtformen geltenden Regeln jeweils vorangestellt, bevor Einzelfragen bestimmter Rechtsformen zu den verschiedenen Umwandlungsarten geregelt werden.

4   Als erstes befaßt sich das neue Umwandlungsgesetz in seinen §§ 2 bis 122 mit der **Verschmelzung.** Bei diesem Vorgang wird das Vermögen eines oder mehrerer Unternehmen als Ganzes auf einen neuen oder bereits bestehenden Rechtsträger überführt, wofür wiederum Anteile an diesem Rechtsträger an die Inhaber des übertragenden Unternehmens gewährt werden. Die Ausgestaltung lehnt sich aufgrund der europäischen Vorgaben an die bisherige aktienrechtliche Regelung an.

Weitgehend neu ist der Vorgang der **Spaltung** (§§ 123–173 UmwG). Zwar waren Spaltungsvorgänge schon bisher durch bestimmte andere rechtliche Konstruktionen, insbesondere im Wege der Einzelrechtsübertragung, möglich. Das neue Umwandlungsgesetz eröffnet jetzt aber erstmals allgemein die Möglichkeit der Spaltung im Wege der Gesamtrechtsnachfolge (§§ 123 ff. UmwG). Dabei unterscheidet das UmwG zwischen Aufspaltung, Abspaltung und Ausgliederung. Bei der **Aufspaltung** (§ 123 I UmwG) löst sich ein Rechtsträger ohne Abwicklung auf, indem er im Wege der Sonderrechtsnachfolge sein gesamtes Vermögen auf mehrere andere Rechtsträger (mindestens 2) verteilt. Dafür werden den Anteilsinhabern des übertragenden Rechtsträgers wie bei der Verschmelzung Anteile an den übernehmenden (u. U. neuen) Rechtsträgern gewährt. Bei der **Abspaltung** (§ 123 II UmwG) überträgt ein Rechtsträger nur einen Teil oder Teile seines Vermögens, so daß er weiterhin bestehen bleibt. Für die Übertragung des Vermögensteils, in der Regel ein Betrieb oder mehrere Betriebe, werden den Inhabern des übertragenden Rechtsträgers wiederum Anteile an den empfangenden Rechtsträgern gewährt. Die **Ausgliederung** (§ 123 III UmwG) sieht ebenfalls vor, daß nur ein Teil oder Teile des Vermögens auf andere Rechtsträger übertragen werden. Dafür werden die Anteile der übernehmenden oder neuen Rechtsträger an den übertragenden Rechtsträger selbst, nicht dagegen an dessen Inhaber geleistet. Die Spaltungsformen unterscheiden sich also im wesentlichen dadurch, daß bei der Aufspaltung das Unternehmen, das sein Vermögen überträgt, aufgelöst wird, während es bei der Abspaltung und der Ausgliederung neben den übernehmenden Rechtsträgern bestehen bleibt. Im Hinblick auf die Gegenleistung für die Vermögensübertragung weicht die Ausgliederung von der Aufspaltung und der Abspaltung insofern ab, als bei der Ausgliederung die Anteile an dem das Vermögen übernehmenden Rechtsträger an das übertragende Unternehmen selbst, bei der Auf- und Abspaltung hingegen an die Inhaber des übertragenden Unternehmens geleistet werden.

Die **Vermögensübertragung** (§§ 174–189 UmwG) unterscheidet sich von der Verschmelzung ebenfalls durch die Art der Gegenleistung. Zwar wird auch bei der Vermögensübertragung das Vermögen als Ganzes im Wege der Gesamtrechtsnachfolge auf einen anderen Rechtsträger übertragen; die Gegenleistung besteht aber nicht in der Gewährung von Anteilen an diesem Rechtsträger, sondern wird in anderer Form, insbesondere in Geld erbracht.

Beim **Formwechsel** (§§ 190–304 UmwG) geht es anders als in den vorgenannten Umwandlungsformen nicht um eine Vermögensübertragung im eigentlichen Sinne; das formwechselnde Unternehmen ändert lediglich seine Rechtsform und die rechtliche Struktur, nicht aber seine Identität.

Bei allen Umwandlungsarten des UmwG ist das **Verfahren** nunmehr 5 ähnlich ausgestaltet. Als **Grundlage** ist regelmäßig ein Vertrag (**Verschmelzungs- oder Spaltungsvertrag**) abzuschließen. Bei einer Aufspaltung, bei der ausschließlich neue Rechtsträger entstehen, und beim Formwechsel muß ein entsprechender Plan bzw. Entwurf vorliegen. Für diese Verträge, Pläne und Entwürfe schreibt das Gesetz jeweils einen Mindestinhalt vor. Darüber hinaus ist durch die Vertretungsorgane der beteiligten Unternehmen grundsätzlich ein **Umwandlungsbericht** (Verschmelzungs-, Spaltungs- oder Ausgliederungsbericht) zu erstellen, der die jeweiligen Anteilsinhaber über die Einzelheiten der Umwandlung informieren soll. Die Anteilsinhaber müssen einen **Beschluß über die Um-**

wandlung (Verschmelzungs-, Spaltungs- oder Umwandlungsbeschluß) fassen. Die Klagemöglichkeiten gegen einen derartigen Beschluß sind eingeschränkt worden. Insbesondere berechtigt ein unangemessenes Umtauschverhältnis oder ein unangemessenes Barabfindungsangebot nicht zur Anfechtung des jeweiligen Beschlusses. Die Anteilsinhaber können die Angemessenheit der Gegenleistung vielmehr in einem besonderen **Spruchverfahren** (§§ 305–312 UmwG) überprüfen lassen. Wirksam wird die Umwandlung jeweils erst mit **Eintragung** in dem zuständigen Register.

6 Insgesamt regelt das neue UmwG über die Schaffung zahlreicher neuer Umwandlungsmöglichkeiten hinaus eine Reihe von Verfahrensfragen, stärkt die Eigenverantwortlichkeit der von den Umwandlungsvorgängen betroffenen Anteilsinhaber und führt zu einem verstärkten Schutz der Arbeitnehmerinteressen.

Neben dem neuen Umwandlungsgesetz bleibt **das traditionelle Instrumentarium der Unternehmensrestrukturierung** (Einbringung von Unternehmen, Kapitalerhöhungen sowie die Veränderung der Personengesellschaftsstruktur unter Heranziehung des Anwachsungsprinzips) weiterhin für die Praxis von Bedeutung.

I. Die Gründung und Umstrukturierung der Personengesellschaft

1. Die Gründung einer Personengesellschaft bei Vorhandensein eines Einzelunternehmens

Gesellschaftsrechtliche Fragen treten, wenn man vom traditionellen Bild des Entstehens und des Wachsens eines Unternehmens ausgeht, erstmals auf, wenn der **Einzelunternehmer** (Kaufmann) sich entschließt, noch weitere Personen in sein Unternehmen hineinzunehmen, und eine Personengesellschaft gründet. 7

a) Die Gründung einer Personenhandelsgesellschaft

Abweichend vom herkömmlichen Sprachgebrauch nimmt ein Einzelunternehmer einen Gesellschafter nicht auf oder in sein Unternehmen hinein. Ebensowenig kann ein einzelkaufmännisches Unternehmen auf oder in eine Personenhandelsgesellschaft umgewandelt werden.[3] Notwendig ist vielmehr, daß der Einzelunternehmer und die anderen Personen, die Gesellschafter werden sollen, einen **Gesellschaftsvertrag** über die Gründung einer Personenhandelsgesellschaft schließen und der bisherige Einzelunternehmer sein „Unternehmen" (Vermögen) auf die neugegründete Personenhandelsgesellschaft (offene Handelsgesellschaft oder Kommanditgesellschaft einschließlich GmbH & Co. KG) überträgt.[4] 8

Der **Abschluß eines Gesellschaftsvertrages** einer offenen Handelsgesellschaft (OHG) ist formfrei möglich. Die Vereinbarung, derzufolge jemand in ein einzelkaufmännisches Unternehmen „eintritt", stellt in der Regel den Abschluß eines Gesellschaftsvertrages dar. Gemäß § 105 I HGB ist eine solche Gesellschaft nur dann eine **offene Handelsgesellschaft** und keine **BGB-Gesellschaft** (§§ 705 bis 740 BGB) oder **Partnerschaftsgesellschaft**,[5] wenn ihr Zweck auf den **Betrieb eines Handelsgewerbes unter gemeinschaftlicher Firma** gerichtet ist. Nach den allgemeinen Vorschriften des HGB[6] kann es sich dabei entweder um ein Grundhandelsgewerbe nach § 1 HGB handeln oder um ein Gewerbe nach §§ 2, 3 HGB, das erst mit seiner Eintragung in das Handelsregister als Handelsgewerbe gilt, sofern es nach Art und Umfang einen in kaufmännischer Weise eingerichteten Geschäftsbetrieb erfordert. Die Änderung einer Gesellschaft bürgerlichen Rechts in eine OHG tritt automatisch ein, wenn 9

---

[3] Happ, in: Münchener Handbuch KG, § 2, RN 153.

[4] Zur Ausgliederung zur Aufnahme durch eine bestehende Personenhandelsgesellschaft nach den Regeln des UmwG vgl. nachfolgend, RN 349.

[5] Siehe zu dem am 01. Juli 1995 in Kraft tretenden Partnerschaftsgesetz vom 25. Juli 1994, BGBl. I, S. 1744 den Überblick von Kempter, BRAK-Mitteilungen 1994, 122 ff.

[6] Siehe dazu Picot, Der allgemeine Teil des Handelsrechts, in: Messerschmidt, Deutsche Rechtspraxis, S. 395 ff.

sie ein **Grundhandelsgewerbe** aufnimmt, das den vorbeschriebenen Geschäftsbetrieb erfordert.[7]

10   Die wichtigste Verpflichtung, die die Gesellschafter im Gesellschaftsvertrag eingehen, ist die **Pflicht zur Leistung von Beiträgen (Einlagen)**. Die auf die OHG entsprechend anwendbare Vorschrift des § 705 BGB bestimmt, daß sich die Gesellschafter durch den Gesellschaftsvertrag gegenseitig verpflichten, die Erreichung eines gemeinsamen Zwecks in der durch den Vertrag bestimmten Weise zu fördern, insbesondere die vereinbarten – im Zweifel, also ohne abweichende Vereinbarung – gleichen Beiträge (§ 706 I BGB) zu leisten. Beiträge können neben vertretbaren oder verbrauchbaren Sachen (§ 706 II BGB) und Dienstleistungen (§ 706 III BGB) auch geldwerte Leistungen, z.B. die Einbringung von Know-how, Geschäftsverbindungen, Verschaffung von Krediten etc. sein. Ferner kann ein Beitrag auch darin bestehen, daß ein Einzelunternehmer sein Unternehmen in eine bestehende oder zu diesem Zwecke gegründete Gesellschaft einbringt; da das Vermögen einer offenen Handelsgesellschaft allen Gesellschaftern gemeinschaftlich als Gesamthandvermögen gehört,[8] muß das einzubringende Unternehmen ebenso, wie Geld- und Sachbeiträge, auf die Gesellschaft übertragen werden.

11   Zur **Einbringung eines Unternehmens** genügt es, daß die Gesellschafter sich über den Eigentumsübergang einig sind und die Gesellschaft Zugriff auf die zum Unternehmen gehörenden Sachen und Rechte erhält. Wie bei der Unternehmensübertragung in Form eines „Asset Deal" bedarf es für die Einbringung eines Unternehmens jeweils einzelner Übertragungsakte nach den für die jeweiligen Gegenstände maßgeblichen Vorschriften. Grundstücke müssen also unter Beachtung der Formvorschriften (§§ 873, 925 BGB) im Wege der Einigung (Auflassung) und Eintragung übertragen und Forderungen abgetreten werden (§ 398 BGB), GmbH-Anteile sind in notarieller Form (§ 15 III GmbHG) zu übertragen und bewegliche Sachen müssen unter Besitzverschaffung der Gesellschaft übereignet werden. Der Übergang von Warenzeichen muß – regelmäßig in notariell beglaubigter Form – dem Patentamt nachgewiesen werden, um in die Zeichenrolle eingetragen zu werden.[9]

12   Übernimmt ein Gesellschafter im Gesellschaftsvertrag die Beitragsverpflichtung, ein **Unternehmen einzubringen, zu dem GmbH-Geschäftsanteile oder Grundstücke gehören**, so bedarf der Abschluß des Gesellschaftsvertrages gemäß § 15 IV S.1 GmbHG und § 313 S.1 BGB der notariellen Beurkundung. Ob bei Verstoß gegen die **Beurkundungspflicht** nach § 139 BGB im Zweifel der gesamte Gesellschaftsvertrag nichtig ist,

---

[7] § 4 HGB; gründen hingegen Minderkaufleute eine Gesellschaft, handelt es sich um eine GbR.
[8] § 105 II HGB i.V.m. §§ 706 II S.1, 719 I BGB.
[9] § 8 I S.3, II WZG; siehe oben RN A 38.

ist streitig. Vieles spricht dafür, daß im Personengesellschaftsrecht die Vorschrift des § 139 BGB wegen des gemeinsamen Interesses der Gesellschafter am Bestand der Gesellschaft nicht anwendbar ist.[10] Selbst wenn man generell oder in besonders krassen Einzelfällen die Nichtigkeit des gesamten Gesellschaftsvertrages annimmt, so haften doch die Gesellschafter gegenüber Dritten nach den Grundsätzen der fehlerhaften Gesellschaft.[11] Im übrigen werden formwidrige Einbringungsverpflichtungen nach § 15 IV S. 2 GmbHG, § 313 S. 2 BGB geheilt, wenn die Übertragung formrichtig vorgenommen wird.

Zivilrechtlich haben die Gesellschafter bezüglich der **Bewertung** des in die Gesellschaft eingebrachten Unternehmens freie Hand. Im Rahmen der Privatautonomie sind sie nur durch die Schranke der Sittenwidrigkeit (§ 138 BGB) gebunden.[12] Die Gesellschafter können den Wert des Unternehmens daher höher oder niedriger ansetzen, als es dem Ertragswert entspricht. Bei Einbringung eines Unternehmens als Beitrag in eine OHG oder als Beitrag eines Komplementärs in eine KG bedarf es keiner Rücksichtnahme auf Gläubiger, da die Gesellschafter mit ihrem gesamten Vermögen für die Verbindlichkeiten der Gesellschaft haften. Gesellschaftsrechtlich hat deshalb die Bewertung des eingebrachten Unternehmens insoweit nur Bedeutung für das Innenverhältnis der Gesellschafter.[13]

13

Werden keine abweichenden Vereinbarungen getroffen, nehmen Mitgesellschafter an den mit der Unterbewertung eines Unternehmens verbundenen **stillen Reserven** teil.[14] Steuerrechtlich liegt bei der Einbringung eines Unternehmens regelmäßig ein von § 24 UmwStG erfaßter Vorgang vor. Die Gesellschaft hat ein **Wahlrecht**, ob sie das eingebrachte Betriebsvermögen mit dem Buchwert, dem Teilwert oder einem zwischen Buch- und Teilwert liegenden Zwischenwert ansetzt. Wird ein über dem Buchwert liegender Wert angesetzt, realisiert der das Unternehmen einbringende Gesellschafter einen Veräußerungsgewinn. Dieser Gewinn auf der einen Seite sowie die umgekehrt für die anderen Gesellschafter entstehenden erhöhten Anschaffungskosten der Beteiligung auf der anderen Seite können steuerlich in negativen bzw. in positiven **Ergänzungsbilanzen** neutralisiert werden.[15] Die Ergänzungsbilanzen für die

---

[10] Vgl. Wiesner NJW 1984, 95, 99; Baumbach/Duden/Hopt, § 105, Anm. II B a.
[11] Vgl. Karsten Schmidt, Gesellschaftsrecht, § 6 I 1; MünchKomm-Ulmer, § 705, RN 243 ff.
[12] BGHZ 17, 130, 134.
[13] Vgl. Baumbach/Duden/Hopt, § 120, Anm. 3 A, C; BGHZ 95, 188, 195; die Bewertungsfreiheit ist im Hinblick auf die durchzuführende Bilanzierung bei der Gesellschaft aber durch die zwingenden Bewertungsvorschriften des HGB begrenzt.
[14] BGH WM 1972, 213, 214; Baumbach/Duden/Hopt, § 120, Anm. 3 C.
[15] BdF-Schreiben vom 16.06.1978, BStBl. I, 235, 246, Tz. 79; ob negative Ergänzungsbilanzen auch bei Ansetzung des Teilwertes zulässig sind, ist streitig, vgl. Loos DB 1972, 403, 405; Martin DB 1974, 201, 203; Happ, in: Münchener Handbuch KG, § 2, RN 141.

Gesellschafter sind auch bei der künftigen Gewinnermittlung zu berücksichtigen und weiter zu entwickeln. Gegenüber der Bilanz der Personengesellschaft erhält der Gesellschafter, der das Unternehmen eingebracht hat, aus seiner negativen Ergänzungsbilanz eine Minderung seines AfA-Volumens, während dem Gesellschafter mit positiver Ergänzungsbilanz ein zusätzliches AfA-Volumen zuzurechnen ist.

14 Bringt ein Kommanditist als Einlage ein Unternehmen ein, gilt der Grundsatz der freien Bewertung ausschließlich im Innenverhältnis der Gesellschaft, nicht jedoch für die Frage, ob die **Haftung des Kommanditisten** nach § 171 I HGB weggefallen ist. Die Kommanditistenhaftung entfällt nur, wenn die Hafteinlage (im Handelsregister eingetragene Haftsumme) durch eine tatsächliche Wertzuführung in entsprechender Höhe erbracht ist.[16] Eine Sachleistung, wie ein Unternehmen, ist dabei mit seinem tatsächlichen Wert zum Zeitpunkt der Einbringung anzusetzen.[17] Steht das eingebrachte Unternehmen kurz vor dem Konkurs, kann der Unternehmenswert allenfalls dem Liquidationswert entsprechen.[18] Während bei einer Unterbewertung auch der „stille Teil" der Einlage gegenüber den Gläubigern wirkt, also etwa eine spätere Haftsummenerhöhung decken kann oder ohne Haftungsfolgen entnommen werden kann, bleibt die Haftung des Kommanditisten gegenüber den Gläubigern bestehen, wenn und soweit das eingebrachte Unternehmen höher als sein tatsächlicher Zeitwert angesetzt worden ist.[19]

15 **Die OHG oder KG entsteht im Innenverhältnis mit dem Abschluß des Gesellschaftsvertrages** oder mit dem Zeitpunkt, der im Gesellschaftsvertrag für den Beginn der Gesellschaft genannt ist. Im Außenverhältnis entsteht die Gesellschaft spätestens mit ihrer Eintragung im Handelsregister.[20] Beginnt dagegen die Gesellschaft ihre Geschäfte schon vor der Eintragung und betreibt sie ein Grundhandelsgewerbe nach § 1 HGB, so wird die Gesellschaft bereits mit dem Geschäftsbeginn wirksam.[21]

16 Tritt jemand in das Geschäft eines Einzelkaufmanns ein, d.h. also gründet er zusammen mit dem bisherigen Einzelkaufmann eine Personenhandelsgesellschaft, so haftet die dadurch entstehende OHG oder KG, auch wenn sie die frühere Firma nicht fortführt, für alle im Betriebe des Geschäfts entstandenen **Verbindlichkeiten des früheren Einzelkaufmanns** (§ 28 I S. 1 HGB). Den Schuldnern gegenüber gelten die im Betriebe des Handelsgeschäfts begründeten Forderungen als auf die Gesellschaft übergegangen, sofern nicht die Gesellschafter der OHG oder KG eine abweichende Vereinbarung getroffen haben und diese in das Han-

---

[16] BGHZ 95, 188, 197.
[17] RGZ 150, 163, 166; BGHZ 95, 188, 195; BGH DB 1977, 394.
[18] BGHZ 39, 319, 330.
[19] BGHZ 95, 188, 195; Baumbach/Duden/Hopt, § 171, Anm. 2 A.
[20] § 123 I HGB.
[21] § 123 II HGB.

delsregister eingetragen und bekanntgemacht oder von einem Gesellschafter dem Dritten mitgeteilt worden ist (§ 28 II HGB).

Um für den Fall, daß die Gesellschaft ihre Geschäfte vor der Eintragung ins Handelsregister begonnen hat, oder für den Fall des Eintritts in ein bestehendes Handelsgeschäft die unbeschränkte persönliche Haftung der Kommanditisten für die bis zur Eintragung begründeten Verbindlichkeiten der Gesellschaft nach § 176 I HGB zu vermeiden, sollte im Gesellschaftsvertrag die **Wirksamkeit des Eintrittes in die KG** dahingehend **aufschiebend bedingt** geregelt werden, daß sie erst mit Eintragung der Kommanditgesellschaft in das Handelsregister eintritt.[22] 17

Neben den Beitragsverpflichtungen sollte der **Gesellschaftsvertrag einer OHG oder KG** Regeln enthalten über Kapitalkonten, Gewinn- und Verlustverteilung, Geschäftsführung und Vertretung (ggf. Geschäftsführervergütung), Firma, Sitz, Gesellschaftszweck, Dauer der Gesellschaft, Gesellschafterbeschlüsse, Geschäftsjahr, Jahresabschluß, Auflösung und Fortsetzung der Gesellschaft, Eintritts- oder Nachfolgeklauseln, Auseinandersetzung und Liquidation der Gesellschaft sowie über ein etwaiges Wettbewerbsverbot.[23] Bei der Kommanditgesellschaft sollten darüber hinaus Vorschriften bestehen für einen **Wechsel der Gesellschafterstellung** (vom Komplementär zum Kommanditisten und umgekehrt) sowie bezüglich der Einsichtsrechte der Kommanditisten. 18

b) Besonderheiten bei der GmbH & Co. KG

Die GmbH & Co. KG ist bekanntlich eine Verbindung zweier verschiedener Gesellschaftsformen, der Kapitalgesellschaft und der Personengesellschaft, die nur im deutschen Recht wirkliche Bedeutung gewonnen hat.[24] Für die innerverbandliche Ordnung ergeben sich erhebliche Probleme, wenn den Kommanditisten auch Anteile an der Komplementär-GmbH gehören. Damit nicht einzelne Kommanditisten ihre Gesellschafterstellung in der Komplementär-GmbH als Herrschaftsinstrument in der GmbH & Co. KG, z.B. bei der Gewinnverteilung, der Durchsetzung von Gesellschaftsrechten oder zur Blockierung von Gesellschafterbeschlüssen, mißbrauchen können, ist es aus gesellschaftsrechtlicher Sicht regelmäßig geboten, eine **identische Beteiligung in der GmbH und der GmbH & Co. KG** herbeizuführen.[25] Da die Regeln bezüglich der Übertragung von Gesellschaftsanteilen, des Ausscheidens, der Kündigung und der Vererbung bei der GmbH und der Personengesellschaft un- 19

---

[22] Baumbach/Duden/Hopt, § 176, Anm. 1 A; vgl. auch BGHZ 82, 209, 212; BGH NJW 1983, 2258, 2259.
[23] Vgl. Muster eines Gesellschaftsvertrages bei Riegger, in: Münchener Vertragshandbuch, Bd. 1, III, 1.
[24] Vgl. nur § 594 Schweizerisches Obligationenrecht, der die Komplementärstellung einer juristischen Person in der KG ausschließt.
[25] Vgl. Sommer, Die Gesellschaftsverträge der GmbH & Co., S. 124 ff.

terschiedlich sind, ist es notwendig, die diesbezüglichen Bestimmungen im Gesellschaftsvertrag der GmbH und der Kommanditgesellschaft aufeinander abzustimmen und zu „verzahnen",[26] damit eine Veränderung der Beteiligung an der einen Gesellschaft stets auch eine entsprechende Veränderung der Beteiligung in der anderen Gesellschaft nach sich zieht und umgekehrt.[27]

20 Wird, wie häufig, die **GmbH an der Kommanditgesellschaft nicht kapitalmäßig beteiligt,** um unter anderem jede Einflußmöglichkeit in der Gesellschafterversammlung auszuschließen, ist es notwendig, der GmbH neben dem Ersatz ihrer Auslagen für die Geschäftsführung zum Ausgleich für die Risikoübernahme als persönlich haftende Gesellschafterin eine Vergütung in Höhe einer banküblichen Avalprovision zu gewähren, um eine verdeckte Gewinnausschüttung seitens der GmbH an die an ihr beteiligten Kommanditisten zu vermeiden.[28]

21 Handelt es sich bei der GmbH & Co. KG um eine **Publikumsgesellschaft**, ist der Gesellschaftsvertrag unter Berücksichtigung der Besonderheiten dieser Gesellschaft zu gestalten.[29] Eine dieser Besonderheiten besteht darin, daß sich die Initiatoren regelmäßig gesellschaftsrechtlich ein verstärktes Mitsprache- und Entscheidungsrecht verschaffen. Eine Beteiligungsidentität bei GmbH und KG ist oftmals nicht gegeben. Den Kommanditisten stehen weniger Einflußmöglichkeiten zur Verfügung, da sie nur kapitalmäßig beteiligt sein sollen; außerdem ist die geschäftsführende GmbH regelmäßig befugt, im Namen der KG neue Gesellschafter aufzunehmen und alle entsprechenden Handelsregisteranmeldungen vorzunehmen.

c) Aufnahme eines typischen oder atypischen stillen Gesellschafters in ein Einzelunternehmen

22 Im Gegensatz zur Gründung einer Personengesellschaft und Einbringung des Unternehmens in dieselbe, kann ein Einzelunternehmen auch einen **stillen Gesellschafter** mit einer Vermögensbeteiligung aufnehmen, der am Gewinn und Verlust oder – je nach Gestaltung – nur am Gewinn beteiligt ist (§§ 230 I, 231 HGB). Der Eintritt eines stillen Gesellschafters bietet sich insbesondere an, wenn dieser nur eine kapitalmäßi-

---

[26] Vgl. Binz, Die GmbH & Co., S. 51.
[27] Zu den Einzelheiten vgl. Binz, Die GmbH & Co., S. 50; Sudhoff, Der Gesellschaftsvertrag der GmbH & Co., S. 473 ff.; Klein, in: Münchener Handbuch KG, § 44, RN 137 ff.
[28] Vgl. BFH v. 03.02. 1977, IV R 122/73, BStBl. II 1977, 346; Ludwig Schmidt, EStG, § 15, Anm. 116 b m.w.Nachw.; teilweise werden 1,5–3% des Stammkapitals der Komplementär-GmbH für ausreichend angesehen, vgl. Sommer, Die Gesellschaftsverträge der GmbH & Co., S. 71; teilweise werden höhere Werte angesetzt, so Binz, Die GmbH & Co., S. 377 f.: 6%.
[29] Siehe dazu Picot, Mehrheitsrechte und Minderheitenschutz in der Personengesellschaft, BB 1993, 13 ff.

ge Beteiligung sucht und nicht nach außen auftreten will. Wird darüber hinaus vereinbart, daß der stille Gesellschafter an den stillen Reserven des Unternehmens im Rahmen der Veräußerung beteiligt ist, spricht man von einem „atypischen" stillen Gesellschafter.[30] Die stille Gesellschaft ist eine **Innengesellschaft**, die nach außen nicht in Erscheinung tritt. Das Vermögen des stillen Gesellschafters geht auf den Inhaber des Handelsgeschäfts über. Es entsteht kein Gesamthandsvermögen. Handelt es sich bei der Einlage des stillen Gesellschafters nicht – wie üblich – um eine Kapitaleinlage, sondern um Sachgegenstände, sind wiederum die hierfür maßgeblichen Übertragungsvorschriften (bei Grundstücken Auflassung, bei GmbH-Anteilen notariell beurkundete Abtretung)[31] maßgebend.

Der stille Gesellschafter übernimmt **keine Haftung für das Unternehmen** (§ 230 II HGB) und gilt im Konkurs als Gläubiger.[32] Im übrigen enthalten die §§ 230 bis 237 HGB nur die wichtigsten Regelungen bezüglich der stillen Gesellschaft.[33]

Wegen ihres Charakters als Innengesellschaft bleibt die stille Gesellschaft im Rahmen der weiteren Darstellung von Umstrukturierungsmaßnahmen unberücksichtigt.

2. Die Umstrukturierung von Personengesellschaften

a) Gesellschafterbeschluß und Bestimmtheitsgrundsatz

Alle Maßnahmen, die hier im Rahmen der Unternehmensübertragung und -restrukturierung[34] behandelt werden, bedürfen bei den Personenhandelsgesellschaften ebenso wie bei der Gesellschaft bürgerlichen Rechts eines **Beschlusses aller Gesellschafter**.[35] Gesellschaftsvertragsänderungen müssen grundsätzlich durch alle Gesellschafter beschlossen werden, da die vertragliche Grundlage der Gesellschaft abgeändert wird. Bei der Personenhandelsgesellschaft bedarf es bei außergewöhnlichen Geschäftsführungsmaßnahmen eines Beschlusses aller Gesellschafter (§ 116

---

[30] Klauss/Mittelbach, Die Stille Gesellschaft, RN 401; Post/Hoffmann, Die Stille Beteiligung an Unternehmen der Kapitalgesellschaft, S. 28 ff.; aus der Rechtsprechung des BFH etwa Urt. v. 27.05.1993 – IV R 1/92, BB 1994, 197, 198.

[31] Vgl. dazu oben, RN 11 f.

[32] Zur Anwendbarkeit der §§ 172a, 129a HGB i. V. m. §§ 32a, 32b GmbHG einerseits und §§ 30, 31 GmbHG andererseits bei einer GmbH & Still. oder GmbH & Co. KG und Still; vgl. Baumbach/Duden/Hopt, § 237, Anm. 4; ablehnend jedenfalls für „typisch" Stille BGH NJW 1983, 1855, 1856; für atypischen stillen Gesellschafter allgemein bejahend OLG Frankfurt WM 1981, 1371 f., zweifelhaft.

[33] Einzelheiten Paulick/Blaurock, Die stille Gesellschaft; Klauss/Mittelbach, Die stille Gesellschaft.

[34] Vgl. oben, RN 1.

[35] Siehe dazu Picot, Mehrheitsrechte und Minderheitenschutz in der Personengesellschaft, BB 1993, 13 ff.

II HGB). Nach § 119 I HGB können bei OHG und KG Gesellschafterbeschlüsse grundsätzlich nur einstimmig gefaßt werden. Bei der Gesellschaft bürgerlichen Rechts ist – soweit nicht abbedungen – sogar für jedes Geschäft die Zustimmung aller Gesellschafter erforderlich (§ 709 I BGB).

25 Der Gesellschaftsvertrag kann – wie sich aus § 119 II HGB, § 709 II BGB ergibt – **Mehrheitsbeschlüsse der Gesellschafter** zulassen. Gesellschaftsvertragliche Bestimmungen über die Zulassung von Mehrheitsbeschlüssen können für den einzelnen Gesellschafter nachteilig und sogar gefährlich sein.[36] Sie werden deshalb von der Rechtsprechung eng ausgelegt. Eine pauschale Mehrheitsklausel, die lediglich besagt, daß die Gesellschafterbeschlüsse mit einfacher Mehrheit gefaßt werden, deckt nur Beschlüsse über die **üblichen Geschäfte** und die laufende Geschäftsführung der Gesellschaft.[37] Eine Vertragsklausel, die auch die Veränderung des Gesellschaftsvertrages pauschal der einfachen Mehrheit überläßt, läßt ebenfalls nur „übliche" Vertragsänderungen zu.[38]

Soweit es sich dagegen um Maßnahmen oder Vertragsänderungen mit **außergewöhnlichem Inhalt** handelt, wird nach der Rechtsprechung des Bundesgerichtshofs verlangt, daß sich der Beschlußgegenstand unzweideutig, sei es auch nur durch Auslegung, aus dem Gesellschaftsvertrag ergeben muß.[39] Dieser sogenannte „**Bestimmtheitsgrundsatz**" ist bereits vom Reichsgericht entwickelt und im Grundsatz vom Bundesgerichtshof bis heute aufrechterhalten worden.[40] Der Bestimmtheitsgrundsatz wird heute nicht mehr als bloße Auslegungsregel, sondern als eine formale, grundsätzlich **unverzichtbare Regel des Minderheitenschutzes** begriffen.[41] Als außergewöhnliche Vertragsänderungen im Sinne des Bestimmtheitsgrundsatzes werden u. a. angesehen: der Gesellschafterausschluß, die Entziehung der Geschäftsführung oder Vertretung und die Schaffung oder Beseitigung von Sonderregelungen.[42]

Für **Maßnahmen der Reorganisation** hat der Bundesgerichtshof etwa entschieden, daß die Aufnahme eines neuen Gesellschafters, die Schaf-

---

[36] Dazu eingehend Picot BB 1993, 13 ff.
[37] BGHZ 8, 35, 41; BGH NJW 1985, 2830, 2831.
[38] BGH WM 1973, 100, 101; Baumbach/Duden/Hopt, § 119, Anm. 2 B; Wiedemann, Gesellschaftsrecht I, S. 409 m. w. Nachw.
[39] BGHZ 8, 35, 41 ff.; BGH NJW 1988, 411, 412.
[40] Vgl. bereits RGZ 91, 166, 168; 114, 353, 395; jüngst BGHZ 85, 350, 356; BGH NJW 1988, 411, 412.
[41] Wiedemann, Gesellschaftsrecht I, § 8 I 2, S. 411; Picot, BB 1993, 13 ff.; Baumbach/Duden/Hopt, § 119, Anm. 2 B; offengelassen von BGHZ 85, 350, 357.
[42] Vgl. Rechtsprechungsübersichten bei Baumbach/Duden/Hopt, § 119, Anm. 2 B; Brändel FS Stimpel, S. 95 ff.; Binz, Die GmbH & Co., S. 300 ff.; sowie Picot BB 1993, 13 f.

fung nach oben unbegrenzter Beitragserhöhungen und die Umwandlung dem Bestimmtheitsgrundsatz unterliegen.[43] Bei allen Formen der in § 1 I UmwG genannten Umwandlungsmöglichkeiten der Verschmelzung, der Spaltung (Aufspaltung, Abspaltung, Ausgliederung), der Vermögensübertragung und des Formwechsels, bei der Aufnahme neuer Gesellschafter und beim Gesellschafterwechsel ist ebenfalls der Bestimmtheitsgrundsatz einschlägig, sofern und soweit nicht ohnehin der **unantastbare Kernbereich des Personenrechtes** betroffen ist, der **nur mit Zustimmung des einzelnen Gesellschafters** beeinträchtigt werden kann.

Bei dem Bestimmtheitsgrundsatz handelt es sich nur um einen **formalen Schutz**, der häufig die Minderheitsinteressen nicht ausreichend schützt. Dies zeigt sich daran, daß heute üblicherweise in den Gesellschaftsverträgen einer OHG oder KG lange Listen von Beschlußgegenständen enthalten sind. Doch gerade bei der Restrukturierung und Umgestaltung von älteren Gesellschaften zeigt sich häufig, daß bestimmte Reorganisationsmaßnahmen selbst in ausführlichen Listen von Beschlußgegenständen nicht vorausbedacht worden sind. In Zukunft dürfte auch bei manchem Gesellschaftsvertrag, der einen Mehrheitsbeschluß nur für die „Umwandlung" vorsieht, fraglich sein, ob davon auch die in § 1 I UmwG genannten Umwandlungsmöglichkeiten umfaßt sind, zumal nach der üblichen Terminologie vor Inkrafttreten des neuen Umwandlungsrechts unter „Umwandlung" nur der Formwechsel und die übertragende Umwandlung verstanden wurden.[44] 26

Neben dem Bestimmtheitsgrundsatz wird heute zunehmend auch die **Treuepflicht der Gesellschafter** untereinander als materielle Schranke für Mehrheitsbeschlüsse heranzuziehen sein. Selbst qualifizierten Mehrheitsbeschlüssen steht daher im Einzelfall der Minderheiten- und Individualschutz entgegen, wenn Reorganisationsmaßnahmen zu einer nachteiligen Ungleichbehandlung eines Gesellschafters gegenüber den anderen Gesellschaftern führen, oder ein Eingriff in den sogenannten Kernbereich der Gesellschafterposition oder ein rückwirkender Entzug bereits erworbener Rechte ohne die ausdrückliche Zustimmung des betroffenen Gesellschafters vorgenommen wird.[45] Zutreffend wird aber darauf hingewiesen, daß die Lehre vom Bestimmtheitsgrundsatz und die sog. **Kernbereichslehre**,[46] die einen Eingriff in den Kernbereich der Mitgliedschaft 27

---

[43] BGHZ 66, 82, 85 (KG-„Kapitalerhöhung"); BGHZ 85, 350, 356 (Umwandlung von KG in GmbH).
[44] Vgl. Dehmer, UmwR, Einführung, Anm. 5.
[45] Vgl. zur Kritik am Bestimmtheitsgrundsatz Ulmer BB 1976, 948, 950 f.; Wiedemann JZ 1978, 612; Mecke BB 1988, 2258 ff.; Picot, BB 1993, 13 ff.; sowie BGH NJW 1985, 974 f.
[46] Zur „Kernbereichslehre" vgl. etwa Autenrieth DB 1983, 1034 f.; Fischer FS Barz, S. 33, 41 ff.; Leenen FS Larenz, S. 371 ff.

nur mit Zustimmung des betroffenen Gesellschafters zuläßt, sich in ihren Schutzwirkungen nicht decken[47] und deshalb der Bestimmtheitsgrundsatz weiterhin eine Warn- und Schutzfunktion zugunsten des einzelnen Gesellschafters hat.[48]

28   Das **neue Umwandlungsrecht** hat in den Bestimmungen zur Verschmelzung unter Beteiligung von Personenhandelsgesellschaften (§§ 39–45 UmwG) zum Beispiel in § 43 I UmwG in der Weise auf die dargestellte Rechtsprechung reagiert, daß der Verschmelzungsbeschluß der Gesellschafterversammlung der Zustimmung aller anwesenden Gesellschafter bedarf und die nicht erschienenen Gesellschafter dem Beschluß zustimmen müssen. Zwar kann der Gesellschaftsvertrag gemäß § 43 II UmwG eine Mehrheitsentscheidung der Gesellschafter vorsehen; allerdings muß die Mehrheit mindestens drei Viertel der Stimmen der Gesellschafter betragen. Widerspricht ein Anteilsinhaber eines übertragenden Rechtsträgers, der für dessen Verbindlichkeiten persönlich unbeschränkt haftet, der Verschmelzung, so ist ihm in der übernehmenden oder in der neuen Personenhandelsgesellschaft die Stellung eines Kommanditisten zu gewähren. Das gleiche gilt nach der genannten Bestimmung auch für einen Anteilsinhaber der übernehmenden Personenhandelsgesellschaft, der für deren Verbindlichkeiten persönlich unbeschränkt haftet, wenn er der Verschmelzung widerspricht.

29   Abweichend von den allgemeinen Regeln gilt der **Bestimmtheitsgrundsatz nicht bei Publikumsgesellschaften.**[49] Sieht hier der Gesellschaftsvertrag die übliche Regelung vor, daß eine Vertragsänderung auch durch Mehrheitsbeschluß erfolgen kann, so ist dies möglich, ohne daß im Gesellschaftsvertrag der Beschlußgegenstand näher bezeichnet sein muß.[50] Würde der Bestimmtheitsgrundsatz auch bei Publikumsgesellschaften gelten, wäre es möglich, daß diese blockiert wären, wenn nur eine Minderheit widersprechen würde. Da hiernach auch außergewöhnliche Maßnahmen und Vertragsänderungen, z.B. hinsichtlich des Gegenstands der Gesellschaft, durch Mehrheitsbeschluß möglich sind, geht die Rechtsprechung zur Wahrung der Minderheitenrechte zutreffend davon aus, daß den überstimmten Kommanditisten das Recht zustehen muß, aus der Gesellschaft gegen Zahlung einer angemessenen Abfindung auszuscheiden.[51]

---

[47] Wiedemann, Gesellschaftsrecht I, S. 362.
[48] Baumbach/Duden/Hopt, § 119, Anm. 2 B; Marburger NJW 1984, 2252, 2254; siehe auch Picot, Mehrheitsrechte und Minderheitenschutz in der Personengesellschaft, BB 1993, 13 ff.
[49] Ausführlich dazu Picot, BB 1993, 13, 14 ff.
[50] BGHZ 71, 53, 58; Hadding ZGR 1979, 636, 637; Wiedemann JZ 1978, 612; Picot BB 1993, 13, 14.
[51] BGHZ 69, 160, 165.

Über die echte Publikums-Kommanditgesellschaft hinaus hat der BGH die Geltung des Bestimmtheitsgrundsatzes auch für solche Kommanditgesellschaften eingeschränkt, die aufgrund ihrer großen Mitgliederzahl eine kapitalistische und organschaftliche Struktur aufweisen.[52] Wieviele Mitglieder eine Kommanditgesellschaft haben muß[53] und was unter „organschaftlicher Struktur"[54] zu verstehen ist, ist im einzelnen durch den Bundesgerichtshof noch nicht geklärt worden. Sicherlich wird man allerdings bei der Beurteilung von folgendem **Grundsatz** auszugehen haben:

Je mehr sich eine Personengesellschaft in ihrer konkreten Ausgestaltung vom gesetzlichen personalistischen Leitbild hin zu einer körperschaftlich und/oder kapitalistisch strukturierten Gesellschaft entfernt, desto weniger bedarf es der Anwendung des Bestimmtheitsgrundsatzes zum Zwecke des Minderheitenschutzes und desto mehr hat das Minderheitsinteresse hinter die Entscheidungskompetenz der Mehrheit zurückzutreten.[55]

b) Neuaufnahme von Gesellschaftern in eine bestehende Personengesellschaft

Die **Aufnahme eines neuen Gesellschafters in eine OHG oder KG** ist im Gesetz nur ansatzweise, ein **Wechsel im Gesellschafterbestand** überhaupt nicht geregelt. Das HGB ist nämlich noch von der Vorstellung geprägt, daß das Gesellschaftsverhältnis ein persönliches Vertrauensverhältnis sei, das grundsätzlich den Wegfall auch nur eines Gesellschafters nicht überdauere und einen Gesellschafterwechsel nicht zulasse. Die Aufnahme eines neuen Gesellschafters ändert den Gesellschafterbestand, es handelt sich also um eine **Änderung des Gesellschaftsvertrages**. Die alten Gesellschafter müssen also zur Aufnahme eines neuen Gesellschafters den ursprünglichen Gesellschaftsvertrag ändern und aufgrund des neu gefaßten Vertrages einen Gesellschafter aufnehmen. Dies geschieht üblicherweise in Form eines Aufnahmevertrages zwischen dem oder den alten Gesellschafter(n) und dem neuen Gesellschafter, wobei der Aufnahmevertrag einerseits die Bedingungen der Aufnahme (insbesondere Einlageverpflichtungen) behandelt und andererseits die übrigen Rechtsverhältnisse aller Gesellschafter einschließlich des neuen Gesellschafters regelt. Letzteres erfolgt am einfachsten durch

---

[52] BGHZ 85, 350, 358; BGH NJW 1988, 411, 412.
[53] Vgl. BGHZ 85, 350 ff.: 145 Kommanditisten; zu den Besonderheiten dieses Falles vgl. Brändel FS Stimpel, S. 95, 99 f.; demgegenüber BGH NJW 1988, 411 ff.: 65 Kommanditisten.
[54] Fragen der Weisungsabhängigkeit der Geschäftsführung von der Kommanditistenversammlung, Auswechselbarkeit der geschäftsführenden Gesellschafter, Überwachung der Geschäftsführung durch Kommanditistenausschüsse und dergleichen mehr.
[55] So Picot, BB 1993, 13, 21.

Anpassung des Wortlautes des alten Gesellschaftsvertrages an den veränderten Gesellschafterbestand und einer entsprechenden Verweisung im Aufnahmevertrag (Beitrittsvertrag) auf den neuen Gesellschaftsvertrag. Sind keine Änderungen im Wortlaut angebracht, kann auch auf den bestehenden Gesellschaftsvertrag als Ganzes Bezug genommen werden.

31 Da der **Aufnahmevertrag** seiner Rechtsnatur nach ein Gesellschaftsvertrag ist, muß er zwischen allen Gesellschaftern der bestehenden Gesellschaft und dem Aufzunehmenden geschlossen werden, sofern nicht ein Mehrheitsbeschluß für die Aufnahme ausreicht.[56] Der Aufnahmevertrag wird also nicht zwischen der Gesellschaft und dem neuen Gesellschafter geschlossen,[57] so daß nicht etwa ein zur Geschäftsführung befugter Gesellschafter den Aufnahmevertrag abschließen kann, es sei denn, ihm ist hierzu von der Gesellschafterversammlung eine besondere Vertretungsmacht erteilt worden.[58]

32 Möglich ist außerdem, daß der Gesellschaftsvertrag für die Aufnahme eines neuen Gesellschafters abweichende Vorschriften in Form von **Nachfolge- und Präsentationsklauseln** enthält, die, je nach Ausgestaltung, einem einzelnen Gesellschafter das Recht gewähren, einen von ihm benannten Dritten in die Gesellschaft aufzunehmen, oder einem im Gesellschaftsvertrag benannten oder bestimmbaren Dritten ein Eintrittsrecht gewähren.[59] Wird aufgrund solcher Klauseln den übrigen Gesellschaftern ein unzumutbarer neuer Gesellschafter aufgezwungen, können diese sich ggf. im Wege der Ausschließungs- oder Auflösungsklage wehren.[60]

33 Verpflichtet sich der neue Gesellschafter im Aufnahmevertrag zur Leistung einer Einlage und ist eine derartige Verpflichtung grundsätzlich formbedürftig (Einlage von Grundstücken etc.), so macht dies den Aufnahmevertrag formbedürftig.[61] Sind im alten Gesellschaftsvertrag bestimmte **Formvorschriften** (z. B. notarielle Beurkundung) für die Änderung des Gesellschaftsvertrages vorgesehen, so sind diese auch Voraussetzung für die Gültigkeit des Aufnahmevertrages.[62] Ausnahmsweise

---

[56] Zur Geltung des Bestimmtheitsgrundsatzes vgl. oben, RN 25 ff.
[57] RGZ 128, 172, 176; BGHZ 26, 330, 334.
[58] Vgl. BGH BB 1976, 154; Westermann, in: Handbuch der Personengesellschaften, RN I 384; Piehler, in: Münchener Handbuch KG, § 32, RN 14.
[59] Einzelheiten vgl. Sudhoff, Familienunternehmen, § 52 b, S. 188 ff.; Westermann, in: Handbuch der Personengesellschaften, RN I 386; Piehler, in: Münchener Handbuch KG, § 32, RN 15.
[60] Die Einzelheiten sind streitig, vgl. Hueck, OHG § 27 I 1c; Karsten Schmidt, Gesellschaftsrecht, § 50 III 1; Westermann, in: Handbuch der Personengesellschaften, RN I 386; für Auflösungsklage (zweifelhaft) RGZ 92, 163, 167.
[61] Vgl. oben zur Gründung einer Personengesellschaft, RN 12.
[62] Piehler, in: Münchener Handbuch KG, § 32, RN 12; zur Anwendbarkeit von § 125 S. 2 BGB vgl. BGHZ 49, 364, 366 f.

I. Die Gründung und Umstrukturierung der Personengesellschaft

kann in der Abweichung von der Formvorschrift bei Zustimmung aller Gesellschafter eine Aufhebung der entsprechenden Formvorschrift gesehen werden.[63]

Nach § 107 HGB ist die Aufnahme eines neuen OHG-Gesellschafters zur **Eintragung in das Handelsregister** anzumelden. Wie bei der Gründung der Gesellschaft muß die Anmeldung durch alle Alt- und Neugesellschafter vorgenommen werden. Die Eintragung hat nur deklaratorischen Charakter, so daß die Aufnahme bereits mit Abschluß des unbedingten Aufnahmevertrages zu dem in ihr bestimmten Zeitpunkt vollzogen ist, wie sich aus den Haftungsvorschriften der §§ 130 I, 176 II HGB[64] ergibt. 34

Für die **Bewertung der Einlage**, die von dem neuen Gesellschafter zu leisten ist, gilt grundsätzlich das zur Gründung einer OHG bzw. KG Gesagte entsprechend. Handelsrechtlich sind die Gesellschafter weitgehend frei, den Wert der Einlage zu bestimmen. Bringt der neue Gesellschafter als Einlage ein Handelsunternehmen ein, das zu einem Wert über dem Buchwert angesetzt ist, erfolgt ertragsteuerrechtlich ein Ausgleich über die Bildung von Ergänzungsbilanzen.[65] Ergänzungsbilanzen können ferner aufgestellt werden, wenn, wie häufig, der vereinbarte Wert der Einlage des neuen Gesellschafters höher ist als das Kapitalkonto, das ihm in der Personengesellschaft eingeräumt wird. Soweit die Abgeltung der stillen Reserven, die der eintretende Gesellschafter miterwirbt, durch einen Kapitalkontenausgleich (entsprechende anteilige Aufstockung der Kapitalkonten der Altgesellschafter) erfolgt, können die Altgesellschafter ebenfalls eine sofortige Versteuerung der realisierten stillen Reserven durch Aufstellung einer negativen Ergänzungsbilanz vermeiden.[66] 35

Mit Abschluß des Aufnahmevertrages wird zum dort bestimmten Zeitpunkt der neue Gesellschafter automatisch Miteigentümer zur gesamten Hand an dem Gesellschaftsvermögen. Entsprechend dem ihm eingeräumten Kapitalanteil am Gesellschaftsvermögen wächst ihm ein Anteil eines jeden der Altgesellschafter gemäß den Grundsätzen des § 738 I S. 1 BGB zu. Da es durch die **Anwachsung** zu einem unmittelbaren Übergang der anteiligen Berechtigung am Gesellschaftsvermögen auf den neuen Gesellschafter kommt, sind Einzelübertragungen weder nötig, 36

---

[63] Vgl. BGHZ 49, 364, 366 f.; Westermann, in: Handbuch der Personengesellschaften, RN I 385; Piehler, in: Münchener Handbuch KG, § 32, RN 12.
[64] Vgl. nachfolgend RN 38 f.
[65] Dazu oben, RN 13.
[66] Umgekehrt stellt der eintretende Gesellschafter eine positive Ergänzungsbilanz auf, die ihm wegen seiner erhöhten Anschaffungskosten seines Gesellschaftsanteils ein höheres AfA-Volumen gewährt; vgl. Töben, in: Münchener Handbuch KG, § 35, RN 3 f. m. w. Nachw.

37 Nach § 130 HGB haftet der neu eintretende Gesellschafter gesamtschuldnerisch nach Maßgabe der §§ 128 und 129 HGB für die vor seinem Eintritt begründeten **Verbindlichkeiten (Altschulden)** der Gesellschaft. Eine entgegenstehende Vereinbarung ist gemäß § 130 II HGB Dritten gegenüber unwirksam. Im Innenverhältnis kann dagegen eine abweichende Vereinbarung unter den Gesellschaftern getroffen werden; im Außenverhältnis sind entsprechende Einzelvereinbarungen mit Gläubigern möglich. Abweichend von § 25 HGB ist die Haftung nach § 130 HGB unabhängig von der Firmenfortführung. Sie ist allein Folge der gesellschaftsrechtlichen Stellung des neu eingetretenen Gesellschafters. Ist der Eintritt in die Gesellschaft nach außen hin wirksam geworden, kann dies durch den Eintretenden nicht mehr rückwirkend ungeschehen gemacht werden. Er haftet für alle rechtsgeschäftlichen Verbindlichkeiten, die entstanden sind, nachdem sein Eintritt nach außen erkennbar geworden ist. Nach den **Grundsätzen über die fehlerhafte Gesellschaft** gilt dies auch, wenn der Beitritt von Anfang an fehlerhaft war.[69]

Noch möglich.[67] Befinden sich im Gesellschaftsvermögen Grundstücke, bedarf es also keiner Auflassung.[68]

38 Wer als **Kommanditist in eine bestehende OHG oder KG eintritt**, haftet ebenfalls gesamtschuldnerisch für die vor seinem Eintritt begründeten Verbindlichkeiten der Gesellschaft, ohne daß es auf eine Firmenänderung ankommt – allerdings beschränkt auf die Höhe der übernommenen Hafteinlage. Da die **Beschränkung der Kommanditistenhaftung** auf die Hafteinlage erst durch die Eintragung in das Handelsregister wirksam wird,[70] sieht § 176 II HGB vor, daß der eintretende Kommanditist für solche Verbindlichkeiten unbeschränkt haftet, die in der Zeit zwischen seinem Eintritt und seiner Eintragung in das Handelsregister namens der Gesellschaft begründet werden.

39 Während bei der Gründung einer Kommanditgesellschaft für den Beginn der Geschäfte vor Eintragung der Kommanditgesellschaft in das Handelsregister die Zustimmung des Kommanditisten erforderlich ist,[71] gilt dies im Falle des Eintritts in eine bestehende OHG oder Kommanditgesellschaft nicht. Die **Haftung** entsteht **unabhängig von der Zustimmung des eintretenden Gesellschafters zur Fortführung der Geschäfte**.[72] Da die Länge der Eintragungsdauer nicht in den Händen der Gesellschafter liegt, sollte – wie oben bereits angesprochen – regelmäßig der

---

[67] Vgl. BGHZ 32, 307, 317; 50, 307, 309.
[68] Vgl. § 124 I HGB; bei einer Gesellschaft bürgerlichen Rechts ist lediglich eine Grundbuchberichtigung (Hinzufügung des Namens des neuen Gesellschafters) notwendig.
[69] Vgl. BGHZ 44, 235, 236; BGH NJW 1988, 1321, 1323.
[70] § 172 I HGB.
[71] § 176 I HGB.
[72] BGHZ 82, 209, 211.

Eintritt neuer Kommanditisten mit Wirkung nach außen nur unter der **aufschiebenden Bedingung der Eintragung des Eintritts in das Handelsregister** vereinbart werden.[73] Im Innenverhältnis kann der Kommanditist schon vorher wie ein stiller Gesellschafter am Gewinn und Verlust beteiligt werden.[74]

Im übrigen gelten für die Haftung neu eintretender Kommanditisten dieselben Grundsätze bezüglich der Erbringung ihrer Hafteinlage wie bei der Gründung.[75]

c) Gesellschafterwechsel

Wie bereits dargestellt, ist der **Gesellschafterwechsel in einer Pesonengesellschaft** im Gesetz überhaupt nicht geregelt.[76] Der § 719 I BGB geht vielmehr davon aus, daß ein Gesellschafter nicht über seinen Anteil an dem Gesellschaftsvermögen und an den einzelnen dazu gehörenden Gegenständen verfügen kann. Die Vorschrift ist jedoch dispositiv.

Die Mitgliedschaft, d. h. die Gesellschafterstellung als Ganzes, kann mit **Zustimmung aller Gesellschafter** übertragen werden. Sofern der Gesellschaftsvertrag dies ausdrücklich vorsieht, kann auch ein Mehrheitsbeschluß der Gesellschafterversammlung ausreichen.[77] Die **Übertragung der Gesellschafterstellung** bedeutet den Eintritt des Erwerbers in die bestehende Gesellschaft. Im Verhältnis zu den anderen Gesellschaftern liegt eine Aufnahme eines neuen Gesellschafters vor. Bezüglich Form, Anwachsung und Haftung gilt das zum Aufnahmevertrag Gesagte entsprechend.[78] Abweichend von der bloßen Aufnahme tritt jedoch der neue Gesellschafter unmittelbar in dieselben Rechte und Pflichten des veräußernden Gesellschafters ein.[79] Insbesondere übernimmt er regelmäßig dessen Kapitalanteil und Geschäftsführungsbefugnis, sofern nicht im Einzelfall zwischen dem neuen Gesellschafter und den verbleibenden Altgesellschaftern nach Art eines Aufnahmevertrages abweichende Regelungen getroffen werden. Falls die ursprünglichen Gesellschafter nicht schon die freie Übertragbarkeit oder weitgehend freie Übertragbarkeit des Gesellschaftsanteils vereinbart hatten, ist es möglich, daß die verbleibenden Gesellschafter ihre Zustimmung zur Übertragung des Gesellschaftsanteils an bestimmte Bedingungen knüpfen. Üblicherweise kommt die freie Übertragbarkeit von Gesellschafterstellungen in den Personen- und Handelsgesellschaften nur in **Publikums-Kommanditge-**

---

[73] Neubauer, in: Münchener Handbuch KG, § 27, RN 107; Baumbach/Duden/Hopt, § 176, Anm. 3 A; vgl. BGHZ 82, 209, 212; BGH NJW 1983, 2258, 2259.
[74] Neubauer, in: Münchener Handbuch KG, § 27, RN 107.
[75] Vgl. oben, RN 17.
[76] Vgl. oben, RN 30.
[77] BGH WM 1961, 303, 304; zum Bestimmtheitsgrundsatz siehe oben RN 20 ff.
[78] Vgl. oben, RN 31–36.
[79] Dingliche Wirkung, vgl. Hueck, Gesellschaftsrecht, § 10 III 2 (S. 70).

sellschaften vor. Auch bei anderen Gesellschaften finden sich aber vielfach Bestimmungen in den Gesellschaftsverträgen, nach denen die Gesellschafterstellung auf bestimmte Personen (z. B. Familienangehörige oder verbundene Unternehmen) ohne Zustimmung der übrigen Gesellschafter übertragen werden darf. Die übrigen Gesellschafter sind dann verpflichtet, bei der Herbeiführung der Eintragung ins Handelsregister mitzuwirken.

42   Ein **ausscheidender Kommanditist** haftet grundsätzlich nach §§ 159, 172 HGB auch nach seinem Ausscheiden für bestehende Verbindlichkeiten der Gesellschaft weiter, soweit er seine Einlage nicht geleistet hat oder sie an ihn zurückbezahlt ist. Eine solche Zurückzahlung liegt insbesondere vor, wenn dem ausscheidenden Gesellschafter eine Abfindung aus dem Gesellschaftsvermögen gezahlt wird.

43   Die **Haftung des ausscheidenden Kommanditisten** lebt dagegen nicht wieder auf, wenn dieser bei Fortbestehen der Gesellschaft nicht aus dem Gesellschaftsvermögen, sondern aus dem Privatvermögen eines Gesellschafters abgefunden wird.[80] Eine Doppelhaftung des eintretenden Gesellschafters ist aber nur dann ausgeschlossen, wenn die Kommanditeinlage vom ausscheidenden Gesellschafter voll geleistet und nicht wieder an ihn zurückgezahlt worden war und der Kommanditistenwechsel im Handelsregister als solcher vermerkt worden ist. Hierfür ist es notwendig, daß im Handelsregister eingetragen wird, daß der eintretende Kommanditist den Kommanditanteil des austretenden Kommanditisten „im Wege der Sonderrechtsnachfolge" erworben hat.[81] Wird der **Sonderrechtsnachfolge-Vermerk** nicht in das Handelsregister eingetragen, haftet der Rechtsnachfolger ebenfalls nicht, falls die Kommanditeinlage voll eingezahlt war, wohl aber der ausgeschiedene Gesellschafter entsprechend § 172 IV HGB, weil seine Einlageleistung ausschließlich für den eingetretenen Kommanditisten wirkt.[82]

44   Bei der Kommanditgesellschaft, bei der gemäß § 161 I HGB ein Teil der Gesellschafter unbeschränkt haftet (persönlich haftende Komplementäre), während bei einem oder bei einigen von den Gesellschaftern die Haftung gegenüber den Gesellschaftsgläubigern auf den Betrag einer bestimmten Vermögenseinlage beschränkt ist (Kommanditisten), ist es auch möglich, daß ohne Gesellschafterwechsel einzelne Gesellschafter lediglich die Art ihrer Beteiligung umwandeln, also von einer Kommanditbeteiligung zu einer Komplementär-Beteiligung wechseln oder umgekehrt.[83] Da auch die **Umwandlung der Beteiligung** eine Änderung des

---

[80] Westermann, in: Handbuch der Personengesellschaften, RN I 938; Neubauer, in: Münchener Handbuch KG, § 27, RN 60 f.
[81] BGHZ 47, 149, 156; vgl. zur Haftung des Erwerbers einer Kommanditbeteiligung bereits oben RN A 133 ff.
[82] BGHZ 81, 82, 84; Baumbach/Duden/Hopt, § 172, Anm. 3.
[83] Einzelheiten bei Piehler, in: Münchener Handbuch KG, § 34.

I. Die Gründung und Umstrukturierung der Personengesellschaft

Gesellschaftsvertrages beinhaltet, ist grundsätzlich die Zustimmung aller Gesellschafter notwendig, sofern nicht die Möglichkeit eines Mehrheitsbeschlusses im Gesellschaftsvertrag ausdrücklich vorgesehen ist.[84] Die Umwandlung der Beteiligung verändert – möglicherweise, aber nicht notwendigerweise – neben den Geschäftsführungsbefugnissen und den Beteiligungsrechten insbesondere die Haftung gegenüber Dritten. Der zum Komplementär gewordene Kommanditist haftet uneingeschränkt nach § 130 HGB auch für die bereits bestehenden Verbindlichkeiten der Gesellschaft;[85] die zuvor bestehende Beschränkung seiner Haftung entfällt. Entgegenstehende Vereinbarungen sind gemäß § 130 II HGB Dritten gegenüber unwirksam. Umgekehrt haftet ein ehemaliger Komplementär, der zum Kommanditisten geworden war, nach § 159 HGB bis zum Ablauf der fünfjährigen Verjährungsfrist unbeschränkt für bestehende Verbindlichkeiten weiter.[86]

d) Umwandlung einer GbR in eine OHG oder Kommanditgesellschaft

Bei der **Umwandlung einer bürgerlich rechtlichen Gesellschaft (GbR) in eine OHG oder Kommanditgesellschaft** wird lediglich die Rechtsform unter Aufrechterhaltung der Identität des Rechtsträgers geändert. Die Gesamthandsgemeinschaft bleibt Trägerin des Gesellschaftsvermögens.

Eine GbR kann nur dann OHG werden, wenn sie die Voraussetzungen des § 105 I HGB erfüllt, das heißt ihr Zweck auf den Betrieb eines Handelsgewerbes gerichtet ist.

3. Umwandlung von Einzelunternehmen und Personengesellschaften in Kapitalgesellschaften

Soll ein Einzelunternehmen oder eine Personengesellschaft in eine Kapitalgesellschaft (im untechnischen Sinne) „umgewandelt" werden, stehen rechtsgestalterisch verschiedene Möglichkeiten zur Verfügung. Möglich ist die **Übertragung des Unternehmens im Rahmen eines Veräußerungsgeschäfts (Asset-Deal)** oder die **Einbringung des Unternehmens in eine Kapitalgesellschaft (AG, GmbH)** als Sacheinlage im Rahmen einer Sachgründung oder Sachkapitalerhöhung. Soll eine Personengesellschaft auf eine Kapitalgesellschaft „umgewandelt werden", kann dies auch unter Zuhilfenahme des Anwachsungsprinzips nach § 738 BGB erfolgen, indem die Kapitalgesellschaft Gesellschafterin der Personengesellschaft ist oder wird und anschließend alle übrigen Gesellschafter der Personen-

---

[84] Piehler, in: Münchener Handbuch KG, § 27, RN 3; zum Bestimmtheitsgrundsatz vgl. im übrigen oben, RN 25 ff.
[85] Vgl. zur entsprechenden Rechtslage beim Eintritt eines persönlich haftenden Gesellschafters in eine Personenhandelsgesellschaft bzw. Wechsel des Komplementärs oben RN A 137.
[86] Einzelheiten zur Nachhaftung vgl. oben, RN A 118 ff.

gesellschaft bis auf die betreffende Kapitalgesellschaft aus der Personengesellschaft ausscheiden.

47 Das neue Umwandlungsrecht hat die Möglichkeit, Strukturveränderungen von Unternehmen nach dem **Anwachsungsprinzip**[87] durchzuführen, nicht beschränkt. § 1 II UmwG läßt allerdings Umwandlungen im Sinne des § 1 I UmwG, das heißt Verschmelzungen, Spaltungen (Aufspaltung, Abspaltung, Ausgliederung), Vermögensübertragungen und Formwechsel, außer den in diesem Gesetz geregelten Fällen nur zu, wenn sie durch ein anderes Bundesgesetz oder Landesgesetz ausdrücklich vorgesehen sind.

Für die Rechtspraxis ist es allerdings äußerst bedeutsam, daß die mit dem neuen Umwandlungsrecht eröffneten Möglichkeiten der Umwandlung in allen ihren Varianten **neben** die nach dem allgemeinem Zivil- und Handelsrecht schon jetzt möglichen Methoden treten, die Vereinigung, Realteilung oder Umgründung von Personengesellschaften durchzuführen;[88] dies gilt einschließlich der im neuen Umwandlungsgesetz geregelten Möglichkeiten der Verschmelzung, Spaltung und des Formwechsels.[89]

a) Entgeltliche Übertragung eines Unternehmens

48 Ein Einzelkaufmann oder eine Personengesellschaft können ihr Unternehmen im Wege **entgeltlicher Übertragung an eine Kapitalgesellschaft** veräußern. Notwendig ist hierzu, daß zum Unternehmen gehörende Sachen und Rechte, bei Einzelkaufleuten, OHG und KG auch das Recht zur Firmenfortführung gemäß § 22 HGB, im Wege der **Einzelrechtsnachfolge** auf die Kapitalgesellschaft übertragen werden. Wählt man diese Gestaltungsform, entstehen die gleichen Schwierigkeiten im Hinblick auf die Einhaltung sachenrechtlicher Formerfordernisse wie bei der Einbringung eines Unternehmens in eine Personengesellschaft.[90]

49 Erfolgt die Übertragung des Unternehmens auf eine Kapitalgesellschaft, an der der Einzelkaufmann oder die Gesellschafter der Personengesellschaft Gesellschafter oder Aktionär sind, müssen allerdings die **Vorschriften der Sachgründung oder Sachkapitalerhöhung**[91] eingehalten werden für den Fall, daß die Übertragung des Unternehmens im zeitlichen und sachlichen Zusammenhang entweder mit der Gründung der betreffenden Kapitalgesellschaft oder mit einer Kapitalerhöhung entsteht und der Einzelkaufmann oder die Personengesellschaft hieran beteiligt ist. Werden die Sacheinlagevorschriften nicht eingehalten, liegt eine soge-

---

[87] § 738 BGB bzw. § 105 II HGB i. V. m. § 738 BGB.
[88] Vgl. Begr. zu § 1 RegE UmwG, BT-Drucks. 12/6699, S. 80, sowie hierzu bereits Lutter ZGR 1990, 392, 401.
[89] Siehe dazu im einzelnen unten, RN 189 ff.
[90] Vgl. oben, RN 11.
[91] Vgl. nachfolgend, RN 99 ff.

nannte **verdeckte Sacheinlage** vor, die die Unwirksamkeit etwaiger Bareinlagezahlungen in die Kapitalgesellschaft sowie der Übertragungsvorgänge auf die Kapitalgesellschaft nach sich zieht.[92] Bei Personengesellschaften kommt es allerdings darauf an, ob und welche Gesellschafter der Personengesellschaft auch an der Kapitalgesellschaft beteiligt sind und ob sie gegebenenfalls einen beherrschenden Einfluß ausüben.[93]

Soll das **Unternehmen des Einzelkaufmanns oder der Personengesellschaft auf eine neuzugründende Aktiengesellschaft übertragen** werden, sind auch in dem Fall, daß der Einzelkaufmann oder die Gesellschafter der Personengesellschaft nicht an der Aktiengesellschaft beteiligt sind, die Vorschriften über die **Sachübernahme nach § 27 AktG** zu beachten. Schließlich greifen die Nachgründungsvorschriften des § 52 AktG ein, wenn ein Unternehmen auf eine Aktiengesellschaft in den ersten zwei Jahren nach Eintragung der Gesellschaft in das Handelsregister übertragen wird und die Vergütung für das eingebrachte Unternehmen mehr als 10% des Grundkapitals der Aktiengesellschaft ausmacht. Im Ergebnis bedeutet dies, daß ein derartiger Nachgründungsvertrag nur mit Zustimmung der Hauptversammlung und Eintragung ins Handelsregister wirksam wird.[94] 50

b) Einbringung als Sacheinlage

Das Unternehmen eines Einzelkaufmanns oder einer Personengesellschaft kann im Wege der **Sacheinlage in eine Aktiengesellschaft oder GmbH** im Rahmen der Gründung oder einer Kapitalerhöhung eingebracht werden.[95] Auch hierbei ergeben sich, wie bei der entgeltlichen Veräußerung, die zivilrechtlichen Schwierigkeiten der Einzelübertragung, die im Rahmen der Durchführung der **Sacheinlageverträge** entstehen, insbesondere also die Notwendigkeit der Beachtung der **Formvorschrift des § 313 BGB** bei Grundstücken.[96] Wie bei der entgeltlichen Übertragung haftet der Einzelunternehmer für sämtliche Verbindlichkeiten seines von ihm betriebenen Handelsgeschäfts weiter. Eine **Haftungsbegrenzung** tritt nach § 26 I HGB nur in den Fällen ein, in denen die Kapitalgesellschaft die Firma des Einzelkaufmanns fortführt oder die Übernahme des Handelsgeschäfts in handelsüblicher Weise von der Kapitalgesellschaft bekannt gemacht worden ist.[97] Die Haftungsbegrenzung besteht darin, daß Ansprüche der Gläubiger gegen den früheren Inhaber 51

---

[92] Im einzelnen dazu, RN 72 ff.
[93] Zu den Fragen der Zurechnung von Beteiligungsverhältnissen bei der verdeckten Sacheinlage, vgl. nachfolgend, RN 85 ff.
[94] § 52 I S. 2 AktG.
[95] Einzelheiten zu den Sacheinlagevorschriften bei der Aktiengesellschaft, RN 99 ff., sowie bei der GmbH vgl. nachfolgend, RN 162 ff.
[96] Im einzelnen dazu RN 12 f.
[97] § 26 I HGB i. V. m. § 25 I, III HGB.

des Handelsgeschäfts mit dem Ablauf von fünf Jahren verjähren, falls nicht nach allgemeinen Vorschriften die Verjährung schon früher eintritt.[98]

c) Umwandlung nach dem Anwachsungsmodell bei Personengesellschaften

52 Wie bereits oben erläutert,[99] kann die **Überführung des von einer Personengesellschaft betriebenen Unternehmens auf eine Kapitalgesellschaft auch im Wege der Anwachsung** erfolgen, wenn die Kapitalgesellschaft Mitglied der Personengesellschaft war und der weitere Gesellschafter ausscheidet. In diesem Fall wird die Personengesellschaft mit dem Ausscheiden des weiteren Gesellschafters unter Ausschluß der Liquidation mit der Folge beendet, daß der Anteil am Gesellschaftsvermögen, den die Ausgeschiedenen hatten, der übernehmenden Kapitalgesellschaft kraft Gesetz nach § 738 BGB in Verbindung mit §§ 138, 142 HGB anwächst, ohne daß es hierzu besonderer Übertragungsakte wie Übereignung oder Auflassung bedarf.[100] Die ausscheidenden Gesellschafter können diese Art der Umwandlung auch einvernehmlich herbeiführen und gegebenenfalls eine **Abfindungszahlung der übernehmenden Kapitalgesellschaft** vereinbaren. Sofern die Kapitalgesellschaft eigene Anteile (Geschäftsanteile oder Aktien) halten oder erwerben darf,[101] kann die Abfindung auch in der Übertragung eigener Geschäftsanteile oder Aktien bestehen. Soll keine Abfindung gezahlt werden, wollen die Gesellschafter der Personengesellschaft aber im gleichen Verhältnis an der Kapitalgesellschaft beteiligt sein, bietet sich regelmäßig an, daß die Personengesellschafter eine neue Kapitalgesellschaft mit den angestrebten Beteiligungsquoten gründen, diese Kapitalgesellschaft in die Personengesellschaft eintritt und erst dann die Personengesellschafter aus der Personengesellschaft austreten.

53 Eine **Abwandlung des Anwachsungsmodells** besteht darin, daß die Personengesellschafter (z.B. die Kommanditisten einer KG) ihre Anteile im Wege der Sacheinlage in eine Kapitalgesellschaft einbringen und dadurch Anteile an der Kapitalgesellschaft erwerben.[102]

54 Jedenfalls beim **klassischen Anwachsungsmodell** kann ein erheblicher **Zeit- und Kostenvorteil** dadurch entstehen, daß eine Sacheinlagenprüfung nicht notwendig ist und, im Vergleich zur notariellen Beurkundung

---

[98] § 26 I HGB. Zu Einzelheiten der §§ 25, 26 und 28 HGB vgl. oben, RN A 105 ff.
[99] Siehe bereits RN 36.
[100] BGHZ 32, 307, 317; BGH WM 1979, 249; Karsten Schmidt, Gesellschaftsrecht, § 45 II 5; Lutter ZGR 1990, 392, 401.
[101] Vgl. hierzu §§ 71 ff. AktG und § 33 GmbHG.
[102] Sog. „erweitertes Anwachsungsmodell", vgl. Binz, Die GmbH & Co., S. 576 f.; Böttcher/Zartmann/Kandler, Wechsel der Unternehmensform, S. 245; Knobbe-Keuk, Bilanz- und Unternehmenssteuerrecht, § 22 VII 3: Hier ist Übergang zu Buchwerten gem. § 20 I, II UmwStG möglich.

eines Spaltungs- oder Umwandlungsbeschlusses,[103] unter Umständen erhebliche Notarkosten eingespart werden können, da das für die Anwachsung des Gesellschaftsvermögens erforderliche Ausscheiden der übrigen Gesellschafter auch formlos vereinbart werden kann und die entsprechende Eintragung im Handelsregister insoweit lediglich deklaratorische Bedeutung hat.[104]

Andererseits greifen für die ausgeschiedenen Gesellschafter die **allgemeinen Nachhaftungsregeln der §§ 159, 160 HGB** ein. Die Enthaftungsbestimmung des § 613a II BGB, der in der Regel die Haftung des bisherigen Arbeitgebers auf solche Ansprüche beschränkt, die vor Ablauf eines Jahres nach dem Übergang des Betriebs fällig geworden sind, findet mangels Vorliegens eines Betriebsüberganges keine Anwendung.[105]

d) Ausgliederung aus dem Vermögen eines Einzelkaufmanns in Kapitalgesellschaft

Nach altem Umwandlungsrecht war es möglich, daß ein Einzelkaufmann ein von ihm betriebenes Unternehmen, dessen Firma im Handelsregister eingetragen war, in eine Aktiengesellschaft, Kommanditgesellschaft auf Aktien oder GmbH umwandelte.[106] Bei diesen Umwandlungsformen handelte es sich um übertragende errichtende Umwandlungen, bei denen, anders als in den übrigen nach altem Recht geregelten Umwandlungsfällen, der bisherige Rechtsträger nicht erlosch. Nur diejenigen Vermögensgegenstände und Verbindlichkeiten gingen auf den neuen Rechtsträger über, die in einer Vermögensübersicht aufgeführt waren. Bei der **Umwandlung eines einzelkaufmännischen Unternehmens** auf eine AG, KGaA oder GmbH handelt es sich also um eine nur partielle Gesamtrechtsnachfolge.[107] Da der Rechtsträger nicht identisch bleibt, regelt das neue Umwandlungsgesetz diese Fälle nicht im Rahmen des Formwechsels, sondern zutreffend als einen Fall der **Ausgliederung aus dem Vermögen eines Rechtsträgers** (§§ 152 ff. UmwG).

Neu ist insbesondere, daß der Einzelkaufmann sein Geschäftsvermögen im Wege der **Ausgliederung auch auf eine bereits bestehende Kapitalgesellschaft** übertragen kann, an der er dann die seiner Sacheinlage entsprechende Beteiligung erwirbt. § 152 S. 1 UmwG sieht im einzelnen vor, daß die Ausgliederung des von einem Einzelkaufmann betriebenen Unternehmens, dessen Firma im Handelsregister eingetragen ist, oder von Teilen desselben aus dem Vermögen dieses Kaufmanns zur Aufnahme

---

[103] §§ 125 i. V. m. 13 III UmwG, 193 III UmwG; vgl. dazu nachfolgend, RN 280.
[104] Vgl. Binz, Die GmbH & Co., S. 477.
[105] Ausführlich dazu unten RN C 5 ff.
[106] §§ 50–56 UmwG a. F. bzgl. Umwandlung auf AG oder KGaA sowie §§ 56a – 56f. UmwG a. F. für Umwandlung auf GmbH.
[107] Hachenburg/Schilling, Anh. § 77, § 50 UmwG, RN 2; Dehmer, UmwR, § 50 UmwG, Anm. 1; § 56a UmwG, Anm. 3.

dieses Unternehmens oder von Teilen dieses Unternehmens durch Personenhandelsgesellschaften, Kapitalgesellschaften oder eingetragene Genossenschaften oder zur Neugründung von Kapitalgesellschaften erfolgen kann. Außerdem wird jetzt von § 152 S. 2 UmwG ausdrücklich bestimmt, daß die Ausgliederung nicht erfolgen darf, wenn die Verbindlichkeiten des Einzelkaufmanns sein Vermögen übersteigen. Da sich die Ausgliederung aus dem Vermögen eines Einzelkaufmanns weitgehend an den Vorschriften über die Spaltung ausrichtet, wird auf die diesbezüglichen nachstehenden Ausführungen verwiesen.[108]

4. Verschmelzung von Personengesellschaften nach dem Anwachsungsmodell

58 Auch vor Inkrafttreten des Umwandlungsgesetzes war es möglich, Personengesellschaften unter Heranziehung des Anwachsungsmodells zu verschmelzen.[109] Nach § 1 II UmwG bleibt das **Anwachsungsmodell** auch in Zukunft anwendbar. In Betracht kommen dabei zwei Versionen, nämlich das Übertragungsmodell und das Austrittsmodell. Diese Modelle sind im übrigen nicht nur auf die Personenhandelsgesellschaften (OHG, KG), sondern auch auf die Gesellschaft bürgerlichen Rechts anwendbar.

Beim **Übertragungsmodell** erwirbt eine bestehende oder hierfür neu gegründete Personengesellschaft sämtliche Anteile an der (übertragenden) Personengesellschaft. Dabei können die Gesellschafter der übertragenden Personengesellschaft ihre Anteile entweder gegen Gewährung von Gesellschaftsanteilen in die aufnehmende Personengesellschaft einbringen oder an diese verkaufen. Die aufnehmende Personengesellschaft wird dadurch zur alleinigen Gesellschafterin der zu übertragenden Gesellschaft, wodurch die letztere erlischt und das Vermögen der übertragenden Gesellschaft mit dem Vermögen der aufnehmenden nach den Grundsätzen der Anwachsung im Wege der Gesamtrechtsnachfolge verschmilzt.[110] Ob die aufnehmende Gesellschaft eine Personenhandelsgesellschaft wird oder werden kann, richtet sich letztlich danach, ob sie ein Handelsgeschäft betreibt, oder, sofern es sich um ein Gewerbe nach § 2 HGB handelt, ins Handelsregister eingetragen wird.[111]

59 Wie bei der Umwandlung einer Personengesellschaft auf eine Kapitalgesellschaft[112] kann die Verschmelzung zweier Personengesellschaften auch im Rahmen des **Austrittsmodells** dadurch bewerkstelligt werden,

---

[108] Siehe dazu RN 345 ff.
[109] Zur Umwandlung von Personengesellschaften nach dem Anwachsungsmodell bereits oben, RN 36, 47.
[110] BGH ZIP 1990, 505, 506; Barz FS Ballerstedt, S. 143, 146.
[111] Vgl. BGH ZIP 1990, 505, 506 f.
[112] Dazu bereits oben, RN 52.

daß die übernehmende Personengesellschaft Gesellschafterin der übertragenden Personengesellschaft ist oder wird und die übernehmende Personengesellschaft dann durch Austritt sämtlicher übriger Gesellschafter letztverbleibende Gesellschafterin wird; hierdurch erlischt wiederum die übertragende Personengesellschaft und die übernehmende Personengesellschaft wird Gesamtrechtsnachfolgerin nach §§ 738 BGB, 142 HGB. Der Austritt der übrigen Gesellschafter kann dabei mit oder ohne Abfindung vereinbart werden. Eine Abfindung ist regelmäßig dann nicht notwendig, wenn die austretenden Gesellschafter alle im gleichen Verhältnis auch an der übernehmenden Personengesellschaft beteiligt sind.[113]

Ein Vorteil dieser Verschmelzung von Personengesellschaften miteinander oder von Personengesellschaften auf Rechtsträger anderer Rechtsformen besteht darin, daß weder das Übertragungs- noch das Austrittsmodell einen gemäß § 13 III UmwG notariell zu beurkundenden Verschmelzungsbeschluß erfordern. Soweit es um die Verschmelzung von Personengesellschaften auf Aktiengesellschaften oder GmbHs geht, ist außerdem keine Verschmelzungsprüfung oder Prüfung der Werthaltigkeit durch den Registerrichter (§§ 9–20 UmwG) erforderlich. Die technische Einfachheit des Übertragungs- und Austrittsmodells[114] bietet einen beachtlichen **Kosten- und Zeitvorteil** und wird daher in der Praxis auch zukünftig bevorzugt werden, sofern sich alle Gesellschafter einig sind.[115] Demgegenüber kann die Verschmelzung nach den Regeln des UmwG auch im Wege eines Mehrheitsbeschlusses durchgeführt werden, wenn der Gesellschaftsvertrag entsprechende Vorkehrungen enthält. 60

5. Realteilung von Personengesellschaften

Vor Inkrafttreten des Umwandlungsgesetzes mit den dort erstmals enthaltenen Regelungen über die Spaltung von Personengesellschaften konnte eine „**Spaltung**" einer Personengesellschaft im Wege der **Realteilung**[116] verwirklicht werden. Grundsätzlich findet bei Auflösung einer Personengesellschaft eine Liquidation statt, sofern nicht eine andere Art der Auseinandersetzung vereinbart ist.[117] Die Realteilung wird als eine solch andere Art der Auseinandersetzung im Falle der Auflösung einer Personengesellschaft verstanden. Die Realteilung wird in der Weise vollzogen, daß das gesamte Gesellschaftsvermögen im Wege der Einzelüber- 61

---

[113] Zu den unterschiedlichen Haftungsfolgen siehe oben, RN 55; zum Austrittsmodell ferner Schlegelberger/ Karsten Schmidt, § 105 HGB, RN 93; Staub/Ulmer, § 105 HGB, RN 53; Karsten Schmidt, Gesellschaftsrecht, § 13 III, S. 326 f.
[114] Vgl. Karsten Schmidt ZGR 1991, 373, 391.
[115] Vgl. Karsten Schmidt ZGR 1991, 373, 391, der zutreffend betont, daß für die GbR allein die Verschmelzung nach dem Anwachsungsprinzip in Frage kommt.
[116] Auch Naturalteilung genannt, vgl. Baumbach/Duden/Hopt, § 145, Anm. 2 C c.
[117] Vgl. §§ 738 BGB, 132, 145, 161 II HGB.

tragung auf die einzelnen Gesellschafter übertragen wird. Hierbei wird das Gesamthandvermögen in der Personengesellschaft aufgelöst und dementsprechend Alleineigentum der jeweiligen Gesellschafter begründet. Zivilrechtlich entsteht bei der Realteilung insbesondere das Problem, daß im Rahmen der notwendigen Einzelübertragungen zahlreiche Formvorschriften zu beachten sind, wie dies auch bei dem umgekehrten Vorgang, d.h. der Einbringung eines Handelsgeschäfts in eine Personengesellschaft, notwendig ist.[118]

62 Steuerrechtlich entsteht eine Vielzahl von Problemen, je nach dem, ob bei der Realteilung stille Reserven aufgelöst werden oder nicht. Nach neuerer Auffassung steht den Gesellschaftern ein **Wahlrecht** zu, ob sie in den Bilanzen ihrer jeweiligen Nachfolgeunternehmen die ihnen zugeteilten Wirtschaftsgüter mit dem Teilwert und der Folge eines nach § 16 III EStG zu versteuernden Aufgabegewinns ansetzen oder die Buchwerte dieser Wirtschaftsgüter in den entsprechenden Bilanzen fortsetzen wollen.[119]

63 Bei einer Realteilung, bei der die Gesellschafter funktionsfähige Nachfolgeunternehmen erhalten sollen, stellt sich das Problem, daß eine exakte Aufteilung, die dem Kapitalanteil aller Gesellschafter entspricht, in der Regel nicht möglich ist. Es kann daher vereinbart werden, daß derjenige Gesellschafter, der ein Mehr erhält, an denjenigen Gesellschafter, der im Rahmen der Realteilung zu wenig erhält, einen sogenannten **Spitzenausgleich** aus seinem Privatvermögen zahlt. Üben die Gesellschafter ihr steuerrechtliches Wahlrecht dahingehend aus, daß alle stillen Reserven aufgelöst werden, kürzt die Zahlung eines Spitzenausgleichs den Aufgabegewinn des Ausgleichsverpflichteten.[120] Wählen die Gesellschafter die Realteilung mit Buchwertfortführung und erfolgt dann die Zahlung eines Spitzenausgleichs aus dem Privatvermögen eines Gesellschafters, führt diese Zahlung bei der ausgleichsberechtigten Gesellschaft zu einer Gewinnrealisierung, die aber nicht nach den §§ 16, 34 EStG begünstigt ist.[121] In diesem Fall kann den Gesellschaftern nur geraten werden, vor der Durchführung der Realteilung die Kapitalanteile dem geplanten Verhältnis bei der Realteilung anzupassen.

---

[118] Vgl. hierzu oben, RN 11 f.
[119] Einzelheiten bei Dehmer, UmwR, Anh. zum UmwStG I, Anm. 1; Fromm BB 1994, 1042 ff.
[120] BFH, Urteil vom 01.12.1992 – AZ VIII R 57/90 –, FiR 1993, 463 f.; Fromm BB 1994, 1042; Dehmer, Anh. zum UmwStG I, Anm. 2.
[121] BFH, Urteil vom 01.12.1992, FR 1993, 463; Dehmer, Anh. zum UmwStG I, Anm. 4; Fromm BB 1994, 1042, 1043.

6. Umwandlung einer Personengesellschaft nach UmwG

Eine Personengesellschaft kann nicht mehr nur nach den Vorschriften über den **Formwechsel**[122] in eine Kapitalgesellschaft umgewandelt werden. Vielmehr besteht nunmehr auch die Möglichkeit, eine Verschmelzung oder Spaltung durch Übertragung des Gesellschaftsvermögens auf eine Kapitalgesellschaft im Wege der Gesamtrechtsnachfolge vorzunehmen.[123]

64

II. Kapitalerhöhung und Kapitalherabsetzung bei Kapitalgesellschaften

Kapitalerhöhung und Kapitalherabsetzung stellen **Kapitalmaßnahmen** bei Kapitalgesellschaften dar, die eine unterschiedliche Zielrichtung haben.

65

Bei der **Kapitalerhöhung** wird der Kapitalgesellschaft (AG oder GmbH) grundsätzlich neues Kapital zugeführt, jedenfalls aber aus Gesellschaftsmitteln das gebundene Grund-/Stammkapital erhöht. Demhingegen ist die **Kapitalherabsetzung** Voraussetzung dafür, daß Gesellschaftsvermögen außerhalb der Gewinnausschüttung an die Gesellschafter ausgekehrt wird bzw. das Grund-/Stammkapital zur bilanziellen Abdeckung einer Unterbilanz reduziert wird.

66

Im Rahmen der Verschmelzung auf Kapitalgesellschaften dient die Kapitalerhöhung, die dabei eine Sachkapitalerhöhung ist, der Bildung neuer Anteile oder Aktien für die bisherigen Anteilsinhaber der übertragenden Gesellschaften. Bei der Abspaltung kann im Wege einer Kapitalherabsetzung das bisherige Grund- oder Stammkapital der übertragenden Gesellschaft dem durch die Abspaltung verkleinerten Gesellschaftsvermögen angepaßt werden.

67

1. Grundsätze des Kapitalschutzes

a) Funktionen der Kapitalaufbringung

Aktiengesellschaften und Gesellschaften mit beschränkter Haftung liegt als Kapitalgesellschaften ein fest fixiertes **Grund- oder Stammkapital als Konstruktionselement** zugrunde.[124] Die Existenz des Grund- oder Stammkapitals bietet den notwendigen Ausgleich für den in § 1 I S. 2 AktG und § 13 II GmbHG angeordneten Haftungsausschluß für die Aktionäre einer Aktiengesellschaft oder die Gesellschafter einer GmbH.[125]

68

---

[122] Vgl. §§ 190 ff., insbesondere §§ 214–225 UmwG.
[123] Einzelheiten dazu nachfolgend unter RN 189 ff.
[124] Lutter, Kapital, S. 51; Steinberg, Erfüllung, S. 6.
[125] Hüffer, AktG, § 1, RN 10; Müller-Eising, Verdeckte Sacheinlage, S. 7.

Den Gläubigern haftet allein das Gesellschaftsvermögen. Grund- bzw. Stammkapital dienen damit vornehmlich der Sicherung der Gläubiger, weil die Aktiengesellschaft oder GmbH über Vermögensgegenstände verfügen muß, deren Gesamtwert wenigstens dem Betrag des Grund-/Stammkapitals entspricht. Das **Mindestkapital** ist bei einer Kapitalgesellschaft ziffernmäßig in DM auszudrücken und darf bei der Aktiengesellschaft 100.000,– DM und bei der GmbH 50.000,– DM nicht unterschreiten.[126] Seiner Rechtsnatur nach ist das Grundkapital nichts anderes als eine satzungsmäßig fixierte Bilanzziffer mit bestimmten Funktionen im Aufbau einer Kapitalgesellschaft: Sie ist bei Aktiengesellschaft und GmbH **notwendiger Satzungsbestandteil**[127] und ist im Jahresabschluß als Passivposten auszuweisen.[128]

Das Grund- oder Stammkapital ist vom **Begriff des Gesellschaftsvermögens** strikt zu unterscheiden. Solange jedoch keine Unterbilanz oder Überschuldung vorliegt, stellt das Reinvermögen, das dann bilanziell mindestens dem Grund-/Stammkapital entsprechen muß, in seiner realen Existenz ein zusätzliches Zugriffsobjekt für etwaige Forderungen von Gläubigern dar.[129] Aus diesem Grund wird dem festen Kapital einer Kapitalgesellschaft primär die Funktion eines „**garantierten Haftungsfonds**" zugeschrieben.[130]

b) Prinzip der Kapitalaufbringung

69 Mit der Festlegung der bilanziellen Grund- bzw. Stammkapitalziffer allein ist den Gläubigern nicht gedient. Vielmehr muß dafür Vorsorge getroffen werden, daß ein der Kapitalziffer entsprechendes Vermögen auch tatsächlich aufgebracht wird (**Prinzip der Kapitalaufbringung**).[131]

Vereinfacht ausgedrückt manifestiert sich das Prinzip der Kapitalaufbringung in dreifacher Hinsicht:
1. Die Verpflichtung zur Einlage auf das Kapital bedarf der **Festsetzung in der Satzung**.
2. Die Erfüllung der Einlageverpflichtung unterliegt der Kontrolle.
3. Sowohl die Festsetzung als auch die Kontrolle verlangen **Publizität durch öffentliche Bekanntmachung**.

70 Im einzelnen werden dem Prinzip der Kapitalaufbringung daher zugeordnet:

---

[126] § 7 AktG, § 5 I GmbHG.
[127] § 23 III Nr. 3 AktG, § 3 I Nr. 3 GmbHG.
[128] § 266 III A I HGB.
[129] Lutter, Kapital, S. 50.
[130] BGHZ 80, 129, 142; Lutter, Kapital, S. 50; Hueck, Gesellschaftsrecht, § 21 I 3 (S. 175); Karsten Schmidt, Gesellschaftsrecht, § 26 IV 1 a (S. 651); Kübler, Gesellschaftsrecht, § 14 I S. 2 c (S. 148).
[131] Vgl. nur Hüffer, AktG, § 1, RN 11.

- das Verbot der Stufengründung bei der Aktiengesellschaft[132] und der Unterpari-Emission,[133]
- die Satzungspublizität von Sondervorteilen, Gründungsaufwand, Sacheinlagen und -übernahmen,[134]
- die Gründungsprüfung bei der Aktiengesellschaft,[135]
- die Vorschriften über die Einlageleistung,[136]
- die gerichtliche Prüfung des Gründungshergangs[137] sowie
- die Regelungen über die Gründerhaftung bei Aktiengesellschaft und GmbH.[138]

Die vorgenannten Vorschriften gelten im wesentlichen bei der Kapitalerhöhung sowohl einer Aktiengesellschaft als auch einer GmbH.

c) Bar-/Sacheinlage

Aktiengesetz und GmbH-Gesetz gehen beide davon aus, daß der Gesellschafter **primär** zur **Bareinlage** verpflichtet ist. Die Bareinlage kann nur ausnahmsweise unter Einhaltung besonderer Vorschriften durch eine Sacheinlage substituiert werden.

Dieses **Regel-Ausnahme-Verhältnis** ergibt sich für die Aktiengesellschaft insbesondere aus der Verpflichtung der Aktionäre zur Bareinzahlung für den Fall, daß die Festsetzung der Sacheinlage in der Satzung bzw. im Kapitalerhöhungsbeschluß unwirksam ist.[139] Seit der GmbH-Novelle von 1980 ist auch der Gesellschafter einer GmbH ausdrücklich verpflichtet, eine Geldeinlage dann zu leisten, wenn die intendierte Sacheinlage nicht werthaltig ist (**Differenzhaftung**).[140] Während bei der Bareinlage die gesetzlichen Vorschriften im wesentlichen sicherstellen sollen, daß die bezeichnete Bareinlage auch tatsächlich in die Aktiengesellschaft oder GmbH eingezahlt wird, zeichnen sich die Regeln über die Sacheinlage dadurch aus, daß zusätzlich noch eine **Prüfung der Werthaltigkeit**

---

[132] §§ 2, 29 AktG.
[133] §§ 9 I, 36a II S.3 AktG. Bei der GmbH früher umstritten, erst seit der GmbH-Novelle 1980 in §§ 8 I Nr.5, 9c S.2 GmbHG ausdrücklich angesprochen, Hachenburg/Ulmer, § 5, RN 66; Scholz/Winter, § 5, RN 57.
[134] §§ 26, 27 AktG; § 5 IV GmbHG (Sacheinlage). Die Regeln über den Gründungsaufwand gelten seit BGH NJW 1989, 1610, 1611 entsprechend für die GmbH: Der gesamte Gründungsaufwand, einschließlich Anmeldungskosten, muß ziffernmäßig festgesetzt werden, andernfalls darf er nicht aus dem Vermögen der Gesellschaft beglichen werden. Die frühere Gegenmeinung (BayObLG AG 1989, 132; Hüffer JuS 1983, 161, 166) hat sich nicht durchsetzen können.
[135] §§ 32 II, 33 II Nr.4, 34 AktG.
[136] §§ 36 II i.V.m. 54 III, 36a AktG, 7 II, III GmbHG.
[137] §§ 38 AktG, 9c GmbHG.
[138] §§ 46–49 AktG, 9a GmbH.
[139] §§ 27 III S.3, 183 II S.3, 194 II S.3 AktG.
[140] § 9 I GmbHG; vgl. Lutter/Hommelhoff, § 9, RN 1; Rowedder/Rowedder, § 5, RN 21; vorher bereits BGHZ 64, 52, 62; 68, 191, 195; ebenso zum Aktienrecht Hoffmann-Becking, in: Münchener Handbuch AG, § 4, RN 28.

der **Sacheinlage** erfolgen muß. Grund dafür ist die Gefahr der Überbewertung der Sacheinlage.[141]

Das aufzubringende Grund- oder Stammkapital muß durch einen bestimmten in DM ausgedrückten nominellen Betrag in der Satzung festgelegt werden. Wird der Betrag nicht in bar erbracht, sondern durch einen anderen Gegenstand substituiert, bedarf dieser der Bewertung. Nur wenn als Ergebnis der Bewertung feststeht, daß der Wert der intendierten Sacheinlage wenigstens den Betrag der dafür ausgegebenen Anteile erreicht, ist der Ausschluß des zukünftigen Aktionärs oder Gesellschafters von weiterer persönlicher Haftung im gleichen Maße gerechtfertigt, wie wenn er eine Bareinlage vorgenommen hätte.[142]

Um der **Gefahr der Überbewertung** entgegenzuwirken, stellen Aktiengesetz und GmbH zusätzliche Anforderungen für die Vereinbarung von Sacheinlagen und deren Leistung auf, die über die bei der Bareinlage bestehenden Anforderungen hinausreichen. Bei der Aktiengesellschaft ist zudem bei der Sachkapitalerhöhung zwingend eine Prüfung durch sachverständige Prüfer vorgesehen (§ 183 III S. 1 AktG). Der gesamte Prüfungshergang sowie die Werthaltigkeit der Sacheinlage wird durch das Registergericht überprüft.[143]

d) Verdeckte Sacheinlage

72 Da die zusätzlichen Prüfungsanforderungen bei Sacheinlagen erhebliche Zeit in Anspruch nehmen können und zusätzliche Kosten verursachen, wird in der Praxis immer wieder versucht, ihre Einhaltung zu vermeiden. Die hiermit in Zusammenhang stehenden rechtlichen Fragen werden unter dem Stichwort „**verdeckte Sacheinlage**", in der älteren Literatur und Rechtsprechung auch als „**verschleierte Sacheinlage**" behandelt.[144] Allgemein kann von einer verdeckten Sacheinlage gesprochen werden, wenn der wirtschaftlich einheitliche Vorgang der Sacheinlage in rechtlich getrennte Geschäfte aufgespalten wird. Eines dieser Geschäfte ist dabei eine ordentliche Barkapitalerhöhung, während ein weiteres Rechtsgeschäft dem Rückfluß der als Bareinlage eingezahlten Geldmittel sowie der Annahme anderer Vermögensgegenstände als Leistung auf die Einlageschuld dient.[145] Da die **Aufrechnung mit Einlageforderungen** durch § 66 I S. 2 AktG sowie § 19 II, V GmbHG weitestgehend beschränkt ist, wird der Zu- und Abfluß von Geldmitteln in der Regel durch „**Hin- und Herzahlen**" bewerkstelligt. Dadurch wird dann im Er-

---

[141] Allgemein zum Bewertungsproblem: Lutter, Kapital, S. 219; Ballerstedt FS Geßler, S. 69 f.
[142] Zum Begriff der Unterpariemission oben RN 70.
[143] Vgl. §§ 9 c GmbHG, 183 III S. 3 AktG.
[144] Zur Terminologie vgl. Hüffer, AktG, § 27, RN 11.
[145] Hüffer, AktG, § 27, RN 10.

gebnis der wirtschaftlich gleiche Erfolg herbeigeführt wie bei der Durchführung einer Sacheinlage.

Vom eingebrachten Vermögensgegenstand her sind **zwei Fallgestaltungen der verdeckten Sacheinlage** zu unterscheiden: Zum einen handelt es sich um **Erwerbsgeschäfte**, also Kaufverträge über einzelne Gegenstände, insbesondere des Anlagevermögens, oder auch über Sachgesamtheiten, wie ganze Unternehmen.[146] Zum anderen geht es darum, daß schon bestehende Ansprüche des Gesellschafters gegen die Gesellschaft, vor allem aus **Gelddarlehen**, aber auch aus Leistungsbeziehungen[147] oder stehengelassenen Gewinnen[148] bedient werden. Gerade die letztgenannten Fallgestaltungen spielen eine überragende Rolle bei den bisher bekannten Fällen verdeckter Sacheinlagen bei Kapitalerhöhungen.

73

Die **Rechtsfolgen verdeckter Sacheinlagen** werden als für den Anleger „katastrophal" bezeichnet.[149] Die Bareinlage gilt als nicht wirksam geleistet, so daß die originäre Bareinlagepflicht weiter fortbesteht, wie sich insbesondere aus § 27 III 3 AktG ergibt. Hiernach bestehende Einlageansprüche verjähren nach § 195 BGB erst in 30 Jahren.[150] Insbesondere im Konkurs der Gesellschaft führt dies regelmäßig dazu, daß der Gesellschafter den gesamten Bareinlagebetrag ein zweites Mal bezahlen muß, weil er seinen Rückzahlungsanspruch auf die ursprünglich geleisteten Geldmittel nicht realisieren kann, da dieser nur eine einfache Konkursforderung darstellt. Da einerseits vermutet wird, daß ein erheblicher Teil vermeintlicher Bargründungen bei näherer Analyse sich als verdeckte Sacheinlage erweist[151] und andererseits die besonders strikten Rechtsfolgen bestehen, wird teilweise die Berechtigung der Lehre von der verdeckten Sacheinlage insgesamt bestritten. Außerdem wird die **Vereinbarkeit dieser Lehre mit der zweiten EG-Richtlinie zur Harmonisierung des Gesellschaftsrechts**[152] abgelehnt. Im übrigen besteht eine lebhafte Diskussion bezüglich der Erfassung des Tatbestandes der verdeckten Sacheinlage.

74

Die Lehre der verdeckten Sacheinlage geht jedenfalls für das Aktienrecht bereits auf eine umfangreiche Rechtsprechung des Reichsgerichts zurück. Dabei ging es um Fälle, in denen Aktionäre versucht hatten, über

75

---

[146] Vgl. Priester DB 1990, 1753.
[147] Bsp.: BGHZ 110, 47 – IBH/Lemmerz–: Lieferantenkredit.
[148] Bsp.: BGHZ 113, 335: Schütt-aus-hol-zurück-Verfahren.
[149] Lutter, Kölner Kommentar, § 66, RN 31; Hüffer, AktG, § 27, RN 9; Lutter/Gehling WM 1989, 1445, 1446; vgl. auch Grunewald, FS Rowedder, S. 111, 114: „drakonisch".
[150] Vgl. BGHZ 118, 83, 101 ff. -BuM-.
[151] Vgl. Henze ZHR 154 (1990), 105, 106; U. H. Schneider, ZGR-Sonderheft 6, 1986, 121, 139.
[152] EG-Richtlinie v. 13.12.1976 (77/91/EWG), Abl. EG Nr. L 26 v. 31.01.1977, S.1 (sog. „Kapitalrichtlinie).

den **Umweg einer Nachgründung**, die damals noch nicht mit einer obligatorischen Prüfung verbunden war, die Vorschrift über die Sachgründung zu umgehen.[153] Diese Rechtsprechung wurde durch den Bundesgerichtshof sowohl im Hinblick auf die Aktiengesellschaft als auch auf die GmbH fortgeführt.[154] Für den Bereich der GmbH hat dabei der Bundesgerichtshof die Vornahme eines vorbeabsichtigten Erwerbsgeschäftes im Zusammenhang mit einer Kapitalmaßnahme als **Umgehung des Aufrechnungsverbotes** in § 19 III a. F. GmbHG (= § 19 I n. F. GmbHG) angesehen. Eine Leistung des Einlageschuldners, die in der Absicht bewirkt werde, aus ihr die eigene Forderung aus einer Übernahmeabrede befriedigt zu erhalten, gleiche einem geworfenen Ball, der an einem Gummiband hänge und wieder zurückschnelle.[155]

76 Die bis Mitte der 80er Jahre nahezu unangefochtene Rechtsprechung sieht sich einer umfangreichen Kritik ausgesetzt. Mit Unterschieden im einzelnen stützt sich die Kritik im Hinblick auf die Aktiengesellschaft auf die Gesetzesgeschichte und argumentiert, daß die Nachgründungsvorschriften sowohl für das Gründungs- als auch für das Kapitalerhöhungsstadium einen abschließenden Schutz vor Umgehungen der Sacheinlagevorschriften gewähren.[156] Die Kapitalerhaltungsregelung, insbesondere die Haftungsregelungen gegenüber den zuständigen Gesellschaftsorganen, sollen hiernach einen ausreichenden Schutz darstellen.[157] Auch geht diese Meinung davon aus, daß die Einbringung einer Darlehensforderung nicht als Umgehung der Sacheinlagevorschriften angesehen werden könne.[158]

77 Der Bundesgerichtshof ist den vorgenannten Stellungnahmen nicht gefolgt. In der bereits genannten **IBH/Lemmerz-Entscheidung**[159] hat der Bundesgerichtshof sich eingehend mit der Normgeschichte und dem Verhältnis der Sacheinlage- zu den Nachgründungsvorschriften auseinandergesetzt und dabei festgestellt, daß letztere weder im Gründungs- noch im Kapitalerhöhungsstadium Veranlassung geben, von der Lehre der verdeckten Sacheinlage abzurücken.[160] In einer weiteren Entscheidung, die eine **Kapitalerhöhung im Wege des Schütt-aus-hol-zurück-Verfahrens** betraf, hat der BGH die Lehre von der verdeckten Sacheinlage auch für

---

[153] RGZ 121, 99, 102; 157, 213, 224; 167, 99, 108.
[154] BGHZ 28, 314, 319; BGH NJW 1979, 216; BGH ZIP 1982, 689, 692 -Holzmann-, insoweit in BGHZ 83, 319 nicht abgedruckt.
[155] BGHZ 28, 314, 319, vielfach als „Gummiband-Entscheidung" bezeichnet.
[156] Meilicke, Verschleierte Sacheinlage, passim; ders. DB 1990, 1173; Wilhelm ZHR 152 (1988), 333, 349; Loos AG 1989, 381; Bergmann AG 1987, 57, 71, 82.
[157] So insbesondere Wilhelm ZHR 152 (1988), 333, 353.
[158] Vgl. etwa Meilicke, Verschleierte Sacheinlage, passim; Karollus ZIP 1994, 589, 594 ff.
[159] BGHZ 110, 47 ff.
[160] BGHZ 110, 47 (Leitsatz), eingehend S. 52 ff.; kritisch hierzu Mosthaf FS Ebenroth, S. 605 ff.

die GmbH bestätigt.[161] Ebenso, wie auch die IBH/Lemmerz-Entscheidung, betraf dieser Fall die Einbringung von Forderungen in eine Gesellschaft: Einmal war es die **Umwandlung eines überfälligen Lieferantenkredites in haftendes Kapital** (IBH/Lemmerz), im anderen Fall die **Umwandlung von Gewinnausschüttungsansprüchen** in Stammkapital. In beiden Entscheidungen hat der BGH zutreffend dargelegt, daß Forderungen, insbesondere auch Darlehensforderungen, nur als Sacheinlage in eine AG oder GmbH eingebracht werden können, weil der durch die Verlautbarung einer Barkapitalerhöhung entstehende Eindruck der Zuführung neuen liquiden Kapitals tatsächlich nicht stattfindet, es aber offengelegt werden soll, daß bei der Einbringung von Forderungen lediglich eine Umschichtung von Fremd- in Eigenkapital stattfindet.[162] Der Bundesgerichtshof stellt die **Transparenz des Kapitalaufbringungsvorgangs und die präventive Werthaltigkeitskontrolle** in den Mittelpunkt seiner Argumentation. Im Grundsatz hat die so begründete Lehre von der verdeckten Sacheinlage ganz überwiegend Zustimmung gefunden.[163]

Als weiterhin ungeklärt muß aber die Frage angesehen werden, ob die **Lehre von der verdeckten Sacheinlage** mit der **zweiten EG-Richtlinie zur Harmonisierung des Gesellschaftsrechts**[164] vereinbar ist. Das Konzept der deutschen aktienrechtlichen Kapitalaufbringungsregeln war zwar Basis für die Ausgestaltung der Kapitalrichtlinie, andererseits beruhen aber die aktienrechtlichen Normen, die die Kapitalaufbringung und den Kapitalschutz betreffen, zum nicht unwesentlichen Teil eben auch auf dieser Kapitalrichtlinie. Die Kritiker der Lehre von der verdeckten Sacheinlage haben daraus abgeleitet, daß weitergehende Anforderungen an die Kapitalaufbringung, als sie nach der Richtlinie vorgesehen sind, nicht zulässig seien.[165] Der Bundesgerichtshof hat diese These verworfen, da es offensichtlich sei, daß ein Umgehungsschutz für Sacheinlagevorschriften durch die Kapitalrichtlinie nicht untersagt sei, da diese Richtlinie nur **Mindestanforderungen** aufstelle.[166] Die dagegen gerichtete Verfassungsbeschwerde ist vom Bundesverfassungsgericht[167] mangels hinreichender Erfolgsaussichten nicht zur Entscheidung angenommen worden. In einem Auskunftserzwingungsverfahren nach § 132 AktG sah sich kurze Zeit später

---

[161] BGHZ 113, 355 ff.; siehe auch BGH BB 1994, 882 ff.

[162] BGHZ 110, 47, 62 f.; 113, 335, 341.

[163] Lutter EWiR, § 183 AktG, 1/90, 223; Priester DB 1990, 1753, 1754; ders. ZIP 1991, 345, 347; Joost ZIP 1990, 549, 554; Henze ZHR 154 (1990), 105, 107; Ulmer ZHR 154 (1990), 128, 130; bzgl. Gründungsphase teilweise abweichend Frey ZIP 1990, 288, 290.

[164] Siehe oben RN 74.

[165] Meilicke, Die „verschleierte" Sacheinlage, S. 97; ders. DB 1989, 1067; ders. DB 1990, 1173.

[166] BGHZ 110, 47, 69; ebenso Lutter/Gehling WM 1989, 1445, 1460; Lutter, Europäisches Unternehmensrecht, S. 20; Ebenroth/Kräutter DB 1990, 2153, 2156; Wiedemann ZIP 1991, 1257, 1268.

[167] BVerfG ZIP 1991, 1283.

das Landgericht Hannover veranlaßt, die Frage der Vereinbarkeit der Lehre von der verdeckten Sacheinlage mit der Kapitalrichtlinie dem EuGH vorzulegen.[168] Wegen der besonderen Umstände des Falles hat der EuGH diese Vorlage als unzulässig verworfen und keine sachliche Entscheidung getroffen.[169] Bezüglich der weiteren Entwicklung dieser Rechtsfrage ist aber hervorzuheben, daß der italienische Generalanwalt in seinem Schlußantrag die Lehre von der verdeckten Sacheinlage für teilweise unvereinbar mit der Kapitalrichtlinie hält, insbesondere stelle die Einbringung von Forderungen im Wege des Hin- und Herzahlens keine Sacheinlage dar.[170] Eine abschließende Stellungnahme des EuGH zu diesem Problemkreis steht noch aus. Da die Mehrzahl der Fälle verdeckter Sacheinlagen zweifelsohne bei GmbHs vorkommen, ist es nicht auszuschließen, daß es noch einige Zeit braucht, bis BGH und/oder EuGH die Möglichkeit erhalten, sich nochmals zur **Vereinbarkeit der Lehre von der verdeckten Sacheinlage mit der Kapitalrichtlinie** zu äußern.

79   Die Präzisierung des **Tatbestandes der verdeckten Sacheinlage** ist in Literatur und Rechtsprechung in mehrerer Hinsicht umstritten. Einig ist man sich allein darüber, daß eine Umgehungsabsicht, wie sie noch früher vom Reichsgericht und einem Teil der aktienrechtlichen Literatur verlangt wurde,[171] nicht Voraussetzung für das Vorliegen einer verdeckten Sacheinlage ist. Die insoweit wohl ganz herrschende Meinung hält das Problem der verdeckten Sacheinlage, d. h. die Umgehung der Sacheinlagevorschriften, für ein **objektives Normanwendungsproblem**.[172] Dem hat sich auch der BGH in seinen Entscheidungen angeschlossen.[173] Auch wenn man das Erfordernis einer ausdrücklichen Umgehungsabsicht verneint, besteht die Frage, ob der Tatbestand der verdeckten Sacheinlage ausschließlich an objektive Kriterien geknüpft ist, oder ob darüber hinaus auch ein subjektives Tatbestandselement verlangt wird. Der BGH hat diese Frage in seinen jüngsten Entscheidungen ausdrücklich offengelassen,[174] da neben einem **zeitlichen Zusammenhang (Hin- und Herüberweisung innerhalb weniger Tage)** und einer nahezu betragsmäßigen Identität der ein- und ausgezahlten Geldmittel auch jeweils Abreden zwischen den beteiligten Gesellschaftern und der Gesellschaft im Hinblick auf die

---

[168] LG Hannover DB 1991, 376 -Meilicke/ADV Orga-.
[169] EuGH, C-83/91, ZIP 1992, 1076, 1077 mit insoweit zust. Anm. Frey ZIP 1992, 1078; im Ergebnis ebenso Klinke ZGR 1993, 1, 28 ff.
[170] EuGH, C 83/91, DB 1992, 1668 ff.
[171] Vgl. RGZ 121, 99, 102; 167, 99, 108; Wiedemann, Großkommentar AktG, § 183, Anm. 1; von Godin/Wilhelmi, AktG, § 183, Anm. 1.
[172] OLG Hamburg WM 1988, 579; OLG Koblenz ZIP 1988, 642, 645; Lutter, Kölner Kommentar, § 66, RN 31; ders. FS Stiefel, 1987, S. 505, 511; Hachenburg/Ulmer, § 5, RN 146; Hüffer, AktG, § 27, RN 14.
[173] BGHZ 110, 47, 64 -IBH/Lemmerz- m. w. Nachw.; BGHZ 113, 335, 343 f.; BGHZ 118, 83, 94 f. -BuM-.
[174] BGHZ 110, 47, 65; BGHZ 113, 335, 344 f.; BGH BB 1994, 882.

II. Kapitalerhöhung und Kapitalherabsetzung bei Kapitalgesellschaften

Verknüpfung der Kapitalerhöhung mit der Abwicklung bestimmter Verkehrsgeschäfte bestanden hatten. Da die Einhaltung der Sacheinlagevorschriften gerade der Transparenz des Einbringungsvorganges und damit dem Interesse der Öffentlichkeit dient, die keinen Einblick in individuelle Abreden erhält, sprechen wohl die besseren Argumente dafür, daß die verdeckte Sacheinlage kein subjektives Tatbestandselement in Form einer Abrede voraussetzt, sondern daß allein objektive Tatbestandskriterien ausschlaggebend sind.[175] Die Mehrheit der Literatur neigt indessen der Auffassung zu, daß zwischen den Beteiligten, d. h. also der Gesellschaft und dem Gesellschafter, wenigstens eine den wirtschaftlichen Erfolg einer Sacheinlage umfassende Abrede getroffen sein muß.[176] Letztlich dürfte jedoch die Frage, ob auch eine **Abrede über den wirtschaftlichen Erfolg der Sacheinlage** gegeben sein muß, für die Praxis nur von geringer Relevanz sein. Dieses Kriterium scheidet letztlich nur die „zufälligen" verdeckten Sacheinlagen aus, bei denen die Beteiligten unwissend entsprechende Rechtsgeschäfte im Zusammenhang mit einer Kapitalerhöhung vorgenommen haben. Nach der Rechtsprechung des Bundesgerichtshofes dürfte es aber zur Bejahung einer verdeckten Sacheinlage genügen, wenn die Beteiligten das betreffende Verkehrsgeschäft und die Kapitalerhöhung als zusammengehörig bewerten und realisieren, und die geplante Vorgehensweise nicht zu einer Zuführung neuer Liquidität führt.[177] Besteht ein **enger zeitlicher und sachlicher Zusammenhang zwischen den korrespondierenden Zahlungen**, stellt dies nach Auffassung des Bundesgerichtshofes ein beweiskräftiges Indiz für eine solche Abrede dar.[178]

Insbesondere für die beratende Praxis bedeutet dies, daß immer dann, wenn im Rahmen der Vorbereitung einer Kapitalerhöhung das Problem der verdeckten Sacheinlage angesprochen wird, das subjektive Tatbestandselement bereits erfüllt sein dürfte, sofern nicht der objektive Tatbestand der verdeckten Sacheinlage eindeutig verneint werden kann.

Der **objektive Tatbestand der verdeckten Sacheinlage** ist häufig dahingehend charakterisiert worden, daß zwischen den beiden Zahlungsvorgängen (Bareinlage einerseits/Rückzahlung im Rahmen eines Verkehrsgeschäftes andererseits) objektiv ein **zeitlicher und sachlicher Zusammenhang** bestehen müsse.[179] Was im einzelnen unter einem zeitlich/sach-

---

[175] So insbesondere Lutter, Kölner Kommentar, § 66, RN 31; ders., FS Stiefel, S. 505, 511; Müller-Eising, Verdeckte Sacheinlage, S. 128.
[176] Henze ZHR 154 (1990), 105, 114; Mülbert ZHR 154 (1990), 145, 187; Ulmer ZHR 154 (1990), 128, 140; Hachenburg/Ulmer, § 5, RN 147 a; Priester ZIP 1991, 345, 351 f.; Wiedemann ZIP 1991, 1257, 1262.
[177] Vgl. BGHZ 113, 335, 344.
[178] BGH BB 1994, 882.
[179] Zurückgehend auf Hachenburg/Ulmer, 7. Aufl., § 5, RN 129; Lutter FS Stiefel, S. 505, 515.

lichen Zusammenhang zu verstehen ist, ist umstritten. Erforderlich ist jedenfalls zunächst ein **personaler Zusammenhang**, d. h. grundsätzlich muß der Gesellschafter, der an der Kapitalerhöhung einer Gesellschaft teilnimmt, auch zusammen mit derjenigen Gesellschaft Partei des betreffenden Austauschgeschäftes sein. Ausnahmen können insoweit nur gelten, wenn besondere **Zurechnungstatbestände (Konzern, Treuhandverhältnis)** vorliegen.[180]

81   Während für den **sachlichen Zusammenhang** teilweise darauf abgestellt wird, daß die Vergütung im Rahmen des Verkehrsgeschäftes aus den Mitteln der Bareinzahlung des Gesellschafters erfolgt sei,[181] wird heute nicht eine derartige **Identität der Geldmittel**, sondern lediglich eine mehr oder weniger große Übereinstimmung der Beträge der Einlageschuld und der Vergütung für entscheidend gehalten.[182] Inwieweit sich Einlageleistung und Vergütung decken müssen, ist ungeklärt. Jedoch wird angenommen, daß Einlageleistung und Vergütung nicht mehr als 20% wertmäßig von einander abweichen dürfen,[183] eine Annahme, die wohl viel zu eng sein dürfte.

Für den Fall der Umwandlung von Gewinnauszahlungsansprüchen in haftendes Kapital („Schütt-aus-hol-zurück-Verfahren") ist andererseits überlegt worden, ob bei einer Dividende von 50.000,– DM und einer Kapitalerhöhung von 1 Mio. DM noch genauso von einer verdeckten Sacheinlage gesprochen werden könne, wie bei einer gleich hohen Gewinnausschüttung (50.000,– DM) und einer Kapitalerhöhung von lediglich 100.000,– DM.[184]

82   Ungeklärt ist weiterhin, ob der sachliche Zusammenhang dann zu verneinen ist, wenn das Volumen das Kapitalerhöhung (bezogen auf das Gesamtkapital und/oder das Verkehrsgeschäft) unterhalb einer bestimmten Schwelle liegt. Diese Frage wird z. B. relevant, wenn bei einer Aktiengesellschaft der überragende Großaktionär die Ausschüttung einer ungewöhnlich hohen Dividende sowie eine gleichzeitige Kapitalerhöhung veranlaßt, um für sich die Vorteile des Schütt-aus-hol-zurück-Verfahrens in Anspruch zu nehmen, etwaige Kleinaktionäre an der hohen Dividende ebenfalls profitieren und sich deshalb an der Kapitalerhöhung beteiligen. Insoweit kann man zwar argumentieren, daß keine subjektive Abrede auf Seiten der Kleinaktionäre vorgelegen hat, weil sie zwar möglicherweise den Sachverhalt durchschauten, ihn aber nicht durch ihr Stimmverhalten beeinflussen konnten; vom objektiven Tatbestand her muß aber auch

---

[180] Im einzelnen Müller-Eising, Verdeckte Sacheinlage, S. 129, 198 ff.
[181] In Anlehnung an Entscheidungen des Reichsgerichts: Kutzer GmbHR 1987, 297, 299; Henze ZHR 154 (1990), 105, 113: wesentliches Indiz.
[182] Scholz/Priester, § 56, RN 45; Hachenburg/Ulmer, §§ 5, RN 147a; Mayer NJW 1990, 2593, 2598; Autenrieth DStZ 1988, 252, 253; Finken DStR 1992, 359, 363.
[183] Autenrieth DStZ 1988, 252, 253.
[184] Finken DStR 1992, 359, 363.

diese Fallgestaltung als verdeckte Sacheinlage auf Seiten der Kleinaktionäre angesehen werden.

In seiner „Coop"-Entscheidung hat der Bundesgerichtshof keine derartige Differenzierung vorgenommen.[185] Der Rechtsgedanke der Nachgründungsvorschriften (§ 52 I AktG), der nur eingreift, wenn das Volumen des Erwerbsgeschäftes 10 % des Grundkapitals übersteigt, rechtfertigt jedenfalls grundsätzlich **quantitative Schwellenwerte**, die überschritten sein müssen, um von einer verdeckten Sacheinlage auszugehen. 83

Bedeutung und Inhalt des Kriteriums „**zeitlicher Zusammenhang**" sind ebenfalls unklar. Während teilweise das zeitliche Element für entscheidend gehalten wird,[186] wird es von anderen als nachrangig angesehen.[187] Dabei wird in Teilen der Literatur für das Vorliegen des zeitlichen Zusammenhangs verlangt, daß Kapitalerhöhung und Verkehrsgeschäft nur wenige Tage auseinanderliegen; teilweise wird ein Zeitraum von bis zu 6 Monaten angenommen, weil die Gesellschaft auch über einen so langen Zeitraum noch die Vornahme von bestimmten Verkehrsgeschäften mit einer Kapitalerhöhung planen bzw. koordinieren könne.[188] Wegen dieser ungemein breiten Meinungsvielfalt und wegen des Umstandes, daß andererseits der BGH bisher nur in zeitlicher Hinsicht eindeutige Fälle[189] zu entscheiden hatte, muß dem **zeitlichen Moment in der Praxis ein besonderes Gewicht** beigemessen werden. Sofern man überhaupt die gewollte Entzerrung von bestimmten Verkehrsgeschäften mit einer Kapitalerhöhung für möglich hält,[190] muß man wenigstens von einem Abstand von 6 Monaten ausgehen. Neigt man der Meinung zu, die ganz entscheidend auf das Vorliegen einer entsprechenden Abrede abstellt, ist im Einzelfall auch an noch längere Zeiträume zu denken. Als Höchstgrenze kann aber jedenfalls die zwei-Jahres-Grenze angesehen werden, an die auch die Nachgründungsvorschriften[191] anknüpfen.[192] 84

Eine verdeckte Sacheinlage kann **nicht nur im unmittelbaren Verhältnis zwischen Gesellschafter und Gesellschaft** vorliegen, sondern auch dann, wenn **Dritte, die in einem zurechenbaren Verhältnis zu dem Gesellschafter oder der Gesellschaft** stehen, in die Vornahme oder Abwicklung 85

---

[185] BGHZ 122, 180 ff. -coop-.
[186] Priester ZIP 1991, 345, 350; Müller-Eising, Verdeckte Sacheinlage, S. 136 ff.
[187] OLG Koblenz ZIP 1988, 642, 643; Joost ZIP 1990, 549, 558; von Gerkan GmbHR 1992, 433, 436.
[188] Lutter, Kölner Kommentar, § 66, RN 34; Lutter/Hommelhoff, § 5, RN 40; Hachenburg/Ulmer, § 5 RN, 147a; Priester ZIP 1991, 345, 350; Autenrieth DStZ 1988, 252, 253; Müller-Eising, Verdeckte Sacheinlage, S. 141 ff.
[189] BGHZ 113, 335 ff.: Überweisung innerhalb weniger Tage; BGHZ 110, 47 -IBH/Lemmerz- : Glattstellung der Kontenbewegungen zum selben Buchungstag.
[190] Zweifel bei Priester DB 90, 1753, 1757.
[191] § 52 I AktG; ähnlich § 13 b IV HGB bezüglich gewisser Bekanntmachungen bei der Anmeldung von Zweigniederlassungen.
[192] Mayer NJW 1990, 2593, 2598; Müller-Eising, Verdeckte Sacheinlage, S. 140.

der Kapitalerhöhung oder des Verkehrsgeschäftes einbezogen werden. Im Sinne der Kapitalaufbringungsvorschriften kann es keinen Unterschied machen, ob die eingezahlten Bareinlagemittel unmittelbar oder über einen Dritten an den Gesellschafter zurückgeführt werden, wenn dieser Dritte dem Gesellschafter zugerechnet werden muß.[193] In der Rechtsprechung finden sich hierfür bereits mehrere Beispiele.[194] In der Leitentscheidung IBH/Lemmerz des Bundesgerichtshofs hatte eine hierzu eigens gegründete Tochtergesellschaft der Lemmerz AG die Kapitalerhöhung übernommen.[195] In zwei Entscheidungen betreffend die Beton- und Monierbau AG ließ der BGH es sogar ausreichen, daß dritte Banken auf ausdrückliche Anweisung der aktienzeichnenden Bank die Kapitalerhöhung zwischenfinanziert hatten, mit der später die Darlehen zurückgezahlt werden sollten.[196] In weiteren instanzgerichtlichen Entscheidungen, die den IBH-Konkurs betreffen, haben die Gerichte verdeckte Sacheinlagen unter **Einbeziehung von Konzernunternehmen** bejaht.[197] Darüber hinaus hat der BGH eine verdeckte Sacheinlage auch in einem Fall bejaht, in dem die Bareinlagemittel nicht an den Gesellschafter, der sie eingelegt hatte, zurückgeführt worden sind, sondern an dessen Mutter, die ebenfalls Gesellschafterin war und ihrem Sohn die Einlage finanziert hatte.[198] Trotz Zwischenschaltung eines Familienangehörigen eines Gesellschafters kann auch in einer derartigen Vorgehensweise ein einheitlicher, als verdeckte Sacheinlage zu wertender Vorgang gesehen werden.[199]

86 Die Rechtsprechung hat für die **Einbeziehung von Dritten in die verdeckte Sacheinlage** noch kein schlüssiges Konzept entwickelt. In dem IBH/Lemmerz-Urteil[200] hat der Bundesgerichtshof darauf abgestellt, ob das Handeln des Dritten dem Bareinleger zugerechnet werden könne, weil der Dritte eine dem Bareinleger „nahestehende Person" sei. Im Gegensatz dazu hat der Bundesgerichtshof in der zweiten BuM-Entscheidung[201] danach entschieden, ob man das Handeln des Dritten hinwegdenken könne, mit der Folge, daß dann ein sachlicher und zeitlicher Zusammenhang zwischen dem Verkehrsgeschäft und der Einlageleistung bestehe.

87 In der Literatur wird danach gefragt, inwieweit dem Bareinleger nahestehende Personen zuzurechnen sind. Es wird versucht, auf der Grund-

---

[193] Vgl. Groß AG 1991, 217 ff.; ders., AG 1993, 108, 112; umfassend Müller-Eising, Verdeckte Sacheinlage, S. 198 ff.
[194] Eine verdeckte Sacheinlage im Konzern lag bereits RGZ 152, 292, 300, zugrunde; zuletzt BGH BB 1994, 882 ff.
[195] BGHZ 110, 47.
[196] BGHZ 96, 231, 242; BGHZ 118, 83, 93 f. mit Unterschieden im einzelnen.
[197] LG Mainz AG 1987, 91 ff. -IBH/General Motors-; LG Mainz WM 1989, 1053 ff. -IBH/Babcock-; vgl. auch BGH BB 1994, 882, 883.
[198] BGHZ 113, 335 ff.
[199] BGHZ 113, 335, 346 für den Fall des Schütt-aus-hol-zurück-Verfahrens.
[200] BGHZ 110, 47, 66 ff. -IBH/Lemmerz-.
[201] BGHZ 118, 83, 93 f.

II. Kapitalerhöhung und Kapitalherabsetzung bei Kapitalgesellschaften

lage des § 32 a II GmbHG und der dazu ergangenen Rechtsprechung des Bundesgerichtshofes ein Lösungskonzept zu entwickeln.[202] Bilden der Gesellschafter, der an der Barkapitalerhöhung teilnimmt, und der Dritte gerade in Bezug auf den für die verdeckte Sacheinlage relevanten Sachverhalt eine **wirtschaftliche Einheit**, da entweder der Bareinleger für Rechnung des Dritten zeichnet oder aber der Dritte für Rechnung des Bareinlegers handelt, dann werden dem Bareinleger die Handlungen (Verkehrsgeschäft bzw. Forderungstilgung) des Dritten zugerechnet.[203] Eine wirtschaftliche Einheit in diesem Sinne besteht bei Treuhand- und Strohmann-Verhältnissen, d.h. wenn auf Seiten der Gesellschaft oder des Gesellschafters[204] ein Treuhänder oder Strohmann tätig wird. Gleiches gilt für Konzernunternehmen auf Seiten der Gesellschaft oder des Gesellschafters, die unter einheitlicher Leitung stehen.[205] Auf Seiten des Gesellschafters kann die wirtschaftliche Einheit auch in Fällen des Nießbrauchs, der Unterbeteiligung oder der Pfandgläubigerschaft sowie bei atypischen stillen Gesellschaftern bestehen. Auf Seiten des Gesellschafters kann schließlich auch eine wirtschaftliche Einheit vorliegen, wenn die Gesellschaft ein Verkehrsgeschäft mit einem Familienangehörigen des Gesellschafters abschließt, wobei die Bareinlagemittel, die der Gesellschafter gezahlt hat, tatsächlich aus Mitteln des Familienangehörigen bestehen. Da es jedoch keinen Erfahrungssatz gibt, daß Familienangehörige stets gleichgerichtete Interessen verfolgen,[206] wird von einer schematischen Zusammenfassung der Familienangehörigen als stets zu vermutender Interesseneinheit sicher nicht die Rede sein können.[207]

Zusammenfassend ist dringend davor zu warnen, die Probleme der verdeckten Sacheinlage dadurch umgehen zu wollen, daß nahe Familienangehörige, verbundene Unternehmen, Strohleute oder sonstige auf ausdrückliche Anweisung handelnde Dritte in die Abwicklung der Barkapitalerhöhung oder des mit ihr in Zusammenhang stehenden Verkehrsgeschäftes eingeschaltet werden.[208]

---

[202] Groß AG 1991, 217, 222; Wiedemann ZIP 1991, 1257, 1267; Müller-Eising, Verdeckte Sacheinlage, S. 227, 235 unter Hinweis auch auf Konzernrechnungslegungsvorschriften.

[203] Groß AG 1991, 217, 225.

[204] Beispiel: BGH 110, 47 -IBH/Lemmerz-.

[205] Noch weitergehend BGH BB 1994, 882: maßgebliche Beteiligung, in der Regel damit aber alle Unternehmen, bei denen Mehrheitsbeteiligungen bestehen, weil für diese die Abhängigkeitsvermutung nach § 17 II AktG und darüber wiederum die Konzernvermutung nach § 18 I S. 3 AktG eingreift.

[206] BGHZ 77, 94, 106; 80, 69, 73 -Süssen-.

[207] Vgl. auch Lutter/Hommelhoff, § 32 a/b, RN 56; a.A.v. Gerkan GmbHR 1986, 218, 223.

[208] Vgl. zu den verschiedenen Fallgruppen im einzelnen Müller-Eising, Verdeckte Sacheinlage, S. 239 ff.

88 Bezüglich des sachlichen Zusammenhangs der Kapitalerhöhung mit dem Verkehrsgeschäft ist besonders darauf hinzuweisen, daß es auf die **Reihenfolge der verschiedenen Zahlungsvorgänge** nicht entscheidend ankommt. Nach Ansicht des Bundesgerichtshofes liegt eine verdeckte Sacheinlage sowohl dann vor, wenn erst die Einlage eingezahlt und sodann zur Tilgung der Gesellschafterforderung zurückgezahlt wird, als auch dann, wenn in umgekehrter Reihenfolge erst die Gesellschafterforderung getilgt und der erhaltene Betrag dann ganz oder teilweise als Einlage zurückgezahlt wird.[209] Aufgrund dieser Rechtsprechung besteht ein nicht zu vernachlässigendes Risiko, daß eine Barkapitalerhöhung bei einem Zusammentreffen mit einem Verkehrsgeschäft als verdeckte Sacheinlage angesehen wird, selbst wenn die Gesellschafter einen inneren Zusammenhang zwischen beiden Vorgängen nicht gesehen und erst recht nicht bezweckt haben.[210]

89 Um den Sacheinlagevorschriften in Fällen verdeckter Sacheinlage gerecht zu werden, sind eine entsprechende Festsetzung in der Satzung oder im Kapitalerhöhungsbeschluß, eine **Prüfung der Werthaltigkeit durch die zuständigen Organe** und das Registergericht und eine Bekanntmachung dieser Vorgänge notwendig. Dies alles gilt entsprechend auch für Fälle verdeckter Sacheinlagen unter Beteiligung Dritter. Während für das Gründungsstadium der Aktiengesellschaft die Sachübernahmevorschriften des § 27 I AktG teilweise ein entsprechendes Instrumentarium zur Verfügung stellen, kann in sonstigen Fällen verdeckter Sacheinlagen unter Einbeziehung Dritter, d. h. also insbesondere im Falle der Beteiligung Dritter bei der aktienrechtlichen und GmbH-rechtlichen Kapitalerhöhung, entsprechend den Sachübernahmevorschriften verfahren werden. Es handelt sich dann um eine Bargründung, bei der zusätzlich in der Satzung oder im Kapitalerhöhungsbeschluß der Gegenstand (z. B. die Forderung), sein Preis, der Name des Veräußerers und des Erwerbers sowie deren Stellung zur Gesellschaft bzw. zum Gesellschafter zu nennen sind.[211] Eine Forderung wird zudem nach ihrer Höhe und Einzelheiten ihrer Herkunft, dem Namen des Forderungsinhabers und des Verpflichteten sowie deren Stellung zur Gesellschaft bzw. zum Gesellschafter zu bestimmen sein.[212] Wegen der Besonderheiten des Drittbeteiligungsverhältnisses geht es bei der Prüfung der Werthaltigkeit des Gegenstandes bzw. der Forderung allerdings nicht darum, eine direkte Anrechnung auf die Einlageverpflichtung vorzunehmen; die zuständigen Gesellschaftsorgane und das Registergericht müssen vielmehr prüfen, ob der

---

[209] BGHZ 113, 335, 350; BGH ZIP 1982, 689, 692 -Holzmann-.
[210] Zutreffend Finken DStR 1992, 359.
[211] Lutter, Kölner Kommentar, § 183, RN 84; Müller-Eising, Verdeckte Sacheinlage, S. 270.
[212] Ebenso jetzt Sernetz ZIP 1993, 1685, 1690 für das Schütt-aus-Hol-zurück-Verfahren.

von der Gesellschaft gezahlte Preis angemessen bzw. die von ihr beglichene Forderung vollwertig war.[213]

Angesichts der bereits dargestellten „katastrophalen" Rechtsfolgen der verdeckten Sacheinlage[214] sowie der zahlreichen Altfälle, die es aufzuarbeiten gilt, steht im Mittelpunkt der Diskussion nicht zuletzt die Möglichkeit der „**Heilung**" verdeckter Sacheinlagen.

Während im Gründungsstadium der Aktiengesellschaft unmittelbar die Nachgründungsvorschriften eingreifen, wird auch für verdeckte Sacheinlagen im Rahmen der Kapitalerhöhung einer Aktiengesellschaft eine entsprechende Anwendung der Nachgründungsvorschriften möglich sein.[215] Im einzelnen bedeutet dies, daß in der Aktiengesellschaft ein entsprechend angekündigter und vorbereiteter Beschluß der Hauptversammlung mit qualifizierter Mehrheit sowie die Wertprüfung durch einen unabhängigen Sachverständigen erforderlich sind. Der betroffene Gesellschafter muß darüber hinaus zusätzlich eine Wertgarantie geben zum Ausgleich der ausgefallenen Differenzhaftung, die an sich aus § 27 AktG hergeleitet wird. Schließlich muß der gesamte Vorgang zu den Registerakten gegeben werden.[216] Da dieses Heilungsverfahren aber noch nicht von der Rechtsprechung bestätigt worden ist, steht derzeit als anerkanntes Mittel der Rückabwicklung verdeckter Sacheinlagen nur der Weg der **Kapitalherabsetzung mit anschließender Kapitalerhöhung** zur Verfügung. Dabei wird das Kapital um den Betrag der ursprünglichen Bareinlage herabgesetzt und anschließend eine Sachkapitalerhöhung durchgeführt, bei der der Rückgabeanspruch bezüglich des übertragenen Gegenstandes bzw. der Forderung eingebracht wird.

Bei der **GmbH** nimmt die **Diskussion um die Heilung** einen anderen Verlauf. Auch hier ist die Kapitalherabsetzung mit anschließender Kapitalerhöhung der einzige ausdrücklich im Gesetz vorgesehene Weg, der allerdings wegen der einjährigen Wartefrist bei der Kapitalherabsetzung als besonders schwerfällig angesehen wird.[217]

Der Vorschlag der analogen Anwendung der aktienrechtlichen Nachgründungsvorschrift[218] wird wohl wegen der abweichenden Rechtslage bei der GmbH keine Aussicht auf Erfolg haben.[219]

Eher kommt, im Ergebnis nicht unähnlich, die nachträgliche Umwidmung einer Bargründung in eine Sachgründung in Betracht.[220] Hiernach

---

[213] Müller-Eising, Verdeckte Sacheinlage, S. 271.
[214] Vgl. oben, RN 74.
[215] Vgl. Lutter/Gehling, WM 1989, 1445, 1455; Ulmer ZHR 145 (1990), 128, 143; Mülbert ZHR 154 (1990), 145, 177.
[216] Vgl. Lutter/Gehling WM 1989, 1445, 1455.
[217] Vgl. Knobbe-Keuk ZIP 1986, 885; Rasner NJW 1993, 186.
[218] Lutter/Gehling WM 1989, 1445, 1455.
[219] Vgl. Priester DB 1990, 1753, 1756.
[220] Priester DB 1990, 1753, 1759; Rasner NJW 1993, 186.

muß eine Satzungsänderung mit qualifizierter Mehrheit erfolgen, bei der die ursprüngliche Barkapitalerhöhung in eine Erhöhung mit Sacheinlagen umgewidmet wird. Als Sacheinlage wird dabei die Forderung des Einlegers gegen die Gesellschaft aus § 812 I BGB wegen fehlgeschlagener Einlageleistung eingebracht. Um eine nachträgliche Werthaltigkeitskontrolle zu erzielen, hat ein Wirtschaftsprüfer zu bestätigen, daß diese Forderung im Zeitpunkt der Umwidmung vollwertig ist, und die Gesellschaft hat eine entsprechende Erklärung als Sachgründungsbericht oder im Rahmen der Kapitalerhöhung dem Handelsregister einzureichen.[221] In Einzelfällen sind Amtsgerichte diesem Konzept bereits gefolgt und haben nach Prüfung der entsprechenden Unterlagen die **Umwidmung einer ursprünglich vorgesehenen Bareinlageverpflichtung in eine Sacheinlageverpflichtung** im Handelsregister eingetragen.[222] Da aber auch insoweit noch eine Bestätigung durch die obergerichtliche Rechtsprechung aussteht, muß in der Praxis im Zweifelsfall dazu geraten werden, den mühsamen und beschwerlichen Weg der Kapitalherabsetzung mit anschließender Kapitalerhöhung zu beschreiten.

2. Kapitalerhöhung bei der Aktiengesellschaft

92 Wird im Rahmen der Umstrukturierung einer Aktiengesellschaft neues Kapital benötigt, kann dieses grundsätzlich aus Fremd- oder Eigenkapital bestehen. Als sogenannte „**Maßnahmen der Kapitalbeschaffung**" stellt das Aktiengesetz **drei Formen der Kapitalerhöhung gegen Einlage** zur Verfügung, die zur Beschaffung neuen Eigenkapitals im Wege der Außenfinanzierung[223] führen:
– die reguläre Kapitalerhöhung gegen Einlage,[224]
– die bedingte Kapitalerhöhung[225] und
– das genehmigte Kapital.[226]

Während bei diesen Formen der Kapitalerhöhung jeweils neues Kapital in Form einer Einlage erbracht wird, werden bei der **Kapitalerhöhung aus Gesellschaftsmitteln**[227] keine neuen Mittel zugeführt, sondern es wird lediglich bisher schon vorhandenes Vermögen der Gesellschaft in Grundkapital umgewandelt.

---

[221] Im einzelnen: Priester DB 1990, 1753, 1759.
[222] Rasner NJW 1993, 186, unter Hinweis auf Eintragungen des AG Osnabrück und des AG Berlin-Charlottenburg.
[223] Im Gegensatz zur Innenfinanzierung, d. h. also insbesondere Gewinn-Thesaurierung oder Abschreibungsfinanzierung; vgl. auch oben RN A 204 ff.
[224] §§ 182–191 AktG.
[225] §§ 192–201 AktG.
[226] §§ 202–206 AktG.
[227] §§ 207–220 AktG.

II. Kapitalerhöhung und Kapitalherabsetzung bei Kapitalgesellschaften

a) (Reguläre) Kapitalerhöhung gegen Einlage

Die (reguläre) Kapitalerhöhung gegen Bareinlagen (§ 182 AktG) stellt den **Grundtyp der Kapitalerhöhung** dar. Die Kapitalerhöhung kann gemäß § 182 I S. 4 AktG nur durch Ausgabe neuer Aktien ausgeführt werden. Unter Beachtung besonderer Voraussetzungen kann die Bareinlage auch durch eine Sacheinlage ersetzt werden.[228]

Die **Zulässigkeit der Kapitalerhöhung** ist nicht von einem besonderen sachlichen Grund abhängig.[229] Die Vorschriften über den Bezugsrechtsausschluß (§ 186 AktG) bieten ausreichenden Schutz für etwaige Minderheitsaktionäre. Eine Erhöhung des Grundkapitals soll jedoch nicht stattfinden, solange Einlagen auf das bisherige Grundkapital noch ausstehen und auch noch erlangt werden können.[230] Bei der Anmeldung ist unter anderem anzugeben, welche Einlagen noch nicht geleistet sind.[231] Liegt ein Verstoß gegen das Verbot des § 182 IV AktG vor, wonach das Grundkapital nicht erhöht werden soll, solange ausstehende Einlagen auf das bisherige Grundkapital noch erlangt werden können, macht dies den Kapitalerhöhungsbeschluß weder nichtig noch anfechtbar; der Registerrichter muß jedoch die Eintragung der Kapitalerhöhung ablehnen.[232] Lediglich für Versicherungsgesellschaften kann deren Satzung etwas Abweichendes bestimmen (§ 182 IV S. 2 AktG).

aa) Kapitalerhöhungsbeschluß. Kapitalerhöhungen sind **Satzungsänderungen**[233] und bedürfen daher eines Beschlusses der Hauptversammlung gemäß §§ 179 I 1, 182 I AktG. Eine Übertragung der Entscheidungszuständigkeit auf andere Stellen ist, sofern nicht der Fall des genehmigten Kapitals vorliegt, nicht zulässig. Der vorgesehene Kapitalerhöhungsbeschluß ist bei der Einberufung der Hauptversammlung in seinem vollen Wortlaut bekanntzumachen.[234]

Der **Kapitalerhöhungsbeschluß** bedarf gemäß § 182 I AktG einer **Mehrheit** von mindestens drei Viertel des bei der Beschlußfassung vertretenen Grundkapitals. Unstreitig muß zugleich auch die einfache Stimmenmehrheit des § 133 I AktG vorliegen.[235] Da die Mehrheit allein nach dem Kapital der stimmberechtigten Aktien zu berechnen ist, sind stimmrechtslose Vorzugsaktien bei der Berechnung der Kapitalmehrheit nicht

---

[228] Oben, RN 71.
[229] Krieger, in: Münchener Handbuch AG, § 56, RN 7.
[230] § 182 IV S. 1 AktG.
[231] § 184 II AktG.
[232] So Hefermehl/Bungeroth, in: Geßler/Hefermehl, § 182, RN 94 f.; Hüffer, AktG, § 182, RN 30; Lutter NJW 1969, 873, 878.
[233] Vgl. § 23 III Nr. 3 und 4 AktG.
[234] § 124 II S. 2 AktG.
[235] Vgl. nur Hefermehl/Bungeroth, in: Geßler/Hefermehl, § 182, RN 22; Lutter, Kölner Kommentar, § 182, RN 4.

zu berücksichtigen.[236] Zulässig ist es, daß die Satzung eine andere Kapitalmehrheit oder weitere Erfordernisse (z. B. Zustimmung des Großaktionärs oder bestimmte Mindestpräsenz) aufstellt.[237] Die Kapitalmehrheit kann jedoch allenfalls bis zur einfachen Mehrheit des vertretenen Grundkapitals herabgesetzt werden. Für die Ausgabe von Vorzugsaktien kann nur eine größere Kapitalmehrheit bestimmt werden.

96   Sind **mehrere Gattungen** von Aktien vorhanden (vgl. § 11 AktG), bedarf der Kapitalerhöhungsbeschluß der Hauptversammlung gemäß § 182 II AktG zu seiner Wirksamkeit der Zustimmung der Aktionäre jeder Gattung. Über die Zustimmung haben hierbei die Aktionäre jeder Gattung einen **gesonderten Zustimmungsbeschluß (Sonderbeschluß)** zu fassen. Ein Sonderbeschluß der stimmrechtslosen Vorzugsaktionäre ist nicht erforderlich, soweit nicht die Voraussetzungen des § 141 II AktG vorliegen. Nach dieser Bestimmung bedarf ein Beschluß über die Ausgabe von Vorzugsaktien, die bei der Verteilung des Gewinns oder des Gesellschaftsvermögens den Vorzugsaktien ohne Stimmrecht vorgehen oder gleichstehen, der Zustimmung der Vorzugsaktionäre; dieser Zustimmung bedarf es nicht, wenn die Ausgabe bei Einräumung des Vorzuges oder, falls das Stimmrecht später ausgeschlossen wurde, bei der Ausschließung ausdrücklich vorbehalten worden war und das Bezugsrecht der Vorzugsaktionäre nicht ausgeschlossen wird. Da in der Praxis regelmäßig bei Ausgabe von Vorzugsaktien die Ausgabe weiterer Vorzugsaktien ausdrücklich vorbehalten wird und das Bezugsrecht der Vorzugsaktionäre später nicht ausgeschlossen wird, liegen die genannten Voraussetzungen selten vor.

Stehen noch erforderliche Sonderbeschlüsse aus, ist der Kapitalerhöhungsbeschluß schwebend unwirksam. Verweigert eine Aktionärsgattung die Zustimmung, wird der Kapitalerhöhungsbeschluß endgültig unwirksam.

97   Der **Kapitalerhöhungsbeschluß** muß den wesentlichen Inhalt der Kapitalerhöhung festlegen. Erforderlich ist die Bestimmung des Erhöhungsbetrages, der Nennbeträge der neuen Aktien und deren Art (Inhaber- oder Namensaktien).[238] Im Hinblick auf den Erhöhungsbetrag kann sich die Hauptversammlung allerdings darauf beschränken, eine Mindest- und Höchstgrenze oder auch nur eine Höchstgrenze festzulegen, wenn der Beschluß im übrigen exakte Kriterien enthält, aufgrund derer der endgültige Kapitalerhöhungsbetrag bestimmt ist. Hiernach ist es insbesondere zulässig, den endgültigen Kapitalerhöhungsbetrag von der Höhe der Zeichnungen innerhalb einer bestimmten Zeichnungsfrist abhängig zu machen.[239]

---

[236] Lutter, Kölner Kommentar, § 182, RN 6.
[237] § 182 I S. 3 AktG.
[238] § 23 III Nr. 4 und 5 AktG.
[239] Bereits RGZ 85, 205, 207; Lutter, Kölner Kommentar, § 182, RN 17; Wiedemann, Großkommentar AktG, § 182, Anm. 7.

Darüber hinaus kann von der Hauptversammlung ein **bestimmter** 98
Ausgabekurs festgesetzt werden; wegen des **Verbots der Unterpari-Emission** muß die Ausgabe jedoch mindestens zum Nennbetrag erfolgen.[240]
Nach § 182 III AktG muß allerdings in dem Kapitalerhöhungsbeschluß der Mindestausgabebetrag, unter dem die Aktien nicht ausgegeben werden, besonders festgesetzt werden, sofern eine Überpari-Emission – wie regelmäßig – gewollt ist. Das bei der **Überpari-Emission als Agio eingezahlte Kapital** wird in der Bilanz als Kapitalrücklage ausgewiesen.[241]

bb) Sacheinlagen. Sollen statt Bareinlagen Sacheinlagen erbracht wer- 99
den, müssen gemäß §§ 27, 183 AktG besondere Anforderungen zum Schutz der Aktionäre und Gläubiger erfüllt werden.[242]

Gegenstand einer Sacheinlage kann jeder Gegenstand sein, der – zumindest im Rahmen eines Gesamtunternehmens – verwertbar ist und einen wirtschaftlich feststellbaren Wert hat. Damit sind auch Gegenstände wie „Good-Will" und „Know-How" sacheinlagefähig.[243] Unter Beachtung bestimmter Voraussetzungen wird man auch Sach- und Kapitalnutzungsrechte als sacheinlagefähig betrachten können.[244] In der Praxis kommt dies allerdings selten vor, hier geht es vor allem um die Einbringung von Beteiligungen an anderen Unternehmen oder von Betrieben und Teilbetrieben.[245]

Sollen im Kapitalerhöhungsbeschluß Sacheinlagen festgesetzt werden, muß die geplante Einbringung von Sacheinlagen und deren Festsetzung bei der Einberufung der Hauptversammlung ausdrücklich bekanntgemacht werden. Dabei sind der Gegenstand der Sacheinlage, die Person, die die Einlage erbringen soll, sowie der Nennbetrag der zu gewährenden Aktien mitzuteilen.

Im Kapitalerhöhungsbeschluß müssen dann der Gegenstand der Sach- 100
einlage, die Person, von der die Gesellschaft den Gegenstand erwirbt, und der Nennbetrag der bei der Sacheinlage zu gewährenden Aktien festgesetzt werden. Abweichend von der Gründung müssen diese Festsetzungen aber nicht in der Satzung (Satzungsänderung) erfolgen, ausreichend ist ihre Nennung im Kapitalerhöhungsbeschluß. Verträge über Sacheinlagen und die Rechtshandlungen zu ihrer Ausführung sind der Gesellschaft gegenüber unwirksam, wenn die erforderlichen **Festsetzungen im Kapitalerhöhungsbeschluß** unrichtig oder unvollständig sind.

---

[240] Vgl. § 9 I AktG, dazu bereits oben RN 70.
[241] § 272 II Nr. 1 HGB.
[242] Oben RN 71.
[243] H.M., vgl. Kraft, Kölner Kommentar, § 27, RN 35; Barz, Großkommentar AktG, § 27, Anm. 6; Eckardt, in: Geßler/Hefermehl, § 27, RN 13.
[244] Streitig, wie hier: Döllerer FS Fleck, S. 35, 38; Bork ZHR 154 (1990), 205, 221; eher ablehnend: Knobbe-Keuk ZGR 1980, 214, 221; Schmidt ZHR 154 (1990), 237, 257.
[245] Vgl. hierzu Lutter, Kölner Kommentar, § 183, RN 39 f.

Dies bedeutet, daß das schuldrechtliche Verpflichtungsgeschäft und alle dinglichen Vollzugsakte unwirksam sind. Ist die Kapitalerhöhung noch nicht eingetragen, können unvollständige Festsetzungen durch einen ordnungsgemäßen Beschluß der Hauptversammlung geheilt werden. Eine solche Heilung ist jedoch ausgeschlossen, wenn die Durchführung der Erhöhung des Grundkapitals bereits in das Handelsregister eingetragen worden ist.[246] In diesem Fall ist der betroffene Aktionär (Einleger) zur Bareinlage verpflichtet. Es sind diese Rechtsfolgen einer fehlenden oder unvollständigen Festsetzung von Sacheinlagen, die die Auswirkungen verdeckter Sacheinlagen ebenfalls als „katastrophal" erscheinen lassen.[247]

101 Bei der Sachkapitalerhöhung hat gemäß § 183 III AktG eine **Prüfung der Einlagen** durch einen oder mehrere Prüfer zu erfolgen. Hierbei gelten die Vorschriften über die Gründungsprüfung (§§ 33 III – V, 34 sowie 35 AktG) sinngemäß.[248] Gegenstand der Prüfung ist die Frage, ob der Wert der Sacheinlage den Nennwert der zu gewährenden Aktien erreicht.[249] Soll eine Forderung des Aktionärs gegen die Aktiengesellschaft Sacheinlage werden, ist die Werthaltigkeit der Forderung zu prüfen; ausschlaggebend ist dann die Solvenz der Gesellschaft selbst.[250] Die Gründungsprüfer werden vom Registergericht nach Anhörung der Industrie- und Handelskammer bestellt.[251] In der Regel – aber nicht notwendigerweise[252] – handelt es sich um Wirtschaftsprüfer oder Wirtschaftsprüfungsgesellschaften. Bei der anschließenden **registergerichtlichen Prüfung** steht dem Gericht gemäß § 38 AktG ein eigenes Prüfungsrecht zu. Bleibt der Wert der Sacheinlage nicht unwesentlich hinter dem Nennbetrag der hierfür zu gewährenden Aktien zurück, hat das Registergericht die Eintragung der Kapitalerhöhung abzulehnen.[253]

102 Während die Festsetzung der Sacheinlage es dem betroffenen Aktionär nur ermöglicht, eine Bareinlageverpflichtung durch eine Sacheinlage zu ersetzen, entsteht die eigentliche Verpflichtung zur Einbringung eines bestimmten Sacheinlage-Gegenstandes erst durch **Abschluß eines Einbringungsvertrages (Sacheinlagevertrag)** zwischen der Gesellschaft und dem Aktionär. Darüber hinaus ist der Abschluß entsprechender dinglicher

---

[246] § 183 II S. 4 AktG.
[247] Zum Problemkreis „Verdeckte Sacheinlage" siehe oben RN 72 ff.
[248] § 183 III S. 1 und 2 AktG.
[249] § 34 I Nr. 2 AktG gilt sinngemäß, obwohl die Kapitalerhöhungsvorschriften nicht ausdrücklich darauf verweisen, vgl. Krieger, in: Münchener Handbuch AG, § 56, RN 36.
[250] Zur Anwendung der Sacheinlagevorschriften auf die Einbringung von Forderungen, siehe oben RN 61.
[251] § 33 III AktG.
[252] § 33 IV AktG, vgl. Hüffer, AktG, § 33, RN 6.
[253] Obwohl § 183 III S. 3 AktG „kann" sagt, lehnt die herrschende Meinung ein Ermessen des Registergerichts ab, vgl. Lutter, Kölner Kommentar, § 184, RN 12; Hefermehl/Bungeroth, in: Geßler/Hefermehl, § 183, RN 99; Hüffer, AktG, § 183, RN 18; a. A. Krieger, in: Münchener Handbuch AG, § 56, RN 49.

II. Kapitalerhöhung und Kapitalherabsetzung bei Kapitalgesellschaften

Vollzugsgeschäfte unter Einhaltung etwaiger Formvorschriften (z.B. § 925 BGB, § 15 III GmbHG) erforderlich. Um Aktionär zu werden, hat der betreffende Sacheinleger neben dem Abschluß des Einbringungsvertrages aber auch die vom ihm zu übernehmenden Aktien zu zeichnen.[254]

Bereits im Rahmen der Erörterung der verdeckten Sacheinlage wurde hervorgehoben, daß den Sacheinleger eine **objektive Werthaftung** aus seiner Kapitaldeckungszusage trifft. Enthält der Kapitalerhöhungsbeschluß nicht die notwendigen Festsetzungen, wird die Durchführung der Kapitalerhöhung aber trotzdem ins Handelsregister eingetragen, so ist der Einleger in entsprechender Höhe zur Erbringung einer Bareinlage verpflichtet.[255] Entspricht der Wert der Sacheinlage nicht dem Wert der zu übernehmenden Aktien, ist der Einleger verpflichtet, den Differenzbetrag in bar zu leisten (**Differenzhaftung**).[256] Nicht ganz zweifelsfrei ist, ob die Differenzhaftung auf den Nennbetrag beschränkt ist oder auch das Agio umfaßt.[257] Die überwiegende Literaturmeinung bejaht eine über den Nennbetrag hinausgehende Haftung,[258] obwohl sich die Prüfung der Sacheinlage nur auf den Nennbetrag der übernommenen Aktien beschränkt. Um eine Gleichbehandlung der Aktionäre bei Bareinlage und Sacheinlage zu gewährleisten, wird man aber jedenfalls eine Differenzhaftung im Sinne einer Wertdeckungszusage gegenüber der Gesellschaft bejahen können.[259] Die Differenzhaftung greift im übrigen auch im Falle von **Leistungsstörungen** ein.[260]

103

Wird die Sachkapitalerhöhung in den ersten zwei Jahren nach Gründung der Aktiengesellschaft vorgenommen, finden daneben auch die **Nachgründungsvorschriften** des § 52 AktG Anwendung, sofern für die Sacheinlagen Aktien im Nennbetrag von mehr als 10 % des bisherigen Grundkapitals zu gewähren sind.[261]

104

cc) Anmeldung und Eintragung ins Handelsregister. Der Beschluß über die Erhöhung des Grundkapitals ist gemäß § 184 AktG zur Eintragung in das Handelsregister anzumelden. In der Anmeldung ist anzugeben, welche Einlagen auf das bisherige Grundkapital noch nicht geleistet sind und warum sie nicht erlangt werden können. Von der **Anmel-**

105

---

[254] Siehe dazu unten RN 106.
[255] § 183 II S. 3 AktG.
[256] Vgl. nur Lutter, Kölner Kommentar, § 183, RN 66; Krieger, in: Münchener Handbuch, § 56, RN 40; siehe oben RN 71.
[257] Im einzelnen Lutter, Kölner Kommentar, § 183, RN 66.
[258] Hefermehl/Bungeroth, in: Geßler/Hefermehl, § 184, RN 106; Krieger, in: Münchener Handbuch AG, § 56, RN 40.
[259] Vgl. Lutter, Kölner Kommentar, § 183, RN 66.
[260] Vgl. dazu Lutter, Kölner Kommentar, § 183, RN 64; Ekardt, in: Geßler/Hefermehl, § 27, RN 28 ff.; Kraft, Kölner Kommentar, § 27, RN 69 ff.
[261] Barz, Großkommentar AktG, § 53, Anm. 7; Ekardt, in: Geßler/Hefermehl, § 52, RN 7; Lutter, Kölner Kommentar, § 183, RN 6; a. A. Bork/Stangier AG 1984, 320, 322.

dung des eigentlichen **Kapitalerhöhungsbeschlusses** zu unterscheiden ist die spätere Anmeldung der Durchführung der Kapitalerhöhung nach § 188 AktG. Das Gesetz geht von einem Stufenkonzept aus, um den Aktionären vor Anmeldung der Durchführung der Kapitalerhöhung die Möglichkeit zur Zeichnung zu geben. In der Praxis wird heutzutage aber ganz regelmäßig die Anmeldung des Kapitalerhöhungsbeschlusses und die **Anmeldung der Durchführung der Kapitalerhöhung** gemäß § 188 IV AktG verbunden, insbesondere wenn die Aktien von einer Emissionsbank oder einem Emissionskonsortium nach § 186 V AktG übernommen werden. Als **Anlagen** sind der Anmeldung die Niederschrift über die Hauptversammlung mit dem Kapitalerhöhungsbeschluß, die Niederschrift über etwaige Sonderbeschlüsse sowie der Bericht über die Prüfung von Sacheinlagen beizufügen.[262]

Der Registerrichter hat zu prüfen, ob die gesetzlichen und satzungsmäßigen Voraussetzungen für die Kapitalerhöhung erfüllt sind. Die **Prüfung** hat sich auch darauf zu erstrecken, ob der Wert etwaiger Sacheinlagen den Nennbetrag der dafür zu gewährenden Aktien erreicht.[263]

106 dd) **Zeichnung der Aktien.** Während die Hauptversammlung mit dem Kapitalerhöhungsbeschluß nur ihren Willen zur Erhöhung des Grundkapitals bekundet hat, beginnt mit der Zeichnung der neuen Aktien (§ 185 AktG) die Durchführung der Kapitalerhöhung.

Mit der Zeichnung bekundet der Zeichner seinen Willen zum Erwerb der neuen Aktien. Die Zeichnung erfolgt durch schriftliche Erklärung, d. h. durch Ausstellung des sog. **Zeichnungsscheins.** Aus diesem muß sich die gewollte Beteiligung nach der Zahl, dem Nennbetrag und, wenn mehrere Gattungen ausgegeben werden, der Gattung der Aktien hervorgehen. Desweiteren muß er die in § 185 I S. 3 AktG verlangten Angaben bezüglich des Kapitalerhöhungsbeschlusses und der Durchführung enthalten. Unvollständige Zeichnungsscheine oder Zeichnungsscheine, die eine andersartige Beschränkung der Verpflichtung des Zeichners enthalten, sind gemäß § 185 AktG nichtig.

Mit Annahme der Zeichnungserklärung durch die Aktiengesellschaft kommt ein **Zeichnungsvertrag über die Ausgabe neuer Aktien** an den Zeichner zustande. Die Aktiengesellschaft verpflichtet sich dabei, dem Zeichner bei Durchführung der Kapitalerhöhung im festgelegten Umfang Mitgliedsrechte zuzuteilen unter dem Vorbehalt, daß die Kapitalerhöhung überhaupt durchgeführt wird.[264] Der Zeichner wiederum verpflichtet sich, Aktien im festgelegten Umfang zu übernehmen und die

---

[262] § 184 I S. 2 AktG.
[263] Dazu Eckardt, in: Geßler/Hefermehl, § 38, RN 23, sowie bereits oben, RN 103.
[264] Lutter, Kölner Kommentar, § 185, RN 34; Hüffer, § 185, RN 5; Krieger, in: Münchener Handbuch AG, § 56, RN 80; Döllerer ZGR 1983, 407, 418; a. A. von Godin/Wilhelmi, § 185, Anm. 1.

vor Anmeldung fällige Mindesteinlage zu zahlen.[265] Der Zeichner kann sich auf die Nichtigkeit oder Unverbindlichkeit des Zeichnungsscheines nicht berufen, wenn die Durchführung der Erhöhung des Grundkapitals im Handelsregister eingetragen ist und der Zeichner aufgrund des Zeichnungsscheins als Aktionär Rechte ausgeübt (z.B. Teilnahme an einer Hauptversammlung oder Entgegennahme von Aktienurkunden) oder Verpflichtungen (Leistung der Einlage) erfüllt hat.[266]

ee) **Bezugsrecht und Bezugsrechtsausschluß.** Das in § 186 I AktG verankerte Bezugsrecht gewährleistet, daß jeder Aktionär einen Anspruch auf einen seiner bisherigen Beteiligungsquote entsprechenden Teil der neuen Aktien hat. Dem **gesetzlichen Bezugsrecht** ist eine erhebliche wirtschaftliche und rechtliche Bedeutung beizumessen. Es stellt sicher, daß jeder Altaktionär trotz der Kapitalerhöhung seine bisherige Beteiligungs- und Stimmrechtsquote aufrechterhalten kann. Das aufgrund einer konkreten Kapitalerhöhung geschaffene Bezugsrecht ist frei veräußerlich und übertragbar. Reicht demgemäß die Quote eines Aktionärs nicht aus, um eine ganze Aktie zu zeichnen, kann er entweder sein Bezugsrecht veräußern, weitere Bezugsrechte hinzuerwerben oder sein Bezugsrecht gemeinschaftlich mit anderen ausüben.

107

Besondere Probleme entstehen, wenn bei der Aktiengesellschaft bisher **Aktien verschiedener Gattungen** vorhanden waren. Dem einzelnen Aktionär steht kein Anspruch zu, daß die neuen Aktien die gleichen Bedingungen enthalten wie seine alten. Das Bezugsrecht entsteht grundsätzlich aber an allen neu ausgegebenen Aktien. Gab es daher in einer Aktiengesellschaft bisher zwei Gattungen (Stammaktien und Vorzugsaktien) und sollen jetzt nur Stammaktien ausgegeben werden, haben grundsätzlich auch die Vorzugsaktionäre ein ihrer bisherigen Beteiligungsquote entsprechendes Bezugsrecht an den neuen Stammaktien.[267] Um eine unzumutbare Verschiebung des Verhältnisses verschiedener Aktiengattungen zu verhindern, ist es zulässig, daß die Gesellschaft Aktien jeder vorhandenen Gattung entsprechend den bisherigen Beteiligungsquoten ausgibt und dabei das Bezugsrecht der Aktionäre auf Aktien der jeweils anderen Gattungen ausschließt (sog. „gekreuzter Bezugsrechtsausschluß"). Wegen § 216 I AktG gilt ein solcher Bezugsrechtsausschluß als ohne weiteres sachlich gerechtfertigt.[268]

108

---

[265] Hüffer, AktG, § 185, RN 4; abweichend Hefermehl/Bungeroth, in: Geßler/Hefermehl, § 185, RN 48 ff.
[266] § 185 II AktG.
[267] Lutter, Kölner Kommentar, § 186, RN 17; Hefermehl/ Bungeroth, in: Geßler/Hefermehl, § 186, RN 24; Hüffer, AktG, § 186, RN 4; abweichend Frey/Hirte DB 1989, 2465, 2466: Aktionäre sollen vorrangig Aktien ihrer Gattung erhalten.
[268] Hefermehl/Bungeroth, in: Geßler/Hefermehl, § 186, RN 129; Lutter, Kölner Kommentar, § 186, RN 68; Hüffer, § 186, RN 4, 30; Krieger, in: Münchener Handbuch

109 Für **eigene Aktien** kann die Gesellschaft kein Bezugsrecht ausüben.[269]

110 Ausgeübt wird das Bezugsrecht durch eine **Bezugserklärung** gegenüber der Gesellschaft. Die Bezugsaufforderung, die inhaltlich wenigstens den Ausgabebetrag und die Bezugsfrist nennen muß, ist vom Vorstand in den Gesellschaftsblättern bekanntzumachen.[270] Um die Überprüfung der Legitimation des Aktionärs zu erleichtern, wird in der Praxis außerdem regelmäßig die Vorlage eines Dividendenscheins, den die Gesellschaft in der Bezugsaufforderung bestimmt, verlangt.

111 Das Bezugsrecht der Aktionäre kann ganz oder zum Teil ausgeschlossen werden. Zulässig ist ein derartiger Ausschluß nur im Kapitalerhöhungsbeschluß selbst (§ 186 III S. 1 AktG). Der **Bezugsrechtsausschluß** bedarf einer Mehrheit, die mindestens drei Viertel des bei der Beschlußfassung vertretenen Grundkapitals umfaßt, oder einer in der Satzung für die Kapitalerhöhung aufgestellten höheren Mehrheit. Anders als für die Kapitalerhöhung darf die Satzung jedoch keine geringere Mehrheit vorsehen.[271]

112 Ein Bezugsrechtsausschluß stellt einen besonders schweren Eingriff in die mitgliedschaftlichen Rechte des Aktionärs dar. Aus diesem Grund bedarf der Ausschluß des Bezugsrechtes neben der **Einhaltung der förmlichen Voraussetzungen auch einer sachlichen Rechtfertigung**.[272] Der Bezugsrechtsausschluß ist sachlich gerechtfertigt, wenn er einem Zweck dient, der im Interesse der Gesellschaft liegt, zur Erreichung des beabsichtigten Zwecks geeignet und überdies erforderlich sowie verhältnismäßig ist.[273] Insbesondere müssen bei der vorzunehmenden Abwägung zwischen dem Interesse der Gesellschaft und den konkreten Nachteilen für die Aktionäre die Interessen der Gesellschaft überwiegen. Der Bezugsrechtsausschluß ist unzulässig, wenn der Gesellschaft zumutbare Alternativlösungen zur Verfügung stehen, die einen Bezugsrechtsausschluß vermeiden. Unter Beachtung dieser Grundsätze wird man einen Bezugsrechtsausschluß bei einer Barkapitalerhöhung regelmäßig nicht für zulässig erachten.[274] Aufgrund des Gesetzes über die **kleine Aktiengesellschaft**[274a] bestimmt § 186 III S. 4 AktG jetzt ausdrücklich, daß der

---

AG, § 56, RN 55, einschränkend LG Tübingen AG 1991, 406, 407; abweichend: Bezzenberger FS Quack, S. 153, 161: kein Bezugsrechtsausschluß.

[269] § 71 b AktG.
[270] § 186 II AktG.
[271] § 186 III AktG.
[272] Grundlegend: BGHZ 71, 40, 43 -Kali und Salz-.
[273] BGHZ 71, 40, 46; 83, 319, 321; 120, 141, 145 f.; BGH AG 1994, 276, 277; Hefermehl/Bungeroth, in: Geßler/Hefermehl, § 186, RN 103; Lutter, Kölner Kommentar, § 186, RN 61 ff.; Lutter ZGR 1979, 401, 402 f.
[274] BGHZ 83, 319, 323 = NJW 1982, 2444, 2446 -Holzmann-.
[274a] Gesetz für kleine Aktiengesellschaften und zur Deregulierung des Aktienrechts vom 02.08. 1994, BGBl. I, S. 1961; dazu Drüke WiB 1994, 265 ff.; Seibert, Die kleine AG, 1994, passim; zur Diskussion auf europäischer Ebene Schmidt/Müller-Eising/Gayk ZIP 1993, 1830, 1831.

Bezugsrechtsausschluß insbesondere dann zulässig ist, wenn es sich um eine Barkapitalerhöhung handelt, die 10 % des Grundkapitals nicht übersteigt und der Ausgabebetrag den Börsenpreis nicht wesentlich unterschreitet (sog. „**vereinfachter Bezugsrechtsausschluß**"). Die Vorschrift soll nach der Gesetzesbegründung insbesondere der Flexibilisierung und Kostenminimierung der Eigenkapitalbeschaffung von börsennotierten Aktiengesellschaften dienen.[274b] Ein unwesentliches Unterschreiten des Börsenkurses kann allenfalls noch bejaht werden, wenn der Abschlag höchstens 5 % des Börsenkurses ausmacht.[274c] Maßgebend ist der letzte Börsenkurs vor der ersten Notierung der jungen Aktien.

Liegen die Voraussetzungen für einen vereinfachten Bezugsrechtsausschluß nicht vor, ist im Einzelfall sehr genau zu prüfen, ob der Ausgleich von Spitzenbeträgen,[275] die Ermöglichung der Beteiligung eines Partnerunternehmens,[276] die Bedienung von Wandel- und Optionsanleihen[277], die Ausgabe von Belegschaftsaktien[278] oder eine Börseneinführung[279] jeweils einen Bezugsrechtsausschluß rechtfertigen.

Bei einer Sachkapitalerhöhung, die heute regelmäßig mit einem Bezugsrechtsausschluß verbunden ist, gelten die gleichen Grundsätze. Die **Sacheinlage rechtfertigt den Bezugsrechtsausschluß nicht ohne weiteres.** Die Gesellschaft muß vielmehr nach vernünftigen kaufmännischen Erwägungen ein hinreichend dringendes Interesse am Erwerb des Gegenstandes haben.[280] Zu prüfen ist aber auch hierbei, ob der Gegenstand nicht auf andere Weise mit Barmitteln aus einer Barkapitalerhöhung durch einfachen Kaufvertrag mit vergleichbaren Konditionen erworben werden kann.[281] Ist der zukünftige Sacheinleger allerdings bereits Aktionär und ist deshalb bereits zur Vermeidung einer verdeckten Sacheinlage eine Sachkapitalerhöhung zwingend notwendig, muß die Gesellschaft erwägen, zur Wahrung der Verhältnismäßigkeit (Beteiligungsquoten) eine gemischte Kapitalerhöhung (Bar- und Sachkapitalerhöhung) vorzuneh-

---

[274b] Bericht des Rechtsausschusses, BT-Drucks. 12/7848, S. 9.
[274c] Bericht des Rechtsausschusses, BT-Drucks. 12/7848, S. 9.
[275] Bejahend BGH NJW 1982, 2444, 2446; OLG Frankfurt, WM 1986, 615, 617.
[276] Vgl. BGH NJW 1982, 2444, 2446.
[277] OLG Frankfurt WM 1986, 615, 617.
[278] Vgl. Heinsius, FS Kellermann, S. 115, 126.
[279] Wenn langfristige Erschließung des Kapitalmarkts gewollt ist, bejahend: Hefermehl/Bungeroth, in: Geßler/Hefermehl, § 186, RN 133; Krieger, in: Münchener Handbuch AG, § 56, RN 64; für Einführung an ausländischer Börse vgl. BGH AG 1994, 276, 277 f.; Lutter, Kölner Kommentar, § 186, RN 72; Martens FS Steindorff, S. 151, 158 ff.; Heinsius FS Kellermann, S. 115, 128; grundsätzlich ablehnend: Hirte, Bezugsrechtsausschluß, S. 66.
[280] BGHZ 71, 40, 46 f. -Kali und Salz-; Lutter, Kölner Kommentar, § 186, RN 78; Hüffer, § 186, RN 34; einschränkend Krieger, Münchener Handbuch AG, § 56, RN 65.
[281] Lutter, Kölner Kommentar, § 186, RN 79, Hefermehl/Bungeroth, in: Geßler/Hefermehl, § 183, RN 37; Hüffer, AktG, § 186, RN 34.

men.²⁸² Wird hierbei eine entsprechend hohe Barkapitalerhöhung unter Ausschluß des Sacheinlegers durchgeführt, können die bisherigen Beteiligungsquoten aufrechterhalten werden.²⁸³

Zutreffend wird im übrigen davon ausgegangen, daß die genannten Grundsätze auch bei einer Kapitalerhöhung zum Zwecke der Einbringung eines Betriebes oder Unternehmens oder von Beteiligungen gelten.²⁸⁴ Bei Einberufung der Hauptversammlung muß der beabsichtigte Ausschluß des Bezugsrechtes ausdrücklich bekanntgemacht werden.²⁸⁵ Der Vorstand hat außerdem der Hauptversammlung einen schriftlichen Bericht über den Grund für den Bezugsrechtsausschluß vorzulegen,²⁸⁶ der alle entscheidungserheblichen Informationen zur Beurteilung der Verhältnismäßigkeit des Bezugsrechtsausschlusses enthalten muß. Der Bericht ist mit der Einberufung der Hauptversammlung in seinem wesentlichen Inhalt den Aktionären bekanntzugeben.²⁸⁷

114 Fehler bezüglich der sachlichen Rechtfertigung des Bezugsrechtsausschlusses machen die Beschlußfassung der Hauptversammlung anfechtbar. Da Bezugsrechtsausschluß und Kapitalerhöhungsbeschluß eine Beschlußfassung bilden, hat dies die **Anfechtbarkeit** des gesamten Kapitalerhöhungsbeschlusses zur Folge, sofern nicht anzunehmen ist, daß der Kapitalerhöhungsbeschluß auch ohne den Bezugsrechtsausschluß zustandegekommen wäre.²⁸⁸

115 Abweichend von der gesetzlichen Regelung werden heutzutage **Kapitalerhöhungen von Publikumsgesellschaften** in der Regel dergestalt ausgeführt, daß eine **Emissionsbank** oder ein Emissionskonsortium die gesamten neuen Aktien – in der Regel zum Nennbetrag – übernimmt mit der gleichzeitigen Verpflichtung, diese jungen Aktien den bisherigen Aktionären im Verhältnis ihrer Beteiligungsquoten zu einem bestimmten Ausgabebetrag, der mit der Gesellschaft vereinbart ist, anzubieten. Die Aktiengesellschaft kann dadurch vermeiden, daß nicht alle jungen Ak-

---

²⁸² Lutter ZGR 1979, 401, 406 f.; Hüffer, AktG, § 186, RN 34; Schockenhoff, Gesellschaftsinteresse und Gleichbehandlung, S. 65 ff.

²⁸³ Sofern der Sacheinleger nicht bisher schon Aktionär gewesen ist, kann eine derartige gemischte Kapitalerhöhung allerdings die Verschiebung der bisherigen Beteiligungsquoten allenfalls begrenzen, aber nicht verhindern.

²⁸⁴ Hefermehl/Bungeroth, in: Geßler/Hefermehl, § 183, RN 38; Hüffer, AktG, § 186, RN 34; Krieger, in: Münchener Handbuch AG, § 56, RN 66.

²⁸⁵ §§ 186 IV S. 1, 124 I AktG.

²⁸⁶ § 186 IV S. 2 AktG; hierzu Schockenhoff AG 1994, 45, 54 ff.; sowie Sethe AG 1994, 342 ff.

²⁸⁷ BGHZ 120, 141, 156; Hefermehl/Bungeroth, in: Geßler/Hefermehl, § 186, RN 102; ähnlich Hüffer, AktG, § 186, RN 23; dagegen wird vollständige Bekanntmachung des Berichts verlangt von Lutter, Kölner Kommentar, § 186, RN 57; Krieger, in: Münchener Handbuch AG, § 56, RN 70.

²⁸⁸ BGH NJW 1982, 2444, 2446 -Holzmann-; Krieger, in: Münchener Handbuch AG, § 56, RN 73.

tien abgesetzt werden; sie erspart sich außerdem die Schwierigkeit der praktischen Abwicklung mit vielen Bezugsberechtigten.[289] Die Emissionsbank erhält für ihre Tätigkeit eine Provision von der Gesellschaft, die so zu bemessen ist, daß der an die Aktiengesellschaft abzuführende Erlös aus der Kapitalerhöhung nicht unterhalb des Gesamtnennbetrages der jungen Aktien liegt.[290] Ein derartiges Verfahren ist nach der ausdrücklichen Vorschrift des § 186 V AktG nicht als Ausschluß des Bezugsrechtes anzusehen. Mittler der Aktien kann aber ausschließlich ein Kreditinstitut oder ein Konsortium aus Kreditinstituten im Sinne des § 1 I KWG sein.[291]

Das **Bezugsangebot der Emissionsbank** ist vom Vorstand unter Angabe **116** des für die Aktien zu leistenden Entgelts und einer für die Annahme des Angebots gesetzten Frist in den Gesellschaftsblättern bekannt zu machen.[292] Wird – wie in der Praxis nicht selten zu Sanierungszwecken – der gesamte Kapitalerhöhungsbetrag von einem anderen als einem Kreditinstitut (z. B. Großaktionär) mit der Verpflichtung übernommen, sie den Aktionären zum Bezug anzubieten, greift die Privilegierung des § 186 V 1 AktG zugunsten von Kreditinstituten nicht ein. Vielmehr müssen alle formellen und sachlichen Voraussetzungen für einen Bezugsrechtsausschluß nach § 186 III AktG vorliegen.[293]

ff) **Weitere Durchführung der Kapitalerhöhung.** Nach Zeichnung der **117** Aktien und vor Anmeldung der Durchführung der Kapitalerhöhung haben die neuen Aktionäre ihre **Mindesteinlagen** nach entsprechender Anforderung durch die Gesellschaft zu leisten. Bei Bareinlagen sind als Mindesteinlage 25 % des Nennbetrages sowie das gesamte Aufgeld zu entrichten (§§ 188 II, 36a I AktG). Nach § 188 II S. 1 i. V. m. § 36 II AktG deckt die Leistung auf die Einlage in Abweichung von §§ 362 ff. BGB nur dann die Erhöhung, wenn die Mindesteinlage ordnungsgemäß eingezahlt worden ist[294] und, soweit der Betrag nicht bereits zur Bezahlung der bei der Kapitalerhöhung angefallenen Steuern und Gebühren verwandt wurde, endgültig zur freien Verfügung des Vorstands steht.[295] Der eingeforderte und eingezahlte Einlagebetrag muß bis zum Zeitpunkt der Anmeldung jedenfalls wertmäßig im Vermögen der Gesellschaft vorhan-

---

[289] Die Kapitalaufbringungsvorschriften bleiben hierdurch unberührt, vgl. BGHZ 122, 180 ff. -coop-.
[290] Im Ergebnis ebenso: Hefermehl/Bungeroth, in: Geßler/Hefermehl, § 186, RN 179; Hüffer, AktG, § 186, RN 47.
[291] Mit Ausnahme allerdings der in § 2 I KWG genannten Kreditinstitute, vgl. Hefermehl/Bungeroth, in: Geßler/Hefermehl, § 186, RN 160; Hüffer, AktG, § 186, RN 46.
[292] § 186 V S. 2 1. HS AktG.
[293] Hüffer, AktG, § 186, RN 55; Krieger, in: Münchener Handbuch AG, § 56, RN 76.
[294] Vgl. § 54 III AktG. Abweichend von der Gründung ist jedoch die Einzahlung auf ein Konto des Vorstands nicht ausreichend, § 188 II S. 2 AktG.
[295] So § 36 II AktG; vgl. BGHZ 119, 177, 188 f., 122, 180, 184 – coop-.

den sein.²⁹⁶ Hiernach kann auch ausreichend sein, daß die Einlagezahlung auf ein debitorisches Konto der Gesellschaft geht. Die Zahlung muß aber den Anforderungen des § 54 III AktG genügen, darf also nicht direkt an ein Kreditinstitut in seiner Eigenschaft als Gläubiger gezahlt werden.²⁹⁷ Wird in die Kapitalerhöhung eine Emissionsbank eingeschaltet, wird in der Praxis regelmäßig die von der Emissionsbank zu leistende Mindesteinlage einem bei eben dieser Bank für die Gesellschaft eingerichteten Konto gutgeschrieben. Da die Emissionsbank zunächst Zeichner der neuen Aktien ist, sie aber nicht die Verfügungsgewalt über das Kapitalerhöhungskonto verliert, entspricht diese Handhabung nicht der gesetzlichen Regelung; obwohl von der Rechtsprechung bisher noch nicht beanstandet, sollte sie tunlichst dadurch vermieden werden, daß das Kapitalerhöhungskonto bei einer anderen Bank eingerichtet wird.²⁹⁸

118 Nach der Beschlußfassung über die Kapitalerhöhung können auch höhere Beträge als die Mindesteinlagen mit befreiender Wirkung im Zeitraum vor der Eintragung der Durchführung der Kapitalerhöhung eingezahlt werden. Nach heute vorherrschender Meinung reicht es aus, wenn diese **Mehrleistung** wie die Mindesteinlage im Zeitpunkt der Eintragung der Durchführung der Kapitalerhöhung jedenfalls noch wertmäßig im Vermögen der Gesellschaft vorhanden ist.²⁹⁹

119 Die Anmelder der Kapitalerhöhung haben gem. § 188 II i.V.m. § 37 I S. 2 AktG nachzuweisen, daß der eingezahlte Betrag endgültig zur **freien Verfügung des Vorstands** steht. Dieser Nachweis wird regelmäßig dadurch erbracht, daß das Kreditinstitut, bei dem das Kapitalerhöhungskonto geführt wird, eine schriftliche Erklärung abgibt, aus der sich ergibt, daß der eingezahlte Betrag auf einem Konto der Gesellschaft gutgeschrieben wurde und daß die bestätigende Bank keine Gegenforderung hat.³⁰⁰ Gemäß § 37 I S. 4 AktG ist das Kreditinstitut für die Richtigkeit der Bestätigung der Gesellschaft verantwortlich.³⁰¹

---

²⁹⁶ BGHZ 122, 180, 201 – coop-; Lutter, Kölner Kommentar, § 188, RN 15; Lutter NJW 1989, 2649, 2653 f.; Wilhelm ZHR 152 (1988), 333, 366, Fn. 91; Ihrig, Freie Verfügung, S. 101; zutreffend: OLG Hamm BB 1990, 1221, 1222: Kein Sperrkonto notwendig; teilweise wird aber noch verlangt, daß der Einlagebetrag unberührt bleibt: sowohl Hefermehl/Bungeroth, in: Geßler/Hefermehl, § 188, RN 17; für das GmbH-Gründungsrecht BayObLG WM 1988, 622 f.
²⁹⁷ BGHZ 119, 177, 188 f.; 122, 180, 184 -coop-.
²⁹⁸ Wie hier Lutter, Kölner Kommentar, § 54, RN 37; Hefermehl/Bungeroth, in: Geßler/Hefermehl, § 54, RN 49; a. A. Heinsius FS Fleck, S. 89 ff.; Geßler FS Möhring, S. 173, 175 ff.; Krieger, in: Münchener Handbuch AG, § 56, RN 85; Hüffer, AktG, § 54, RN 17 f.
²⁹⁹ Vgl. BGHZ 105, 300, 303 f. (zur GmbH); Lutter/Hommelhoff/Timm BB 1980, 737, 747; Krieger, in: Münchener Handbuch AG, § 56, RN 86; Hüffer, AktG, § 188, RN 6.
³⁰⁰ BGHZ 119, 177 ff.; sowie BGHZ 113, 335 ff. betreffend GmbH; LG Hamburg, NJW 1976, 1980, 1981; Ekardt, in: Geßler/Hefermehl, § 37, RN 11.
³⁰¹ BGHZ 119, 177, 180 („Gewährleistungshaftung"); vgl. auch BGHZ 113, 335, 346 ff. betreffend GmbH.

II. Kapitalerhöhung und Kapitalherabsetzung bei Kapitalgesellschaften

Ist die Kapitalerhöhung einschließlich Zeichnung und Leistung der Mindesteinlagen abgeschlossen, haben der Vorstand und der Vorsitzende des Aufsichtsrats die **Durchführung der Erhöhung des Grundkapitals** beim Handelsregister zur Eintragung anzumelden.[302] Der Anmeldung sind die in § 188 III AktG genannten Urkunden, insbesondere die Zweitschriften der Zeichnungsscheine, ein Verzeichnis der Zeichner sowie – bei Sacheinlagen – die Sachübernahmeverträge beizufügen. Der Vorstand und der Vorsitzende des Aufsichtsrats haben außerdem gemäß §§ 188 II, 37 I AktG in der Anmeldung zu erklären, daß die Mindesteinlagen ordnungsgemäß erfüllt sind und die Beträge zur freien Verfügung des Vorstands stehen. Die Abgabe einer falschen Erklärung oder das Verschweigen erheblicher Umstände ist nach § 399 I Nr. 4 AktG strafbar und kann gegenüber Personen, die auf die Richtigkeit der Angaben vertraut haben, gegebenenfalls Schadensersatzpflichten begründen.[303]

120

Erst mit der **Eintragung der Durchführung in das Handelsregister** wird die Erhöhung des Grundkapitals wirksam (§ 189 AktG).[304]

121

Dies ist insbesondere wichtig im Hinblick auf die Übertragung der neuen Aktien: Die neuen Anteilsrechte dürfen nicht übertragen, neue Aktien und Zwischenscheine dürfen nicht ausgegeben werden, bevor nicht die Durchführung der Kapitalerhöhung ins Handelsregister eingetragen ist. Vorher ausgegebene neue Aktien und Zwischenscheine sind nichtig (§ 191 S. 2 AktG). Wer für die Gesellschaft für die vorzeitige Ausgabe verantwortlich ist, ist den Inhabern der solchermaßen zu früh ausgegebenen neuen Aktien und Zwischenscheine schadensersatzpflichtig, wobei die Haftung kein Verschulden voraussetzt (§ 191 S. 3 AktG).

b) Bedingte Kapitalerhöhung

Die Hauptversammlung kann gemäß § 192 I AktG eine **bedingte Kapitalerhöhung** beschließen. Der Beschluß geht dahin, daß die Erhöhung des Grundkapitals nur so weit durchgeführt werden soll, wie von einem Umtausch- und Bezugsrecht Gebrauch gemacht wird, das die Gesellschaft auf die neuen Aktien (Bezugsaktien) einräumt. Gegenüber der regulären Kapitalerhöhung ist als Besonderheit hervorzuheben, daß bei der bedingten Kapitalerhöhung den Aktionären **kein gesetzliches Bezugsrecht auf Aktien aus der Kapitalerhöhung** zusteht. Wegen dieses erheblichen Eingriffes in die Aktionärsrechte ist die bedingte Kapitalerhöhung nur zu den in § 192 II AktG genannten Zweken zulässig, nämlich

122

1. zur Gewährung von Umtausch- oder Bezugsrechten an Gläubiger von Wandelschuldverschreibungen,
2. zur Vorbereitung des Zusammenschlusses mehrerer Unternehmen und

---

[302] § 188 I AktG.
[303] BGHZ 96, 231, 240 f.
[304] Zur Heilung gescheiterter Kapitalerhöhungen vgl. Klevemann AG 1993, 273 ff.

Picot/Müller-Eising

3. zur Gewährung von Bezugsrechten an Arbeitnehmer der Gesellschaft zum Bezug neuer Aktien gegen Einlage von Geldforderungen, die den Arbeitnehmern aus einer ihnen von der Gesellschaft eingeräumten Gewinnbeteiligung zustehen (Belegschaftsaktien).

Um im **Interesse der Aktionäre** sowie im öffentlichen Interesse[305] den übertriebenen Einsatz der bedingten Kapitalerhöhung zu verhindern, darf der Nennbetrag des bedingten Kapitals gemäß § 192 III AktG die Hälfte des Grundkapitals, das zur Zeit der Beschlußfassung bereits vorhanden ist, nicht übersteigen. Die Umtausch- oder Bezugsrechte, die aufgrund eines bedingten Kapitals eingeräumt werden, werden gegen etwaige spätere, beeinträchtigende Hauptversammlungsbeschlüsse besonders geschützt: Ein Hauptversammlungsbeschluß, der dem Beschluß über die bedingte Kapitalerhöhung entgegensteht, ist gemäß § 192 IV AktG nichtig.

123   Wichtigster Anwendungsfall der bedingten Kapitalerhöhung ist in der Praxis die **Ausgabe von Wandelschuldverschreibungen und Optionsanleihen.** Den Gläubigern von Schuldverschreibungen wird dabei das Recht eingeräumt, ihre Schuldverschreibungen in Aktien umzutauschen oder zusätzlich zur Schuldverschreibung neue Aktien zu beziehen.[306] Die bedingte Kapitalerhöhung kann hierbei die im Falle der Ausübung dieser Umtausch- oder Bezugsrechte zu gewährenden Aktien zur Verfügung stellen. Darüber hinaus kann unter bestimmten Voraussetzungen die bedingte Kapitalerhöhung auch zulässig sein, um Gläubigern von Wandel- oder Optionsanleihen anderer Gesellschaften ein Umtausch- oder Bezugsrecht zu gewähren. Aus finanztechnischen und steuerlichen Gründen begeben deshalb vielfach ausländische Tochtergesellschaften ihren deutschen Muttergesellschaften Wandel- oder Optionsanleihen mit dem Recht zum Bezug von Aktien. Es ist zulässig, daß die Muttergesellschaft das von ihr eingeräumte oder garantierte Wandel- oder Optionsrecht durch ein bedingtes Kapital sichert.[307] Als Voraussetzung hierfür wird man allerdings verlangen müssen, daß zwischen den beteiligten Gesellschaften eine Konzernverbindung[308] besteht und die Muttergesellschaft selbst ein mittelbares oder unmittelbares Finanzierungsinteresse hat. Außerdem muß die Hauptversammlung der Muttergesellschaft einen Beschluß gemäß § 221 I S.1 AktG fassen und die Tochtergesellschaft muß den Aktionären der Muttergesellschaft ein Bezugsrecht auf die Anleihe einräumen. Dieses Bezugsrecht wiederum kann dann nur unter Be-

---

[305] Lutter, Kölner Kommentar, § 192, RN 29; Hüffer, AktG, § 192, RN 15.
[306] Vgl. § 221 I S.1 1. Alt. AktG.
[307] Lutter, Kölner Kommentar, § 221, RN 22; Schilling, Großkommentar AktG, § 192, Anm. 4; Martens, FS Stimpel, S.621, 627; Krieger, in: Münchener Handbuch AG, § 63, RN 21; Schumann, Optionsanleihen, 1990, S. 161 ff.; a. A. Würdinger, Aktienrecht, S. 93; Gustavus BB 1970, 694, 695.
[308] Lutter, Kölner Kommentar, § 192, RN 7; Hüffer, AktG, § 192, RN 12; Krieger, in: Münchener Handbuch AG, § 63, RN 21; Martens FS Stimpel, S.621, 627.

II. Kapitalerhöhung und Kapitalherabsetzung bei Kapitalgesellschaften 175

achtung der besonderen Voraussetzungen des Bezugsrechtsausschlusses nach § 221 IV S. 2 i. V. m. § 186 III, IV AktG ausgeschlossen werden.[309]

Im Sinne von § 192 II Nr. 2 AktG ist jeder **Unternehmenszusammenschluß**, zu dessen Durchführung Aktien einer Gesellschaft zur Verfügung gestellt werden müssen, als Zweck für die Schaffung eines bedingten Kapitals ausreichend. In der Praxis ist dies etwa dann relevant, wenn bei Abschluß eines Beherrschungs- und Gewinnabführungsvertrages als Abfindung zu gewährende Aktien geschaffen werden müssen. Andere, vom Gesetzgeber ursprünglich bedachte Fälle von Unternehmenszusammenschlüssen haben nur geringe Bedeutung. In den Fällen der Verschmelzung durch Aufnahme[310] nach den Regeln des Umwandlungsgesetzes oder der Eingliederung einer anderen Gesellschaft in die Aktiengesellschaft[311] können die Aktien auch durch eine reguläre Kapitalerhöhung oder durch ein genehmigtes Kapital, jeweils mit Bezugsrechtsausschluß, geschaffen werden. Letzteres ist insbesondere deswegen von Vorteil, weil, anders als bei der bedingten Kapitalerhöhung, die anderen beteiligten Unternehmen des Unternehmenszusammenschlusses sowie das Kursverhältnis nicht bereits im Kapitalerhöhungsbeschluß – und damit häufig sehr frühzeitig – genannt werden müssen. 124

Für den Fall der bedingten **Kapitalerhöhung zur Vorbereitung eines Unternehmenszusammenschlusses** wird von einem Teil der Literatur außerdem verlangt, daß als weitere Voraussetzung ein **besonderer sachlicher Grund** vorliegen müsse.[312] Die Rechtsprechung hat sich hierzu bisher noch nicht geäußert.[313] Um der Gefahr der Anfechtbarkeit entsprechender Hauptversammlungsbeschlüsse zu entgehen, sollte der Hauptversammlung regelmäßg ein schriftlicher Bericht über den Grund für den beabsichtigten Unternehmenszusammenschluß erstattet werden.[314]

Zulässig ist es außerdem, im Wege der bedingten Kapitalerhöhung für Arbeitnehmer das Recht zu begründen, gegen Einlage eines von der Gesellschaft im Rahmen einer **Gewinnbeteiligung** eingeräumten Gewinnanspruchs Aktien zu beziehen. Auch insoweit wird in der Praxis wohl das flexiblere genehmigte Kapital bevorzugt. 125

Wie die reguläre Kapitalerhöhung beinhaltet die bedingte Kapitalerhöhung eine **Satzungsänderung**, die ausschließlich durch die Haupt- 126

---

[309] Lutter, AG 1972, 125, 134; Krieger, in: Münchener Handbuch AG, § 63, RN 24.
[310] Vgl. hierzu auch die Sonderregelung in § 69 UmwG, dazu unten, RN 269.
[311] § 319 AktG.
[312] Hirte, Bezugsrecht und Bezugsrechtsausschluß, S. 70 ff.; Lutter, ZGR 1979, 401, 411; ders. ZGR 1981, 171, 180; Krieger, in: Münchener Handbuch AG, § 57, RN 8.
[313] Vgl. aber BGHZ 71, 40, 45 -Kali und Salz- einerseits und BGHZ 70, 117 ff. -Mannesmann- andererseits.
[314] Entsprechend § 186 IV S. 2 AktG; vgl. Hirte, Bezugsrecht und Bezugsrechtsausschluß, S. 202 f.; Krieger, in: Münchener Handbuch AG, § 57, RN 8.

versammlung beschlossen werden kann. Der Beschluß bedarf nach § 193 I AktG einer Mehrheit, die mindestens drei Viertel des bei der Beschlußfassung vertretenen Grundkapitals umfaßt;[315] anders als bei der regulären Kapitalerhöhung darf die Satzung nur eine größere Kapitalmehrheit und weitere Erfordernisse bestimmen, nicht jedoch die Mehrheitsanforderungen herabsetzen. § 182 II AktG gilt beim Vorhandensein mehrerer Gattungen von Aktien entsprechend; ebenso sind Zusicherungen von Rechten auf den Bezug neuer Aktien gemäß § 187 II AktG vor dem Beschluß über die Erhöhung des Grundkapitals der Gesellschaft gegenüber unwirksam (§ 193 I S. 3 AktG).

Der Beschluß muß nach § 193 II AktG auch **Feststellungen** enthalten
– über den Zweck der bedingten Kapitalerhöhung,
– den Kreis der Bezugsberechtigten und
– den Ausgabebetrag oder zumindest die Grundlagen nach denen dieser Betrag errechnet wird.[316]

Im Hinblick auf den **Zweck der bedingten Kapitalerhöhung** sind dabei konkrete Angaben erforderlich. Bei der Vorbereitung eines Unternehmenszusammenschlusses sind hiernach zumindest das andere Unternehmen und, sofern dies schon möglich ist, die Art des beabsichtigten Zusammenschlusses (Verschmelzung, Eingliederung) zu nennen.[317] Im Hinblick auf den **Kreis der Bezugsberechtigten** reicht es aus, wenn die Gläubiger einer bestimmten Wandelschuldverschreibung genannt werden bzw. im Fall des Zusammenschlusses von Unternehmen das Unternehmen bezeichnet wird, dessen Gesellschafter zum Bezug der Aktien berechtigt sein sollen.[318]

127 Schon bei dem Beschluß über die bedingte Kapitalerhöhung kann auch der **Wortlaut der Satzung** entsprechend geändert werden. Da die Kapitalerhöhung jedoch erst später sukzessive mit Ausgabe der Aktien wirksam wird, ist es üblich und zweckmäßig, den Aufsichtsrat nach § 179 I S. 2 AktG zu ermächtigen, den Wortlaut der Satzung entsprechend der durchgeführten Kapitalerhöhung anzupassen. Liegt eine derartige Ermächtigung nicht vor, muß die Gesellschaft nach endgültigem Ablauf der Bezugsfrist den bisherigen Satzungswortlaut bezüglich der Höhe des Grundkapitals und der Zahl der Aktien anpassen.[319]

128 Eine **bedingte Kapitalerhöhung** kann gemäß § 194 AktG auch **mit Sacheinlagen** erfolgen. Der Kapitalerhöhungsbeschluß muß dann dieselben Festsetzungen wie bei der regulären Kapitalerhöhung über ihren Ge-

---

[315] § 193 I S. 1 AktG.
[316] § 193 II AktG.
[317] Lutter, Kölner Kommentar, § 193, RN 8; Krieger, in: Münchener Handbuch AG, § 57, RN 17.
[318] Krieger, in: Münchener Handbuch AG, § 57, RN 18.
[319] Krieger, in: Münchener Handbuch AG, § 57, RN 51.

II. Kapitalerhöhung und Kapitalherabsetzung bei Kapitalgesellschaften

genstand, die Person, von der die Gesellschaft den Gegenstand erwirbt, und den Nennbetrag der bei der Sacheinlage zu gewährenden Aktien enthalten (§ 194 I AktG). Praktisch wird dies insbesondere in Fällen von Unternehmenszusammenschlüssen, bei welchen als Sacheinlage Gesellschaftsbeteiligungen oder Aktiva und Passiva eines anderen Unternehmens eingebracht werden.

Nach der ausdrücklichen Bestimmung des § 194 Abs. I S. 2 AktG gilt als Sacheinlage nicht die Hingabe von Schuldverschreibungen im Umtausch gegen Bezugsaktien.

Im übrigen entsprechen die Vorschriften über Bekanntmachung, Rechtsfolgen unwirksamer Festsetzungen sowie über die Prüfung der Sacheinlagen den Vorschriften bei der regulären Kapitalerhöhung.[320]

Der Beschluß über die bedingte Kapitalerhöhung ist vom Vorstand **129** und dem Vorsitzenden des Aufsichtsrats zur Eintragung in das Handelsregister anzumelden (§ 195 I AktG). Eine Zusammenfassung dieser **Anmeldung** mit derjenigen über die Durchführung der Kapitalerhöhung ist nicht möglich, weil vor der Eintragung des Kapitalerhöhungsbeschlusses die Bezugsaktien nicht ausgegeben werden dürfen. Vorher ausgegebene Bezugsaktien sind nichtig (§ 197 S. 1, 3 AktG).

Wollen die Bezugsberechtigten ihr Bezugsrecht ausüben, so ist dies **130** nur durch schriftliche Erklärung (Bezugserklärung) möglich (§ 198 AktG). Die **Bezugserklärung** hat die Beteiligung nach der Zahl, dem Nennbetrag und, wenn mehrere Gattungen ausgegeben werden, der Gattung der Aktien, die Feststellungen nach § 193 II AktG, die nach § 194 AktG bei der Einbringung von Sacheinlagen vorgesehenen Festsetzungen sowie den Tag anzugeben, an dem der Beschluß über die bedingte Kapitalerhöhung gefaßt worden ist.

Im übrigen hat sie die gleiche Wirkung wie eine Zeichnungserklärung (§ 198 II AktG). Mit Annahme der Bezugserklärung durch die Gesellschaft kommt ein **Zeichnungsvertrag** zustande.[321]

Um auch im Durchführungsstadium keine Umgehung der Aktionärsrechte zu dulden, darf der Vorstand die Bezugsaktien nur in Erfüllung des im Kapitalerhöhungsbeschluß konkret vorgesehenen Zwecks und nicht vor der vollen Leistung des Gegenwertes ausgeben (§ 199 I AktG). Für den Fall von beabsichtigten Unternehmenszusammenschlüssen bedeutet dies, daß die Aktien nicht zum Zusammenschluß mit einem anderen als dem im Kapitalerhöhungsbeschluß genannten Unternehmen oder etwa gar als Belegschaftsaktien ausgegeben werden dürfen.

---

[320] Vgl. § 194 I S. 3, II – IV AktG.
[321] Schilling, Großkommentar AktG, § 198, Anm. 1; Lutter, Kölner Kommentar, § 198, RN 3; Krieger, in: Münchener Handbuch AG, § 57, RN 34.

131 Mit der **Ausgabe der Bezugsaktien** ist das Grundkapital in Höhe des gesamten Nennbetrages der ausgegebenen Aktien erhöht (§ 200 AktG).

132 Innerhalb eines Monats nach Ablauf eines jeden Geschäftsjahres hat der Vorstand gemäß § 201 AktG **zur Eintragung in das Handelsregister anzumelden**, in welchem Umfang im abgelaufenen Geschäftsjahr Bezugsaktien ausgegeben worden sind. Läuft die Bezugs- oder Umtauschfrist, wie es insbesondere bei Wandel- oder Optionsanleihen anzutreffen ist, über mehrere Jahre, hat also der Vorstand gegebenenfalls mehrfach eine entsprechende Anmeldung[322] vorzunehmen.

c) Genehmigtes Kapital

133 Die Satzung oder eine Satzungsänderung können den Vorstand für höchstens fünf Jahre nach Eintragung der Aktiengesellschaft ermächtigen, das Grundkapital bis zu einem bestimmten Nennbetrag, dem **genehmigten Kapital**, durch Ausgabe neuer Aktien zu erhöhen (§ 202 I, II S. 1 AktG). Der Nennbetrag des genehmigten Kapitals darf die Hälfte des Grundkapitals, das zur Zeit der Ermächtigung vorhanden ist, nicht übersteigen. Ein entsprechender Satzungsänderungsbeschluß setzt eine Mehrheit voraus, die mindestens drei Viertel des bei der Beschlußfassung vertretenen Grundkapitals umfaßt (§ 202 II S. 2 AktG). Auch hier kann die Satzung lediglich eine größere Kapitalmehrheit und weitere Erfordernisse bestimmen, nicht jedoch die Kapitalmehrheit herabsetzen (§ 202 II S. 3 AktG). Aufgrund dieser Ermächtigung steht die Entscheidung, ob, wann und in welchem Umfang Aktien ausgegeben werden, allein im Ermessen des Vorstands, der hierfür allerdings der Zustimmung des Aufsichtsrates bedarf (§ 204 I AktG).

134 Die Schaffung eines genehmigten Kapitals ermöglicht es einer Aktiengesellschaft, ihr Grundkapital zu erhöhen, ohne eine – kostspielige und aufwendige – Hauptversammlung durchzuführen. Insbesondere bei börsennotierten Gesellschaften kann hierdurch unverzüglich auf die Lage des Kapitalmarktes reagiert werden. Ohne, wie bei dem bedingten Kapital, auf ein bestimmtes Unternehmen festgelegt zu sein, können außerdem unter Ausnutzung eines genehmigten Kapitals Unternehmenszusammenschlüsse viel flexibler bewältigt werden. Im Zeitpunkt der Beschlußfassung durch die Hauptversammlung bezüglich der Schaffung des genehmigten Kapitals muß nämlich eine bestimmte Zusammenschlußabsicht noch nicht bekanntgemacht werden.[323]

135 Möglich ist es auch, den **Vorstand zu ermächtigen**, eine **Kapitalerhöhung gegen Sacheinlagen** durchzuführen (§ 205 AktG). Ausreichend ist es, daß die Ermächtigung ganz allgemein die Ausgabe neuer Aktien gegen Sacheinlagen gestattet. Nähere Festsetzungen über den Gegenstand

---

[322] Einzelheiten dazu in § 201 II und III AktG.
[323] Krieger, in: Münchener Handbuch AG, § 58, RN 1.

der Sacheinlagen usw. sind nicht erforderlich. Sie werden vom Vorstand mit Zustimmung des Aufsichtsrats im Rahmen der Durchführung der Kapitalerhöhung getroffen.

Die Hauptversammlung kann bereits in der Ermächtigung an den Vorstand zur Kapitalerhöhung das **Bezugsrecht der Aktionäre** verbindlich ausschließen.[324] Die Ermächtigung kann vorsehen, daß der Vorstand über den **Ausschluß des Bezugsrechts** selbst entscheidet. Eine derartige Ermächtigung durch die Hauptversammlung muß ausdrücklich erteilt werden und setzt eine ordnungsgemäße Bekanntmachung und einen entsprechenden Bericht an die Hauptversammlung voraus.[325] Wie die Entscheidung über den Inhalt der Aktienrechte und die Bedingungen der Aktienausgabe bedarf auch der Ausschluß des Bezugsrechts durch den Vorstand der Zustimmung des Aufsichtsrats (§ 204 I S. 2 AktG). Ohne die Zustimmung des Aufsichtsrates ist der Bezugsrechtsausschluß nicht wirksam.[326]

136

Ebenso wie bei der regulären Kapitalerhöhung[327] unterliegt der **Ausschluß des Bezugsrechts** beim genehmigten Kapital materiellen Schranken. Wird der Bezugsrechtsausschluß bereits **durch die Hauptversammlung** vorgenommen, gilt das zur regulären Kapitalerhöhung Gesagte entsprechend.[328] Wird dagegen der Bezugsrechtsausschluß erst **durch den Vorstand** beschlossen (z.B. wegen der Zulassung von Sacheinlagen), besteht eine doppelte Schranke. Einerseits muß bereits die Hauptversammlung dem Vorstand die Ermächtigung erteilt haben, einen Bezugsrechtsausschluß vorzunehmen, wobei dieser Hauptversammlungsbeschluß sachlich gerechtfertigt und verhältnismäßig sein muß; zum anderen muß der Vorstand sich im Rahmen seiner Entscheidung an die von der Hauptversammlung bestimmte Zwecksetzung für eine Kapitalerhöhung mit Bezugsrechtsausschluß halten; und schließlich darf der Vorstand von seiner Ermächtigung nur Gebrauch machen, wenn der Bezugsrechtsausschluß auch im Zeitpunkt der Vorstandsentscheidung unter den dann konkret gegebenen Umständen sachlich gerechtfertigt ist.[329]

137

Um den Aktionären auch im Zeitpunkt der Ausübung der Ermächtigung **ausreichende Informationen** zukommen zu lassen und ihnen damit einen effektiven Rechtsschutz zum Beispiel im Wege einer Unterlassungsklage zu gewähren, wird man wohl auch verlangen müssen, daß der

138

---

[324] Vgl. § 203 I S. 1 i. V. m. § 186 III, IV AktG.
[325] Vgl. § 203 II S. 2 i. V. m. § 186 IV AktG.
[326] Lutter, Kölner Kommentar, § 204, RN 16; Krieger, in: Münchener Handbuch AG, § 58, RN 44; Hüffer, AktG, § 204, RN 7.
[327] Siehe hierzu oben, RN 111 ff.
[328] Siehe bereits oben, RN 112 ff.
[329] BGHZ 83, 319, 321; Lutter, Kölner Kommentar, § 203, RN 29; Hüffer, AktG, § 203, RN 35; Krieger, in: Münchener Handbuch AG, § 58, RN 42; Quack ZGR 1983, 257, 260.

Vorstand vor der Durchführung der Kapitalerhöhung die Aktionäre schriftlich über seinen Beschluß, das Bezugsrecht auszuschließen, unterrichtet.[330]

139 Weitgehend entsprechend den Regeln bei der regulären Kapitalerhöhung wird auch die Kapitalerhöhung gegen Sacheinlagen im Rahmen des genehmigten Kapitals abgewickelt.[331] Sind die entsprechenden Festsetzungen[332] nicht bereits in der Ermächtigung an den Vorstand durch die Hauptversammlung vorgenommen worden, muß der Vorstand die erforderlichen Festsetzungen treffen und in den Zeichnungsschein aufnehmen.[333] Die Zustimmung des Aufsichtsrates ist nicht zwingend erforderlich; nach § 205 II S. 2 AktG „soll" der Vorstand die Entscheidung jedoch nur mit Zustimmung des Aufsichtsrates treffen.

140 Für die **weitere Abwicklung der Kapitalerhöhung** (Zeichnung der neuen Aktien, Zahlung der Mindesteinlage, Anmeldung zum Handelsregister) gelten die Vorschriften über die reguläre Kapitalerhöhung entsprechend (§ 203 I S. 1 AktG).

141 Von dem genehmigten Kapital kann auch **in mehreren Schritten (Tranchen)** Gebrauch gemacht werden. Dann ist nach der vollständigen Durchführung der Kapitalerhöhung im Hinblick auf die jeweilige Tranche eine Anmeldung zum Handelsregister vorzunehmen. Soweit das genehmigte Kapital ausgenutzt worden ist und das Grundkapital der Aktiengesellschaft tatsächlich erhöht worden ist, bedarf es schließlich der **Neufassung der Satzung.** Grundsätzlich ist für einen entsprechenden Satzungsänderungsbeschluß die Hauptversammlung zuständig. Will man nicht bis zur nächsten ordentlichen Hauptversammlung warten, sollte bereits in dem Beschluß über die Schaffung des genehmigten Kapitals dem Aufsichtsrat eine Ermächtigung zur Neufassung des Satzungswortlauts nach § 179 I S. 2 AktG erteilt werden.

d) Kapitalerhöhung aus Gesellschaftsmitteln

142 Während der Aktiengesellschaft mit der regulären Kapitalerhöhung, der bedingten Kapitalerhöhung sowie dem genehmigten Kapital regelmäßig neue Einlagen, insbesondere Finanzmittel, zufließen und gegebenenfalls neue Aktionäre gewonnen werden, werden bei der **Kapitalerhöhung aus Gesellschaftsmitteln** lediglich Kapital- und/oder Gewinnrücklagen

---

[330] Wie hier: Lutter, Kölner Kommentar, § 203 RN 31; Hüffer, AktG, § 203, RN 36; Timm DB 1982, 211, 216; Hirte, Bezugsrechtsausschuß und Konzernbildung, 1986, S. 120 ff.; a. A. Krieger, in: Münchener Handbuch AG, § 58, RN 43; Heinsius FS Kellermann, S. 115, 123; Quack ZGR 1983, 257, 264, jew. m. w. Nachw.; BGHZ 83, 319, 327 - Holzmann- hat Frage ausdrücklich offengelassen.
[331] Vgl. § 205 AktG.
[332] Vgl. § 205 II S. 1 AktG.
[333] § 205 II S. 1 AktG.

durch Beschluß der Hauptversammlung in Grundkapital umgewandelt (§ 207 AktG).

Eine Kapitalerhöhung aus Gesellschaftsmitteln setzt voraus, daß entsprechende Rücklagen in einer der Kapitalerhöhung zugrundegelegten Bilanz[334] unter „Kapitalrücklage" oder „Gewinnrücklage" oder im letzten Beschluß über die Verwendung des Jahresüberschusses oder des Bilanzgewinns als Zuführung zu diesen Rücklagen ausgewiesen sind. Der Stichtag der Bilanz darf höchstens acht Monate vor der Anmeldung des Kapitalerhöhungsbeschlusses liegen (§ 209 I, II S. 2 AktG).

Obwohl bei der Kapitalerhöhung aus Gesellschaftsmitteln der Gesellschaft keine neuen Mittel zugeführt werden, handelt es sich um eine **echte Erhöhung des Grundkapitals**, weil zusätzliche Mittel (die umzuwandelnden Kapital- und/oder Gewinnrücklagen) den strengen Kapitalbindungsvorschriften des Aktiengesetzes unterworfen werden. Die neu entstehenden Aktien stehen zwingend den Altaktionären zu. 143

Die Kapitalerhöhung aus Gesellschaftsmitteln ermöglicht Zuwendungen an Aktionäre, ohne daß die Gesellschaft einen Liquiditätsverlust hinzunehmen hat. Insbesondere kann auch durch **Ausgabe von Gratisaktien** die Ausschüttung unter Beibehaltung des vorjährigen Dividendensatzes erhöht werden. 144

In kapitalmarktpolitischer Hinsicht kann die Kapitalerhöhung aus Gesellschaftsmitteln dazu dienen, den Börsenkurs zu reduzieren, wenn die Höhe („Schwere") des Börsenkurses die Öffnung des Marktes für breite Schichten beeinträchtigt.[335]

Schließlich kann die Erhöhung des Grundkapitals aus Gesellschaftsmitteln in Einzelfällen zu einer Verbesserung des Kredits führen. So wird gelegentlich im Anschluß an Verschmelzungen, bei denen die übernehmende Gesellschaft ein signifikant niedrigeres Grundkapital als die übertragende Gesellschaft hat, eine Erhöhung des Grundkapitals aber wegen § 344 I AktG nicht in Frage kommt, das Grundkapital nach erfolgter Restrukturierung aus Gesellschaftsmitteln (vorhandenen Rücklagen) erhöht.

Weitere Einzelheiten der Kapitalerhöhung aus Gesellschaftsmitteln bezüglich der Beschlußfassung durch die Hauptversammlung (Satzungsänderung), Anmeldung zum Handelsregister und Ausgabe der Aktien, ergeben sich aus den §§ 207–220 AktG. 145

---

[334] Regelmäßig die letzte Jahresbilanz, § 209 I AktG; nur in Ausnahmefällen eine speziell zum Zweck der Kapitalerhöhung aufgestellte Eröffnungsbilanz, § 209 II – VI AktG.
[335] Vgl. Krieger, in: Münchener Handbuch AG, § 59, RN 1.

3. Kapitalerhöhung bei der GmbH

146 Im Gegensatz zum Aktiengesetz kennt **das GmbHG nur zwei Arten der Kapitalerhöhung**, nämlich die (ordentliche) **Kapitalerhöhung gegen Einlagen** sowie die **Kapitalerhöhung aus Gesellschaftsmitteln**.

a) Stammkapitalerhöhung gegen Einlagen

147 Die Stammkapitalerhöhung gegen Einlagen ist in den §§ 55–57 b GmbHG geregelt.

Die Vorschriften sind durch die GmbH-Novelle 1980,[336] insbesondere die Regelungen betreffend Sacheinlagen, neu gefaßt worden. Im Wege der Wiederholung oder Verweisung gelten für die **ordentliche Stammkapitalerhöhung** im wesentlichen dieselben Regelungen, wie für die Kapitalaufbringung im Gründungsstadium. Dadurch ist die früher umstrittene Frage, ob die Gründungsvorschriften bei Lückenhaftigkeit der Regelungen über die Kapitalerhöhung entsprechend anwendbar seien, heute weitgehend obsolet.[337]

148 aa) **Satzungsänderungsbeschluß.** Da jede Veränderung des Stammkapitals die Änderung eines zwingenden Satzungsbestandteils[338] darstellt, stellt jede Kapitalerhöhung zwingend eine **Satzungsänderung** dar. Der Kapitalerhöhungsbeschluß muß daher den allgemein für Satzungsänderungen geltenden Beschlußerfordernissen des § 53 GmbHG entsprechen. Zuständig für die Beschlußfassung sind ausschließlich die Gesellschafter. Sie dürfen diese Kompetenz nicht auf ein anderes Organ (z. B. Geschäftsführer, Aufsichtsrat) übertragen.

149 Der **Kapitalerhöhungsbeschluß** muß notariell beurkundet werden und bedarf einer Mehrheit von drei Vierteln der abgegebenen Stimmen (§ 53 II S. 1 GmbHG). Eine gesellschaftsvertragliche Erhöhung der erforderlichen Mehrheit sowie die Schaffung anderer Voraussetzungen (z. B. Zustimmung eines bestimmten Gesellschafters) ist möglich. Nach herrschender Meinung darf die Satzung die erforderliche Abstimmungsmehrheit nicht auf weniger als drei Viertel herabsetzen.[339]

150 Wichtigster Bestandteil des Kapitalerhöhungsbeschlusses ist die **Festsetzung des Betrages** in Deutscher Mark, um den das Stammkapital erhöht werden soll.

Die Gesellschafterversammlung kann einerseits **einen festen Betrag** mit der Folge beschließen, daß die spätere Anmeldung der Kapitalerhöhung

---

[336] Gesetz zur Änderung des Gesetzes betreffend die Gesellschaften mit beschränkter Haftung und anderer handelsrechtlicher Vorschriften vom 04. 07. 1980, BGBl. I 836.

[337] So RGZ 85, 311, 314; vgl. demgegenüber Hachenburg/Ulmer, § 55, RN 5: Keine generelle Analogie möglich.

[338] Vgl. § 3 I Ziff. 3 und 4 GmbHG.

[339] Baumbach/Hueck/Zöllner, GmbHG, § 53, RN 32; Hachenburg/Ulmer, § 53, RN 52.

zum Handelsregister nur vorgenommen werden kann, wenn das erhöhte Kapital vollständig übernommen worden ist und die erforderlichen Mindesteinlagen erbracht worden sind. Steht zum Zeitpunkt der Beschlußfassung bereits fest, wer die Stammeinlagen aus der Kapitalerhöhung übernimmt, ist dies das angebrachte Verfahren.

Andererseits ist es aber auch zulässig, daß das Stammkapital **bis zu einem bestimmten Höchstbetrag** erhöht wird und sich der Betrag der Kapitalerhöhung danach richtet, in welchem Umfang neue Stammeinlagen tatsächlich übernommen worden sind. Um den tatsächlichen Kapitalerhöhungsbetrag eindeutig feststellen zu können, ist es dann aber notwendig, in dem Kapitalerhöhungsbeschluß eine Frist zu setzen, innerhalb derer die neuen Stammeinlagen übernommen werden müssen.[340]

Anders als im Gründungsrecht muß die **Höhe der neuen Stammeinlagen** im Kapitalerhöhungsbeschluß selbst nicht angegeben werden; sie ergeben sich regelmäßig erst aus der gemäß § 55 I GmbHG erforderlichen notariell aufgenommenen oder beglaubigten Übernahmeerklärung.[341]

Über den Kapitalerhöhungsbeschluß hinaus bedarf es auch in der personalistischen GmbH keiner weiteren Erfordernisse; insbesondere ist nicht die Zustimmung einzelner oder aller Gesellschafter erforderlich. Durch den Kapitalerhöhungsbeschluß allein wird nämlich den Gesellschaftern noch keine neue Leistungspflicht auferlegt. Etwas anderes gilt allenfalls dann, wenn **Minderheitsrechte**[342] tangiert sind oder der Gleichbehandlungsgrundsatz berührt ist. Denkbar ist dies insbesondere, wenn es sich bei den neu geschaffenen Gesellschaftsanteilen um Vorzugsgeschäftsanteile handelt, die einen Vorzug bezüglich Geschäftsführungsbefugnis, Stimmacht oder Dividende enthalten. Über das Gründungsstadium hinaus spielt die Bildung von Vorzugsgeschäftsanteilen insbesondere auch dann eine Rolle, wenn Altgesellschafter sich für den Fall der Veräußerung eines Teils ihrer Beteiligung einen über ihre Beteiligungsquote hinausgehenden Einfluß sichern möchten, wie dies hauptsächlich in kleinen und mittelständischen GmbHs bei der Übertragung auf einen Unternehmensnachfolger anzutreffen ist.

Werden dementsprechend **Vorzugsrechte oder Sondervorteile** geschaffen, sind diese nur wirksam, wenn die hierfür erforderliche Zustimmung der betroffenen Mitgesellschafter in die Satzung selbst aufgenommen worden ist.[343]

---

[340] Streitig. Wie hier Hachenburg/Ulmer, § 55, RN 13; Scholz/Priester, § 55, RN 20; Rowedder/Zimmermann, § 55, RN 9; Lutter/Hommelhoff, § 55, RN 4; a. A. Baumbach/Hueck/Zöllner, GmbHG, § 55, RN 6.
[341] Vgl. nur Hachenburg/Ulmer, § 55, RN 15.
[342] Siehe dazu auch Picot, Mehrheitsrechte und Minderheitsschutz in der Personengesellschaft, BB 1993, 13 ff.
[343] Hachenburg/Ulmer, § 55, RN 20. Siehe auch Picot, BB 1993, 13 ff.

152 § 55 III GmbHG bestimmt ausdrücklich, daß ein der Gesellschaft bereits angehörender Gesellschafter, der sich an der Kapitalerhöhung beteiligt, **einen weiteren Geschäftsanteil** erwirbt. Gleichwohl geht die herrschende Meinung heute dahin, daß auch gegen eine **Aufstockung bestehender Geschäftsanteile** keine Bedenken bestehen, wenn der aufzustockende Geschäftsanteil entweder voll eingezahlt ist oder sich noch in der Hand des Gründers befindet.[344] Die Aufstockung eines bestehenden Geschäftsanteils bedarf aber der ausdrücklichen Festsetzung im Kapitalerhöhungsbeschluß.[345]

153 Im Zusammenhang mit den Übergangsbestimmungen der GmbH-Novelle, die eine Anpassungspflicht an das durch die GmbH-Novelle erhöhte Mindestkapital von 20.000,- DM auf 50.000,- DM vorsah, ist vielfach die **Zustimmungspflicht der Gesellschafter kraft Treuepflicht** diskutiert worden.[346] Nachdem diese Fallgestaltungen Rechtsgeschichte geworden sind, werden entsprechende Treuepflichten wiederum nur in Einzelfällen bejaht. Dies ist z.B. dann der Fall, wenn die Rechtsfolgen verdeckter Sacheinlagen[347] durch Kapitalherabsetzung mit anschließender Kapitalerhöhung geheilt werden sollen. Um dem betroffenen Gesellschafter die Möglichkeit zu geben, seine Bereicherungsansprüche im Wege der Sacheinlage erneut in eine Kapitalerhöhung einzubringen, ist die Zustimmung der anderen Mitgesellschafter erforderlich.[348]

154 bb) **Zulassung zur Übernahme und Übernahmeerklärung.** Nach der gesetzlichen Regelung (§ 55 II S.1 GmbHG) bestimmt der Kapitalerhöhungsbeschluß lediglich den Betrag, um den das Stammkapital erhöht werden soll. Nicht genannt werden muß die Person des Übernehmers oder die Höhe der von ihm übernommenen Stammeinlage. Entsprechend § 55 II S.1 GmbHG können jedoch von der Gesellschaft die bisherigen Gesellschafter oder andere Personen, welche durch die Übernahme ihren Beitritt zu der Gesellschaft erklären, zur Übernahme einer Stammeinlage zugelassen werden. Aus dieser Vorschrift folgt, daß die Gesellschafter eine ausdrückliche Willensentscheidung über die Person des Übernehmers und seine Stammeinlage im Wege eines sogenannten „**Übernahmebeschlusses**" zu treffen haben. Anders als nach § 186 IV AktG steht den bisherigen Gesellschaftern kein originäres, unmittelbares Bezugsrecht zu, aus dem sich ohne besonderen Zulassungsbeschluß der

---

[344] BGHZ 63, 116, 118; OLG Hamm DB 1982, 945; LG Berlin GmbHR 1983, 200; Hachenburg/Ulmer, § 55, RN 23.
[345] BGH NJW 1989, 168, 169; Scholz/Priester, § 55, RN 26; Lutter/Hommelhoff, § 55, RN 6.
[346] Bejahend BGHZ 98, 276, 280; BGH NJW 1987, 3192, 3193.
[347] Siehe hierzu oben, RN 72 ff.
[348] Zur Zustimmungspflicht der Mitgesellschafter vgl. Lutter/Gehling WM 1989, 1445, 1456. Vgl. zur Mithaftung der GmbH-Gesellschafter bei kapitalersetzenden Darlehen Picot BB 1991, 1360 ff.

II. Kapitalerhöhung und Kapitalherabsetzung bei Kapitalgesellschaften

Kreis der Übernehmer und die ihnen zustehenden Stammeinlagen ableiten ließen.[349]

Bei dem **Zulassungsbeschluß** handelt es sich der Rechtsnatur nach um einen Akt innergesellschaftlicher Willensbildung. Die Zuständigkeit hierfür liegt allein in der Hand der Gesellschafter. Diese Entscheidungskompetenz ist zwar in § 55 II S. 1 GmbHG, der die „Gesellschaft" nennt, nicht ausdrücklich geregelt. Mangels abweichender Bestimmung in der Satzung oder im Kapitalerhöhungsbeschluß muß aber die Gesellschafterversammlung als oberstes Organ der GmbH zuständig sein.[350] Anders als für den Kapitalerhöhungsbeschluß reicht grundsätzlich die einfache Mehrheit aus, soweit nicht Gesetz oder Satzung Abweichendes bestimmen.[351] Einigkeit besteht aber darüber, daß für den Fall, daß das **Bezugsrecht der Gesellschafter**, sei es unmittelbar oder nur mittelbar (Anwartschaft), ausgeschlossen werden soll, eine drei Viertelmehrheit analog § 186 III AktG notwendig ist.[352] Wie im Aktienrecht ist der Ausschluß des Bezugsrechts oder die Vereitelung der Anwartschaft auf das Bezugsrecht nur zulässig, wenn dieser Ausschluß sachlich gerechtfertigt ist und den Grundsätzen der Erforderlichkeit und Verhältnismäßigkeit entspricht.[353] Der Zulassungsbeschluß ist im übrigen nicht formgebunden und kann auch konkludent erfolgen. Dies ist zum Beispiel regelmäßig dann der Fall, wenn die Gesellschafter innerhalb der notariellen Verhandlung über den Kapitalerhöhungsbeschluß die Stammeinlagen im Verhältnis ihrer Beteiligung übernehmen, ohne daß einer der anderen Gesellschafter widerspricht.

Wie bei der Aktiengesellschaft[354] ist eine **Nichtbeteiligung bisheriger Gesellschafter** insbesondere im Zusammenhang mit der Erbringung von Sacheinlagen zulässig, an deren Erwerb die Gesellschaft ein hinreichend dringendes sachliches Interesse hat.[355] Für weitere im Aktienrecht diskutierte Fallgruppen (Kooperationsvorhaben; dringender, durch die Gesellschafter nicht zu stillender Finanzbedarf der Gesellschaft; Sanie-

---

[349] Vgl. dazu § 186 I AktG.
Wie hier: Hachenburg/Ulmer, § 55, RN 33; Rowedder/ Zimmermann, § 55, RN 27, 30; Meyer-Landrut/Miller/Niehus, § 55, RN 14 ; Roth, § 55 Anm. 3.3. 1; a. A. Scholz/ Priester, § 55, RN 40; Baumbach/Hueck/Zöllner, § 55, RN 14; Lutter/Hommelhoff, § 55, RN 9: Zulassungsbeschluß nur bei Ausschluß oder Einschränkung des Bezugsrechts der Gesellschaft.
[350] Scholz/Priester, § 55, RN 59; Baumbach/Hueck/Zöllner, § 55, RN 14; Hachenburg/Ulmer, § 55, RN 35.
[351] Vgl. § 47 I GmbHG; Hachenburg/Ulmer, § 55, RN 36; Baumbach/Hueck/Zöllner, § 55, RN 14.
[352] Hachenburg/Ulmer, § 55, RN 36; Roth, GmbHG, Anm. 3.3. 3; im Ergebnis so auch Scholz/Priester, § 55, RN 59; Lutter/Hommelhoff, § 55, RN 9.
[353] Vgl. Baumbach/Hueck/Zöllner, § 55, RN 15.
[354] Siehe dazu oben, RN 113.
[355] Scholz/Priester, § 55, RN 56; Hachenburg/Ulmer, § 55, RN 48; für die AG: BGHZ 71, 40, 46 f.

rungsbemühungen) dürften dieselben Erwägungen wie im Aktienrecht gelten. Stärker noch als im Aktienrecht sind die Gesellschafter einer GmbH auf jeden Fall gehindert, einen ihrer Mitgesellschafter aus gesellschaftsfremden Zielen oder unter Verstoß gegen den Gleichbehandlungsgrundsatz[356] von der Beteiligung an einer Kapitalerhöhung auszuschließen.

157 **Übernehmer** kann jeder Gesellschafter sein. Neuer Gesellschafter kann werden, wer auch Gesellschafter im Gründungsstadium sein kann. Umstritten ist insoweit insbesondere die Beteiligung von Gesamthandsgemeinschaften (Gesellschaft bürgerlichen Rechts, nichtrechtsfähiger Verein, Erbengemeinschaft und eheliche Gütergemeinschaft).[357]

158 Nach § 55 I GmbHG setzt die **Übernahme** jeder auf das erhöhte Stammkapital zu leistenden Stammeinlage eine notariell aufgenommene oder beglaubigte Erklärung des Übernehmers voraus. Aus der Gegenüberstellung von Übernahmen einerseits und vom Übernehmer abzugebender Erklärungen andererseits wird deutlich, daß es sich bei der Übernahme nicht um eine einseitige Willenserklärung (wie die Zeichnung der Aktien nach § 185 AktG) handelt. Da die übernommenen Stammeinlagen mit den zugelassenen Stammeinlagen (§ 55 II S. 1 GmbHG) und zudem mit dem Kapitalerhöhungsbetrag übereinstimmen müssen (§ 57 I GmbHG), bedarf es über die Erklärung des Übernehmers hinaus einer entsprechenden **Annahme durch die Gesellschaft**.

159 Anders als für die Beitrittserklärung bei der Gründung einer GmbH reicht für die Übernahmeerklärung neben der notariellen Beurkundung[358] auch die **notarielle Beglaubigung der Übernahmeerklärung** aus. In der Praxis wird aus Kostengründen die Übernahmeerklärung regelmäßig nur notariell beglaubigt.[359] Entsprechend der für die Gründung geltenden Vorschriften[360] bedarf auch die Erteilung einer **Vollmacht zur Abgabe der Übernahmeerklärung** der notariellen Beglaubigung. Die allgemeine Vorschrift des § 167 II BGB, die für die Vollmachtserklärung grundsätzlich auf die Einhaltung der für das Rechtsgeschäft bestimmten Form verzichtet, greift nicht ein.[361] Die Übernahmeerklärung muß den Betrag der übernommenen Stammeinlage enthalten. Ferner muß sich aus ihr die Person des Übernehmers und der Zusammenhang mit einer bestimmten Kapitalerhöhung ergeben. Ausreichend ist hierfür die Bezug-

---

[356] Instruktiv hierzu: OLG Stuttgart JR 1955, 463.
[357] Siehe hierzu Hachenburg/Ulmer, § 55, RN 53–55; bejahend bezüglich Erbengemeinschaft OLG Hamm BB 1975, 292, 293.
[358] Gem. §§ 8 ff., 13 BeurkG.
[359] Vgl. § 45 I KostO: Viertel der vollen Gebühr, höchstens 250,– DM; demgegenüber § 36 I KostO volle Gebühr für einseitige Erklärung.
[360] § 2 II GmbHG.
[361] Vgl. bereits KGJ 39, 127; OLG Neustadt GmbHR 1952, 58; sowie Scholz/Priester, § 55, RN 78; Baumbach/Hueck/Zöllner, § 55, RN 19; Hachenburg/Ulmer, § 55, RN 63.

II. Kapitalerhöhung und Kapitalherabsetzung bei Kapitalgesellschaften

nahme auf den Übernahmebeschluß.[362] Es ist außerdem möglich, daß der Übernehmer seine Übernahmeerklärung dahingehend befristet, daß er von seiner Einlagepflicht befreit wird, wenn die Kapitalerhöhung nicht bis zu einem bestimmten Zeitpunkt eingetragen und damit wirksam geworden ist.[363]

Die Übernahmeerklärung muß durch die Gesellschafter im Namen der Gesellschaft angenommen werden; erst so kommt der **Zeichnungsvertrag** zustande. Da es sich bei der Übernahme um einen körperschaftlichen Akt handelt, sind nicht die Geschäftsführer, sondern allein die Gesellschafter für die Annahme zuständig. Möglich ist es aber, daß die Gesellschafterversammlung die Geschäftsführer zur Annahme der Übernahmeerklärung ermächtigt.[364]

Bei der **Annahme durch die Gesellschafter** ist im übrigen die Vorschrift des § 181 BGB zu beachten. Die Gesellschafter, die selbst an der Kapitalerhöhung teilnehmen, dürfen an der Annahme ihrer eigenen Übernahmeerklärung auf Seiten der Gesellschafterversammlung nicht mitwirken.[365] Die Gesellschafterversammlung – ohne Mitwirkung des Betroffenen – kann aber dem jeweiligen Gesellschafter im Rahmen des Zulassungsbeschlusses Befreiung von § 181 BGB erteilen.[366] Anders ist dagegen die Rechtslage bei Einmanngesellschaften zu beurteilen: Mangels erkennbarer Interessenkollision greift hier § 181 BGB nicht ein.[367]

cc) **Sacheinlagen.** Wie bei der Aktiengesellschaft können anstelle von Bareinlagen auch **Sacheinlagen im Rahmen der Kapitalerhöhung** geleistet werden. Entsprechend § 56 I S.1 GmbHG müssen in diesem Fall der Gegenstand der Sacheinlage und der Betrag der Stammeinlage, auf die sich die Sacheinlage bezieht, im Beschluß über die Erhöhung des Stammkapitals festgesetzt werden.

Als **Gegenstand einer Sacheinlage** kommen – wie bei einer Aktiengesellschaft – grundsätzlich alle vermögenswerten Gegenstände in Betracht, die – wenigstens im Rahmen des Gesamtunternehmens – verwert-

---

[362] Vgl. BGH WM 1966, 1262, 1263 für den Fall, daß die Übernahmeerklärung in derselben Niederschrift wie der Erhöhungsbeschluß beurkundet wird.
[363] Entsprechend § 185 I Nr. 4 AktG; vgl. Hachenburg/Ulmer, § 55, RN 68.
[364] Hachenburg/Ulmer, § 55, RN 72; Baumbach/Hueck/Zöllner, § 55, RN 21.
[365] BGHZ 33, 189, 194; BayObLG DB 1978, 578; Scholz/ Priester, § 55, RN 74; Lutter/Hommelhoff, § 55, RN 17; a.A. Baumbach/Hueck/Zöllner, § 55, RN 21, die § 47 IV GmbHG anwenden.
[366] Hachenburg/Ulmer, § 55, RN 73; Lutter/Hommelhoff, § 55, RN 17; siehe auch LG Berlin GmbHR 1985, 396, 397; für minderjährige Gesellschafter, deren Eltern auch Gesellschafter sind, ist ggf. ein Ergänzungspfleger nach § 1909 BGB zu bestellen, vgl. Lutter/Hommelhoff, ebenda.
[367] LG Berlin GmbHR 1985, 396 f.; Scholz/Priester, § 55, RN 75; Hachenburg/Ulmer, § 55, RN 73; a.A. Fleck, ZGR 1988, 117 f.

bar sind.[368] Unter besonderen Voraussetzungen können daher auch obligatorische Nutzungsrechte und Ansprüche auf Gebrauchsüberlassung Gegenstand einer Sacheinlage sein.[369] Bei der GmbH ist besonders hervorzuheben, daß Gesellschafterdarlehen[370] grundsätzlich auch dann einlagefähig sind, wenn ihnen die Qualität als Eigenkapitalersatz nach § 32a GmbHG zukommt und sie deshalb im Konkurs- oder Vergleichsverfahren der Gesellschaft nicht durchsetzbar sind.[371] Bei der Bewertung solcher Gesellschafterdarlehen wird aber das Risiko der Undurchsetzbarkeit regelmäßig durch einen Bewertungsabschlag zu berücksichtigen sein.[372]

163 Werden **Unternehmen** im Wege der Sacheinlage eingebracht, reicht die Angabe ihrer verkehrsüblichen Bezeichnung im Kapitalerhöhungsbeschluß. Nicht erforderlich ist, daß eine Einbringungsbilanz oder eine sonstige genaue Beschreibung aller zum Unternehmen gehörenden Gegenstände der Niederschrift über den Kapitalerhöhungsbeschluß beigefügt werden.[373] Abweichend vom Gründungsrecht[374] ist es bei der Kapitalerhöhung auch nicht notwendig, daß die Gesellschafter einen Sacheinlagebericht (Sachgründungsbericht) erstellen, in dem die für die Angemessenheit der Leistungen der Gesellschaft für Sacheinlagen wesentlichen Umstände dargelegt werden, oder die Jahresergebnisse der beiden letzten Geschäftsjahre des übergehenden Unternehmens angeben.[375]

164 Hinsichtlich der Übernahme und der Übernahmeerklärung bei der Sacheinlage gelten grundsätzlich keine Besonderheiten. Zu beachten ist aber, daß, sofern nicht neben der Übernahmeerklärung noch ein zusätzlicher **Sacheinlagevertrag** geschlossen wird, die Übernahmeerklärung und deren Annahme durch die Gesellschafter etwaigen anderen Formerfordernissen entsprechen müssen. So ist bei Einbringung eines Grundstücks grundsätzlich § 313 I BGB, der notarielle Beurkundung verlangt, zu be-

---

[368] Vgl. oben, RN 81 sowie Scholz/Winter, § 5, RN 43; Hachenburg/Ulmer, § 5, RN 35f.; § 55, RN 11; Baumbach/Hueck, GmbHG, § 5, RN 23.
[369] Siehe oben, RN 99.
[370] Ansprüche auf Darlehensrückzahlung können nach allgemeiner Ansicht Gegenstand einer Sacheinlage sein.
[371] Zum Regreßanspruch des darlehensgebenden Gesellschafters gegen die Mitgesellschafter siehe Picot, Mithaftung der GmbH-Gesellschafter für kapitalersetzende Darlehen, BB 1991, 1360ff.
[372] Vgl. Hachenburg/Ulmer, § 56, RN 14a, § 5, RN 45; Festl-Wietek BB 1993, 2410, 2416; abweichend: Scholz/Winter § 5, RN 48; Priester FS Döllerer, S. 475, 487ff.; Westermann FS Döllerer, S. 541 f.
[373] Hachenburg/Ulmer, § 56, RN 20.
[374] Vgl. § 5 IV S. 2 GmbHG.
[375] Hachenburg/Ulmer, § 56, RN 49; Baumbach/Hueck/Zöllner, § 56, RN 11; Lutter/Hommelhoff, § 56, RN 11; Rowedder/Zimmermann, § 56, RN 22; Happ BB 1985, 1927, 1928f.; a.A. Scholz/Priester, § 56, RN 65; Timm GmbHR 1980, 286, 290; Priester DNotZ 1980, 515, 526.

achten. Wegen § 15 IV GmbHG gilt dies auch für die Verpflichtung zur Einbringung von GmbH-Anteilen.

Werden die Vorschriften über die Festsetzung der Sacheinlage nicht beachtet, so ist eine etwa beabsichtigte Sachkapitalerhöhung **für das Registergericht** nicht erkennbar. Mit der Eintragung in das Handelsregister wird dann die Kapitalerhöhung als Barkapitalerhöhung wirksam.[376] Sind die **Festsetzungen ungenau oder unvollständig**, wird die Kapitalerhöhung aber trotzdem in das Handelsregister eingetragen, wird der Übernehmer ebenfalls zur Leistung einer Geldeinlage verpflichtet.[377] 165

Seit der GmbH-Novelle 1980 ist mit der Verweisung auf das Gründungsrecht jetzt auch für die Stammkapitalerhöhung ausdrücklich die **Differenzhaftung des Sacheinlegers** im Falle überbewerteter Sacheinlagen geregelt.[378] Entspricht der objektive Wert der Sacheinlage im Zeitpunkt der Anmeldung der Gesellschaft zur Eintragung in das Handelsregister nicht dem Betrag der dafür übernommenen Stammeinlage, ist der Sacheinleger zur Zahlung der Differenz verpflichtet (Differenzhaftung). Etwaige Wertverluste zwischen Einbringung der Sacheinlage (Übertragung des Unternehmens), die wegen § 57 II i.V.m. § 7 III GmbHG notwendigerweise vor der Anmeldung zu erfolgen hat, gehen allein zu Lasten des Übernehmers, auch wenn er der Gesellschaft die vorgesehenen Werte im Einbringungszeitpunkt tatsächlich verschafft hat.[379] Haftungsschuldner der Differenzhaftung ist grundsätzlich der Sacheinleger; kann die Differenz von diesem nicht eingezogen werden und auch nicht durch den Verkauf des Geschäftsanteils gedeckt werden, haften daneben subsidiär auch die übrigen Gesellschafter für den Fehlbetrag im Verhältnis ihrer Geschäftsanteile.[380] Die Differenzhaftung verjährt nach § 9 II GmbHG innerhalb von fünf Jahren. 166

§ 56 II GmbHG verweist außerdem auf § 19 V GmbHG, um die Sachkapitalerhöhungsvorschriften (Festsetzung, registergerichtliche Prüfung und Bekanntmachung) vor **Umgehungen** abzusichern. Verdeckte Sacheinlagen, d.h. die Verknüpfung einer Barkapitalerhöhung mit einem im Zusammenhang stehenden Verkehrsgeschäft, durch den die Gesellschaft den betreffenden Gegenstand erwirbt, sind nicht zulässig.[381] 167

---

[376] Hachenburg/Ulmer, § 56, RN 29.
[377] Hachenburg/Ulmer, § 56, RN 30; Scholz/Priester, § 56, RN 62; Rowedder/Zimmermann, § 56, RN 16.
[378] § 56 II i.V.m. § 9 GmbHG.
[379] Hachenburg/Ulmer, § 56, RN 35; Scholz/Priester, § 56, RN 71; Rowedder/Zimmermann, § 56, RN 17.
[380] Ausfallhaftung nach § 24 GmbHG; vgl. nur Rowedder/Zimmermann, § 56, RN 18; Scholz/Priester, § 56, RN 72.
[381] Siehe dazu ausführlich oben, RN 72 ff.

168 **dd) Leistung der Mindesteinlagen.** Wie im Falle der GmbH-Gründung haben die Übernehmer der neuen Stammeinlage vor Anmeldung der Kapitalerhöhung zur Eintragung in das Handelsregister Mindesteinlagen zu bewirken. Bei Bareinlagen beträgt nach § 7 II S. 1 GmbHG die **gesetzliche Mindesteinlage** ein Viertel auf jede bei der Kapitalerhöhung übernommene Stammeinlage.[382] Im Kapitalerhöhungsbeschluß kann allerdings auch die Anforderung einer höheren Einlage festgesetzt werden. Auch bei der Kapitalerhöhung ist die auf Einmanngesellschaften zugeschnittene Vorschrift des § 7 II S. 3 GmbHG anwendbar. Im Falle einer Einmanngesellschaft darf die Anmeldung der Kapitalerhöhung erst erfolgen, wenn der Gesellschafter die gesetzliche Mindesteinlage geleistet hat und für den übrigen Teil der Geldeinlage eine Sicherung bestellt hat.[383]

169 Die **Einzahlungen der Einlagen** müssen dergestalt bewirkt werden, daß sie sich endgültig in der **freien Verfügung der Geschäftsführer** befinden.[384] Wie im Aktienrecht bedeutet dies insbesondere, daß die Gesellschaft Berechtigte aus der Einzahlung (regelmäßig also Inhaber der Kontogutschrift) geworden sein muß und daß sich auch keine Rückzahlungspflichten oder sonstige die Geschäftsführer faktisch bindenden Verwendungsbeschränkungen mit der Einlageleistung verbinden. Daran fehlt es regelmäßig bei abredegemäßem **Hin- und Herzahlen von Geld im Rahmen verdeckter Sacheinlagen.**[385] Eine Einzahlung im Rahmen von solchem Hin- und Herzahlen hat keine Tilgungswirkung.[386] Auch bei der Kapitalerhöhung der GmbH sind aber Einzahlungen auf ein debitorisches Gesellschaftskonto zulässig, wenn die Geschäftsführer mit Rücksicht auf die der Gesellschaft eingeräumte Kreditlinie in der Disposition über die Mittel nicht beschränkt sind.[387] Zulässig ist schließlich auch, daß der Einlageschuldner auf Anweisung der Geschäftsführer eine Verbindlichkeit der Gesellschaft gegenüber einem Gesellschaftsgläubiger tilgt, sofern die zu tilgende Forderung gegen die Gesellschaft vollwertig, fällig und liquide ist.[388]

---

[382] Dies gilt auch im Falle der Aufstockung bestehender Geschäftsanteile, vgl. Hachenburg/Ulmer, § 56a, RN 6.

[383] Zur Frage, welche Sicherheiten zulässig sind, vgl. Hachenburg/Ulmer, § 56a, RN 10ff.; Scholz/Priester, § 56a, RN 17; insbesondere zu Bürgschaften außerhalb der Grenzen der §§ 232 II, 239 BGB: BayObLG DB 1988, 1846; OLG Celle GmbHR 1985, 195.

[384] Vgl. § 57 II S. 1 GmbHG.

[385] Siehe dazu bereits oben, RN 72.

[386] BGHZ 113, 335, 340; BGH NJW 1991, 1754, 1755; Hachenburg/Ulmer, § 56a, RN 16.

[387] BGH NJW 1991, 226, 227; WM 1991, 454, 455; Scholz-Winter, § 7, RN 30, 35; Priester DB 1987, 1473.

[388] BGH NJW 1986, 989; OLG Zweibrücken NJW 1966, 840; OLG Düsseldorf BB 1988, 2126, 2127; OLG Köln ZIP 1989, 239; Priester BB 1987, 208f.; Baumbach/Hueck, § 19, RN 9, 24; Hachenburg/Ulmer, § 19, RN 44.

II. Kapitalerhöhung und Kapitalherabsetzung bei Kapitalgesellschaften 191

Die Frage der **Voreinzahlung auf künftige Kapitalerhöhungen,** insbesondere in Fällen dringenden Kapitalbedarfs oder zur Sanierung, wird im Ergebnis bei der GmbH genauso beantwortet wie bei der Aktiengesellschaft.[389]

Im Gegensatz zu Bareinlagen sind **Sacheinlagen** ebenso wie bei der Gründung vollständig **vor Anmeldung der Kapitalerhöhung zu bewirken.** Sie müssen ebenfalls endgültig zur freien Verfügung der Geschäftsführer stehen.[390] Bei der Übertragung und Einbringung von Grundstücken ist daher grundsätzlich die Eintragung der Gesellschaft als Eigentümerin im Grundbuch Voraussetzung. Wegen der Dauer des Grundbuchverfahrens wird es aber heute zu Recht als ausreichend angesehen, wenn die bindende Einigung zwischen Gesellschaft und Übernehmer sowie das Vorliegen aller Eintragungsvoraussetzungen (Auflassung, Eintragungsbewilligung und rangwahrender Antrag) den Rechtserwerb zugunsten der Gesellschaft sicher gewährleisten.[391]

ee) **Anmeldung zum Handelsregister, Eintragung und Bekanntmachung.** Nach Übernahme der Stammeinlagen und Bewirkung der Mindesteinlagen ist die Stammkapitalerhöhung zur Eintragung in das Handelsregister anzumelden. Nach § 78 GmbHG muß die **Anmeldung der Kapitalerhöhung,** anders als bei normalen Satzungsänderungen, **durch sämtliche** Geschäftsführer einschließlich der stellvertretenden bewirkt werden.[392] Dritte können mit der Anmeldung und der Einreichung der erforderlichen Unterlagen unter Beachtung von § 12 II S. 1 HGB (notarielle Beglaubigung) bevollmächtigt werden.[393] 170

Für **falsche Angaben** zum Zwecke der Eintragung der Kapitalerhöhung haften die Geschäftsführer nach § 57 IV i.V.m. § 9a I und III GmbHG. Ein Geschäftsführer, der falsche Angaben zum Zwecke der Eintragung einer Stammkapitalerhöhung macht, kann außerdem nach § 82 I Nr. 3 GmbHG auch strafrechtlich belangt werden.

Das **Registergericht** hat die **Ordnungsgemäßheit der Kapitalerhöhung** zu prüfen. Eine Pflichtprüfung durch unabhängige Prüfer, wie sie das Aktiengesetz für die Sachkapitalerhöhung vorsieht, kennt das GmbH-Recht nicht. Abweichend von der Gründung einer GmbH haben die Ge- 171

---

[389] Siehe unten RN 183.
[390] § 57 II S. 1 i. V. m. § 7 III GmbHG.
[391] Zu den Einzelheiten siehe Hachenburg/Ulmer, § 7, RN 45; Lutter/Hommelhoff, § 7, RN 12; Baumbach/Hueck, § 7, RN 11.
[392] Baumbach/Hueck/Zöllner, § 57, RN 2.
[393] Str., wie hier Baumbach/Hueck/Zöllner, § 57, RN 7; Roth, § 7, Anm. 2.2; § 78, Anm. 2; Bartl/Henkes, § 8, RN 157; OLG Köln DB 1986, 2376; a. A. BayObLG NJW 1987, 136; DB 1987, 215, 216; Hachenburg/Ulmer, § 57, RN 19; Lutter/Hommelhoff, § 7, RN 1; Staub/Hüffer, HGB, § 12, RN 6 f., die jeweils nur Bevollmächtigung im Hinblick auf die Einreichung der erforderlichen Unterlagen zulassen.

sellschafter auch keinen Sacheinlagebericht zu erstatten.[394] Die Prüfung des Registergerichts erstreckt sich insbesondere auf die Übereinstimmung von Erhöhungsbeschluß und Übernahmeerklärungen nach Art (Bar- oder Sacheinlagen) und Betrag, Ordnungsgemäßheit der Einzahlungen und Vollständigkeit der Anmeldung.

172 Im Falle von Sacheinlagen muß der Registerrichter insbesondere den Wert der Sacheinlagen prüfen, um überbewertete Sacheinlagen zu verhindern.[395] Da im GmbH-Recht eine obligatorische **Wertprüfung** durch sachverständige Prüfer fehlt und ein Sacheinlagebericht bei der Kapitalerhöhung nicht verlangt wird, muß das Registergericht die nach Lage des Einzelfalles zur Bewertung erforderlichen Unterlagen anfordern,[396] soweit sie von den Geschäftsführern nicht ohnedies schon der Anmeldung beigefügt sind. Bei den meisten Handelsregistern hat sich eine – leider nicht einheitliche – Praxis gebildet, die in der Regel vorher erfragt werden kann.

Obwohl es im Gesetz nicht vorgesehen ist, verlangen die Registergerichte vor allem bei der Einbringung von Unternehmen und Beteiligungen regelmäßig – wie im Gründungsstadium –[397] die Jahresergebnisse der beiden letzten Geschäftsjahre, gelegentlich auch die Einreichung vollständiger Jahresabschlüsse. Als ausreichend wird regelmäßig die **Vorlage einer Einbringungsbilanz** angesehen, wenn sie auf den Einbringungsstichtag oder einen nicht lange vorangegangenen Termin erstellt worden ist und mit dem Testat eines sachverständigen Prüfers versehen ist.[398] Eine zeitnahe, testierte Bilanz der Gesellschaft ist regelmäßig auch notwendig, um die Vollwertigkeit eingebrachter Gesellschafterforderungen nachzuweisen.[399] Prüfer muß dabei nicht immer ein unabhängiger Wirtschaftsprüfer sein; die Werthaltigkeit eingebrachter Unternehmen oder Forderungen kann vielmehr auch von einem sonstigen Sachverständigen oder Steuerberater, auch demjenigen der Gesellschaft, erbracht werden. Dies alles, wie auch eine zusätzliche Prüfung durch einen unabhängigen Prüfer, ist vom Einzelfall abhängig und steht allein im Ermessen des Registerrichters.

Steht fest, daß Sacheinlagen **überbewertet** worden sind, muß der Registerrichter nach § 57a i.V.m. § 9c S.2 GmbH die Eintragung der Kapitalerhöhung ablehnen. Maßgeblicher Prüfungsstichtag ist nicht der Tag der Eintragung, sondern der Zeitpunkt der Anmeldung der Sachkapitalerhöhung.[400]

---

[394] Lutter/Hommelhoff, § 56, RN 14 m.w.Nachw.
[395] § 57a i.V.m. § 9c S.2 GmbHG.
[396] Vgl. § 12 FFG; sowie Festl-Wietek BB 1993, 2410, 2411.
[397] Vgl. § 5 IV S.2 GmbHG.
[398] Hachenburg/Ulmer, § 57a, RN 10; Scholz/Winter, § 8, RN 13.
[399] Scholz/Priester, § 57a, RN 6; Hachenburg/Ulmer, § 57a, RN 10.
[400] Vgl. Lutter/Hommelhoff, § 56, RN 15; Scholz/Priester, § 57a, RN 11; Rowedder/Zimmermann, § 57a, RN 8; Baumbach/Hueck/Zöllner, § 57a, RN 4; a. A. Hachenburg/Ulmer, § 57a, RN 15: Zeitpunkt der Einbringung der Sacheinlage.

II. Kapitalerhöhung und Kapitalherabsetzung bei Kapitalgesellschaften 193

Nach Eintragung der Kapitalerhöhung wird diese gem. § 57 b GmbHG bekanntgemacht. Festsetzungen bezüglich Sacheinlagen müssen in der **Bekanntmachung** nicht ausdrücklich genannt werden. Nach § 57 b S. 2 GmbHG reicht die Bezugnahme auf die beim Gericht eingereichten Urkunden aus.

b) Kapitalerhöhung aus Gesellschaftsmitteln

Die GmbH kann ihr Stammkapital im Rahmen einer Kapitalerhöhung aus Gesellschaftsmitteln durch **Umwandlung von Rücklagen** erhöhen. Bis zur Körperschaftssteuerreform 1977 hatte die Kapitalerhöhung aus Gesellschaftsmitteln große wirtschaftliche Bedeutung, um bei einer Reinvestition von Gewinnen eine ertragsteuerliche Doppelbelastung bei GmbH und Gesellschafter zu vermeiden. Seitdem wird jedoch bei der Wiederanlage von Gewinnen auf das steuerlich günstigere **Schütt-aus-Hol-zurück-Verfahren** zurückgegriffen. Soll dabei jedoch die Wiederanlage nicht nur auf freiwilliger Basis erfolgen, ist wegen § 53 III GmbHG die Zustimmung sämtlicher beteiligter Gesellschafter erforderlich. Demgegenüber kann eine Kapitalerhöhung aus Gesellschaftsmitteln mit einer Drei-Viertel-Mehrheit beschlossen werden. Die börsen- und kapitalmarktorientierten Zwecke, die für die Aktiengesellschaft gelten,[401] spielen bei der GmbH keine Rolle.

173

Während früher die Kapitalerhöhung aus Gesellschaftsmitteln in den §§ 1–18, 36 des Gesetzes über die Kapitalerhöhung aus Gesellschaftsmitteln und über die Verschmelzung von GmbHs (KapErhG) geregelt war, sind diese Vorschriften durch das neue Umwandlungsrecht unter redaktioneller Anpassung **vollständig in das GmbH-Gesetz übernommen** worden (§§ 57 c – 57 o GmbHG). Die einzige substantielle Änderung ergibt sich dadurch, daß jetzt nach § 57 f GmbHG die zugrundeliegende Bilanz zu einem Stichtag aufgestellt sein darf, der bis zu acht Monaten vor der Anmeldung liegt, während bisher nach §§ 3 I, 4 I S. 2 KapErhG eine Frist von sieben Monaten maßgeblich war.

174

Die Kapitalerhöhung aus Gesellschaftsmitteln beinhaltet eine **Satzungsänderung**. Der Kapitalerhöhungsbeschluß bedarf deshalb einer Mehrheit von drei Vierteln der abgegebenen Stimmen.[402] Gemäß § 57 c III GmbHG ist dem Kapitalerhöhungsbeschluß eine konkrete Bilanz (letzte Jahresbilanz oder Zwischenbilanz) zugrundezulegen. Im Kapitalerhöhungsbeschluß muß festgelegt werden, welche Rücklagen in welcher Höhe umgewandelt werden und ob die Kapitalerhöhung zur Bildung neuer Geschäftsanteile oder zur Erhöhung des Nennbetrages der Anteile führt.[403]

175

---

[401] Siehe dazu oben, RN 144.
[402] § 57 c IV i. V. m. § 53 I, II GmbHG.
[403] Vgl. § 57 h II; Hachenburg/Ulmer, Anh. § 57 b, § 1 KapErhG, RN 7.

Die Kapitalerhöhung aus Gesellschaftsmitteln kann nach § 57c II GmbHG erst beschlossen werden, nachdem der Jahresabschluß (Jahresbilanz und Gewinn- und Verlustrechnung i. S. v. § 242 III HGB) für das letzte vor der Beschlußfassung abgelaufene Geschäftsjahr festgestellt ist. Grundsätzlich muß auch bereits ein **Beschluß über die Ergebnisverwendung** vorliegen,[404] sofern nicht abweichend vom Regelfall die neuen Geschäftsanteile bereits am Gewinn des letzten vor der Beschlußfassung über die Kapitalerhöhung abgelaufenen Geschäftsjahres teilnehmen sollen.[405]

176   Nach § 57d I GmbHG sind **umwandlungsfähig** nur solche **Kapital- und Gewinnrücklagen**, die in der letzten Jahresbilanz und, wenn dem Kapitalerhöhungsbeschluß eine andere Bilanz zugrundegelegt wird, auch in dieser Bilanz unter „Kapitalrücklage" oder „Gewinnrücklage"[406] oder im letzten Beschluß über die Verwendung des Jahresergebnisses als Zuführung zu diesen Rücklagen ausgewiesen worden sind.

Ein **Gewinnvortrag**, der nicht im Rahmen des Beschlusses über die Ergebnisverwendung den Rücklagen zugeführt worden ist, ist im Rahmen der Kapitalerhöhung aus Gesellschaftsmitteln nicht umwandlungsfähig.[407] Eine fehlende Rücklagenzuweisung kann auch nicht dadurch geheilt werden, daß dem Kapitalerhöhungsbeschluß eine besondere Zwischenbilanz (§ 57f GmbHG) zugrundegelegt wird, da die umzuwandelnden Rücklagen gemäß § 57d I GmbHG zusätzlich in der letzten Jahresbilanz ausgewiesen sein müssen.

Dem Kapitalerhöhungsbeschluß kann nach § 57c GmbHG die **letzte Jahresbilanz**, wenn die Jahresbilanz geprüft und die festgestellte Jahresbilanz mit dem uneingeschränkten Bestätigungsvermerk der Abschlußprüfer versehen ist, oder nach § 57f GmbHG eine andere Bilanz (Zwischenbilanz), die den Vorschriften über die Gewährung der Jahresbilanz und über die Wertansätze in der Jahresbilanz entsprechen muß, zugrundegelegt werden. In beiden Fällen darf der **Stichtag der Bilanz höchstens acht Monate vor der Anmeldung** des Beschlusses zur Eintragung in das Handelsregister liegen.[408] Für die Prüfung gelten die entsprechenden Vorschriften des HGB; hervorzuheben ist, daß auch kleine Gesellschaften i. S. v. § 267 I HGB ein **Testat** benötigen.[409] Die Prüfer müssen durch die

---

[404] § 57c II GmbHG.
[405] Vgl. hierzu § 57n II GmbHG.
[406] Vgl. hierzu § 266 III A. II., III. HGB. Nicht umwandlungsfähig ist allerdings die Gewinnrücklage für eigene Geschäftsanteile nach § 266 III A. III. Nr. 2 HGB, die einer besonderen Zweckbestimmung unterliegt und nach § 272 IV S. 2 HGB nur unter bestimmten Voraussetzungen aufgelöst werden darf.
[407] Hachenburg/Ulmer, § 57b, § 2 KapErhG, RN 5.
[408] § 57e I, § 57f I S. 2 GmbHG. Zur alten Rechtslage (sieben Monate) siehe bereits oben, RN 174.
[409] Vgl. § 57e II, § 57f II HGB; vereidigte Buchprüfer sind als Prüfer zulässig.

Gesellschafterversammlung gewählt und durch sie – sofern die Satzung dies zuläßt, auch durch die Geschäftsführer – bestellt werden.[410]

Nach § 57i GmbHG muß die Kapitalerhöhung aus Gesellschaftsmitteln **zum Handelsregister angemeldet** werden unter Beifügung der mit dem Bestätigungsvermerk der Prüfer versehenen Bilanz, sofern eine Zwischenbilanz zugrundegelegt wird, außerdem auch der letzten Jahresbilanz. Die **Anmeldung** erfolgt **durch sämtliche Geschäftsführer** (einschließlich der stellvertretenden).[411] Die Geschäftsführer haben außerdem nach § 57i I S.2 GmbHG höchstpersönlich gegenüber dem Registergericht zu erklären, daß nach ihrer Kenntnis seit dem Stichtag der zugrundeliegenden Bilanz bis zum Tage der Anmeldung keine Vermögensminderung eingetreten ist, die der Kapitalerhöhung entgegensteht, wenn sie am Tag der Anmeldung beschlossen worden wäre. Der Kapitalerhöhungsbeschluß darf durch das Registergericht nur eingetragen werden, wenn die der Kapitalerhöhung zugrundegelegte Bilanz für einen höchstens acht Monate vor der Anmeldung liegenden Zeitpunkt aufgestellt worden ist.[412]

177

Die Kapitalerhöhung wird erst wirksam und die neuen Geschäftsanteile entstehen erst, wenn die Kapitalerhöhung in das Handelsregister eingetragen worden ist.[413] Die Kapitalerhöhung aus Gesellschaftsmitteln wird schließlich wie die ordentliche Kapitalerhöhung bekanntgemacht.[414]

4. Kapitalherabsetzung bei Aktiengesellschaft und GmbH

a) Zweck der Kapitalherabsetzung

Aktiengesetz und GmbH-Gesetz regeln beide spiegelbildlich zur Kapitalerhöhung die **Herabsetzung des Grund- oder Stammkapitals**. Die Herabsetzung des Kapitals bewirkt, daß auf der Passivseite der Bilanz das ausgewiesene Grund- oder Stammkapital gesenkt wird. Hierdurch kann die Gesellschaft gegebenenfalls eine Unterbilanz, d.h. wenn die Summe der Passiva höher ist als die Summe der Aktiva, ohne daß eine Überschuldung vorliegt, ausgleichen. In der Praxis ist dies der wichtigste Zweck für eine Kapitalherabsetzung. Bei der Aktiengesellschaft erfolgt

178

---

[410] Hachenburg/Ulmer, Anh. § 57b, §§ 3–5 KapErhG, RN 7.
[411] Vgl. jetzt ausdrücklich § 78 GmbHG. Vor Inkrafttreten des Umwandlungsgesetzes war streitig, ob Anmeldung durch Geschäftsführer in vertretungsberechtigter Zahl ausreicht, so LG Mannheim GmbHR 1961, 85; Bartl/Henkes/Schlarb, Anh. § 57b, § 7 KapErhG, RN 29; wie hier die ganz herrschende Meinung, vgl. nur Hachenburg/Ulmer, Anh. § 57b, § 7 KapErhG, RN 4; Scholz/Priester, Anh. § 57b, § 7 KapErhG, RN 2.
[412] Beispiel: Bilanzstichtag 31.12.01, dann Einreichung der Anmeldung beim zuständigen Handelsregister spätestens am 31.08.02.
[413] Vgl. jetzt § 57c IV i.V.m. § 54 III GmbHG.
[414] § 57c IV i.V.m. § 54 II GmbHG.

dieser sogenannte „**Kapitalschnitt**" in der Regel im Rahmen der vereinfachten Kapitalherabsetzung.

179 Ist die Bilanz der Gesellschaft ausgeglichen, können – eher selten – auch andere Zwecke verfolgt werden. So kann das durch die Reduzierung des Grund- oder Stammkapitals frei werdende Kapital den Rücklagen zugeführt werden (spiegelbildlich zur Kapitalerhöhung aus Gesellschaftsmitteln); bei wenigstens ausgeglichener Bilanz sind außerdem **Bar- oder Sachausschüttungen an die Aktionäre oder Gesellschafter** möglich. Dies hat den Effekt einer Teilliquidation der Gesellschaft, wie dies beispielsweise bei der Rückgabe von Sacheinlagen sein kann, wenn der betreffende Gegenstand nicht mehr betriebsnotwendig ist. In jüngster Zeit wird die effektive Kapitalherabsetzung auch verwendet, um die **Folgen verdeckter Sacheinlagen**[415] zu beseitigen: Dem Gesellschafter oder Aktionär wird die Möglichkeit geboten, die fortbestehende Bareinlagepflicht erlassen zu bekommen, um den Rückgabeanspruch auf den geleisteten Sachgegenstand oder die vermeintlich getilgte Forderung später oder gleichzeitig im Wege der Sachkapitalerhöhung in die Gesellschaft einzubringen.[416]

b) Aktiengesellschaft

180 Das Aktienrecht kennt **drei Arten der Kapitalherabsetzung**, nämlich die ordentliche Kapitalherabsetzung, die vereinfachte Kapitalherabsetzung sowie die Kapitalherabsetzung durch Einziehung von Aktien.

181 aa) **Ordentliche Kapitalherabsetzung.** Da auch die **ordentliche Kapitalherabsetzung eine Satzungsänderung** beinhaltet, bedarf sie gemäß § 222 I S. 1 AktG eines Hauptversammlungsbeschlusses, der mit einer Mehrheit beschlossen werden muß, die mindestens drei Viertel des bei der Beschlußfassung vertretenen Grundkapitals umfaßt.[417] Bei mehreren Gattungen von Aktien müssen gemäß § 222 II AktG entsprechende Sonderbeschlüsse herbeigeführt werden. Im **Kapitalherabsetzungsbeschluß** muß nach § 222 III AktG hinreichend konkret angegeben werden, zu welchem Zweck die Herabsetzung stattfindet und ob etwa Teile des Grundkapitals an die Aktionäre zurückgezahlt werden sollen. Außerdem ist die Art der Durchführung der Kapitalherabsetzung anzugeben. Nach § 222 IV AktG kann das Grundkapital herabgesetzt werden durch Herabsetzung des Nennbetrags der Aktien oder durch Zusammenlegung der Aktien. Bei der Herabsetzung der Aktiennennbeträge wird lediglich der Nennbetrag der einzelnen Aktien geändert, wobei aber der Mindestnennbetrag von 50,– DM nicht unterschritten werden darf und höhere

---

[415] Siehe dazu oben, RN 72 ff.
[416] Vgl. bereits oben, RN 90.
[417] Die Satzung darf keine geringeren Anforderungen an die Kapitalmehrheit stellen, § 222 I S. 2 AktG.

Nennbeträge auf volle 100,– DM lauten müssen.[418] Die Zusammenlegung der Aktien erfolgt dadurch, daß mehrere alte Aktien zu einer geringeren Zahl neuer Aktien zusammengelegt werden. Nach der ausdrücklichen Vorschrift des § 222 IV Ziff.2, 2. HS AktG ist diese Art der Durchführung nur subsidiär zulässig, sofern die Kapitalherabsetzung nicht durch Herabsetzung des Nennbetrages der Aktien bewerkstelligt werden kann. Hiermit will das Gesetz insbesondere erreichen, daß der Gleichbehandlungsgrundsatz gegenüber Kleinaktionären möglichst wenig verletzt wird. Letztlich kann die Zusammenlegung bei Aktionären, die nicht genügend alte Aktien besitzen, um eine neue Aktie zu erhalten, zum Verlust der Aktionärseigenschaft führen.

bb) Vereinfachte Kapitalherabsetzung. Die vereinfachte Kapitalherabsetzung gemäß den §§ 229–236 AktG ist eine abgewandelte Form der ordentlichen Kapitalherabsetzung. Sie ist jedoch nach § 229 I S.1 AktG **lediglich zu Sanierungszwecken** zulässig, d.h. um Wertminderungen auszugleichen, sonstige Verluste zu decken oder Beträge in die Kapitalrücklage einzustellen. Dies gilt zudem nur dann, wenn nicht durch Auflösung von Rücklagen oder eine Verwendung des Gewinnvortrages geholfen werden kann.[419] Im Ergebnis bezweckt und bewirkt die vereinfachte Kapitalherabsetzung eine bloße Buchsanierung, d.h. also die Beseitigung einer Unterbilanz.[420]

Gegenüber der ordentlichen Kapitalherabsetzung ist die Kapitalherabsetzung nach § 229 AktG vor allem deshalb „vereinfacht", weil die Gläubigerschutzvorschrift des § 225 AktG (Sicherheitsleistung an Gläubiger) keine Anwendung findet.[421] Ein verminderter Gläubigerschutz wird dadurch erreicht, daß Beträge aus der Auflösung der Kapital- oder Gewinnrücklage oder aus der Kapitalherabsetzung nicht zu Zahlungen an die Aktionäre oder zum Erlaß von deren Einlageverpflichtung verwendet werden dürfen. Diese Beträge dürfen vielmehr nur zu einem der zulässigen Zwecke verwendet werden, wobei im Kapitalherabsetzungsbeschluß der spezielle Zweck (Ausgleich von Wertminderungen oder Deckung sonstiger Verluste oder Einstellung in die Kapitalrücklage) genannt sein muß. Auch die Gewinnausschüttung an die Aktionäre nach Durchführung der Kapitalherabsetzung unterliegt Beschränkungen.[422]

Mit der vereinfachten Kapitalherabsetzung, die in der Praxis die wohl bedeutsamste Form der Kapitalherabsetzung darstellt, geht in den meisten Fällen eine **gleichzeitige Wiedererhöhung des Kapitals** einher. Die vorherige Kapitalherabsetzung schafft in diesen Fällen durch Beseitigung

---

[418] Vgl. § 228 I und § 8 I und II AktG.
[419] Einzelheiten § 229 II AktG.
[420] Hüffer, AktG, § 229, RN 2; Karsten Schmidt ZGR 1982, 519, 520.
[421] Vgl. § 229 III AktG.
[422] Einzelheiten § 233 AktG.

der Unterbilanz die Voraussetzung dafür, daß die Aktien in der anschließenden Kapitalerhöhung mindestens zum Nennbetrag ausgegeben werden können.[423] Um Sanierungsbemühungen unter Durchbrechung des Stichtagsprinzips zu erleichtern, kann die vereinfachte Kapitalherabsetzung, sowohl allein als auch im Zusammenhang mit einer gleichzeitigen Kapitalerhöhung, rückwirkend vorgenommen werden; dies hat zur Folge, daß im entsprechenden Jahresabschluß für das letzte vor der Beschlußfassung abgelaufene Geschäftsjahr bereits das reduzierte Kapital und die verhinderten Kapital- und Gewinnrücklagen berücksichtigt werden.[424] In diesem Fall ist für die Feststellung des Jahresabschlusses gemäß § 234 II AktG allein die Hauptversammlung zuständig, die diesen Beschluß gleichzeitig mit dem Beschluß über die Kapitalherabsetzung fassen soll. Die solchermaßen gleichzeitig vorgenommene Kapitalerhöhung muß eine **ordentliche Kapitalerhöhung sein, bei der keine Sacheinlagen** festgesetzt werden. Abweichend vom Normalablauf einer ordentlichen Kapitalerhöhung müssen zudem **vor** dem gleichzeitigen Kapitalherabsetzungs- und Kapitalerhöhungsbeschluß die neuen Aktien gezeichnet und die Mindesteinlage geleistet worden sein, und zwar jeweils unter der Bedingung, daß der Kapitalerhöhungsbeschluß tatsächlich gefaßt wird.[425] Abweichend von der regulären Kapitalerhöhung, bei der der eingezahlte Betrag zum Zeitpunkt der Anmeldung noch wenigstens wertmäßig vorhanden sein muß,[426] wird man entgegen der bisherigen Rechtsprechung des Bundesgerichtshofes davon ausgehen können, daß es bei Voreinzahlung nach § 235 I S. 2 AktG wegen des Sanierungszwecks ausreicht, daß der Betrag bei Einzahlung zur freien Verfügung des Vorstands gestanden hat.[427]

Bei der vereinfachten Kapitalherabsetzung gelten im übrigen die Vorschriften der ordentlichen Kapitalherabsetzung bezüglich der Beschlußfassung durch die Hauptversammlung, der Anmeldung des Beschlusses und seiner Durchführung, und der Abwicklung der Kapitalerhöhung (Kraftloserklärung von Aktien) entsprechend.[428]

184 cc) **Kapitalherabsetzung durch Einziehung von Aktien.** Als eigene Art der Kapitalherabsetzung enthält das Aktiengesetz außerdem Vorschriften über die **Kapitalherabsetzung durch Einziehung von Aktien.** Die Zwangseinziehung von Aktien ist nur zulässig, wenn sie bereits in der ur-

---

[423] Krieger, in: Münchener Handbuch AG, § 61, RN 2.
[424] § 234 und § 235 AktG.
[425] § 235 I S. 2 und 3 AktG.
[426] Siehe dazu oben, RN 117.
[427] Str., wie hier OLG Düsseldorf ZIP 1981, 847, 856; Lutter/Hommelhoff/Timm BB 1980, 737, 744; Hüffer, AktG, § 235, RN 7; a. A. BGHZ 51, 157, 159; BGH NJW 1967, 44.
[428] § 229 III i. V. m. §§ 222 I, S. 2 und 4, 223, 224, 226–228 AktG.

II. Kapitalerhöhung und Kapitalherabsetzung bei Kapitalgesellschaften

sprünglichen Satzung oder durch eine Satzungsänderung vor Übernahme oder Zeichnung der Aktien angeordnet oder gestattet war. Unter „**Anordnung**" der Zwangseinziehung wird verstanden, daß die Satzung vorgibt, daß unter bestimmten Voraussetzungen Aktien eingezogen werden müssen. Die Satzung muß hierbei die Voraussetzungen so genau bestimmen, daß ein Entscheidungsspielraum des Beschlußorgans[429] nicht besteht. Bei angeordneter Zwangseinziehung müssen in der Satzung außerdem Fragen des Einziehungsentgelts geregelt sein.[430]

Abweichend hiervon sind bei der „**gestatteten**" Zwangseinziehung in der Satzung keine bestimmten Einziehungsgründe genannt. Um Aktionäre nicht willkürlich auszuschließen und den **Gleichbehandlungsgrundsatz** (§ 53 a AktG) nicht zu verletzen, darf die Hauptversammlung aber in diesem Fall die Zwangseinziehung nur beschließen, wenn sie den Maßstäben der Erforderlichkeit und Verhältnismäßigkeit entspricht.[431]

Neben den beiden Arten der Zwangseinziehung ist eine Kapitalherabsetzung durch **Einziehung von Aktien auch nach Erwerb dieser Aktien durch die Gesellschaft** möglich. Die Hauptversammlung kann hier ohne weiteres darüber entscheiden, ohne daß es einer Satzungsermächtigung bedarf.[432] Zu beachten ist aber, daß der Erwerb eigener Aktien grundsätzlich nur nach den Regeln des § 71 AktG zulässig ist. Ein vereinfachtes Einziehungsverfahren nach § 237 III – V AktG ist möglich, wenn der Gesellschaft Aktien unentgeltlich zur Verfügung gestellt werden oder der Einzug zu Lasten des Bilanzgewinns oder einer anderen Gewinnrücklage, soweit sie zu diesem Zweck verwandt werden darf, erfolgt.

Soll die Kapitalherabsetzung der **Heilung verdeckter Sacheinlagen** dienen, wird sie in der Praxis – soweit nicht eine entsprechende Zwangseinziehung in der Satzung angeordnet oder gestattet war – durch Einziehung nach unentgeltlichem Erwerb der Aktien durchgeführt. Das vereinfachte Einziehungsverfahren der §§ 237 III – V AktG ist allerdings nicht anwendbar, weil die Aktien, auf die eine verdeckte Sacheinlage geleistet wurde, tatsächlich ja nicht voll eingezahlt sind. Außerhalb des vereinfachten Einziehungsverfahrens ist aber die Volleinzahlung der Aktien keine Voraussetzung für die Zulässigkeit der Einzie-

---

[429] Hauptversammlung oder Vorstand, vgl. § 237 VI AktG.
[430] Vgl. § 237 II AktG, sowie Lutter, Kölner Kommentar, § 237, RN 34; Hüffer, AktG, § 237, RN 17; zu den streitigen Fragen der Höhe des Entgelts und eines etwaigen Ausschlusses eines Entgelts vgl. Lutter, Kölner Kommentar, § 237, RN 34; Krieger, in: Münchener Handbuch AG, § 62, RN 12, jew. m. w. Nachw.
[431] Lutter, Kölner Kommentar, § 237, RN 30; Hüffer, AktG, § 237, RN 16; Krieger, in: Münchener Handbuch AG, § 62, RN 11; siehe auch Grunewald, Der Ausschluß aus Gesellschaft und Verein, 1987, S. 232 f.; abweichend: Schilling, Großkommentar AktG, § 237, RN 9.
[432] Hüffer, AktG, § 237, RN 9.

hung nach Erwerb durch die Gesellschaft.[433] Im übrigen ist ein auf Einziehung gerichteter Erwerb eigener Aktien aufgrund eines Hauptversammlungsbeschlusses nach § 71 I Nr. 6 AktG zulässig, ohne daß es der sonst beim Erwerb eigener Aktien einschlägigen Begrenzung auf maximal 10 % des Grundkapitals bedarf.[434]

Weitere Einzelheiten zur Abwicklung der Kapitalherabsetzung durch Einziehung von Aktien ergeben sich aus den entsprechend anwendbaren Vorschriften über die ordentliche Kapitalherabsetzung sowie §§ 238 und 239 AktG.

Demgegenüber ist die ordentliche Kapitalherabsetzung zur Heilung verdeckter Sacheinlagen bestimmter Aktionäre nicht geeignet, da die ordentliche Kapitalherabsetzung grundsätzlich alle Aktionäre (verhältnismäßig) gleich treffen muß.[435] Inwieweit Abweichungen im Einzelfall unter Zustimmung des betroffenen Aktionärs möglich sind, ist noch nicht abschließend geklärt.

c) GmbH

187   Das **GmbH-Gesetz** kennt – abweichend vom Aktienrecht – **nur die (ordentliche) Kapitalherabsetzung (§ 58 GmbHG) sowie** seit der Reform des Insolvenzrechts[435a] **die vereinfachte Kapitalherabsetzung (§ 58a–f GmbHG).**

Der **Kapitalherabsetzungsbeschluß** bedarf einer Mehrheit von drei Vierteln der abgegebenen Stimmen. Vor Anmeldung des Kapitalherabsetzungsbeschlusses zum Handelsregister müssen die Geschäftsführer den Kapitalherabsetzungsbeschluß zu drei verschiedenen Malen in den Gesellschaftsblättern bekanntmachen und in diesen **Bekanntmachungen** zugleich die Gläubiger der Gesellschaft auffordern, sich bei derselben zu melden. Daneben muß die Gesellschaft die ihnen bekannten Gläubiger durch besondere Mitteilung über den Kapitalherabsetzungsbeschluß informieren.[436] Gläubiger, die sich bei der Gesellschaft melden und der Kapitalherabsetzung nicht zustimmen, müssen von der Gesellschaft befriedigt oder sichergestellt werden. Da es sich hierbei um eine Anmeldevoraussetzung handelt, können Gläubiger unter Hinweis auf fehlende Befriedigung oder Sicherstellung eine entsprechende Mitteilung an das Re-

---

[433] Lutter, Kölner Kommentar, § 237, RN 43; Hüffer, AktG, § 237, RN 21: Argumentum § 237 III AktG.

[434] § 71 II S. 1 AktG.

[435] Vgl. § 53 a AktG: Gleichbehandlungsgrundsatz; Lutter, Kölner Kommentar, Vorbem. vor § 222, RN 19; Hüffer, AktG, § 222, RN 15; Krieger, in: Münchener Handbuch AG, § 60, RN 12.

[435a] Vgl. Art. 48 Nr. 4 des Einführungsgesetzes zur Insolvenzordnung vom 5.10.1994, BGBl. I, S. 2911; gem. Art. 110 EG InsO insoweit in Kraft seit dem 19.10.1994; gleichlautend mit Art. 4 Nr. 2a des Gesetzes zur Bereinigung des Umwandlungsrechts v. 28.10.1994, BGBl. I, S. 3210.

[436] § 58 I Nr. 1 GmbHG.

gistergericht machen, um die Eintragung der Kapitalherabsetzung zu verhindern.[437] Die Anmeldung des Kapitalherabsetzungsbeschlusses zur Eintragung in das Handelsregister darf gemäß § 58 I Nr. 3 GmbHG erst nach Ablauf eines Jahres (sogenanntes **Sperrjahr**) seit dem Tage, an welchem die öffentliche Bekanntmachung an die Gläubiger zum dritten Male stattgefunden hat, erfolgen. Der Anmeldung, die gemäß § 78 GmbHG durch sämtliche Geschäftsführer vorzunehmen ist, ist die Bekanntmachung des Kapitalherabsetzungsbeschlusses beizufügen. Außerdem müssen die Geschäftsführer mit der Anmeldung nach § 58 I Nr. 4 GmbHG die Versicherung abgeben, daß Gläubiger, die sich bei der Gesellschaft gemeldet und der Herabsetzung des Stammkapitals nicht zugestimmt haben, befriedigt oder sichergestellt worden sind. Geschäftsführer, die hierbei eine unwahre Versicherung abgeben, machen sich nach § 82 II Nr. 1 GmbHG strafbar und haften regelmäßig auch persönlich gegenüber Gläubigern, denen ein Schaden hierdurch entstanden ist.[438]

Die **Verbindung von (ordentlicher) Kapitalherabsetzung und -erhöhung** bereitet bei der GmbH wegen des Sperrjahres regelmäßig Schwierigkeiten.[439] In der Praxis haben sich aber Ersatzlösungen herausgebildet, die darauf hinauslaufen, daß die Gesellschafter zur Beseitigung einer Unterbilanz Zuzahlungen leisten, die – regelmäßig – in die Kapitalrücklage nach § 272 II Nr. 4 HGB einzustellen sind.[440] Als Bestandteil der Insolvenzrechtsreform[441] sind mit den §§ 58a-f GmbHG auch Regelungen über die **vereinfachte Kapitalherabsetzung** neu in das GmbH-Recht eingefügt worden. Die Regelungen orientierten sich im wesentlichen an den entsprechenden Vorschriften (§§ 229ff. AktG) des Aktienrechts. Auf die Regeln zur Befriedigung oder Sicherstellung der Gesellschaftsgläubiger und auf die Einhaltung des Sperrjahres kann jetzt auch bei der GmbH verzichtet werden, wenn die Kapitalherabsetzung nicht der Einlagenrückgewähr an die Gesellschafter dient, sondern dem Ausgleich von Wertminderungen oder sonstigen Verlusten, die nicht durch Auflösung von Kapital- oder Gewinnrücklagen bzw. Verrechnung eines Gewinnvortrags ausgeglichen werden können.[442] Die Verbindung einer verein-

188

---

[437] Vgl. Hachenburg/Ulmer, § 58, RN 48 f.; Scholz/Priester, § 58, RN 49; Baumbach/Hueck/Zöllner, § 58, RN 18; a. A. Meyer-Landrut/Miller/Niehus, § 58, RN 20; Bartl/Henkes/Schlarb, RN 822, die jeweils einen materiell-rechtlichen Anspruch auf Sicherstellung bejahen.
[438] Vgl. § 823 II BGB i. V. m. § 58 I Nr. 2 und 4 GmbHG, sowie Scholz/Priester, § 58, RN 77 f.; Baumbach/Hueck/Zöllner, § 58, RN 41; BayObLG BB 1974, 1362, 1363.
[439] Einzelheiten bei Hachenburg/Ulmer, § 58, RN 79 ff.
[440] Hachenburg/Ulmer, § 58, RN 86 m.w.Nachw.; möglich ist auch die Verbuchung als laufender Ertrag zur Beseitigung der Unterbilanz, vgl. Ulmer, ebenda, m. w.Nachw.
[441] Einführungsgesetz zur Insolvenzordnung v. 5.10.1994, BGBl. I, S. 2911; siehe bereits FN 435 a.
[442] Zur Gesetzesgeschichte Karsten Schmidt, Wege zum Insolvenzrecht der Unternehmen, 1990, S. 17 f.; Ulmer, in: Kübler, Neuordnung des Insolvenzrechts, 1989, S. 119 f.

fachten Kapitalherabsetzung mit einer gleichzeitig beschlossenen Kapitalerhöhung ist nach § 58f GmbHG ebenfalls möglich.

III. Die Verschmelzung von Personenhandels- und Kapitalgesellschaften

1. Einführung

189 Inländische Unternehmen (Rechtsträger) können nach § 1 I Nr. 1 UmwG durch **Verschmelzung** umgewandelt werden. Unter Verschmelzung wird grundsätzlich die **Übertragung des gesamten Vermögens** eines Rechtsträgers auf einen anderen, entweder schon bestehenden oder neugegründeten Rechtsträger im Wege der Gesamtrechtsnachfolge verstanden. Hierbei löst sich der übertragende Rechtsträger auf, ohne daß es zur Abwicklung kommt. Den Anteilsinhabern (Gesellschaftern oder Aktionären) der übertragenden und erlöschenden Rechtsträger wird im Wege des **Anteilstausches** eine Beteiligung an dem übernehmenden oder neugegründeten Rechtsträger gewährt.[443] Während früher die Verschmelzung rechtsformbezogen in verschiedenen Gesetzen[444] geregelt war, ist die **Verschmelzung jetzt im zweiten Buch des neuen UmwG geregelt, wobei zahlreiche neue Möglichkeiten der Verschmelzung hinzugefügt** worden sind. Abweichend vom bisherigen Regelungsmechanismus hat der Gesetzgeber einen **allgemeinen Teil der Verschmelzung** geschaffen, der – mehr oder weniger – auf alle Rechtsformen, die an Verschmelzungen beteiligt sein können, anwendbar ist. Erst **in einem zweiten Teil** folgen dann **besondere Vorschriften** für die jeweiligen Rechtsformen.

190 Unternehmen können nach § 2 UmwG auf zweierlei Weise verschmolzen werden: Zum einen ist es möglich, daß Rechtsträger (übertragende Rechtsträger) ihr Vermögen im Wege der Aufnahme als Ganzes auf einen anderen bestehenden Rechtsträger (übernehmender Rechtsträger) übertragen (**Verschmelzung durch Aufnahme**). Zum anderen können zwei oder mehrere Rechtsträger (übertragende Rechtsträger) ihr Vermögen im Wege der Neugründung jeweils als Ganzes auf einen neuen, von ihnen dadurch gegründeten Rechtsträger übertragen (**Verschmelzung durch Neugründung**).

191 § 3 UmwG nennt die Rechtsformen, die an Verschmelzungen als **Rechtsträger** beteiligt sein können; die Vorschrift eröffnet gegenüber dem alten Recht eine erheblich vergrößerte Zahl von Möglichkeiten von Verschmelzungen. Als übertragende, übernehmende oder neugegründete Rechtsträger können an Verschmelzungen beteiligt sein: Personenhan-

---

[443] Vgl. allg. Begr. zum RegE UmwG, BT-Drucks. 12/6699, S. 71.
[444] §§ 339–358 AktG, §§ 19–34 KapErhG, §§ 63e-63i, 93a-93s GenG, §§ 44a, 53a VAG, sowie im UmwG vom 06. 11. 1969.

delsgesellschaften (OHG, KG), Kapitalgesellschaften (GmbH, AG, KGaA), Genossenschaften, eingetragene Vereine (nach § 21 BGB) sowie auch genossenschaftliche Prüfungsverbände und Versicherungsvereine auf Gegenseitigkeit. Darüber hinaus können wirtschaftliche Vereine (nach § 22 BGB) als übertragende Rechtsträger an einer Verschmelzung beteiligt sein. Und schließlich können ausnahmsweise auch natürliche Personen an einer Verschmelzung beteiligt sein, wenn sie als Alleingesellschafter einer Kapitalgesellschaft deren Vermögen übernehmen.[445]

Während das alte Umwandlungsrecht in der Regel nur von Verschmelzungen von Unternehmen gleicher Rechtsform ausging und sogenannte „Mischverschmelzungen" immer nur im Wege der Verweisung geregelt hat, stellt § 3 IV UmwG ausdrücklich fest, daß Verschmelzungen sowohl unter gleichzeitiger Beteiligung von Rechtsträgern derselben Rechtsform als auch von Rechtsträgern unterschiedlicher Rechtsform erfolgen können, soweit nicht etwas anderes bestimmt ist.

2. Verschmelzung durch Aufnahme

Die allgemeinen Vorschriften für die **Verschmelzung durch Aufnahme** sind in §§ 4 bis 35 UmwG geregelt. Die Vorschriften lehnen sich im Aufbau an die Verschmelzungsvorschriften des Aktiengesetzes an, die im Jahre 1982 in Deutschland zur Umsetzung der Verschmelzungsrichtlinie[446] eingeführt worden sind.

a) Verschmelzungsvertrag

Die Verschmelzung kommt durch Abschluß eines Verschmelzungsvertrages zwischen den beteiligten Rechtsträgern, die Zustimmung der betroffenen Gesellschafterversammlungen zu diesem Verschmelzungsvertrag sowie die Eintragung der Verschmelzung ins Handelsregister zustande.

Der **Verschmelzungsvertrag** wird gemäß § 4 I S. 1 UmwG durch die Vertretungsorgane (persönlich haftende Gesellschafter bei OHG oder KG, Geschäftsführer, Vorstand) der an der Verschmelzung beteiligten Unternehmen geschlossen. Wird der Verschmelzungsvertrag – was selten geschieht – nach einem der Zustimmungsbeschlüsse der betroffenen Gesellschafterversammlungen geschlossen, so muß zum Zeitpunkt eines jeden Zustimmungsbeschlusses wenigstens ein schriftlicher Entwurf des Verschmelzungsvertrages vorliegen.

---

[445] § 3 II Ziff. 2 UmwG i. V. m. §§ 120–122 UmwG.
[446] Dritte Richtlinie zur Harmonisierung des Gesellschaftsrechts v. 09.10.1978 betreffend die Verschmelzung von Aktiengesellschaften, ABl. EG Nr. L 295 v. 09.10. 1978, S. 36 ff.; siehe hierzu Verschmelzungsrichtlinie-Gesetz v. 25.10.1982, BGBl. I, S. 14–25.

194 Der Verschmelzungsvertrag oder sein Entwurf muß dabei mindestens die in § 5 I UmwG aufgelisteten Angaben enthalten:
1. Den **Namen oder die Firma** und den Sitz der an der Verschmelzung beteiligten Rechtsträger.
Diese Angaben dienen allein zur Bestimmung und Identifizierung der Vertragsparteien.
2. Die Vereinbarung über die **Übertragung des Vermögens** jedes übertragenden Rechtsträgers **als Ganzes** gegen Gewährung von Anteilen oder Mitgliedschaften an dem übernehmenden Rechtsträger.
Hierdurch wird das Wesen der Verschmelzung deutlich, die insbesondere den Gesellschaftern oder Mitgliedern der übertragenden Rechtsträger Anteile oder Mitgliedschaften auch an dem übernehmenden Rechtsträger gewähren soll.

195 3. Das **Umtauschverhältnis der Anteile** und ggf. die Höhe der baren Zuzahlung oder Angaben über die Mitgliedschaft bei dem übernehmenden Rechtsträger.
Wie bisher insbesondere aus dem Aktienrecht bekannt, muß durch die Angabe eines Umtauschverhältnisses bestimmt werden, wie viele Anteile oder Mitgliedschaften die Gesellschafter des übertragenden Rechtsträgers an dem übernehmenden Rechtsträger erhalten. Die bare Zuzahlung kann zum Ausgleich von Spitzenbeträgen gewährt werden.[447] Hat der übernehmende Rechtsträger nicht dieselbe Rechtsform wie der übertragende Rechtsträger, muß nach § 29 I UmwG im Verschmelzungsvertrag der übernehmende Rechtsträger außerdem jedem Gesellschafter oder Mitglied des übertragenden Rechtsträgers, der der Verschmelzung widerspricht, eine **angemessene Barabfindung** zum Erwerb seiner Anteile oder Mitgliedschaften angeboten werden. Ein Barabfindungsangebot ist hiernach auch notwendig, wenn die Anteile an dem übertragenden Rechtsträger durch Anteile an dem übernehmenden Rechtsträger ersetzt werden, die aufgrund Gesellschaftsvertrag oder Satzung des übernehmenden Rechtsträgers Verfügungsbeschränkungen (Vinkulierung, Zustimmungserfordernisse) unterworfen sind. Nach § 30 II S. 1 UmwG ist die Angemessenheit der anzubietenden Barabfindung stets durch die Verschmelzungsprüfer zu prüfen, wobei die Berechtigten in notariell beurkundeter Form auf die Prüfung und den Prüfungsbericht verzichten können (§ 30 II S. 3 UmwG). Obwohl das Gesetz insoweit nicht eindeutig ist, wird man davon ausgehen können, daß die Anteilsinhaber schon von vornherein auf die Abgabe eines Barabfindungsangebotes im Verschmelzungsvertrag in gleicher Weise verzichten können.[448]

---

[447] Vgl. Dehmer, UmwR, § 344 AktG, Anm. 11.
[448] Nach § 32 UmwG steht nämlich selbst das Fehlen eines Abfindungsangebotes im Verschmelzungsvertrag der Wirksamkeit des Verschmelzungsbeschlusses nicht entgegen.

III. Die Verschmelzung von Personenhandels- und Kapitalgesellschaften 205

4. Einzelheiten für die **Übertragung der Anteile** des übernehmenden 196
Rechtsträgers oder über den Erwerb der Mitgliedschaft bei dem übernehmenden Rechtsträger.
Bei Aktiengesellschaften ist hier, wie nach bisherigem Recht,[449] insbesondere festzulegen, wer Treuhänder nach § 71 UmwG wird und wie der Umtausch der Aktien nach § 72 UmwG vonstatten geht.
5. Den **Zeitpunkt**, von dem an die neuen Anteile einen Anspruch auf einen **Anteil am Bilanzgewinn** gewähren, sowie alle Besonderheiten in bezug auf diesen Anspruch.
Um den Gesellschaftern einen nahtlosen Übergang ihrer Gewinnberechtigung zu ermöglichen, wird üblicherweise die Gewinnberechtigung von dem Beginn des Geschäftsjahres an festgelegt, das auf den Schluß des letzten Geschäftsjahres der übertragenden Gesellschaft folgt. Der Gewinnanspruch kann allerdings für einen späteren Zeitpunkt festgelegt werden, was aber regelmäßig bei der Bestimmung des Umtauschverhältnisses berücksichtigt werden muß.[450] Da bei Abschluß des Verschmelzungsvertrages häufig noch nicht abzusehen ist, wann die Verschmelzung wirksam wird (Zeitpunkt der Eintragung des übernehmenden Rechtsträgers im Handelsregister), empfiehlt es sich, regelmäßig eine variable Stichtagsregelung in den Verschmelzungsvertrag aufzunehmen, die auch etwaige Verzögerungen durch Anfechtungsklagen gegen die Zustimmungsbeschlüsse mit berücksichtigt. Möglich ist etwa, daß die Gewinnberechtigung ab dem Verschmelzungsstichtag für den Fall besteht, daß die Verschmelzung nicht bis zu einem bestimmten Datum eingetragen worden ist, sondern erst mit dem folgenden Geschäftsjahr einsetzt.[451]
6. Den Zeitpunkt, von dem an die Handlungen der übertragenden Rechtsträger als für Rechnung des übernehmenden Rechtsträgers vorgenommen gelten (**Verschmelzungsstichtag**).
Der Verschmelzungsstichtag ist derjenige Tag, an dem die Rechnungslegung von der übertragenden auf die übernehmende Gesellschaft übergeht, er hat somit für die handelsrechtliche und damit auch steuerrechtliche Gewinnermittlung entscheidende Bedeutung. Der Verschmelzungsstichtag ist regelmäßig, aber nicht notwendigerweise auch der Tag, an dem die Gewinnberechtigung der Gesellschafter des übertragenden Rechtsträgers in dem übernehmenden Rechtsträger beginnt.
7. Die Rechte, die der übernehmende Rechtsträger einzelnen Anteilsinhabern sowie den **Inhabern besonderer Rechte** wie Anteile ohne 197

---

[449] § 340 II S. 4 AktG a. F.; vgl. Grunewald, in: Geßler/Hefermehl, § 340, RN 11.
[450] Grunewald, in: Geßler/Hefermehl, § 340, RN 12; Dehmer, UmwR, § 340 AktG, Anm. 11.
[451] Grunewald, in: Geßler/Hefermehl, § 340, RN 13 ff.; Hoffmann-Becking FS Fleck, S. 105, 119; Kraft, Kölner Kommentar, § 340, RN 28.

Stimmrecht, Vorzugsaktien, Mehrstimmrechtsaktien, Schuldverschreibungen und Genußrechte gewährt, oder die für diese Personen vorgesehenen Maßnahmen.
Durch diese Angaben wird sichergestellt, daß den genannten Sonderrechtsinhabern eingeräumte Vergünstigungen frühzeitig offengelegt werden. Was im einzelnen ein adäquates Recht bei dem übernehmenden Rechtsträger darstellt, sagt das Gesetz nicht. Dies ist – gerade wegen der jetzt eröffneten Vielfalt von Verschmelzungsmöglichkeiten – ganz vom Einzelfall abhängig. Soweit es sich um Sonderleistungen an Aktionäre handelt, können aufgrund der Offenlegung aber auch die nicht begünstigten Aktionäre überprüfen, ob der Grundsatz der Gleichbehandlung der Aktionäre (§ 53 a AktG) eingehalten wird.[452]
Nach § 23 UmwG muß außerdem der übernehmende Rechtsträger den Inhabern von stimmrechtslosen Anteilen, Wandel- und Gewinnschuldverschreibungen und Genußrechten des übertragenden Rechtsträgers gleichwertige Rechte gewähren.

8. Jeden **besonderen Vorteil**, der einem Mitglied eines Vertretungsorgans oder eines Aufsichtsorgans der an der Verschmelzung beteiligten Rechtsträger, einem geschäftsführenden Gesellschafter, einem Abschlußprüfer oder einem Verschmelzungsprüfer gewährt wird.
Da bei einer Verschmelzung regelmäßig bestimmte Organfunktionen der übertragenden Gesellschaft mit dem Erlöschen der Gesellschaft wegfallen, ist es nicht ungewöhnlich, daß ausscheidenden Organträgern (Vorstands-, Aufsichtsratsmitgliedern sowie Abschlußprüfern) ein Ausgleich, z. B. eine Abfindungszahlung, gewährt wird. Unwirksam sind allerdings Zusagen, nach denen Organen des übertragenden Rechtsträgers bestimmte Organfunktionen in dem übernehmenden Rechtsträger verbindlich zugesagt werden. Hierüber entscheiden allein die zuständigen Organe des übernehmenden Rechtsträgers. Eine Ausnahme kann insofern allenfalls für geschäftsführende Gesellschafter einer Personenhandelsgesellschaft oder einer KGaA gelten, soweit ihnen wiederum die Position als geschäftsführender Gesellschafter im übernehmenden Rechtsträger (d.h. also eine Mitgliedstellung) eingeräumt wird.

9. Die **Folgen der Verschmelzung für die Arbeitnehmer** und ihre Vertretungen sowie die insoweit vorgesehenen Maßnahmen.
Im Vergleich zum bisherigen Aktienrecht ist diese Vorschrift neu. Sie soll sicherstellen, daß die durch die Verschmelzung eintretenden individual- und kollektivarbeitsrechtlichen Änderungen im Verschmelzungsvertrag frühzeitig aufgezeigt werden, da die Verschmelzung auch die Interessen der Arbeitnehmer und ihrer Vertretungen in den an der

---

[452] Grunewald, in: Geßler/Hefermehl, § 340, RN 22; Dehmer, UmwR, § 340 AktG, Anm. 13.

Verschmelzung beteiligten Rechtsträgern berührt.[453] Da der Verschmelzungsvertrag und sein Entwurf an sich nur den Anteilseignern zugeleitet wird, sieht § 5 III UmwG außerdem vor, daß der Verschmelzungsvertrag oder sein Entwurf spätestens einen Monat vor dem Tage der Versammlung der Anteilsinhaber eines jeden beteiligten Rechtsträgers dem dort zuständigen Betriebsrat eines jeden Rechtsträgers zuzuleiten ist.[454]

Für den Fall der **Aufnahme eines 100%igen Tochterunternehmens** braucht der Verschmelzungsvertrag nicht die vorstehend unter Nr. 2 bis 5 genannten Angaben über den Umtausch der Anteile zu enthalten, soweit sie die Aufnahme dieses Rechtsträgers betreffen.[455]

Neben den aufgezählten Mindestbestandteilen kann der Verschmelzungsvertrag noch **weitere Bestimmungen** enthalten. So können die beteiligten Rechtsträger die Firma des übernehmenden Rechtsträgers nach der Verschmelzung festlegen, insbesondere wenn aus Firmenbestandteilen des übertragenden und des übernehmenden Rechtsträgers eine neue Firma gebildet werden soll. § 18 UmwG regelt jetzt ausdrücklich, daß der übernehmende Rechtsträger die Firma eines der übertragenden Rechtsträger, dessen Handelsgeschäft er durch die Verschmelzung erwirbt, mit oder ohne Beifügung eines das Nachfolgeverhältnis andeutenden Zusatzes fortführen darf. Ein entsprechendes **Recht zur Firmenfortführung** wurde auch bisher schon überwiegend ohne ausdrückliche Regelung im Verschmelzungsvertrag bei Aktiengesellschaften angenommen.[456] Die Regelung des § 18 UmwG lehnt sich weitgehend an § 22 HGB an; soweit die Firma des übertragenden Rechtsträgers aus dem Namen einer natürlichen Person besteht, die zwar an dem übertragenden Rechtsträger, nicht aber an dem übernehmenden Rechtsträger beteiligt ist, darf der übernehmende Rechtsträger die Firma nach § 18 III UmwG nur fortführen, wenn der betroffene Anteilsinhaber oder dessen Erben ausdrücklich in die Verwendung der Firma eingewilligt haben.

Weiter können in die Verschmelzungsverträge **Regelungen über die Kostentragung** aufgenommen werden, insbesondere für den Fall, daß die Verschmelzung fehlschlägt. Bisher war es schon möglich, im Verschmelzungsvertrag Verpflichtungen der übernehmenden Gesellschaft gegen-

---

[453] Vgl. Begr. zu § 5 RegE UmwG, BT-Drucks. 12/6699, S. 82 f.

[454] Welcher Betriebsrat im einzelnen zuständig ist, beantwortet sich nach den einschlägigen Vorschriften des Betriebsverfassungsgesetzes. In der Regel wird dies der Gesamtbetriebsrat oder der Konzernbetriebsrat sein (§§ 50, 58 BetrVG). Nach Auffassung des Rechtsausschusses des Bundestages sollen unwesentliche Abänderungen des Verschmelzungsvertrages oder seines Entwurfes, die nach der erstmaligen Zuleitung an den Betriebsrat erfolgen, keine erneute Zuleitungsverpflichtung auslösen, Begr. des Rechtsausschusses, BT-Drucks. 12/7850, S. 142.

[455] Vgl. § 5 II UmwG sowie bisher § 52 b II AktG.

[456] Grunewald, in: Geßler/Hefermehl, § 340, RN 28 unter Hinweis auf § 22 HGB.

über der übertragenden Gesellschaft festzulegen. So wurde etwa im Interesse der Arbeitnehmer des übertragenden Rechtsträgers festgeschrieben, daß bestimmte Betriebe oder Werke (vorerst) nicht stillgelegt werden sollten. Mit der Pflicht zur frühzeitigen Offenlegung gegenüber dem zuständigen Betriebsrat werden derartige Vereinbarungen möglicherweise in Zukunft zunehmen, auch wenn zweifelhaft ist, ob die Arbeitnehmer oder der Betriebsrat klagbare Ansprüche hieraus herleiten können, da sie nicht Partei des Verschmelzungsvertrages sind.[457]

201 Schließlich können in den Verschmelzungsvertrag noch **Befristungen und Bedingungen** aufgenommen werden. So kann die Verschmelzung von dem Vorliegen einer kartellrechtlichen Nichtuntersagungsverfügung[458] abhängig gemacht werden. Für Verschmelzungsverträge, die unter einer aufschiebenden Bedingung[459] geschlossen worden sind, sieht § 7 UmwG vor, daß für den Fall, daß die Bedingung nicht binnen fünf Jahren nach Abschluß des Verschmelzungsvertrages eingetreten ist, jeder Vertragsteil den Verschmelzungsvertrag nach fünf Jahren mit halbjähriger Frist zum Ende des Geschäftsjahres des Rechtsträgers kündigen kann. Mit diesem besonderen Kündigungsrecht wird sichergestellt, daß die beteiligten Rechtsträger auch nach längerer Zeit noch flexibel auf die Änderung der wirtschaftlichen Rahmendaten reagieren können. Regelmäßig wird insbesondere das festgesetzte Umtauschverhältnis nicht mehr den tatsächlichen Gegebenheiten entsprechen.[460] Im Verschmelzungsvertrag kann eine kürzere Frist als fünf Jahre vereinbart werden.

202 Der Verschmelzungsvertrag bedarf nach § 6 UmwG der **notariellen Beurkundung**.[461] Beurkundungsbedürftig ist allein der abgeschlossene Verschmelzungsvertrag, nicht der Entwurf, der jedenfalls aber der Schriftform genügen muß.[462] Zu beurkunden ist der Verschmelzungsvertrag einschließlich aller etwaigen Nebenabreden, die nach dem Willen der Parteien mit dem Verschmelzungsvertrag ein „untrennbares Ganzes" sein sollen.[463] Der Mangel der notariellen Beurkundung des Verschmelzungsvertrages wird allerdings gemäß § 20 I Ziff. 4 UmwG mit der Eintragung der Verschmelzung in das Handelsregister des übernehmenden Rechtsträgers geheilt. Da der Registerrichter die Eintragung eines nicht beurkundeten Verschmelzungsvertrages gar nicht vornehmen darf, hat

---

[457] Vgl. Grunewald, in: Geßler/Hefermehl, § 350, RN 10.
[458] Siehe dazu unten, RN F 118.
[459] Vgl. dazu bereits oben, RN 196.
[460] Vgl. Grunewald, in: Geßler/Hefermehl, § 341, RN 16; Dehmer, UmwR, § 341 AktG, Anm. 10.
[461] Ebenso bereits § 341 I S. 1 AktG und § 21 IV S. 1 KapErhG.
[462] Grunewald, in: Geßler/Hefermehl, § 341, RN 3; Dehmer, UmwR, § 341 AktG, Anm. 3.
[463] Kraft, Kölner Kommentar, § 341, RN 4; ebenso Grunewald, in: Geßler/Hefermehl, § 341, RN 3; Dehmer, UmwR, § 341 AktG, Anm. 3.

III. Die Verschmelzung von Personenhandels- und Kapitalgesellschaften

diese Heilungsvorschrift insbesondere im Hinblick auf nicht beurkundete Nebenabreden Bedeutung.[464]

Ob die notwendige **Beurkundung des Verschmelzungsvertrages** (wie auch der Zustimmungsbeschlüsse) **im Ausland** vorgenommen werden kann, ist umstritten. Nach ganz überwiegender Auffassung ist die Beurkundung im Ausland durch einen ausländischen Notar zulässig, sofern Gleichwertigkeit mit einer inländischen Beurkundung vorliegt.[465] Gleichwertigkeit wird dabei angenommen, wenn die Urkundsperson nach Vorbildung und Stellung im Rechtsleben eine der Tätigkeit des deutschen Notars entsprechende Funktion ausübt und ein Verfahrensrecht zu beachten hat, das den tragenden Grundsätzen des deutschen Beurkundungsrechts entspricht. Die Beurkundung in den deutsch-rechtlichen Notariaten der Schweiz wird daher für die Verschmelzung allgemein für ausreichend gehalten.[466] Vieles spricht dafür, daß die vom Bundesgerichtshof geforderte Gleichwertigkeit der Beurkundung sogar bei allen österreichischen und schweizerischen Notaren sowie den Notaren des sogenannten lateinischen Notariats (vor allem Frankreich, Belgien, Spanien, Italien und den Niederlanden) gegeben ist;[467] in der Praxis muß jedoch vor derartigen Beurkundungen gewarnt werden, sofern nicht eine klare höchstrichterliche Rechtsprechung vorliegt. 203

b) Verschmelzungsbericht

Gemäß § 8 I UmwG haben die Vertretungsorgane jedes an der Verschmelzung beteiligten Rechtsträgers einen ausführlichen schriftlichen **Verschmelzungsbericht** zu erstatten. Während bisher die Pflicht zur Aufstellung eines Verschmelzungsberichts nur für Aktiengesellschaften, Kommanditgesellschaften auf Aktien und für solche GmbHs galt, die mit einer KG oder mit einer KGaA verschmolzen werden sollten, hat das neue Umwandlungsgesetz die Pflicht zur Erstattung eines Verschmelzungsberichts grundsätzlich auf alle Rechtsformen ausgeweitet. Begründet wird dies zutreffend damit, daß die Anteilsinhaber eines jeden Rechtsträgers ohne Rücksicht auf dessen Rechtsform ein berechtigtes Interesse an einer ausführlichen Vorabinformation haben und daß ein solchermaßen formalisiertes Informationsrecht in der Regel einen größeren Wert als die allgemeinen Unterrichtungs- und Einsichtsrechte hat.[468] 204

---

[464] Schilling, Großkommentar AktG, § 346, Anm. 35; Dehmer, UmwR, § 341 AktG, Anm. 3.

[465] Grundlegend BGHZ 80, 76, 78.

[466] LG Köln WM 1989, 1769; LG Nürnberg/Fürth AG 1992, 241; Grunewald, in: Geßler/Hefermehl, § 341, RN 3; Kraft, Kölner Kommentar, § 241, RN 5 ff.

[467] So Lutter/Hommelhoff, § 2 GmbHG, RN 13; Dehmer, UmwR, § 20 KapErhG, Anm. 6 b.

[468] Begr. zu § 8 RegE UmwG, BT-Drucks. 12/6669, S. 83; vgl. auch Priester, in: Reform des Umwandlungsrechts, S. 196, 201 f.

Da jedoch das Instrument des Verschmelzungsberichts grundsätzlich eher für Gesellschafter oder Aktionäre gedacht ist, die an der Geschäftsführung des Unternehmens selbst nicht beteiligt sind, findet sich für Personenhandelsgesellschaften in § 41 UmwG eine Ausnahme. Hiernach ist ein Verschmelzungsbericht für eine an der Verschmelzung beteiligte Personenhandelsgesellschaft nicht erforderlich, wenn alle Gesellschafter der betreffenden Gesellschaft zur Geschäftsführung berechtigt sind.

Ein Verschmelzungsbericht ist außerdem nicht erforderlich, wenn alle Anteilsinhaber aller beteiligten Rechtsträger auf seine Erstattung verzichten oder sich alle Anteile des übertragenden Rechtsträgers in der Hand des übernehmenden Rechtsträgers befinden (§ 8 III S. 1 UmwG).[469] Derartige **Verzichtserklärungen** müssen aber gemäß § 8 III S. 2 UmwG notariell beurkundet werden. Nicht eindeutig geregelt ist im Umwandlungsgesetz, bis wann die Verzichtserklärungen abgegeben werden müssen. Die §§ 42 und 47 UmwG, die vorsehen, daß der Verschmelzungsbericht den Gesellschaftern einer Personenhandelsgesellschaft bzw. einer GmbH spätestens mit der Einladung zu der Gesellschafterversammlung, die gemäß § 13 I UmwG der Verschmelzung zustimmen soll, zu übersenden ist, können nicht dahin gedeutet werden, daß die Verzichtserklärungen schon vorher getrennt vom Zustimmungsbeschluß abgegeben werden müssen. Ebenso, wie auf die Formen und Fristen der Einberufung und Ankündigung (z.B. § 49 UmwG), können die Gesellschafter auch auf die Einhaltung der Formalität „Verschmelzungsbericht" noch im Zustimmungsbeschluß verzichten. Um den Anforderungen von § 8 III UmwG gerecht zu werden, bedarf es aber jedenfalls einer ausdrücklichen Erklärung aller Anteilsinhaber und Gesellschafter in der Urkunde.

Verschmelzungsberichte sind von den Vertretungsorganen jedes der an der Verschmelzung beteiligten Rechtsträger zu erstatten. Dies bedeutet, daß die Berichte von allen Vorstandsmitgliedern, Geschäftsführern bzw. zur Vertretung berechtigten persönlich haftenden Gesellschaftern[470] abgegeben, d.h. unterzeichnet werden müssen.[471] Da der Verschmelzungsbericht eine Wissens- und keine Willenserklärung darstellt, ist eine Vertretung ausgeschlossen.[472]

205 Der Verschmelzungsbericht dient dazu, die Anteilsinhaber der beteiligten Rechtsträger über die im Verschmelzungsvertrag – bzw. in seinem Entwurf – enthaltenen Angaben sowie über die **rechtlichen und wirtschaftlichen Gründe** für die beabsichtigte Verschmelzung zu unterrichten. Die Anteilsinhaber sollen grundsätzlich in die Lage versetzt werden,

---

[469] Die letztgenannte Ausnahme dient der Vereinfachung von Konzernverschmelzungen, vgl. Bgr. d. Rechtsausschusses, BT-Drucks. 12/7850, S. 142.
[470] Vgl. §§ 125 I, IV HGB, 161 II HGB für OHG bzw. KG.
[471] Vgl. § 126 I BGB.
[472] Kraft, Kölner Kommentar, § 340a, RN 5; Grunewald, in: Geßler/Hefermehl, § 340a, RN 18.

sich eine eigene Meinung über die Verschmelzung zu bilden, um so sachgerecht über die Verschmelzung beschließen zu können.[473] Was hiernach im einzelnen Inhalt eines Verschmelzungsberichts sein sollte, war für den Bereich des Aktienrechts, der allein die Aufstellung eines Verschmelzungsberichts erforderlich machte, umstritten.[474] Nach § 8 I UmwG muß der Verschmelzungsbericht jetzt die Verschmelzung und den Verschmelzungsvertrag (oder seinen Entwurf) im einzelnen und insbesondere das Umtauschverhältnis der Anteile oder die Angaben über die Mitgliedschaft bei dem übernehmenden Rechtsträger sowie die Höhe einer anzubietenden Barabfindung rechtlich und wirtschaftlich erläutern und begründen. Bisher galt, daß der einzelne Anteilsinhaber (Aktionär oder Gesellschafter) keine komplette Offenlegung des der Verschmelzung zugrundeliegenden Zahlenmaterials verlangen konnte, um dem Unternehmen keinen Schaden im Wettbewerb zuzufügen. Andererseits mußten so viele – auch konkrete – Angaben gemacht werden, daß den Anteilsinhabern eine **Plausibilitätskontrolle** des Umtauschverhältnisses und der Rechtmäßigkeit und Wirtschaftlichkeit des Verschmelzungsvertrages ermöglicht wurde.[475] Der Verschmelzungsvertrag ist jetzt „im einzelnen zu erläutern"; dies dürfte keinen Unterschied zur alten Rechtslage darstellen. Jedenfalls muß der Verschmelzungsbericht jetzt Erläuterungen zu jedem Punkt der nach § 5 I UmwG verlangten Mindestangaben enthalten. Der Verschmelzungsbericht darf sich dabei nicht auf eine bloße Wiederholung der Vorschriften des Verschmelzungsvertrages beschränken.[476] Für die beteiligten Rechtsträger sind vielmehr die erhofften Verbesserungen für die Unternehmen, ihre jeweiligen Anteilsinhaber und gegebenenfalls auch für die Arbeitnehmer und die Allgemeinheit zu erläutern; dazu gehören auch angestrebte Synergieeffekte bei Einkauf, Produktion oder Forschung oder die Sicherung der Arbeitsplätze an bestimmten Standorten. Um den Anteilsinhabern eine eigene Meinungsbildung zu ermöglichen, sind auch etwaige gegen die Verschmelzung sprechende Gründe in dem Bericht anzuführen, und es ist zu erläutern, warum die Verschmelzung durch die Vertretungsorgane trotzdem befürwortet wird. Ähnlich wie im aktienrechtlichen Bericht über den Bezugsrechtsausschluß nach § 186 IV S.2 AktG müssen die Vertretungsorgane

---

[473] Vgl. z.B. BGH WM 1989, 1128, 1130f.; BGH WM 1990, 140, 141; OLG Köln WM 1988, 1792, 1793f.; Kraft, Kölner Kommentar, § 340a, RN 3; Grunewald, in: Geßler/Hefermehl, § 340a, RN 2.

[474] Vgl. nur die Nachweise bei Mertens AG 1990, 20 ff.; Grunewald, in: Geßler/Hefermehl, § 340a, RN 6 ff.

[475] Vgl. OLG Karlsruhe WM 1989, 1134, 1138; LG Frankenthal WM 1989, 1854, 1857; Grunewald, in: Geßler/Hefermehl, § 340a, RN 5; Dehmer, UmwR, § 340a AktG, Anm. 5; Kraft, Kölner Kommentar, § 340a, RN 15; Priester ZGR 1990, 420, 424; Rodewald BB 1992, 237, 239.

[476] Dehmer, UmwR, § 240a AktG, Anm. 5.

darlegen, welche rechtlichen und wirtschaftlichen Gründe die Verschmelzung als das geeignete Mittel zur Verfolgung des Unternehmenszwecks erscheinen lassen.[477]

Insgesamt muß die Verschmelzung sachlich gerechtfertigt sein. Den Gesellschaftern müssen jedenfalls die entscheidenden Aspekte der Verschmelzung genannt werden.[478] Andererseits dürfen an die Detailliertheit der Informationen keine zu hohen Anforderungen gestellt werden, da bekanntlich eine **Verletzung der Berichtspflicht** durch die Vertretungsorgane den jeweiligen Zustimmungsbeschluß der Rechtsträger **anfechtbar** macht.[479]

206 Der Bericht muß neben den wirtschaftlichen auch die rechtlichen Gesichtspunkte der Verschmelzung erläutern, so z. B. Besonderheiten beim Aktienumtausch oder bei Sonderrechtsinhabern. Für die Anteilsinhaber sind in der Regel die **Erläuterungen zum angestrebten Umtauschverhältnis** am wichtigsten. Obwohl die Detailliertheit der Berichte in den letzten Jahren häufiger Gegenstand von Rechtsstreitigkeiten war, kann immer noch nicht mit letzter Klarheit gesagt werden, wie detailliert die Angaben zum Umtauschverhältnis im Verschmelzungsbericht sein müssen.[480] Im Verschmelzungsbericht muß die Methode (üblicherweise die Ertragswertmethode) dargestellt werden, nach der die Unternehmen bewertet worden sind und das Umtauschverhältnis ermittelt worden ist. Im Rahmen der Ertragswertmethode müssen die ermittelten Unternehmenswerte sowie die für die Ermittlung erforderlichen Einzelfaktoren, d. h. die letzten Jahresergebnisse, um Sondereinflüsse bereinigte, zukünftig erwartete Erträge, Kapitalisierungszinsfuß für die Kapitalisierung der zukünftigen Erträge sowie Angaben zum nicht betriebsnotwendigen Vermögen genannt werden, da das Umtauschverhältnis der Anteile in der Regel aus dem Vergleich der angenommenen Unternehmenswerte bestimmt wird.[481] Nicht ausreichend ist es hiernach, wenn lediglich das Wertverhältnis der beteiligten Rechtsträger angegeben wird[482] oder allein auf nicht näher begründete Aussagen von Wirtschaftsprüfern, daß das Umtauschverhältnis angemessen sei, Bezug genommen wird.[483] Wie § 8 I

---

[477] Begr. zu § 8 RegE-UmwG, BT-Drucks. 12/6699, S. 83 f.
[478] Grunewald, in: Geßler/Hefermehl, § 340 a, RN 8.
[479] Vgl. nur OLG Hamm WM 1988, 1164, 1168; OLG Köln WM 1988, 1792, 1795; grundsätzlich auch BGH WM 1989, 1128, 1132; WM 1990, 140, 143; wie hier Grunewald, in: Geßler/Hefermehl, § 340 a, RN 21; wohl auch Westermann FS Semler, S. 651, 654.
[480] Vgl. etwa die Entscheidungen BGH WM 1990, 2073; BGH WM 1990, 140; BGH DB 1989, 1664; OLG Hamm AG 1989, 31; OLG Karlsruhe DB 1989, 1616; LG Frankenthal WM 1989, 1854.
[481] Einzelheiten bei Grunewald, in: Geßler/Hefermehl, § 340 a, RN 10 ff.; Kraft, Kölner Kommentar, § 340 a, RN 15.
[482] Zutreffend OLG Hamm DB 1988, 1842, 1843.
[483] Kraft, Kölner Kommentar, § 340 a, RN 15.

Picot/Müller-Eising

III. Die Verschmelzung von Personenhandels- und Kapitalgesellschaften

S. 2 UmwG hervorhebt, ist auf besondere Schwierigkeiten bei der Bewertung der Rechtsträger (z.b. Heranziehung unterschiedlicher Bewertungsmethoden) hinzuweisen. Außerdem muß im Verschmelzungsbericht auf die Folgen für die Beteiligungen der Anteilsinhaber eingegangen werden,[484] weil mit einer Verschmelzung in der Regel eine Änderung der Beteiligungsquote verbunden ist.[485]

Gemäß § 8 I S. 3 UmwG ist für den Fall, daß ein an der Verschmelzung beteiligter Rechtsträger ein verbundenes Unternehmen im Sinne von § 15 AktG ist, die Berichterstattung auch auf alle für die Verschmelzung **wesentlichen Angelegenheiten der anderen verbundenen Unternehmen** zu erstrecken. Den Anteilsinhabern soll vor ihrer Beschlußfassung über die Verschmelzung ermöglicht werden, sich auch über diejenigen Angelegenheiten verbundener Rechtsträger zu unterrichten, die für die Verschmelzung wesentlich sind.[486] Die Regelung ist sicherlich nicht glücklich, da im Einzelfall unklar sein kann, wann Angelegenheiten für die Verschmelzung wesentlich sind.[487] Soweit einer der beteiligten Rechtsträger ein mit Mehrheit beteiligtes oder herrschendes Unternehmen (z.B. Konzernholding) ist, müssen für die Unternehmensbewertung wichtige Einzelfaktoren, die sich auf Beteiligungs- oder Tochterunternehmen beziehen, angegeben werden. Ist einer der beteiligten Rechtsträger ein im Mehrheitsbesitz befindliches oder abhängiges Unternehmen, sind jedenfalls Angaben über bestehende oder durch die Verschmelzung erlöschende Unternehmensverträge (§§ 291 ff. AktG) zu machen. Außerdem sind gegebenenfalls auch Kennzahlen der Obergesellschaft anzugeben, sofern sie unmittelbar für die Unternehmensbewertung (insbesondere auch für die zukünftigen Erträge) von entscheidender Bedeutung sind.

Um die legitimen **Geheimhaltungsinteressen** des Unternehmens zu wahren, brauchen nach § 8 II UmwG in den Verschmelzungsbericht keine Tatsachen aufgenommen zu werden, deren Bekanntwerden geeignet ist, einem der beteiligten Rechtsträger oder einem verbundenen Unternehmen einen nicht unerheblichen Nachteil zuzufügen. Insbesondere der exakte Wert des Unternehmensvermögens muß dann nicht unbedingt als konkrete Zahl genannt werden.[488] Unterläßt einer der Rechtsträger in dem Verschmelzungsbericht für ihn schädliche Informationen, so sind in dem Bericht aber die Gründe, weshalb die Tatsachen nicht aufgenommen worden sind, darzulegen.[489]

---

[484] § 8 I S. 2 UmwG.
[485] Begr. zu § 8 RegE UmwG, BT-Drucks. 12/6699, S. 84.
[486] Begr. zu § 8 RegE UmwG, BT-Drucks. 12/6699, S. 84.
[487] Grunewald, in: Geßler/Hefermehl, § 340a, RN 17.
[488] Vgl. Grunewald, in: Geßler/Hefermehl, § 340a, RN 12.
[489] § 8 II S. 2 UmwG; so schon die bisherige Rechtsprechung BGHZ 107, 296, 305 f.; BGH WM 1990, 140, 142; WM 1990, 2073, 2075; abweichend OLG Karlsruhe WM 1989, 1134, 1138; Grunewald, in: Geßler/Hefermehl, § 340a, RN 12.

209 § 8 I S. 1, HS. 2 UmwG läßt jetzt ausdrücklich einen **gemeinsamen Verschmelzungsbericht** der Vertretungsorgane aller beteiligten Rechtsträger zu. Dies war unter dem geltenden Aktienrecht streitig, da § 340 d II Ziff. 4 AktG davon sprach, daß die „Berichte der Vorstände" in der Hauptversammlung auszulegen seien.[490] Da die Verschmelzungsberichte aufgrund der notwendigen engen Verhandlungen der beteiligten Vertretungsorgane über die Verschmelzung in der Regel identisch sind, ist die Klarstellung im neuen Recht zu begrüßen.

c) Prüfung der Verschmelzung

210 Soweit im Umwandlungsgesetz ausdrücklich vorgeschrieben, muß der Verschmelzungsvertrag oder sein Entwurf gemäß § 9 I UmwG durch einen oder mehrere sachverständige Verschmelzungsprüfer geprüft werden.[491] Nach §§ 60 I, 81 I bzw. 100 S. 1 UmwG ist hiernach zwingend die **Verschmelzungsprüfung** für jede beteiligte Aktiengesellschaft, Genossenschaft[492] und den wirtschaftlichen Verein vorgeschrieben. Dagegen muß die Verschmelzung bei Personenhandelsgesellschaften, deren Gesellschaftsvertrag eine Mehrheitsentscheidung vorsieht, und bei GmbHs nach §§ 44 bzw. 48 UmwG nur geprüft werden, wenn dies einer ihrer Gesellschafter verlangt.[493]

Ähnlich ist bei einem eingetragenen Verein nach § 100 S. 2 UmwG die Prüfung der Verschmelzung nur erforderlich, wenn sie mindestens von 10% der Mitglieder schriftlich verlangt wird. Dagegen wird bei der Verschmelzung genossenschaftlicher Prüfungsverbände[494] von den §§ 105 bis 108 UmwG keine Verschmelzungsprüfung verlangt.

Für den Fall, daß sich **alle Anteile** eines übertragenden Rechtsträgers **in der Hand des übernehmenden Rechtsträgers** befinden, ist eine Verschmelzungsprüfung nicht erforderlich, soweit sie die Aufnahme des übertragenden Rechtsträgers betrifft, weil es nicht zu einem Umtausch von Anteilen kommt.[495] Außerdem ist entsprechend der Regelung über den Verschmelzungsbericht auch die Prüfung der Verschmelzung nicht erforderlich, wenn alle Anteilsinhaber aller beteiligten Rechtsträger auf

---

[490] Für Zulässigkeit eines gemeinsamen Berichts bereits LG Frankenthal WM 1989, 1854, 1856; LG Frankfurt WM 1990, 592, 594; Heckschen WM 1990, 377, 381; Mertens AG 1990, 20 f.; Priester ZGR 1990, 420, 425; Grunewald, in: Geßler/Hefermehl, § 340 a, RN 19; ablehnend OLG Karlsruhe WM 1989, 1134, 1139; Keil, Der Verschmelzungsbericht ab § 340 a AktG, 1990, S. 9 ff.
[491] § 9 I UmwG.
[492] Die Prüfung erfolgt bei Genossenschaften durch die zuständigen genossenschaftsrechtlichen Prüfungsverbände, vgl. § 81 I, II UmwG.
[493] Auch dann hat aber die Gesellschaft die Kosten zu tragen, vgl. § 44 S. 2 und § 48 S. 2 UmwG.
[494] Insoweit abweichend das Recht für Vereine und Genossenschaften, vgl. Begr. zu § 106 RegE UmwG, BT-Drucks. 12/6699, S. 112.
[495] Begr. zu § 9 RegE UmwG, BT-Drucks. 12/6699, S. 84.

III. Die Verschmelzung von Personenhandels- und Kapitalgesellschaften

die Verschmelzungsprüfung in notariell beurkundeter Form verzichten.[496]

Für die **Bestellung der Verschmelzungsprüfer** ist gemäß § 10 UmwG grundsätzlich das Vertretungsorgan zuständig. Auf Antrag des Vertretungsorgans können die Verschmelzungsprüfer aber auch vom Gericht bestellt werden. Das Gesetz geht dabei davon aus, daß für jeden beteiligten Rechtsträger ein Verschmelzungsprüfer bestellt wird und jeweils eine Verschmelzungsprüfung durchgeführt wird. Möglich ist es aber, daß die Verschmelzungsprüfer für mehrere oder alle beteiligten Rechtsträger gemeinsam bestellt werden. Bei Aktiengesellschaften setzt dies – wie nach altem Recht[497] – nach § 60 III S. 1 UmwG voraus, daß ein entsprechender gemeinsamer Antrag der Vorstände an das Gericht gestellt worden ist, das dann allein die Bestellungskompetenz hat. Zuständig ist nach § 10 II UmwG jedes Landgericht, in dessen Bezirk ein übertragender Rechtsträger seinen Sitz hat.[498] Für die Auswahl der Verschmelzungsprüfer gelten gemäß § 11 I UmwG die entsprechenden Vorschriften über die Bestellung der Abschlußprüfer nach § 319 I HGB. Danach kommen als Verschmelzungsprüfer von Aktiengesellschaften und großen GmbHs im Sinne von § 267 III HGB nur Wirtschaftsprüfer und Wirtschaftsprüfungsgesellschaften in Betracht, für kleine und mittlere GmbHs auch vereidigte Buchprüfer und Buchprüfungsgesellschaften. Bei Personenhandelsgesellschaften und Vereinen können neben Wirtschaftsprüfern und Wirtschaftsprüfungsgesellschaften auch vereidigte Buchprüfer und Buchprüfungsgesellschaften als Verschmelzungsprüfer tätig werden, soweit es sich um kleine oder mittelgroße Personenhandelsgesellschaften oder Vereine handelt.[499]

Über das Ergebnis der Prüfung haben die Verschmelzungsprüfer einen **schriftlichen Verschmelzungsprüfungsbericht**[500] zu erstatten. Die Prüfer können dabei den Bericht – auch wenn sie nicht gemeinsam bestellt worden sind – nach § 12 I S. 2 UmwG für alle Gesellschaften zusammen erstatten.

Für die Erstellung ihres Berichtes haben die Verschmelzungsprüfer gemäß § 11 I UmwG ein **umfassendes Auskunftsrecht** wie die Abschluß-

---

[496] § 9 III i.V.m. § 8 III UmwG; vgl. hierzu Begr. zu § 60 RegE UmwG, BT-Drucks. 12/6699, S. 102; nach altem Recht wurde bei Aktiengesellschaften demgegenüber auch der einstimmige Verzicht der Aktionäre auf die Verschmelzungsprüfung für unzulässig gehalten, vgl. Grunewald, in: Geßler/Hefermehl, § 340b, RN 2.
[497] § 340b II S. 2 AktG.
[498] Bisher war bei Aktiengesellschaften das Amtsgericht gemäß § 145 II FGG zuständig; über die örtliche Zuständigkeit bestand Streit, überwiegend wurde eine Wahlmöglichkeit zwischen dem Gericht der übertragenden und der übernehmenden Gesellschaft oder die Alleinzuständigkeit des Gerichts am Sitz der übernehmenden Gesellschaft angenommen, vgl. Grunewald, in: Geßler/Hefermehl, § 340b, RN 5 m.w. Nachw.
[499] Vgl. § 11 I S. 2 u. 3 UmwG i.V.m. §§ 267, 319 HGB; dazu schon Priester, in: Reform des Umwandlungsrechts, S. 196, 197.
[500] Zur Ausgestaltung nach bisherigem Recht vgl. Rodewald BB 1992, 237 ff.

Picot/Müller-Eising

prüfer. Das Auskunftsrecht besteht nicht nur gegenüber dem Rechtsträger, der den Verschmelzungsprüfer bestellt hat, sondern gegenüber allen an der Verschmelzung beteiligten Rechtsträgern und mit ihnen verbundenen Unternehmen. Inhaltlich müssen die Verschmelzungsprüfer in dem **Prüfungsbericht** (§ 12 UmwG) feststellen, ob der Verschmelzungsvertrag den Anforderungen des § 5 UmwG[501] entspricht und ob das vorgeschlagene Umtauschverhältnis der Anteile, gegebenenfalls die Höhe der baren Zuzahlung oder die Mitgliedschaft bei dem übernehmenden Rechtsträger als Gegenwert angemessen ist. Hierüber haben die Verschmelzungsprüfer am Schluß ihres Berichtes eine Erklärung (**Testat**) abzugeben, in der ausgeführt werden muß,

1. nach welchen Methoden das vorgeschlagene Umtauschverhältnis ermittelt worden ist,
2. aus welchen Gründen die Anwendung dieser Methoden angemessen ist und
3. welches Umtauschverhältnis sich bei Anwendung verschiedener Methoden jeweils ergeben würde.

Von den Verschmelzungsprüfern wird nicht verlangt, daß sie alle notwendigen Daten selber ermitteln. Sie können die von den beteiligten Rechtsträgern verwendeten Zahlen, soweit plausibel, heranziehen und müssen nur überprüfen, ob die angewandte Methode sowie das hieraus berechnete Umtauschverhältnis nachvollziehbar und vertretbar ist.[502]

Zur Wahrung legitimer Geheimhaltungsinteressen gilt § 8 II UmwG entsprechend (§ 12 III UmwG). In entsprechender Anwendung des § 8 III UmwG ist es schließlich möglich, daß auch **nach Durchführung der Prüfung alle Anteilsinhaber** auf die Erstellung eines Prüfungsberichtes in notariell beurkundeter Erklärung **verzichten**, etwa wenn ihnen die Ergebnisse durch die Verschmelzungsprüfer mündlich erörtert worden sind und sie den Kostenaufwand für einen vollständigen Verschmelzungsbericht nicht mehr für erforderlich halten.[503]

d) Unterrichtung der Gesellschafter und Offenlegung

213 Der Verschmelzungsvertrag oder sein Entwurf, sowie gegebenenfalls der oder die Verschmelzungsberichte sowie der oder die Berichte der Verschmelzungsprüfer sind den Anteilsinhabern (Gesellschaftern, Aktionären, Genossen oder Mitgliedern) grundsätzlich bekanntzumachen und offenzulegen.[504] Je nach Rechtsform variieren hier die Vorschriften des

---

[501] Siehe dazu oben, RN 194 ff.
[502] Grunewald, in: Geßler/Hefermehl, § 340b, RN 11; Meyer zu Lösebeck WPg 1989, 499.
[503] Vgl. Begr. zu § 12 RegE UmwG, BT-Drucks. 12/6699, S. 85.
[504] Vgl. hierzu Priester ZGR 1990, 420, 431 ff. sowie zum alten Recht Bayer AG 1988, 323 ff.

III. Die Verschmelzung von Personenhandels- und Kapitalgesellschaften

Umwandlungsgesetzes erheblich. Sie finden sich daher ausschließlich in dem besonderen Teil der Verschmelzungsvorschriften des Umwandlungsgesetzes.[505]

e) Verschmelzungsbeschlüsse

Nach § 13 I UmwG wird der Verschmelzungsvertrag nur wirksam, 214 wenn die Anteilsinhaber der beteiligten Rechtsträger ihm jeweils durch Beschluß (sog. **Verschmelzungsbeschluß**) zustimmen.[506] Der Verschmelzungsbeschluß muß in einer Versammlung der Anteilsinhaber gefaßt werden. Entsprechende Zustimmungsbeschlüsse im schriftlichen Verfahren sind nicht möglich, selbst wenn dies in der Satzung vorgesehen ist. Einzelheiten über Mehrheitserfordernisse und etwaige Sonderbeschlüsse sind für die einzelnen Rechtsformen unterschiedlich geregelt. Allgemein gilt aber, daß für den Fall, daß die Abtretung der Anteile eines übertragenden Rechtsträgers von der Genehmigung bestimmter einzelner Anteilsinhaber abhängig ist, der Verschmelzungsbeschluß dieses Rechtsträgers zu seiner Wirksamkeit der Zustimmung des betroffenen Anteilsinhabers bedarf (§ 13 II UmwG).

Der Verschmelzungsbeschluß und die nach dem Umwandlungsgesetz 215 erforderlichen Zustimmungserklärungen einzelner Anteilsinhaber einschließlich der erforderlichen Zustimmungserklärungen nicht erschienener Anteilsinhaber müssen **notariell beurkundet**[507] werden, wobei der Verschmelzungsvertrag oder sein Entwurf dem Beschluß als Anlage beizufügen ist (§ 13 III S. 1 u. 2 UmwG). Von diesen Dokumenten hat der Rechtsträger nach § 13 III S. 3 UmwG jedem Anteilsinhaber auf dessen Kosten unverzüglich eine Abschrift zu erteilen.

Über die Zustimmungserfordernisse und die notarielle Form hinaus stellt § 13 UmwG **keine weiteren materiellen oder formellen Kriterien** für die Wirksamkeit der Zustimmungsbeschlüsse der beteiligten Rechtsträger auf. Entgegen vielfachen Forderungen in Schrifttum und Rechtsprechung[508] kommt eine **materielle Kontrolle** der Verschmelzungsbeschlüsse nicht in Betracht, nach der der einzelne Beschluß im Interesse der Gesellschaft liegen, zur Verfolgung des Unternehmensgegenstandes erforderlich und das angemessene Mittel sein müsse. Die Gesetzesbegründung

---

[505] §§ 39–122 UmwG; siehe hierzu unten RN 241 ff.
[506] Eine Ausnahme befindet sich allein in § 62 UmwG, wonach bei der Verschmelzung einer wenigstens 90 %igen Tochtergesellschaft auf ihre Mutteraktiengesellschaft in der Regel kein Verschmelzungsbeschluß erforderlich ist.
[507] Die notarielle Form ist insbesondere für die Beschlüsse von Genossenschaften, wirtschaftlichen Vereinen und genossenschaftlichen Prüfungsverbänden neu; vgl. Begr. zu § 13 RegE UmwG, BT-Drucks. 12/6699, S. 86.
[508] Zum Meinungsstand siehe Grunewald, in: Geßler/Hefermehl, § 340 c, RN 16 f. m. w. Nachw.

hat sich ausdrücklich gegen eine derartige materielle Kontrolle des Verschmelzungsbeschlusses gewandt.[509]

216 § 14 I UmwG bestimmt, daß eine **Klage gegen die Wirksamkeit eines Verschmelzungsbeschlusses** binnen eines Monats nach der Beschlußfassung erhoben werden muß. Die Vorschrift erfaßt alle Klagetypen bei den verschiedenen Rechtsformen, mit denen wie bei der aktienrechtlichen Anfechtungsklage die Nichtigkeit, Unwirksamkeit oder Anfechtbarkeit eines Beschlusses der Anteilsinhaber geltend gemacht werden kann. Das neue Umwandlungsgesetz hat sich bewußt nicht auf den Begriff der „Anfechtungsklage" beschränkt, weil Klagen gegen die Wirksamkeit von Beschlüssen von Personenhandelsgesellschaften und Vereinen überwiegend nicht als Anfechtungsklagen,[510] sondern als Nichtigkeitsklagen angesehen werden.[511] Mit der starren Einmonatsfrist, die bisher nur im Aktienrecht ausdrücklich bekannt war,[512] wird erstmals im deutschen Recht auch für Personenhandelsgesellschaften ein entsprechender Ausschlußtatbestand geschaffen. Im übrigen ist davon auszugehen, daß die Nichtigkeitsklage im engeren Sinne (vgl. etwa § 249 AktG) bei Einberufungsmängeln, die nicht geheilt werden, oder bei anderen schweren Gesetzesverstößen neben der Klage nach § 14 UmwG weiter uneingeschränkt möglich ist.

217 Für Verschmelzungsbeschlüsse von übertragenden Rechtsträgern ist die **Klagemöglichkeit** gegen die Wirksamkeit des Beschlusses nach § 14 II UmwG dahingehend **eingeschränkt**, daß die Klage nicht darauf gestützt werden darf, daß das Umtauschverhältnis der Anteile zu niedrig bemessen ist oder daß die Mitgliedschaft bei dem übernehmenden Rechtsträger kein ausreichender Gegenwert für die Anteile oder die Mitgliedschaft bei dem übertragenden Rechtsträger ist. Damit will das Gesetz einem Streit über die Wirksamkeit der Verschmelzung mit dieser Begründung den Boden entziehen.[513]

Statt dessen können die Anteilsinhaber die **Angemessenheit ihrer Abfindung** in einem gesonderten **Spruchverfahren**[514] nachprüfen lassen. Zur Einleitung des Spruchstellenverfahrens zwecks Verbesserung des Umtauschverhältnisses nach § 15 UmwG ist jeder Anteilsinhaber eines über-

---

[509] Vgl. Begr. § 13 RegE UmwG, BT-Drucks. 12/6699, S. 86.
[510] Wie bei AG und GmbH.
[511] Vgl. BGH NJW 1987, 1262, 1263; Baumbach/Duden/Hopt, § 119, Anm. 3E; a.A. Karsten Schmidt FS Stimpel, S. 217, 221 ff.
[512] § 246 I AktG; die Frist von einem Monat wurde allerdings von der h. M. auch auf die GmbH im Sinne einer angemessenen Frist entsprechend angewandt, vgl. BGHZ 11, 231, 240; 101, 113, 117; BGH NJW 1981, 2125, 2127; Hachenburg/Zutt, Anh. § 47, RN 177; Lutter/Hommelhoff, Anh. § 47, RN 45, 56.
[513] Begr. zu § 14 RegE UmwG, BT-Drucks. 12/6699, S. 87.
[514] Vgl. zu den Einzelheiten die §§ 305–312 UmwG; sowie die §§ 352c AktG a.F., 31a KapErhG a. F. jeweils i. V. m. § 306 AktG; vgl. hierzu Pentz DB 1993, 621 ff.

III. Die Verschmelzung von Personenhandels- und Kapitalgesellschaften

tragenden Rechtsträgers berechtigt, dessen Recht, gegen die Wirksamkeit des Verschmelzungsbeschlusses Klage zu erheben, wegen § 14 II UmwG ausgeschlossen ist. Abweichend von den bisherigen Regelungen in § 352c AktG und § 31a KapErhG, ist das Verlangen nach einem **Ausgleich durch bare Zuzahlung** nicht auf diejenigen Anteilsinhaber beschränkt, die sich der Verschmelzung widersetzten, also dem Verschmelzungsbeschluß – bei der Aktiengesellschaft: zur Niederschrift[515] – widersprochen haben. Der Anspruch auf bare Zuzahlung ist ab dem Tag der Wirksamkeit der Verschmelzung mit jährlich 2% über dem jeweiligen Diskontsatz der Deutschen Bundesbank zu verzinsen; die Geltendmachung eines weiteren Schadens ist nicht ausgeschlossen (§ 15 II UmwG).

Ähnlich wie bezüglich des Umtauschverhältnisses[516] ist der **Rechtsschutz** derjenigen Anteilsinhaber ausgestaltet, denen nach § 29 I UmwG neben dem Umtausch der Anteile oder Mitgliedschaften auch der Erwerb ihrer Anteile oder Mitgliedschaften gegen eine **angemessene Barabfindung** anzubieten ist. Die Angemessenheit der Barabfindung unterliegt nach § 30 UmwG den entsprechend anwendbaren – aber auch hier verzichtbaren – Vorschriften über die Verschmelzungsprüfung und den Prüfungsbericht. Der Anspruchsberechtigte hat entweder gemäß § 31 UmwG innerhalb von zwei Monaten nach Wirksamwerden der Verschmelzung (Eintragung der Verschmelzung in das Register des übernehmenden Rechtsträgers) das Angebot auf Barabfindung anzunehmen oder nach § 34 UmwG einen Antrag auf gerichtliche Nachprüfung der Abfindung zu stellen, die wiederum im **Spruchverfahren** (§ 305–312 UmwG) durchgeführt wird. Eine Klage gegen die Wirksamkeit des Verschmelzungsbeschlusses kann deshalb gemäß § 32 UmwG nicht darauf gestützt werden, daß das Abfindungsangebot nach § 29 UmwG zu niedrig bemessen oder nicht oder nicht ordnungsgemäß angeboten worden war.

218

Der allgemeine Teil des Verschmelzungsrechts geht davon aus, daß die **Verschmelzung** ihrem Wesen nach einen **Umtausch von Anteilen oder Mitgliedschaften** mit sich bringt. **Einzelheiten über die Durchführung dieses Umtausches**, z.B. über entsprechende Kapitalerhöhungen bei den Kapitalgesellschaften, oder über die Neuaufnahme von Gesellschaftern in Personenhandelsgesellschaften, weisen jedoch derartige rechtsformspezifische Besonderheiten auf, daß sie für die einzelnen Gesellschaftsformen **in den besonderen Vorschriften** geregelt werden.

f) Anmeldung und Eintragung der Verschmelzung

Die Verschmelzung ist für jeden der beteiligten Rechtsträger zur **Eintragung in das Register** (Handelsregister, Genossenschaftsregister oder Vereinsregister) am Sitz des betreffenden Rechtsträgers anzumelden (§ 16

219

---

[515] Vgl. § 245 Ziff. 1 AktG.
[516] Siehe vorstehend RN 217.

UmwG). Zur **Anmeldung** verpflichtet sind die Vertretungsorgane der beteiligten Rechtsträger. Bei der AG und GmbH reicht die Anmeldung durch Vorstandsmitglieder oder Geschäftsführer in vertretungsberechtigter Zahl aus.[517] Nach § 108 I HGB bzw. § 161 II i.V.m. § 108 HGB ist entsprechend den allgemeinen Vorschriften die Anmeldung der Verschmelzung einer OHG oder KG von jeweils sämtlichen Gesellschaftern zu bewirken, soweit nicht ausnahmsweise einzelnen Gesellschaftern eine Vollmacht der anderen Gesellschafter erteilt worden ist.[518] Um die reibungslose Durchführung der Verschmelzung zu erleichtern, sieht § 16 I S. 2 UmwG vor, daß das Vertretungsorgan des übernehmenden Rechtsträgers berechtigt ist, die Verschmelzung auch zur Eintragung in das Register jedes der übertragenden Rechtsträger anzumelden.

220   Nach § 16 II UmwG haben die Vertretungsorgane bei der Anmeldung zu erklären, daß eine Klage gegen die Wirksamkeit eines Verschmelzungsbeschlusses nicht oder nicht fristgemäß erhoben oder eine solche Klage rechtskräftig abgewiesen oder zurückgenommen worden ist (sog. „**Negativerklärung**"). In Abweichung zum früheren Recht haben die Vertretungsorgane außerdem die Pflicht, das Registergericht auch nach der Anmeldung über die Erhebung einer Klage zu unterrichten (§ 16 II S. 1, HS. 2 UmwG). Nach wohl herrschender Ansicht ist es aber nicht zwingend notwendig, daß die Negativerklärung bereits bei Anmeldung abgegeben wird; da es sich um einen behebbaren Mangel handelt, kann das Gericht vielmehr eine Frist zur Beseitigung des Mangels setzen.[519] Dies ermöglicht, die Anmeldung noch innerhalb der Anfechtungsfrist von einem Monat (§ 14 I UmwG) vorzunehmen. Solange eine Negativerklärung aber nicht vorliegt, besteht eine **absolute Eintragungssperre** für die Verschmelzung, es sei denn, daß die klageberechtigten Anteilsinhaber gemäß § 16 II S. 2 UmwG durch notariell beurkundete Erklärungen auf ihr Recht zur Klage gegen die Wirksamkeit des Verschmelzungsbeschlusses verzichtet haben.

221   In zahlreichen aktienrechtlichen Verschmelzungsfällen der letzten Jahre hat das Erfordernis der Negativerklärung zu erheblichen Schwierigkeiten bei der Eintragung und dem Vollzug der Verschmelzung geführt, da **Anfechtungsklagen** teilweise **in mißbräuchlicher Absicht** erhoben worden sind.[520]

---

[517] Vgl. Dehmer, UmwR, § 345 AktG, Anm. 3; § 24 KapErhG, Anm. 2; Lutter/Hommelhoff, Anhang Verschmelzung § 24 KapErhG, RN 2; Scholz/Priester, Anhang Umw. § 24 KapErhG, RN 1.
[518] Vollmacht muß nach § 12 I HGB notariell beglaubigt sein; Generalvollmacht genügt, LG Frankfurt BB 1972, 512; Baumbach/Duden/Hopt, § 12 HGB, Anm. 2A.
[519] BGH WM 1990, 1372, 1373; Schilling, Großkommentar AktG, § 345, Anm. 5; Grunewald, in: Geßler/Hefermehl, § 345, RN 9; Dehmer, UmwR, § 345 AktG, Anm. 6.
[520] Durch sog. „räuberische Aktionäre", vgl. Lutter FS Der Betrieb 1988, S. 193; Wardenbach BB 1991, 485 ff.; Mertens AG 1990, 20 ff.

III. Die Verschmelzung von Personenhandels- und Kapitalgesellschaften

Bisher schon ging ein Teil der Rechtsprechung und des Schrifttums davon aus, daß eine Verschmelzung trotz Vorliegens einer Anfechtungs- oder Nichtigkeitsklage ausnahmsweise eingetragen werden dürfe, wenn die **Klage offensichtlich unzulässig oder unbegründet** sei.[521] Dementsprechend ist jetzt in § 16 III S. 1 UmwG ausdrücklich eine Ausnahme vom Erfordernis der Negativerklärung geregelt.[522] Danach steht es einer Negativerklärung gleich, wenn der Rechtsträger, gegen dessen Verschmelzungsbeschluß eine Klage gerichtet ist, einen rechtskräftigen Beschluß des für diese Klage zuständigen Prozeßgerichts erwirkt, wonach die Erhebung der Klage der Eintragung nicht entgegensteht. Abweichend vom bisherigen Recht ist ausdrücklich das Prozeßgericht (Landgericht) zuständig, und nicht mehr das Registergericht (Amtsgericht), um eine Konzentration des Prozeß- und Eilverfahrens zu erreichen. Der Beschluß, daß die Erhebung der Klage der Eintragung nicht entgegenstehe, darf nach § 16 III S. 2 UmwG nur ergehen, wenn die Klage gegen die Wirksamkeit des Verschmelzungsbeschlusses unzulässig oder offensichtlich unbegründet ist oder wenn das alsbaldige Wirksamwerden der Verschmelzung nach freier Überzeugung des Gerichts unter Berücksichtigung der Schwere der mit der Klage geltend gemachten Rechtsverletzungen vorrangig erscheint, um wesentliche Nachteile für die an der Verschmelzung beteiligten Rechtsträger und ihre Anteilsinhaber abzuwenden.

Die Begriffe der **Unzulässigkeit oder offensichtlichen Unbegründetheit** 222 lehnen sich an die bisherige Rechtsprechung zur Registersperre an.[523] Insbesondere sieht der Gesetzgeber Klagen als unbegründet an, wenn sie rechtsmißbräuchlich im Sinne der bisherigen höchstrichterlichen Rechtsprechung sind.[524] Die Frage, wann eine Klage „offensichtlich" unbegründet ist, beantwortet das neue Umwandlungsgesetz nicht, sondern überläßt diese Entscheidung der weiteren Rechtsprechung.[525] Die dritte

---

[521] Grunewald, in: Geßler/Hefermehl, § 345, RN 7; Kraft, Kölner Kommentar, § 345, RN 6; Lutter/Hommelhoff, Anhang Verschmelzung § 24 KapErhG, RN 4; Scholz/Priester, Anhang Umwandlung § 24 KapErhG, RN 6; Baums BB 1981, 262, 263; Lüke ZGR 1990, 657, 671 ff.; für die mißbräuchliche Anfechtungsklagen auch BGH WM 1990, 1372 ff.; a. A. OLG Frankfurt ZIP 1990, 509; Hachenburg/Schilling/Zutt, § 77 Anh. II, § 24 VerSchmG, RN 8; Schilling, Großkommentar AktG, § 345, Anm. 5; Godin/Wilhelmi, § 345 AktG, Anm. 3.

[522] Zur eingehenden Diskussion dieser Vorschrift im Gesetzgebungsverfahren vgl. etwa Hommelhoff ZGR 1990, 445, 461 f.; Kiem AG 1992, 430, 431; Hoffmann-Becking, in: Reform des Umwandlungsrechts, S. 58 ff.

[523] Begr. zu § 16 RegE UmwG, BT-Drucks. 12/6699, S. 89; zur alten Rechtslage Bokelmann DB 1994, 1341, 1346.

[524] BGHZ 107, 296, 309; BGH NJW-RR 1990, 350, 351; BGH ZIP 1990, 1560; vgl. die Begr. zu § 16 RegE UmwG, BT-Drucks. 12/6699, S. 89.

[525] Begr. zu § 16 RegE UmwG, BT-Drucks. 12/6699, S. 89.

Variante für den Erlaß eines Beschlusses ermöglicht für den Fall, daß nicht von vornherein eine Klage als unzulässig oder offensichtlich unbegründet zu bewerten ist, daß das Gericht die Frage der Eintragungsfähigkeit der Verschmelzung im Einzelfall durch eine Abwägung der Interessen des Klägers auf der einen Seite und den Interessen der an der Verschmelzung beteiligten Rechtsträgern und ihrer Anteilsinhaber auf der anderen Seite trifft. Hierbei muß das Gericht sowohl die wirtschaftlichen Gesichtspunkte als auch die geltend gemachten Rechtsverletzungen gegeneinander abwägen, wobei auf Seiten des Klägers insbesondere die Schwere der von ihm behaupteten Rechtsverletzungen ausschlaggebend ist, während für die übrigen Anteilsinhaber sowie für die beteiligten Rechtsträger die wirtschaftlichen Gesichtspunkte, die für einen sofortigen Vollzug der Verschmelzung sprechen, im Vordergrund stehen.[526] Soweit das individuelle Interesse des Klägers auch anderweitig gewahrt werden kann, dürfte eine Verhinderung der Verschmelzung in Zukunft nicht mehr möglich sein. Insbesondere die Behauptung, daß das Umtauschverhältnis nicht ausreichend begründet und erläutert worden sei, wird – soweit es nicht um gravierende Verletzungen geht – zumindest in Publikumsgesellschaften als nicht ausreichend anzusehen sein, da den Klägern auch das Spruchverfahren zur Verbesserung des Umtauschverhältnisses nach §§ 15, 305 ff. UmwG zur Verfügung steht. Andererseits liegen **„wesentliche"** Nachteile der anderen Anteilsinhaber und der beteiligten Rechtsträger nur dann vor, wenn ihnen im Hinblick auf die durch die Verschmelzung beabsichtigten wirtschaftlichen Vorteile eigenes Gewicht zukommt.[527] Vorteilen der beteiligten Rechtsträger, die nicht bereits in den Verschmelzungsberichten ausdrücklich genannt sind, dürfte im Rahmen der vorzunehmenden **Interessenabwägung** jedenfalls keine Bedeutung zukommen.

223 Um dem Gericht größtmögliche Entscheidungsfreiheit einzuräumen, soll es allein **nach freier Überzeugung** entscheiden können.[528] Im Interesse der Beschleunigung des Verfahrens ist allein die **Glaubhaftmachung** der vorgebrachten Tatsachen zugelassen. Gegen den Beschluß ist nur die sofortige Beschwerde (Frist: 2 Wochen) nach § 577 ZPO statthaft.

Erwirkt einer der beteiligten Rechtsträger einen Beschluß nach § 16 III S. 1 UmwG und wird die Verschmelzung deswegen eingetragen, erweist sich aber später die Klage gegen die Wirksamkeit des Verschmelzungsbeschlusses als begründet, so steht dem Kläger gemäß § 16 III S. 6 UmwG ein Anspruch auf Ersatz des darauf beruhenden Schadens gegen den betreffenden Rechtsträger zu. Er kann allerdings nicht die Beseitigung der Wirkungen der Eintragung der Verschmelzung im Register verlangen.

---

[526] Vgl. Begr. zu § 16 RegE UmwG, BT-Drucks. 12/6699, S. 89.
[527] Begr. zu § 16 RegE UmwG, BT-Drucks. 12/6699, S. 89.
[528] Begr. zu § 16 RegE UmwG, BT-Drucks. 12/6699, S. 90.

III. Die Verschmelzung von Personenhandels- und Kapitalgesellschaften

Der **Anmeldung zum Handelsregister** müssen nach § 17 UmwG in 224 Ausfertigungen, Abschriften bzw. öffentlich beglaubigten Abschriften der Verschmelzungsvertrag, die Niederschriften der Verschmelzungsbeschlüsse, die erforderlichen Zustimmungserklärungen einzelner Anteilsinhaber, der Verschmelzungsbericht und der Verschmelzungsprüfungsbericht oder die notariell beglaubigten Verzichtserklärungen (§§ 8 III, 9 III oder 12 III UmwG) sowie die etwa erforderliche Genehmigungsurkunde[529] beigefügt werden. Außerdem muß ein Nachweis über die rechtzeitige Zuleitung des Verschmelzungsvertrages oder seines Entwurfes an den zuständigen **Betriebsrat** (§ 5 III UmwG) beigebracht werden. Es ist also dringend zu empfehlen, sich vom Vorsitzenden des Betriebsrates eine **Empfangsbestätigung** geben zu lassen.[530]

Ferner muß der Anmeldung zum Register jedes der übertragenden 225 Rechtsträger eine **Schlußbilanz dieses Rechtsträgers** beigefügt werden (§ 17 II UmwG). Für diese Bilanz gelten die handelsrechtlichen Vorschriften über die Jahresbilanz und, je nach Rechtsform, gegebenenfalls deren Prüfung entsprechend. In der Schlußbilanz, die häufig eine Jahresschlußbilanz sein wird, werden insbesondere die Buchwerte des übertragenden Rechtsträgers festgelegt, die für den übernehmenden Rechtsträger gemäß § 24 UmwG für die Buchwertverknüpfung maßgebend sind, sofern der übernehmende Rechtsträger nicht von seinem dort eingeräumten Wahlrecht[531] Gebrauch macht und die tatsächlich höheren Anschaffungskosten ansetzt. Dieses Wahlrecht ist vom Gesetzgeber handelsrechtlich neu geschaffen worden, um für den Fall, daß das übertragende Unternehmen höhere stille Reserven als das übernehmende Unternehmen hat, Übernahmeverluste beim übernehmenden Unternehmen nach Durchführung der Verschmelzung durch Aufdeckung oder teilweise Aufdeckung der stillen Reserven des übertragenden Rechtsträgers zu vermeiden.[532]

Die Schlußbilanz braucht vom Registergericht nicht bekannt gemacht zu werden. Da sie im betreffenden Register eingesehen werden kann, steht sie auch den Gläubigern als Informationshilfe für die Durchsetzung der Ansprüche auf Sicherheitsleistung (§ 22 UmwG) zur Verfügung.

Um eine **zeitnahe Information** und **Bilanzkontinuität** zu gewährleisten, 226 sieht § 17 II S. 3 UmwG – wie das bisherige Aktien- und GmbH-Recht – vor, daß das Registergericht die Verschmelzung nur eintragen darf, wenn die Schlußbilanz auf einen **höchstens acht Monate vor der Anmeldung liegenden Stichtag** aufgestellt worden ist. Wird, um die Aufstellung einer Zwischenbilanz zu vermeiden, die Jahresschlußbilanz zum 31.12. eines Jah-

---

[529] Insbesondere Genehmigungen nach §§ 13, 14 VAG sowie Art. 66 § 1 EGKS-Vertrag, vgl. Grunewald, in: Geßler/Hefermehl, § 345, RN 11.
[530] Vgl. Begr. zu 17 RegE UmwG, BT-Drucks. 12/6699, S. 90.
[531] Vgl. Begr. zu § 24 RegE UmwG, BT-Drucks. 12/6699, S. 93.
[532] Vgl. Begr. zu § 24 RegE UmwG, BT-Drucks. 12/6699, S. 93.

res auch als Schlußbilanz zum Zwecke der Verschmelzung herangezogen, muß also die Verschmelzung spätestens am 31.08. des Folgejahres zum Handelsregister des übertragenden Rechtsträgers angemeldet werden.

227 Nach § 19 I UmwG darf die Verschmelzung in das Register des übernehmenden Rechtsträgers erst eingetragen werden, nachdem sie im Register jedes der übertragenden Rechtsträger eingetragen worden ist. Die Vorschrift steht im Zusammenhang mit § 20 UmwG, der die Wirksamkeit der Verschmelzung von der **Eintragung in das Register** des übernehmenden Rechtsträgers abhängig macht; gemeinsam stellen § 19 und § 20 UmwG einen einheitlichen Wirksamkeitstermin sicher: Die Eintragung in das Register eines jeden übertragenden Rechtsträgers muß den Vermerk enthalten, daß die Verschmelzung erst mit der Eintragung in das Register des Sitzes des übernehmenden Rechtsträgers wirksam wird. Gemäß § 19 II UmwG müssen sich die Gerichte gegenseitig informieren; schließlich hat das Registergericht des übertragenden Rechtsträgers alle bei ihm aufbewahrten Urkunden und andere Schriftstücke dem Registergericht des übernehmenden Rechtsträgers zu übersenden. Alle beteiligten Registergerichte müssen die von ihnen vorgenommenen Eintragungen gemäß § 19 III UmwG im Bundesanzeiger und in mindestens einem anderen Blatt ihrem ganzen Inhalt nach bekanntmachen.[533] Im Interesse des Gläubigerschutzes muß jede Bekanntmachung einen **Hinweis auf die Gläubigerschutzrechte** (Verlangen nach Sicherheitsleistung) gemäß § 22 I S. 3 UmwG enthalten.

g) **Wirkung der Verschmelzung**

228 Mit der Eintragung der Verschmelzung in das Register des Sitzes des übernehmenden Rechtsträgers wird die Verschmelzung wirksam. Es tritt **Gesamtrechtsnachfolge** ein: das Vermögen des oder der übertragenden Rechtsträger geht einschließlich der Verbindlichkeiten auf den übernehmenden Rechtsträger über (§ 20 I Ziff. 1 UmwG). Es bedarf keiner besonderen Eigentumsübertragung von Gegenständen des Aktivvermögens. Grundbücher müssen lediglich nach § 22 GBO berichtigt werden; gleiches gilt für Registereintragungen nach § 30 PatG, § 3 WZG oder § 9 GeschmMG. Soweit zum Vermögen des übertragenden Rechtsträgers ein Nießbrauch, eine beschränkte persönliche Dienstbarkeit oder ein dingliches Vorkaufsrecht gehört, gehen diese nach §§ 1059a Nr. 1, 1092 II und 1098 III BGB nur dann auf den übernehmenden Rechtsträger über, wenn es sich bei dem betreffenden übertragenden Rechtsträger um eine juristische Person (GmbH, AG, KGaA, eingetragenen Verein, Genossenschaften oder VVaG) handelt.[534]

---

[533] Vgl. für das Handelsregister auch §§ 10, 11 HGB.
[534] Einzelheiten, auch zum möglichen Ausschluß der Gesamtrechtsnachfolge in diesen Fällen, vgl. BGB-Kommentare; MünchKomm-Petzoldt, § 1059a, RN 2; Soergel-Stürner, § 1059a, RN 2.

III. Die Verschmelzung von Personenhandels- und Kapitalgesellschaften 225

Von der Gesamtrechtsnachfolge nicht erfaßt werden aber **höchstpersönliche Rechte** des übertragenden Rechtsträgers. Für Kapitalgesellschaften wird eine derartige Vertrauensposition selten anzunehmen sein; sofern aber Personenhandelsgesellschaften Positionen als Treuhänder oder Vermögensverwalter innehaben, ist ein Ausschluß der Gesamtrechtsnachfolge im Interesse des Dritten gerechtfertigt. Andere **gesetzliche Abtretungs- oder Verfügungsbeschränkungen**, wie nach §§ 399, 400 BGB und § 15 GmbHG schränken die Gesamtrechtsnachfolge nicht ein.[535] Soweit der übertragende Rechtsträger Beteiligungen an anderen Kapitalgesellschaften hält, spielen demgemäß auch andere satzungsmäßige Abtretungsbeschränkungen keine Rolle.[536] Gleiches gilt in der Regel, wenn der übertragende Rechtsträger an einer Personenhandelsgesellschaft beteiligt war. In Ausnahmefällen, insbesondere wenn der übertragende Rechtsträger eine personalistisch ausgerichtete GmbH oder selbst eine Personenhandelsgesellschaft war, kann aber auch ein Auflösungsgrund im Sinne des § 131 Nr. 4 HGB oder des § 727 BGB vorliegen, wenn die Gesellschafterstellung in der betreffenden Personenhandelsgesellschaft höchstpersönlichen Charakter hatte.[537] 229

Auch der **Übergang der Verbindlichkeiten** tritt kraft Gesetzes ein, so daß es weder auf die Kenntnis der übernehmenden Gesellschaft von einer bestimmten Verbindlichkeit, noch auf die Zustimmung des Gläubigers nach §§ 414, 415 BGB ankommt. Den Gläubigern steht allein das Recht auf Sicherstellung nach § 22 UmwG zu. 230

Die **Rechte und Pflichten aus gegenseitigen Verträgen** gehen ebenfalls unmittelbar vom übertragenden auf den übernehmenden Rechtsträger über. Nach § 324 UmwG bleibt bei **Arbeitsverhältnissen** die **Vorschrift des Betriebsüberganges gemäß § 613a I und IV BGB** durch die Eintragung der Verschmelzung unberührt.[538] Da der Übergang jedoch nach dem Prinzip der Gesamtrechtsnachfolge erfolgt, greift insbesondere die 231

---

[535] Bisher für § 399 BGB streitig, vgl. Grunewald, in: Geßler/Hefermehl, § 346, RN 19; da der Gesetzgeber einen Hinweis auf die Beachtung des allgemeinen Rechts nur für die Spaltung (§ 132 UmwG) eingefügt hat, geht das Gesetz aber offenbar von der hier vertretenen Auffassung aus.
[536] Vgl. zu § 25 KapErhG Lutter/Hommelhoff, Anh. Verschmelzung § 25 KapErhG, RN 6; Scholz/Priester, Anh. Umw., § 25 KapErhG, RN 8; Widmann/Mayer, RN 2318.
[537] Vgl. zum bisherigen § 25 KapErhG Hachenburg/Schilling/Zutt, § 77 Anh. II § 25 VerSchmG, RN 20; vgl. auch Widmann/Mayer, RN 2320; Scholz/Priester, Anh. Umw., § 25 KapErhG, RN 8f.; zurückhaltender Grunewald, in: Geßler/Hefermehl, § 346 AktG, RN 15 unter Hinweis auf RGZ 123, 289, 294; 150, 289, 291.
[538] Demgegenüber wurde bisher allgemein eine unmittelbare Anwendbarkeit des § 613a GBG bei der Verschmelzung verneint, vgl. etwa Scholz/Priester, Anh. Umw., § 25 KapErhG, RN 12; Widmann/Mayer, RN 2313; Hachenburg/Schilling/Zutt, § 77 Anh. II § 2 KapErhG, RN 27; wohl auch BAG 26, 301, 311; Münch-Komm-Schaub, § 613a BGB, RN 3.

Enthaftungsmöglichkeit nach § 613a II BGB nicht ein.[539] Wie Arbeitsverhältnisse dauern auch **Anstellungsverträge von Organmitgliedern** (Vorstand oder Geschäftsführer) fort.[540] Die mit Aufsichtsratsmitgliedern einer AG oder GmbH geschlossenen Geschäftsbesorgungsverträge enden, da sie, anders als die Anstellungsverträge der Vertretungsorgane, untrennbar mit der Wahrung der Aufsichtsfunktion des Aufsichtsrates zusammenhängen.[541] Das **Erlöschen des Aufsichtsrats des übertragenden Rechtsträgers** gilt uneingeschränkt auch dann, wenn es sich um einen mitbestimmten Aufsichtsrat gehandelt hat.[542] Die Initiative für die richtige Bildung und Zusammensetzung des Aufsichtsrats soll beim übernehmenden Unternehmen nach einer Verschmelzung den betroffenen Kreisen (übernehmender Rechtsträger, Gewerkschaften und Arbeitnehmer) überlassen werden.[543] Dies geschieht im Rahmen des aktienrechtlichen Statusverfahrens (§§ 97–99 AktG), das allgemein für die mitbestimmten Aufsichtsräte Anwendung findet.

232 Keine einheitliche Aussage ist hinsichtlich des **Fortbestands von Unternehmensverträgen** möglich, da solche Verträge im hohen Maße von der Identität der beteiligten Rechtsträger abhängig sind. Nach allgemeiner Meinung erlöschen Unternehmensverträge, die zwischen den an der Verschmelzung beteiligten Rechtsträgern abgeschlossen worden sind, weil sie gegenstandslos geworden sind.[544] Ebenfalls als gegenstandslos erlischt ein Unternehmensvertrag, den eine abhängige Gesellschaft, die übertragender Rechtsträger ist, mit einem Unternehmen geschlossen hat, das nicht aufnehmender Rechtsträger im Rahmen der Verschmelzung ist. Denn es kann nicht davon ausgegangen werden, daß der übernehmende Rechtsträger nunmehr zum abhängigen Unternehmen wird. Außerdem ist eine Beschränkung des Unternehmensvertrages auf das Vermögen des nicht mehr bestehenden übertragenen Rechtsträgers

---

[539] Zur Forthaftung der Gesellschafter einer Personenhandelsgesellschaft vgl. § 45 UmwG, dazu unten, RN 219.

[540] Kraft, Kölner Kommentar, § 346, RN 30; Grunewald, in: Geßler/Hefermehl, § 346, RN 26; Lutter/Hommelhoff, Anh. Verschmelzung § 25 KapErhG, RN 12, während die Organstellung von Vorstands- und Aufsichtsratsmitgliedern sowie Geschäftsführern des übertragenden Rechtsträgers wegen Erlöschen dieses Rechtsträgers ebenfalls erlischt.

[541] Kraft; Kölner Kommentar, § 346, RN 30; Martens AG 1986, 57, 58 bei Fn. 7; Scholz/Priester, Anh. Umw., § 25 KapErhG, RN 12.

[542] Der neu geschaffene § 325 UmwG betrifft nur die Beibehaltung der Arbeitnehmermitbestimmung im Aufsichtsrat für die Fälle der Abspaltung und Ausgliederung. Siehe dazu unten, RN 319.

[543] Allg. Begr. zum RegE UmwG, BT-Drucks. 12/6699, S. 77. Zu weiteren tarif- und betriebsverfassungsrechtlichen Fragen, siehe unten RN C 36ff.

[544] Vgl. OLG Hamm WM 1988, 1164, 1168f.; Kraft, Kölner Kommentar, § 364 AktG, RN 32; Grunewald, in: Geßler/Hefermehl, § 346, RN 28; Emmerich/Sonnenschein, Konzernrecht, § 15 IV 6c; Krieger ZGR 1990, 517, 533; jew. m.w. Nachw.

III. Die Verschmelzung von Personenhandels- und Kapitalgesellschaften

nicht durchführbar.[545] Ist der übertragende Rechtsträger herrschendes Unternehmen eines Unternehmensvertrages, so besteht der Unternehmensvertrag fort. Für das hierbei abhängige Unternehmen ändert sich nichts, während die Gesellschafter des übernehmenden Rechtsträgers das Vorhandensein des Unternehmensvertrages in ihre Entscheidung über den Verschmelzungsbeschluß einfließen lassen können.[546] Unberührt bleiben auch Unternehmensverträge, die der übernehmende Rechtsträger mit dritten Unternehmen abgeschlossen hat. Unbestritten gilt dies zumindest, wenn der übernehmende Rechtsträger herrschendes Unternehmen des Unternehmensvertrags ist.[547] Ist der übernehmende Rechtsträger dagegen ein abhängiges Unternehmen, hat das herrschende Unternehmen des Unternehmensvertrages ein außerordentliches Kündigungsrecht nach § 297 I AktG, da sich durch die Verschmelzung das Risiko der Realisierung der Verlustausgleichspflicht erheblich erhöht.[548]

Im übrigen trifft § 21 UmwG eine **Sonderregelung bezüglich der Anpassung gegenseitiger Verträge mit Dritten**, die zum Zeitpunkt der Verschmelzung beiderseits noch nicht vollständig erfüllt sind und deren vollständige Erfüllung für den übernehmenden Rechtsträger eine schwere Unbilligkeit darstellen würde (Beispiel: Einander widersprechende Ausschließlichkeitsbindungen des übertragenden und des übernehmenden Rechtsträgers). In diesen Fällen wird der Umfang der Verpflichtungen nach Billigkeit unter Würdigung der vertraglichen Rechte aller Beteiligten bestimmt. Entsprechend den Regeln des Wegfalls der Geschäftsgrundlage wird eine schwere Unbilligkeit nur dann gegeben sein, wenn die Erfüllung einen erheblichen Einfluß auf die wirtschaftliche Situation des übernehmenden Rechtsträgers nehmen würde.[549] 233

Für **schwebende Prozesse** des übertragenden Rechtsträgers gelten die §§ 239, 246 ZPO analog, so daß Prozesse automatisch unterbrochen oder 234

---

[545] Vgl. Grunewald, in: Geßler/Hefermehl, § 346, RN 30; sowie Emmerich/Sonnenschein, Konzernrecht, § 15 IV 6c; Krieger ZGR 1990, 517, 538f.; Martens AG 1986, 57, 60f.; Würdinger, Großkommentar AktG, § 291, Anm. 25; Lutter/Hommelhoff, Anh. Verschmelzung, § 25 KapErhG, RN 13; Kraft, Kölner Kommentar, § 346, RN 33.
[546] OLG Karlsruhe ZIP 1991, 101, 104; Grunewald, in: Geßler/Hefermehl, § 346, RN 31 m. zahlr. w. Nachw.; a. A. wohl nur Würdinger, Großkommentar AktG, § 291, Anm. 24.
[547] Geßler, in: Geßler/Hefermehl, § 297, RN 48; Scholz/Priester, Anh. Umw., § 25 KapErhG, RN 13; Widmann/Mayer, RN 2331; Lutter/Hommelhoff, Anh. Verschmelzung, § 25 KapErhG, RN 13; Rowedder/Zimmermann, § 77 Anh., RN 436.
[548] Ebenso wohl Kraft, Kölner Kommentar, § 346, RN 34; Grunewald, in: Geßler/Hefermehl, § 346, RN 29; a. A. (Erlöschen des Unternehmensvertrages) Dehmer, UmwG, § 25 KapErhG, Anm. 7i.
[549] Vgl. Scholz/Priester Anh. Umw., § 25 KapErhG, RN 16; Hachenburg/Schilling/Zutt, § 77 Anh. II § 25 VerSchmG, RN 41–44; Grunewald, in: Geßler/Hefermehl, § 346, RN 39.

auf Antrag ausgesetzt werden.⁵⁵⁰ Ein Urteil gegen den übertragenden Rechtsträger wirkt gemäß § 325 ZPO auch für oder gegen den übernehmenden Rechtsträger. Schließlich kann ein bestehender Titel, der auf den Namen des übertragenden Rechtsträgers lautet, nach § 727 ZPO umgeschrieben werden.⁵⁵¹

235 Mit der Eintragung der Verschmelzung in das Register des übernehmenden Rechtsträgers **erlischt der übertragende Rechtsträger**. Einer besonderen Löschung bedarf es nicht (§ 20 I Ziff. 2 UmwG). Mit dem Erlöschen gehen auch die Mitgliedschaftsrechte am übertragenden Rechtsträger unter.

Gemäß § 20 I Ziff. 3 UmwG werden die Anteilsinhaber der übertragenden Rechtsträger **Anteilsinhaber des übernehmenden Rechtsträgers**. Wie bisher nur im Aktien- und GmbH-Recht geregelt, besteht von diesem Grundsatz jedoch dann eine **Ausnahme**, wenn

(1) der übernehmende Rechtsträger oder ein Dritter, der im eigenen Namen, jedoch für Rechnung dieses Rechtsträgers handelt, Anteilsinhaber des übertragenden Rechtsträgers ist oder

(2) der übertragende Rechtssträger eigene Anteile innehat oder

(3) ein Dritter, der im eigenen Namen, jedoch für Rechnung dieses Rechtsträgers handelt, dessen Anteilsinhaber ist.

Mit der Ausnahme wird auch in Fällen der Mischverschmelzung von Rechtsträgern verschiedener Rechtsformen sichergestellt, daß durch eine Verschmelzung ein Umtausch von Anteilen nicht stattfindet, soweit dadurch eigene Anteile beim übernehmenden Rechtsträger entstehen können.⁵⁵²

236 Gemäß § 20 I Ziff. 3 S. 2 UmwG bestehen **Rechte Dritter an den Anteilen** oder Mitgliedschaften der übertragenden Rechtsträgern weiter an den an ihre Stelle tretenden Anteilen oder Mitgliedschaften des übernehmenden Rechtsträgers. Zum Schutze der Gläubiger der Anteilsinhaber des übertragenden Rechtsträgers wird damit das **Surrogationsprinzip**, für das sich entsprechende Regelungen bisher nur im Bereich der formwechselnden Umwandlung fanden, für die Verschmelzung geregelt.⁵⁵³ Eine dingliche Surrogation findet aber nicht statt, wenn ein Umtausch der Anteile oder Mitgliedschaften wegen des Verbots der Bildung eigener Geschäftsanteile nicht zulässig ist. Pfandrechte oder Nießbrauchrechte an

---

⁵⁵⁰ Lutter/Hommelhoff, Anh. Verschmelzung, § 25 KapErhG, RN 17.
⁵⁵¹ OLG München DB 1989, 1918; Grunewald, in: Geßler/Hefermehl, § 346, RN 38.
⁵⁵² Vgl. Begr. zu § 20 RegE UmwG, BT-Drucks. 12/6699, S. 91; sowie die Sondervorschriften bzgl. der Kapitalerhöhung bei GmbH und AG, d. h. §§ 54, 68 UmwG.
⁵⁵³ Vgl. Begr. zu § 20 RegE UmwG, BT-Drucks. 12/6699, S. 91; ebenso auch schon zum bisherigen Recht Grunewald, in: Geßler/Hefermehl, § 246, RN 52; Kraft, Kölner Kommentar, § 346, RN 17; Scholz/Priester, Anh. Umw. § 25 KapErhG, RN 28; Hachenburg/Schilling/Zutt, § 77, Anh. II, § 25 VerSchmG, RN 46.

III. Die Verschmelzung von Personenhandels- und Kapitalgesellschaften

danach untergehenden Anteilen oder Mitgliedschaften des übertragenden Rechtsträgers erlöschen.[554] Die Inhaber solcher Pfandrechte oder Nießbrauchrechte müssen demgemäß neue Rechte mit dem übernehmenden Rechtsträger im Hinblick auf das übergegangene Vermögen des übertragenden Rechtsträgers vereinbaren.

Die Eintragung der Verschmelzung in das Register des übernehmenden Rechtsträgers hat ferner die Wirkung, daß **etwaige Mängel der notariellen Beurkundung** des Verschmelzungsvertrages und gegebenenfalls erforderlicher Zustimmungs- oder Verzichtserklärungen einzelner Anteilsinhaber geheilt werden (§ 20 I Ziff. 4 UmwG). Da das UmwG jetzt, abweichend vom früheren Aktien- und GmbH-Recht, ausdrücklich auch die Zustimmungserklärungen einzelner Gesellschafter in die Heilungsmöglichkeit mit aufnimmt, kann aber nicht mehr davon ausgegangen werden, daß die Eintragung der Verschmelzung auch Formmängel der Verschmelzungsbeschlüsse oder etwaiger Kapitalerhöhungsbeschlüsse heilt.[555] Im Verschmelzungsvertrag nicht mitbeurkundete Nebenabreden werden gegenüber den beteiligten Rechtsträgern nur wirksam, wenn die über den Verschmelzungsvertrag zustimmenden Anteilsinhaber- oder Mitgliederversammlungen diese Nebenabreden auch gekannt haben.[556] Der überragenden Bedeutung der Eintragung für die Durchführung der Verschmelzung entspricht es, daß Mängel der Verschmelzung, auch die Nichtigkeit der Verschmelzungsbeschlüsse, die Wirkungen der Eintragung (insbesondere also Gesamtrechtsnachfolge und Erlöschen der übertragenden Rechtsträger) gemäß § 20 II UmwG unberührt lassen. Eine einmal eingetragene Verschmelzung kann damit letztlich nur im Wege der Spaltung zurückabgewickelt werden,[557] weshalb die bei der Anmeldung abzugebende Negativerklärung so wichtig ist.[558] 237

h) Gläubigerschutz

Neben den **Schadensersatzpflichten der Verwaltungsträger** der beteiligten Rechtsträger nach §§ 25, 27 UmwG werden die Gläubiger der an der Verschmelzung beteiligten Rechtsträger dadurch geschützt, daß sie Sicherheit für ihre schuldrechtlichen Ansprüche verlangen können. Voraussetzung ist, daß sie sich binnen 6 Monaten nach der vollständigen Bekanntmachung[559] der Eintragung der Verschmelzung in das Register des 238

---

[554] Inwieweit hier § 1287 BGB, der ein Zustimmungsrecht des Pfandrechtsgläubigers statuiert, eingreift, ist umstritten, vgl. MünchKomm-Damrau, § 1287, RN 15 m. w. Nachw. zum Streitstand.
[555] Vgl. Lutter/Hommelhoff, Anh. VerschmG, § 25 KapErhG, RN 22.
[556] Vgl. Grunewald, in: Geßler/Hefermehl, § 346, RN 54.
[557] Vgl. Begr. zu § 20 RegE UmwG, BT-Drucks. 12/6699, S. 91 f.
[558] Vgl. dazu oben, RN 192 ff.
[559] Vgl. § 19 III S. 2 UmwG.

Rechtsträgers, dessen Gläubiger sie sind, ihren Anspruch nach Grund und Höhe schriftlich angemeldet haben (§ 22 I S. 1 UmwG). Der **Anspruch auf Sicherheitsleistung** besteht nicht, soweit die Gläubiger bereits Befriedigung verlangen können, d. h. also insbesondere, wenn der Anspuch fällig ist. Ferner müssen die Gläubiger glaubhaft[560] machen, daß durch die Verschmelzung die Erfüllung ihrer Forderungen gefährdet wird. Eine Sicherheitsleistung kann daher nicht beansprucht werden, wenn dem Gläubiger bereits vor der Verschmelzung eine ausreichende Sicherheit gewährt wurde.[561] Insbesondere bei bestehenden Rentenansprüchen aus einer betrieblichen Altersversorgung[562] besteht kein Raum für eine weitere Sicherheit, wenn die Voraussetzungen der §§ 7 ff. BetrAVG vorliegen, also im Konkursfall der Pensionssicherungsverein einzutreten hat.[563] Gläubigern, die im Falle der Insolvenz ein Recht auf vorzugsweise Befriedigung aus einer Deckungsmasse haben, die nach gesetzlicher Vorschrift zu ihrem Schutz errichtet und staatlich überwacht ist,[564] steht nach § 22 II UmwG ebenfalls kein Recht zu, Sicherheitsleistung zu verlangen. Abweichend vom bisherigen Recht[565] macht es keinen Unterschied, ob es sich um einen Gläubiger des übertragenden Rechtsträgers oder des übernehmenden Rechtsträgers handelt.

Wird der Anspruch auf Sicherheitsleistung nicht freiwillig erfüllt, kann der Gläubiger ihn im Klagewege gegen den übernehmenden Rechtsträger durchsetzen. Das Bestehen der Forderung muß hierbei vom klagenden Gläubiger dargelegt und erforderlichenfalls bewiesen werden;[566] nur hinsichtlich der Gefährdung der Erfüllung der Forderung reicht die **Glaubhaftmachung nach § 294 ZPO** aus. Was im einzelnen Sicherheitsleistung sein kann, richtet sich nach § 232 ff. BGB.

---

[560] Vgl. § 294 ZPO; bisher war der „Nachweis" erforderlich, vgl. § 347 I S. 2 AktG a. F.

[561] Vgl. Scholz/Priester, Anh. Umw. § 26 KapErhG, RN 7; Lutter/Hommelhoff, Anh. Verschmelzung § 26 KapErhG, RN 7; Widmann/Meyer, RN 2419.

[562] Soweit nur eine Anwartschaft besteht, ist noch gar keine Gläubigerstellung i. S. v. § 22 UmwG vorhanden, vgl. Lutter/Hommelhoff, Anh. Verschmelzung § 26 KapErhG, RN 4; Hachenburg/Schilling/Zutt, § 77, Anh. II, § 26 VerSchmG, RN 5.

[563] Widmann/Mayer, RN 2418; Hachenburg/Schilling/Zutt, § 77, Anh. II, § 26 VerSchmG, RN 6; Scholz/Priester, Anh. Umw. § 26 KapErhG, RN 7; vgl. hierzu im übrigen unten, RN D 18.

[564] Insbesondere der Deckungsstock der Hypothekenbanken und Versicherungsgesellschaften nach §§ 6 ff. Hypothekenbankengesetz, 66 ff. Versicherungsaufsichtsgesetz.

[565] Vgl. § 26 I S. 1 KapErhG, der nur Gläubiger der übertragenden Gesellschaft schützte.

[566] Vgl. OLG Celle BB 1989, 868, 869; Widmann/Mayer, RN 2430 jeweils zu § 26 KapErhG; abweichend zu § 26 KapErhG aber Scholz/Priester, Anh. UmwG, § 26 KapErhG, RN 5; Hachenburg/Schilling/Zutt, § 77 Anh. II, § 26 VerSchmG, RN 8; Lutter/Hommelhoff, Anh. Verschmelzung, § 26 KapErhG, RN 4, die eine nachgewiesene Wahrscheinlichkeit des Bestehens der Forderung für ausreichend halten.

III. Die Verschmelzung von Personenhandels- und Kapitalgesellschaften

Mitglieder des Vertretungsorgans und, sofern vorhanden, des Aufsichtsorgans eines übertragenden Rechtsträgers haften gesamtschuldnerisch für den Schaden, den der übertragende Rechtsträger, seine Anteilsinhaber oder seine Gläubiger durch die Verschmelzung erleiden. Mitglieder der Organe, die bei der Prüfung der Vermögenslage der Rechtsträger und beim Abschluß des Verschmelzungsvertrages die ihnen obliegende **Sorgfaltspflicht** beobachtet haben, sind von der Ersatzpflicht befreit (§ 25 I UmwG). Ansprüche gegen die schadensersatzpflichtigen Mitglieder verjähren gemäß § 25 III UmwG innerhalb von 5 Jahren nach der vollständigen Bekanntmachung der Eintragung der Verschmelzung in das Register des übernehmenden Rechtsträgers nach § 19 III UmwG. Um zahlreiche Prozesse mit möglicherweise abweichenden Entscheidungen gegen die Verwaltungsträger des übertragenden Rechtsträgers zu vermeiden, können die **Schadensersatzansprüche nach § 25 UmwG** nur durch einen besonderen Vertreter geltend gemacht werden. Dieser wird durch das Amtsgericht am Sitz eines übertragenden Rechtsträgers bestellt.[567] Auch Schadensersatzansprüche gegen Mitglieder des Vertretungsorgans oder, soweit vorhanden, des Aufsichtsorgans des übernehmenden Rechtsträgers, die sich nach allgemeinen gesellschaftsrechtlichen Vorschriften ergeben,[568] verjähren nach § 27 UmwG ebenfalls innerhalb von fünf Jahren nach der vollständigen Bekanntmachung der Eintragung der Verschmelzung gemäß § 19 III UmwG.

239

3. Verschmelzung durch Neugründung

Bei der **Verschmelzung durch Neugründung** übertragen zwei oder mehrere Rechtsträger (übertragende Rechtsträger) ihr Vermögen jeweils als ganzes auf einen neuen, von ihnen im Rahmen der Verschmelzung neu gegründeten Rechtsträger. Geregelt wird dieser Vorgang in den §§ 36–38 UmwG durch einen nahezu vollständigen Verweis auf die Vorschriften über die Verschmelzung durch Aufnahme. Dabei tritt jeweils an die Stelle des übernehmenden Rechtsträgers der neue Rechtsträger. Soweit es auf die Eintragung der Verschmelzung in das Register des Sitzes des übernehmenden Rechtsträgers ankommt, ist auf die Eintragung des neuen Rechtsträgers in das Register abzustellen. Um insbesondere den Kapitalaufbringungsvorschriften genüge zu tun, müssen auf die Gründung des neuen Rechtsträgers die für dessen Rechtsform geltenden **Gründungsvorschriften** angewendet werden.[569] Lediglich Vorschriften, die für die Gründung

240

---

[567] Einzelheiten in § 26 UmwG; bei Aktiengesellschaften können nur solche Aktionäre einer übertragenden AG die Bestellung eines besonderen Vertreters beantragen, die ihre Aktien bereits gegen Anteile des übernehmenden Rechtsträgers umgetauscht haben (§ 70 UmwG).
[568] Z.B. §§ 93, 116, 117 II AktG, 43 GmbHG, 34, 41 GenG.
[569] Zu Abweichungen im einzelnen vgl. §§ 56–59 UmwG für die GmbH, §§ 73–77 UmwG für die AG sowie §§ 96–98 UmwG für die eingetragene Genossenschaft.

Picot/Müller-Eising

eine Mindestzahl der Gründer vorschreiben, sind nicht anzuwenden, insbesondere bei der AG müssen also nicht 5 Gründungsaktionäre (§ 2 AktG) vorhanden sein. § 37 UmwG bestimmt jetzt ausdrücklich, daß der Verschmelzungsvertrag den neuen Gesellschaftsvertrag, die Satzung oder das Statut des neuen Rechtsträgers enthalten muß. Dadurch wird mittelbar der Gesellschaftsvertrag, die Satzung oder das Statut des neuen Rechtsträgers beurkundungspflichtig, auch wenn dies sonst nach den Vorschriften der betreffenden Rechtsform (z.B. bei Personenhandelsgesellschaften) nicht erforderlich wäre.[570] Die Vertretungsorgane jedes der übertragenden Rechtsträger haben nach § 38 UmwG die Verschmelzung jeweils zur Eintragung in das Register ihres Rechtsträgers anzumelden und außerdem gemeinsam den neuen Rechtsträger bei dem Gericht, in dessen Bezirk er seinen Sitz haben soll, zur Eintragung anzumelden.

4. Besonderheiten bei einzelnen Rechtsformen

a) Personenhandelsgesellschaften

241 aa) **Möglichkeit der Verschmelzung.** Das Umwandlungsgesetz enthält erstmals nur wenige Sondervorschriften für die **Verschmelzung von Personenhandelsgesellschaften**. Da unter Personenhandelsgesellschaften nur die **OHG** und die **KG** zu verstehen sind, ist eine Verschmelzung unter Beteiligung einer Gesellschaft bürgerlichen Rechts nach dem UmwG weiterhin nicht möglich. Die **Verschmelzung unter Beteiligung von Gesellschaften bürgerlichen Rechts** kann daher nur nach den herkömmlichen Modellen unter Heranziehung des **Anwachsungsprinzips**[571] bewerkstelligt werden.

Als Personenhandelsgesellschaft gilt auch die **GmbH & Co. KG**. Eine dem bisherigen § 1 II S. 1 UmwG a.F. entsprechende Regelung, wonach eine Personenhandelsgesellschaft nicht in eine Kapitalgesellschaft und Co. verschmolzen werden durfte, hat der Gesetzgeber bewußt nicht in das neue Umwandlungsrecht mit aufgenommen. Denn dieses Umwandlungsverbot wurde in der Praxis vielfach durch die Bildung einer sogenannten **„doppelstöckigen GmbH & Co. KG"** rechtmäßig umgangen.[572]

242 § 39 UmwG verbietet schließlich die **Beteiligung einer aufgelösten Personenhandelsgesellschaft** an einer Verschmelzung als übertragender Rechtsträger, wenn die Gesellschafter nach § 145 HGB eine andere Art der Auseinandersetzung als die Abwicklung oder als die Verschmelzung (d.h. also z.B. Übernahme des Handelsgeschäfts durch einen Gesellschafter oder Naturalteilung des Gesellschaftsvermögens) vereinbart ha-

---

[570] Vgl. Begr. zu § 37 RegE UmwG, BT-Drucks. 12/6699, S. 96f.
[571] Dazu bereits oben, RN 36, 47.
[572] Vgl. Begr. zu § 39 RegE UmwG, BT-Drucks. 12/6699, S. 98; zur doppelstöckigen GmbH & Co. KG statt aller Dehmer, UmwR, § 1 UmwG, Anm. 9b.

III. Die Verschmelzung von Personenhandels- und Kapitalgesellschaften

ben. Die Regelung ist insbesondere für Personenhandelsgesellschaften wichtig, in denen die Verschmelzung ansonsten auch aufgrund eines Mehrheitsbeschlusses gemäß § 43 II UmwG beschlossen werden könnte, weil im Falle des § 39 UmwG ein opponierender Minderheitsgesellschafter die Verschmelzung endgültig verhindern kann. Wenn alle Gesellschafter der Verschmelzung zustimmen, können diese jedoch ad hoc die Auseinandersetzung im Wege der Verschmelzung vereinbaren. Abweichend vom Aktienrecht,[573] das die Fortsetzung eines Rechtsträgers unzulässig macht, wenn bereits mit der Teilung des Vermögens an die Anteilsinhaber begonnen worden ist, können die Gesellschafter einer Personenhandelsgesellschaft eine andere Art der Auseinandersetzung auch noch nach Beginn der Liquidation, die dadurch abgebrochen wird, beschließen.[574] Die Begründung zum Regierungsentwurf, die allgemein davon spricht, daß für eine Verschmelzung noch nicht mit der Verteilung des Vermögens an die Anteilsinhaber begonnen sein dürfe,[575] geht offenbar zu weit und zieht die abweichende Rechtslage bei Personenhandelsgesellschaften nicht in Betracht.

bb) Durchführung der Verschmelzung. In dem **Verschmelzungsvertrag**, der alle Angaben nach § 5 I UmwG enthalten muß, ist zusätzlich für jeden Anteilsinhaber eines übertragenden Rechtsträgers zu bestimmen, ob ihm in der übernehmenden oder, bei einer Verschmelzung zur Neugründung, in der neuen Personenhandelsgesellschaft die Stellung eines persönlich haftenden Gesellschafters oder eines Kommanditisten gewährt wird; dabei ist der Betrag der Einlage jedes Gesellschafters festzusetzen (§ 40 I UmwG). Da Aktionäre, GmbH-Gesellschafter, Genossen, Mitglieder von Vereinen sowie Kommanditisten, soweit sie ihre Einlage geleistet haben, nicht persönlich für die Verbindlichkeiten des Rechtsträgers haften, stellt die Übernahme der Position eines persönlich haftenden Gesellschafters mit den Haftungsfolgen der §§ 128, 130 HGB naturgemäß eine erhebliche Gefährdung des Privatvermögens dar. Aus diesem Grund bestimmt § 40 II UmwG, daß Anteilsinhaber eines übertragenden Rechtsträgers, die für dessen Verbindlichkeiten nicht als Gesamtschuldner persönlich unbeschränkt haften, einen Anspruch darauf haben, daß ihnen im übernehmenden Rechtsträger die Stellung eines Kommanditisten gewährt wird. Eine abweichende Bestimmung im Verschmelzungsvertrag, d.h. also die Einräumung der Stellung eines persönlich haftenden Gesellschafters, ist nur wirksam, wenn die betroffenen Anteilsinhaber dem Verschmelzungsbeschluß des übertragenden Rechtsträgers zugestimmt haben.

---

[573] § 274 I AktG; ebenso § 79a GenG.
[574] KGJ 39 A 111; BayObLG DB 1981, 518; OLG Hamm ZIP 1984, 180, 181; Baumbach/Duden/Hopt, § 145 HGB, Anm. 2A.
[575] Begr. zu § 3 RegE UmwG, BT-Drucks. 12/6699, S. 82.

244 Grundsätzlich ist auch bei einer Personenhandelsgesellschaft die **Vorlage eines Verschmelzungsberichtes** nach § 8 UmwG erforderlich; eine Ausnahme davon macht § 41 UmwG, wenn alle Gesellschafter der beteiligten Personenhandelsgesellschaft zur Geschäftsführung berechtigt sind. Bei einer OHG ist dies gemäß § 114 I HGB der Regelfall, sofern nicht im Gesellschaftsvertrag die Geschäftsführung nur einzelnen Gesellschaftern übertragen worden ist. Ein Verschmelzungsbericht wird als entbehrlich angesehen, weil jeder Gesellschafter die Möglichkeit hat, alle Unterlagen, insbesondere auch soweit sie für den Wert der fusionsbereiten Rechtsträger relevant sind, einzusehen und bei der Vorbereitung der Verschmelzung mitzuwirken.[576]

Zur **Unterrichtung der Gesellschafter** ist der Verschmelzungsvertrag oder sein Entwurf und der Verschmelzungsbericht gemäß § 42 UmwG den Gesellschaftern, die von der Geschäftsführung ausgeschlossen sind, spätestens zusammen mit der Einberufung der Gesellschafterversammlung, die gemäß § 13 I UmwG über die Zustimmung zum Verschmelzungsvertrag beschließen soll, zu übersenden. Für die von der Geschäftsführung ausgeschlossenen Gesellschafter einer OHG wird damit das in § 118 HGB enthaltene Kontrollrecht konkretisiert. Für Kommanditisten einer KG wird dagegen für die Verschmelzung ein über § 166 I und II HGB hinausgehendes Auskunftsrecht geschaffen. Eine gesetzliche Frist zur Übersendung des Verschmelzungsberichts besteht nicht, die Rechtzeitigkeit der Übersendung hängt von den gesellschaftsvertraglichen Einladungsfristen ab.

245 Gemäß § 43 I UmwG bedarf der Verschmelzungsbeschluß der Gesellschafterversammlung[577] der **Zustimmung aller anwesenden Gesellschafter**. Sofern, wie im gesetzlichen Regelfall nach § 119 I HGB vorgesehen, ein einmütiger Beschluß aller Gesellschafter für die Beschlußfassung notwendig ist, müssen ihm auch die nicht erschienenen Gesellschafter zustimmen. Wie die Niederschrift der Versammlung müssen auch diese Zustimmungsbeschlüsse nach § 13 III S. 1 UmwG notariell beurkundet werden.

Sofern der Gesellschaftsvertrag für die Verschmelzung eine **Mehrheitsentscheidung der Gesellschafter** vorsieht, muß die Mehrheit mindestens drei Viertel der Stimmen der Gesellschafter betragen (§ 43 II S. 1 UmwG). Um dem Bestimmtheitsgrundsatz gerecht zu werden, muß die einen Mehrheitsbeschluß zulassende Klausel im Gesellschaftsvertrag sich ausdrücklich auf den Beschluß über die Verschmelzung beziehen.[578] Ein persönlich haftender Gesellschafter, der der Verschmelzung wider-

---

[576] Begr. zu § 41 RegE UmwG, BT-Drucks. 12/6699, S. 98.
[577] Abstimmung im schriftlichen Verfahren ist nicht zulässig, vgl. § 13 I S. 2 UmwG, hierzu bereits oben, RN 214.
[578] Vgl. Begr. zu § 43 RegE UmwG, BT-Drucks. 12/6699, S. 98; zum Bestimmtheitsgrundsatz bereits oben, RN 20 ff.; siehe auch Picot, Mehrheitsrechte und Minderheitenschutz in der Personengesellschaft, BB 1993, 13 ff.

spricht, kann verlangen, daß ihm in der übernehmenden oder der neuen Personenhandelsgesellschaft die Stellung eines Kommanditisten eingeräumt wird. Auch ein persönlich haftender Gesellschafter der übernehmenden Personenhandelsgesellschaft kann verlangen, daß er in die Kommanditistenstellung überwechselt, wenn er der Verschmelzung widerspricht (§ 43 II S. 2 UmwG).

Eine **Prüfung der Verschmelzung** bei Beteiligung einer Personenhandelsgesellschaft ist nicht generell vorgesehen. Nach § 44 UmwG muß jedoch für den Fall, daß der Gesellschaftsvertrag auch eine Mehrheitsentscheidung über die Verschmelzung zuläßt, der Verschmelzungsvertrag oder sein Entwurf auf Kosten der Gesellschaft geprüft werden, wenn dies einer ihrer Gesellschafter verlangt. Obwohl das UmwG im übrigen keine Sondervorschriften für sogenannte Publikumsgesellschaften enthält,[579] sollen durch diese zusätzliche Informationsmöglichkeit insbesondere die Kommanditisten von Publikums-KGs geschützt werden, weil diese auf das Schicksal ihres Rechtsträgers in der Regel keinen Einfluß nehmen können.[580] Wo für den Gesellschaftsvertrag Einmütigkeit verlangt wird, stellt sich das Gesetz hingegen auf den Standpunkt, daß die Veto-Position des einzelnen Gesellschafters zu seinem Schutz ausreicht.[581]

246

cc) **Nachhaftung der Gesellschafter.** In Anlehnung an § 160 HGB in der Fassung des Nachhaftungsbegrenzungsgesetzes[582] wird die **Nachhaftung der persönlich haftenden Gesellschafter** einer übertragenden Personenhandelsgesellschaft für den Fall geregelt, daß deren Vermögen durch Verschmelzung auf einen Rechtsträger anderer Rechtsform übergeht, dessen Anteilsinhaber für die Verbindlichkeiten nicht unbeschränkt haften. Ein Gesellschafter einer übertragenden Personenhandelsgesellschaft haftet danach für deren Verbindlichkeiten, wenn sie vor Ablauf von 5 Jahren nach der Verschmelzung fällig und gegen ihn, d. h. den Gesellschafter, gerichtlich geltend gemacht sind. Privilegiert ist die öffentliche Hand, da gemäß § 45 I HS. 2 UmwG bei öffentlich-rechtlichen Verbindlichkeiten zur fristwahrenden Geltendmachung der Erlaß eines Verwaltungsaktes ausreicht. Die Frist, die keine Verjährungsfrist im eigentlichen Sinne, sondern eine Ausschlußfrist ist, beginnt mit dem Tage der vollständigen Bekanntmachung der Eintragung der Verschmelzung in das Register des übernehmenden Rechtsträgers nach § 19 III UmwG.

247

---

[579] Vgl. Begr. vor § 39 RegE UmwG, BT-Drucks. 12/6699, S. 97.
[580] Vgl. Begr. zu § 44 RegE UmwG, BT-Drucks. 12/6699, S. 99.
[581] Vgl. Begr. zu § 43 RegE UmwG, BT-Drucks. 12/6699, S. 98; kritisch hierzu Hommelhoff ZGR 1993, 452, 464.
[582] Gesetz zur zeitlichen Begrenzung der Nachhaftung von Gesellschaftern vom 18.03.1994, BGBl. I, S. 560; dazu oben RN A 118 ff.; dazu auch Waldner WiB 1994, 297 ff.; Reichold NJW 1994, 1617 ff.

Im übrigen gilt die zeitliche Begrenzung der Haftung auch für persönlich haftende Gesellschafter der übertragenden Personenhandelsgesellschaft, wenn diese Gesellschafter in dem übernehmenden oder neuen Rechtsträger anderer Rechtsform geschäftsführend tätig werden.[583]

b) Gesellschaften mit beschränkter Haftung

248 aa) **Verschmelzung durch Aufnahme.** Ist eine GmbH als übernehmender Rechtsträger an einer Verschmelzung beteiligt, hat der **Verschmelzungsvertrag** gemäß § 46 I UmwG zusätzlich zu den in § 5 I Ziff. 3 und 4 UmwG zu machenden Angaben für jeden Anteilsinhaber eines übertragenden Rechtsträgers den Nennbetrag des Geschäftsanteils zu bestimmen, den die übernehmende GmbH ihm zu gewähren hat. Im Falle einer übertragenden Aktiengesellschaft oder KGaA (§ 46 I S. 2 UmwG) kann zudem der Nennbetrag der einzelnen Stammeinlage abweichend von dem Nennbetrag der Aktien festgesetzt werden. Die Stammeinlage muß jedoch mindestens 50,- DM betragen und durch zehn teilbar sein. Soweit Kleinaktionäre vorhanden sind, besteht regelmäßig nach dem Gebot des Gleichbehandlungsgrundsatzes sogar eine Pflicht, den Betrag der Stammeinlagen nicht oberhalb des Mindestbetrages von 50,- DM festzusetzen.[584]

249 Sollen im Wege der Kapitalerhöhung zu schaffende und zu übertragende **Geschäftsanteile mit Sonderrechten oder -pflichten** ausgestattet werden, so sind diese Abweichungen ausdrücklich im Verschmelzungsvertrag oder in seinem Entwurf festzusetzen (§ 46 II UmwG). Dadurch sollen die Gesellschafter eines übertragenden Rechtsträgers, die dort bereits einen Sonderstatus hatten, entsprechend abgesichert bzw. die Gesellschafter der übernehmenden GmbH, die hierzu zustimmen müssen, gewarnt werden. Eine konkrete Festlegung nach Personen und Nennbetrag der Geschäftsanteile ist ebenfalls notwendig, wenn die zu gewährenden Geschäftsanteile nicht im Rahmen einer Kapitalerhöhung neu geschaffen werden, sondern wenn es sich um vorhandene Geschäftsanteile an der übernehmenden GmbH handelt (§ 46 III UmwG).

250 Zur **Unterrichtung der Gesellschafter** ist gemäß § 47 UmwG der Gesellschaftsvertrag oder sein Entwurf und der – regelmäßig notwendige[585] – Verschmelzungsbericht den Gesellschaftern spätestens zusammen mit

---

[583] § 45 IV UmwG; dies in Abkehr von der bisherigen Rechtsprechung, wonach die Sonderverjährung nach § 159 HGB nicht für persönlich haftende Gesellschafter galt, die bei Umwandlung einer OHG oder KG in eine GmbH & Co. zwar Kommanditisten, aber zugleich auch Geschäftsführer der Komplementär-GmbH wurden, vgl. BGHZ 78, 114, 118; NJW 1983, 2258, 2259; 2940, 2941; hierzu kritisch Karsten Schmidt NJW 1981, 159 ff.

[584] Semler/Grunewald in: Geßler/Hefermehl, § 369, RN 56; Dehmer, UmwR, § 369 AktG, Anm. 12.

[585] Soweit kein Verzicht nach § 8 III UmwG vorliegt.

III. Die Verschmelzung von Personenhandels- und Kapitalgesellschaften 237

der Einberufung der Gesellschafterversammlung, die gemäß § 13 I UmwG über die Zustimmung zu entscheiden hat, zu übersenden. Ist im Gesellschaftsvertrag keine längere Einberufungsfrist vereinbart, gilt danach für die Unterrichtung die gesetzliche Einladungsfrist von einer Woche gemäß § 51 I S. 2 GmbHG.[586] In der Einberufung der Gesellschafterversammlung haben die Geschäftsführer gemäß § 49 I UmwG die Verschmelzung als Gegenstand der Beschlußfassung ausdrücklich anzukündigen. Um den Gesellschaftern zusätzliche Informationsmöglichkeiten zu gewähren, müssen außerdem von der Einberufung an in den Geschäftsräumen der Gesellschaft die **Jahresabschlüsse und die Lageberichte der an der Verschmelzung beteiligten Rechtsträger** für die letzten drei Geschäftsjahre nach § 49 II UmwG zur Einsicht ausgelegt werden. Schließlich haben die Geschäftsführer nach § 49 III UmwG jedem Gesellschafter auf Verlangen jederzeit Auskunft auch über alle für die Verschmelzung wesentlichen Angelegenheiten der anderen beteiligten Rechtsträger zu geben.

Eine **Prüfung des Verschmelzungsvertrages** oder seines Entwurfes hat für eine GmbH zu erfolgen, wenn einer ihrer Gesellschafter dies verlangt (§ 48 UmwG).[587]

Der **Verschmelzungsbeschluß der Gesellschafterversammlung** bedarf gemäß § 50 I UmwG einer Mehrheit von mindestens drei Vierteln der abgegebenen Stimmen, wobei der Gesellschaftsvertrag nur eine größere Mehrheit und weitere Erfordernisse bestimmen darf.[588]

251

Werden besondere **Minderheitsrechte** eines einzelnen Gesellschafters einer übertragenden Gesellschaft oder Rechte in Bezug auf die Geschäftsführung einer übertragenden Gesellschaft durch die Verschmelzung beeinträchtigt, so bedarf der Verschmelzungsbeschluß einer übertragenden GmbH außerdem der Zustimmung der hierdurch betroffenen Gesellschafter. Weitere besondere Zustimmungserfordernisse sind in § 51 UmwG für den Fall geregelt, daß die Geschäftsanteile einer übertragenden oder übernehmenden GmbH nicht voll eingezahlt sind oder der Nennbetrag der gewährten Stammeinlagen nicht dem Nennbetrag der Aktien einer übertragenden Aktiengesellschaft entspricht. Bei der Anmeldung der Verschmelzung haben demgemäß die Vertretungsorgane der beteiligten Rechtsträger im Falle nicht voll eingezahlter GmbH-Geschäftsanteile nach § 52 UmwG zu erklären, daß dem Verschmelzungsbeschluß jedes der übertragenden Rechtsträger alle bei der Beschlußfassung anwesenden Anteilsinhaber dieses Rechtsträgers und, sofern dieser

---

[586] Zur Fristberechnung siehe BGHZ 100, 264, 268 f.; Baumbach/Hueck/Zöllner, § 51, RN 18; Hachenburg/Schilling, § 51, RN 6.
[587] Hierzu bereits oben, RN 210.
[588] Vgl. die entsprechenden Regelungen bei der Kapitalerhöhung, siehe dazu oben RN 95.

Rechtsträger eine Personenhandelsgesellschaft oder eine GmbH ist, auch die nicht erschienenen Gesellschafter dieser Gesellschaft zugestimmt haben. Im übrigen besteht die einzige Besonderheit bei der Anmeldung einer Verschmelzung unter Beteiligung einer GmbH darin, daß im Falle einer übernehmenden GmbH der Anmeldung auch eine von den Geschäftsführern dieser GmbH unterschriebene berichtigte Gesellschafterliste beizufügen ist.[589] Entsprechend dem bisherigen Recht[590] darf für den Fall, daß eine übernehmende GmbH ihr Stammkapital zur Durchführung der Verschmelzung erhöht, die Verschmelzung erst eingetragen werden, nachdem die Erhöhung des Stammkapitals im Register eingetragen worden ist (§ 53 UmwG).

252 Zur **Durchführung einer Verschmelzung** hat eine übernehmende GmbH grundsätzlich ihr Stammkapital zu erhöhen, sofern nicht die Gesellschafter oder Mitglieder des übertragenden Rechtsträgers mit bestehenden Geschäftsanteilen abgefunden werden können. Zur Verhinderung der Entstehung eigener Geschäftsanteile sowie aus Kapitalschutzgründen[591] darf jedoch eine übernehmende GmbH ihr **Stammkapital** zur Durchführung einer Verschmelzung **nicht erhöhen**, soweit (1.) sie Anteile eines übertragenden Rechtsträgers innehat, (2.) ein übertragender Rechtsträger eigene Anteile innehat oder (3.) ein übertragender Rechtsträger Geschäftsanteile dieser Gesellschaft innehat, auf welche die Einlagen nicht in voller Höhe bewirkt sind. Im Ergebnis muß daher eine Kapitalerhöhung vollständig unterbleiben, wenn eine 100%ige Tochtergesellschaft auf eine GmbH als ihre Muttergesellschaft verschmolzen wird (§ 54 I Ziff. 1 UmwG) oder wenn der einzige oder alle Gesellschafter (Rechtsträger) auf eine übernehmende GmbH (Tochtergesellschaft) verschmolzen werden,[592] wenn sämtliche Geschäftsanteile dieser Tochter-GmbH noch nicht voll eingezahlt sind (§ 54 I Ziff. 3 UmwG). Im letzteren Fall stehen die Anteile an der Übernehmerin zur Verfügung, um sie den Gesellschaftern der übertragenden GmbH als Gegenleistung zu gewähren.

253 Eine übernehmende GmbH braucht nicht, **kann** aber nach § 54 I S. 2 UmwG **ihr Stammkapital** erhöhen, soweit (1.) sie eigene Geschäftsanteile innehat oder (2.) ein übertragender Rechtsträger die Geschäftsanteile dieser Gesellschaft innehat, auf welche die Einlagen bereits in voller Höhe bewirkt sind. Soweit die übernehmende GmbH eigene Geschäftsanteile innehat, kann sie diese, muß aber nicht, zur Erfüllung der Anteilsgewährungspflicht heranziehen (§ 54 I S. 2 Ziff. 1 UmwG). Es besteht insoweit ein **Wahlrecht**.[593] Das gleiche Wahlrecht besteht nach § 54 I S. 2

---

[589] Bisher § 24 IV KapErhG a. F.
[590] § 25 I 2 KapErhG a. F.
[591] Zur Funktion des Kapitals siehe oben, RN 68.
[592] Sogenannter Down-Stream-Merger.
[593] Vgl. Scholz/Priester, Anh. Umw., § 23 KapErhG, RN 5; Dehmer, UmwR, § 23 KapErhG, Anm. 7.

Ziff. 2 UmwG, weil zwar bei voll eingezahlten Geschäftsanteilen es nicht im gleichen Maße zu einer Verletzung der Kapitalschutzregeln kommt wie bei nicht voll eingezahlten, andererseits aber die voll eingezahlten Geschäftsanteile an der übernehmenden GmbH, die dem übertragenden Rechtsträger gehören, letztlich auch hier zur Verfügung stehen, um sie den Anteilsinhabern des übertragenden Rechtsträgers zu gewähren.[594]

Die vorgenannten Kapitalerhöhungsverbote oder Kapitalerhöhungswahlrechte gelten entsprechend, wenn die dort bezeichneten Anteile oder GmbH-Geschäftsanteile von einem Dritten zwar im eigenen Namen, aber jeweils für Rechnung der betreffenden GmbH oder des betreffenden Rechtsträgers gehalten werden (§ 54 II UmwG).

In Übereinstimmung mit der bisherigen Rechtsprechung kann dagegen bei der **Verschmelzung von Schwestergesellschaften** durch Aufnahme auf die Gewährung von Geschäftsanteilen der übernehmenden GmbH an den übertragenden Rechtsträger nicht verzichtet werden.[595] Der Regierungsentwurf hat gegen Forderungen aus der Praxis ausdrücklich davon abgesehen, auch bei der Verschmelzung von Schwestergesellschaften, bei denen jeweils 100 % der Anteile durch einen Dritten (Konzernobergesellschaft) gehalten werden, zu verzichten. Obwohl die Begründung, die insbesondere auf die Einhaltung der Kapitalschutzvorschriften bei GmbH und Aktiengesellschaft hinweist, methodisch fraglich ist, da der Gläubigerschutz grundsätzlich in § 22 UmwG mit dem Recht auf Sicherheitsleistung geregelt ist,[596] muß die diesbezügliche Entscheidung des Gesetzgebers hingenommen werden.[597]

Durch die jetzige Regelung wird jedenfalls ein Zeichen gesetzt, daß konzerninterne Verschmelzungen nicht zur Aushöhlung der Kapitalschutzvorschriften (z. B. über die Kapitalherabsetzung[598]) führen dürfen.

Wird die Verschmelzung nicht durch eine Kapitalerhöhung, sondern durch Gewährung bestehender GmbH-Geschäftsanteile durchgeführt, enthält § 54 III UmwG eine **Erleichterung zur Teilung** von solchen **bestehenden GmbH-Geschäftsanteilen**. Auch hier muß jedoch der Betrag eines GmbH-Geschäftsanteils mindestens 50,– DM lauten und durch zehn teilbar sein.[599] Werden im Verschmelzungsvertrag bare Zuzahlungen festgesetzt, um einen rechnerisch exakten Ausgleich für die Übertragung der Vermögenswerte der übertragenden Gesellschaft zu erreichen, so dürfen diese Zuzahlungen den 10. Teil des Gesamtnennbetrages der gewährten

---

[594] Vgl. Dehmer, UmwR, § 23 KapErhG, Anm. 8.
[595] BayObLG NJW-RR 1989, 1379; OLG Hamm DB 1988, 1538.
[596] Ebenso schon Priester BB 1985, 363, 366.
[597] Abweichend zu § 23 KapErhG: Scholz/Priester, Anh. Umw., § 23 KapErhG, RN 7; Rowedder/Zimmermann, Anh. Verschmelzung, RN 487; Krieger ZGR 1990, 517, 522, jew. m. w. Nachw.
[598] Hierzu bereits oben, RN 151 ff.
[599] § 54 III S. 1, 2. HS UmwG.

Geschäftsanteile der übernehmenden Gesellschaft nicht übersteigen (§ 54 UmwG). Da solche **baren Zuzahlungen** zusätzliche Leistungen der übernehmenden Gesellschaft an die Anteilsinhaber der übertragenden Rechtsträger darstellen, ist darauf zu achten, daß die baren Zuzahlungen nicht zu einer unzulässigen Unterpariimmission führen. Dies ist dann gegeben, wenn der Wert des Vermögens des übertragenden Rechtsträgers geringer ist als der Nennbetrag der an seinen Anteilsinhaber gewährten Geschäftsanteile der übernehmenden GmbH.[600]

256 Wird – wie regelmäßig – das Kapital der übernehmenden GmbH zur Durchführung der Verschmelzung erhöht, handelt es sich um eine **Kapitalerhöhung mit Sacheinlagen**. Grundsätzlich sind daher neben den Verschmelzungsvorschriften auch die Vorschriften über die Erhöhung des Stammkapitals der §§ 55–57b GmbHG zu beachten.[601] Nicht anwendbar sind allerdings die Vorschriften über die Übernahme und Leistung der neuen Stammeinlagen (§§ 55 I, 56a, 57 II, III Nr. 1 GmbHG).[602]

257 Nach den anwendbaren Bestimmungen des GmbHG muß ein **Kapitalerhöhungsbeschluß** mit der notwendigen Mehrheit von drei Vierteln der abgegebenen Stimmen oder einer etwaigen höheren satzungsmäßigen Mehrheit beschlossen werden. Der Beschluß wird in der Regel gemeinsam mit dem Verschmelzungsbeschluß gefaßt, zu beachten sind allerdings ggf. abweichende strengere Anforderungen des Kapitalerhöhungsbeschlusses. Weiterhin anwendbar ist § 56 GmbHG. Die erforderlichen Sacheinlagen-Festsetzungen ergeben sich aus dem Verschmelzungsvertrag. Es greift außerdem die **Differenzhaftung** zu Lasten der Anteilsinhaber der übertragenden Rechtsträger gemäß §§ 56 II, 9 GmbHG ein.[603] Die Anteilsinhaber eines übertragenden Rechtsträgers haften also dafür, daß das Reinvermögen (Eigenkapital) des übertragenden Rechtsträgers im Zeitpunkt der Anmeldung der Kapitalerhöhung (d. h. in der Regel auch der Verschmelzung) der Höhe nach wenigstens dem Nennbetrag der dafür gewährten Geschäftsanteile an der übernehmenden GmbH entspricht. Die Kapitalerhöhung kann erst nach Abschluß des Verschmelzungsvertrages und Zustimmung der beteiligten Rechtsträger durchgeführt

---

[600] Vgl. hierzu Lutter/Hommelhoff, Anh. Verschmelzung § 23 KapErhG, RN 5; Widmann/Mayer, RN 2209; Hachenburg/Schilling/Zutt, § 77 Anh. II, § 23 VerSchmG, RN 15.

[601] Dazu bereits oben, RN 146 ff., 162.

[602] Der Grund ist, daß die Zuordnung der neuen Geschäftsanteile bereits im Verschmelzungsvertrag erfolgt und die Einlage durch die Übertragung des Vermögens des übertragenden Rechtsträgers auf die übernehmende GmbH bewerkstelligt wird. In Abweichung von § 5 I 2. HS und III 2 GmbHG brauchen die neuen Geschäftsanteile allerdings nur noch einen Nennbetrag von mindestens 50,– DM oder einen höheren, durch zehn teilbaren Betrag.

[603] Lutter/Hommelhoff, Anh. Verschmelzung, § 22 KapErhG, RN 6, Widmann/Mayer, RN 2135; Scholz/Priester Anh. Umw., § 22 KapErhG, RN 11; a. A. Hachenburg/Schilling/Zutt, § 77, Anh. II, § 22 VerSchmG, RN 11; Rowedder/Zimmermann, Anh. § 77 B, Verschmelzung, RN 429.

III. Die Verschmelzung von Personenhandels- und Kapitalgesellschaften 241

werden, auch wenn der Kapitalerhöhungsbeschluß schon vorher, etwa auf Grund eines Entwurfes des Verschmelzungsvertrages, gefaßt werden kann. Regelmäßig sollten der Kapitalerhöhungsbeschluß und der Zustimmungsbeschluß der übernehmenden GmbH verbunden werden. Die Kapitalerhöhung zur Durchführung der Verschmelzung muß zur Eintragung in das Handelsregister angemeldet werden; diese Anmeldung kann auch mit der Anmeldung der Verschmelzung verbunden werden. Im Falle einer **verbundenen Anmeldung** müssen allerdings sämtliche Geschäftsführer der übernehmenden GmbH gemäß § 78 GmbHG – wie bei einer Kapitalerhöhung üblich[604] – mitwirken. Die Vornahme in vertretungsberechtigter Zahl wie bei der gesonderten Anmeldung der Verschmelzung[605] genügt nicht. Auch zur Vermeidung doppelt vorzulegender notarieller Ausfertigungen und Abschriften ist die Verbindung der Anmeldung von Verschmelzung und Kapitalerhöhung in aller Regel zweckmäßig.[606]

Bei der **Prüfung der Werthaltigkeit der Sacheinlage**, d. h. also bei der 258 Prüfung, ob das zu übertragende Reinvermögen die angemeldete Kapitalerhöhung deckt, steht dem Registergericht wie sonst bei der Sacheinlage eines Unternehmens ein weiter Ermessensspielraum zu.[607] Als Prüfungsgrundlage wird in der Praxis über die zwingend einzureichende Schlußbilanz der übertragenden Gesellschaft nach § 17 II UmwG hinaus regelmäßig eine Bescheinigung des Steuerberaters oder Wirtschaftsprüfers verlangt, der die Werthaltigkeit der Bilanzansätze zu bestätigen hat (sog. „bescheinigte Bilanz").[608] Bei mittleren und großen GmbHs[609] sollte und wird regelmäßig ein geprüfter Abschluß vorgelegt werden.[610]

Da ein Unternehmen eingebracht wird, kommt es auf eine Gesamtbetrachtung an. Abweichend von den zwingenden Regeln der Sacheinlage eines Einzelgegenstandes, bei der Forderungen der Gesellschaft gegen den Gesellschafter nicht eingebracht werden dürfen,[611] können bei der Ermittlung des Reinvermögens auch Forderungen des übertragenden Rechtsträgers gegen seine Anteilsinhaber oder verbundene Unternehmen berücksichtigt werden, sofern diese Forderungen ihrerseits werthaltig sind. Im übrigen geht der Regierungsentwurf davon aus, daß Sacheinlage das „Vermögen des übertragenden Rechtsträgers" ist.[612]

---

[604] Siehe hierzu oben, RN 170.
[605] Vgl. oben, RN 219.
[606] Vgl. Rowedder/Zimmermann, § 77 Anh. Verschmelzung, RN 428.
[607] Vgl. § 12 FGG; sowie Hachenburg/Schilling/Zutt § 77, Anh. II, § 22 VerSchmG, RN 10.
[608] Zu weitgehend Lutter/Hommelhoff, Anh. Verschmelzung, § 22 KapErhG, RN 4: generell Vorlage geprüfter Bilanz bei kleiner GmbH notwendig.
[609] Vgl. § 267 HGB.
[610] Vgl. Scholz/Priester, Anh. Umw., § 22 KapErhG, RN 10.
[611] Siehe dazu Festl-Wietek BB 1993, 2410, 2415.
[612] Vgl. Begr. zu § 58 RegE UmwG, BT-Drucks. 12/6699, S. 102.

259 bb) **Verschmelzung durch Neugründung.** Wird eine **Verschmelzung durch Neugründung** unter Beteiligung einer GmbH als neuzugründendem (übernehmenden) Rechtsträger durchgeführt, sind die Vorschriften über die Verschmelzung durch Aufnahme unter Beteiligung einer GmbH entsprechend anwendbar, soweit sie nicht die Zustimmungserfordernisse in Sonderfällen (§§ 51, 52 I UmwG) oder die Kapitalerhöhung (§§ 53, 54 I bis III, 55 UmwG) betreffen. Der Gesellschaftsvertrag, der gemäß § 37 UmwG im Verschmelzungsvertrag enthalten oder festgestellt werden muß, muß seinerseits nach § 57 UmwG Festsetzungen über Sondervorteile, Gründungsaufwand, Sacheinlagen und Sachübernahmen übernehmen, die bereits in den Gesellschaftsverträgen, Satzungen oder Statuten übertragender Rechtsträger enthalten waren. Da § 36 II S.1 UmwG für die Verschmelzung durch Neugründung bereits allgemein auf die jeweils anwendbaren Gründungsvorschriften verweist, sind für den Gesellschaftsvertrag der GmbH weiterhin die §§ 3 GmbHG (Inhalt des Gesellschaftsvertrages), 4 GmbHG (Firma) sowie 5 I bis III GmbHG (Stammkapital, Stammeinlage) zu beachten. Das Stammkapital muß mindestens 50.000,– DM betragen und der Gesamtbetrag der Geschäftsanteile dem Stammkapital entsprechen, ohne daß die Erleichterungen hinsichtlich der Stückelung gemäß § 54 III S.1 2. HS UmwG eingreifen. Ein Sachgründungsbericht gemäß § 5 IV GmbHG ist nicht erforderlich, soweit eine Kapitalgesellschaft (AG, KGaA, GmbH) oder eine eingetragene Genossenschaft übertragender Rechtsträger ist, weil bei diesen Gesellschaftsformen bereits gesetzliche Sicherungen zur Substanzerhaltung (Kapitalschutzvorschriften) vorgesehen sind.[613] Dagegen muß ein Sachgründungsbericht hinsichtlich Rechtsträgern, die keine Kapitalgesellschaft oder eingetragene Genossenschaft sind, erstattet werden. Dies gilt also bei der Verschmelzung durch Neugründung unter Beteiligung einer Personenhandelsgesellschaft oder eines Vereins. Bei der Übernahme des Vermögens dieser Rechtsträger als Sacheinlagen in die neue GmbH steht der Wert der Sacheinlage nicht fest, und es fehlen im wesentlichen noch Anhaltspunkte zu seiner Beurteilung.[614]

260 Die Verschmelzungsbeschlüsse der übertragenden Rechtsträger müssen sich nach § 59 UmwG auch auf den **Gesellschaftsvertrag der neuen GmbH** beziehen, da andernfalls dieser Gesellschaftsvertrag nicht wirksam wird. Gleiches gilt für die Bestellung der Mitglieder des Aufsichtsrates der neuen GmbH, soweit sie von den Anteilsinhabern der übertragenden Rechtsträger zu wählen sind.

---

[613] Vgl. Begr. zu § 58 RegE UmwG, BT-Drucks. 12/6699, S. 102.
[614] Vgl. Begr. zu § 58 RegE UmwG, BT-Drucks. 12/6699, S. 101.

c) Aktiengesellschaften

aa) Verschmelzung durch Aufnahme.

261 Trotz der Kompliziertheit des Ablaufs einer Verschmelzung unter Beteiligung von Aktiengesellschaften enthält das neue Umwandlungsgesetz kaum mehr Sondervorschriften bzgl. der Beteiligung von Aktiengesellschaften als hinsichtlich der Beteiligung von GmbHs. Grund dafür ist insbesondere, daß die allgemeinen Vorschriften über die Verschmelzung sich im wesentlichen an die aktienrechtlichen Regelungen, wie sie 1982 im Rahmen des Verschmelzungsrichtlinien-Gesetzes eingeführt wurden,[615] anlehnen.

262 Für die **wichtigsten Vorschriften der Verschmelzung**, § 5 UmwG bzgl. des Inhalts des Verschmelzungsvertrages und § 8 UmwG bzgl. des Inhalts des Verschmelzungsberichts, enthalten die §§ 60 ff. UmwG keine Besonderheiten, wenn Aktiengesellschaften beteiligt sind.[616] Für jede beteiligte Aktiengesellschaft ist der Verschmelzungsvertrag oder sein Entwurf nach den §§ 9 bis 12 UmwG zu prüfen.[617] Dabei ist grundsätzlich für jede Aktiengesellschaft ein eigener Prüfer durch den betreffenden Vorstand zu bestellen.[618] Wie bisher sieht das Gesetz eine gerichtliche **Bestellung der Verschmelzungsprüfer** für eine einzelne AG nicht vor.[619] Während bei sonstigen Rechtsträgern die Vertretungsorgane auch einen gemeinsamen Verschmelzungsprüfer bestellen können,[620] reicht gemäß § 60 III UmwG für die Verschmelzung unter Beteiligung mehrerer Aktiengesellschaften die Prüfung durch einen oder mehrere Verschmelzungsprüfer für alle beteiligten Aktiengesellschaften nur aus, wenn diese Prüfer auf gemeinsamen Antrag der Vorstände durch das zuständige Landgericht[621] bestellt werden, wobei das Gericht an einen gemeinsamen Vorschlag der beteiligten Gesellschaft nicht gebunden ist.[622] Der Vorstand jeder beteiligten Aktiengesellschaft hat den Verschmelzungsvertrag oder seinen Entwurf vor der Einberufung der Hauptversammlung, die gemäß § 13 I UmwG über die Zustimmung beschließen soll, gemäß § 61 UmwG zum Handelsregister einzureichen. Das Registergericht muß im Bundesanzeiger und den weiteren Amtsblättern (§§ 10, 11 HGB) einen Hinweis bekannt machen, daß der Vertrag oder sein Entwurf beim Han-

---

[615] Gesetz zur Durchführung der Dritten Richtlinie des Rates der europäischen Gemeinschaften zur Koordinierung des Gesellschaftsrechts v. 25.10.1982, BGBl. I, 1425.
[616] Vgl. zum Inhalt des Verschmelzungsvertrages oben, RN 167–169, und zum Verschmelzungsbericht oben, RN 176.
[617] § 60 I UmwG; zum Verzicht aller Aktionäre auf die Verschmelzungsprüfung gemäß § 9 III UmwG siehe oben, RN 182.
[618] § 60 II AktG.
[619] Vgl. Grunewald, in: Geßler/Hefermehl, § 340 b, RN 4.
[620] Vgl. § 10 I S. 1 und 2 UmwG, hierzu oben, RN 183.
[621] Vgl. § 10 I S. 1 und 2 UmwG, hierzu oben, RN 183.
[622] Grunewald, in: Geßler/Hefermehl, § 340 b, RN 4 m.w.Nachw.

delsregister eingereicht worden ist, um den Aktionären oder anderen Interessierten die Möglichkeit zu geben, in den Vertragstext Einsicht zu nehmen.[623]

263 Die **Einberufung der Hauptversammlung**, die den Verschmelzungsbeschluß treffen soll, richtet sich nach den allgemeinen Regeln in § 124 AktG. Da es sich bei dem Verschmelzungsvertrag um einen Vertrag im Sinne von § 124 II S. 2 AktG handelt, der nur mit Zustimmung der Hauptversammlung wirksam wird, ist mit der Einberufung auch der **wesentliche Inhalt des Verschmelzungsvertrages** bekanntzumachen.[624] Da eine nur summarische Bekanntmachung allerdings mit erheblichen Anfechtungsrisiken verbunden ist, muß der Praxis regelmäßig eine wörtliche Wiedergabe des Vertrages empfohlen werden.[625] Als wesentlich müssen in jedem Fall die nach § 5 I Ziff. 1, 3, 5 UmwG zu machenden Angaben angesehen werden[626] sowie, sofern der übernehmende Rechtsträger nicht auch eine Aktiengesellschaft oder GmbH ist, die nach § 5 I Ziff. 4 UmwG erforderlichen Angaben über den Erwerb der Mitgliedschaft bei dem übernehmenden Rechtsträger.

264 Von dem Zeitpunkt der Einberufung der Hauptversammlung an sind in dem Geschäftsraum der Aktiengesellschaft die in § 63 I UmwG aufgelisteten **Unterlagen auszulegen**. Es handelt sich dabei (1.) um den Verschmelzungsvertrag oder seinen Entwurf, (2.) die Jahresabschlüsse und die Lageberichte der an der Verschmelzung beteiligten Rechtsträger für die letzten drei Geschäftsjahre, (3.) eine Zwischenbilanz, sofern nicht die letzte Jahresbilanz herangezogen werden darf, (4.) die nach § 8 UmwG erstatteten Verschmelzungsberichte aller beteiligten Rechtsträger und (5.) die nach § 60 in Verbindung mit § 12 UmwG erstatteten Prüfungsberichte aller beteiligten Rechtsträger.

265 Die **Zwischenbilanz eines jeden beteiligten Rechtsträgers** muß auf einen Stichtag lauten, der nicht vor dem ersten Tag des dritten Monats liegt, der dem Abschluß des Verschmelzungsvertrages bzw. der Aufstellung des Entwurfes vorausgeht, es sei denn, daß sich der letzte Jahresabschluß, der nach § 63 I Ziff. 2 UmwG vorgelegt werden muß, auf ein Geschäftsjahr bezieht, das noch keine sechs Monate vor dem Abschluß des Verschmelzungsvertrages oder der Aufstellung des Entwurfes abgelaufen ist. Die für jeden beteiligten Rechtsträger (nicht nur die Aktiengesellschaft!) aufzustellende Zwischenbilanz muß den Vorschriften entspre-

---

[623] Vgl. § 9 I HGB; sowie Grunewald, in: Geßler/Hefermehl § 340 d, RN 2. In Widerspruch zum Wortlaut von § 61 UmwG, der auf § 10 HGB (Amtsblätter) Bezug nimmt, spricht die Begr. zu § 61 RegE UmwG, BT-Drucks. 12/6699, S. 102, von der Bekanntmachung in den Gesellschaftsblättern (vgl. § 25 AktG).
[624] Vgl. Lutter FS Fleck, S. 169, 175.
[625] Ebenso Grunewald, in: Geßler/Hefermehl, § 340 d, RN 12; Kraft, Kölner Kommentar, § 340 d, RN 4.
[626] Ebenso Grunewald, in: Geßler/Hefermehl, § 340 d, RN 12.

III. Die Verschmelzung von Personenhandels- und Kapitalgesellschaften

chen, die auf die letzte Jahresbilanz des betreffenden Rechtsträgers angewendet worden sind. § 63 II S. 2–4 UmwG gewährt jedoch bestimmte Erleichterungen; eine körperliche Bestandsaufnahme ist nicht erforderlich und die Wertansätze der letzten Jahresbilanzen dürfen – unter Berücksichtigung von bis zum Stichtag der Zwischenbilanz erfolgter Abschreibungen, Wertberichtigungen und Rückstellungen sowie anderer wesentlicher Wertveränderungen von Vermögensgegenständen – übernommen werden.

Nach § 63 III UmwG haben alle Aktionäre einen Anspruch, von den nach § 63 I UmwG in den Geschäftsräumen ausliegenden Unterlagen unverzüglich[627] und kostenlos eine **Abschrift** zu erhalten. Auch in der Hauptversammlung sind die in § 63 I UmwG bezeichneten Unterlagen auszulegen. In der Hauptversammlung muß der Vorstand den Verschmelzungsvertrag oder seinen Entwurf zu Beginn der Verhandlung mündlich erläutern, um die im schriftlichen Verschmelzungsbericht enthaltenen Ausführungen zu aktualisieren. Insbesondere muß sich der Vorstand dazu äußern, ob durch zwischenzeitliche Veränderungen das Umtauschverhältnis unzutreffend geworden ist oder die Verschmelzung nunmehr wirtschaftlich oder rechtlich anders zu beurteilen ist.[628] Gemäß § 131 I S. 1 AktG kann jeder Aktionär über alle für die Verschmelzung wesentlichen Angelegenheiten Auskunft in der Hauptversammlung verlangen. Darüber hinaus ist ihm nach § 64 II UmwG auf Verlangen auch Auskunft über alle für die Verschmelzung wesentlichen Angelegenheiten der anderen beteiligten Rechtsträger zu geben. **266**

Der **Zustimmungsbeschluß der Hauptversammlung** gemäß § 13 I UmwG bedarf einer Mehrheit, die mindestens drei Viertel des bei der Beschlußfassung vertretenen Grundkapitals umfaßt. Zulässig ist, daß die Satzung einer beteiligten Aktiengesellschaft eine größere Kapitalmehrheit oder weitere Erfordernisse bestimmt (§ 65 I UmwG). **267**

Sind mehrere Aktiengattungen vorhanden, sind entsprechende **Sonderbeschlüsse der Aktionäre** jeder Gattung herbeizuführen. Bemerkenswert ist insbesondere, daß die genannten Mehrheitserfordernisse auch gelten, wenn es sich nicht um eine rein aktienrechtliche Verschmelzung handelt, sondern an dem Vorgang noch Unternehmensträger anderer Rechtsformen beteiligt sind. Nach § 33 III KapErhG war bislang etwa für die Verschmelzung einer Aktiengesellschaft auf eine GmbH die Zustimmung aller Aktionäre oder jedenfalls einer Mehrheit von neun Zehnteln des Grundkapitals[629] erforderlich.[630]

---

[627] Vgl. § 121 I BGB.
[628] Grunewald, in: Geßler/Hefermehl, § 340d, RN 14; Bayer, AG 1988, 323, 329.
[629] §§ 33 III KapErhG i. V. m. § 369 II bzw. III AktG a. F.
[630] Vgl. Begr. zu § 65 RegE UmwG, BT-Drucks. 12/6699, S. 103 f.

268 Wie bei der GmbH kann die übernehmende Aktiengesellschaft die **Verschmelzung** entweder **mit oder ohne Kapitalerhöhung** durchführen. Ebenfalls wie bei der GmbH[631] darf eine übernehmende Aktiengesellschaft ihr Grundkapital zur Durchführung der Verschmelzung nicht erhöhen, soweit (1.) sie Anteile eines übertragenden Rechtsträgers innehat, (2.) ein übertragender Rechtsträger eigene Anteile innehat oder (3.) ein übertragender Rechtsträger Aktien dieser Gesellschaft besitzt, auf die der Nennbetrag oder der höhere Ausgabebetrag nicht voll geleistet ist. Auch eine übernehmende Aktiengesellschaft hat ein Wahlrecht, ihr Grundkapital zu erhöhen, soweit (1.) sie eigene Aktien besitzt oder (2.) ein übertragender Rechtspfleger Aktien dieser Gesellschaft besitzt, auf die der Nennbetrag oder der höhere Ausgabebetrag bereits voll geleistet ist.[632] Um eine Aushöhlung des Grundkapitals zu vermeiden, sieht § 68 III UmwG vor, daß im Verschmelzungsvertrag festgesetzte bare Zuzahlungen nicht den zehnten Teil des gesamten Nennbetrages der gewährten Aktien der übernehmenden Aktiengesellschaft übersteigen dürfen.

269 Erhöht die übernehmende Aktiengesellschaft ihr Grundkapital zur Durchführung der Verschmelzung, so sind grundsätzlich auch die Vorschriften über die **Kapitalerhöhung** gegen **(Sach-)Einlagen** nach §§ 182 ff. AktG[633] anzuwenden (§ 69 I UmwG). Nicht anwendbar sind aber die Vorschriften über ausstehende Einlagen (§§ 182 IV, 184 II AktG), Zeichnung der neuen Aktien (§ 185 AktG), Bezugsrecht (§§ 186, 187 I AktG), Leistung der Einlagen (§ 188 II AktG). Während bisher bei einer übernehmenden Aktiengesellschaft eine Sacheinlagenprüfung nur stattfinden mußte, wenn das Registergericht Zweifel hatte, ob der Wert der Sacheinlage den Nennbetrag der dafür zu gewährenden Aktien erreichte,[634] muß jetzt auch eine Sacheinlagenprüfung nach § 183 III AktG stattfinden, soweit übertragende Rechtsträger die Rechtsform einer Personenhandelsgesellschaft oder eines rechtsfähigen Vereins haben, wenn Vermögensgegenstände in der Schlußbilanz eines übertragenden Rechtsträgers höher bewertet worden sind als in dessen letzter Jahresbilanz oder wenn die in der Schlußbilanz angesetzten Werte nicht als Anschaffungskosten in den Jahresbilanzen der übernehmenden Gesellschaft angesetzt worden sind. Nach Auffassung des Regierungsentwurfs ist in diesen Fällen stets die Gefahr einer Aushöhlung des Grundkapitals und damit einer Verletzung des Verbots der Unter-Pari-Emission gegeben.[635] Alle diese Bestimmun-

---

[631] § 54 UmwG, dazu bereits oben RN 253 f.
[632] Vgl. zu den entsprechenden Regeln – auch bezüglich der Einbeziehung Dritter, die im eigenen Namen, aber für Rechnung der übernehmenden Aktiengesellschaft handeln, die entsprechenden Ausführungen zur GmbH, oben RN 225.
[633] Siehe hierzu oben, RN 99 ff.
[634] § 343 I S. 1 AktG; ebenso § 69 I S. 1 2. HS letzte Variante UmwG.
[635] Begr. zu § 69 RegE UmwG, BT-Drucks. 12/6699, S. 104.

III. Die Verschmelzung von Personenhandels- und Kapitalgesellschaften

gen gelten auch, wenn das Grundkapital durch Ausnutzen eines genehmigten Kapitals nach § 202 AktG[636] erhöht wird.

Bei der Beschlußfassung über den Kapitalerhöhungsbeschluß, der regelmäßig mit dem Verschmelzungsbeschluß verbunden wird, sind gegebenenfalls abweichende, über die bloße drei-Viertel-Mehrheit hinausgehende, **besondere Erfordernisse der Beschlußfassung** zu beachten. Die Kapitalerhöhung muß zum Handelsregister der AG angemeldet werden. Die Anmeldung der Durchführung der Kapitalerhöhung nach § 188 AktG kann erst erfolgen, wenn der Verschmelzungsvertrag vorliegt und die notwendigen Zustimmungsbeschlüsse gefaßt worden sind.[637] Mit der Eintragung der Durchführung der Erhöhung des Grundkapitals ist nach § 189 AktG das Grundkapital erhöht. Die Verschmelzung darf wiederum nach § 66 UmwG in das Handelsregister erst eingetragen werden, nachdem die Durchführung der Erhöhung des Grundkapitals eingetragen worden ist.

270

Möglich ist auch eine **bedingte Kapitalerhöhung**[638] gemäß § 192 II Ziff. 2 AktG (Vorbereitung des Zusammenschlusses mehrerer Unternehmen), die ebenfalls unter den erleichterten Bedingungen des § 69 I UmwG durchgeführt werden darf.[639] Die bedingte Kapitalerhöhung wird erst mit Eintragung der Verschmelzung wirksam.[640] Obwohl die bedingte Kapitalerhöhung in der Praxis den Nachteil hat, daß es zu einem frühzeitigen Bekanntwerden der Verschmelzung kommt,[641] hat das bedingte Wirksamwerden der Kapitalerhöhung den Vorteil, daß für den Fall, daß die Verschmelzung endgültig unterbleibt, nicht wegen der wirksamen Kapitalerhöhung eine Kapitalherabsetzung durchzuführen ist.[642]

271

Im Hinblick auf die **Ausgabe der neuen Aktien** an die Anteilsinhaber der übertragenden Rechtsträger ist es nach § 71 UmwG notwendig, einen **Treuhänder** zwischenzuschalten. Dieser Treuhänder nimmt eine Doppelfunktion war, indem er im Interesse der Anteilsinhaber des jeweils übertragenden Rechtsträgers die Aktien bereits vor der Eintragung der Verschmelzung zur unmittelbaren Weiterleitung in Empfang nimmt, andererseits aber die neuen Aktien erst nach Wirksamwerden der Verschmelzung (Eintragung) an die neuen Aktionäre aushändigen darf.

272

---

[636] Zum genehmigten Kapital bereits oben, RN 133 ff.
[637] Grunewald, in: Geßler/Hefermehl, § 343, RN 14; Kraft, Kölner Kommentar, § 343, RN 25.
[638] Dazu oben, RN 122 ff.
[639] Grunewald, in: Geßler/Hefermehl, § 343, RN 19: Entgegen § 194 IV AktG ist auch eine Sacheinlagenprüfung nicht in jedem Fall erforderlich.
[640] Kraft, Kölner Kommentar, § 343 AktG, RN 27.
[641] Siehe dazu bereits oben, RN 124.
[642] Streitig, wie hier Kraft, Kölner Kommentar, § 343, RN 27; Baumbach/Hueck, § 352 AktG, Anm. 11; Dehmer, UmwR, § 343 AktG, Anm. 13; a. A. Lutter/Hommelhoff, Anh. Verschmelzung, § 22 KapErhG, RN 3; Hachenburg/Schilling/Zutt, § 77, Anh. II, § 22 VerschmG, RN 12; Schilling, Großkommentar AktG, § 343, Anm. 18.

Nach § 71 UmwG darf die Verschmelzung in das Handelsregister erst eingetragen werden, wenn der Treuhänder dem Gericht angezeigt hat, daß er im Besitz der Aktien und der im Verschmelzungsvertrag festgesetzten baren Zuzahlung ist. Im übrigen gilt gemäß § 72 UmwG für den Umtausch von Aktien einer übertragenden Gesellschaft § 73 I, II AktG und bei Zusammenlegung von Aktien dieser Gesellschaft § 226 I, II AktG über die Kraftloserklärung von Aktien entsprechend. Ist auch der übernehmende Rechtsträger eine Aktiengesellschaft, so sind ferner § 73 III AktG beim Umtausch von Aktien sowie bei Zusammenlegung von Aktien die §§ 73 IV, 226 III AktG anzuwenden.

273 bb) **Vereinfachte Konzernverschmelzung.** Nach § 62 I UmwG ist in bestimmten Fällen einer Verschmelzung durch Aufnahme ein Verschmelzungsbeschluß der Hauptversammlung der übernehmenden Aktiengesellschaft nicht erforderlich. Voraussetzung hierfür ist, daß sich **mindestens neun Zehntel des Stammkapitals oder des Grundkapitals einer übertragenden Kapitalgesellschaft in der Hand der übernehmenden Aktiengesellschaft** befinden. Bei der Berechnung der 90%-Schwelle werden eigene Anteile der übertragenden Gesellschaft oder Anteile, die einem anderen für Rechnung dieser Gesellschaft gehören, nach § 62 I S. 2 UmwG nicht mitgerechnet. Der Regierungsentwurf hatte ursprünglich als weitere Voraussetzung vorgesehen, daß neben einer 90-%-Beteiligung die übernehmende Aktiengesellschaft als herrschendes Unternehmen (§ 17 AktG) für alle Verbindlichkeiten der übertragenden Gesellschaft haftet.[643] Das Vorliegen einer Verlustausgleichspflicht der übernehmenden Gesellschaft ist aber nicht Gesetz geworden, so daß eine Verschmelzung ohne Verschmelzungsbeschluß entsprechend dem bisherigen Recht[644] nur eine 90%-Beteiligung voraussetzt.

274 Ein Verzicht auf eine Hauptversammlung der übernehmenden Aktiengesellschaft ist auch bei Erfüllung der vorstehenden Bedingungen nach § 62 II S. 1 UmwG nicht möglich, wenn Aktionäre der übernehmenden Aktiengesellschaft, die zusammen mindestens 5% des Grundkapitals dieser Aktiengesellschaft halten, die Einberufung einer Hauptversammlung verlangen, in der über die Zustimmung zu der Verschmelzung beschlossen wird. In der Satzung der Aktiengesellschaft darf gemäß § 62 II S. 2 UmwG die Schwelle zugunsten der Minderheitsaktionäre auch unter 5% festgesetzt werden. Um den Minderheitsaktionären die bevorstehende **Verschmelzung anzukündigen und ihnen die notwendigen Informationen** zu verschaffen, daß sie ihr Recht auf Einberufung einer Hauptversammlung geltend machen können, sieht § 62 III UmwG bestimmte Informationspflichten der Gesellschaft vor: Der Vorstand der übernehmen-

---

[643] Vgl. Begr. zu § 62 RegE UmwG, BT-Drucks. 12/6699, S. 103.
[644] § 352b AktG; hierzu Krieger, ZGR 1990, 517, 524f.

III. Die Verschmelzung von Personenhandels- und Kapitalgesellschaften

den Gesellschaft hat die bevorstehende Verschmelzung in den Gesellschaftsblättern bekanntzumachen unter Hinweis auf das Recht der Minderheitsaktionäre nach § 62 II UmwG, eine Hauptversammlung einzuberufen. Außerdem müssen bereits einen Monat vor dem Tage der Gesellschafterversammlung oder der Hauptversammlung der übertragenden Gesellschaft alle in § 63 I UmwG bezeichneten Unterlagen (Verschmelzungsvertrag, Jahresabschlüsse, Zwischenbilanz, Verschmelzungsbericht, Prüfungsberichte) in dem Geschäftsraum der übernehmenden Gesellschaft zur Einsicht der Aktionäre ausgelegt werden.[645] Soweit nicht eine 100 %ige Tochtergesellschaft im Rahmen der Verschmelzung aufgenommen wird oder an Minderheitsgesellschafter der übertragenden Gesellschaft zu gewährende Aktien anderweitig beschafft werden können, sind die Aktionäre der übernehmenden AG allerdings für eine etwa notwendige Kapitalerhöhung gemäß den allgemeinen Vorschriften (§ 124 I AktG) von dem Kapitalerhöhungsbeschluß zu informieren (es sei denn, es handelt sich um die Ausnutzung eines genehmigten Kapitals).

cc) **Verschmelzung durch Neugründung.** Eine Verschmelzung von Rechtsträgern kann auch durch **Neugründung einer Aktiengesellschaft** durchgeführt werden. Auf die Verschmelzung durch Neugründung finden grundsätzlich die Vorschriften über die Verschmelzung durch Aufnahme unter Beteiligung von Aktiengesellschaften Anwendung mit Ausnahme der Vorschriften der §§ 66, 67, 68 I und II, 69 UmwG, die die Durchführung einer Verschmelzung bei einer aufnehmenden AG mit und ohne Kapitalerhöhung betreffen. Nach § 36 II UmwG sind also grundsätzlich die für die **Gründung einer Aktiengesellschaft maßgeblichen Vorschriften** anwendbar.

Wie bei der GmbH sind in der Satzung der neuen Aktiengesellschaft, die nach § 37 UmwG festzustellen ist, Festsetzungen über Sondervorteile, Gründungsaufwand, Sacheinlagen und Sachübernahmen, die in den Gesellschaftsverträgen, Satzungen und Statuten übertragender Rechtsträger enthalten waren, zu übernehmen. Dies gilt nicht, soweit eine übertragende Aktiengesellschaft beteiligt ist, die bereits 30 Jahre im Handelsregister eingetragen ist oder die Rechtsverhältnisse, die den Festsetzungen des Gründungsaufwands, der Sacheinlagen und Sachübernahmen zugrunde liegen, seit mindestens 5 Jahren abgewickelt sind.[646]

In dem **Gründungsbericht** (§ 32 AktG) einer übernehmenden Aktiengesellschaft sind zur weiteren Information der Aktionäre, Gesellschafter und Anteilsinhaber der übertragenden Gesellschaften auch der Ge-

---

[645] Weitere Einzelheiten zur Bekanntmachung, Einsicht der Aktionäre und Abschriftserteilung vgl. § 62 III UmwG; nach dem alten § 352 b AktG hatte der Vorstand keine Pflicht, die bevorstehende Verschmelzung seinen Aktionären anzukündigen oder im voraus bekanntzumachen.
[646] § 74 S. 2 UmwG i. V. m. § 26 IV und V AktG (und § 27 V AktG).

Picot/Müller-Eising

schäftsverlauf und die Lage der übertragenden Rechtsträger darzustellen. Ähnlich wie nach § 58 UmwG ein Sachgründungsbericht gegebenenfalls nicht erforderlich ist, kann von der Erstattung eines Gründungsberichts und der Durchführung einer Gründungsprüfung nach § 33 II AktG abgesehen werden, soweit eine Kapitalgesellschaft (GmbH, AG, KGaA) oder eine eingetragene Genossenschaft übertragender Rechtsträger ist, weil bei diesen Rechtsformen gesetzliche Sicherungen zur Substanzerhaltung bereits bestehen.[647]

277 Um eine **verdeckte Nachgründung und Umgehung** von §§ 52, 53 AktG zu vermeiden, darf eine übertragende Aktiengesellschaft die Verschmelzung erst beschließen, wenn sie und jede andere übertragende Aktiengesellschaft bereits 2 Jahre im Handelsregister eingetragen sind (§ 76 I UmwG). Wird gegen dieses Verbot verstoßen, sind die Zustimmungsbeschlüsse aller sich vereinigenden Gesellschaften anfechtbar.[648] Außerdem wird die Satzung der neuen Gesellschaft nur wirksam, wenn ihr die Anteilsinhaber jedes der übertragenden Rechtsträger durch Verschmelzungsbeschluß zugestimmt haben. Diese Vorschrift ist notwendig, weil der Verschmelzungsvertrag nach § 37 UmwG zwar bereits die Satzung enthalten muß, dieser Verschmelzungsvertrag aber nicht von den zukünftigen Aktionären der neugegründeten AG gestaltet wird, sondern von den sich vereinigenden Gesellschaften und Rechtsträgern. Ebenso müssen auch die Mitglieder des Aufsichtsrats der neuen Gesellschaft durch die Anteilsinhaber jedes der übertragenden Rechtsträger im Rahmen des Verschmelzungsbeschlusses gewählt werden.

d) Genossenschaften

278 Die **Verschmelzung von Genossenschaften** wird umfassend neu in §§ 79 bis 98 UmwG geregelt. Bisher waren diese Vorschriften in den §§ 93 a bis 93 r, 93 s GenG geregelt. Nach § 93 a GenG konnten lediglich Genossenschaften gleicher Haftart vereinigt (verschmolzen) werden. Demgegenüber wird jetzt die Verschmelzung unter Beteiligung eingetragener Genossenschaften erheblich erweitert. Anders als nach § 93 I GenG können jetzt auch Genossenschaften verschiedener Haftart, also ohne, mit beschränkter oder mit unbeschränkter Nachschußpflicht miteinander verschmolzen werden, so daß es auch auf die Höhe der Haftsumme nicht ankommt.[649] Außerdem wird es jetzt eingetragenen Genossenschaften möglich, sich im Wege der Aufnahme oder Neugründung mit Rechtsträgern[650] anderer Rechtsformen zu verschmelzen. In der Praxis ist insbesondere ein Bedürfnis für die Verschmelzung mit Aktiengesellschaften hervorgetreten, das

---

[647] Vgl. Begr. zu § 58 RegE UmwG, BT-Drucks. 12/6699, S. 102.
[648] Grunewald, in: Geßler/Hefermehl, § 353, RN 12.
[649] Vgl. Begr. vor § 79 RegE UmwG, BT-Drucks. 12/6699, S. 105.
[650] Vgl. § 3 I UmwG.

bisher nur durch die Liquidation der Genossenschaft und Einbringung und Neugründung einer Aktiengesellschaft befriedigt werden konnte.[651] Wenn ein Rechtsträger anderer Rechtsform im Wege der Aufnahme mit einer eingetragenen Genossenschaft als übernehmendem Rechtsträger verschmolzen wird, ist eine gleichzeitige Änderung des Statuts der übernehmenden Genossenschaft mit der Verschmelzung zu beschließen.

Im **Verschmelzungsvertrag** sind über die nach § 5 I UmwG erforderlichen Angaben hinaus auch Angaben über die Anzahl (eine oder mehrere) der Geschäftsanteile der Genossen einer übertragenden Genossenschaft zu machen. Bei der Aufnahme eines Rechtsträgers anderer Rechtsform sind zusätzlich für jeden Anteilsinhaber eines solcher Rechtsträgers der Betrag des Geschäftsanteils und die Zahl der Geschäftsanteile anzugeben, mit denen er bei der Genossenschaft beteiligt wird.[652] 279

Nach § 81 I UmwG ist für jede beteiligte Genossenschaft vor Einberufung der Generalversammlung, die gemäß § 13 I UmwG über die Zustimmung zum Verschmelzungsvertrag beschließen soll, eine **gutachterliche Äußerung des Prüfungsverbandes** einzuholen. Das Prüfungsgutachten, das auch für mehrere beteiligte Genossenschaften gemeinschaftlich erstattet werden kann, hat sich darauf zu erstrecken, ob die Verschmelzung mit den Belangen der Genossen und der Gläubiger der jeweiligen Genossenschaft vereinbar ist. Anders als die Verschmelzungsprüfung nach §§ 9–12 UmwG wird das Prüfungsgutachten also nicht ausschließlich im Interesse der Mitglieder eines bestimmten Rechtsträgers erstattet. Soweit beteiligte Rechtsträger anderer Rechtsformen als Genossenschaften an der Verschmelzung teilnehmen, kann eine notwendige Verschmelzungsprüfung nach §§ 9–12 UmwG ebenfalls durch den zuständigen Prüfungsverband vorgenommen worden, wenn der Prüfungsverband auch sonst nach Art. 25 I EGHGB diesen Rechtsträger als Tochterunternehmen einer Genossenschaft prüfen dürfte.[653] Ähnlich wie für die Aktiengesellschaft, sind nach § 82 I UmwG von der Einberufung der Generalversammlung an in den Geschäftsräumen jeder beteiligten Genossenschaft (1.) der Verschmelzungsvertrag oder sein Entwurf, (2.) die Jahresabschlüsse und die Lageberichte der an der Verschmelzung beteiligten Rechtsträger für die letzten drei Geschäftsjahre, (3.) eine nach § 63 II UmwG aufzustellende Zwischenbilanz[654] (4.) die nach § 8 UmwG erstatteten Verschmelzungsberichte (für Genossenschaften grundsätzlich obligatorisch), sowie (5.) die nach § 81 UmwG erstatteten Prüfungsgutachten zur Einsicht der Genossen auszulegen. Jedem Genossen ist unverzüglich und kostenlos auf sein Verlangen hin eine Abschrift dieser Unterla- 280

---

[651] Müller, GenG, § 93 a, RN 1.
[652] Vgl. § 80 I UmwG.
[653] Vgl. § 81 II UmwG.
[654] Siehe hierzu oben, RN 265.

gen zu erteilen. In der Generalversammlung sind die genannten Unterlagen gemäß § 83 I UmwG ebenfalls auszulegen. Der Vorstand der Genossenschaft hat den Verschmelzungsvertrag oder seinen Entwurf zu Beginn der Verhandlung mündlich zu erläutern und jedem Genossen auf sein Verlangen hin auch Auskunft über alle für die Verschmelzung wesentlichen Angelegenheiten der anderen beteiligten Rechtsträger zu geben. Besonders zu beachten ist, daß das Gutachten des Prüfungsverbandes in jeder Generalversammlung, in der über die Verschmelzung verhandelt wird, zu verlesen ist. Da der Prüfungsverband nach § 83 II UmwG berechtigt ist, an der Generalversammlung teilzunehmen, muß man davon ausgehen, daß die Genossen auch Fragen an die anwesenden Vertreter des Prüfungsverbandes stellen dürfen.[655]

281 Die Verschmelzung muß von der **Generalversammlung** jeder beteiligten Genossenschaft mit einer Mehrheit von mindestens drei Vierteln der abgegebenen Stimmen beschlossen werden.

Die Möglichkeit eines einzelnen Genossen, nach § 15 UmwG die Verbesserung des Umtauschverhältnisses zu verlangen, besteht gemäß § 85 UmwG nur, wenn und soweit das Geschäftsguthaben eines Genossen in der übernehmenden Genossenschaft niedriger als das Geschäftsguthaben in der übertragenden Genossenschaft ist.[656]

282 Die nach § 16 UmwG vorzunehmende **Anmeldung der Verschmelzung** hat gemäß § 157 GenG durch sämtliche Mitglieder des Vorstandes der jeweiligen Genossenschaft in öffentlich beglaubigter Form zu erfolgen. Außer den nach § 17 I und II UmwG erforderlichen Unterlagen[657] ist der Anmeldung in Urschrift oder in öffentlich beglaubigter Abschrift auch das für die anmeldende Genossenschaft erstattete Prüfungsgutachten beizufügen. Bei der Anmeldung zur Eintragung in das Register eines übernehmenden Rechtsträgers anderer Rechtsform ist außerdem jedes andere für eine übertragende Genossenschaft erstattete Prüfungsgutachten in Urschrift oder in öffentlich beglaubigter Abschrift beizufügen.[658] Mit Wirksamwerden der Verschmelzung ist jeder Genosse einer übertragenden Genossenschaft entsprechend dem Verschmelzungsvertrag an dem übernehmenden Rechtsträger beteiligt (§ 87 UmwG). Die §§ 87, 88 UmwG regeln weitere Besonderheiten, wenn die Höhe des Geschäftsguthabens und/oder der Geschäftsanteile bei der übertragenden Genossenschaft und bei der übernehmenden Genossenschaft für einen bestimmten Genossen nicht übereinstimmen. Nach § 87 I S. 2 UmwG wird wie nach bisherigem Recht klargestellt, daß bei Geschäftsanteilen, die bei der übernehmenden Genossenschaft als Pflichtbeteiligung übernommen

---

[655] Müller, GenG, § 93b, RN 5.
[656] Weitere Einzelheiten § 85 UmwG.
[657] Siehe hierzu oben RN 224 f.
[658] § 86 I und II UmwG.

III. Die Verschmelzung von Personenhandels- und Kapitalgesellschaften

werden müssen, aber durch den verschmelzungsbedingten Anteilstausch nicht erworben werden können, außerhalb des Verschmelzungsvorgangs zu übernehmen sind.[659] Nach § 87 II UmwG hat ein Genosse einen Anspruch auf Auszahlung seines Geschäftsguthabens, wenn er bei der übernehmenden Genossenschaft nicht im gleichen Maße wie bei der übertragenden Genossenschaft beteiligt wird.[660] Bare Zuzahlungen, die im Verschmelzungsvertrag festgesetzt worden sind, dürfen allerdings gemäß § 87 II S. 2 UmwG den zehnten Teil des gesamten Betrags der gewährten Geschäftsanteile der übernehmenden Genossenschaft nicht übersteigen.

Eine **Auszahlung eines überschießenden Geschäftsguthabens** unter Berücksichtigung von § 22 UmwG hat auch dann zu erfolgen, wenn an der Verschmelzung eine **Kapitalgesellschaft als übertragender Rechtsträger** beteiligt ist und das dem Genossen entsprechend dem Wert seiner Geschäftsanteile oder Aktien zustehende Geschäftsguthaben den Gesamtbetrag der Geschäftsanteile, mit denen er bei der übernehmenden Genossenschaft beteiligt wird, übersteigt.[661]

Nach der Eintragung der Verschmelzung in das Register der übernehmenden Genossenschaft hat diese jeden neuen Genossen unverzüglich in die Mitgliederliste (ggf. unter Angabe der Zahl seiner Geschäftsanteile) einzutragen, ihn hiervon unverzüglich zu benachrichtigen sowie ihn über die Höhe des Geschäftsguthabens und den Betrag des Geschäftsanteils und der weiteren in § 89 II UmwG genannten Angaben zu informieren.

In Abweichung von den §§ 29 bis 34 UmwG haben die Genossen einer übertragenden Genossenschaft nicht nur ein Recht auf Abfindung bei Verschmelzung auf eine andere Rechtsform, sondern ein **Ausschlagungsrecht**, das auch dann eingreift, wenn der übernehmende Rechtsträger eine Genossenschaft ist. Die Einzelheiten sind in §§ 90 bis 94 UmwG geregelt. Ansprüche auf Auseinandersetzung nach § 93 UmwG verjähren jetzt nach fünf Jahren.[662] Die Auszahlung des Auseinanderguthabens muß nach § 94 UmwG binnen sechs Monaten seit der Ausschlagung erfolgen, nicht eher jedoch, bevor die Gläubiger, die sich nach § 22 UmwG gemeldet haben, befriedigt oder sichergestellt sind.

Bestand eine **Nachschußpflicht bei einer übertragenden Genossenschaft**, können für den Fall, daß die Haftsumme bei einer übernehmenden Genossenschaft geringer ist oder nicht alle Anteilsinhaber eines übernehmenden Rechtsträgers unbeschränkt haften, alle ehemaligen Mitglieder der übertragenden Genossenschaft zu weiteren Nachschüssen bis zur Höhe der früheren Haftsumme herangezogen werden. Vorausset-

---

[659] Vgl. Begr. zu § 87 RegE UmwG, BT-Drucks. 12/6699, S. 108.
[660] Nach Maßgabe von § 22 UmwG, d. h. frühestens sechs Monate nach Eintragung der Verschmelzung, aber erst nach Befriedigung oder Sicherstellung von sich meldenden Gläubigern.
[661] § 88 I UmwG.
[662] Bisher drei Jahre, gem. § 93 m III S. 1 GenG.

zung hierfür ist, daß Gläubiger, die sich nach § 22 UmwG gemeldet haben, nicht sichergestellt oder befriedigt werden konnten und das Insolvenzverfahren[663] über das Vermögen des übernehmenden Rechtsträgers binnen zwei Jahren nach Bekanntmachung der Eintragung der Verschmelzung eröffnet worden ist.[664]

285 Soll die **Verschmelzung durch Neugründung einer Genossenschaft** erfolgen, sind neben den Gründungsvorschriften des Genossenschaftsrechts die Vorschriften der Verschmelzung durch Aufnahme entsprechend anzuwenden, insbesondere soweit es die Prüfung, Vorbereitung und Durchführung der Generalversammlung sowie die Zuteilung von Geschäftsguthaben und Geschäftsanteilen betrifft. Das **Statut der neuen Genossenschaft** ist durch sämtliche (d. h. nicht nur in vertretungsberechtigter Zahl) Mitglieder des Vertretungsorgans jedes der übertragenden Rechtsträger aufzustellen und zu unterzeichnen; auch der erste Aufsichtsrat und – grundsätzlich – der erste Vorstand werden durch die Vertretungsorgane aller übertragenden Rechtsträger bestellt. Das Statut der neuen Genossenschaft sowie die Bestellung der Mitglieder des Vorstandes und des Aufsichtsrates werden jedoch nur wirksam, wenn ihm die Anteilsinhaber jedes der übertragenden Rechtsträger durch Verschmelzungsbeschluß zugestimmt haben (§ 98 UmwG).

e) Beteiligung sonstiger Rechtsträger

286 Besonderheiten bei der **Beteiligung sonstiger Rechtsträger an einer Verschmelzung** werden in §§ 99 bis 110 UmwG geregelt.

287 **Rechtsfähige Vereine** dürfen sich an Verschmelzungen nur beteiligen, wenn die Satzung des Vereins oder Vorschriften des Landesrechts dem nicht entgegenstehen; zudem darf ein eingetragener Verein als übertragender Rechtsträger im Wege der Verschmelzung nur andere eingetragene Vereine aufnehmen oder mit ihnen einen eingetragenen Verein oder einen Rechtsträger anderer Rechtsform neu gründen. Der Gesetzgeber sah kein Bedürfnis, auch eingetragenen Vereinen die Möglichkeit der Aufnahme von Rechtsträgern anderer Rechtsform zu gewähren.[665] Wirtschaftliche Vereine dürfen überhaupt nur übertragende Rechtsträger gemäß § 3 II Nr. 1 UmwG sein, weil solche Vereine insbesondere wegen der fehlenden Rechnungslegungspflicht nicht noch als Unternehmensträger gefördert werden sollen.[666] Weitere Einzelheiten bei der Verschmel-

---

[663] Vgl. die neue Insolvenzordnung vom 5.10.1994, BGBl. I, S. 2866; bis zu deren Inkrafttreten am 1.1.1999 ist insoweit die Eröffnung des Konkursverfahrens maßgebend.
[664] § 95 II UmwG; bisher galt nach § 93r II GenG eine Frist von 18 Monaten für die Eröffnung des Konkursverfahrens seit der Eintragung der Verschmelzung in das Genossenschaftsregister.
[665] Begr. zu § 99 RegE UmwG, BT-Drucks. 12/6699, S. 111.
[666] Vgl. Begr. zu § 99 RegE UmwG, BT-Drucks. 12/6699, S. 111.

zung unter Beteiligung rechtsfähiger Vereine folgen aus den §§ 100 bis 104 UmwG.[667]

Hinsichtlich der **Verschmelzung genossenschaftlicher Prüfungsverbände** ist nur die Form der Verschmelzung durch Aufnahme, nicht dagegen die Verschmelzung durch Neugründung möglich. Es können auch nur genossenschaftliche Prüfungsverbände untereinander verschmelzen, wobei jeweils nur ein einziger Verband durch einen anderen aufgenommen werden kann.[668] Der Gesetzgeber hat ein Bedürfnis für die Zulassung einer Mehrfachverschmelzung nicht gesehen.[669]

288

Auch **Versicherungsvereine auf Gegenseitigkeit** können nur miteinander verschmolzen werden. Ferner können sie im Wege der Verschmelzung durch eine Aktiengesellschaft, die den Betrieb von Versicherungsgeschäften zum Gegenstand hat (sogenannte Versicherungs-Aktiengesellschaft), aufgenommen werden (§ 109 UmwG). Im übrigen erfolgt der Ablauf weitgehend wie bei der Beteiligung von Aktiengesellschaften.[670] Allerdings findet für den Fall, daß nur Versicherungsvereine auf Gegenseitigkeit an der Verschmelzung beteiligt sind, nach § 113 UmwG eine gerichtliche Nachprüfung des Umtauschverhältnisses der Mitgliedschaften gemäß § 15 UmwG nicht statt.

289

f) Verschmelzung einer Kapitalgesellschaft auf den Alleingesellschafter

Eine Kapitalgesellschaft kann gemäß § 120 I UmwG im Wege der Aufnahme mit dem Vermögen ihres (Allein-)Gesellschafters oder ihres (Allein-) Aktionärs verschmolzen werden, sofern sich alle Geschäftsanteile oder alle Aktien in der Hand des Gesellschafters oder Aktionärs befinden. Diese Verschmelzungsmöglichkeit steht unter dem Vorbehalt, daß eine Verschmelzung nach den vorhergehenden Vorschriften nicht möglich ist; nach dem ausdrücklichen Willen des Umwandlungsgesetzgebers regeln damit die §§ 120 bis 122 UmwG allein die **Verschmelzung auf eine natürliche Person**, während für die Verschmelzung auf andere Rechtsträger als natürliche Personen die besonderen Vorschriften der §§ 39 bis 119 UmwG gelten.[671]

290

Für die Frage, ob jemand **Alleingesellschafter** oder -aktionär ist, werden ihm nach § 120 II UmwG eigene Anteile in der Hand der Kapitalgesellschaft zugerechnet. Die bisher nach den §§ 1, 15, 23, 24 UmwG a.F. gegebene Möglichkeit, außenstehende Anteilsinhaber, die zehn Prozent der Anteile hielten, gegen eine Abfindung, aber ohne ihre Zustimmung aus der Gesellschaft hinaus zu drängen, wird durch das neue Umwandlungsrecht nicht übernommen, da diese Verschmelzungsart nach Ansicht

291

---

[667] Zur Verschmelzungsprüfung bereits oben, RN 210ff.
[668] Vgl. § 105 UmwG.
[669] Vgl. Begr. zu § 105 RegE UmwG, BT-Drucksache 12/6699, S. 112.
[670] Einzelheiten bei §§ 110–119 UmwG.
[671] Vgl. Begr. zum 9. Abschnitt RegE UmwG, BT-Drucks. 12/6699, S. 114.

des Gesetzgebers nicht den Grundsätzen des Minderheiten- und Anlegerschutzes entspricht.[672] Bezüglich der übertragenden Kapitalgesellschaft (GmbH, AG, KGaA) sind die für die jeweilige Rechtsform geltenden Vorschriften und ihre Besonderheiten anzuwenden. Abweichend vom bisherigen Recht, das allein einen Umwandlungsbeschluß vorsah, heißt dies insbesondere, daß ein Verschmelzungsvertrag zwischen dem übernehmenden Alleingesellschafter und der übertragenden Kapitalgesellschaft zu schließen ist, dem die Gesellschafter- oder Hauptversammlung der Kapitalgesellschaft (durch ihren Alleingesellschafter) zustimmen muß. Dem Alleingesellschafter bleibt es natürlich unbenommen, gemäß den §§ 8 III, 9 III und 12 III UmwG auf die Erstattung eines Verschmelzungsberichtes, die Prüfung der Verschmelzung und die Erstattung eines Verschmelzungsprüfungsberichtes zu verzichten. Zutreffend geht der Gesetzgeber davon aus, daß keine weiteren Sondervorschriften zum Schutz des Alleingesellschafters notwendig sind, da dieser in der Regel über hinreichend geschäftliche Erfahrung verfügt, um bei einer durch ihn allein zu entscheidenen Fusion seine Interessen wahrzunehmen.[673]

292 Wie nach bisherigem Recht kann davon ausgegangen werden, daß es weiterhin unzulässig ist, eine **verschmelzende Umwandlung auf eine ausländische Personengemeinschaft oder juristische Person** vorzunehmen.[674] In den §§ 120–122 UmwG ist allein die Verschmelzung auf eine natürliche Person geregelt.[675]

Ist der Alleingesellschafter oder Alleinaktionär noch nicht in das Handelsregister eingetragen, so ist er entsprechend den Vorschriften des Handelsgesetzbuches in das Handelsregister einzutragen. Die neu zu bildende Firma muß den Namen des Alleingesellschafters enthalten; allerdings darf die Firma auch unter Verwendung eines Namen einer anderen natürlichen Person gebildet werden, wenn dieser Name bisher schon in der Firma der übertragenden Kapitalgesellschaft vorhanden war. Insoweit ist eine Abweichung von § 19 HGB zulässig.[676]

---

[672] Vgl. Begr. zum 9. Abschnitt RegE UmwG, BT-Drucks. 12/6699, S. 114, sowie Begr. zu §§ 205–212 RegE UmwG, ebenda, S. 146; im amerikanischen Rechtskreis wird diese Art der Verschmelzung auf den Hauptgesellschafter bezeichnenderweise als „freeze out merger" oder „squeeze out merger" bezeichnet.
[673] Begr. zu § 121 RegE UmwG, BT-Drucks. 12/6699, S. 115.
[674] Bisher streitig, bejahend, jeweils sofern das Recht des ausländischen Sitzstaates den für das deutsche Recht wesentlichen Gläubigerschutz und die Rechte der Minderheitsgesellschafter in gleicher Weise wie das deutsche Recht regelt und den Zugriff sicherstellt, Widmann/Mayer, RN 355.4, 356; Rowedder/Zimmermann, Anh. § 77 GmbHG, RN 163; Hachenburg/Schilling, Anh. § 77, Anh. UmwG, § 1 UmwG, RN 4f.
[675] Begr. zu § 121 RegE UmwG, BT-Drucks. 12/6699, S. 115.
[676] Vgl. § 122 UmwG i. V. m. § 18 UmwG.

IV. Spaltung nach Umwandlungsgesetz

1. Möglichkeiten der Spaltung

Die Vorschriften des neuen Umwandlungsgesetzes, die die **Spaltung von Rechtsträgern** betreffen, sind grundlegend neu im deutschen Gesellschaftsrecht. Bisher gab es lediglich das am 05.04.1991 in Kraft getretene Gesetz über die Spaltung der von der Treuhandanstalt verwalteten Unternehmen (SpTrUG).[677] Das SpTrUG ermöglicht allein die Spaltung von Unternehmen, deren Anteile sich unmittelbar oder mittelbar zu hundert Prozent in der Hand der Treuhandanstalt befinden. Es soll die Privatisierung dieser Unternehmen erleichtern und eine reale Aufteilung der im allgemeinen zu großen Wirtschaftseinheiten in dem Gebiet der ehemaligen DDR bewirken.[678] Soweit das neue Spaltungsrecht des Umwandlungsgesetzes die Aktiengesellschaft betrifft, basieren die Vorschriften auf den Vorgaben der sogenannten Spaltungsrichtlinie der EG.[679]

293

Das neue Spaltungsrecht geht aber über diese europarechtlichen Vorgaben weit hinaus, indem es insbesondere auch die **Spaltung von anderen Rechtsträgern als Aktiengesellschaften** ermöglicht. Das Umwandlungsgesetz versteht die Spaltung als eine grundlegende Strukturmaßnahme, die sich spiegelbildlich zur Verschmelzung verhält und bei der es deshalb möglich ist, in weiten Teilen das Verschmelzungsrecht zu übernehmen bzw. darauf zu verweisen.[680] Das Spaltungsrecht verweist insbesondere auf die Verschmelzungsvorschriften für die Vorbereitung und Durchführung des Spaltungsbeschlusses, also für den Abschluß eines Spaltungs- und Übernahmevertrages (bei bereits vorhandenen übernehmenden Rechtsträgern), die Informationen der Anteilsinhaber, den Schutz von Minoritäten bis hin zur Eintragung im Handelsregister und der Wirkung dieser Eintragung. Hingegen erlangen Fragen der Übertragung von Vermögensteilen (im Gegensatz zum Vermögen im Ganzen bei der Verschmelzung) sowie der Haftung der beteiligten Rechtsträger bei der Spaltung naturgemäß eine originäre Bedeutung.

294

Es bestehen **drei Arten der Spaltung**, die Aufspaltung, die Abspaltung und die Ausgliederung.

295

---

[677] Gesetz über die Spaltung der von der Treuhandanstalt verwalteten Unternehmen vom 05.04.1991, BGBl. I, 854; siehe hierzu unten, RN 355 ff.
[678] Vgl. Ganske DB 1991, 791; siehe dazu auch unten RN 323.
[679] 6. Richtlinie des Rates der EG vom 17.12.1982 gemäß Art. 54 III g des Vertrages betreffend die Spaltung von Aktiengesellschaften – 82/891/EWG – ABl. EG Nr. L 78/47 vom 31.12.1982.
[680] Vgl. Teichmann ZGR 1993, 396.

1. Bei der **Aufspaltung** (§ 123 I UmwG) überträgt ein Rechtsträger (übertragender Rechtsträger) Teile seines Vermögens nach Auflösung ohne Abwicklung jeweils als Gesamtheit auf andere bestehende oder von ihm dadurch neu gegründete Rechtsträger gegen Gewährung von Anteilen oder Mitgliedschaften dieser Rechtsträger an die **Anteilsinhaber** des übertragenden Rechtsträgers.
2. Bei der **Abspaltung** (§ 123 II UmwG) überträgt ein Rechtsträger (übertragender Rechtsträger) einen Teil oder mehrere Teile seines Vermögens jeweils als Gesamtheit auf einen oder mehrere bestehende bzw. neugegründete Rechtsträger gegen Gewährung von Anteilen oder Mitgliedschaften dieses Rechtsträgers oder dieser Rechtsträger an die **Anteilsinhaber** des übertragenden Rechtsträgers.
3. Die **Ausgliederung** (§ 123 III UmwG) entspricht strukturell der Abspaltung, bei ihr überträgt ebenfalls ein übertragender Rechtsträger einen Teil oder mehrere Teile seines Vermögens jeweils als Gesamtheit auf einen oder mehrere bestehende oder neu gegründete Rechtsträger. Die hierfür gewährten Anteile oder Mitgliedschaften dieses Rechtsträgers oder dieser Rechtsträger werden jedoch an den **übertragenden Rechtsträger** gewährt, und nicht – wie bei der Aufspaltung und Abspaltung – an dessen Anteilsinhaber.

Soweit die Spaltung durch Übertragung auf einen bestehenden (übernehmenden) Rechtsträger erfolgt, handelt es sich um eine Spaltung zur Aufnahme; soweit es um die Übertragung auf andere, dadurch gegründete neue Rechtsträger geht, handelt es sich um eine Spaltung zur Neugründung.

Bei allen drei Spaltungsarten, Aufspaltung, Abspaltung und Ausgliederung, ist sowohl eine Spaltung zur Aufnahme als auch eine Spaltung zur Neugründung möglich. Zudem kann die Spaltung nach § 123 IV UmwG auch durch gleichzeitige Übertragung auf bestehende und neue Rechtsträger erfolgen.[681]

296   Das Gesetz eröffnet die **Möglichkeit zur Spaltung** als übertragender, übernehmender oder neuer Rechtsträger zunächst allen in § 3 I UmwG genannten (verschmelzungsfähigen) Rechtsträgern, d.h. also den Personenhandelsgesellschaften, Kapitalgesellschaften, eingetragenen Genossenschaften, eingetragenen Vereinen, genossenschaftlichen Prüfungsverbänden und Versicherungsvereinen auf Gegenseitigkeit. Darüber hinaus können an einer Aufspaltung oder einer Abspaltung als übertragender Rechtsträger auch wirtschaftliche Vereine beteiligt sein. An einer Ausgliederung dürfen schließlich nach § 124 I UmwG als übertragende

---

[681] Anders als in § 123 III RefE UmwG v. 15.04.92 ursprünglich vorgesehen, ist es jedoch nicht möglich, Maßnahmen der Spaltung mit einer gleichzeitigen Verschmelzung mit anderen Rechtsträgern oder Vermögensteilen gespaltener Rechtsträger zu verbinden.

Rechtsträger auch wirtschaftliche Vereine, Einzelkaufleute, Stiftungen sowie Gebietskörperschaften oder Zusammenschlüsse von Gebietskörperschaften, die nicht Gebietskörperschaften sind, beteiligt sein. Grundsätzlich können die Formen der Spaltung sowohl unter gleichzeitiger Beteiligung von Rechtsträgern derselben Rechtsform, als auch von Rechtsträgern unterschiedlicher Rechtsformen erfolgen, soweit nicht in den besonderen Vorschriften zu den einzelnen Rechtsformen etwas anderes bestimmt ist.[682] Wie bei der Verschmelzung können an der Spaltung als übertragende Rechtsträger auch aufgelöste Rechtsträger beteiligt sein, wenn die Fortsetzung dieser Rechtsträger beschlossen werden könnte.[683]

2. Spaltung zur Aufnahme

a) Spaltungs- und Übernahmevertrag

Aufgrund der Generalverweisung in § 125 UmwG, wonach auf die Spaltung mit wenigen Ausnahmen sämtliche Vorschriften über die Verschmelzung anwendbar sind, entspricht der Ablauf einer Spaltung weitgehend demjenigen einer Verschmelzung. Die Vertretungsorgane der an der Spaltung beteiligten Rechtsträger, d.h. also der übertragende Rechtsträger und der übernehmende Rechtsträger, müssen einen **notariell beurkundeten Spaltungs- und Übernahmevertrag** schließen.[684] Für die Vorbereitung des Zustimmungsbeschlusses eines übertragenden Rechtsträgers zur Spaltung ist es allerdings ausreichend, daß vor diesem Beschluß ein schriftlicher Entwurf des Spaltungs- und Übernahmevertrages aufgestellt wird.[685]

297

Gemäß § 126 UmwG muß der **Spaltungs- und Übernahmevertrag** oder sein Entwurf **mindestens Angaben** enthalten über

298

1. den **Namen oder die Firma** und den Sitz der an der Spaltung beteiligten Rechtsträger;
2. die Vereinbarung über die **Übertragung der Teile des Vermögens** des übertragenden Rechtsträgers jeweils als Gesamtheit gegen Gewährung von Anteilen oder Mitgliedschaften an den übernehmenden Rechtsträgern;[686]
3. bei Aufspaltung und Abspaltung das **Umtauschverhältnis der Anteile** und ggf. die Höhe der baren Zuzahlung oder Angaben über die Mitgliedschaft bei den übernehmenden Rechtsträgern;

---

[682] § 124 II i.V.m. § 3 IV UmwG.
[683] § 124 II i.V.m. § 3 III UmwG.
[684] § 125 UmwG i.V.m. § 4 I S.1, § 6 UmwG.
[685] § 125 i.V.m. § 4 II UmwG.
[686] Entsprechend dem Wesen der Spaltung; in der Praxis sollte möglichst dem Wortlaut der Vorschrift gefolgt werden.

4. bei Aufspaltung und Abspaltung die Einzelheiten für die **Übertragung der Anteile der übernehmenden Rechtsträger** oder über den Erwerb der Mitgliedschaft bei den übernehmenden Rechtsträgern;
5. den **Zeitpunkt**, von dem die neuen Anteile an einen **Gewinnanspruch** gewähren;
6. den **Zeitpunkt**, von dem an die Handlungen des übertragenden Rechtsträgers als für Rechnung jedes der übernehmenden Rechtsträger vorgenommen gelten (**Spaltungsstichtag**);
7. die Rechte, welche die übernehmenden Rechtsträger einzelnen Anteilsinhabern oder **Sonderrechtsinhabern** gewähren, oder die für diese Personen vorgesehenen Maßnahmen;
8. jeden **besonderen Vorteil**, der einem Mitglied eines Vertretungs- oder Aufsichtsorgans, einem geschäftsführenden Gesellschafter, einem Abschluß- oder Spaltungsprüfer der an der Spaltung beteiligten Rechtsträger gewährt wird;
9. die **genaue Bezeichnung und Aufteilung der Gegenstände des Aktiv- und Passivvermögens**, die an jeden der übernehmenden Rechtsträger übertragen werden, sowie der übergehenden Betriebe und Betriebsteile unter Zuordnung zu den übernehmenden Rechtsträgern;
10. bei Aufspaltung und Abspaltung die **Aufteilung der Anteile** oder Mitgliedschaften jedes der übernehmenden Rechtsträger auf die Anteilsinhaber des übertragenden Rechtsträgers sowie den Maßstab für die Aufteilung;
11. die **Folgen der Spaltung für die Arbeitnehmer** und ihre Vertretungen sowie die insoweit vorgesehenen Maßnahmen.

299 Die Vorschriften über den Mindestinhalt des Spaltungs- und Übernahmevertrages entsprechen den Nrn. 1–8 des § 5 I UmwG für den Verschmelzungsvertrag.[687] Die Nrn. 3, 4 und 10, die von einem Anteilstausch ausgehen, finden bei der Ausgliederung keine Anwendung, da ein solcher Anteilstausch hierbei nicht vorgesehen ist.

Die Nr. 9 und 10 enthalten demgegenüber die für Spaltungen entscheidenden Regeln. Sie beruhen im wesentlichen auf Art. 3 II h) und i) der Spaltungsrichtlinie.[688] Bei der Nr. 11, die die Information der Arbeitnehmer betrifft, handelt es sich um eine Parallelvorschrift zu § 5 I Nr. 9 UmwG.

300 Für die **Aufteilung des Vermögens** des sich spaltenden Rechtsträgers gemäß der Nr. 9 besteht ein erheblicher Freiraum. Grundsätzlich können die Beteiligten jeden Gegenstand jedem beliebigen übernehmenden Rechtsträger zuweisen. Eine Einschränkung besteht allerdings dann, wenn allgemeine Bestimmungen (vgl. § 132 UmwG) die Übertragbarkeit eines bestimmten Gegenstandes ausschließen oder einschränken, oder

---

[687] Hierzu oben, RN 194–197.
[688] Vgl. hierzu oben, RN 293.

IV. Spaltung nach Umwandlungsgesetz

wenn nach allgemeinen Grundsätzen des Zivilrechts bestimmte Gegenstände nicht von den Ihnen zuzuordnenden Hilfsrechten getrennt werden können. Dies gilt etwa für akzessorische Sicherungsrechte, Hilfsansprüche und unselbständige Folgeansprüche.[689]

Eine Einschränkung der Zuordnungsfreiheit gilt auch hinsichtlich der Überleitung von Arbeitsverhältnissen. Geht bei einer Spaltung ein Betrieb oder Betriebsteil auf den übernehmenden Rechtsträger über, bleiben nach § 324 UmwG für die Überleitung der in diesem Betrieb oder Betriebsteil bestehenden **Arbeitsverhältnisse** die Vorschriften des § 613a I und IV BGB unberührt. Der RegE sieht die Spaltung als „Rechtsgeschäft" im Sinne dieser Vorschrift an.[690] Im übrigen stellt sich der RegE auf den Standpunkt, daß für die Geltung des § 613a BGB nicht danach unterschieden werden kann, ob der Übergang des Betriebes sachenrechtlich aufgrund einer Singular- oder einer Universalsukzession erfolgt.[691] Obwohl der rechtsgeschäftliche Charakter jedenfalls beim Spaltungsplan nach § 136 UmwG im Rahmen der Spaltung zur Neugründung zweifelhaft ist, muß wohl auch bei der Spaltung zur Neugründung von der Anwendbarkeit des § 613a I und IV BGB ausgegangen werden. Um § 613a BGB Geltung zu verschaffen, müssen **übergehende Betriebe und Betriebsteile** besonders bezeichnet werden; stellen die übertragenen Vermögensgegenstände keinen Betrieb oder Betriebsteil dar, ist es unverzichtbar, daß Arbeitsverhältnisse, die übergehen sollen, genau bezeichnet werden.[692]

301

Vorbehaltlich der Auffangklausel in § 131 III UmwG gehen auf den jeweiligen übernehmenden oder neugegründeten Rechtsträger nur die **Aktiva und Passiva** über, die den jeweiligen Rechtsträgern im Spaltungs- und Übernahmevertrag zugeordnet worden sind. Um dem sachenrechtlichen Bestimmtheitsgrundsatz gerecht zu werden, bedarf es deshalb einer genauen Abgrenzung des Kreises der übergehenden Aktiva und Passiva. Hierbei wird man in der Regel die gleiche Genauigkeit fordern müssen, mit der etwa bei der Veräußerung von Unternehmen im Wege der Übertragung von Einzelwirtschaftsgütern[693] gearbeitet wird.[694] Eine hinreichende **Bestimmbarkeit und Identifizierbarkeit** reicht aus.[695] Wichtig ist

302

---

[689] Vgl. Begr. zu § 126 RegE UmwG, BT-Drucks. 12/6699, S. 118.

[690] Vgl. Begr. zu § 126 RegE UmwG, BT-Drucks. 12/6699, S. 118 unter Hinweis auf den Wortlaut von § 126 I Nr. 2 UmwG; Willemsen, in: Reform des Umwandlungsrechts, S. 109.

[691] Begr. zu § 126 RegE UmwG, BT-Drucks. 12/6699, S. 118.

[692] Begr. zu § 126 RegE UmwG, BT-Drucks. 12/6699, S. 118; Willemsen, in: Reform des Umwandlungsrechts, S. 110 ff.

[693] Sogenannter „asset deal", siehe hierzu oben, RN A 13, 33.

[694] Vgl. zum SpTrUG wie hier Mayer DB 1991, 1609, 1611; Neye, in: Rädler/Raupach, Vermögen in der DDR, § 2 SpTrUG, RN 17 f.; Kai Mertens AG 1994, 66, 68; abweichend Haritz, in: Rechtshandbuch Vermögen, § 2 SpTrUG, RN 31.

[695] Ebenso Neye, in: Rädler/Raupach, Vermögen in der DDR, § 2 SpTrUG, RN 17; Ising/Thiell DB 1991, 2021.

dies insbesondere für zukünftige Forderungen und Verbindlichkeiten, die nach dem Zeitpunkt der Aufstellung des Spaltungsvertrages bis zum Wirksamwerden der Spaltung (Eintragung) entstehen. Eine genaue Bezeichnung ist hierbei nicht möglich, während eine hinreichende Bestimmbarkeit (etwa durch Anknüpfung an wirtschaftlich zuzuordnende Betriebe) durch die beteiligten Unternehmen im Spaltungsvertrag vereinbart werden kann. § 126 II S. 1 UmwG verlangt darüber hinaus, daß soweit für die Übertragung von Gegenständen im Falle der Einzelrechtsnachfolge nach den allgemeinen Vorschriften eine besondere Art der Bezeichnung vorgesehen ist, diese Regelungen auch für die Bezeichnung der Gegenstände des Aktiv- und Passivvermögens anzuwenden sind. Insbesondere muß nach § 126 II S. 2 UmwG die Vorschrift des § 28 GBO beachtet werden, d. h. Grundstücke und Rechte an Grundstücken müssen in dem Spaltungs- und Übernahmevertrag so bezeichnet werden, wie dies der beurkundende Notar auch bei einer Einzelübertragung tun würde.[696] Hierdurch will der Gesetzgeber sicherstellen, daß trotz der Sonderrechtsnachfolge (partielle Gesamtrechtsnachfolge) nach § 131 UmwG, die zu einem Rechtsübergang außerhalb des Grundbuchs führt, keine Rechtsunsicherheit eintritt.[697] Im übrigen ist es möglich, auf Urkunden wie **Bilanzen und Inventare** Bezug zu nehmen, sofern sie eine hinreichende Kennzeichnung und Bestimmbarkeit des Gegenstandes gestatten und damit die Zuweisung des einzelnen Gegenstandes an einen bestimmten Rechtsträger ermöglichen. Sofern Betriebe oder Teilbetriebe übertragen werden, dürfte es häufig ausreichen, daß bei betriebswirtschaftlicher Betrachtungsweise ein Gegenstand oder eine Verbindlichkeit eindeutig dem Geschäftsbetrieb eines bestimmten Unternehmensteils zuzurechnen ist. Soweit Warenbestände übertragen werden, kann schließlich auf die bei Sicherungsübereignungen entwickelten Grundsätze zur Bezeichnung zurückgegriffen werden.[698]

303   Da die nach Nr. 9 vorzunehmende Vermögensaufteilung sich nicht auf Bilanzangaben beschränkt, sind in den Spaltungs- und Übernahmevertrag auch **nicht bilanzierungsfähige Rechte und Verpflichtungen** aus gegenseitigen Verträgen, wie etwa Kauf-, Miet-, Werk- oder Lizenzverträgen aufzunehmen. Ebenso müssen nicht aktivierte, selbstgeschaffene immaterielle Rechte, wie Patente oder sonstige gewerbliche Schutzrechte angegeben werden.[699] Forderungen wie Verbindlichkeiten sind nach Betrag und Person des Schuldners bzw. Gläubigers hinreichend zu individualisieren. Urkunden, auf die Bezug genommen wird, sind dem Spal-

---

[696] Vgl. Begr. zu § 126 RegE UmwG, BT-Drucks. 12/6699, S. 119.
[697] Vgl. Begr. zu § 126 RegE UmwG, BT-Drucks. 12/6699, S. 119.
[698] Vgl. Soergel-Mühl, § 929, RN 4; § 930, RN 7; MünchKomm-Quack, § 929, RN 83; Staudinger-Pikart, § 929, RN 11 f.
[699] Vgl. hierzu Scholz/Priester, Anh. Umw., § 56 c UmwG, RN 11.

tungs- und Übernahmevertrag als Anlagen beizufügen. Dies bedeutet, daß sie entweder mit dem Spaltungs- und Übernahmevertrag zusammen beurkundet werden oder im Beurkundungstermin bereits als separate notarielle Urkunde vorliegen.[700]

Bei der **Aufteilung der Anteile** an den übernehmenden Rechtsträgern auf die bisherigen Anteilsinhaber des übertragenden Rechtsträgers ermöglicht § 126 I Nr. 10 UmwG ebenfalls eine erhebliche Freiheit in der vertraglichen Gestaltung. Die Anteile an den übernehmenden Rechtsträgern können sowohl im Verhältnis der bisherigen Beteiligungen zugeteilt (sog. verhältniswahrende) als auch beliebig verteilt werden (sog. nichtverhältniswahrende Spaltung). Letztere soll insbesondere die Auseinandersetzung und Trennung von Gesellschaftergruppen und Familienstämmen ermöglichen.[701] Nach § 128 UmwG ist aber bei einer nichtverhältniswahrenden Spaltung notwendig, daß alle Anteilsinhaber des übertragenden Rechtsträgers dem Spaltungs- und Übernahmevertrag zustimmen. Einzelne Anteilsinhaber sollen nicht durch eine Mehrheitsentscheidung dergestalt übervorteilt werden, daß ihnen eine Beteiligung an einem übernehmenden Rechtsträger zugewiesen wird, dem im Spaltungsvertrag geringere Vermögenswerte zugeordnet werden als anderen Übernehmern.[702]

304

Soll der Spaltungsplan geändert werden, gelten die gleichen Vorschriften wie für die ursprüngliche Aufstellung;[703] die **Änderungen** sind also notariell zu beurkunden und zum Handelsregister einzureichen. Zu beachten ist, daß eine Änderung des Umfangs des abzuspaltenden Vermögens sich auch durch einen einschränkenden Spaltungsbeschluß ergeben kann. Spaltungsplan bzw. Spaltungsvertrag müssen dann mit den entsprechenden Einschränkungen erneut beurkundet werden. Nach Eintragung der Spaltung, d. h. dem Wirksamwerden der Spaltung, und – bei der Spaltung zur Neugründung – dem rechtswirksamen Entstehen der neuen Gesellschaften, sind **Änderungen des Spaltungsvertrages oder des Spaltungsplanes** nicht mehr zulässig. Wird erst jetzt festgestellt, daß Gegenstände falsch zugeordnet wurden oder daß der betriebliche Produktionsprozeß eine andere Zuordnung erfordert, können die beteiligten Gesellschaften, soweit sie noch bestehen, Einzelrechtsgeschäfte abschließen, die die in der Spaltung getroffenen Zuordnungen korrigieren. Gerade bei der Spaltung von komplexen Produktionsstätten oder Unternehmen mit vertikaler Produktionsstruktur wird sich häufig die Notwendigkeit ergeben, für sogenannte Schnittstellen zwischen den dann rechtlich getrenn-

305

---

[700] Das separate Beurkunden der (möglicherweise sehr umfangreichen) Anlagen vor der Beurkundung des Spaltungs- und Übernahmevertrages schränkt die Vorlesungspflicht für die Anlagen ein, § 13 a I S. 1 BeurkG.
[701] Begr. zu § 126 RegE UmwG, BT-Drucks. 12/6699, S. 118.
[702] Vgl. Begr. zu § 128 RegE UmwG, BT-Drucks. 12/6699, S. 120.
[703] Ising/Thiell DB 1991, 2021, 2024.

ten Einheiten des ehemals einheitlichen Unternehmens (d. h. auch Produktionsprozesses) zumindest für eine vorübergehende Zeit vertragliche Vereinbarungen über Lieferungen und Leistungen (sogenannte Schnittstellenverträge) zu treffen, um alle neuen Einheiten in den Stand eines funktionierenden Unternehmens zu setzen.

306 Der Spaltungs- und Übernahmevertrag ist spätestens einen Monat vor dem Tag, an dem die Anteilsinhaber jedes beteiligten Rechtsträgers die Zustimmung hierzu beschließen, dem zuständigen **Betriebsrat** dieses Rechtsträgers zuzuleiten (§ 126 III UmwG).

b) Spaltungsbericht und Spaltungsprüfung

307 So wie nach § 8 UmwG ein Verschmelzungsbericht zu erstatten ist, müssen die Vertretungsorgane jedes der an der Spaltung beteiligten Rechtsträger einen ausführlichen **schriftlichen Spaltungsbericht** erstatten, in dem die Spaltung, der Spaltungs- und Übernahmevertrag oder sein Entwurf im einzelnen rechtlich und wirtschaftlich erläutert und begründet wird. Bei Aufspaltung und Abspaltung hat sich der Spaltungsbericht auch auf das Umtauschverhältnis der Anteile oder die Angaben über die Mitgliedschaften bei den übernehmenden Rechtsträgern und den Maßstab für ihre Aufteilung sowie die Höhe einer anzubietenden Barabfindung zu erstrecken. Bei einer Ausgliederung sind diese Angaben wegen Fehlens eines Anteilstausches entbehrlich, in solchen Fällen genügen die Erläuterungen der Gründe für die Ausgliederung.

Im Hinblick auf die Angaben über alle für die Spaltung wesentlichen Angelegenheiten verbundener Unternehmen, das Auskunftsverweigerungsrecht und die Möglichkeit des Verzichtes gelten die diesbezüglichen Vorschriften nach § 8 UmwG entsprechend.[704]

308 Der Spaltungs- und Übernahmevertrag ist bei einer Aufspaltung und Abspaltung zu prüfen.[705] Die **Spaltungsprüfung** entspricht der Verschmelzungsprüfung.[706] Die Spaltungsprüfung hat sich insbesondere mit der Angemessenheit des vorgeschlagenen Umtauschverhältnisses zu beschäftigen und ist grundsätzlich mit einem schriftlichen Prüfungsbericht abzuschließen. Wie bei der Verschmelzung besteht die Möglichkeit, auf die Spaltungsprüfung und den Spaltungsprüfungsbericht zu verzichten.[707] Bei einer Ausgliederung, bei der es definitionsgemäß nicht zu einem Anteilstausch kommt, ist die Spaltungsprüfung nach § 125 S. 2 UmwG in jedem Fall entbehrlich.

---

[704] Siehe hierzu oben, RN 204, 210, 212.
[705] § 125 i. V. m. §§ 9–12 UmwG.
[706] Zur Verschmelzungsprüfung vgl. oben, RN 210.
[707] § 125 in Verbindung mit §§ 9 III, 12 III, 8 III UmwG.

IV. Spaltung nach Umwandlungsgesetz

c) Spaltungsbeschluß und Anmeldung

Der Spaltungs- und Übernahmevertrag wird nur wirksam, wenn die Anteilsinhaber des übertragenden Rechtsträgers ihm durch notariell beurkundeten Beschluß (**Spaltungsbeschluß**) in einer Versammlung der Anteilsinhaber zustimmen. Der Regierungsentwurf äußert sich nicht dazu, ob auch die Anteilsinhaber übernehmender Rechtsträger (bei der Spaltung zur Aufnahme) dem Spaltungsvertrag zustimmen müssen.[708] Allein dies entspricht jedoch der Systematik der Spaltung zur Aufnahme, die einer partiellen Verschmelzung entspricht. 309

Bei der Aufspaltung und Abspaltung, bei der ein Anteilstausch erfolgt, sind **Klagen gegen den Spaltungsbeschluß** gem. § 125 i. V. m. § 14 UmwG eingeschränkt; die Anteilsinhaber sind insoweit auf ihre Ansprüche zur Verbesserung des Umtauschverhältnisses nach § 125 i. V. m. § 15 UmwG zu verweisen.[709] 310

Bei der **Ausgliederung**, bei der kein Anteilstausch stattfindet, richtet sich die Anfechtung des Ausgliederungsbeschlusses nach allgemeinen Vorschriften, ist also nicht eingeschränkt.[710] 311

Neben der im UmwG vorgesehenen Form der Ausgliederung im Wege der Sonderrechtsnachfolge (partiellen Gesamtrechtsnachfolge) besteht weiterhin die Möglichkeit, Betriebe oder Unternehmensteile im Wege der Einzelübertragung „auszugliedern". Obwohl es sich hierbei grundsätzlich um eine Geschäftsführungsmaßnahme handelt, ist seit dem „**Holzmüller**"-**Urteil des BGH**[711] davon auszugehen, daß auch hierfür die Gesellschafterversammlung, d. h. insbesondere auch die Hauptversammlung einer Aktiengesellschaft, zwingend einzuschalten ist, falls die übertragende Aktiengesellschaft einen wesentlichen Teil ihres Vermögens auf eine andere Gesellschaft übertragen will.[712] Was dabei im einzelnen als „wesentlicher" Teil des Gesellschaftsvermögens anzusehen ist, ist bisher nicht geklärt. Genannt werden Quoten zwischen 20–25%, wobei diese sich teilweise auf die Aktiva, auf die Erträge oder das Eigenkapital der übertragenden Gesellschaft beziehen.[713] Der Gesetzgeber hat die Klärung dieser Fragen – 312

---

[708] Vgl. Begr. zu § 127 RegE UmwG, BT-Drucks. 12/6699, S. 119.

[709] Siehe zu den entsprechenden Konstellationen bei der Verschmelzung oben, RN 217f.

[710] Vgl. § 125 UmwG, der §§ 14 II, 15 UmwG ausschließt, vgl. auch Begr. zu § 127 RegE UmwG, BT-Drucks. 12/6699, S. 119.

[711] BGHZ 83, 122ff.

[712] Vgl. hierzu eher befürwortend Geßler FS Stimpel, S.771 ff.; Hübner FS Stimpel, S.791 ff.; Lutter FS Stimpel, S.825, 843 ff.; ablehnend Beusch FS Werner, S.1, 5 f.; Götz AG 1984, 85, 92; Martens ZHR 147 (1983), 377, 420 ff.; Heinsius ZGR 1984, 383, 391 ff.; vgl. auch Groß AG 1994, 266 ff.

[713] Lutter FS Stimpel, S. 825, 850 f.: 20–25% der Aktivseite der Bilanz; ders., FS Fleck, S.169, 180: 20% der Aktiva oder Erträge der letzten 20 Jahre; Geßler FS Stimpel, S.771, 787: 10% des Eigenkapitals; weit. Nachw. bei Krieger ZGR 1990, 517, 526. Vgl. auch

entgegen seinem anfänglichen Vorhaben[714] – im neuen Umwandlungsrecht nicht angesprochen und weiter der Rechtsprechung überlassen.[715]

313 Die Vertretungsorgane jedes der an der Spaltung beteiligten Rechtsträger haben die Spaltung zur Eintragung in das Register (Handelsregister, Genossenschaftsregister oder Vereinsregister) des Sitzes ihres Rechtsträgers anzumelden. Nach § 129 UmwG ist zur **Anmeldung der Spaltung** auch das Vertretungsorgan jedes der übernehmenden Rechtsträger berechtigt. Wie bei der Verschmelzung haben die Vertretungsorgane bei der Anmeldung zu erklären, daß eine Klage gegen die Wirksamkeit eines Spaltungsbeschlusses nicht oder nicht fristgemäß erhoben oder eine solche Klage rechtskräftig abgewiesen oder zurückgenommen worden ist. Bezüglich der Einzelheiten dieser Erklärung und der Möglichkeit, die Spaltung trotz der Erhebung einer Anfechtungsklage einzutragen, sind die entsprechenden Vorschriften des Verschmelzungsrechts (§ 16 II S. 3 UmwG) maßgebend.[716] Der Anmeldung sind in Ausfertigung oder öffentlich beglaubigter Abschrift oder, soweit sie nicht notariell zu beurkunden sind, in Urschrift oder Abschrift als Anlage beizufügen:
– der Spaltungs- und Übernahmevertrag,
– die Niederschriften der Spaltungsbeschlüsse,
– die etwa erforderlichen Zustimmungserklärungen einzelner Anteilsinhaber oder nicht erschienener Anteilsinhaber,
– der Spaltungsbericht, der Prüfungsbericht oder die entsprechenden notariellen Verzichtserklärungen,
– ein Nachweis über die rechtzeitige Zuleitung des Spaltungs- und Übernahmevertrages oder seines Entwurfes an den zuständigen Betriebsrat sowie,
– wenn die Spaltung der staatlichen Genehmigung bedarf, die Genehmigungsurkunde.

Außerdem ist der Anmeldung zum Register des Sitzes des übertragenden Rechtsträgers eine Schlußbilanz dieses Rechtsträgers beizufügen, die den Vorschriften über die Jahresbilanz und deren Prüfung entspricht.[717] Das Fehlen dieser Schlußbilanz stellt ein Eintragungshindernis dar; das Registergericht darf die Spaltung nur eintragen, wenn die Schlußbilanz auf einen höchstens acht Monate vor der Anmeldung liegenden Stichtag aufgestellt worden ist.[718]

OLG Köln AG 1993, 86, 88 – Winterthur/ Nordstern –: Wesentlichkeitsgrenze unterschritten bei 8,5 % der Erträge der Gruppe.
[714] Vgl. §§ 137, 141 des RefE UmwG vom 15. 04. 1992.
[715] Vgl. Begr. vor § 138 RegE UmwG, BT-Drucks. 12/6699, S. 124 f.; zu den Anforderungen an die Information der Aktionäre und der Durchführung der Hauptversammlung vgl. Lutter FS Fleck, S. 169, 177 ff.; vgl. auch Feddersen/Kiem ZIP 1994, 1078 ff.
[716] Vgl. § 125 UmwG; siehe auch oben, RN 220 ff.
[717] § 125 i. V. m. § 17 II S. 1, 2 UmwG.
[718] § 125 i. V. m. § 17 II S. 3 UmwG.

d) Wirksamwerden der Spaltung

Für das **Wirksamwerden der Spaltung** ist nach § 131 I UmwG die Eintragung in das Register des Sitzes des sich spaltenden, also des übertragenden Rechtsträgers maßgebend. Nach § 130 I UmwG darf die Spaltung in das Register des übertragenden Rechtsträgers erst eingetragen werden, nachdem sie im Register jedes der übernehmenden Rechtsträger eintragen worden ist. Ähnlich wie in § 19 I S. 2 UmwG für die Verschmelzung vorgesehen, ist nach § 130 I S. 2 UmwG die Eintragung im Register des Sitzes jedes der übernehmenden Rechtsträger mit dem Vermerk zu versehen, daß die Spaltung erst mit der Eintragung im Register des übertragenden Rechtsträgers wirksam wird. Das Registergericht des übertragenden Rechtsträgers hat den Registergerichten der übernehmenden Rechtsträger den Tag der Eintragung der Spaltung mitzuteilen sowie einen Handelsregisterauszug und eine beglaubigte Abschrift des Gesellschaftsvertrages, der Satzung oder des Statuts des übertragenden Rechtsträgers zu übersenden.

Für die Bekanntmachungen der Eintragung jedes der an der Spaltung beteiligten Rechtsträgers gilt § 19 III UmwG entsprechend.[719]

Mit der **Eintragung der Spaltung** in das Register des Sitzes des übertragenden Rechtsträgers wird die Spaltung wirksam. Gemäß § 131 I UmwG geht das Vermögen des übertragenden Rechtsträgers, bei Abspaltung und Ausgliederung nur der abgespaltene oder ausgegliederte Teil des Vermögens einschließlich der Verbindlichkeiten entsprechend der im Spaltungs- und Übernahmevertrag vorgesehenen Aufteilung jeweils als Gesamtheit auf die übernehmenden Rechtsträger über. Insoweit handelt es sich um eine **(partielle) Gesamtrechtsnachfolge**[720] entsprechend den Wirkungen der Verschmelzung.

Gegenstände, die wegen der **Beachtung allgemeinen Rechts** (§ 132 UmwG) nicht durch Rechtsgeschäfte übertragen werden können, verbleiben bei Abspaltung und Aufgliederung im Eigentum oder in Inhaberschaft des übertragenden Rechtsträgers.[721] Zu den allgemeinen Vorschriften, welche die Übertragbarkeit eines bestimmten Gegenstandes ausschließen oder an bestimmte Voraussetzungen knüpfen oder nach denen die Übertragung eines bestimmten Gegenstandes einer staatlichen Genehmigung bedarf, gehören insbesondere die Vorschriften der §§ 1059a, 1092, 1098 BGB. Sie schränken die Übertragbarkeit eines Nießbrauchs, einer beschränkten persönlichen Dienstbarkeit oder eines dinglichen

---

[719] Siehe hierzu oben, RN 227.
[720] Teichmann ZGR 1993, 396, 401; Hennrichs AG 1993, 508 509; ebenso Kai Mertens AG 1994, 66,67: „partielle Universalsukzession"; zu Sonderfragen der Fortgeltung von Versicherungsverträgen vgl. Oetker VersR 1992, 7 ff.
[721] Kritisch zu § 132 RegE UmwG: Hennrichs AG 1993, 508 ff.

Vorkaufsrechts ein. Darunter fallen ebenfalls die Regeln über den gesetzlichen oder rechtsgeschäftlichen Ausschluß der Abtretung von Forderungen nach § 399 BGB.[722] Dazu zählen außerdem zahlreiche Vorschriften, die die Übertragung von gewerblichen Schutz- und Urheberrechten einschränken oder von einer Zustimmung abhängig machen.[723] Das Vorkaufsrecht nach § 514 BGB ist nur übertragbar, wenn dies vertraglich bestimmt ist; auch hinsichtlich eines Erbbaurechts kann die Veräußerung von der Zustimmung des Grundstückseigentümers abhängig gemacht werden;[724] schließlich kann auch die Abtretung von Gesellschaftsanteilen von einer Zustimmung[725] abhängig gemacht werden. Der gesetzliche oder rechtsgeschäftliche **Ausschluß der Übertragbarkeit von Forderungen** nach § 399 BGB greift bei der Abspaltung und Ausgliederung ein, die Vorschrift steht jedoch der Aufspaltung, bei der ja der übertragende Rechtsträger erlischt, nicht entgegen, wie § 132 S. 2 UmwG ausdrücklich bestimmt. Das Gesetz enthält jedoch keine Regelung, was bei einer Aufspaltung im Hinblick auf die sonstigen unübertragbaren Rechte geschieht.[726] Da der übertragende Rechtsträger nach § 131 Ziff. 2 S. 1 UmwG bei der Aufspaltung erlischt, muß davon ausgegangen werden, daß mit dem Wirksamwerden der Spaltung auch die unübertragbaren Rechte erlöschen. Ein Grundstückseigentümer, der mit dem sich aufspaltenden Rechtsträger ein Erbbaurecht vereinbart hat, das zur Veräußerung der Zustimmung bedarf, kann im Falle des Fehlens dieser Zustimmung nach Wirksamwerden der Spaltung die Löschung des Erbbaurechts unter Vorlage entsprechender beglaubigter Handelsregisterauszüge verlangen.[727] Wo das Erlöschen von Rechten droht oder wegen möglicherweise vergessener Gegenstände nach § 131 III UmwG nicht vollständig ausgeschlossen werden kann, muß dem beteiligten Rechtsträger empfohlen werden, nicht aufzuspalten, sondern vielmehr unter Verbleib der nicht übertragbaren Rechte bei dem übertragenden Rechtsträger abzuspalten; die nicht übertragbaren Rechte sollten dann im Wege einer Nutzungsvereinbarung, soweit rechtlich zulässig, auf die entsprechenden übernehmenden Rechtsträger übergeleitet werden.

317 Als allgemeine Vorschriften bleiben § 613a I und IV BGB unberührt (§ 324 UmwG). Die **Übertragung eines Arbeitsverhältnisses** von dem übertragenden Rechtsträger auf einen der übernehmenden Rechtsträger hängt also gemäß § 613a I S. 1 BGB davon ab, ob auch der Betrieb oder Betriebsteil, dem der Arbeitnehmer vor der Spaltung zuzurechnen war,

---

[722] Insoweit auch die Begr. zu § 132 RegE UmwG, BT-Drucks. 12/6699, S. 121.
[723] Z.B. § 28 I VerlG; § 9 S. 2 PatG; § 13 S. 2 GebrMG; § 3 S. 2 GeschMG; § 8 WZG.
[724] §§ 5, 6 ErbbauVO.
[725] Vgl. §§ 719 BGB, 15 V GmbHG, 68 II AktG.
[726] Zutreffend: Teichmann, ZGR 1993, 396, 406.
[727] § 29 GBO; § 20 GBO kann wegen des Löschens des sich aufspaltenden Rechtsträgers keine Anwendung finden.

IV. Spaltung nach Umwandlungsgesetz

auf denselben übernehmenden Rechtsträger übertragen wird.[728] Macht der Arbeitnehmer von dem ihm zustehenden Widerspruchsrecht[729] Gebrauch, so geht bei einer Abspaltung oder Ausgliederung das Arbeitsverhältnis nicht auf den übernehmenden oder neuen Rechtsträger über, dem es nach dem Spaltungs- und Übernahmevertrag zugeordnet sein soll. Bei einer Aufspaltung ist das Widerspruchsrecht wegen des Erlöschens des übertragenden Rechtsträgers allerdings gegenstandslos, weil eine Fortführung des bisherigen Arbeitsverhältnisses bei dem aufgespaltenen Rechtsträger nicht möglich ist.[730]

Die Anstellungsverträge von Organmitgliedern (Vorstand oder Geschäftsführer) des sich spaltenden Rechtsträgers gelten fort, und zwar jeweils bei dem Rechtsträger, dem sie zugeordnet worden sind. **318**

Bei der Aufspaltung erlischt der Aufsichtsrat des übertragenden Rechtsträgers. Die neu gegründeten Rechtsträger haben ggf. einen Aufsichtsrat nach den maßgeblichen Bestimmungen zu bilden.

In Fällen der **Abspaltung und Ausgliederung** kann es durch die Übertragung von Arbeitsverhältnissen dazu kommen, daß auch der übertragende Rechtsträger, soweit er bisher der Mitbestimmung im Aufsichtsrat unterlag, nicht mehr so viele Arbeitnehmer hat, wie nach dem MitbestG (2.000 Arbeitnehmer) oder dem BetrVG 1952 (500 Arbeitnehmer) vorausgesetzt wird. Aus diesem Grund enthält der § 325 I UmwG eine **Mitbestimmungsbeibehaltungsregelung** für den Aufsichtsrat.[730a] In Fällen der Abspaltung und Ausgliederung finden für den übertragenden Rechtsträger die vor der Spaltung geltenden Vorschriften über die Beteiligung der Arbeitnehmer im Aufsichtsrat noch für einen Zeitraum von 5 Jahren nach dem Wirksamwerden der Abspaltung oder Ausgliederung Anwendung, sofern durch die Abspaltung oder Ausgliederung bei dem übertragenden Rechtsträger ansonsten die gesetzlichen Voraussetzungen für die Mitbestimmung der Arbeitnehmer im Aufsichtsrat entfallen. Sofern allerdings die Zahl der Arbeitnehmer des übertragenden Rechtsträgers nach der Abspaltung oder Ausgliederung auf weniger als ein Viertel der für die jeweilige Mitbestimmungsregelung vorausgesetzten Mindestarbeitnehmerzahl absinkt, gelten nach § 325 I S. 2 UmwG die alten Mitbestimmungsvorschriften nicht fort.[731] **319**

---

[728] Dies war für Spaltungen nach dem SpTrUG umstritten, ablehnend Schaub, Arbeitsrechtshandbuch, § 17 I 3 C; befürwortend Mayer DB 1991, 1609, 1612; Loh DStR 1992, 1246 f. Der Diskussion ist jetzt durch den Gesetzgeber der Boden entzogen worden: Willemsen, in: Reform des Umwandlungsrechts, S. 115 ff.; Boecken ZIP 1994, 1087 ff.
[729] Vgl. BAG AP Nr. 1 zu § 613a BGB; BAG AP Nr. 8, 10, 21, 37, 55 zu § 613a BGB.
[730] Begr. zu § 132 RegE UmwG BT-Drucks. 12/6699, S. 121.
[730a] Übersicht über den Einfluß des Umwandlungsrechts auf die Mitbestimmung bei Bartodziej ZIP 1994, 580 ff.
[731] Die Vorschrift ist erst am Ende des Gesetzgebungsverfahrens durch den Vermittlungsausschuß beschlossen worden.

320 Mit der Eintragung der Spaltung in das Register des übertragenden Rechtsträgers **erlischt bei der Aufspaltung** gemäß § 131 I Ziff. 2 UmwG der übertragende Rechtsträger, ohne daß es seiner besonderen Löschung bedarf.

321 Zu diesem Zeitpunkt werden bei Aufspaltung und Abspaltung die Anteilsinhaber des übertragenden Rechtsträgers entsprechend der im Spaltungs- und Übernahmevertrag vorgesehenen Aufteilung **Anteilsinhaber der übernehmenden Rechtsträger**. Dies gilt nicht, soweit möglicherweise eigene Anteile beim übernehmenden Rechtsträger gebildet werden.[732] Wie bei der Verschmelzung bestehen Rechte Dritter an den Anteilen oder an den Mitgliedschaften des übertragenden Rechtsträger an den an ihre Stelle tretenden Anteilen oder Mitgliedschaften der übernehmenden Rechtsträger weiter.[733] Anders als bei der Aufspaltung oder Abspaltung wird bei der Ausgliederung der übertragende Rechtsträger entsprechend dem Aufgliederungs- und Übernahmevertrag nach § 131 I Ziff. 3 S. 3 UmwG Anteilsinhaber der übernehmenden Rechtsträger. Die Mängel der notariellen Beurkundung des Spaltungs- und Übernahmevertrages und gegebenenfalls erforderlicher Zustimmungs- oder Verzichtserklärungen einzelner Anteilsinhaber werden gemäß § 131 I Ziff. 4 UmwG durch die Eintragung in das Register des Sitzes des übertragenden Rechtsträgers geheilt. Im übrigen lassen Mängel der Spaltung die genannten Wirkungen der Eintragung der Spaltung unberührt.[734]

e) Haftungsfragen

322 Zum Schutz der Gläubiger[735] haften die an der Spaltung beteiligten Rechtsträger nach § 133 I S. 1 UmwG als **Gesamtschuldner für die Verbindlichkeiten** des übertragenden Rechtsträgers, soweit diese Verbindlichkeiten vor dem Wirksamwerden der Spaltung begründet worden sind.[736] Durch die gesamtschuldnerische Haftung will das Gesetz Mißbräuchen der Spaltung, etwa durch Zuweisung der Aktiva an einen und der Passiva an einen anderen übernehmenden Rechtsträger, vorbeugen.[737] Die Vorschriften der §§ 25, 26 und 28 HGB, die insbesondere die Haftung bei Übernahme eines Handelsgeschäfts unter Firmenfortführung betreffen, bleiben hiervon unberührt; insbesondere bedeutet dies, daß ein

---

[732] Vgl. § 131 I Ziff. 3 S. 1, 2. HS UmwG; zur entsprechenden Regelung bei der Verschmelzung (§ 20 I Ziff. 3 UmwG) siehe bereits oben, RN 235.

[733] § 131 I Ziff. 3 S. 2 UmwG; siehe bereits oben zur entsprechenden Vorschrift bei der Verschmelzung, RN 236.

[734] § 131 II UmwG; zur entsprechenden Vorschrift bei der Verschmelzung siehe RN 237.

[735] Hierzu Karsten Schmidt ZGR 1993, 366, 383 ff.

[736] § 132 RefE 1992 hatte außerdem noch die Fälligkeit vor dem Zeitpunkt des Wirksamwerdens der Spaltung verlangt.

[737] Begr. zu § 133 RegE UmwG, BT-Drucks. 12/6699, S. 122.

IV. Spaltung nach Umwandlungsgesetz

Rechtsträger, der das Geschäft unter Firmenfortführung übernimmt, ohne daß ihm eine bestimmte Verbindlichkeit im Spaltungs- und Übernahmevertrag zugewiesen worden ist, nach § 25 HGB auch für diese Verbindlichkeit unbeschränkt haftet, ohne daß er sich letztlich auf die Enthaftungsmöglichkeiten nach § 133 III UmwG berufen kann. Über § 125 UmwG gelten auch die Vorschriften des Gläubigerschutzes nach § 22 UmwG, die für die Verschmelzung angeordnet sind. Das bedeutet in erster Linie, daß Gläubiger von noch nicht fälligen Forderungen die Leistung einer Sicherheit verlangen können.[738] Zur Sicherheitsleistung ist aber nur der an der Spaltung beteiligte Rechtsträger verpflichtet, gegen den sich der Anspruch richtet.

Gegenüber den **Inhabern von Sonderrechten** nach § 23 UmwG haften die an der Spaltung beteiligten Rechtsträger ebenfalls als Gesamtschuldner. Um gegebenenfalls einen Schuldnerwechsel zu vermeiden, können die gleichwertigen Rechte bei Abspaltung und Ausgliederung auch in dem übertragenden Rechtsträger gewährt werden.[739] 323

Diejenigen Rechtsträger, denen die Verbindlichkeiten, die vor Wirksamwerden der Spaltung begründet worden sind, im Spaltungs- und Übernahmevertrag nicht zugewiesen worden sind, haften für diese Verbindlichkeiten, wenn sie vor Ablauf von fünf Jahren nach der Spaltung fällig und daraus Ansprüche gegen sie gerichtlich geltend gemacht werden. Auch hier hat der Gesetzgeber, wie in § 45 UmwG, entsprechend den **Regeln des Nachhaftungsgesetzes** eine Ausschlußfrist festgesetzt. Bei öffentlich-rechtlichen Verbindlichkeiten genügt zur Geltendmachung der Erlaß eines Verwaltungsaktes.[740] Ein schriftliches Anerkenntnis ersetzt nach § 133 V UmwG im übrigen die gerichtliche Geltendmachung. Die genannten Ansprüche der Sonderrechtsinhaber verjähren uneingeschränkt in fünf Jahren, ohne daß es auf die Fälligkeit ankommt. Sowohl die genannte Ausschlußfrist als auch die Verjährungsfrist bei Sonderrechtsinhabern beginnt mit der vollständigen Bekanntmachung der Eintragung der Spaltung in das Register des übertragenden Rechtsträgers nach § 125 i. V. m. § 19 II UmwG. 324

Für **Schadensersatzansprüche gegen Organmitglieder** der beteiligten Rechtsträger gelten nach § 125 UmwG außerdem die §§ 25, 26 UmwG entsprechend. 325

Zum Schutz betroffener Arbeitnehmer enthält das Gesetz eine abweichende Regelung für den Fall einer **Betriebsaufspaltung**. Im Falle einer Betriebsaufspaltung in eine Anlage- und Betriebsgesellschaft haftet die Anlagegesellschaft nach § 134 I S. 1 UmwG auch für Forderungen der Arbeitnehmer der Betriebsgesellschaft als Gesamtschuldner, die binnen fünf 326

---

[738] Einzelheiten zu § 22 UmwG siehe oben, RN 238 f.
[739] Vgl. § 133 II S. 2 UmwG.
[740] § 133 III 2. HS UmwG.

Jahren nach dem Wirksamwerden der Spaltung aufgrund der §§ 111–113 BetrVG begründet werden, während grundsätzlich nach § 133 I UmwG eine gesamtschuldnerische Haftung der beteiligten Rechtsträger nur für Verbindlichkeiten, die vor dem Wirksamwerden der Spaltung begründet worden sind, besteht. Eine Betriebsaufspaltung i.S. v. § 134 I UmwG liegt vor, wenn ein Rechtsträger sein Vermögen in der Weise spaltet (aufspaltet, abspaltet oder ausgliedert), daß die zur Führung eines Betriebes notwendigen Vermögensteile im wesentlichen auf einen übernehmenden oder mehrere übernehmende oder auf einen neuen oder mehrere neue Rechtsträger übertragen werden und die Tätigkeit dieses Rechtsträgers oder dieser Rechtsträger sich im wesentlichen auf die Verwaltung dieser Vermögensteile beschränkt (**Anlagegesellschaft**), während dem übertragenden Rechtsträger diese Vermögensteile bei der Führung seines Betriebes zur Nutzung überlassen werden (**Betriebsgesellschaft**). Voraussetzung ist gemäß § 134 I S. 1 UmwG ferner, daß an den an der Spaltung beteiligten Rechtsträgern im wesentlichen dieselben Personen beteiligt sind.

Was im einzelnen wesentlich i. S. d. Vorschrift ist, ergibt sich auch nicht aus der Gesetzesbegründung. Die steuerrechtlichen Grundsätze sachlicher und personeller Verflechtung zur Bejahung einer Betriebsaufspaltung[741] können jedenfalls nicht uneingeschränkt herangezogen werden, da sie eine andere Funktion erfüllen. Insbesondere für die Frage, welche betriebsnotwendigen Vermögensteile wesentlich waren, ist auf die Gläubigerschutzfunktion des § 134 UmwG abzustellen und zu fragen, inwieweit die Haftungsmasse der Betriebsgesellschaft zum Nachteil der Arbeitnehmer tatsächlich geschmälert worden ist.[742] Dieselbe Sonderhaftung gilt im Falle einer Betriebsaufspaltung nach § 134 II UmwG für Versorgungsverpflichtungen aufgrund des Betriebsrentengesetzes, die vor dem Wirksamwerden der Spaltung begründet worden sind. Erfaßt werden also von der Haftung insbesondere auch Anwartschaften, die schon vor dem Wirksamwerden der Spaltung bestanden, aber erst innerhalb von fünf Jahren nach diesem Zeitpunkt zu einem Rentenanspruch erstarken.

Die Haftung greift nach § 134 I S. 2 UmwG auch ein, wenn eine umgekehrte Betriebsaufspaltung vorgenommen wird, d. h. also die Vermögensteile bei dem übertragenden Rechtsträger verbleiben und dem übernehmenden oder neuen Rechtsträger zur Nutzung überlassen werden.[743]

327 Gemäß § 134 III UmwG haftet die Anlagegesellschaft für Ansprüche nach § 134 I, II UmwG wegen Betriebsaufspaltung, wenn diese Ansprü-

---

[741] Vgl. Dehmer, UmwR, Anh. II, Anm. 2; Groh DB 1989, 748, 751.
[742] Vgl. Begr. zu § 134 RegE UmwG, BT-Drucks. 12/6699, S. 122.
[743] § 134 I S. 1 UmwG.

3. Spaltung zur Neugründung

Wenn und soweit die **Spaltung eines Rechtsträgers zur Neugründung** 328 erfolgt, sind grundsätzlich die Vorschriften zur Aufnahme entsprechend anwendbar. Da die übernehmenden Rechtsträger erst im Rahmen der Spaltung gegründet werden, tritt an die Stelle des Spaltungs- und Übernahmevertrages ein **Spaltungsplan**, der vom Vertretungsorgan des übertragenden Rechtsträgers aufzustellen ist (§ 136 UmwG). Der Spaltungsplan muß als Mindestangaben dieselben Angaben enthalten wie der Spaltungs- und Übernahmevertrag nach § 126 I UmwG. Da kein Spaltungsvertrag geschlossen wird, entfällt die Anwendbarkeit der Vorschriften der §§ 125 i.V.m. §§ 4 und 7 UmwG zum Abschluß und zur Kündigung des Verschmelzungsvertrages. Beim Spaltungsplan handelt es sich um eine einseitige und wohl nicht empfangsbedürftige Willenserklärung.[745] Auch der Spaltungsplan muß nach § 125 i.V.m. § 6 UmwG notariell beurkundet werden. Ausreichend ist auch bei der Aufstellung des Spaltungsplanes die Mitwirkung der Vertretungsorgane in vertretungsberechtigter Anzahl.[746] Nicht ausreichend ist, daß lediglich ein Entwurf des Spaltungsplanes aufgestellt und der Versammlung der Anteilsinhaber des übertragenden Unternehmens zur Zustimmung vorgelegt wird.[747] Außer den Angaben gemäß § 126 I UmwG müssen in dem Spaltungsplan außerdem der oder die Gesellschaftsverträge, Satzungen oder Statuten des oder der neuen Rechtsträger enthalten sein oder festgestellt werden.[748]

Im Übrigen sind für die Gründung der neuen Rechtsträger die für die 329 jeweilige Rechtsform geltenden **Gründungsvorschriften** anzuwenden, soweit nicht Abweichungen bezüglich einzelner Rechtsformen im Umwandlungsgesetz bestimmt sind. Sofern es für die Anwendung der Gründungsvorschriften auf die Gründer ankommt, steht der übertragende Rechtsträger diesen gleich (§ 135 II S. 2 UmwG). Eine Differenzhaftung der Anteilsinhaber des übertragenden Rechtsträgers greift daher nicht ein.[749] Wie bei der Verschmelzung sind die Vorschriften, die für die

---

[744] Vgl. den verzögerten Fristbeginn des § 134 III UmwG iV.m. § 133 III UmwG (5 plus 5 Jahre), vgl. insoweit auch die jetzt überholte Rechtsprechung des BGH zu § 159 HGB: BGHZ 87, 286; dazu auch oben, RN A 118ff.
[745] So Mayer/Vossius, Spaltung, S. 42 u. H. auf BGH GmbHR 1984, 316 zum Fall der Umwandlung eines einzelkaufmännischen Unternehmens.
[746] Vgl. Mayer/Vossius, Spaltung, S. 42 zu § 2 I S. 1 SpTrUG.
[747] § 4 II UmwG ist nach § 135 I S. 1 UmwG nicht anwendbar.
[748] § 135 I i.V.m. § 125 i.V.m. § 27 UmwG.
[749] Vgl. zu § 3 SpTrUG Haritz, in: Rechtshandbuch Vermögen, § 3 SpTrUG, RN 7.

Gründung eine Mindestzahl der Gründer (z. B. § 2 AktG) vorschreiben, nicht anzuwenden (§ 135 II S. 3 UmwG).

Die **Anmeldung der Spaltung** und die **Anmeldung der neuen Rechtsträger** erfolgt ausschließlich durch die Vertretungsorgane des übertragenden Rechtsträgers. Sie haben jeden der neuen Rechtsträger bei dem Gericht, in dessen Bezirk er seinen Sitz haben soll, zur Eintragung in das Register anzumelden. Außerdem ist die Spaltung zur Eintragung in das Register des übertragenden Rechtsträgers anzumelden. Die beteiligten Registergerichte haben sich hiervon nach § 137 III UmwG gegenseitig Mitteilung zu machen.

4. Besonderheiten bei einzelnen Rechtsformen

a) Personenhandelsgesellschaften

330 Bei der Spaltung unter **Beteiligung von Personenhandelsgesellschaften** sind die besonderen Vorschriften der §§ 39 bis 45 UmwG, die für die Verschmelzung gelten, entsprechend anwendbar.[750] Dies bedeutet, daß der Spaltungsvertrag oder Spaltungsplan für jeden Anteilsinhaber eines übertragenden Rechtsträgers zu bestimmen hat, ob ihm in der übernehmenden oder neuen Personenhandelsgesellschaft die Stellung eines persönlich haftenden Gesellschafters oder eines Kommanditisten gewährt wird.[751] Anteilsinhabern eines übertragenden Rechtsträgers, die bisher nicht unbeschränkt persönlich gehaftet haben, ist gegebenenfalls die Stellung eines Kommanditisten zu gewähren. Ein Spaltungsbericht ist für eine an der Spaltung beteiligte Personenhandelsgesellschaft nicht erforderlich, wenn alle Gesellschafter dieser Gesellschaft zur Geschäftsführung berechtigt sind.[752] Bezüglich der Unterrichtung der Gesellschafter und der Prüfung der Spaltung gelten die Erleichterungen der §§ 42 und 44 UmwG entsprechend. Dem Spaltungsvertrag oder Spaltungsplan müssen grundsätzlich alle Gesellschafter, auch die nicht erschienenen, zustimmen, sofern der Gesellschaftsvertrag nicht eine Mehrheitsentscheidung der Gesellschafter vorsieht.[753]

331 Bezüglich der **persönlichen Haftung früherer Gesellschafter** der sich spaltenden Personenhandelsgesellschaft greift die Haftungsbeschränkung nach § 45 UmwG entsprechend ein, da die Interessenlage sich genauso wie bei der Verschmelzung darstellt. Im Ergebnis kommt es dadurch grundsätzlich zu einer parallel laufenden Haftung der übertragenden Personenhandelsgesellschaft (§ 133 UmwG) mit derjenigen der persönlich haftenden Gesellschafter; in Fällen der Betriebsaufspaltung nach

---

[750] Vgl. hierzu im einzelnen oben, RN 241 ff.
[751] Vgl. § 125 i. V. m. § 40 UmwG.
[752] § 125 i. V. m. § 41 UmwG.
[753] Einzelheiten § 43 UmwG, hierzu oben, RN 242.

§ 134 UmwG haften die persönlich haftenden Gesellschafter allerdings nach § 45 UmwG kürzer (maximal fünf Jahre) als der Rechtsträger (die Personenhandelsgesellschaft), der maximal zehn Jahre haftet.[754]

b) **Gesellschaften mit beschränkter Haftung**

Bei der Spaltung unter **Beteiligung von Gesellschaften mit beschränkter Haftung** sind über § 125 UmwG bezüglich der Vorbereitung, Durchführung und Wirkung die entsprechenden Vorschriften des Verschmelzungsrechts neben den allgemeinen Vorschriften des Spaltungsrechts anzuwenden. Abweichend von § 58 II UmwG, der bei der Verschmelzung durch Neugründung einen Sachgründungsbericht für nicht erforderlich hält, soweit eine Kapitalgesellschaft oder eingetragene Genossenschaft übertragender Rechtsträger ist, ist bei der Spaltung zur Neugründung gemäß § 138 UmwG ein **Sachgründungsbericht** nach § 5 IV GmbHG stets erforderlich.

332

Soweit für die Spaltung zur Aufnahme gegebenenfalls eine Kapitalerhöhung bei der übernehmenden GmbH durchzuführen ist, greifen auch die §§ 44 und 55 UmwG entsprechend ein, d. h. soweit bei der übernehmenden GmbH möglicherweise eigene Anteile entstehen, darf diese GmbH zur Durchführung der Spaltung ihr Stammkapital nicht erhöhen.[755]

Da bei der Durchführung einer Spaltung grundsätzlich die §§ 30, 31 GmbHG zu beachten sind, die Rückzahlungen des zur Erhaltung des Stammkapitals erforderlichen Vermögens der Gesellschaft an die Gesellschafter verbieten, kann es bei Ausgliederung, insbesondere aber bei Abspaltungen, bei denen die übertragende GmbH nicht Anteilsinhaber am übernehmenden Rechtsträger wird, erforderlich sein, eine **Herabsetzung des Stammkapitals** der übertragenden GmbH herbeizuführen. Möglich ist hierfür einmal die ordentliche Kapitalherabsetzung, die aber neben der einjährigen Sperrfrist für die Anmeldung zur Eintragung in das Handelsregister den weiteren Nachteil hat, daß Gläubiger der übertragenden GmbH eine Befriedigung oder Sicherstellung verlangen können.[756] Für den Fall, daß zur Durchführung der Abspaltung oder der Ausgliederung eine Herabsetzung des Stammkapitals einer übertragenden GmbH erforderlich ist, sollte diese deshalb auch in vereinfachter Form nach §§ 58a ff GmbHG[757] vorgenommen werden.

333

Auch bei einer **Ausgliederung nach dem UmwG** ist grundsätzlich der Zustimmungsbeschluß der übertragenden GmbH notwendig.[758] Hervor-

334

---

[754] Siehe dazu oben, RN 326 f.
[755] § 125 i. V. m. § 54 I UmwG.
[756] Vgl. Begr. zu § 139 RegE UmwG, BT-Drucks. 12/6699, S. 125.
[757] Vgl. dazu oben, RN 188.
[758] § 137 RefE UmwG hatte die Einschaltung der Gesellschafterversammlung von einem Minderheitsverlangen von mindestens 10% des Stammkapitals abhängig gemacht, vgl. Hommelhoff ZGR 1993, 452, 455 f.

zuheben ist, daß dies aber nur die Ausgliederung im Wege der partiellen Gesamtrechtsnachfolge (Sonderrechtsnachfolge) betrifft. Soweit eine „Ausgliederung" auf ein Tochterunternehmen nach herkömmlichen Methoden, also durch Einzelübertragung der Gegenstände des Gesellschaftsvermögens und der Einzelüberleitung von Verbindlichkeiten erfolgt, ist dies weiterhin nach den allgemeinen zivilrechtlichen Vorschriften möglich.[759] Ein generelles Zustimmungserfordernis der Gesellschafterversammlung der übertragenden GmbH ist dann nicht gegeben, soweit nicht der Gesellschaftsvertrag oder das allgemeine Organisationsrecht der GmbH einen entsprechenden Zustimmungsbeschluß der Gesellschafterversammlung voraussetzen. Jedenfalls bezüglich der Bestimmung der Unternehmenspolitik und sofern es sich bei der „Ausgliederung" im Wege der Einzelübertragung um eine außergewöhnliche Maßnahme handelt, wird man von einer entsprechenden **Kompetenz der Gesellschafterversammlung** ausgehen können.[760] Einzelheiten sind hier wie im Aktienrecht streitig.[761]

335 Sämtliche Geschäftsführer einer übertragenden GmbH haben bei der **Anmeldung einer Abspaltung oder Ausgliederung** zur Eintragung in das Register ihrer GmbH gemäß § 140 UmwG zu erklären, daß die durch Gesetz und Gesellschaftsvertrag vorgesehenen Voraussetzungen für die Gründung dieser GmbH auch unter Berücksichtigung der Abspaltung oder Ausgliederung zum Zeitpunkt der Anmeldung vorliegen. Diese Erklärung gegenüber dem Registergericht ist nach § 313 II UmwG strafbewehrt. Der Gesetzgeber will durch diese Vorschrift sicherstellen, daß bei der übertragenden GmbH auch nach der Durchführung der Spaltung die **Vorschriften über die Mindesthöhe der Stammeinlagen** beachtet sind und insbesondere, daß das – auch nach einer vereinfachten Kapitalherabsetzung – im Gesellschaftsvertrag der übertragenden GmbH vorgesehene Stammkapital, das auch über dem gesetzlichen Mindestkapital liegen kann, durch die bei der übertragenden GmbH noch vorhandenen Aktiva weitergedeckt ist.[762]

c) **Aktiengesellschaften**

336 Auch für die Spaltung unter **Beteiligung von Aktiengesellschaften und KGaA** sind grundsätzlich die allgemeinen Vorschriften der §§ 126 ff. UmwG sowie über § 125 UmwG die entsprechenden Verschmelzungsvorschriften zu beachten.

---

[759] Vgl. Begr. vor § 138 RegE UmWG, BT-Drucks. 12/6699, S. 124.
[760] Vgl. zur AG BGHZ 83, 122 -Holzmüller- ; zur GmbH Lutter/Hommelhoff, § 37, RN 8 f.; Hachenburg/Mertens § 37, RN 5; Scholz/Schneider, § 37, RN 10 ff. jew. m. w.Nachw.; einschränkend Baumbach/Hueck/Zöllner, § 37 GmbHG, RN 6.
[761] Siehe dazu oben, RN 312.
[762] Begr. zu § 140 RegE UmwG, BT-Drucks. 12/6699, S. 125.

IV. Spaltung nach Umwandlungsgesetz 277

Um zu verhindern, daß eine Aktiengesellschaft noch in der sogenannten **Nachgründungsperiode** (vgl. § 52 AktG) innerhalb der ersten zwei Jahre durch Aufspaltung wieder erlischt oder durch Abspaltung oder Ausgliederung ausgehöhlt wird, darf eine Aktiengesellschaft oder KGaA, die noch nicht zwei Jahre im Register eingetragen ist, nicht gespalten werden; dieses Verbot gilt für alle drei Spaltungsarten: Aufspaltung, Abspaltung und Ausgliederung.[763]

Bezüglich der **Vorbereitung und Durchführung der Hauptversammlung** gelten hier über § 125 UmwG die Vorschriften des Verschmelzungsrechts entsprechend.[764] In den Spaltungsbericht ist ein Hinweis auf einen gegebenenfalls vorliegenden Bericht über die Prüfung von Sacheinlagen bei einer übernehmenden Aktiengesellschaft (§ 183 III AktG) sowie auf das Register, bei dem dieser Bericht hinterlegt ist, aufzunehmen. 337

Eine **Prüfung der Spaltung** hat immer stattzufinden, sofern die Anteilsinhaber nicht gemäß § 125 i. V. m. § 9 III i. V. m. § 8 III UmwG hierauf in notariell beglaubigter Form verzichtet haben.[765] Soweit eine übernehmende Aktiengesellschaft eine Kapitalerhöhung vornimmt, hat eine Prüfung der Sacheinlage nach § 183 III AktG stets stattzufinden.[766] Die Kapitalerhöhungsverbote nach § 68 UmwG sind zu beachten; außerdem hat eine übernehmende Aktiengesellschaft die Möglichkeit, etwa zu gewährende Aktien auch anderweitig zu beschaffen, soweit gesetzlich zulässig.[767] 338

Um sicherzustellen, daß den Aktionären einer übertragenden Aktiengesellschaft etwaige **Wertschwankungen** der zu übertragenden Vermögensteile auch noch bei ihrer Beschlußfassung bekannt sind, muß der Vorstand die Aktionäre über jede wesentliche Veränderung des Vermögens dieser Gesellschaft, die zwischen dem Abschluß des Spaltungs- und Übernahmevertrages oder Spaltungsplanes und dem Zeitpunkt der Beschlußfassung eingetreten ist, unterrichten. Mittelbar profitieren hiervon die Anteilsinhaber der übernehmenden Rechtsträger, weil der Vorstand einer übertragenden AG auch deren Vertretungsorgane über etwaige wesentliche Veränderungen zu unterrichten hat. Die Vertretungsorgane der übernehmenden Rechtsträger haben wiederum ihre Anteilsinhaber vor der Beschlußfassung über die Spaltung entsprechend zu informieren.[768] Anders als bei der Verschmelzung durch Neugründung einer Aktienge- 339

---

[763] Begr. zu § 141 RegE UmwG, BT-Drucks. 12/6699, S. 126.
[764] Zur Ausgliederung vgl. bereits oben RN 311 ff.
[765] § 9 II UmwG, der für den Fall, daß das übertragende Unternehmen eine 100 %ige Tochtergesellschaft des übernehmenden Rechtsträgers ist, eine Verschmelzungsprüfung für nicht erforderlich hält, ist gemäß § 125 UmwG nicht anwendbar.
[766] § 142 I UmwG im Gegensatz zu § 69 UmwG für den entsprechenden Fall bei der Verschmelzung.
[767] Vgl. hierzu oben RN 268.
[768] Vgl. § 143 UmwG.

sellschaft muß bei der Spaltung zur Neugründung einer Aktiengesellschaft nach § 144 UmwG ein Gründungsbericht erstattet und eine Gründungsprüfung stets durchgeführt werden.

340 Wie bei einer GmbH nach § 139 UmwG besteht bezüglich einer übertragenden Aktiengesellschaft gemäß § 145 UmwG ebenfalls die Möglichkeit, zur Durchführung der Abspaltung oder Ausgliederung eine **Herabsetzung des Grundkapitals**, auch in vereinfachter Form,[769] vorzunehmen. Auch eine ordentliche Kapitalherabsetzung[770] ist möglich. Entsprechend der GmbH-rechtlichen Regelung in § 140 UmwG hat der Vorstand einer übertragenden Aktiengesellschaft bei der Anmeldung einer Abspaltung oder Ausgliederung zur Eintragung in das betreffende Handelsregister eine Erklärung dahingehend abzugeben, daß die durch Gesetz und Satzung vorgesehenen Voraussetzungen für die Gründung dieser Aktiengesellschaft unter Berücksichtigung der Abspaltung oder der Ausgliederung im Zeitpunkt der Anmeldung noch vorliegen.[771] Auch bezüglich der Aktiengesellschaft zielt die Erklärung insbesondere darauf, daß die bei der übertragenden Aktiengesellschaft verbleibenden Aktiva deren **satzungsmäßiges Kapital**, das jedenfalls dem gesetzlichen Mindestkapital von 100.000,- DM entsprechen muß, abdecken. Nach dem Wortlaut des Gesetzes gilt dies auch für die Mindestanzahl der Gründer einer Aktiengesellschaft nach § 2 AktG, was aber angesichts der Intention des Gesetzgebers, allein die Einhaltung der Kapitalschutzvorschriften zu sichern,[772] zweifelhaft ist.

341 Um dem Registergericht eine Prüfung zu ermöglichen, ob die übertragende Aktiengesellschaft weiterhin den rechtlichen Vorschriften entspricht, ist der Anmeldung einer Abspaltung oder Ausgliederung nach § 146 II UmwG außer den sonst erforderlichen Unterlagen auch immer der Spaltungsbericht nach § 127 UmwG beizufügen. Zusätzlich bedarf es bei der Abspaltung eines Prüfungsberichts nach § 125 i.V.m. § 12 UmwG.

d) Genossenschaften

342 Die Spaltung in Form der drei Spaltungsmöglichkeiten Aufspaltung, Abspaltung und Ausgliederung kann auch unter der **Beteiligung von eingetragenen Genossenschaften** erfolgen. Möglich sind neben rein genossenschaftlichen Spaltungsvorgängen, bei denen die übertragenden Rechtsträger Genossenschaften sind, auch Mischspaltungen unter Beteiligung von Rechtsträgern anderer Rechtsformen. Zu beachten ist dabei,

---

[769] Zur Kapitalherabsetzung in vereinfachter Form siehe oben RN 182f.
[770] Siehe hierzu oben RN 181.
[771] § 146 I UmwG; die Abgabe einer falschen Erklärung ist strafbar, § 313 II UmwG.
[772] Vgl. Begr. zu §§ 146 und 140 RegE UmwG, BT-Drucks. 12/6699, S. 125, 127; § 135 II S. 3 UmwG, der die Vorschriften über die Mindestzahl der Gründer für unanwendbar erklärt, gilt nur für die neugegründete Gesellschaft.

IV. Spaltung nach Umwandlungsgesetz

daß die Spaltung eines Rechtsträgers anderer Rechtsform zur Aufnahme von Teilen seines Vermögens durch eine eingetragene Genossenschaft nach § 147 UmwG nur erfolgen kann, wenn eine erforderliche Änderung des Statuts der übernehmenden Genossenschaft gleichzeitig mit der Spaltung beschlossen wird, um etwaigen mit der bisherigen Struktur der Genossenschaft nicht in Einklang zu bringenden Veränderungen des Beteiligungsverhältnisses Rechnung zu tragen.

Im übrigen läuft die Spaltung, soweit Genossenschaften beteiligt sind, entsprechend den allgemeinen Spaltungsvorschriften unter Berücksichtigung auch der besonderen Vorschriften (§§ 79 bis 98 UmwG), die für die Verschmelzung gelten, ab. Bezüglich des vom Vorstand beschlossenen Spaltungs- und Übernahmevertrages ist ein Spaltungsbericht durch den Vorstand zu erstellen. Statt eines Spaltungsprüfergutachtens ist für jede beteiligte Genossenschaft eine **gutachterliche Äußerung des Prüfungsverbandes** einzuholen, die sich darauf zu erstrecken hat, ob die Spaltung mit den Belangen der Genossen und der Gläubiger der Genossenschaft vereinbar ist.[773]

Zu beachten sind insbesondere die Vorschriften bezüglich der **Vorbereitung und Durchführung der Generalversammlung** (§§ 82 bis 84 UmwG); anwendbar sind ferner die Vorschriften über die **Ausschlagung**.[774]

Bei der **Anmeldung der Abspaltung oder Ausgliederung** sind außer den erforderlichen Unterlagen[775] auch der Spaltungsbericht nach § 127 UmwG sowie das einzuholende Prüfungsgutachten nach § 125 i.V.m. § 81 UmwG beizufügen.

Ähnlich wie bei der GmbH und der Aktiengesellschaft[776] hat auch der Vorstand einer übertragenden Genossenschaft bei der Anmeldung zur Eintragung in das Genossenschaftsregister nach § 148 I UmwG zu erklären, daß die durch Gesetz und Statut vorgesehenen Voraussetzungen für die Gründung dieser Genossenschaft unter Berücksichtigung der Abspaltung oder der Ausgliederung im Zeitpunkt der Anmeldung vorliegen. Zwar hat eine Genossenschaft kein Stamm- oder Grundkapital, entsprechend § 11a II GenG hat die Erklärung jedoch den Inhalt, daß nach den persönlichen oder wirtschaftlichen Verhältnissen, insbesondere der Vermögenslage der Genossenschaft, eine **Gefährdung der Belange der Genossen** oder der Gläubiger der Genossenschaft nicht zu besorgen ist. Obwohl auch das Prüfungsgutachten des Prüfungsverbandes sich zu den Belangen der Genossen und der Gläubiger der Genossenschaften zu äußern

---

[773] § 125 i.V.m. § 81 UmwG.
[774] §§ 90 bis 94 UmwG, vgl. hierzu bereits oben, RN 281.
[775] Vgl. § 125 i.V.m. § 17 UmwG entsprechend; sowie oben RN 224f.
[776] §§ 140, 146 UmwG.

hat, rechtfertigt die Verselbständigung des Vermögens einer Genossenschaft diese zusätzliche Erklärungspflicht des Vorstands.[777]

e) Ausgliederung aus dem Vermögen eines Einzelkaufmanns

345 aa) Möglichkeit der Ausgliederung. Die „Umwandlung" eines einzelkaufmännischen Unternehmens in eine Personenhandels- oder Kapitalgesellschaft kann auf verschiedene Weise erfolgen.[778] Das bisherige Umwandlungsrecht ließ unter anderem die Umwandlung des Unternehmens eines Einzelkaufmanns durch Übertragung des Geschäftsvermögens auf eine Aktiengesellschaft oder GmbH[779] zu. Bei diesen Umwandlungsformen handelte es sich um sogenannte übertragende, errichtende Umwandlungen, bei denen der Einzelkaufmann als Rechtsträger fortbestehen blieb. Nach dem neuen Umwandlungsrecht ist zwar der Einzelkaufmann nicht ein generell verschmelzungs- oder spaltungsfähiger Rechtsträger, wie sich aus §§ 3, 124 UmwG ergibt, die bisherigen Umwandlungsmöglichkeiten sind jedoch jetzt zutreffend als **Ausgliederungen aus dem Vermögen des Einzelkaufmanns** vom Gesetzgeber angesehen und deshalb im Zusammenhang mit der Spaltung geregelt worden.[780] Im einzelnen sind die Umwandlungsmöglichkeiten eines Einzelkaufmanns erheblich erweitert worden.

346 Der Einzelkaufmann kann nach § 152 S. 1 UmwG sein gesamtes Vermögen oder einen Teil davon zur Aufnahme seines Unternehmens oder von Teilen dieses Unternehmens durch Personenhandelsgesellschaften, Kapitalgesellschaften oder eingetragene Genossenschaften oder zur Neugründung von Kapitalgesellschaften ausgliedern. Damit wird ermöglicht, daß ein Einzelkaufmann sein Geschäftsvermögen durch **Sonderrechtsnachfolge** auch auf bereits bestehende Personenhandels- oder Kapitalgesellschaften überträgt. Es handelt sich also um eine Einbringung, die nicht im Wege der Einzelrechtsnachfolge,[781] sondern im Wege der partiellen Gesamtrechtsnachfolge durchgeführt wird. Man kann deshalb von einer „sachenrechtlichen Erleichterung" sprechen.[782] Zur Neugründung können bei der Ausgliederung aus dem Vermögen eines Einzelkaufmanns aber nur Kapitalgesellschaften als neue, übernehmende Rechtsträger beteiligt sein. Die Gründung einer Einmann-Personenhandelsgesellschaft ist begrifflich ausgeschlossen, ebensowenig ist die Neugründung einer Einmann-Genossenschaft vorstellbar.[783]

---

[777] Vgl. Begr. zu § 148 RegE UmwG, BT-Drucks. 12/6699, S. 127.
[778] Vgl. oben, RN 64.
[779] Vgl. §§ 50 ff., 56a ff. UmwG a. F.
[780] Vgl. §§ 152 ff. UmwG.
[781] Siehe dazu oben, RN 11 f.
[782] Begr. zu § 152 UmwG, BT-Drucks. 12/6699, S. 128.
[783] Begr. § 152 RegE UmwG, BT-Drucks. 12/6699, S. 128.

Voraussetzung der Umwandlung ist, daß die **Firma des Einzelkauf-** 347
manns im Handelsregister eingetragen ist. Auf Minderkaufleute, auch wenn sie fälschlich eingetragen sind, findet die Vorschrift keine Anwendung. Ein nicht eingetragener Vollkaufmann hat aber die Möglichkeit, die Anmeldung seines Handelsgeschäftes zum Handelsregister mit der Umwandlung zu verbinden unter der Maßgabe, daß der Einzelkaufmann vor der Umwandlung eingetragen wird. Maßgeblicher Zeitpunkt für die Eintragung als Einzelkaufmann ist nämlich nicht die Aufstellung des Ausgliederungs- und Übernahmevertrages oder des Ausgliederungsplanes, sondern deren Eintragung in das Handelsregister.[784]

Eine Ausgliederung ist nicht möglich, wenn die Verbindlichkeiten des 348
Einzelkaufmanns sein Vermögen übersteigen. Dieses **Umwandlungsverbot** soll in erster Linie verhindern, daß der Einzelkaufmann seinen Privatgläubigern Vermögenswerte durch eine übertragende Umwandlung entzieht.[785] Dagegen besteht kein Umwandlungshindernis, wenn infolge der Ausgliederung das verbleibende Vermögen des Einzelkaufmanns nicht mehr die Schulden deckt, weil private Gläubiger des Einzelkaufmanns erforderlichenfalls in dessen Gesellschaftsanteile vollstrecken können.[786]

bb) **Ausgliederung zur Aufnahme.** Der **Ausgliederungs- und Über-** 349
nahmevertrag oder Ausgliederungsplan, der entsprechend den allgemeinen Regeln für die Spaltung[787] zu erstellen ist, muß notariell beurkundet werden.

Bei der Ausgliederung zur Aufnahme ist nach § 153 UmwG ein Ausgliederungsbericht für den Einzelkaufmann nicht erforderlich; doch hat er gegebenenfalls einen solchen Bericht für die Anteilsinhaber der übernehmenden Rechtsträger zu erstellen.[788] Eine Prüfung der Ausgliederung findet nach § 125 UmwG nicht statt.

Die Ausgliederung ist beim **Handelsregister zur Eintragung anzumel-** 350
den. Dabei sind der Anmeldung beizufügen:
– der Ausgliederungs- und Übernahmevertrag,
– die Ausgliederungsbeschlüsse der übernehmenden Rechtsträger,
– etwa erforderliche Ausgliederungs- und Ausgliederungsprüfungsberichte bezüglich der übernehmenden Rechtsträger oder entsprechende Verzichtserklärungen,

---

[784] So Dehmer, § 56a UmwG, Anm. 6; Scholz/Priester, Anh. Umw., § 56a, RN 2, jeweils zu § 56a UmwG.
[785] Vgl. Scholz/Priester, Anh. Umwandlung, § 56a, RN 8; Rowedder/Zimmermann, § 77, Anhang, RN 345; Widmann/ Mayer, RN 1100.
[786] Rowedder/Zimmermann, § 77, Anhang, RN 345.
[787] Siehe oben RN 297 ff.
[788] Begr. zu § 153 UmwG, BT-Drucks. 12/6699, S. 129.

– ein Nachweis über die rechtzeitige Zuleitung des Ausgliederungs- und Übernahmevertrages an den zuständigen Betriebsrat, sowie
– eine Schlußbilanz des Einzelkaufmanns.[789]

Das Registergericht muß die Eintragung der Ausgliederung nach § 154 UmwG ablehnen, wenn offensichtlich ist, daß die Verbindlichkeiten des Einzelkaufmanns sein Vermögen übersteigen. Dem Registerrichter steht im wesentlichen nur die Aufstellung des zu übertragenden Vermögens aus dem Ausgliederungs- und Übernahmevertrag sowie die Schlußbilanz zur Verfügung. Er hat also keinen unmittelbaren Einblick in die übrigen (privaten) finanziellen Verhältnisse des Einzelkaufmanns. Bei Zweifeln, ob die Verbindlichkeiten des Einzelkaufmanns sein Vermögen offensichtlich übersteigen, wird man es deshalb für zulässig halten müssen, daß der Registerrichter im Rahmen des Amtsermittlungsgrundsatzes nach § 12 FGG auch eine **Vermögensübersicht**, wie sie ausdrücklich nur bei der Ausgliederung zur Neugründung notwendig ist,[790] sowie deren etwaige Prüfung verlangen darf.

351 Die Eintragung der Ausgliederung führt zur **partiellen Gesamtrechtsnachfolge** mit den Wirkungen des § 131 I UmwG. Soweit die Ausgliederung das gesamte Unternehmen des Einzelkaufmanns erfaßt, bewirkt die Eintragung der Ausgliederung darüber hinaus auch das Löschen der von dem Einzelkaufmann geführten Firma; dieses Erlöschen der Firma ist nach § 155 UmwG von Amts wegen in das Handelsregister einzutragen.

Der Einzelkaufmann wird durch den **Übergang der Verbindlichkeiten** auf übernehmende oder neue Gesellschaften von der Haftung für diese Verbindlichkeiten nicht befreit. Auch etwaige für die Verbindlichkeiten bestellte Bürgschaften oder Pfandrechte erlöschen nicht infolge des Übergangs der Verbindlichkeiten.[791] Entsprechend der Regelung im Nachhaftungsbegrenzungsgesetz ist jedoch die **Haftung des Einzelkaufmanns** für übertragende Verbindlichkeiten zeitlich begrenzt. Er haftet gemäß § 157 I UmwG nur für die im Ausgliederungs- und Übernahmevertrag aufgeführten Verbindlichkeiten, wenn sie vor Ablauf von fünf Jahren nach der Ausgliederung fällig und daraus Ansprüche gegen ihn gerichtlich geltend gemacht sind. Zu beachten ist aber, daß der Einzelkaufmann selbstverständlich als Gesellschafter einer aufnehmenden Personenhandelsgesellschaft (OHG, KG) für die Verbindlichkeiten der Gesellschaft den Gläubigern als Gesamtschuldner persönlich haften kann. Weitere Einzelheiten der zeitlichen Begrenzung sind entsprechend den allgemeinen Vorschriften für die Spaltung geregelt.[792] Hervorzuheben ist, daß die zeitliche Begrenzung der Haftung für übertragene Verbindlich-

---

[789] §§ 125 i. V. m. 17 I UmwG.
[790] § 159 III UmwG.
[791] Vgl. § 156 UmwG, dessen S. 2 den § 418 BGB ausdrücklich ausnimmt.
[792] Vgl. § 157 UmwG.

keiten nach § 157 IV UmwG auch dann eingreift, wenn der Einzelkaufmann in dem Rechtsträger anderer Rechtsform geschäftsführend tätig wird. Die bisherige Rechtsprechung, die die Sonderverjährung nach § 159 HGB a. F. nicht eingreifen ließ für persönlich haftende Gesellschafter, die mit Umwandlung einer OHG in eine GmbH & Co. zu Kommanditisten wurden, aber zugleich Geschäftsführer der GmbH waren,[793] ist damit endgültig überholt.

cc) **Ausgliederung zur Neugründung.** Sofern die **Ausgliederung** aus dem Vermögen des Einzelkaufmanns **zur Neugründung** erfolgt, sind die Vorschriften, die die Ausgliederung aus dem Vermögen des Einzelkaufmanns zur Aufnahme betreffen, gemäß § 158 UmwG entsprechend anwendbar. Daneben sind selbstverständlich die allgemeinen Gründungsvorschriften gemäß § 135 II UmwG anwendbar. In dem Sachgründungsbericht für eine GmbH und dem Gründungsbericht für eine Aktiengesellschaft sind auch der Geschäftsverlauf und die Lage des übertragenden einzelkaufmännischen Unternehmens darzustellen.[794] Bei der Gründung einer Aktiengesellschaft muß die Prüfung durch die neuen Organe sowie durch die Gründungsprüfer[795] sich auch darauf erstrecken, ob die Verbindlichkeiten des Einzelkaufmanns sein Vermögen übersteigen. Zu dieser Prüfung hat der Einzelkaufmann den Prüfern eine Aufstellung vorzulegen, in der sein Vermögen seinen Verbindlichkeiten gegenüber gestellt ist. Diese **Vermögensaufstellung**[796] soll die Prüfung erlauben, ob das Ausgliederungsverbot des § 152 S. 2 UmwG eingreift oder nicht. Als stets erforderlich wird man eine Gliederung nach Betriebsvermögen und Privatvermögen ansehen müssen; hinsichtlich des Unternehmensvermögens steht den Prüfern auch die Bilanz, die nach § 17 II UmwG einzureichen ist, zur Verfügung. Wenn Anlaß für die Annahme besteht, daß in der Aufstellung aufgeführte Vermögensgegenstände überbewertet oder Verbindlichkeiten nicht oder nicht vollständig aufgeführt worden sind, steht den Gründungsprüfern ein umfassendes Einsichts- und Auskunftsrecht zur Verfügung.[797] Es erstreckt sich nach Sinn und Zweck der erweiterten Gründungsprüfung auch auf die Gegenstände des Privatvermögens des Einzelkaufmanns. Das Gericht hat die Eintragung der neuen Gesellschaft nach § 160 II UmwG stets abzulehnen, wenn die Verbindlichkeiten des Einzelkaufmanns sein Vermögen übersteigen.

Auch bei einer **neugegründeten GmbH** kann das Gericht die Vorlage einer bescheinigten oder geprüften Vermögensaufstellung verlangen.

352

353

---

[793] Siehe hierzu oben, RN A 124.
[794] § 159 I i. V. m. §§ 58 I, 75 I UmwG.
[795] § 33 I, II AktG.
[796] Zur konstitutiven Wirkung der Vermögensübersicht nach § 52 IV UmwG a. F. vgl. OLG Karlsruhe EWiR § 52 UmwG 1/93, 81 (Reimann).
[797] Vgl. § 159 III S. 3 UmwG i. V. m. § 320 I S. 2, II S. 1 HGB.

Die Anmeldung der Ausgliederung sowie der neuen Kapitalgesellschaft ist von dem Einzelkaufmann und den Geschäftsführern oder den Mitgliedern des Vorstandes und des Aufsichtsrats der neuen Kapitalgesellschaft vorzunehmen.

f) Sonstige Spaltungs- und Ausgliederungsmöglichkeiten nach dem UmwG

354 Das UmwG enthält ferner besondere Vorschriften bezüglich der Spaltung unter Beteiligung rechtsfähiger Vereine (§ 149 UmwG), genossenschaftlicher Prüfungsverbände (§ 150 UmwG) und von Versicherungsvereinen auf Gegenseitigkeit (§ 151 UmwG). Die **Möglichkeiten der Spaltung** sind hier entsprechend den Parallelvorschriften im Verschmelzungsrecht[798] weitgehend beschränkt. Neu ist die Ausgliederung aus dem Vermögen rechtsfähiger Stiftungen, die in §§ 161–167 UmwG geregelt ist. Darüber hinaus ist die Ausgliederung aus dem Vermögen von Gebietskörperschaften oder Zusammenschlüssen von Gebietskörperschaften möglich, um die Privatisierung von Regie- und Eigenbetrieben der öffentlichen Hand durchzuführen.[799] Im Gegensatz zum bisherigen Recht ist jetzt auch die Ausgliederung zur Aufnahme auf bereits bestehende Gesellschaften möglich; daneben können auch die KGaA, Personenhandelsgesellschaften und eingetragene Genossenschaften übernehmende Unternehmen sein.[800]

5. Spaltung von Treuhandunternehmen

355 Um der **Treuhandanstalt**[801] ihre gesetzliche Aufgabe der Privatisierung und Reorganisation des volkseigenen Vermögens in der ehemaligen DDR[802] zu erleichtern,[803] bestand schon vor dem Inkrafttreten des neuen UmwG die Notwendigkeit, eine gesellschaftsrechtlich gesicherte Grundlage für die Entflechtung und damit Spaltung von Kapitalgesellschaften, die von der Treuhandanstalt verwaltet werden, zu schaffen. Das **Gesetz über die Spaltung der von der Treuhandanstalt verwalteten Unternehmen** (SpTrUG) ermöglicht ausschließlich die Spaltung von Kapitalgesellschaften (GmbH, GmbH im Aufbau, AG, AG im Aufbau; nicht jedoch KGaA).[804] Nach dem SpTrUG können nur solche Kapitalgesellschaften

---

[798] Vgl. §§ 99, 105, 109 UmwG.
[799] Bisher §§ 57, 58 UmwG a. F.
[800] Vgl. Begr. zu § 168 RegE UmwG, BT-Drucks. 12/6699, S. 132.
[801] Ab 01.01.1995 ist Rechtsnachfolgerin der Treuhandanstalt die „Bundesanstalt für vereinigungsbedingte Sonderaufgaben" (BVS), vgl. Gesetz zur abschließenden Erfüllung der verbliebenen Aufgaben der Treuhandanstalt vom 9.8.1994, BGBl. I, S. 2062.
[802] § 1 II TreuhandG.
[803] Zum Treuhandgesetz und zur Umwandlung nach der durch den Einigungsvertrag außer Kraft gesetzten Umwandlungsverordnung vgl. de Weerth, DB 1994, 1405 ff.
[804] Vgl. Ganske DB 1991, 791 ff.; Weimar DtZ 1991, 182 ff.

IV. Spaltung nach Umwandlungsgesetz

ihr Vermögen spalten, bei denen sich sämtliche Geschäftsanteile oder Aktien unmittelbar oder mittelbar in der Hand der Treuhandanstalt befinden. Die Spaltung ist beschränkt auf die Aufspaltung zur Neugründung und die Abspaltung zur Neugründung. Nicht möglich ist eine Spaltung in Form der Ausgliederung oder eine Spaltung zur Aufnahme durch bestehende Rechtsträger, wie dies im UmwG vorgesehen ist.[805] Das SpTrUG besteht neben dem neuen UmwG fort, so daß Treuhandunternehmen nach beiden Gesetzen aufgespalten werden können. Für die (wenigen) verbliebenen Treuhandunternehmen wird in der Regel aber nur eine Spaltung nach dem SpTrUG in Frage kommen, um die Möglichkeit der Haftungsfreistellung durch die Treuhandanstalt nach §§ 10 III S. 3, 11 I S. 5 SpTrUG zu erhalten. Soweit es um die Aufspaltung und Abspaltung zur Neugründung geht, knüpft das SpTrUG an die Spaltungsrichtlinie des Rates der EG an.[806] Daher entspricht der Ablauf der Spaltung von Treuhandunternehmen weitgehend demjenigen nach dem neuen Umwandlungsrecht, das ebenfalls auf der Spaltungsrichtlinie basiert.

Das Vertretungsorgan der übertragenden Gesellschaft hat einen **Spaltungsplan** aufzustellen, der die in § 2 I SpTrUG genannten Mindestangaben enthalten muß. Hierbei handelt es sich bis auf geringe Abweichungen um dieselben Punkte, die in § 126 I UmwG aufgeführt sind. Dabei entsprechen die Regeln in § 2 II Ziff. 9 und 10 SpTrUG den Regeln in § 126 I S. 9, II UmwG. 356

Für die neu entstehenden Gesellschaften ist das Gründungsrecht entsprechend anwendbar (§ 3 SpTrUG). Nach den allgemeinen Vorschriften ist daher auch die Satzung einer neu entstehenden AG oder GmbH notariell zu beurkunden (§ 23 I S. 1 AktG, § 2 II GmbHG).[807] Ausdrücklich bestimmt § 3 S. 3 SpTrUG, daß die Gründerhaftung nach §§ 9a GmbHG, 46 AktG auch die Treuhandanstalt trifft.

Bei der Spaltung von Treuhandunternehmen ist ein **Spaltungsbericht** nach § 4 I S. 1 SpTrUG nur dann notwendig, wenn es sich um die Aufspaltung einer Aktiengesellschaft oder AG im Aufbau handelt, durch die eine oder mehrere Aktiengesellschaften gegründet werden sollen. Nicht erforderlich ist danach ein Spaltungsbericht in allen Fällen der Abspaltung sowie bei Aufspaltungen von GmbHs. Ein Spaltungsbericht ist ferner entbehrlich, wenn eine Aktiengesellschaft oder Aktiengesellschaft im Aufbau lediglich in GmbHs aufgespalten wird. Nur in den Fällen, in denen ein Spaltungsbericht durch den Vorstand der aufzuspaltenden Aktiengesellschaft zu erstatten ist, ist nach § 5 SpTrUG auch eine Prüfung der Spaltung vorzunehmen. 357

---

[805] Einzelheiten § 1 SpTrUG.
[806] Vgl. bereits oben, RN 293.
[807] § 125 i. V. m. § 6 UmwG.

358　Die §§ 8 und 9 SpTrUG regeln einen vom jetzigen Umwandlungsgesetz abweichenden **Ablauf der Registeranmeldungen und -eintragungen.** Nach § 2 II SpTrUG ist der Spaltungsplan von den Vertretern der übertragenden Gesellschaft zum Handelsregister einzureichen, wobei das Registergericht einen Hinweis (sogenannter „**Spaltungshinweis**") auf diese Einreichung mindestens einen Monat vor der Anteilsinhaberversammlung, in der der Spaltungsbeschluß gefaßt werden soll, bekanntzumachen hat. Ist der nach § 7 I S. 2 SpTrUG notariell zu beurkundende Spaltungsbeschluß durch die Gesellschafter oder Aktionäre der übertragenden Gesellschaft gefaßt worden, haben die Vertretungsorgane der übertragenden Gesellschaft jede der neuen Gesellschaften bei dem jeweiligen Sitzgericht zur Eintragung in das Handelsregister anzumelden. Zu diesem Zeitpunkt ist ferner ein Hinweis auf die bevorstehende Spaltung zur Eintragung in das Handelsregister der übertragenden Gesellschaft anzumelden. Die Eintragung der neuen Gesellschaften darf erst erfolgen, nachdem dieser Hinweis eingetragen worden ist (§ 8 II S. 1 SpTrUG). Nach § 9 I SpTrUG hat sodann das Vertretungsorgan der übertragenden Gesellschaft die Spaltung zur Eintragung in das Handelsregister der übertragenden Gesellschaft anzumelden. Die Spaltung selbst darf erst eingetragen werden, nachdem die neuen Gesellschaften einschließlich des Hinweises nach § 8 I S. 2 SpTrUG eingetragen worden sind. Die Gerichte haben sich deshalb nach § 9 II SpTrUG gegenseitig von den Eintragungen Mitteilung zu machen. Erst mit der Eintragung der Spaltung in das Handelsregister der übertragenden Gesellschaft wird die Spaltung wirksam (§ 10 I SpTrUG).

359　Die **Wirkungen der Eintragungen** nach § 10 I SpTrUG entsprechen den in § 131 I UmwG aufgezählten Wirkungen. Bezüglich der vergessenen Vermögensgegenstände enthält § 10 III S. 1 SpTrUG eine dem § 131 III UmwG entsprechende Regelung. § 10 III S. 5 SpTrUG beinhaltet aber eine Sondervorschrift, die eine Privatisierung auch an sich total überschuldeter Gesellschaften ermöglichen soll: Soweit die Treuhandanstalt gegenüber dem Registergericht am Sitz der übertragenden Gesellschaft eine Erklärung abgibt, daß sie für die Erfüllung der Verbindlichkeiten der übertragenden Gesellschaft einsteht, tritt eine Haftung der neuen Gesellschaften bei der Aufspaltung nicht ein. Für die Abspaltung bedarf es keiner entsprechenden Regelung, da hier vergessene Vermögensgegenstände und Verbindlichkeiten bei dem übertragenden Rechtsträger verbleiben.

Die **Erklärung der Treuhandanstalt**, die im Handelsregister einzutragen ist,[808] führt zum Erlöschen der an sich gegebenen gesamtschuldnerischen Haftung der neuen Gesellschaften. Es handelt sich also nicht um eine Garantieerklärung, sondern um einen Fall einer befreienden Schuldübernahme.

---

[808] Haritz, in: Rechtshandbuch Vermögen, § 10 SpTrUG, RN 30.

Grundsätzlich haften die an der Spaltung beteiligten Gesellschaften ge- 360
samtschuldnerisch für die Verbindlichkeiten der übertragenden Gesellschaft, wobei allerdings die Haftung auf den Betrag beschränkt wird, den die Gläubiger erhalten hätten, wenn die Spaltung nicht durchgeführt worden wäre. Auch für diese allgemeine gesamtschuldnerische Haftung ist eine Haftungsfreistellung durch die Treuhandanstalt gemäß § 11 I S. 5 SpTrUG möglich. Diese Haftungsfreistellung gilt nicht nur in Fällen der Aufspaltung, sondern auch in Fällen der Abspaltung.

Die **Beschränkung der gesamtschuldnerischen Haftung** bis zu dem Be- 361
trag, den die Gläubiger erhalten hätten, wenn die Spaltung nicht durchgeführt worden wäre, beschränkt den Zugriff aller Gläubiger auf die Masse, die den Gläubigern ohne Spaltung als Zugriffsobjekt zur Verfügung gestanden hätte. Während das Konzept der gesamtschuldnerischen Haftung verhindern will, daß gewinnträchtige Betriebsteile fast schuldenfrei abgespalten werden und die Masse der Verbindlichkeiten bei der übertragenden Gesellschaft verbleibt, führt die Haftungsbeschränkung des § 11 I S. 1 SpTrUG dazu, daß bei ertragsstarken Gesellschaften die gesamtschuldnerische Haftung auf dasjenige Vermögen beschränkt wird, daß zum Zeitpunkt des Wirksamwerdens der Spaltung (Eintragung der Spaltung) bei der neuen Gesellschaft vorhanden war. Zusätzliches Vermögen, das auf Gewinnen oder neugeschaffenem Eigenkapital beruht, braucht dann nicht für die Altverbindlichkeiten der übertragenden Gesellschaft verwandt werden, wenn ohne die Spaltung etwaige Gewinne oder Eigenmittel ohnehin aufgezehrt worden wären.[809]

Wie nach § 125 i. V.m. § 22 UmwG können die Gläubiger der übertragenden Gesellschaft, wenn sie sich binnen sechs Monaten nach der Bekanntmachung der Eintragung der Spaltung melden, **Sicherheitsleistung** verlangen, soweit sie nicht bereits Befriedigung beanspruchen können (§ 11 I S. 2 SpTrUG).

6. Spaltung von landwirtschaftlichen Produktionsgenossenschaften

Als Sonderrecht bestehen die Vorschriften über die **Teilung und den** 362
Zusammenschluß von landwirtschaftlichen Produktionsgenossenschaften nach den §§ 4 ff. des Landwirtschaftsanpassungsgesetzes fort.[810] Danach kann eine landwirtschaftliche Produktionsgenossenschaft als übertragendes Unternehmen unter Auflösung ohne Abwicklung ihr Vermögen durch gleichzeitige Übertragung ihrer Vermögensteile auf andere da-

---

[809] Vgl. im einzelnen Haritz, in: Rechtshandbuch Vermögen, § 11 SpTrUG, RN 4; Neye, in: Rädler/Raupach/Bezzenberger, Vermögen, § 11 SpTrUG, RN 5.

[810] Gesetz über die strukturelle Anpassung der Landwirtschaft an die soziale und ökologische Marktwirtschaft in der Deutschen Demokratischen Republik – Landwirtschaftsanpassungsgesetz – vom 29.06.1990, in der Fassung der Bekanntmachung vom 03.07.1991, BGBl. I, 1418.

durch neugegründete Unternehmen aufteilen. Die Teilung einer landwirtschaftlichen Produktionsgenossenschaft ist nach § 4 I S. 2 LwAnpG nur zulässig zur Neugründung von neuen Genossenschaften, Personengesellschaften oder Kapitalgesellschaften. Einzelheiten ergeben sich aus §§ 4–22 LwAnpG. Als Besonderheit ist darauf hinzuweisen, daß § 4 II LwAnpG die Teilung für unzulässig erklärt, wenn auf ein neues Unternehmen im wesentlichen nur ein einzelner Gegenstand oder eine einzelne Verbindlichkeit übergehen soll. Der Gesetzgeber wollte damit offenbar die Umgehung der Einzelübertragungsvorschriften durch das Konzept der Gesamtrechtsnachfolge verhindern. Anders als nach dem Umwandlungsgesetz ist es nach § 22 LwAnpG außerdem möglich, daß Teilungen und Zusammenschlüsse in einem Zug, d. h. also zeitgleich erfolgen.[811]

363 Nach §§ 23 ff. LwAnpG kann eine landwirtschaftliche Produktionsgenossenschaft durch **Formwechsel** in eine eingetragene Genossenschaft, eine Personengesellschaft (Gesellschaft des bürgerlichen Rechts, offene Handelsgesellschaft, Kommanditgesellschaft) oder eine Kapitalgesellschaft (GmbH, AG) umgewandelt werden. Einzelheiten ergeben sich aus §§ 23–38 ff. LwAnpG. Sondervorschriften bestehen außerdem für die Umwandlung von kooperativen Einrichtungen, die juristische Personen sind, soweit diese durch Formwechsel umgewandelt werden sollen (§ 39 f. LwAnpG).[812]

V. Vermögensübertragung nach Umwandlungsgesetz

364 Als weitere Form der Umwandlung ist in den §§ 174–189 UmwG die **Vermögensübertragung** geregelt.[813] Wie bei der Verschmelzung oder Spaltung handelt es sich bei der Vermögensübertragung um den Übergang des gesamten Vermögens eines Rechtsträger im Wege der Gesamtrechtsnachfolge unter Auflösung ohne Abwicklung auf einen anderen Rechtsträger. Anders als bei der Verschmelzung oder Spaltung wird jedoch den Anteilsinhabern des übertragenden Rechtsträgers keine Beteiligung an dem übernehmenden Rechtsträger, sondern eine Gegenleistung, z. B. ein Entgelt oder eine Entschädigung, in anderer Form gewährt. Vom Gesetzgeber ist diese Art der Vermögensübertragung als eine Art **Auffangtatbestand für Sonderfälle** geregelt worden.[814] Möglich ist sowohl eine Vollübertragung (§ 174 I UmwG) als auch eine Teilübertragung (§ 174 II UmwG). Da die Gesellschafter eines übertragenden Rechtsträ-

---

[811] Einzelheiten bei Nies, in: Rechtshandbuch Vermögen, § 22 LwAnpG, RN 1 ff.; Jürgens DtZ 1991, 12 ff.
[812] Einzelheiten bei Jürgens DtZ 1991, 12 ff.
[813] Vgl. § 1 I Nr. 3 UmwG.
[814] Vgl. Allgem. Begr. zum Umwandlungsgesetz, BT-Drucks. 12/6699, S. 72.

gers, der sich auflöst, hierfür grundsätzlich Anteile an dem übernehmenden Rechtsträger erhalten sollen, wie dies bei Verschmelzung und Spaltung geregelt ist, ist die Vermögensübertragung nach § 175 UmwG nur in bestimmten, enumerativ aufgezählten Konstellationen möglich. Diese zeichnen sich insbesondere dadurch aus, daß an den übernehmenden Rechtsträgern keine Anteile oder Mitgliedschaften bestehen bzw. die Mitglieder regelmäßig kein Interesse an der Mitgliedschaft, sondern an einem Versicherungsverhältnis haben.[815] Eine Vermögensübertragung ist daher nur möglich von einer Kapitalgesellschaft auf die Öffentliche Hand[816] sowie von Versicherungs-Aktiengesellschaften, Versicherungsvereinen auf Gegenseitigkeit und öffentlich-rechtlichen Versicherungsunternehmen untereinander.[817] Sachlich entsprechen die neuen Vorschriften weitgehend dem bisherigen Recht, wenn auch durch die erfolgten Verweise auf das Verschmelzungsrecht des neuen Umwandlungsgesetzes die Vorschriften im einzelnen weitgehend neu gefaßt worden sind.

VI. Formwechsel nach Umwandlungsgesetz

1. Einführung

Das 5. Buch des Umwandlungsgesetzes regelt in den §§ 190 bis 304 UmwG den **Formwechsel**. Nach § 190 I UmwG kann ein Rechtsträger durch Formwechsel eine andere Rechtsform erhalten. Bisher unterschieden das Aktiengesetz und das Umwandlungsgesetz a. F. zwischen formwechselnden (identitätserhaltenden) Umwandlungen und errichtenden Umwandlungen einer Kapitalgesellschaft auf eine gleichzeitig gegründete Personenhandelsgesellschaft, sowie der Umwandlung einer Personenhandelsgesellschaft durch Übertragung ihres Vermögens auf eine gleichzeitig gegründete Kapitalgesellschaft. Jetzt faßt das neue Umwandlungsgesetz diese Fallgruppen nach weitgehend einheitlichen Gesichtspunkten zusammen. Abweichend vom bisherigen Recht wird nicht danach unterschieden, ob der formwechselnde Rechtsträger durch die Umwandlung zur juristischen Person wird oder eine juristische Person durch den Formwechsel die Eigenschaft als juristische Person verliert. Der Gesetzgeber geht vielmehr in allen diesen Fällen von der **rechtlichen Identität des Rechtsträgers** aus.[818] § 191 UmwG nennt die Rechtsträger, die ihre Form wechseln kön-

365

---

[815] Wie etwa bei der Vermögensübertragung von einem Versicherungsverein auf Gegenseitigkeit auf Aktiengesellschaften, die den Betrieb von Versicherungsgeschäften zum Gegenstand haben.

[816] Einzelheiten bei §§ 176, 177 UmwG; früher in § 359 AktG a. F. geregelt.

[817] Einzelheiten bei §§ 180–189 UmwG; bisher geregelt in § 360 AktG sowie §§ 44b, 44c und 53a VAG.

[818] Vgl. Begr. zum 5. Buch des UmwG, BT-Drucks. 12/6699, S. 136; sowie Karsten Schmidt ZGR 1990, 594.

nen, sowie die Rechtsträger der neuen Rechtsform, in die hinein gewechselt werden kann. Davon ausgehend ist möglich der Formwechsel
- einer Personenhandelsgesellschaft (OHG oder KG) in eine Kapitalgesellschaft (GmbH, AG oder KGaA) und umgekehrt,[819]
- einer Kapitalgesellschaft in eine andere Form der Kapitalgesellschaft,
- einer Kapitalgesellschaft in eine eingetragene Genossenschaft und umgekehrt,
- eines rechtsfähigen Vereins (sowohl Idealverein nach § 21 BGB als auch wirtschaftlicher Verein nach § 22 BGB) in eine Kapitalgesellschaft oder in eine eingetragene Genossenschaft,
- eines Versicherungsvereins auf Gegenseitigkeit in eine Aktiengesellschaft und schließlich
- einer Körperschaft oder Anstalt des öffentlichen Rechts in eine Kapitalgesellschaft.

Gemäß §§ 191 III UmwG ist der Formwechsel auch bei aufgelösten Rechtsträgern möglich, wenn ihre Fortsetzung in der bisherigen Rechtsform beschlossen werden könnte.

366 Das Umwandlungsgesetz regelt nicht Änderungen der Rechtsform, die nach anderen gesetzlichen Vorschriften möglich sind. Nach den **allgemeinen Vorschriften des Handelsrechts** geht es hierbei vor allem um Fälle der identitätswahrenden Umwandlung innerhalb der Personenhandelsgesellschaften (von OHG zur KG und umgekehrt) sowie um den Wechsel von der Rechtsform einer Personenhandelsgesellschaft zur Rechtsform der Gesellschaft des bürgerlichen Rechts und umgekehrt. Während identitätswahrende Umwandlungen innerhalb der Personenhandelsgesellschaften vor allem durch die Umwandlung der Gesellschafterstellungen vom Komplementär zum Kommanditisten und umgekehrt erreicht werden,[820] tritt der Wechsel von der Gesellschaft des bürgerlichen Rechts zur Personenhandelsgesellschaft von Rechts wegen bereits dadurch ein, daß die betreffende Gesellschaft ein Handelsgewerbe betreibt.[821] Demgemäß ist in § 190 II UmwG ausdrücklich geregelt, daß die Vorschriften über den Formwechsel nach dem Umwandlungsgesetz nicht für Änderungen der Rechtsform gelten, die in anderen Gesetzen vorgesehen oder zugelassen sind, soweit nicht in den §§ 190 bis 304 UmwG ausdrücklich etwas anderes bestimmt ist.

367 Grundsätzlich erfolgt der Formwechsel gemäß § 193 UmwG durch Beschluß der Anteilsinhaber des formwechselnden Rechtsträgers. Dieser Beschluß wird „**Umwandlungsbeschluß**" genannt. Zur Information der

---

[819] Zusätzlich wird der Fall der Umwandlung einer Kapitalgesellschaft in eine Gesellschaft des bürgerlichen Rechts sowie die Umwandlung in eine eingetragene Genossenschaft entsprechend geregelt.
[820] Siehe hierzu oben, RN 40 ff.
[821] Vgl. hierzu bereits oben, RN 45.

Anteilsinhaber hat das Vertretungsorgan des formwechselnden Rechtsträgers grundsätzlich einen **Umwandlungsbericht** zu erstatten. Der Formwechsel ist beim zuständigen Registergericht anzumelden; erst mit **Eintragung in das Register** wird der Formwechsel wirksam. Entsprechend diesem Ablauf sind in den §§ 190–213 UmwG allgemeine Vorschriften zum Formwechsel geregelt, die – mehr oder weniger – für alle Fälle des Formwechsels eingreifen. Darüber hinaus enthalten die §§ 214–304 UmwG besondere Vorschriften für die unterschiedlichen Rechtsformen, die beteiligt sein können.

2. Allgemeine Vorschriften zum Formwechsel

a) Umwandlungsbericht

Zur Vorbereitung des Umwandlungsbeschlusses hat gemäß § 192 I UmwG das Vertretungsorgan des formwechselnden Rechtsträgers einen ausführlichen **schriftlichen Umwandlungsbericht** zu erstatten, in dem der Formwechsel und insbesondere die künftige Beteiligung der Anteilsinhaber am Rechtsträger rechtlich und wirtschaftlich erläutert und begründet werden. Das Erfordernis eines besonderen Umwandlungsberichts ist neu für alle Rechtsformen. Im bisherigen Umwandlungsrecht nach den Vorschriften des Aktiengesetzes und des Umwandlungsgesetzes a. F. erfolgte die Information der Anteilsinhaber lediglich über die Bekanntmachung der Tagesordnung für die Anteilsinhaberversammlung, die über den Umwandlungsbeschluß zu entscheiden hatte. Die Regeln über die Erstattung des Umwandlungsberichts lehnen sich weitgehend an die bisher schon für bestimmte Fälle der Verschmelzung vorgesehene Pflicht zur Erstattung eines Verschmelzungsberichts an.[822] Soweit der Umwandlungsbericht Angaben zum Formwechsel zu geben hat, geht es insbesondere um den Ablauf des Umwandlungsverfahrens in zeitlicher und sachlicher Hinsicht. Aussagen über die künftige Beteiligung der Anteilsinhaber am Unternehmen in rechtlicher und wirtschaftlicher Hinsicht sind erforderlich, weil mit der Umwandlung zwar keine Änderung der Beteiligungsquote verbunden ist, der Formwechsel aber regelmäßig zu einer qualitativen Veränderung der Mitgliedschaftsrechte führt.[823] Soweit rechtliche Aspekte angesprochen sind, geht es nicht um eine lehrbuchartige Darlegung der Rechte und Pflichten der Gesellschafter in der neuen Gesellschaftsform, vielmehr genügt es, wenn die wesentlichen Veränderungen gegenüber dem bisherigen Status des Gesellschafters aufgeführt werden.[824] Diese Informationen sind vor allem für Minderheiten von großer

368

---

[822] Begr. zu § 192 UmwG, BT-Drucks. 12/6699, S. 138.
[823] Vgl. Begr. zu § 192 RegE UmwG, BT-Drucks. 12/6699, S. 138; Priester ZGR 1990, 420, 426.
[824] Vgl. Priester ZGR 1990, 420, 428.

Bedeutung, so daß der Umwandlungsbericht ggf. auch auf Einschränkungen solcher Minderheitsrechte hinweisen sollte. Der Umwandlungsbericht hat – wie bei der Verschmelzung – auch Angaben über alle für den Formwechsel **wesentlichen Angelegenheiten der mit dem formwechselnden Rechtsträger verbundenen Unternehmen** zu enthalten.[825] Bedeutsam kann dies insbesondere sein, wenn ein an dem formwechselnden Rechtsträger mit Mehrheit beteiligtes Unternehmen in der Gesellschaft neuer Rechtsform größere Beteiligungsrechte/Mehrheitsrechte hat, wie z. B. bei der Durchsetzung von Weisungsrechten der Gesellschafterversammlung einer GmbH gegenüber dem weisungsunabhängigen Vorstand einer Aktiengesellschaft.

Dem Umwandlungsbericht ist der **Entwurf des Umwandlungsbeschlusses**, der von den Anteilsinhabern zu fassen ist, beizufügen. Im Entwurf des Umwandlungsbeschlusses muß regelmäßig auch der neue Gesellschaftsvertrag oder die neue Satzung enthalten sein, jedenfalls soweit es um die Umwandlung in eine Kapitalgesellschaft geht (§§ 218 I, 243 I, 263 I UmwG).

369 Da es nach dem einheitlichen Konzept der identitätswahrenden Umwandlung unter keinen Umständen zur Übertragung des Vermögens des Rechtsträgers kommt, sieht das Umwandlungsrecht von der bisher verlangten Erstellung einer Umwandlungsbilanz[826] ab. Stattdessen ist gemäß § 192 II UmwG dem Umwandlungsbericht eine **Vermögensaufstellung** beizufügen, in der die Gegenstände und Verbindlichkeiten des formwechselnden Rechtsträgers mit dem wirklichen Wert anzusetzen sind, der ihnen am Tage der Erstellung des Berichts beizulegen ist. Unter dem wirklichen Wert der Vermögensgegenstände versteht der Gesetzgeber die Buchwerte unter Hinzurechnung der stillen Rücklagen und der stillen Lasten.[827] Die Aufstellung soll den Anteilsinhabern eine detaillierte Prüfung der Vermögenslage ermöglichen,[828] die notwendig ist, weil bei der Umwandlung eine Prüfung des Anteilswechsels durch Sachverständige nicht vorgesehen ist. Der Gesetzgeber wollte damit zusätzliche Kosten der Umwandlung vermeiden.[829] Zu beachten ist hierbei aber, daß jedenfalls bei dem Formwechsel einer Kapitalgesellschaft in eine Personengesellschaft nach §§ 228 ff. UmwG für steuerliche Zwecke eine **Übertragungsbilanz**, die auf den Umwandlungsstichtag zu erstellen ist, notwendig ist (§ 14 UmwStG). In Abweichung von der handelsrechtlichen Regelung hält der Gesetzgeber für steuerliche Zwecke insoweit eine Übertragungsbilanz für notwendig, weil das Steuerrecht Kapitalgesellschaften

---

[825] § 192 I S. 2 UmwG i. V. m. § 1 I S. 3 UmwG.
[826] Vgl. zum bisherigen Recht § 11 UmwG a. F.; § 366 AktG a. F.
[827] Vgl. Begr. zu § 192 RegE UmwG, BT-Drucks. 12/6699, S. 138.
[828] Vgl. Begr. zu § 192 RegE UmwG, BT-Drucks. 12/6699, S. 139.
[829] Begr. zu § 192 RegE UmwG, BT-Drucks. 12/6699, S. 139.

VI. Formwechsel nach Umwandlungsgesetz

und die an ihnen beteiligten Anteilseigner als selbständige Steuersubjekte beurteilt, während Personengesellschaften mit ihrem Einkommen nicht selbst steuerpflichtig sind, ihr Gewinn vielmehr den Gesellschaftern unmittelbar zugerechnet wird.[830]

Gemäß § 192 III UmwG ist ein Umwandlungsbericht nicht erforderlich, wenn an dem formwechselnden Rechtsträger nur ein Anteilsinhaber beteiligt ist oder wenn alle Anteilsinhaber auf seine Erstattung verzichten. Eine solche **Verzichtserklärung** ist – wie nach § 8 III UmwG für die Verschmelzung – notariell zu beurkunden.

370

b) Umwandlungsbeschluß

Der für den Formwechsel notwendige zustimmende Beschluß der Anteilsinhaber des formwechselnden Rechtsträgers, der sogenannte **Umwandlungsbeschluß**, kann nur in einer Versammlung der Anteilsinhaber gefaßt werden (§ 193 I UmwG). Die **Mehrheitserfordernisse** sind rechtsformbezogen geregelt. Sind die Anteile vinkuliert, d. h. ist die Abtretung der Anteile des formwechselnden Rechtsträgers von der Genehmigung einzelner Anteilsinhaber abhängig, so ist der Umwandlungsbeschluß nur wirksam, wenn die betreffenden Anteilsinhaber ihm zustimmen. Entsprechend den Regeln bei der Verschmelzung (§ 13 III S. 1 UmwG) müssen nach § 193 III UmwG notwendige Zustimmungserklärungen einzelner Anteilsinhaber notariell beurkundet werden.

371

Gemäß § 194 UmwG muß der Umwandlungsbeschluß wenigstens **Bestimmungen** enthalten über:
– die **Rechtsform**, die der Rechtsträger durch den Formwechsel erlangen soll;
– den **Namen oder die Firma** des Rechtsträgers neuer Rechtsform;
– die **Beteiligung der bisherigen Anteilsinhaber** an dem Rechtsträger nach den für die neue Rechtsform geltenden Vorschriften, sofern nicht ausnahmsweise eine Beteiligung entfällt;[831]
– **Zahl, Art und Umfang der Anteile** oder Mitgliedschaften, welche die Anteilsinhaber durch den Formwechsel erlangen oder die – bei Wechsel in eine KG oder KGaA – einem beitretenden persönlich haftenden Gesellschafter eingeräumt werden;
– die Rechte, die einzelnen Anteilsinhabern oder **Inhabern von Sonderrechten** gewährt werden sollen, bzw. die Maßnahmen, die für diese Personen vorgesehen sind;
– ein **Abfindungsangebot** gemäß § 207 UmwG, sofern nicht der Umwandlungsbeschluß zu seiner Wirksamkeit der Zustimmung aller Anteilsinhaber bedarf oder nur ein Anteilsinhaber an dem formwechselnden Rechtsträger beteiligt ist;

372

---

[830] Begr. zu § 14 RegE UmwStG, BT-Drucks. 12/6885, S. 22.
[831] Etwa nach § 247 III UmwG.

– die Folgen des Formwechsels für die **Arbeitnehmer** und ihre Vertretungen sowie die insoweit vorgesehenen Maßnahmen.

Im Hinblick auf den letztgenannten Punkt ist der Entwurf des Umwandlungsbeschlusses spätestens einen Monat vor dem Tag der Anteilsinhaberversammlung, die über den Formwechsel beschließen soll, dem zuständigen Betriebsrat des formwechselnden Rechtsträgers zuzuleiten.

373 Bisher war umstritten, ob ein Umwandlungsbeschluß, der eine Strukturveränderung der Gesellschaft darstellt oder sogar zum Ausschluß einer Minderheit führt, einer **sachlichen Rechtfertigung** (materiellen Kontrolle) in dem Sinne bedarf, daß er sowohl erforderlich sein müsse, als auch nach Abwägung der Interessen der Hauptgesellschafter mit denen der Minderheit nicht unverhältnismäßig in die Rechte der Minderheitsgesellschafter eingreife.[832] Die Gesetzesbegründung hat auch für den Formwechsel deutlich gemacht, daß es einer solchen materiellen Kontrolle wichtiger Hauptversammlungsbeschlüsse nicht bedarf.[833]

Auch ein Umwandlungsbeschluß unterliegt aber dem allgemeinen Mißbrauchsverbot. Wie das Bundesverfassungsgericht in seiner „Feldmühle"-Entscheidung festgestellt hat, können (Umwandlungs-)Beschlüsse, die einen Machtmißbrauch des Großaktionärs darstellen, nichtig sein, wenn die Mehrheit bewußt eigensüchtig die Interessen der Minderheit gröblich verletzt, ohne daß es für das Interesse der Gesellschaft notwendig ist.[834]

374 **Klagen gegen die Wirksamkeit des Umwandlungsbeschlusses** müssen – für alle Rechtsformen einheitlich – binnen einen Monats nach der Beschlußfassung erhoben werden (§ 195 I UmwG). Entsprechend den Regelungen bei der Verschmelzung (§ 14 II UmwG) ist es auch in Fällen des Formwechsels nicht möglich, die Klage gegen die Unwirksamkeit des Umwandlungsbeschlusses darauf zu stützen, daß die in dem Beschluß bestimmten Anteile an dem Rechtsträger neuer Rechtsform zu niedrig bemessen sind oder daß die Mitgliedschaft keinen ausreichenden Gegenwert für die Anteile oder die Mitgliedschaft bei dem formwechselnden Rechtsträger darstellt (§ 195 II UmwG). Ist ein Anteilsinhaber der Auffassung, daß die Anteile an dem Rechtsträger neuer Rechtsform zu niedrig bemessen sind oder die Mitgliedschaft bei diesem kein ausreichender Gegenwert für seine Position bei dem formwechselnden Rechts-

---

[832] Timm ZGR 1987, 403 ff.; Hüffer, in: Geßler/Hefermehl, § 243, RN 40 ff.; ablehnend auch Widmann/Mayer, RN 259.1; a. A. Bischoff BB 1987, 1055, 1061.
[833] Begr. zu § 193 RegE UmwG, BT-Drucks. 12/6699, S. 139 unter Verweis auf S. 86; kritisch hierzu Hommelhoff ZGR 1990, 447, 460 f., der es für wünschenswert hält, daß der Gesetzgeber sich von jeglicher Äußerung zum Problemkreis der materiellen Beschlußkontrolle ferngehalten hätte; ebenso ders. ZGR 1993, 452, 458 f.; wie hier Handelsrechtsausschuß des Deutschen Anwaltsvereins, Stellungnahme, WM 1993, Sonderbeilage 2, RN 7 unter Hinweis auf BGHZ 103, 184 ff. -Linotype-.
[834] BVerfGE 14, 263, 283 f.

träger ist, kann er von dem Rechtsträger einen Ausgleich durch bare Zuzahlung verlangen, sofern sein Recht, gegen die Wirksamkeit des Umwandlungsbeschlusses Klage zu erheben, nach § 195 II UmwG ausgeschlossen gewesen ist (§ 196 S. 1 UmwG).[835]

c) Firma, Gründungsvorschriften, Aufsichtsrat

Vorschriften über die nach § 194 I Ziff. 2 UmwG notwendige **Firma des Rechtsträgers neuer Rechtsform** sind in § 200 UmwG enthalten. Grundsätzlich darf der Rechtsträger neuer Rechtsform seine bisher geführte Firma beibehalten. Im Interesse der Firmenwahrheit ist es jedoch bei Personenhandelsgesellschaften verboten, eine reine Sachfirma fortzuführen; ebenso ist es nicht möglich, Personennamen in der Firma einer eingetragenen Genossenschaft zu führen (§ 200 I S. 2 i. V. m. § 18 I S. 2 und 3 UmwG). Abweichend von den bisher geltenden Regeln über die errichtende Umwandlung ist es nicht möglich, einen das „Nachfolgeverhältnis" andeutenden Zusatz beizufügen.[836] Ein Nachfolgeverhältnis liegt nämlich wegen der identitätswahrenden Kontinuität des Rechtsträgers beim Formwechsel nicht vor.[837] Behält der Rechtsträger neuer Rechtsform eine früher geführte Firma bei und handelt es sich bei der neuen Rechtsform um eine GmbH, AG, KGaA oder eingetragene Genossenschaft, so muß ein entsprechender Rechtsformzusatz in der neuen Firma enthalten sein. Im übrigen dürfen bei allen Rechtsformen zusätzliche Bezeichnungen, die auf die Rechtsform der formwechselnden Gesellschaft hinweisen, auch dann nicht verwendet werden, wenn der Rechtsträger die bisher geführte Firma beibehält (§ 200 I S. 2 UmwG). Entsprechend dem bisherigen Rechtszustand[838] kann das Registergericht auf Antrag genehmigen, daß eine Personenhandelsgesellschaft, die ein bisher betriebenes Handelsgeschäft weiterführt, bei der Bildung ihrer neuen Firma den bisher in der Firma enthaltenen Namen einer natürlichen Person verwendet. Insoweit darf von den einschlägigen Vorschriften des § 19 HGB abgewichen werden. Wie auch sonst, darf der Name eines früheren Anteilsinhabers, der an dem formwechselnden Rechtsträger bisher als natürliche Person beteiligt war, nur dann fortgeführt werden, wenn eine entsprechende Einwilligung vorliegt (§ 200 IV UmwG). Erlangt der formwechselnde Rechtsträger durch den Formwechsel die Rechtsform einer Gesellschaft des bürgerlichen Rechts, erlischt die Firma der formwechselnden Gesellschaft, da eine solche Gesellschaft nach den allgemeinen Vorschriften des Gesellschaftsrechts überhaupt nicht berechtigt ist, eine Firma zu führen (vgl. § 200 V UmwG).

375

---

[835] Für die Verzinsung gilt § 15 II UmwG entsprechend.
[836] Vgl. zur bisherigen Rechtslage §§ 6 II, III S. 1, 42 III S. 1, 48 III S. 1 UmwG a. F.
[837] Vgl. Begr. zu § 200 RegE UmwG, BT-Drucks. 12/6699, S. 143.
[838] Vgl. §§ 6 II, III, 17 III, 20 UmwG a. F.; hierzu statt aller Baumbach/Duden/Hopt, § 19, Anm. 4.

376 Gemäß § 197 UmwG sind auf den Formwechsel die für die neue Rechtsform geltenden **Gründungsvorschriften** anzuwenden. Dabei bleiben Vorschriften, die für die Gründung eine Mindestzahl der Gründer vorschreiben, sowie die Vorschriften über die Bildung und **Zusammensetzung des ersten Aufsichtsrats** außer Betracht. Dem Konzept der identitätswahrenden Umwandlung entsprechend bleiben die Mitglieder des Aufsichtsrats für den Rest ihrer Wahlzeit als Mitglieder des Aufsichtsrats des Rechtsträgers neuer Rechtsform im Amt, soweit der Aufsichtsrat bei dem Rechtsträger neuer Rechtsform in gleicher Weise wie bei dem formwechselnden Rechtsträger gebildet und zusammengesetzt wird (§ 203 UmwG). Ist dies nicht der Fall, ist nach allgemeinen Regeln davon auszugehen, daß das Amt der Aufsichtsratsmitglieder des formwechselnden Rechtsträgers endet und bei dem Rechtsträger neuer Rechtsform eine Aufsichtsratsneuwahl notwendig ist.[839] Darüber hinaus können auch die Anteilsinhaber des formwechselnden Rechtsträgers im Umwandlungsbeschluß bestimmen, daß das Amt der Aufsichtsratsmitglieder beendet ist.

377 Durch die generelle Anwendbarkeit des Gründungsrechts soll sichergestellt werden, daß beim Formwechsel eines Rechtsträgers, für den mildere Gründungsvorschriften maßgeblich waren, nicht die für die neue Rechtsform geltenden strengeren Maßstäbe unterlaufen werden können.[840] Grundsätzlich sind daher die für die Kapitalgesellschaften maßgeblichen Vorschriften über die **Gründungsprüfung** sowie über die **Verantwortlichkeit der Gründer** in das Umwandlungsrecht einbezogen. Die Regelung ist jedoch insoweit inkonsequent, wie sie auch bei der Umwandlung einer Aktiengesellschaft in eine GmbH die Gründerhaftung der GmbH-Gesellschafter einführt. Während im früheren Recht die Vorschriften des Gründungsrechts nicht anwendbar waren, bestimmt jetzt § 245 IV UmwG lediglich, daß ein Sachgründungsbericht bei dem Formwechsel einer Aktiengesellschaft oder KGaA in eine GmbH nicht erforderlich ist; die Gründerhaftung nach § 9a GmbHG bleibt hiervon jedoch unberührt.[841]

d) Anmeldung des Formwechsels

378 Der Formwechsel wird nach § 202 UmwG grundsätzlich erst mit der **Eintragung der neuen Rechtsform** in das betreffende Register wirksam. Demgemäß ist die neue Rechtsform nach § 198 I UmwG zur Eintragung in das Register, in dem der formwechselnde Rechtsträger eingetragen ist, anzumelden. Der Anmeldung der neuen Rechtsform oder des Rechtsträgers neuer Rechtsform sind gemäß § 199 UmwG beizufügen

---

[839] Vgl. Begr. zu § 203 RegE UmwG, BT-Drucks. 12/6699, S. 145; zur entsprechenden Regelung bei der Verschmelzung, siehe oben, RN 231.
[840] Vgl. Begr. zu § 197 RegE UmwG, BT-Drucks. 12/6699, S. 141.
[841] Kritisch Handelsrechtsausschuß des Deutschen Anwaltvereins, WM 1993, Sonderbeilage Nr. 2, RN 162.

VI. Formwechsel nach Umwandlungsgesetz

- die Niederschrift des Umwandlungsbeschlusses (in Ausfertigung oder öffentlich beglaubigter Abschrift oder, soweit nicht notariell zu beurkunden, in Urschrift oder in Abschrift),
- die nach dem Umwandlungsgesetz erforderlichen Zustimmungserklärungen einzelner Anteilsinhaber einschließlich der Zustimmungserklärungen nicht erschienener Anteilsinhaber,
- der Umwandlungsbericht oder die Erklärungen über den Verzicht auf seine Erstellung,
- ein Nachweis über die Zuleitung des Entwurfes des Umwandlungsbeschlusses an den zuständigen Betriebsrat nach § 194 II UmwG, sowie
- die Genehmigungsurkunde, sofern der Formwechsel der staatlichen Genehmigung bedarf.

Nach § 199 UmwG sind außerdem noch die „sonst erforderlichen Unterlagen" der Anmeldung beizufügen, ohne daß das Gesetz diese besonders aufführt.[842] Hierbei kann es sich offenbar nur um solche Unterlagen handeln, die in den besonderen Vorschriften über den Formwechsel (§§ 214–304 UmwG) genannt sind, wie etwa die Urkunden über den Beitritt aller beitretenden persönlich haftenden Gesellschafter beim Formwechsel in eine KGaA (§ 223 UmwG) oder die Urkunden über die Bestellung eines Vorstands und des Aufsichtsrats. Dazu zählen ferner der Gründungsbericht und die Prüfungsberichte der Mitglieder des Vorstands und des Aufsichtsrats sowie der Gründungsprüfer nach § 197 UmwG i. V. m. § 37 IV Ziff. 3 und 4 AktG.

Das Gesetz enthält in § 198 II UmwG **Sonderregelungen** über die Anmeldung für den Fall, daß der formwechselnde Rechtsträger bisher nicht in einem Register eingetragen ist oder daß sich durch den Formwechsel die Art des für den Rechtsträger maßgebenden Registers ändert. Beim Formwechsel einer Kapitalgesellschaft in eine GbR ist nach § 235 I UmwG die Umwandlung der Gesellschaft zur Eintragung beim bisherigen Register der formwechselnden Kapitalgesellschaft anzumelden.

Wie bei der Verschmelzung und Spaltung haben die Anmeldenden eine **Negativerklärung** dahingehend abzugeben, daß eine Klage gegen die Wirksamkeit des Umwandlungsbeschlusses nicht oder nicht fristgemäß erhoben oder eine solche Klage rechtskräftig abgewiesen oder zurückgenommen worden ist. Die Vorschriften des § 16 I und III UmwG hinsichtlich des Inhalts und der prozessualen Behandlung dieser Negativerklärung gelten entsprechend.[843]

Die **Bekanntmachung** des Formwechsels richtet sich nach § 201 UmwG.

---

[842] Zu Recht kritisch Handelsrechtsausschuß des Deutschen Anwaltvereins, WM 1993, Sonderbeilage Nr. 2, RN 164.
[843] § 198 III UmwG i. V.m § 16 II und III UmwG; siehe hierzu oben RN 220 ff.

e) Wirkungen der Eintragung

380 Mit der **Eintragung der neuen Rechtsform** in das zuständige Register wird der Formwechsel wirksam. War der Rechtsträger bisher noch nicht in einem Register eingetragen, tritt die **Wirksamkeit** mit der erstmaligen Eintragung des Rechtsträgers neuer Rechtsform in das Register ein (vgl. § 202 I, II UmwG). Keine besondere Regelung enthält das Gesetz für den Fall, daß – wie beim Formwechsel einer Kapitalgesellschaft in eine Gesellschaft bürgerlichen Rechts – die Gesellschaft neuer Rechtsform in überhaupt keinem Register einzutragen ist. Hier wird man davon ausgehen können, daß der Formwechsel mit der Löschung des formwechselnden Rechtsträgers im zuständigen Register wirksam wird.

Im einzelnen führt § 202 I UmwG die Wirkungen der Eintragung wie folgt auf:

1. Der formwechselnde Rechtsträger besteht in der in dem Umwandlungsbeschluß bestimmten Rechtsform weiter. Die Formulierung macht das den Regeln des Formwechsels zugrundeliegende Konzept deutlich, daß bei einem Formwechsel die **Identität des Rechtsträgers** erhalten bleibt. Während die Vorschriften des Umwandlungsgesetzes über die Verschmelzung und Spaltung an entsprechender Stelle jeweils einen Hinweis auf die Übertragung des Vermögens enthalten, ist eine derartige Regelung – wie bisher bei der formwechselnden Umwandlung – entbehrlich, da das Vermögen des formwechselnden Rechtsträgers nach dem Formwechsel das Vermögen des Rechtsträgers neuer Rechtsform ist.[844]

2. Die Anteilsinhaber des formwechselnden Rechtsträgers sind an dem Rechtsträger nach den für die neue Rechtsform geltenden Vorschriften beteiligt, soweit ihre Beteiligung nicht ausnahmsweise nach etwa bestehenden Sondervorschriften[845] entfällt. Auch die **Anteilsverhältnisse und Mitgliedschaften** sind daher identisch. Rechte Dritter, die an den Anteilen oder Mitgliedschaften des formwechselnden Rechtsträgers begründet waren, bestehen an den an ihre Stelle tretenden Anteilen oder Mitgliedschaften des Rechtsträgers neuer Rechtsform weiter (§ 202 I Nr. 2 S. 2 UmwG).

3. Durch die Eintragung wird der **Mangel der notariellen Beurkundung** des Umwandlungsbeschlusses und ggf. erforderlicher Zustimmungs- oder Verzichtserklärungen einzelner Anteilsinhaber geheilt. Diese Vorschrift entspricht der für die Verschmelzung in § 20 I Nr. 4 UmwG enthaltenen Regelung.[846]

---

[844] Vgl. Begr. zu § 202 RegE UmwG, BT-Drucks. 12/6699, S. 144.
[845] Vgl. zum Ausscheiden persönlich haftender Gesellschafter und zu Versicherungsgesellschaften bereits oben, RN 372.
[846] Vgl. hierzu oben, RN 237.

VI. Formwechsel nach Umwandlungsgesetz

Wie in § 20 II UmwG für die Verschmelzung vorgesehen, lassen **Mängel des Formwechsels** die Wirkungen der Eintragung der neuen Rechtsform oder des Rechtsträger neuer Rechtsform in das Register unberührt. Ist der Formwechsel eingetragen, sind also eine etwaige Nichtigkeit oder eine infolge Anfechtung erfolgte Nichtigerklärung des Formwechsels unbeachtlich. Entsprechende Regelungen galten bisher nur in eingeschränktem Maße bei der Umwandlung. Obwohl es beim Formwechsel nicht zu einer Vermögensübertragung kommt, hält der Gesetzgeber die Aufrechterhaltung des Formwechsels als gesellschaftsrechtlichen Akt aber allgemein für notwendig, weil auch die Rückabwicklung eines Formwechsels bei Umwandlungsfällen aller Art mit besonderen Schwierigkeiten, insbesondere bei der Rückführung neu erlangter Strukturelemente, verbunden sein kann.[847]

381

Bezüglich des **Schutzes der Gläubiger** und des **Schutzes der Inhaber von Sonderrechten** gelten die verschmelzungsrechtlichen Vorschriften der §§ 22, 23 UmwG entsprechend (§ 204 UmwG). Hier löst sich das Gesetz in gewisser Weise von dem Grundsatz der fortbestehenden Identität des Rechtsträgers auch im Hinblick auf das Vermögen. Trotz der formellen Erhaltung der Haftungsmasse bei dem Rechtsträger neuer Rechtsform sind nach Ansicht der Regierungsbegründung Gläubiger und Inhaber von Sonderrechten wie bei der Verschmelzung gefährdet, weil durch den Formwechsel die Beachtung von Kapitalschutzvorschriften (vgl. z.B. § 30 GmbHG, § 57 AktG) entfallen kann.[848] Dies ist zutreffend, sofern es um den Rechtsformwechsel von einer Rechtsform mit stärkeren Kapitalschutzvorschriften in eine mit schwächeren Kapitalschutzvorschriften (z.B. AG in GmbH) oder um den Formwechsel einer Rechtsform mit unbeschränkter Haftung in eine Rechtsform mit beschränkter Haftung (z.B. OHG oder KG in GmbH) geht. Es liegt aber eine umwandlungshemmende Überregulierung vor, soweit es um den Formwechsel einer GmbH in eine AG geht, bei der auch bisher eine Sicherheitsleistung von Gläubigern nicht verlangt werden konnte.[849]

382

Die Verwaltungsträger des formwechselnden Rechtsträgers, d.h. also die Mitglieder des Vertretungsorgans und, sofern vorhanden, des Aufsichtsorgans sind als **Gesamtschuldner zum Schadensersatz** verpflichtet, wenn der Rechtsträger, seine Anteilsinhaber oder seine Gläubiger einen Schaden durch den Formwechsel erleiden. Hiernach bestehende Ansprüche können nur durch einen besonderen Vertreter geltend gemacht werden.[850]

383

---

[847] Vgl. Begr. zu § 202 RegE UmwG, BT-Drucks. 12/6699, S. 144.
[848] Vgl. Begr. zu § 204 RegE UmwG, BT-Drucks. 12/6699, S. 145.
[849] Vgl. § 376 ff. AktG a.F. zur bisherigen Rechtslage; hierzu Finken/Decher AG 1989, 391 ff.
[850] Einzelheiten zur Schadensersatzpflicht, der Verjährung sowie der Geltendmachung des Schadensersatzanspruches sind in den §§ 205, 206 UmwG geregelt.

f) Angebot der Barabfindung

384 Nach § 194 I Ziff. 6 UmwG muß der Umwandlungsbeschluß ein **Abfindungsangebot an die Anteilsinhaber** oder Mitglieder enthalten, sofern nicht der Umwandlungsbeschluß zu seiner Wirksamkeit der Zustimmung aller Anteilsinhaber bedarf oder nur ein Anteilsinhaber beteiligt ist. Die Abfindung soll zugunsten von Anteilsinhabern angeboten werden, die dem Formwechsel widersprechen, ihn aber nicht verhindern können, weil sie bei einer zulässigen Mehrheitsentscheidung in der Minderheit bleiben und die Wirksamkeit des Umwandlungsbeschlusses auch sonst nicht von ihrer Zustimmung abhängt.[851] Die Abfindungsregelung greift für alle Fallgestaltungen des Formwechsels ein, mit Ausnahme des Formwechsels einer Aktiengesellschaft in eine KGaA und umgekehrt sowie des Formwechsels einer Körperschaft oder Anstalt des öffentlichen Rechts. Der wichtigste Unterschied zum bisherigen Recht besteht darin, daß der Zahlungsanspruch nur für künftig ausscheidende Anteilsinhaber, die dem Formwechsel widersprochen haben, vorgesehen ist. Da es – abweichend von der bisherigen Rechtslage[852] – keine Mehrheitsentscheidungen mehr gibt, die dazu führen können, daß ein Anteilsinhaber zwangsläufig aus dem Rechtsträger ausscheidet,[853] sobald die neue Rechtsform oder der Rechtsträger neuer Rechtsform in das Register eingetragen worden ist, ist eine Abfindung in Geld nur als zusätzliches Angebot vorgesehen.

385 Da die Abfindung aus dem Vermögen der Gesellschaft zu zahlen ist, besteht die **Gefahr der Verletzung von Kapitalschutzvorschriften** bei Kapitalgesellschaften. Die Anwendung der einschlägigen gesetzlichen Regelungen (vgl. § 30 GmbHG, § 57 AktG) ist nicht ausgeschlossen, so daß die Abfindungsregelung den Schranken unterliegt, die zur Erhaltung des Stammkapitals oder des Grundkapitals einer Kapitalgesellschaft aufgestellt sind. Eine Einschränkung ergibt sich nur im Hinblick auf die ausdrücklich angeordnete Unanwendbarkeit des § 71 IV S. 2 AktG, nach dem ein schuldrechtliches Geschäft über den Erwerb eigener Aktien nichtig ist, soweit er nicht nach § 71 I, II AktG zugelassen ist (§ 207 I S. 1, 2. HS UmwG). § 71 I Nr. 3 AktG ist demgemäß auch dahingehend ergänzt worden, daß ein Erwerb eigener Aktien zulässig ist, sofern er zum Zwecke der Abfindungszahlung nach den Vorschriften des Umwandlungsgesetzes erfolgt.

Im übrigen ist Voraussetzung für den Anspruch der Barabfindung, daß der Anteilsinhaber gegen den Umwandlungsbeschluß Widerspruch zur Niederschrift der Versammlung erklärt hat (§ 207 I S. 1 UmwG). Die **Angemessenheit der Abfindung** muß stets geprüft werden.[854] Die Einzelhei-

---

[851] Vgl. Begr. zu § 207–212 RegE UmwG, BT-Drucks. 12/6699, S. 146.
[852] Vgl. §§ 19 I, 20 I, 22 I, 24 I UmwG a. F.
[853] Vgl. Begr. zu § 202 RegE UmwG, BT-Drucks. 12/6699, S. 144.
[854] § 208 i. V. m. § 30 II UmwG; vgl. Ganske WM 1993, 1117, 1125. Wie bei der Verschmelzung wird man nicht nur den notariell beurkundeten Verzicht auf Prüfung und

ten der Abfindungsregelung sind in den §§ 207–213 UmwG geregelt; sie stimmen weitgehend mit den entsprechenden Vorschriften (§§ 29–35 UmwG) der Verschmelzung überein. Insbesondere erfolgt die gerichtliche Nachprüfung der Abfindung im **Spruchverfahren** nach den §§ 305–312 UmwG.

3. Besondere Vorschriften des Formwechsels

a) Formwechsel von Personenhandelsgesellschaften

Eine Personenhandelsgesellschaft (KG oder OHG) kann aufgrund eines Umwandlungsbeschlusses nach dem Umwandlungsgesetz gemäß § 214 UmwG nur die Rechtsform einer Kapitalgesellschaft (GmbH, AG) oder einer eingetragenen Genossenschaft erlangen; sie kann also insbesondere nicht die Rechtsform einer anderen Personenhandelsgesellschaft erlangen. Der Wechsel einer OHG in eine KG und umgekehrt wird hierdurch nicht ausgeschlossen, er vollzieht sich jedoch außerhalb des Umwandlungsgesetzes nach allgemeinen gesellschaftsrechtlichen Grundsätzen, d. h. durch die Umwandlung der Gesellschafterstellung von Komplementären in Kommanditisten und umgekehrt in Form von Gesellschaftsvertragsänderungen.[855] Ist die Personenhandelsgesellschaft aufgelöst, kann sie ihre Rechtsform nicht wechseln, wenn die Gesellschafter nach § 145 HGB eine andere Art der Auseinandersetzung als die Abwicklung oder als den Formwechsel vereinbart hatten, weil sonst nicht sichergestellt werden kann, daß das Vermögen der aufgelösten Personenhandelsgesellschaft im Zeitpunkt des Umwandlungsbeschlusses noch vorhanden ist.[856]

386

Die allgemeinen Vorschriften über die Erstellung des Umwandlungsberichts und die Vorbereitung des Umwandlungsbeschlusses werden für Personenhandelsgesellschaften, bei denen alle Gesellschafter zur Geschäftsführung berechtigt sind, eingeschränkt. In diesem Fall ist die **Erstellung eines Umwandlungsberichts** nicht erforderlich (§ 215 UmwG). Im übrigen hat das Vertretungsorgan der formwechselnden Gesellschaft nur den von der Geschäftsführung ausgeschlossenen Gesellschaftern den Formwechsel rechtzeitig mit der Einberufung der zuständigen Gesellschafterversammlung anzukündigen und ihnen einen Umwandlungsbericht sowie ein Abfindungsangebot nach § 207 UmwG zu übersenden (§ 216 UmwG).

387

Nach § 217 UmwG müssen dem **Umwandlungsbeschluß der Gesellschafter**, der bezüglich des Formwechsels gefaßt wird, alle anwesenden

388

Prüfungsbericht für zulässig halten müssen, sondern auch den Verzicht auf das Abfindungsangebot überhaupt; vgl. RN 195.
[855] Vgl. Begr. zu § 214 RegE UmwG, BT-Drucks. 12/6699, S. 148.
[856] Vgl. Begr. zu § 214 RegE UmwG, BT-Drucks. 12/6699, S. 148.

Gesellschafter sowie auch die nicht erschienenen Gesellschafter zustimmen. Sofern der Gesellschaftsvertrag der formwechselnden Personenhandelsgesellschaft eine Mehrheitsentscheidung der Gesellschafter vorsieht, muß die Mehrheit mindestens drei Viertel der Stimmen der Gesellschafter betragen.[857] Soweit ältere Gesellschaftsverträge nur die „Umwandlung" aufführen, die früher weitgehend dem heutigen „Formwechsel" entsprach, dürfte ein Formwechsel nach dem neuen Umwandlungsgesetz wohl abgedeckt sein.[858]

In der Niederschrift über den Umwandlungsbeschluß sind alle Gesellschafter, die im Falle einer Mehrheitsentscheidung für den Formwechsel gestimmt haben, namentlich aufzuführen.

Im Umwandlungsbeschluß der Personenhandelsgesellschaft muß die Satzung der Aktiengesellschaft oder KGaA festgestellt bzw. der Gesellschaftsvertrag der GmbH oder eingetragenen Genossenschaft unter Berücksichtigung der Besonderheiten dieser Gesellschaftsformen enthalten sein.[859]

389   Soweit **Gründungsvorschriften** anwendbar sind, d. h. insbesondere also bei den Kapitalgesellschaften, stehen die Gesellschafter der formwechselnden Gesellschaft gemäß § 219 UmwG den Gründern gleich.[860]

Da bei einer Personenhandelsgesellschaft wegen der persönlichen Haftung der Gesellschafter (bei den Kommanditisten nur beschränkt) Kapitalschutzvorschriften fehlen, sieht § 220 I UmwG grundsätzlich vor, daß der Nennbetrag des künftigen Stamm- und Grundkapitals durch das Reinvermögen der formwechselnden Personenhandelsgesellschaft erreicht werden muß. Die Vorschrift dient im Interesse des Gläubigerschutzes der **Deckung des Stamm- oder Grundkapitals** der Gesellschaft neuer Rechtsform.[861] Beim Formwechsel in eine GmbH muß der Sachgründungsbericht und beim Formwechsel in eine Aktiengesellschaft oder KGaA der Grundbericht auch eine Darstellung des bisherigen Geschäftsverlaufs und der Lage der formwechselnden Gesellschaft enthalten.[862]

390   Während grundsätzlich bei der Gründung einer Aktiengesellschaft eine Gründungsprüfung nur verlangt wird, wenn Mitglieder des Vorstandes oder des Aufsichtsrats persönlich in die Gründung involviert sind

---

[857] Vgl. zum Bestimmtheitsgrundsatz oben, RN 25 ff.

[858] Zur abweichenden Beurteilung bei Verschmelzung und Spaltung siehe oben, RN 26.

[859] Vgl. § 218 UmwG: Beim Formwechsel in eine KGaA muß also ein persönlich haftender Gesellschafter und bei der Umwandlung in eine Genossenschaft eine Beteiligung jedes Genossen mit mindestens einem Geschäftsanteil vorgesehen sein.

[860] Vgl. § 219 S. 1 UmwG; im Falle einer Mehrheitsentscheidung jedoch nur die zustimmenden Gesellschafter (S. 2).

[861] Vgl. Begr. zu § 220 RegE UmwG, BT-Drucks. 12/6699, S. 150.

[862] § 220 II UmwG; bisher war bei der Umwandlung einer Personenhandelsgesellschaft in eine GmbH eine entsprechende Darstellung entbehrlich (Argumentum § 56 d UmwG a. F.).

VI. Formwechsel nach Umwandlungsgesetz

oder eine Gründung mit Sacheinlagen vorliegt, hat beim Formwechsel in eine Aktiengesellschaft oder KGaA nach § 220 III S. 1 UmwG eine **Gründungsprüfung** durch einen oder mehrere Prüfer i. S. d. § 33 II AktG in jedem Fall[863] stattzufinden. Unter Gläubigerschutzgesichtspunkten ähnelt nämlich der Formwechsel einer Personenhandelsgesellschaft in eine Aktiengesellschaft oder KGaA einer Sachgründung. Um eine Umgehung der Nachgründungsvorschriften durch die vorherige Gründung einer Personenhandelsgesellschaft zu verhindern, sieht demgemäß auch § 220 III S. 2 UmwG vor, daß die für Nachgründungen in § 52 I AktG bestimmte Frist von zwei Jahren erst mit dem Wirksamwerden des Formwechsels beginnt.[864]

Die **Anmeldung des Formwechsels** hat nach § 222 I UmwG durch alle Mitglieder des künftigen Vertretungsorgans (Vorstand oder Geschäftsführung) sowie, wenn ein Aufsichtsrat zwingend notwendig ist, auch durch diesen zu erfolgen. Ist der Rechtsträger neuer Rechtsform eine Aktiengesellschaft oder KGaA, so haben in entsprechender Anwendung des § 36 I AktG auch alle Gesellschafter die Anmeldung vorzunehmen, die nach § 219 UmwG den Gründern dieser Gesellschaft gleichstehen. Hierbei handelt es sich also um diejenigen Gesellschafter des formwechselnden Rechtsträgers, die dem Formwechsel zugestimmt haben einschließlich eventuell beitretender persönlich haftender Gesellschafter (bei einer KGaA).[865] Im übrigen muß der Beitritt eines bisher gesellschaftsfremden persönlich haftenden Gesellschafters einer KGaA notariell beurkundet werden (§ 221 S. 1 UmwG).

Wegen der Identität des Rechtsträgers berührt der Formwechsel nicht die **Ansprüche der Gläubiger** der Personenhandelsgesellschaft gegen einen ihrer Gesellschafter aus Verbindlichkeiten der formwechselnden Gesellschaft, die im Zeitpunkt des Formwechsels nach § 128 HGB bestehen (§ 224 I UmwG). Entsprechend den Regeln des Nachhaftungsbegrenzungsgesetzes haften die Gesellschafter für diese Verbindlichkeiten, wenn sie vor Ablauf von fünf Jahren nach dem Formwechsel fällig und daraus Ansprüche gegen sie geltend gemacht worden sind.[866]

b) Formwechsel von Kapitalgesellschaften

Kapitalgesellschaften stehen für einen Formwechsel alle überhaupt zulässigen Formen nach § 191 II UmwG zur Verfügung. Wie § 226 UmwG

---

[863] Neben der Gründungsprüfung durch Vorstand und Aufsichtsrat nach § 197 UmwG i. V. m. § 33 I UmwG.
[864] Vgl. etwa zu § 378 IV AktG a. F. Dehmer, UmwR, § 378 AktG, Anm. 1 m. w. Nachw.
[865] Neben den nach § 199 UmwG notwendigen Anlagen sind in diesem Fall auch die Urkunden über den Beitritt aller beitretenden persönlich haftenden Gesellschafter in Ausfertigung oder öffentlich-beglaubigter Abschrift beizufügen (§ 223 UmwG).
[866] Einzelheiten in § 224 II – V UmwG.

ausdrücklich bestimmt, können sie durch Formwechsel die Rechtsform einer Gesellschaft bürgerlichen Rechts, einer Personenhandelsgesellschaft (OHG oder KG), einer anderen Kapitalgesellschaft oder einer eingetragenen Genossenschaft erlangen. Neu ist dabei insbesondere die Möglichkeit, den Formwechsel einer Aktiengesellschaft oder GmbH in eine eingetragene Genossenschaft beschließen zu können.[867]

394 **aa) Formwechsel in eine Personengesellschaft.** Soll eine Kapitalgesellschaft durch den Formwechsel die **Rechtsform einer OHG oder KG** erlangen, ist dies nur möglich, wenn der Unternehmensgegenstand im Zeitpunkt der Eintragung des Formwechsels auf den Betrieb eines Handelsgewerbes gerichtet ist (§ 228 I UmwG i.V.m. §§ 105 I, 4 I HGB). Betreibt das Unternehmen kein Handelsgewerbe, kann durch Umwandlungsbeschluß bestimmt werden, daß die formwechselnde Gesellschaft die **Rechtsform einer Gesellschaft bürgerlichen Rechts** erlangen soll. In diesem Fall erlischt die Firma der Kapitalgesellschaft (§ 200 V UmwG). Im Einzelfall wird in tatsächlicher Hinsicht zweifelhaft sein, ob die formwechselnde Gesellschaft ein Handelsgewerbe betreibt oder nicht. Für diesen Fall ist es auch möglich, daß der Umwandlungsbeschluß in erster Linie auf den Formwechsel in eine Personenhandelsgesellschaft, und, für den Fall, daß diese Umwandlung wegen § 105 I HGB fehlschlägt, auf die Umwandlung in eine Gesellschaft bürgerlichen Rechts gerichtet ist.[868] Soll ein solchermaßen bedingter Umwandlungsbeschluß gefaßt werden, sind die firmenrechtlichen Vorschriften des § 200 UmwG zu beachten. Der umgekehrte Fall, daß primär eine Umwandlung in eine Gesellschaft bürgerlichen Rechts beabsichtigt ist und nur für deren Fehlschlagen der Formwechsel in eine Personenhandelsgesellschaft erfolgen soll, ist nach dem Willen des Gesetzgebers nicht möglich, da wegen der dabei konstitutiven Eintragung der Personenhandelsgesellschaft (§§ 198, 202 UmwG) eine solche Ungewißheit nicht hingenommen werden kann.[869]

395 Zur **Vorbereitung der Gesellschafterversammlung oder Hauptversammlung**, auf der der Umwandlungsbeschluß gefaßt werden soll, haben die Vertretungsorgane (Geschäftsführer oder Vorstand) die Anteilsinhaber zu informieren, ihnen insbesondere den Umwandlungsbericht und das Abfindungsangebot nach § 207 UmwG zu übersenden.[870]

---

[867] Vgl. Begr. zu § 226 RegE UmwG, BT-Drucks. 12/6699, S. 152, sowie allgem. Begr. zum RegE UmwG, ebenda, S. 73.
[868] Vgl. Begr. zu § 228 RegE UmwG, BT-Drucks. 12/6699, S. 152f.
[869] Vgl. Begr. zu § 228 RegE UmwG, BT-Drucks. 12/6699, S. 153.
[870] Einzelheiten in den §§ 230–232 UmwG; bei der GmbH ist entgegen § 24 II UmwG a.f. für die Ankündigung und Bekanntmachung nur noch die gesetzliche Wochenfrist (§ 51 I GmbHG) oder eine satzungsmäßige Einberufungsfrist einzuhalten (§ 230 I UmwG).

Soll die formwechselnde Kapitalgesellschaft die Rechtsform einer Ge- **396** sellschaft bürgerlichen Rechts oder einer OHG erlangen, bedarf nach § 233 I UmwG der **Umwandlungsbeschluß** der Gesellschafterversammlung einer GmbH oder Hauptversammlung einer AG der Zustimmung aller anwesenden Gesellschafter oder Aktionäre; hier müssen auch die nicht erschienenen Anteilsinhaber zustimmen. Ist geplant, die formwechselnde Gesellschaft in eine Kommanditgesellschaft umzuwandeln, so reicht nach § 233 II S. 1 UmwG eine **Mehrheit** von mindestens drei Vierteln der bei der Gesellschafterversammlung einer GmbH abgegebenen Stimmen oder des bei der Beschlußfassung einer Aktiengesellschaft vertretenen Grundkapitals aus. Sonderrechte einzelner GmbH-Gesellschafter sind nach § 50 II UmwG zu beachten; bei einer AG bedarf der Umwandlungsbeschluß zu seiner Wirksamkeit der Zustimmung der Aktionäre jeder Gattung (§ 65 II UmwG). Die Satzung der formwechselnden Gesellschaft kann eine größere Mehrheit und weitere Erfordernisse bestimmen. Unbeschadet der Möglichkeit einer Mehrheitsentscheidung müssen dem Formwechsel aber alle Gesellschafter oder Aktionäre zustimmen, die in der Kommanditgesellschaft persönlich haftende Gesellschafter werden sollen.

Neben den in § 194 UmwG genannten Angaben muß der Umwandlungsbeschluß im Falle des Formwechsels einer Kapitalgesellschaft in eine Personengesellschaft auch den Sitz der Personengesellschaft sowie beim Formwechsel in eine Kommanditgesellschaft die Namen der Kommanditisten und die Höhe der jeweiligen Kommanditeinlagen bestimmen.

Einige Besonderheiten ergeben sich für den Fall des **Formwechsels ei-** **397** **ner KGaA** im Hinblick auf die Stellung des persönlich haftenden Gesellschafters. Einzelheiten hierzu, insbesondere der Ausschluß des Rechts auf Barabfindung, sein Recht auf Ausscheiden aus der Gesellschaft sowie seine Haftung nach § 224 UmwG ergeben sich aus den §§ 227, 229, 233 III, 236 und 237 UmwG.

bb) Formwechsel in eine Kapitalgesellschaft anderer Rechtsform. Für **398** die Vorbereitung der Anteilsinhaberversammlung beim **Formwechsel einer Kapitalgesellschaft in eine Kapitalgesellschaft anderer Rechtsform** sind dieselben Vorschriften maßgebend wie beim Formwechsel in eine Personengesellschaft.[871] Nach § 238 S. 2 UmwG ist allerdings eine Vermögensaufstellung (§ 192 II UmwG) entbehrlich. § 238 S. 3 UmwG bestimmt zudem ausdrücklich, daß die Vorschrift des § 192 III UmwG, die den Umwandlungsbericht für verzichtbar erklärt, unberührt bleibt. Es muß aber davon ausgegangen werden, daß dies auch für alle anderen

---

[871] § 238 i. V. m. §§ 230, 231 UmwG sowie § 239 UmwG, der mit § 232 UmwG identisch ist.

Umwandlungsformen gilt, bei denen ein entsprechender Vorbehalt nicht ausdrücklich statuiert ist.

399 Bei der Umwandlung einer Kapitalgesellschaft in eine andere Kapitalgesellschaft wird gemäß § 240 I S. 1 UmwG eine **Mehrheit** von mindestens drei Vierteln der bei der Gesellschafterversammlung einer GmbH abgegebenen Stimmen oder des bei der Beschluß einer Aktiengesellschaft oder KGaA vertretenen Grundkapitals verlangt.[872]

400 Bezüglich der **Festlegung der Nennbeträge der Aktien und Geschäftsanteile** geht das Gesetz davon aus, daß grundsätzlich die Nennbeträge der Aktien entsprechend den Nennbeträgen der Geschäftsanteile und umgekehrt festgesetzt werden sollen. Gemäß § 243 III S. 1 UmwG kann jedoch in dem Gesellschaftsvertrag oder in der Satzung der Gesellschaft neuer Rechtsform der Nennbetrag der Anteile abweichend vom Nennbetrag der Anteile der formwechselnden Gesellschaft festgesetzt werden. Sowohl die Aktien als auch die neuen Geschäftsanteile müssen jedoch in jedem Fall mindestens 50,– DM betragen und durch 10 teilbar sein (§ 243 III S. 2 UmwG). Wird im Umwandlungsbeschluß einer GmbH der Nennbetrag der Aktien der Aktiengesellschaft auf einen höheren Betrag als 50,– DM und abweichend vom Nennbetrag der Geschäftsanteile der formwechselnden GmbH festgesetzt, so muß dieser Festsetzung gemäß § 241 I UmwG jeder Gesellschafter zustimmen, sofern er sich nicht dem gesamten Nennbetrag seiner Geschäftsanteile entsprechend an der Aktiengesellschaft neuer Rechtsform beteiligen kann. Da der Nennbetrag eines GmbH-Geschäftsanteils gemäß § 5 I GmbHG mindestens 500,– DM betragen muß, wird für die Bildung von Aktien mit dem Mindestnennbetrag von 50,– DM (§ 8 I S. 1 AktG) regelmäßig die Teilung von Geschäftsanteilen notwendig sein. § 241 I S. 2 UmwG schließt daher insoweit die Anwendung des § 17 VI GmbHG, der die Teilung von Geschäftsanteilen außer im Fall der Veräußerung und Vererbung verbietet, aus. Sofern GmbH-Gesellschafter Sonderrechte haben, die ihnen in der Aktiengesellschaft nicht gewährt werden können, besteht ebenfalls ein entsprechendes Zustimmungserfordernis (§ 241 II i.V.m. § 50 II UmwG).[873]

401 Umgekehrt muß für den Fall, daß durch den Formwechsel einer Aktiengesellschaft der Nennbetrag der Geschäftsanteile der GmbH abweichend vom Nennbetrag der Aktien festgesetzt wird und dies nicht durch den Mindestnennbetrag nach § 243 III S. 2 UmwG bedingt ist, einer derartigen Festsetzung jeder Aktionär zustimmen, der sich nicht dem Ge-

---

[872] § 65 II UmwG (Sonderbeschluß für jede Gattung) gilt wiederum entsprechend; die Satzungen der formwechselnden Gesellschaft können eine größere Mehrheit und weitere Erfordernisse, beim Formwechsel einer KGaA in eine AG auch eine geringere Mehrheit bestimmen.

[873] Zu den Besonderheiten beim Übergang von Nebenverpflichtungen unter Berücksichtigung von § 55 AktG vgl. auch § 248 III UmwG.

samtnennbetrag seiner Aktien entsprechend beteiligen kann (§ 242 UmwG). Um zu gewährleisten, daß auch **Kleinaktionäre** im bisherigen Umfang an der Gesellschaft beteiligt bleiben können, wird daher die Bemessung des Nennbetrags der neuen GmbH-Geschäftsanteile zu 50,- DM regelmäßig zur Pflicht, wenn sich nicht alle betroffenen Aktionäre mit einer anderen Festsetzung einverstanden erklären.[874] Im übrigen ist es zwar möglich, aber nicht notwendig, daß die einzelnen Aktionäre die aus der Umwandlung entstandenen Geschäftsanteile sogleich zu einem Geschäftsanteil zusammenfassen; § 5 II GmbHG, der grundsätzlich nur einen Geschäftsanteil pro GmbH-Gesellschafter zuläßt, findet nach ganz herrschender Meinung beim Formwechsel einer Aktiengesellschaft in eine GmbH keine Anwendung.[875]

Neben den zwingend notwendigen Angaben des § 194 UmwG muß der Umwandlungsbeschluß in entsprechender Anwendung des § 218 UmwG auch die **neue Satzung der GmbH oder Aktiengesellschaft** enthalten (§ 243 I S. 1 UmwG). Dabei sind Festsetzungen über Sondervorteile, Gründungsaufwand, Sacheinlagen und Sachübernahmen, die in dem Gesellschaftsvertrag oder in der Satzung der formwechselnden Gesellschaft enthalten sind, auch in den Gesellschaftsvertrag oder die Satzung der Gesellschaft neuer Rechtsform zu übernehmen (§ 243 I S. 2 UmwG). Soll das Stamm- oder Grundkapital entgegen dem Grundsatz nicht dem Grund- oder Stammkapital der formwechselnden Gesellschaft der Höhe nach entsprechen (vgl. § 247 I UmwG), ist eine abweichende Vereinbarung im Rahmen der Umwandlung nicht möglich; eine Kapitalerhöhung oder Kapitalherabsetzung kann vielmehr nur nach den einschlägigen Vorschriften des GmbH- oder Aktiengesetzes erfolgen.[876] Dabei steht es den Anteilsinhabern frei, die entsprechenden Kapitalmaßnahmen nach den Vorschriften der bisherigen oder der zukünftigen Rechtsform zu beschließen. Im letzteren Falle können sie auch beschließen, daß eine Kapitalerhöhung später nach den einschlägigen Vorschriften der neuen Rechtsform durchzuführen ist.[877] Wegen der zwingend anwendbaren Gründungsvorschriften (§ 197 UmwG) ist eine **Kapitalerhöhung** immer dann notwendig, wenn der Betrag des Stammkapitals der formwechselnden GmbH unter 100.000,- DM liegt.[878] Die Umwandlung kann daher nur wirksam werden, wenn gleichzeitig mit der Umwandlung eine entsprechende Kapitalerhöhung bis auf wenigstens

---

[874] So schon zutreffend Semler/Grunewald, in: Geßler/Hefermehl, § 369, RN 56; Dehmer, UmwR, § 369 AktG, Anm. 12.
[875] Vgl. nur Semler/Grunewald, in: Geßler/Hefermehl, § 369, RN 54; Zöllner, Kölner Kommentar, § 369, RN 81; Dehmer, UmwR, § 369 AktG, Anm. 12.
[876] Vgl. hierzu oben, RN 65 ff.
[877] Semler/Grunewald, in: Geßler/Hefermehl, § 369, RN 37, § 376, RN 27; Dehmer, UmwR, § 369 AktG, Anm. 13.
[878] Vgl. § 7 AktG.

100.000,- DM vorgenommen wird.[879] In der Niederschrift über den Umwandlungsbeschluß sind die Personen, die den Gründern der Gesellschaft gleichstehen, namentlich aufzuführen, um die Bestimmung des Schadensersatzpflichtigen in Fällen der Gründerhaftung zu erleichtern (§ 244 I UmwG).[880] Bei dem Formwechsel einer GmbH in eine Aktiengesellschaft oder KGaA hat eine **Gründungsprüfung** nach § 33 II AktG durch einen oder mehrere Prüfer in jedem Fall stattzufinden.[881] Im umgekehrten Fall des Formwechsels einer Aktiengesellschaft in eine GmbH ist dagegen ein Sachgründungsbericht nicht erforderlich, da in diesem Fall die formwechselnde Aktiengesellschaft ohnehin schärferen Kapitalschutzvorschriften als die Gesellschaft neuer Rechtsform (d. h. GmbH) unterliegt.[882]

403 Der Formwechsel ist nach § 246 I UmwG beim Handelsregister zur Eintragung durch das Vertretungsorgan der formwechselnden Gesellschaft (nicht jedoch durch die Gründer oder Mitglieder des Aufsichtsrats)[883] anzumelden. Mit der **Anmeldung** der neuen Rechtsform oder des Rechtsträgers neuer Rechtsform sind gleichzeitig die Geschäftsführer der GmbH oder die Vorstandsmitglieder der Aktiengesellschaft neuer Rechtsform anzumelden, um von Anfang an Klarheit über die Vertretungsbefugnis zu erhalten. Eine Versicherung, daß die auf die Einlagen geleisteten Beträge zur freien Verfügung des Vertretungsorgans stehen, wie dies § 8 II GmbHG und § 37 I AktG bei der Gründung verlangen, ist durch die Geschäftsführer bzw. Vorstandsmitglieder nicht abzugeben, wie § 246 III UmwG ausdrücklich bestimmt. Das Gesetz trägt damit im Hinblick auf die Kontinuität des Nennkapitals (vgl. § 247 I UmwG) der weiterhin bestehenden Möglichkeit Rechnung, einen Formwechsel auch bei Bestehen einer Unterbilanz durchzuführen.[884]

404 Die **Wirkungen des Formwechsels** einer GmbH oder Aktiengesellschaft in eine Kapitalgesellschaft anderer Rechtsform sind abweichend vom Formwechsel anderer Rechtsformen geregelt: Durch den Formwechsel wird das bisherige Stammkapital einer formwechselnden GmbH zum Grundkapital der Gesellschaft neuer Rechtsform (AG oder KGaA); umgekehrt wird das bisherige Grundkapital einer formwechselnden Ak-

---

[879] Semler/Grunewald, in: Geßler/Hefermehl, § 376, RN 38.

[880] Regelmäßig handelt es sich bei einer formwechselnden GmbH hierbei um die dem Formwechsel zustimmenden Gesellschafter (§ 245 I UmwG); weitere Einzelheiten bei § 245 II – IV UmwG.

[881] Vgl. § 245 I S. 2 i. V. m. § 220 III S. 1 UmwG. Außerdem ist hier nach § 197 S. 1 UmwG i. v. m. § 32 I AktG auch ein Gründerbericht zu erstatten und nach § 33 I AktG eine Gründungsprüfung durch den (neuen) Vorstand und Aufsichtsrat vorzunehmen.

[882] Vgl. Begr. zu § 245 RegE UmwG, Bt-Drucks. 12/6699, S. 157.

[883] Vgl. zur abweichenden Regelung bei der Gründung einer Aktiengesellschaft § 36 I UmwG.

[884] Vgl. Begr. zu § 246 RegE UmwG, BT-Drucks. 12/6699, S. 158.

VI. Formwechsel nach Umwandlungsgesetz

tiengesellschaft oder KGaA zum Stammkapital der GmbH. Die Vorschrift zieht auch im Hinblick auf den Bestand des Stamm- oder Grundkapitals die Konsequenz aus der rechtlichen Kontinuität und Identität des Rechtsträgers beim Übergang von der einen in eine andere Form der Kapitalgesellschaft. Der Gesetzgeber nimmt zu Recht nur eine Fortschreibung des im Gesellschaftsvertrag bzw. der Satzung festgelegten Stamm- oder Grundkapitals an, wenn im Zeitpunkt des Formwechsels kraft Gesetzes das Stamm- zum Grundkapital bzw. das Grund- zum Stammkapital übergeht.[885]

Die Vorschrift des § 247 I UmwG, nach der das bisherige Stammkapital einer GmbH zum Grundkapital einer AG oder umgekehrt wird, verdrängt das Gründungsrecht (vgl. § 197 UmwG). Der Formwechsel einer AG in eine GmbH und umgekehrt wird daher bei **Vorliegen einer Unterbilanz** wie bisher nicht ausgeschlossen.[886] Stammkapital und Grundkapital gelten als im wesentlichen gleichwertige Grundlagen für Kapitalaufbringung und Kapitalerhaltung, so daß beim Formwechsel einer Kapitalgesellschaft von einer Rechtsform in die andere weder das Vorbelastungsverbot noch die Differenzhaftung eingreifen.[887] Auch eine Kapitalherabsetzung ist nicht notwendig.[888]

Soweit § 245 UmwG auch auf § 220 I UmwG verweist, der wenigstens ein Reinvermögen der Gesellschaft neuer Rechtsform in Höhe des Stamm- oder Grundkapitals verlangt, handelt es sich offenbar um ein Redaktionsversehen, da der Gesetzgeber ausdrücklich davon ausgeht, daß sowohl der Formwechsel einer GmbH wie auch einer Aktiengesellschaft in eine Kapitalgesellschaft anderer Rechtsform bei Vorliegen einer Unterbilanz möglich ist.[889]

Soll sich die Höhe des Nennkapitals verändern, sind allerdings, wie sich aus § 243 II UmwG ergibt, die einschlägigen **Vorschriften über die Kapitalerhöhung und Kapitalherabsetzung** bei Aktiengesellschaften und GmbHs zu beachten.[890] Um Sanierungen zu erleichtern, ist im übrigen eine vereinfachte Kapitalherabsetzung nach dem Formwechsel auch dann möglich, wenn sie auf eine Jahresbilanz der Gesellschaft Bezug nimmt, die noch für das letzte vor dem Formwechsel abgelaufene Geschäftsjahr einer formwechselnden GmbH erstellt worden ist (§ 247 II UmwG).

---

[885] Vgl. Begr. zu § 247 RegE UmwG, BT-Drucks. 12/6699 S. 158.
[886] Vgl. Begr. zu § 247 RegE UmwG, BT-Drucks. 12/6699, S. 158; zum bisherigen Streitstand vgl. nur Dehmer, UmwR, § 369 AktG, Anm. 13, § 376 AktG, Anm. 12, m. w. Nachw.
[887] Vgl. Karsten Schmidt ZGR 1993, 366, 372; Priester AG 1986, 29 ff.
[888] Vgl. Grunewald, in: Geßler/Hefermehl, § 369 AktG, RN 49 m. zahlr. w. Nachw.
[889] Vgl. Begr. zu § 246 und zu § 247 RegE UmwG, BT-Drucks. 12/6699, S. 158.
[890] Siehe zu den Kapitalmaßnahmen bei AG und GmbH oben, RN 65 ff.

Nach dem Formwechsel einer GmbH in eine Aktiengesellschaft oder KGaA sind die Geschäftsanteile in Aktien entsprechend den Regeln des § 248 UmwG umzutauschen.

406 Bezüglich des Formwechsels unter Beteiligung einer **KGaA** als formwechselnder Gesellschaft oder als Gesellschaft neuer Rechtsform bestehen weitere Sondervorschriften, die sich aus den §§ 240 II, III, 245 II, III, 247 III, 249 sowie 250 UmwG ergeben.[891]

407 cc) **Formwechsel in eine eingetragene Genossenschaft.** Besondere Vorschriften über den **Formwechsel von Kapitalgesellschaften in eingetragene Genossenschaften** sind in den §§ 251–257 UmwG geregelt. Das Verfahren lehnt sich im wesentlichen an die Vorschriften über den Formwechsel von einer in eine andere Kapitalgesellschaft an. Darüber hinaus bestehen zahlreiche Vorschriften, die den Übergang von einer Kapitalbeteiligung auf die Mitgliedschaft bei einer Genossenschaft und die dabei notwendige Schaffung von Geschäftsanteilen sowie die Bestimmung des Geschäftsguthabens betreffen. Welche Mehrheit für den Umwandlungsbeschluß einer Kapitalgesellschaft in eine Genossenschaft notwendig ist, hängt davon ab, ob bei der Genossenschaft neuer Rechtsform eine Verpflichtung der Genossen zur Leistung von Nachschüssen vorgesehen sein soll. Ist dies der Fall, müssen alle, auch die nicht erschienenen, Gesellschafter oder Aktionäre zustimmen. Ist eine Nachschußpflicht nicht vorgesehen, so bedarf der Umwandlungsbeschluß einer Mehrheit von mindestens drei Vierteln der bei der Gesellschafterversammlung einer GmbH abgegebenen Stimmen bzw. des bei der Beschlußfassung einer Aktiengesellschaft oder KGaA vertretenen Grundkapitals.[892]

c) Formwechsel eingetragener Genossenschaften

408 Eine **eingetragene Genossenschaft** kann durch Formwechsel nach dem Umwandlungsgesetz gemäß § 258 I UmwG nur die Rechtsform einer Kapitalgesellschaft erlangen.[893] Die Umwandlung ist nur zulässig, wenn auf jeden Genossen als GmbH-Gesellschafter ein durch zehn teilbarer Geschäftsanteil von mindestens 50,– DM oder als Aktionär mindestens ein Teilrecht im Nennbetrag von 10,– DM entfällt (§ 258 II UmwG). Vor der Einberufung der Generalversammlung, die den Formwechsel beschließen soll, ist eine **gutachterliche Äußerung des Prüfungsverbandes** einzuholen, ob der Formwechsel mit den Belangen der Genossen und der Gläubiger der Genossenschaft vereinbar ist. Das Prüfungsgutachten hat sich insbesondere auf die Einhaltung der Regeln über die Festsetzung

---

[891] Siehe hierzu auch schon die Regeln beim Formwechsel von einer KGaA in eine Personengesellschaft, RN 397.
[892] Weitere Einzelheiten in § 252 UmwG.
[893] Bisher war nur die Umwandlung der Genossenschaft in eine Aktiengesellschaft nach den §§ 385 m – 385 q AktG möglich.

des Stamm- oder Grundkapitals zu erstrecken, das nach § 264 I UmwG mindestens das Reinvermögen der formwechselnden Genossenschaft erreichen muß (§ 259 UmwG). Der Umwandlungsbeschluß der Generalversammlung der formwechselnden Genossenschaft bedarf regelmäßig einer Mehrheit von mindestens drei Vierteln der abgegebenen Stimmen, ausnahmsweise auch einer Mehrheit von neun Zehnteln der abgegebenen Stimmen, wenn eine ausreichende Anzahl von Genossen rechtzeitig Widerspruch gegen den Formwechsel erhoben hat.[894] Bezüglich des Inhalts des Umwandlungsbeschlusses gelten im wesentlichen die Vorschriften, die bei der Umwandlung von Kapitalgesellschaften anzuwenden sind (§ 263 I UmwG). Zahl, Art und Höhe der Geschäftsanteile bzw. Aktien sollen dergestalt bestimmt werden, daß die Genossen am Stammkapital oder Grundkapital in dem Verhältnis beteiligt werden, in dem am Ende des letzten abgelaufenen Geschäftsjahres das jeweilige Geschäftsguthaben zur Summe der Geschäftsguthaben aller Genossen gestanden hat, die durch den Formwechsel Gesellschafter oder Aktionäre werden.

409 Durch den Formwechsel werden die bisherigen Geschäftsanteile an der Genossenschaft zu Anteilen an der GmbH oder Aktiengesellschaft. Ausnahmsweise können auch **Teilrechte an Geschäftsanteilen oder Aktien** entstehen, die nach § 266 II UmwG selbständig veräußerlich und vererblich sind. Rechte aus einer Aktie können jedoch nur hergeleitet werden, wenn alle Teilrechte in einer Aktie vereinigt sind oder wenn mehrere Berechtigte, deren Teilrechte zusammen eine volle Aktie ergeben, sich zur Ausübung der Rechte zusammenschließen (§ 266 III S. 1 UmwG). Um die Rechte von Genossen mit Kleinstanteilen zu wahren, soll die formwechselnde Genossenschaft die Zusammenführung von Teilrechten zu vollen Aktien vermitteln (§ 266 III S. 2 UmwG).

410 War ein Genosse einer formwechselnden Genossenschaft im Rahmen ihres Statuts zu Nachschüssen verpflichtet, haftet er in diesem Umfang auch dann noch, wenn über das Vermögen der Gesellschaft neuer Rechtsform binnen zwei Jahre nach dem Tag der Bekanntmachung der Eintragung das Insolvenzverfahren eröffnet worden ist. Diese **Fortdauer der Nachschußpflicht** gilt selbst dann, wenn er seinen Geschäftsanteil oder seine Aktie mittlerweile veräußert hat. Die Nachschußpflicht ist aber auf solche Verbindlichkeiten der Gesellschaft beschränkt, die bereits im Zeitpunkt des Formwechsels begründet waren.[895]

---

[894] Einzelheiten bei § 262 I UmwG; zur Vorbereitung und Durchführung der Generalversammlung im übrigen §§ 260, 261 UmwG.
[895] Vgl. § 271 UmwG i. V. m. §§ 105–115a GenG; zur Kritik an der bisherigen Rechtslage, die eine Beschränkung der Nachschußpflicht auf die Altverbindlichkeiten nicht vorsah, vgl. Semler/Grunewald, in: Geßler/Hefermehl, § 385 q, RN 2.

d) Formwechsel anderer Rechtsformen

411 Über die genannten Fälle hinaus ist nach dem Umwandlungsgesetz auch der Formwechsel von rechtsfähigen Vereinen, Versicherungsvereinen auf Gegenseitigkeit und von Körperschaften und Anstalten des öffentlichen Rechts möglich.

Nach § 272 UmwG kann ein **rechtsfähiger Verein** aufgrund eines Umwandlungsbeschlusses aber nur die Rechtsform einer Kapitalgesellschaft oder einer eingetragenen Genossenschaft erlangen, wobei Voraussetzung ist, daß die Satzung des Vereins oder Vorschriften des Landesrechts einem Formwechsel nicht entgegenstehen.[896]

Ein **Versicherungsverein auf Gegenseitigkeit** kann aufgrund eines Umwandlungsbeschlusses nur die Rechtsform einer Aktiengesellschaft erlangen. Voraussetzung ist hierfür, daß es sich nicht um einen „kleinen Verein" i. S. d. § 53 VAG handelt (§ 291 I UmwG).[897]

Soweit gesetzlich nichts anderes bestimmt ist, kann eine **Körperschaft oder Anstalt des öffentlichen Rechts** nach § 301 I UmwG durch Formwechsel nur die Rechtsform einer Kapitalgesellschaft erlangen. Ein Formwechsel ist hiernach jedoch nur möglich, wenn die Körperschaft oder Anstalt rechtsfähig ist und das für sie maßgebende Bundes- oder Landesrecht einen Formwechsel vorsieht oder zuläßt (§ 301 II UmwG).[898]

VII. Spaltung von Kapitalgesellschaften außerhalb des Umwandlungsgesetzes

412 Bis zum Inkrafttreten des Umwandlungsgesetzes war die **Spaltung von Kapitalgesellschaften** – mit Ausnahme der Spaltung von Treuhandunternehmen nach dem SpTrUG – nicht gesetzlich geregelt. Eine Spaltung mit Gesamtrechtsnachfolge war nicht möglich. Die Praxis behalf sich mit Konstruktionen, die auf dem **Prinzip der Einzelrechtsübertragung** beruhten. Diese Verfahrensweise ist durch das Umwandlungsgesetz nicht verboten worden, da § 1 II UmwG nur die Umwandlung i. S. d. § 1 I UmwG, d. h. diejenige durch Gesamtrechtsnachfolge, beschränkt.

Eine „derartige Spaltung" im Wege der Einzelrechtsübertragung kann nur in mehreren Schritten erfolgen.

413 Zunächst hat die zu spaltende Kapitalgesellschaft ihr Gesellschaftsvermögen jeweils gegen Gewährung von Gesellschaftsanteilen auf eine oder mehrere Gesellschaften zu übertragen. Hierfür kommt wegen des Verbotes der verdeckten Sacheinlage[899] nur eine **Sachkapitalerhöhung oder eine**

---

[896] Weitere Einzelheiten in den §§ 272–290 UmwG.
[897] Weitere Einzelheiten in §§ 291–300 UmwG.
[898] Weitere Einzelheiten hierzu in den §§ 301–304 UmwG.
[899] Vgl. dazu ausführlich oben, RN 72 ff.

Sachgründung bei den aufnehmenden Gesellschaften in Betracht. Nachteilig ist regelmäßig, daß Passiva gemäß §§ 414 ff. BGB nur mit Zustimmung der jeweiligen Gläubiger auf die aufnehmende Gesellschaft übertragen werden können. Zu beachten sind auch die Haftungsvorschriften der §§ 419 BGB und 25 HGB. Nach den Grundsätzen der „Holzmüller"-Entscheidung des Bundesgerichtshofes[900] ist für die vollständige Übertragung des Gesellschaftsvermögens auf verschiedene aufnehmende Gesellschaften im Wege der Sachkapitalerhöhung oder Sachgründung auch ein Beschluß der Hauptversammlung bzw. Gesellschafterversammlung der sich spaltenden Kapitalgesellschaft notwendig.

Verbleiben die der sich spaltenden Kapitalgesellschaft gewährten Anteile an den aufnehmenden Gesellschaften bei der Kapitalgesellschaft, handelt es sich um einen schlichten Fall der **Ausgliederung** (Ausgründung). Eine Spaltung liegt erst dann vor, wenn diese Anteile an die Gesellschafter der sich spaltenden Kapitalgesellschaft ausgekehrt werden. Hierzu bieten sich im wesentlichen folgende Möglichkeiten an:[901]

1. **Kapitalherabsetzung** (bei Abspaltung) bzw. **Liquidation** der gespaltenen Kapitalgesellschaft (bei Aufspaltung) und dann Erfüllung der Einlagerückzahlungsansprüche bzw. Liquidationsansprüche durch Auskehrung, d.h. Abtretung der Gesellschaftsanteile der aufnehmenden Unternehmen an die Anteilsinhaber.[902] Hierzu muß regelmäßig die gesetzlich vorgesehene Einlagerückzahlung in Geldwerten im Wege der Satzungsänderung durch die Hauptversammlung oder Gesellschafterversammlung abbedungen werden, was zulässig ist.[903]
2. **Entgeltliche Einziehung der Anteile** an der gespaltenen Kapitalgesellschaft, wobei das Entgelt in der Abtretung der spaltungsgeborenen Anteile besteht. Zu beachten ist hierbei jedoch, daß wegen des Verbots des Erwerbs eigener Anteile eine derartige Einziehung selbst bei der GmbH nur möglich ist, wenn das Stammkapital unangetastet bleibt (§ 33 II, § 34 III i.V.m. § 30 GmbHG). Bei der Aktiengesellschaft ist dies wegen §§ 57, 71 AktG wohl regelmäßig nicht zulässig.
3. **Auskehrung im Wege der regulären Gewinnausschüttung.** Dieses Verfahren erscheint nur sinnvoll, wenn der Gewinn über einen langen Zeitraum so hoch ist, daß sämtliche spaltungsgeborene Anteile in einem Zug ausgekehrt werden können. In diesem Fall ist auch nur eine Abspaltung möglich, da die gespaltene Gesellschaft zur Gewinnauskehrung fortbestehen muß.

---

[900] BGHZ 83, 122, hierzu bereits oben, RN 312.
[901] Einzelheiten bei Dehmer, UmwR, Anh. zum UmwStG III, Anm. 4 c; Wochinger DB 1992, 163 ff.; Meyer GmbHR 1992, 129; Hahn GmbHR 1991, 241.
[902] Nachteilig ist hier regelmäßig die Pflicht zur Beachtung des Sperrjahres (§§ 58, 73 GmbHG bzw. § 272 AktG) bzw. Sperrhalbjahres (§ 225 II AktG).
[903] Vgl. Fritz, Spaltung von Kapitalgesellschaften, S. 42 m.w.Nachw.; Dehmer, UmwR, Anh. zum UmwStG III, Anm. 4 c.

415 Im **Konzernverbund** sind abweichende Gestaltungen möglich. Befinden sich die Anteile der sich spaltenden Kapitalgesellschaft im Besitz einer anderen Kapitalgesellschaft, kann die sich spaltende Kapitalgesellschaft mit ihrer Muttergesellschaft verschmolzen werden, wodurch die Muttergesellschaft wiederum Gesellschafterin der aufnehmenden Gesellschaften wird.[904]

VIII. Konzern- und Holdingstrukturen

1. Das Unternehmen im Konzernverbund

416 Die Reorganisation von Unternehmen führt häufig dazu, daß neue Rechtsträger gegründet werden oder Mehrheitsverhältnisse oder Herrschaftsverhältnisse sich ändern. Die Bildung von Unternehmensgruppen und Konzernen kann auf **unterschiedlichsten Motiven** beruhen. Sie kann erfolgen aus Gründen der Haftung (Separierung von Risiken), des Steuerrechts (Separierung von Gewinnen und/oder Verlusten), zur Schaffung kleinerer, effizienterer Einheiten und für die rechtliche Umsetzung von Sparten- und Divisionalstrukturen. Gelegentlich geht es auch um die Trennung von aufsichtspflichtigem und aufsichtsfreiem Tätigwerden.[905] Die Reorganisation von Unternehmen berührt fast zwangsläufig das **Recht der verbundenen Unternehmen bzw. das Konzernrecht**. Dies gilt nicht in den Fällen des Formwechsels. Bei Verschmelzungen wird eine gegebenenfalls bestehende Beteiligungsstruktur gestrafft. Bei Ausgliederung oder Spaltung werden dagegen regelmäßig neue Rechtsträger gegründet oder neue Beteiligungsverhältnisse geschaffen.

417 Der Begriff der „**verbundenen Unternehmen**" ist in § 15 AktG definiert. Insbesondere zählen dazu die im Verhältnis zueinander in Mehrheitsbesitz stehenden Unternehmen und mit Mehrheit beteiligten Unternehmen (§ 16 AktG), abhängige und herrschende Unternehmen (§ 17 AktG), Konzernunternehmen (§ 18 AktG), wechselseitig beteiligte Unternehmen (§ 19 AktG) sowie Vertragsteile eines Unternehmensvertrages (§§ 291, 292 AktG).[906]

Nach § 18 I S. 1 AktG liegt ein „**Konzern**" vor, wenn ein herrschendes und ein oder mehrere abhängige Unternehmen unter der einheitlichen Leitung des herrschenden Unternehmens zusammengefaßt sind. Im Fall eines Beherrschungsvertrages bzw. einer Eingliederung wird unwiderleglich ein Konzern vermutet.[907] Aufgrund zweier weiterer (widerlegbarer)

---

[904] Vgl. Fritz, Spaltung von Kapitalgesellschaften, S. 39; Dehmer, UmwR, Anh. zum UmwStG III, Anm. 4 c ee.
[905] Etwa durch Holdingstrukturen in der Versicherungswirtschaft.
[906] Vgl. Einzelheiten in §§ 15–19 AktG sowie §§ 291, 292 AktG.
[907] § 18 I S. 2 AktG; gesetzliche Konzernvermutung, vgl. Koppensteiner, Kölner Kommentar, § 18, RN 30; Hüffer, AktG, § 18, RN 17.

VIII. Konzern- und Holdingstrukturen

Vermutungen, nach denen von einem Mehrheitsbeteiligungsverhältnis auf ein Abhängigkeitsverhältnis und von einem Abhängigkeitsverhältnis auf das Vorliegen eines Konzerns geschlossen wird (§§ 17 II, 18 I S. 3 AktG), sind regelmäßig auch in Mehrheitsbesitz stehende Unternehmen und mit Mehrheit beteiligte Unternehmen als ein Konzern anzusehen.[908]

An das Vorliegen einer Mehrheitsbeteiligung, eines Abhängigkeitsverhältnisses oder eines Konzerns werden unterschiedlichste **Rechtsfolgen** geknüpft, die Haftungsfragen, den Schutz von Minderheitsgesellschaftern, Mitteilungspflichten, Bilanzierung, Erwerb eigener Aktien, Kreditgewährung an Organmitglieder usw. betreffen.[909] 418

2. Vertragskonzern

Als **Formen des Konzerns** unterscheidet man einerseits den Konzern aufgrund eines Beherrschungsvertrages (sog. **Vertragskonzern**), für den die §§ 291 ff. AktG gelten, und andererseits den sog. **faktischen Konzern**, der im Aktiengesetz in den §§ 311 ff. geregelt ist. 419

Die Vorschriften über den Vertragskonzern gelten – mit geringen Abweichungen – auch für den Fall, daß nicht eine Aktiengesellschaft, sondern eine GmbH herrschendes Unternehmen ist.[910] Die Arten von Unternehmensverträgen sind in den §§ 291, 292 AktG definiert. Neben dem Beherrschungsvertrag gibt es noch den Gewinnabführungsvertrag sowie die Gewinngemeinschaft, den Teilgewinnabführungsvertrag und Unternehmensverträge über Betriebspacht bzw. Betriebsüberlassung. 420

Ein **Unternehmensvertrag** wird nur mit Zustimmung der Hauptversammlung der Aktiengesellschaft oder Gesellschafterversammlung der GmbH wirksam, wobei der Beschluß einer **Mehrheit von drei Vierteln** des bei der Beschlußfassung vertretenen Grundkapitals bzw. der von den GmbH-Gesellschaftern abgegebenen Stimmen bedarf (§ 293 I AktG i. V. m. § 53 II GmbHG). Zustimmen müssen sowohl die Aktionäre/Gesellschafter der herrschenden wie beherrschten Gesellschaft.[911] Der Unternehmensvertrag bedarf der schriftlichen Form (§ 293 III S. 1 AktG). Er muß dem Aktionär einer Aktiengesellschaft ordnungsgemäß bekanntgemacht werden.[912] Im übrigen muß der Unternehmensvertrag der Niederschrift der Hauptversammlung bzw. dem Protokoll der Gesellschaf- 421

---

[908] Vgl. zu den Schwierigkeiten der Widerlegung der Abhängigkeits- und Konzernvermutung etwa Möhring FS Westermann, S. 427 ff.; Hüttemann ZHR 1956 (1992), 314 ff.; Koppensteiner, Kölner Kommentar, § 18, RN 34.
[909] Übersicht über die Rechtsfolgen etwa bei Möhring/Nirk, in: Handbuch der Aktiengesellschaft, RN I 880 ff., I 916 ff. sowie I 946 f.
[910] Vgl. BGHZ 105, 324 ff. -Supermarkt-, sei es, daß es sich um eine beherrschte oder eine herrschende GmbH im Rahmen eines Beherrschungsvertrages handelt.
[911] Für die GmbH früher streitig, vgl. jetzt BGHZ 105, 324, 333 -Supermarkt-; BGH GmbHR 1992, 253, 254 f. -Siemens-; vgl. dazu Timm GmbHR 1992, 213 ff.
[912] Einzelheiten bei § 293 III, IV AktG i. V. m. § 124 II S. 2 AktG.

terversammlung als Anlage beigefügt und beim Handelsregister zur Eintragung angemeldet werden.[913]

422 Haftungsrechtlich ist von besonderer Bedeutung, daß das herrschende Unternehmen bei Vorliegen eines Beherrschungs- oder Gewinnabführungsvertrages **jeden während der Vertragsdauer entstehenden Jahresfehlbetrag auszugleichen** hat, soweit dieser nicht durch während der Vertragsdauer gebildete Gewinnrücklagen ausgeglichen werden kann (§ 302 I AktG).[914] Die **Pflicht zur Verlustübernahme** besteht auch bei Vorliegen eines Betriebspacht- oder Betriebsüberlassungsvertrages, soweit die vereinbarte Gegenleistung das angemessene Entgelt nicht erreicht (§ 302 II AktG). Die Auflösung freier Rücklagen, die während der Dauer des Vertrags entstanden sind, ist ausgeschlossen; andererseits besteht keine Verlustübernahmeverpflichtung des herrschenden Unternehmens, wenn für die Betriebspacht oder -überlassung ein angemessener Pachtzins vereinbart worden war, selbst wenn Verluste entstehen.[915]

423 Aufgrund eines Beherrschungsvertrages ist das herrschende Unternehmen berechtigt, dem Vertretungsorgan der beherrschten Gesellschaft **hinsichtlich der Leitung dieser Gesellschaft Weisungen** zu erteilen. Für den Vorstand einer abhängigen Aktiengesellschaft wird insoweit die Vorschrift des § 76 I AktG, der auf die eigenverantwortliche Leitung der Gesellschaft zielt, außer Kraft gesetzt. Die herrschende Gesellschaft kann, soweit der Beherrschungsvertrag nichts anderes bestimmt, auch nachteilige Weisungen erteilen, wenn sie den Belangen des herrschenden Unternehmens oder der mit ihm konzernverbundenen Unternehmen dienen (§ 308 I S. 2 AktG). Da weisungsberechtigt immer nur der herrschende Vertragsteil ist,[916] muß eine nachteilige Weisung den Interessen gerade des herrschenden Unternehmens oder des von ihm abhängigen Teilkonzerns entsprechen. Für den Fall, daß auch das herrschende Unternehmen selbst ein abhängiges Unternehmen ist, reichen also die Interessen der Konzernspitze für eine nachteilige Weisung nicht aus. Gerade in internationalen Konzernen führt diese Beschränkung des Weisungsrechts zu Problemen, wenn Beherrschungs- und Gewinnabführungsverträge nur innerhalb der deutschen Gruppe abgeschlossen sind, nicht aber im Verhältnis zur ausländischen Konzernspitze.

---

[913] Vgl. BGH GmbHR 1992, 253 ff. -Siemens-; BGHZ 105, 324, 342 -Supermarkt-.
[914] Einzelheiten bei Nirk, in: Handbuch der Aktiengesellschaft, RN I 1087 ff.; Krieger, in: Münchener Handbuch AG, § 70, RN 30 ff.
[915] Vgl. Nirk, in: Handbuch der Aktiengesellschaft, RN I 1093.
[916] Vgl. BGH AG 1990, 459, 460; Krieger, in: Münchener Handbuch AG, § 70, RN 102 mit Fußnote 322.

3. Faktischer Konzern bei abhängiger Aktiengesellschaft

Besteht kein Beherrschungsvertrag, wird die **einheitliche Leitung** aber 424
auf **andere Weise hergestellt**, so liegt ein faktischer Konzern vor. Die
Rechtsfolgen unterscheiden sich danach, ob eine Aktiengesellschaft oder
eine GmbH abhängiges Unternehmen eines solchen faktischen Konzerns
ist. Das Aktiengesetz stellt Sonderregeln nur für den Fall einer abhängigen Aktiengesellschaft bei Fehlen eines Beherrschungsvertrages auf. Danach hat das herrschende Unternehmen in einem faktischen Aktienkonzern für den Fall, daß es ein nachteiliges Rechtsgeschäft bei der abhängigen Aktiengesellschaft veranlaßt hat, **diesen Nachteil beim abhängigen Unternehmen auszugleichen** (§ 311 I AktG). Zu diesem Zwecke hat der Vorstand einer abhängigen Gesellschaft einen sog. **Abhängigkeitsbericht** über alle Beziehungen der Gesellschaft zu verbundenen Unternehmen aufzustellen (§ 312 AktG).[917]

Wird der notwendige Nachteilsausgleich nicht rechtzeitig vorgenommen, machen sich das herrschende und seine gesetzlichen Vertreter 425
(Vorstand oder Geschäftsführer) gegenüber dem abhängigen Unternehmen und seinen (außenstehenden) Aktionären **schadensersatzpflichtig**
(§ 317 AktG). Ob darüber hinaus für den Fall eines „qualifiziert faktischen Konzerns" mit einer Aktiengesellschaft als abhängigem Unternehmen auch eine Verlustübernahmepflicht des herrschenden Unternehmens
besteht, ist umstritten, aber wohl wegen der abschließenden Regelung
der §§ 311, 317 AktG abzulehnen.[918]

4. Qualifiziert faktischer GmbH-Konzern

Anders als das Aktienrecht kennt das GmbH-Recht überhaupt keine 426
ausdrücklichen Vorschriften, die den faktischen oder **qualifiziert faktischen Konzern** betreffen. Bis zum Jahr 1985 hat der Bundesgerichtshof
eine Haftung der GmbH-Gesellschafter für die Schulden der GmbH unter Hinweis auf § 13 II GmbHG, in dem die beschränkte Haftung der
GmbH verankert ist, verneint bzw. nur in Fällen der Vermögensvermischung oder des Mißbrauchs der Gesellschaftsform GmbH ausnahmsweise bejaht. In der sog. „**Autokran**"-Entscheidung[919] hat dann der Bun-

---

[917] Einzelheiten zur Berichtspflicht ergeben sich aus § 312 I S. 2–4 AktG. Entgegen dem Wortlaut der Vorschrift reichen pauschale Angaben über den Leistungsverkehr zwischen den beteiligten Gesellschaften aus, soweit keine Besonderheiten, etwa außergewöhnliche Preisvereinbarungen, bestehen; vgl. Nirk, in: Handbuch der Aktiengesellschaft, RN I 1238; Koppensteiner, Kölner Kommentar, § 312, RN 54.
[918] Sehr streitig, wie hier Koppensteiner, Kölner Kommentar, Vorb., § 311, RN 24; Hoffmann-Becking ZHR 150 (1986), 570, 571 f.; a. A. etwa Krieger, in: Münchener Handbuch AG, § 69, RN 17 sowie Emmerich/Sonnenschein, Konzernrecht, § 20 IV 4 b bb (S. 409).
[919] BGHZ 95, 330.

desgerichtshof erstmals eine Verlustübernahmepflicht des herrschenden Unternehmens in einem qualifiziert faktischen GmbH-Konzern bejaht. Diese Rechtsprechung ist im Hinblick auf die Bestimmung, was ein qualifiziert faktischer GmbH-Konzern ist, und die Haftungsfolgen in weiteren Urteilen[920] – nicht immer widerspruchsfrei – präzisiert worden.[921] Insbesondere das **„Video"-Urteil** des Bundesgerichtshofes[922] hat dabei zu einem Erdbeben[923] in der Literatur geführt.[924] Die Einzelheiten müssen weiterhin als ungeklärt betrachtet werden.

In der „Video"-Entscheidung hat der Bundesgerichtshof die **Verlustübernahmeverpflichtung des Gesellschafters aufgrund dessen dauernder und umfassender Ausübung der Geschäftsführung** in einem Fall bejaht,[925] in dem der Inhaber eines Einzelhandelsgeschäftes gleichzeitig Mehrheits- und später Alleingesellschafter sowie auch alleiniger Geschäftsführer einer GmbH gewesen war. In der letzten Grundsatzentscheidung, „TBB-Urteil",[926] hat der Bundesgerichtshof zwar bestätigt, daß gerade im Fall eines Einzelkaufmanns, der andere geschäftliche Interessen in einer oder mehrerer GmbHs verfolge, die Gefahr einer Beeinträchtigung der GmbH-Interessen besonders naheliege; eine **Verlustübernahmepflicht des GmbH-Gesellschafters** werde aber nicht bereits allein durch die dauernde und umfassende Leitung der abhängigen Gesellschaft begründet, sondern **erst wenn tatsächlich eine Beeinträchtigung von deren Interessen vorliege**.[927] Eine Einschränkung gegenüber der „Video"-Entscheidung besteht darin, daß nicht mehr allein aus dem Befund der dauernden umfassenden Geschäftsführung in der GmbH auch die Außerachtlassung von deren Interessen vermutet wird.[928] Derjenige, der sich auf das Vorliegen eines qualifiziert faktischen GmbH-Konzerns beruft, muß vielmehr Umstände darlegen und beweisen, die die Annahme nahelegen, daß bei der Unternehmensführung im Hinblick auf das Konzerninteresse die eigenen Belange der GmbH über bestimmte, konkret ausgleichsfähige Einzeleingriffe hinaus beeinträchtigt worden sind; allerdings sollen dem Anspruchsteller unter Umständen Erleichterungen hinsichtlich seiner Substantiierungslast gewährt werden.[929]

---

[920] Namentlich BGHZ 107, 7ff. -Tiefbau-; BGHZ 115, 187ff. -Video-; BGHZ 122, 123ff. -TBB-.
[921] Vgl. BGHZ 116, 37, 42 -Stromlieferung-; BAG GmbHR 1993, 218 -AG Union-.
[922] BGHZ 115, 187ff.
[923] Knobbe-Keuk DB 1992, 1461.
[924] Vgl. nur die Beiträge in Hommelhoff/Stimpel/Ulmer, Heidelberger Konzernrechtstage: Der qualifizierte faktische GmbH-Konzern, 1992.
[925] BGHZ 115, 187, 194.
[926] BGHZ 122, 123.
[927] BGHZ 122, 123, 131 -TBB-.
[928] BGHZ 115, 187, 194 -Video-.
[929] BGHZ 122, 123, 133; Einzelheiten sind streitig, vgl. nur Kropff AG 1993, 485, 494 m.w.Nachw.

VIII. Konzern- und Holdingstrukturen

Für die Praxis kann daher – ohne Gewähr der Sicherheit – nur empfohlen werden, bei der **Führung und Leitung von GmbH-Konzernen** auf folgendes zu achten:
– keine Verfolgung widerstrebender Interessen als Einzelkaufmann und Mehrheits- oder Alleingesellschafter und Alleingeschäftsführer einer GmbH à la „Video";
– Zusammenfassung aller Aktivitäten in einer Holding-Gesellschaft;
– soweit möglich, Vermeidung von personellen Überkreuzverpflichtungen;
– soweit Weisungen – entweder aufgrund Beherrschungsvertrages oder im GmbH-Konzern durch die Gesellschafterversammlung – erteilt werden, sollten diese im Rahmen des Konzernaufbaus und nicht unmittelbar von der Konzernspitze an nachgeordnete Tochtergesellschaften gegeben werden;
– sorgfältige Beachtung der rechtlichen Trennung der Konzerngesellschaften bei der Erfassung des jeweiligen Vermögens und der Verbuchung der konzerninternen und -externen Geschäftsvorfälle.

Werden diese Maßregeln beachtet, sollte es wenigstens möglich sein, eine umfassende Verlustübernahmepflicht des Gesellschafters zu vermeiden und seine Haftung auf einen Nachteilsausgleich für Beeinträchtigungen im Einzelfall zu beschränken.

5. Die Haftung im grenzüberschreitenden Konzern

Die Haftung eines GmbH-Gesellschafters oder Aktionärs wird, soweit sie nach den oben genannten Grundsätzen eingreift, auch nicht dadurch beschränkt, daß es sich um einen ausländischen Gesellschafter oder eine ausländische Muttergesellschaft handelt. Für die Frage der Gesellschafterhaftung und der Verlustübernahmepflicht des Gesellschafters aufgrund deutschen Konzernrechts ist allein das Gesellschaftsstatut – also das deutsche Recht – maßgebend, sofern es sich um eine deutsche GmbH oder Aktiengesellschaft handelt.[930] Nach wohl herrschender Meinung darf im Rahmen eines mit einer ausländischen Gesellschaft abgeschlossenen Beherrschungsvertrages der Vorstand der deutschen abhängigen Gesellschaft nachteilige Weisungen erst ausführen, wenn das herrschende Unternehmen Vermögen im Inland hat oder sich verpflichtet hat, die Zwangsvollstreckung aus einem rechtskräftigen Urteil hinzunehmen.[931] Es ist daher empfehlenswert, daß ein ausländisches Unternehmen, das seine deutsche Gruppe – z.B. zum Zwecke der steuerlichen Or-

---

[930] Vgl. BGHZ 78, 318, 334; Staudinger/Großfeld, Internationales Gesellschaftsrecht, 1993, RN 340f. Zur Durchgriffshaftung sowie zum Vertragskonzern Staudinger/Großfeld, ebenda, RN 524.
[931] Staudinger/Großfeld, Internationales Gesellschaftsrecht, RN 524; zurückhaltender Wiedemann, Gesellschaftsrecht I, S. 810f.

ganschaft – als Vertragskonzern organisieren will, eine deutsche Zwischenholding als deutsche (Teil-)Konzernspitze hat.[932] Hat die ausländische Muttergesellschaft im Ausland, z. B. in Belgien oder den Niederlanden, wie immer häufiger, ein europäisches Hauptquartier[933] installiert, ohne daß eine kapitalmäßige Verbundenheit zwischen der deutschen Tochter und dieser Gesellschaft besteht, können direkte Weisungen nur eingeschränkt durch die belgische oder niederländische Headquarter-Gesellschaft an die deutsche Konzerngesellschaft gegeben werden; abweichendes gilt, wenn ein Beherrschungsvertrag unmittelbar zwischen dem deutschen Konzernunternehmen und der Headquarter-Gesellschaft geschlossen wird oder jedenfalls die Konzernspitze der deutschen Tochtergesellschaft, sofern es sich um eine GmbH handelt, Anweisung erteilt, etwaigen Weisungen des europäischen Hauptquartiers zu folgen.[934]

---

[932] Zu Einzelheiten von grenzüberschreitenden Beherrschungs- und Gewinnabführungsverträgen vgl. Staudinger/Großfeld, Internationales Gesellschaftsrecht, RN 514 ff.
[933] European Headquarter/European Coordination Center.
[934] Zu den Grenzen des Konzern-Weisungsrechts nach § 308 AktG vgl. Sina AG 1991, 1 ff.

Teil C. Arbeitsrecht

	RN
I. Vorbereitung der Übertragung und Restrukturierung von Unternehmen, Betrieben und Arbeitsverhältnissen	4
II. Der Betriebsübergang gemäß § 613 a BGB	5
1. Die Tatbestandsvoraussetzungen des § 613 a I BGB für den Übergang von Arbeitsverhältnissen	8
a) Übergang eines Betriebes oder Betriebsteils	10
aa) Übergang eines Betriebes	11
bb) Übergang eines Betriebsteiles	17
cc) Die kasuistische Rechtsprechung	18
b) Betriebsübergang durch Rechtsgeschäft	21
2. Der Eintritt des neuen Betriebsinhabers in die Rechte und Pflichten aus den im Zeitpunkt des Übergangs bestehenden Arbeitsverhältnissen als Rechtsfolge des Betriebsübergangs	23
a) Individualrechtliche Ansprüche	27
b) Kollektivrechtliche Ansprüche	36
3. Das Widerspruchsrecht der Arbeitnehmer	39
4. Das Haftungssystem des § 613a II BGB und die Ausnahmebestimmung des § 613a III BGB	46
5. Der Kündigungsschutz gemäß § 613 a IV BGB	50
a) Materiellrechtlicher Kündigungsschutz	50
b) Prozessuale Fragen	57
6. Sonderregelung des § 613 a BGB für die neuen Bundesländer	59
III. Die Restrukturierungsmaßnahmen, insbesondere die Betriebsänderungen und die Änderungen der Arbeitsbedingungen	60
1. Die Betriebsänderungen	61
a) Vorüberlegungen, Studien und Analysen zur Entscheidungsfindung und Ablaufplanung einer Reorganisation (Phase 1)	62
b) Unterrichtung und Beratung bezüglich einer geplanten Reorganisation (Phase 2)	63
aa) Unterrichtung des Wirtschaftsausschusses, des Betriebsrates, der Belegschaft, des Aufsichtsrates und der Minderheitsgesellschafter	63
(1) Unterrichtung des Wirtschaftsausschusses gemäß § 106 II BetrVG	65
(2) Unterrichtung des Betriebsrates und Beratung (§ 111 BetrVG)	68
(3) Unterrichtung des Sprecherausschusses der leitenden Angestellten	75
(4) Information des Betriebsrates nach Umwandlungsrecht	75 a
(5) Unterrichtung der Schwerbehindertenvertretung	76
(6) Mitteilung an den Präsidenten des Landesarbeitsamtes	77
(7) Unterrichtung der Betriebsversammlung	81
(8) Information des Aufsichtsrats	82
(9) Information von Minderheitsgesellschaftern	83
(10) Weitere Unterrichtungen	84
bb) Beratung der geplanten Betriebsänderungen und Personalmaßnahmen mit dem Betriebsrat mit dem Ziel der Vereinbarung eines	

     Interessenausgleiches und eines Sozialplanes
     (§§ 111, 92 BetrVG) 85
     (1) Der Interessenausgleich (§ 112 BetrVG) 86
     (2) Der Sozialplan – erzwingbare Mitbestimmung der Arbeitnehmer – (§ 112 BetrVG) 96
   c) Durchführung der Restrukturierung (Phase 3) 119
    aa) Anzeige gemäß § 17 KSchG 119
    bb) Die Durchführung von Entlassungen 126
     (1) Anhörung des Betriebsrates gemäß § 102 BetrVG 126
     (2) Soziale Rechtfertigung der Kündigungen gemäß § 1 KSchG . 128
     (3) Kündigungsfristen 135
     (4) Sonderbestimmungen 136
     (5) Fortbestehen des individuellen arbeitsrechtlichen Schutzes . . 142
    cc) Arbeitskampf 144
     (1) Wilder Streik 145
     (2) Legaler Streik 146
     (3) Warnstreik/Demonstrationsstreik 147
   d) Übersicht und Ablaufplan für Betriebsübertragungen und Betriebsänderungen 148
  2. Die Änderung von Arbeitsbedingungen 149
   a) Arbeitszeit 150
    aa) Durchführung von Arbeitszeitänderungen 154
     (1) Individualrechtlich 154
     (2) Kollektivrechtlich 163
     (3) Betriebliches Mitbestimmungsrecht 165
    bb) Arbeitszeitmodelle 166
     (1) Mehrarbeit / Überarbeit 166
     (2) Schichtarbeit 169
     (3) Teilzeitarbeit 170
     (4) Gleitzeitarbeit 176
     (5) Flexible Altersgrenze und gleitender Übergang in den Ruhestand 177
     (6) Kurzarbeit 179
   b) Leistungsart 181
   c) Leistungsort/Arbeitsplatz 186
   d) Vergütung/Arbeitsentgelt 190
    aa) Allgemeines 190
    bb) Arbeitsvertragliche Vergütungsregelung 191
    cc) Tarifvertragliche Entgeltregelungen 195
   e) Befristung von Arbeitsverhältnissen 196

Literatur

Andresen (Hrsg.), Frühpensionierung, 1994; *Bauer*, Betriebsänderungen, 1992; *Bauer*, Aktuelle Probleme des Personalabbaus im Rahmen von Betriebsänderungen, DB 1994, 217 ff. und 274 ff.; *Bauer*, Unternehmensveräußerung und Arbeitsrecht, 1983; *Bauer*, Personalpolitische und arbeitsrechtliche Fragen, in: *Hölters* (Hrsg.), Handbuch des Unternehmens- und Beteiligungskaufs, 3. Aufl., 1992; *Bauer*, Beendigung von Arbeitsverhältnissen beim Betriebsübergang, DB 1983, 713; *Bauer/Lingemann*, Das neue Umwandlungsrecht und seine arbeitsrechtlichen Auswirkungen, NZA 1994, 1057; *Behrens*, Abfindung bei fristlosen Kündigungen und Anrechnung auf das Arbeitslosengeld gem. § 117 AFG n.F., DB 1978, 1224; *Berkowsky*, Münchener Handbuch Arbeitsrecht, Bd. 2, 1993; *Berscheid*, Massenentlassung und Einhaltung von Kündigungsterminen, ZIP 1987, 1512; *Blomeyer* in: Münchener Handbuch Arbeitsrecht, Bd. 1, Individualarbeitsrecht I, 1992; *Borngräber*, Arbeitsverhältnis bei Betriebsübergang, 1977; *Brox/Rüthers*, Arbeitskampfrecht, 2. Aufl. 1982; *Commandeur*, Betriebs-, Firmen- und Vermögensübernahme, 1990; *Dolde/Bauer*, Probleme der Stillegung von Betrieben und Betriebsteilen, BB 1978, 1675; *Eichenhofer*, Die rechtliche Behandlung von Kurzarbeit, RdA 1981, 208; *Erman*, BGB-Kommentar, 9. Aufl. 1993; *Fitting/Auffarth/Kaiser/Heither*, Kommentar zum Betriebsverfassungsgesetz, 17. Aufl. 1992; *Fitting/Wlotzke/Wissmann*, Kommentar zum Mitbestimmungsgesetz, 2. Aufl. 1978; *Galperin/Löwisch*, Kommentar zum Betriebsverfassungsgesetz, Bd. I und II, 6. Aufl. 1982; *Gaul*, Der Betriebsübergang, 1990; *Gnann*, Arbeitsvertrag bei Auslandsentsendung, 1993; *Hanau*, Aktuelles zu Betrieb, Unternehmen und Konzern im Arbeitsrecht, ZfA 1990, 115; *Hanau*, Arbeitsrecht und Mitbestimmung in Umwandlung und Fusion, ZGR 1990, 548 ff.; *Hanau* in: Münchener Handbuch Arbeitsrecht, Bd. I, 1992; *Henckel*, Haftung für Altverbindlichkeiten eines insolventen Unternehmens wegen Betriebsübergangs, Festschrift für Heinsius, 1991, S. 261 ff.; *Hennig/Kühl/Heuer*, Kommentar zum AFG, Loseblatt, Stand: Mai 1994; *Hoffmann/Lehmann/Weinmann*, Kommentar zum Mitbestimmungsgesetz, 1978; *Holzapfel/Pöllath*, Recht und Praxis des Unternehmenskaufs, 7. Aufl. 1994; *Hommelhoff*, Der Unternehmenskauf als Gegenstand der Rechtsgestaltung, ZHR 150, 254; *Hromadka* (Hrsg.), Änderung von Arbeitsbedingungen, 1990; *Hromadka*, Arbeitsrecht für Vorgesetzte, 1987; *Hueck/v. Hoyningen-Huene*, Kommentar zum Kündigungsschutzgesetz, 11. Aufl. 1992; *Hueck/Nipperdey*, Lehrbuch des Arbeitsrechts, 7. Aufl., Bd. I 1963, Bd. II/1 1967 und Bd. II/2 1970; *Kadel*, Personalablaufplanung und die Unterrichtungs- und Beratungsrechte des Betriebsrates nach § 92 BetrVG, BB 1993, 797; Kreitner, Die Zuordnung von Arbeitsverhältnissen beim Betriebsinhaberwechsel, NZA 1990, 429; *Kreitner*, Kündigungsrechtliche Probleme beim Betriebsinhaberwechsel, 1989; *Kuhn-Uhlenbruck*, Konkursordnung, 10. Aufl. 1986; *Leinemann*, Rechte und Pflichten für den Unternehmer bei Betriebsänderungen, ZIP 1989, 552; *Linnenkohl/Kilz/Rauschenberg/Reh*, Arbeitszeitflexibilisierung, 2. Aufl. 1993; *Löw*, Steht das europäische Recht einem Widerspruchsrecht des Arbeitnehmers bei Betriebsübergang entgegen?, DB 1991, 546; *Löwisch*, Zur Weiterhaftung des Betriebsveräußerers nach § 613 a II Satz 1 BGB, ZIP 1986, 1101; *Loritz*, Aktuelle Probleme des Betriebsübergangs nach § 613 a BGB, RdA 1987, 65; *Loritz*, Möglichkeiten und Grenzen der Sonntagsarbeit, 1989; *Mattner*, Sonn- und Feiertagsrecht, 2. Aufl. 1991; *Meilicke*, Zum Übergang der Arbeitsverhältnisse nach § 613 a BGB bei Pächterwechsel, DB 1982, 1168; *Meilicke*, Widerspruchsrecht des Arbeitnehmers bei Betriebsübergang – Wirkungen des Europarechts, DB 1991, 1326; *Meisel*, Die soziale Auswahl bei betriebsbedingten Kündigungen, DB 1991, 92; Moll, Betriebsübergang und Arbeitsverhältnisse, AnwBl. 1991, 282; *Moll*, Die Rechtsstellung des Arbeitnehmers nach einem Betriebsübergang, NJW 1993, 2016; *Münchener Kommentar*,

2. Aufl. 1988; *Nabel*, Die Melde- und Anzeigepflichten des Arbeitgebers nach dem Arbeitsförderungsgesetz, DB 1969, 1603; *Neye*, Die Reform des Umwandlungsrechts, DB 1994, 2069; *Neyses*, Auswahlkriterien, Auswahlschema und Auswahlrichtlinien bei betriebsbedingter Kündigung, DB 1983, 2414; *Picot*, Closure of Plants and other Operational Changes of Companies in Germany, International Business Lawyer, 1988, 59 ff.; *Picot*, Reorganization of Companies in Germany, International Business Lawyer, 1994, 220 ff.; *Pietzko*, Der Tatbestand des § 613 a BGB, 1988; *Richardi*, in: *Staudinger*, Kommentar zum BGB, 2. Buch, § 613 a, 12. Aufl. 1989; *Richardi*, Grenzen industrieller Sonntagsarbeiten, 1988; *Richardi*, Münchener Handbuch Arbeitsrecht, Bd. 1, 1992; *Riesenhuber*, Tarifbindung und Ausgliederung von Unternehmensteilen, BB 1993, 1001; *Rüthers*, Arbeitskampfrecht und Tarifvertragsrecht, 1981; Schaub, Arbeitsrechtshandbuch, 7. Aufl., 1992; *Schaub*, Rechtsprobleme des Betriebsübergangs, ZIP 1984, 272; *Schaub/Schindele*, Kurzarbeit, Massenentlassung, Sozialplan, 1993; *Schaub*, Personalanpassung und Personalabbau im Betrieb, RWS-Skript 204, 1989; *Schaub*, in: Hromadka, Änderung von Arbeitsbedingungen, 1990; *Schleifenbaum*, Gesellschafterwechsel als Betriebsübergang bei der Gesellschaft bürgerlichen Rechts, BB 1991, 1705; *Schmalenberg*, Die Tatbestandsvoraussetzungen des Betriebsübergangs gemäß § 613 a BGB, NZA Beil. 3/1989, 14; *Schwerdtner*, Individualarbeitsrechtliche Probleme des Betriebsübergangs, Festschrift für Gerhard Müller, 1981, 557; Schwerdtner, in: Münchener Kommentar, Bürgerliches Gesetzbuch, Bd. 3, 1. Halbbd., 2. Aufl. 1988; *Seiter*, Betriebsinhaberwechsel, 1980; *Stahlhacke/Preis*, Kündigung und Kündigungsschutz im Arbeitsverhältnis, 5. Aufl. 1991; *Tschöpe*, Rechtsfolgen eines arbeitnehmerseitigen Widerspruchsrechtes beim Betriebsinhaberwechsel, 1984; *Wank*, Die Geltung von Kollektivvereinbarungen nach einem Betriebsübergang, NZA 1987, 505; *Weimar/Alfes*, Betriebsübernahmen ohne § 613a BGB ?, NZA 1993, 159; *Wiedemann/Willemsen*, Die Anwendung des § 613 a BGB im Konkurs unter besonderer Berücksichtigung der betrieblichen Altersversorgung, RdA 1979, 418; *Wiese*, Altersversorgung und Gleichbehandlung bei der Verschmelzung und Umwandlung von Gesellschaften, RdA 1979, 432; *Willemsen*, Die neuere Rechtsprechung des Bundesarbeitsgerichts zu § 613a BGB, ZIP 1986, 477; *Willemsen*, Die Kündigung wegen Betriebsübergang, ZIP 1983, 411; *Zmarzlik*, Das neue Arbeitszeitgesetz, DB 1994, 1082.

Vorbemerkung

Übertragungen und Restrukturierungen von Unternehmen, Betrieben 1
und Arbeitsverhältnissen gehören zunehmend zum täglichen Erscheinungsbild der Unternehmenspraxis. Häufig stellen sie die Reaktion der Unternehmen auf zu große oder zu kostenintensive Fertigungs- und Personalkapazitäten dar. Aufgrund der unternehmerischen Freiheit können sie sowohl in zivilrechtlicher als auch in arbeitsrechtlicher Hinsicht grundsätzlich ohne Einschränkungen durchgeführt werden. Allerdings sind eine Vielzahl rechtlicher Bestimmungen und praktischer Vorgaben zu beachten. Um nicht nur die rechtlichen Aspekte der Thematik darzustellen, sondern zugleich auch eine praktische Hilfestellung für die Übertragung und Restrukturierung von Unternehmen, Betrieben und Arbeitsverhältnissen zu bieten, orientieren sich die nachfolgenden Ausführungen in ihrer Gliederung und Abfolge soweit wie möglich an dem **zeitlichen Ablauf der erforderlichen Maßnahmen.**

Restrukturierungsmaßnahmen[1] haben ein **komplexes System arbeits-** 2
rechtlicher Regelungen zu berücksichtigen, in dem insbesondere das Betriebsverfassungsrecht, das Kündigungsschutzrecht, das Arbeitsvertragsrecht und das Arbeitsförderungsrecht eng ineinandergreifen. Dies gilt besonders dann, wenn die Reorganisation auch einen Personalabbau bzw. die Änderung von Arbeitsbedingungen zum Gegenstand oder zur Folge hat. Dabei finden auch die EG-Richtlinie 77/187 vom 14.02.1977[2] über die Wahrung von Ansprüchen der Arbeitnehmer beim Übergang von Unternehmen, Betrieben und Betriebsteilen sowie die EG-Richtlinie 75/129 vom 17.02.1975[3] über Massenentlassungen Anwendung.

Die arbeitsrechtlichen Bestimmungen verfolgen vornehmlich folgende **drei Richtungen:**

1. den individuellen Schutz der einzelnen Arbeitnehmer,
2. die Sicherstellung der personellen und sozialen Mitwirkungs- und Informationsrechte von Betriebsrat und Wirtschaftausschuß sowie
3. die arbeitsmarktpolitische Erfassung von Entlassungen.

Während der Durchführung von Übertragungen und Reorganisationen 3
ist neben den rechtlichen Aspekten ein besonderes Augenmerk darauf zu richten, daß die **betrieblichen Rahmenbedingungen** erhalten bleiben, die

---

[1] Siehe auch die Zusammenfassungen von Picot, Closure of Plants and other operational Changes of Companies in Germany, International Business Lawyer, 1988, 59 ff. sowie Reorganisation of Companies in Germany, International Business Lawyer 1994, 220 ff.
[2] ABl. EG 1977 Nr. L 61/26 vom 05.03.1977 S. 26; EG-Anpassungsgesetz vom 13.08.1980, BGBl. I S. 1308.
[3] ABl. EG 1975 Nr. L 48/29.

für eine geordnete Fortführung bzw. Abwicklung des Unternehmens bzw. Betriebes an dem bisherigen oder künftigen Standort erforderlich sind. Genannt seien in diesem Zusammenhang zum Beispiel die Aufstellung konkreter Ablaufpläne sowie die Gewährung besonderer Leistungsanreize bzw. Prämien zur Aufrechterhaltung der notwendigen Arbeitsabläufe und Betriebsmoral.

Unternehmensübertragungen und Reorganisationsmaßnahmen werden von den Beteiligten und der Öffentlichkeit je nach der Größe bzw. der Bekanntheit des betreffenden Unternehmens und dem Grad der Auswirkungen mit besonderer Aufmerksamkeit betrachtet. Aus unternehmens-, wirtschafts- und sozialpolitischen Gründen müssen sie außerordentlich sorgfältig geplant und durchgeführt werden. Um die beabsichtigten Maßnahmen organisatorisch im Griff zu behalten, empfiehlt es sich, je nach ihrem Umfang und ihrer Komplexität frühzeitig leitende Mitarbeiter ausschließlich mit der Organisation zu beauftragen und sie von anderen Aufgaben freizustellen.

I. Vorbereitung der Übertragung und Restrukturierung von Unternehmen, Betrieben und Arbeitsverhältnissen

4   Selbstverständlich beginnt jede komplexere Übertragung und Reorganisation von Unternehmen, Betrieben und Arbeitsverhältnissen zunächst mit den **internen Vorarbeiten, Studien und Analysen der Geschäftsleitung**. Genannt seien unter anderem:

1. die Festlegung der unternehmerischen Zielvorstellung
2. die Prüfung der unternehmerischen Gestaltungsmöglichkeiten sowie ihrer betriebswirtschaftlichen und rechtlichen Vorgaben und Auswirkungen
3. die Analyse der gegenwärtigen und der zu erwartenden wirtschaftlichen Situation des Unternehmens oder Betriebes, insbesondere auch während der Übertragung bzw. Reorganisation (Rentabilitätsrechnung)
4. die Festlegung der im Planungszeitraum und nach der Reorganisation benötigten Personal-, Fertigungs- und Verwaltungskapazität
5. die Erfassung der Struktur der möglicherweise betroffenen Belegschaft, insbesondere hinsichtlich Betriebszugehörigkeit und Lebensalter
6. die Erfassung der (möglicherweise) konkret betroffenen Arbeitnehmer mit den entsprechenden Sozialdaten (z.B. Betriebszugehörigkeit, Lebensalter, Familienstand, Alterssicherung, Schwerbehinderung, Mutterschutz, Mitgliedschaft im Betriebsrat), einschließlich Funktion und Qualifikation
7. die Prüfung anderweitiger Beschäftigungsmöglichkeiten innerhalb des Unternehmens, des Konzerns oder in fremden Unternehmen
8. die Kalkulation der für die Übertragung und Änderung aufzuwendenden Kosten
9. die Aufstellung eines detaillierten Zeit- und Ablaufplanes für die Übertragung bzw. Restrukturierung unter Berücksichtigung der Arbeitsverträge, einschließlich individueller und kollektiver arbeitsrechtlicher Bestimmungen, sowie sonstiger Vertragsverhältnisse, Lieferverträge, Mietverträge, Leasingverträge etc. unter Berücksichtigung der steuerlichen Folgen, einschließlich etwaiger Risiko-Pläne
10. die für die Außendarstellung der Maßnahmen bedeutsame Erarbeitung plausibler und verständlicher Begründungen und Verlautbarungen.

Aus diesen Vorarbeiten ergibt sich, ob die Restrukturierung
- einen Betriebsübergang gemäß § 613 a BGB (nachfolgend RN 5)
- Maßnahmen zur Betriebsänderung, einschließlich einer Einschränkung und eines Abbaus von Personalkapazitäten (nachfolgend RN 61), oder lediglich
- Änderungen der Arbeitsbedingungen ohne einen Personalabbau (nachfolgend RN 149)

zum Gegenstand haben soll. Hierauf beziehen sich die nachfolgenden Ausführungen.

II. Der Betriebsübergang gemäß § 613 a BGB

Beim Unternehmenskauf werden entsprechend den Ausführungen im Teil A dieses Handbuches entweder alle bzw. bestimmte Wirtschaftsgüter und Verbindlichkeiten oder aber die Gesellschaftsbeteiligungen übertragen. 5

Für den ersten Fall des sog. „**Asset Deals**" bestimmt § 613a BGB, daß der rechtsgeschäftliche Erwerber eines Betriebes oder Betriebsteiles im Falle eines Betriebsüberganges in die arbeitsvertragliche Position des früheren Betriebsinhabers und Veräußerers eintritt. Als Ausnahme von § 613 Satz 2 BGB bedarf es keiner sonst an sich erforderlichen dreiseitigen Übertragungsvereinbarung. Aufgrund seines Schutzzweckes beinhaltet § 613 a BGB eine zwingende Regelung und kann nicht durch Vertrag des Arbeitgebers mit den Arbeitnehmern oder mit dem Unternehmenserwerber abbedungen werden. Der Erwerber übernimmt deshalb die Rechte und Pflichten aus den zum Zeitpunkt des Betriebsübergangs bestehenden Arbeitsverhältnissen einschließlich etwaiger rückständiger Forderungen aus den Arbeitsverhältnissen, sofern nicht die Arbeitnehmer dem Übergang ihrer Arbeitsverhältnisse widersprechen.[4] § 613a BGB will damit entsprechend seiner historischen Entwicklung[5] **drei Ziele**[6] erreichen, und zwar, daß 6

1. eine Betriebsveräußerung nicht den Bestand der Arbeitsverhältnisse berührt und insofern eine Lücke im Kündigungsschutzsystem geschlossen wird,
2. die Kontinuität eines im Betrieb bestehenden Betriebsrates gewahrt wird, und
3. eine Verteilung des Haftungsrisikos im Wege einer Mithaftung des bisherigen Arbeitgebers vorgenommen wird.

Der rechtsgeschäftliche Betriebsübergang beinhaltet als solcher keine Betriebsänderung. Er unterliegt daher grundsätzlich nicht den Mitbe-

---

[4] Siehe dazu die Ausführungen unter RN 39.
[5] Zur historischen Entwicklung des § 613 a BGB siehe Gaul, Der Betriebsübergang, 1990 S. 22 ff. sowie Borngräber, Arbeitsverhältnis bei Betriebsübergang, 1977 S. 28 ff.
[6] Vgl. BAG, 26.05.1983, AP Nr. 34 zu § 613 a BGB (II. 2a der Gründe); BAG, 29.10.1985, AP Nr. 4 zu § 1 BetrAVG Betriebsveräußerung. Siehe auch Erman-Hanau 9. Auflage 1993, § 613 a BGB, RN 3 ff.; MünchKomm-Schaub, 2. Auflage 1988, § 613 a BGB, RN 2; Wiedemann/Willemsen, RdA 1979, 419 ff.

stimmungsvorschriften des § 111 des Betriebsverfassungsgesetzes.[7] Etwas anderes gilt nur dann, wenn mit dem Betriebsübergang eine weitere Maßnahme verbunden ist, die sich ihrerseits als Betriebsänderung darstellt.[8]

Gemeinschaftsrechtliche Grundlage des § 613a BGB war (auch) die bereits erwähnte EG-Richtlinie 77/187 über die Wahrung von Ansprüchen der Arbeitnehmer beim Übergang von Unternehmen, Betrieben und Betriebsteilen vom 14.02.1977.[9] Der primäre Regelungszweck dieser Richtlinie, die in Deutschland 1980 zur Einfügung des § 613a I Satz 2, IV BGB geführt hat, besteht darin, im Falle der vertraglichen Übertragung oder Verschmelzung[9a] eines Unternehmens, Betriebes oder Betriebsteiles die Rechte und Pflichten des Veräußerers aus den bestehenden Arbeitsverhältnisses automatisch auf den Erwerber übergehen zu lassen. Insofern nimmt die Richtlinie vor allem Einfluß auf den Unternehmenskauf. Daneben enthält sie in ihrem Art. 6 I aber auch Bestimmungen über die Verpflichtung des Veräußerers und Erwerbers eines Betriebes zur Unterrichtung der Arbeitnehmervertretung über den Betriebsübergang, und zwar grundsätzlich auch für den Fall des Betriebsinhaberwechsels.

In Mitgliedsstaaten, in denen die Arbeitnehmervertretung eine Einigungs- bzw. Schiedsstelle anrufen kann, besteht jedoch nach Art. 6 III der Richtlinie die Möglichkeit, die Unterrichtung auf den Fall zu beschränken, in dem der vollzogene Betriebsübergang eine Betriebsänderung hervorruft, die wesentliche Nachteile für einen erheblichen Teil der Arbeitnehmer zur Folge haben kann. Dies gilt etwa für das deutsche Recht in § 111 BetrVG, an dem sich die Richtlinie insoweit offensichtlich ausgerichtet hat.

7   Werden im Rahmen eines sog. „Share Deals", z.B. eines Unternehmenskaufs, nicht alle bzw. bestimmte Wirtschaftsgüter und Verbindlichkeiten, sondern die Gesellschaftsbeteiligungen verkauft, tritt auf Seiten des Unternehmens für die Arbeitnehmer kein Vertragspartnerwechsel im Sinne und mit den Rechtsfolgen des § 613a BGB ein.[10]

1. Die Tatbestandsvoraussetzungen des § 613a I BGB für den Übergang von Arbeitsverhältnissen

8   Aufgrund des gesetzlichen Geltungsbereiches erstreckt sich § 613a BGB nur auf den Betriebsübergang im Inland. Grundsätzlich findet die Bestimmung hingegen keine Anwendung, wenn ein Betrieb ins Ausland

---

[7] Vgl. BAG 04.12.1979, DB 1980, 743 sowie BAG 21.10.1980, DB 1981, 698.
[8] Dazu ausführlich nachfolgend RN 61.
[9] Siehe vorstehend FN 2.
[9a] Vgl. zur Verschmelzung § 324 des neuen Gesetzes zur Bereinigung des Umwandlungsrechts (UmwBerG) v. 28.10.1994, BGBl. I, 3210 ff., das am 01.01.1995 in Kraft getreten ist; vgl. auch Teil B, RN 231.
[10] BAG NJW 1991, 247. In diesem Falle gilt freilich die in Teil A RN 102 ff. dargestellte arbeitsrechtliche Nachhaftung der ausgeschiedenen Gesellschafter.

II. Der Betriebsübergang gemäß § 613 a BGB

veräußert und übertragen wird; insoweit ist allerdings das allgemeine arbeitsrechtliche Kollisionsrecht zu beachten.[11]

Wegen der besonderen rechtlichen und wirtschaftlichen Bedeutung dieser Vorschrift für den Kauf und die Übertragung von Unternehmen und Betrieben ist es erforderlich, in jedem Einzelfall eine genaue Prüfung bezüglich des Vorliegens der einzelnen Tatbestandsvoraussetzungen vorzunehmen. Zum Zwecke der besseren Übersichtlichkeit sei daher den nachfolgenden Ausführungen der Wortlaut der Bestimmung vorangestellt:

„**§ 613 a BGB (Rechte und Pflichten bei Betriebsübergang)**
(1) Geht ein Betrieb oder Betriebsteil durch Rechtsgeschäft auf einen anderen Inhaber über, so tritt dieser in die Rechte und Pflichten aus den im Zeitpunkt des Übergangs bestehenden Arbeitsverhältnissen ein. Sind diese Rechte und Pflichten durch Rechtsnormen eines Tarifvertrags oder durch eine Betriebsvereinbarung geregelt, so werden sie Inhalt des Arbeitsverhältnisses zwischen dem neuen Inhaber und dem Arbeitnehmer und dürfen nicht vor Ablauf eines Jahres nach dem Zeitpunkt des Übergangs zum Nachteil des Arbeitnehmers geändert werden. Satz 2 gilt nicht, wenn die Rechte und Pflichten bei dem neuen Inhaber durch Rechtsnormen eines anderen Tarifvertrags oder durch eine andere Betriebsvereinbarung geregelt werden. Vor Ablauf der Frist nach Satz 2 können die Rechte und Pflichten geändert werden, wenn der Tarifvertrag oder die Betriebsvereinbarung nicht mehr gilt oder bei fehlender beiderseitiger Tarifgebundenheit im Geltungsbereich eines anderen Tarifvertrags dessen Anwendung zwischen dem neuen Inhaber und dem Arbeitnehmer vereinbart wird.
(2) Der bisherige Arbeitgeber haftet neben dem neuen Inhaber für Verpflichtungen nach Absatz 1, soweit sie vor dem Zeitpunkt des Übergangs entstanden sind und vor Ablauf von einem Jahr nach diesem Zeitpunkt fällig werden, als Gesamtschuldner. Werden solche Verpflichtungen nach dem Zeitpunkt des Übergangs fällig, so haftet der bisherige Arbeitgeber für sie jedoch nur in dem Umfang, der dem im Zeitpunkt des Übergangs abgelaufenen Teil ihres Bemessungszeitraums entspricht.
(3) Absatz 2 gilt nicht, wenn eine juristische Person oder eine Personenhandelsgesellschaft durch Umwandlung erlischt.[11a]
(4) Die Kündigung des Arbeitsverhältnisses eines Arbeitnehmers durch den bisherigen Arbeitgeber oder durch den neuen Inhaber wegen des Übergangs eines Betriebs oder eines Betriebsteils ist unwirksam. Das Recht zur Kündigung des Arbeitsverhältnisses aus anderen Gründen bleibt unberührt."

a) Übergang eines Betriebes oder Betriebsteils

Wie bereits ausgeführt knüpft § 613 a I Satz 1 BGB die **Rechtsfolgen** des Eintrittes des neuen Betriebsinhabers in die Rechte und Pflichten aus den Arbeitsverhältnissen **nur an den Fall des sog. Asset Deals**, bei

---

[11] Gemäß Art. 30 II Nr. 1 EGBGB unterliegen Arbeitsverhältnisse kollisionsrechtlich grundsätzlich dem Recht des Arbeitsortes. Vgl. BAG 20.07.1979, AP Nr. 25 zu § 613 a BGB (Veräußerung eines deutschen Schiffes an eine Firma in Liberia); BAG 29.10.1992-2 AZR 267/92 (Regelmäßiger Einsatz von Flugpersonal von PanAm in Deutschland).

[11a] § 613a III neu gefaßt durch Art. 2 des Gesetzes zur Bereinigung des Umwandlungsrechts (UmwBerG) v. 28.10.1994, BGBl. I, 3210 ff. Das Gesetz ist am 01.01.1995 in Kraft getreten. Vgl. ausführlich oben Teil B III–VI sowie den Überblick bei Neye, DB 1994, 2069 ff.

dem entweder alle oder bestimmte Wirtschaftsgüter eines privatrechtlichen oder öffentlichrechtlichen[12] Betriebes oder Betriebsteils übertragen werden. Unerheblich ist die Betriebsgröße, die Anwendbarkeit des Betriebsverfassungsgesetzes 1972 oder das Vorhandensein eines Betriebsrates.[13]

11 **aa) Übergang eines Betriebes.** Die Übertragung eines Betriebes liegt nach allgemeinem Verständnis dann vor, wenn eine **organisatorische Einheit** betroffen ist, mit der ein Arbeitgeber allein oder mit seinen Arbeitnehmern mit Hilfe sächlicher und immaterieller Betriebsmittel bestimmte, über den Eigenbedarf hinausgehende arbeitstechnische Zwecke verfolgt. Dies ist insbesondere dann der Fall, wenn alle sächlichen und immateriellen Betriebsmittel bzw. Wirtschaftsgüter, insbesondere Produktionsanlagen übertragen werden; ferner aber auch dann, wenn nur einzelne, jedoch die für die Fortführung des Betriebes wesentlichen Wirtschaftsgüter bzw. Teile des Betriebsvermögens übergehen.[14] Nach der Rechtsprechung des Bundesarbeitsgerichtes muß der Unternehmenserwerber durch die Übertragung in die Lage versetzt werden, „mit Hilfe der Arbeitnehmer bestimmte arbeitstechnische Zwecke" zu verfolgen und mit den übernommenen Betriebsmitteln den Betrieb oder einen Betriebsteil im wesentlichen, gegebenenfalls auch an einem anderen Ort, unverändert fortzuführen. Nicht erforderlich ist demgemäß die Übertragung sämtlicher Betriebsmittel bzw. des gesamten Betriebsvermögens. Eine Betriebsveräußerung kann vielmehr auch dann vorliegen, wenn z. B. alle wesentlichen Produktionsmittel und Einrichtungsgegenstände eines Betriebes mit Ausnahme eines Betriebsgrundstückes oder unwesentlicher Bestandteile des Betriebsvermögens übertragen werden. Entscheidend ist die tatsächliche Übernahme der Dispositions- sowie der Organisations- und Leitungsbefugnis über den Betrieb bzw. Betriebsteil.[15]

12 Beinhaltet die Reorganisationsmaßnahme eine **Betriebsaufspaltung**, so wird der betreffende Betrieb in der Regel von einer neu gegründeten Be-

---

[12] Vgl. LAG Berlin 24.10.1977, EzA § 613 a BGB Nr. 15 sowie Erman-Hanau, 9. Auflage 1993, § 613 a BGB, RN 21.
[13] Vgl. BAG 07.11.1975, AP Nr. 3 zu § 99 BetrVG 1972; BAG 22.02.1978, AP Nr. 11 zu § 613 a BGB. Zum Gesellschafterwechsel als Betriebsübergang bei der Gesellschaft bürgerlichen Rechts siehe Schleifenbaum, BB 1991, 1705 ff.
[14] Vgl. nur BAG 29.09.1988, AP Nr. 76 zu § 613a BGB (Bewachungsvertrag) m.w.N. unter II. 1a) der Gründe. Siehe auch Meilicke, DB 1991, 1326 und Löw, DB 1991, 546. Siehe dazu nachfolgend RN 17.
[15] Dieser tatsächliche Übergang der Arbeitgeberstellung kann auch im Falle einer bloß treuhänderischen Gestaltung des Innenverhältnisses eintreten; so BAG 20.11.1984, AP Nr. 38 zu § 613 a BGB – Auffanggesellschaft eines Lehrinstitutes – mit Anmerkung von Willemsen; vgl. auch Staudinger-Richardi, 12. Auflage 1989, § 613 a BGB RN 72.

triebsgesellschaft unter Beibehaltung der Betriebsorganisation fortgeführt, während die sächlichen Betriebsmittel, insbesondere das Immobiliarvermögen und (weitgehend) auch das Mobiliarvermögen bei dem ursprünglichen Unternehmensträger verbleiben, die zur Besitzgesellschaft wird. Diesen „klassischen" Fall der Betriebs„aufspaltung", der nach der Begriffsbestimmung des UmwG eine „Abspaltung" darstellt, dürfte man ebenso wie die weiteren Umwandlungsfälle[15a] im Hinblick auf die Anwendbarkeit des § 613a BGB danach zu beurteilen haben, von welchem Rechtssubjekt (Unternehmensträger) letztlich die Betriebsorganisation fortgeführt wird. § 324 UmwG bestimmt insoweit, daß § 613a I, IV BGB durch die Wirkungen einer Spaltung, Verschmelzung oder Vermögensübertragung unberührt bleiben.

Hinsichtlich der Haftung der Besitzgesellschaft (Anlagegesellschaft) bringen die neuen Vorschriften über die Unternehmensspaltung (§§ 123 ff. UmwG) insofern eine Neuerung, als gemäß § 134 UmwG auch die Besitzgesellschaft für die Forderungen der Arbeitnehmer der Betriebsgesellschaft als Gesamtschuldner haftet, die binnen 5 Jahren nach dem Wirksamwerden der Spaltung aufgrund der §§ 111–113 Betriebsverfassungsgesetz oder aufgrund des Betriebsrentengesetzes begründet werden.[16] Gesichert werden auf diese Weise insbesondere Ansprüche aus Sozialplänen und Ansprüche auf einen Nachteilsausgleich gemäß § 113 BetrVG. Sofern die Betriebsaufspaltung dagegen im Wege der Einzelübertragung vorgenommen wird, kommt weiterhin eine Nach- oder Mithaftung von Besitzgesellschaften in der Regel nur nach allgemeinen zivil- oder handelsrechtlichen Grundsätzen in Betracht.[17]

Die **Übertragung von Arbeitsverhältnissen** ist nicht Tatbestandsvoraussetzung, sondern lediglich Rechtsfolge eines Betriebsüberganges. Die personelle Besetzung des Betriebes bleibt daher für die rechtliche Beurteilung des Betriebes außer Betracht.[18] 13

Werden bloß bestimmte **Funktions- oder Aufgabenbereiche** wie z.B. eine Produktionsanlage übernommen, ohne daß bereits ein ganzer Betrieb oder Betriebsteil betroffen ist, so ist für eine Anwendung des § 613a BGB kein Raum.[19] 14

[15a] In § 1 I UmwG wird zwischen Verschmelzung (§§ 2 ff. UmwG), Spaltung (= Aufspaltung, Abspaltung, Ausgliederung, §§ 123 ff. UmwG) und Vermögensübertragung (§§ 174 ff. UmwG) unterschieden.
[16] Einzelheiten § 134 UmwG.
[17] Vgl. dazu eingehend Hanau, ZfA 1990, 115 ff. sowie ZGR 1990, 548 ff. m.w.N.
[18] Vgl. BAG 27.09.1984, AP Nr. 39 zu § 613a BGB (Bauunternehmen).
[19] Vgl. BAG 03.05.1978, AP Nr. 5 und BAG 07.03.1980, AP Nr. 9 zu § 1 KSchG 1969 Betriebsbedingte Kündigung. Gleiches gilt für Fälle öffentlich-rechtlicher Funktionsnachfolge, vgl. BAG 06.11.1985 AP Nr. 61 zu § 611 BGB Dienstordnungs-Angestellte; BAG 06.09.1978, AP Nr. 13 zu § 613a BGB.

Der Europäische Gerichtshof hat dieses bislang allgemein anerkannte Prinzip neuerdings[20] erheblich eingeschränkt. Er hat entschieden, daß auch das sogenannte **Outsourcing** sowie die reine Funktionsnachfolge, z. B. durch die Fremdvergabe von Reinigungs- oder Bewachungsarbeiten an Drittunternehmen einen Teilbetriebsübergang im Sinne des § 613 a BGB darstellt, da nur auf die tatsächliche Funktionsnachfolge abzustellen sei. Angesichts der aktuellen Bedeutung des Outsourcings wird dieser Gesichtspunkt bei jeder entsprechenden Reorganisationsmaßnahme zu prüfen und zu berücksichtigen sein. Die einhellige und teilweise heftige Kritik[20a] an dem Urteil des Europäischen Gerichtshofes hat allerdings zu einem Richtlinienvorschlag der EU-Kommission zum Betriebsübergang geführt, der im Falle seiner Übernahme in den Erlaß des Rats hinsichtlich der reinen Funktionsnachfolge den „alten" Rechtszustand vor dem Urteil des Europäischen Gerichtshofes vom 14.04.1994 wiederherstellen würde: In Art. 1 I des Richtlinienvorschlages ist nämlich ausdrücklich bestimmt, daß „der alleinige Übergang einer Tätigkeit des Unternehmens, Betriebs oder Betriebsteiles, unabhängig davon, ob sie mittelbar oder unmittelbar ausgeübt wird, keinen Übergang i. S. der Richtlinie darstellt".[20b]

15 Bedeutsam ist dies auch hinsichtlich eines bereits zuvor **stillgelegten Betriebes,** wenn der neue Inhaber den stillgelegten Betrieb nach dem Erwerb nur im Rahmen einer sogenannten Funktionsnachfolge weiterführt. Allerdings wird es in einem solchen Falle von den einzelnen Umständen und insbesondere dem Zeitablauf zwischen der Betriebsstillegung und der Fortführung abhängen, ob der Erwerber eine etwaige tatsächliche Vermutung gegen die ernsthafte Betriebsstillegung und für den Betriebsübergang entkräften kann.[21]

---

[20] EuGH 14.04.1994, DB 1994, 1370 = NZA 1994, 545 (Übertragung von früher selbst wahrgenommenen Reinigungsaufgaben); siehe auch Röder/Baeck, NZA 1994, 542 f.; Hanau, ZIP 1994, 1038 ff. Die europarechtskonforme Auslegung des § 613 a BGB durch den EuGH übernimmt das ArbG Hamburg, NZA 1994, 848.
[20a] Vgl. Schwerdtner, FAZ-Blick durch die Wirtschaft v. 16.05.1994: „Beim Europäischen Gerichtshof wird es grotesk."; Junker, NJW 1994, 2527; Röder/Baeck, NZA 1994, 542.
[20b] Vgl. ABl. Nr. 274 v. 01.10.1994, S. 10 ff.; abgedruckt auch in DB 1994, 1979 ff. m. Anm. Bauer.
[21] Siehe dazu BAG 22.05.1985, AP Nr. 43 zu § 613 a BGB (zu III. 2b) sowie das LAG Frankfurt, 16.04.1980, BB 1981, 50, mit einer zeitlichen Unterbrechung des Betriebes von 2 Wochen. Zur Stillegung von Betrieben siehe auch: BAG 29.10.1975, AP Nr. 2 zu § 613 a BGB; BAG 14.10.1982, AP Nr. 1 zu § 1 KSchG 1969 Konzern; BAG 27.09.1984, AP Nr. 39 zu § 613 a BGB; BAG 22.05.1985, AP Nr. 43 zu § 613 a BGB; BAG 03.07.1986, AP Nr. 53 zu § 613 a BGB; BAG 30.10.1986, AP Nr. 58 zu § 613 a BGB; BAG 12.02.1987, AP Nr. 67 zu § 613 a BGB; BAG 26.02.1987, AP Nr. 59 zu § 613 a BGB; BAG 26.02.1987, AP Nr. 63 zu § 613 a BGB; BAG 17.03.1987, AP Nr. 18 zu § 111 BetrVG 1972; BAG 21.01.1988, AP Nr. 72 zu § 613 a BGB. Vgl. auch EuGH 18.03.1986, Rechtssache 24/85, Amtliche Sammlung 1986, S. 1119 (Schlacht-

II. Der Betriebsübergang gemäß § 613 a BGB

Der in § 613 a BGB enthaltene Begriff „Übergang von Unternehmen, Betrieben oder Betriebsteilen" verlangt, daß die betreffende Einheit ihre Identität wahrt. Unter Berücksichtigung aller tatsächlichen Umstände ist zu prüfen, ob die von dem bisherigen Betriebsinhaber ausgeübten Funktionen von dem Erwerber mit den gleichen oder ähnlichen Tätigkeiten tatsächlich fortgesetzt oder wiederaufgenommen werden. Tätigkeiten besonderer Art, die selbständige Aufgaben darstellen, können gegebenenfalls Betrieben oder Betriebsteilen gleichgestellt werden.

16

bb) Übergang eines Betriebsteils. § 613 a BGB kann auch dann Anwendung finden, wenn nur ein **Betriebsteil** rechtsgeschäftlich auf einen anderen Inhaber übergeht. Um auf Seiten des Arbeitgebers einen Vertragspartnerwechsel zu rechtfertigen, ist es jedoch erforderlich, daß zumindest die wesentlichen Betriebsmittel einer in sich funktionsfähigen Teileinheit bzw. Teilorganisation eines Betriebes übertragen werden, die die funktionsfähige Verfolgung arbeitstechnischer Teilaufgaben und Teilzwecke ermöglichen. Die Fortführung der bisherigen arbeitstechnischen Zweckbestimmung der Betriebsmittel, insbesondere die Aufrechterhaltung eines konkreten Produktionsverfahrens oder die Herstellung gleicher Produkte ist hingegen nicht erforderlich.[22] Die Übertragung eines Betriebsteils setzt nicht voraus, daß der Erwerber in dem übernommenen Betriebsteil auch Fremdaufträge anderer Firmen erledigen darf.[23]

17

Werden Produktionsanlagen oder Maschinen übertragen, so kommt es darauf an, ob es sich insoweit um eine funktionsfähige Teileinheit eines Betriebes im oben genannten Sinne gehandelt hat. Unternehmensgebäude, Produktions- oder Lagerhallen, Geschäftsräume oder Ladenlokale stellen als solche noch keinen Teilbetrieb dar.[24] Allerdings hat der Europäische Gerichtshof unter Aufgabe der bisherigen Differenzierung zwi-

---

hof); EuGH 17.12.1987, Rechtssache 287/86, Amtliche Sammlung 1987, S. 5465 (Saisongaststätte); EuGH 15.06.1988, Rechtssache 101/87, Amtliche Sammlung 1988 S. 3057 (Kurzzeitunterbrechung). Siehe ferner Erman-Hanau 9. Auflage 1993, § 613a BGB; MünchKomm-Schaub, 2. Auflage 1988, § 613 a BGB, Rn. 22d; Staudinger-Richardi, 12. Auflage 1989, § 613 a BGB, Rn. 56ff. m.w.N. Siehe dazu insgesamt auch Moll, Anwaltsblatt 1991, 282 (291 ff.).

[22] BAG 22.05.1985, AP Nr. 42 zu § 613 a BGB (II.1 der Gründe); BAG 16.10.1987, AP Nr. 69 zu § 613 a BGB (II. 2a der Gründe). Siehe auch Erman-Hanau 9. Auflage 1993, § 613 a BGB, RN 13; MünchKomm-Schaub, 2. Auflage 1988, § 613 a BGB, RN 24; Commandeur, Betriebs-, Firmen- und Vermögensübernahme, 1990, S. 32; Staudinger-Richardi, 12. Auflage 1989, § 613 a BGB, RN 41 ff.

[23] BAG 09.02.1994, NZA 1994, 686 (Rindfleischzerlegung in einem Schlachthof).

[24] BAG 26.02.1987, AP Nr. 63 zu § 613 a BGB; LAG Frankfurt 17.11.1986, EzA § 613 a BGB Nr. 74. Siehe auch Commandeur, Betriebs-, Firmen- und Vermögensübernahme, 1990, S. 32; Erman-Hanau, 9. Auflage 1993, § 613 a BGB, RN 13; MünchKomm-Schaub, 2. Auflage 1988, § 613 a BGB, RN 24; Moll, Anm. zu BAG EzA § 613 a BGB Nr. 73; Schaub, NZA 1984, 272, 274; Staudinger-Richardi, § 613 a BGB, RN 45.

schen Betriebs(teil)übergang und Funktionsnachfolge entschieden, daß Artikel 1 I der Richtlinie 77/187/EWG des Rates vom 14.02.1977 zur Angleichung der Rechtsvorschriften der Mitgliedstaaten über die Wahrung von Ansprüchen der Arbeitnehmer beim Übergang von Unternehmen, Betrieben oder Betriebsteilen so auszulegen ist, daß bereits die Übertragung der von einem einzelnen Arbeitnehmer ausgeübten Funktion auf ein anderes Unternehmen einen Betriebsteilübergang enthalten kann.[25]

Auch hier bleibt die personelle Besetzung des Betriebsteils für die rechtliche Qualifizierung des Überganges des Teilbetriebes unberücksichtigt.[26]

18   cc) **Die kasuistische Rechtsprechung.** Aufgrund der Verschiedenartigkeit der übertragenen Betriebsmittel und den betriebsspezifischen und organisatorischen Besonderheiten jedes einzelnen Betriebes hat die Rechtsprechung die vorstehenden allgemeinen Leitgedanken in einer umfangreichen Kasuistik angewendet und näher konkretisiert.

Für die Frage, welche Betriebsmittel für die Erfüllung der arbeitstechnischen Zwecke wesentlich sind, hat es auf die Eigenart der Betriebe abgestellt.

19   Danach können für **Produktionsbetriebe** die – beweglichen – sächlichen Betriebsmittel wie Maschinen und Einrichtungsgegenstände prägend sein.[27]

20   Für **Handels- und Dienstleistungsbetriebe**, deren Betriebsvermögen hauptsächlich aus Rechtsbeziehungen besteht, sind es dagegen in erster Linie die immateriellen Betriebsmittel wie Schutzrechte, Geschäftspapiere, Kundenlisten, Liefer- und Abnahmeverträge mit Dritten, das „Know-How" und der „Good Will", also die Einführung des Unternehmens auf dem Markt,[28] und gegebenenfalls – anders als bei Produktionsbetrieben – auch Geschäftsräume und Geschäftslage, sofern diese Bestandteile des Betriebes es ermöglichen, den bisherigen Kundenkreis zu halten und auf den neuen Betriebsinhaber überzuleiten.[29]

Die **wichtigsten Entscheidungen des Bundesarbeitsgerichts** seien nachfolgend kurz dargestellt:[30]

---

[25] Siehe bereits oben RN 14; EuGH 14.04.1994, DB 1994, 1370f.; siehe dazu Röder/Baeck, NZA 1994, 542ff. und J. Schmitt, WiB 1994, 395f.
[26] Siehe oben FN 18.
[27] Vgl. BAG 29.10.1975, AP Nr. 2 zu § 613a BGB (1a der Gründe).
[28] BAG AP Nr. 23 zu § 7 BetrAVG (I 1a der Gründe); kritisch dazu Willemsen, ZIP 1986, 477, 482; Loritz, RdA 1987, 65, 70), Warenzeichen (Senatsurteil vom 28.04.1988, AP Nr. 74 zu § 613a BGB (mit Anm. von Hefermehl).
[29] So bei Einzelhandelsgeschäften, vgl. BAGE 53, 267, 276 = AP Nr. 58 zu § 613 a BGB (B II 3b, dd der Gründe); vgl. Schaub, Arbeitsrechts-Handbuch, § 118 II, S. 781; von Hoyningen-Huene, Anm. zu AP Nr. 41 zu § 613 a BGB (unter II 2); Reiff, SAE 1988, 55, 56; Schwerdtner, Festschr. für Gerhard Müller, S. 557, 567; Birk, Anm. zu EzA § 613 a BGB Nr. 43 (unter II).
[30] Siehe auch Meilicke, DB 1991, 1326 und Löw, DB 1991, 546.

II. Der Betriebsübergang gemäß § 613 a BGB

BAG 29.10.1975, AP Nr. 2 zu § 613 a BGB (Produktionsbetrieb: Metallwerk)
Werden alle Maschinen und Einrichtungsgegenstände verkauft und wird nur das Betriebsgrundstück zurückbehalten, kommt es darauf an, ob der Betrieb mit seinen Arbeitsplätzen vom Erwerber auch an einem anderen Ort fortgeführt werden kann. Auch der Eintritt in alle Liefer- und Abnahmeverträge kann für eine Betriebsveräußerung sprechen.

BAG 18.08.1976, AP Nr. 4 zu § 613 a BGB (Lohnnäherei für Sportbekleidung)
Im Falle des Fehlens rechtsgeschäftlicher Kontakte besteht die Frage, ob ein Betriebsübergang i.S. von § 613 a BGB unmittelbar rechtsgeschäftliche Beziehungen zwischen dem führeren und dem neuen Betriebsinhaber voraussetzt oder ob es für die Anwendung dieser Bestimmung ausreicht, daß der neue Betriebsinhaber die Befugnis zur Betriebsführung aus einem Rechtsgeschäft mit einem Dritten herleitet.

BAG 25.02.1981, AP Nr. 24 zu § 613a BGB (Kantinen-Pacht)
Pächterwechsel als Betriebsübergang

BAG 20.07.1982, AP Nr. 31 zu § 613a BGB (Möbelgeschäft)
Betriebsveräußerung durch eine Vielzahl einzelner Kauf- und Mietverträge.

BAG 15.05.1985, AP Nr. 41 zu § 613a BGB (Anzeigen- und Verlagsunternehmen)
Beweis des ersten Anscheins für einen rechtsgeschäftlichen Betriebsübergang bei Verwendung der wesentlichen Betriebsmittel nach Einstellung des bisherigen Geschäftsbetriebes.

BAG 22.05.1985, AP Nr. 42 zu § 613a BGB (Video GmbH)
Der rechtsgeschäftliche Übergang eines Betriebes oder Betriebsteils im Sinne von § 613 a I Satz 1 BGB erfordert bei Produktionsbetrieben den Übergang der wesentlichen sächlichen und immateriellen Betriebsmittel. Wird allein die von einem Betrieb geplante, aber nicht verwirklichte Produktion aufgenommen, so reicht das für die Annahme eines Betriebsübergangs auch dann nicht aus, wenn eine für die neue Produktion geschulte Belegschaft übertritt.

BAG 25.06.1985, AP Nr. 23 zu § 7 BetrAVG (Handels- und Dienstleistungsbetrieb)
Bei einem Unternehmen, das Maschinen herstellt, vertreibt und wartet, ist für einen Betriebsteilübergang die Übernahme der Kundenkartei sowie das Recht entscheidend, bereits erteilte Aufträge auszuführen. Die Übertragung von sächlichen Betriebsmitteln wie Büroeinrichtungen und Werkzeugen tritt demgegenüber in ihrer Bedeutung zurück.

BAG 03.07.1986, AP Nr. 53 zu § 613a BGB (Verpachtung einer Bowlinganlage)
Ein Betriebsübergang kann auch in den Fällen vorliegen, in denen der bisherige Inhaber ein wesentliches Betriebsmittel auszutauschen beabsichtigt, danach den „Betrieb" jedoch veräußert und zum Zeitpunkt des Übergangs das alte Betriebsmittel nicht mehr und das neue noch nicht in seinem Besitz ist. Entscheidend ist, daß sich die Austauschabsicht bereits manifestiert hat, z.B. durch Ausbau der alten Anlage und/oder Abschluß eines Vertrages über die Nutzung einer neuen.

BAG 30.10.1986, AP Nr. 58 zu § 613a BGB (Betrieb eines Einzelhandelsgeschäft)
Betreibt der Mieter der Betriebsräume eines Einzehandelsgeschäfts in diesen Räumlichkeiten ebenfalls ein Einzelhandelsgeschäft, dann scheidet ein Betriebsübergang nach § 613 a I BGB aus, wenn der Mieter ein anderes Warensortiment führt. Auch die Wahl einer anderen Betriebsform kann einem Betriebsübergang entgegenstehen.

BAG 12.02.1987, AP Nr. 67 zu § 613 a BGB (Metallwerk II)
Die nicht unerhebliche räumliche Verlegung sowie die tatsächliche und rechtsbeständige Auflösung der alten Betriebsgemeinschaft stellt eine Betriebsstillegung dar.

BAG 26.02.1987, AP Nr. 63 zu § 613 a BGB (Konditorei-Café/Einzelhandelsgeschäft)
Ein Betriebsübergang liegt nicht schon dann vor, wenn der Mieter die langjährigen Nutzungsrechte für die in besonders guter Lage (Hauptgeschäftsstraße einer Groß-

stadt) befindlichen Betriebsräume erwirbt. Der Mieter muß vielmehr auch ein zumindest gleichartiges Warensortiment führen und im wesentlichen die Betriebsform des Vorgängers beibehalten.

BAG 16.10.1987, AP Nr. 69 zu § 613 a BGB (Mietshaus)
Hausmeister eines fremdgenutzten Mietshauses als Arbeitnehmer eines Betriebes bzw. Betriebsteiles.

BAG 21.01.1988, AP Nr. 72 zu § 613 a BGB (Handelsvertreter)
Vertritt ein Handelsvertreter ausschließlich einen Unternehmer und ist in dem Handelsvertretervertrag vorgesehen, daß der Unternehmer im Bezirk des Handelsvertreters nur unter besonderen Voraussetzungen tätig werden und bei den vom Handelsvertreter geworbenen Kunden nicht akquirieren darf, so stellen diese Rechte und die vom Handelsvertreter geworbenen Kunden die wesentlichen – immateriellen – Mittel seines Betriebes dar.

BAG 27.04.1988, AP Nr. 71 zu § 613 a BGB (KFZ-Vertretung)
Ein Betriebsübergang liegt bei einem notleidendem Betrieb vor, wenn die Arbeitnehmer die Arbeit bei dem Übernehmer zunächst fortsetzen, erst später den Antrag auf Konkursausfallgeld stellen und die Eröffnung des Konkursverfahrens nach dem Betriebsübergang beantragt und mangels Masse abgelehnt wird.

BAG 10.06.1988, AP Nr. 82 zu § 613a BGB (Einzelfirma eines Bauunternehmens)
Überwechseln der gesamten Führungsmannschaft eines alten Betriebes auf einen neu gegründeten Betrieb als rechtsgeschäftlicher Betriebsübergang?

BAG 29.09.1988, AP Nr. 76 zu § 613 a BGB (Bewachungsunternehmen)
Kein rechtsgeschäftlicher Betriebsübergang bei Beendigung eines Objekt-Bewachungsvertrages durch Fristablauf und Abschluß eines neuen Bewachungsvertrages mit einem anderen Unternehmer, wenn der neue Unternehmer nur von dem früheren Unternehmer für die Bewachung des Objektes verwendete sächliche Betriebsmittel übernimmt sowie die Mehrheit des bisher dort eingesetzten Wachpersonals einstellt.

BAG 20.04.1989, AP Nr. 81 zu § 613 a BGB (Produktion von PVC-Fußbodenplatten)
Geht ein Betrieb durch Rechtsgeschäft auf einen anderen über und verlagert dieser den Betrieb an einen Ort, an dem die Arbeitnehmer nach dem Inhalt ihrer bestehenden Arbeitsverträge nicht zur Arbeitsleistung verpflichtet sind, so tritt der Erwerber nach § 613 a I BGB in die Rechte und Pflichten aus den zum Zeitpunkt des Übergangs bestehenden Arbeitsverhältnissen nur derjenigen Arbeitnehmer ein, die bereit sind, die Arbeit am neuen Leistungsort zu erbringen. Erklärt ein Arbeitnehmer vor der Betriebsveräußerung, er sei nicht bereit, das Arbeitsverhältnis am künftigen Betriebssitz fortzusetzen, so kann ihm der Betriebsveräußerer aus betriebsbedingten Gründen kündigen, wenn er selbst keine Beschäftigungsmöglichkeiten für den Arbeitnehmer mehr hat.

BAG 18.10.1990, AP Nr. 88 zu § 613 a BGB (Dienstleistungsunternehmen u.a. für Reinigungsarbeiten)
Der Abschluß eines neuen Reinigungsvertrages mit einem Konkurrenzunternehmen ohne Übergang von sächlichen oder immateriellen Betriebsmitteln auf den Konkurrenten beinhaltet keinen Betriebsübergang.

BAG 16.02.1993, NZA 1993, 643 (Produktionsbetrieb für Verkehrszeichen)
Bei einem Produktionsbetrieb für Verkehrszeichen, die nur an die Kommunen geliefert werden können, wenn der Produzent über das Gütezeichen der Güteschutzgemeinschaft verfügt, das den Abnehmern gleichbleibende Qualität und die Einhaltung gesetzlicher Vorschriften garantiert, kommt es wie bei einem Dienstleistungsunternehmen nicht auf die sächlichen Betriebsmittel, sondern auf die Sicherung des Absatzmarktes als Grundlage für die Fortführung des Betriebes durch Gütezeichen, Warenzeichen und Firmennamen an.

BAG 09.02.1994, DB 1994, 1144 (Konstruktionsbüro)
Ist der Übergang anderer wesentlicher sächlicher und immaterieller Betriebsmittel auf den Erwerber festgestellt und das Know-How des Betriebes überwiegend in der Person eines einzelnen Arbeitnehmers verkörpert, so kann die im allseitigen Einverständnis erfolgte Übernahme dieses Know-How-Trägers ein zusätzliches, starkes Indiz für eine Betriebsübernahme nach § 613 a BGB darstellen.

b) Betriebsübergang durch Rechtsgeschäft

Die Rechtsfolgen des § 613 a BGB treten nur dann ein, wenn der **Be-** 21
triebsübergang durch ein Rechtsgeschäft,[31] nicht hingegen im Wege der gesetzlichen Nachfolge oder Gesamtrechtsnachfolge geschieht. § 613 a BGB ergänzt die bereits bestehenden gesetzlichen Regelungen zum Betriebsinhaberwechsel bei Gesamtrechtsnachfolge.[32]

Erforderlich ist insoweit, daß der Unternehmenserwerber[33] durch ein Rechtsgeschäft oder auch mehrere, in ihrem Zweck gleichgerichtete Rechtsgeschäfte[34] – auch von bzw. mit Dritten[35] – die zur Fortführung eines funktionsfähigen Betriebes oder Betriebsteils wesentlichen Betriebsmittel erhält. In Betracht kommen sowohl privatrechtliche und gesellschaftsrechtliche Rechtsgeschäfte, wie z.B. Kauf, Betriebs- bzw. Unternehmenspacht, Gebrauchsüberlassung, Schenkung oder Nießbrauch, die auch unternehmens- oder konzernintern erfolgen können, als auch öffentlichrechtliche Rechtsgeschäfte, wie z.B. Verträge nach §§ 54 ff. VwVfG.[36]

Der rechtsgeschäftliche Betriebsübergang setzt nicht notwendig eine direkte Vertragsbeziehung des neuen Betriebsinhabers zu dem vormaligen Betriebsinhaber voraus. Erforderlich ist jedoch die rechtsgeschäftliche Übernahme der tatsächlichen und nicht der bloß wirtschaftlichen Organisationsbefugnis. Kreditgeber oder Sicherungseigentümer sind daher nicht Betriebsübernehmer im Sinne des § 613a BGB. Im Falle der Unternehmenspacht liegt ein Betriebsübergang auf den Pächter nur dann

---

[31] Vgl. Art. 1 I der EG-Richtlinie 77/187 vom 14.02.1977 zur Angleichung der Rechtsvorschriften der Mitgliedstaaten über die Wahrung von Ansprüchen der Arbeitnehmer beim Übergang von Unternehmen, Betrieben oder Betriebsteilen mit dem Begriff der „vertraglichen Übertragung"; dazu eingehend Lenz/Mölls, DB 1990, Beilage 15, S. 9.

[32] Ausführlich dazu BAG 25.02.1981, AP Nr. 24 zu § 613a BGB (2c der Gründe).

[33] Zur Betriebsübernahme durch geschäftsunfähige bzw. nicht voll geschäftsfähige Betriebserwerber vgl. BAG 06.02.1985, AP Nr. 44 zu § 613 a BGB sowie BGH 30. 09. 1982, NJW 1983, 748.

[34] Siehe BAG 22.05.1985, AP Nr. 43 zu § 613 a BGB sowie Backhaus, DB 1985, 1131.

[35] Vgl. das Rechtsgeschäft zwischen Verpächter und Pächter beim Wechsel des Pächters; siehe dazu BAG 25.02.1981, AP Nr. 24 zu § 613 a BGB sowie EuGH 15.06. 1988, Rechtssache 101/87, Amtliche Sammlung 1988 S. 3057 und EuGH 17.12.1988, Rechtssache 324/86, Amtliche Sammlung 1988 S. 739.

[36] Siehe dazu BAG 09.01.1980, AP Nr. 19 zu § 613 a BGB; BAG 14.10.1982, AP Nr. 36 zu § 613 a BGB und BAG 06.11.1985, AP Nr. 61 zu § 611 BGB Dienstordnungs-Angestellte. Vgl. Henckel in: Festschrift für Heinsius, 1991 S. 261 ff.

vor, wenn der Betrieb von dem Pächter selbst fortgeführt wird, oder die Weiterführung durch einen Dritten (auch den Verpächter) zumindest im Namen und auf Rechnung des Pächters erfolgt.[37]

22 Enden Rechtsverhältnisse, die z. B. die Gebrauchsüberlassung von Betrieben oder Betriebsteilen zum Gegenstand haben, so ist § 613 a BGB auch auf den Fall der **Rückübertragung** anwendbar.[38]

2. Der Eintritt des neuen Betriebsinhabers in die Rechte und Pflichten aus den im Zeitpunkt des Betriebsüberganges bestehenden Arbeitsverhältnissen als Rechtsfolge des Betriebsüberganges

23 Aufgrund des Betriebsüberganges tritt der neue Betriebsinhaber gemäß § 613 a I Satz 1 BGB **in die Rechte und Pflichten aus den im Zeitpunkt des Überganges bestehenden** d. h. noch nicht beendeten[39] Arbeitsverhältnissen ein.

24 Der Begriff der **bestehenden Arbeitsverhältnisse** ist in § 613 a BGB nicht näher definiert und deshalb anhand der allgemeinen arbeitsrechtlichen Definition des deutschen Rechtes[40] auszulegen. Dies bedeutet, daß auch die Arbeitsverhältnisse der teilzeit und befristet beschäftigten Arbeitnehmer und Auszubildenden im Sinne des § 3 II BBiG auf den Betriebserwerber übergehen. Gleiches gilt nach der Rechtsprechung des Bundesarbeitsgerichtes auch für die leitenden Angestellten im Sinne des § 14 II KSchG und des § 5 III BetrVG 1972.[41] Nicht erfaßt sind dagegen die organschaftlichen Geschäftsführer bzw. Vorstände von Unternehmen, sofern nicht nach der Bestellung ein früheres Arbeitsverhältnis als ruhendes fortbesteht,[42] sowie arbeitnehmerähnliche Personen.[43]

25 Übertragen werden jedoch nur die Arbeitsverhältnisse derjenigen Arbeitnehmer, die vor dem Übergang **in dem betreffenden Betrieb oder Be-**

---

[37] Vgl. BAG 22.05.1985, AP Nr. 43 zu § 613a BGB – Möbelprofile-.
[38] Vgl. BAG 21.01.1988, AP Nr. 72 zu § 613a BGB; EuGH, Rechtssache 287/86 vom 17.12.1987, Amtliche Sammlung 1987 S. 5465; EuGH, Rechtssachen 144 und 145/87 vom 15.06.1988, Amtliche Sammlung 1988 S. 2559.
[39] Vgl. BAG 11.11.1986, AP Nr. 61 zu § 613 a BGB m.w.N. sowie LAG Hamm 16.01.1990, DB 1990, 939, 940.
[40] Vgl. BAG 16.10.1987, AP Nr. 69 zu § 613 a BGB (I.2a der Gründe); vgl. ungeachtet der EG-Richtlinie 77/187 EuGH 11.07.1985, Rechtssache 105/84, Amtliche Sammlung 1985 S. 2639.
[41] BAG 22.02.1978, AP Nr. 11 zu § 613 a BGB.
[42] Vgl. BAG 16.10.1987, AP Nr. 69 zu § 613 a BGB (I.2a der Gründe) sowie BAG 07.10. 1993, NZA 1994, 212 (teilweise Korrektur der bisherigen Rechtsprechung); LAG Düsseldorf 04.11. 1993, MDR 1994, 386; ausführlich dazu Hölters/Bauer, Teil V, RN 53–55.
[43] Vgl. BAG 16.10.1987, AP Nr. 69 zu § 613a BGB (I. 2a der Gründe); BAG 03.07. 1980, AP Nr. 23 zu § 613 a BGB (Heimarbeit) sowie Bauer, Unternehmensveräußerung und Arbeitsrecht, 1983, S. 50 sowie MünchKomm-Schaub, 2. Auflage 1988, § 613 a BGB, RN 8.

triebsteil überwiegend bzw. schwerpunktmäßig tätig waren, nicht dagegen die Arbeitnehmer anderer Arbeitsbereiche oder Betriebsteile, selbst wenn die Betriebsteile miteinander technisch, wirtschaftlich oder organisatorisch zusammenhängen.[44] Wird ein Arbeitnehmer, wie z. B. ein Maschinenschlosser, in mehreren Betrieben oder Betriebsteilen eingesetzt, so wird aus der Sicht der Beteiligten darauf abzustellen sein, welcher Teileinheit des Unternehmens er zuzuordnen ist.[45] Bei Zweifeln über die Zuordnung von Arbeitsverhältnissen zu einzelnen Betrieben oder Betriebsteilen ist nach der Funktion des Arbeitsplatzes, insbesondere danach zu entscheiden, für welchen Betrieb oder Betriebsteil der Arbeitnehmer vor der Betriebsveräußerung überwiegend tätig war. Zur Beseitigung von Unklarheiten empfiehlt sich eine konkrete Regelung im Unternehmenskaufvertrag, verbunden mit einer dreiseitigen Vereinbarung mit den betreffenden Arbeitnehmern.

Für den **Zeitpunkt des Betriebsüberganges** ist weder der Abschluß des obligatorischen Geschäftes des Betriebsüberganges noch der Vollzug des dinglichen Geschäftes maßgebend. Entscheidend ist auch nicht, ab welchem Zeitpunkt der neue Inhaber die Leitung des Betriebes oder Betriebsteiles ausüben will. Vielmehr kommt es lediglich darauf an, ab welchem Zeitpunkt für den neuen Inhaber aus objektiver Sicht die Möglichkeit besteht, im Einvernehmen mit dem Betriebsveräußerer die bisherigen arbeitstechnischen Zwecke des Betriebes oder Betriebsteils weiter zu verfolgen und die **betriebliche Leitungs- und Organisationsmacht** im eigenen Namen zu übernehmen.[46] Es genügt insoweit die Übertragung der Nutzungsrechte an den wesentlichen Betriebsmitteln.[47] Gehen Betriebsmittel in einzelnen Schritten auf den Erwerber über, so ist der Betriebsübergang jedenfalls in dem Zeitpunkt erfolgt, in dem die wesentlichen, zur Fortführung des Betriebs erforderlichen Betriebsmittel übergegangen sind und die Entscheidung über den Betriebsübergang nicht mehr rückgängig gemacht werden kann.[48] In Zweifelsfällen empfiehlt sich auch insoweit eine entsprechende zeitliche Fixierung im Unternehmenskaufvertrag oder der sonstigen Betriebs-Übertragungsvereinbarung.

---

[44] Vgl. BAG, BB 1985, 1333 sowie BAG, BB 1986, 193.
[45] BAG 20.07.1982, AP Nr. 31 zu § 613 a BGB; BAG 25.06.1985, AP Nr. 23 zu § 7 BetrAVG. Siehe auch EuGH 07.02.1985, Rechtssache 196/83, Amtliche Sammlung 1985, S. 519. Wegen etwaiger Grenzfälle vgl. Bauer, Unternehmensveräußerung und Arbeitsrecht, 1983 S. 47; Kreitner, NZA 1990, 429, 430; Loritz, RdA 1987, 65, 80; Münch-Komm-Schaub, 2. Auflage 1988, § 613 a BGB, RN 22d; Moll, AnwBl 1991, 282, 287; Schmalenberg, NZA 1989, Beilage 3, S. 14, 19.
[46] Ständige Rechtsprechung des BAG; vgl. zuletzt BAG, AP § 613 a BGB Nr. 69; BAG NJW 1992, 3188 sowie BAG, NZA 1993, 643, 644.
[47] So die ständige Rechtsprechung des BAG. Siehe BAG 16.02.1993, NZA 1993, 643; m.w.Nachw. Zur generellen Beweislast der betroffenen Arbeitnehmer vgl. Hölters/Bauer, S. 355 m.w.N.
[48] BAG 16.02.1993, NZA 1993, 643.

a) Individualrechtliche Ansprüche

27 Der neue Betriebsinhaber wird **Partner des Arbeitsvertrages** und somit auch Schuldner etwaiger bei Betriebsübergang rückständiger Lohn- oder Gehaltsforderungen.[49] Er tritt deshalb auch in die bestehenden verfallbaren und unverfallbaren Versorgungszusagen ein.[50] Die Pensionsansprüche solcher Arbeitnehmer, die sich bereits im Ruhestand befinden, sowie die Versorgungsanwartschaften bereits ausgeschiedener Arbeitnehmer gehen demgegenüber nicht gemäß § 613 a BGB auf den Erwerber über.[51] Die Partner eines Unternehmenskaufvertrages können insoweit keine andere Vereinbarung treffen, da eine solche zu Lasten des Pensions-Sicherungs-Vereins gehen würde und demzufolge unwirksam wäre.[52] Wünschen die Vertragspartner gleichwohl, daß die Pensionslasten von dem Erwerber oder aus den laufenden Erträgen des Unternehmens getragen werden, so verbleibt lediglich die Möglichkeit, daß der Veräußerer und der Erwerber im Unternehmenskaufvertrag abweichende interne Erstattungspflichten etwa im Wege einer internen Erfüllungsübernahme nach § 329 BGB, eventuell unter Gewährung einer Bankbürgschaft,[53] vereinbaren.

Mit dem Schutzzweck des § 613 a BGB sind auch Vereinbarungen zwischen dem Betriebserwerber und den Arbeitnehmern nicht vereinbar, in denen diese beim Übergang ihrer Arbeitsverhältnisse allein aus Gründen des Betriebsüberganges auf ihre erdienten Anwartschaften auf betriebliche Altersversorgung verzichten. Dies gilt nach der Rechtsprechung des Bundesarbeitsgerichts jedenfalls dann, wenn die Arbeitnehmer vor die Alternative gestellt worden sind, entweder schlechtere Arbeitsbedingungen zu akzeptieren oder ihren Arbeitsplatz zu verlieren.[54]

28 Um eine **unzulässige Umgehung** und Aufgabe des zwingenden Schutzzweckes des § 613 a BGB und des sozialen Besitzstandes etwaiger Sozialplanansprüche handelt es sich nach der Rechtsprechung des Bundesarbeitsgerichtes gleichfalls, wenn die Arbeitnehmer auf Veranlassung eines Betriebserwerbers zur Verhinderung einer drohenden Betriebsstillegung und Ermöglichung einer in Aussicht gestellten Betriebsübertragung kollektiv, d. h. durch den einstimmig bevollmächtigten Betriebsrat ihre Arbeitsverhältnisse fristlos kündigen oder Aufhebungsverträge abschließen[55] und sodann ihre Arbeitsverhältnisse mit den ihnen zuvor an-

---

[49] Vgl. BAG 18.08.1976, AP Nr. 4 zu § 613a BGB.
[50] Eingehend dazu nachfolgend Teil D.
[51] Vgl. dazu Bauer, DB 1983, 713, 716.
[52] Vgl. BAG 14.07.1981, AP Nr. 27 zu § 613a BGB.
[53] Vgl. Hommelhoff, ZHR 150, 254 (267/268).
[54] BAG 12.05.1992, DB 1992, 2038; vgl. auch BAG, AP Nr. 5 zu § 1 BetrAVG Betriebsveräußerung.
[55] Zur arbeitgeberseitigen Kündigung gemäß § 613 a IV BGB siehe nachfolgend RN 49.

gebotenen geringeren Arbeitskonditionen fortsetzen.⁵⁶ Individuelle Kündigungen oder Vertragsaufhebungen werden demgegenüber nicht als Umgehung des § 613 a BGB und deshalb als zulässig anzusehen sein.⁵⁷

In Literatur und Rechtsprechung besteht Einvernehmen darüber, daß der Übergang der Arbeitsverhältnisse auch sämtliche bislang vereinbarten und gewährten **Sozialleistungen**, wie z.b. Sonderzahlungen und Gratifikationen sowie die Gewährung einer Werkdienstwohnung und Werkmietwohnung umfaßt.⁵⁸ 29

Da der Betriebsübergang den Zustand der Arbeitsverhältnisse unberührt läßt, gelten auch vertragliche **Wettbewerbsvereinbarungen** bzw. Wettbewerbsverbote weiter. Eine weitere Rechtsbindung besteht aber dann nicht, wenn der Arbeitnehmer im Zeitpunkt des Betriebsüberganges bereits ausgeschieden ist und der Betriebsveräußerer mit dem Arbeitnehmer keine diesen Fall betreffende zusätzliche Vereinbarung getroffen hat.⁵⁹ 30

Der Übergang der Rechte und Pflichten aus den im Zeitpunkt des Übergangs bestehenden Arbeitsverhältnissen umfaßt auch den gemäß § 1 I KSchG erworbenen **Besitzstand des Kündigungsschutzes**, einschließlich der Kündigungsfristen und eines etwaigen Annahmeverzuges.⁶⁰ Auch muß sich der neue Arbeitgeber eine eventuell zuvor begonnene Frist des § 626 II BGB zurechnen lassen.⁶¹ 31

War ein Arbeitnehmer im Zeitpunkt des Übergangs bereits ausgeschieden und stehen ihm noch **Provisionsansprüche** aus von ihm getätigten Geschäftsabschlüssen zu, so kann er diese Ansprüche aufgrund der formalen zeitlichen Trennung des § 613 a I BGB lediglich gegenüber dem früheren Betriebsinhaber geltend machen; dies gilt auch dann, wenn die entsprechenden Geschäfte erst nach dem Betriebsübergang von dem Betriebserwerber ausgeführt werden.⁶² 32

Die Eintrittspflicht des Betriebserwerbers erstreckt sich nicht auf etwaige **rückständige Sozialversicherungsbeiträge**, da es sich bei diesen nicht um Rechte und Pflichten gegenüber den übergegangenen Arbeitnehmern, sondern um Rechte und Pflichten des früheren Arbeitgebers gegenüber dem Institut der Sozialversicherung handelt. 33

---

⁵⁶ BAG 28.04.1987, ZIP 1988, 120; vgl. auch BAG 02.10.1974, AP Nr. 1 zu § 613 a BGB.
⁵⁷ So auch Hölters/Bauer, Teil V, RN 117; vgl. auch Weimar/Alfes, NZA 1993, 160, nach deren Auffassung ein Betriebsübergang ohnehin keine Betriebsänderung im Sinne des § 111 BetrVG darstellt, so daß keine Sozialplanansprüche und sozialen Besitzstände vereitelt werden.
⁵⁸ Einzelheiten dazu bei Staudinger-Richardi, 12. Aufl. 1989, § 613a BGB RN 148, sowie bei Seiter, Betriebsinhaberwechsel, 1980, S. 78ff.
⁵⁹ Zu Einzelheiten siehe Staudinger-Richardi, 12. Aufl. 1989, § 613a BGB RN 154f. sowie Erman-Hanau, 9. Aufl. 1993, § 613a BGB RN 3ff.
⁶⁰ Vgl. BAG 21.03.1991, AP Nr. 49 zu § 615 BGB.
⁶¹ Vgl. Schaub, Arbeitsrechtshandbuch, 7. Aufl. 1992, § 118 III. 4, S. 910f.
⁶² Vgl. BAG 11.11.1986, AP Nr. 60 zu § 613a BGB.

34 Bezüglich bestehender **Handlungsvollmachten und Prokuren** ist zu beachten, daß diese aufgrund der Beendigung des Arbeitsverhältnisses mit dem bisherigen Arbeitgeber gemäß § 168 BGB erlöschen, ohne daß es eines Widerrufes bedarf.[63]

35 Werden im Rahmen einer Betriebsübertragung **zwei Betriebe** dergestalt miteinander verbunden, daß sie ab dem Zeitpunkt der Übertragung eine (übergreifende) betriebliche Einheit darstellen, wie z.b. im Falle der Gründung eines **Joint-Ventures**, so kann es vorkommen, daß die aus den verschiedenen Betriebsteilen kommenden Arbeitnehmer unterschiedliche Rechtsansprüche „mitbringen". Die unterschiedliche Herkunft der Ansprüche stellt in diesem Fall einen sachlichen Grund für die weitere **unterschiedliche Behandlung** der Arbeitnehmergruppen dar. Aus diesem Grunde ist rechtlich betrachtet weder eine Anpassung der Arbeitsbedingungen der schlechter behandelten Mitarbeiter noch eine Herabsetzung der Arbeitsbedingungen der besser behandelten Mitarbeiter erforderlich, und zwar auch nicht aus dem Gesichtspunkt der Gleichbehandlung.[64] Diese unterschiedliche Besitzstandswahrung mag im Laufe der Zeit zugunsten der Gleichbehandlung zurücktreten[65] und sollte aus praktischen Gründen nach Möglichkeit vermieden werden.

b) Kollektivrechtliche Ansprüche

36 Ergeben sich die Rechte und Pflichten nicht nur aus individuellen Vereinbarungen, sondern aus den **Rechtsnormen eines Tarifvertrages oder einer Betriebsvereinbarung**, so gelten auch diese Bestimmungen für das übergegangene Arbeitsverhältnis gemäß § 613 a I S. 2 BGB weiter und dürfen nicht vor Ablauf eines Jahres nach dem Zeitpunkt des Übergangs zum Nachteil des Arbeitnehmers geändert werden. Etwas anderes gilt gemäß § 613 a I Satz 3 BGB nur dann, wenn die Bestimmungen eines anderen Tarifvertrages oder einer anderen Betriebsvereinbarung bei dem neuen Betriebsinhaber die Rechte und Pflichten aus den übertragenen Arbeitsverhältnissen abändern.[66] Wechselt somit der Betrieb durch den Betriebsübergang in eine andere Tarifzuständigkeit, so regeln sich die Rechte und Pflichten bei dem neuen Betriebsinhaber nach den Rechtsnormen des anderen Tarifvertrages. Ist der neue Betriebsinhaber nicht tarifgebunden, so entfällt auch die Anwendung des Tarifvertrages.[67]

---

[63] Vgl. dazu Staudinger-Richardi, 12. Aufl. 1989, § 613a BGB RN 137.
[64] So in ständiger Rechtsprechung auch das Bundesarbeitsgericht. Vgl. BAG 25.08 1976, AP Nr. 41 zu § 242 BGB Gleichbehandlung; BAG 30.08.1979, AP Nr. 16 zu § 613a BGB sowie BAG 28.04.1982, AP Nr. 3 zu § 2 KSchG 1969; BAG 19.11.1992, BB 1993, 942
[65] So Erman-Hanau, 9. Aufl. 1993, § 613 a BGB RN 67; Schaub, Arbeitsrechtshandbuch, 7. Aufl. 1992, § 119 III.1, S. 999 sowie Seiter, Betriebsinhaberwechsel, S. 83; a. A. Wiese, RdA 1979, 432 (437).
[66] Vgl. dazu Erman-Hanau, 9. Aufl. 1993, § 613a BGB RN 66 m. w. N.
[67] Vgl. BAG 26.09.1979, AP Nr. 17 zu § 613a BGB; vgl. Riesenhuber, BB 1993, 1001 ff.

II. Der Betriebsübergang gemäß § 613 a BGB

Bei **Firmentarifverträgen** wird man bei Fortbestehen der Betriebsidentität von einer Fortgeltung der kollektivrechtlichen Regelungen auszugehen haben.[68]

Vor Ablauf eines Jahres nach dem Zeitpunkt des Betriebsüberganges können die Rechte und Pflichten aus den im Zeitpunkt des Übergangs bestehenden Arbeitsverhältnissen gemäß § 613 a I Satz 4 BGB dann geändert werden, wenn der Tarifvertrag oder die Betriebsvereinbarung nicht mehr gilt oder bei fehlender beiderseitiger Tarifgebundenheit im Geltungsbereich eines anderen Tarifvertrages dessen Anwendung zwischen dem neuen Inhaber und dem Arbeitnehmer vereinbart wird.

Die Fortgeltung kollektivrechtlicher Ansprüche setzt somit voraus, daß die Betriebsidentität und damit auch die Kompetenz des Betriebsrates trotz des Betriebsüberganges erhalten bleiben.[69] Scheidet ein Betrieb aufgrund des Überganges aus einer Mehrheit von Betrieben oder aus einem Konzern aus, so gelten trotz Beibehaltung der Betriebsidentität etwa bestehende Gesamtbetriebsvereinbarungen und Konzernbetriebsvereinbarungen nicht fort.

3. Das Widerspruchsrecht der Arbeitnehmer

Nach der Rechtsprechung des Bundesarbeitsgerichtes[70] enthält § 613 a I BGB ein auf Art. 12 GG gestütztes **ungeschriebenes Tatbestandsmerkmal**, daß die von einem Betriebsübergang betroffenen Arbeitnehmer **keinen Widerspruch** gegen den automatischen, nicht an ihre Zustimmung geknüpften Übergang ihrer Arbeitsverhältnisse auf den neuen Betriebsinhaber erheben. Macht ein Arbeitnehmer von diesem Widerspruchsrecht Gebrauch, so geht sein Arbeitsverhältnis nicht auf den neuen Betriebsinhaber über, sondern bleibt mit dem bisherigen Betriebsinhaber bestehen. Damit verzichtet der betreffende Arbeitnehmer freilich auf den ihm für sein Arbeitsverhältnis gewährten Bestandsschutz, so daß der bisherige Betriebsinhaber die Möglichkeit hat, seinerseits das Arbeitsverhältnis aus dringenden betrieblichen Gründen zu kündigen.[71]

Der Europäische Gerichtshof hat dieses Widerspruchsrecht nach Vorlage durch das Bundesarbeitsgericht als mit der Richtlinie 77/187/EWG

---

[68] Vgl. BAG 05.02.1991, AP Nr. 89 zu § 613a BGB m.w.N.; BAG 13.11.1985, AP Nr. 46 zu § 613a BGB; BAG 27.11.1991, AP Nr. 22 zu § 4 TVG (Nachwirkung); vgl. BAG 19.03.1986, AP Nr. 49 zu § 613a BGB; BAG 01.04.1987, AP Nr. 64 zu § 613a BGB; BAG 26.09.1979, AP Nr. 17 zu § 613a BGB; BAG 29.01.1991, AP Nr. 23 zu § 18 BetrAVG.
Siehe dazu Erman-Hanau, § 613a BGB RN 95; Schaub, § 118 III. 2, S. 917; Staudinger-Richardi, § 613a BGB RN 180 und 181.
[69] Vgl. dazu BAG 05.02.1991, AP Nr. 89 zu § 613a BGB.
[70] Vgl. die zusammenfassende Darstellung der Entscheidungspraxis und -gründe in: BAG 22.04.1993, NZA 1994, 357 (III. der Gründe).
[71] Siehe dazu nachfolgend RN 50 ff.

vom 14.02.1977[72] vereinbar angesehen. Er ist der Auffassung des Bundesarbeitsgerichts gefolgt, wonach es den Mitgliedstaaten nach Art. 7 der EG-Richtlinie unbenommen bleibe, für die Arbeitnehmer günstigere Rechts- oder Verwaltungsvorschriften anzuwenden oder zu erlassen. Zwar sei Art. 3 I der Richtlinie dahingehend auszulegen, daß der Betriebsübergang den Veräußerer von seinen arbeitsvertraglichen Pflichten befreie, auch wenn die betroffenen Arbeitnehmer nicht zustimmen. Allerdings gewähre diese Bestimmung den EG-Mitgliedstaaten das Recht, eine gesamtschuldnerische Haftung des Veräußerers neben dem Erwerber auch nach dem Betriebsübergang vorzusehen. Bei dem Widerspruchsrecht handele es sich insgesamt um eine für den Arbeitnehmer günstigere Regelung, weil es ihm eine zusätzliche Wahlmöglichkeit gebe, das Arbeitsverhältnis mit dem bisherigen Arbeitgeber aufrechtzuerhalten. Werde das Widerspruchsrecht nicht ausgeübt, so werde dadurch der von der EG-Richtlinie bezweckte Schutz nicht geschmälert. Die Günstigkeitsregelung des Art. 7 der EG-Richtlinie sei weit auszulegen. Zu den „Rechtsvorschriften" im Sinne dieser Norm zählten auch das Gewohnheitsrecht und ungeschriebene Rechtsregeln, die sich aus der ständigen Rechtsprechung der Gerichte eines Mitgliedstaates ergeben. Die Tatsache, daß das Widerspruchsrecht auf einer richterlichen Auslegung des § 613 a I Satz 1 BGB beruhe, hindere daher nicht die Anwendbarkeit des Art. 7 der Richtlinie 77/187/EWG.[73]

41 In der Regel kann das Widerspruchsrecht nur bis zu dem **Zeitpunkt** ausgeübt werden, zu dem der Betrieb auf den neuen Inhaber übergeht.[74] Voraussetzung hierfür ist jedoch, daß der Arbeitgeber den Arbeitnehmer rechtzeitig von dem bevorstehenden Betriebsübergang unterrichtet hat.[75] Unterläßt der Arbeitgeber diese Unterrichtung, so können die Arbeitnehmer grundsätzlich auch noch nach dem Betriebsübergang widersprechen. Auch, wenn weder der Betriebsveräußerer noch der Betriebserwerber den Mitarbeitern eine Erklärungsfrist gesetzt haben, müssen diese ihr Widerspruchsrecht **unverzüglich nach ausreichender Unterrichtung** über den Betriebsinhaberwechsel ausüben. Entsprechend der Regelung in § 121 BGB müssen die Arbeitnehmer auch hier ohne schuldhaftes Zögern entsprechend der im Kündigungsschutzrecht maßgeblichen Frist (§§ 4, 13 KSchG) spätestens innerhalb von 3 Wochen[76] nach ausreichender Unterrichtung Gebrauch machen. Die Arbeitnehmer können hiermit

---

[72] Siehe FN 2.
[73] BAG, DB 1992, 1191, 2034; EuGH, Urt. v. 16.12.1992, DB 1993, 230ff.; vgl. auch BAG 07.04.1993, DB 1993, 1877.
[74] BAG 17.11.1977, AP Nr. 10 zu § 613a BGB (I.1 der Gründe).
[75] BAG 15.02.1984, AP Nr.37 zu § 613a BGB (III.1 der Gründe) sowie BAG 30.10.1986, AP Nr. 55 zu § 613a BGB (II.3a der Gründe) und BAG 22.04.1993, NZA 1994, 357 (V.1 der Gründe).
[76] Siehe dazu im einzelnen BAG 22.04.1993, NZA 1994, 357, 359.

II. Der Betriebsübergang gemäß § 613 a BGB

den Übergang ihrer Arbeitsverhältnisse auf den Betriebserwerber rückgängig machen, ohne daß hierfür sachliche Gründe angegeben werden oder vorliegen müssen.[77]

Adressat des Widerspruches ist vor dem erfolgten Betriebsübergang der Betriebsveräußerer und danach der Betriebserwerber.[78] Mit dem Bundesarbeitsgericht[79] wird man den Arbeitnehmern ein Wahlrecht bezüglich des Adressaten ihres Widerspruchsrechts zubilligen müssen, wenn sie weder vom Betriebsveräußerer noch vom Betriebserwerber über den Betriebsübergang unterrichtet worden sind. Da es den Arbeitnehmern kaum möglich sein wird, den Zeitpunkt des Betriebsüberganges genau nachzuvollziehen, würde man sie anderenfalls mit einer erheblichen, außerhalb ihrer Einflußsphäre liegenden Unsicherheit belasten. Da sich Betriebsveräußerer und Betriebserwerber im Innenverhältnis jedenfalls aufgrund ihrer nebenvertraglichen Pflichten gegenseitig über einen Widerspruch der vom Betriebsübergang betroffenen Arbeitnehmer zu unterrichten haben, empfiehlt es sich, auch insoweit eine entsprechende rechtsgeschäftliche Abrede zu treffen.

Wegen des dargestellten Widerspruchsrechtes der betroffenen Arbeitnehmer ist es für den Veräußerer ratsam, in dem Unternehmenskaufvertrag Regelungen für die Kosten vorzusehen, die im Zusammenhang mit dem (vorübergehenden) Fortbestand von Arbeitsverhältnissen und etwaigen betriebsbedingten Kündigungen entstehen können, oder diese Kosten bei der Festlegung des Kaufpreises angemessen zu berücksichtigen.

Die Ausübung des Widerspruchsrechtes durch die Arbeitnehmer darf nicht **rechtsmißbräuchlich** unter Verstoß gegen die Grundsätze von Treu und Glauben (§ 242 BGB) erfolgen. Eine rechtsmißbräuchliche Ausübung des Gestaltungsrechtes kann etwa dann gegeben sein, wenn zwischen dem bisherigen Arbeitgeber und dem Arbeitnehmer Einigkeit über den Übergang des Arbeitsverhältnisses auf den Betriebserwerber bestand. Gleiches kann dann der Fall sein, wenn der Arbeitnehmer dem Arbeitgeber ausdrücklich zugesagt hatte, er werde dem Übergang des Ar-

---

[77] Vgl. BAG 15.02.1984, AP Nr. 37 zu § 613a BGB (II.3 der Gründe) sowie BAG 22.04.1993, NZA 1994, 357, 359. Zur Abfindung aufgrund Tarifvertrages beim Widerspruch gegen Übergang des Arbeitsverhältnisses siehe BAG 24.11.1993, BB 1993, 2450.
[78] Ebenso u.a. Gaul, ZfA 1990, 87, 92; ders., Der Betriebsübergang, S. 228; Schmalenberg, NZA 1989, Beil. 3, S. 14 (25); Moll, AnwBl. 1991, 282 (297). Aus Gründen der fehlenden Rechtsklarheit ist demjenigen Teil der Literatur nicht zuzustimmen, der es genügen lassen will, wenn der Widerspruch einem der beteiligten Arbeitgeber gegenüber erklärt wird – so u.a. Erman – Hanau, BGB, 9. Aufl., § 613a RN 51; Staudinger-Richardi, BGB, 12. Aufl., § 613a RN 124; Pietzko, Der Tatbestand des § 613a BGB, S. 281 f.; Seiter, Betriebsinhaberwechsel, S. 69; Tschöpe, Rechtsfolgen eines arbeitnehmerseitigen Widerspruchsrechts beim Betriebsinhaberwechsel, S. 32 f.; M. Wolf, SAE 1981, 12 (13). Noch offen lassend: BAG NZA 1994, 360.
[79] BAG 22.04.1993, NZA 1994, 360.

beitsverhältnisses nicht widersprechen.[80] Der Arbeitnehmer verliert auch dann sein Widerspruchsrecht, wenn er das Arbeitsverhältnis trotz Kenntnis des erfolgten Betriebsüberganges fortsetzt.[81] Das Widerspruchsrecht beinhaltet als Rechtsfolgenverweigerungsrecht eine rückwirkende Rechtsgestaltung. Dies bedeutet, daß dem Arbeitnehmer z. B. im Falle einer verspäteten Unterrichtung über den Betriebsübergang auch nicht vorübergehend ein Arbeitgeberwechsel aufgezwungen wird.[82]

45 Die **kollektive Ausübung des Widerspruchsrechts** durch die von einem Betriebsübergang betroffenen Arbeitnehmer kann auch dann rechtsmißbräuchlich sein, wenn das Widerspruchsrecht dazu benutzt wird, den Betriebsübergang zu verhindern oder den Arbeitnehmern ungerechtfertigte Verbesserungen ihrer Arbeitsbedingungen zu verschaffen.[83]

4. Das Haftungssystem des § 613a II BGB und die Ausnahmebestimmung des § 613a III BGB

46 Gemäß § 613a II Satz 1 BGB haftet **der bisherige Arbeitgeber als Gesamtschuldner neben dem neuen Inhaber** für Verpflichtungen aus den übergegangenen Arbeitsverhältnissen, soweit die Verpflichtungen vor dem Zeitpunkt des Übergangs entstanden sind und vor Ablauf von einem Jahr nach diesem Zeitpunkt fällig werden. Handelt es sich um Verpflichtungen, die sich auf einen längeren Bemessungszeitraum erstrecken, und werden diese Verpflichtungen erst nach dem Zeitpunkt des Übergangs fällig, so haftet der bisherige Arbeitgeber für diese Verpflichtungen gemäß § 613 a II Satz 2 BGB nur **pro rata temporis**, d. h. in dem Umfang, der dem im Zeitpunkt des Übergangs abgelaufenen Teil ihres Bemessungszeitraums entspricht. Als Beispiel sei hier die Zahlung einer erst nach dem Übergang fälligen **Gratifikation oder Jahresprovision** genannt.[84]

47 Sowohl aus § 613a II BGB, wie auch aus § 426 II Satz 1 BGB ist der allgemeine Grundsatz herzuleiten, daß die gegenüber den Arbeitnehmern übernommenen Verbindlichkeiten zwischen dem Betriebsveräuße-

---

[80] Vgl. BAG 22.04. 1993, NZA 1994, 360, 361 unter Hinweis auf BAG 15.02.1984, AP Nr. 37 zu § 613a BGB (III. 2a der Gründe).

[81] Vgl. BAG 17.11.1977, AP Nr. 10 zu § 613a BGB. Siehe dazu auch Pottmeyer, ZfA 1989, 239, 258.

[82] Siehe BAG 30.10.1986, AP Nr. 55 zu § 613a BGB und BAG 22.04. 1993, NZA 1994, 360, 361 sowie Erman-Hanau, BGB, 9. Aufl. § 613a RN 61, Ascheid, in: RGRK, BGB, 12. Aufl., § 613a RN 169; Ehrich, NZA 1993, 635; Staudinger-Richardi, BGB, 12. Aufl., § 613a RN 122, 128; Knorr/Bichlmeier/Kremhelmer, KündigungsR, 3. Aufl., 2. Kap. RN 23; Tschöpe, Rechtsfolgen eines arbeitnehmerseitigen Widerspruchsrechts beim Betriebsinhaberwechsel, S. 38 f.; Gaul, ZfA 1990, 87 (99).

[83] Vgl. BAG 06.02.1980, AP Nr. 21 zu § 613 a BGB; siehe dazu auch Gaul, ZfA 1990, 87, 93.

[84] Zum Ausgleich von Gratifikationszahlungen siehe auch OLG Düsseldorf 28.12. 1989, BB 1990, 2193; vgl. dazu vorstehend RN 29.

rer und dem Betriebserwerber **im Innenverhältnis stets zeitanteilig** abzugrenzen und auszugleichen sind. Dies gilt jedenfalls, sofern und soweit der Betriebsübertragungsvertrag keine abweichende Regelung enthält.[85] Soweit der neue Betriebsinhaber Urlaubsansprüche aus der Zeit vor dem Betriebsübergang erfüllt, steht ihm deshalb nach Auffassung des Bundesgerichtshofes ebenfalls ein Anspruch auf anteiligen Geldausgleich zu.[86]

Aus dem Eintritt des neuen Betriebsinhabers gemäß § 613 a I BGB in die Rechte und Pflichten aus den im Zeitpunkt des Übergangs bestehenden Arbeitsverhältnissen folgt, daß der neue Betriebsinhaber insoweit auch für etwa **noch nicht erfüllte Verpflichtungen**, einschließlich etwaiger Abfindungsansprüche aus dem Vergleich eines Kündigungsschutzprozesses einzustehen hat.[87] 48

Die dargestellte gesamtschuldnerische Haftung des bisherigen Arbeitgebers gemäß § 613 a II BGB bedeutet aufgrund ihrer gesetzlichen Beschränkung auf diejenigen Verpflichtungen gemäß § 613 a I BGB, die vor dem Zeitpunkt des Überganges entstanden sind und vor Ablauf eines Jahres fällig werden, daß **der bisherige Arbeitgeber grundsätzlich von einer weiteren Haftung freigestellt ist**.[88] 49

Die gesamtschuldnerische Haftung des bisherigen Arbeitgebers gemäß § 613 a II BGB gilt gemäß § 613 a III BGB nicht, wenn eine juristische Person oder Personenhandelsgesellschaft durch Umwandlung erlischt.

5. Der Kündigungsschutz gemäß § 613 a IV BGB

a) Materiellrechtlicher Kündigungsschutz

Als Ausprägung des Kündigungsschutzes bestimmt § 613 a IV Satz 1 BGB entsprechend der EG-Richtlinie 77/187 vom 14.02.1977, daß die (arbeitgeberseitige[89]) **Kündigung** eines Arbeitsverhältnisses durch den bisherigen oder den neuen Betriebsinhaber **wegen des Überganges eines Betriebes** oder eines Betriebsteils unwirksam ist. Das Recht zur Kündigung des Arbeitsverhältnisses **aus anderen Gründen** bleibt gemäß § 613 a IV Satz 2 BGB unberührt. 50

§ 613 a IV Satz 1 BGB stellt neben § 1 KSchG ein selbständiges **gesetzliches Verbot** im Sinne des § 134 BGB **zur Kündigung wegen eines Betriebsüberganges** dar; dieses Verbot gilt daher grundsätzlich auch für Ar- 51

---

[85] Vgl. Schaub, Arbeitsrechtshandbuch, 7. Aufl. 1992, § 118 IV, 2, S. 910 sowie Staudinger-Richardi, 12. Aufl. 1989, § 613a BGB RN 189.
[86] Vgl. BGH 04.07.1985, AP Nr. 50 zu § 613a BGB; a. A. OLG Frankfurt a.M. 17.02. 1983, AP Nr. 33 zu § 613a BGB mit der Begründung, daß bezüglich der Erfüllung von Urlaubsansprüchen kein Gesamtschuldverhältnis zwischen dem früheren und dem neuen Arbeitgeber bestehe.
[87] Vgl. BAG 13.11.1986, AP Nr. 57 zu § 613a BGB.
[88] Zum Verhältnis des § 613a II BGB zu anderen gesetzlichen Haftungstatbeständen siehe A RN 126.
[89] Zur arbeitnehmerseitigen Kündigung siehe vorstehend RN 39 ff.

beitsverhältnisse, auf die das Kündigungsschutzgesetz keine Anwendung findet. Im Rahmen der Überprüfung findet nicht der Maßstab des § 1 KSchG mit seiner „Sozialwidrigkeit" Anwendung. Vielmehr beurteilt sich die „Unwirksamkeit" einer Kündigung wegen eines Betriebsüberganges selbständig. Demgemäß kann sie auch unabhängig von dem Verfahren nach §§ 4ff. KSchG gemäß § 13 III KSchG geltend gemacht werden.[90]

52 Die Abgrenzung zwischen einer nach § 613 a IV Satz 1 BGB unwirksamen **Kündigung wegen eines Betriebsüberganges** und einer nach Satz 2 zulässigen anderweitigen **Kündigung aus anderen Gründen** ist schwierig. Das Bundesarbeitsgericht stellt in seiner Rechtsprechung darauf ab, ob es neben dem Betriebsübergang einen sachlichen Grund gibt, der aus sich heraus die Kündigung zu rechtfertigen vermag. Der Betriebsübergang darf deshalb allenfalls die Ursache bzw. der äußere Anlaß, nicht aber der tragende Beweggrund für eine Kündigung sein.[91] Eine Kündigung ist deshalb nur dann rechtswirksam, wenn sie außer durch den Betriebsübergang durch einen „anderen" sachlichen Grund, wie zum Beispiel auch durch dringende betriebliche Erfordernisse im Sinne des § 1 II Satz 1 KSchG begründet ist.[92]

Der bloße Umstand, daß ein Erwerber einen Betrieb nur dann übernehmen will, wenn der bisherige Betriebsinhaber zuvor bestimmte Arbeitsverhältnisse kündigt, reicht hierfür nicht aus.[93] Etwas anderes kann jedoch dann gelten, wenn der Betrieb bereits zuvor personell überbesetzt oder zu personalkostenintensiv geführt war und aus diesem Grunde eine betriebsbedingte Kündigung bzw. Änderungskündigung gerechtfertigt ist. Die Grundsätze der **Sozialauswahl** sind allerdings in jedem Fall zu beachten.

53 Hat der bisherige Arbeitgeber im Falle des Widerspruchs eines dem Übergang seines Arbeitsverhältnisses widersprechenden Arbeitnehmers **keine Möglichkeit der Weiterbeschäftigung** für diesen Arbeitnehmer mehr, so wird die ausgesprochene Kündigung grundsätzlich gemäß § 1 II Satz 1 KSchG sozial gerechtfertigt und wirksam sein. Bei der Übertragung eines Teilbetriebes können allerdings auch hier Wirksamkeitsprobleme nicht zuletzt aus dem Grunde der unzutreffenden Sozialauswahl entstehen.[94]

---

[90] Vgl. BAG 31.01.1985, NJW 1986, 87 und BAG 27.09.1984, NJW 1986, 91.
[91] BAG 27.09.1984, NJW 1986, 91; BAG 31.01.1985, NJW 1986, 87; BAG AP Nr. 34 zu § 613 a BGB; BAG AP Nr. 74 zu § 613 a BGB sowie BAG, AP Nr. 75 zu § 613a BGB. Siehe auch Willemsen, ZIP 1983, 411, 413.
[92] Vgl. BAG, NJW 1986, 87 und 91.
[93] Vgl. BAG 27.09.1984, AP Nr. 39 zu § 613a BGB; BAG 28.04.1988, AP Nr. 74 zu § 613a BGB; BAG 19.05.1988, AP Nr. 75 zu § 613a BGB.
[94] Siehe dazu auch die nachfolgenden Ausführungen zu § 613 a IV BGB. Eingehend dazu Moll, Die Rechtsstellung des Arbeitnehmers nach einem Betriebsübergang, NJW 1993, 2016.

II. Der Betriebsübergang gemäß § 613 a BGB

Betriebsbedingte Kündigungen aus Rationalisierungsgründen, die der 54
Erwerber eines Betriebes bereits vor dem Betriebsübergang plant, sind
wohl dann zulässig, wenn die Rationalisierungsmaßnahmen zwischen
dem Veräußerer und dem Erwerber abgesprochen worden sind; ferner
müssen sie sich bei Ausspruch der Kündigung in der Weise konkretisiert haben, daß sie auch von dem bisherigen Betriebsinhaber im Falle
einer Betriebsfortführung hätten durchgeführt werden können und
etwaige Weiterbeschäftigungsmöglichkeiten gerichtlich nachprüfbar
sind.[95]

Auch eine **Betriebsstillegung** kann als „anderer" sachlicher Grund ein 55
dringendes betriebliches Erfordernis darstellen und damit eine Kündigung rechtfertigen. Voraussetzung ist jedoch, daß die Stillegung in der
ernstlichen Absicht beschlossen oder vorgenommen wird, auf Dauer
oder für eine ihrer Dauer nach unbestimmte, wirtschaftlich nicht unerhebliche Zeitspanne die bisherige wirtschaftliche Betätigung einzustellen und nicht weiter zu verfolgen. Liegen die vorstehend genannten
Voraussetzungen einer Betriebsstillegung vor, so können die Arbeitsverhältnisse bereits vor der Durchführung der konkreten Stillegung gekündigt werden.[96] Die Kündigungen sind in diesem Falle selbst dann
wirksam, wenn später gleichwohl ein Betriebsübergang noch stattfindet;[97] die Arbeitsverhältnisse gehen dann in gekündigtem Zustand auf
den Betriebserwerber über.[98] Gegen das Vorliegen einer ernsthaften Absicht zur Betriebsstillegung und für eine rechtsmißbräuchliche **Umgehung** des 613 a IV BGB spricht allerdings eine tatsächliche Vermutung,
wenn der Betrieb nach einer bloß vorübergehenden Schließung veräußert oder wiedereröffnet wird.[99] Eine Vermutung für eine rechtsmißbräuchliche Umgehung besteht auch dann, wenn ein Betrieb kurz nach
einer Betriebsstillegungveräußert wird. Gegen eine ernstliche Betriebsstillegung spricht es auch, wenn nachhaltige Bemühungen um die Veräußerung eines Betriebes fortbestehen. Dies gilt auch, wenn bereits vor
der Durchführung der Betriebsstillegung Übernahmeverhandlungen
stattgefunden haben, die erst danach erfolgreich abgeschlossen worden
sind.[100]

---

[95] Vgl. BAG 26.05.1983, BB 1983, 2116; BAG, NJW 1986, 2008; BAG, DB 1988, 2156, a.A. Staudinger-Richardi, 12. Aufl. 1989, § 613a BGB RN 215f.
[96] Vgl. BAG 27.02.1987 AP Nr. 41 zu § 1 KSchG 1969 Betriebsbedingte Kündigung sowie BAG 19.06.1991, AP Nr. 53 zu § 1 KSchG 1969 Betriebsbedingte Kündigung.
[97] BAG 26.05.1983, BB 1983, 2116; BAG 05.12.1985, NJW 1986, 2008; BAG 20.05.1988, DB 1988, 2156.
[98] Siehe Moll, AnwBl. 1991, 282 (291 ff.).
[99] BAG, aaO.
[100] Zur Wirksamkeit einer Kündigung bei Betriebsübergang nach einer geplanten Betriebsstillegung vgl. BAG 27.09.1984, AP Nr. 39 zu § 613a BGB; BAG 28.04.1988, AP Nr. 74 zu § 613a BGB (Großhandel); BAG 19.05.1988, AP Nr. 75 zu § 613a BGB.

Entschließt sich der Betriebserwerber erst nach der Übernahme, den Betrieb stillzulegen, so können die Kündigungen durch dringende betriebliche Erfordernisse gerechtfertigt sein.

In allen diesen Fällen müssen der bisherige bzw. neue Betriebsinhaber den eventuell schwierigen[101] Gegenbeweis gegen die Vermutung einer rechtsmißbräuchlichen Umgehung des § 613 a IV BGB führen.[102]

56 Ist eine Kündigung bereits wegen Fehlens dringender betrieblicher Erfordernisse (Stillegung des gesamten Betriebes) gemäß § 1 II Satz 1 KSchG sozial ungerechtfertigt, so ist sie auch nicht aus einem „anderen Grunde" im Sinne des § 613 a IV Satz 2 BGB oder wegen einer Umgehung dieser Norm wirksam.[103] Die Beurteilung, ob ein „anderer" Grund im Sinne des § 613 a IV Satz 2 BGB oder ein dringendes betriebliches Erfordernis im Sinne des § 1 I Satz 1 KSchG vorliegt, richtet sich nach der **Sachlage im Zeitpunkt des Zugangs der Kündigung.** Für den Fall einer Betriebsstillegung bedeutet dies, daß bereits in diesem Zeitpunkt die ernstliche, d. h. endgültige und nicht nur die etwaige Stillegungsabsicht bestanden haben muß, falls etwa beabsichtigte Rationalisierungsmaßnahmen nicht greifen.

b) Prozessuale Fragen

57 Unklarheiten bezüglich des Überganges von Rechten und Pflichten aus den im Zeitpunkt des Betriebsüberganges bestehenden Rechtsverhältnissen können von seiten der Arbeitnehmer im Wege einer Feststellungsklage geltend gemacht werden. Die Klage ist entweder gegen den bisherigen Arbeitgeber oder den neuen Arbeitgeber zu richten. Tritt der Betriebsübergang während eines Rechtsstreites ein, so gilt das Urteil gemäß § 325 I ZPO auch gegen den neuen Arbeitgeber.[104]

Klagt ein Arbeitnehmer auf Feststellung der Unwirksamkeit einer Kündigung wegen Verstoßes gegen das Kündigungsverbot des § 613 a BGB, so hat er – jedenfalls im Wege des Anscheinsbeweises[105] – darzulegen und zu beweisen, daß die Kündigung wegen des Betriebsüberganges und nicht aus anderen Gründen erklärt worden ist.[106] Dem bisherigen bzw. neuen Betriebsinhaber obliegt es hingegen, den – wie bereits ausgeführt – eventuell schwierigen[107] Gegenbeweis gegen die Vermutung einer rechtsmißbräuchlichen Umgehung des § 613 IV BGB zu führen.[108] Wird eine Kün-

---

[101] Vgl. Weimar/Alfes, NZA 1993, 159.
[102] BAG 19.06.1991, DB 1991, 2442.
[103] BAG, BB 1985, 1333, 1334.
[104] Vgl. BAG 15.12.1976, AP Nr. 1 zu § 325 ZPO.
[105] Vgl. BAG 15.05.1985, AP Nr. 41 zu § 613a BGB sowie BAG 05.12.1985, AP Nr. 47 zu § 613a BGB.
[106] BAG 26.05.1983, BB 1983, 2116; BAG 05.12.1985, AP Nr. 47 zu § 613a BGB; BAG 20.05.1988, DB 1988, 2156.
[107] Vgl. Weimar/Alfes, NZA 1993, 159.
[108] BAG 19.06.1991, DB 1991, 2442.

digungsschutzklage vor einem Betriebsübergang gegen den bisherigen Betriebsinhaber erhoben, so bleibt dieser auch nach dem Betriebsübergang für und gegen den neuen Betriebserwerber passiv legitimiert.[109]

Klagt ein Arbeitnehmer in subjektiver Klagehäufung gegen den bisherigen Arbeitgeber und Betriebsinhaber auf Feststellung, daß das Arbeitsverhältnis durch eine von diesem ausgesprochene Kündigung nicht aufgelöst worden ist, und gegen den behaupteten Betriebsübernehmer zugleich auf Feststellung, daß mit ihm das beim bisherigen Arbeitgeber begründete Arbeitsverhältnis mit unverändertem Inhalt fortbesteht, dann entsteht zwischen den beklagten Arbeitgebern keine notwendige Streitgenossenschaft nach § 62 ZPO. Gibt das Arbeitsgericht beiden Feststellungsklagen statt und legt nur der neue Arbeitgeber insoweit Berufung ein, als er als Hauptpartei unterlegen ist, so wird die Kündigungsschutzklage nicht Gegenstand des Berufungsverfahrens. Wenn das Berufungsgericht trotzdem auch die Kündigungsschutzklage abweist, liegt ein von Amts wegen zu berücksichtigender Verstoß gegen § 536 ZPO vor, der insoweit zur Aufhebung des Berufungsurteils führt.[110]

Die **Klage gegen eine Kündigung wegen Betriebsüberganges** unterliegt 58 nicht der 3-Wochenfrist des § 4 KSchG, sondern der **Verwirkung**. Während das Bundesarbeitsgericht – je nach Einzelfall – eine Verwirkung grundsätzlich erst bei einer Klageerhebung etwa nach einem Jahr nach Ausspruch der Kündigung annimmt, bejahen die Untergerichte die Verwirkung regelmäßig bereits nach einigen Monaten. Neben der Untätigkeit des Klägers und dem Zeitablauf müssen allerdings weitergehende Umstände für die Verwirkung gegeben sein.[111]

6. Sonderregelungen des § 613a BGB für die neuen Bundesländer

In den neuen Bundesländern[112] sind im Rahmen des Gesetzes über die 59 Spaltung der von der Treuhandanstalt verwalteten Unternehmen Änderungen des § 613a BGB vorgenommen worden, indem neben der Verschmelzung und Umwandlung auch die Aufspaltung berücksichtigt wurde.

Um Sanierungen personell übersetzter Betriebe[113] zu erleichtern, fand außerdem § 613a BGB bis zum 31.12.1994 gemäß Art. 232 § 5 II EGBGB[114] mit folgenden Modifikationen Anwendung:

---

[109] a. A. LAG Hamm 17.05.1993, BB 1993, 1520.
[110] BAG 04.03.1993, NZA 1994, 260ff.
[111] BAG 19.06.1991, DB 1991, 2442.
[112] Vgl. Schaub, Arbeitsrechtshandbuch, 7. Auflage 1992, § 118 V 3c, S. 913.
[113] Vgl. zu der allgemeinen Problematik Kreitner, Kündigungsrechtliche Probleme, S. 214ff. m.w.N.
[114] Vom 18.8.1896 (RGBl. S. 604), zuletzt geändert durch Gesetz vom 21.12.1992 (BGBl. I S. 2117).

1. Innerhalb des bezeichneten Zeitraums ist auf eine Betriebsübertragung im Gesamtvollstreckungsverfahren § 613 a des Bürgerlichen Gesetzbuches nicht anzuwenden.
2. Anstelle des Absatzes IV Satz 2 gilt folgende Vorschrift:
„Satz 1 läßt das Recht zur Kündigung aus wirtschaftlichen, technischen oder organisatorischen Gründen, die Änderungen im Bereich der Beschäftigung mit sich bringen, unberührt."

III. Die Restrukturierungsmaßnahmen, insbesondere Betriebsänderungen und Änderungen der Arbeitsbedingungen

60 Hinsichtlich möglicher **Restrukturierungsmaßnahmen**, die einem Unternehmen zur Verfügung stehen, ist zwischen solchen zu unterscheiden, die

(1) zu einer **Änderung des Betriebes** selbst führen,
(2) und solchen, die lediglich die **Änderung von Arbeitsbedingungen** betreffen.

1. Die Betriebsänderungen

61 Nach den Bestimmungen des Betriebsverfassungsrechtes ergibt sich **für die Entscheidungsfindung und für die Ablaufplanung bei betriebsändernden Restrukturierungsmaßnahmen folgendes dreistufige Verfahren:**

1. Phase:
Bloß vorbereitende Überlegungen, Studien und Analysen bezüglich einer Betriebsänderung ohne abschließende Entscheidung des Unternehmers und ohne Unterrichtungsrecht des Wirtschaftsausschusses und des Betriebsrates und ohne Beratungsrecht des Betriebsrates.

2. Phase:
Nach Abschluß der vorgenannten Überlegungs- und Studienphase sowie der (nur im Grundsatz und noch nicht abschließend) vom Unternehmer gefaßten Entscheidung, eine Betriebsänderung durchzuführen, zeitgleiche und umfassende Unterrichtung des Wirtschaftsausschusses und des Betriebsrates sowie Beratung mit dem Betriebsrat (§§ 106, 111 BetrVG 1972), ob, wann und wie die „geplante Betriebsänderung" durchgeführt werden soll, und (ernsthafter) Versuch des Abschlusses eines Interessenausgleiches (eventuell mit Sozialplan). Bei der Verschmelzung und Spaltung besteht außerdem die neuartige Informationspflicht an den Betriebsrat gemäß §§ 5 III, 126 III UmwG.

3. Phase:
Abschließende Entscheidung des Unternehmers und Durchführung der Betriebsänderung.

a) Vorüberlegungen, Studien und Analysen zur Entscheidungsfindung und Ablaufplanung einer Reorganisation (Phase 1)

62 Bezüglich der Vorüberlegungen, Studien und Analysen zur Entscheidungsfindung und Ablaufplanung einer Reorganisation wird auf die vorstehenden Ausführungen unter Ziff. I (RN 4) Bezug genommen.

b) Unterrichtung und Beratung bezüglich einer geplanten Reorganisation (Phase 2)

63 aa) **Unterrichtung des Wirtschaftsausschusses und Betriebsrates, der Belegschaft, des Aufsichtsrates und der Minderheitsgesellschafter.** Sobald der Unternehmer seine Vorüberlegungen, Studien und Analysen zur Ent-

III. Die Restrukturierungsmaßnahmen, Betriebsänderungen 353

scheidungsfindung und Ablaufplanung einer Reorganisation abgeschlossen hat, obliegt ihm gemäß den §§ 106 und 111 BetrVG **bei beabsichtigten Betriebsänderungen** und sonstigen Reorganisationsmaßnahmen gegenüber dem Wirtschaftsausschuß und dem Betriebsrat **eine Unterrichtungs- und Beratungspflicht.** Während sich die Unterrichtungspflichten gemäß §§ 106 und 111 BetrVG auf die Darlegung der Auswirkungen **auf die Personalplanung** beziehen, sieht § 92 BetrVG die Einschaltung des Betriebsrates **bei** der eigentlichen Personalplanung vor.[115] Die Unterrichtungspflichten gegenüber dem Betriebsrat und gegenüber dem Wirtschaftsausschuß bestehen nebeneinander.[116]

Gemeinschaftsrechtlich ergibt sich die **Verpflichtung zur Unterrichtung der Arbeitnehmervertreter**[117] aus der EG-Richtlinie 77/187 über die Wahrung von Ansprüchen der Arbeitnehmer beim Übergang von Unternehmen, Betrieben und Betriebsteilen vom 14.02.1977.[118] Der primäre Regelungszweck dieser Richtlinie besteht zwar darin, im Falle der vertraglichen Übertragung oder Verschmelzung eines Unternehmens, Betriebes oder Betriebsteiles, die Rechte und Pflichten des Veräußerers aus bestehenden Arbeitsverhältnisses automatisch auf den Erwerber übergehen zu lassen.[119] Daneben enthält die Richtlinie aber in ihrem Art. 6 I auch Bestimmungen über die Verpflichtung der Arbeitgeber, die Arbeitnehmervertretung über den Betriebsübergang, über den Grund für den Betriebsübergang, über die rechtlichen, wirtschaftlichen und sozialen Folgen des Übergangs sowie über die hinsichtlich der Arbeitnehmer in Aussicht genommenen Maßnahmen zu informieren. Auch bei einem bloßen Betriebsinhaberwechsel besteht also grundsätzlich eine Verpflichtung zur Information. In Mitgliedstaaten, in denen die Arbeitnehmervertretung eine Einigungs- bzw. Schiedsstelle anrufen kann, besteht jedoch – wie oben bereits ausgeführt – nach Art. 6 III der Richtlinie die Möglichkeit, die Unterrichtung auf den Fall zu beschränken, in dem der vollzogene Betriebsübergang eine Betriebsänderung hervorruft, die wesentliche Nachteile für einen erheblichen Teil der Arbeitnehmer zur Folge haben kann. Dies gilt etwa für das deutsche Recht in § 111 BetrVG, an dem sich die Richtlinie insoweit offensichtlich ausgerichtet hat.

Neben der Frage der Unterrichtung ist bei der Durchführung der Unternehmensreorganisation von Bedeutung, inwieweit einzelne Reorganisationsmaßnahmen vom Arbeitgeber **mit dem Betriebsrat beraten** wer-

64

---

[115] Vgl. dazu eingehend Kadel, Personalablaufplanung und die Unterrichtungs- und Beratungsrechte des Betriebsrates nach § 92 BetrVG, BB 1993, 797 ff. m. w. N.
[116] Fitting/Auffahrth/Kaiser/Heither, § 112 RN 28.
[117] Zur erweiterten Konsultationspflicht bei transnational tätigen Unternehmen siehe den Richtlinienvorschlag der EG-Kommission bezüglich der Richtlinie 75/129/EWG, Abl. EG Nr. C 310 v. 30.11.1991, S. 5.
[118] Siehe FN 2.
[119] Eingehend dazu vorstehend RN 2.

Picot

den müssen. Eine Verpflichtung zur Beratung kann sich dabei für den Arbeitgeber wiederum aus dem umgesetzten Gemeinschaftsrecht (insbesondere aus der Richtlinie 75/129 EWG über Massenentlassungen vom 17.02.1975) oder aus dem nationalen Betriebsverfassungsrecht ergeben.

Unabhängig davon sind auch die Belegschaft, der Aufsichtsrat und etwaige Minderheitsgesellschafter ordnungsgemäß zu informieren.

65 *(1) Unterrichtung des Wirtschaftsausschusses gemäß § 106 II BetrVG.* Sofern und soweit in einem Unternehmen nach den Bestimmungen des Betriebsverfassungsgesetzes ein Betriebsrat besteht und von diesem ein Wirtschaftsausschuß gegründet worden ist, hat der Unternehmer seine **Planungen** gemäß § 106 I BetrVG **mit dem Wirtschaftsausschuß zu beraten.** Zur Vorbereitung dieser Beratungen hat er den Wirtschaftsausschuß gemäß § 106 II BetrVG **rechtzeitig und umfassend über die wirtschaftlichen Angelegenheiten des Unternehmens** unter Vorlage der erforderlichen Unterlagen **zu unterrichten,** soweit dadurch nicht die Betriebs- und Geschäftsgeheimnisse des Unternehmens gefährdet werden, sowie die sich daraus ergebenden Auswirkungen auf die Personalplanung darzustellen.[120] Der Wirtschaftsausschuß seinerseits hat dem Betriebsrat gemäß § 108 IV BetrVG über jede Sitzung unverzüglich und vollständig zu berichten.

66 Zu den **wirtschaftlichen Angelegenheiten** gehören gemäß § 106 III BetrVG insbesondere auch

– Rationalisierungsvorhaben
– die Einführung neuer Arbeitsmethoden
– die Einschränkung oder Stillegung von Betrieben oder von Betriebsteilen
– die Verlegung von Betrieben oder Betriebsteilen
– der Zusammenschluß oder die Spaltung von Unternehmen oder von Betrieben[120a]
– die Änderung der Betriebsorganisation oder des Betriebszweckes sowie
– sonstige Vorgänge und Vorhaben, welche die Interessen der Arbeitnehmer des Unternehmens wesentlich berühren können.[121]

67 Im Hinblick auf **Zeitpunkt und Umfang der Unterrichtung** entsprechen sich die §§ 106 und 111 BetrVG[122] weitgehend.

68 *(2) Unterrichtung des Betriebsrates (§§ 111, 92 BetrVG).* In Betrieben mit in der Regel mehr als zwanzig wahlberechtigten Arbeitnehmern (vgl. § 7 BetrVG) hat der Unternehmer den **Betriebsrat gemäß § 111 BetrVG über geplante Betriebsänderungen rechtzeitig und umfassend zu unterrichten und die geplanten Betriebsänderungen mit dem Betriebsrat zu beraten,** sofern diese wesentliche Nachteile für die Belegschaft oder erhebliche Teile der Belegschaft zur Folge haben können. Ferner hat er den

---

[120] Siehe dazu Bauer, Betriebsänderungen, II 4 b) bb), S. 54 ff.
[120a] § 106 III Nr. 8 neu gefaßt durch Art. 13 des Gesetzes zur Bereinigung des Umwandlungsrechts (UmwBerG) v. 28.10. 1994, BGBl. I, 3210 ff. Das Gesetz ist am 01.01. 1995 in Kraft getreten.
[121] Siehe dazu Fitting/Auffarth/Kaiser/Heither, § 106 RN 13–17.
[122] Vgl. Dolde/Bauer, BB 1978, 1675, 1678; siehe hierzu nachfolgend RN 68.

III. Die Restrukturierungsmaßnahmen, Betriebsänderungen

Betriebsrat gemäß § 92 BetrVG über die **Personalplanung**, insbesondere den gegenwärtigen und künftigen Personalbedarf rechtzeitig und umfassend zu unterrichten sowie mit dem Betriebsrat über Art und Umfang der erforderlichen Maßnahmen vor dem Hintergrund etwaiger mitbestimmungspflichtiger personeller Einzelmaßnahmen zu beraten.[123] Da der Wirtschaftsausschuß gemäß § 108 IV BetrVG seinerseits verpflichtet ist, dem Betriebsrat über seine Sitzungen zu berichten, kann es sich empfehlen, die Unterrichtung des Betriebsrates möglichst zeitgleich mit derjenigen des Wirtschaftsausschusses vorzunehmen.

Die **Zuständigkeit eines Gesamtbetriebsrates** ist nicht bereits dann gegeben, wenn Betriebsänderungen im Gesamtunternehmen oder in mehreren Betrieben vorgesehen sind. Nach der Rechtsprechung des Bundesarbeitsgerichtes[124] genügt die bloße Zweckmäßigkeit eines einheitlichen Sozialplans für das Unternehmen ebenso wenig, wie das Koordinierungsinteresse des Unternehmens, um die Zuständigkeit des Gesamtbetriebsrates zu begründen. Gemäß § 50 I BetrVG ist der Gesamtbetriebsrat vielmehr (nur) zuständig für die Behandlung von Angelegenheiten, die das Gesamtunternehmen oder mehrere Betriebe betreffen und nicht durch die einzelnen Betriebsräte innerhalb ihrer Betriebe geregelt werden können. Hieraus ergibt sich, daß eine Zuständigkeit des Gesamtbetriebsrates nur dann besteht, wenn bei vernünftiger Würdigung der wirtschaftlichen und sozialen Gesichtspunkte eine gemeinsame oder einheitliche Regelung der Reorganisationsmaßnahme innerhalb des Unternehmens notwendig ist. Dies ist dann der Fall, wenn die Betriebsänderung ein einheitliches, mehrere Betriebe betreffendes Konzept zum Gegenstand hat oder wenn z. B. sämtliche Betriebe eines Unternehmens infolge eines Konkurses stillgelegt werden.[125]

Ist im Zeitpunkt der Planung und der Durchführung der Betriebsänderung ein Betriebsrat nicht vorhanden, kann auch **ein erstmals während der geplanten Betriebsänderung gewählter Betriebsrat** nicht die Aufstellung eines Sozialplanes verlangen.[126] In diesem Fall besteht auch keine subsidiäre Zuständigkeit des Gesamtbetriebsrates für den betreffenden Betrieb.[127]

Als **Betriebsänderungen**[128] gelten gemäß § 111 Satz 2 BetrVG

1. die Einschränkung und Stillegung des ganzen Betriebes oder von wesentlichen Betriebsteilen,[129]

---

[123] Eingehend dazu Kadel, BB 1993, S. 797 ff.
[124] BAG 23.09.1975, BB 1976, 314.
[125] BAG 17.02.1981, BB 1981, 1092.
[126] BAG 20.04.1982, BB 1982, 1423.
[127] BAG 16.08.1983, DB 1984, 129.
[128] Ausführlich dazu Bauer, DB 1994, 217, 218 ff.
[129] Zahlt der Arbeitgeber in einem solchen Falle nach der Schließung seines Betriebes freiwillig an die Mehrzahl seiner ehemaligen Arbeitnehmer Abfindungen, so sind die

2. die Verlegung des ganzen Betriebes oder von wesentlichen Betriebsteilen,[130]
3. der Zusammenschluß mit anderen Betrieben oder die Spaltung von Betrieben,
4. grundlegende Änderungen der Betriebsorganisation, des Betriebszweckes oder der Betriebsanlagen, sowie
5. die Einführung grundlegend neuer Arbeitsmethoden und Fertigungsverfahren.

70   Betreffend Zeitpunkt und Umfang der Unterrichtung soll nach ständiger Rechtsprechung des Bundesarbeitsgerichts durch den Begriff „geplante Betriebsänderungen" sichergestellt werden, daß der Betriebsrat bei einer geplanten Betriebsänderung zum frühestmöglichen Zeitpunkt an der Planung beteiligt wird.[131] Das Wort „geplant" hat somit rein zeitliche Bedeutung.[132]

71   Das in den §§ 111 ff. BetrVG vorgesehene **rechtzeitige und umfassende Unterrichtungs- und Beratungsverfahren**, einschließlich des Versuches des Interessenausgleiches,[133] muß demgemäß noch in einem Zeitraum abgewickelt werden, in dem der Plan noch nicht, auch noch nicht teilweise feststeht und – erst recht – noch nicht verwirklicht ist. Der Betriebsrat muß die Möglichkeit haben, auf den Beschluß des Unternehmers einzuwirken. Dies setzt voraus, daß weder eine abschließende Entscheidung des Unternehmers über die Frage, ob eine Betriebsänderung vorzunehmen ist, noch über die einzelnen Modalitäten der Durchführung gefallen ist. Erst recht darf der Unternehmer noch nicht mit der Durchführung der Betriebsänderung beginnen.[134]

Nach der Rechtsprechung des Bundesarbeitsgerichtes soll mit der Verpflichtung zur rechtzeitigen Unterrichtung der Arbeitnehmervertreter sichergestellt werden, daß die Arbeitnehmerschaft bei einer geplanten Be-

---

Leistungen nach dem vom Arbeitgeber bestimmten Verteilungsschlüssel am Gleichbehandlungsgrundsatz zu messen. Vgl. BAG DB 1994, 1089 ff.

Früher war insoweit die Frage umstritten, ob eine bloße Personalreduzierung ohne gleichzeitige Stillegung von sächlichen Betriebsmitteln eine Betriebseinschränkung im Sinne von § 111 S. 2 Nr. 1 BetrVG darstellt. Bis zum Urteil des BAG vom 22.05.1979, AP Nr. 3 zu § 111 BetrVG 1972, wurde diese Frage von der herrschenden Meinung in der arbeitsrechtlichen Literatur verneint. Mit dieser Entscheidung und nachfolgenden Entscheidungen hat das BAG jedoch den Personalabbau als Betriebseinschränkung anerkannt. Allerdings muß davon ein erheblicher Teil der Belegschaft betroffen sein. Das BAG zieht insoweit in ständiger Rechtsprechung die Zahlen- und Prozentangaben des § 17 I KSchG als Richtschnur für die Erheblichkeit einer Personalreduzierung heran, jedoch mit der Einschränkung, daß von dem Personalabbau mindestens 5 % der Belegschaft betroffen sein müssen: BAG vom 02.08.1983, AP Nr. 12 zu § 111 BetrVG 1972.

[130] Gemäß § 111 Satz 2 Nr. 2 BetrVG unterliegt die Betriebsverlegung der Mitbestimmung des Betriebsrates, wenn die berechtigten Interessen der Arbeitnehmer berührt werden. Eine unwesentliche Veränderung der Ortslage (z.B. Verlegung des Betriebes um wenige 100 Meter) löst die Mitbestimmung dagegen nicht aus.

[131] Siehe BAG, AP Nr. 2 zu § 113 BetrVG.

[132] Vgl. BAG, Großer Senat, AP Nr. 6 zu § 112 BetrVG.

[133] Dazu eingehend RN 88.

[134] BAG 14.09.1974, DB 1974, 1977; BAG 17.09.1974, DB 1974, 2207. Siehe dazu auch Bauer, DB 1994, 217, 222.

III. Die Restrukturierungsmaßnahmen, Betriebsänderungen 357

triebsänderung zum frühestmöglichen Zeitpunkt an der Planung beteiligt wird. Der Betriebsrat braucht jedoch nicht in bloße Vorüberlegungen des Unternehmens eingeschaltet zu werden. Deshalb gehören Überlegungen, Studien und Analysen noch ausschließlich zur unternehmerischen Planung, die nicht in die Kompetenz des Betriebsrats fällt.[135]

Das Mitwirkungsrecht des Betriebsrats setzt vielmehr erst ein, sobald die Planung des Unternehmers zu einer gewissen Reife gelangt ist, d. h. sobald der Unternehmer sich aufgrund der konkret abzuschätzenden Konsequenzen im Grundsatz (nicht darüber hinaus) dafür entschieden hat, eine Maßnahme durchzuführen.[136] Da der Zeitpunkt der frühestmöglichen Unterrichtung im Nachhinein – je nach dem Einzelfall – nur schwer bestimmbar ist, wird in der Praxis darauf abgestellt, ob der Unternehmer das in §§ 111, 112 BetrVG vorgesehene Mitwirkungsverfahren durchgeführt hat, bevor er abschließend darüber entschieden hat, ob, wann und wie die beabsichtigte Betriebsänderung durchgeführt werden soll.[137]

Der Zeitpunkt der Unterrichtungspflicht richtet sich **bei juristischen Personen** danach, wann sich die Geschäftsführung oder der Vorstand zu einer Maßnahme entschieden hat. Auf die Genehmigung eines Aufsichtsrates, Beirates oder ähnlichen Gremiums kommt es nicht an.[138]

Die Bestimmung dieses Zeitpunktes ist auch deshalb von Bedeutung, weil ein Verstoß gegen die Unterrichtungspflicht, insbesondere auch die wahrheitswidrige, unvollständige oder verspätete Erfüllung der Auskunftspflicht eine Ordnungswidrigkeit darstellt, die sowohl gegenüber der juristischen Person als auch gegenüber deren gesetzlichen Vertreter mit einer Geldbuße bis zu 20.000,- DM geahndet werden kann (§ 121 BetrVG) und unter Umständen die Nachteilsausgleichspflicht gemäß § 113 BetrVG nach sich zieht.

Aus Gründen der Klarheit empfiehlt es sich daher für die Unternehmensführung, einen **schriftlichen Beschluß** zu fassen, wonach nach Abschluß der Vorüberlegungen nunmehr der Wirtschaftsausschuß und der Betriebsrat über das Reorgansiationskonzept zum Zwecke der gemeinsamen Beratung unterrichtet werden sollen.

Aufgrund der Begrenzung des Geltungsbereiches des Betriebsverfassungsgesetzes auf das deutsche Territorium ist es verständlich, daß sich Rechtsprechung und Literatur bislang noch nicht abschließend zu **transnationalen, grenzüberschreitenden Entscheidungsprozessen** geäußert ha-

---

[135] Vgl. Richardi, Anm. zu BAG AP Nr. 2 zu § 113 BetrVG.
[136] So die ganz herrschende Meinung; vgl. etwa LAG Düsseldorf 27.08.1985, NZA 1985, 371; BAG 27.06.1989, DB 1990, 181. Siehe ebenso Bauer, DB 1994, 217, 222 sowie Fitting/Auffahrt/Kaiser/Heither, BetrVG, 12. Aufl., § 111 RN 26; Richardi in Anm. zu BAG AP Nr. 2 zu § 113 BetrVG m. w. N.
[137] BAG, AP Nr. 2 zu § 113 BetrVG 1972; LAG Düsseldorf, NZA 1986, 371; vgl. Bauer, RWS-Skript 171, F III 3., S. 118; Bauer, Betriebsänderungen, II 4a) aa), S. 51.
[138] BAG 14.09.1988, DB 1989, 127; LAG Düsseldorf 27.08.1985, NZA 1986, 371.

ben.¹³⁹ Allerdings ist davon auszugehen, daß die Betriebsänderung dem inländischen Unternehmen zuzuordnen ist, ohne daß es darauf ankommen wird, welches Gesellschaftsorgan die Änderung letztlich beschließt. Auch ausländische Gesellschafter müssen deshalb, bevor sie eine Betriebsänderung in einer für die Geschäftsführung bindenden Weise beschließen, die Geschäftsführung anweisen, das Mitbestimmungsverfahren nach dem Betriebsverfassungsrecht einzuleiten.

73 **Zusammenfassend** ist also festzustellen, daß der Betriebsrat über Reorganisationspläne zu unterrichten ist, bevor der Unternehmer bzw. die Gesellschafter sich abschließend entschieden haben, ob, wann und wie sie die von ihnen geplante Betriebsänderung durchführen wollen. Außerdem müssen sie **vor** dieser Entscheidung zur Vermeidung erheblicher wirtschaftlicher Nachteile versucht haben, einen Interessenausgleich mit dem Betriebsrat zu vereinbaren.

74 Die Unterrichtung des Betriebsrates muß **umfassend** erfolgen. Eine schriftliche Unterrichtung ist lediglich gemäß § 17 II Satz 1 KSchG für den Fall vorgesehen, daß anzeigepflichtige Entlassungen beabsichtigt sind. Die umfassende Unterrichtung macht es erforderlich, daß dem Betriebsrat auf Verlangen jederzeit die zur Durchführung seiner Aufgaben erforderlichen Unterlagen bezüglich Inhalt, Ausmaß, wirtschaftlichem Hintergrund der Maßnahme, vorgesehenen Zeitrahmen sowie den Auswirkungen für die Arbeitnehmer zur Verfügung zu stellen sind.¹⁴⁰ Entsprechend § 106 II BetrVG wird der Unternehmer im Falle der Gefährdung von Betriebs- und Geschäftsgeheimnissen des Unternehmens bei der Unterrichtung eine gewisse Zurückhaltung üben können, soweit nicht die Betriebs- und Geschäftsgeheimnisse durch eine Geheimhaltungsvereinbarung mit dem Betriebsrat ausreichend geschützt werden können.¹⁴¹

75 *(3) Unterrichtung des Sprecherausschusses der leitenden Angestellten.* Gemäß § 32 II Sprecherausschußgesetz ist auch der Sprecherausschuß der leitenden Angestellten über die geplante Betriebsänderung rechtzei-

---

¹³⁹ Zur erweiterten Konsultationspflicht bei transnational tätigen Unternehmen siehe den Richtlinienvorschlag der EG-Kommission bezüglich der Richtlinie 75/129/EWG ABl. EG Nr. C 310 v. 30.11.1991, S. 5; Fitting/Auffarth/Kaiser/Heither, § 106 RN 5 m.w.N.
¹⁴⁰ Zur Anwendbarkeit des § 80 II Satz 2 BetrVG im Rahmen des § 111 BetrVG vgl. LAG Hamm 05.03.1986, BB 1986, 1291.
¹⁴¹ Vgl. dazu den Entwurf eines Gesetzes des Bundesministers für Arbeit vom 15.07.1993 (III a) 4–31 342-1) zur Anpassung arbeitsrechtlicher Bestimmungen an das EG-Recht. Danach sind dem Betriebsrat schriftlich mitzuteilen:
1. die Gründe für die geplanten Entlassungen;
2. die Zahl und die Berufsgruppen der zu entlassenden Arbeitnehmer;
3. die Zahl und die Berufsgruppen der in der Regel beschäftigten Arbeitnehmer;
4. der Zeitraum, in dem die Entlassungen vorgenommen werden sollen;
5. die vorgesehenen Kriterien für die Auswahl der zu entlassenden Arbeitnehmer und
6. das vorgesehene Verfahren für die Berechnung etwaiger Abfindungen.

III. Die Restrukturierungsmaßnahmen, Betriebsänderungen 359

tig und umfassend zu unterrichten, sofern wesentliche Nachteile für leitende Angestellte eintreten können. In gleicher Weise, wie mit dem Betriebsrat, ist auch mit dem Sprecherausschuß über Maßnahmen zum Ausgleich oder zur Milderung wirtschaftlicher Nachteile zu beraten.

(4) Information des Betriebsrates nach Umwandlungsrecht. Im Falle 75a
der Verschmelzung ist der Verschmelzungsvertrag bzw. sein Entwurf spätestens einen Monat vor dem Tage der Entscheidung über die Verschmelzung den Betriebsräten der beteiligten Rechtsträger zuzuleiten (§ 5 III UmwG). Die gleiche Verpflichtung besteht bei Spaltungsvorgängen gemäß § 126 III UmwG.

(5) Unterrichtung der Schwerbehindertenvertretung. Jede Kündigung 76
des Arbeitsverhältnisses eines **Schwerbehinderten** durch den Arbeitgeber bedarf der vorherigen Unterrichtung und Anhörung der Schwerbehindertenvertretung gemäß § 25 II SchwbG und der Zustimmung der Hauptfürsorgestelle gemäß §§ 15 ff. SchwbG. Eine Verletzung dieser Verpflichtung kann gemäß § 68 I Nr. 8 SchwbG mit einer Geldbuße bis zu DM 5.000,- geahndet werden.

(6) Mitteilung an den Präsidenten des Landesarbeitsamtes gemäß § 8 77
AFG. Zur Vorbereitung erforderlicher personeller Maßnahmen ist aus Gründen der arbeitsmarktpolitischen Erfassung gemäß § 8 I des Arbeitsförderungsgesetzes (AFG) der **Präsident des Landesarbeitsamtes unverzüglich schriftlich zu unterrichten**, wenn und soweit erkennbare Veränderungen des Betriebs innerhalb der nächsten 12 Monate voraussichtlich dazu führen, daß Arbeitnehmer in der in § 17 I des Kündigungsschutzgesetzes[142] bezeichneten Zahl entlassen oder auf eine andere Tätigkeit umgesetzt werden, für die das Arbeitsentgelt geringer ist. Der Mitteilung ist die Stellungnahme des Betriebsrates beizufügen; daraus ergibt sich eine enge Verzahnung im Zeitablauf zwischen dieser Information und der Mitwirkung des Betriebsrates bei einer Betriebsänderung gemäß § 111 BetrVG.[143]

Der Präsident des Landesarbeitsamtes hat die Mitteilung des Arbeitgebers mit der Stellungnahme des Betriebsrates sofort an das örtlich zuständige Arbeitsamt weiterzuleiten.

Um nachteilige Folgen von Veränderungen im Sinne von § 8 I AFG 78
für die betroffenen Arbeitnehmer zu vermeiden oder zu mildern, hat die Bundesanstalt gemäß § 8 II AFG unverzüglich alle erforderlichen Vorkehrungen zu treffen. Sie hat bei ihren Maßnahmen das Interesse des Betriebes an einer Geheimhaltung der geplanten Veränderungen zu berücksichtigen, soweit dies mit dem arbeitsmarktpolitischen Interesse an einer frühzeitigen Einleitung der Maßnahmen vereinbar ist.

---

[142] Eingehend dazu nachfolgend RN 120.
[143] Ausführlich dazu Nabel, Die Melde- und Anzeigepflichten des Arbeitgebers nach dem Arbeitsförderungsgesetz, DB 1969, 1603 ff.

79　Die Unterrichtung des Präsidenten des Landesarbeitsamtes ist keine Wirksamkeitsvoraussetzung für die Vornahme der genannten Entlassungen bzw. Umsetzungen von Arbeitnehmern. Unterläßt der Arbeitgeber die Mitteilung jedoch vorsätzlich oder grob fahrlässig, so hat er der Bundesanstalt gemäß § 8 III AFG die Aufwendungen zu erstatten, die ihr durch die Umschulung der entlassenen oder auf eine andere Tätigkeit umgesetzten Arbeitnehmer für die Dauer von sechs Monaten entstehen.[144]

80　Aus dem Vorstehenden ergibt sich, daß die Anzeige nach § 8 AFG erfolgen muß, sobald eine innerhalb der nächsten 12 Monate vorgesehene Betriebsänderung hinreichend erkennbar ist. In der Regel wird sie deshalb unmittelbar nach der Unterrichtung des Wirtschaftsausschusses und des Betriebsrates zu erstatten sein.

81　*(7) Unterrichtung der Betriebsversammlung.* **Betriebsversammlungen**, d. h. Versammlungen aller Arbeitnehmer eines Betriebes, sind gemäß §§ 42, 43 BetrVG vom Betriebsrat einmal in jedem Kalendervierteljahr **einzuberufen**. Mindestens einmal in jedem Kalenderjahr hat der Arbeitgeber oder sein Vertreter in einer Betriebsversammlung über das Personal- und Sozialwesen des Betriebs und über die wirtschaftliche Lage und Entwicklung des Betriebs zu berichten, soweit dadurch nicht Betriebs- oder Geschäftsgeheimnisse gefährdet werden.

Die Unterrichtung der Betriebsversammlung erfolgt also nur im Rahmen des Jahresberichts. Der Arbeitgeber ist nicht verpflichtet, aus Anlaß von Reorganisationsmaßnahmen eine außerordentliche Betriebsversammlung einberufen zu lassen.

Je nach dem Umfang der beabsichtigten Reorganisation wird es allerdings in der Regel zur Vermeidung von Mißverständnissen bzw. zum Zwecke der **unmittelbaren Information** sachdienlich sein, zeitgleich mit der Unterrichtung der Arbeitnehmervertreter auch sämtliche Arbeitnehmer in einer Betriebsversammlung über die Planung in Kenntnis zu setzen.[145] Zu diesem Zweck kann der Arbeitgeber gemäß § 43 III Satz 1 BetrVG vom Betriebsrat die unverzügliche **Einberufung einer außerordentlichen Betriebsversammlung** zu dem von ihm beauftragten Beratungsgegenstand, nämlich der Betriebsänderung, verlangen.[146]

Gleiches gilt auch hinsichtlich des örtlichen Arbeitsamtes, des Präsidenten des Landesarbeitsamtes und unter Umständen auch der Arbeitgeberverbände, der Gemeindeverwaltung und der Presse. Auch diese sollten – je nach Fortschritt der Planung – inoffiziell oder offiziell bereits in

---

[144] Vgl. dazu den Nachteilsausgleich an die Arbeitnehmer gemäß § 113 I BetrVG.
[145] Vgl. Bauer, Betriebsänderungen, XIV 1a)-d), S. 187 ff, insbesondere auch zum Teilnahmerecht von Betriebsfremden.
[146] Ausführlich dazu Leinemann, Rechte und Pflichten für den Unternehmer bei Betriebsänderungen, ZIP 1989, 552.

III. Die Restrukturierungsmaßnahmen, Betriebsänderungen

einem frühen Stadium mit einer vorbereiteten, weitgehend gleichlautenden und allenfalls in der Argumentationstiefe differierende **Verlautbarung** über die beabsichtigte Betriebsänderung informiert werden.

(8) Information des Aufsichtsrates. Für den Aufsichtsrat einer GmbH 82 mit mehr als 500 Arbeitnehmern gilt § 90 III-V AktG (§ 77 BetrVG 1952). Die Geschäftsführung der GmbH ist von sich aus weder zu regelmäßigen noch zu außerordentlichen Berichten an den Aufsichtsrat verpflichtet. Allerdings kann der Aufsichtsrat gemäß § 90 III AktG jederzeit einen unverzüglichen Bericht über Angelegenheiten der Gesellschaft verlangen, soweit dies im Zusammenhang mit seinen Pflichten zur Überwachung der Geschäftsführung steht.[147] Nach Maßgabe des § 90 III Satz 2 AktG kann auch ein einzelnes Mitglied des Aufsichtsrates diesen Bericht verlangen, aber nur an den Aufsichtsrat insgesamt. Ebenfalls wird die Geschäftsführung den Aufsichtsrat zu unterrichten haben, wenn anläßlich einer turnusmäßigen Aufsichtsratssitzung bereits eine abschließende Entscheidung über eine geplante Reorganisation vorliegt oder unmittelbar bevorsteht. Dies gilt insbesondere deshalb, weil die dem Aufsichtsrat obliegende Überwachungsaufgabe vorbeugenden Charakter hat und ihm deshalb ein Beratungsrecht zusteht. Der verlangte Bericht muß den Grundsätzen einer gewissenhaften und getreuen Rechenschaft entsprechen (§ 90 IV AktG). Er muß insbesondere wahrhaftig und vollständig sein. Die umfassende Berichtspflicht steht in Zusammenhang damit, daß sich die Überwachungsfunktionen des Aufsichtsrates nicht nur auf die Rechtmäßigkeit, sondern auch auf Zweckmäßigkeit und Wirtschaftlichkeit der Geschäftsführung erstreckt.[148] Sie erstreckt sich auf Verlangen auch auf die beabsichtigte Geschäftspolitik und grundsätzliche Fragen der künftigen Geschäftsführung. Dazu gehören auch geplante Betriebsübertragungen und Reorganisationen.

(9) Information von Minderheitsgesellschaften. Nach § 51 a GmbHG 83 haben die Geschäftsführer jedem Gesellschafter auf Verlangen unverzüglich Auskunft über die Angelegenheiten der Gesellschaft zu geben und die Einsicht in die Bücher und Schriften der Gesellschaft zu gestatten. Soll die Entscheidung bezüglich einer Reorganisationsmaßnahme von den Gesellschaftern ausgehen, sind die Informations- und Mitentscheidungsrechte der Minderheitsgesellschafter zu berücksichtigen. Dies bedeutet, daß eine Entscheidung über die Reorganisation in einer Gesellschafterversammlung zu fassen ist. Gesellschafter einer GmbH, die weniger als 10 % der Anteile auf sich vereinigen, haben dabei keine weitergehenden Rechte als die gewöhnlichen Rechte eines jeden Gesellschafters.

---

[147] Vgl. zum Mitbestimmungsgesetz 1976 Hoffmann/Lehmann/Weinmann, § 26 RN 5 und 6; Fitting/Wlotzke/Wissmann, § 25 RN 71.
[148] Meyer-Landruth, Großkomm. AktG, § 90 Anm. 9.

Sie können also eine Reorganisationsmaßnahme der Mehrheitsgesellschafter grundätzlich nicht blockieren.

Aus praktischer Sicht wird es sich unter Umständen empfehlen, Minderheitsgesellschafter vor oder gleichzeitig mit den Arbeitnehmervertretern über geplante Betriebsänderungen zu unterrichten.

84 (10) *Weitere Unterrichtungen.* Je nach der Bedeutung und dem Umfang der geplanten Betriebsänderung kann es sich empfehlen, die Gemeindeverwaltung, die Presse, Lieferanten und Abnehmer in angemessener Weise über die Planung in Kenntnis zu setzen.

85 bb) **Beratung der geplanten Betriebsänderungen und Personalmaßnahmen mit dem Betriebsrat mit dem Ziel der Vereinbarung eines Interessenausgleichs und eines Sozialplanes (§§ 111, 92 BetrVG).** Im zeitlichen Anschluß an die dargestellte Unterrichtung der Beteiligten hat der Unternehmer gemäß § 111 BetrVG die geplanten Betriebsänderungen und gemäß § 92 BetrVG Art und Umfang der erforderlichen Personalmaßnahmen mit dem Betriebsrat zu „beraten". Sind mit der geplanten Betriebsänderung Entlassungen von Arbeitnehmern verbunden, so findet für den Beratungsanspruch des Betriebsrates die Richtlinie 75/129 EWG über Massenentlassungen vom 17.02.1975 Anwendung, nach deren Art. 2 I der Arbeitgeber die Arbeitnehmervertreter zu konsultieren hat, um hinsichtlich der Entlassungen zu einer Einigung zu gelangen. Dementsprechend schreibt § 17 II KSchG vor, daß Arbeitgeber und Betriebsrat insbesondere die Möglichkeit zu beraten haben, anzeigepflichtige Entlassungen zu vermeiden oder einzuschränken und ihre Folgen zu mildern, wobei es einen Zwang zur Einigung – wie auch in der EG-Richtlinie – nicht gibt.

Das Betriebsverfassungsgesetz verwendet den Begriff „beraten" an mehreren Stellen, und zwar stets neben dem Begriff „unterrichten".[149]

Die Beratung dient der Vorbereitung der Entscheidung des Unternehmers über die geplante Betriebsänderung, an der im Falle einer Betriebsänderung Geschäftsführung und Betriebsrat mitzuwirken haben. Gegenstand der Beratung ist ein Meinungsaustausch über das Für und Wider der zu treffenden unternehmerisch-wirtschaftlichen Entscheidung.[150] Der Arbeitgeber ist daher verpflichtet, sich mit den Argumenten des Betriebsrates auseinanderzusetzen und sich ernsthaft um eine für beide Seiten angemessene Lösung bezüglich Art, Umfang, Notwendigkeit und zeitlicher Abfolge der Betriebsänderung und der zu ihrer Durchführung erforderlichen personellen Maßnahmen zu bemühen. Das Recht auf die Beratung wird durch die vom Arbeitgeber begonnene Planung ausgelöst. Hat der Betriebsrat von einer Planung Kenntnis erlangt, braucht er nicht

---

[149] §§ 90, 106, 111 BetrVG.
[150] Siehe dazu Bauer, Betriebsänderungen, II 4 b) cc), S. 56.

III. Die Restrukturierungsmaßnahmen, Betriebsänderungen

mehr zu warten, bis der Arbeitgeber an ihn herantritt, sondern er kann von sich aus beratend tätig werden.

(1) Der Interessenausgleich (§ 112 BetrVG). **Ziel der Unterrichtung** 86 des Betriebsrates und der Beratung ist die Vereinbarung eines sog. „Interessenausgleiches" (§ 112 BetrVG).
In der Form einer schriftlich niederzulegenden und von Unternehmer und Betriebsrat zu unterschreibenden Betriebsvereinbarung betrifft der Interessenausgleich **alle Fragen** der Betriebsänderung, **die nicht zum Sozialplan**[151] gehören. Der Interessenausgleich soll insbesondere regeln, **ob** die unternehmerische Maßnahme durchgeführt wird, **wann** sie durchgeführt wird und **wie** sie verwirklicht werden soll.[152] Der Interessenausgleich bindet lediglich den Arbeitgeber und den Betriebsrat, begründet jedoch für die einzelnen Mitarbeiter weder Rechte noch Pflichten, mit Ausnahme der nachfolgend näher dargestellten Sanktionen, insbesondere gemäß § 113 BetrVG.
Der Interessenausgleich kann beispielsweise darin bestehen, daß die Geschäftsleitung dem Betriebsrat einräumt, keine Stillegung, sondern lediglich eine Einschränkung des Betriebes und dazu noch zu einem späteren Zeitpunkt oder in einem gestaffelten Ablauf vorzunehmen.[153] Um einen Interessenausgleich handelt es sich auch, wenn der Unternehmer Stillegungen nicht im ursprünglich vorgesehenen Zeitraum, sondern erst zu anderen, möglicherweise gestaffelten Zeitpunkten durchführt. Der Interessenausgleich kann sich auch darauf erstrecken, daß der Unternehmer bei einer Betriebsänderung notwendig werdende personelle Einzelmaßnahmen so durchführt, daß für die betroffenen Arbeitnehmer kein wirtschaftlicher Nachteil eintritt oder daß dieser in so geringem Umfang wie möglich eintritt.[154]
Der Interessenausgleich bezieht sich nicht auf **die sozialen Auswirkun-** 87 **gen der unternehmerischen Maßnahme;** diese werden **im Sozialplan** geregelt. Der Interessenausgleich kann aber davon abhängig gemacht werden, daß ein Sozialplan aufgestellt wird. In der Regel wird die Vereinbarung über einen Interessenausgleich und einen Sozialplan in einem Dokument zusammengefaßt (vgl. § 112 I S. 1 BetrVG).
Nur die Beratungspflicht, d. h. der ernsthafte „**Versuch**" (vgl. § 113 III 88 BetrVG) der Geschäftsleitung um einen Interessenausgleich ist **zwingend vorgeschrieben.** Ein Einigungszwang hinsichtlich des Interessenausgleiches besteht nicht. Der Interessenausgleich kann vielmehr nur **freiwillig** zustande kommen. Durch die in § 111 BetrVG vorgeschriebene Beratung mit dem Betriebsrat wird keine rechtliche Schranke für die unternehme-

---

[151] Dazu nachfolgend RN 96.
[152] Schaub, RWS-Skript 204, XV 1, S. 112.
[153] Ausführlich dazu Bauer, Betriebsänderungen, VI 1 b), S. 61 f.
[154] Dietz/Richardi, BetrVG, § 112 RN 11.

rische Entscheidung hinsichtlich einer beabsichtigten Betriebsstillegung aufgestellt. Nach der Beratung mit dem Betriebsrat bleibt der Arbeitgeber in seiner letzten unternehmerischen Entscheidung frei. Das Beratungsrecht ist somit ein bloßes Mitwirkungsrecht und kein echtes Mitbestimmungsrecht.

Der Arbeitgeber darf jedoch seine **Entscheidung erst treffen und umsetzen**, nachdem er den ernsthaften Versuch – erforderlichenfalls unter Einschaltung des Präsidenten des Landesarbeitsamtes und der Einigungsstelle – unternommen hat, zu einem Interessenausgleich zu gelangen.

89 Kommt es nicht zu einer Vereinbarung über einen Interessenausgleich, so können Unternehmen und Betriebsrat gemäß § 112 II Satz 1 BetrVG den **Präsidenten des Landesarbeitsamtes** um **Vermittlung** ersuchen.

90 Wird der Präsident des Landesarbeitsamtes nicht angerufen oder bleibt dessen Vermittlung ergebnislos, so können der Unternehmer oder der Betriebsrat gemäß § 112 II Satz 2 BetrVG die sogenannte **Einigungsstelle** anrufen. Die Einigungsstelle besteht aus einer gleichen Anzahl von Beisitzern, die von Arbeitgeber und Betriebsrat bestellt werden und einem unparteiischen Vorsitzenden, auf dessen Person sich beide Seiten einigen müssen. Kommt eine Einigung über die Person des Vorsitzenden nicht zustande, so bestellt ihn das Arbeitsgericht. Dieses entscheidet auch, wenn kein Einverständnis über die Zahl der Beisitzer erzielt wird (§ 76 II BetrVG). Auf Ersuchen des Vorsitzenden der Einigungsstelle nimmt der Präsident des Landesarbeitsamtes an der Verhandlung teil.

Unternehmer und Betriebsrat sollen der Einigungsstelle gemäß § 112 III BetrVG Vorschläge zur Beilegung der Meinungsverschiedenheiten über den Interessenausgleich machen.[155] Die Einigungsstelle hat dann eine Einigung zwischen den Parteien zu „versuchen". Auch die Einigungsstelle soll also nur den Versuch unternehmen, eine freiwillige Einigung der Parteien herbeizuführen, ohne den Parteien einen verbindlichen Einigungsvorschlag machen zu können.[156] Kommt eine Einigung zustande, so ist sie schriftlich niederzulegen und von den Parteien und vom Vorsitzenden zu unterschreiben.

91 Obwohl der Unternehmer letztlich in seiner Entscheidung über das Ob, Wann und Wie der Betriebsänderung frei ist, ist er doch verpflichtet, den Interessenausgleich mit dem Betriebsrat in der vorstehenden Weise „versucht" zu haben (§ 112 III BetrVG).

92 Kommt es bei der Beratung nicht zu einem Interessenausgleich und ruft der Betriebsrat deswegen gemäß § 112 II Satz 2 BetrVG die Einigungsstelle an, so muß der Unternehmer – wie bereits ausgeführt – nach der Rechtsprechung des Bundesarbeitsgerichts[157] **mit der Durchführung**

---

[155] Siehe auch Schaub, RWS-Skript 204, XV 3 b), S. 119.
[156] Siehe dazu Bauer, Betriebsänderungen, IV 2 b), S. 65.
[157] BAG 20.11.1970 in AP Nr. 7 zu § 72 BetrVG m. w. N.

III. Die Restrukturierungsmaßnahmen, Betriebsänderungen

der Betriebsänderung bis zur Beendigung des Verfahrens vor der Einigungsstelle warten. Zwar hat das BAG bislang offen gelassen, ob das Verfahren über den Interessenausgleich „voll" auszuschöpfen ist,[158] doch wird darin wohl keine Änderung der bisherigen Rechtsprechung zu sehen sein, da es aufgrund der besonderen Lage des zu beurteilenden Sachverhalts auf diese Frage nicht ankam. Zwar kann die Anrufung des Präsidenten des Landesarbeitsamtes und der Einigungsstelle somit die Reorganisation bzw. Betriebsänderung nicht verhindern, jedoch kann sie vom Betriebsrat immerhin als Druckmittel verwendet werden. Denn auf diese Weise kann der Betriebsrat den Vollzug der unternehmerischen Maßnahme zeitweilig behindern und den Unternehmer auch im Hinblick auf die Vereinbarung eines Sozialplanes unter Druck setzen.

Erst danach, d. h. wenn der Interessenausgleich vereinbart ist oder der ernsthafte Versuch einer Einigung über den Interessenausgleich gescheitert ist, **darf der Unternehmer die Reorganisation bzw. Betriebsänderung** so **durchführen**, wie er sie für richtig hält.[159]

Unternimmt der Unternehmer keinen ernsthaften Versuch, eine Einigung über den Interessenausgleich zu erzielen, oder führt der Unternehmer die Betriebsänderung vor Erschöpfung des Verhandlungsweges über den Interessenausgleich durch, oder weicht er von einem vereinbarten Interessenausgleich ohne zwingenden Grund ab, so hat er den Arbeitnehmern, die infolge der Betriebsänderungen entlassen werden oder andere **wirtschaftliche Nachteile** erleiden, gemäß § 113 BetrVG diese Nachteile bis zu einem Zeitraum von 12 Monaten **auszugleichen**. Der Abfindungsanspruch berechnet sich nach § 10 KSchG und kann daher bis zu 18 Monatsverdienste pro Arbeitnehmer betragen.

Ob dieser Nachteilsausgleich auf eventuelle finanzielle Leistungen aufgrund eines Sozialplanes **anzurechnen** ist, ist strittig. Das BAG[160] hat zwar bisher – im Gegensatz zu Stimmen in der Literatur[161] – eine Anrechnung befürwortet, jedoch kann eine Änderung dieser Rechtsprechung angesichts des Sanktionscharakters des § 113 BetrVG nicht ausgeschlossen werden.

Darüber hinaus kann ein Verstoß gemäß § 121 BetrVG sowohl gegenüber der juristischen Person als auch gegenüber den gesetzlichen Vertretern des Unternehmens als **Ordnungswidrigkeit** mit Geldbußen bis zu 20.000,- DM geahndet werden.

Lediglich **aus zwingendem Grunde** kann der Unternehmer von dem vereinbarten Interessenausgleich **abweichen**. Ein zwingender Grund

93

94

---

[158] BAG 14.09.1976 in AP Nr. 2 zu § 113 BetrVG.
[159] Vgl. Schaub, RWS-Skript 204, XV 3 d), S. 116 sowie Dietz-Richardi, BetrVG, § 111 RN 3.
[160] BAG 13.06.1989, AP Nr. 19 zu § 113 BetrVG 1972.
[161] Fitting/Auffarth/Kaiser/Heither, BetrVG, § 113 RN 25 m.w.N.

liegt in der Regel dann vor, wenn nachträglich Umstände entstanden oder erkennbar geworden sind, die beim Interessenausgleich nicht oder nicht genügend berücksichtigt werden konnten, weil sie erst nachträglich entstanden oder zutage getreten sind (plötzlich auftretender Rohstoffmangel, Kreditschwierigkeiten, gesetzgeberische Maßnahmen, Absatzkrisen, Einfuhrbeschränkungen, Störungen der Betriebseinrichtungen).[162]

95 Wie bereits ausgeführt, verpflichtet das Mitbestimmungsrecht des Betriebsrat den Arbeitgeber, zunächst den Interessenausgleich mit dem Betriebsrat zu versuchen und notfalls die Einigungsstelle anzurufen. Bevor der Arbeitgeber die geplante Maßnahme durchführt, hat er die Beteiligungsrechte des Betriebsrates aus §§ 111, 112 BetrVG zu beachten. Geschieht dies nicht, wird man davon auszugehen haben, daß der Betriebsrat gemäß § 85 II ArbGG in Verbindung mit § 940 ZPO eine zeitweise Untersagung der Durchführung des Plans bis zum Abschluß der Verhandlungen über einen Interessenausgleich im Wege einer **einstweiligen Verfügung** erreichen kann.[163] Dazu ist die neue Rechtsprechung des Ersten Senates des BAG[164] zu beachten, wonach das BAG seine seit etwa einem Jahrzehnt in der Literatur kontrovers diskutierte und auch von den unteren Instanzgerichten teilweise kritisch betrachtete Rechtsprechung zum Unterlassungsanspruch des Betriebsrats bei mitbestimmungswidrigen Verhalten des Arbeitgebers aufgegeben hat. Nach der geänderten Auffassung des BAG steht dem Betriebsrat bei Verletzung von Mitbestimmungsrechten aus § 87 BetrVG unabhängig von den Voraussetzungen des § 23 III BetrVG ein Anspruch auf Unterlassung mitbestimmungswidriger Maßnahmen zu.

Die Durchsetzung eines Interessenausgleichs im Wege einer einstweiligen Verfügung wird demgegenüber wegen des Nichtbestehens eines Verfügungsanspruches gemäß § 40 I BetrVG nicht erzwungen werden können.[165]

96 *(2) Der Sozialplan – erzwingbare Mitbestimmung der Arbeitnehmer (§ 112 BetrVG).* Die **Verhandlungen über den Sozialplan** laufen entsprechend der Vorstellung des Gesetzgebers in aller Regel **zeitgleich mit den Verhandlungen über den Interessenausgleich.**

Um die zeitlichen Vorgaben einer Reorganisation nicht zu beeinträchtigen, wird bei der Aushandlung des Interessenausgleichs zum Zwecke der Beschleunigung eine gleichzeitige (Vor-)verhandlung über den Sozialplan oder – bei Erkennbarwerden gravierender Meinungsverschiedenheiten – ein sofortiges Anrufen der Einigungsstelle sachdienlich sein.

---

[162] Vgl. Dietz/Richardi, BetrVG, § 113 RN 8–11.
[163] ArbG Oldenburg 28.10.1993, DB 1994, 1195.
[164] BAG 03.05.1994, NZA 1994, 40 sowie dazu Richardi, NZA 1995, 8 ff.
[165] BAG 28.08.1991, ZIP 1992, 950 ff.

III. Die Restrukturierungsmaßnahmen, Betriebsänderungen

Allerdings ist auch eine getrennte Verhandlung und Einigung möglich. So ist es theoretisch denkbar, daß der Betriebsrat einem Interessenausgleich zustimmt, über den Sozialplan aber noch weiter verhandeln und insoweit gegebenenfalls das Einigungstellenverfahren durchführen will. Doch wird dies praktisch kein sehr häufiges Verfahren sein, da der Betriebsrat seine Zustimmung zu einer Betriebsänderung in der Regel von der Aufstellung eines Sozialplans abhängig machen wird, um so seine Verhandlungsposition zu stärken.

Der **Sozialplan** soll als weiteres Ziel der Unterrichtung des Betriebsrates und der Beratung mit dem Betriebsrat die materiellen, insbesondere **wirtschaftlichen Nachteile**, die die geplante Betriebsänderung für die Arbeitnehmer zur Folge hat, ausgleichen oder wenigstens **mildern** (§ 112 I Satz 2 BetrVG). 97

Für die Vereinbarung eines Sozialplanes ist es allerdings nicht erforderlich, daß tatsächlich wesentliche Nachteile i.S. des § 111 BetrVG für die Arbeitnehmer eingetreten sind oder eintreten werden. Die Möglichkeit des Eintrittes eines materiellen Nachteiles genügt.[166] Maßgebend ist insoweit die Betrachtung zu dem Zeitpunkt, zu dem der Sozialplan bei freiwilliger Einigung abgeschlossen werden soll, nach den Absichten des Gesetzgebers also vor der Betriebsänderung.

Im Unterschied zum Interessenausgleich hat der Betriebsrat hinsichtlich des Sozialplans somit ein **echtes Mitbestimmungsrecht**. Dies bedeutet, daß der Betriebsrat letztlich eine Einigung über den Ausgleich oder die Milderung der wirtschaftlichen Nachteile, die den Arbeitnehmern infolge der geplanten Betriebsänderung entstehen, erzwingen kann. 98

Wie der Interessenausgleich ist auch die Einigung über den Ausgleich oder die Milderung der wirtschaftlichen Nachteile, die den Arbeitnehmern infolge der geplanten Betriebsänderung entstehen, gemäß § 112 I Satz 2 BetrVG **schriftlich** niederzulegen und vom Unternehmer und Betriebsrat zu unterschreiben. 99

Der Sozialplan hat gemäß § 112 I Satz 3 BetrVG die **Wirkung einer Betriebsvereinbarung** und begründet **unmittelbare Ansprüche der Arbeitnehmer gegen das Unternehmen**.[167] § 77 III BetrVG, wonach Arbeitsentgelte und sonstige Arbeitsbedingungen, die durch Tarifvertrag geregelt sind oder üblicherweise geregelt werden, nicht Gegenstand einer Betriebsvereinbarung sein können, sofern ein Tarifvertrag nicht ausdrücklich den Abschluß ergänzender Betriebsvereinbarungen zuläßt, findet auf den Sozialplan keine Anwendung. 100

Die kollektive, einheitliche Beendigung der einzelnen Arbeitsverhältnisse kann mit Hilfe der Sozialplanregelung jedoch nicht herbeigeführt werden. Die Arbeitnehmer haben daher ungeachtet des Sozialplans die 101

---
[166] Fitting/Auffarth/Kaiser/Heither, BetrVG, §§ 112, 112a RN 21.
[167] Schaub, RWS-Skript 204, XVI 4 b), S. 126.

Möglichkeit, im Wege des **Kündigungsschutzprozesses**[168] die Rechtmäßigkeit ihrer Entlassung gerichtlich klären zu lassen. Es spricht allerdings eine Vermutung dafür, daß eine Kündigung sozial gerechtfertigt ist, soweit sie von einem Interessenausgleich und Sozialplan gedeckt ist.

102 Die Bestimmung in einem Sozialplan, wonach die Zahlung einer Abfindung davon abhängig gemacht wird, daß der entlassene Arbeitnehmer gegen seine Kündigung keine gerichtlichen Schritte unternimmt, ist nichtig.[169] Zum Schutze gegen eine doppelte Abfindungszahlung sollte eine sogenannte **Fälligkeits- und Anrechnungsklausel** in den Sozialplan aufgenommen und nach Möglichkeit die Unterzeichnung einer Ausgleichsquittung vorgenommen werden.[170]

103 Um das **Risiko der Erhebung von Kündigungsschutzklagen** wegen unrichtiger sozialer Auswahl, insbesondere im Zusammenhang mit Teilbetriebs-Änderungen, zu reduzieren, kann es sachdienlich sein, im Interessenausgleich und Sozialplan die betroffenen Arbeitnehmer namentlich aufzuführen oder die Auswahlkriterien möglichst detailliert unter Berücksichtigung des § 95 BetrVG festzulegen.[171]

104 Bei der Aufstellung eines Sozialplanes sind entsprechend dem Wortlaut des § 112 V BetrVG die **sozialen Belange** der betroffenen Arbeitnehmer **unter Berücksichtigung der wirtschaftlichen Vertretbarkeit** für das Unternehmen zu beachten. Die Vereinbarung des Sozialplanes soll dabei nach der Formulierung des Gesetzgebers von folgenden **Grundsätzen** ausgehen:

1. Sie soll beim Ausgleich oder bei der Milderung wirtschaftlicher Nachteile, insbesondere durch Einkommensminderung, Wegfall von Sonderleistungen oder Verlust von Anwartschaften auf betriebliche Altersversorgung, Umzugskosten oder erhöhte Fahrtkosten, Leistungen vorsehen, die in der Regel den Gegebenheiten des Einzelfalls Rechnung tragen.
2. Sie hat die Aussichten der betroffenen Arbeitnehmer auf dem Arbeitsmarkt zu berücksichtigen. Sie soll Arbeitnehmer von Leistungen ausschließen, die in einem zumutbaren Arbeitsverhältnis im selben Betrieb oder in einem anderen Betrieb des Unternehmens oder eines zum Konzern gehörenden Unternehmens oder eines zum Konzern gehörenden Unternehmens weiterbeschäftigt werden können und die Weiterbeschäftigung ablehnen; die mögliche Weiterbeschäftigung an einem anderen Ort begründet für sich allein nicht die Unzumutbarkeit.
3. Sie hat bei der Bemessung des Gesamtbetrages der Sozialplanleistungen darauf zu achten, daß der Fortbestand des Unternehmens oder die nach Durchführung der Betriebsänderung verbleibenden Arbeitsplätze nicht gefährdet werden.

---

[168] Siehe dazu nachfolgend RN 142.
[169] BAG 20.12.1983, DB 1984, 723; vgl. dazu Hunold, BB 1984, 2275, 2282.
[170] Vgl. BAG 20.06.1985, DB 1985, 237; Heinze, NZA 1984, 17 ff.
[171] Vgl. BAG 18.10.1984, DB 1985, 1083 (Berufung aller gekündigten Arbeitnehmer auf fehlerhafte Sozialauswahl); BAG 26.04.1985, DB 1985, 2205 (Einbeziehung vergleichbarer Arbeitnehmer des gesamten Betriebes); BAG 18.01.1990, DB 1990, 1335 mit Anmerkung von Otto, SAE 1985, 218 ff.; vgl. auch Heinze, NZA 1984, 17 ff.

III. Die Restrukturierungsmaßnahmen, Betriebsänderungen

Da der Sozialplan die individuellen Kündigungsfristen unberührt läßt, wird im Sozialplan in der Regel ausdrücklich vereinbart, daß alle von der Betriebsänderung betroffenen Arbeitnehmer bis zum Ablauf der Kündigungsfristen weiter beschäftigt werden und bis zu diesem Zeitpunkt die vollen Bezüge erhalten. Ist eine frühere Durchführung der Betriebsänderung beabsichtigt, empfiehlt es sich, die Vereinbarung dahingehend zu ergänzen, daß der Arbeitgeber berechtigt ist, den Arbeitnehmer bei voller Weiterzahlung der Bezüge bis zum Ablauf der Kündigungsfrist von der Arbeit **freizustellen**. Damit ist die Möglichkeit eröffnet, ohne Rücksicht auf die unterschiedlich langen Kündigungsfristen die **Betriebsänderung zu einem einheitlichen Zeitpunkt** durchzuführen. Das Problem der „rechtzeitigen" Kündigung aller betroffenen Arbeitnehmer reduziert sich dann auf die Fortzahlung der vollen Bezüge bis zum Ablauf der jeweiligen Kündigungsfrist.[172]

105

Die **Abfindungszahlungen** stellen die wichtigste Form der Entschädigung der Arbeitnehmer für den Verlust des Arbeitsplatzes dar und stehen dementsprechend regelmäßig im Mittelpunkt der Verhandlungen über den Sozialplan.[172a]

106

Die Abfindungsbeträge werden dabei vornehmlich durch zwei Faktoren bestimmt, nämlich durch das Lebensalter und die Betriebszugehörigkeit.[173] Auch nach der jüngsten Änderung des § 112 BetrVG legt das Gesetz nach wie vor keine Höchstbeträge oder Prozentsätze für die Abfindungen fest.

In der Praxis und auch in der Rechtsprechung hat sich dabei ein „Abfindungs-Mechanismus" durchgesetzt, der weitgehend ohne Prüfung echter individueller Nachteile zur Festlegung der Abfindungen führt. Die gängigen Abfindungsformeln sind vielfältig und bewegen sich in der Regel finanziell in einem Rahmen zwischen einem Viertel bis zu einem vollen Monatsgehalt pro Jahr der Betriebszugehörigkeit. In besonderer Weise wirkt sich dabei die wirtschaftliche Situation des Unternehmens oder des Konzerns sowie die Altersschichtung der Arbeitnehmer auf den Umfang des Gesamtpaketes des Sozialplanes aus. Zu berücksichtigen ist insofern, daß die Mehrzahl der streitig gewordenen Sozialpläne Betriebsstillegungen zum Gegenstand hatten, die aus Gründen fehlender Profitabilität des betreffenden Betriebes erfolgten.

Zur Bestimmung der konkreten Höhe der Abfindungsbeträge bieten sich sehr verschiedene Formeln und Berechnungsmethoden an. So kann beispielsweise ein für alle Arbeitnehmer fixer **Grundbetrag** (zum Beispiel ein Brutto-Monatsgehalt) vorgesehen werden, zu dem Steigerungsbeträ-

107

---

[172] Zu den Kündigungsfristen siehe nachstehend RN 135.
[172a] Zum Abfindungsbegriff siehe BFH, EFG 1994, 601.
[173] Ausführlich dazu Bauer, Betriebsänderungen, V 5 a), S. 73 ff.

ge, Treuebeträge u.ä. hinzukommen, oder aber es kann ausschließlich eine **Steigerungsformel** verwendet werden.

Je nach der Altersschichtung und der damit für die Mitarbeiter zu erwartenden wirtschaftlichen Nachteile kann z. B. die folgende Formel:

Abfindung = Lebensalter · Betriebszugehörigkeit · Bruttomonatsgehalt : Divisor

in Abhängigkeit vom Lebensalter mit folgenden Divisoren angewandt werden:

bis vollendete 35 Jahre = 95
bis vollendete 40 Jahre = 90
bis vollendete 45 Jahre = 80
bis vollendete 50 Jahre = 70
bis vollendete 45 Jahre = 65
ab vollendete 50 Jahre = 50.

Natürlich sind auch höhere Divisoren, etwa beginnend bei 120, denkbar, ebenso eine Reduzierung des Faktors Brutto-Monatsgehalt oder die Mehrfachbewertung des Faktors Lebensdauer oder Betriebszugehörigkeit. Die effektive Höhe der Abfindungen ist letztlich, bei welcher Formel auch immer, eine Frage der Verhandlungen bzw. der finanziellen Möglichkeiten des Unternehmens.

Als eine auf empirischen Untersuchungen basierende Faustformel konnte bisher gelten, daß ein vom finanziellen Aufwand her mittelmäßiger Sozialplan für Arbeitnehmer mittleren Alters (ca. 50 Jahre) für je ein Jahr der Betriebszugehörigkeit Leistungen in Höhe von einem halben Monatseinkommen vorsieht. Diese Formel wird oft auch von den Arbeitsgerichten bei der Festsetzung der Höhe von Abfindungen nach § 10 KSchG verwendet. Sie liefert freilich nur einen vergleichweise groben Maßstab, da es sich um eine nachträgliche Durchschnittsbetrachtung handelt. So ist zum Beispiel in bestimmten Gebieten Deutschlands im Rahmen von § 10 KSchG ein Verhältnis von 1:1 (ein Monatsgehalt pro Jahr der Betriebszugehörigkeit) Praxis.[174]

Als **Obergrenze für die Abfindungszahlungen** kann nach den bisherigen Erfahrungen der in § 10 KSchG vorgegebene Rahmen angesehen werden. Nach dieser Bestimmung gilt folgendes:

– Arbeitnehmer, die das 55. Lebensjahr vollendet haben und dem Betrieb mindestens 20 Jahre angehört haben, erhalten Abfindungen von höchstens 18 Brutto-Monatsverdiensten;
– Arbeitnehmer, die das 50. Lebensjahr vollendet haben und dem Betrieb mindestens 15 Jahre angehört haben, erhalten höchstens 15 Brutto-Monatsverdienste;
– alle übrigen Arbeitnehmer erhalten Abfindungen von höchstens 12 Brutto-Monatsverdiensten.

Nicht unüblich ist es, diese Obergrenze des Kündigungsschutzgesetzes oder andere **Maximalbeträge** ausdrücklich in den Sozialplan zu übernehmen.

---

[174] Vgl. auch Behrens, DB 1978, 1224 FN 9.

III. Die Restrukturierungsmaßnahmen, Betriebsänderungen 371

In einem Teil der Literatur[175] wird die Auffassung vertreten, daß die Einigungsstelle aufgrund ihrer mitbestimmungsrechtlichen Kompetenz an die Höchstbeträge des § 10 KSchG nicht gebunden ist. Dies ist besonders dann von Bedeutung, wenn z. B. ein Betrieb nur aus Gründen einer Verbesserung der Profitabilität des nationalen oder internationalen Gesamtkonzerns oder zur Beseitigung von Fertigungs-Überkapazitäten stillgelegt wird.

Die Betriebspartner können in einem Sozialplan vereinbaren, daß ein Arbeitnehmer, der im Zusammenhang mit einer Betriebsstillegung vorzeitig durch Eigenkündigung ausscheidet, eine nur hälftige Abfindung erhält.[176]

Die **steuerliche Behandlung der Abfindungen**[176a] richtet sich nach § 3 Nr. 9 sowie den §§ 34 I und 24 Nr. 1 EStG. 108

Gemäß § 3 Nr. 9 sind Abfindungen wegen einer vom Arbeitgeber veranlaßten oder gerichtlich ausgesprochenen Auflösung des Dienstverhältnisses, höchstens jedoch 24.000,– DM **steuerfrei**. Hat der Arbeitnehmer das 50. Lebensjahr vollendet und hat das Dienstverhältnis mindestens 15 Jahre bestanden, so beträgt der Höchstbetrag 30.000,– DM, hat der Arbeitnehmer das 55. Lebensjahr vollendet und hat das Dienstverhältnis mindestens 20 Jahre bestanden, so beträgt der Höchstbetrag 36.000,– DM.

Gemäß § 24 Nr. 1 EStG gehören zu den Einkünften, die gemäß § 2 I EStG der Einkommensteuer unterliegen, auch Entschädigungen, die als Ersatz für entgangene oder entgehende Einnahmen oder für die Aufgabe oder Nichtausübung einer Tätigkeit, für die Aufgabe einer Gewinnbeteiligung oder einer Anwartschaft auf eine solche gewährt worden sind.

Sind in dem Einkommen **außerordentliche Einkünfte** enthalten, so ist die darauf entfallende Einkommensteuer gemäß § 34 EStG grundsätzlich nach einem ermäßigten Steuersatz zu bemessen. Dieser beträgt für den Teil der außerordentlichen Einkünfte, der den Betrag von 30 Mio. Deutsche Mark nicht übersteigt, die **Hälfte des durchschnittlichen Steuersatzes**, der sich ergäbe, wenn die tarifliche Einkommensteuer nach dem gesamten zu versteuernden Einkommen zuzüglich der dem Progressionsvorbehalt unterliegenden Einkünfte zu bemessen wäre. Als außerordentliche Einkünfte im Sinne des § 34 II EStG kommen unter anderem nur in Betracht die Entschädigungen im Sinne des § 24 Nr. 1 EStG.

Soweit die Abfindungen nicht den steuerlichen Freibetrag übersteigen, unterliegen sie nicht der Beitragspflicht zur **Sozialversicherung**.[177]

---

[175] Galperin/Löwisch, BetrVG, 6. Aufl. 1982; Gemeinschaftskommentar-Fabricius, § 112 RN 61 ff.
[176] BAG 11.08.1993, NZA 1994, 139.
[176a] Vgl. als Übersicht Strunk, DStR 1994, 1249 ff.
[177] Vgl. BAG 09.11.1988, DB 1989, 327; BSG 21.02.1990, DB 1990, 1520.

Picot

Um deutlich zu machen, daß die Entschädigungen gemäß § 24 Nr. 1 EStG als Ersatz für entgangene oder entgehende Einnahmen oder für die Aufgabe oder Nichtausübung einer Tätigkeit gewährt worden sind, empfiehlt es sich, diese Abhängigkeit der Leistungen in dem Sozialplan deutlich zu machen.

Für voraussehbare Leistungen aufgrund eines Sozialplans können steuerrechtliche Rückstellungen gebildet werden.[178]

Die Abfindungen können im Einzelfall zu einer außerordentlichen Belastung insbesondere für solche Unternehmen führen, die gerade aufgrund geringer Ertragskraft dringend Reorganisationsmaßnahmen durchführen müssen. Die Ansprüche auf und aus einem Sozialplan in einer wirtschaftlichen Krise sowie im Vergleichs- und Konkursverfahren beinhalten daher eine besondere Problematik arbeitsrechtlicher Reorganisationen.[179] § 77 III BetrVG ist gemäß § 112 I Satz 3 BetrVG auf den Sozialplan nicht anzuwenden, sodaß auch Arbeitsentgelte und sonstige Arbeitsbedingungen, die durch **Tarifvertrag** geregelt sind oder üblicherweise geregelt werden, Gegenstand des Sozialplans sein können.

109   Je nach den Gegebenheiten am Arbeitsmarkt und der persönlichen Betroffenheit der Arbeitnehmer werden zur Milderung der wirtschaftlichen und sozialen Nachteile neben den eigentlichen Abfindungszahlungen in den meisten Sozialplänen auch eine Reihe weiterer sozialer Leistungen geregelt. Es sind dies zum Beispiel:

- Urlaubsgeld,
- Weihnachtsgeld,
- vermögenswirksame Leistungen,
- Weiterführung von Werkwohnungen,
- Weitergewährung von Arbeitnehmerdarlehen,
- Vorgezogene Ruhegeldregelungen,
- Jubiläumsgeld für kurz bevorstehende Dienstjubiläen,
- Übernahme einer Outplacement-Beratung,
- Umschulungsmaßnahmen,
- Gewährung einer (allgemeinen) Sozial-Beratung.

Daneben wird in aller Regel ein Härtefonds geschaffen, der paritätisch besetzt und verwaltet wird und in besonderen Härtefällen zum Beispiel Sterbegelder, Kinderbeihilfen, Überbrückungsgelder u. a. gewährt.

110   Hinsichtlich der **betrieblichen Rentenanwartschaften** ist zwischen verfallbaren und unverfallbaren Rentenanwartschaften zu unterscheiden. Nach § 1 I des Gesetzes zur Verbesserung der betrieblichen Altersversorgung (BetrAVG) ist eine Anwartschaft unverfallbar,

---

[178] Vgl. Schreiben des Bundesministers für Finanzen vom 02.05.1977 – IV B 2 – S, 2137–13/77, DB 1977, 889. Vgl. dazu auch Schmidt, DB 1987, 598.

[179] Siehe dazu Kuhn/Uhlenbruck, Konkursordnung, 10. Auflage 1986, RN 71–71e vor 1; Bauer, RWS-Skript 171, F III 5, S. 122 ff.

III. Die Restrukturierungsmaßnahmen, Betriebsänderungen

- wenn ein Arbeitnehmer im Zeitpunkt seines Ausscheidens aus dem Unternehmen mindestens das 35. Lebensjahr vollendet hat und entweder die Versorgungszusage für ihn mindestens 10 Jahre bestanden hat oder
- der Beginn der Betriebszugehörigkeit mindestens 12 Jahre zurückliegt und die Versorgungszusage für ihn mindestens 3 Jahre bestanden hat.

Die **Abfindung unverfallbarer Anwartschaften** ist grundsätzlich nicht möglich (§ 3 I BetrAVG). Arbeitnehmer mit unverfallbaren Rentenanwartschaften scheiden also zwingend mit dem unverfallbaren Anspruch aus mit der Folge, daß der unverfallbare Anspruch bei Eintritt des Versorgungsfalles fällig wird. Ausnahmsweise läßt das BetrAVG eine Abfindung von unverfallbaren Ansprüchen jedoch in den Fällen zu, in denen dem Arbeitnehmer die Versorgungszusage weniger als 10 Jahre vor seinem Ausscheiden erteilt wurde (§ 3 I Satz 2 BetrAVG). Da eine Abfingung in diesen Fällen jedoch der ausdrücklichen Zustimmung des betroffenen Arbeitnehmers bedarf, können Regelungen dieser Art nicht im Rahmen des Sozialplans getroffen werden, sondern müssen gegebenenfalls einer entsprechenden Individualvereinbarung vorbehalten bleiben.

Verfallbare Anwartschaften gehen den Arbeitnehmern bei ihrem Ausscheiden grundsätzlich verloren. In den Sozialplanverhandlungen wird deshalb in der Regel versucht, namentlich solche Anwartschaften, die knapp – das heißt etwa ein bis zwei Jahre – unterhalb der Unverfallbarkeitsgrenze liegen, für unverfallbar zu erklären. Kommt es hierüber zu einer Einigung, so ist eine Regelung im Sozialplan entweder in der Form möglich, daß die Unverfallbarkeit dieser Anwartschaften ausdrücklich zugesichert wird, oder daß zum Ausgleich für den Verlust der Anwartschaften zusätzliche Abfindungsbeträge gezahlt werden.

Der **Sozialplan** kann **nur für Arbeitnehmer im Sinne des § 5 BetrVG** 111 also für Arbeiter und Angestellte, aufgestellt werden. Da dem **Betriebsrat für leitende Angestellte kein Mitbestimmungsrecht** zusteht, fehlt ihm auch die Regelungsbefugnis zur Aufstellung eines Sozialplans. Dennoch hält das BAG es für zulässig, daß Arbeitgeber und Betriebsrat bei der Aufstellung des Sozialplans auch die leitenden Angestellten in den Kreis der Abfindungsberechtigten einbeziehen.[180]

Kommt eine Einigung über den Sozialplan nicht zustande, so können 112 beide Parteien – wie beim Interessenausgleich – gemäß § 112 II BetrVG den **Präsidenten des Landesarbeitsgerichtes** als Vermittler **und anschließend die Einigungsstelle** anrufen.

In diesem Falle sollen Unternehmer und Betriebsrat der Einigungsstelle gemäß § 112 III BetrVG Vorschläge zur Beilegung der Meinungsverschiedenheiten über den Interessenausgleich und den Sozialplan machen. Die Einigungsstelle hat dann eine Einigung der Parteien zu versuchen.

---

[180] BAG 31.10.1979, AP Nr. 8 zu § 112 BetrVG.

Kommt eine Einigung zustande, so ist sie schriftlich niederzulegen und von den Parteien und vom Vorsitzenden zu unterschreiben. Kommt eine Einigung über den Sozialplan nicht zustande, so entscheidet gemäß § 112 IV BetrVG die Einigungsstelle über die Aufstellung eines Sozialplans. Der Spruch der Einigungsstelle ersetzt die Einigung zwischen Arbeitgeber und Betriebsrat.

Die Einigungsstelle hat bei ihrer Entscheidung sowohl die sozialen Belange der betroffenen Arbeitnehmer zu berücksichtigen als auch auf die wirtschaftliche Vertretbarkeit ihrer Entscheidung für das Unternehmen zu achten. Dabei hat die Einigungsstelle sich im Rahmen billigen Ermessens von den oben (RN 94) zitierten Grundsätzen leiten zu lassen.

113 Im Gegensatz zum Interessenausgleich kann die **Einigungsstelle** gemäß § 112 IV BetrVG eine für beide Seiten **verbindliche Entscheidung über den Sozialplan** mit der Folge treffen, daß der Spruch der Einigungsstelle die Einigung zwischen Arbeitgeber und Betriebsrat ersetzt.

114 Die Entscheidung der Einigungsstelle kann sowohl vom Unternehmer als auch vom Betriebsrat vor dem Arbeitsgericht im Wege des sogenannten Beschlußverfahrens (§§ 80 ff. Arbeitsgerichtsgesetz) angefochten und auf diese Weise einer vollen **Überprüfung durch die Arbeitsgerichte** unterworfen werden. Zuständig ist das örtlich zuständige Arbeitsgericht. Gegen den Beschluß des Arbeitsgerichts findet die Beschwerde zum Landesarbeitsgericht statt. Gegen den Beschluß des Landesarbeitsgerichts kann gemäß § 92 Arbeitsgerichtsgesetz Rechtsbeschwerde zum Bundesarbeitsgericht eingelegt werden.

115 Im Ergebnis kann dieser Verfahrensgang den **Rechtsstreit über den Sozialplan über lange Zeit** hinziehen. Hinzukommt, daß das Arbeitsgericht und auch die weiteren Instanzgerichte prüfen, ob der Spruch der Einigungsstelle ermessensfehlerhaft war. Stellt das Gericht Ermessensfehler fest, hebt es den Spruch mit Unwirksamkeit von Anfang an auf.[181] Das Arbeitsgericht setzt also nicht sein eigenes Ermessen an die Stelle des Ermessens der Einigungsstelle. Nach Feststellung der Unwirksamkeit des Spruchs der Einigungsstelle obliegt es erneut den Betriebspartnern, sich zu einigen.[182] Dies kann – im Extrem – dazu führen, daß nach einer rechtskräftigen Aufhebung eines angefochtenen Sozialplans durch das Bundesarbeitsgericht der gesamte Instanzenzug im Anschluß an einen neuen Spruch der Einigungsstelle von vorn beginnen kann.

Die vorstehend erwähnten Möglichkeiten werden allerdings **in der Praxis kaum ausgeschöpft**, zumal die Arbeitnehmer in der Regel kein Interesse daran haben, durch einen langen Instanzenweg die Zahlungskraft eines – oftmals – ohnehin schon wirtschaftlich schwachen Unternehmens

---

[181] BAG 30.10.1979, AP Nr. 9 zu § 112 BetrVG.
[182] Fitting/Auffarth/Kaiser/Heither, BetrVG, § 76 RN 3.

weiter zu verringern. Anders kann es natürlich dann sein, wenn sich ein Unternehmen in einer Gewinnsituation befindet und z.B. die Schließung einer Fabrik aus übergeordneten internationalen, gesamtstrukturellen Überlegungen erfolgen soll. Dann kann der dargestellte rechtliche Mechanismus von den Arbeitnehmern benutzt werden, um ihre Verhandlungsposition bezüglich des Sozialplanes zu verbessern.

Besteht eine geplante **Betriebsänderung** im Sinne des § 111 Satz 2 Nr. 1 BetrVG, d.h. im Falle der Einschränkung oder Stillegung eines ganzen Betriebes oder von wesentlichen Betriebsteilen **allein in der Entlassung von Arbeitnehmern** und nicht auch in der Änderung sächlicher Betriebsmittel, so ist ein Sozialplan gemäß § 112 a I BetrVG bei kleineren Betriebsänderungen grundsätzlich nicht erzwingbar. **116**

Etwas anderes gilt nur dann, wenn die in der genannten Bestimmung genannten Richtwerte überschritten werden, d.h. wenn

– in Betrieben mit in der Regel mehr als 20 und weniger als 60 Arbeitnehmern 20 von Hundert der regelmäßig beschäftigten Arbeitnehmer, aber mindestens 6 Arbeitnehmer,
– in Betrieben mit in der Regel mindestens 60 und weniger als 250 Arbeitnehmern 20 vom Hundert der regelmäßig beschäftigten Arbeitnehmer oder mindestens 37 Arbeitnehmer,
– in Betrieben mit in der Regel mindestens 250 und weniger als 500 Arbeitnehmern 15 vom Hundert der regelmäßig beschäftigten Arbeitnehmer oder mindestens 60 Arbeitnehmer,
– in Betrieben mit in der Regel mindestens 500 Arbeitnehmers 10 vom Hundert der regelmäßig beschäftigten Arbeitnehmer, aber mindestens 60 Arbeitnehmer

aus betriebsbedingten Gründen entlassen werden sollen. Als Entlassung gilt auch das vom Arbeitgeber aus Gründen der Betriebsänderung veranlaßte Ausscheiden von Arbeitnehmern auf Grund von Aufhebungsverträgen.

Ist bei der geplanten Betriebsänderung neben dem Personalabbau gleichzeitig auch eine Änderung der sachlichen Betriebsmittel beabsichtigt, so sind nach der ständigen Rechtsprechung des Bundesarbeitsgerichts die **Entlassungszahlen des § 17 I KSchG** maßgebend.[183]

Ein Sozialplan ist gemäß § 112 a II BetrVG ebenfalls **bei neugegründeten Unternehmen** in den ersten vier Jahren nach ihrer Gründung nicht erzwingbar. Dies gilt nicht für Neugründungen im Zusammenhang mit der rechtlichen Umstrukturierung von Unternehmen und Konzernen. Maßgebend für den Zeitpunkt der Gründung ist die Aufnahme einer Erwerbstätigkeit, die nach § 138 der Abgabenordnung dem Finanzamt mitzuteilen ist. **117**

Obwohl der Sozialplan vor Beginn der Betriebsänderung in der Regel zeitgleich mit dem Interessenausgleich verhandelt wird, ist der Unternehmer – wie bereits dargestellt – berechtigt, nach Abschluß des Interes- **118**

---

[183] BAG 02.08.1983, EzA § 111 BetrVG 1972 Nr. 16. Siehe dazu nachfolgend RN 120.

senausgleichs-Verfahrens, aber noch vor Zustandekommen des Sozialplanes mit der Durchführung der Betriebsänderung zu beginnen.

c) Durchführung der Restrukturierung (Phase 3)

119   aa) Anzeige gemäß § 17 KSchG. EG-rechtlich besteht bislang keine umfassende Regelung, die das deutsche Betriebsverfassungsrecht hinsichtlich der Unterrichtungspflichten bei Entlassungen modifizieren würde. Entsprechende Konzeptionen sind über das Stadium des Entwurfs nicht hinausgekommen. Dies gilt etwa für den Vorschlag einer Richtlinie über die Unterrichtung und Anhörung der Arbeitnehmer vom 13.07.1983[184] und den weiteren Vorschlag einer Richtlinie über die Einsetzung europäischer Betriebsräte zur Information und Konsultation der Arbeitnehmer in gemeinschaftsweit operierenden Unternehmen und Unternehmensgruppen vom 12.12.1990,[185] der anders als der zuerst genannte Entwurf keine rein nationalen Sachverhalte erfassen will.

Unterrichtungsrechte ergeben sich aber gemeinschaftsrechtlich aus der Richtlinie 75/129 EWG über Massenentlassungen vom 17.02.1975.[186] Diese Richtlinie behandelt im wesentlichen Aspekte der Konsultation und des Verfahrens bei Massenentlassungen, ohne auf die materielle Zulässigkeit solcher Maßnahmen einzugehen. Dementsprechend bestimmt Art. 2 I der Richtlinie, daß ein Arbeitgeber, der Massenentlassungen beabsichtigt, die Arbeitnehmervertreter zu konsultieren hat. Von einer Massenentlassung ist dabei nach Art. 1 I a dann auszugehen, wenn der Arbeitgeber betriebsbedingte, d.h. nicht in der Person der Arbeitnehmer liegende Entlassungen

(1) innerhalb eines Zeitraums von 30 Tagen vornimmt, wobei die Zahl der zu entlassenden Arbeitnehmer absolut festgelegt oder prozentual von der Betriebsgröße abhängig gemacht wird, oder
(2) wenn innerhalb eines Zeitraums von 90 Tagen mindestens 20 Arbeitnehmer entlassen werden und zwar unabhängig davon, wieviele in der Regel in dem betreffenden Betrieb beschäftigt sind.

In Deutschland wurde diese Richtlinie durch eine Modifizierung des § 17 KSchG umgesetzt. Für den Arbeitgeber, der eine Reorganisation seines Unternehmens plant, die zu einer solchen Massenentlassung führt, besteht seit der Umsetzung dieser Richtlinie 1978 die Verpflichtung, den Betriebsrat über die Gründe der Entlassungen, die Zahl der zu entlassenden Arbeitnehmer, die Zahl der in der Regel beschäftigten Arbeitnehmer und den Zeitraum, in dem die Entlassungen vorgenommen werden sollen, schriftlich zu unterrichten.

120   Gemäß § 17 I Kündigungsschutzgesetz (KSchG) hat der Arbeitgeber **dem örtlich zuständigen Arbeitsamt jede Massenentlassung anzuzeigen.**

---

[184] ABl. EG 1983 C 217/3 – sog. Vredeling-Richtlinie –.
[185] ABl. EG 1991 C 39/10.
[186] Siehe vorstehend FN 3.

III. Die Restrukturierungsmaßnahmen, Betriebsänderungen

Die Pflicht zur Anzeige richtet sich nach der Betriebsgröße und der Zahl der zu entlassenden Arbeitnehmer und besteht, bevor der Arbeitgeber innerhalb von 30 Kalendertagen

1. in Betrieben mit in der Regel mehr als 20 und weniger als 60 Arbeitnehmern mehr als 5 Arbeitnehmer,
2. in Betrieben mit in der Regel mindestens 60 und weniger als 500 Arbeitnehmern 10 vom Hundert der im Betrieb regelmäßig beschäftigten Arbeitnehmer oder aber mehr als 25 Arbeitnehmer,
3. in Betrieben mit in der Regel mindestens 500 Arbeitnehmern mindestens 30 Arbeitnehmer

entläßt. Die Anzeige gemäß § 17 KSchG kann **formlos** oder auf einem Formular erstattet werden, das bei den Arbeitsämtern mit einem Merkblatt erhältlich ist. Der Anzeige ist dann eine Liste der von den Entlassungen betroffenen Arbeitnehmer sowie die Stellungnahme des Betriebsrats zu den Entlassungen beizufügen.

Unter „**Entlassung**" im Sinne des § 17 KSchG ist nicht schon die Kündigung des Arbeitgebers, sondern erst die damit beabsichtigte Folge, d. h. die tatsächliche Beendigung der Arbeitsverhältnisse zu verstehen.[187] Die Anzeige ist vor der Entlassung, d.h. der wirklichen Beendigung des Arbeitsverhältnisses zu erstatten; es ist also nicht notwendig, daß die Anzeige vor dem Ausspruch der Kündigung, d. h. der Kündigungserklärung erfolgt.[188]

Für die Berechnung der **Anzahl der Entlassungen** kommt es nicht etwa auf den Zeitpunkt des Ausspruchs der Kündigungen, sondern vielmehr auf die Zahl der im Zeitpunkt des Entlassungsbeschlusses regelmäßig beschäftigten Arbeitnehmer (§ 17 V KSchG) an. Dies gilt auch bei einer stufenweisen Betriebsstillegung.[189] Auf den Grund der Kündigung kommt es nicht an, so daß auch personen- oder verhaltensbedingte Kündigungen mitzurechnen sind.[190] Fristlose Entlassungen werden jedoch nicht mitgerechnet.

In Fällen der Ungewißheit kann es sachdienlich sein, die Anzeige vorsorglich – eventuell auch mehrfach – zu erstatten, denn anderenfalls können die Kündigungen unwirksam werden, wenn sich die betreffenden Arbeitnehmer auf das Fehlen der Anzeige gemäß § 17 KSchG berufen.[191]

Der Anzeige ist gemäß § 17 III KSchG nach der vorangegangenen schriftlichen Unterrichtung und Beratung mit dem Betriebsrat (§ 17 II KSchG) die **Stellungnahme des Betriebsrates zu den Entlassungen**, falls bereits vorhanden eine Kopie des vereinbarten Interessenausgleiches und

---

[187] BAG 05.12.1980, AP Nr. 9 zu § 15 KSchG m.w.N.; BAG 10.03.1983, AP Nr. 2 zu § 2 KSchG 1969; BAG 31.07.1986, EzA § 17 KSchG Nr. 3.
[188] Vgl. BAG 05.07.1969, AP Nr. 6 und 25.11.1981, AP Nr. 11 zu § 15 KSchG.
[189] Vgl. BAG 8.6.1989, DB 1990, 183.
[190] Stahlhacke/Preis, RN 953; Hueck/v. Hoyningen-Huene, KSchG, § 17 RN 10b.
[191] Stahlhacke/Preis, RN 961.

Sozialplan beizufügen, die dieser im Rahmen der Beratung des Interessenausgleiches abgegeben hat. Liegt diese Stellungnahme des Betriebsrats nicht vor, so ist die Anzeige an das Arbeitsamt nur wirksam, wenn der Arbeigeber glaubhaft macht, daß er den Betriebsrat mindestens zwei Wochen vor Erstattung der Anzeige unterrichtet hat und er den Stand der Beratungen mit dem Betriebsrat gegenüber dem Arbeitsamt darlegt.

Die Anzeige hat Angaben über den Namen des Arbeitgebers, den Sitz und die Art des Betriebes, die Zahl der in der Regel beschäftigten Arbeitnehmer, die Zahl der zu entlassenden Arbeitnehmer, die Gründe für die Entlassungen und den Zeitraum, in dem die Entlassungen vorgenommen werden sollen, zu enthalten. In der Anzeige sollen ferner im Einvernehmen mit dem Betriebsrat für die Arbeitsvermittlung Angaben über Geschlecht, Alter, Beruf und Staatsangehörigkeit der zu entlassenden Arbeitnehmer gemacht werden. Der Arbeitgeber hat dem Betriebsrat eine Abschrift der Anzeige zuzuleiten. Der Betriebsrat kann gegenüber dem Arbeitsamt weitere Stellungnahmen abgeben. Er hat dem Arbeitgeber eine Abschrift der Stellungnahme zuzuleiten.

123 Als **Arbeitnehmer im Sinne des § 17 KSchG** gelten gemäß V nicht:

1. in Betrieben einer juristischen Person die Mitglieder des Organs, das zur gesetzlichen Vertretung der juristischen Person berufen ist,
2. in Betrieben einer Personengesamtheit die duch Gesetz, Satzung oder Gesellschaftsvertrag zur Vertretung der Personengesamtheit berufenen Personen,
3. Geschäftsführer, Betriebsleiter und ähnliche leitende Personen, soweit diese zur selbständigen Einstellung oder Entlassung von Arbeitnehmern berechtigt sind.

124 Für die Entlassungen, die nach § 17 KSchG anzuzeigen sind, sieht § 18 KSchG eine sogenannte **Entlassungssperre** vor. Dies bedeutet, daß die betreffenden Entlassungen, die nach § 17 KSchG anzuzeigen sind, vor Ablauf eines Monats nach Eingang der Anzeige beim Arbeitsamt nur mit Zustimmung des Landesarbeitsamtes wirksam werden. Die Zustimmung kann auch rückwirkend bis zum Tage der Antragstellung erteilt werden. Das Landesarbeitsamt kann im Einzelfall bestimmen, daß die Entlassungen nicht vor Ablauf von längstens zwei Monaten nach Eingang der Anzeige beim Arbeitsamt wirksam werden.

Das Landesarbeitsamt hat vor seinen Entscheidungen nach den Absätzen I und II zu prüfen, ob der Arbeitgeber die Entlassungen rechtzeitig nach § 8 des Arbeitsförderungsgesetzes angezeigt oder aus welchen Gründen er die Anzeige unterlassen hatte. Das Landesarbeitsamt soll das Ergebnis dieser Prüfung bei seinen Entscheidungen berücksichtigen.

Soweit die Entlassungen nicht innerhalb eines Monats nach dem Zeitpunkt, zu dem sie nach den Absätzen 1 und 2 zulässig sind, durchgeführt werden, bedarf es unter den Voraussetzungen des § 17 I KSchG einer erneuten Anzeige.

125 Wichtig ist, daß die angezeigten Entlassungen **innerhalb eines Monats nach dem Zeitpunkt**, zu dem sie nach § 18 I und II KSchG zulässig sind, durchgeführt werden müssen. Geschieht dies nicht, bedarf es gemäß § 18 IV KSchG einer erneuten Anzeige.

Bei der Durchführung betriebsbedingter Kündigungen ist zu beachten, daß die tatsächliche Auflösung der Vertragsverhältnisse innerhalb der genannten Monatsfrist nach § 18 I KSchG zu erfolgen hat, nicht jedoch der Ausspruch der Kündigung. Bei längeren Kündigungsfristen wird deshalb der Zeitpunkt des Ausspruchs der Kündigung vor dem Zeitpunkt der Anzeige nach § 17 KSchG liegen müssen. Ausspruch der Kündigung und Anzeige nach § 17 KSchG müssen daher zeitlich so aufeinander abgestimmt werden, daß der Zeitpunkt der Auflösung des Vertragsverhältnisses innerhalb der Frist des § 18 IV KSchG liegt. Erforderlichenfalls müssen gemäß § 18 IV KSchG **Anschluß-Anzeigen** erstattet werden. Ist dies nicht der Fall oder fehlt es überhaupt an einer Anzeige nach § 17 KSchG, verlieren die Kündigungen rückwirkend ihre Wirkung.[192]

In der Praxis ergeben sich aus dieser Anforderung insofern erhebliche Probleme, als die tatsächliche Auflösung der Vertragsverhältnisse innerhalb der genannten Monatsfrist zu erfolgen hat. Ausspruch der Kündigung und Anzeige müssen deshalb im Einzelfall exakt aufeinander abgestimmt werden.

bb) Die Durchführung von Entlassungen
(1) Anhörung des Betriebsrates gemäß § 102 BetrVG. Der Betriebsrat 126 ist – auch im Falle der Massenentlassung – vor jeder einzelnen Kündigung gemäß § 102 BetrVG zu hören. Dies wird durch die Beratung von Interessenausgleich und Sozialplan nicht überflüssig. Beides kann jedoch zeitlich zusammengefaßt werden.[193]

Auch wenn der Betriebsrat grundsätzlich bereits sein Einverständnis 127 mit den geplanten Entlassungen bekundet hat, sollte dieses **Anhörungsverfahren** ernst genommen und **nicht als bloße Formalie** angesehen werden. Denn selbst dann, wenn sich der Betriebsrat lediglich mit allgemeinen Informationen zufrieden geben sollte, wäre die nur unzureichende Information und damit die nicht ordnungsgemäße Anhörung ein selbständiger Unwirksamkeitsgrund, den die betreffenden Arbeitnehmer im Kündigungsschutzprozeß geltend machen können. Die Informationspflichten gegenüber dem Betriebsrat sind sehr weitreichend und werden in der Praxis häufig nicht oder nur unzureichend beachtet.

Bei allen Kündigungen gehört dazu die Mitteilung der persönlichen Daten des Arbeitnehmers, insbesondere der Dauer der Betriebszugehörigkeit, des Alters, der Position, des Einkommens, der unterhaltspflichtigen Personen (soweit bekannt), sowie anderer Umstände, wie z. B. Schwerbehinderung.

---

[192] Eingehend dazu Berscheid, ZIP 1987, 1512 ff.
[193] Vgl. Hueck/v. Hoyningen-Huene, KSchG, § 17 RN 5.

Bei der personenbedingten und insbesondere krankheitsbedingten Kündigung müssen dem Betriebsrat die persönlichen Gründe (einschließlich der Abmahnung etc.) sowie z. B. die in der Vergangenheit liegenden Fehlzeiten mit den dem Arbeitgeber eventuell bekannten Gründen dargelegt werden. Des weiteren muß näher dargelegt werden, weshalb aufgrund der Fehlzeiten eine Weiterbeschäftigung nicht mehr möglich ist. Sofern die Kündigung insoweit auf betriebliche Ablaufstörungen gestützt wird, muß auch zu der Frage Stellung genommen werden, weshalb eine Beschäftigung auf einem anderen Arbeitsplatz nicht möglich ist. Auch die wirtschaftliche Belastung durch Lohnfortzahlungskosten muß für den betreffenden Arbeitnehmer individuell ausgerechnet und dem Betriebsrat mitgeteilt werden.

Bei der betriebsbedingten Kündigung müssen dem Betriebsrat die Gründe, die zu einem Wegfall des Arbeitsplatzes führen, so genau wie möglich dargelegt werden. Zur Information gehört auch die Mitteilung, weshalb eine anderweitige Beschäftigung im Betrieb oder in einem anderen Betrieb des Unternehmens nicht in Betracht kommt. Schließlich müssen dem Betriebsrat die Kriterien, die im Rahmen der Sozialauswahl herangezogen worden sind, mitgeteilt werden. Dazu gehört auch die Mitteilung, weshalb anderen, vergleichbaren Arbeitnehmern nicht gekündigt werden soll.

128 *(2) Soziale Rechtfertigung der Kündigungen gemäß § 1 KSchG.* Gemäß § 1 I KSchG ist die **Kündigung** gegenüber einem Arbeitnehmer, dessen Arbeitsverhältnis in demselben Betrieb oder Unternehmen ohne Unterbrechung länger als sechs Monate bestanden hat, **rechtsunwirksam, wenn sie sozial ungerechtfertigt ist.**

Als Gründe der sozialen Rechtfertigung einer Kündigung kommen Umstände in der Person oder im Verhalten des Arbeitnehmers sowie betriebsbedingte Gründe in Betracht (§ 1 II KSchG).

Im Hinblick auf verhaltens- und personenbedingte Kündigungsgründe fehlt regelmäßig der spezifische Zusammenhang mit Restrukturierungsmaßnahmen, soweit nicht gerade die Restrukturierung des Unternehmens zum Anlaß genommen wird, auch Sachverhalte aufzugreifen, die zu einer verhaltens- oder personenbedingten Kündigung berechtigen, in der Vergangenheit aber vernachlässigt werden.

129 Die **verhaltensbedingte Kündigung** erfaßt grundsätzlich den gesamten Bereich arbeitsvertraglicher Pflichtverletzungen. Besonders betroffen sind der Leistungs- und Vertrauensbereich aus dem Arbeitsverhältnis. Die möglichen, zur Kündigung berechtigenden Pflichtverstöße sind in jedem Einzelfall einer Gesamtwürdigung aller Umstände zu unterziehen, ohne daß es möglich ist, feste Tatbestände zu bilden, in denen eine verhaltensbedingte Kündigung in jedem Falle gerechtfertigt wäre. Gleichwohl lassen sich Fallgruppen erkennen, in denen die Rechtsprechung den

III. Die Restrukturierungsmaßnahmen, Betriebsänderungen 381

Ausspruch einer Kündigung auf der Grundlage des Verhaltens des Arbeitnehmers jedenfalls grundsätzlich für möglich hält. Hierzu gehören Vertragsverletzungen im Leistungsbereich, insbesondere durch Schlecht- und Minderleistung, Arbeitsverweigerung und Arbeitsversäumnis, Vertragsverletzungen bei den Einstellungsverhandlungen durch unberechtigte Unterlassung von Auskunftspflichten sowie Vorspiegelung nicht vorhandener Eigenschaften oder Fähigkeiten, die Verletzung betrieblicher und außerbetrieblicher Verhaltenspflichten, Verstöße im Bereich des Vertrauensverhältnisses zwischen den Arbeitsvertragsparteien sowie die Verletzung vertraglicher Nebenpflichten in Form von z.B. Treue- und Rücksichtspflichten.[194]

Im Regelfall ist vor der Erklärung einer verhaltensbedingten Kündigung eine Abmahnung des Arbeitnehmers erforderlich. Dies gilt zumindest für den Leistungsbereich des Arbeitsverhältnisses.[195]

Ausnahmen von dem grundsätzlichen Erfordernis einer der verhaltensbedingten Kündigung vorausgehenden Abmahnung sind insbesondere für schwerwiegende Pflichtverstöße des Arbeitnehmers im Vertrauensbereich des Arbeitsverhältnisses anerkannt. Bei einer schwerwiegenden Störung des Vertrauensbereichs kann der Arbeitnehmer nämlich regelmäßig nicht davon ausgehen, der Arbeitgeber werde das Fehlverhalten dulden. Dies gilt z.B. bei den unerlaubten Handlungen in Form eines Diebstahls, einer Untreue oder eines Betruges.[196] Ein derartiger Ausnahmefall liegt auch vor, wenn der Arbeitnehmer eine zukünftige, im Zeitpunkt der Ankündigung noch nicht bestehende Erkrankung ankündigt für den Fall, daß seinem unberechtigten Verlangen nach bestimmten Leistungen des Arbeitgebers, insbesondere der Gewährung von Urlaub, nicht nachgegeben wird.[197]

Der Hauptanwendungsfall der **personenbedingten Kündigung** ist die 130 krankheitsbedingte Kündigung. Insoweit ist zwischen verschiedenen Fallgruppen zu unterscheiden, für deren Berechtigung von der Rechtsprechung jedoch im wesentlichen gleiche Voraussetzungen aufgestellt wurden. Der Sache nach kann zwischen einer Kündigung wegen langanhaltender Krankheit, wegen häufiger Kurzerkrankungen sowie wegen dauernder Unfähigkeit, die geschuldete Arbeitsleistung zu erbringen, differenziert werden.

Nach dem grundlegenden Urteil des BAG vom 16.02.1989,[198] welches eine Kündigung wegen häufiger Kurzerkrankungen betraf, rechtfertigen

---

[194] Vgl. Schaub, Arbeitsrechtshandbuch, § 130 I 1 c.
[195] BAG 29.11.1983, AP Nr. 9 zu § 1 KSchG Verhaltensbedingte Kündigung; Schaub, Arbeitsrechtshandbuch, § 61 VI 2 a.
[196] BAG 12.07.1984, DB 1985, 340; Schaub, Arbeitsrechtshandbuch, § 61 VI 2 d.
[197] BAG 05.11.1992, BB 1993, 434.
[198] BAG 16.02.1989, DB 1989, 2075.

krankheitsbedingte Fehlzeiten eine Kündigung nur unter folgenden Voraussetzungen:

Zum Zeitpunkt des Zugangs einer krankheitsbedingten Kündigung müssen objektive Tatsachen vorliegen, die die Besorgnis weiterer Erkrankungen in der Zukunft im bisherigen Umfang rechtfertigen. Für eine derartige negative Gesundheitsprognose können auch häufige Erkrankungen in der Vergangenheit herangezogen werden, insbesondere darf sich der Arbeitgeber im Kündigungsschutzprozeß zunächst darauf beschränken, die Indizwirkung entfaltenden Fehlzeiten in der Vergangenheit darzulegen. Da der Arbeitgeber bei Ausspruch der Kündigung in der Regel die Ursachen der Erkrankungen nicht kennt, gilt dies selbstverständlich auch bei Ausspruch der Kündigung. Nach Auffassung des BAG sind dabei jedoch krankheitsbedingte Fehlzeiten bis zu einer Dauer von sechs Wochen vom Arbeitgeber hinzunehmen und können daher eine personenbedingte Kündigung nicht rechtfertigen.

Die zweite Voraussetzung für die Wirksamkeit einer krankheitsbedingten Kündigung ist, daß diese Fehlzeiten, mit denen auch in der Zukunft zu rechnen ist, zu einer erheblichen Beeinträchtigung der betrieblichen Interessen führen. Dabei kommen grundsätzlich zwei Arten von Beeinträchtigungen betrieblicher Interessen in Betracht.

Zum einen können diese Fehlzeiten zu Störungen im Betriebsablauf führen. In diesem Zusammenhang ist jedoch zu berücksichtigen, daß der Arbeitgeber auch zu prüfen hat, ob solche Fehlzeiten nicht durch Überbrückungsmaßnahmen, wie z.B. die Einstellung von Aushilfen, gelindert werden können. Nach der Rechtsprechung des BAG ist der Arbeitgeber im Ergebnis auch gehalten, für derartige Fehlzeiten eine Personalreserve vorzuhalten, d.h. eigentlich mehr Arbeitnehmer zu beschäftigen, als dies normalerweise erforderlich wäre.

Die Beeinträchtigung der betrieblichen Interessen kann aber auch in einer erheblichen wirtschaftlichen Belastung des Arbeitgebers mit Lohnfortzahlungskosten oder Mehraufwendungen für die Beschäftigung von Aushilfskräften liegen. Auch hier sind jedoch Lohnfortzahlungskosten bis zur Dauer von sechs Wochen jährlich nicht zu berücksichtigen.

Schließlich ist im Rahmen des § 1 II Satz 1 KSchG eine Interessenabwägung vorzunehmen, die dazu führen muß, daß die betrieblichen Beeinträchtigungen ein solches Ausmaß erreichen, daß sie dem Arbeitgeber nicht mehr zuzumuten sind. Im Rahmen dieser Interessenabwägung ist insbesondere zu berücksichtigen, ob die Erkrankungen des Arbeitnehmers auf betriebliche Ursachen zurückzuführen sind. Insoweit trägt nach dem Urteil des BAG vom 05.07.1990[199] der Arbeitgeber die Beweislast dafür, daß ein solcher vom Arbeitnehmer behaupteter ursächlicher Zusammenhang nicht besteht. Die Feststellung der Ursächlichkeit oder

---

[199] BAG 05.07.1990, BB 1990, 2265.

Nichtursächlichkeit ist eine Beweisfrage, die in der Regel nur durch den behandelnden Arzt oder durch einen medizinischen Sachverständigen beantwortet werden kann.

Ferner ist im Rahmen dieser Interessenabwägung zu berücksichtigen, daß der Arbeitgeber trotz Vorliegens der übrigen Voraussetzungen unter Umständen gehindert sein kann, eine krankheitsbedingte Beendigungskündigung auszusprechen, wenn das Arbeitsverhältnis lange Jahre ungestört verlaufen ist. Genaue Zahlen sind insoweit von der Rechtsprechung jedoch noch nicht genannt worden.

Im Zusammenhang mit der Unternehmensrestrukturierung stellt – gegebenenfalls eingeschränkt durch das Kündigungsverbot aus § 613 a III BGB – **die betriebsbedingte Kündigung** die spezifische Form der Kündigungsarten dar. Sie ist gemäß § 1 II KSchG sozial gerechtfertigt, wenn sie nicht durch dringende betriebliche Erfordernisse, die einer Weiterbeschäftigung des Arbeitnehmers in diesem Betrieb entgegenstehen, bedingt ist.[200]

131

Nach den vom BAG aufgestellten Grundsätzen[201] können sich betriebliche Erfordernisse für eine Kündigung im Sinne von § 1 II KSchG aus innerbetrieblichen Umständen (z.B. Rationalisierungsmaßnahmen, Umstellung oder Einschränkung der Produktion) oder aus außerbetrieblichen Gründen (z.B. Auftragsmangel oder Umsatzrückgang) ergeben. In beiden Fällen müssen die betrieblichen Erfordernisse „dringend" sein und eine Kündigung im Interesse des Betriebes notwendig machen. Diese weitere Voraussetzung ist erfüllt, wenn es dem Arbeitgeber nicht möglich ist, der betrieblichen Lage durch Maßnahmen auf technischem, organisatorischem oder wirtschaftlichem Gebiet als vielmehr durch eine Kündigung zu entsprechen.[202]

Die Unterscheidung zwischen inner- und außerbetrieblichen Umständen hat auch praktische Konsequenzen. So ist bei außerbetrieblichen Gründen wie Auftrags- oder Umsatzrückgang, die sich unmittelbar durch eine Verringerung der anfallenden Aufgaben auf den Bestand der einzelnen Arbeitsplätze auswirken können, diese Ursächlichkeit gerichtlich überprüfbar.[203] Bei innerbetrieblichen Umständen, wie z.B. Gewinnverfall und Unrentabilität des Betriebes, stellt sich die Lage hingegen anders dar: Wenn der Arbeitgeber diese Umstände zum Anlaß nimmt, zur Kostenersparnis oder zur Verbesserung des Betriebsergebnisses durch in-

---

[200] Vgl. als Überblick zuletzt Stahlhacke, DB 1994, 1361 ff.; grundlegend BAG 07.12.1978, 24.10.1979, 07.02.1985 und 30.04.1987, AP Nr. 6, 8, 9 und 42 zu § 1 KSchG 1969 Betriebsbedingte Kündigung.
[201] BAG 07.12.1978, AP Nr. 6 zu § 1 KSchG 1969 Betriebsbedingte Kündigung; ebenso BAG 30.04.1987, AP Nr. 42 zu § 1 KSchG 1969 Betriebsbedingte Kündigung.
[202] BAG 30.04.1987, AP Nr. 42 zu § 1 KSchG 1969 Betriebsbedingte Kündigung.
[203] BAG 30.04.1987, AP Nr. 42 zu § 1 KSchG 1969 Betriebsbedingte Kündigung.

nerbetriebliche Maßnahmen die Zahl der Arbeitsplätze zu verringern, so ist diese Maßnahme grundsätzlich nur darauf zu überprüfen, ob sie offenbar unsachlich, unvernünftig oder willkürlich ist.[204]

Die Gründe für die Kündigung müssen betriebsbezogen und nicht unternehmensbezogen sein und müssen einen konkreten Bezug zum Betrieb des Arbeitgebers aufweisen; allgemeine arbeitsmarkt-, beschäftigungs- oder sozialpolitische Gründe genügen nicht.

Bei den **innerbetriebliche Ursachen** ist zwischen dem Anlaß, der zu einer unternehmerischen Entscheidung führt, der Unternehmerentscheidung selbst sowie schließlich dem mit ihr verfolgten Zweck zu unterscheiden. Als unternehmerische Entscheidungen kommen die Stillegung von Betriebsabteilungen, die Änderung von Produktionsmethoden oder ganz generell auch Rationalisierungsmaßnahmen in Betracht.

Rationalisierungsmaßnahmen können der Sache nach sehr unterschiedlichen Inhalt haben und sowohl vorwiegend technischer Art sein (z.B. Einführung arbeitssparender Maschinen, Umstellung auf neuartige Fertigungstechniken oder sonstige Änderung der Arbeitsmethoden), als auch mehr betriebsorganisatorischen Charakter haben (z.B. Straffung des Arbeitsablaufs oder Ausgliederung einzelner Funktionsbereiche).

Keine unternehmerische Entscheidung ist jedoch der Entschluß des Arbeitgebers, Arbeitsverhältnisse zu kündigen.[205] Auch die Absicht, Lohnkosten in einer bestimmten Abteilung oder im Bereich des gesamten Betriebes einzusparen, ist noch keine von den Gerichten für Arbeitssachen zu respektierende Unternehmerentscheidung.[206] Erst wenn der Unternehmer aufgrund des Motivs, Lohnkosten einzusparen, konkrete Maßnahmen im betrieblichen Bereich beschließt, liegt eine unternehmerische Entscheidung vor, die unter Umständen zum Wegfall von Arbeitsplätzen führen kann.[207]

Das Erfordernis der Dringlichkeit beinhaltet die Konkretisierung des Verhältnismäßigkeitsgrundsatzes. Die Dringlichkeit ist zu verneinen, wenn der Arbeitnehmer auf einen anderen freien, gleichwertigen Arbeitsplatz versetzt werden kann.[208] Überdies folgt aus dem Erfordernis des dringenden betrieblichen Bedürfnisses zudem, daß der Arbeitgeber vor Ausspruch der Beendigungskündigung auch prüfen muß, ob er den Arbeitnehmer auf einem schlechteren Arbeitsplatz einsetzen kann.[209]

Schließlich ist die Prüfung erforderlich, ob eine Kündigung durch Arbeitsstreckung vermieden werden kann. Bei dieser Prüfung unterliegt der

---

[204] BAG 30.04.1987, AP Nr. 42 zu § 1 KSchG 1969 Betriebsbedingte Kündigung.
[205] BAG 20.02.1986, DB 1986, 2236.
[206] BAG 20.03.1986, DB 1986, 2442.
[207] BAG 20.03.1986, DB 1986, 2442.
[208] BAG 29.03.1990, AP Nr. 50 zu § 1 KSchG 1969 Betriebsbedingte Kündigung.
[209] BAG 27.09.1984, AP Nr. 8 zu § 2 KSchG 1969.

III. Die Restrukturierungsmaßnahmen, Betriebsänderungen

Arbeitgeber nur der Mißbrauchskontrolle.²¹⁰ Dagegen muß der Arbeitgeber grundsätzlich Über- und Mehrarbeitsstunden abbauen, bevor er eine Beendigungskündigung ausspricht. Eine Ausnahme gilt dann, wenn der durch Überstunden gedeckte Arbeitsbedarf nicht durch Arbeitsstreckung gedeckt werden könnte.

Seit der Einführung von § 1 II Satz 2 Nr. 1 b) KSchG nimmt das Bundesarbeitsgericht an, daß auch die Versetzungsmöglichkeit in einen anderen Betrieb des Unternehmens überprüft werden muß.²¹¹

Auch bei der betriebsbedingten Kündigung hat eine Interessenabwägung stattzufinden. Als berechtigt ist die Kündigung anzusehen, wenn nach objektiven Maßstäben in Abwägung der Interessen beider Parteien die Kündigung billigenswert und angemessen ist.²¹² Es darf kein milderes Mittel gegeben sein, um den unternehmerisch vorgegebenen Zweck zu erreichen.

Bei der Benennung der außerbetrieblichen oder innerbetrieblichen Umstände kann sich der Arbeitgeber nicht auf schlagwortartige Umschreibungen beschränken. Er muß vielmehr seine tatsächlichen Angaben so detailliert darlegen, daß sie vom Arbeitnehmer mit Gegentatsachen bestritten und vom Gericht überprüft werden können. Vom Arbeitgeber ist darüber hinaus insbesondere darzulegen, wie sich die von ihm behaupteten Umstände unmittelbar oder mittelbar auf den Arbeitsplatz des gekündigten Arbeitnehmers auswirken.²¹³

Bei der betriebsbedingten Kündigung ist darüber hinaus zu berücksichtigen, daß sie selbst beim Vorliegen dringender betrieblicher Erfordernisse, die zu einem Wegfall des Arbeitsplatzes des betreffenden Arbeitnehmers führen, dann sozial ungerechtfertigt ist, wenn der Arbeitnehmer an einem anderen Arbeitsplatz in demselben Betrieb oder einem anderen Betrieb desselben Unternehmens weiterbeschäftigt werden kann oder der Arbeitgeber bei der Auswahl des Arbeitnehmers soziale Gesichtspunkte nicht oder nicht ausreichend berücksichtigt hat. In der Praxis bereitet erfahrungsgemäß diese Frage der **anderweitigen Beschäftigungsmöglichkeit** nur relativ geringe Probleme.

Stehen unternehmensbezogen (vgl. § 1 II Satz 2 und 3 KSchG), aber nicht konzernbezogen (da einzelne Konzernunternehmen rechtlich selbständig) **vergleichbare freie Arbeitsplätze** nicht zur Verfügung, so besteht kein Anspruch auf die Einrichtung neuer Arbeitsplätze und kein Anspruch auf Beförderung auf einen besseren Arbeitsplatz.

---

[210] Vgl. Schaub, Arbeitsrechtshandbuch, § 131 I 5 d.
[211] LAG Düsseldorf 10.07.1969, AP Nr. 21 zu § 1 KSchG 1969 Betriebsbedingte Kündigung.
[212] Vgl. BAG 29.03.1990, AP Nr. 50 zu § 1 KSchG 1969 Betriebsbedingte Kündigung.
[213] BAG 30.05.1985, AP Nr. 24 zu § 1 KSchG 1969 Betriebsbedingte Kündigung; BAG 15.06.1989, NZA 1990, 65.

Schließlich ist nach **§ 1 III Satz 1 KSchG** eine aus dringenden betrieblichen Erfordernissen erfolgte Kündigung sozial ungerechtfertigt, wenn der Arbeitgeber **bei der Auswahl des Arbeitnehmers soziale Gesichtspunkte** nicht oder nicht ausreichend berücksichtigt hat.

Auf Verlangen des Arbeitnehmers hat der Arbeitgeber dem Arbeitnehmer die Gründe anzugeben, die zu der getroffenen sozialen Auswahl geführt haben. Satz 1 gilt nicht, wenn betriebstechnische, wirtschaftliche oder sonstige berechtigte betriebliche Bedürfnisse die Weiterbeschäftigung eines oder mehrerer bestimmter Arbeitnehmer bedingen und damit der Auswahl nach sozialen Gesichtspunkten entgegenstehen. Der Arbeitnehmer hat die Tatsachen zu beweisen, die die Kündigung als sozial ungerechtfertigt im Sinne des Satzes 1 erscheinen lassen.

Der Arbeitgeber hat danach denjenigen Arbeitnehmer des Betriebes zu ermitteln, den die Kündigung relativ am wenigsten hart trifft. Die **Sozialauswahl** ist beschränkt auf **vergleichbare** Arbeitnehmer, d. h. solche, die – arbeitsplatzbezogen – „gegenseitig austauschbar" sind (sog. **horizontale Vergleichbarkeit**). Vergleichbar in diesem Sinne sind nur Arbeitnehmer, die der Arbeitgeber auch einseitig kraft seines Direktionsrechtes auf den anderen Arbeitsplatz versetzen könnte.[214] Eine Einbeziehung niedriger eingestufter Arbeitnehmer in die Sozialauswahl ist nicht zulässig, auch wenn höherrangige Arbeitnehmer mit Verschlechterung einverstanden sind; eine **vertikale Vergleichbarkeit** ist somit unzulässig, weil anders als bei Frage der Weiterbeschäftigungsmöglichkeit hier auch der niedrigere Arbeitsplatz nicht frei ist.[215]

Eine Einbeziehung von Arbeitnehmern mit Sonderkündigungsschutz (z. B. Mitglieder des Betriebsrats) in die Sozialauswahl ist nicht möglich, da insoweit die ordentliche Kündigung ausgeschlossen ist. Gleiches gilt für befristet eingestellte Arbeitnehmer ohne Kündigungsmöglichkeit.

134 Als **Auswahlgesichtspunkte** des Arbeitgebers, die durch die Gerichte nur beschränkt nachprüfbar sind, kommen insbesondere in Betracht Betriebszugehörigkeit, Lebensalter, Unterhaltsverpflichtungen, Verdienst des Ehegatten, Arbeitsmarktchancen (str.), Vermögensverhältnisse (str.) sowie Gesundheitsbeeinträchtigung, insbesondere wenn betrieblich bedingt. Kein Auswahlgesichtspunkt ist die Möglichkeit des Bezugs vorzeitigen Altersruhegeldes.

Gemäß **§ 1 III Satz 3 KSchG** hat der Arbeitgeber die Tatsachen darzulegen und zu beweisen, die die Kündigung infolge der Sozialauswahl als sozial ungerechtfertigt erscheinen lassen.

135 *(3) Kündigungsfristen.* In seinem Beschluß vom 30.05.1990 hat das Bundesverfassungsgericht[216] die Verfassungswidrigkeit des § 622 II BGB

---

[214] BAG 15.06.1989, DB 1990, 380.
[215] BAG 29.03.1990, DB 1991, 173.
[216] BVerfG 30.05.1990, NZA 1990, 721.

III. Die Restrukturierungsmaßnahmen, Betriebsänderungen

festgestellt und die ungleichen Kündigungsfristen für Arbeiter und Angestellte als mit dem Gleichheitsgrundsatz in Art. 3 I GG nicht vereinbar angesehen. Steht eine Norm mit der Verfassung nicht im Einklang, so ist sie zwar grundsätzlich für nichtig zu erklären. Im konkreten Fall hat das BVerfG dies jedoch nicht getan, weil sich der Verfassungsverstoß erst aus dem Zusammenwirken mehrerer Vorschriften ergab und eine Korrektur dieses verfassungswidrigen Zustandes auf verschiedene Weise vorgenommen werden konnte. Durch eine Nichtigerklärung von § 622 II BGB wäre die bestehende Ungleichbehandlung zwischen Angestellten und Arbeitern noch vertieft worden. Den Verfassungsverstoß konnte daher nur der Gesetzgeber durch eine Neuregelung der einschlägigen Vorschriften beseitigen.

Vor diesem Hintergrund ist das neue Kündigungsfristengesetz am 08.10.1993 in Kraft getreten. Dieses hat durch folgende **Neufassung des § 622 BGB** zu einer Vereinheitlichung der Kündigungsfristen für Angestellte und Arbeiter geführt:

1. Das Arbeitsverhältnis eines Arbeiters oder eines Angestellten (Arbeitnehmers) kann mit einer Frist von vier Wochen zum Fünfzehnten oder zum Ende eines Kalendermonats gekündigt werden.
2. Für eine Kündigung durch den Arbeitgeber beträgt die Kündigungsfrist, wenn das Arbeitsverhältnis in dem Betrieb oder Unternehmen
    1. zwei Jahre bestanden hat, einen Monat zum Ende eines Kalendermonats,
    2. fünf Jahre bestanden hat, zwei Monate um Ende eines Kalendermonats,
    3. acht Jahre bestanden hat, drei Monate zum Ende eines Kalendermonats,
    4. zehn Jahre bestanden hat, vier Monate zum Ende eines Kalendermonats,
    5. zwölf Jahre bestanden hat, fünf Monate zum Ende eines Kalendermonats,
    6. fünfzehn Jahre bestanden hat, sechs Monate zum Ende eines Kalendermonats,
    7. zwanzig Jahre bestanden hat, sieben Monate zum Ende eines Kalendermonats.
    Bei der Berechnung der Beschäftigungsdauer werden Zeiten, die vor der Vollendung des fünfundzwanzigsten Lebensjahres liegen, nicht berücksichtigt.
3. Während einer vereinbarten Probezeit, längstens für die Dauer von sechs Monaten, kann das Arbeitsverhältnis mit einer Frist von zwei Wochen gekündigt werden.
4. Von den Absätzen 1 bis 3 abweichende Regelungen können durch Tarifvertrag vereinbart werden. Im Geltungsbereich eines solchen Tarifvertrages geltend die abweichenden tarifvertraglichen Bestimmungen zwischen nichttarifgebundenen Arbeitgebern und Arbeitnehmern, wenn ihre Anwendung zwischen ihnen vereinbart ist.
5. Einzelvertraglich kann eine kürzere als die in Absatz 1 genannte Kündigungsfrist nur vereinbart werden,
    1. wenn ein Arbeitnehmer zur vorübergehenden Aushilfe eingestellt ist; dies gilt nicht, wenn das Arbeitsverhältnis über die Zeit von drei Monaten hinaus fortgesetzt wird;
    2. wenn der Arbeitgeber in der Regel nicht mehr als zwanzig Arbeitnehmer ausschließlich der zu ihrer Berufsbildung Beschäftigten beschäftigt und die Kündigungsfrist vier Wochen nicht unterschreitet. Bei der Feststellung der Zahl der beschäftigten Arbeitnehmer sind nur Arbeitnehmer zu berücksichtigen, deren regelmäßige Arbeitszeit wöchentlich zehn Stunden oder monatlich fünfundvierzig Stunden übersteigt.
    Die einzelvertragliche Vereinbarung längerer als der in den Absätzen 1 bis 3 genannten Kündigungsfristen bleibt hiervon unberührt.

6. Für die Kündigung des Arbeitsverhältnisses durch den Arbeitnehmer darf keine längere Frist vereinbart werden als für die Kündigung durch den Arbeitgeber.

136 *(4) Sonderbestimmungen.* Bei der Vornahme von Entlassungen sind ferner die **Sonderbestimmungen** zu beachten, die insbesondere für Schwerbehinderte, Schwangere und Mütter, Erziehungsurlaubsberechtigte sowie Wehr- und Zivildienstleistende eingreifen. Sollen Mitglieder des Betriebsrats entlassen werden, so ist außerdem die Sonderregelung des § 15 IV und V KSchG zu beachten. Sonderbestimmungen gelten auch für sonstige Amtsinhaber.[217]

137 Die Hauptfürsorgestelle entscheidet gemäß § 15 SchwbG nach pflichtgemäßem Ermessen darüber, ob die Zustimmung zur beabsichtigten Kündigung eines **Schwerbehinderten** erteilt werden soll. Wenn zwischen dem Tag der Kündigung und dem Tag, bis zu dem Lohn oder Gehalt gezahlt wird, mindestens drei Monate liegen, kann die Hauptfürsorgestelle gemäß § 19 I SchwbG ihre Zustimmung bei Betriebsstillegungen überhaupt nicht und bei wesentlichen Betriebseinschränkungen[218] nur verweigern, wenn die Gesamtzahl der Schwerbehinderten nicht zur Erfüllung der Verpflichtung nach § 5 SchwbG ausreicht. Diese Bestimmungen gelten nicht, wenn eine Weiterbeschäftigung auf einem anderen Arbeitsplatz desselben Betriebs oder derselben Dienststelle oder auf einem freien Arbeitsplatz in einem anderen Betrieb oder einer anderen Dienststelle desselben Arbeitgebers mit dem Einverständnis des Schwerbehinderten möglich und für den Arbeitgeber zumutbar ist.

Gemäß § 19 II SchwbG soll die Hauptfürsorgestelle die Zustimmung erteilen, wenn dem Schwerbehinderten ein anderer angemessener und zumutbarer Arbeitsplatz gesichert ist.

Die Hauptfürsorgestelle soll gemäß § 18 SchwbG ihre Entscheidung innerhalb von einem Monat treffen. Daher ist es für den Unternehmer ratsam, den Antrag auf Zustimmung mindestens vier Monate vor dem letzten Tag, bis zu dem Lohn und Gehalt gezahlt werden soll, bei der Hauptfürsorgestelle unter Beifügung der Stellungnahme der Schwerbehindertenvertretung einzureichen.

138 Gemäß § 9 **Mutterschutzgesetz** ist die Kündigung gegenüber einer Frau während der Schwangerschaft und bis zum Ablauf von vier Monaten nach der Entbindung unzulässig, wenn dem Arbeitgeber zur Zeit der Kündigung die Schwangerschaft oder Entbindung bekannt war oder innerhalb zweier Wochen nach Zugang der Kündigung mitgeteilt wird; das Überschreiten dieser Frist ist unschädlich, wenn es auf einem von der Frau nicht zu vertretenden Grund beruht und die Mitteilung unverzüglich nachgeholt wird. Auch während des Erziehungsurlaubs darf der Ar-

---

[217] Eingehend dazu Bauer, RWS-Skript 171, E IV 1-6, S. 87 ff.
[218] Vgl. dazu die Rechtsprechung des BAG zu § 111 BetrVG, vorstehend FN 129.

beitgeber das Arbeitsverhältnis gemäß § 18 Bundeserziehungsgeldgesetz grundsätzlich nicht kündigen.

Will der Arbeitgeber ein Arbeitsverhältnis gleichwohl beenden, hat er bei der für den Arbeitsschutz zuständigen obersten Landesbehörde oder einer von ihr bestimmten Stelle, in der Regel bei dem Gewerbeaufsichtsamt, gemäß § 9 III MuSchG bzw. § 18 BErzGG einen Antrag auf Zustimmung zu den beabsichtigten Kündigungen zu stellen.

Vor der **Kündigung von Mitgliedern des Betriebsrats**, von Ersatzmitgliedern, von Mitgliedern der Jugend- und Auszubildenden-Vertretung sowie von Mitgliedern des Wahlvorstandes und von Wahlbewerbern, die gemäß § 15 I bis III KSchG aus wichtigem Grund zulässig ist, ist der Betriebsrat gemäß den §§ 102 und 103 BetrVG mit dem Ziel seiner Zustimmung zu unterrichten und anzuhören. Ist dieser Personenkreis von der Stillegung eines Betriebes oder einer Betriebsabteilung betroffen, so ist § 15 IV und V KSchG zu beachten. Hiernach muß die betroffene Person – soweit möglich – zunächst in eine andere Betriebsabteilung übernommen werden, die von der Stillegung nicht betroffen ist. Ist dies aus betrieblichen Gründen nicht möglich, so ist die Kündigung so auszusprechen, daß das Arbeitsverhältnis frühestens zum Zeitpunkt der Stillegung des Betriebs aufgelöst wird.[219] Nur zwingende betriebliche Erfordernisse können eine frühere Kündigung rechtfertigen.

Auch die Kündigungen von **Arbeitnehmern, denen aufgrund gesetzlicher oder tariflicher Bestimmungen nur aus wichtigem Grund gekündigt werden kann**, bedürfen der Unterrichtung und Anhörung des Betriebsrates gemäß § 102 BetrVG mit dem Ziel seiner Zustimmung.

Dies gilt zum Beispiel für Auszubildende gemäß § 15 II BBiG, für Wehrdienstleistende gemäß § 2 I Arbeitsplatzschutzgesetz, für politische Mandatsträger gemäß den einschlägigen öffentlichen Bestimmungen sowie für ältere Arbeitnehmer mit einer tariflichen Alterssicherung.

Aufgrund tariflicher Alterssicherung kann einem Arbeitnehmer nur aus wichtigem Grund gekündigt werden, wenn die ordentliche Kündigung auch nicht für den Fall der Betriebsänderung zugelassen ist und dem Arbeitgeber die Weiterbeschäftigung nicht möglich oder zumutbar ist.[220]

Die Kündigung muß unter Beachtung des § 626 II BGB als außerordentlich bezeichnet werden und hat die tarifvertraglichen und gesetzlichen ordentlichen Kündigungsfristen zu berücksichtigen, die gelten würden, wenn der tarifliche Kündigungsausschluß nicht gegeben wäre.[221] Es handelt sich insoweit um einen eigenständigen Unwirksamkeitsgrund, der sogar noch außerhalb der Drei-Wochen-Frist für die Erhebung einer Kündigungsschutzklage geltend gemacht werden kann.

---

[219] Hueck/v. Hoyningen-Huene, KSchG, § 15 RN 73.
[220] Vgl. BAG 9.5.1985, DB 1986, 2335.
[221] Vgl. BAG 28.3.1985, BB 1985, 1915.

141 Bei **Kündigungen älterer Mitarbeiter** ist zusätzlich die Bestimmung des § 128 Arbeitsförderungsgesetz (AFG) zu berücksichtigen. § 128 AFG in der Fassung vom 18.12.1992[222] hat folgenden Wortlaut:

(1) Der Arbeitgeber, bei dem der Arbeitslose innerhalb der letzten vier Jahre vor dem Tag der Arbeitslosigkeit, durch den nach § 104 II die Rahmenfrist bestimmt wird, mindestens 720 Kalendertage in einer die Beitragpflicht begründeten Beschäftigung gestanden hat, erstattet der Bundesanstalt vierteljährlich das Arbeitslosengeld für die Zeit nach Vollendung des 58. Lebensjahres des Arbeitslosen, längstens für 624 Tage; § 104 I Satz 2 Nr. 1 und Satz 3 gilt entsprechend. **Die Erstattungspflicht tritt nicht ein, wenn** das Arbeitsverhältnis vor Vollendung des 56. Lebensjahres des Arbeitslosen beendet worden ist, der Arbeitslose auch die Voraussetzungen für eine der in § 118 I Satz 1 Nr. 2 bis 4 genannten Leistungen oder für eine Rente wegen Berufsunfähigkeit erfüllt oder **der Arbeitgeber darlegt und nachweist,** daß
  1.a) bei Arbeitslosen, deren Arbeitsverhältnis vor Vollendung des 57. Lebensjahres beendet worden ist: der Arbeitslose innerhalb der letzten 18 Jahre vor dem Tag der Arbeitslosigkeit, durch den nach § 104 II die Rahmenfrist bestimmt wird, insgesamt weniger als 15 Jahre
  b) bei den übrigen Arbeitslosen: der Arbeitslose innerhalb der letzten zwölf Jahre vor dem Tag der Arbeitslosigkeit, durch den nach § 104 II die Rahmenfrist bestimmt wird, insgesamt weniger als zehn Jahre zu ihm in einem Arbeitsverhältnis gestanden hat,
  2. er in der Regel nicht mehr als 20 Arbeitnehmer ausschließlich der zu ihrer Berufsausbildung Beschäftigten beschäftigt; § 10 II Satz 2 bis 6 des Lohnfortzahlungsgesetzes gilt entsprechend mit der Maßgabe, daß das Kalenderjahr maßgebend ist, das dem Kalenderjahr vorausgeht, in dem die Voraussetzungen des Satzes 1 für die Erstattungspflicht erfüllt sind,
  3. der Arbeitslose das Arbeitsverhältnis durch Kündigung beendet und weder eine Abfindung noch eine Entschädigung oder ähnliche Leistung wegen der Beendigung des Arbeitsverhältnisses erhalten oder zu beanspruchen hat,
  4. er das Arbeitsverhältnis durch sozial gerechtfertigte Kündigung beendet hat; § 7 des Kündigungsgesetzes findet keine Anwendung, das Arbeitsamt ist an eine rechtskräftige Entscheidung des Arbeitsgerichts über die soziale Rechtfertigung einer Kündigung gebunden,
  5. er bei Beendigung des Arbeitsverhältnisses berechtigt war, das Arbeitsverhältnis aus wichtigem Grund ohne Einhaltung einer Kündigungsfrist oder mit sozialer Auslauffrist zu kündigen,
  6. sich die Zahl der Arbeitnehmer in dem Betrieb, in dem der Arbeitslose zuletzt mindestens zwei Jahre beschäftigt war, um mehr als 3 vom Hundert innerhalb eines Jahres vermindert und unter den in diesem Zeitraum ausscheidenden Arbeitnehmern der Anteil der Arbeitnehmer, die das 56. Lebensjahr vollendet haben, nicht höher ist als es ihrem Anteil an der Gesamtzahl der im Betrieb Beschäftigten zu Beginn des Jahreszeitraumes entspricht. Vermindert sich die Zahl der Beschäftigten im gleichen Zeitraum um mindestens 10 vom Hundert, verdoppelt sich der Anteil der älteren Arbeitnehmer, der bei der Verminderung der Zahl der Arbeitnehmer nicht überschritten werden darf. Rechnerische Bruchteile werden aufgerundet. Wird der gerundete Anteil überschritten, ist in allen Fällen eine Einzelfallentscheidung erforderlich,
  7. **der Arbeitnehmer im Rahmen eines kurzfristigen drastischen Personalabbaus von mindestens 20 vom Hundert aus dem Betrieb, in dem er zuletzt mindestens**

---

[222] Einzelheiten dazu bei Reichling/Reß, S. 33 ff. m.w.N.; Andresen, RN 182 ff.

III. Die Restrukturierungsmaßnahmen, Betriebsänderungen

zwei Jahre beschäftigt war, ausgeschieden ist und dieser Personalabbau für den örtlichen Arbeitsmarkt von erheblicher Bedeutung ist.

(2) Die Erstattungspflicht entfällt, wenn der Arbeitgeber darlegt und nachweist, daß
1. in dem Kalenderjahr, das dem Kalenderjahr vorausgeht, für das der Wegfall geltend gemacht wird, die Voraussetzungen für den Nichteintritt der Erstattungspflicht nach I Satz 2 Nr. 2 erfüllt sind, oder
2. die Erstattung für ihn eine unzumutbare Belastung bedeuten würde, weil durch die Erstattung der Fortbestand des Unternehmens oder die nach Durchführung des Personalabbaus verbleibenden Arbeitsplätze gefährdet wären. Insoweit ist zum Nachweis die Vorlage einer Stellungnahme einer fachkundigen Stelle erforderlich.

(3) Die Erstattungsforderung mindert sich, wenn der Arbeitgeber darlegt und nachweist, daß er
1. nicht mehr als 40 Arbeitnehmer oder
2. nicht mehr als 60 Arbeitnehmer
im Sinne des Absatzes 1 Satz 2 Nr. 2 beschäftigt, um zwei Drittel im Falle der Nummer 1 und um ein Drittel im Falle der Nummer 2. Für eine nachträgliche Minderung der Erstattungsforderung gilt Absatz 2 Nr. 1 entsprechend.

(4) Soweit nach Absatz 1 Arbeitslosengeld zu erstatten ist, schließt dies die auf diese Leistung entfallenden Beiträge zur gesetzlichen Kranken- und Rentenversicherung ein.

(5) Konzernunternehmen im Sinne des § 18 des Aktiengesetzes gelten bei der Ermittlung der Beschäftigungszeiten als ein Arbeitgeber. Die Erstattungspflicht richtet sich gegen den Arbeitgeber, bei dem der Arbeitnehmer zuletzt in einem Arbeitsverhältnis gestanden hat.

(6) Die §§ 146 und 152 Abs. 5 gelten entsprechend.

(7) **Das Arbeitsamt berät den Auftraggeber auf Verlangen über Voraussetzungen und Umfang der Erstattungsregelung. Auf Antrag des Arbeitgebers entscheidet das Arbeitsamt im voraus, ob die Voraussetzungen des Absatzes 1 Satz 2 Nr. 6 oder 7 erfüllt sind.**

(8) Der Arbeitslose ist auf Verlangen des Arbeitsamtes verpflichtet, Auskünfte zu erteilen, sich beim Arbeitsamt persönlich zu melden oder sich einer ärztlichen oder psychologischen Untersuchung zu unterziehen, soweit das Entstehen oder der Wegfall des Erstattungsanspruchs von dieser Mitwirkung abhängt. Voraussetzung für das Verlangen des Arbeitsamtes ist, daß dem Arbeitsamt Umstände und Person des Arbeitslosen bekannt sind, die für das Entstehen oder den Wegfall der Erstattungspflicht von Bedeutung sind. Die §§ 65 und 65 a des Ersten Buches Sozialgesetzbuch gelten entsprechend.

(5) Fortbestehen des individuellen arbeitsrechtlichen Schutzes. Ebenso wie der Interessenausgleich begründet der Sozialplan als Betriebsvereinbarung **unmittelbare Ansprüche der Arbeitnehmer gegen das Unternehmen.**

Darüber hinaus besteht **der individuelle allgemeine und besondere Kündigungsschutz** der einzelnen Arbeitnehmer von der arbeitsmarktpolitischen Erfassung der Betriebsänderung bis hin zu den personellen und sozialen Mitwirkungs- und Informationsrechten des Wirtschaftsausschusses und des Betriebsrates fort. Dem einzelnen Arbeitnehmer verbleibt deshalb die Möglichkeit, **in vollem Umfang** seinen individuellen, allgemeinen oder besonderen Kündigungsschutz in Anspruch zu nehmen. Insbesondere bleibt ihm daher auch das Recht, im Wege der Kündigungsschutzklage die ordnungsgemäße Anhörung des Betriebsrates, die soziale Rechtfertigung der betriebsbedingten Kündigung, die Möglichkeit anderweitiger Weiterbeschäftigung sowie die Richtigkeit der sozialen Auswahl gerichtlich prüfen zu lassen.[223] Dies gilt insbesondere auch bei Betriebsänderungen, die lediglich Teile eines Betriebes oder Gesamtbetriebes betreffen.

Besonders bei kleineren Betriebsänderungen und Teilbetriebsschließungen kann es sich zur Vermeidung schwieriger Abgrenzungsprobleme bei der **Sozialauswahl** der betroffenen Mitarbeiter empfehlen, diesen bereits bei Ausspruch der betriebsbedingten Kündigung angemessene Aufhebungsvereinbarungen anzubieten.

143 Bestimmungen in einem Sozialplan wonach die Zahlung einer Abfindung davon abhängig gemacht wird, daß der entlassene Arbeitnehmer gegen seine Kündigung keine gerichtlichen Schritte unternehmen darf, sind unwirksam.[224]

144 cc) **Arbeitskampf.** Vor allem bei beabsichtigten Massenentlassungen oder Betriebsstillegungen stellt sich oftmals die Frage, ob die Arbeitnehmer in rechtlich zulässiger Weise mit einem **Arbeitskampf** reagieren können bzw. werden.

145 *(1) Wilder Streik.* Rechtlich unzulässig ist ein sogenannter „**wilder Streik**", das heißt ein Streik, der nicht gewerkschaftlich und nicht nach den von der Rechtsprechung anerkannten „**Richtlinien des Deutschen Gewerkschaftsbundes zur Führung von Arbeitskämpfen**" organisiert ist. Danach muß folgende Vorgehensweise eingehalten werden:

1. Beschluß der Gewerkschaft zur Einleitung des Streiks,
2. Beschluß zur Durchführung der Streikurabstimmung aller Gewerkschaftsmitglieder,
3. Aufforderung an alle Mitglieder, zur Urabstimmung zu kommen,
4. Urabstimmung,
5. Genehmigung des Streikbeschlusses durch das zuständige Organ der Gewerkschaft,
6. Streikbefehl der Gewerkschaft an die Mitglieder; Aufforderung zur Streikbeteiligung an die Nichtmitglieder,
7. tatsächliche Arbeitsniederlegung.

Die Gewerkschaften können nachträglich einen sogenannten wilden Streit übernehmen. Die Übernahme hat rechtfertigende Wirkung.

Die Teilnahme an einem wilden, das heißt nicht nach den vorgenannten Regeln organisierten Streik berechtigt zur fristlosen Entlassung der beteiligten Arbeitnehmer und zu Schadensersatzansprüchen gegen die beteiligten Arbeitnehmer bzw. die Organisatoren des Streiks.[225]

---

[223] Eingehend dazu Neyses, Auswahlkriterien, Auswahlschema und Auswahlrichtlinien bei betriebsbedingter Kündigung, DB 1983, 2414 ff.
[224] BAG 20.12.1983, DB 1984, 723.
[225] Vgl. BAG, BB 1959, 115.

(2) Legaler Streik. Grundvoraussetzung für die Zulässigkeit eines **lega-** 146
len Streiks, der sich nach den vorgenannten Regeln zu richten hat, ist es,
daß mit dem Streik ein **zulässiges Ziel** verfolgt wird. Ein Streik ist nur
dann rechtmäßig, wenn er mit einem Ziel geführt wird, das auch zum Bestandteil einer tarifvertraglichen Regelung gemacht werden kann. Der
Arbeitskampf hat also eine Hilfsfunktion für die Tarifautonomie. Er darf
nur als Instrument zur Durchsetzung tariflicher Regelungen eingesetzt
werden.[226]

Die Erhaltung von Arbeitsplätzen gehört nach klassischer Auffassung
nicht zu den im Rahmen eines Tarifvertrags mit normativer Wirkung regelbaren Angelegenheiten. Infolgedessen darf nach klassischer Auffassung die Erhaltung von Arbeitsplätzen auch nicht zum Gegenstand eines
Streiks gemacht werden.[227] Die Rechtsprechung wird sich allerdings voraussichtlich dahingehend weiterentwickeln, daß zumindest die Erhaltung
bestimmter Arbeitsplätze zum Gegenstand von Tarifverträgen und damit
auch zum Gegenstand von Streiks gemacht werden kann, zumal aufgrund der allgemeinen wirtschaftlichen, wirtschaftspolitischen und gesellschaftlichen Entwicklung die Sicherung und Erhaltung von Arbeitsplätzen durch tarifvertragliche Arbeitsplatzgarantien ein wesentliches
politisches und rechtliches Thema geworden ist.

In jüngster Vergangenheit hat sich auf diesem Gebiet insofern ein gewisser Wandel gezeigt, als sogenannte „**Arbeitsplatzgarantie-Vereinbarungen**" zur Sicherung von Arbeitsplätzen getroffen bzw. entsprechende
Regelungen in Tarifverträge aufgenommen worden sind.[228]

(3) Warnstreik/Demonstrationsstreik. Die vorstehenden Ausführun- 147
gen beziehen sich nur auf länger dauernde Streiks, nicht aber auf sogenannte „Warnstreiks", „Bummelstreiks" oder „Demonstrationsstreiks",
das heißt **kurzfristige Arbeitsniederlegungen** für einige Stunden. Allerdings kommt es insoweit auf die Umstände des Einzelfalles an. Aus der
Sicht des Unternehmers sind insoweit zur Aufrechterhaltung der Produktion und Lieferfähigkeit besondere **Vorsorgemaßnahmen**, auch
„**Back-Up-Maßnahmen**" genannt, zu treffen.

d) Übersicht und Ablaufplan für Betriebsübertragungen und Betriebsänderungen

Nachfolgend sei der Ablauf der Betriebsübertragungen und Betriebs- 148
änderungen **summarisch** zusammengefaßt, wobei nochmals empfohlen

---

[226] Vgl. Rüthers, Arbeitskampfrecht und Tarifvertragsrecht, 1981, S. 78.
[227] Zu den Regelungszielen des Arbeitskampfes siehe Brox/Rüthers, S. 78 ff.
[228] Als Beispiel sei hier nur § 5 des ab dem 01.01.1994 geltenden Tarifvertrages zwischen der Volkswagenwerk AG und der Industriegewerkschaft Metall zur Einführung der 4-Tage-Woche bei der Volkswagen AG genannt. Siehe DB 1994, 42 ff. m. Anm. Bauer DB 1994, 44 f.

	Zeitpunkt
Phase 1: Vorüberlegungen, Studien und Analysen bezüglich eines Betriebsänderungs- und Restrukturierungs-Konzeptes	Vorstadium
1. Festlegung des Stichtages	
2. Vollständige/sukzessive Reorganisation	
3. Ausarbeitung eines detaillierten Projekt- und Ablaufplanes	
Phase 2: Unterrichtung und Beratung	
1. Unterrichtung des Wirtschaftsausschusses und des Betriebsrates von der geplanten Betriebsänderung	
– gem. §§ 92, 106, 111, 112 BetrVG	„umfassend und rechtzeitig" vor abschließender Entscheidung über geplante Betriebsänderung
– als Vorbereitung für die gem. § 8 AFG geforderte Stellungnahme des Betriebsrates	keine zeitliche Vorgabe, da Beifügung der Stellungnahme des Betriebsrates keine Wirksamkeitsvoraussetzung für Anzeige an das Landesarbeitsamt
– gem. § 17 II KSchG	mindestens zwei Wochen vor Erstattung der Anzeige gem. § 17 I (17 III 3 KSchG)
2. Schriftliche Anzeige an den Präsidenten des Landesarbeitsamtes gem. § 8 AFG	„unverzüglich" nach Erkennbarwerden der voraussichtlich zu einer Massenentlassung innerhalb der nächsten 12 Monate führenden Umstände
3. Beratung und Einigung über Interessenausgleich und Sozialplan	der Versuch des Abschlusses eines Interessenausgleichs sollte nicht zuletzt wegen § 113 III BetrVG vor Ausspruch der Kündigungen abgeschlossen sein;
Phase 3: Umsetzung der Restrukturierungsmaßnahmen	
1. Anhörung des Betriebsrates zu einzelnen Kündigungen (§ 102 BetrVG)	mindestens eine Woche vor Ausspruch der Kündigungen (§ 102 II BetrVG)
2. Ausspruch der einzelnen Kündigungen unter Beachtung der jeweiligen Kündigungsfristen bzw. mit Wirkung zum geplanten Stichtag	jeweilige Kündigungsfristen beachten
3. Anzeige an das Arbeitsamt gem. § 17 I KSchG mit Wirkung zum geplanten Stichtag	bewirkt einmonatige Sperrfrist, die vom Landesarbeitsamt auf 2 Monate verlängert werden kann. Stichtag der Re-Organisation muß in der einmonatigen „Freifrist" liegen, welche mit Ablauf der Sperrfrist beginnt (18 IV KSchG)
4. Vollzug der Betriebsänderung/Restrukturierung	Stichtag der Restrukturierung

III. Die Restrukturierungsmaßnahmen, Betriebsänderungen

wird, zur Vorbereitung der entsprechenden Maßnahmen **ausführliche Aktionspläne** (vgl. nebenstehendes Muster), insbesondere bezüglich der konkret durchzuführenden Einzelmaßnahmen, Verantwortlichkeiten und Zeitvorgaben bzw. Aktionsdaten zu erstellen.

2. Die Änderung von Arbeitsbedingungen

Die Änderung von Arbeitsbedingungen mit dem Ziel z. B. der Vermeidung eines Personalabbaus kann insbesondere hinzielen auf 149
a) die Einführung neuer Arbeitszeiten
b) die Veränderung der Leistungsart
c) die Veränderung des Leistungsortes bzw. des Arbeitsplatzes sowie
d) die Veränderung der Vergütung.

Oftmals kann bereits durch die konsequente Umsetzung derartiger Maßnahmen die Wettbewerbsfähigkeit von Unternehmen gesteigert und dadurch die Durchführung weitreichenderer Reorganisationsmaßnahmen vermieden werden.

a) Arbeitszeit

Die Arbeitszeit bestimmt den Umfang der vom Arbeitnehmer geschuldeten Leistung, für die der Arbeitgeber das vereinbarte Arbeitsentgelt als Gegenleistung zu zahlen hat. Damit stellt die Arbeitszeit im Hinblick auf das Arbeitsentgelt einen wichtigen Berechnungsfaktor in allen Fällen dar, in denen die (bisherige) Arbeitszeitdauer über- oder unterschritten wird. Durch die Änderung der Arbeitszeit wird deshalb der Kostenfaktor Arbeitsentgelt regelmäßig unmittelbar beeinflußt. Neben den Arbeitszeitverkürzungen oder -verlängerungen kommen auch die Änderungen der Arbeitszeitformen und die **Arbeitszeitflexibilisierung** in Betracht. 150

Allerdings sind die Parteien des Arbeitsverhältnisses in der Festlegung der Arbeitszeit nicht frei, vielmehr haben sie sich in dem dafür vorgesehenen rechtlichen Rahmen zu bewegen. Zu beachten ist dabei insbesondere das Arbeitszeitgesetz (ArbZG), des am 01.07.1994 die Arbeitszeitordnung abgelöst hat.[229] Im Arbeitszeitgesetz sind die rechtlich zulässigen Höchstgrenzen der **Länge der täglichen Arbeitszeit** festgelegt. Diese sind zwingend und können daher grundsätzlich nicht abgeändert werden. Das Gesetz geht in § 3 ArbZG von einer regelmäßigen werktäglichen Arbeitszeit (Montag bis Samstag) von 8 Stunden aus. Daraus ergibt sich eine wöchentliche Höchstarbeitszeit von 48 Stunden. Diese wird von den meisten Arbeitnehmern – insbesondere aufgrund tarifvertraglicher Regelungen – unterschritten. 151

---

[229] BGBl. I, 1170 ff.; vgl. dazu Erasmy, NZA 1994, 1105 ff. sowie Zmarzlik, DB 1994, 1082 ff.

Eine Verlängerung der Arbeitszeit über den in § 3 Satz 1 ArbZG festgelegten Zeitraum hinaus ist in Ausnahmefällen zulässig:

(1) § 3 S. 2 ArbZG ermöglicht eine Verlängerung der werktäglichen Arbeitszeit auf bis zu zehn Stunden, wenn innerhalb von sechs Kalendermonaten oder innerhalb von 24 Wochen eine durchschnittliche werktägliche Arbeitszeit von acht Stunden nicht überschritten wird.

(2) § 7 I Nr. 1 ArbZG ermöglicht durch Tarifvertrag oder durch Betriebsvereinbarung aufgrund eines Tarifvertrages abweichend von § 3 die Festlegung eines abweichenden Ausgleichszeitraums, die Verlängerung der werktäglichen Arbeitszeit auf bis zu zehn Stunden auch ohne Ausgleich an 60 Tagen im Jahr sowie die Verlängerung der Arbeitszeit über zehn Stunden hinaus ohne Ausgleich, wenn in der Arbeitszeit regelmäßig Arbeitsbereitschaft anfällt.

(3) Gemäß § 14 I ArbZG darf von § 3 und anderen grundlegenden Regelungen des Arbeitszeitgesetzes abgewichen werden bei vorübergehende Arbeiten in Notfällen und in außergewöhnlichen Fällen, die unabhängig vom Willen des Betroffenen eintreten und deren Folgen nicht auf andere Weise zu beseitigen sind. Dies ist nach dem Gesetzeswortlaut insbesondere der Fall, wenn Rohstoffe oder Lebensmittel zu verderben oder Arbeitserzeugnisse zu mißlingen drohen.

Entsprechend des in § 1 Nr. 1 ArbZG ausdrücklich geregelten Gesetzeszweckes gewährleistet das neue Arbeitszeitrecht insbesondere durch die den Tarif- und Betriebspartnern in § 7 ArbZG überantworteten Gestaltungsmöglichkeiten verbesserte Rahmenbedingungen für die **Arbeitszeitflexibilisierung**.

Das Arbeitszeitgesetz steht der Einführung einer 4-Tage-Woche, wie sie zur Zeit in verschiedenen Unternehmen als Beschäftigungssicherungsmaßnahme vorgenommen wird,[230] nicht entgegen, da in diesen Betrieben ohnehin weniger als 40 Stunden gearbeitet wird. Die Gefahr einer Überschreitung der nach § 3 Satz 2 ArbZG festgelegten Höchstarbeitszeit von 10 Stunden besteht daher nicht.

152 Während die Länge der Arbeitszeit im Gesetz detailliert geregelt ist, gibt es bezüglich der **Lage der Arbeitszeit** nur wenige Sonderfallregelungen. So besteht ein **Nachtarbeitsverbot** für werdende und stillende Mütter (§ 8 Mutterschutzgesetz) sowie für Jugendliche (§ 14 Jugendarbeitsschutzgesetz). Im übrigen ist die Nacht- wie auch die Schichtarbeit nach „gesicherten arbeitswissenschaftlichen Erkenntnissen über die menschengerechte Gestaltung der Arbeit" festzulegen (§ 6 I ArbZG); insoweit dürfte es sich allerdings nicht um eine „echte" Wirksamkeitsvoraussetzung für die Nachtarbeit handeln.

Bezüglich der **Arbeit am Wochenende** enthält § 16 Jugendarbeitsschutzgesetz ein Verbot der Samstagsarbeit für Jugendliche. Grundsätzlich ausgeschlossen ist auch nach dem neuen Recht die Beschäftigung von Arbeitnehmern an Sonn- und Feiertagen.[231] Für werdende und

---

[230] Das bekannteste Beispiel ist der Tarifvertrag zur Einführung der 4-Tage-Woche bei der Volkswagen AG, abgedruckt in NZA 1994, 111.

[231] § 9 I ArbZG. Die bisher einschlägigen §§ 105a–105j sind durch das Arbeitszeitrechtsgesetz (Art. 5) gestrichen worden. Neben den Ausnahmen von Sonntagsarbeits-

III. Die Restrukturierungsmaßnahmen, Betriebsänderungen 397

stillende Mütter (§ 8 Mutterschutzgesetz) sowie für Jugendliche (§§ 17, 18 Jugendarbeitsschutzgesetz) besteht ein Verbot der Sonntagsarbeit. Mit diesen Regelungen hat Deutschland im internationalen Vergleich das restriktivste Sonntagsarbeitsverbot.[232] Daher ist das Sonntagsarbeitsverbot in den vergangenen Jahren zunehmend diskutiert worden, insbesondere, da zahlreiche Unternehmen aus technischen und wirtschaftlichen Gründen auf die Sonntagsarbeit angewiesen sind, um z. B. die Laufzeiten teurer Maschinen zu erhöhen.[233]

Bei der Änderung der Arbeitszeit ist ferner darauf zu achten, daß die gesetzlichen Vorschriften betreffend die Gewährung ausreichender **Ruhezeiten** nach Beendigung der täglichen Arbeit sowie von **Pausen** während der Arbeit beachtet werden. § 5 I ArbZG ordnet an, daß nach Beendigung der täglichen Arbeitszeit die Ruhezeit mindestens 11 Stunden betragen muß. Für Jugendliche beträgt der Zeitraum mindestens 12 Stunden (§ 13 Jugendarbeitsschutzgesetz). Bei einer Arbeitszeit von mehr als sechs Stunden sind Ruhepausen von mindestens 30 Minuten und bei einer Arbeitszeit von mehr als neun Stunden Ruhepausen von 45 Minuten zu gewähren (§ 4 ArbZG). Eine längere als sechsstündige Beschäftigung ohne Ruhepause ist gemäß § 4 Satz 3 ArbZG unzulässig.

Hinsichtlich der Durchführung und des Ergebnisses der Änderung der Arbeitszeit bestehen verschiedene Möglichkeiten. Bevor nachfolgend einzelne Arbeitszeitmodelle dargestellt werden, sollen zunächst die verschiedenen rechtlichen Möglichkeiten der Durchführung von Arbeitszeitänderungen aufgezeigt werden. 153

aa) Durchführung von Arbeitszeitänderungen.

(1) Individualrechtlich. Die Änderung der Arbeitszeit kommt zunächst auf der individualrechtlichen Ebene in Betracht, wobei im unproblematischsten Fall die **Weisung** ausreicht. 154

Die Dauer der Pflicht zur Arbeitsleistung wird grundsätzlich im Arbeitsvertrag festgelegt. Fehlt eine ausdrückliche Bestimmung, ist der zeitliche Umfang der geschuldeten Arbeitsleistung im Wege der ergänzenden Vertragsauslegung festzustellen.[234]

Nur in besonders gelagerten Ausnahmefällen hat der Arbeitgeber bezüglich der Dauer der Arbeitszeit ein Weisungsrecht. Dies ergibt sich daraus, daß von der Dauer der Arbeitszeit in der Regel die Höhe des Einkommens des Arbeitnehmers abhängt und somit die Arbeitszeit ein

---

verbot, § 10 ArbZG, die bisher in der GewO geregelt waren, ist neu die Zulässigkeit industrieller Sonntagsarbeit gemäß § 13 V ArbZG zur Sicherung der Konkurrenzfähigkeit gegenüber dem Ausland; vgl. dazu Zmarzlik, DB 1994, 1082, 1086.

[232] Siehe Loritz, Möglichkeiten und Grenzen der Sonntagsarbeit, 1989, S. 151 ff.

[233] Siehe Mattner, Sonn- und Feiertagsrecht, 2. Auflage 1991; Richardi, Grenzen industrieller Sonntagsarbeit, 1988.

[234] Siehe Richardi in: Münchener Handbuch Arbeitsrecht, Band 1, § 12 RN 56.

entscheidender Aspekt des Arbeitsverhältnisses ist, der nicht ohne weiteres zur Disposition einer Partei gestellt werden soll. Entscheidend ist daher für die Frage der Weisungsbefugnis des Arbeitgebers, ob und inwieweit ihm eine solche aufgrund des Arbeitsvertrages zusteht.[235] Ist im Arbeitsvertrag eine konkrete Regelung über die Dauer der Arbeitszeit enthalten, so geht diese dem Weisungsrecht vor. Ist der zeitliche Umfang der geschuldeten Arbeitsleistung dagegen im Arbeitsvertrag nur rahmenmäßig bestimmt, ist der Arbeitgeber berechtigt, diesen Rahmen durch Einzelweisung auszufüllen. Er muß dabei jedoch die Grundsätze billigen Ermessens (§ 315 I BGB) wahren,[236] insbesondere die Umstände des Einzelfalles genau abwägen und die beiderseitigen Interessen an der Regelung der Arbeitszeit angemessen berücksichtigen. Darüber hinaus muß er sich im Rahmen des rechtlich Zulässigen halten, kann also beispielsweise nicht eine regelmäßige Wochenarbeitszeit von 45 Stunden anweisen. Inwieweit der Arbeitgeber diese Grundsätze beachtet hat, unterliegt der gerichtlichen Billigkeitskontrolle (§ 315 III Satz 2 BGB).[237]

155 Neben dem Einzelarbeitsvertrag kann die Ermächtigung des Arbeitgebers zur einseitigen Bestimmung der Arbeitszeit auch in einem **Tarifvertrag** enthalten sein. Tarifverträge sind heute für die Regelung der Arbeitszeit von immenser Wichtigkeit, was nicht zuletzt die Auseinandersetzungen zwischen Unternehmen und Gewerkschaften bei der Frage der Arbeitszeitverkürzung bei vollem oder reduziertem Lohnausgleich zeigen.

Viele Tarifverträge[238] sehen heute eine Ermächtigung der Arbeitgeber zur Anordnung der Unterschreitung der regelmäßigen Arbeitszeit vor. Zum einen findet sich vielfach die Ermächtigung für den Arbeitgeber, an Tagen vor oder zwischen Sonn- und Feiertagen oder an örtlichen Festtagen die Arbeit ruhen zu lassen. Ohne eine solche tarif- oder einzelvertragliche Ermächtigung könnte der Arbeitgeber einen Ausfall der Arbeit mit der Folge des Lohnfortfalles nicht anordnen.

Ähnliches gilt auch für die Einführung von Kurzarbeit.[239]

Bei Störungen des Betriebsablaufs kann unter bestimmten Voraussetzungen eine vorübergehende Verkürzung der regelmäßigen Arbeitszeit zulässig sein. Auch in diesem Fall ist eine einseitige Maßnahme durch den Arbeitgeber nur aufgrund besonderer Ermächtigung im Tarifvertrag oder Einzelarbeitsvertrag zulässig. Ist ein Arbeitgeber im Falle einer Massenentlassung im Sinne des § 17 KSchG nicht in der Lage, die Arbeitnehmer bis zu dem in § 18 I und II KSchG bezeichneten Zeitpunkt

---

[235] BAG 27.03.1980 und 20.12.1984, AP Nr. 26 und 27 zu § 611 BGB Direktionsrecht.
[236] BAG 27.03.1980 und 20.12.1984, AP Nr. 26 und 27 zu § 611 BGB Direktionsrecht.
[237] BAG 19.06.1985, AP Nr. 11 zu § 4 BAT.
[238] Vgl. z. B. den Tarifvertrag der Volkswagen AG, NZA 1994, 111.
[239] Siehe dazu im einzelnen nachstehend RN 179.

III. Die Restrukturierungsmaßnahmen, Betriebsänderungen

(Sperrfrist) voll zu beschäftigen, so kann das Landesarbeitsamt gemäß § 19 I KSchG zulassen, daß der Arbeitgeber für die Zwischenzeit Kurzarbeit einführt. Der Arbeitgeber ist dann gemäß § 19 II KSchG berechtigt, Lohn oder Gehalt der mit verkürzter Arbeitszeit beschäftigten Arbeitnehmer entsprechend ab dem Zeitpunkt zu kürzen, an dem das Arbeitsverhältnis nach den allgemeinen gesetzlichen oder den vereinbarten Bestimmungen enden würde. Gemäß § 19 III KSchG werden tarifvertragliche Bestimmungen über die Einführung, das Ausmaß und die Bezahlung von Kurzarbeit hierdurch nicht berührt.

Während hinsichtlich der Dauer der Arbeitszeit die einseitigen Gestaltungsmöglichkeiten des Arbeitgebers recht gering sind, kann der Arbeitgeber hinsichtlich der **Lage der Arbeitszeit** (z.B. Beginn und Ende der täglichen Arbeitszeit, Lage der Pausen und Verteilung des zeitlichen Umfanges der geschuldeten Arbeitsleistung auf die einzelnen Wochentage etc.) Anordnungen im allgemeinen kraft seines Weisungsrechtes treffen.[240] Allerdings ist bei Vorhandensein eines Betriebsrats stets dessen Mitbestimmungsrecht zu beachten (§ 87 I Nr. 2 BetrVG).[241] **156**

Für die Änderung der Arbeitszeit kommt auch die **Änderungskündigung** in Betracht. **157**

Die Legaldefinition des Begriffs der Änderungskündigung des Arbeitgebers findet sich in § 2 Satz 1 KSchG. Danach ist eine Änderungskündigung gegeben, wenn der Arbeitgeber das Arbeitsverhältnis kündigt und dem Arbeitnehmer gleichzeitig die Fortsetzung des Arbeitsvertrages zu geänderten Arbeitsbedingungen anbietet. Gleiches gilt auch umgekehrt im Verhältnis des Arbeitnehmers zum Arbeitgeber.

Das Institut der Änderungskündigung hat in der Praxis zunehmend an Bedeutung gewonnen. Sie zielt darauf ab, den Arbeitnehmer zwar im Betrieb weiterhin zu beschäftigen, aber zu anderen Arbeitsbedingungen als bisher. Die Änderungskündigung kommt unter Reorganisationsgesichtspunkten folglich in Betracht, wenn der Arbeitgeber z.B. beabsichtigt, die Arbeitszeit an veränderte Bedürfnisse anzupassen, die Vergütung des Arbeitnehmers zu reduzieren oder übertarifliche Leistungen abzubauen. Darüber hinaus kann sie dazu dienen, den Arbeitnehmer aus betriebsorganisatorischen Gründen auf einen anderen Arbeitsplatz zu versetzen, weil er dort z.B. effektiver eingesetzt werden kann.

Eine Änderungskündigung hat die **Kündigung des gesamten Arbeitsverhältnisses** zum Gegenstand; eine Kündigung nur einzelner Bestandteile des Arbeitsvertrages ist dagegen unzulässig. Darüberhinaus muß der Arbeitgeber dem Arbeitnehmer die unbefristete Fortsetzung des Arbeitsverhältnisses zu geänderten Bedingungen anbieten. Diese Erklärungen

---

[240] BAG 19.06.1985, AP Nr. 11 zu § 4 BAT; BAG 25.10.1989, AP Nr. 36 zu § 611 BGB Direktionsrecht.
[241] Siehe dazu nachstehend RN 165.

können gleichzeitig oder zeitlich versetzt abgegeben werden. Nimmt der Arbeitnehmer die Änderungen der Arbeitsbedingungen an, besteht das Arbeitsverhältnis zu den geänderten Bedingungen fort. Besondere kündigungsschutzrechtliche Vorschriften greifen in diesem Fall nicht ein. Es handelt sich vielmehr um eine einvernehmliche Vertragsänderung.

Problematischer sind dagegen die Fälle, in denen der Arbeitnehmer das Änderungsangebot des Arbeitgebers ablehnt oder nur unter einem Vorbehalt annimmt.

Wird das Änderungsangebot abgelehnt, bleibt die Kündigung des Arbeitsverhälnisses, damit also eine Beendigungskündigung, bestehen. Fraglich ist, ob diese Beendigungskündigung nach § 1 KSchG auf ihre soziale Rechtfertigung zu überprüfen ist, oder ob das (abgelehnte) Angebot der Weiterbeschäftigung zu einem anderen Rechtmäßigkeitsmaßstab führen muß.[242] Sicherlich wird sich der Arbeitnehmer zur Begründung seiner Weiterbeschäftigungsmöglichkeit nicht auf die Möglichkeit berufen können, die er zuvor abgelehnt hat. Er kann aber geltend machen, daß er anders habe weiterbeschäftigt werden können, als ihm dies vom Arbeitgeber angeboten worden war. Tut er dies, so ist zu prüfen, inwieweit das „Ob" und das „Wie" der ursprünglich ausgesprochenen Änderungskündigung sozial gerechtfertigt war.[243] Damit führt die Ablehnung des Änderungsangebotes gegenüber der Beendigungskündigung zwar zu einem veränderten, nicht aber zu einem reduzierten Prüfungsmaßstab.

Nimmt der Arbeitnehmer die Änderung der Arbeitsbedingungen unter dem Vorbehalt an, daß sie nicht sozial ungerechtfertigt sind, kann er Änderungsschutzklage erheben und dies gerichtlich überprüfen lassen (§ 4 Satz 2 KSchG). Der Arbeitnehmer muß den Vorbehalt innerhalb der Kündigungsfrist, spätestens jedoch innerhalb von drei Wochen nach Zugang der Kündigung erklären. Die Geltendmachung des Vorbehaltes kann auch in der Erhebung der Änderungsschutzklage liegen.

158 Die Änderung der Arbeitsbedingungen ist sozial gerechtfertigt, wenn sie aus personenbedingten oder verhaltensbedingten Gründen oder aufgrund dringender betrieblicher Erfordernisse unvermeidbar ist und die neuen Bedingungen für den Arbeitnehmer unter Berücksichtigung des Verhältnismäßigkeitsgrundsatzes annehmbar sind.[244] Dies gilt sowohl hinsichtlich des „Ob" als auch des „Wie" der Änderung. Ist zwar die Änderung grundsätzlich gerechtfertigt, aber ist sie so, wie sie konkret erfolgen sollte, sozial ungerechtfertigt, ist die Änderungskündigung insgesamt unwirksam. Das Arbeitsverhältnis besteht dann mit seinem ursprünglichen Inhalt fort; eine Vertragsanpassung durch das Gericht kommt nicht in Betracht.

---

[242] BAG 07.06.1973, AP Nr. 1 zu § 626 BGB Änderungskündigung.
[243] Vgl. Berkowsky in: Münchener Handbuch Arbeitsrecht, Band 2, § 142 RN 20.
[244] Siehe BAG 06.03.1986, NZA 1987, 102.

III. Die Restrukturierungsmaßnahmen, Betriebsänderungen

Eine Änderungskündigung aus personenbedingten Gründen ist denkbar, wenn der Arbeitnehmer auf seinem bisherigen Arbeitsplatz seine vertraglich geschuldete Leistung nicht mehr erbringen kann infolge von Umständen, die in seiner Person liegen, er aber für einen anderen (freien) Arbeitsplatz nach wie vor geeignet ist.[245] Eine verhaltensbedingte Änderungskündigung ist z.B. möglich, wenn durch das Verhalten des Arbeitnehmers das Vertrauen des Arbeitgebers nur bezüglich eines Teilbereiches gestört wurde, in anderen Bereichen dagegen nach wie vor besteht.

159

Wichtigster Fall für die Reorganisationspraxis ist allerdings die betriebsbedingte Änderungskündigung. Dabei ist zu unterscheiden, ob mit der Änderungskündigung nur bestimmte Arbeitsvertragsbedingungen eines Arbeitnehmers, nicht aber sein Arbeitsbereich selbst geändert werden sollen, oder ob von der Änderung auch der Arbeitsbereich erfaßt werden soll.

160

Bezweckt der Arbeitgeber die bloße **Änderung der Arbeitsvertragsbedingungen** ohne Änderung des Arbeitsbereiches, ist dies nur dann sozial gerechtfertigt, wenn die Änderungskündigung in der geplanten Art und Weise und in dem vorgesehenen Umfang erforderlich und geeignet ist, das mit ihr erstrebte Unternehmensziel (z.B. Kostensenkung) zu erreichen. Der Arbeitgeber sollte daher bei Ausspruch einer betriebsbedingten Änderungskündigung das hierdurch angestrebte Unternehmensziel genau definieren.[246]

Nach der Rechtsprechung des BAG liegt beispielsweise ein dringendes betriebliches Erfordernis für eine betriebsbedingte Änderungskündigung vor, wenn ein Arbeitgeber, der grundsätzlich nach Tarif bezahlt, eine irrtümlich gewährte **übertarifliche Bezahlung** auf das tarifgerechte Maß zurückführen will.[247] Dies gilt jedoch nicht, wenn die übertarifliche Bezahlung mit Wissen und Wollen des Arbeitgebers erfolgte. In diesen Fällen muß der Arbeitgeber über sein Interesse an einer gleichmäßigen tariflichen Vergütung hinaus weitere Gründe dafür darlegen, warum die Änderungskündigung des konkreten Arbeitsverhältnisses sozial gerechtfertigt ist.[248]

Soll durch die Änderungskündigung der **Arbeitsbereich** des betroffenen Arbeitnehmers geändert werden, ist dies aus betriebsbedingten Gründen nur dann möglich, wenn der Arbeitsplatz des betroffenen Arbeitnehmers weggefallen ist bzw. wegfallen wird. Eine Änderungskündigung, durch die die Versetzung auf einen anderen Arbeitsplatz innerhalb des Betriebes angestrebt wird, ohne daß der bisherige Arbeitsplatz des

---

[245] BAG 03.11.1977, NJW 1978, 2168.
[246] Vgl. vorstehend RN 157.
[247] BAG 15.03.1991, NZA 1992, 120.
[248] Siehe dazu Berkowsky in: Münchener Handbuch Arbeitsrecht, Band 2, § 142 RN 32.

Arbeitnehmers weggefallen ist bzw. wegfällt, ist nicht sozial gerechtfertigt. Eine solche Änderung des Arbeitsbereiches – etwa, um den Arbeitnehmer effektiver einsetzen zu können – kann der Arbeitgeber nur im Rahmen seines Direktionsrechtes bzw. im Einvernehmen mit dem Arbeitnehmer erreichen; sie wird nicht von § 1 II KSchG erfaßt und ist deshalb sozial ungerechtfertigt.[249]

Im Rahmen einer betriebsbedingten Änderungskündigung ist – ebenso wie bei einer betriebsbedingten Beendigungskündigung – eine **soziale Auswahl** durchzuführen (§ 2 Satz 1 KSchG in Verbindung mit § 3 III Satz 1 und 2 KSchG). Allerdings ist nach der Rechtsprechung des BAG abweichend von der Beendigungskündigung nicht zu prüfen, wer durch den Verlust seines Arbeitsplatzes am wenigsten hart betroffen wird, sondern es kommt darauf an, welchem Arbeitnehmer die geänderten Arbeitsbedingungen in sozialer Hinsicht am ehesten zugemutet werden können.[250] Dabei kommt es nicht auf einen Vergleich zwischen der Dauer des Lebensalters und der Länge der Betriebszugehörigkeit an, sondern darauf, welcher Arbeitnehmer sich aufgrund seiner persönlichen Eigenschaften (z.B. schnelle Auffassungsgabe, Anpassungsfähigkeit, Gesundheitszustand etc.) schneller auf die neue Tätigkeit einstellen kann.

Auch für die Vergleichbarkeit der Arbeitnehmer sind nach der Rechtsprechung des BAG bei einer betriebsbedingten Änderungskündigung andere Maßstäbe als bei einer betriebsbedingten Beendigungskündigung anzuwenden. Danach muß zu der Vergleichbarkeit der Arbeitnehmer nach ihren bisherigen Tätigkeiten kommen, daß sie auch für die Tätigkeit, die sie aufgrund der Änderungskündigung ausüben sollen, gleich geeignet sind.[251] Diese Rechtsprechung des BAG ist in der Literatur mit Recht auf erhebliche Kritik gestoßen.[252]

161 Im Rahmen einer Änderungskündigung sind schließlich noch die **Mitbestimmungs- und Mitwirkungsrechte des Betriebsrates** zu beachten. Hier kann das Anhörungs- bzw. Zustimmungsverfahren nach §§ 102, 103 BetrVG je nach Fallgestaltung mit weiteren Mitwirkungsrechten nach §§ 87 ff., 99 ff. BetrVG konkurrieren.

Vor Ausspruch jeder Änderungskündigung ist der Betriebsrat zu hören (§ 102 I BetrVG).[253] Damit der Betriebsrat die geplante Änderungskündigung angemessen beurteilen kann, hat der Arbeitgeber den Betriebsrat über die Kündigung und das Änderungsangebot vollständig zu unterrichten.

---

[249] Vgl. Berkowsky in: Münchener Handbuch Arbeitsrecht, Band 2, § 142 RN 34.
[250] BAG 13.06.1986, NZA 1987, 155.
[251] BAG 13.06.1986, NZA 1987, 155.
[252] Siehe dazu im einzelnen Berkowsky in: Münchener Handbuch Arbeitsrecht, Band 2, § 142 RN 38 ff.
[253] Vgl. BAG 10.03.1982, AP Nr. 2 zu § 2 KSchG 1969.

III. Die Restrukturierungsmaßnahmen, Betriebsänderungen

Soll die Änderungskündigung zur Durchsetzung einer Versetzung oder Umgruppierung dienen,[254] tritt die Beteiligung des Betriebsrates nach § 102 BetrVG neben die Mitwirkungsrechte gemäß §§ 99 ff. BetrVG;[255] die Verfahren können jedoch miteinander verbunden werden. Probleme können bei einer gleichzeitigen Durchführung beider Verfahren jedoch auftreten, wenn der Betriebsrat bei seiner Antwort nicht eindeutig zu erkennen gibt, ob er eine einheitliche Stellungnahme abgeben will oder ob er etwa der Versetzung zustimmen, die Kündigung aber ablehnen will.[256]

Gemäß § 87 I BetrVG hat der Betriebsrat ein Mitbestimmungsrecht, wenn mit der Änderungskündigung beispielsweise die Einführung von Schichtarbeit, eine Umverteilung der Arbeitszeit oder eine Änderung der betrieblichen Lohngestaltung erreicht werden soll. Eine ohne die erforderliche Mitbestimmung durchgeführte Änderungskündigung ist in diesen Fällen unwirksam.[257]

Eine **Änderungskündigung** ist im Verhältnis zur Beendigungskündigung **vorrangig**. Nach der Rechtsprechung bezieht sich diese Vorrangigkeit sowohl auf die außerordentliche als auch auf die ordentliche Beendigungskündigung.[258] Der Arbeitgeber muß deshalb vor jeder Beendigungskündigung von sich aus dem Arbeitnehmer eine beiden Parteien mögliche und zumutbare Weiterbeschäftigung auf einem freien Arbeitsplatz auch zu geänderten Bedingungen anbieten. Tut der Arbeitgeber dies nicht, ist die Kündigung sozial ungerechtfertigt und damit unwirksam.[259]

Eine **einvernehmliche Änderung** der Arbeitszeit kommt immer dann in **162** Betracht, wenn eine Vertragspartei nicht schon einseitig – durch Weisung oder Änderungskündigung – eine Änderung erreichen kann. Insoweit gelten die allgemeinen Grundsätze des Vertragsrechts. Mitbestimmungsrechte sind, da sie einen kollektiven Tatbestand voraussetzen, nur zu beachten, wenn der Abschluß einer Vielzahl gleichlautender Einzelvereinbarungen zu einer Umgehung des Mitbestimmungsrechts führen würde.[260]

(2) Kollektivrechtlich. Bei der Änderung der Arbeitszeit durch **Tarif- 163 vertrag** ist im Regelfall davon auszugehen, daß dem einzelnen Arbeitgeber nur ein geringer Einfluß zukommt, da er häufig über die Verbandsmitgliedschaft an tarifliche Normen gebunden ist und daher das Verhandlungsergebnis nicht unmittelbar bestimmen kann.

---

[254] Siehe Schaub in: Hromadka, Änderung von Arbeitsbedingungen, S. 144 ff.
[255] Siehe BAG 30.09.1993, NZA 1994, 615; BAG 03.11.1977, NJW 1978, 2168.
[256] Zu den Konsequenzen, die sich ergeben, wenn der Betriebsrat teilweise seine Zustimmung verweigert, siehe Schaub in: Hromadka, Änderung von Arbeitsbedingungen sowie BAG 30.09.1993, NZA 1994, 615.
[257] Siehe BAG 16.09.1986, BB 1986, 1851.
[258] Siehe BAG 27.09.1984, DB 1985, 1186.
[259] Siehe im einzelnen dazu vorstehend RN 128.
[260] Vgl. Fitting u. a., BetrVG, § 87 RN 19 m. w. N.

Eine andere Situation kann sich ergeben, wenn der Arbeitgeber einen **Haustarifvertrag** geschlossen hat. Hier hat er selbst unmittelbaren Einfluß auf die Tarifverhandlungen und damit auf die Regelungen des Haustarifvertrages über die Arbeitszeit. Diese Möglichkeit, die Arbeitszeit abweichend von den Vorstellungen eines großen Verbandes zu vereinbaren, mag für einen Arbeitgeber Grund für den Abschluß eines Haustarifvertrages und gegebenenfalls auch für den Austritt aus dem Verband sein. Der Haustarifvertrag geht dem Verbandstarifvertrag vor, falls es in der Austrittsfrist zu einer Tarifkonkurrenz kommt.[261]

164 Für die Regelung der Arbeitszeit und folglich auch für die Änderung der Arbeitszeit durch eine **Betriebsvereinbarung** sind eine Reihe von Schranken gesetzt.

So schließt zwar der in § 87 I Satz 1 BetrVG geregelte sog. **Tarifvorrang** nur die erzwingbare Mitbestimmung, nicht aber freiwillige Vereinbarungen auf Betriebsebene (§ 88 BetrVG) aus, doch scheidet gemäß § 77 III BetrVG (sog. Tarifvorbehalt) eine Betriebsvereinbarung zur Regelung des Inhalts des Arbeitsverhältnisses bei tatsächlicher oder auch nur üblicher Regelung derselben Materie durch tarifliche Bestimmungen aus; dies gilt auch für günstigere Betriebsvereinbarungen.[262] Da für die Regelung der Arbeitszeit regelmäßig eine tarifliche Norm vorliegen oder zumindest üblich sein wird, ist die Änderung der Arbeitszeit durch Betriebsvereinbarung häufig unmöglich.

Etwas anderes kommt allerdings in Betracht, wenn der die Arbeitszeit bestimmende Tarifvertrag gekündigt wurde und daher gemäß § 4 V TVG lediglich noch die sog. **Nachwirkung** entfaltet. In diesem Fall kann er entsprechend § 4 V TVG „durch eine andere Abmachung ersetzt werden." Dies bedeutet grundsätzlich, daß wegen des Fortfalls der zwingenden Wirkung des nachwirkenden Tarifvertrages eine abweichende Vereinbarung auch durch Betriebsvereinbarung und Individualvertrag begründet werden kann.[263] Gleichwohl ist zu beachten, daß durch § 4 V TVG die allgemein bestehende Regelungsbefugnis durch Betriebsvereinbarung nicht erweitert wird. Dies bedeutet, daß Tarifnorminhalte, die – z.B aufgrund der Tarifüblichkeitssperre aus § 77 III BetrVG – nicht Gegenstand einer Betriebsvereinbarung sein können, auch bei lediglich nachwirkendem Tarifvertrag nicht durch eine Betriebsvereinbarung abgeändert werden können.[264] Lediglich wenn mit einem Folgetarifvertrag nicht zu rechnen ist, kann eine Betriebsvereinbarung mangels

---

[261] Vgl. Löwisch/Rieble, TVG, § 4 RN 301, 306; Wiedemann/Stumpf, TVG, § 4 RN 165.
[262] Fitting u. a., BetrVG, § 77 RN 70.
[263] Vgl. BAG 24.2.1987, AP Nr. 21 zu § 77 BetrVG 1972; Löwisch/Rieble, TVG, § 4 RN 228 m. w. N.
[264] Vgl. Löwisch/Rieble, TVG, § 4 RN 230; Fitting u. a., BetrVG, § 87 RN 13.

III. Die Restrukturierungsmaßnahmen, Betriebsänderungen

Üblichkeit einer Tarifregelung den nachwirkenden Tarifvertrag ersetzen.[265]

Die Sperrwirkung des Tarifvertrages und der Tarifüblichkeit entfällt jedoch, wenn der Tarifvertrag den Abschluß ergänzender Betriebsvereinbarungen ausdrücklich zuläßt (§ 77 III Satz 2 BetrVG). In einer solchen Konstellation kann die Arbeitszeit durch Betriebsvereinbarung verändert werden. Dies gilt dann auch für eine nachfolgende Betriebsvereinbarung, die die „alte" Regelung dann entsprechend des Grundsatzes lex posterior derogat legi priori ersetzt.

Im Verhältnis zu Individualvereinbarungen über die Arbeitszeit gilt, falls eine Regelung der Arbeitszeit durch Betriebsvereinbarung in Betracht kommt, das **Günstigkeitsprinzip**, welches vom BAG aus § 77 IV BetrVG abgeleitet wird.[266] Der danach erforderliche (individuelle) Günstigkeitsvergleich ist in der Form vorzunehmen, daß die Ansprüche zu vergleichen sind, die dem von der vertraglichen Regelung begünstigten und von der nachfolgenden Betriebsvereinbarung betroffenen Arbeitnehmer zustehen.[267] Naturgemäß würde dieser Günstigkeitsvergleich bei unterschiedlichen Regelungen der Arbeitszeit schwierig zu entscheiden sein.

(3) Betriebliches Mitbestimmungsrecht. Das betriebliche Mitbestimmungsrecht des Betriebsrates wird hinsichtlich der Arbeitszeit regelmäßig aufgrund des Tarifvorrangs bzw. des Tarifvorbehalts (§ 87 I Satz 1 bzw. § 77 III BetrVG) ausgeschlossen sein. **165**

Unberührt bleibt allerdings die Mitbestimmung gemäß § 87 Abs. 1 Nr. 2 BetrVG im Hinblick auf die Verteilung der Arbeitszeit auf die einzelnen Wochentage sowie auf den Beginn und das Ende der täglichen Arbeitszeit.

bb) Arbeitszeitmodelle

(1) Mehrarbeit/Überarbeit. Grundsätzlich ist der Arbeitnehmer nur verpflichtet, die vertraglich vereinbarte Normalarbeitszeit zu erbringen. Im Einzelfall kann jedoch eine Verlängerung der Arbeitszeit in Betracht kommen durch Mehrarbeit oder Überarbeit. **166**

Unter **Mehrarbeit** ist jede die gesetzliche regelmäßige Arbeitszeit im Sinne des § 3 ArbZG überschreitende Arbeitszeit zu verstehen, also insbesondere die Überschreitung der gesetzlichen Normalarbeitszeit von 48 Stunden pro Woche.[268] Sie liegt auch vor, wenn von den gesetzlichen Ausnahmen von der Normalarbeitszeit z.B. nach § 7 ArbZG Gebrauch gemacht wird.[269] Eine dem § 15 AZO entsprechende Vorschrift, wonach **167**

---

[265] Löwisch/Rieble, TVG, § 4 RN 230; Fitting u.a., BetrVG, § 77 RN 75.
[266] BAG NZA 1987, 168 = DB 1987, 383.
[267] BAG 16.09.1986, AP Nr.17 zu § 77 BetrVG 1972.
[268] Siehe Zöllner/Loritz, Arbeitsrecht, § 15 II 3.
[269] Siehe vorstehend RN 150.

Mehrarbeit mit einem Zuschlag zu vergüten war, fehlt im ArbZG. Demnach richtet sich die Mehrarbeitsvergütung in Zukunft allein nach den im Arbeits- oder Tarifvertrag getroffenen Vereinbarungen.

168 Überarbeit („Überstunden") liegt demgegenüber vor, wenn die regelmäßige betriebliche Arbeitszeit, wie sie kollektiv- oder individualvertraglich vereinbart ist, überschritten wird. In aller Regel wird Überarbeit nicht gleichzeitig Mehrarbeit darstellen, da inzwischen in den meisten Betrieben die regelmäßige Arbeitszeit unterhalb der gesetzlichen Normalarbeitszeit von 8 Stunden liegt. Theoretisch besteht jedoch die Möglichkeit, daß im Rahmen des § 7 ArbZG[270] durch Tarifvertrag eine über der gesetzlichen Normalarbeitszeit liegende betriebliche Normalarbeitszeit vereinbart wird. In diesen Fällen wäre gesetzliche Mehrarbeit dann nicht notwendig Überarbeit.[271] Allerdings wird von dieser Regelungsmöglichkeit in der Praxis wenig Gebrauch gemacht, weil die Gewerkschaften solche tarifvertraglichen Regelungen nur selten akzeptieren.

Die Vergütungspflicht des Arbeitgebers im Fall von Überarbeit, die nicht gleichzeitig Mehrarbeit ist, richtet sich nach den getroffenen einzel- oder kollektivvertraglichen Vereinbarungen. Oftmals wird statt der Zahlung einer zusätzlichen Vergütung eine Kompensation in Form von Freizeitausgleich vereinbart. Bei höheren Angestellten hingegen wird vielfach der Arbeitsvertrag derart gestaltet oder dahin auszulegen sein, daß Überstunden durch das normale Gehalt abgegolten sind. Besteht eine Vergütungspflicht, ergibt sich daraus nicht, daß die zu zahlende Vergütung entsprechend eines gegebenenfalls vereinbarten Mehrarbeitszuschlags zu vergüten ist. Auch die Höhe der Vergütung richtet sich nach den Vereinbarungen in Kollektiv- oder Einzelverträgen oder ergibt sich bei Fehlen solcher Abreden aus der Branchen- oder Betriebsüblichkeit.[272]

Da der Arbeitnehmer grundsätzlich nur verpflichtet ist, die vertraglich vereinbarte Normalarbeitszeit zu erbringen, muß eine zusätzliche Vereinbarung schriftlich, mündlich oder durch schlüssiges Verhalten getroffen werden, wenn er zusätzliche Arbeit leisten soll.

Kraft seines Direktionsrechtes kann der Arbeitgeber dagegen regelmäßig nur in Ausnahmesituationen (Notfällen) verlangen, daß der Arbeitnehmer aufgrund seiner Treuepflicht Überarbeit leistet.

Einer einzelvertraglichen Vereinbarung bedarf es dann nicht, wenn bereits eine Betriebsvereinbarung über die Einführung von Überarbeit abgeschlossen ist.

Gemäß § 87 I Nr. 3 BetrVG besteht ein zwingendes Mitbestimmungsrecht des Betriebsrates, ob und in welchem Umfang von welchen Arbeit-

---

[270] Siehe vorstehend RN 151.
[271] Vgl. Zöllner/Loritz, Arbeitsrecht, § 15 II 3.
[272] Vgl. Zöllner/Loritz, Arbeitsrecht, § 15 II 3.

III. Die Restrukturierungsmaßnahmen, Betriebsänderungen

nehmern Überarbeit geleistet werden soll, und wie die zeitliche Verteilung der geänderten Arbeitszeit auf die einzelnen Wochentage vorgenommen werden soll.[273] Der Betriebsrat und der Arbeitgeber können die Einführung der Überarbeit sowohl durch eine formlose Regelungsabsprache als auch durch eine Betriebsvereinbarung regeln, die gemäß § 77 IV Satz 1 BetrVG gegenüber den Arbeitnehmern des Betriebes eine unmittelbare und zwingende Wirkung entfaltet und daher automatisch im Einzelarbeitsverhältnis gilt; der Transformation des Vereinbarten in das Einzelarbeitsverhältnis wie im Falle einer bloßen Regelungsabsprache bedarf es nicht.[274]

Darüber hinaus haben die Tarifpartner die Möglichkeit, im Tarifvertrag einen Rahmen oder eine Höchstgrenze für die Zahl der wöchentlich oder monatlich zu leistenden Überstunden festzuschreiben.

Für den Arbeitgeber stellt die Überarbeit die sachgerechteste und auch notwendige Möglichkeit dar, kurzfristige personelle Engpässe, die durch Urlaub, Krankheit oder andere Abwesenheitszeiten der Arbeitnehmer entstehen, zu überbrücken, so daß sie insbesondere dazu dient, den Personalbestand des Betriebes auf einem möglichst niedrigem Niveau zu belassen und damit Kosten einzusparen. Allerdings ist zu beachten, daß die Einführung der Überarbeit, soweit ein kollektiver Bezug gegeben ist, nur im Zusammenwirken mit dem Betriebsrat erfolgen kann. Aus Sicht der Arbeitnehmer bietet die Überarbeit den Vorteil, daß sich dadurch ihr Lohn erhöht, sofern nicht ein Freizeitausgleich vereinbart ist.

Will der Arbeitgeber das Arbeitszeitvolumen wieder reduzieren, so ist der Abbau von Überarbeit bzw. Überstunden mitbestimmungsfrei.[275]

(2) Schichtarbeit. Unter Schichtarbeit wird die Aufteilung der betrieblichen Arbeitszeit in mehrere Zeitabschnitte mit versetzten Anfangszeiten bzw. unterschiedlicher Lage sowie unterschiedlicher Dauer verstanden. Die Schichtarbeit beinhaltet also die Möglichkeit, die **Lage der Arbeitszeit**, nicht aber deren Dauer, zu verändern.

Auch bei der Einführung von Schichtarbeit sind die gesetzlichen Arbeitszeit- und Schutzregelungen zu beachten (§ 6 ArbZG). Die regelmäßige werktägliche Arbeitszeit von 8 Stunden (§ 3 ArbZG) darf grundsätzlich auch bei der Schichtarbeit nicht überschritten werden. Die bereits oben genannten Ausnahmen von dieser Regelung gelten jedoch auch hier.

Durch die Arbeitsschutzgesetze ist für bestimmte Gruppen von Arbeitnehmern die Schichtarbeit nur eingeschränkt möglich. So ist z.B. für Jugendliche nach § 14 II Nr. 2 JArbSchG die Arbeit im Mehrschichtbe-

---

[273] Fitting/Auffahrt/Kaiser/Heither, BetrVG, § 87 RN 50.
[274] Vgl. Zöllner/Loritz, Arbeitsrecht, § 46 II 1.
[275] Vgl. BAG 25.10.1977, BB 1978, 610.

trieb nur von 6.00 Uhr bis 23.00 Uhr gestattet. Werdende und stillende Mütter dürfen nicht zwischen 22.00 Uhr und 6.00 Uhr beschäftigt werden und keine Mehrarbeit über 8,5 Stunden pro Tag leisten (§ 8 I und II Nr. 3 MuSchG). Auch das Sonntagsarbeitsverbot sowie seine Ausnahmen sind bei der Gestaltung der Schichtarbeit zu beachten (§§ 9 ff. ArbZG).

In der arbeitsrechtlichen Literatur ist umstritten, ob der Arbeitgeber bereits aufgrund seines Weisungsrechtes die Schichtarbeit in seinem Betrieb einführen kann. Daher empfiehlt es sich, bereits bei Abschluß des Einzelarbeitsvertrages mit dem Arbeitnehmer zumindest die Option für die Einführung der Schichtarbeit zu vereinbaren. Falls dies versäumt wurde, besteht nachträglich die Möglichkeit, im Wege einer Änderungskündigung vorzugehen. Generell ist für die Umverteilung der Arbeitszeit durch Schichtarbeit eine entsprechende einzelvertragliche Vereinbarung erforderlich.

Regelungen über die Einführung und Gestaltung von Schichtarbeit können allerdings auch im Tarifvertrag enthalten sein. Soweit ein entsprechender Tarifvertrag vorhanden und der Arbeitgeber hieran gebunden ist, scheidet die Möglichkeit einer einzelvertraglichen Vereinbarung grundsätzlich aus.

Da die Schichtarbeit als solche sowohl Auswirkungen auf Beginn und Ende der täglichen Arbeitszeit als auch auf die Verteilung der Arbeitszeit auf die einzelnen Wochentage hat, besteht ein zwingendes Mitbestimmungsrecht des Betriebsrates gemäß § 87 I Nr. 2 BetrVG. Dies gilt bereits dann, wenn Schichtarbeit nur für einzelne Arbeitsplätze eingeführt werden soll. Das Mitbestimmungsrecht erstreckt sich auf die Erstellung des einzelnen Schichtplanes, sofern zwischen Betriebsrat und Arbeitgeber nicht zuvor allgemeine Grundsätze über deren Aufstellung vereinbart wurden. Ist dies der Fall, kann der Arbeitgeber innerhalb des vereinbarten Rahmens die Schichtpläne alleine aufstellen.[276] Schließlich kommt das Mitbestimmungsrecht auch dann zum Tragen, wenn einzelne Arbeitnehmer die Schicht wechseln sollen.

Das Flexibilisierungspotential, das mit der Einführung der Schichtarbeit verbunden ist, besteht in erster Linie darin, daß einmal eine Option zur Veränderung der Arbeitszeit ausgeübt werden kann. Ist dies geschehen, so besteht wiederum eine starre Arbeitszeit.

Für den Arbeitgeber hat die Schichtarbeit den weiteren Vorteil, daß sie zu einer effektiveren Ausnutzung der technischen Einrichtung seines Betriebes führt, weil insbesondere die Maschinenlaufzeiten erheblich ausgedehnt werden können. Deutlich wird dies insbesondere beim Dreischichtbetrieb. Aus finanzieller Sicht hat ein solcher Dreischichtbetrieb den Vorteil, daß durch die Verlängerung der täglichen Arbeitszeit eine

---

[276] Fitting u. a., BetrVG, § 87 RN 45.

III. Die Restrukturierungsmaßnahmen, Betriebsänderungen 409

zusätzliche zuschlagspflichtige Vergütung für Überstunden entfällt. Dies gilt auch dann, wenn nach den vereinbarten Schichtplänen der Samstag als regulärer Arbeitstag vorgesehen ist. Als Nachteil für den Arbeitgeber steht dem die Notwendigkeit eines umfassenden Arbeitszeitmanagements gegenüber, das ebenfalls mit gewissen Kosten verbunden ist, um die Arbeitszeit der Arbeitnehmer zu koordinieren, damit eine kontinuierliche Produktion gewährleistet ist.

Für die Arbeitnehmer besteht der Vorteil darin, daß durch die Umverteilung der Arbeitszeit, z. B. auf 10 Stunden je Arbeitstag, für sie arbeitsfreie Tage entstehen. Die Arbeitnehmer erhalten in der Regel einen längeren Freizeitblock und damit mehr privat verfügbare Zeit.

(3) Teilzeitarbeit. Bei der Teilzeitarbeit handelt es sich um eine Form **170** der **Arbeitszeitverkürzung ohne Lohnausgleich**. Art. 1 § 2 II Satz 1 des BeschFG enthält eine gesetzliche Definition, wonach Arbeitnehmer dann teilzeitbeschäftigt sind, wenn ihre regelmäßige Wochenarbeitszeit kürzer als die regelmäßige Wochenarbeitszeit vergleichbarer vollzeitbeschäftigter Arbeitnehmer des Betriebes ist. Spezifische Arbeitsschutzgesetze werden durch die Teilzeitarbeit nicht berührt. Allerdings ist Art. 1 § 2 I BeschFG zu beachten, der eine unterschiedliche Behandlung gegenüber vollzeitbeschäftigten Arbeitnehmern untersagt.

Maßgebend für die Einführung der Teilzeitarbeit ist die einzelvertragliche Vereinbarung zwischen Arbeitnehmer und Arbeitgeber. Sie unterliegt allerdings nicht dem einseitigen Bestimmungsrecht des Arbeitgebers. Eine Vereinbarung, die vorsieht, daß der Arbeitgeber berechtigt sein soll, eine zunächst einverständlich festgelegte Arbeitszeit später einseitig nach Bedarf zu reduzieren, verstößt wegen Umgehung zwingender Kündigungsschutzvorschriften gegen § 134 BGB und ist damit nichtig.[277] Dies gilt sowohl, wenn der Arbeitsvertrag eine bestimmte Stundenzahl benennt, als auch, wenn ohne Angabe einer Stundenzahl die Festlegung dem Arbeitgeber überlassen sein soll.

Die Einführung der Teilzeitarbeit unterliegt nicht der Mitbestimmung **171** des Betriebsrates. Allerdings besteht ein erzwingbares **Mitbestimmungsrecht** des Betriebsrates gemäß § 87 I Nr. 2 BetrVG bei **generellen Regelungen** über die **Lage und Verteilung** der Arbeitszeit.[278] Das Mitbestimmungsrecht bezieht sich hierbei insbesondere auf die Lage der vorgegebenen wöchentlichen Arbeitszeit und ihre Verteilung auf die einzelnen Wochentage einschließlich der Bestimmung arbeitsfreier Tage. Der Betriebsrat bestimmt darüber hinaus auch mit, wenn es darum geht, ob Teilzeitarbeitnehmer nach bestimmten Festzeiten oder nach Bedarf beschäftigt werden sollen. Ebenso bedarf die Anordnung oder Entgegen-

---

[277] Siehe BAG 12.12.1984, DB 1985, 1240.
[278] Siehe oben RN 165.

Picot

nahme von Überarbeit durch Teilzeitbeschäftigte der Mitbestimmung nach § 87 I Nr. 1 BetrVG.[279]

Soll eine Vollzeitarbeit im Wege der Änderungskündigung in eine Teilzeitarbeit, in **variable Arbeit** unter Anpassung an den Arbeitsanfall oder in eine **Job-Sharing-Arbeit** umgewandelt werden, so unterliegt eine solche Maßnahme der Mitbestimmung des Betriebsrates gemäß § 102 BetrVG.[280]

172 Darüber hinaus ist auch denkbar, daß in einem Tarifvertrag eine gewisse Mindeststundenzahl für die Teilzeitbeschäftigung festgeschrieben wird. Dadurch soll eine geringfügige Beschäftigung ausgeschlossen werden. Liegt eine solche Regelung vor, hat sich der tarifgebundene Arbeitgeber daran zu halten und kann nur in dem ihm durch den Tarifvertrag vorgegebenen Rahmen individualrechtliche Absprachen treffen. Sieht ein Tarifvertrag vor, daß sich die Arbeitszeit nach dem Arbeitsanfang richtet, ohne die Dauer der Arbeitszeit im einzelnen festzulegen, kann der Arbeitgeber die Dauer der Arbeitszeit selbst bestimmen.[281] Die Mindestregelung des Art. 1 § 4 I BeschFG – Mindestwochenarbeitszeit von 10 Stunden – findet in diesem Fall wegen Art. 1 § 6 I BeschFG keine Anwendung. Anders als eine arbeitsvertragliche Ermächtigung des Arbeitgebers zur Festlegung der Stundenzahl ist eine Tarifnorm, die dem Arbeitgeber dieses Recht einräumt, nicht wegen Verstoßes gegen die Grundsätze des Kündigungsschutzrechtes unwirksam.

In Einzelfällen kann sich unter dem Gesichtspunkt der Fürsorgepflicht des Arbeitgebers dessen **Pflicht zu einer Ermäßigung der Arbeitszeit** ergeben. Dies ist insbesondere dann der Fall, wenn der Arbeitnehmer das Arbeitsverhältnis nicht mehr vollständig fortsetzen kann und die Ermäßigung der Arbeitszeit für den Arbeitgeber betrieblich möglich und zumutbar ist. In diesem Zusammenhang sei insbesondere auf den Personenkreis berufstätiger Mütter sowie auf Schwerbehinderte hingewiesen. Aufgrund von Fürsorgepflichten aus dem Mutterschutzgesetz und vor dem Hintergrund der Gleichberechtigung der Geschlechter sowie des § 14 III S. 1 SchwbG können sich hier besondere Pflichten des Arbeitgebers zur Einführung von Teilzeitarbeit ergeben.

Sind in einem Betrieb bereits Teilzeitstellen vorhanden und ist eine solche Stelle frei, so kann ein Arbeitnehmer seine Versetzung auf diese Stelle verlangen, sofern er für sie geeignet ist. Gemäß Art. 1 § 3 BeschFG ist der Arbeitgeber verpflichtet, den Arbeitnehmer über Teilzeitstellen zu unterrichten, sofern dieser seinen Wunsch nach Veränderung von Dauer und Lage der Arbeitszeit kundgetan hat. Bei Verletzung dieser Mittei-

---

[279] Siehe BAG 28.09.1988, DB 1989, 385 u. 1033; BAG 16.07.1991, DB 1991, 2492 und RN 168.
[280] Vgl. §§ 2ff. BeschFG.
[281] Siehe BAG 12.03.1992, DB 1992, 1785.

III. Die Restrukturierungsmaßnahmen, Betriebsänderungen 411

lungspflicht macht sich der Arbeitgeber aber wohl nicht schadensersatzpflichtig.[282]

Auch bei der Teilzeitarbeit sind die Regelungen des **Arbeitszeitgesetzes** 173 zu beachten. Wichtig ist dies insbesondere dann, wenn ein Arbeitnehmer mehreren Teilzeitbeschäftigungen nachgeht. Die im ArbZG, insbesondere in § 3 ArbZG, festgelegten Höchstgrenzen gelten auch für die Summe der **Beschäftigungszeiten aus mehreren Arbeitsverhältnissen** (§ 2 Abs. 1 ArbZG). Werden sie überschritten, ist der zur Überschreitung führende Arbeitsvertrag nichtig. Dies hat zur Folge, daß der Arbeitgeber im Einstellungsgespräch bei Teilzeitbeschäftigten nach weiteren Arbeitsverhältnissen fragen darf, damit er das Arbeitszeitgesetz einhalten kann.

Tritt eine **allgemeine Arbeitszeitverkürzung** – etwa aufgrund einer Änderung des Arbeitszeitgesetzes, durch Tarifverträge oder durch betriebliche Regelungen – in Kraft, stellt sich die Frage, ob und wie sich dies auf teilzeitbeschäftigte Arbeitnehmer auswirkt. Einerseits kann für sie die Arbeitszeit unverändert bleiben, weil sie ohnehin unter der Regelarbeitszeit liegt, andererseits kommt eine anteilige Kürzung in Betracht. Entscheidend ist der Wille der Arbeitsvertragsparteien, der jeweils im Einzelfall zu ermitteln ist.[283] Wird der Umfang der Teilzeitarbeit durch eine konkrete Stundenzahl festgelegt, ist grundsätzlich davon auszugehen, daß diese Stundenzahl trotz allgemeiner Arbeitszeitverkürzung beibehalten werden soll. Demgegenüber ist bei vertraglicher Festlegung der Teilzeitarbeit als Bruchteil der Normalarbeitszeit von einer entsprechenden anteiligen Kürzung auch der Teilzeitarbeit auszugehen. Soll bei einer Kürzung der regelmäßigen Arbeitszeit der Vollzeitbeschäftigten die Arbeitszeit einer Teilzeitkraft in jedem Fall anteilig gekürzt werden, ist die Aufnahme eines entsprechenden Vorbehaltes in den Arbeitsvertrag empfehlenswert. Dadurch kann der Gefahr vorgebeugt werden, daß eine konkrete Stundenzahl als festgeschrieben angesehen wird, so daß eine Abweichung nur durch Vertragsänderung oder Änderungskündigung möglich wäre. Folge einer allgemeinen Arbeitszeitverkürzung kann schließlich sein, daß das Entgelt der Teilzeitbeschäftigten anteilmäßig zu erhöhen ist. Dies gilt dann, wenn die Arbeitszeit der Teilzeitbeschäftigten bei Verkürzung der normalen Arbeitszeit unverändert bleibt, denn in diesem Fall steigt im Verhältnis der allgemeinen Arbeitszeitverkürzung die Vergütung je Arbeitseinheit. An dieser Entgelterhöhung sind die Teilzeitbeschäftigten aus Gründen der Gleichbehandlung zu beteiligen.[284]

Der **Gleichbehandlungsgrundsatz** spielt auch im übrigen bei der Teil- 174 zeitarbeit eine wichtige Rolle. Er hat in Art. 1 § 2 I BeschFG bezüglich

---

[282] Ebenso Hönsch/Natzel, RN B 197, S. 54; a. A. Löwisch, BB 1985, 1200, 1203.
[283] Vgl. LAG Hamm 18.08.1987, BB 1987, 2374.
[284] BAG 29.01.1992, NZA 1992, 611.

der Teilzeitbeschäftigten eine besondere Ausprägung erfahren. Nach dieser Vorschrift dürfen Teilzeitarbeitnehmer wegen der Teilzeitarbeit gegenüber Vollzeitarbeitnehmern nicht unterschiedlich behandelt werden, es sei denn, daß ein sachlicher Grund für die Ungleichbehandlung besteht. Nach der insoweit nicht ganz einheitlichen Rechtsprechung, müssen auch die Tarifvertragsparteien das Benachteiligungsverbot beachten, dürfen also im Tarifvertrag nicht nach Teilzeit- und Vollzeitarbeitnehmern differenzieren.[285] Aus dem Gleichbehandlungsgrundsatz ergeben sich erhebliche Konsequenzen für Teilzeitarbeitsverhältnisse. So ist Teilzeitarbeitnehmern grundsätzlich die verhältnismäßig gleiche Vergütung zu zahlen wie vergleichbaren Vollzeitarbeitnehmern.[286] Lediglich bei nebenberuflich teilzeitbeschäftigten Arbeitnehmern hat das BAG eine unterproportionale Vergütung gebilligt. Dies wird damit begründet, daß ein solcher Arbeitnehmer eine anderweitige, ausreichende Existenzgrundlage habe.[287] Die Gleichstellung von Teil- und Vollzeitkräften gilt auch, wenn diese eine übertarifliche Vergütung erhalten.[288] Arbeitet ein Teilzeitbeschäftigter länger als die vertraglich vereinbarte Arbeitszeit, steht ihm ebenfalls mehr Vergütung zu. Nach der Rechtsprechung des BAG kann der Teilzeitbeschäftigte allerdings Überstundenzuschläge nur für solche Stunden verlangen, für die auch Vollzeitbeschäftigte Mehrarbeitszuschläge bekommen würden.[289] Diese Nichtgewährung von Überstundenzuschlägen für Stunden unterhalb der Vollarbeitszeit sieht das LAG Hamm als mittelbare Diskriminierung an und hat zur Klärung dieser Frage den EuGH angerufen. Eine Entscheidung steht noch aus.[290] Neben einem proportionalen Entgelt sind dem Teilzeitarbeitnehmer grundsätzlich auch Sonderzuwendungen (13. Gehalt, Jahresleistung, Gratifikation, Weihnachtsgeld, Urlaubsgeld) anteilig zu gewähren.[291] Gleiches gilt auch für die Altersversorgung. Es verstößt sowohl gegen Art. 1 § 2 I BeschFG als auch gegen das Verbot der mittelbaren Diskriminierung, wenn Teilzeitbeschäftigte von Betriebsrentensystemen ausgenommen werden. Nur wenn der Arbeitgeber darlegen kann, daß die Differenzierung einem wirklichen Bedürfnis des Unternehmens dient und für die Erreichung dieses Zieles geeignet und erforderlich ist, kann sie ausnahmsweise gerechtfertigt sein. Wann ein Bedürfnis des Unternehmens nach Differenzierung sachlich anzuerkennen ist, wird von der Rechtsprechung nicht

---

[285] BAG 29.08.1989, DB 1989, 2338; BAG 21.11.1991, DB 1992, 1091; BAG 28.07.1992, NZA 1993, 215.
[286] BAG 25.01.1989, DB 1989, 281 u. 1726; LAG Köln 05.02.1986, BB 1986, 2057.
[287] So BAG 22.08.1990, DB 1991, 285; BAG 11.03.1992, DB 1992, 1528; so auch Richardi, NZA 1992, 625, 628.
[288] Vgl. BAG 26.05.1993, NZA 1993, 1049.
[289] Vgl. BAG 21.11.1991, DB 1992, 1091; siehe dazu vorstehend RN 167.
[290] So LAG Hamm 22.10.1992, DB 1993, 232.
[291] BAG 06.12.1990, AP Nr. 12 zu § 2 BeschFG 1985.

III. Die Restrukturierungsmaßnahmen, Betriebsänderungen 413

abschließend beantwortet. Es kommt insoweit auf den konkreten Einzelfall an.

Schließlich wirkt sich der Gleichbehandlungsgrundsatz auch auf die Gewährung von **Erholungsurlaub** aus. Nach dem Bundesurlaubsgesetz haben auch Teilzeitbeschäftigte Anspruch auf Erholungsurlaub. Dieser verhält sich proportional zum Urlaubsanspruch von Vollzeitbeschäftigten, wobei während des Urlaubs entsprechend nur die geringere Teilzeitvergütung zu zahlen ist. Arbeitet der Teilzeitbeschäftigte nur mit verkürzter täglicher Arbeitszeit, ergibt sich die gleiche Anzahl von Urlaubstagen wie bei einem Vollzeitbeschäftigten, allerdings sind sie entsprechend geringer bezahlt. Arbeitet der Teilzeitbeschäftigte nicht an jedem Arbeits- oder Werktag, sind die arbeitsfreien Tage auf den Urlaub anzurechnen. Im Ergebnis ist damit der Urlaub der Teilzeitkraft im Verhältnis der Teilzeitarbeitstage zu den Vollzeitarbeitstagen zu kürzen.[292] Ist der Arbeitnehmer in mehreren Teilzeitarbeitsverhältnissen beschäftigt, hat er einen Urlaubsanspruch gegen jeden einzelnen seiner Arbeitgeber.[293]

Die Vorschriften des **Kündigungsschutzgesetzes** sind, sofern seine Voraussetzungen im einzelnen erfüllt sind, auch auf einen Teilzeitarbeitnehmer unabhängig von der Dauer seiner wöchentlichen Arbeitszeit anwendbar.[294] Ebenso gilt der Sonderkündigungsschutz für Schwerbehinderte und Schwangere. **175**

Zu beachten ist jedoch, daß das Kündigungsschutzgesetz nur anwendbar ist, wenn der Arbeitgeber regelmäßig mehr als fünf Arbeitnehmer beschäftigt, wobei Arbeitnehmer mit bis zu 10 Wochen- bzw. 45 Monatsstunden nicht mitgezählt werden (§ 23 I Satz 3 KSchG).

Problematisch ist, ob im Rahmen der vorzunehmenden Sozialauswahl bei einer betriebsbedingten Kündigung Teilzeitbeschäftigte im Vergleich zu Vollzeitbeschäftigten schlechter dastehen, weil ihre Sozialdaten im Vergleich zu denen Vollzeitbeschäftigten in aller Regel weniger gewichtig sind. Aus diesem Grund wird man Teil- und Vollzeitkräfte im Rahmen der Sozialauswahl nicht als vergleichbar ansehen können.[295]

(4) Gleitzeitarbeit. Bei der Arbeitszeitform der **einfachen Gleitzeit** hat der einzelne Arbeitnehmer die Möglichkeit, Beginn und Ende der täglichen Arbeitszeit innerhalb bestimmter Grenzen (z.B. Arbeitsbeginn von 7.00 Uhr – 9.00 Uhr und Arbeitsende von 15.00 Uhr – 17.00 Uhr) frei zu wählen. Die Dauer der täglichen Arbeitszeit liegt jedoch fest. Die Gestaltungsoption des Arbeitnehmers bezieht sich demnach lediglich auf die Lage der Arbeitszeit. **176**

---

[292] Siehe BAG 14.02.1991, DB 1991, 1987.
[293] BAG 13.02.1979, DB 1979, 1708.
[294] Siehe dazu auch BAG 13.03.1987, DB 1987, 1443.
[295] Vgl. Meisel, DB 1991, 92, 94.

Demgegenüber kann der Arbeitnehmer bei der **qualifizierten Gleitzeit** sowohl über die Lage als auch Dauer der täglichen Arbeitszeit entscheiden. Bei der qualifizierten Gleitzeit werden bestimmte Kernarbeitszeiten vorgegeben, zu denen betriebliche Anwesenheit erforderlich ist, um die inner- und außerbetriebliche Kommunikation zu gewährleisten. Jedoch besteht für den einzelnen Arbeitnehmer die Möglichkeit, die Arbeitszeit außerhalb der Kernzeiten unterschiedlich auf die verschiedenen Arbeitstage oder gar Wochen zu verteilen und innerhalb bestimmter Zeiträume durch Überarbeit auszugleichen.

Bei der Einführung von Gleitzeit sind insbesondere die zwingenden Vorschriften des Arbeitszeitgesetzes zu beachten. Dies gilt vor allem für die in § 3 ArbZG vorgeschriebene Höchstarbeitszeit von 8 Stunden. Die unter der Geltung der AZO diskutierte Frage, ob unter Berücksichtigung des § 4 I AZO bei der qualifizierten Gleitzeit die Arbeitszeit auf bis zu 10 Stunden täglich verlängert werden kann,[296] dürfte sich allein durch die in § 3 Satz 2 ArbZG geschaffene Möglichkeit zur Fexibilisierung der Arbeitszeit erledigt haben, da der gesetzlich vorgesehene Ausgleichszeitraum denjenigen aus üblichen betrieblichen Gleitzeitordnungen ohnehin übertrifft.

Bereits im Einzelarbeitsvertrag kann eine Option für die (einfache oder qualifizierte) Gleitzeitarbeit enthalten sein. Trotz einer einzelvertraglichen Vereinbarung ist aber weiterhin das Mitbestimmungsrecht des Betriebsrates gemäß § 87 I Nr. 2 BetrVG zu beachten.

Durch die Einführung und Ausgestaltung der Gleitzeitarbeit wird die Lage und Verteilung der Arbeitszeit betroffen, so daß sie mitbestimmungsbedürftig ist. Das Mitbestimmungsrecht des Betriebsrates erstreckt sich insbesondere auf die Festlegung von Kernarbeitszeiten und Gleitspannen. Darüber hinaus müssen sich die Betriebspartner auch über die Zulässigkeit von Zeitguthaben und Zeitschulden, deren Übertragbarkeit (innerhalb des gesetzlichen Rahmens des ArbZG) über den Ausgleichszeitraum sowie über die Geltung von Verfallklauseln einigen.[297] Besteht eine tarifvertragliche Regelung, die im konkreten Betrieb zu beachten ist, wird dadurch das Mitbestimmungsrecht des Betriebsrates ausgeschlossen.

Die qualifizierte Gleitzeit ermöglicht eine flexible Arbeitszeit, weil sie sowohl bezüglich der Lage als auch Dauer permanent veränderbar ist. Für den Arbeitgeber hat sie den Vorteil, daß durch die Gleitzeit in gewissem Umfang eine Anpassung der Arbeitszeit an den Arbeitsanfall erfolgen kann. Darüber hinaus fallen Überstunden einschließlich vergütungs-

---

[296] Siehe dazu Linnenkohl/Kilz/Rauschenberg/Reh, Arbeitszeitflexibilisierung, S. 115f.
[297] Siehe dazu Linnenkohl/Kilz/Rauschenberg/Reh, Arbeitszeitflexibilisierung, S. 115f.

III. Die Restrukturierungsmaßnahmen, Betriebsänderungen   415

pflichtiger Mehrarbeit weg, wodurch Kosten eingespart werden. Schließlich führt die Gleitzeit zu verlängerten Ansprechzeiten im Unternehmen, weil die Bandbreite der Anwesenheit größer ist. Dadurch können teilweise Kapazitäten besser ausgenutzt werden. Nachteilig kann sich jedoch auswirken, daß eine umfassende Kommunikation zwischen den Mitarbeitern nicht mehr jederzeit möglich ist.

(5) Flexible Altersgrenze und gleitender Übergang in den Ruhestand. **177**
Eine weitere Möglichkeit, die Arbeitszeit zu verändern, besteht darin, das Ausscheiden eines Arbeitnehmers nicht mehr ausschließlich vom kalendarischen Alter abhängig zu machen, sondern stattdessen den Übergang in den Ruhestand flexibel zu gestalten. Bei diesem Modell kann der Arbeitnehmer seine Arbeitszeit bis zum Ausscheiden aus dem Erwerbsleben über einen längeren Zeitraum ständig verkürzen und so langsam in den Ruhestand „gleiten".[298]

Gesetzliche Regelungen stehen der Einführung eines solchen Modelles grundsätzlich nicht entgegen. Insbesondere gibt es keine gesetzlich vorgeschriebene Altersgrenze, deren Erreichen automatisch das Ausscheiden aus dem Erwerbsleben zur Folge hat. Häufig findet sich in Arbeitsverträgen jedoch die Vereinbarung, daß der Arbeitnehmer mit Vollendung des 65. Lebensjahres automatisch, also ohne Kündigung aus dem Arbeitsverhältnis ausscheidet. Nach § 41 IV Satz 3 SGB VI in der vom 01.01.1992 bis zum 31.07.1994 geltenden Fassung war eine solche Vereinbarung aber nur wirksam, wenn sie innerhalb der letzten drei Jahre von diesem Zeitpunkt geschlossen oder von dem Arbeitnehmer bestätigt worden war. Dies galt auch für Arbeitsverhältnisse, für die vor dem 01.01.1992 eine Altersgrenze (Befristung) von 65. Lebensjahren vereinbart worden war[299] sowie für entsprechende Altersgrenzen in Tarifverträgen und Betriebsvereinbarungen. Als Reaktion auf die breite Kritik an § 41 IV Satz 3 SGB VI a. F. und die als Mißbrauch empfundene Haltung einer zunehmenden Zahl älterer Arbeitnehmer, nur noch gegen Zahlung einer Abfindung mit 65 aus dem Arbeitsverhältnis auszuscheiden, ist mit Wirkung vom 01.08.1994 der neu gefaßte § 41 IV Satz 3 SGB VI in Kraft getreten.[300] Danach ist die Vereinbarung der Vollendung des 65. Lebensjahres als Altersgrenze wieder möglich. Lediglich wenn das Arbeitsverhältnis zu einem Zeitpunkt beendet werden soll, in dem der Arbeitnehmer vor Vollendung des 65. Lebensjahres eine Rente wegen Al-

---

[298] Siehe Linnenkohl/Kilz/Rauschenberg/Reh, Arbeitszeitflexibilisierung S. 95; Andresen, Frühpensionierung, S. 160 ff.; vgl. zur Vereinbarung von Altersteilzeitarbeit das Gesetz zur Förderung eines gleitenden Übergangs älterer Arbeitnehmer in den Ruhestand (Altersteilzeitgesetz).
[299] Siehe Richardi in: Münchener Handbuch Arbeitsrecht, Band 1, § 42 RN 50.
[300] Gesetz zur Änderung des Sechsten Buches Sozialgesetzbuch v. 26.07.1994, BGBl. I, S. 1797.

ters beantragen kann, muß die entsprechende Vereinbarung innerhalb der letzten drei Jahre vor diesem Zeitpunkt abgeschlossen oder bestätigt worden sein. Andernfalls gilt eine auf die Vollendung des 65. Lebensjahres bestimmte Altersgrenze als vereinbart.

178 Die Einführung der flexiblen Altersgrenze und des gleitenden Überganges in den Ruhestand kann einzelvertraglich vereinbart werden, wenn eine günstigere tarifvertragliche Regelung nicht besteht oder mangels Tarifbindung nicht anwendbar ist. Soll die flexible Altersgrenze für mehrere Arbeitnehmer des Unternehmens eingeführt werden, ist das Mitbestimmungsrecht des Betriebsrates zu beachten (§ 87 I Nr. 2 BetrVG). Der Vorteil der flexiblen Altersgrenze besteht darin, daß der Arbeitgeber auch weiterhin auf das Wissen und die Erfahrung eines älteren Arbeitnehmers zurückgreifen kann, auch wenn dieser – etwa aus gesundheitlichen Gründen – keine Vollzeitbeschäftigung mehr ausüben will.

179 *(6) Kurzarbeit.* Eine weitere Möglichkeit, die Arbeitszeit zu verkürzen und damit zugleich die Lohnkosten zu senken, besteht in der Einführung von Kurzarbeit. Sie wird insbesondere zum Zweck der Arbeitsstreckung bei Auftrags-, Rohstoff- oder Energiemangel eingesetzt.[301]

Grundsätzlich hat jeder Arbeitnehmer einen Anspruch darauf, die vereinbarte Arbeitszeit abzuleisten. Entsprechend ist der Arbeitgeber auch dann zur Zahlung des vereinbarten Lohnes verpflichtet, wenn er den Arbeitnehmer nicht beschäftigen kann (siehe § 615 BGB). Arbeitsmangel alleine reicht daher zur Einführung von Kurzarbeit nicht aus. Will oder muß der Arbeitgeber die Arbeitszeit wegen Arbeitsmangels kürzen, muß er grundsätzlich eine Änderungskündigung aussprechen (§ 2 KSchG). Etwas anderes gilt nur,

– wenn ein Tarifvertrag die Einführung von Kurzarbeit vorsieht und die in dem Tarifvertrag festgesetzten Voraussetzungen für die Einführung von Kurzarbeit erfüllt sind; ansonsten bleibt der Anspruch der Arbeitnehmer auf das volle Entgelt bestehen;
– wenn zwischen Arbeitgeber und Betriebsrat die Betriebsvereinbarung über die Einführung von Kurzarbeit abgeschlossen wurde;[302]
– wenn der Arbeitgeber mit den betroffenen Arbeitnehmern Kurzarbeit vereinbart; die Vereinbarung ist gemäß § 87 I Nr. 3 BetrVG mitbestimmungspflichtig; diese Möglichkeit besteht insbesondere dann, wenn leitende Angestellte, für die Betriebsvereinbarungen nicht gelten, in die Kurzarbeit mit einbezogen werden sollen.[303]

Verkürzt sich die Arbeitszeit wegen Kurzarbeit, mindert sich der Lohnanspruch des Arbeitnehmers gegenüber seinem Arbeitgeber. Diese Lohnminderung wird jedoch weitestgehend aus Mitteln der Arbeitslosenversicherung, dem sogenannten Kurzarbeitergeld, ausgeglichen (§§ 63–73 AFG).

---

[301] Siehe Eichenhofer, Die rechtliche Behandlung von Kurzarbeit, RdA 1981, 208.
[302] BAG 18.10.1958, AP Nr. 1 zu § 615 BGB.
[303] Siehe Hromadka, Arbeitsrecht für Vorgesetzte, S. 25.

III. Die Restrukturierungsmaßnahmen, Betriebsänderungen 417

Die Gewährung von **Kurzarbeitergeld** ist jedoch an strenge Voraussetzungen gebunden. Nach dem Gesetz (§ 64 AFG) ist zunächst ein Arbeitsausfall und damit eine Verringerung der regelmäßigen im Betrieb üblichen Arbeitszeit erforderlich. Dieser Arbeitsausfall muß auf wirtschaftlichen Ursachen oder einem unabwendbaren Ereignis beruhen. Wirtschaftliche Ursachen sind konjunkturelle und durch Strukturwandel hervorgerufene Schwankungen.[304] Dabei kommt es nicht darauf an, ob sich diese Schwankungen unmittelbar auswirken – z. B. durch Auftragsmangel, Absatzschwierigkeiten, Mangel an Rohstoffen oder Produktionsmitteln) – oder nur mittelbar – z. B. durch den Zwang, innerbetrieblich auf neue Produkte oder Fertigungsverfahren umzustellen – bemerkbar machen.[305]

180

Unabwendbare Ereignisse sind außerwirtschaftliche Ursachen für Arbeitsausfall, die auch bei Anwendung derjenigen Sorgfalt nicht zu vermeiden waren, die einem gewissenhaften Unternehmer nach den gesamten Umständen zuzumuten gewesen wären.[306] Dazu gehören insbesondere Naturkatastrophen (z. B. Überschwemmungen, Erdbeben) und Unglücksfälle, gegen deren Auswirkung der Arbeitgeber sich nicht sinnvoll schützen kann (z. B. Brand, Sabotage), aber auch behördliche Maßnahmen (z. B. Rationierung von Rohstoffen, Behinderung von Baumaßnahmen).[307]

Ist der Arbeitsausfall dagegen branchenüblich, betriebsüblich, saisonbedingt und ausschließlich auf betriebsorganisatorische Gründe (z. B. Reorganisation, Kapitalmangel, fehlerhafte Produkte) zurückzuführen, wird kein Kurzarbeitergeld gewährt.

Der Arbeitsausfall muß für den Arbeitgeber unvermeidbar sein. Dies ist er dann, wenn der Arbeitgeber alle wirtschaftlich zumutbaren Maßnahmen, z. B. ausreichende Vorratshaltung, Aufnahme von Krediten, Modernisierungs- und Rationalisierungsmaßnahmen, Entlassung überzähliger Mitarbeiter, die auch nach Beendigung der Kurzarbeit nicht mehr beschäftigt werden können, getroffen hat und dennoch der Arbeitsausfall nicht zu verhindern war.

Der Arbeitsausfall darf nur vorübergehender Natur sein. Dies ist der Fall, wenn damit zu rechnen ist, daß in absehbarer Zeit die überwiegende Zahl der kurzarbeitenden Arbeitnehmer wieder zur Vollarbeit übergehen kann (§ 63 I Satz 1 AFG). Als vorübergehend wird generell ein Arbeitsausfall von bis zu 6 Monaten angesehen. Gegebenenfalls kann die Bezugsfrist für das Kurzarbeitergeld auch auf 12 bzw. 24 Monate verlängert werden mit der Folge, daß ein Arbeitsausfall in diesem Zeitrahmen noch als vorübergehend anzusehen ist.[308]

---

[304] Siehe Hromadka, Arbeitsrecht für Vorgesetzte, S. 25.
[305] Vgl. Hennig u. a. AFG, § 64, Anm. 2a.
[306] Vgl. Hennig u. a., AFG, § 64 Anm. 2c.
[307] Vgl. Hennig u. a., AFG, § 64 Anm. 2c.
[308] Hennig u. a., AFG, § 67 Anm. 5.

Der Arbeitsausfall muß in einem bestimmten Umfang gegeben sein. Für mindestens ein Drittel der in einem betroffenen Betrieb oder einer Betriebsabteilung beschäftigten Arbeitnehmer müssen in einem zusammenhängenden Zeitraum von mindestens 4 Wochen jeweils mehr als 10% der Arbeitszeit ausfallen (§ 64 I Nr. 3, 1. Halbsatz AFG). Kurzarbeit kann für den gesamten Betrieb (z. B. Niederlassung, Werk, Hauptverwaltung) oder für eine einzelne Betriebsabteilung (z. B. Instandhaltung, Packerei, Arbeitsvorbereitung, Versand) angemeldet werden. Die 4-Wochen-Frist beginnt mit dem Tag, der in der Anzeige an das Arbeitsamt als erster Ausfalltag bezeichnet ist. Dies gilt auch, wenn die Arbeit tatsächlich erst später ausfällt (§ 64 I Nr. 3 letzter Halbsatz AFG). Bei der Berechnung der Anzahl der betroffenen Arbeitnehmer ist auf die tatsächlich beschäftigten Arbeitnehmer abzustellen. Dazu gehören auch kranke und urlaubsbedingt abwesende Arbeitnehmer (§ 64 I Nr. 3 2. Halbsatz AFG).[309] Nicht erfaßt werden dagegen Studenten, Schüler, gelegentliche Aushilfen und Auszubildende. Im Ausfallzeitraum müssen für jeden Arbeitnehmer, der zu dem betroffenen Drittel gehört, mehr als 10% der Arbeitszeit ausfallen. Nicht erforderlich ist aber, daß das gesamte Drittel immer gleichzeitig mehr als 10% kurzbeitet; die Ausfalltage können vielmehr auf einzelne Tage konzentriert werden.[310] Im Extremfall kann es zu einer Ausfallzeit von 100% kommen.

Kurzarbeitergeld wird schließlich nur gewährt, wenn zu erwarten ist, daß dadurch den Arbeitnehmern die Arbeitsplätze und dem Betrieb die eingearbeiteten Arbeitskräfte erhalten bleiben (§ 63 I AFG). Nicht erforderlich ist, daß jeder Arbeitsplatz erhalten bleibt; vielmehr genügt es, wenn mit der Erhaltung des überwiegenden Teils der Arbeitsplätze gerechnet werden kann, und zwar gleichgültig, ob in der kurzarbeitenden oder in einer anderen Abteilung.

Kurzarbeit schützt allerdings nicht den konkreten Arbeitsplatz. Aus der Einführung von Kurzarbeit können einzelne Arbeitnehmer daher keinen Anspruch auf Sicherung ihres individuellen Arbeitsplatzes ableiten. Beschließt der Arbeitgeber die Schließung des Betriebes, dient die Kurzarbeit nicht nur der Sicherung von Arbeitsplätzen.[311]

Für die Gewährung von Kurzarbeitergeld ist erforderlich, daß der Arbeitsausfall dem Arbeitsamt, in dessen Bezirk der betroffene Betrieb oder die Betriebsabteilung liegt,[312] schriftlich angezeigt wird und innerhalb von drei Monaten ein Antrag auf Gewährung von Kurzarbeitergeld gestellt wird. Die Anzeige kann vom Arbeitgeber oder vom Betriebsrat er-

---

[309] Hennig u. a., AFG, § 65 Anm. 2a–2c.
[310] Hennig u. a., AFG, § 64 Anm. 34f.
[311] Hennig u. a., AFG, § 63 Anm. 5.
[312] § 72 V AFG i. V. m. § 3 Kurzarbeitergeld-Anordnung.

stattet werden (§ 72 I Satz 1 AFG). Es soll der Vordruck der Bundesanstalt für Arbeit verwendet werden. Der Anspruch auf Zahlung von Kurzarbeitergeld entsteht erst mit Eingang der (wirksamen) Anzeige beim Arbeitsamt.

Auch wenn Kurzarbeitergeld gezahlt wird (63 % des Nettoeinkommens, bzw. 68 % bei einem Kind), hat der Arbeitgeber weiterhin die Sozialversicherungsbeiträge in der Rentenversicherung zu zahlen. Beiträge in der Arbeitslosenversicherung entfallen, ebenso wie die Zahlung von Lohnsteuer.

b) Leistungsart

Eine weitere Möglichkeit der Änderung von Arbeitsbedingungen besteht in der Änderung der Leistungsart. 181

Unter der „Art der Arbeitsleistung" ist in der Regel die Fachrichtung zu verstehen, also das, was zu arbeiten ist.[313]

Zumindest der grobe Rahmen der Leistungsart muß im Arbeitsvertrag festgelegt sein, die genaue Festlegung kann dagegen beispielsweise auch durch faktische Zuweisung eines Arbeitsplatzes geschehen. Grundsätzlich kann die Art der Tätigkeit während des laufenden Vertragsverhältnisses jederzeit geändert werden. Man spricht in diesem Zusammenhang von Versetzung.[314]

Die Änderung erfolgt in aller Regel einvernehmlich durch Vertragsänderung, kann aber auch durch einseitige Weisungen des Arbeitgebers durchgeführt werden, sofern dem Arbeitgeber im konkreten Fall entsprechende Änderungskompetenzen zustehen.

Die **Änderungsbefugnis des Arbeitgebers** kann sich zum einen aus einem Weisungsrecht, zum anderen aus dem Arbeitsvertrag ergeben. Der Umfang der Änderungskompetenz ist durch Auslegung des Arbeitsvertrages zu ermitteln. Enthält der Arbeitsvertrag eine genaue Beschreibung der Leistungsart, bedarf es zu ihrer Änderung einer einvernehmlichen Regelung. Eine einseitige Änderung ist dann in der Regel ausgeschlossen. Ist dagegen die Leistungsart nur grob umschrieben, kann eine Änderung grundsätzlich auch aufgrund Weisung erfolgen. Die vertraglich vereinbarte Änderungsbefugnis unterliegt einer Ermessenskontrolle gemäß § 315 III BGB.[315]

Zu beachten ist, daß **arbeitsvertragliche Änderungsvorbehalte** nicht zu einer Umgehung des Kündigungsschutzes führen dürfen. Das ist insbesondere der Fall, wenn wesentliche Elemente des Arbeitsvertrages einer einseitigen Änderung unterworfen werden mit der Folge, daß das Gleichgewicht von Leistung und Gegenleistung grundlegend gestört 182

---

[313] Siehe Blomeyer in: Münchener Handbuch Arbeitsrecht, Band 1, § 46 RN 19.
[314] Siehe dazu nachfolgend RN 186.
[315] Siehe BAG 25.10.1989, AP Nr. 36 zu § 611 BGB Direktionsrecht.

würde.³¹⁶ Auch ist es nicht möglich, eine unterwertige, nicht den Qualifikationen des Arbeitnehmers entsprechende Tätigkeit zuzuweisen. In diesem Fall kann die Änderungserklärung des Arbeitgebers gegebenenfalls wie eine Änderungskündigung behandelt werden.

183 Die einseitige Versetzungsbefugnis des Arbeitgebers kann darüber hinaus eingeschränkt werden, wenn sich die Arbeitspflicht des Arbeitnehmers konkretisiert hat und ein Vertrauenstatbestand geschaffen worden ist. Dies ist der Fall bei langjähriger Ausübung einer bestimmten Tätigkeit. Verrichtet der Arbeitnehmer mit ausdrücklicher oder stillschweigender Billigung des Arbeitgebers dauernd eine höherwertige Arbeit als die ursprünglich vereinbarte, führt dies zu einem Schutz der erreichten Tätigkeits- und Entgeltstufe mit der Folge, daß der betroffene Arbeitnehmer nicht mehr einseitig vom Arbeitgeber zur Durchführung der ursprünglich vereinbarten Arbeit verpflichtet werden kann. Dies gilt auch dann, wenn der Arbeitnehmer bei Durchführung der ursprünglichen Tätigkeit keine Lohneinbußen erleiden würde.³¹⁷ Als „dauernde Verrichtung" ist in diesem Zusammenhang ein Zeitraum von drei Jahren als hinreichend angesehen worden.³¹⁸ Dieses Maß ist jedoch nicht zwingend, so daß gegebenenfalls auch noch nach erheblich längeren Zeiträumen eine Konkretisierung nicht eingetreten ist.³¹⁹

Umstritten ist, ob eine Konkretisierung der Leistungsart auch innerhalb gleichwertiger Tätigkeitsfelder eintreten kann. Entsteht beim Arbeitnehmer der objektiv gerechtfertigte Eindruck, er werde gegen seinen Willen nicht mehr in andere (gleichwertige) Arbeitsfelder des Unternehmens versetzt, wird eine Konkretisierung eingetreten sein.³²⁰

184 Eine einseitige Änderung der Leistungsart kommt insbesondere in Betracht, wenn unvorhersehbare äußere Ereignisse dazu zwingen, vorübergehend fachfremde Arbeit zu leisten. In diesen Fällen ist der Arbeitnehmer aufgrund seiner Treuepflicht verpflichtet, den Weisungen des Arbeitgebers Folge zu leisten.³²¹ Demgegenüber kann der Arbeitgeber den Arbeitnehmer nicht einseitig zu **Streikarbeit**, d.h. Arbeit, die der Arbeitnehmer anstelle der Streikenden erbringen soll, verpflichten. Der Arbeitgeber hat hier vielmehr den Gewissenskonflikt der Arbeitnehmer zwischen der Solidarität mit den Streikenden und der vertraglichen Arbeits-

---

³¹⁶ BAG 12.12.1984, AP Nr. 6 zu § 2 KSchG; Staudinger-Richardi, § 611 BGB RN 279.
³¹⁷ Vgl. BAG 28.02.1968, AP Nr. 17, 18, 19, 22 zu § 611 BGB.
³¹⁸ Siehe LAG Düsseldorf, AuR 1971, 214.
³¹⁹ Vgl. BAG 12.04.1973, AP Nr. 24 zu § 611 BGB Direktionsrecht (15 Jahre); LAG Frankfurt vom 21.03.1991, ZTR 1992, 80 (7-8 Jahre).
³²⁰ Siehe auch Blomeyer in: Münchener Handbuch, Arbeitsrecht, Band 1, § 46 RN 47.
³²¹ BAG 27.03.1980, AP Nr. 26 zu § 611 BGB Direktionsrecht.

pflicht zu beachten.³²² Die Befugnis des Arbeitgebers zur einseitigen Änderung der Leistungsart findet ihre Grenzen einerseits in der betrieblichen Mitbestimmung, andererseits in Tarifverträgen.

Gemäß § 99 I BetrVG und im Falle der Änderungskündigung gemäß § 102 BetrVG bedarf die Änderung der Leistungart dann der Mitbestimmung des Betriebsrates, wenn es sich dabei um eine **Versetzung** im Sinne des § 95 III Satz 1 BetrVG handelt. Diese liegt vor, wenn dem Arbeitnehmer ein anderer Arbeitsbereich zugewiesen wird und die voraussichtliche Dauer entweder mehr als einen Monat beträgt oder die Zuweisung mit einer erheblichen Änderung der Umstände verbunden ist, unter denen die Arbeit zu leisten ist.³²³ Dabei kommt es allein auf die rein tatsächliche Änderung des Inhalts der Arbeitsaufgabe bzw. des Gesamtbildes der Tätigkeit an.³²⁴ Eine Versetzung liegt danach nicht vor, wenn eine bloße Änderung z.B. der technischen Gestaltung, des Arbeitsablaufes, oder der Arbeitsplatzumgebung (z.B. Umstellung von Schreibmaschine auf Computer) stattfinden soll. In diesen Fällen ist § 95 BetrVG nicht anwendbar.

Die Nichtbeachtung des Mitbestimmungsrechts hat zur Folge, daß die Versetzungsmaßnahme unwirksam ist und der Arbeitnehmer der Anordnung nicht zu folgen braucht.³²⁵ Soll die Leistungsart eines leitenden Angestellten geändert werden, hat der Arbeitgeber dies dem Sprecherausschuß der leitenden Angestellten mitzuteilen (§ 31 I SprAuG).

Die Änderungsbefugnis des Arbeitgebers kann schließlich auch durch Tarifvertrag begründet oder eingeschränkt werden.³²⁶ Insoweit kommt es auf die jeweiligen Bestimmungen des geltenden Tarifvertrages an.

c) Leistungsort/Arbeitsplatz

Der Begriff Leistungsort bezeichnet den geographischen Ort der vom Arbeitnehmer zu erbringenden Leistungshandlung, gibt also an, wo die Arbeitsleistung zu erfolgen hat.³²⁷ Häufig wird er auch als Arbeitsplatz bezeichnet, obwohl dieser Begriff funktional und nicht lokal verstanden wird, weil er auch die konkrete Ausgestaltung umfaßt (§§ 90, 91 BetrVG).

Die Bestimmung des Leistungsortes geschieht in der Regel durch den Arbeitsvertrag. Dabei wird grundsätzlich ein bestimmter Betrieb des Arbeitgebers, nicht aber eine bestimmte Stelle im Betrieb als Leistungsort vereinbart.³²⁸ Die Zuweisung zu der konkreten Stelle im Betrieb, an der die Arbeit zu verrichten ist, erfolgt dann durch Weisung des Arbeitgebers.

---

[322] Siehe Blomeyer in: Münchener Handbuch Arbeitsrecht, Band 1, § 46 RN 34.
[323] BAG 28.09.1988, NZA 1989, 188.
[324] BAG 10.04.1984, AP Nr. 4 zu § 95 BetrVG 72, BAG 28.09.1988, AP Nr. 55 zu § 99 BetrVG 1972.
[325] BAG 26.01.1988, AP Nr. 50 zu § 99 BetrVG 1972.
[326] Vgl. BAG 16.10.1965, AP Nr. 20 zu § 611 BGB Direktionsrecht.
[327] Blomeyer in: Münchener Handbuch Arbeitsrecht, Band 1, § 46 RN 67.
[328] Staudinger-Richardi, § 611 BGB RN 300.

Der Leistungsort kann für jeden einzelnen Arbeitnehmer individuell oder kollektiv durch Betriebsvereinbarung geändert werden.

Ein individueller Wechsel des Einsatzortes liegt vor, wenn einem oder mehreren Arbeitnehmern ein neuer individueller Einsatzort innerhalb des Betriebes vorübergehend oder auf Dauer zugewiesen wird. Man spricht in diesem Zusammenhang auch von **Umsetzung**. Liegt der neue Einsatzort außerhalb des Betriebes oder der Ortschaft, wird es sich in aller Regel um eine Versetzung und damit auch um eine Änderung der Leistungsart handeln.

Während die langjährige Ausübung einer bestimmten Tätigkeit zu einer Konkretisierung der Leistungsart führen kann, wird die einseitige **Umsetzungsbefugnis** des Arbeitgebers durch langjährige Beschäftigung eines Arbeitnehmers an einem bestimmten Arbeitsplatz im Zweifel nicht eingeschränkt.[329] So kann sich z.B. eine Verkäuferin trotz mehrjähriger Tätigkeit in der Kinderabteilung eines Kaufhauses nicht gegen die Umsetzung in die Herrenabteilung wehren.[330]

Wie die Änderung des Leistungsortes erfolgen kann – ob durch einseitige Weisung des Arbeitgebers oder einvernehmlich – hängt von der jeweiligen Rechtsgrundlage ab.

Ein Weisungsrecht des Arbeitgebers kann sich aus dem Arbeitsvertrag ergeben. Ob es besteht und wie weit es geht, ist durch Vertragsauslegung zu ermitteln. Nach Ansicht von Rechtsprechung und Literatur können Umsetzungen innerhalb eines Betriebes, die nicht mit einer Veränderung des Aufgabenbereichs verbunden sind, einseitig angeordnet werden.[331]

Versetzungen in andere Betriebe oder Dienststellen bedürfen demgegenüber in aller Regel der Zustimmung des Arbeitnehmers.[332]

187 Versetzungen über die Ortsgrenze hinaus sind durch das Weisungsrecht des Arbeitgebers grundsätzlich nicht gedeckt, allerdings kann eine solche Befugnis des Arbeitgebers im Arbeitsvertrag ausdrücklich vorbehalten sein.[333] Allerdings hat auch eine solche ausdrücklich vorbehaltene Anordnungsbefugnis des Arbeitgebers ihre Grenzen. Sie muß betrieblich bedingt sein und darf die Interessen des Arbeitnehmers nicht unverhältnismäßig beeinträchtigen. Eine Anordnungsbefugnis besteht ebenfalls grundsätzlich nicht, wenn mit dem Wechsel des Leistungsortes zugleich auch ein Wechsel der Leistungsart oder eine Entgeltminderung verbunden

---

[329] Siehe BAG 12.04.1973, AP Nr. 24 zu § 611 BGB; Richter, DB 1989, 2382.
[330] LAG Köln, NZA 1985, 258.
[331] So LAG Düsseldorf AuR 1979, 27; Erman-Hanau, BGB, § 611 BGB RN 284; Schaub, Arbeitsrechtshandbuch, § 45 III 3; Staudinger-Richardi, BGB, § 611 RN 300.
[332] Schaub, Arbeitsrechtshandbuch, § 45 III 1; Loritz/Zöllner, Arbeitsrecht § 12 IV 1; BAG 19.02.1991, AP Nr. 26 zu § 95 BetrVG 1972.
[333] Zur Versetzung ins Ausland vgl. Gnann, Arbeitsvertrag bei Auslandsentsendung, 1993.

ist.³³⁴ Auch in diesen Fällen muß die Befugnis des Arbeitgebers im Arbeitsvertrag ausdrücklich vorbehalten sein und der Wechsel muß aus betrieblichen Gründen erforderlich und darf nicht unverhältnismäßig sein.

Zu beachten ist auch bei einer Änderung des Leistungsortes das Mitbestimmungsrecht des Betriebsrates gemäß § 99 I BetrVG. Nach der Rechtsprechung³³⁵ besteht dieses Mitbestimmungsrecht bereits bei einem bloßen, „auch vorübergehenden" Ortswechsel ohne Veränderung der Arbeitsaufgabe oder Eingliederung in eine andere organisatorische Einheit. Erforderlich ist aber, daß der Ortswechsel für den Arbeitnehmer mit einer erheblichen Änderung der Arbeitsumstände verbunden ist.³³⁶ Ob eine solche Änderung vorliegt, beurteilt sich nach den äußeren Bedingungen der Arbeit (Ort, Art und Weise, Arbeitsplatzgestaltung, Lage der Arbeitszeit etc.). Nicht unter die Mitbestimmungspflicht des § 99 I BetrVG fallen demnach die Fälle der Leistungsortänderung, durch die die Interessen des Arbeitnehmers nicht beeinträchtigt werden (z. B. Umsetzung in ein anderes Arbeitszimmer, eine andere Werkstatt oder Werkhalle). Ebenfalls von der Mitbestimmung nicht erfaßt wird die Zuweisung eines anderen Arbeitsortes, wenn sie voraussichtlich nicht länger als einen Monat dauert, es sei denn, die Zuweisung ist im Sinne einer Versetzung mit einer erheblichen Änderung der Umstände verbunden, unter denen die Arbeit zu leisten ist.

188

Eine **Betriebsverlegung** (kollektiver Wechsel des Einsatzortes) liegt vor, wenn sich die örtliche Lage eines (ortsfesten) Betriebes oder Betriebsteiles ändert. Eine solche Betriebsverlegung ist für den Arbeitnehmer automatisch mit einem Wechsel seines Einsatzortes verbunden. Grundsätzlich muß der Arbeitnehmer die Betriebsverlegung befolgen, da seine Arbeitsleistungspflicht an einen bestimmten Betrieb und nicht einen geographischen Ort gebunden ist. Etwas anderes gilt nur, wenn dem Arbeitnehmer der Wechsel des Einsatzortes unzumutbar ist. Entscheidend sind die Umstände des Einzelfalles. Bei der Abwägung steht insbesondere die Entfernung des Einsatzortes vom Wohnort des Arbeitnehmers im Vordergrund. Unzumutbar ist dem Arbeitnehmer der Wechsel des Einsatzortes zumindest dann, wenn es ihm nicht möglich ist, nach Beendigung der Arbeit an seinen Wohnort zurückzukehren. Ist die Betriebsverlegung für den Arbeitnehmer dagegen nur mit erhöhten Anfahrtszeiten verbunden, beurteilt sich die Zumutbarkeit danach, um wieviel höher die neue im Verhältnis zur früheren Anfahrtzeit ist. Ist einem Arbeitnehmer die Betriebsverlegung unzumutbar, kann der Arbeitgeber nicht einseitig den Einsatz am

189

---

³³⁴ Hueck / Nipperdey I, Lehrbuch des Arbeitsrechts, S. 202.
³³⁵ BAG 08.08.1989, AP Nr. 18 zu § 95 BetrVG 1972; BAG 18.02.1986, AP Nr. 33 zu § 99 BetrVG 1972.
³³⁶ BAG 28.09.1988 AP Nr. 55 zu § 99 BetrVG 1972; BAG 18.10.1988, AP Nr. 56 zu § 99 BetrVG 1972; BAG 08.08.1989, DB 1990, 537.

neuen Arbeitsort verlangen. Das Arbeitsverhältnis ist entweder einverständlich entsprechend zu ändern, oder betriebsbedingt – gegebenenfalls im Wege der Änderungskündigung – zu kündigen.

d) Vergütung/Arbeitsentgelt

190 aa) **Allgemeines.** Das Arbeitsentgelt ist die Gegenleistung des Arbeitgebers für die vom Arbeitnehmer erbrachte oder noch zu erbringende Arbeit. Neben diesem Entgelt im engeren Sinne kann der Arbeitgeber auch verpflichtet sein, Entgelt im weiteren Sinne zu zahlen. Darunter fallen zusätzliche vermögenswerte Leistungen wie Gratifikationen oder Leistungen der betrieblichen Altersversorgung, die der Arbeitgeber neben der als Gegenleistung für eine bestimmte Arbeit gewährten Vergütung (im engeren Sinne) erbringt.

Regelmäßig wird über die Art und Höhe der Vergütung eine Regelung im Arbeitsvertrag getroffen. Fehlt es an einer solchen Vereinbarung, können sich aus Verweisungen im Arbeitsvertrag auf einschlägige Tarifvertragsnormen oder wegen der Geltung eines Tarifvertrages für das Arbeitsverhältnis Art und Höhe der Vergütung aus den tarifvertraglichen Regelungen ergeben. Fehlen einschlägige arbeitsvertragliche oder tarifvertragliche Regelungen über die Vergütung, so gilt diese als stillschweigend vereinbart, wenn die Dienstleistung den Umständen nach nur gegen eine Vergütung zu erwarten ist (§ 612 II BGB).

Grundsätzlich können die Arbeitsvertragsparteien Art und Höhe der Vergütung frei vereinbaren. Einschränkungen können sich insoweit vor allem aus einer Tarifbindung und aus dem Grundsatz der arbeitsrechtlichen Gleichbehandlung ergeben.

Die Möglichkeiten der Änderung des Arbeitsentgelts hängen einerseits davon ab, um welche Art von Entgelt es sich handelt, andererseits davon, ob das Entgelt auf arbeits- oder tarifvertraglicher Regelung beruht oder auf eine Betriebsvereinbarung zurückgeht.

191 bb) **Arbeitsvertragliche Vergütungsregelung.** Die Höhe der Vergütung bestimmt sich grundsätzlich nach der Vereinbarung der Arbeitsvertragsparteien. Diese Vergütungsvereinbarung kann ausdrücklich oder konkludent geschlossen werden, sei es bei der Einstellung oder auch später im Rahmen einer Gehaltserhöhung. Dabei unterliegen die Arbeitsvertragsparteien grundsätzlich der Vertragsfreiheit. Ist ein tarifvertraglicher Mindestlohn nicht vorhanden oder gilt ein solcher mangels Tarifgebundenheit nicht, ist die Höhe des Lohnes grundsätzlich frei bestimmbar. Allerdings muß ein Mindestlohn gesichert sein, anderenfalls ist die Vereinbarung sittenwidrig. Die Rechtsprechung hat sich bei der Festlegung des Mindestlohnes an vergleichbaren Tariflöhnen orientiert.[337] Bei 40%

---

[337] Z. B. LAG Düsseldorf, DB 1978, 165.

III. Die Restrukturierungsmaßnahmen, Betriebsänderungen 425

Unterschreitung des niedrigsten Tariflohnes ist nach Ansicht des LAG Düsseldorf Sittenwidrigkeit anzunehmen.[338] Feste Grenzen gibt es jedoch nicht.

Beschränkt wird die Vertragsfreiheit der Arbeitsvertragsparteien darüber hinaus durch die betriebliche Übung und den Grundsatz der Gleichbehandlung. Beide sind auch zu beachten, wenn einzelvertraglich getroffene Vergütungsabreden durch Vereinbarung geändert werden sollen.

Hat der Arbeitgeber in seinem Betrieb regelmäßig an eine bestimmte Gruppe von Arbeitnehmern ein Entgelt in bestimmter Höhe gezahlt (z. B. auch bestimmte Überstundenzuschläge), kann sich daraus ein Entgeltanspruch des betroffenen Arbeitnehmers in dieser Höhe ergeben, selbst, wenn einzelvertraglich keine Regelung vorhanden ist. So darf insbesondere auch ein neu eingestellter Arbeitnehmer damit rechnen, die unter bestimmten Voraussetzungen gewährte Leistung zu erhalten, sobald er diese Voraussetzungen erfüllt.[339] Eine betriebliche Übung kann auch im Hinblick auf eine regelmäßige Gehaltserhöhung von Bedeutung sein.[340] Allerdings ist zu beachten, daß der Arbeitgeber sich die Freiwilligkeit der Leistung vorbehalten kann, etwa (konkludent) dadurch, daß er regelmäßig mitteilt, die Bezüge jährlich zu prüfen und gegebenenfalls neu festzusetzen.[341] Der Arbeitgeber wird daher darauf achten, daß er bereits im Arbeitsvertrag einen ausdrücklichen Widerrufsvorbehalt vereinbart. 192

Der **Grundsatz der Gleichbehandlung** schränkt ebenfalls die freie Vereinbarung eines Arbeitsentgeltes ein. Zwar hat das Bundesarbeitsgericht ausgesprochen, daß im Bereich der Vergütung die Vertragsfreiheit vorrangig vor dem arbeitsrechtlichen Gleichbehandlungsgrundsatz sei;[342] jedoch gilt dies nur, wenn es sich um individuell vereinbarte Vergütungen handelt, der Arbeitgeber also nicht nach gruppenspezifischen Merkmalen vorgegangen ist.[343] 193

Ein striktes Diskriminierungsverbot verbietet die unterschiedliche Entgeltzahlung an Männer und Frauen für gleiche Arbeit (§ 612 III BGB, Art. 3 II GG). Eine unterschiedliche Entlohnung von Mann und Frau ist nur dann zulässig, wenn dies durch biologische oder funktionale Unterschiede bedingt ist.[344] Das Gebot der Gleichbehandlung von Männern und Frauen ist insbesondere wichtig bei der Teilzeitarbeit, da hier

---

[338] Z. B. LAG Düsseldorf, DB 1978, 165.
[339] BAG, AP Nr. 10 zu § 242 BGB Betriebliche Übung.
[340] Siehe Hanau in: Münchener Handbuch Arbeitsrecht, Band 1, § 60 RN 86.
[341] BAG 04.09.1985, AP Nr. 21 zu § 242 BGB Betriebliche Übung.
[342] BAG 10.04.1973, AP Nr. 38 zu § 242 BGB Gleichbehandlung.
[343] BAG 19.08.1992, AP Nr. 102 zu § 242 BGB Gleichbehandlung.
[344] BAG 11.11.1980, AP Nr. 4 zu § 1 BetrVG Gleichberechtigung.

erfahrungsgemäß mehr Frauen beschäftigt sind.[345] Neben einem proportionalen Entgelt (siehe § 2 BeschFG) ist ein dem Entgelt vergleichbarer männlicher Arbeitnehmer entsprechender Lohn zu entrichten. Dies ist bei Einführung von Teilzeitarbeit zu beachten.

Ist eine Entgeltvereinbarung wegen Gleichheitswidrigkeit unwirksam, ist die dem Gleichheitsprinzip entsprechende Vergütung und ein angemessener Schadensersatz zu gewähren.[346]

194 Soll das vertraglich vereinbarte Entgelt in den aufgezeigten Grenzen geändert werden, bedarf es dazu grundsätzlich einer einvernehmlichen Regelung. Eine Lohnerhöhung oder Lohnkürzung aufgrund (einseitiger) Weisung des Arbeitgebers ist nicht möglich, denn dabei handelt es sich immer um eine Vertragsänderung, die dem Weisungsrecht des Arbeitgebers entzogen ist.[347]

195 cc) **Tarifvertragliche Entgeltregelungen.** Die wichtigste Rechtsgrundlage für Arbeitsentgelte sind Tarifverträge. Unterliegt ein Unternehmen der Tarifbindung, hat es grundsätzlich die in dem entsprechenden Tarifvertrag vereinbarten Entgelte zu bezahlen.

Die tarifvertraglichen Arbeitsentgelte sind in der Regel nach Tarifgruppen gestaffelt. Gemäß § 99 BetrVG unterliegen Eingruppierungen und Umgruppierungen einzelner Arbeitnehmer der betrieblichen Mitbestimmung. Gleiches gilt für die Korrektur einer fehlerhaften Eingruppierung. Eine Umgruppierung eines Arbeitnehmers in eine niedrigere Lohngruppe ist daher nicht durch Vereinbarung zwischen Arbeitnehmer und Arbeitgeber zulässig, sondern bedarf der Zustimmung des Betriebsrates. An einem zwischen Arbeitgeber und Betriebsrat geführten Beschlußverfahren über die richtige Eingruppierung wird der betroffene Arbeitnehmer nicht beteiligt.[348]

Die Vereinbarung untertariflicher Entgelte ist grundsätzlich nicht zulässig. Etwas anderes gilt nur, wenn ein Tarifvertrag sie erlaubt oder nach §§ 3–5 TVG nicht bzw. nicht mehr zwingend ist. Bei bloßer Nachwirkung des Tarifvertrages[349] können abweichende Regelungen getroffen werden, die sowohl als Betriebsvereinbarung wie auch als Individualvereinbarung denkbar sind.[350]

Auch gegenüber nicht tarifgebundenen Arbeitnehmern kann der Arbeitgeber zur Zahlung des Tarifentgeltes verpflichtet sein, etwa aus arbeitsvertraglicher Bezugnahme auf den Tarifvertrag, betrieblicher Übung

---

[345] Dies führt zu der Problematik einer möglichen sog. mittelbaren Diskriminierung; vgl. dazu BAG 14.10.1986, AP Nr. 11 zu § 119 EWG-Vertrag.
[346] BAG 23.09.1992, AP Nr. 1 zu § 612 BGB Diskriminierung.
[347] Vgl. Wank in: Hromadka, Änderung von Arbeitsbedingungen, S. 39.
[348] BAG 22.03.1983, AP Nr. 6 zu § 99 BetrVG 1972.
[349] Vgl. § 4 V TVG.
[350] Vgl. Löwisch/Rieble, TVG, § 5 RN 228 ff.

oder dem Grundsatz der Gleichbehandlung, der zwar nicht die unterschiedliche Behandlung von tarifgebundenen und nicht tarifgebundenen Arbeitnehmern, wohl aber die Benachteiligung einzelner nicht tarifgebundener Arbeitnehmer ohne sachlichen Grund verbietet.[351]

Übertarifliche Arbeitsentgelte sind demgegenüber zulässig (siehe § 4 III TVG). Sie können grundsätzlich auf Tariflohnerhöhungen angerechnet werden.

e) Befristung von Arbeitsverhältnissen

Die grundsätzliche Zulässigkeit des Abschlusses eines befristeten Arbeitsverhältnisses ergibt sich aus § 620 I des Bürgerlichen Gesetzbuches, wonach das Dienstverhältnis mit dem Ablauf der Zeit endet, für die es eingegangen ist. Allerdings ist die Vereinbarung befristeter Arbeitsverhältnisse nicht schrankenlos möglich. Die Befristungsmöglichkeiten sind insoweit begrenzt, als durch die Vereinbarung einer Befristung der Zweck des Kündigungsschutzrechts nicht vereitelt werden darf.[352]

196

Dieser Grundsatz, der Bestandteil der Rechtsprechung des Bundesarbeitsgerichts ist, führt dazu, daß die Befristung von Arbeitsverhältnissen bis zu einer Dauer von sechs Monaten ohne besondere Voraussetzungen möglich ist. Dies ergibt sich daraus, daß der Kündigungsschutz nach dem Kündigungsschutzgesetz erst nach dem Ablauf von sechs Monaten eingreift und daher die Befristung eines Arbeitsverhältnisses auf sechs Monate nicht zu einer Umgehung des Kündigungsschutzes führen kann.[353]

Aus dem vom Bundesarbeitsgericht aufgestellten Grundsatz folgt aber auch, daß bei Befristungen, die über einen Zeitraum von sechs Monaten hinausgehen, eine Befristungskontrolle eingreift. Dies bedeutet, daß Zeitverträge durch einen sachlichen Grund gerechtfertigt sein müssen, damit ausgeschlossen ist, daß durch sie Kündigungsschutzvorschriften umgangen werden.[354] Die Befristungskontrolle gilt sowohl für Teilzeit- wie auch für Vollzeitarbeitsverhältnisse.

In der Rechtsprechung ist in einer Vielzahl von Fällen die Befristung von Arbeitsverhältnissen für zulässig erachtet worden, doch erschwert es die Einzelfallbezogenheit der Urteile, handhabbare Fallgruppen zu bilden, in denen eine Befristung generell zulässig ist. Von besonderer Relevanz sind die folgenden von der Rechtsprechung als grundsätzlich zulässig anerkannten **Befristungsgründe**: Befristung auf Wunsch des Arbeitnehmers, projektbezogene Befristung, Befristung zur Erprobung, Befristung zur Aushilfe oder Vertretung sowie Befristung von Arbeitsverhält-

---

[351] Siehe Hanau in: Münchener Handbuch Arbeitsrecht, Band 1, § 60 RN 48.
[352] Grundlegend BAG 12.10.1960, AP Nr. 16 zu § 620 BGB Befristeter Arbeitsvertrag.
[353] Vgl. Wank in: Münchener Handbuch Arbeitsrecht, Band 2, § 113 RN 19.
[354] Vgl. Wank in: Münchener Handbuch Arbeitsrecht, Band 2, § 113 RN 9; 47 ff.

nissen mit Studenten.[355] In sämtlichen Fällen ist zu berücksichtigen, daß mit zunehmender Dauer der Beschäftigung an die sachliche Rechtfertigung der Befristung höhere Anforderungen zu stellen sind. Auch ist es regelmäßig nicht möglich, ein Arbeitsverhältnis mehrfach aufeinanderfolgend zu befristen. Auch insoweit steigen die Anforderungen an die sachliche Rechtfertigung der Befristung.

Schließlich ist in einigen Spezialgesetzen die Zulässigkeit der Befristung von Arbeitsverhältnissen geregelt. So wird gemäß § 21 des Bundeserziehungsgeldgesetzes die Befristung eines Arbeitsverhältnisses für Zeiten eines Beschäftigungsverbotes nach dem Mutterschutzgesetz, für Zeiten eines Erziehungsurlaubs sowie einer auf Tarifvertrag, Betriebsvereinbarung oder einzelvertraglicher Vereinbarung beruhenden Arbeitsfreistellung zur Betreuung eines Kindes ausdrücklich als sachlicher Grund anerkannt.

Besondere Bedeutung hat überdies § 1 des Beschäftigungsförderungsgesetzes erlangt, dessen Geltungsdauer zunächst bis zum 31. Dezember 1995 verlängert wurde. Nach § 1 des Beschäftigungsförderungsgesetzes ist es zulässig, den Arbeitsvertrag bis zu einer Dauer von 18 Monaten zu befristen, wenn entweder der Arbeitnehmer neu eingestellt wird oder der Arbeitnehmer im unmittelbaren Anschluß an die Berufsausbildung nur vorübergehend weiterbeschäftigt werden kann, weil kein Arbeitsplatz für einen unbefristet einzustellenden Arbeitnehmer zur Verfügung steht. Eine Neueinstellung im Sinne des Gesetzes liegt allerdings nicht vor, wenn ein Arbeitnehmer (wieder) beschäftigt werden soll, dessen befristeter oder unbefristeter Arbeitsvertrag in einem weniger als vier Monate zurückliegenden Zeitraum geendet hat.

---

[355] Vgl. ausführlich mit weiteren Beispielen Wank in: Münchener Handbuch Arbeitsrecht, Band 2, § 113 RN 62 ff.

TEIL D: Betriebsrentenrecht

	RN
I. Die Grundlagen des Betriebsrentenrechts	2
1. Begriff, gesetzliche Grundlagen und Aufgabe	2
2. Verbreitung und Finanzierung	5
3. Durchführungswege	7
4. Anspruchsgrundlagen	12
5. Mitbestimmung	16
6. Insolvenzsicherung	18
7. Unverfallbarkeit	20
8. Haftungsfragen	22
9. Verjährung	23
II. Die Neuordnung von betrieblicher Altersversorgung	24
1. Gründe und Motive	24
2. Ziele der Neuordnung	27
3. Wege zur Neuordnung	34
a) Grenzen des Betriebsrentengesetzes	34
b) Abfindungen	35
c) Übertragung von Versorgungsverpflichtungen	41
d) Übernahme durch nicht in § 4 BetrAVG genannte Versorgungsträger	45
e) Schließung für den Neuzugang	52
f) Widerruf	54
g) Kündigung	57
h) Nachfolgende Betriebsvereinbarung	64
i) Ablösende Betriebsvereinbarung	72
III. Betriebliche Altersversorgung bei Betriebsübergang nach § 613a BGB	76
1. Personenkreis	76
2. Rechtsfolgen	77
a) Übergang von unmittelbaren Pensionszusagen	78
b) Übergang von Direktversicherungen	90
c) Übergang einer Pensionskasse	95
d) Übergang einer Unterstützungskasse	102
IV. Betriebliche Altersversorgung und Gesamtrechtsnachfolge	107
1. Zum Begriff	107
2. Gesamtrechtsnachfolge und Rechtsgrundlagen	110
3. Gesamtrechtsnachfolge und Durchführungsweg	112
V. Betriebliche Altersversorgung bei Liquidation des Unternehmens	114
1. Zum Begriff	114
2. Maßnahmen der Abwicklung	115
3. Abfindung bei Liquidation	118
VI. Nachhaftungsbegrenzung	120
1. Bisherige Rechtslage	122
2. Neue Rechtslage	123
a) Nachhaftung bei Auflösung der Gesellschaft	124
b) Nachhaftung bei Ausscheiden eines persönlich haftenden Gesellschafters	125
c) Zeitliche Geltung und Übergangsregelung	126

Literatur

Ahrend/Förster/Rühmann, Die abändernde und ablösende Betriebsvereinbarung, BB 1987, Beilage 7/1987 zu Heft 11/1987; *Blomeyer/Otto*, Kommentar zum Gesetz zur Verbesserung der betrieblichen Altersversorgung, 1984; *Gaul*, Auswirkungen des rechtsgeschäftlichen Betriebsübergangs auf eine betriebliche Altersversorgung, DB 1980, S. 927 ff.; *Heubeck* in: *Herrmann/Heuer/Raupach*, Kommentar zum Einkommensteuer- und Körperschaftssteuergesetz, 20. Aufl., 1992; *Heubeck, Georg*, Zeitschrift für die gesamte Versicherungswissenschaft 1970, S. 317 ff.; *Heubeck/Höhne/Rau/Paulsdorff/Weinert*, Kommentar zum BetrAVG, Bd. I und II, 1982 und 1978; *Höfer/Abt*, Kommentar zum BetrAVG, Bd. II, Steuerrecht, 1984; *Höfer/Reiners/Wüst*, Kommentar zum Gesetz zur Verbesserung der betrieblichen Altersversorgung, Bd. I, Arbeitsrecht, 1993; *Juncker*, Die auf einer Betriebsvereinbarung beruhende Altersversorgung beim Betriebsübergang, RdA 1993, S. 203 ff.; *Jung*, Die Weitergeltung kollektivvertraglicher Regelungen (Tarifverträge, Betriebsvereinbarungen) bei einem Betriebsinhaberwechsel, RdA 1981, S. 360 ff.; *Kemper*, Zusammentreffen unterschiedlicher Versorgungsregelungen anläßlich eines Betriebsübergangs, BB 1990, S. 785 ff.; *Loritz*, Aktuelle Rechtsprobleme des Betriebsübergangs nach § 613a BGB, RdA 1987, S. 65 ff.; *Paulsdorff*, Kommentar zur Insolvenzsicherung der betrieblichen Altersversorgung, 1988; *Pauly* in: Wegweiser für die Altersversorgung, Georg Heubeck zum 75., Die Behandlung von Versorgungsansprüchen und -anwartschaften beim Betriebsübergang nach § 613a BGB, 1986, S. 107 ff.; *Röder*, Die Fortgeltung von Kollektivnormen bei Betriebsübergang, DB 1981, S. 1980 ff.; *Seiter*, Betriebsinhaberwechsel, 1980; *derselbe*, Tarifverträge und Betriebsvereinbarungen beim Betriebsinhaberwechsel, DB 1980, S. 877 ff.;

Der folgende Beitrag befaßt sich mit der Neuordnung von betrieblicher
Altersversorgung in bestehenden Unternehmen sowie mit dem Übergang
von betrieblichen Versorgungsverpflichtungen bei der Reorganisation
oder Übertragung von Betrieben oder Unternehmen. Da die Grundzüge
des Betriebsrentenrechts nicht als allgemein bekannt vorausgesetzt werden können, werden sie zunächst in Abschnitt I kurz dargestellt.

I. Die Grundlagen des Betriebsrentenrechts

1. Begriff, gesetzliche Grundlagen und Aufgabe

Die betriebliche Altersversorgung ist für die meisten der in der Bundesrepublik beschäftigten Arbeitnehmer und deren Angehörige neben der gesetzlichen Rentenversicherung die zweitwichtigste Absicherung und Versorgung im Alter, bei Tod oder bei Invalidität.

Innerhalb des bestehenden Systems der sozialen Sicherung steht die betriebliche Altersversorgung zwischen der gesetzlichen Rentenversicherung als Grund- und Pflichtversicherung und der privaten Vorsorge, die in den meisten Fällen durch Lebensversicherungsverträge sichergestellt wird. Aus diesem Grund wird die betriebliche Altersversorgung üblicherweise als die zweite „Säule" der Altersversorgung bezeichnet, was allerdings wegen der unterschiedlichen Höhe der Versorgungsleistungen nicht ganz zutreffend ist. Treffender wäre es, von den drei „Schichten" der Alterssicherung zu sprechen.[1] Der Begriff „Zweite Säule" hat sich jedoch durchgesetzt.

Die Ursprünge der betriebliche Altersversorgung gehen in Deutschland bis in die erste Hälfte des vorigen Jahrhunderts zurück. Sie ist älter als die gesetzliche Rentenversicherung. Es waren im wesentlichen zwei Beweggründe, die den Arbeitgeber zur Einrichtung von betrieblichen Versorgungswerken veranlaßten: sein Verantwortungsbewußtsein für das Wohl der Arbeitnehmer und ihrer Familien und sein Interesse am Aufbau und der Sicherung eines qualifizierten, treuen Bestandes an Mitarbeitern. Diese Motive bestimmen auch heute noch die Überlegungen bei der Einführung und Ausgestaltung von betrieblichen Versorgungssystemen. Bei der Reorganisation eines Betriebes oder eines Unternehmens bzw. bei dessen Erwerb sollten diese Aspekte nicht aus dem Blickfeld geraten, wenn es um die Frage geht, ob eine betriebliche Altersversorgung weitergeführt, erweitert oder reduziert werden sollte.

Ein wesentliches Kriterium der betrieblichen Altersversorgung ist die Freiwilligkeit der Einführung. Der Arbeitgeber ist nicht verpflichtet, betriebliche Altersversorgung zu gewähren. Er ist frei in der Entscheidung,

---

[1] Vgl. Georg Heubeck, Zeitschrift für die gesamte Versicherungswissenschaft 1970, Seite 317 ff.

ob und in welcher Höhe er Leistungen erbringen und welchen Weg der Durchführung und Finanzierung er beschreiten will. Entschließt sich der Arbeitgeber, betriebliche Altersversorgung zuzusagen, sind spätere Änderungen aufgrund der Einbindung in den Arbeitsvertrag oder in kollektivrechtliche Normen nicht immer einfach. Die Reduzierung einmal erteilter Versprechen kann schwierig sein, ein rückwirkender Entzug ist so gut wie ausgeschlossen.

4 Das Gesetz zur Verbesserung der betrieblichen Altersversorgung vom 19.12.1974 (BGBl. I S. 3610) (i.f. BetrAVG) definiert betriebliche Altersversorgung als Leistungen der Alters-, Invaliditäts- oder Hinterbliebenenversorgung, die einem Arbeitnehmer aus Anlaß des Arbeitsverhältnisses zugesagt worden sind. Arbeitnehmer im Sinne des BetrAVG sind Arbeiter und Angestellte einschließlich der zu ihrer Berufsausbildung Beschäftigten. Darüber hinaus gilt das Gesetz entsprechend für Personen, die nicht Arbeitnehmer sind, sofern ihnen Leistungen der Alters-, Invaliditäts- oder Hinterbliebenenversorgung aus Anlaß ihrer Tätigkeit für ein Unternehmen zugesagt worden sind.

2. Verbreitung und Finanzierung

5 Im Sommer 1993 wurde – im Auftrag des Bundesministeriums für Arbeit und Sozialordnung – die 6. Erhebung des ifo Instituts für Wirtschaftsforschung über die Situation und Entwicklung der betrieblichen Altersversorgung in Industrie und Handel in den alten Bundesländern durchgeführt. Dabei hat sich gezeigt, daß der Anteil der Unternehmen mit betrieblicher Altersversorgung in der Industrie zu dieser Zeit bei 64 % lag; die Verbreitung nach Beschäftigten mit erteilter oder verbindlich in Aussicht gestellter Versorgungszusage war in der Industrie von 70 % im Jahre 1990 auf 66 % im Jahre 1993 gesunken. Im Handel hatte sich der Anteil der Unternehmen mit betrieblicher Altersversorgung von 31 % im Jahre 1990 auf 34 % im Jahre 1993 erhöht.

6 Diese aufgrund fortlaufender Stichprobenerhebungen ermittelten Größenordnungen werden bestätigt durch Erhebungen, die das Statistische Bundesamt in den Jahren 1990 bis 1992 durchgeführt hat. Danach haben etwa 46,1 % aller Arbeitnehmer in den alten Bundesländern Anspruch auf betriebliche Versorgungsleistungen. Bei Großunternehmen (5.000 und mehr Mitarbeiter) haben 86,3 %, bei Klein- (3 bis 9 Beschäftigte) und Mittelunternehmen (z. B. 50 bis 99 Beschäftigte) 13,2 % bzw. 28,5 % der Arbeitnehmer eine Versorgungszusage. Das Finanzvolumen, das sind die für betriebliche Versorgungszwecke angesammelten Mittel, betrug 1990 rund 380 Mrd. DM, 1994 werden es schätzungsweise etwa 500 Mrd. DM sein.

3. Durchführungswege

Betriebliche Altersversorgung wird in vier Grundformen durchgeführt: als unmittelbare Zusage des Arbeitgebers – auch Pensionszusage genannt – oder als mittelbare Zusage in Form einer Direktversicherung, über eine Pensionskasse oder mittels einer Unterstützungskasse. Diese vier Durchführungswege sind in § 1 I bis IV BetrAVG gesetzlich definiert.

Eine **unmittelbare Pensionszusage** liegt vor, wenn der Arbeitgeber dem Arbeitnehmer – meistens im Rahmen des Arbeitsvertrages oder einer Betriebsvereinbarung – zusagt, ihm Leistungen der Alters-, Invaliditäts- oder Hinterbliebenenversorgung aus Anlaß seines Arbeitsverhältnisses zu gewähren. (§ 1 I Satz 1 BetrAVG). Der Arbeitnehmer erhält dadurch einen unmittelbaren Rechtsanspruch gegen den Arbeitgeber. Der Arbeitgeber erfüllt die Verpflichtung in der Regel aus eigenen Mitteln, zumindest haftet er für die Erfüllung mit seinem Betriebsvermögen, als Einzelkaufmann oder persönlich haftender Gesellschafter auch mit seinem Privatvermögen.

Eine **Direktversicherung** liegt vor, wenn der Arbeitgeber für die betriebliche Altersversorgung eine Lebensversicherung auf das Leben des Arbeitnehmers abschließt und der Arbeitnehmer oder/und seine Hinterbliebenen hinsichtlich der Leistungen des Versicherers ganz oder teilweise bezugsberechtigt sind. (§ 1 II Satz 1 BetrAVG). Es entstehen Rechtsbeziehungen in einem Dreiecksverhältnis: Das Arbeitsverhältnis zwischen Arbeitgeber und Arbeitnehmer, das die Versorgungszusage beinhaltet und das man deshalb auch als **Versorgungsverhältnis** bezeichnen kann, das **Versicherungsverhältnis** zwischen Arbeitgeber und Versicherer und das **Bezugsverhältnis** zwischen Versicherer und Arbeitnehmer bzw. den Hinterbliebenen. Versicherungsnehmer, d. h. Vertragspartner des Versicherers ist der Arbeitgeber, der auch – in der Regel allein – die Prämien zur Versicherung zahlt. Versicherter und Begünstigter ist der Arbeitnehmer bzw. seine Hinterbliebenen, der/die bei Eintritt des Versicherungsfalles einen Rechtsanspruch gegen die Versicherung hat/haben.

Wird die betriebliche Altersversorgung mittels einer Pensionskasse durchgeführt, besteht eine ähnliche Dreiecksbeziehung. Auch bei diesem Durchführungsweg sind Versorgungs-, Versicherungs- und Bezugsverhältnis zu unterscheiden. **Pensionskassen** sind selbständige, vom Arbeitgeber gegründete betriebliche oder überbetriebliche Versorgungseinrichtungen, die entweder die Rechtsform einer GmbH, meist aber die eines Versicherungsvereins auf Gegenseitigkeit haben. Für den Arbeitnehmer und/oder seine Hinterbliebenen besteht ein Rechtsanspruch auf die Leistungen der Kasse, (§ 1 III Satz 1 BetrAVG). Arbeitnehmer, die als Mitglied eines VVaG versichert sind, sind zugleich auch Versicherungsnehmer. Während der Dauer des Arbeitsverhältnisses übt der Arbeitgeber als in der Regel alleiniger Beitragszahler die Befugnisse des Versicherungspartners aus. Pensionskassen sind Versicherungsunternehmen und unterliegen als solche der Aufsicht durch das Bundesaufsichtsamt für das Versicherungswesen (BAV).

In der Regel meldet der Arbeitgeber den begünstigten Arbeitnehmer bei der Pensionskasse an und zahlt die Versicherungsprämie – hier meist Beiträge genannt. Der Arbeitnehmer ist – wie bei der Direktversicherung – Versicherter und Bezugsberechtigter. Darüber hinaus kann er zumindest anteilig an der Beitragszahlung beteiligt werden.

11   Bei der **Unterstützungskasse** hingegen hat der Arbeitnehmer keinen Rechtsanspruch gegen die Kasse. Auch die Unterstützungskasse ist eine rechtsfähige Versorgungseinrichtung, die anstelle des Arbeitgebers betriebliche Altersversorgung gewährt. Die Einrichtung darf jedoch in ihrer Satzung keinen Rechtsanspruch auf ihre Leistungen einräumen, (§ 1 IV Satz 1 BetrAVG). Unterstützungskassen sind keine Versicherungsunternehmen und stehen nicht unter der Aufsicht des BAV. Sie sind meist in Form einer GmbH oder eines Vereins organisiert und haben ein oder mehrere Trägerunternehmen. Die Trägerunternehmen versetzen mit ihren Zuwendungen die Kasse in die Lage, die Kassenleistungen zu erfüllen. Man verwendet die Begriffe „Einzel"- oder „Gruppen"-Unterstützungskasse, je nach Anzahl der Trägerunternehmen, sowie bei konzernmäßiger Verknüpfung den Begriff „Konzern"-Unterstützungskasse. Handelt es sich um eine GmbH, so ist bzw. sind das oder die Trägerunternehmen Gesellschafter der Kasse. Ist die Kasse als Verein organisiert, sind häufig Vertreter des Betriebsrats oder einzelne Mitglieder der begünstigten Belegschaft neben dem/den Trägerunternehmen Mitglied der Kasse. Meist ist die Zahl der Unterstützungskassenmitglieder wesentlich geringer als die Zahl der Begünstigten. Der Grund liegt darin, daß die Unterstützungskasse – anders als die Pensionskasse – **kein Versicherungsverein** auf Gegenseitigkeit ist.

Unterstützungskassen werden als eine Art Zahlstelle oder Abwicklungseinrichtung der betrieblichen Altersversorgung der Trägerunternehmen angesehen. Ist die Kasse aus wirtschaftlichen Gründen nicht in der Lage, die in Aussicht gestellten Leistungen zu zahlen, haftet der Arbeitgeber. Der Ausschluß des Rechtsanspruchs wird als ein durch sachliche Gründe gebundenes Widerrufsrecht verstanden.[2]

4. Anspruchsgrundlagen

12   Die betriebliche Altersversorgung ist grundsätzlich eine freiwillige Leistung des Arbeitgebers an den Arbeitnehmer, die **auf vertraglicher**

---

[2] BAG, Urteil vom 17.05. 1973–3 AZR 381/72, AP Nr. 6 zu § 242 BGB Ruhegehalt-Unterstützungskassen, sowie AP Nr. 7 bis 9 zu § 242 BGB Ruhegehalt – UK; BVerfG, Urteil vom 19.10. 1983–2 BvR 298/81, AP Nr. 2 zu § 1 BetrAVG Unterstützungskassen.

Basis beruht. Eine gesetzliche Pflicht zur Gewährung von betrieblicher Altersversorgung besteht in Deutschland nicht. Bei den Anspruchsgrundlagen unterscheidet man individualrechtliche und kollektivvertragliche Grundlagen: Zu den individualrechtlichen Grundlagen zählen die einzelvertragliche Zusage, die vertragliche Einheitsregelung, die Gesamtzusage, die Betriebliche Übung und der Gleichbehandlungsgrundsatz. Betriebsvereinbarung und Tarifvertrag sind kollektivvertragliche Grundlagen.

Einzelvertragliche Zusagen (verkürzt heißt es oft: **Einzelzusagen**) finden sich überwiegend in kleineren Unternehmen und bei leitenden Mitarbeitern. Vertragliche Einheitsregelung und Gesamtzusage unterscheiden sich durch die Art und Weise des Zustandekommens des Versorgungsvertrages. Beide basieren auf einem inhaltlich gleichlautenden Angebot des Arbeitgebers an alle oder einen definierten Kreis von Arbeitnehmern. Während die **vertragliche Einheitsregelung** eine individuelle Annahme des Angebots durch den Arbeitnehmer erfordert, meist durch Unterzeichnung der schriftlich erteilten Zusage, gibt der Arbeitgeber bei der **Gesamtzusage** eine einzige Erklärung ab – meist in Form einer schriftlich formulierten Pensions- oder Versorgungsordnung bzw. eines Versorgungsstatuts, das an alle begünstigten Arbeitnehmer gerichtet ist, aber nicht von jedem einzelnen ausdrücklich angenommen werden muß. Die Gesamtzusage wird in allgemeiner Form, etwa am „Schwarzen Brett" bekanntgemacht. Eine ausdrückliche Annahmeerklärung wird nicht erwartet.[3]

13

Vertragliche Einheitsregelung und Gesamtzusagen werden nach inzwischen gefestigter Rechtsprechung der individualvertraglichen Ebene zugeordnet. Diese Zuordnung hat Auswirkungen auf die Bedingungen und Anforderungen an spätere Änderungen, z. B. im Rahmen der Reorganisation eines bestehenden Unternehmens oder bei einer Unternehmensveräußerung.

Die Gesamtzusage galt traditionell als die vertragliche Anspruchsgrundlage in mittleren und größeren Unternehmen. Traditionell, weil sie aus dem Gedanken der Fürsorge einseitig vom Unternehmen oder der Geschäftsleitung zugesagt wird, und größenbezogen, weil die Möglichkeit und Notwendigkeit, alle oder mehrere Arbeitsverhältnisse durch einheitliche Erklärung zu erfassen, eine gewisse Größenordnung des Unternehmens voraussetzt.

Seit den 70er Jahren setzt sich zunehmend die **Betriebsvereinbarung** als Rechtsgrundlage der betrieblichen Altersversorgung durch. Die Gründe liegen u. a. in der Rechtsprechung des Bundesarbeitsgerichts, das insbesondere nach Inkrafttreten des Betriebsrentengesetzes im Jahre 1974 die Mitbestimmungs- und Mitwirkungsrechte des Betriebsrates in

14

---

[3] BAG, Beschluß vom 16.09.1986 – GS 1/82, AP Nr. 17 zu § 77 BetrVG 1972.

Fragen der betrieblichen Altersversorgung kontinuierlich ausgebaut und weiterentwickelt hat. Einzelheiten werden in den nachfolgenden Abschnitten behandelt.

An dieser Stelle sei bereits darauf hingewiesen, daß die Regelungen des Betriebsverfassungsgesetzes zur Betriebsvereinbarung als einer besonderen Vertragsbeziehung zwischen Arbeitgeber und Arbeitnehmer auch für die betriebliche Altersversorgung relevant sind, d. h. es sind auch hier besondere Form- und Verfahrensvorschriften zu beachten. Nach § 77 II Betriebsverfassungsgesetz in der Fassung der Bekanntmachung vom 23.12. 1988, (i.f. auch BetrVG), sind Betriebsvereinbarungen vom Betriebsrat und vom Arbeitgeber gemeinsam zu beschließen und schriftlich niederzulegen. Sie sind von beiden Seiten zu unterzeichnen und vom Arbeitgeber an geeigneter Stelle im Betrieb auszulegen. Betriebsvereinbarungen gelten unmittelbar und zwingend, d. h. ihr Inhalt wirkt unmittelbar auf das einzelne Arbeitsverhältnis ein.

15 Betriebliche Altersversorgung, die in einem **Tarifvertrag** vereinbart wird, findet sich relativ selten. Der Grund liegt auch hier in den traditionell auf Fürsorge und Freiwilligkeit des einzelnen Arbeitgebers beruhenden Wurzeln der betrieblichen Altersversorgung. Man findet tarifliche Regelungen zur betrieblichen Altersversorgung in Unternehmen oder Betrieben, die eine mehr oder weniger stark ausgeprägte Nähe zum öffentlichen Dienst haben, z. B. bei den öffentlich-rechtlichen Rundfunkanstalten, im Pressewesen und in der Bauwirtschaft.

5. Mitbestimmung

16 Betriebliche Altersversorgung gilt als soziale Angelegenheit i. S. d. §§ 87, 88 BetrVG und berührt die Mitbestimmungsrechte des Betriebsrates. Von den in § 87 I BetrVG genannten Tatbeständen der erzwingbaren Mitbestimmung sind nach den Grundsätzen der Rechtsprechung die Nrn. 8 und 10 einschlägig. Nach § 87 I Nr. 8 BetrVG hat der Betriebsrat mitzubestimmen bei der Form, der Ausgestaltung und der Verwaltung von **Sozialeinrichtungen**, deren Wirkungsbereich auf den Betrieb, das Unternehmen oder den Konzern beschränkt ist. Von dieser Regelung erfaßt werden Pensions- und Unterstützungskassen von Einzelfirmen und Konzernen. Gruppenunterstützungs- und Gruppenpensionskassen fallen unter § 87 I Nr. 8 BetrVG, wenn die Trägerunternehmen konzernmäßig verbunden sind. In den übrigen Fällen kann § 87 I Nr. 10 BetrVG einschlägig sein.

Nach § 87 I Nr. 10 BetrVG hat der Betriebsrat bei Fragen der **betrieblichen Lohngestaltung**, insbesondere bei der Aufstellung von Entlohnungsgrundsätzen und bei der Einführung und Anwendung von neuen Entlohnungsmethoden sowie deren Änderung erzwingbar mitzubestimmen. Diese Regelung gilt für unmittelbare Pensionszusagen und für Di-

I. Die Grundlagen des Betriebsrentenrechts

rektversicherungen. Bei den übrigen Durchführungswegen kann die Vorschrift relevant werden, wenn die Mitbestimmung nicht über § 87 I Nr. 8 BetrVG durchführbar ist.

Nach ständiger Rechtsprechung des BAG[4] ist der Arbeitgeber jedoch in vierfacher Beziehung frei: Er kann entscheiden, (1) ob er überhaupt finanzielle Mittel für die betriebliche Altersversorgung zur Verfügung stellen will, (2) in welchem Umfang er das tun will, (3) welche Versorgungsform er wählen und (4) welchen Arbeitnehmerkreis er versorgen will. In jedem Fall sind bei der Durchführung Arbeitgeber und Betriebsrat an die Grundsätze von Recht und Billigkeit sowie an Gesetz oder höherrangiges Tarifrecht gebunden.

Innerhalb dieser Grenzen hat der Betriebsrat mitzubestimmen. Seine Rechte betreffen daher insbesondere die Mitwirkung bei der **Ausgestaltung des Leistungsplans**, nicht jedoch etwaige Veränderungen des Dotierungsrahmens, des Durchführungsweges oder des begünstigten Personenkreises.

6. Insolvenzsicherung[5]

Nach § 7 BetrAVG sind **Versorgungsempfänger**, deren Ansprüche aus einer unmittelbaren Pensionszusage nicht erfüllt werden, weil über das Vermögen des Arbeitgebers der Konkurs eröffnet wurde, insolvenzgeschützt, d. h. die Zahlung ihrer Versorgungsleistungen übernimmt der **Pensions-Sicherungs-Verein a. G.** (PSVaG) in einem Umfang, der gesetzlich festgelegt ist. Der Konkurseröffnung gleichgestellt sind bestimmte im Gesetz enumerativ aufgezählte Sachverhalte, in denen der Arbeitgeber wirtschaftlich nicht in der Lage ist, die fälligen Leistungen zu erbringen. Entsprechendes gilt, wenn Leistungen aus einer Direktversicherung nicht gezahlt werden, weil der Arbeitgeber das Bezugsrecht auf die Leistung aus dem Versicherungsvertrag abgetreten oder beliehen hat und er wegen Konkurses seinen Pflichten gegenüber den Arbeitnehmern nicht nachkommen kann oder wenn eine Unterstützungskasse ihre Leistungen nicht mehr erbringen kann, weil das Trägerunternehmen insolvent geworden ist.

Daneben übernimmt der PSVaG zum Insolvenzstichtag anteilig die **Versorgungsanwartschaften** der Arbeitnehmer, die eine nach §§ 1, 2

---

[4] BAG, Beschlüsse vom 12.06.1975–3 ABR 137/73, 3 ABR 13/74 und 66/74; vom 18.03.1976–3 ABR 34/75, 3 ABR 32/75, AP Nr. 1–4 zu § 87 BetrVG 1972 Altersversorgung.
[5] Zu Fragen der Insolvenzsicherung im Detail, siehe: Paulsdorff, Kommentar zur Insolvenzsicherung der betrieblichen Altersversorgung, Heidelberg, 1988; Merkblätter des PSVaG einschließlich Vorbemerkung, veröffentlicht im Handbuch der betrieblichen Altersversorgung, Heidelberg, Teil II, Band 2, D II.

BetrAVG **unverfallbare** Versorgungsanwartschaft auf betriebliche Altersversorgung haben.

Die Anwartschaften und Ansprüche der Arbeitnehmer und Berechtigten gegen den Arbeitgeber gehen kraft Gesetzes gemäß § 9 II BetrAVG auf den PSVaG über. Bei der Unterstützungskasse geht deren Vermögen auf den PSVaG über, soweit es dem insolventen Arbeitgeber zuzurechnen ist.

7. Unverfallbarkeit

20   Scheidet ein Arbeitnehmer vor Eintritt eines Versorgungsfalles aus dem Unternehmen aus, behält er nach § 1 I S. 1 BetrAVG seine Anwartschaft auf Leistungen, sofern er in diesem Zeitpunkt mindestens das 35. Lebensjahr vollendet hat und
– entweder die Versorgungszusage für ihn mindestens 10 Jahre bestanden hat
– oder der Beginn der Betriebszugehörigkeit mindestens 12 Jahre zurückliegt und die Versorgungszusage für ihn mindestens 3 Jahre bestanden hat.

21   Unter bestimmten Voraussetzungen kann es nach § 1 I S. 2–4 BetrAVG zu einer erweiterten Anwendung dieser Bedingungen kommen. Grundsätzlich ist die gesetzliche Unverfallbarkeit jedoch der Disposition der Vertragspartner entzogen. Abweichungen zu Lasten des Arbeitnehmers sind gemäß § 17 III BetrAVG i. V. m. § 134 BGB unwirksam. Begünstigungen binden den Arbeitgeber, nicht jedoch z. B. den PSVaG.

Die Höhe der unverfallbaren Anwartschaften richtet sich im Grundsatz nach § 2 I BetrAVG: Bei Eintritt des Versorgungsfalles – dies kann je nach Zusage der Alters-, Invaliditäts- oder Todesfall sein – besteht Anspruch auf einen Teil der Leistung, die der Arbeitnehmer bekommen hätte, wenn er bis zum Versorgungsfall in den Diensten des Unternehmens geblieben wäre (sog. Volleistung). Dieser Teil entspricht dem Verhältnis der Dauer der Betriebszugehörigkeit zu der Zeit vom Beginn der Betriebszugehörigkeit bis zur Vollendung des 65. Lebensjahres. Je nach Art und Zeitpunkt des Versorgungsfalles kann die zu ermittelnde Volleistung unterschiedlich ausfallen. Die Höhe ist abhängig von der Leistungsformel des jeweiligen Versorgungssystems, die Ermittlung des Anwartschaftsquotienten ist dagegen gesetzlich festgelegt und individuell verschieden.

Der vorzeitig ausscheidende Mitarbeiter hat nach § 2 VI BetrAVG Anspruch darauf, zu erfahren, ob und in welcher Höhe er bei Erreichen der in der Versorgungsregelung vorgesehenen **Altersgrenze** Leistungen erwarten kann. Diese sog. **Unverfallbarkeitsbescheinigung** führt in vorzeitigen Versorgungsfällen – insbesondere bei Inanspruchnahme vorzeitiger Altersrente – manchmal zu Mißverständnissen und sollte deshalb stets mit entsprechenden Hinweisen versehen werden. Die Leistung bei Erreichung der in der Versorgungsregelung vorgesehenen Altersgrenze ist in der Regel die höchste Versorgungsleistung, die ein betriebstreuer Mitarbeiter erreichen kann. Die Leistungen bei Eintritt eines früheren Versorgungsfalles sind in der Mehrzahl der Fälle niedriger als die Altersrente. Die Unverfallbarkeitsbescheinigung bezieht sich also auf die höchste erreichbare Leistung. Tritt der Versorgungsfall früher ein, ist die fiktive Volleistung in der Regel niedriger; folglich fällt konsequenterweise auch die aufrechterhaltene Anwartschaft geringer aus. Im Versorgungsfall ist vor Anwendung der Quotierung stets von der jeweiligen Volleistung eines betriebstreuen Mitarbeiters auszugehen.[6]

Das BAG hat das Verfahren zur Höhe der unverfallbaren Anwartschaft nach § 2 I BetrAVG übernommen, um die Höhe des Besitzstandes bei Änderung eines Versorgungssystems festzustellen.[7] Darauf wird in Abschnitt II, RN 66 noch einzugehen sein.

8. Haftungsfragen

Betriebliche Altersversorgung beruht auf vertraglicher Grundlage. **22** Der Inhalt des Vertrages bestimmt den Haftungsumfang. Versteht man Haftung als Frage nach dem Primärschuldner, so folgt daraus, daß bei unmittelbaren Zusagen primär der Arbeitgeber bzw. die juristische Person, die als solche Partnerin des Arbeitsverhältnisses ist und für die Leistung einzustehen hat. Bei mittelbaren Zusagen leistet zunächst eine Person, die rechtlich nicht mit dem Arbeitgeber identisch ist. Versicherungsunternehmen oder Pensionskassen, die vertrags- und satzungsgemäß ihren Versicherten einen eigenen Rechtsanspruch einräumen, können in ihren Leistungen inhaltlich von dem abweichen, was arbeitsvertraglich vereinbart ist. Differenzen zwischen Arbeitsvertrag und Versicherungsanspruch sind möglich, aber selten. Die primäre Leistung des Arbeitgebers bei mittelbaren Versorgungsträgern besteht in der Zahlung von Beiträgen an diese Träger. Ob und inwiefern sich neben der Beitragspflicht eine sekundäre Haftung für fehlende oder nicht ausreichende Leistungen des mittelbaren Versorgungsträgers ergibt, richtet sich nach dem Inhalt der arbeitsvertraglichen Zusage. Hat der Arbeitgeber eine reine Beitragszahlungspflicht übernommen, umfaßt und beschränkt sich seine Vertragserfüllung auf diese Verpflichtung. Darüber hinaus darf er das Versicherungsverhältnis nicht in anderer Weise be-

---

[6] Zur vorzeitigen Altersrente nach vorzeitigem Ausscheiden, BAG, Urteil vom 13.03.1990–3 AZR 338/89, AP Nr.17 zu § 6 BetrAVG; Urteil vom 12.03.1991–3 AZR 102/90, AP Nr.9 zu § 1 BetrAVG Besitzstand.
[7] BAG, Urteile vom 14.12.1982–3 AZR 251/80, vom 17.04.1985–3 AZR 72/83; vom 22.09.1987–3 AZR 662/85, AP Nr. 1,2 und 5 zu § 1 BetrAVG Besitzstand; vom 17.03.1987–3 AZR 64/84, AP Nr.9 zu § 1 BetrAVG Ablösung.

einträchtigen, rückgängig machen oder belasten. Bei einer leistungsbezogenen Zusage kann den Arbeitgeber dagegen auch bei mittelbaren Versorgungsträgern eine Subsidiärhaftung treffen, sofern der primäre Versorgungsträger die volle Leistung nicht erbringt oder erbringen kann.

Eine Mithaftung kann sich auch aus anderen Rechtsgründen ergeben. Voraussetzung ist, daß eine zweite Person, die rechtlich nicht mit dem Primärverpflichteten identisch ist, zur Leistung herangezogen wird. Die Grundlagen der Haftung können vertraglich oder gesetzlich begründet sein. Vertragliche Haftungstatbestände sind vielfältig. Zu nennen sind u. a. firmenübergreifende Versorgungszusagen im Konzern, Schuldbeitritte, Bürgschaften, Erfüllungsübernahmen und dergleichen, Zurechnungstatbestände im Konzern wegen vertraglicher Abhängigkeit oder faktischer Zuordnung. Als für die Praxis besonders wichtige gesetzliche Haftungstatbestände sind zu erwähnen die Insolvenzsicherung durch den PSVaG und auch die gesetzliche Nachhaftung eines Gesellschafters nach Auflösung oder nach Ausscheiden aus einer Personengesellschaft gemäß § 159 ff HGB (siehe hierzu RN 121 ff.).

9. Verjährung

23   Als vertraglicher Anspruch unterliegt die betriebliche Altersversorgung der Verjährung. Fällig wird der Anspruch mit dem Eintritt des Versorgungsfalles. Erst das Fälligwerden der Leistung löst die Verjährungsfrist aus. Das **Rentenstammrecht** verjährt 30 Jahre nach Eintritt des Versorgungsfalles (vgl. § 195 BGB). Unter Rentenstammrecht versteht man das Versorgungsrecht als Ganzes. Werden die Versorgungsleistungen in Rentenform gewährt, unterliegen die **einzelnen Rentenzahlungen** als Teil des Lohnes gewerblicher Arbeiter und als Teil des Gehalts von im Privatdienst beschäftigten Personen der zweijährigen Verjährungsfrist nach § 196 I Nr. 8 und 9 BGB. Die laufenden Bezüge von Organpersonen verjähren gemäß § 197 BGB nach Ablauf von vier Jahren. Zu beachten ist der hinausgeschobene Beginn der kurzen Verjährungsfristen nach § 201 BGB. Die zwei- und vierjährige Verjährungsfrist beginnt jeweils mit dem Schluß des Jahres, in welchem die Rentenzahlung fällig geworden ist. Die zweijährige Verjährungsfrist der Betriebsrentenzahlung für den Monat Januar beginnt also erst mit Ablauf des 31.12. desselben Jahres.

II. Die Neuordnung von betrieblicher Altersversorgung

1. Gründe und Motive

Eine Notwendigkeit zur Reorganisation von betrieblicher Altersversorgung kann sich aus einer Vielzahl von Gründen ergeben. Es können Gründe sein, die das Unternehmen von außen beeinflussen, es können aber auch innerbetriebliche Umstände sein, die eine Veränderung erforderlich machen. Dabei kann sich die Neuordnung einer bestehenden betrieblichen Versorgungseinrichtung als Folge oder einfach im Zusammenhang mit einer Reorganisation des Unternehmens oder einem Kauf oder Verkauf des Unternehmens ergeben (vgl. Teil A dieses Handbuches). Die Neuordnung eines betrieblichen Versorgungswerks kann aber auch die einzige, unter Umständen tiefgreifende alleinige Reorganisationsmaßnahme sein. 24

Zu den äußeren Einflüssen, die auf ein betriebliches Versorgungswerk einwirken, zählen die Änderung der gesetzlichen, vor allem der arbeits- und steuerrechtlichen Rahmenbedingungen und die Entwicklung der Rechtsprechung. Ändern können sich insbesondere die Bedingungen der gesetzlichen Rentenversicherung, die die betriebliche Altersversorgung sowohl dem Grunde als auch der Höhe nach unter Umständen erheblich beeinflussen. 25

Als Beispiel sei das Rentenreformgesetz 1992 genannt, das neben einer Fülle von Änderungen in der Rentenbemessung eine nachhaltige Reform der Rentenzugangsalter gebracht hat und über § 6 BetrAVG unmittelbar auf die betriebliche Altersversorgung einwirkt. Arbeitgeber müssen die Betriebsrente vorzeitig gewähren, wenn der Arbeitnehmer den Bezug von gesetzlicher Altersrente als Vollrente nachweist und Betriebsrente verlangt, selbst wenn das vertragliche Regelwerk einen späteren Rentenbeginn vorsieht. Soll das Regelwerk auf Dauer nicht an der Gesetzeslage vorbeigehen, wird eine Änderung unumgänglich.

Erheblichen Änderungsbedarf kann auch die **Rechtsprechung** auslösen. Von den zahlreichen, die betriebliche Altersversorgung beeinflussenden Urteilen des Bundesarbeitsgerichts seien aus jüngerer Zeit genannt: Die Rechtsprechung zur rückwirkenden Beteiligung von Teilzeitkräften,[8] die rückwirkende Einführung der Witwerrente,[9] die Verpflichtung zur nachholenden Anpassung,[10] das sog. kollektive Günstigkeitsprinzip[11]

---

[8] BAG, Urteil vom 14.10. 1986–3 AZR 66/83 – AP Nr. 11 zu Art. 119 EWG-Vertrag.
[9] BAG, Urteil vom 05.09. 1989–3 AZR 575/88 – AP Nr. 8 zu § 1 BetrAVG – Hinterbliebenenversorgung.
[10] BAG, Urteil vom 28.04. 1992–3 AZR 244/91, 142/91, 356/91 – AP Nrn. 24, 25, 26 zu § 16 BetrAVG.
[11] BAG, Beschluß vom 16.09. 1986 – GS 1/82 – AP Nr. 17 zu § 77 BetrVG 1972.

und die Verfestigung der sog. Drei-Stufen-Theorie zur Besitzstandsabstufung bei Anwartschafts- und Anspruchskürzungen.[12] Zunehmendes Gewicht gewinnt die Rechtsprechung des Europäischen Gerichtshofs (EuGH), dessen Entscheidungen z.B. zum Lohngleichheitsgebot für Männer und Frauen nach Artikel 119 des EG-Vertrages[13] unmittelbar auf die Arbeitsverhältnisse in Deutschland einwirken.

26   Zu den innerbetrieblichen Gründen, die eine Reorganisation notwendig machen, zählen vor allem **wirtschaftliche Gründe**, aber auch Entwicklungen in einem Versorgungswerk, die bei seiner Einführung so nicht gewollt oder nicht vorhersehbar waren. Zum Beispiel kann eine bestehende Rentenformel zu **Überversorgungen** führen, weil die Nettogehälter relativ gesunken sind. Ein Versorgungswerk kann zu großzügig bemessen sein oder den veränderten Versorgungsbedarf verfehlen. Es kann zu stark von der Höhe der gesetzlichen Rente abhängig sein und damit für den Arbeitgeber außer Kontrolle geraten. Die Wertschätzung, die die Arbeitnehmer ihrem Versorgungswerk entgegenbringen, kann sich wandeln und damit zum Anlaß für Modifizierungen oder Neuerungen im betrieblichen Versorgungswerk werden.

Innerbetrieblicher Anlaß für eine Änderung des Versorgungswerkes können aber auch die **Veränderung der Personalstruktur** oder gewandelte personalpolitische Vorstellungen sein. Durch moderne Technologien kann sich z.B. das Verhältnis von Arbeitern und Angestellten, von angelernten und fachlich hoch qualifizierten Mitarbeitern ändern. Dadurch verändern sich die Gehaltsstruktur und die individuellen Versorgungsbedürfnisse. Insbesondere im Konzern oder nach Betriebs- oder Unternehmensumstrukturierungen kann sich die Frage stellen, ob und wie verschiedene Versorgungssysteme verändert werden müssen oder können. Ähnliche Fragestellungen treten auf, wenn ein Betrieb oder Unternehmen verkauft wird. In der Praxis wird den betrieblichen Versorgungsverpflichtungen dabei häufig zu wenig oder zu spät Beachtung geschenkt. Welche Bedingungen insbesondere beim Erwerb von Betrieben und Unternehmen zu berücksichtigen sind und welche Möglichkeiten der Änderung es gibt, wird ein Schwerpunkt dieses Beitrags sein (siehe Abschnitt III. RN 76ff).

Ein häufiger und wesentlicher innerbetrieblicher Grund für eine Neuordnung ist die nachhaltige **Verschlechterung der Wirtschaftslage** eines Unternehmens. Sie kann beruhen auf einer Verschlechterung der Ertragslage oder einer sich verschärfenden Konkurrenzsituation für das Unternehmen, in einer produkt- oder branchenspezifischen Krisensituation

---

[12] BAG, Urteil vom 18.04.1989–3 AZR 688/87 – AP Nr.2 zu § 1 BetrAVG Betriebsvereinbarung.
[13] EuGH, Urteil vom 17.05.1990 RS C – 262/88 – AP Nr.20 zu Art.119 EWG – Vertrag.

oder in generellen Strukturproblemen. In allen derartigen Situationen gerät die betriebliche Altersversorgung schon allein deshalb in den Sog von Neu- oder Umstrukturierungsüberlegungen, weil sie oft einen wesentlichen Anteil an den (vom Unternehmen noch beeinflußbaren) Lohnnebenkosten hat.

Andererseits erweisen sich die relativ festgefügten rechtlichen Bestandsvorschriften und langfristigen finanziellen Bindungswirkungen als Hindernisse für schnelle und tiefgreifende Änderungen von bestehenden betrieblichen Versorgungssystemen. Bei wirtschaftlichen Schwierigkeiten eines Unternehmens führt die Neuordnung der betrieblichen Altersversorgung daher meist nur zu relativ geringen und längerfristigen finanziellen Auswirkungen. Abhängig von Art und Umfang der wirtschaftlichen Probleme des Unternehmens soll ein weiteres Ansteigen des Aufwandes teilweise oder völlig vermieden werden, der Dotierungsrahmen für die betriebliche Altersversorgung soll konstant gehalten oder gesenkt werden oder es ergeben sich Umstrukturierungs- oder sogar Schließungsnotwendigkeiten für das System insgesamt.

2. Ziele der Neuordnung

Die Neuordnung von betrieblicher Altersversorgung umfaßt im Prinzip Verbesserungen, wertneutrale Änderungen, Verschlechterungen, aber auch die Einführung von betrieblicher Altersversorgung. 27

Die **Einführung** von betrieblicher Altersversorgung und die Fortführung für neu eintretende Mitarbeiter macht auch heute noch Sinn. Sie kann sich aus personalwirtschaftlichen Gründen empfehlen und sollte finanzwirtschaftlich sinnvoll und tragbar sein. In Anbetracht von bestehenden und weiter zunehmenden Versorgungslücken der Mitarbeiter ist sie aber auch ein Element der unternehmerischen Verantwortung; nach wie vor gilt betriebliche Altersversorgung als wichtigste Zusatzleistung der Unternehmen. Jedwede Einführung erfolgt freiwillig und sollte nur unter sorgfältiger Abwägung des Wünschenswerten mit der langfristigen Wirtschaftskraft des Unternehmens vorgenommen werden. 28

Auch **Verbesserungen** der betrieblichen Altersversorgung sind Vertragsänderungen. Werden die Leistungen erhöht oder der begünstigte Personenkreis erweitert, so werden die begünstigten Arbeitnehmer bzw. Vertragspartner in der Regel keine Einwendungen haben. Ob und auf welche Weise ein Änderungsangebot angenommen wird und die Vertragsänderung zustande kommt, bringt meist keine Probleme. Fehlt eine ausdrückliche Zustimmung der Arbeitnehmer oder des Betriebsrats, wird man in den meisten Fällen von einer konkludenten Annahme ausgehen können. Streitigkeiten können jedoch z. B. über die Frage entstehen, ob Verbesserungen der Zusage neue Unverfallbarkeitsfristen in Gang setzen. Obwohl diese Frage in § 1 I Satz 3 BetrAVG dahingehend geregelt 29 zu sein scheint, daß Änderungen – auch Verbesserungen der Zusage – die Unverfallbarkeitsfristen nicht unterbrechen, wird die Auslösung neuer Unverfallbarkeitsfristen für die Erhöhungen seit einem BAG-Urteil vom 28.04.1992[14] erneut diskutiert.

Nach dem vom BAG entwickelten „Prinzip der Einheit der Versorgungszusage" galt die Erteilung einer weiteren Zusage innerhalb des gleichen oder eines anderen Durchführungsweges nicht als Unterbrechung der Unverfallbarkeitsfristen. Für die Beurteilung der Zusagedauer im Hinblick auf die Unverfallbarkeitsermittlung kam es deshalb stets auf den Beginn der ersten Zusage an, auch wenn zu einem späteren Zeitpunkt weitere Zusagen hinzukamen.[15]

In einem eher außergewöhnlichen Fall hat das BAG jedoch entschieden: Besteht zwischen der neueren und der älteren Zusage kein Zusammenhang, so gelten für jede der beiden Zusagen eigenständige Unverfallbarkeitsfristen. Gegen einen Zusammenhang zwischen der älteren und der neueren Zusage spricht es, wenn in der neueren Zusage festgelegt ist, daß etwa bestehende Rechte aus einer älteren Zusage von ihr unberührt bleiben.[16]

Es ist daher bei Verbesserungen insbesondere im Rahmen von Neuordnungen darauf zu achten, daß das Verhältnis zu den schon bestehenden Ansprüchen inhaltlich und zeitlich klar definiert wird.

30 **Wertneutrale Änderungen** sind Änderungen der ursprünglich vereinbarten Bedingungen, die in ihrer Wirkung für den Betroffenen weder eine Verbesserung noch eine Verschlechterung darstellen. Diese Wertneutralität muß nicht unbedingt mit einer Wert- oder Aufwandsneutralität für das Unternehmen einhergehen.

Häufig finden wertneutrale oder annähernd wertneutrale Änderungen bei **Wechsel des Durchführungsweges** statt. Wechselt der Arbeitgeber von der Unterstützungskasse zur unmittelbaren Zusage oder von der Direktversicherung zur Pensionskasse, sind die Betroffenen meist einverstanden. Erfolgt dagegen ein Wechsel von einer unmittelbaren Zusage zu einer Unterstützungskasse oder von einer unmittelbaren Zusage zur Direktversicherung, kann nicht immer von einer konkludenten Annahme ausgegangen werden. Hier besteht zumindest Aufklärungsbedarf, weil der Arbeitnehmer Nachteile befürchtet. So ist beispielsweise der Wechsel von der unmittelbaren Zusage zur Unterstützungskasse für den Mitarbeiter nicht unbedingt nachteilig, auch wenn die Unterstützungskasse dem Begünstigten satzungsgemäß keinen Rechtsanspruch einräumt. Nach gefestigter Rechtsprechung gilt nämlich: Ist die Unterstützungskasse nicht in der

---

[14] BAG, Urteil vom 28.04.1992–3 AZR 354/91, BetrAV 1992, S.229.
[15] BAG, Urteil vom 12.02.1981–3 AZR 163/80, AP Nr.5 zu § 1 BetrAVG; Urteil vom 28.04.1981–3 AZR 184/80, AP Nr.11 zu § 1 BetrAVG Wartezeit.
[16] Siehe FN 14.

II. Die Neuordnung von betrieblicher Altersversorgung

Lage, die nach ihrem Leistungsplan vorgesehenen Leistungen zu erbringen, hat der Arbeitgeber dafür zu sorgen, daß der Begünstigte die ausstehende Leistung erhält. Er hat die Wahl, ob er dieser Pflicht durch eigene Leistungen an den Begünstigten nachkommt oder die Unterstützungskasse durch weitere Zuwendungen in die Lage versetzt, die Versorgungsleistungen zu erbringen. Sollte der Arbeitgeber in Konkurs gehen, sind beide Durchführungswege im gesetzlichen Umfang insolvenzgeschützt.

Unproblematisch ist auch der Wechsel von einer Direktversicherung zur Pensionskasse und umgekehrt, sofern die Versicherungstarife vergleichbar sind. Ohnehin legen die Versicherungsunternehmen Wert auf das Einverständnis des Versicherten. Problematischer hingegen ist der Wechsel von der unmittelbaren Zusage zur Direktversicherung oder Pensionskasse, weil hiermit eine Veränderung der Besteuerung verbunden ist. Während bei unmittelbaren Zusage die Einkommensbesteuerung in der Rentenphase erfolgt, sind Beiträge an Versicherungsunternehmen und Pensionskassen bei der Beitragszahlung, d.h. in der Aktivenzeit zu versteuern. Übernimmt der Arbeitgeber die Lohnsteuer (meist als Pauschalsteuer nach § 40b EStG), sind derartige Wechsel für den Begünstigten wertneutral oder sogar eine Verbesserung. Will der Arbeitgeber umgekehrt von einem versicherungsmäßigen Durchführungsweg zur unmittelbaren Zusage wechseln, kann Streit darüber entstehen, ob in der Besteuerung in der Rentenphase ein Nachteil zu sehen ist. Eine stillschweigende Zustimmung zur Zusageänderung wird man hier nicht unterstellen können.

Ist eine Änderung nachweisbar wertneutral, verhält sich der Arbeitnehmer unseres Erachtens treuwidrig, wenn er die **Zustimmung zur Änderung** der Zusage bzw. die Annahme des Änderungsangebots verweigert. Er behindert den Arbeitgeber bei der freien Wahl des aus seiner Sicht günstigsten Durchführungswegs und erschwert den einheitlichen Ablauf der betrieblichen Altersversorgung, ohne selbst negativ betroffen zu sein. Die notwendigen Bewertungen und Nachweise werden in der Praxis häufig durch entsprechende versicherungsmathematische Berechnungen und Gutachten erbracht.

Zielt die Änderung der betrieblichen Altersversorgung auf eine **Verschlechterung** für einzelne oder für alle Arbeitnehmer, kommt es häufig zu Rechtsstreitigkeiten. Es geht um die Bindung an das ursprünglich Vereinbarte und die Möglichkeit, es zu ändern. Versorgungszusagen zeichnen sich als **Dauerverbindlichkeiten** dadurch aus, daß sie dem Wandel der Rahmenbedingungen ausgesetzt sind und **Leistung und Gegenleistung** unter Umständen Jahrzehnte auseinander liegen, was bei anderen Dauerverbindlichkeiten (z.B. Miete, Pacht, Dauerlieferverträge etc.) nicht der Fall ist.

Die Rechtsprechung hat seit langer Zeit anerkannt, daß Versorgungswerke änderbar sein müssen, „um nicht zu versteinern". Da gesetzliche

Regelungen zur Reduzierung von Versorgungswerken fehlen und wegen der notwendigen Flexibilität auch nicht wünschenswert erscheinen, erstaunt es nicht, daß die **Rechtsprechung zur Änderung von betrieblichen Versorgungsleistungen** inzwischen beachtliche Ausmaße angenommen hat und nicht nur der Dritte Senat des BAG – der für Ruhegeldfragen zuständig ist – sondern auch die übrigen BAG-Senate, die Instanzgerichte und das Bundesverfassungsgericht sich immer häufiger mit dem Betriebsrentenrecht befassen müssen. In den Verfahren, die letztlich höchstrichterlich entschieden werden, geht es naturgemäß um Einzelfälle, die nicht immer als Regelfall gesehen oder als Maßstab für eine spezifische Problemsituation genommen werden können.

33   Bei der Umsetzung der richterlichen Rechtsfindung in der betrieblichen Praxis neigen viele dazu, quasi in vorauseilendem Gehorsam den Entscheidungen allgemeine und vor allem starre Grundsätze entnehmen zu wollen. Aus Einzelfallentscheidungen werden Theorien, aus Billigkeitserwägungen sog. gefestigte Rechtsprechung. So werden z. B. aus der Änderung einer dienst- und entgeltabhängigen Leistungsformel (eine sicherlich verbreitete, aber nicht generell geltende Formel der Leistungsbestimmung) die sog. Drei-Stufen-Theorie zur Änderung der Anwartschaften und aus der erstmals durch Vorabanfrage hervorgerufenen EuGH-Rechtsprechung zur Beteiligung von Teilzeitkräften die gefestigten Grundsätze zur Gleichbehandlung von Männern und Frauen mit Rückwirkung abgeleitet. Einerseits ist es sicherlich leichter, Sachverhalte mit Hilfe von festen Regeln, Vorgaben und Theorien rechtlich zu würdigen (und in Handbüchern zu beschreiben), andererseits birgt eine Schematisierung immer die Gefahr, der Formel zuliebe Besonderheiten zu vernachlässigen und den Zugang zum Einzelfall besser gerecht werdendem Vorgehen zu versperren.

Wenn in den nachfolgenden Abschnitten differenziert und systematisiert wird, dann ist dies einerseits ein Zugeständnis an den Versuch einer logischen Darstellung, andererseits eine Aufforderung an den Leser, seinen konkreten Fall genau zu prüfen, bevor scheinbare Dogmen übernommen und angewendet werden. Fast immer bietet der Einzelfall auch die Chance zu spezifischen, der Sache und den Zielvorstellungen gerecht werdenden Lösungen.

3. Wege zur Neuordnung

a) Grenzen des Betriebsrentengesetzes

34   Eine Reorganisationsmaßnahme – auch die Verschlechterung einer bestehenden Zusage – kann einvernehmlich erfolgen.

Jedoch unterliegen alle Änderungen – insbesondere verschlechternde Maßnahmen – den **Grenzen des Betriebsrentengesetzes**. Gemäß § 17 Abs. 3 BetrAVG kann zwar von den §§ 2 bis 5, 16, 27 und 28 in Tarifver-

II. Die Neuordnung von betrieblicher Altersversorgung 447

trägen abgewichen werden. In der betrieblichen Praxis sind tarifliche Abweichungen jedoch sehr selten. Im übrigen – so das Gesetz – darf von den Bestimmungen des BetrAVG nicht zuungunsten des Arbeitnehmers abgewichen werden. Die Regelungen des BetrAVG gelten somit als Mindestbedingungen. Ein Verstoß führt zur Nichtigkeit nach § 134 BGB.

b) Abfindungen

Bei der Reorganisation oder bei der Veräußerung von Unternehmen stellt sich häufig die Frage nach der Zulässigkeit von **Abfindungen**. Zu beachten ist § 3 BetrAVG, der die Grenzen für Vereinbarungen zwischen den Beteiligten recht eng, für sinnvolle Lösungen in der Praxis leider oft zu eng setzt. 35

§ 3 I BetrAVG gestattet mit Zustimmung des Arbeitnehmers die Abfindung unverfallbarer Anwartschaften, wenn sie auf einer Zusage beruhen, die weniger als 10 Jahre vor dem Ausscheiden des Arbeitnehmers aus dem Unternehmen erteilt wurde. Daraus ergibt sich ein **Abfindungsverbot für unverfallbare Anwartschaften**, denen eine vor mehr als 10 Jahren erteilte Zusage zugrunde liegt. Die unverfallbaren Anwartschaften der Mitarbeiter mit einer 10 Jahre oder länger bestehenden Zusage dürfen also nicht abgefunden werden, **wenn die Mitarbeiter das Unternehmen verlassen.** 36

Der Gesetzgeber wollte – so die Gesetzesbegründung – eine Gefährdung des Versorgungszwecks verhindern.[17] Das Bundesarbeitsgericht hat das Abfindungsverbot im Erst-Recht-Schluß auf den Fall des **Verzichts** auf eine länger als 10 Jahre bestehende Anwartschaft ausgedehnt.[18] Dieser Auffassung kann man folgen, wenn man davon ausgeht, daß Sinn und Zweck des Abfindungsverbots nicht nur die Absicht ist, den Arbeitnehmer davon abzuhalten, die Abfindungssumme zum Konsum statt zur Versorgung zu verwenden, sondern auch das Bestreben, die Allgemeinheit davor zu schützen, daß der Arbeitnehmer mittellos wird und im Alter der Sozialhilfe zur Last fällt.

Dennoch wird das Abfindungsverbot immer wieder – unseres Erachtens zu Recht – diskutiert. Es erscheint fraglich, ob das (ohnehin kaum rechtsdogmatisch zu begründende) Ziel, den Mißbrauch oder den anderweitigen Verbrauch von Versorgungsmitteln zu verhindern, eine derart zwingende Einschränkung der Vertragsfreiheit rechtfertigt. Immerhin ist die betriebliche Altersversorgung nach wie vor eine freiwillige Arbeitgeberleistung und die Gründe für eine Abfindung können durchaus beachtlich und im Interesse aller Beteiligten sein.

Die **Abfindung** von unverfallbaren Anwartschaften **im fortbestehenden Arbeitsverhältnis** gilt inzwischen als zulässig. Das BAG hat in einer Ent- 37

---

[17] Deutscher Bundestag, Drucksache 7/1281 vom 26.11.1973, S.27.
[18] BAG, Urteil vom 22.09.1987–3 AZR 194/86, AP Nr.13 zu § 17 BetrAVG.

Heubeck

scheidung vom 14. 08. 1990 festgestellt, daß die Abfindung im fortbestehenden Arbeitsverhältnis mit dem Wortlaut, der Entstehungsgeschichte, der Gesetzessystematik und dem Regelungszweck des § 3 I BetrAVG zu vereinbaren ist.[19] Diese Rechtsprechung ist grundsätzlich zu begrüßen. Sie eröffnet die Möglichkeit zwischen der Erhaltung des Arbeitsplatzes einerseits und dem Fortbestehen der Versorgungszusage andererseits abzuwägen. Die Abwägung ist einzelfallabhängig. Sie darf nicht zur Knebelung des Arbeitnehmers führen. So erscheint es z. B. in einer schwierigen wirtschaftlichen Lage des Unternehmens nicht unbillig, Abfindungen vorzunehmen, wenn dies der Erhaltung der Arbeitsplätze dient.

Beim Übergang eines Arbeitsverhältnisses im Rahmen eines Betriebsübergangs (siehe dazu: Abschnitt III.) kann die Frage nach der Zulässigkeit einer Abfindung oder eines Verzichts auf Altersversorgung zugunsten der Erhaltung und Sicherung des Arbeitsplatzes allerdings mit dem Schutzzweck des § 613 a BGB kollidieren. Werden Arbeitnehmer mit dem Hinweis auf eine geplante Betriebsveräußerung veranlaßt, Erlaßverträge über ihre beim Veräußerer erdienten Versorgungsanwartschaften abzuschließen, um dann mit dem Erwerber neue Arbeitsverträge mit veränderter oder ohne Zusage einzugehen, so liegt darin eine Umgehung des § 613 a I S. 1 BGB. Die Erlaßverträge sind unwirksam.[20]

Umstritten ist die Zulässigkeit von Abfindungen bei Betriebsstillegung und Liquidation des Unternehmens (siehe dazu Abschnitt V, RN 114 ff.).

38 Die **Abfindung laufender Leistungen** wird von § 3 I BetrAVG nicht erfaßt und ist nach allgemeiner Auffassung zulässig. Dies gilt für alle Durchführungswege; allerdings sind bei mittelbaren Versorgungsträgern die jeweiligen Satzungsbestimmungen oder Versicherungsbedingungen zu beachten.

39 Bei jeder Abfindung stellt sich die Frage nach der richtigen **Bewertung**. In aller Regel sollte der Abfindungsbetrag nach versicherungsmathematischen Grundsätzen bestimmt werden.

Die Höhe der Abfindung unverfallbarer Anwartschaften i. S. d. § 3 I BetrAVG ist gesetzlich vorgegeben: Nach § 3 II BetrAVG wird die Abfindung als Barwert der nach § 2 BetrAVG bemessenen künftigen Versorgungsleistungen im Zeitpunkt der Beendigung des Arbeitsverhältnisses berechnet. Bei Direktversicherungen und Pensionskassen richtet sich die Abfindung nach dem geschäftsplanmäßigen Deckungskapital. Auch in anderen Abfindungsfällen orientiert sich die Praxis an § 3 II BetrAVG. Es werden der bei dem jeweiligen Durchführungsweg verwendete Rechnungszinsfuß, die Rechnungsgrundlagen sowie die anerkannten Regeln der Versicherungsmathematik zugrunde gelegt; bei Direktversicherungen und Pensionskassen finden sich diese in deren Geschäftsplan.

---

[19] BAG, Urteil vom 14. 08. 1990–3 AZR 301/89, AP Nr. 4 zu § 3 BetrAVG.
[20] BAG, Urteil vom 12. 05. 1992–3 AZR 247/91, AP Nr. 14 zu § 1 BetrAVG.

II. Die Neuordnung von betrieblicher Altersversorgung

Manchmal werden auch mögliche spätere Rentenerhöhungen mitberücksichtigt. Dabei ist allerdings anzumerken, daß die Anpassung von Betriebsrenten nach § 16 BetrAVG im Grundsatz keine gesetzliche Pflicht ist. Der Arbeitgeber ist vielmehr verpflichtet, alle 3 Jahre eine Anpassung zu prüfen und hierüber nach billigem Ermessen zu entscheiden. Er hat dabei insbesondere die Belange des Versorgungsempfängers und die wirtschaftliche Lage des Unternehmens zu berücksichtigen. Es sollte daher bei der Abfindung laufender Rentenleistungen ein besonderes Augenmerk auf die voraussichtliche wirtschaftliche Lage des Unternehmens gerichtet werden. Sowohl positive als auch negative Prognosen lassen sich berücksichtigen. 40

Auch bei der Abfindung geht es um eine Risikoverlagerung. Mit der Auszahlung der finanziellen Mittel wird das Risiko von Wertminderungen und die Chance von Wertsteigerungen vom Arbeitgeber auf den die Abfindungszahlung erhaltenden Arbeitnehmer übertragen. Unter Umständen kann daher eine gewisse Hilfestellung oder Beratung des Unternehmens bei der Verwendung der Abfindungsbeträge angebracht und von Vorteil sein.

c) Übertragung von Versorgungsverpflichtungen

Bei der Reorganisation von betrieblicher Altersversorgung wird die Frage der Abfindung nicht immer im Vordergrund stehen. Oft ist es sinnvoller, oder sogar unvermeidlich, bestehende Versorgungsansprüche nicht aufzulösen, sondern auf einen anderen Versorgungsträger zu übertragen. Die **schuldbefreiende Übertragung von Versorgungsverpflichtungen** ist **für unverfallbare Anwartschaften** abschließend in § 4 BetrAVG geregelt. Danach kann eine unverfallbare Anwartschaft von jedem Arbeitgeber, bei dem der ausgeschiedene Mitarbeiter beschäftigt wird, von einer Pensionskasse, von einem Unternehmen der Lebensversicherung oder einem öffentlich-rechtlichen Versorgungsträger übernommen werden, sofern der Arbeitnehmer zustimmt. Eine vertragliche Schuldübernahme durch andere Versorgungsträger ist dem Arbeitnehmer gegenüber unwirksam. (Zur Unterstützungskasse, siehe RN 44). 41

Als Folge der Rechtsprechung des Bundesarbeitsgerichts, begründet mit der Parallelität der Interessen von ausgeschiedenen Arbeitnehmern und Rentnern, sind die die Vertragsfreiheit einschränkenden Bestimmungen des § 4 BetrAVG entsprechend auf **bereits laufende Versorgungsleistungen** anzuwenden.[21] Somit gelten die nachfolgend beschriebenen Gestaltungsmöglichkeiten- und probleme für laufende Renten analog. 42

Ein Anwendungsfall in der Praxis ist die Übertragung einer unverfallbaren Anwartschaft aus einer unmittelbaren Pensionszusage auf ein Un- 43

---

[21] Seit BAG, Urteil vom 26.06. 1980–3 AZR 156/79 – Der Betrieb 1980, S. 2141; BAG, Urteil vom 17.03. 1987–3 AZR 605/85, AP Nr. 4 zu § 4 BetrAVG.

ternehmen der Lebensversicherung oder eine Pensionskasse. Arbeitsrechtlich ist diese Übertragung bei Zustimmung aller Beteiligten zulässig. Sie hat schuldbefreiende Wirkung für den Arbeitgeber. Zu beachten sind jedoch die steuerlichen Konsequenzen für den Arbeitnehmer. Während die Übertragung auf einen anderen Arbeitgeber keine Lohnsteuer auslöst, ist die Prämienzahlung an ein Unternehmen der Lebensversicherung lohn- bzw. einkommensteuerpflichtig; sie gilt als Zufluß im Sinne des Einkommensteuerrechts. Zwar läßt § 40b EStG generell eine Steuerpauschalierung mit z.Z. 15% zu; doch sind die Grenzen für diese Pauschale mit durchschnittlich 3.000 DM pro Arbeitnehmer und Jahr, maximal 4.200 DM, derart niedrig, daß sie nur bei relativ niedrigen Ansprüchen oder bei speziellen Konstruktionen eine wirtschaftlich sinnvolle Übertragung auf eine Versicherungseinrichtung erlauben. Damit kann sich die Ablösung einer unverfallbaren Anwartschaft aus einer unmittelbaren Zusage durch eine Direktversicherung oder Pensionskasse für Arbeitgeber oder Arbeitnehmer erheblich verteuern oder als unpraktikabel herausstellen. Oft kommt erschwerend hinzu, daß sich die unmittelbar zugesagten Versorgungsleistungen nicht immer deckungsgleich mit den Leistungsbedingungen einer Pensionskasse oder den Tarifen eines Versicherungsunternehmens in Einklang bringen lassen. Dies sollte jedoch kein grundsätzliches Hindernis sein, wenn man sich auf die Wertgleichheit der jeweiligen Ansprüche, ermittelt auf den Zeitpunkt der Übertragung, einigen kann.

Der umgekehrte Fall, eine schuldbefreiende Übertragung von Pensionskassen- oder Versicherungsanwartschaften auf den (Folge-) Arbeitgeber, d.h. die Umwandlung eines Versicherungsanspruchs in einen unmittelbaren Pensionsanspruch, ist zwar von der Gesetzesnorm her denkbar. Sie scheitert jedoch in der Praxis unter Umständen an den Satzungsbestimmungen der Kasse, an der fehlenden Zustimmung des Arbeitnehmers oder an der fehlenden Zustimmung der Versicherungsaufsicht. Dabei kann eine solche Übertragung durchaus finanzielle Vorteile haben. Denn die beim Folgearbeitgeber zu bildenden Pensionsrückstellungen können wegen des im Vergleich zur Versicherungslösung höheren Zinssatzes niedriger angesetzt oder Grundlage erhöhter Ansprüche werden. Außerdem kommt es mit der Auflösung des Versicherungsverhältnisses und der Deckungsrückstellung zur Rückerstattung der bisher entrichteten Lohnsteuer auf der Grundlage des bei Auflösung geltenden Steuersatzes. Beide Vorteile können den Nachteil der bei der Pensionszusage erst im Rentenstadium einsetzenden Besteuerung unter Umständen weit überkompensieren.

44 Die schuldbefreiende Übertragung von Versorgungsanwartschaften, die über eine **Unterstützungskasse** erbracht werden, hat ihre rechtliche Grundlage in § 4 II BetrAVG. Eine unverfallbare Anwartschaft, die gegenüber einer Unterstützungskasse besteht, kann von den in § 4 I genannten Trägern oder von einer anderen Unterstützungskasse übernommen werden.

Eine Übertragung auf die sonstigen Träger ist in der Regel unproblematisch. Die Arbeitnehmer erhalten im Rahmen einer unmittelbaren Zusage einen direkten Rechtsanspruch gegen den Folgearbeitgeber oder im Rahmen eines Versicherungs- oder Mitgliedschaftsverhältnisses einen unmittelbaren Rechtsanspruch gegen das Versicherungsunternehmen oder die Pensionskasse. Mit einem solchen Wechsel sind die Berechtigten in der Regel einverstanden.

Die Übertragung von einer Unterstützungskasse auf eine andere sollte an sich generell möglich sein. § 4 II BetrAVG wird jedoch in der Literatur einschränkend ausgelegt. Es müsse sich um die Unterstützungskasse des Folgearbeitgebers handeln.[22] Diese Einschränkung ist nach dem Wortlaut des Gesetzes nicht zwingend, sie läßt sich jedoch nachvollziehen, wenn man der Meinung ist, daß sich die Position der Versorgungsberechtigten nur dann nicht verschlechtert, wenn ihre Ansprüche oder Anwartschaften auf einen der in § 4 I genannten Versorgungsträger übertragen werden. Allerdings wird man z.B. bei Gruppenunterstützungskassen, insbesondere, wenn der Folgearbeitgeber einer ihrer Träger ist, nicht unbedingt von einer Verschlechterung der Position der Begünstigten ausgehen können.

d) Übernahme durch nicht in § 4 BetrAVG genannte Versorgungsträger

Nach dem Wortlaut des § 4 I BetrAVG – für Unterstützungskassen ergänzend nach II – ist die schuldbefreiende Übertragung auf nicht in dieser Regelung genannte Versorgungsträger unzulässig. Insbesondere scheitert die Übertragung von Anwartschaften ehemaliger Arbeitnehmer auf einen neuen Betriebsinhaber, der nach § 613a BGB den Betrieb und die gesamten dazugehörenden Betriebsmittel übernimmt, aber nicht Gesamtrechtsnachfolger ist. Da er nicht Folgearbeitgeber der ehemaligen bereits ausgeschiedenen Mitarbeiter ist und mit großer Wahrscheinlichkeit auch nicht werden wird, darf er die Anwartschaften nicht übernehmen, selbst wenn er wirtschaftlich wesentlich stärker sein sollte als der bisherige Betriebsinhaber (Zum Betriebsübergang nach § 613a BGB: vgl. RN 76ff). Für die Unterstützungskasse des Erwerbers gilt dann entsprechendes.

Dieses Ergebnis wird seit Jahren kritisiert. Wirtschaftlich sinnvolle Umstrukturierungen, Unternehmensverkäufe und dergleichen werden behindert, teilweise sogar unmöglich gemacht. Auch das BAG, das § 4 I BetrAVG anfänglich eher eng auslegte und den Sinn und Zweck des Ge-

---

[22] Blomeyer/Otto, BetrAVG, § 4 Rdnr. 121, ähnlich: Höfer/Reiners/Wüst, BetrAVG, Bd I § 4 Rdnr. 2203.

setzes in einer Erhaltung des Insolvenzschutzes beim ursprünglichen Arbeitgeber sah,[23] hält inzwischen den völligen Ausschluß der Übertragbarkeit nicht mehr für gerechtfertigt.[24] Danach bezwecke § 4 BetrAVG nicht die Erhaltung des Insolvenzschutzes, sondern die **Sicherung der Haftungsmasse.** Die Regelung diene dem Schutze des PSVaG vor zusätzlichen Haftungsrisiken. Das Gericht hält es für zulässig, aber auch für erforderlich, daß bei einer schuldbefreienden Übertragung auf nicht in § 4 I genannte Träger der Versorgungsberechtigte und der PSVaG zustimmen. Das Bundesverfassungsgericht hat eine gegen dieses Urteil erhobene Verfassungsbeschwerde wegen unzureichender Aussicht auf Erfolg nicht zur Entscheidung angenommen.[25] Man kann für die Praxis daher davon ausgehen, daß Versorgungsverpflichtungen bei Vorliegen der genannten Zustimmungen auch von nicht in § 4 BetrAVG aufgeführten Trägern übernommen werden können.

Der **PSVaG** hat in einer **geschäftsplanmäßigen Erklärung**[26] auf die damalige Rechtsprechung reagiert und sich einmalig bereit erklärt, „die Insolvenzsicherung bei Übertragung nach §§ 414 ff BGB bezüglich laufender Versorgungsleistungen auf Versorgungsträger, die nicht in § 4 I BetrAVG genannt sind, zu übernehmen, wenn die Übertragungen **vor dem 01.01. 1981** vorgenommen worden sind." Seither stimmt er entsprechenden Übertragungen nicht mehr zu. Gegebenenfalls müsse gegen einen die Zustimmung ablehnenden Verwaltungsakt des PSVaG nach Durchführung des Widerspruchsverfahrens geklagt werden.[27]

47 Wie bereits erwähnt, belastet und beschränkt diese Handhabung in der Praxis auch wirtschaftlich sinnvolle und von den betroffenen Versorgungsberechtigten gebilligte Übertragungen. Nicht nur bei konzerninternen Umstrukturierungen kann sich die Aufrechterhaltung einer bloßen Firmenhülle zur formalen Abwicklung von Altverbindlichkeiten als störend erweisen. In der Praxis werden daher Lösungen gesucht und gefunden, die zumindest wirtschaftlich eine Verlagerung der Versorgungslasten bewirken.

48 Insbesondere bei einem Betriebsübergang nach § 613a BGB besteht häufig die Absicht, auch die unverfallbaren Anwartschaften ehemaliger Mitarbeiter sowie die bereits laufenden Rentenverpflichtungen auf den oft wirtschaftlich stärkeren Betriebserwerber zu übertragen. Umgekehrt sollen zuweilen die bestehenden Versorgungsanwartschaften der aktiven Belegschaft beim bisherigen Inhaber verbleiben, weil der neue Inhaber

---

[23] BAG, Urteil vom 26.06. 1980–3 AZR 156/79, AP Nr. 1 zu § 4 BetrAVG.
[24] Vgl. BAG, Urteil vom 17.03. 1987–3 AZR 605/85 – unter II. 3 b/ der Gründe; AP Nr. 4 zu § 4 BetrAVG, DB 88, S. 122.
[25] Vgl. BVerfG – 1 BvR 1242/87 vom 18.12. 1987 – Entscheidungssammlung zur betrieblichen Altersversorgung, Übernahme von Ruhegeldverbindlichkeiten, Nr. 7 zu 230.
[26] Geschäftsplanmäßige Erklärung vom 12.11. 1981, DB 1982, S. 230.
[27] Vgl. Merkblatt des PSVaG 300/M10/2.91.

sie nicht tragen kann oder will. Verlagerungen durch vertragliche Vereinbarungen – wie z. B. durch Schuldbeitritt oder durch Erfüllungsübernahme – können nur Hilfskonstruktionen sein und müssen deshalb äußerst sorgfältig durchgeführt werden.

Der **Schuldbeitritt** ist gesetzlich nicht allgemein definiert. Er beruht 49 auf vertraglicher Grundlage und setzt ein bestehendes Schuldverhältnis voraus. Dem in Form einer betrieblichen Versorgungszusage bestehenden Schuldverhältnis tritt der Beitretende als zweiter Schuldner bei. Er geht eine eigene Verpflichtung gegenüber dem Versorgungsberechtigten ein, d. h. der Rentner oder Versorgungsanwärter erhält einen unmittelbaren Rechtsanspruch gegen den Beitretenden. Als Gesamtschuldner haften beide Schuldner im Innenverhältnis untereinander zu gleichen Teilen, sofern nicht ein anderes vereinbart ist, d. h. es besteht die Möglichkeit, die Versorgungslast im Innenverhältnis in anderer Weise z. B. zeitanteilig aufzuteilen.

Die **Erfüllungsübernahme** wird als Auslegungsregel in § 329 BGB defi- 50 niert. Verpflichtet sich in einem Vertrag der eine Teil zur Befriedigung eines Gläubigers des anderen Teils, ohne die Schuld zu übernehmen, so hat der Gläubiger im Zweifel nicht das Recht, von ihm die Erfüllung der Schuld zu verlangen. Der Begriff bringt bereits das wesentliche zum Ausdruck: Nicht die Schuld, sondern nur die Erfüllung einer (fremden) Schuld wird übernommen. Der Versorgungsberechtigte erhält keinen unmittelbaren Rechtsanspruch gegen den „Übernehmer". Die Erfüllungsübernahme spielt sich also nur im Innenverhältnis zwischen den beiden Firmen ab.

In beiden Vertragsgestaltungen wird der erste Schuldner nicht frei. Er haftet sowohl gegenüber den Versorgungsberechtigten als auch gegenüber dem PSVaG.

Es empfiehlt sich in beiden Fällen im Innenverhältnis zu regeln: 51
– die Zuordnung der wirtschaftlichen Last aus den erworbenen Anwartschaften und den laufenden Renten,
– die Verteilung der Zuwächse nach dem „Übergang",
– die Aufteilung der Belastungen aus der Dynamisierung der Anwartschaften sowohl vor wie auch nach dem „Übergang" sowie der Rentenanpassung nach § 16 BetrAVG,
– die Aufteilung der Insolvenzversicherungsbeiträge
– ggf. sonstige Kosten für Verwaltung oder ähnliches.

Abschließend sei noch einmal betont, daß diese Vereinbarungen Hilfskonstruktionen sind und nicht zu einer Schuldbefreiung des eigentlichen Versorgungsschuldners führen. Derartige Maßnahmen sollten deshalb die Ausnahme bleiben.

e) Schließung für den Neuzugang

Eine relativ unproblematische einseitige Reorganisationsmaßnahme 52 ist die **Schließung** eines Versorgungswerks **für den Neuzugang**. Doch hängt sie ab von der rechtlichen Grundlage des bestehenden Versorgungswerks. Beruht das Versorgungswerk auf Einzelzusagen, ist jeglicher Hinweis auf eine bestehende Altersversorgung in den neuen Arbeitsverträgen zu unterlassen. Noch deutlicher ist ein ausdrücklicher **Hinweis** darauf, daß eine **Zusage** auf betriebliche Altersversorgung (u.U. vorerst) **nicht erteilt** wird. Vertragliche Einheitsregelungen oder nach deren Muster vorformulierte Einzelzusagen dürfen im Falle der Schließung ab einem bestimmten Stichtag nicht mehr erteilt und ausgehändigt werden. Bei einer Gesamtzusage ist der Wortlaut des Regelungswerkes, sofern er z. B. beim Betriebsrat oder in der Personalabteilung allgemein zugänglich ist oder am „Schwarzen Brett" aushängt, dahingehend zu ergänzen, daß Neuzugänge ab einem bestimmten Stichtag nicht mehr begünstigt sind. Es gilt alles zu vermeiden, was bei neuen Mitarbeitern den Eindruck eines Hineinwachsens in eine bestehende Versorgungsregelung erwecken könnte. Selbstverständlich dürfen die neuen Arbeitsverträge nicht mehr auf die Gesamtzusage Bezug nehmen.

53 Beruht das Versorgungswerk auf Betriebsvereinbarung, muß der Arbeitgeber in der Regel eine **Kündigung** aussprechen, um die kollektive Grundlage **für den Neuzugang** zu beenden. Nach einer Kündigung erhält der Neuzugang nach Ablauf der Kündigungsfrist keine Zusage mehr. Unabhängig davon, ob der Arbeitgeber eine unveränderte Weitergeltung, eine Veränderung des Leistungsplanes oder eine Abschaffung weiterer Zuwächse für die vorhandenen, bereits begünstigten Mitarbeiter beabsichtigt, sollte Rechtssicherheit dahingehend bestehen, daß der Neuzugang auf jeden Fall von einer gekündigten Betriebsvereinbarung nicht mehr begünstigt wird. Eine Nachwirkung für den Neuzugang läßt sich nicht begründen, da durch die Kündigung die Rechtsgrundlage neuer Zusagen entfallen ist.

Auch ein Mitbestimmungsrecht des Betriebsrates steht dem u. E. nicht entgegen. Die Mitbestimmung des Betriebsrats in Fragen der betrieblichen Altersversorgung ist nach ständiger Rechtsprechung an bestimmte Grenzen gebunden, d.h. der Arbeitgeber bestimmt frei, ob er betriebliche Altersversorgung gewährt, wen er unter Wahrung des Gleichbehandlungsgrundsatzes begünstigt, in welchem Umfang er die Begünstigung vornimmt und welchen Durchführungsweg er wählt. Somit steht es dem Arbeitgeber auch frei zu entscheiden, ob er Neuzugänge ab einem bestimmten Stichtag von der Zusage ausschließt.

f) Widerruf

54 Das Recht zum Widerruf von betrieblichen Versorgungszusagen wird in aller Regel als Vorbehalt formuliert. Nahezu jede unmittelbare Pensionszusage enthält in allgemeiner oder spezieller Form eine sog. Vorbehaltsklausel, nach der „die zugesagten Leistungen gekürzt oder einge-

II. Die Neuordnung von betrieblicher Altersversorgung

stellt werden können, wenn die bei Erteilung der Pensionszusage maßgebenden Verhältnisse sich nachhaltig so wesentlich geändert haben, daß der Firma die Aufrechterhaltung der zugesagten Leistungen auch unter objektiver Beachtung der Belange des Pensionsberechtigten nicht mehr zugemutet werden kann." Dieser Wortlaut zielt auf eine rückwirkende, teilweise oder völlige **Rücknahme** von bereits laufenden oder versprochenen Leistungszusagen. Vor dem Hintergrund des Grundsatzes „pacta sunt servanda" und der inzwischen allgemein akzeptierten Erkenntnis, daß ein Arbeitnehmer während der Dauer seines Arbeitsverhältnisses seine Leistung zur Erlangung der Betriebsrente erbracht hat und der Arbeitgeber ihm nicht grundlos die Gegenleistung verweigern darf, verwundert es nicht, daß das BAG den Widerrufsvorbehalt bzw. die Ausformulierung in den steuerlichen sog. Mustervorbehalten nur noch als eine Umschreibung des Grundsatzes vom **Wegfall der Geschäftsgrundlage** ansieht.[28]

Ein Widerruf oder eine Kürzung von bereits laufenden Versorgungsleistungen oder erdienten Versorgungsanwartschaften kommt daher nur bei Wegfall der Geschäftsgrundlage in Betracht. Hierunter versteht das BAG in ständiger Rechtsprechung eine Situation, in der das Unternehmen in eine **wirtschaftliche Notlage** geraten ist, und die Voraussetzungen für den Eintritt des PSVaG vorliegen.[29] Ob und wie dieses Merkmal nach der geplanten Insolvenzrechtsreform zu ermitteln ist, wird die Zukunft zeigen.

Der Arbeitgeber muß nach derzeitiger Rechtslage mit Hilfe betriebswirtschaftlicher Methoden prüfen und nachwiesen, daß er sich in einer wirtschaftlichen Notlage befindet. Er muß einen **Sanierungsplan** erstellen und vorlegen, der zeigt, daß die Einstellung oder Kürzung der Versorgungsleistungen ein geeignetes Mittel zur Sanierung ist und daß eine gerechte Lastenverteilung unter **Hinzuziehung** aller Beteiligten, d.h. aller **Gläubiger** vorgesehen ist. Unter **Verhältnismäßigkeitsaspekten** hat der Arbeitgeber die Maßnahme zu wählen, die geeignet, erforderlich und ausreichend ist um das Ziel zu erreichen, d.h. daß z.B. temporäre Kürzungen endgültigen vorzuziehen sind und immer nur der schwächstmögliche Eingriff erfolgen darf.

Vor Durchführung einer derartigen Maßnahme hat er den Träger der Insolvenzsicherung einzuschalten. Lehnt der **PSVaG** eine Übernahme kraft eigener **Zustimmung** im Sinne des § 7 I Satz 3 Nr. 3 und 5 BetrAVG ab, hat der Arbeitgeber die Möglichkeit, ihn zu verklagen mit dem Ziel, feststellen zu lassen, in welchem Umfang und ab welchem Zeitpunkt die Versorgung reduziert werden darf. Ab Klageerhebung ist der Arbeitge-

---

[28] Seit BAG, Urteil vom 10.12.1971–3 AZR 190/71; Urteil vom 08.07.1972–3 AZR 481/71, AP Nr. 154 und 157 zu § 242 BGB Ruhegehalt.
[29] Vgl. BAG, Urteil vom 06.12.1979–3 AZR 273/78, AP Nr. 4 zu § 7 BetrAVG.

Heubeck

ber berechtigt, die Maßnahme einstweilen durchzuführen, um die beabsichtigte Sanierung nicht zu gefährden.[30]

g) Kündigung

57 Beabsichtigt der Arbeitgeber eine einseitige Lösung aus der eingegangenen Bindung muß er das Vertragsverhältnis kündigen. Die **Kündigung** ist das klassische einseitige Gestaltungsmittel des Arbeitsrechts, anwendbar sowohl bei individual- als auch bei kollektivrechtlichen Grundlagen. Will der Arbeitgeber die Versorgungszusage kündigen, entsteht insbesondere bei individualvertraglicher Grundlage ein Problem. Da die Versorgungszusage hier Bestandteil des Arbeitsverhältnisses ist, wird durch die Kündigung das gesamte Arbeitsverhältnis in Frage gestellt. Dies wiederum ist normalerweise nicht das Ziel des Arbeitgebers. Eine naheliegende Lösung wäre eine Teilkündigung, d. h. eine bloße Kündigung des Versorgungsteils unter ansonsten unveränderter Fortsetzung des übrigen Arbeitsverhältnisses. Die **Teilkündigung** von Arbeitsverhältnissen ist jedoch nach der Rechtsprechung des BAG **unzulässig**:[31] Eine Teilkündigung sei grundsätzlich unzulässig, weil durch sie das von den Parteien vereinbarte Äquivalenz- und Ordnungsgefüge gestört würde und sie nicht darauf Rücksicht nehme, daß Rechte und Pflichten der Parteien in vielfachen inneren Beziehungen stehen; durch die Teilkündigung entziehe sich eine Partei der Vertragsbindung, ohne gleichzeitig auf ihre eigenen Rechte aus der Bindung der anderen Partei zu verzichten.

58 Dem Arbeitgeber bleibt damit **bei individualvertraglicher Grundlage** nur die Möglichkeit der **Änderungskündigung**. Diese unterliegt dem Kündigungsschutzrecht. Sofern das Arbeitsverhältnis überhaupt kündbar ist, gelten in der Regel die Anforderungen des § 2 Kündigungsschutzgesetz (KSchG). Wenn keine persönlichen Gründe vorliegen, sind zur sozialen Rechtfertigung dringende betriebliche Erfordernisse im Sinne des § 1 II KSchG nachzuweisen. Die Anforderungen an diese Kündigungsvoraussetzung sind für den Bereich der betrieblichen Altersversorgung nicht vollständig geklärt. Zu beachten ist in jedem Fall, daß die Zusagen an die einzelnen Mitarbeiter nicht isoliert nebeneinander stehen, sondern in der Regel als ein einheitliches betriebliches Versorgungswerk anzusehen sind. Der Arbeitgeber erteilt normalerweise nicht nur einem einzigen, sondern allen oder zumindest bestimmten, objektiv abgrenzbaren Gruppen von Arbeitnehmern betriebliche Versorgungszusagen. Von daher führt eine Kündigungsüberprüfung, die allein auf das jeweilige Ar-

---

[30] Vgl. BAG, Urteil vom 20.01.1987–3 AZR 313/85, AP Nr.12 zu § 7 BetrAVG Widerruf.
[31] Vgl. BAG, Urteil vom 04.02.1958–3 AZR 110/55 – AP Nr.1 zu § 620 BGB Teilkündigung; Urteil vom 07.10.1982–2 AZR 455/80 – AP Nr.5 zu § 620 BGB Teilkündigung.

Heubeck

beitsverhältnis und die Wirkung für den einzelnen abstellt, unter Umständen zu sehr widersprüchlichen Ergebnissen.

Ein kollektiver Prüfungsmaßstab für Massenänderungskündigungen von betrieblichen Versorgungswerken, die z. B. auf einer Gesamtzusage, d. h. einer einseitig vom Arbeitgeber erlassenen Versorgungsordnung beruhen, ist bislang von der Rechtsprechung noch nicht entwickelt worden. Die wenigen in der Praxis entwickelten und durchgeführten Verfahren können ebenfalls kaum als Orientierungshilfe für entsprechende Maßnahmen dienen; denn zu unterschiedlich sind die sozialen und die wirtschaftlichen Voraussetzungen und Folgen in Situationen, in denen Änderungskündigungen ins Auge gefaßt werden müssen.

Auch **bei einer kollektivrechtlichen Regelung** ist die Kündigung das 59 klassische Gestaltungsmittel, um das die bestehenden Versorgungszusagen begründende Vertragswerk einseitig zu lösen. Anders als bei individualvertraglichen Zusagen führt die **Kündigung einer Betriebsvereinbarung** jedoch nicht zur Beendigung des gesamten Arbeitsverhältnisses, sie bezieht sich vielmehr nur auf den kollektiven Vertrag. Dies ist mit ein Grund dafür, warum bei Einführungen oder Änderungen von betrieblichen Versorgungszusagen häufig der Betriebsvereinbarung der Vorzug gegeben wird gegenüber individualvertraglichen Vertragsgestaltungen.

Betriebsvereinbarungen können gemäß § 77 V BetrVG mit einer Frist von drei Monaten gekündigt werden, soweit nichts anderes vereinbart ist. Weitere Voraussetzungen sind dem Gesetz nicht zu entnehmen.[32]

Werden die Kündigungsvoraussetzungen von der Rechtsprechung 60 noch recht einheitlich beurteilt, gibt es zu den **Rechtsfolgen** in einer wesentlichen Frage keine eindeutige Rechtslage mehr. Der Erste und der Dritte Senat des BAG scheinen unterschiedliche Auffassungen darüber zu haben, welche Nachwirkungen eine Betriebsvereinbarung für den Mitarbeiterbestand hat, wenn der Arbeitgeber sie mit der Absicht kündigt, die vereinbarten freiwilligen Sozialleistungen in verminderter Form fortzuführen.

Während beide Senate noch darin übereinstimmen, daß eine Betriebs- 61 vereinbarung über eine freiwillige Sozialleistung **ohne Nachwirkung** endet, wenn der Arbeitgeber die (freiwillige) Leistung gänzlich und ersatzlos streichen will, vertritt der Erste Senat in einer Entscheidung vom 26.10.1993[33] zur Weiterzahlung eines Weihnachtsgeldes die Auffassung, daß eine teilmitbestimmte Betriebsvereinbarung trotz Ablauf der Kündigungsfrist nachwirkt, wenn die Kündigung nur zu einer Verringerung des Volumens und einer Änderung des Verteilungsplans führen soll. Den

---

[32] BAG, Urteil vom 26.10.1993 – 1 AZR 46/93 – DB 1994, S. 987; BAG, Beschluß vom 10.03.1992 – 3 ABR 54/91 – DB 1992, S. 1735; AP Nr. 5 zu § 1 BetrAVG Betriebsvereinbarung.
[33] BAG, Urteil vom 26.10.1993, DB 1994, S. 987.

Grund sieht der Senat in der vorhandenen Verteilungsmasse: Sollen das Volumen der freiwilligen Leistung und ihre Verteilungsgrundsätze nicht gestrichen, sondern lediglich reduziert und anders verteilt werden, ergebe sich Raum für eine Mitbestimmung durch den Betriebsrat.

62 Ob der 3. Senat des BAG, der für Fragen der betrieblichen Altersversorgung zuständig ist, der Rechtsprechung des 1. Senats folgen wird, ist z. Z. (Stand September 1994) offen. Der 3. Senat hat bislang eine Nachwirkung abgelehnt, die erworbenen Besitzstände jedoch als kraft Gesetzes geschützt angesehen. Nach seiner Auffassung – niedergelegt in der Entscheidung vom 18.04. 1989[34] – sind die aufgrund der gekündigten Betriebsvereinbarung **erworbenen Besitzstände** der betroffenen Arbeitnehmer **kraft Gesetzes** nach den Grundsätzen der Verhältnismäßigkeit und des Vertrauensschutzes **geschützt**. Je stärker in Besitzstände eingegriffen wird, desto gewichtiger müssen die Änderungsgründe sein. Die Änderungsgründe sind ebenso abzustufen wie bei der Ablösung einer Betriebsvereinbarung durch eine neue Betriebsvereinbarung. Der bereits erdiente und nach den Grundsätzen des § 2 BetrAVG errechnete Teilbetrag kann nur in seltenen Ausnahmefällen entzogen werden. Zuwächse, die sich aus variablen Berechnungsfaktoren ergeben, können nur aus triftigen Gründen geschmälert werden, soweit sie zeitanteilig erdient sind. Für Eingriffe in Zuwachsraten, die noch nicht erdient sind, genügen sachliche Gründe (vgl. RN 66ff).

Ob entsprechende Gründe vorhanden sind und wie diese Gründe zu beurteilen sind, hängt vom Einzelfall ab. Auf jeden Fall sind die quantitativen Folgen eines Eingriffs sowohl für den betroffenen Arbeitnehmer, insbesondere aber für das Unternehmen festzustellen. Der Umfang der materiellen Auswirkungen eines Eingriffs steht in enger Beziehung zu dem Gewicht seiner Begründung, liefert für sich alleine jedoch noch keinen allgemein gültigen Maßstab für seine rechtliche Beurteilung. Die daraus entstehende Rechtsunsicherheit für Arbeitnehmer und Arbeitgeber wird vom 3. Senat zwar gesehen, doch hingenommen. Gegebenenfalls müsse der Arbeitnehmer den Umfang seiner Anwartschaft gerichtlich klären lassen.[35]

63 Die Abweichungen und Unklarheiten in der Rechtsprechung der Senate geben der betrieblichen Praxis gewisse Probleme auf. Zunächst führt das „Alles- oder Nichts-Prinzip" für betriebliche Altersversorgungsregelungen kaum weiter. In der Regel wollen die Arbeitgeber ein Versorgungswerk für die vorhandenen Arbeitnehmer nicht gänzlich schließen, sondern reduziert fortsetzen. Es geht meist darum, den künftigen Auf-

---

[34] BAG, Urteil vom 18.04. 1989 – AZR 688/87 – AP Nr. 2 zu § 1 BetrAVG Betriebsvereinbarung.
[35] BAG, Beschluß vom 10.03. 1992-3 ABR 54/91 – AP Nr. 5 zu § 1 BetrAVG Betriebsvereinbarung.

wand zu reduzieren oder einen weiteren Anstieg des Aufwandes zu vermeiden. Es soll auch für künftige Dienstjahre noch Altersversorgung gewährt werden, aber auf verringertem Niveau. In vielen Fällen gibt es eine Fülle von Möglichkeiten, um dieses Ziel zu erreichen. Es bestehen Gestaltungs- und Verhandlungsspielräume, die zu nutzen die ureigenste Aufgabe der Betriebspartner sein sollte. Es befriedigt daher nicht, wenn Arbeitnehmer, Arbeitgeber und Betriebsrat nach einer Kündigung in den Zustand der Rechtsunsicherheit über den Fortgang der Anwartschaften versetzt werden und dieser erst mit Abschluß einer neuen Betriebsvereinbarung, unter Umständen sogar erst mit einem entsprechenden Gerichtsurteil beendet werden kann. Es sollte daher zumindest zulässig sein (und wird in der Praxis vielfach so gehandhabt), daß der Arbeitgeber, solange keine nachfolgende Betriebsvereinbarung abgeschlossen werden kann, nach einer Kündigung die Versorgungsregelung auf dem von ihm vorgesehenen, reduzierten Niveau fortführt und unter Umständen auch die Einigungsstelle anruft.

h) Nachfolgende Betriebsvereinbarung

Soll ein bestehendes Versorgungswerk für die vorhandenen, bereits begünstigten Arbeitnehmer durch eine Vereinbarung mit dem Betriebsrat geändert werden, sind Betriebsvereinbarungen, die eine bereits bestehende Betriebsvereinbarung ersetzen, von solchen zu unterscheiden, die eine auf individualrechtlicher Basis beruhende Zusage ablösen sollen. Die erstgenannten Betriebsvereinbarungen werden in der Literatur z. B. als „abändernde Betriebsvereinbarungen", die letztgenannten als „ablösende Betriebsvereinbarungen" bezeichnet.[36] Demgegenüber verwendet das BAG für beide einheitlich den Begriff **„ablösende Betriebsvereinbarung"**,[37] obwohl es zu beiden Maßnahmen sehr unterschiedliche Grundsätze entwickelt hat.

Die abändernde Betriebsvereinbarung könnte man auch als **nachfolgende Betriebsvereinbarung** bezeichnen, da sie eine ältere **Betriebvereinbarung** ersetzt, während mit ablösender Betriebsvereinbarung die Betriebsvereinbarung gemeint ist, mit der eine individualvertragliche Grundlage abgelöst werden soll. Letztere wird in Abschnitt i) RN 72ff behandelt.

Wird eine Betriebsvereinbarung abgeschlossen, die eine ältere Betriebsvereinbarung ersetzt, so gilt nicht das Günstigkeitsprinzip, sondern die **Zeitkollisionsregel:** Die jüngere Norm ersetzt die ältere Regelung gemäß dem Grundsatz: „lex posterior derogat legi priori".

---

[36] Ahrend/Förster/Rühmann, Die abändernde und ablösende Betriebsvereinbarung, BB 1987 BV, Beilage zu Heft 11.
[37] BAG, z. B. Urteil vom 23.10. 1990–3 AZR 260/89, AP Nr. 13 zu § 1 BetrAVG Ablösung.

66 Damit ist grundsätzlich die Möglichkeit gegeben, die Regelungen von bestehenden Betriebsvereinbarungen zu verschlechtern. Die neue Betriebsvereinbarung unterliegt jedoch einer **gerichtlichen Billigkeitskontrolle**. Abzuwägen sind die Änderungsgründe gegenüber den Bestandsschutzinteressen der betroffenen Arbeitnehmer. Je stärker in Besitzstände eingegriffen wird, desto schwerer müssen die Änderungsgründe wiegen. Dabei lassen sich Besitzstände und Eingriffsgründe wie folgt abstufen:

(i) Der bereits erdiente und nach den Grundsätzen des § 2 BetrAVG errechnete Teilbetrag der Anwartschaft darf nur in seltenen Ausnahmefällen gekürzt werden.

(ii) Zuwächse, die sich aus variablen Berechnungsfaktoren ergeben, können nur aus triftigen Gründen geschmälert werden, soweit sie zeitanteilig erdient sind.

(iii) Für Zuwächse, die noch nicht erdient sind, genügen sachliche Gründe.

Diese **Besitzstandsabstufung** gilt unabhängig von der Frage der Unverfallbarkeit dem Grunde nach; auch (noch) verfallbare Anwartschaften sind in obigem Sinne geschützt. Die Rechtsprechung wendet diese Grundsätze auf alle Sachverhalte an, in denen es um Besitzstandserhaltung geht, z. B. auch bei der Beurteilung von geänderten Leistungsrichtlinien mittelbarer Versorgungsträger.[38]

67 Bei den Änderungsgründen ist – entsprechend der oben genannten Rangfolge (i) bis (iii) – zu unterscheiden zwischen zwingenden, triftigen und sachlich-proportionalen Gründen. **Zwingende** Gründe kennzeichnen den Ausnahmefall. Wird die Kürzung des erdienten Anwartschaftsteils auf wirtschaftliche Gründe gestützt, so muß sich der Arbeitnehmer in einer konkursgleichen wirtschaftlichen Notlage im Sinne des § 7 I Satz 3 Nr. 5 BetrAVG befinden. In diesen Fällen greift der Insolvenzschutz ein.[39]

Unabhängig davon ist es gerechtfertigt, den erdienten Teilbetrag zu schmälern, soweit eine planwidrig eingetretene Überversorgung abgebaut werden soll.[40]

68 Der Eingriff in die erdiente Dynamik gemäß (ii) erfordert **triftige Gründe**. Welche Gründe als „triftig" anzuerkennen sind, hatte das BAG bislang überwiegend anhand von Fällen zu entscheiden, in denen sich

---

[38] Zur Ablösung bei Unterstützungskassen, vgl. BAG, Urteil vom 30.04.1985–3 AZR 611/83 – AP Nr. 4 zu § 1 BetrAVG Ablösung; BAG, Urteil von 11.09.1990–3 AZR 380/89 – AP Nr. 8 zu § 1 BetrAVG Besitzstand.

[39] BAG, Urteil vom 23.04.1985–3 AZR 194/83 – AP Nr. 6 zu § 1 BetrAVG Unterstützungskassen BAG, Urteil vom 23.10.1990–3 AZR 260/89 – AP Nr. 13 zu § 1 BetrAVG Ablösung.

[40] Vgl. BAG, Urteil vom 09.04.1991–3 AZR 598/89, AP Nr. 15 zu § 1 BetrAVG – Ablösung.

Arbeitgeber darauf beriefen, die wirtschaftliche Ertragskraft des Unternehmens reiche nicht aus, eine Versorgungslast im bisherigen Umfang aufrechtzuerhalten. Das BAG hat i. S. einer nicht schematisch anwendbaren Richtlinie die Formel verwendet, daß die Gefahr bestehen müsse, das Unternehmen werde durch die Versorgungslast langfristig ausgezehrt, seine Substanz werde durch die Versorgungslast gemindert oder sogar gefährdet. Zur Überprüfung einer solchen Gefährdung gehören naturgemäß auch entsprechende quantitative Nachweise, fundierte betriebswirtschaftliche Berechnungen auf versicherungsmathematischer Grundlage. Sie sollten nicht nur die Substanzgefährdung belegen, sondern auch Anhaltspunkte dafür liefern, daß die vorgesehenen Reduktionen geeignet sind (und nicht weiter gehen), um die zu erwartende oder bereits eingetretene Auszehrung des Unternehmens zu beseitigen.

Auch Argumente, die nicht unmittelbar auf die wirtschaftliche Situation des Unternehmens abstellen, können triftige Gründe für die Änderung einer Versorgungsordnung sein. So hat das BAG[41] entschieden, daß ein triftiger Grund für eine Änderung auch in einem dringenden betrieblichen Bedürfnis an einer Umstrukturierung einer Versorgungsordnung bestehen kann, bei der ohne Schmälerung des Gesamtaufwands für die Versorgung Leistungskürzungen auf der einen Seite durch Verbesserungen des Versorgungsschutzes auf der anderen Seite aufgewogen werden. Eine derartige Aussage ist natürlich **fallbezogen**; sie darf ebensowenig schematisch angewendet werden wie das oben angesprochene Merkmal der Substanzgefährdung bei wirtschaftlichen Problemen des Versorgungsschuldners. 69

Zur Reduzierung dienstzeitabhängiger künftiger Steigerungsbeträge reichen **sachlich-proportionale Gründe** aus. Diese Gründe dürfen nicht willkürlich erscheinen. Sie müssen nachvollziehbar erkennen lassen, welche Umstände und Erwägungen zu der Veränderung der Versorgungszusage Anlaß geben.[42] 70

Die **rentennahen Jahrgänge** gehören anerkanntermaßen seit langem zu den besonders schutzwürdigen Versorgungsanwärtern. In der Regel gelten ihre Versorgungsanwartschaften als ebenso unantastbar wie laufende Renten oder die unverfallbaren Anwartschaften ausgeschiedener Mitarbeiter. Nach einer BAG-Entscheidung vom 21.01.1992 braucht eine ablösende Betriebsvereinbarung – hier wurde eine ältere Betriebsvereinbarung durch eine neue ersetzt – zwar dann keine besonderen Regelungen für rentennahe Jahrgänge zu enthalten, wenn eine **allgemeine Härteklausel** vorgesehen ist, die dem Unternehmen die Möglichkeit gibt, in Einzel- 71

---

[41] BAG, Urteil vom 07.07. 1992–3 AZR 522/91, AP Nr. 11 zu § 1 BetrAVG Besitzstand.
[42] Vgl. BAG, Urteil vom 17.04. 1985–3 AZR 72/83 – AP Nr. 4 zu § 1 BetrAVG Unterstützungskassen.

fällen Härten zu mildern.⁴³ Doch sieht die Praxis bei entsprechenden Neuordnungen schon aus Gründen der Rechtsklarheit meist spezifische Regelungen für rentennahe Jahrgänge vor; zumindest werden gewisse Grenzalter mit unter Umständen abgestuften Besitzstandsklauseln definiert.

Da rentennahe Jahrgänge den höchstmöglichen Rentenanspruch meist nahezu erreicht haben, sollte diesem Personenkreis stets größte Aufmerksamkeit geschenkt und Eingriffe – wenn möglich – vermieden werden.

i) **Ablösende Betriebsvereinbarung**

72 Der **Ablösung** einer auf vertraglicher Grundlage eingeführten Altersversorgung **durch Betriebsvereinbarung** hat der Große Senat des BAG mit Beschluß vom 16.09.1986⁴⁴ enge Grenzen gesetzt.

Danach können vertraglich begründete Ansprüche auf Sozialleistungen, die auf eine vom Arbeitgeber gesetzte Einheitsregelung oder eine Gesamtzusage⁴⁵ zurückgehen, in den Grenzen von Recht und Billigkeit nur dann durch eine nachfolgende Betriebsvereinbarung beschränkt werden, wenn die Neuregelung insgesamt bei kollektiver Betrachtung nicht ungünstiger ist. Dabei sind die Gesamtheit der Leistungen des Arbeitgebers vor und nach Abschluß der Betriebsvereinbarung zu vergleichen. Das Gericht bezeichnet dies als „**kollektiven Günstigkeitsvergleich**". Wenn die geplanten Aufwendungen des Arbeitgebers für die Sozialleistungen konstant bleiben oder erweitert werden sollen, steht das Günstigkeitsprinzip einer Neuregelung nicht entgegen, selbst wenn einzelne Arbeitnehmer dadurch schlechter gestellt werden.

73 Ist die Betriebsvereinbarung demgegenüber insgesamt ungünstiger als die individualrechtliche Grundlage, so ist eine Ablösung nur zulässig, wenn der Arbeitgeber sich in der bisherigen Regelung eine Abänderung durch Betriebsvereinbarung vorbehalten hat oder wegen eines **Wegfalls der Geschäftsgrundlage** eine Kürzung vornehmen darf. Ein ausdrücklicher Vorbehalt in diesem Sinne kommt in der Praxis so gut wie nie vor, weil nicht sicher ist, ob er bei unmittelbaren Pensionszusagen von der Finanzbehörde als steuerunschädlich für eine Rückstellungsbildung nach § 6a EStG anerkannt würde. Nach den Ausführungen des Gerichts kann sich die **Betriebsvereinbarungsoffenheit** auch ohne ausdrücklichen Vorbehalt „aus den Umständen" ergeben. Welche Umstände für eine Betriebsvereinbarungsoffenheit sprechen, wird jedoch nicht ausgeführt. Anhand des einzelnen Falles ist daher zu prüfen, ob das Versorgungswerk in diesem Sinne auslegbar ist.

---

[43] BAG, Urteil vom 21.01.1992–3 AZR 21/91, AP Nr. 17 zu § 1 BetrAVG Ablösung, BetrAV 1992, S. 199.
[44] BAG, Beschluß vom 16.09.1986 – GS 1/82 – AP Nr. 17 zu § 77 BetrVG.
[45] Zu den Begriffen Einheitsregelung und Gesamtzusage: siehe Abschnitt I. 4.

Wir sind der Meinung, daß Gesamtzusagen, die sich an alle oder einen 74
abstrakt definierten Kreis von Mitarbeitern richten, offen für eine kollektive Änderung sind und die kollektive Komponente auch für den einzelnen Arbeitnehmer erkennbar ist: Wenn ein Mitarbeiter z. B. in einer Versorgungsbroschüre, die ihm bei Abschluß des Arbeitsvertrages ausgehändigt wird, oder in einer Versorgungsordnung, die am „Schwarzen Brett" aushängt, liest, daß diese Versorgungsregelung für alle Mitarbeiter gilt, die in einem Arbeitsverhältnis zur Firma stehen, dann kann er redlicherweise nicht davon ausgehen, er allein sei der einzig Begünstigte in dem Unternehmen. Diese Erklärung ist objektiv nur so zu verstehen, daß allen Mitarbeitern, die die Voraussetzung erfüllen, eine Zusage erteilt wird. Der kollektive Bezug liegt auf der Hand. Daher sollte eine Abänderung durch Betriebsvereinbarung zumindest bei Gesamtzusagen zulässig sein.

Die Voraussetzungen für einen Widerruf wegen Wegfalls der Ge- 75
schäftsgrundlage sind derart streng und die Wirkung eines Widerrufs so weitgehend, daß diese Maßnahme für die meisten Unternehmen keine Handlungsalternative darstellt. Denn die wenigsten Unternehmen können mit einer Reduzierung ihres Versorgungswerks solange warten, bis sie sich in einer konkursgleichen wirtschaftlichen Notlage befinden, und es geht meist gar nicht darum, laufende oder erdiente Anwartschaften zu widerrufen, sondern „nur" um eine Reduzierung des weiteren Anstiegs des Versorgungsaufwands.

Angesichts dieser schwierigen – teils dogmatisch begründeten – Rechtslage kann man nur die Hoffnung darauf setzen, daß im Streitfall die Rechtsprechung ihre Auslegungsspielräume nutzt und Lösungen in Form von kollektiven Änderungen akzeptiert, in denen das Verantwortungsbewußtsein der beteiligten Arbeitgeber und Betriebsräte offenkundig ist.

III. Betriebliche Altersversorgung bei Betriebsübergang nach § 613 a BGB

1. Personenkreis

Geht ein Betrieb oder Betriebsteil durch Rechtsgeschäft auf einen an- 76
deren Inhaber über, so tritt dieser nach § 613 a I S. 1 BGB in die Rechte und Pflichten aus den **im Zeitpunkt des Übergangs bestehenden Arbeitsverhältnissen** ein. Die Voraussetzungen des Betriebsübergangs im Sinne des § 613 a BGB werden ausführlich in Teil C dieses Handbuches – Arbeitsrecht – behandelt. Die Konsequenzen für die betriebliche Altersversorgung werden im folgenden beschrieben.

Der Begriff „Rechtsgeschäft" ist umfassend zu verstehen. Nach herkömmlicher, allerdings umstrittener herrschender Meinung dient er lediglich der Abgrenzung zur Gesamtrechtsnachfolge.[46] Mit dem Merkmal „durch Rechtsgeschäft" soll zum Ausdruck gebracht werden, daß alle Fälle eines Betriebsinhaberwechsels außerhalb der Gesamtrechtsnachfolge erfaßt werden.[47] Rechtsgeschäft im Sinne des § 613 a BGB kann z. B. die Veräußerung, die Verpachtung, der Nießbrauch, die Schenkung oder die Leihe sein. Gesamtrechtsnachfolge und Betriebsübergang schließen sich nicht gegenseitig aus, sondern überschneiden sich in mancher Hinsicht. Die Gesamtrechtsnachfolge ist eine Nachfolge im gesamten Recht, während der Betriebsübergang – vereinfacht gesagt – nur den Betrieb oder sogar nur einen Teil davon erfaßt. Die meisten Gesamtrechtsnachfolgen umfassen auch den Übergang eines oder mehrerer Betriebe, aber nicht nur die Betriebe, sondern auch das übrige Vermögen und seine Bestandteile. Zu den Wirkungen von Gesamtrechtsnachfolgen wird in Abschnitt IV, RN 107 ff. Stellung genommen.

Während die Gesamtrechtsnachfolge alle bestehenden Rechtsverhältnisse erfaßt, die der bisherige Inhaber eingegangen ist, betrifft der Betriebsübergang nach § 613a BGB nur die im Zeitpunkt des Übergangs bestehenden Arbeitsverhältnisse. Diese Abgrenzung ist für die betriebliche Altersversorgung von besonderer Bedeutung. Denn sie heißt für ein bestehendes betriebliches Versorgungssystem, daß laufende Rentenverpflichtungen und Anwartschaften ausgeschiedener Mitarbeiter beim bisherigen Inhaber verbleiben.

Aus diesem Grund empfiehlt es sich, bereits vor einem Unternehmenskauf zu klären, ob der Betriebsübergang im Rahmen einer Gesamtrechtsnachfolge stattfindet mit der Folge, daß auch die genannten Altverpflichtungen übergehen, oder ob es sich um einen „bloßen" Betriebsübergang nach § 613 a BGB handelt, der nur die aktive Belegschaft erfaßt. In jedem Fall sollte eine Bestandsaufnahme hinsichtlich der aktiven Belegschaft und der Altverpflichtungen vorgenommen und geklärt werden, welche Verpflichtungen überhaupt bestehen und ob sie auch wertmäßig richtig und vollständig erfaßt sind.

2. Rechtsfolgen

77   Der Betriebsübergang im Sinne des § 613 a I Satz 1 BGB führt zum Übergang der bestehenden Arbeitsverhältnisse. Nach der Rechtsprechung des Bundesarbeitsgerichts können die Arbeitnehmer dem Übergang ihrer Arbeitsverhältnisse widersprechen.[48] Der Europäische Ge-

---

[46] Palandt-Putzo, BGB, § 613a, Anm. 2 c.
[47] Seiter, Betriebsinhaberwechsel, Seite 41 ff.
[48] Seit BAG, Urteil vom 02. 10. 1974–5 AZR 504/73, AP Nr. 1 zu § 613 a BGB; Vorlagebeschluß vom 21. 05. 1992–2 AZR 449/91 – AP Nr. 96 zu § 613 a BGB.

III. Betriebl. Altersversorgung bei Betriebsübergang 465

richtshof hat diese Rechtsprechung inzwischen akzeptiert.[49] Diese Thematik wird hier jedoch nicht weiter vertieft, da es sich nicht um ein betriebsrentenrechtliches Problem handelt. Es wird auf die Ausführungen in Teil C dieses Handbuches – Arbeitsrecht – verwiesen. Festzuhalten ist lediglich: Ist der Widerspruch erfolgreich, verbleiben auch die Versorgunganspüche der aktiven Arbeitnehmer beim bisherigen Inhaber.

Sofern betriebliche Altersversorgung zugesagt ist, geht sie ansonsten als Bestandteil des Arbeitsverhältnisses auf den neuen Inhaber über. Die Rechtsnatur der Ansprüche, ein möglicher Wechsel und die Rechtsfolgen im einzelnen bestimmen sich im Wesentlichen nach der Anspruchsgrundlage und dem Durchführungsweg, in dem die betriebliche Altersversorgung vor Übergang organisiert ist. Eine Reihe von grundsätzlichen Fragen sind jedoch allen Organisationsformen gemeinsam. Sie werden im folgenden Abschnitt a) für den Bereich der unmittelbaren Pensionszusagen behandelt, da diese Versorgungsform die größte Verbreitung hat.

a) Übergang von unmittelbaren Pensionszusagen[50]

Bei der unmittelbaren Pensionszusage verpflichtet sich der Arbeitgeber meistens im Rahmen des Arbeitsvertrages oder einer Betriebsvereinbarung, an einen oder mehrere Arbeitnehmer nach Eintritt des Versorgungsfalles Versorgungsleistungen zu erbringen. 78

Beruht die unmittelbare Pensionszusage auf einer **Einzelzusage**,[51] so geht ihr Inhalt nach § 613a I Satz 1 BGB unverändert auf den neuen Inhaber über; d.h. dieser haftet unmittelbar für die Erfüllung aus eigenen Mitteln. Dabei bleibt nicht nur der bis zum Betriebsübergang erreichte Teil der Leistung bestehen, auch der künftige Zuwachs gestaltet sich so, als habe es einen Inhaberwechsel nicht gegeben. Unerheblich ist, ob die einzelne Anwartschaft bereits unverfallbar ist. Alle die Rentenformel kennzeichnenden Faktoren werden so weiter berechnet, als habe ein Betriebsübergang nicht stattgefunden.

Vertragliche Einheitsregelungen und die in der Praxis häufig vorkommende **Gesamtzusage** gehören zu den individualvertraglichen Grundlagen.[52] Auch diese beiden Vertragsformen gehen inhaltlich unverändert auf den neuen Inhaber über. Der neue Arbeitgeber übernimmt die Pensionsordnung. Es ergeben sich die gleichen Folgen wie bei der Einzelzusage.

Beruht die Versorgungszusage auf kollektivrechtlicher Grundlage, d.h. auf **Betriebsvereinbarung** oder **Tarifvertrag** ist zu unterscheiden:

aa) Hat der neue **Betriebsinhaber kein eigenes betriebliches Versorgungswerk** gilt § 613a I Satz 2 BGB: Die Rechte und Pflichten der kol- 79

---

[49] Europäischer Gerichtshof, Urteil vom 16.12.1992–1 Rs C 132/91 u.a., AP Nr. 97 zu § 613a BGB.
[50] Zum Begriff: siehe Abschnitt I.3., RN 7ff.
[51] Zum Begriff: siehe Abschnitt I.4., RN 12ff.
[52] Zu den Begriffen: siehe Abschnitt I.4., RN 22ff.

lektivrechtlichen Normen werden Inhalt des individuellen Arbeitsverhältnisses zwischen dem neuen Inhaber und dem Arbeitnehmer und dürfen nicht vor Ablauf eines Jahres zum Nachteil des Arbeitnehmers geändert werden. Die kollektivrechtliche Norm wird zur Individualnorm. Dieser Vorgang wird auch als Transformation bezeichnet.

§ 613 a BGB ist im Jahre 1980 unter anderem aufgrund einer EG-Richtlinie[53] durch das Gesetz über die Gleichbehandlung von Männer und Frauen am Arbeitsplatz und über die Erhaltung von Ansprüchen bei Betriebsübergang vom 13.08. 1980[54] um die Sätze 2 bis 4 des Absatzes 1 sowie den Absatz 4 ergänzt worden. Die Behandlung von kollektivrechtlichen Normen beim Übergang eines Betriebes oder Betriebsteiles war schon vor der Erweiterung des § 613 a I BGB ein umstrittenes Thema in der Literatur. Auch danach ist die Problematik noch nicht endgültig und für die Praxis eindeutig geklärt. Insbesondere ist offen, ob der Erwerber eines Betriebes zumindest dann in die Betriebsvereinbarung als kollektivrechtliche Regelung eintritt, wenn die „Betriebsidentität" erhalten bleibt.[55]

80   Liegt eine Transformation von ehemals kollektivrechtlichen Normen in individuelles Vertragsrecht vor, besteht **eine mindestens einjährige Verschlechterungssperre**. Vor Ablauf eines Jahres darf der neue Inhaber die Bedingungen der betrieblichen Altersversorgung auf keinen Fall zuungunsten der übernommenen Arbeitnehmer ändern. Für die Zeit danach enthält § 613 a BGB keine Regelung. Mangels gesetzlicher Regelung greifen dann die allgemeinen arbeitsrechtlichen Gestaltungsregeln ein. Nicht abschließend geklärt ist die Frage, ob für die Änderung einer transformierten Betriebsvereinbarung die Grundsätze der nachfolgenden Betriebsvereinbarung abzuändern. („**lex posterior derogat legi priori**") oder die Anforderungen an eine ablösende Betriebsvereinbarung („kollektiver Günstigkeitsvergleich") gelten. (vgl. die Ausführungen in RN 64ff bzw. 72ff).

Unseres Erachtens sollte es in diesem Fall zulässig sein, die transformierte, ehemals kollektivrechtliche Regelung durch „eine nachfolgende" Betriebsvereinbarung abzuändern. Ursprünglich handelte es sich um eine Regelung, die – hätte es den Betriebsübergang nicht gegeben – unter den entsprechenden Bedingungen durch nachfolgende, auch verschlechternde Betriebsvereinbarung hätte geändert werden können. Die Arbeitnehmer mußten mit einer kollektiven Änderung rechnen. Auf eine individualrechtlich günstigere Norm hätten sie sich ohne die gesetzlich angeordne-

---

[53] Art.3 Abs.2 EG-Richtlinie Nr.77/187, Richtlinie des Rates vom 14. Feb. 1977 zur Angleichung der Rechtsvorschriften der Mitgliedstaaten über die Wahrung von Ansprüchen der Arbeitnehmer beim Übergang von Unternehmen, Betrieben oder Betriebsteilen.
[54] Arbeitsrechtliches EG-Anpassungsgesetz, BGBl. I, S.1308.
[55] Z.B. Jung RdA 1981, S.360ff.

te Transformation nicht berufen können. Ein denkbarer Weg einer dogmatischen Begründung wäre es, die transformierte Versorgungsregelung als unter einem **kollektiven Abänderungsvorbehalt** stehend zu interpretieren. Einen solchen Vorbehalt hat der Große Senat des BAG in seiner Entscheidung vom 16.09. 1986[56] als zulässig angesehen und betont, daß er sich ausdrücklich, aber bei entsprechenden Begleitumständen auch stillschweigend aus den Umständen ergeben kann. Wenn es diesen Vorbehalt überhaupt gibt, dann ist der oben skizzierte Sachverhalt wohl ein sinnvoller Anwendungsfall.

Beruht die Versorgungsregelung auf Tarifvertrag, werden die Tarifnormen gem. § 613a I S. 2 BGB ebenfalls in Individualrecht transformiert. Im übrigen gelten die Ausführungen zur Betriebsvereinbarung entsprechend. 81

bb) Hat dagegen der neue Inhaber des Betriebs ein **eigenes betriebliches Versorgungswerk**, ergeben sich – je nach Ausgangssituation – eine Reihe von **Kollisionsfragen**. Folgende Fälle sind in der Praxis denkbar: 82

Beruht die Versorgungszusage sowohl beim bisherigen als auch beim neuen Inhaber des Betriebs auf **individualvertraglicher Grundlage**, besteht keine gesetzliche Kollisionsregelung. § 613a I Satz 3 BGB setzt eine kollektivrechtliche Regelung auf beiden Seiten voraus, d.h. die Bestimmung ist bei individualvertraglicher Gestaltung nicht einschlägig. Dementsprechend differieren die Rechtsfolgen je nach Fallgestaltung.

Ist die individualvertragliche Regelung des neuen Inhabers schlechter, werden die übernommenen Arbeitsverhältnisse davon nicht tangiert. Ist die Regelung beim aufnehmenden Unternehmen besser, sollte dies gleichfalls die übernommenen Mitarbeiter nicht berühren. Beide Versorgungsregelungen sind individualvertraglicher Natur. Die unterschiedliche Behandlung läßt sich sachlich durch die unterschiedliche Herkunft aus verschiedenen Unternehmen begründen. Insbesondere wenn die Belegschaft des übernommenen Betriebes unter sich bleibt, d.h. keine oder nur wenige Arbeitnehmer des neuen Inhabers in den Betrieb wechseln, erscheint es nicht willkürlich, die Arbeitnehmer in den Betrieben intern unterschiedlich zu behandeln.

Unabhängig davon kann es im Laufe der Zeit sinnvoll werden, die unterschiedlichen Versorgungswerke zu harmonisieren, insbesondere um den Neuzugang einheitlich erfassen zu können und um auf Dauer eine Zwei-Klassen-Belegschaft zu vermeiden. Für die entsprechenden Abänderungen gelten dann die oben beschriebenen Grundsätze für Reorganisationsmaßnahmen allgemein und für den Widerruf, die Kündigung oder die ablösende Betriebsvereinbarung im besonderen (vgl. RN 54ff, 72ff).

Beruht das Versorgungswerk sowohl beim bisherigen als auch beim neuen Inhaber auf **kollektivrechtlicher** Grundlage kommt § 613a I S.3 83

---

[56] BAG, Beschluß vom 16.09. 1986 – GS 1/82 – AP Nr. 17 zu § 77 BetrVG.

BGB zur Anwendung. Danach werden die kollektiven Normen einer Betriebsvereinbarung oder eines Tarifvertrages nicht in individuelles Recht transformiert, wenn die Rechtsmaterie beim neuen Inhaber gleichfalls auf Kollektivnorm beruht. Demnach gilt offenbar die Betriebsvereinbarung des neuen Inhabers auch für die übernommenen Mitarbeiter, unabhängig davon, ob sie besser oder schlechter ist als die Betriebsvereinbarung beim bisherigen Inhaber. Dieses Ergebnis deckt sich mit dem ausdrücklichen Willen des Gesetzgebers. In der Begründung zu dem entsprechenden Gesetzentwurf der Bundesregierung heißt es wörtlich: *„Sofern jedoch bei dem neuen Inhaber andere Tarifverträge oder Betriebsvereinbarungen gelten, finden nur diese Anwendung."*[57]

84   Diese Rechtslage ist für die betriebliche Altersversorgung mehrfach kritisiert worden, führt sie doch u. U. zu erheblichen Brüchen mit den von der Rechtsprechung entwickelten Grundsätzen zur Wahrung von Besitzständen.[58] Während die kollektivrechtliche Betriebsrentenregelung auf individualrechtlicher Ebene unverändert fortgesetzt wird, wenn der neue Inhaber bislang keine eigene Altersversorgung zugesagt hatte, würde die Zusage z. B. unter Umständen halbiert, wenn der Erwerber eine um die Hälfte schlechtere, auf Betriebsvereinbarung beruhende Altersversorgung gewährt. Umgekehrt würden zugesagte Leistungen möglicherweise stark erhöht, allein weil der Inhaber des Betriebs gewechselt hat.

Man muß daher wohl feststellen: Die Kollisionsregelung des § 613a I S. 3 BGB wird der betrieblichen Altersversorgung als dauernde und im Zeitablauf wachsende Dauerverbindlichkeit nicht gerecht. Bei einem auf Betriebsvereinbarung beruhenden Weihnachtsgeld z. B. mag es hinnehmbar sein, wenn übernommene Mitarbeiter ab dem Jahr des Betriebsübergangs aufgrund der schlechteren Betriebsvereinbarung beim neuen Betriebsinhaber nur noch ein reduziertes, im umgekehrten Fall ein höheres Weihnachtsgeld erhalten. Bei der betrieblichen Altersversorgung ist dagegen auf die erdienten Besitzstände Rücksicht zu nehmen.

85   Es bietet sich an, den durch § 613a I S. 3 BGB vorgeschriebenen Übergang von der alten auf die neue Kollektivregelung bei Dauerschuldverhältnissen wie der betrieblichen Altersversorgung nicht rückwirkend, sondern erst für die Betriebszugehörigkeit nach dem Übergang anzuwenden. Das würde dazu führen, daß die bis zum Betriebsübergang erdienten Anwartschaften nach der Regelung des bisherigen Arbeitgebers zu bemessen sind. Denn eine Rückwirkung würde bei einer schlechteren Erwerberregelung dem Schutzzweck des § 613a BGB widersprechen, und bei einer besseren Regelung besteht kein vernünftiger Grund, diese allein aus Gründen des Betriebsübergangs auf die bereits zurückgelegten

---

[57] BT-Drucksache 8/3317 vom 06.11.1979, S. 7.
[58] Pauly, a. a. O., S. 115/116 Kemper, BB 1990, S. 785 ff.; Juncker, RdA 1993, S. 203 ff.

III. Betriebl. Altersversorgung bei Betriebsübergang

Dienstzeiten auszudehnen. Eine Interpretation in diesem Sinne entspricht den Bedürfnissen der Praxis.

Umstritten ist die Handhabung der Zuwächse ab Betriebsübergang. Ein Teil der Literatur wendet unter Berufung auf § 613 a I S. 3 BGB ab Betriebsübergang konsequent die Erwerberregelung an, unabhängig davon, ob diese besser oder schlechter ist.[59]

Andere wollen dagegen **die Grundsätze der nachfolgenden Betriebsvereinbarung** entsprechend anwenden, d. h. es sollen die Kriterien gelten, die gegolten hätten, wenn in einem bestehenden Betrieb die auf einer Betriebsvereinbarung beruhende Altersversorgung durch eine nachfolgende Betriebsvereinbarung abgeändert wird.[60] Die Beurteilung der Frage, in welcher Höhe und mit welchem Inhalt die betriebliche Altersversorgung nach dem Betriebsübergang fortgesetzt wird oder insbesondere werden kann, unterliegt danach der gerichtlichen Billigkeitskontrolle und der dazu in ständiger BAG-Rechtsprechung entwickelten Besitzstandsabstufung.

Für die letztgenannte Position spricht unseres Erachtens die Überlegung, daß die übernommenen Mitarbeiter nicht besser, aber auch nicht schlechter gestellt werden sollten als sie stünden, wenn der bisherige Arbeitgeber mit dem Betriebsrat eine nachfolgende, abändernde Betriebsvereinbarung geschlossen hätte. Wendet man in diesem Sinn die Rechtsprechungsgrundsätze an, ergibt sich meist folgende Situation:

Geht man davon aus, daß der in der Vergangenheit erdiente Anwartschaftsteil nur in Ausnahmefällen aus zwingenden Gründen reduziert werden kann, verbietet sich ein diesbezüglicher Eingriff für den Betriebserwerber. Ein am Kauf interessiertes Unternehmen, das wirtschaftlich nicht in der Lage ist, die erdienten Anwartschaften zu übernehmen, kommt letztlich als Käufer nicht in Betracht. Der Schutzzweck des § 613 a BGB steht dem Eingriff in die erdienten Rechte der Arbeitnehmer entgegen.

Beabsichtigt der Käufer, in die Dynamik der erdienten Anwartschaften einzugreifen, bedarf es hierzu nach den Grundsätzen der Rechtsprechung triftiger Gründe. Ob triftige Gründe gegeben sind, entscheidet sich am einzelnen Fall. In der Regel ist die wirtschaftliche Situation eines Betriebserwerbers nicht so schlecht, daß die Aufrechterhaltung der erdienten Dynamik zu einer Substanzauszehrung seines Unternehmens führen wird. Er müßte sich ohnehin entgegenhalten lassen, daß er ein solches Risiko vor dem Kauf hätte sehen oder im Kaufpreis hätte berücksichtigen müssen. Denn der Erwerber muß im Kaufpreis sicherstellen, daß er in der Lage ist, die Verpflichtungen zu erfüllen. Dabei ist zu berücksichtigen, daß er das Risiko trägt, ob und inwieweit er als neuer Ar-

---

[59] Z. B. Höfer/Reiners/Wüst, BetrAVG, Bd. 1, 3. Aufl., ART, Rdnr. 910.
[60] Z. B. Juncker, RdA, S. 208; Kemper, BB 1990, S. 790; Pauly, a. a. O., S. 116.

beitgeber die Arbeitsverhältnisse verändern kann. Übernimmt der Erwerber dynamische Zusagen, d. h. Anwartschaften, die bislang z. B. der Gehaltsentwicklung gefolgt sind, kann er nicht davon ausgehen, daß diese Ansprüche nach der Übernahme festgeschrieben werden können, d. h. zu statischen Ansprüchen werden. Zu berücksichtigen ist auch, daß den Erwerber als neuen Arbeitgeber das Anpassungsrisiko des § 16 BetrAVG trifft. Auch dieses Risiko sollte bereits in den Kaufpreisverhandlungen bedacht werden.

89 Um in künftige Zuwächse eingreifen zu dürfen, sind sachlich-proportionale Gründe erforderlich. Offen ist, ob solche in der Tatsache des Inhaberwechsels und in dem Bestehen eines anderen Versorgungswerkes gesehen werden können. Der Erwerber hat in aller Regel ein betrieblich begründetes, personalpolitisches Interesse daran, die Versorgungszusagen auf Dauer zu harmonisieren.

Wenn die übernommene und die eigene Belegschaft vermischt werden, erscheint es oft sinnvoll und naheliegend, die Arbeitnehmer gleich zu behandeln und für die Zukunft gleiche Versorgungsgrundsätze anzuwenden. Das Harmonisierungsinteresse des Betriebserwerbers an einer Vereinheitlichung der in seinen Betrieben oder Betriebsstätten geltenden Betriebsvereinbarungen sollte somit als betriebsbedingter, sachlicher Grund für eine Veränderung der zukünftigen Zuwächse anerkannt werden, auch wenn das Versorgungswerk des Erwerbers niedrigere Steigerungsbeträge vorsieht. Im umgekehrten Fall wird niemand etwas gegen Verbesserungen haben.

Bleiben dagegen die Betriebe oder Betriebsstätten beim Erwerber auf Dauer getrennt, kann es durchaus sinnvoll sein, die Versorgungswerke nicht zu vereinheitlichen, selbst wenn beide Regelungen auf Betriebsvereinbarungen beruhen. Wenn z. B. ein Betrieb als Ganzes auf einen Erwerber übergeht und weder der Standort, noch die Beschäftigten oder der Betriebsrat sich verändern, erscheint es oft unnötig und eher schädlich, diesen Mitarbeitern die Regelung des Erwerber aufzuzwingen. Hier spricht aus Sicht aller Beteiligten viel dafür, das bisherige (kollektive) Vertragswerk fortzusetzen und nicht zu harmonisieren.

b) Übergang einer Direktversicherung[61]

90 Bei Bestehen einer Direktversicherung ist zu beachten, daß es außer dem Versorgungsverhältnis zwischen Arbeitgeber und Arbeitnehmer auch ein Versicherungsverhältnis gibt. Für die bereits ausgeschiedenen Arbeitnehmer ist diese Differenzierung zunächst ohne Bedeutung, da sie vom Betriebsübergang prinzipiell nicht betroffen sind und die weitere Behandlung ihrer Ansprüche, soweit sie noch nicht ausgezahlt sind, ohnehin dem bisherigen Arbeitgeber obliegt. Bei den im Zeitpunkt des Be-

---

[61] Zum Begriff: siehe Abschnitt I.3.

III. Betriebl. Altersversorgung bei Betriebsübergang

triebsübergangs noch in den Diensten des Unternehmens stehenden Arbeitnehmern gehen die Arbeitsverhältnisse jedoch nach § 613 a BGB auf den neuen Inhaber über. Bestandteil dieser Arbeitsverhältnisse ist die Versorgungszusage; sie geht kraft Gesetzes mit über. Die obigen Ausführungen zum Übergang bei Pensionszusagen gelten daher grundsätzlich auch hier. Das heißt, die Kollision der arbeitsvertraglichen Grundlagen, die Bewertung von Veräußerer- und Erwerberregelung und die Risiken von Veränderungsmaßnahmen treten bei der Direktversicherung sowie bei den übrigen mittelbaren Durchführungswegen ebenso auf wie bei der unmittelbaren Pensionszusage. Zuweilen wird ein Auseinanderdriften von Versorgungs- und Versicherungsverhältnis beim Betriebsübergang übersehen. Die Versicherungsverhältnisse, die der Arbeitgeber zugunsten seiner Mitarbeiter beim Versicherer abgeschlossen hat, werden von § 613 a BGB nicht erfaßt. Wenn es nicht gelingt, das Versicherungsverhältnis auf den neuen Inhaber zu übertragen, verlieren Versorgungs- und Versicherungsverhältnis ihre Verbindung. Eine solche Folge sollte – wenn möglich – vermieden werden.

In den meisten Fällen kann der Erwerber vom Veräußerer mit Zustimmung des Versicherers die Stellung des Versicherungsnehmers übernehmen oder mit einer anderen Versicherung einen entsprechenden Lebensversicherungsvertrag mit Übertragung der Deckungsmittel abschließen. Damit läßt sich die Versorgung des Arbeitnehmers in der Regel nahtlos fortführen. 91

Gelingt es dem neuen Arbeitgeber nicht, die Position des Versicherungsnehmers zu übernehmen, oder ist er aus anderen Gründen gehindert oder nicht gewillt, die Versorgungszusage in Form einer Direktversicherung fortzusetzen, weil ihn z. B. eine in seinem eigenen Unternehmen geltende Betriebsvereinbarung zur Gewährung von unmittelbaren Pensionsleistungen verpflichtet, ergibt sich folgende Situation: Der bisherige Arbeitgeber bleibt Versicherungsnehmer, solange die Versicherung nicht in eine private Versicherung des Arbeitnehmers umgewandelt, übertragen oder aufgelöst wird. Soweit dies – z. B. wegen Erfüllung der Unverfallbarkeitsvoraussetzungen – nicht mehr möglich ist, bleibt dem bisherigen Arbeitgeber grundsätzlich nur die Möglichkeit der Fortführung der Versicherung, falls er die Mittel vom neuen Arbeitgeber erhält, oder der Beitragsfreistellung, falls weder er noch der neue Arbeitgeber Beiträge an den Versicherer zu zahlen bereit sind. Die erstgenannte Möglichkeit kommt jedoch in der Praxis eher selten vor. Das Bezugsrecht an der Versicherung bleibt normalerweise zugunsten des Arbeitnehmers bzw. seiner Hinterbliebenen erhalten, wenn der Arbeitnehmer zum Zeitpunkt der Beitragsfreistellung die Unverfallbarkeitsvoraussetzungen erfüllt hat. Andernfalls kann der bisherige Arbeitgeber über die freiwerdenden Deckungsmittel meist frei verfügen. 92

Da der neue Inhaber dem einzelnen Arbeitnehmer gegenüber verpflichtet ist, dafür Sorge zu tragen, daß er im Versorgungsfall die volle ihm zugesagte Leistung bekommt, wird er entweder die Übertragung der Versicherung anstreben oder den Wert im Kaufpreis berücksichtigen. Mit der Übernahme der Verpflichtungen übernimmt er auch das arbeitsrechtliche Risiko, ob und inwiefern er die Versorgungszusagen für die Zukunft ändern kann. Ein solches Risiko geht er nicht nur ein, wenn er den bestehenden Versicherungsvertrag verschlechtern will; er läuft es selbst dann, wenn er die übernommene Direktversicherung aufgeben oder beenden und durch eine andere schon bestehende Versorgungsform als Träger für die übernommenen Verpflichtungen ersetzen will.

93 Hat der bisherige Betriebsinhaber Direktversicherungen abgeschlossen, während der Erwerber eine firmeneigene Unterstützungskasse unterhält, ist zu klären, ob und unter welchen Leistungsbedingungen die übergehenden Arbeitnehmer an der Unterstützungskasse teilhaben können und was mit dem Direktversicherungsvertrag geschieht. Probleme können dabei nicht nur das unter Umständen völlig unterschiedliche Leistungsniveau, sondern auch die zumindest formell andere Rechtsqualität des Anspruchs bereiten: Während der Arbeitnehmer bislang einen Anspruch gegen einen Versicherer besaß, soll seine Zusage für die Zeit nach dem Übergang von einem mittelbaren Versorgungsträger fortgeführt werden, der auf seine Leistungen keinen Rechtsanspruch gewährt. Ist der Leistungsplan der Unterstützungskasse besser, sind die Arbeitnehmer meist einverstanden, zumal das Argument des fehlenden Rechtsanspruchs aufgrund der arbeitsrechtlichen Situation kein großes Gewicht hat. Bei niedrigeren Leistungen ergeben sich häufig jedoch Schwierigkeiten.

94 Unseres Erachtens bietet § 613 a I S. 3 BGB für derartige Konflikte keine generell befriedigende Lösung (siehe auch RN 84 ff). Auf den ersten Blick erscheint es zwar verlockend, unter Hinweis auf die vom Gesetzgeber gewollte Kollisionsnorm vom Übergangsstichtag an die kollektive Versorgungsregelung des Erwerbers anzuwenden, auch wenn der Durchführungsweg ein anderer ist und die Zusage zu einem völlig anderen Leistungsniveau führt. Der Zwang zu schematischen Lösungen weckt jedoch vielfach den Widerspruch der betroffenen Arbeitnehmer gegen den Betriebsübergang an sich, der dann durch betriebsbedingte Kündigungen, Kündigungsandrohungen oder ähnliches unter Umständen gefährdet oder zumindest äußerst belastet wird. Letztlich ist es im Interesse aller Beteiligten, zu einem möglichst frühen Zeitpunkt zu klären, auf welchem Durchführungsweg und mit welchem Inhalt die Zusagen fortgesetzt werden. Dabei ist der Wille zu einer konstruktiven Lösung auf allen Seiten gefordert. Kollektivvertragliche Regelungen unterliegen der gerichtlichen Billigkeitskontrolle, die Interessen des Einzelnen sind also gewahrt. Bei einem Betriebsübergang stehen jedoch die Gesichtspunkte des reibungslosen Übergangs und einer zukunftsorientierten Fortführung des Betriebes im Vordergrund, begleitet meist von einem Interesse aus-

schließender Harmonisierung und Gleichbehandlung der zusammengeführten Arbeitnehmer. In den meisten Fällen ist nicht der Betriebsübergang an sich der Grund für die Änderung einer betrieblichen Versorgungsordnung, sondern die Eingliederung in das neue System. Dieser sollte als sachliches, betrieblich begründetes Anliegen auch für Eingriffe in eine bestehende Regelung anerkannt werden.

c) Übergang einer Pensionskasse

Pensionskassen sind selbständige vom Arbeitgeber gegründete betriebliche oder überbetriebliche Versorgungseinrichtungen.[62] Die Arbeitnehmer sind – wie bei der Direktversicherung – versichert und bezugsberechtigt. Charakteristisch sind die unterschiedlichen Rechtsbeziehungen im Dreiecksverhältnis: Das aus dem Arbeitsverhältnis entstandene Versorgungsverhältnis zwischen Arbeitgeber und Arbeitnehmer, das bei einem Betriebsübergang nach § 613a BGB übergeht auf den Folgearbeitgeber, das Versicherungsverhältnis zwischen Versicherungsnehmer und Pensionskasse, das durch den Betriebsübergang nicht tangiert wird, und das Bezugsverhältnis zwischen Pensionskasse und Arbeitnehmer bzw. den Hinterbliebenen. Der Arbeitgeber ist aufgrund des Versorgungsverhältnisses verpflichtet, für eine Leistungserfüllung durch die Pensionskasse im Versorgungsfall des Arbeitnehmers zu sorgen. Es ist zu klären, ob und wie der neue Inhaber die Versorgungszusage weiterführen kann. Auf die grundsätzlichen Ausführungen zum Versorgungsverhältnis in RN 79ff wird verwiesen. 95

Pensionskassen werden meist von nur einem Unternehmen, einem Konzern oder einem ähnlichen Firmenverbund getragen. Ihr Zweck ist in der Satzung festgelegt und besteht darin, ausschließlich die Mitarbeiter einer bestimmten Firma oder mehrerer ausdrücklich benannter Firmen zu versichern. Daneben bestehen sogenannte überbetriebliche Pensionskassen für einige Branchen und Firmengruppen. Bei einem Betriebsübergang wird – wenn er nicht im Rahmen einer Gesamtrechtsnachfolge stattfindet – infolgedessen zunächst zu prüfen sein, ob es möglich oder gewünscht ist, den Betriebserwerber in den Kreis der Trägerunternehmen aufzunehmen. Dazu ist häufig eine Satzungserweiterung erforderlich. Nach erfolgter Aufnahme und Schaffung der versicherungstechnischen und finanziellen Voraussetzungen steht der Fortführung der Versorgungszusagen mittels der vorhandenen Pensionskasse nichts mehr im Wege. 96

Ist eine Aufnahme des Erwerbers als Trägerunternehmen nicht möglich oder nicht gewollt – z. B. weil es sich um eine rein betriebsbezogene Kasse oder um eine Konzernpensionskasse handelt und der Erwerber dem Konzern nicht angehört – muß ein anderer Weg der Fortsetzung gefunden werden. 97

---

[62] Zum Begriff: Siehe Abschnitt I.3.

98 Auch ein Erwerber, der bislang keine betriebliche Altersversorgung gewährt, ist arbeitsrechtlich verpflichtet, die Versorgungszusage der übernommenen Mitarbeiter weiterzuführen, d. h. er müßte, wollte er die übernommenen Verpflichtungen möglichst unverändert weiterführen, entweder eine eigene Pensionskasse gründen, oder vergleichbare Direktversicherungen abschließen. Die Erteilung von Pensionszusagen oder die Einrichtung einer betrieblichen Unterstützungskasse zur Fortführung der Versorgungsversprechen sind zwar ebenfalls möglich, doch oft nur unter Schwierigkeiten zu verwirklichen.

99 Hat der Betriebserwerber bereits eine eigene betriebliche Altersversorgung, kollidieren nicht nur die Vertragsgrundlagen, sondern auch die Durchführungswege. Bei einer eigenen Pensionskasse oder bestehenden Direktversicherungen sind die Leistungspläne und Tarife zu vergleichen. In vielen Fällen kann eine Übertragung des beitragsfreien Deckungskapitals von der Pensionskasse des Veräußerers auf die Pensionskasse des Erwerbers oder seine Direktversicherung erreicht werden. Voraussetzung ist eine konstruktive Beteiligung der Versicherten und eine gewisse Flexibilität der Versicherungseinrichtungen. Ein starres Festhalten an einzelnen Tarifbestimmungen macht eine praktikable Lösung oft unmöglich. Zuweilen sind die Tarife jedoch so unterschiedlich, daß eine inhaltsähnliche Fortsetzung scheitert. In diesen Fällen kommt nur die Umwandlung in einen anderen Tarif in Betracht, der im Ergebnis zu versicherungsmathematisch wertgleichen Leistungen führen muß.

Wird ein Pensionskassenbestand ganz oder teilweise auf ein anderes Versicherungsunternehmen übertragen, sind neben der Satzung der Pensionskasse die Vorschriften des Versicherungsaufsichtsgesetzes zu beachten. Nach § 14 VAG bedarf der Übertragungsvertrag der Schriftform und der Genehmigung der Aufsichtsbehörden, die für die beteiligten Versicherungsunternehmen zuständig sind. Das übernehmende Versicherungsunternehmen muß nachweisen, daß es nach der Übertragung ausreichend Eigenmittel zur Abdeckung der Solvabilitätsanforderungen besitzt. Es ist sicherzustellen, daß die Belange der Versicherten ausreichend gewahrt werden und die Verpflichtungen aus den Versicherungen dauernd erfüllbar sind.

Kassenintern bedarf die Bestandsübertragung nach § 44 VAG einer qualifizierten Mehrheit von drei Vierteln der abgegebenen Stimmen der obersten Vertretung der Kassen, sofern in der Satzung nichts anderes bestimmt ist.

100 Das Vermögen des verbleibenden Bestandes darf durch den Übertragungsvorgang nicht geschmälert werden. Außerdem gilt es, den richtigen Betrag (Wert) für die zu übertragenden Versicherungsansprüche festzustellen und diesen möglicherweise bereits in die Kaufpreisvereinbarungen oder den Übertragungsvorgang selbst einzubringen. Ausgangspunkt einer entsprechenden Wertfeststellung ist das satzungs- bzw. geschäfts-

planmäßige Deckungskapital der abgebenden Pensionskasse zum Stichtag. Zu denken ist außerdem an bestehende stille Reserven und etwaige Unterdeckungen. Ob und inwiefern Leistungsunterschiede zum Tarif des aufnehmenden Unternehmens ausgeglichen und finanziert werden, ist von Fall zu Fall auch unter Kaufpreis- und Steuergesichtspunkten zu entscheiden. Versicherungsmathematisch und versicherungstechnisch sind derartige Übertragungen in der Regel jedenfalls lösbar.

Hat der bisherige Inhaber eine Pensionskasse, der Erwerber dagegen eine Unterstützungskasse oder unmittelbare Zusagen, ergibt sich häufig folgende Situation: Die Pensionskassenzusage kann der Erwerber nicht fortsetzen, weil er als Trägerunternehmen nicht in Betracht kommt. Eine eigene Pensionskasse existiert nicht und eine Neugründung kommt wegen der in der Regel nicht ausreichenden Anzahl übernommener Arbeitnehmer nicht in Betracht oder könnte nicht die gleichen Tarife anbieten. Die eigene Unterstützungskasse gewährt keinen Versicherungsanspruch und hat auch meist einen völlig anderen Leistungsplan. Das unmittelbare Versorgungswerk wird, wenn es schlechtere Bedingungen bietet, von den übernommenen Arbeitnehmern abgelehnt, wenn es bessere Bedingungen bietet, vom Erwerber schon aus Kostengründen nicht immer bereitwillig auf die übernommenen Mitarbeiter ausgedehnt. Aus seiner Sicht ist nämlich nicht einzusehen, weshalb übernommene Arbeitnehmer mit besseren Zusagen einen Schutz vor Verschlechterungen auch für Zukunft genießen, übernommene Arbeitnehmer mit schlechteren Zusagen dagegen sofort am besseren Versorgungswerk des Erwerbers teilnehmen sollten. Wenn in dieser Situation nicht alle Beteiligten bereit sind, an einer gemeinsamen Lösung zu arbeiten, die unter Wahrung der Besitzstände auch Eingiffe bei den Zuwächsen zuläßt und die Chance hat, von der Rechtsprechung akzeptiert zu werden, kann ein Betriebsübergang, so wirtschaftlich sinnvoll er auch sein mag, allein an dem Problem der betrieblichen Altersversorgung scheitern. Bleibt der Erwerber einer ständigen Rechtsunsicherheit ausgesetzt, schadet dies letztlich auch den Arbeitnehmern, so daß auch sie gezwungen sind, an sachgerechten und klaren Lösungen mitzuwirken.

Eine denkbare, aber nicht immer zu realisierende Lösung besteht darin, die Versicherungsverhältnisse in der Kasse des Veräußerers zu belassen, seitens des Erwerbers eine umfassende unmittelbare Zusage zu erteilen und im Versorgungsfall die Versicherungsleistungen der Kasse – soweit vorhanden – zur Entlastung des Erwerbers anzurechnen.

d) Übergang einer Unterstützungskasse[63]

Die Unterstützungskasse unterscheidet sich von den übrigen mittelbaren Durchführungswegen insbesondere dadurch, daß sie satzungsgemäß keinen Rechtsanspruch auf ihre Leistungen gewährt. Unterstützungskas-

---

[63] Zum Begriff: siehe Abschnitt I.3.

sen sind keine Versicherungsunternehmen und stehen demzufolge nicht unter Versicherungsaufsicht. Da die Unterstützungskasse eine vom bisherigen Inhaber rechtlich getrennte, meist in Form einer GmbH oder eines Vereins organisierte Rechtspersönlichkeit ist, geht sie grundsätzlich nicht kraft Gesetzes auf den Betriebserwerber über.[64] Damit stellt sich für den neuen Inhaber das Problem, wie er die vom bisherigen Arbeitgeber übernommene (arbeitsrechtliche) Verpflichtung erfüllen soll, die Unterstützungskasse so zu stellen, daß diese im Versorgungsfall die in Aussicht gestellten Leistungen erbringen kann. Auf die grundsätzlichen Ausführungen zum Versorgungsverhältnis zwischen Arbeitgeber und Arbeitnehmer in RN 79ff wird verwiesen.

103   Ist die Unterstützungskasse in Form einer GmbH organisiert, besteht die Möglichkeit, durch Erwerb der GmbH-Anteile Inhaber der Kasse zu werden und sie als eigene Einrichtung fortzuführen. Gelingt dies nicht, wäre es denkbar, durch Erweiterung der Kassensatzung in den Kreis der Trägerunternehmen aufgenommen zu werden und durch künftige Zuwendungen an der Kasse teilzunehmen. Die Unterstützungskasse wird dadurch zu einer Gruppenkasse, was unter Umständen erhebliche Auswirkungen auf die kasseninterne Organisation, die Bilanzierung und auf Steuer- und Finanzierungsfragen hat. Nach § 4d I Nr. 1 Buchstabe b EStG sind die Zuwendungen und das daraus resultierende Kassenvermögen nach Trägerunternehmen zu trennen; d. h. für jedes Trägerunternehmen ist ein eigenes Segment zu führen. War der Arbeitnehmer zunächst bei dem einen Trägerunternehmen beschäftigt und wechselt durch den Betriebsübergang zu dem anderen, ist eine Übertragung seiner Betriebsrentenanwartschaft segmentbezogen vorzunehmen. Im übrigen ergeben sich ähnliche Probleme und Lösungsmöglichkeiten wie bei Pensionskassen.

104   Hat die Unterstützungskasse des abgebenden Unternehmens nur dieses als Trägerunternehmen oder ist sie auf einen Konzern beschränkt, dem der Betriebserwerber nicht angehört, ist die Aufnahme eines „fremden" Trägerunternehmens meist nicht möglich oder nicht gewünscht. In einem solchen Fall ist der Erwerber gezwungen, den Versorgungsträger zu wechseln. Hat er selbst eine Pensionskasse, so gewährt diese zwar Rechtsansprüche, hat aber in der Regel einen völlig anderen Leistungstarif. Die Beiträge könnten wegen der begrenzten Möglichkeiten zur Lohnsteuerpauschalierung nur nach und nach zu einer Abdeckung der übernommenen Verpflichtungen führen. Da sich entsprechend auch das Deckungskapital erst im Zeitablauf langsam aufbaut, läuft der Erwerber zudem Gefahr, in vorzeitigen Versorgungsfällen in eine Ausfallhaftung zu geraten.

---

[64] Seit BAG, Urteil vom 05.05.1977–3 AZR 34/76 – AP Nr. 7 zu § 613a BGB.

Heubeck

Hat der Veräußerer eine Unterstützungskasse, der Erwerber dagegen 105
Direktversicherungen abgeschlossen, stellt sich für den Erwerber die Frage, ob er die Versorgungszusage der übernommenen Arbeitnehmer im Rahmen der Unterstützungskasse weiterführen soll und kann, oder ob er für die übernommenen Mitarbeiter Direktversicherungen abschließen sollte. Im letztgenannten Fall muß er sich entscheiden, entweder seine eigenen, für seine übrigen Arbeitnehmer geltenden Tarif- und Versicherungsbedingungen zu verwenden oder mit dem Versicherer einen neuen Tarif zu vereinbaren. Sein mögliches Interesse an einer Harmonisierung der Leistungspläne und an organisatorischen Vereinfachungen kann dabei kollidieren mit den Ansprüchen und Erwartungen der übernommenen Arbeitnehmer, weiterhin die von der Unterstützungskasse ihres bisherigen Arbeitgebers gewohnten Leistungen und möglicherweise auch Betreuungen zu erhalten. Auch in diesem Fall lassen sich die Unterstützungskassenrichtlinien meist nur insgesamt wertgleich, nicht aber in allen Einzelheiten durch einen Direktversicherungstarif abbilden.

Ähnliche Probleme stellen sich nicht, wenn der Betriebserwerber bereit ist, die übernommenen Verpflichtungen in Form einer unmittelbaren Pensionszusage aufzugreifen und fortzuführen oder hierfür eine eigene Unterstützungskasse zu gründen oder, falls bereits vorhanden, zu nutzen. Die Übertragung und Fortführung löst keine Lohnsteuer aus und die neue Zusage bzw. die neuen Leistungsrichtlinien lassen sich relativ problemlos den bisherigen nachbilden. Bei Erteilung einer unmittelbaren Zusage müssen steuerwirksame Pensionsrückstellungen in einer durch den Verpflichtungsumfang gekennzeichneten Höhe gebildet werden; bei der Übertragung auf eine Unterstützungskasse kann die erforderliche Deckung der Verpflichtungen steuerlich jedoch nicht erreicht werden (Ausnahme bei kongruent rückgedeckten Kassen und Übertragung der Deckungsmittel). Diese Sachverhalte und Handlungsalternativen sollten in der Praxis möglichst bereits vor Abschluß des Kaufvertrages geklärt und bei der Kaufpreisfindung berücksichtigt werden.

Eine andere Lösungsmöglichkeit für die Übergangsfrage besteht unter 106
Umständen auch darin, die beim mittelbaren Versorgungsträger des Veräußerers erworbenen Anwartschaften dort zu erhalten und später mit der Versorgung des Erwerbers zu kombinieren. Wenn die dortigen Deckungsmittel garantiert bleiben, kann der Erwerber bei entsprechender vertraglicher Gestaltung und Absicherung im Leistungsfall eine Anrechnung vornehmen. Soll die Leistung einer Unterstützungskasse angerechnet werden, ist auf die typischerweise vorhandene Unterdeckung hinzuweisen. Die übernommenen Arbeitnehmer bzw. der Betriebsrat – soweit vorhanden – sollten auch bei derartigen Gestaltungen an sachgerechten Lösungen mitwirken.

Heubeck

IV. Betriebliche Altersversorgung und Gesamtrechtsnachfolge

1. Zum Begriff

107 Gesamtrechtsnachfolge bedeutet Übergang eines Vermögens oder Vermögensteils kraft Gesetzes. Gesamtrechtsnachfolgen sind gesetzlich definiert. Das Gesetz ordnet an, daß in der Regel alle zum Vermögen gehörenden Rechte und Pflichten auf den Gesamtrechtsnachfolger übergehen. Für die betriebliche Altersversorgung ist wichtig, daß die Gesamtrechtsnachfolge einen größeren Personenkreis erfaßt als ein bloßer Betriebsübergang nach § 613a BGB, es sei denn," der Betriebsübergang findet im Rahmen einer Gesamtrechtsnachfolge statt.[65] Bei der Gesamtrechtsnachfolge tritt der neue Inhaber nicht nur in die bestehenden Arbeitsverhältnisse, sondern auch in die Verpflichtungen gegenüber den Rentnern und bereits ausgeschiedenen Mitarbeitern ein; er ist Nachfolger „im gesamten Recht". Die Gesamtrechtsnachfolge bezieht sich also nicht nur auf die Position des Arbeitgebers, wie es § 613a BGB bewirkt, sondern auch auf andere Rechtspositionen wie die des Versicherungsnehmers, des Anteilseigners, die einer Mitgliedschaft oder eines Trägerunternehmens. Damit deutet sich bereits an, wie weitreichend die Gesamtrechtsnachfolge nicht nur bezogen auf den Kreis der Versorgungsbegünstigten, sondern auch für die mittelbaren Versorgungsträger ist.

108 Aus der Fülle der Fallgestaltungen, die sich als Gesamtrechtsnachfolge darstellen, seien an dieser Stelle nur einige Beispiele genannt. Neben dem Erbfall nach § 1922 BGB und der Vermögensübertragung konzentriert sich die Gesamtrechtsnachfolge im Wesentlichen auf das Umwandlungsrecht. Bislang waren die Fälle der übertragenden oder errichtenden Umwandlung, der Verschmelzung und der formwechselnden Umwandlung in fünf verschiedenen Gesetzen geregelt: in den Vorschriften des Umwandlungsgesetzes, des Aktiengesetzes, des Kapitalerhöhungsgesetzes, des Versicherungsaufsichtsgesetzes und des Genossenschaftsgesetzes. Das Gesetz zur Bereinigung des Umwandlungsrechts[66] faßt die bereits bestehenden 44 Möglichkeiten der Umwandlung zusammen und fügt weitere 75 Möglichkeiten hinzu, die es den Unternehmen in Zukunft erleichtern sollen, ihre rechtlichen Strukturen den wirtschaftlichen Verhältnissen und deren Änderungen anzupassen.[67] Zu den Regelungen des Umwandlungsbereinigungsgesetzes wird ausführlich in Teil B dieses Handbuches – Gesellschaftsrecht – dort RN 162ff. Stellung genommen.

---

[65] Zur Abgrenzung der Begriffe: siehe auch RN 76.
[66] Regierungsentwurf zur Bereinigung des Umwandlungsrechts, BT-Drucksache 12/6699, 01.02.1994.
[67] Der Betrieb 1994, Seite 268.

IV. Betriebliche Altersversorgung und Gesamtrechtsnachfolge 479

Eine gängige Form der Gesamtrechtsnachfolge ist die sogenannte **Verschmelzung**. Darunter versteht man im wesentlichen die Übertragung des gesamten Vermögens eines Rechtsträgers auf einen anderen entweder schon bestehenden oder neugegründeten Rechtsträger **im Wege der Gesamtrechtsnachfolge**. Der übertragende Rechtsträger löst sich auf, ohne daß es zur Abwicklung kommt. Die Anteilsinhaber erhalten im Wege des Anteilstausches eine Beteiligung an dem übernehmenden oder neugegründeten Rechtsträger.[68]

Neu in das Umwandlungsgesetz aufgenommen wird die Möglichkeit der **Spaltung**.[69] Dadurch soll es den Unternehmen ermöglicht werden, ihr Vermögen in erleichterter Form real zu teilen. Das Gesetz unterscheidet **Aufspaltung, Abspaltung** und **Ausgliederung**. Ein oder mehrere Teile eines Vermögens werden jeweils als Gesamtheit auf einen oder mehrere bestehende oder neugegründete Rechtsträger übertragen. Auch die Spaltung stellt also eine Teil-Gesamtrechtsnachfolge dar.

Der Kreis der Unternehmen, die zukünftig eine Umwandlung vornehmen können, wird deutlich erweitert. Verschmelzung und Spaltung z. B. werden nunmehr möglich für Personenhandelsgesellschaften, Kapitalgesellschaften, eingetragene Vereine, eingetragene Genossenschaften, genossenschaftliche Prüfungsverbände und Versicherungsvereine auf Gegenseitigkeit. Auch wirtschaftliche Vereine, Einzelkaufleute, Stiftungen und Gebietskörperschaften können zukünftig beteiligt sein.

Bemerkenswert ist auch, daß die im Gesetz vorgesehenen Möglichkeiten nur Rechtsträgern mit Sitz im Inland offen stehen. Internationale Fusionen fallen nicht unter das Gesetz. Damit eröffnet das Gesetz **nicht** die Möglichkeit, Betriebsrentenansprüche und dergleichen unter Verlust der gesetzlichen Insolvenzsicherung ins Ausland zu verlagern.

Geht bei einer Spaltung ein Betrieb oder Betriebsteil auf den übernehmenden Rechtsträger über, greift für die Überleitung der in diesem Betrieb oder Betriebsteil bestehenden Arbeitsverhältnisse zwingend die Vorschrift des § 613a BGB ein. Der Gesetzgeber sieht die Spaltung als Rechtsgeschäft im Sinne dieser Vorschrift an.[70] § 324 UmwG n.F. sieht ausdrücklich vor, daß § 613a I und IV BGB durch die Wirkungen der Eintragung einer Verschmelzung, Spaltung oder Vermögensübertragung unberührt bleibt.

Unabhängig von der Zuordnung der bestehenden Arbeitsverhältnisse bietet die Spaltung nunmehr die Möglichkeit, Aktiva und Passiva zwischen dem übertragenden und dem/den übernehmenden Rechtsträger(n) aufzuteilen. Dabei bestehen vertragliche Gestaltungsspielräume, sofern

---

[68] Vgl. Teil B dieses Handbuches, dort RN 162; RegE UmwG, BT-Drucksache 12/6699, S.71.
[69] Zur Spaltung ausführlich Teil B dieses Handbuchs, dort RN 265ff.
[70] Begr. zu § 126 RegE UmwG, BT-Drucksache 12/6699, S.118.

gemäß § 132 UmwG n.F. nicht allgemeine Bestimmungen die Übertragbarkeit ausschließen oder einschränken, wie dies z.B. bei persönlichen Unterhalts- oder Dienstleistungsverpflichtungen der Fall ist.

Ob und inwiefern das neue Umwandlungsrecht die Übertragungsvorschrift des § 4 BetrAVG tangiert, ist offen. Denkbar wäre es, zum einen die Fälle der Gesamtrechtsnachfolge überhaupt nicht von der rechtsgeschäftlichen Übertragung nach § 4 BetrAVG berührt zu sehen, zum anderen – mit Blick auf die Interpretation des RegE[71] – § 4 BetrAVG als Spezialnorm gegenüber dem Umwandlungsgesetz zu betrachten, die der Vertragsfreiheit auch in Umwandlungsfällen Grenzen setzt.

Auf jeden Fall sollten Freiräume bei der Zuordnung von Verpflichtungen nur dann genutzt werden, wenn dem übernehmenden Rechtsträger auch entsprechende Aktivwerte zur Verfügung stehen oder gestellt werden.

2. Gesamtrechtsnachfolge und Rechtsgrundlagen

110 Bei der Einzelzusage wird der Gesamtrechtsnachfolger Partner des einzelnen Vertrages. Für die vertragliche Einheitsregelung und die Gesamtzusage gilt entsprechendes. Der Rechtsnachfolger tritt in die Position des bisherigen Verpflichteten, gleichgültig, ob die Zusage für einen einzigen oder eine Vielzahl von bestehenden oder beendeten Arbeitsverhältnissen gilt. Betriebliche Übung und Gleichbehandlungsverpflichtungen gehen auf den Gesamtrechtsnachfolger ebenfalls über. In all diesen Fällen spielt es keine Rolle, ob der Gesamtrechtsnachfolger als Inhaber eines anderen Betriebes oder Unternehmens dort ein anderes Versorgungswerk unterhält oder nicht.

Beruht die Versorgungszusage auf Betriebsvereinbarung, tritt der Gesamtrechtsnachfolger in die Rechtsposition des ehemaligen Arbeitgebers ein. Er ist an die Regelungen der Betriebsvereinbarung gebunden und hat sie bis zu ihrem Ablauf oder bis zu ihrer Änderung fortzuführen.

111 Auch bei einer tariflichen Versorgungsregelung erscheint eine Gesamtrechtsnachfolge in die Rechtsposition des ehemaligen Arbeitgebers – wenn auch nicht immer, so doch in vielen Fällen – möglich. Bei Firmentarifverträgen und bei Übernahme durch einen verbandsangehörigen Rechtsnachfolger dürften sich keine Probleme ergeben. Wenn der neue Arbeitgeber nicht Mitglied des Arbeitgeberverbandes ist, kommt eine analoge Anwendung des § 613a I S. 2 bis 4 BGB in Betracht,[72] d.h. die Tarifnormen werden Inhalt des Arbeitsverhältnisses zwischen dem neuen Inhaber und dem Arbeitnehmer und dürfen vor Ablauf eines Jahres nach dem Übergang nicht zum Nachteil des Arbeitnehmers geändert werden.

---

[71] Vgl. FN 70.
[72] BAG, Urteil vom 05.10.1993–3 AZR 586/92, Der Betrieb 1994, S. 1683.

3. Gesamtrechtsnachfolge und Durchführungsweg

Bei der unmittelbaren Pensionszusage wird der Gesamtrechtsnachfolger unmittelbar Schuldner der Leistungen. Bei der Direktversicherung übernimmt er die Position des Versicherungsnehmers, d. h. er wird Partner des Versicherers im Versicherungsverhältnis. Ebenso übernimmt er die Position des Arbeitgebers im Versorgungsverhältnis, d. h. inhaltlich ändern sich die Rechtsbeziehungen nicht. Bei der Pensionskasse übernimmt der Gesamtrechtsnachfolger die Position des Trägerunternehmens. Hat die Pensionskasse die Rechtsform eines Versicherungsvereins auf Gegenseitigkeit und ist das Trägerunternehmen selbst Mitglied des Vereins, wird der Gesamtrechtsnachfolger kraft Gesetzes Mitglied der Pensionskasse. Entsprechendes gilt für die in Form eines eingetragenen Vereins geführte Unterstützungskasse. Auch hier tritt der Nachfolger nicht nur in die Position des Arbeitgebers, sondern auch in die des Trägerunternehmens ein. Ist das Trägerunternehmen Gesellschafter und die Unterstützungskasse in der Form der GmbH organisiert, wird der Gesamtrechtsnachfolger Gesellschafter.

112

Auch die Gesamtrechtsnachfolge kann für die betrieblichen Versorgungssysteme Fragen aufwerfen und besonderen Regelungsbedarf auslösen. Wenn z. B. eine an einer Konzernunterstützungskasse beteiligte GmbH mit einer GmbH eines fremden Konzerns verschmolzen wird, stellt sich die Frage, ob das entstandene Unternehmen weiterhin an der Kasse teilnimmt. Je nach den Beteiligungsverhältnissen in den neuen Unternehmen könnte ein fremder Konzern mittelbar Einfluß auf die Kasse gewinnen, was nicht immer gewollt ist.

113

Ähnliche Situationen können sich in einer Gruppenpensionskasse ergeben. Wird z. B. eine Aktiengesellschaft auf eine andere Aktiengesellschaft übertragen und gehört die erstgenannte Gesellschaft zu den Trägerunternehmen einer Pensionskasse, übernimmt die andere Aktiengesellschaft die in diesem Rahmen bestehenden Rechte und Pflichten an und innerhalb der Kasse. Dabei wird die Nachfolge in der Frage der Beitragszahlung noch relativ problemlos zu regeln sein. Schwierigkeiten können jedoch z. B. entstehen, wenn die Trägerunternehmen über die Gewinnverwendung, die Anpassung der laufenden Kassenleistungen oder Anlagefragen entscheiden müssen oder eine Anhebung der Leistungsbemessungsgrundlagen vorgenommen werden soll. Die Gesamtrechtsnachfolge kann in diesen Fällen zur Teilnahme einer neuen, mit den Interessen der bisherigen Trägerunternehmen nicht unbedingt konform gehenden Gesellschaft führen, wodurch die kasseninternen Abläufe u. U. erheblich gestört werden. Auch hier kann sich also die Frage stellen, ob es für den übernehmenden oder neuen Rechtsträger nicht sinnvoller ist, ein eigenes Versorgungswerk aufzubauen, das die bereits erworbenen Versorgungsanwartschaften integriert oder durch Anrechnung berücksichtigt.

Heubeck

V. Die Abwicklung betrieblicher Altersversorgung bei Liquidation des Unternehmens

1. Zum Begriff

114   Der Begriff Liquidation ist in diesem Zusammenhang handelsrechtlich zu verstehen. Gemeint ist die Einstellung jeglicher Geschäftstätigkeit, die Beendigung aller laufenden Geschäfte, die Einziehung aller Forderungen, die Befriedigung der Gläubiger, die Umsetzung des Vermögens in Geld und die Verteilung des Überschusses an die Gesellschafter.
Die Liquidation ist nicht der Insolvenzfall. Die Übernahme von Ansprüchen und Anwartschaften durch die gesetzliche Insolvenzsicherung setzt eine Zahlungsunfähigkeit des Arbeitgebers voraus. § 7 I BetrAVG soll hier nicht gegeben sein, d. h. der Arbeitgeber muß die Abwicklung der betrieblichen Altersversorgung vornehmen, ohne daß er den PSVaG hinzuziehen kann.

2. Maßnahmen der Abwicklung

115   Einer Liquidation in diesem Sinne ist häufig ein Betriebsübergang vorausgegangen, d. h. die aktive Belegschaft ist mit dem Betrieb oder mit Betriebsteilen an einen Erwerber übergegangen. Die Liquidation hinsichtlich der betrieblichen Altersversorgung betrifft dann nur noch die Rentenverpflichtungen und unverfallbaren Anwartschaften ehemaliger Mitarbeiter.

116   Ob diese Fallgestaltungen nach Inkrafttreten des neuen Umwandlungsrechts noch die Relevanz haben werden, die sie nach bisherigem Recht hatten, bleibt abzuwarten. Die Möglichkeit der Spaltung kraft Gesamtrechtsnachfolge ist grundsätzlich geeignet, auch sog. Altverbindlichkeiten übergehen zu lassen. Die Abwicklung der Altverbindlichkeiten in einer weitgehend vermögenslosen Firmenhülle ist dann nicht mehr nötig, weil der Gesamtrechsnachfolger auch diese Verpflichtungen übernommen hat. Unterbleibt eine Übertragung oder ist eine Übertragung unzulässig, stellt sich die Situation wie folgt dar:
Ist der Arbeitgeber aufgrund einer unmittelbaren Pensionszusage verpflichtet, die Leistungen aus eigenen Mitteln zu erbringen, oder decken die vorhandenen Deckungsmittel eines mittelbaren Versorgungsträgers nicht die arbeitsrechtlichen Verpflichtungen, kann die Liquidation des Unternehmens letztlich erst abgeschlossen und die Firma gelöscht werden, wenn alle Versorgungsberechtigten einschließlich der begünstigten Hinterbliebenen verstorben oder die Verpflichtungen auf andere Weise abgelöst oder erfüllt sind. Für eine vorzeitige Abwicklung kommen in Betracht:

- die Abfindung der laufenden Renten[73]
- die Abfindung der unverfallbaren Anwartschaften, sofern gesetzlich erlaubt[74]
- die schuldbefreiende Übertragung von laufenden Rentenverpflichtungen und unverfallbaren Anwartschaften gemäß § 4 I und II BetrAVG in direkter und analoger Anwendung auf die in dieser Vorschrift genannten Versorgungsträger.[75]

Bei Durchführung der betrieblichen Altersversorgung in Form der Direktversicherung bietet sich zudem die Übertragung der Versicherungsnehmereigenschaft vom Arbeitgeber auf den (ehemaligen) Arbeitnehmer an. Voraussetzung ist die Vereinbarung der versicherungsrechtlichen Lösung und die getreue Erfüllung des Versicherungsvertrages seitens des Arbeitgebers bis zum Stichtag. Beleihungen und dergleichen müssen rückgängig gemacht werden. Für Pensionskassen gilt ähnliches: Meist erlaubt die Satzung den versicherten Mitgliedern eine Weiterführung mit eigenen Mitteln oder eine Beitragsfreistellung. Die Versicherungsnehmereigenschaft liegt dann beim ehemaligen Mitarbeiter. Bei Unterstützungskassen führt die Liquidation des Trägerunternehmens nicht zwingend zur Liquidation der Kasse, weil diese rechtlich eigenständig ist. Außerdem sind folgende Besonderheiten zu beachten: Wegen der in der Regel aus steuerlichen Gründen eingeschränkten Dotierung der Kasse während der Anwartschaftsphase haftet das Trägerunternehmen für die Erfüllung der Kassenleistungen, bis alle Begünstigten verstorben sind oder abgefunden oder übertragen wurden. Diese Subsidiärhaftung wirkt sich daher materiell oft erst im Zuge einer Liquidation des Trägerunternehmens aus und verhindert häufig eine zügige Liquidation des Trägerunternehmens und der Kasse. Ist die Unterstützungskasse in der Rechtsform einer GmbH organisiert, ist das Trägerunternehmen häufig auch Gesellschafter. Die beabsichtigte Liquidation des Trägerunternehmens wirkt sich dann auch auf der gesellschaftsrechtlichen Ebene der Kasse aus.

Zu beachten sind generell die steuerlichen Wirkungen und das Zustimmungserfordernis der Arbeitnehmer.

3. Abfindung bei Liquidation des Unternehmens

Umstritten ist die Zulässigkeit der Abfindung von unverfallbaren Anwartschaften bei Liquidation des Unternehmens. Aus § 3 I BetrAVG ergibt sich ein Abfindungsverbot für Anwartschaften, die auf einer Zusage beruhen, die zehn oder mehr Jahre vor dem Ausscheiden aus dem Unternehmen erteilt wurde.

---

[73] Vgl. RN 38 ff.
[74] Vgl. RN 35 ff.
[75] Vgl. RN 41 ff.

Der PSVaG[76] ist der Meinung, daß das Abfindungsverbot im Falle der Liquidation nicht gelte, weil die Konzeption des § 3 BetrAVG voraussetze, daß der Betrieb des Arbeitgebers oder das Unternehmen weiterbesteht. Auch Höhne[77] ist der Auffassung, daß eine Abfindung in einem solchen Fall zulässig, zumindest aber eine Übertragung nach § 4 BetrAVG ohne Rücksicht auf das Zustimungserfordernis möglich sein sollte. Andernfalls verhindere man die endgültige Auflösung des Unternehmens bis zum Wegfall des letzten Berechtigten oder verführe die Arbeitnehmer dazu, ihre Zustimmung an Bedingungen zu knüpfen, denen der Arbeitgeber notgedrungen nachgeben muß, um liquidieren zu können.

119 Ein anderer Teil der Literatur ist demgegenüber der Meinung, daß § 3 I BetrAVG zwingend die Abfindung unverfallbarer Anwartschaften in Zusammenhang mit der Beendigung des Arbeitsverhältnisses verbiete und eine Durchbrechung für den Fall der Liquidation nicht zulässig sei.

Zwar sei die Gefahr einer Zweckentfremdung der Versorgungsmittel im Falle der Unternehmensliquidation geringer. Dennoch sei sie nicht ausgeschlossen, da der Arbeitnehmer frei über den kapitalisierten Versorgungswert verfügen könne. Eine Aushöhlung des Versorgungszwecks, die der Gesetzgeber habe verhindern wollen, sei damit nicht auszuschließen.[78]

Das BAG hat in mehreren Entscheidungen die Auffassung vertreten, daß nicht nur Abfindungen, sondern auch der entschädigungslose Erlaß einer Versorgungsanwartschaft in Zusammenhang mit einer Beendigung des Arbeitsverhältnisses gegen § 3 I BetrAVG verstoße.[79] Demgegenüber hat das BAG den Teilerlaßvertrag über eine Versorgungsanwartschaft in einem fortbestehenden Arbeitsverhältnis als zulässig angesehen, weil § 3 I BetrAVG Vereinbarungen nur im Zusammenhang mit der Beendigung des Arbeitsverhältnisses verbiete.

Unseres Erachtens wäre es zu wünschen, wenn die Möglichkeiten zur Abfindung oder Übertragung von Versorgungsansprüchen bei Liquidation des Unternehmens deutlich erleichtert würden. Wird ein Unternehmen bis auf die verbleibenden Anwartschaften aufgelöst, bleibt in der Regel wenig wirtschaftliche Substanz. Die sog. Haftungsmasse, die zur Deckung dieser Anwartschaften zur Verfügung steht, ist meist schwach und wird durch die Notwendigkeit weiterer Verwaltungs- und Abwicklungsmaßnahmen zusätzlich belastet. Die vorhandenen Deckungsmittel können in den Händen einer anderen Versorgungseinrichtung oder des

---

[76] PSV-Merkblatt 300/M7/1.92 Ziffer 4.3.
[77] Höhne in Heubeck/Höhne/Pausdorff u. a. BetrAVG, Bd. I, 1982, § 3, Rdnr. 24.
[78] Höfer/Reiners/Wüst, BetrAVG, Bd. I, 1992, § 3, ART, Rdnr. 2129. Blomeyer/Otto, BetrAVG, 1984, § 3 Rdnr. 22.
[79] BAG; Urteil vom 22.09. 1987–3 AZR 194/86 AP Nr. 13 zu § 17 BetrAVG; Urteil vom 14.08. 1990, – 3 AZR 301/89 – AP Nr. 4 zu § 3 BetrAVG.

Heubeck

Versorgungsberechtigten in der Regel besser, d.h. ertragreicher und dem Versorgungszweck eher dienend verwendet werden.

Nach derzeitigem Gesetzesstand ist die Abfindung jedoch kritisch zu sehen. Der Gesetzeswortlaut greift unmittelbar ein, wenn die Liquidation des Unternehmens mit einer Beendigung des Arbeitsverhältnisses einhergeht.

VI. Nachhaftungsbegrenzung

Als Folge von Reorganisationsmaßnahmen im Unternehmen können sich Nachhaftungsfragen ergeben. Zwar wird die Nachhaftung gemeinhin in erster Linie mit dem Ausscheiden eines persönlich haftenden Gesellschafters aus einer Personengesellschaft oder aus einem ehemals einzelkaufmännischen Unternehmen in Verbindung gebracht und für diese Fälle im folgenden noch ausführlich behandelt. Jedoch sei der Vollständigkeit halber darauf hingewiesen, daß auch im Zusammenhang mit einem Betriebsübergang nach § 613a BGB und in den Fällen der Umwandlung eine Nachhaftung des bisherigen Betriebsinhabers bzw. des übertragenden Rechtsträgers zu beachten ist. 120

Für den Betriebsübergang gilt § 613a II BGB: Danach haftet der bisherige Betriebsinhaber als Gesamtschuldner neben dem neuen Inhaber für Verpflichtungen aus den übergehenden Arbeitsverhältnissen, soweit sie vor dem Übergang entstanden sind und vor Ablauf eines Jahres fällig werden.

Für die Fälle der Spaltung nach dem neuen Umwandlungsrecht sieht § 134 II UmwG n.F. eine Gesamtschuld für vor dem Wirksamwerden der Spaltung begründete Versorgungsverbindlichkeiten aufgrund des Gesetzes zur Verbesserung der betrieblichen Altersversorgung vor. Die gesamtschuldrechtliche Haftung wird durch eine Enthaftungsregelung in § 134 III in Verbindung mit § 133 III bis V UmwG n.F. begrenzt. Es soll sichergestellt werden, daß die gesamtschuldnerische Mithaftung der Anlagegesellschaft bei einer Unternehmensspaltung spätestens 10 Jahre nach der Spaltung endet (so ausdrücklich in BT-Drucksache 12/7850 vom 13.06.1994, S.157). Danach haftet allein die übernehmende Gesellschaft.

Die Nachhaftung ausscheidender persönlich haftender Gesellschafter einer Personenhandelsgesellschaft wurde durch das **Gesetz zur zeitlichen Begrenzung der Nachhaftung von Gesellschaftern** (Nachhaftungsbegrenzungsgesetz – NachhBG) vom 18. März 1994, BGBl. I 1994, S.560ff neu geregelt. 121

1. Bisherige Rechtslage

Nach bisherigem Recht ergab sich folgende Situation: Schied ein persönlich haftender Gesellschafter aus einer Personengesellschaft des Han- 122 delsrechts aus, so verjährten gemäß § 159 HGB a. F. die Ansprüche der Gläubiger der Gesellschaft gegen den ausgeschiedenen Gesellschafter aus Verbindlichkeiten der Gesellschaft spätestens 5 Jahre nach seinem Ausscheiden bzw. nach Eintragung des Ausscheidens in das Handelsregister. Wurde die Verbindlichkeit erst nach dem Ausscheiden fällig, so begann die fünfjährige Verjährungsfrist mit dem Eintritt der Fälligkeit. Bei Dauerverbindlichkeiten, zu denen auch die Ansprüche aus einer betrieblichen Versorgungszusage gehören, führte dies regelmäßig dazu, daß Anwartschaften und Ansprüche auch noch nach Jahrzehnten gegen den ehemals persönlich haftenden Gesellschafter geltend gemacht werden konnten. Denn das sog. Rentenstammrecht unterliegt der regelmäßigen Verjährungsfrist von 30 Jahren nach § 195 BGB, die monatlichen Rentenzahlungen verjähren als lohn- bzw. gehaltsähnliche Leistungen nach § 196 Nr. 8 und 9 BGB nach Ablauf von 2 Jahren, die Ruhegehaltszahlungen an Organpersonen und dergleichen nach § 197 BGB nach Ablauf von 4 Jahren.

123 Die obersten Gerichte des Bundes haben einen Teil dieser als unzumutbar empfundenen quasi endlosen Haftung abzumildern versucht, indem sie im Wege richterlicher Rechtsfortbildung die allgemeinen Grundsätze der Enthaftung ausscheidender Gesellschafter, die im Wesentlichen in den Absätzen 1 und 2 des § 159 HGB a. F. zum Ausdruck kamen, auch auf Dauerschuldverhältnisse anwendeten und den ehemals persönlich haftenden Gesellschafter von einer Nachhaftung für Ansprüche freistellten, die fünf Jahre nach seinem Ausscheiden fällig wurden. Ausgenommen von dieser Haftungsfreistellung blieb jedoch der Gesellschafter, der nach Umwandlung seines Unternehmens in eine GmbH & Co KG Kommanditist in der KG wurde und als Geschäftsführer oder Mehrheitsgesellschafter der Komplementär-GmbH weiterhin maßgebenden Einfluß auf die Geschicke der KG ausüben konnte.[80]

2. Neue Rechtslage

Das NachhBG sieht nunmehr in den §§ 159, 160 HGB eine differenzierte Regelung vor:

a) Nachhaftung bei Auflösung der Gesellschaft

124 Wird eine Personengesellschaft des Handelsrechts aufgelöst, verjähren nach § 159 HGB neue Fassung, (i.f.: n. F.) die Ansprüche gegen den ehemals persönlich haftenden Gesellschafter aus Verbindlichkeiten der Gesellschaft in fünf Jahren nach der Auflösung, wobei die Frist mit dem Ende des Tages beginnt, an dem die Auflösung in das Handelsregister eingetragen wird. Für Ansprüche aus Dauerverbindlichkeiten, die erst nach der Eintragung fällig werden, beginnt die Verjährungsfrist nach

---

[80] Vgl. BGH, Urteil vom 19.05.1983 – II ZR 49/82, DB 1983, S.114.

§ 159 III n. F. erst mit dem Fälligwerden der Leistung, d. h. es bleibt in diesen Fällen bei der unbegrenzten Nachhaftung. Die Endloshaftung bei Auflösung der Gesellschaft wird vom Gesetzgeber als angemessen empfunden, weil den Versorgungsberechtigten in diesen Fällen nicht mehr die Gesellschaft als Schuldnerin verbleibt.

b) Nachhaftung bei Ausscheiden eines persönlich haftenden Gesellschafters aus einer Gesellschaft

Nach § 160 HGB n. F. gilt nunmehr: „Scheidet ein Gesellschafter aus der Gesellschaft aus, so haftet er für ihre bis dahin begründeten Verbindlichkeiten, wenn sie vor Ablauf von fünf Jahren nach dem Ausscheiden fällig und daraus Ansprüche gegen ihn gerichtlich geltend gemacht sind; ..." Die Frist beginnt mit dem Ende des Tages, an dem das Ausscheiden in das Handelsregister eingetragen wird. Die gerichtliche Geltendmachung kann entfallen, soweit der Gesellschafter den Anspruch schriftlich anerkannt hat. Mit dieser Neuregelung entfällt eine Haftung für Ansprüche, die erst nach Ablauf der Frist fällig werden. Der ausgeschiedene Gesellschafter haftet also längstens für die in den ersten fünf Jahren nach seinem Ausscheiden zu zahlenden Renten. 125

Die Nachhaftungsbegrenzung gilt auch:
– für den ehemals persönlich haftenden Gesellschafter, der nicht aus der Gesellschaft ausscheidet, sondern als Kommanditist weiterhin Gesellschafter bleibt, selbst wenn er in der Gesellschaft oder in einem ihr als Gesellschafter angehörenden Unternehmen geschäftsführend tätig wird, (§ 160 III HGB n. F.),
– für den früheren Geschäftsinhaber, der sein Handelsgeschäft unter Fortführung der Firma an einen Erwerber veräußert hat, (§ 26 I HGB n. F.),
– für den früheren Geschäftsinhaber eines einzelkaufmännischen Unternehmens, das durch den Eintritt eines weiteren persönlich haftenden Gesellschafters oder eines Kommanditisten zur Handelsgesellschaft geworden ist, sofern der frühere Inhaber als Kommanditist in der Gesellschaft geblieben ist, (§ 28 III HGB n. F.),
– für die ehemaligen Gesellschafter einer Personenhandelsgesellschaft, die nach den Bestimmungen des Umwandlungsgesetzes in eine Aktiengesellschaft, eine Kommanditgesellschaft auf Aktien oder eine GmbH umgewandelt wurde (§§ 45, 49 IV UmwG in der Fassung vom 18.03.1994),
– für den ehemaligen Einzelkaufmann, dessen Unternehmen nach dem Umwandlungsgesetz in eine AG, KGaA oder GmbH umgewandelt wurde (§§ 56, 56 f II UmwG in der Fassung vom 18.03.1994).
– und für den Gesellschafter, der aus einer Gesellschaft bürgerlichen Rechts ausscheidet, (§ 736 II BGB n. F.).

c) Zeitliche Geltung und Übergangsregelung

126 Die neuen Gesetzesregelungen gelten ab 26.03.1994. Das neue Recht ist – ohne daß dies ausdrücklich geregelt ist – anwendbar auf Versorgungsverbindlichkeiten, die nach dem Inkrafttreten entstehen, d.h. auf Neuzusagen und Zuwächse bei bestehenden Zusagen, die nach dem 26.03.1994 begründet werden.

127 Für laufende Renten und Anwartschaften, die **vor** dem 26.03.1994 begründet wurden, findet das Nachhaftungsbegrenzungsrecht nur beschränkte Anwendung. Es gelten folgende Übergangsregelungen, wobei die Einzelheiten wegen der Vielzahl der möglichen Fallgestaltungen hier nicht abschließend wiedergegeben werden können:
a) Für laufende Renten und Anwartschaften ehemaliger Mitarbeiter, die vor dem 26.03.1994 entstanden sind, gilt, wenn der Gesellschafter vor dem Inkrafttreten des neuen Rechts ausgeschieden und sein Ausscheiden bzw. die entsprechenden Vorgänge vor dem 26.03.1994 ins Handelsregister eingetragen wurden, das alte Recht. Es ist § 159 a.F. anzuwenden, einschließlich der dazu ergangenen Rechtsprechung. Diese Rechtsprechung führt zur Enthaftung, wenn seit der Eintragung des Ausscheidens 5 Jahre vergangen sind. Nicht in den Genuß der Enthaftung kommt jedoch der Gesellschafter, der nach seinem Wechsel in die Kommanditistenstellung zurückgetreten ist, aber dennoch weiterhin die Geschicke der Gesellschaft maßgebend beeinflußt.
b) Wird das Ausscheiden oder der Wechsel des Gesellschafters nach dem 26.03.1994 ins Handelsregister eingetragen, gilt für vor diesem Datum entstandene Verbindlichkeiten eine differenzierte Regelung: Für Rentenansprüche, die spätestens binnen vier Jahren nach der Eintragung fällig werden, gilt das neue Recht. Für Rentenansprüche, die nach Ablauf von 4 Jahren fällig werden, gilt das alte Recht mit der Maßgabe, daß die Verjährungsfrist nicht fünf, sondern ein Jahr beträgt.
c) Für Versorgungsanwartschaften aus fortbestehenden Arbeitsverhältnissen, die vor dem Inkrafttreten entstanden sind, gilt der vor Inkrafttreten erfolgte Wechsel des Gesellschafters oder sein Ausscheiden als mit dem 26.03.1994 eingetragen, so daß ab dann die 5 Jahresfrist läuft. Die Nachhaftung endet für diese Verbindlichkeiten am 26.03.1999.

128 Insgesamt ist zu begrüßen, daß der Gesetzgeber die Nachhaftungsbegrenzung nunmehr gesetzlich geregelt hat. Ob der Kompromiß zwischen dem Nachhaftungsbegrenzungsinteresse der ehemaligen Gesellschafter und den Gläubigerinteressen der Arbeitnehmer gelungen ist, bleibt abzuwarten. Insbesondere für ehemals persönlich haftende, nach der Umwandlung geschäftsführende Kommanditisten einer GmbH & Co KG wird die Nachhaftung für vor dem 26.03.1994 entstandene Verbindlichkeiten noch lange ein Thema bleiben.

Heubeck

VI. Nachhaftungsbegrenzung

Kritik verdient die im neuen § 160 I HGB enthaltene Formulierung „für ihre" (Anm. d. Verf.: gemeint ist die Gesellschaft) „bis dahin begründeten Verbindlichkeiten". Sie ist geeignet, neue Diskussionen und neuen Rechtsstreit auszulösen. Denn fraglich ist, ob der ausscheidende Gesellschafter auch für Anwartschaften einzustehen hat, die zum Zeitpunkt seines Ausscheidens noch verfallbar sind. Unseres Erachtens ist die Frage zu bejahen, weil die Zusage dem Grunde nach erteilt ist. Desweiteren ist unklar, ob der ausscheidende Gesellschafter auch für Zuwächse von Versorgungsanwartschaften haftet, die für Beschäftigungszeiten nach seinem Ausscheiden erdient werden. Unseres Erachtens sollte der ausgeschiedene Gesellschafter für diesen Anwartschaftsteil nicht mehr haften. Überdies könnte in Zweifel gezogen werden, ob der ausgeschiedene Gesellschafter für Rentensteigerungen einzustehen hat, die durch Anpassungsentscheidungen des Arbeitgebers, d.h. der Gesellschaft mit ihren jeweiligen Gesellschaftern und Entscheidungsträgern nach dem Ausscheiden des ehemals persönlich haftenden Gesellschafters begründet werden. Hierzu könnte man eine differenzierte Auffassung vertreten: Anpassungen, die von vornherein und vor dem Ausscheiden des Gesellschafters fest zugesagt waren, fallen in die Nachhaftung des ausgeschiedenen Gesellschafters. Anpassungen nach § 16 BetrAVG sind dem ehemals persönlich haftenden Gesellschafter dagegen nicht mehr zuzurechnen.

Teil E. Steuerrecht

	RN
I. Einleitung/Überblick	1
1. Steuerliche Ausgangssituation von Veräußerer und Erwerber	4
a) Veräußerer	4
aa) Steuerfreiheit	5
bb) Vergünstigter Steuersatz	11
cc) Volle Einkommensteuer	18
b) Erwerber	23
2. Sonderfälle	24
a) Betriebsaufspaltungen	24
b) Restriktion der Gewährung des begünstigten Steuersatzes durch das StMBG (ab 01.01.1994)	26
c) Nachträgliche Änderung des Kaufpreises	29
3. Gestaltungsspielraum	30
II. Asset Deal (Verkauf von Einzelwirtschaftgütern)	36
1. Ertragssteuer	36
a) Grundsatz	36
b) Kaufpreisaufteilung/Geschäftswert	38
2. Der Erwerb von Anteilen an einer Personengesellschaft	43
3. Umsatzsteuer	44
4. Grunderwerbsteuer	45
III. Share-Deal (Kauf von Gesellschaftsrechten an einer Kapitalgesellschaft)	46
1. Ertragssteuer	46
2. Umsatzsteuer	47
3. Grunderwerbsteuer	48
4. Gewerbesteuer	51
5. Mantelkauf	52
a) Einstellung des Geschäftsbetriebes der Kapitalgesellschaft	54
b) Übertragung von mehr als 75 % der Anteile	56
c) Zuführung von überwiegend neuem Betriebsvermögen	59
d) Wiederaufnahme des Geschäftsbetriebes nach Anteilserwerb und Zuführung neuen Vermögens	60
IV. Kombinationsmodell (Buchwertaufstockung)	62
1. Zielsetzung und Ablauf	62
2. Organschaft	67
3. Gewerbesteuer	70
a) Gewerbeertragssteuerbelastung ohne Organschaft	71
b) Gewerbeertragssteuerbelastung bei Organschaft	72
4. Kombinationsmodell und § 42 AO	73
5. Kombinationsmodell unter Beteiligung von beschränkt Steuerpflichtigen (§ 50 c EStG)	78
6. Verkehrsteuern	80
V. Hinweise zur Gestaltung des Unternehmenskaufvertrages	81
1. Due Diligence	81
2. Bilanzgarantie	83

Eilers

3. Steuerklauseln 85
4. Haftung gemäß § 75 AO 91

VI. Steuerliche Folgen von Maßnahmen zur Verbesserung der Liquiditäts- und Bilanzsituation des Unternehmens in der Krise 93
1. Einleitung 93
2. Die steuerliche Behandlung von Sanierungsgewinnen 95
   a) Sanierungsbedürftigkeit 96
   b) Sanierungsabsicht 97
   c) Sanierungseignung 97
3. Forderungsverzicht gegen Besserungsschein 97
4. Rangrücktrittserklärung 98
5. Realisierung stiller Reserven 99
6. Bilanzpolitik in der Krise 100

VII. Steuerliche Folgen von Restrukturierungsmaßnahmen 101
1. Einleitung 101
2. Verschmelzung 107
   a) Besteuerung der untergehenden Gesellschaft 108
      aa) Gewinnrealisierung 108
      bb) Buchwertfortführung 109
   b) Besteuerung der aufnehmenden Gesellschaft 110
      aa) Übernahmegewinn oder -verlust 110
      bb) Addition des verwendbaren Eigenkapitals 111
      cc) Verlustvortrag 112
   c) Besteuerung der Gesellschafter der untergehenden Gesellschaft 114
   d) Personengesellschaften 115
3. Spaltung 116
   a) Ausgliederung 118
   b) Aufspaltung und Abspaltung 119
      aa) Spaltungserlaß 120
      bb) Das neue Gesetz zur Änderung des Umwandlungssteuerrechtes .. 138
   c) Realteilung von Personengesellschaften 140
4. Umwandlung 142
5. Holding 143

Literatur

Beisel/Klumpp, Der Unternehmenskauf, 2. Auflage 1991; *Boruttau/Egly/Sigloch*, Grunderwerbsteuergesetz Kommentar, 13. Aufl. 1992; *Dehmer*, Umwandlungsrecht, München 1993; *Engl*, Umwandlung und Realteilung, in: *Bopp* u. a. (Hg.), Steuerliches Vertrags- und Formularbuch, München, 2. Aufl. 1992; *Paul J. Groß*, Sanierung durch Fortführungsgesellschaften, 2. Auflage, Köln, 1988; *Herzig (Hg.)*, Besteuerung der Spaltung von Kapitalgesellschaften, Köln 1992; *Hölters (Hg.)*, Handbuch des Unternehmens- und Beteiligungskaufes, 3. Aufl. 1992; *Hötzel*, Steuerorientierte Gestaltung des Unternehmenskaufs, 1993, S. 73 ff.; *Holzapfel/Pöllath*, Recht und Praxis des Unternehmenskaufs, 7. Auflage 1994; *Knobbe-Keuk*, Bilanz und Unternehmenssteuerrecht, 9. Auflage 1993; *Kräußlein*, Ertragsteuerliche Verlustkompensationsstrategien in Krisenunternehmen, Köln 1992; *Kueting/Kaiser*, Bilanzpolitik in der Unternehmenskrise, BB, Beilage zu Heft 3/1994; *Schmidt*, EStG-Kommentar, 13. Auflage 1994; *Schwedhelm*, Die Unternehmensumwandlung, Köln 1993; *Tipke/Kruse*, AO-Kommentar (Loseblatt), Stand Mai 1994; *Widmann/Mayer*, Umwandlungsrecht (zit. m. Tz und Jahr der Ergänzungslieferung), Loseblatt, Bonn.

Eilers

I. Einleitung/Überblick[1]

1   Das Steuerrecht kennt – ebenso wie das Zivil- und Gesellschaftsrecht – keine besonderen Regeln für die Veräußerung und den Erwerb von „Unternehmen". Dies liegt zunächst daran, daß das Steuerrecht selbst schon keine einheitlichen Vorschriften über die Besteuerung der unternehmerischen Tätigkeit vorsieht, sondern die unternehmerische Tätigkeit rechtsformabhängig besteuert.[2] Weiterhin verknüpft der Unternehmenskauf zufällig zwei Steuerpflichtige, den Veräußerer und den Erwerber, die mit der Akquisition bzw. mit der Veräußerung eines Unternehmens unterschiedliche wirtschaftliche aber auch steuerliche Interessen verfolgen. Die Entscheidung zur Akquisition eines Unternehmens oder zur Veräußerung desselben ist meist keine steuerliche, sondern eine unternehmensstrategische Entscheidung. Wenn diese Entscheidung einmal gefällt ist, treten dann aber die gegenläufigen wirtschaftlichen wie steuerlichen Interessen von Erwerber und Veräußerer in den Vordergrund. Während der Veräußerer einen möglichst hohen Kaufpreis **nach** Steuern erzielen will, kommt es dem Erwerber darauf an, den zu zahlenden Kaufpreis möglichst schnell **einkommensmindernd** geltend machen zu können.[3] Diese **gegenläufigen Interessen** von Käufer und Verkäufer prägen die Technik des Unternehmenskaufes und seine steuerliche Optimierung. Wichtig ist, die steuerliche Ausgangssituation von Erwerber und Veräußerer zu erfassen und im Rahmen der Vertragsverhandlungen befriedigend zu verknüpfen.

2   Die steuerliche Ausgangssituation von Erwerber und Veräußerer ist deshalb Gegenstand des **ersten** Abschnittes I. Danach werden im Überblick die Besteuerung der drei Akquisitionstechniken, des Kaufes von Wirtschaftsgütern („**Asset Deal**"), des Anteilserwerbes („**Share Deal**") und die Besteuerung des sogenannten **Kombinationsmodells** („Share Deal" mit nachfolgendem „internen" Asset Deal, auch Technik der Buchwertaufstockung oder „Step up" genannt),[4] dargestellt. (II, III, IV). Die Entscheidung zwischen diesen drei Akquisitionsmodellen des Unternehmenskaufes ist die wichtigste steuerrechtliche Weichenstellung für die Gestaltung einer Akquisition.

---

[1] Teil E ist unter Mitarbeit von Frau Rechtsanwältin Dr. Regine Nowack, Köln entstanden.

[2] Vgl. ausführlich zu der Forderung nach der rechtsformunabhängige Unternehmensbesteuerung Knobbe-Keuk, S. 1 ff.

[3] Vgl. zu dieser Ausgangssituation Hötzel, S. 73 ff.; Koenen/Gohr, DB 1993, 2541 (2543); Holzapfel/Pöllath, Rdn. 137 ff.

[4] Vgl. zur Terminologie Hötzel, S. 173.

I. Einleitung

Dann folgen steuerliche Hinweise für die Durchführung der „**Due Diligence**", die in Form einer kommentierten Check-Liste zusammengefaßt sind (V. 1) sowie die Hinweise zur Begrenzung steuerlichen Risiken beim Unternehmenskauf durch die Aufnahme spezifischer **Gewährleistungsklauseln** im Unternehmenskaufvertrag (V. 2. und 3.).

Im **zweiten** Teil folgt zunächst die steuerliche Behandlung von **Krisenbewältigungsmechanismen** (VI.) wie die steuerliche Behandlung des Sanierungsgewinns, des Forderungsverzichts mit Besserungsschein und des Rangrücktritts. Der letzte Abschnitt beschäftigt sich mit den **Grundzügen der Restrukturierung** (VII.) von Unternehmen. Dabei stehen die Spaltung von Unternehmen, die Schaffung von Holding Strukturen oder der Wechsel der rechtlichen Form der Unternehmung als Maßnahme der Steueroptimierung im Mittelpunkt. Diese Frage hat gerade nach der Einführung von unterschiedlichen Steuersätzen für Personenunternehmen und für Einkünfte aus Kapitalgesellschaften durch § 32 c EStG i. d. F. des Standortsicherungsgesetzes[5] erheblich an Bedeutung gewonnen.[6] Einen weiteren Schwerpunkt bilden dann die **Reorganisationsmaßnahmen**, die unternehmensstrategischen Zielen **außerhalb** der Steueroptimierung dienen. Aufgabe des Steuerrechtes ist es dann, diese strategischen Reorganisationentscheidungen nach der Akquisition **so** zu begleiten, daß keine **Zusatzbelastungen** aus steuerlicher Sicht anfallen.

1. Steuerliche Ausgangssituation von Veräußerer und Erwerber

a) Veräußerer

Ziel des Veräußerers ist es in den meisten Fällen, eine Versteuerung eines möglichen Veräußerungsgewinnes, der aufgrund der stillen Reserven des Unternehmens, die im Kaufpreis Berücksichtigung finden, entsteht, zu vermeiden. Er kann die **Steuerfreiheit**, eine begünstigte Besteuerung oder aber auch die volle Besteuerung des Veräußerungsgewinns auslösen.[7]

aa) Steuerfreiheit. Ist der Veräußerer eine natürliche Person/Personengesellschaft, so kann er **steuerfrei** veräußern:
– **Anteile an einer Kapitalgesellschaft**, soweit er an dieser nicht wesentlich beteiligt war bzw. ist. Eine wesentliche Beteiligung liegt gem. § 17 Abs. 1 S. 1 und S. 4 EStG dann vor, wenn der Veräußerer innerhalb der letzten 5 Jahre vor der Veräußerung zu mehr als ¼ unmittelbar oder mittelbar an der Kapitalgesellschaft beteiligt war.[8] Eine „steuerschädli-

---

[5] BGBl. 1993 I, 1569 = BStBl.1993 I, 774; vgl. dazu ausführlich Gosch, DStR 1994, Beil. zu H. Nr. 6, 1994.
[6] Vgl. Herzig, DStR 1994, 219 ff; Flick, DB 1994, 64.
[7] Vgl. dazu die sehr detaillierte Übersicht bei Hötzel, a.a.O., S. 83 („Ertragssteuerliches Zielsystem beim Unternehmenskauf").
[8] Vgl. zum Begriff der wesentlichen Beteiligung näher Schmidt, § 17 Anm. 13; BFH, Urt. v. 10.11. 1992, DB 1994, 765.

che" wesentliche Beteiligung liegt auch dann vor, wenn diese nur wenige Tage bestanden hat.[9]

7 – Anteile an einer **vermögensverwaltenden Personengesellschaft** (KG, oHG etc.). Im Einzelfall muß aber von Veräußererseite sehr sorgfältig geprüft werden, ob die Personengesellschaft, deren Anteile veräußert werden sollen, noch vermögensverwaltend tätig ist. Die Finanzverwaltung hat zur Qualifikation der Tätigkeit von Personengesellschaften **im Immobilienbereich** und zur Zurechnung dieser Tätigkeit zu den einzelnen Gesellschaftern zahlreiche – zum Teil recht einschränkende – Regeln erlassen, auf die hier nur verwiesen werden soll.[10]

8 – **Immobilien** und **andere Wirtschaftsgüter** im Privatvermögen nach Ablauf der Spekulationsfrist (§ 23 Abs. 1 Nr. 1 a bzw. 1 b EStG), die bei Immobilien zwei Jahre und bei anderen Wirtschaftsgütern sechs Monate beträgt. Dabei waren die Vorschriften des § 17 EStG vorrangig vor § 23 EStG anzuwenden.[11] Der BFH hatte in dem genannten Urteil den Vorrang des § 17 EStG vor § 23 EStG bestätigt. Das StMBG[12] hat demgegenüber § 23 Abs. 3 EStG neugefaßt und den Vorrang des § 23 EStG vor der Anwendung des § 17 EStG festgeschrieben. Deshalb können Verluste, die sich aus der Veräußerung von Anteilen an einer Kapitalgesellschaft **innerhalb** der Spekulationsfrist ergeben, nur mit Spekulationsgewinnen, nicht aber mit anderen gewerblichen Gewinnen verrechnet werden (vgl. § 23 Abs. 4 Satz 3 EStG).

9 – Steuerfreie Einnahmen anläßlich einer Unternehmensveräußerung können auch durch die Inanspruchnahme des Freibetrages gemäß § 3 Nr. 9 EStG für die Auflösung eines Arbeitsverhältnisses **auf Veranlassung des Arbeitgebers** erzielt werden. Diese Vorschrift kann Anwendung finden, wenn bei der Veräußerung eines Unternehmens beispielsweise der veräußernde Gesellschafter-Geschäftsführer gegen eine Abfindung ausscheidet. In einer solchen Konstellation ist aber streitig, ob überhaupt die Auflösung eines Arbeitsverhältnisses auf Veranlassung des Arbeitgebers vorliegt. Bei einem beherrschenden Gesellschafter-Geschäftsführer, der im Zweifel selbst die Konditionen seines Ausscheidens aus der Gesellschaft – nach Absprache mit dem Erwerber – bestimmen kann, wird davon auszugehen sein, daß eine Auflösung seines Arbeitsverhältnisses **auf Veranlassung des Arbeitgebers** nicht vorliegt.[13]

---

[9] Vgl. FG Hamburg, Urteil v. 31.3. 1993, EFG 1994, 39.
[10] Vgl. BMF-Erlaß vom 20.12. 1990, DStR 1991, 34 ff, Tz. 12 ff.; vgl. auch BFH, Urteil v. 13.10. 1993, DStR 1994, 322; Urt. v. 28.10. 1993, FR 1994, 399.
[11] Vgl. BFH, Urteil v. 4.11. 1992, BB 1993, 489.
[12] Gesetz zur Bekämpfung des Mißbrauchs und zur Bereinigung des Steuerrechts, v. 21.12. 1993, BGBl 1993, I, 2310 vgl. dazu BMF-Erlaß v. 24.8. 1994, DStR 1994, 1348.
[13] Bergkemper, in: Herrmann/Heuer/Raupach, EStG-Kommentar, Stand Februar 1993, § 3 Rz. 16; Erhard, in: Blümich, EStG-Kommentar, Stand Januar 1992, § 3

I. Einleitung

- „Steuerfreiheit" eines Veräußerungsgewinns kann auch durch **Reinve-** 10
stition erreicht werden. Die entsprechenden Regelungen sind in § 6 b
EStG enthalten.[14] Falls ein begünstigtes Reinvestionsobjekt dem Steuerpflichtigen zum Zeitpunkt der Veräußerung nicht zur Verfügung steht, ermöglicht § 6 b Abs. 3 EStG es dem Steuerpflichtigen, den Veräußerungsgewinn in eine Rücklage einzustellen. Die Reinvestition muß dann innerhalb von vier Jahren nach der Veräußerung erfolgen (ggfls. bei neu herzustellenden Gebäuden sechs Jahre).

bb) Vergünstiger Steuersatz. Der vergünstigte, d. h. der halbe Steuer- 11
satz kann von dem Veräußerer (natürliche Person/Personengesellschaft) in den folgenden Fallkonstellationen in Anspruch genommen werden.

- Der Veräußerer veräußert einen **gesamten Gewerbebetrieb** (Unterneh- 12
men) oder einen **Teilbetrieb** dieses Unternehmens. Dabei stellt § 16 EStG die Veräußerung eines **Teilbetriebes** der Veräußerung des ganzen Betriebes gleich. Unter dem Teilbetrieb ist ein mit einer gewissen **Selbständigkeit** ausgestatteter, organisatorisch geschlossener Teil des Gesamtbetriebs zu verstehen, der für sich lebensfähig ist. Beachtenswert ist, daß bei internationalen Unternehmensverkäufen und Restrukturierungen dieser Teilbetriebsbegriff europarechtlich durch den Teilbetriebsbegriff der Fusionsrichtlinie überlagert wird und gegebenenfalls ein erweiterter Teilbetriebsbegriff zur Anwendung kommen kann.[15]
Weiterhin setzt § 16 EStG auch die Veräußerung eines **100 %igen Anteils** 13
an einer Kapitalgesellschaft einer steuerbegünstigten **Betriebsaufgabe** gleich. Die Gewährung des begünstigten Steuersatzes für den Veräußerer ist gefährdet, wenn der Veräußerer einzelne Wirtschaftsgüter, die wesentliche Betriebsgrundlage sind, **nicht** mitveräußert und diese selbst zurückbehält.[16] Es ist darauf zu achten, daß die Betriebsaufgabe sich in einem überschaubaren Aufgabezeitraum vollzieht. Der vergünstigte Steuersatz ist gefährdet, wenn die Betriebsaufgabe, d. h. auch eine schrittweise Veräußerung des Unternehmens im Rahmen einer Betriebsaufgabe sich über mehr als zwei Veranlagungszeiträume hinzieht.[17]
- **Anteile an Kapitalgesellschaften**, an denen der Veräußerer **wesentlich,** 14
d. h. mit über 25 % der stimmberechtigten Anteile beteiligt ist bzw. während der letzten fünf Jahre vor der Veräußerung beteiligt war;

Rz. 20; Schmidt-Heinicke, § 3 ABC „Abfindungen wegen Auflösung eines Dienstverhältnisses", Anm. c); zusammenfassend vgl. Strunk, DStR 1994, 1249 ff.

[14] Vgl. zu den Einzelheiten Schmidt-Glanegger, § 6 b, Anm. 4 ff.
[15] Vgl. Herzig, IStR 1994, S. 1. ff. (5); Eilers, DB 1993, 1145 m.w.N. in FN 7; FG Köln, Urt. v. 10.11.1993, EFG 1994, 672.
[16] Vgl. Einzelheiten bei Beisel/Klumpp, Rn. 725, Holzapfel/Pöllath, Rz. 144; BFH, Urteil v. 16.12.1992, BB 1993, 1496; Urteil v. 24.3.1987, BStBl. 1987 II, 705.
[17] Vgl. BFH, Urteil v. 26.05.1993, BStBl. 1993, II, 710 sowie BFH, Urt. v. 21.10.1993, DB 1994, 1019; dazu Plewka/Söffing, NJW 1994, 972 ff (974).

15 – der halbe Steuersatz fällt auch an, wenn der Veräußerer **Arbeitnehmer** des Unternehmens ist und ihm für die **Auflösung des Arbeitsverhältnisses** eine **Abfindung** gezahlt wird;[18]

16 – Anteile an gewerblich tätigen Personengesellschaften gemäß § 16 Abs. 1 Nr. 2 EStG.

17 – Der begünstigte Steuersatz ist auf Veräußerungsgewinne von bis zu **DM 30 Mio pro Jahr und Person** beschränkt (§§ 16 Abs. 4, 34 Abs. 2 Nr. 1 EStG). Im übrigen ist auf die (geringen) Freibeträge in § 16 Abs. 4 EStG hinzuweisen. Unter dem Begriff des Veräußerungsgewinns versteht man die Differenz zwischen Veräußerungspreis nach Abzug der Veräußerungskosten und dem Wert des Betriebsvermögens oder Wert der Anteile am Betriebsvermögen (§ 16 Abs. 2 Satz 1 EStG). Unter dem Veräußerungspreis versteht man alles das, was der Veräußerer im Zusammenhang mit der Übertragung des Unternehmens vom Erwerber oder von einem Dritten erhält.[19]

18 cc) **Volle Einkommensteuer.** Die **volle Einkommensteuer** fällt in folgenden Konstellationen an:

19 – der Veräußerer erzielt einen Veräußerungsgewinn, der den Betrag von DM 30 Mio pro Jahr und veräußernder Person übersteigt;

20 – bei **Spekulationsgewinnen;**[20]

21 – bei der Veräußerung **einzelner Wirtschaftsgüter** im Betriebsvermögen, die keinen Teilbetrieb im Sinne der oben beschriebenen Kriterien darstellen[21] sowie

22 – bei **Entschädigungen,** die nicht die Kriterien des § 24 Nr. 1 a EStG bzw. § 3 Nr. 9 EStG erfüllen.[22] Ist der Veräußerer des Unternehmens eine Kapitalgesellschaft, so fällt stets volle Körperschaftsteuer auf einen möglichen Veräußerungsgewinn an, der wie bei einer Veräußerung durch eine natürliche Person zu ermitteln ist. Der Veräußerungsgewinn einer Kapitalgesellschaft unterliegt auch in vollem Umfang der Gewerbesteuer; lediglich bei der Veräußerung von Anteilen an gewerblichen Personengesellschaften fällt Gewerbesteuer nicht an.

b) Erwerber

23 Gegenüber der vielfältigen Interessenlage, die sich für einen möglichen Veräußerer stellen, besteht das steuerliche Interesse des Erwerbers zumeist darin, eine möglichst **schnelle Abschreibung** des gezahlten Kaufpreises zu erzielen. Deshalb ist er zumeist an dem Erwerb von Einzelwirtschaftsgü-

---

[18] Vgl. zu den Zweifelsfragen, inwieweit in dieser Konstellation der halbe Steuersatz gewährt werden kann, die Ausführungen zu § 3 Nr. 9 EStG oben Rn. 9.
[19] Vgl. BFH BStBl. 1971, II, 92; BStBl. 1976, II, 224; Beisel/Klumpp, Rz. 759.
[20] Vgl. dazu oben Rn. 8.
[21] Vgl. dazu oben Rn. 12.
[22] Vgl. dazu oben Rn. 9.

I. Einleitung

tern interessiert und nicht am Kauf von Gesellschaftsrechten. Erst bei der Abschreibung der Einzelwirtschaftsgüter ist es ihm gestattet, einen Kaufpreis auch insoweit abzuschreiben, als er über die Summe der Buchwerte der Einzelwirtschaftsgüter des Unternehmens hinausgeht, so z.B. einen von ihm bezahlten Geschäftswert in Abschreibevolumen umzusetzen.

2. Sonderfälle

a) Betriebsaufspaltungen

Bei einer **echten Betriebsaufspaltung**[23] wird das Unternehmen durch die Betriebskapitalgesellschaft geführt, die ihrerseits die wesentlichen Betriebsgrundlagen von der sogenannten Besitzgesellschaft gemietet oder gepachtet hat (z.b. Betriebsgrundstücke). Wesentlicher **steuerlicher Vorteil** der Betriebsaufspaltung gegenüber der Unternehmensführung durch eine Personengesellschaft[24] ist der gewerbesteuerliche Abzug von Geschäftsführergehältern und die Möglichkeit der Bildung von Pensionsrückstellungen in der Betriebs-GmbH mit steuerlicher Wirkung.

Wenn ein Unternehmen veräußert wird, daß in Form der Betriebsaufspaltung durch zwei rechtlich selbständige Unternehmen, d.h. die Betriebsgesellschaft und die Besitzgesellschaft geführt wird, liegt steuerlich **ein einheitlicher Veräußerungsvorgang** vor.[25] Wird lediglich die Betriebskapitalgesellschaft veräußert, ohne daß gleichzeitig auch das Besitzunternehmen veräußert wird, qualifiziert die Veräußerung der Betriebskapitalgesellschaft als die Veräußerung eines Teilbetriebes und führt damit zur Tarifbegünstigung gemäß § 16 Abs. 1 EStG. Sehr sorgfältig ist allerdings zu prüfen, ob die wesentlichen Betriegsgrundlagen der Betriebskapitalgesellschaft mitübertragen worden sind.[26] Die Tarifbegünstigung ergibt sich auch, wenn 100% der Anteile an der Betriebskapitalgesellschaft veräußert werden. Wenn das Besitzunternehmen **ohne** gleichzeitige Veräußerung der Anteile an der Betriebskapitalgesellschaft veräußert wird, ist ein daraus entstehender Veräußerungsgewinn tarifbegünstigt, wenn die verbleibenden Anteile an der Betriebskapitalgesellschaft in das Privatvermögen des veräußernden Unternehmers überführt werden. In diesem Fall ist dem Veräußerungsgewinn, der bei der Veräußerung des Besitzunternehmens erzielt wird, der Entnahmegewinn der bei dem Übergang der Betriebskapitalgesellschaftsanteile in das Privatvermögen entsteht, hinzuzurechnen.

---

[23] Vgl. zur Terminologie Knobbe-Keuk, S. 862 ff.
[24] Diese Vorteile sind aber durch die Tarifvergünstigung für gewerbliche Einkünfte mit dem 1.1.1994 (Neueinführung des § 32 c EStG) verringert worden, vgl. dazu Herzig, DStR 1994, 219 ff. unter ausdrücklicher Einbeziehung der Variante Betriebsaufspaltung.
[25] Vgl. dazu Beisel/Klumpp, Rz. 737 a.
[26] Vgl. dazu oben Rn. 13.

Eilers

Zusammenfassend ist festzuhalten, daß bei Veräußerungen, die ein Unternehmen zum Gegenstand haben, das in der Form der Betriebsaufspaltung geführt wird, mit besonderer Sorgfalt die steuerlichen Folgen einer Veräußerung geprüft werden müssen.

b) **Restriktionen der Gewährung des begünstigten Steuersatzes durch das StMBG (ab 1.1. 1994)**

26 Das StMBG hat die Gewährung des begünstigten Steuersatzes bei Unternehmensveräußerungen in den Fällen eingeschränkt, in denen auf der Seite des Veräußerers und des Erwerbers (teilweise) **dieselben** Personen als **Unternehmer** bzw. **Mitunternehmer** beteiligt sind. Veräußerungsgewinne aus der Betriebsveräußerung bzw. für Veräußerungen, die im Rahmen einer Betriebsaufgabe (§ 16 Abs. 3 EStG) erfolgen, sind nicht begünstigt, soweit bei diesen Veräußerungsvorgängen dieselben Personen auf der Erwerber- wie auf der Veräußererseite stehen.

27 Beispiel:
Der Einzelunternehmer A gibt sein bisher als einzelhändlerisch geführtes Unternehmen auf. Er überführt das Betriebsgrundstück in sein Privatvermögen und veräußert das restliche Betriebsvermögen an eine Personengesellschaft, an der er zu 33 ⅓ % beteiligt ist. Der Veräußerungsgewinn, der durch die Entnahme des Betriebsgrundstückes in das Privatvermögen entsteht, bleibt weiterhin gemäß §§ 16, 34 EStG tarifbegünstigt. Der Veräußerungsgewinn, der sich bei der Veräußerung des sonstigen Betriebsvermögens an die Personengesellschaft ergibt, ist zu ⅔ laufender, nicht tarifbegünstigter Gewinn, während er zu ⅓ weiterhin tarifbegünstigt bleibt („insoweit" in § 16 Abs. 2 EStG i. d. F. des StMBG).

28 Eine ähnliche Restriktion gilt seit dem 1.1. 1994 bei der Einbringung von Unternehmen, Teilbetrieben, Mitunternehmeranteilen oder 100 %-igen Beteiligungen an Kapitalgesellschaften in eine Mitunternehmerschaft, an der der Einbringende **selbst** beteiligt ist. Bisher war der vergünstigte Steuersatz gemäß § 24 Abs. 3 UmwStG auf den Veräußerungsgewinn anzuwenden, der im Rahmen der Einbringung entstanden ist, wenn das eingebrachte Betriebsvermögen mit dem Teilwert angesetzt wird.[27] Nach der Neufassung des § 24 Abs. 3 UmwStG ist die Tarifbegünstigung gemäß § 34 und der Freibetrag nach § 16 Abs. 4 EStG nicht mehr zu gewähren **soweit** der Einbringende selbst an der aufnehmenden Personengesellschaft beteiligt ist. In diesem Umfang soll der durch die Einbringung entstehende Gewinn als laufender Gewinn besteuert werden.[28]

---

[27] Vgl. Beisel/Klumpp, Rz. 730 ff.
[28] Offen ist bei der Neufassung von § 24 Abs. 3 UmwStG bisher, ob sich die Nichtgewährung der Tarifbegünstigung auf eine quotale oder auf eine wertmäßige Beteiligung des Einbringenden an der aufnehmenden Personengesellschaft bezieht, vgl. zu den Einzelheiten Streck/Schwedhelm, BB 1993, 2420 ff.; vgl. ferner zu dem obigen Beispiel BFH, Urt. v. 26.01. 1994, DStR 1994, 610 = BB 1994, 753.

Eilers

I. Einleitung

c) Nachträgliche Änderung des Kaufpreises

Fällt der Betriebsveräußerer mit seiner Forderung auf Zahlung des Kaufpreises aus, nachdem die Betriebsveräußerung vollzogen ist, stellt sich die Frage, ob dies zu einer **Verringerung des steuerpflichtigen Veräußerungsgewinnes** führt. Nach der bisherigen Rechtsprechung konnte der Ausfall einer Kaufpreisforderung aus einer Betriebsveräußerung nur dann bei der Ermittlung des Veräußerungsgewinns berücksichtigt werden, wenn bereits im Veräußerungszeitpunkt Zweifel an der Realisierbarkeit der Forderung bestanden. Jetzt hat der Große Senat des Bundesfinanzhofes allerdings entschieden,[29] daß dann, wenn beispielsweise eine gestundete Kaufpreisforderung für die Veräußerung eines Gewerbebetriebes in einem späteren Veranlagungszeitraum ganz oder teilweise uneinbringlich wird, dies ein Ereignis mit steuerlicher Rückwirkung auf den Zeitpunkt der Veräußerung darstellt (§ 175 Abs. 1 Satz 1 Nr. 2 AO). Deshalb ist beim Ausfall der Kaufpreisforderung auch ein geringerer Veräußerungsgewinn zu versteuern. Die Steuerfestsetzung ist gem. § 175 Abs. 1 Satz 1 Nr. 2 AO abzuändern.[30] Diese Rechtsprechung ist auch auf den Bereich des § 17 EStG zu übertragen.[30a]

3. Gestaltungsspielraum

Die Vielzahl der Möglichkeiten auf Seiten des Veräußerers, eine Unternehmensveräußerung zum begünstigten Steuersatz oder gegebenenfalls sogar steuerfrei erreichen zu können, führt im Rahmen der Veräußerung regelmäßig dazu, daß versucht wird, Gestaltungen zu wählen, die keine oder nur die begünstigte Besteuerung auf Seiten des Veräußerers auslösen. Derartige Gestaltungen in engem sachlichen wie zeitlichen Zusammenhang mit der Unternehmensveräußerung sehen sich dann in der Betriebsprüfung häufig dem Einwand der mißbräuchlichen Gestaltung (§ 42 AO) ausgesetzt.[31] Festzuhalten ist, daß in derartigen Fallkonstellationen ein Gestaltungsmißbrauch nur dann vorliegt, wenn die gewählte Gestaltung nach den Wertungen des Gesetzgebers, die den jeweils maßgeblichen steuerrechtlichen Vorschriften zugrundeliegen, der Steuerumgehung dienen soll.[32] Gerade den jüngeren Entscheidungen ist zu entneh-

---

[29] Vgl. BFH, Beschluß v. 19.7. 1993, BStBl. 1993, II 897; vgl. auch BFH, Urt. v. 10.02. 1994, DStR 1994, 933 = DB 1994, 1558 und ferner BFH, Urt. v. 21.12. 1993, DStR 1994, 1229.

[30] In dem umgekehrten Fall einer nachträglichen Erhöhung des Kaufpreises erhöht sich damit der Veräußerungsgewinn, vgl. dazu FG München, Urteil v. 9.12. 1993, EFG 1994, 383; vgl. auch Paus, FR 1994, 241 ff. sowie Bordewin, FR 1994, 555 ff.

[30a] Vgl. FinMin NRW, Erlaß vom 01.03. 1994, FR 1994, 375.

[31] Vgl. dazu allgemein Tipke/Kruse, § 42 Rz. 12 ff; Rose/Glorius, DB 1992, 2207 ff; Eilers, DB 1993, 1156 ff.

[32] Vgl. BFH Urteil v. 10.12. 1992, BFHE 170, 299 sowie den sehr instruktiven BFH-Beschluß v. 3.2. 1993, BStBl. 1993, II, 426 (= FR 1993, 336 m.w.N.) sowie BFH, Urteil v. 19.5. 1993, FR 1994, 22.

men, daß der BFH – u. U. im Gegensatz zur Finanzverwaltung – einen Rechtsmißbrauch im Sinne des § 42 AO bei Restrukturierungen im Zusammenhang mit Unternehmensveräußerungen bzw. Betriebsaufgaben nur in beschränktem Umfang anzunehmen bereit ist.

31 Beispiel (1): (nach BFH-Urteil v. 19.5. 1993, FR 1994, 22 = DB 1994, 21)
In dem entschiedenen Fall hatten Kommanditisten ihre KG-Beteiligungen und Grundstücksanteile (Betriebsvermögen) gemäß § 20 UmwStG zum Buchwert in eine GmbH eingebracht. Diese GmbH schied dann nach rund drei Wochen nach der Einbringung aus der KG aus, so daß ein Dritter alleiniger Kommanditist der verbleibenden KG wurde. Dadurch konnten die Klägerinnen ihre Grundstücksanteile steuerfrei entnehmen und in die GmbH einbringen, weil diese Einbringung gemäß § 20 UmwStG zum Buchwert möglich ist. (keine Steuerfreiheit, wenn die Kommanditistinnen ihre Kommanditanteile ohne die Grundstücksanteile aufgegeben hätten bzw. die Grundstücksanteile ohne Zwischenschaltung der Y-GmbH veräußert hätten).

Der Bundesfinanzhof sah in der gewählten Gestaltung **keinen Gestaltungsmißbrauch** (§ 42 AO) im Gegensatz zum Finanzgericht, da eine steuerbegünstigte Einbringung zu Buchwerten nicht mit bestimmten Verbleibensfristen des eingebrachten Betriebsvermögens in die aufnehmende GmbH verknüpft sei. Diese Wertung sei auch bei der Prüfung des § 42 AO zu beachten.

32 Beispiel (2): A und B sind an der A-GmbH wie folgt beteiligt:
A hält einen Geschäftsanteil in Höhe von 75 % in seinem Betriebsvermögen, der andere Gesellschafter B hält seinen Geschäftsanteil in Höhe von 25 % im Privatvermögen. Hinsichtlich dieses Gesellschaftsanteils sind die Voraussetzungen des § 17 EStG erfüllt.[33] B beabsichtigt nun, seinen Geschäftsanteil an A zu veräußern und dieser veräußert dann den 100 %-igen Geschäftsanteil weiter an einen Dritten.

Bei dieser Gestaltung löst die Veräußerung des Geschäftsanteiles B an A keine Steuerpflicht des B aus, da er den Geschäftsanteil in seinem Privatvermögen hält und nicht wesentlich im Sinne des § 17 EStG beteiligt ist. Bei der anschließenden Veräußerung des 100 %-igen Geschäftsanteiles durch A unterliegt der Veräußerungsgewinn gemäß den §§ 34 Abs. 1 Satz 2 Nr. 1, 16 Abs. 1 Nr. 1 EStG dem halben Steuersatz. A hätte – würde § 16 Abs. 1 Satz 1 EStG nicht eingreifen –, einen möglichen Veräußerungsgewinn zum vollen Steuersatz zu veräußern, da die Voraussetzungen des § 17 EStG nicht gegeben sind und er den 100 %-igen Anteil in seinem Betriebsvermögen gehalten hat.

33 Würde die Veräußerung des 25 %-igen Geschäftsanteiles von B an A im **unmittelbaren sachlichen** und **zeitlichen** Zusammenhang mit der Veräußerung der 100 %-igen Veräußerung durch A stattfinden, besteht hier ein hohes Risiko, daß die Finanzverwaltung einen Mißbrauch im Sinne von § 42 AO annimmt. Etwas anderes wäre es, wenn die Veräußerung des 25 %-igen Geschäftsanteiles des B an A einen – dann auch ausreichend dokumentierten – wirtschaftlichen Hintergrund hätte wie z.B. Realisierung des lang geplanten „Ausstieges" des nicht aktiven Gesell-

---

[33] Vgl. dazu oben Rn. 6.

schafters; Verstärkung und Konzentration der Verhandlungsposition des veräußernden Gesellschafters oder andere wirtschaftliche Gründe.³⁴ Das Aufgriffsrisiko hinsichtlich § 42 AO läßt sich bei Unternehmenskäufen bzw. Unternehmensverkäufen u.E. regelmäßig weitgehend reduzieren, wenn die im Rahmen der Unternehmensveräußerung geplanten Transaktion **langfristig** geplant und die von den Parteien mit Restrukturierungen im Vorfeld der Veräußerung verfolgten **wirtschaftlichen Ziele** ausreichend dokumentiert werden.

Beispiel (3): (nach BFH-Urteil v. 13.10. 1992, DStR 1993, 235)   34
A + B waren an einer GmbH wesentlich beteiligt. Die Gesellschafterversammlung dieser GmbH beschloß, das Stammkapital um DM 25.000,00 zu erhöhen. Den Erhöhungsbetrag übernahm der bisher an der GmbH nicht beteiligte C; dieser leistete außerdem ein Agio von DM 360.000,00. Kurze Zeit darauf beschloß die Gesellschafterversammlung der GmbH, vom Agio DM 50.000,00 in die Rücklage einzustellen und den Rest (DM 310.000,00) an A, B und C auszuschütten. A und B erhielten von diesem Betrag DM 248.000,00. Das Finanzamt sah darin ein Entgelt für eine Veräußerung im Sinne von § 17 EStG und wurde in dieser Beurteilung vom BFH bestätigt.

Der Bundesfinanzhof sah in der gewählten Gestaltung einen Gestaltungsmißbrauch (§ 42 AO). Ein Ausgleich, der für die auf den neuen Geschäftsanteil übergehenden stillen Reserven in einer GmbH gezahlt wird, kann nach dieser Entscheidung einen Veräußerungserlös im Sinne von § 17 EStG darstellen, wenn diese Ausgleichszahlung in Form eines Agios erfolgt und diese Ausgleichszahlung wirtschaftlich **in einem engen zeitlichen Zusammenhang** wieder an die Altgesellschafter ausgezahlt wird (zwischen Einzahlung des Agios und Auszahlung an die Altgesellschafter lagen im entschiedenen BFH-Fall lediglich zwei Tage). Auch diese Entscheidung zeigt, daß bei der Gestaltung von Unternehmensakquisitionen besonders auf den Zeitablauf und den wirtschaftlichen Hintergrund bzw. die wirtschaftliche Rechtfertigung einer gewählten Gestaltungsform geachtet werden muß.   35

II. Asset Deal (Verkauf von Einzelwirtschaftsgütern)

1. Ertragssteuern

a) Grundsatz

Der Verkauf von Unternehmen im Wege der Veräußerung von **Einzel-** 36 **wirtschaftsgütern** kann – wie oben gezeigt³⁵ – bei der Veräußerung durch eine natürliche Person bzw. einer Personengesellschaft eine steuer-

---

³⁴ Zur Frage, inwieweit § 42 AO auf das Kombinationsmodell Anwendung findet vgl. unten Rn. 76. und FG Münster, Beschluß v. 18.9. 1991 NWB 1992, Heft 8, S. 481 = EFG 1992, 605; wichtiger aber der das FG Münster aufhebende Beschluß des BFH v. 3.2. 1993 BStBl. 1993, II, 426; vgl. allgemein dazu Holzapfel/Pöllath, Rn. 240.
³⁵ Vgl. oben Rn. 13.

begünstigte Betriebsaufgabe (§ 16 EStG) darstellen. Der Veräußerer kann – anstelle der Inanspruchnahme der Vergünstigung des halben Steuersatzes im Rahmen einer begünstigten Betriebsaufgabe – auch den Veräußerungsgewinn gemäß § 6 b EStG zunächst nicht versteuern und in eine Rücklage einstellen. Diese Alternative stellt sich allerdings nur, wenn die veräußerten Einzelwirtschaftsgüter zu den durch **§ 6 b EStG privilegierten Wirtschaftsgütern** gehören[36] und die Rücklage innerhalb der **Re-Investitionsfristen** gemäß § 6 b Abs. 3 Satz 5 EStG (im Regelfall 4 Jahre, 6 Jahre bei Grundstücken) zur Durchführung der Re-Investition aufgelöst wird.

37 Veräußert eine **Kapitalgesellschaft** ein Unternehmen im Wege des Asset Deals, so ist ein möglicher Veräußerungsgewinn immer **in vollem Umfang** gewerbe- und körperschaftssteuerpflichtig. Der Erwerber übernimmt die angeschafften Wirtschaftsgüter mit ihren jeweiligen Anschaffungskosten. Die Nutzungsdauer auf Seiten des Erwerbers ist dann anhand betriebsindividueller Umstände zu bestimmen,[37] so daß eine generelle Fortführung der bisherigen Restnutzungsdauer, die auf seiten des Veräußerers angesetzt wurde, nicht immer als sachgerecht angesehen werden kann. Dies gilt nicht für die Abschreibungsdauer von Grundstücken und vom Firmenwert; die gemäß § 7 Abs. 1 Satz 3 EStG vorgesehene Nutzungsdauer des Firmenwertes beträgt immer 15 Jahre, bei der Nutzungsdauer von Grundstücken ist regelmäßig auf die Vorschrift des § 7 Abs. 4 und 5 EStG abzustellen.

b) Kaufpreisaufteilung / Geschäftswert

38 Der für ein Unternehmen gezahlte Kaufpreis entspricht häufig nicht der Summe der Anschaffungskosten der erworbenen Wirtschaftsgüter, sondern reflektiert **den wirtschaftlichen Wert** des erworbenen Unternehmens für den jeweiligen Erwerber. Deshalb überschreitet der Kaufpreis meistens die Summe der **Teilwerte** der erworbenen Einzelwirtschaftsgüter beim Asset Deal. Dies kann zum einen daran liegen, daß das zu erwerbende Unternehmen selbst Wirtschaftsgüter hergestellt hat, die aufgrund des handelsrechtlichen wie steuerrechtlichen Aktivierungsverbotes für **selbst hergestellte immaterielle Wirtschaftsgüter**[38] bisher nicht aktiviert wurden, zum Beispiel selbst entwickelte Software. Derartige Wirtschaftsgüter werden von dem Erwerber dann im Rahmen eines Asset Deals erworben und die zu erzielende Abschreibung richtet sich dann nach dem für diese Software beispielsweise gezahlten Kaufpreis und ihrer betriebsgewöhnlichen Nutzungsdauer. Ähnliches gilt für den Erwerb des **Geschäftswertes** und **geschäftswertähnlicher Wirtschaftsgüter**,[39] wie

---

[36] Vgl. dazu § 6 b Abs. 1 Nr. 1–5 EStG.
[37] Vgl. Hötzel, S. 46 m.w.N.
[38] Vgl. dazu Hötzel, S. 42.
[39] Vgl. dazu die Übersicht bei Holzapfel/Pöllath, Rz. 167 ff.

zum Beispiel bestehende Vertriebsbeziehungen oder andere immaterielle Vorteile des Unternehmens, die für den Erwerber von existentiellem Wert sein können.

Beispiel: 39
Vereinbaren Verkäufer und Käufer anläßlich der Unternehmensveräußerung ein Wettbewerbsverbot, wie dies häufig bei der Unternehmensakquisition zur Absicherung des Erwerbs notwendig und empfehlenswert ist,[40] so stellt dieses bei einer besonderen Vereinbarung ein eigenständig zu aktivierendes Wirtschaftsgut dar, das über die Laufzeit bzw. die Bindungsfrist des Wettbewerbsverbotes abzuschreiben ist.[41] Fehlt es an einer solchen Vereinbarung, kann ein Wettbewerbsverbot, das sich als Nebenpflicht aus dem Unternehmenskaufvertrag ergibt, Teil des miterworbenen Geschäftswertes sein, der dann – unabhängig von der zivilrechtlichen Bindungsdauer an ein solches Wettbewerbsverbot kraft vertraglicher Nebenpflicht – über 15 Jahre abzuschreiben ist.

Das Interesse des Erwerbers ist es nun, im Rahmen der Kaufvertrags- 40
verhandlungen eine Kaufpreisaufteilung durchzusetzen, die seinen **wirtschaftlichen Interessen** entspricht (z.B. keine überhöhten Kaufpreise für effektiv geringerwertige Wirtschaftsgüter, die dann im Fall der Rückabwicklung des Unternehmenskaufvertrages von Bedeutung sein können)[42] und die weiterhin bei einer entsprechenden Ertragslage des Erwerbers zu einer möglichst raschen Abschreibung des geleisteten Kaufpreises führt.

Beispiel: 41
Die A GmbH kauft im Rahmen eines Asset Deals die Software Entwicklungsabteilung und die Software im Betriebsbereich der B GmbH. Dabei wird selbstentwickelte Software der B GmbH erworben. Um eine schnellere Abschreibung des gezahlten Kaufpreises zu erreichen, wird die A GmbH versuchen, einen möglichst großen Teil des Kaufpreises diesen Wirtschaftsgütern zuzuschreiben (Abschreibungszeitraum 3–5 Jahre) und nicht etwa dem Geschäftswert der erworbenen Vertriebsabteilung (Abschreibungsdauer 15 Jahre).[43]

Bei der kaufmännischen Verhandlung eines Unternehmenskaufvertra- 42
ges tritt naturgemäß die Vereinbarung einer Kaufpreisaufteilung in den Hintergrund. Gegebenenfalls können aber durch die Vereinbarung einer solchen Kaufpreisaufteilung für den Erwerber **wichtige Steuereffekte** erzielt werden. Die vereinbarte Kaufpreisaufteilung ist zwar ohne rechtliche Bindungswirkung für die Finanzverwaltung im Rahmen einer späteren Betriebsprüfung, aber sie kann die letztlich vom Erwerber im Rahmen einer möglichen Außenprüfung zu vertretende **Abschreibungsme-**

---

[40] Vgl. zu den zivilrechtlichen und kartellrechtlichen Fragen der Vereinbarung eines Wettbewerbsverbotes beim Unternehmenskaufvertrag oben Teil A RN 145.
[41] Vgl. BFH, Urteil v. 26.7.1971, IR 46/70; BStBl. 1972 II, 937; Urteil v. 14.2.1973, IR 89/71, BStBl. 1973 II, 580; Holzapfel/Pöllath, Rz. 169, Stichwort Wettbewerbsverbot.
[42] Vgl. zu den zivilrechtlichen Fragen der Rückabwicklung des Unternehmenskaufvertrages oben Teil A RN 191.
[43] Vgl. § 7 Abs. 1 Satz 3 EStG; ausführlich zur Präferenzliste des Erwerbers bei der Kaufpreisaufteilung Holzapfel/Pöllath, Rn. 145.

thode und **Abschreibungsdauer** unterstützen, da die Kaufpreisaufteilung unter fremden Dritten vereinbart worden ist.⁴⁴

Eine vergleichbare Problematik stellt sich häufig in internationalen Unternehmenskäufen, indem u. U. in einem „Masteragreement" der Gesamtkaufpreis z.B. für die deutschen Assets, die im Rahmen der Transaktion übertragen werden sollen, festgeschrieben ist. Bei der Ausarbeitung des nationalen Asset Deals sollten die Parteien sich dann die Mühe machen, dennoch eine Kaufpreisaufteilung im Rahmen des vorgegebenen Gesamtkaufpreises vorzunehmen.

2. Der Erwerb von Anteilen an einer Personengesellschaft

43   Bei dem Erwerb von Anteilen an einer Personengesellschaft wird ein solcher Erwerb **steuerrechtlich** dem Erwerb von Einzelwirtschaftsgütern, d.h. am Asset Deal gleichgestellt.⁴⁵ Zivilrechtlich liegt allerdings ein Beteiligungserwerb vor.⁴⁶ Erwirbt der Käufer sämtliche Anteile an einer Personengesellschaft im Rahmen einer Unternehmensakquisition, so sind steuerrechtlich nicht die Anteile, sondern die erworbenen Wirtschaftsgüter mit ggfls. ihren aufgestockten Werten in der Bilanz der Personengesellschaft zu aktivieren. Falls der Erwerber nicht alle Anteile an der Personengesellschaft erwirbt, so sind die aufgestockten Werte für die einzelnen Wirtschaftsgüter und ggfls. für einen miterworbenen Geschäftswert in einer **Ergänzungsbilanz**⁴⁷ aufzunehmen. Abschreibungen auf die Mehrwerte in der Ergänzungsbilanz sind dann ausschließlich für die steuerliche Gewinnermittlung des Erwerbers von Bedeutung, belasten aber das handelsrechtliche Ergebnis der Personengesellschaft nicht.

3. Umsatzsteuer

44   Seit dem 1.1.1994 unterliegt der Erwerb von Unternehmen bzw. Unternehmensteilen gemäß dem neu eingeführten § 1 Abs. 1 a UStG nicht mehr der **Umsatzsteuer**.⁴⁸ Dabei wird der umsatzsteuerliche Begriff des Unternehmensteiles ähnlich dem ertragsteuerlichen Begriff des **Teilbetriebes**⁴⁹

---

⁴⁴ Deshalb sollte eine solche Kaufpreisaufteilung auch nicht von der Betriebsprüfung unter dem Gesichtspunkt Interessengleichlauf „angegriffen" werden, vgl. Nolte, DB 1981, 908.

⁴⁵ Vgl. Hötzel, S. 59 m.w.N.

⁴⁶ Vgl. zu den zivilrechtlichen Aspekten des Erwerbs von Anteilen an einer Personengesellschaft Teil A RN 59.

⁴⁷ Vgl. dazu ausführlich Dreissig, Ergänzungsbilanzen, steuerliche Zweifelsfragen und wirtschaftliche Auswirkungen, StBJb 1990/91, 221 ff.; Hötzel, S. 60.

⁴⁸ § 1 Abs. 1 a UStG lautet: „Die Umsätze im Rahmen einer Geschäftsveräußerung an einen anderen Unternehmer für dessen Unternehmen unterliegen nicht der Umsatzsteuer. Eine Geschäftsveräußerung liegt vor, wenn ein Unternehmen oder ein in der Gliederung eines Unternehmens gesondert geführter Betrieb im ganzen entgeltlich oder unentgeltlich übereignet oder in eine Gesellschaft eingebracht wird."

⁴⁹ Vgl. dazu oben Rn. 12.

auszulegen sein. Bei einem Unternehmenskauf in der Form des Asset Deals, in dem ein selbständiger Teil eines Unternehmens Gegenstand des Unternehmenskaufvertrages ist, ist deshalb davon auszugehen, daß seit dem 1.1.1994 keine Umsatzsteuer mehr anfällt.

4. Grunderwerbsteuer

Der Erwerb von **Grundstücken** im Rahmen eines Asset Deals unterfällt gemäß § 1 Abs. 1 GrEStG der **Grunderwerbsteuer**, die 2% der Gegenleistung für das erworbene Grundstück beträgt. Entscheidend ist auch hier wiederum die zwischen Erwerber und Veräußerer getroffene Kaufpreisaufteilung, wobei ggfls. zu beachten ist, daß vom Erwerber übernommene Belastungen der Grundstücke die steuerpflichtige Gegenleistung, die der Erwerber für das jeweilige Grundstück erbringt, erhöht. 45

III. Share Deal (Kauf von Gesellschaftsrechten an einer Kapitalgesellschaft)

1. Ertragssteuer

Werden Anteile an einer Kapitalgesellschaft durch eine natürliche Person oder eine Personengesellschaft veräußert, so kann bei einer Veräußerung dieser Anteile eine steuerbegünstigte Betriebsaufgabe vorliegen (§ 16 Abs. 1 Nr. 1 EStG).[50] Bei einer Veräußerung einer **nicht wesentlichen** Beteiligung im Sinne des § 17 EStG durch einen **nicht gewerblich tätigen** Veräußerer kann u.U. die Steuerfreiheit des Veräußerungsgewinns gemäß § 17 EStG erreicht werden.[51] Veräußerungen von **wesentlichen** Beteiligungen unterliegen bei einer natürlichen Person dem vergünstigten halben Steuersatz (§§ 17, 34 EStG). Der Erwerber kann die erworbenen Anteile mit ihren Anschaffungskosten aktivieren, eine Abschreibung der erworbenen Anteile ist jedoch außer in den Fällen der Teilwertabschreibung ausgeschlossen. Eine **Teilwertabschreibung** auf Anteile an einer Kapitalgesellschaft ist nach der Rechtsprechung des Bundesfinanzhofes nur zulässig,[52] wenn 46

– der Substanzwert der Beteiligung infolge einer nachhaltigen Erzielung von Verlusten unter den bilanzierten Wert der Beteiligung abgesunken ist;
– sich die Anschaffung der Beteiligung als eine Fehlmaßnahme erweist sowie
– sich der Substanzwert der Beteiligung infolge von Gewinnausschüttungen erheblich unter dem aktivierten Beteiligungswert bewegt.[53]

---

[50] Vgl. oben Rn. 12.
[51] Vgl. oben Rn. 6.
[52] Vgl. den Überblick über die Rechtsprechung bei Hötzel, S. 51 f.
[53] Vgl. zur abführungs- und zur ausschüttungsbedingten Teilwertabschreibung im Rahmen des Kombinationsmodells ausführlich unten Rn. 70 ff.

Veräußerungsgewinne, die eine Kapitalgesellschaft bei der Veräußerung von Anteilen an einer Kapitalgesellschaft erzielt, sind regelmäßig in vollem Umfang körperschaftsteuer- und gewerbesteuerpflichtig.

Da eine Abschreibung für Abnutzung der erworbenen Gesellschaftsanteile nicht in Betracht kommt, stellt sich bei einem Share Deal auch nicht die Frage der Kaufpreisaufteilung.

2. Umsatzsteuer

47 Der Erwerb von Gesellschaftsrechten unterliegt **nicht der Umsatzsteuer** (§ 4 Nr. 8 f UStG). Börsenumsatzsteuer fällt seit dem 1.1. 1991 und Gesellschaftssteuer seit dem 1.1. 1992 (d.h. Verkehrssteuern, die auf den Erwerb von Gesellschaftsrechten anfielen) nicht mehr an.

3. Grunderwerbsteuer

48 Der Erwerb von Gesellschaftsrechten kann Grunderwerbsteuer auslösen. § 1 Abs. 3 Nr. 3 GrEStG bestimmt, daß die Grunderwerbsteuer auch dann anfällt, wenn im Betriebsvermögen der erworbenen Gesellschaft sich Grundstücke befinden und der Erwerb zur sogenannten Anteilsvereinigung in einer Hand führt. Die Steuerpflicht kraft Anteilsvereinigung kann aber u.U. durch den „Nichterwerb" eines sogenannten Zwerganteiles der grundstücksbesitzenden Gesellschaft u.U. vermieden werden.

49 Nach bisheriger Rechtsprechung war auch die Anteilsvereinigung im Konzern im Rahmen von Restrukturierungsmaßnahmen, die zu einer neuen gesellschaftsrechtlichen Zuordnung von Anteilen einer grundstücksbesitzenden Gesellschaft im Konzern führte, grunderwerbsteuerpflichtig.[54] Nach einer jüngeren Entscheidung des BFH hat aber der II. Senat des BFH an dieser Rechtsprechung Zweifel geäußert.[55] Er hält dann eine Anteilsvereinigung im Konzern nicht mehr für grunderwerbsteuerpflichtig, wenn diese Anteilsvereinigung bereits zu einem vorherigen Zeitpunkt die Grunderwerbsteuerpflicht dieser Gruppe in Deutschland ausgelöst hat. In diesem Bereich ist deshalb die Rechtsprechung besonders sorgfältig zu beobachten; ggfls. sollte vor einer Transaktion eine verbindliche Auskunft der zuständigen Finanzbehörde eingeholt werden.

50 Bemessungsgrundlage für die Erhebung der Grunderwerbsteuer ist im Falle der Anteilsvereinigung nicht die Gegenleistung (d.h. der Teil des Kaufpreises, der für das Grundstück gezahlt worden ist), sondern der auf 140 % des Einheitswertes erhöhte Grundstückswert, auf den der Steuersatz von 2 % angewandt wird (§ 121 a Bewertungsgesetz). Insoweit ist der Share Deal grunderwerbsteuerlich gegenüber dem Asset Deal vorzuziehen, da regelmäßig eine wesentlich geringere grunderwerbsteuerliche Belastung ausgelöst wird.

---

[54] BFH, Urteil v. 30.3. 1988, II R 81/85, BStBl. 1988 II, 682; zustimmend Boruttau/Egly/Sigloch, § 1 GrEStG Anm. 796.
[55] BFH, Urteil v. 20.10. 1993, II R 113/90, BB 1994, 417.

Eilers

4. Gewerbesteuer

Bei einem Share-Deal fällt Gewerbesteuer bei einer natürlichen Person 51 als Veräußerer nicht regelmäßig an.[56] Die Veräußerung von Anteilen an einer Kapitalgesellschaft durch eine Kapitalgesellschaft oder durch ein Betriebsvermögen unterliegt immer der Gewerbesteuer.

5. Mantelkauf

Bei dem Erwerb von Gesellschaftsrechten einer Kapitalgesellschaft 52 bleiben die Verlustvorträge in dieser Gesellschaft erhalten und stehen dem Erwerber zur Verfügung. Die Ausnutzung eventuell bestehender Verlustvorträge kann – bei entsprechender Ertragslage in der zu erwerbenden Zielgesellschaft – unter Umständen die Kaufpreisfindung erheblich beeinflussen. Der Erwerber muß dabei aber darauf achten, daß die Verlustvorträge von der Finanzverwaltung nur akzeptiert werden, wenn die **wirtschaftliche Identität** der Zielgesellschaft auch nach dem Erwerb erhalten bleibt.[57]

Dem Verlustabzug gemäß § 10 d EStG bei dem Kauf von Anteilen an 53 einer Mantelgesellschaft sind gemäß § 8 Abs. 4 KStG Grenzen gesetzt. Gemäß § 8 Abs. 4 KStG ist Voraussetzung für den Verlustabzug nach § 10 d EStG bei einer Körperschaft, daß sie nicht nur rechtlich, sondern auch **wirtschaftlich** mit der Körperschaft identisch ist, die den Verlust erlitten hat.

§ 8 Abs. 4 Satz 2 KStG bestimmt beispielhaft, unter welchen Voraussetzungen **keine** wirtschaftliche Identität i. S. d. § 8 Abs. 4 Satz 1 vorliegt. Diese Aufzählung ist nicht abschließend, d. h. auch wenn die Voraussetzungen des Satzes 2 nicht vorliegen, kann wirtschaftliche Identität i. S. d. Satzes 1 zu verneinen sein.

§ 8 Abs. 4 Satz 2 KStG verneint die wirtschaftliche Identität insbesondere unter den folgenden **kumulativen** Voraussetzungen:[58]

a) Einstellung des Geschäftsbetriebes der Kapitalgesellschaft

Eine Einstellung des Geschäftsbetriebes ist gegeben, wenn die wer- 54 bende Tätigkeit der Kapitalgesellschaft zu einem **dauerhaften** Stillstand gekommen ist. Die bloße **Betriebsunterbrechung** „mangels Masse" oder die **Betriebsverpachtung** hindern die wirtschaftliche Identität

---

[56] Vgl. A. 40 (1) GewStR; BFH, Urt. v. 3.2. 1994, DStR 1994, 1188. Knobbe-Keuk, S. 735.
[57] Vgl. dazu näher § 8 Abs. 4 KStG sowie den Erlaß der Finanzverwaltung vom 11.06. 1990, BStBl. 1990 I 257.
[58] Die folgenden Ausführungen orientieren sich im wesentlichen an dem BMF-Schreiben zur Anwendung des § 8 Abs. 4 UStG in der Fassung des Steuerreformgesetzes 1990 (Verlustabzug im Falle des Mantelkaufs) vom 11.06. 1990 (FN 55).

nicht.⁵⁹ Eine Betriebsunterbrechung ist keine **Betriebsaufgabe**.⁶⁰ Bei der Prüfung des Merkmals „Betriebseinstellung" ist insbesondere eine Abgrenzung zu einer bloßen Betriebsunterbrechung in klassischen Sanierungsfällen vorzunehmen. Während bei einer Betriebseinstellung keine Absicht besteht, die werbende Tätigkeit innerhalb eines überschaubaren Zeitraumes in gleichartiger oder ähnlicher Weise wieder aufzunehmen, liegt eine solche Absicht bei einer bloßen Betriebsunterbrechung vor. Die werbende Tätigkeit kommt nur **vorübergehend** zum Erliegen, während bei der Betriebseinstellung die Kapitalgesellschaft im wirtschaftlichen Ergebnis aufgehört hat, werbend tätig zu sein.⁶¹ Die Abgrenzung im Einzelfall ist äußerst schwierig. Die Finanzverwaltung vertritt dazu die folgende Auffassung:⁶²

– Die bloße Abwicklung noch ausstehender Forderungen und Verbindlichkeiten, etwa im Falle der Liquidation des Betriebes, stehen einer wirtschaftlichen Einstellung des Geschäftsbetriebes nicht entgegen;
– die Eröffnung eines Konkurs- oder Vergleichsverfahrens ist **nicht** notwendig, um eine Betriebseinstellung zu bejahen;
– Der Geschäftsbetrieb ist **nicht** eingestellt, wenn die Gesellschaft lediglich auf einem anderen Gebiet tätig wird oder ihren Geschäftsbetrieb im Ganzen verpachtet.

55   Streitig ist, ob der Begriff der **Betriebseinstellung** in Übereinstimmung mit § 3 Nr. 66 EStG ausgelegt werden muß, d. h. ob bei Vorliegen einer **Sanierung** i.S.d. § 3 Nr. 66 EStG nicht gleichzeitig eine Einstellung des Geschäftsbetriebes i.S.v. § 8 Abs. 4 KStG angenommen werden kann. Hinsichtlich der Frage, ob ab einer gewissen Dauer der Einstellung der gesellschaftsbezogenen Tätigkeit von einer Betriebseinstellung i.S.d. § 8 Abs. 4 KStG auszugehen ist, liegen keine Äußerungen der Rechtsprechung oder Verwaltung vor.

b) Übertragung von mehr als 75 % der Anteile

56   „Übertragung" in diesem Sinne meint nach Auffassung der Finanzverwaltung sowohl die **entgeltliche** als auch die **unentgeltliche** Übertragung, lediglich der Übergang im Wege der **Erbfolge** soll von § 8 Abs. 4 KStG nicht erfaßt sein.⁶³ Die Grenze von mehr als 75 % der Anteile bezieht sich bei Kapitalgesellschaften auf das Nennkapital, bei anderen Körperschaften auf die Beteiligungs- oder mitgliedschaftlichen Rechte.⁶⁴ Genuß-

---

⁵⁹ Vgl. BFH, Urteil v. 24.06.1976, BStBl. 1976, II, 672; Urteil vom 03.08.1984, BStBl. 1985, II, 131; Hörger/Kemper, DStR 1990, 539, 540); Thiel, GmbHR 1990, 223, 224.
⁶⁰ Vgl. Schmidt, § 16 Anm. 34 m.w.N.
⁶¹ Vgl. BMF-Schreiben v. 11.06.1990, (FN 55); Müller-Gatermann, DStR 1991, 597, 599.
⁶² Vgl. BMF-Schreiben vom 11.06.1990,(FN 55), Tz. 1.1.
⁶³ Vgl. Tz. 1.2. des BMF-Schreibens vom 11.06.1990, (FN 55); gl.A. Hörger/Kemper, DStR 1989, 15, 16; a.A. Streck Schwedhelm, FR 1989, 153, 156.
⁶⁴ Vgl. Tz. 1.2. des BMF-Schreibens vom 11.06.1990, (FN 55); Knobbe-Keuk, S. 600.

rechte, Bezugsrechte und verdecktes Eigenkapital sind daher grundsätzlich nicht zu berücksichtigen.[65]

§ 8 Abs. 4 KStG enthält keine Aussage darüber, in welchem **Zeitraum** 57 die Anteilsübertragung stattfinden muß. Im Schrifttum wird vertreten, daß es darauf ankommt, daß sich der Erwerb von 75 % der Anteile auf ein einheitliches Geschäft bezieht.[66]

Streitig ist die Anwendung des § 8 Abs. 4 Satz 2 KStG bei gesell- 58 schaftsrechtlichen Erwerbsvorgängen. Die Finanzverwaltung geht in Übereinstimmung mit der Literatur davon aus, daß als Erwerber der Anteile sowohl neue als auch bereits vorhandene Gesellschafter in Betracht kommen und es unerheblich ist, auf wieviele Erwerber sich die übertragenen Anteile verteilen. Bei gesellschaftsrechtlichen Erwerbsvorgängen, insbesondere einer Kapitalerhöhung, einer Verschmelzung sowie bei der Einbringung eines Betriebs-, Teilbetriebs- oder Mitunternehmeranteils stellt die Finanzverwaltung darauf ab, ob infolge dieser Maßnahmen **neue** Gesellschafter zu mehr als 75 % oder **schon beteiligte** Gesellschafter um über 75 % Punkte höher als bislang am Nennkapital der jeweiligen Kapitalgesellschaft beteiligt sind.[67]

c) **Zuführung von überwiegend neuem Betriebsvermögen**

Betriebsvermögen i. S. d. § 8 Abs. 4 Satz 2 KStG ist nach Auffassung 59 der Finanzverwaltung, die von der ganz überwiegenden Meinung in der Literatur geteilt wird, nur das Aktivvermögen und nicht das Kapital.[68] Danach reicht auch die Zuführung von Fremdkapital (Erwerb von Aktivvermögen gegen Darlehen) aus, um möglicherweise den Verlustabzug zu versagen. Etwaige immaterielle Wirtschaftsgüter bleiben jedoch außer Betracht, wenn sie bei der steuerlichen Gewinnermittlung **nicht** angesetzt werden dürfen.[69] Die Gesellschaft muß zum Zeitpunkt der Zuführung von neuem Betriebsvermögen nicht vermögenslos oder überschuldet gewesen sein, vielmehr kann ein Verlust der wirtschaftlichen Identität

---

[65] Gemäß Tz. 2 des BMF-Schreibens vom 11.06. 1990 (FN 55) läßt auch eine Anwendung des § 8 Abs. 4 KStG zu bei einer Übertragung von mehr als 75 % der Stimmrechte ohne entsprechende Anteilsübertragung. Nach Müller-Gatermann, DStR 1991, 598, 603 ist dieser Ausnahmefall so zu verstehen, daß neben der Übertragung von mehr als 75 % der Stimmrechte auch eine bis annähernd an die Schädlichkeitsgrenze heranreichende Übertragung der kapitalmäßigen Beteiligung erforderlich ist, wenn der Verlustabzug nach § 8 Abs. 4 KStG versagt werden soll.
[66] Vgl. Hörger/Kemper, DStR 1990, 539, 540; Knobbe-Keuk, S. 601; Streck/Schwedhelm, FR 1989, 153, 156.
[67] Vgl. Tz. 2 des BMF-Schreibens vom 11.06. 1990, a.a.O.(FN 55); Knobbe-Keuk, S. 600ff.; Müller-Gatermann, DStR 1991, 598, 600; a.A. Hörger/Kemper, DStR 1989, 15, 16; Streck/Schwedhelm, FR 1989,153,156.
[68] Vgl. Tz. 1.3. des BMF-Schreibens vom 11.06. 1990, a.a.O.(FN 55); Knobbe-Keuk S. 601; Streck/Schwedhelm, FR 1989, 153, 157; Müller-Gatermann, DStR 1991, 597, 600; a.A. Hörger/Kemper, DStR 1989, 15, 17.
[69] Vgl. Tz. 1.3. des BMF-Schreibens vom 11.06. 1990 a.a.O.(FN 55).

auch dann gegeben sein, wenn die Gesellschaft im Zeitpunkt des Gesellschafterwechsels noch Vermögen hatte.[70]

d) Wiederaufnahme des Geschäftsbetriebes nach Anteilserwerb und Zuführung neuen Vermögens

60 Für das Kriterium der Wiederaufnahme des Geschäftsbetriebes ist es unbeachtlich, ob die Gesellschaft nach dem Gesellschafterwechsel unter Zuführung neuen Vermögens ihren bisherigen Geschäftsbetrieb wieder aufnimmt oder auf einem anderen oder ähnlichen Gebiet tätig wird.[71] Der Verlustvortrag kann jedenfalls nach Einstellung des Geschäftsbetriebes und Wiederaufnahme dieses Geschäftsbetriebes oder eines anderen Geschäftsbetriebes versagt werden.

61 Fraglich ist, ob neben § 8 Abs. 4 KStG, § 42 AO (Mißbrauch) anwendbar ist. Das BMF-Schreiben vom 11.06. 1990 äußert sich zu dem Verhältnis des Mißbrauchstatbestandes zur Vorschrift des § 8 Abs. 4 KStG nicht. Teilweise wird in der Literatur die Auffassung vertreten, daß die Vorschrift des § 8 Abs. 4 KStG den Mißbrauchstatbestand als speziellere Vorschrift verdrängt.[72] U. E. ist es fraglich, ob der Mißbrauchstatbestand als generelle Vorschrift verdrängt wird. Überwiegend werden daher auch beide Vorschriften parallel angewendet. Die Anwendung des § 42 AO kommt insbesondere in Betracht, wenn eine Gestaltung gewählt wird, die ausschließlich der Vermeidung des § 8 Abs. 4 KStG dient. Wichtig ist festzuhalten, daß die genannten Voraussetzungen für eine Versagung des Verlustvortrages **kumulativ** vorliegen müssen. Schon wenn **eine** dieser im Erlaß genannten Voraussetzungen nicht erfüllt ist, ist vom Fortbestand der wirtschaftlichen Identität der jeweiligen Kapitalgesellschaft auszugehen.

IV. Kombinationsmodell (Buchwertaufstockung)

1. Zielsetzung und Ablauf

62 Beim Erwerb von Gesellschaftsrechten von Kapitalgesellschaften besteht für den Erwerber die grundsätzliche Problematik, daß er den gezahlten Kaufpreis regelmäßig nicht über die Abschreibungen der erwor-

---

[70] Vgl. Tz. 1.3. des BMF-Schreibens vom 11.06. 1990, a.a.O.(FN 55); Streck/Schwedhelm, FR 1989, 153, 157.
[71] Vgl. Tz. 1.4. des BMF-Schreibens vom 11.06. 1990, a.a.O.(FN 55); Müller-Gatermann DStR 1991, 597, 601; Hörger/Kemper, DStR 1989, 15,18; a. A. Streck/Schwedhelm, FR 1989, 153, 157, die unter den Tatbestand der Wiederaufnahme des Geschäftsbetriebes nur die Fälle subsumieren wollen, in denen eine **andere** Tätigkeit im Sinne eines geänderten Geschäftsbetriebes aufgenommen wird, da nur in diesem Fall ein Anzeichen für fehlende (bzw. sich ändernde) wirtschaftliche Identität gegeben sei.
[72] So z.B. Hörger/Kemper, DStR 1989, 15,19; dieselben DStR 1990, 539, 543.

benen Wirtschaftsgüter steuerlich geltend machen kann, weil die erworbenen Gesellschaftsrechte – außer in den soeben beschriebenen Fällen der Teilwertabschreibung – nicht der Abschreibung unterliegen.[73] Diese Grundschwierigkeit kann durch die Durchführung eines Asset-Kaufes **nach** dem Beteiligungserwerb behoben werden, der dann das Abschreibungspotential und die stillen Reserven der erworbenen Wirtschaftsgüter bzw. des erworbenen Unternehmens ausnützt.

Die zivilrechtlichen Grundstrukturen einer solchen unternehmensinternen Buchwertaufstockung[74] folgen zumeist in den vier nachfolgend geschilderten Schritten:

- **Beteiligungserwerb,**[75] d. h. Erwerb der Anteile an der Zielgesellschaft als Share Deal; 63
- **Erwerb der Einzelwirtschaftsgüter,** d. h. Veräußerung der Einzelwirtschaftsgüter unter Aufdeckung der stillen Reserven an die Erwerbergesellschaft oder beispielsweise eine Schwestergesellschaft („**Side-Step**") der zu erwerbenden Zielgesellschaft; 64
- **Gewinnausschüttung,** d. h. **Ausschüttung** der bei der Veräußerung der Einzelwirtschaftsgüter erzielten Veräußerungsgewinne durch die erworbene Zielgesellschaft an ihre (neue) Muttergesellschaft, die die Zielgesellschaft erworben hat; 65
- **ausschüttungsbedingte/abführungsbedingte Teilwertabschreibung,**[76] d. h. die Erwerbergesellschaft reduziert den Beteiligungsansatz der erworbenen Zielgesellschaft um den Betrag der Gewinnausschüttung und erzielt damit einen Verlust, der für Körperschaftssteuerzwecke anzuerkennen ist.[77] Mit Urteil vom 2.2.1994 hat der BFH der Teilwertabschreibung für **Gewerbesteuerzwecke** die Anerkennung versagt.[78] Durch die Teilwertabschreibung wird der Veräußerungsgewinn, den die Zielgesellschaft bei dem unternehmensinternen Verkauf der Wirtschaftsgüter zum Teilwert erzielt, für Körperschaftssteuerzwecke **neutralisiert**; nach der Entscheidung des BFH vom 2.2.1994[79] tritt diese Neutralisierung für Gewerbesteuerzwecke **nicht** mehr ein. 66

---

[73] Vgl. oben Rn. 22.
[74] Vgl. zur Buchwertaufstockung/Step-up/Kombinationsmodell: Holzapfel/Pöllath, Rn. 240ff.; Hötzel, S. 173ff.; Blumers/Schmidt DB 1991, 906, Koenen/Gohr, DB 1993, 2541; Purwins, in: Hölters, Rn. 171; zu weitergehenden Überlegungen (Kombinationsmodell nach neuem Umwandlungssteuerrecht) vgl. Rödder/Hötzel, FR 1994, 285ff.
[75] Wie oben beschrieben Rn. 46ff.
[76] Vgl. zu diesen Begriffen unten Rn. 71.
[77] Die Frage der Anerkennung der abführungsbedingten Teilwertabschreibung für Gewerbesteuerzwecke wird unten (Rn. 72.) ausführlich behandelt.
[78] Vgl. BFH, Urt. v. 2.2.1994, IR 19/93, DStR 1994, 613 = FR 1994, 332 = DB 1994, 862 m. Anm. Blumers DB 1994, 1110; u. zum Streitstand vor dieser Entscheidung Kramer, FR 1994, 1ff.; Blumers/Kramer, DStR 1994, 54ff. und Hötzel, S. 185–192.
[79] Vgl. vorherige FN 76.

2. Organschaft

67   Es ist empfehlenswert, das oben geschilderte Kombinationsmodell erst dann durchzuführen, wenn zwischen der Zielgesellschaft und der erwerbenden (Holding) Gesellschaft die **körperschaftssteuerliche** und **gewerbesteuerliche** Organschaft[80] hergestellt ist. Die Organschaft führt dazu, daß die Besteuerung der Organgesellschaften nur auf der Ebene der Organträgergesellschaft, d. h. der erwerbenden Gesellschaft erfolgt und daß Gewinne und Verluste aus den Organgesellschaften auf der Ebene der Organträgergesellschaft miteinander **verrechnet** werden können. Dies ist wichtig im Hinblick darauf, daß bei Durchführung des Kombinationsmodells die Organgesellschaft einen Veräußerungsgewinn erzielt, der bei Vorliegen der Organschaftsvoraussetzungen **zeitgleich** mit dem körperschaftssteuerlichen Verlust aus der Teilwertabschreibung auf der Ebene der Organträgergesellschaft verrechnet werden kann.

68   Die Organschaftsvoraussetzungen sind gegeben, wenn die Zielgesellschaft **organisatorisch, finanziell** und **wirtschaftlich** in das erwerbende Unternehmen eingegliedert ist. Die finanzielle Eingliederung (§ 14 Nr. 1 KStG) ist gegeben, wenn dem Organträger, d. h. der erwerbenden Gesellschaft die Mehrheit der Stimmrechte in der Organgesellschaft unmittelbar oder mittelbar zusteht. Die Voraussetzung der organisatorischen Eingliederung stellt darauf ab, inwieweit das Unternehmen der Organgesellschaft organisatorisch dem Unternehmen des Organträgers zu dienen bestimmt ist und mit welcher Intensität der Organträger Entscheidungen auf der Ebene der Organgesellschaft durchsetzen kann, z. B. im Rahmen eines bestehenden Beherrschungsvertrages. Bei Bestehen eines solchen Vertrages wird gemäß § 14 Nr. 2 KStG die organisatorische Eingliederung vermutet. Die letzte Voraussetzung der wirtschaftlichen Eingliederung fordert, daß der Geschäftsbetrieb der Zielgesellschaft = Organgesellschaft in den des Organträgers auch seiner Funktion nach eingegliedert ist. Diese Voraussetzung kann dann problematisch sein, wenn der Erwerb der Zielgesellschaft über eine bloß vermögensverwaltend tätige Holdinggesellschaft erfolgt, die **keine** zweite Beteiligungsgesellschaft hält und der „step-up", d. h. der interne Asset Verkauf **nicht** zeitgleich mit dem Beteiligungserwerb erfolgt.

69   In diesen Fällen geht die Finanzverwaltung davon aus,[81] daß die erwerbende Gesellschaft keinen eigenen wirtschaftlichen Geschäftsbetrieb unterhält und es deshalb die wirtschaftliche Eingliederung in den Gewerbebetrieb der Organträgergesellschaft u. U. fehlt. Ggfls. müssen dann zur

---

[80] Vgl. zu den Organschaftsvoraussetzungen jüngst umfassend Prinz, FR 1993, 725 ff.; Grother, BB 1993, 1986 ff.
[81] Vgl. Abschn. 48 (1) KStR.

Herstellung der wirtschaftlichen Eingliederung bereits Aktivitäten aus der Zielgesellschaft – möglichst ohne Gewinnrealisierung – auf die erwerbende (Holding)Gesellschaft übertragen werden. Dies kann dazu führen, daß vor dem unternehmensinternen Asset Deal bereits eine kleinere Transaktion vorgeschaltet werden muß, um der erwerbenden Holdinggesellschaft einen wirtschaftlichen Geschäftsbetrieb zu geben.[82] Die Voraussetzungen der Organschaft zwischen Zielgesellschaft und erwerbender Holdinggesellschaft müssen ab Beginn des Wirtschaftsjahres **der Organgesellschaft** erfüllt sein.[83] Dazu ist es meist notwendig, das Wirtschaftsjahr der zu erwerbenden Organgesellschaft zu brechen, d.h. die Satzung der Organgesellschaft/Zielgesellschaft zu ändern und eine entsprechende Satzungsänderung beim Handelsregister anzumelden. Gemäß § 7 Abs, 4 KStG bedarf die Änderung des Wirtschaftsjahres abweichend vom Kalenderjahr auch der Zustimmung des Finanzamtes; gemäß Abschn. 53 (3) KStR sind allerdings die Finanzbehörden gehalten, diese Zustimmung zur Herstellung der Organschaftsvoraussetzungen zu erteilen, u.U. auch einer nochmaligen Änderung des Wirtschaftsjahres der Gesellschaft in einem Kalenderjahr zuzustimmen.[84]

3. Gewerbesteuer

In gewerbeertragsteuerlicher Hinsicht führt das Kombinationsmodell nach dem jüngsten Urteil des BFH[85] auch in Organschaftsfällen **nicht** mehr zur **Neutralisierung** der Gewerbesteuerbelastung bei der Zielgesellschaft. 70

a) Gewerbeertragsteuerbelastung ohne Organschaft

Die Gewerbeertragsteuerbelastung bei Durchführung des Kombinationsmodelles **ohne Organschaft** sieht wie folgt aus. 71

– Zunächst unterliegt der **Veräußerungsgewinn** infolge des Asset Deals bei der Zielgesellschaft in voller Höhe der Gewerbeertragsteuer.
– Schüttet die Zielgesellschaft den Veräußerungsgewinn nach Gewerbesteuer in voller Höhe als Dividende an die Erwerbergesellschaft aus, so hängt die Gewerbeertragsteuerbelastung bei dieser Gesellschaft davon ab, ob zum Zeitpunkt der Gewinnausschüttung die Voraussetzung des **gewerbesteuerlichen Schachtelprivilegs** des § 9 Nr. 2 a GewStG bereits vorliegen:
  – Ist dies der Fall, unterliegt der Veräußerungsgewinn bei der Erwerbergesellschaft **nicht** erneut der Gewerbeertragsteuer. Allerdings

---

[82] Vgl. dazu Holzapfel/Pöllath, Rn. 248 m.w.N.
[83] Vgl. Abschn. 53 (1) KStR.
[84] Vgl. Abschn. 53 (3) letzter Satz KStR.
[85] BFH, Urteil vom 02.02.1994, a.a.O. (FN 77).

kann seit Einfügung des § 8 Nr. 10 a GewStG[86] die Gewerbeertragsteuerbelastung bei der Zielgesellschaft nicht mehr durch eine **ausschüttungsbedingte Teilwertabschreibung** neutralisiert werden, so daß es bei einer einmaligen Gewerbeertragsteuerbelastung bleibt.

– Liegen die Voraussetzungen für das gewerbesteuerliche Schachtelprivileg nicht vor, unterliegt der Veräußerungsgewinn zunächst einer doppelten Gewerbeertragsteuerbelastung, da die Gewerbeertragsteuerbelastung bei der veräußernden Zielgesellschaft nicht durch eine Anrechnung bei der Erwerbergesellschaft neutralisiert wird (kein gewerbesteuerliches „Anrechnungsverfahren"). Zur Vermeidung dieser Doppelbelastung ist aber eine ausschüttungsbedingte Teilwertabschreibung möglich, da § 8 Nr. 10 a GewStG in diesem Fall nicht eingreift.

b) Gewerbeertragsteuerbelastung bei Organschaft

72 Bis zu Beginn dieses Jahres war die Zulässigkeit einer Teilwertabschreibung für Gewerbesteuerzwecke bei Vorliegen der gewerbesteuerlichen Organschaft zwischen der veräußernden Zielgesellschaft und der Erwerbergesellschaft streitig. Der Streit knüpfte zum einen an den Wortlaut des § 8 Nr. 10 a GewStG an, der lediglich **Gewinnausschüttungen**, jedoch nicht **Gewinnabführungen** erfaßt. Die Finanzverwaltung argumentierte hingegen mit § 2 Abs. 2 Satz 2 GewStG, der es verbiete, Geschäftsvorfällen innerhalb des Organkreises eine positive oder negative Wirkung auf den Gewerbeertrag zukommen zu lassen, wenn ihr wirtschaftlicher Gehalt erfolgsneutral sei.[87] Der BFH hat sich in seinem Urteil vom 02.02.1994[88] der Auffassung der Finanzverwaltung angeschlossen, daß § 2 Abs. 2 Satz 2 GewStG eine **abführungsbedingte Teilwertabschreibung innerhalb eines Organkreises** verbiete.

Die neue Rechtsprechung des BFH sieht sich z.T. deutlicher Kritik ausgesetzt.[89] Für die Praxis ist allerdings davon auszugehen, daß die Finanzverwaltung die gewerbesteuerliche abführungsbedingte Teilwertabschreibung in Unternehmenskauffällen nicht mehr anerkennen wird. Für die bisherigen Fälle hat die Finanzverwaltung allerdings bereits mehrfach die Aussetzung der Vollziehung gewährt.

Damit wird in Zukunft bei der Durchführung des Kombinationsmodelles eine **einmalige (zusätzliche)** Gewerbesteuerbelastung ausgelöst. Diese Belastung muß bei den entsprechenden Liquidationsberechnungen

---

[86] § 8 Nr. 10 a GewStG ist gemäß § 36 Abs. 4 GewStG erstmals anzuwenden, soweit die Gewinnminderungen auf Gewinnausschüttungen nach dem 23.06.1988 zurückzuführen sind.
[87] Vgl. FinMin NRW, Erlaß vom 14.03.1989, DB 1989, 656; ebenso FG Rheinland-Pfalz, Urteil v. 13.11.1992, EFG 1993, 333; vgl. im übrigen zu dem Streitstand Holzapfel Pöllath, RN. 251; Blumers, DB 1994, 1110 m.w.N. in FN 2.
[88] Revision gegen das Urteil des FG Rheinland-Pfalz v. 13.11.1992, EFG 1993, 333; vgl. dazu Bogenschütz/Zimmermann, DStR 1993, 1577 ff.
[89] Vgl. u.E. zutreffend Blumers, DB 1994, 1110 ff.; Holzapfel/Pöllath, RN. 251.

IV. Kombinationsmodell

Berücksichtigung finden, vor allem deshalb, weil die Gewerbesteuerbelastung im Veranlagungszeitraum der Akquisition bzw. der Durchführung der step-up Transaktion entsteht und mögliche ertragsteuerliche Effekte aus dem (dann) erhöhten Abschreibevolumen erst über den Abschreibungszeitraum der jeweiligen Wirtschaftsjahre eintreten.

4. Kombinationsmodell und § 42 AO[90]

Die Durchführung des Kombinationsmodelles ist **kein Mißbrauch** i. S. v. § 42 AO.[91]

Nach ständiger Rechtsprechung des BFH[92] liegt eine **Mißbrauch** im Sinne des § 42 AO vor, falls die folgenden **Voraussetzungen kumulativ** erfüllt sind:
– Die gewählte Gestaltung ist hinsichtlich des angestrebten Ziels unangemessen;
– die Gestaltung dient lediglich der Steuerminderung und ist durch wirtschaftliche oder sonst beachtliche nichtsteuerliche Gründe nicht zu rechtfertigen.

Das FG Münster hat in einem Beschluß vom 18.09.1991[93] über die Aussetzung der Vollziehung nach summarischer Prüfung entschieden, daß es nicht erstlich zweifelhaft sei, im Erwerb von Gesellschaftsanteilen mit anschließender Gewinnausschüttung und Vornahme einer ausschüttungsbedingten Teilwertabschreibung einen Mißbrauch rechtlicher Gestaltungsmöglichkeiten zu sehen. Die Beschwerde des Steuerpflichtigen gegen den Beschluß des FG Münster hat der BFH in einem Beschluß vom 10.04.1992[94] zunächst aus formellen Gründen zurückgewiesen, ohne auf die Frage des Gestaltungsmißbrauchs einzugehen. Mit Beschluß vom 03.02.1993[95] hat der BFH dann die Beschwerde nachträglich zugelassen und die Anwendung des § 42 AO für ernstlich zweifelhaft gehalten.

Im Schrifttum wird darauf hingewiesen, daß der Sachverhalt, der dem Beschluß des FG Münster vom 18.09.1991 sowie dem Beschluß des BFH vom 03.02.1993 zugrunde lag, so „unglücklich" war, daß man die Entscheidungen nicht verallgemeinern dürfe.[96] In diesem Sachverhalt erfolgten Erwerb, Ausschüttung, Teilwertabschreibung und Liquidationsbeschluß innerhalb von 2 Wochen, so daß die **schnelle Liquidation** der Zielgesellschaft offensichtlich von Anfang an beabsichtigt war. Ferner

---

[90] Vgl. dazu ausführlich Hötzel, S. 178 ff.
[91] Vgl. Hötzel, S. 182; Holzapfel/Pöllath.
[92] Vgl. zuletzt BFH, BStBl. 1993 II, 426 (428) sowie den Überblick bei Rose/Glorius, DB 1992, 2207.
[93] EFG 1992, 605.
[94] BFH/NV 1992, 683.
[95] BStBl. 1993 II, 426.
[96] Vgl. Holzapfel/Pöllath Rz. 244.

waren die einzelnen Wirtschaftsgüter schon **vor der Anteilsübertragung** an fremde Dritte veräußert worden, so daß das Vermögen der Zielgesellschaft nur noch aus offenen Rücklagen nebst körperschaftssteuerlichem Anrechnungsguthaben bestand. Da der Erwerb von Rücklagen nur schwierig mit gewichtigen wirtschaftlichen Gründen belegt werden kann, lag in diesem Sachverhalt eine ausschließlich steuerliche Motivation nahe.

77 Der BFH führt dann auch in seinem Beschluß vom 03.02. 1993[97] aus, daß bei summarischer Betrachtung im Grundsatz davon auszugehen sei, daß die Veräußerung von Gesellschaftsanteilen **vor** der Liquidation bei Vorliegen beachtlicher wirtschaftlicher Gründe, wie z.B. der Verlagerung von Liquidationsaufgaben und -Risiken, auch bei ungewöhnlicher Vertragsgestaltung **keinen** Gestaltungsmißbrauch darstelle. Eine Vertragsgestaltung sei im allgemeinen nicht schon deswegen unangemessen, weil sie der Steuerersparnis bzw. der Erlangung eines Steuervorteils dient.

Trotz des „unglücklichen Sachverhalts", der den Beschlüssen des FG Münster und des BFH zugrunde lag, ist auch in übrigen Fällen der Anwendung des Kombinationsmodelles § 42 AO im Auge zu behalten.[98]

Entscheidend für die Verringerung des Risikos des § 42 AO ist daher, das bei der Anwendung des Kombinationsmodelles nicht steuerliche, sondern **wirtschaftliche, finanzielle oder zivilrechtliche** Ziele im Vordergrund stehen.

Die Entscheidung des BFH zur Nichtanerkennung der abführungsbedingten Teilwertabschreibung vom 02.02. 1994[99] kann entgegen den Ausführungen von Hoffmann[100] **nicht** zum Anlaß genommen werden, an der **Zulässigkeit** des **Kombinationsmodelles** im Hinblick auf § 42 AO zu zweifeln. Der BFH hat in seiner Entscheidung vom 02.02. 1994 die Nichtanerkennung der abführungsbedingten Teilwertabschreibung ausschließlich auf die Systematik des Gewerbesteuergesetzes abgestellt.

5. Kombinationsmodell unter Beteiligung von beschränkt Steuerpflichtigen (§ 50 c EStG)[101] auch für Körperschaftsteuerzwecke

78 Das Kombinationsmodell führt nicht zu den gewünschten steuerlichen Folgen, wenn und soweit die Gesellschaftsanteile an der Zielgesellschaft während der letzten 10 Jahre vor der Teilwertabschreibung von Steuer-

---

[97] Bundessteuerblatt 1993 II, 426, 429.
[98] Vgl. Hoffmann, DStR 1994, 743, 744.
[99] DStR 1994, 613, vgl. dazu oben RN 72.
[100] DStR, 1994, 743.
[101] International steuerrechtliche Aspekte des Unternehmenskaufes sind nicht Gegenstand dieses Handbuchbeitrages. Für einen Überblick sei verwiesen auf Haarmann, Steuerliche Folgen des grenzüberschreitenden Erwerbs oder Zusammenschlusses von Unternehmen, in Cahier de Droit Fiscal International, Vol. LXXVIIb, 1992, 297 ff.

ausländern gehalten worden sind, da § 50 c EStG in diesem Fall ausschüttungsbedingten Teilwertabschreibungen die Anerkennung versagt. Gemäß dem BMF-Schreiben vom 03.01. 1991[102] ist § 50 c EStG auch bei dem Erwerb eines Unternehmens von der Treuhandanstalt anzuwenden.[103] § 50 c EStG will vermeiden, daß **ausländische Anteilseigner**, die die Anteile nicht in einer inländischen Betriebsstätte halten und daher nicht zur Anrechnung von Körperschaftssteuer berechtigt sind, mittelbar in den Genuß der Körperschaftssteueranrechnung gelangen, indem sie Anteile an der inländischen Kapitalgesellschaft an einen anrechnungsberechtigten Erwerber veräußern und sich den Wert der Steuergutschrift für die von der Kapitalgesellschaft gebildeten Rücklagen im Kaufpreis mitbezahlen lassen.

Nach den jüngsten **Verschärfungen** des § 50 c EStG durch das Standortsicherungsgesetz[104] stehen Gestaltungen zur Vermeidung der Wirkung des § 50 c EStG wohl nicht mehr zur Verfügung. Früher gegebene Gestaltungsmöglichkeiten, die im Ergebnis zur Durchführung der Teilwertabschreibung nach Zwischenschaltung einer inländischen Tochtergesellschaft für den Erwerb geführt haben, sind durch den seit dem 1.1. 1994 neugefaßten § 50 c Abs. 7 EStG ausgeschlossen.[105]

6. Verkehrssteuern

Bei der Durchführung des Kombinationsmodelles entstehen u. U. verkehrssteuerliche Nachteile, da zunächst die Verkehrssteuern hinsichtlich des asset deals[106] und dann die Verkehrssteuern im Hinblick auf den share deal[107] zur Anwendung kommen. Auch diese Zusatzbelastungen sind ggf. bei der notwendigen Liquiditätsberechnung bei der Durchführung des Kombinationsmodells zu berücksichtigen. Eine mögliche grunderwerbsteuerliche Belastung bei der Durchführung des Kombinationsmodelles kann allerdings im Rahmen des Befreiungstatbestandes des § 1 Abs. 6 Satz 2 teilweise vermieden werden (einmal Belastung mit Grunderwerbsteuer auf Basis der höheren Bemessungsgrundlage).[108]

---

[102] BB 1991, 192, DB 1991, 208.
[103] Vgl. dazu oben Teil A RN 225.
[104] Einfügung eines neuen § 50 c Abs. 7 EStG durch das Standortsicherungsgesetz, Bundessteuerblatt 1993 I, 774.
[105] Vgl. Laile in Hörger/Pach-Hass/Hanssenheimb, Neue Steuergesetze 1993/1994 (DStR Spezial), S. 33.
[106] Vgl. dazu oben RN 44, 45.
[107] Vgl. dazu oben RN. 47,48.
[108] Vgl. dazu näher Hötzel, S. 199.

V. Hinweise zur Gestaltung des Unternehmenskaufvertrages

1. Due Diligence

81 Insbesondere im Hinblick auf die Haftung gemäß § 75 AO[109] empfiehlt es sich, vor Abschluß des asset oder share deal, eine Prüfung der Objektgesellschaft im Hinblick auf steuerliche Risiken vorzunehmen (sog. **steuerliche due diligence**).[110] Die steuerliche due diligence ist durch sachverständige Dritte, z.B. durch Rechtsanwälte mit entsprechender Sachkunde, Steuerberater oder Wirtschaftsprüfer durchzuführen. Eine entsprechende **Prüfungspflicht** des Erwerbers besteht nicht, und dem Erwerber kann daher im Falle der Geltendmachung von Gewährleistungs- oder Schadensersatzansprüchen die unterlassene Prüfung nicht entgegengehalten werden. Die Durchführung einer steuerlichen due diligence bietet sich aber insbesondere an, wenn in dem Unternehmenskaufvertrag keine steuerliche Gewährleistungsklausel durchgesetzt werden können oder zur Vermeidung späterer Streitigkeiten über die steuerliche Haftung.[111] Trotz bzw. gerade bei Durchführung einer steuerlichen due diligence sollte sich der Erwerber vom Veräußerer möglichst umfangreiche Garantien gewähren lassen, da der Veräußerer aufgrund einer Garantie auch dann in Anspruch genommen werden kann, wenn der Käufer den Umstand der zur Inanspruchnahme führt bei Abschluß des Unternehmenskaufvertrages bereits kannte.[112]

82 Im Rahmen einer **steuerlichen** due diligence sollten folgende, (nicht abschließend genannte) Gesichtspunkte für einen Zeitraum von mindestens **fünf Jahren vor Akquisitionszeitpunkt** abgeprüft werden:
– Prüfung der Jahresabschlüsse sowie der Geschäftsberichte; Betriebsprüfungsbericht der letzten Betriebsprüfung;
– Berichte der letzten Lohnsteueraußenprüfung;
– Bericht der letzten Umsatzsteuerprüfung und Umsatzsteuersonderprüfungen;
– Prüfung der letzten Steuererklärungen;
– Prüfung der Verträge mit verbundenen Unternehmen sowie mit Gesellschaftern (– Geschäftsführern –) im Hinblick auf die Angemessenheit der Verrechnungspreise und im Hinblick auf das Risiko möglicher verdeckter Gewinnausschüttungen sowie möglicher verdeckter Einlagen;
– Prüfung des Ausschüttungsverhaltens während der letzten Wirtschaftsjahre;

---

[109] Vgl. dazu unten 4.
[110] Vgl. allgemein zur due diligence oben Teil A RN 29.
[111] Vgl. Holzapfel/Pöllath RN. 15.
[112] Vgl. oben Teil A RN 85.

- Prüfung des verwendbaren körperschaftsteuerlichen Eigenkapitals gemäß der Erklärung zur gesonderten Feststellung gemäß § 47 KStG;
- Prüfung des bilanzmäßigen Eigenkapitals;
- Prüfung der Passivierung sämtlicher Verbindlichkeiten als Verbindlichkeit oder Rückstellung;
- Prüfung der Werthaltigkeit der Aktiva (Zeitwert mindestens gleich Bilanzansatz);
- Prüfung der steuerlichen Wirksamkeit von Unternehmensverträgen (Ergebnisabführungs- und Beherrschungsverträge);
- Prüfung von Investitionszulagen und anderen Steuervergünstigungen, die dem Zielunternehmen gewährt werden;
- Prüfung evt. vorhandener Verlustvorträge.

2. Bilanzgarantie

Da unrichtige Angaben über Umsätze, Erträge und Ertragskraft des Unternehmens keinen **Fehler** i.S.d. § 459 Abs. 1 BGB darstellen,[113] empfiehlt es sich aus Sicht des Unternehmenskäufers insoweit ein selbständiges Garantieversprechen (§ 305 BGB) in Form einer **Bilanzgarantie** zu vereinbaren. Diese Garantie führt zur verschuldensunabhängigen Haftung des Verkäufers für fehlende oder falsche Angaben, die nicht vom Begriff des Fehlers i.S.d. § 459 Abs. 1 BGB und der zugesicherten Eigenschaft i.S.d. § 459 Abs. 2 BGB erfaßt werden.[114] Im Rahmen einer solchen Bilanzgarantie wird der Veräußerer in der Regel nur garantieren, daß die Bilanz nach den Grundsätzen ordnungsgemäßer Buchführung und Bilanzierung (GoB) und unter Anwendung der gebotenen Sorgfalt nach dem damaligen Erkenntnisstand richtig war („Garantie der subjektiven Richtigkeit") und das eine Abweichung von den bisher angewandten Bilanzierungsgrundsätzen nicht vorliegt. Sollten der Zeitpunkt der Bilanzerstellung und der Übernahmezeitpunkt in dem Unternehmenskaufvertrag erheblich auseinanderfallen, sollte sich die Bilanzgarantie auf den Kenntnisstand bei Vorlage der Bilanz oder bei Übernahme des Unternehmens erstrecken.[115]

Zusätzlich zur Bilanzgarantie empfiehlt sich eine Eigenkapitalgarantie bei dem Erwerb von Gesellschaftsrechten in den Vertrag aufzunehmen.[116] Diese **Eigenkapitalgarantie** umfaßt zunächst die Garantie durch den Veräußerer, daß das Zielunternehmen ein bilanzmäßiges Eigenkapital von mindestens DM .... aufweist. Diese Garantie sollte ebenfalls auf den Übernahmezeitpunkt des Unternehmens abgegeben werden. Weiterhin hat der Veräußerer bei dem Erwerb von Gesellschaftsrechten

---

[113] S. o., Teil A RN 69; zur Bilanzgarantie vgl. insbesondere Abschnitt A, RN. 88.
[114] S. o. RN. 81.
[115] Vgl. Holzapfel/Pöllath, a.a.O.
[116] S. o. Abschnitt 4 A, RN. 86.

zu garantieren, daß das Zielunternehmen ein verwendbares körperschaftsteuerliches Eigenkapital gemäß einer besonderen Anlage zum Unternehmenskaufvertrag aufweist. Nur anhand einer solchen Garantie hinsichtlich des für Ausschüttungszwecke verwendbaren körperschaftsteuerlichen Eigenkapitals kann der Erwerber letztlich erkennen, in welcher Höhe ihm gegebenenfalls ein körperschaftsteuerlicher Erstattungsanspruch bei Ausschüttung des für Ausschüttungszwecke verwendbaren Eigenkapitals zustehen kann. Im Zweifel ist ein solches Erstattungspotential auch für die Kaufpreisverhandlungen von erheblicher Bedeutung.

3. Steuerklauseln

85   Die Bilanzgarantie und ggf. die Eigenkapitalgarantie werden ergänzt durch sog. Steuerklauseln mit den folgenden Regelungsgegenständen:
– Vereinbarung darüber, wer die erwarteten, bis zum Übergangsstichtag wirtschaftlich verursachten Steuerbeträge trägt;
– Vereinbarung, wer nicht erwartete, nicht berücksichtigte Steuernachforderungen oder Steuererstattungen trägt, (sog. Betriebsprüfungsklausel);
– ggf. Vereinbarung über die Haftung für steuerliche Mehrbelastungen aufgrund von verdeckten Gewinnausschüttungen;[117]
– Vereinbarung für den Fall, daß Zusammensetzung und Umfang des Eigenkapitals von der Eigenkapitalgarantie abweicht.

Bei der Abfassung von Steuerklauseln ist darauf zu achten, daß diese mit der Bilanzgarantie, der Eigenkapitalgarantie und einer etwaigen Abrechnungsbilanz auf den Übernahmestichtag abgestimmt ist.[118] Im Hinblick auf die Haftung für erwartete, bis zum Übergangsstichtag entstandene Steuerbeträge wird typischerweise vereinbart, daß der Veräußerer für die Steuern haftet, die die Zeit vor dem Stichtag des Unternehmenskaufs betreffen. Diese Klausel wird durch die sog. Betriebsprüfungsklausel ergänzt, die vorsieht, daß der Veräußerer ebenfalls für Steuernachforderungen haftet, die infolge einer Betriebsprüfung nach Übertragungsstichtag aufgedeckt werden, aber bereits vor dem Übertragungsstichtag verursacht wurden. Diese Betriebsprüfungsklausel sollte sich lediglich auf echte Steuermehr- oder Steuerminderbelastungen beziehen und Gewinnverschiebungen, die z.B. durch die Veränderung von Abschreibungszeiträumen bei der Betriebsprüfung entstehen können, ausnehmen[119] bzw. durch einen Erstattungsanspruch abfangen.

---

[117] Im Rahmen dieser Klausel muß dann auch sichergestellt werden, daß der körperschaftsteuerliche Anrechnungsanspruch, der regelmäßig den Empfänger einer verdeckten Gewinnausschüttung begünstigt, kaufpreismindernd berücksichtigt wird.
[118] Vgl. im einzelnen Streck/Mack, BB 1992, 1398.
[119] Streck/Mack BB 1992, 1398, 1399.

V. Hinweise zur Gestaltung des Unternehmenskaufvertrages

Im Hinblick auf die Zusammensetzung des **verwendbaren Eigenkapitals** kann zusätzlich zur Eigenkapitalgarantie[120] vereinbart werden, daß die Steuervor- und Steuernachteile bei einer Abweichung der garantierten Eigenkapitalzusammensetzung über den Kaufpreis ausgeglichen werden sollen.

Bei der Abfassung von Steuerklauseln ist es außerdem empfehlenswert, den Zeitpunkt und den Sachverhalt festzulegen, der die **Haftung** des Veräußerers **für mögliche Steuernachforderungen** auslöst. Dabei ist regelmäßig auf bestandskräftige Steuerbescheide abzustellen, wobei im Interesse des Veräußerers festgelegt werden soll, daß diesem Informations- und Mitwirkungsrechte für Betriebsprüfungsverfahren etc. zustehen, die den Zeitraum vor dem Übergabestichtag betreffen.

Ferner sollte im Interesse des Veräußerers festgelegt werden, daß dieser **Informations- und Mitwirkungsrechte** im Steuerverfahren hat und den Erwerber entsprechende Informationspflichten treffen.

Schließlich sollte noch eine Vereinbarung darüber getroffen werden, wer eine mögliche **Grunderwerbsteuer** zu tragen hat, falls zu dem Vermögen des erworbenen Unternehmens Grundvermögen gehört. Im Regelfall ist dies der Erwerber.

Zahlungsansprüche, die dem Erwerber aufgrund von Bilanz- bzw. Eigenkapitalgarantie oder den Steuerklauseln des Unternehmenskaufvertrages zustehen können, sollten – soweit durchsetzbar – durch Kaufpreiseinbehalte **bzw. Sicherungsleistungen** der Veräußerer gesichert werden (z.B. Bankbürgschaft).

4. Haftung gemäß § 75 AO

Gemäß § 75 AO haftet der Übernehmer eines **Unternehmens** oder eines **Teilbetriebes** mit dem übernommenen Vermögen für betriebliche Steuern und Steuerabzugsbeträge, die im letzten vor der Übernahme liegenden Kalenderjahr entstanden sind. Um eine zwangsweise Vermögensverwertung zu erleichtern, tritt diese Haftung gemäß § 75 Abs. 2 AO nicht ein bei Erwerb im Zwangsverfahren, d.h. bei Erwerben aus der Konkursmasse, im Rahmen eines Liquidationsvergleiches gemäß § 7 Abs. 4 Vergleichsordnung im Vollstreckungsverfahren. Ist die Eröffnung des Konkurses mangels Masse abgelehnt worden, greift § 75 Abs. 2 AO **allerdings ebenfalls nicht** ein, weil dann ein lebensfähiges, zu erwerbendes Unternehmen nicht vorliegt.[121]

Eine **Übereignung im ganzen** i.S.d. § 75 AO liegt vor, wenn das wirtschaftliche Eigentum an dem Unternehmen oder dem Teilbetrieb auf den Erwerber übergeht, d.h. dieser wirtschaftlich **wie ein Eigentümer** dar-

---

[120] S. o. RN. 84.
[121] Vgl. BFH, Urt. v. 08.07.1982, DStR 1983, 270.

über verfügen kann. Irrelevant ist, ob der Erwerber zivilrechtlicher Eigentümer des Unternehmens oder des Teilbetriebes wird (§ 391 AO).[122] Die Gegenstände, die die wesentliche Grundlage des Unternehmens ausmachen, müssen auf eine Person oder Personengruppe übertragen werden und diesen ermöglichen das Unternehmen fortzuführen.[123] Bei der Prüfung, ob das Unternehmen im ganzen auf den Erwerber übergegangen ist, stellt der BFH auf die **jeweilige Steuer** ab, für die gemäß § 75 AO gehaftet werden soll. So hat der BFH in einem Urteil vom 11.05.1993[124] im Hinblick auf die Haftung des Erwerbers gemäß § 75 AO für Umsatzsteuer auf den Unternehmensbegriff in § 2 Abs. 1 UStG abgestellt und die Übereignung eines steuerpflichtig vermieteten Grundstücks als Erwerb eines Unternehmens i. S. von § 75 Abs. 1 AO angesehen, da dieses vermietete Grundstück die wesentliche Grundlage für die Fortsetzung der Vermietung bildete.[125] Diese, je nach der Steuer, für die gehaftet werden soll, unterschiedliche Interpretation des Unternehmensbegriffes i. S. d. § 75 Abs. 1 AO durch den BFH wird im Schrifttum zu Recht kritisiert,[126] da dies Rechtsunsicherheit bedeutet.

Unter § 75 AO fallen die Gewerbesteuer, die Umsatzsteuer, die Verbrauchsteuern, die Versicherungsteuern und die Steuerabzugsbeträge, nicht aber die Einkommen- und Versicherungsteuern des Veräußerers.[127] Streitig ist, ob der Erwerber auch für die aus der **Veräußerung** des Unternehmens selbst **entstehenden Steuern** haftet. Der BFH hat in einem älteren Urteil[128] zur Haftung des Erwerbers für Umsatzsteuerschulden entschieden, daß der Erwerber auch für die Umsatzsteuer aus der Geschäftsveräußerung haftet. Es ist allerdings zweifelhaft, ob dieses Urteil aus dem Jahre 1977 zur Umsatzsteuer heute noch Gültigkeit hat. Im Hinblick auf die Haftung des Erwerbers für die im Rahmen der Veräußerung des Unternehmens anfallende Umsatzsteuer ist dies bereits deshalb zu verneinen, da die **Veräußerung eines Unternehmens** weder im Rahmen eines share deal noch im Rahmen eines asset deal seit dem 01.01.1994 mehr der Umsatzsteuer unterliegt.[129] Soweit aber bei der Veräußerung des Unternehmens Einkommen oder Körperschaftsteuer des Veräußerers anfällt, so handelt es sich nicht um eine **Betriebssteuer** i.S.d. § 75 AO, sondern um eine **persönliche Steuer** des Veräußerers, so daß § 75 AO nicht eingreift.[130]

---

[122] Picot, in: Festschrift Deringer, 1993, S. 486, 496; Tipke-Kruse § 75 AO, RN. 7.
[123] Holzapfel/Pöllath RN. 566; Tipke-Kruse, a.a.O. RN. 7.
[124] BStBl 1993, II, 700, 701.
[125] BFH, a.a.O., S. 702.
[126] Holzapfel/Pöllath, RN. 566.
[127] Diese Steuerverbindlichkeiten des Veräußerers können aber u. U. eine Haftung gemäß § 419 BGB auslösen, vgl. dazu oben Teil A RN 112.
[128] BFH, Urteil v. 06.10.1977, BB 1978, 538.
[129] Vgl. § 1 Abs. 1 a UStG, § 4 Nr. 8 f UStG.
[130] Ebenso Picot, a.a.O., S. 496.

Eilers

Grundsätzlich beschränkt sich die Haftung gemäß § 75 Abs. 1 AO auf das übernommene Vermögen, § 74 AO weitet diese Haftung aber für eine an einem gewerblichen Unternehmen wesentlich beteiligte Person auf das persönliche Eigentum, welches dem Unternehmen dient, aus.

Gemäß § 191 AO können die Finanzbehörden aufgrund der zivilrechtlichen Vermögensübernahme (§ 419 BGB) selbst dann den Übernehmer auf steuerliche Haftung in Anspruch nehmen, wenn ein Unternehmensübergang i.S. von § 75 AO nicht vorliegt.[131]

VI. Steuerliche Folgen von Maßnahmen zur Verbesserung der Liquiditäts- und Bilanzsituation des Unternehmens in der Krise

1. Einleitung

Die Steuerplanung wird durch die **Unternehmenskrise**[132] nicht beendet, vielmehr stellt die Unternehmenskrise an die Steuerplanung **neue Herausforderungen**. Die Unternehmenskrise fordert von der Unternehmensführung schnelle und flexible Reaktionen, die beispielsweise in der Durchsetzung von Kostensenkungen oder in der kurzfristigen Realisierung stiller Reserven des Unternehmens liegen können, wie dies in den letzten Jahren durch die Veräußerung oder gleichzeitiger Rückanmietung von Betriebsgrundstücken mit hohen stillen Reserven an Finanzinvestoren geschehen ist („sale and lease back"). Solche Maßnahmen zur Bewältigung von Unternehmenskrisen können aber auch tief in die vorhandene **rechtliche Struktur** des jeweiligen Unternehmens eingreifen. Als Beispiel für solche Maßnahmen sind die Aufspaltung von bestehenden Unternehmen in kleinere, flexiblere unternehmerische Einheiten unter dem Dach einer **gemeinsamen Holding** Gesellschaft oder die Veräußerung nicht profitabler Unternehmenssparten zu nennen.

Der **Erwerber** eines Unternehmens, insbesondere wenn ein Unternehmen durch ein existierendes Unternehmen erworben worden ist, befindet sich oft in einer **ähnlichen** Situation. Auch er kann das erworbene Unternehmen nicht in der Gestalt weiterführen, in der er es erworben hat. Doppelt besetzte Funktionen im Unternehmen, wie Stabs- oder Vertriebsabteilungen müssen vereinheitlicht werden, Aktivitäten des erworbenen und des erwerbenden Unternehmens auf gemeinsamen Geschäftsfeldern oder in bestimmten Ländern bzw. Regionen müssen in neue Organisationsformen zusammengefaßt bzw. anderen unternehmerischen Einheiten zugeordnet werden. Alle diese Maßnahmen, **die Reorganisation des Unternehmens nach Erwerb aber auch die Reorganisation des Unternehmens in der Unternehmenskrise** müssen im Hinblick auf mögliche

---

[131] Vgl. FG Freiburg, EFG 1979, 581.
[132] Vgl. zur Terminologie Groß, S. 1 ff.; Küting/Kaiser, S. 4; Kräußlein, S. 4 ff.

Steueroptimierungen geprüft bzw. so gestaltet werden, daß sie keine zusätzlichen Steuerbelastungen auslösen.[133]

In einem ersten Abschnitt werden zunächst die Maßnahmen behandelt, die im wesentlichen aus der Sicht des Gesellschafters in einer Unternehmenskrise ergriffen werden können, um die Liquiditäts- bzw. Bilanzsituation des betroffenen Unternehmens zu verbessern (VI.). Der zweite Abschnitt behandelt im Überblick die steuerlichen Folgen möglicher Restrukturierungsmaßnahmen, die insbesondere eine Änderung der Unternehmensform mit sich bringen[134] (VII.).

Hinsichtlich von Spezialfragen der steuerlichen Behandlung der Unternehmenssanierung ist auf die zu diesem Problemkreis erschienene Spezialliteratur zu verweisen.[135]

2. Die steuerliche Behandlung von Sanierungsgewinnen

95 **Sanierungsgewinne** entstehen immer dann, wenn einem Unternehmen im Rahmen von Sanierungen Schulden ganz oder teilweise erlassen werden. Der auf diese Weise entstandene Gewinn ist gemäß § 3 Nr. 66 EStG steuerfrei.

Im einzelnen ist die Steuerfreiheit jedoch an verschiedene Voraussetzungen geknüpft. So muß erstens das Unternehmen **sanierungsbedürftig** sein, zweitens die Schuld oder die Schulden ganz oder teilweise **erlassen** werden, drittens die Gläubiger die geschäftliche und finanzielle **Gesundung** des **Schuldners beabsichtigen** und schließlich der Schulderlaß **geeignet** sein, das sanierungsbedürftige Unternehmen wieder **ertragsfähig** zu machen.[136]

a) Sanierungsbedürftigkeit

96 Das Vorliegen der **Sanierungsbedürftigkeit** ist dann anzunehmen, wenn ein **Unternehmen** überschuldet ist. Allerdings reicht die Überschuldung allein nicht aus, um die Sanierungsbedürftgkeit zu bejahen.[137] Dafür sind vielmehr im Rahmen einer umfassenden Prüfung unter ande-

---

[133] Die Durchführung einer sale and lease back Transaktion von Betriebsgrundstücken führt regelmäßig zu einer steuerpflichtigen (Gewerbesteuer und Körperschaftsteuer) Aufdeckung von stillen Reserven; dieser negative Steuereffekt kann ggf. durch einen vorhandenen gewerbesteuerlichen bzw. körperschaftsteuerlichen Verlustvortrag „aufgefangen" werden, vgl. dazu unten RN 112.
[134] Vgl. zur gesellschaftsrechtlichen Darstellung der Änderung der Unternehmensform Teil B RN 1 ff.
[135] Vgl. Groß, S. 255; Kräußlein, S. 68ff; Maus, in: Gottwald (Hg.) Insolvenzrechtshandbuch, München 1992, § 5 Rn. 67ff; Meyer-Scharenberg, DStR 1994, 889 ff.
[136] BFH, Urt. v. 14.03. 1990, BStBl. I 1990, S. 955; BFH, Urt. v. 28.Februar 1989, BStBl. II 1989, S. 711 ff.; BFH, Urteil vom 22.November 1983, BStBl. II 1984, S. 472; vgl. zum Begriff des Sanierungsgewinnes umfassend Fichtelmann, DStR 1992, 237ff.; 314ff.; vgl. auch Kräußlein, S. 68 bis 74.
[137] BFH, Urteil vom 14.März 1990, BStBl. II 1990, S. 955ff.

rem Kriterien wie die Liquidität, das Verhältnis der flüssigen Mittel zur Höhe der Schuldenlast, die Fälligkeit der Verbindlichkeiten, die Gliederung des Betriebsvermögens, die Ertragslage sowie die Kapitalverzinsung heranzuziehen.

b) Sanierungsabsicht

Die **Sanierungsabsicht** des Gläubigers ist dann anzunehmen, wenn er seinem Schuldner die Forderungen zu dem Zweck erläßt, den Zusammenbruch des Unternehmens zu verhindern und schließlich dessen finanzielle Gesundung zu erreichen. 97

Für den Fall, daß ein Mitunternehmer einer Personengesellschaft ganz oder teilweise auf seine Forderungen im Rahmen einer Sanierung der notleidenden Schuldnergesellschaft verzichtet, ist zu unterscheiden: Handelt es sich um eine „echte" Sanierungsmaßnahme, so kann der Forderungserlaß als betrieblich veranlaßter **Verlust von Betriebsvermögen** und damit als betrieblicher **Aufwand** zu qualifizieren sein. Handelt es sich dagegen um eine „unechte" Sanierung, so ist der Erlaß als **verdeckte Einlage** anzusehen. Als Unterscheidungsmerkmal zwischen der echten und der unechten Sanierung ist die Frage heranzuziehen, ob auch ein Dritter bei Anwendung der Sorgfalt eines ordentlichen Kaufmanns die Forderung erlassen würde.[138]

c) Sanierungseignung

Die Sanierungseignung besteht dann, wenn die Maßnahme **im Zeitpunkt ihrer Vereinbarung** als geeignet erschien, das begünstigte Unternehmen vor dem Zusammenbruch zu bewahren **und** die Ertragsfähigkeit des Unternehmens wiederherzustellen. Die Sanierungseignung ist im Wege der Gesamtwürdigung der wirtschaftlichen Situation aller wirtschaftlichen Umstände des begünstigten Unternehmens zu ermitteln.[139] Dabei ist darauf hinzuweisen, daß die Einkommensteuerrichtlinien für die Bejahung der Sanierungseignung regelmäßig die Vorlage eines Sanierungsplanes fordern.[140]

Liegen die Voraussetzungen des § 3 Nr. 66 EStG vor, so ist der Sanierungsgewinn außerhalb der Bilanz als steuerfrei zu behandeln. Bestehende steuerliche Verlustvorträge werden durch einen Sanierungsgewinn nicht beeinträchtigt.

---

[138] BFH, Urteil vom 31. Juli 1991, BStBl. II 1992, S. 375 ff.; vgl. zum Streit inwieweit auch der Verzicht auf den Ausgleich eines negativen Kapitalkontos die Steuerfolgen aus § 3 Nr. 66 EStG auslösen kann, Schmidt, § 3 EStG, ABC, Sanierungsgewinn Anm. a).

[139] Vgl. Fichtelmann, DStR 1992, 239.

[140] Vgl. Abschnitt 6 zu § 3, Nr. 66, 4., Satz 5 EStR 1993; kritisch dazu aber Fichtelmann, DStR 1992, 239.

3. Forderungsverzicht gegen Besserungsschein

Der Forderungsverzicht eines Gesellschafters gegenüber der Gesellschaft ist als Erlaßvertrag gemäß § 397 BGB zu behandeln. Dieser Forderungsverzicht kann mit einer Besserungsklausel dergestalt verknüpft werden, daß bei einer Besserung der wirtschaftlichen Lage der Gesellschaft die Verbindlichkeit wieder auflebt, Zahlungen jedoch nur aus künftigen Jahresüberschüssen oder einem etwaigen Liquidationsüberschuß zu erfolgen haben.

Steuerlich ist der Forderungsverzicht durch einen Gesellschafter wie eine **verdeckte Einlage** zu behandeln, jedoch nur unter der Voraussetzung, daß der Verzicht auf das Gesellschaftsverhältnis zurückzuführen ist.[141] Als verdeckte Einlage ist die bilanzielle Vermögensmehrung **steuerneutral**.

Es wird in diesem Zusammenhang diskutiert, ob eine verdeckte Einlage nur in Höhe der Werthaltigkeit der erlassenen Forderung vorliegt, der nicht werthaltige Teil dagegen auf der betrieblichen Ebene steuerpflichtig ist, so daß der nicht werthaltige Teil den steuerlichen Gewinn der Gesellschaft erhöhen würde.[142] Diese Frage ist nicht höchstrichterlich entschieden; der Bundesfinanzhof hat sie ausdrücklich offengelassen.[143]

Wird die Darlehensforderung nach einer Besserung der wirtschaftlichen Lage erfüllt, so ist dies nicht als verdeckte Gewinnausschüttung der Gesellschaft an ihren Gesellschafter zu beurteilen; Zahlungen auf angefallene Darlehenszinsen stellen Betriebsausgaben der Gesellschaft dar.[144]

Beruht der Forderungserlaß auf dem Gesellschaftsverhältnis, so ist bei der Gliederung des verwendbaren Eigenkapitals der Betrag der erlassenen Forderung in den Teilbetrag des verwendbaren Eigenkapitals gemäß § 30 Abs. 2 Nr. 4 KStG einzustellen. Die erlassene Verbindlichkeit ist im Falle der wirtschaftlichen Besserung wieder einzubuchen und der entsprechende Betrag zu Lasten des EK 04 zu verrechnen.

---

[141] Vgl.: Knobbe-Keuk, Rangrücktrittsvereinbarung und Forderungserlaß, StuW 1991, S. 306 ff.; Häuselmann, BB 1993, S. 1552 ff.

[142] Wassermeyer, Zur Einlage nicht mehr werthaltiger Gesellschafterforderungen in das Vermögen einer Kapitalgesellschaft, DB 1990, S. 2288 f.; Schmidt, DStR 1990, S. 599; Bruse/v. Braunschweig, DB 1993, S. 2302 ff.; Haarmann, JbFfSt 1985/1986, S. 446 ff.; Orth, FR 1994, 251 ff. mit Replik Elberg, FR 1994, 391 und Duplik Orth, FR 1994, 391; in diesem Zusammenhang ist auf zwei anhängige Revisionsverfahren vor dem BFH (AZ I R 23/93, Vorinstanz FG Münster v. 16.12.1992, GmbHR 1993, 448 und I R 103/93, Vorinstanz FG Rhl-Pfalz vom 16.11.1992, KÖSDI 1993, 9501) hinzuweisen vgl. auch BFH, Urt. v. 7.7.1992, BStBl. 1993 II 333 = DStR 1992, 1545 sowie Nichtanwendungserlaß vom 14.4.1994, DStR 1994, 706; diese Rechtsfrage liegt mittlerweile dem Großen Senat des BFH vor, vgl. Beschluß vom 27.7.1994, FR 1994, 709.

[143] BFH, Urteil vom 30. Mai 1990, BStBl. 1991 II, S. 588 ff.

[144] BFH, Urteil vom 30. Mai 1990, BStBl. 1991 II, S. 588 ff.

Liegt dagegen keine verdeckte Einlage vor, so ist unter den Voraussetzungen des § 3 Nr. 66 EStG ein steuerfreier Sanierungsgewinn in das EK 02 einzustellen, der im Falle der Besserung der wirtschaftlichen Lage wieder als Abgang zu verbuchen ist.

4. Rangrücktrittserklärung

Rangrücktrittsvereinbarungen[145] führen dann zur Vermeidung der Überschuldung der Gesellschaft, wenn die jeweilige Forderung nur aus künftigen Jahresüberschüssen bzw. ein etwaiger Liquidationsüberschuß aus weiteren, die sonstigen Schulden der Gesellschaft übersteigendem Vermögen getilgt werden soll. Eine solche Rangrücktrittserklärung ist zivilrechtlich als eine Vereinbarung zu werten, die dem jeweiligen Schuldner ein Leistungsverweigerungsrecht gewährt.[146] In ihrem Bestand hat sich die Forderung aber durch die Rangrücktrittserklärung nicht geändert, jedoch in ihrem Inhalt. Sie ist als haftendes Kapital auszuweisen.[147] Ein Ertrag wird auf seiten der Gesellschaft aber durch die Rangrücktrittserklärung nicht ausgelöst, so daß steuerliche Folgen durch die Rangrücktrittserklärung **nicht** ausgelöst werden.

98

Die steuerliche Gleichbehandlung von Rangrücktrittserklärung und Darlehensverzicht gegen Besserungsschein hat der 4. Senat des BFH in einem obiter dictum jüngst in Zweifel gezogen[147a]. Aus der Tatsache, daß der 4. Senat aber in dieser Frage nicht den großen Senat angerufen hat (Abweichung zu dem in FN 142 zitierten BFH-Urteil) ist aber zu schließen, daß diesem obiter dictum (wohl) keine besondere Bedeutung beizumessen ist.

5. Realisierung stiller Reserven

Die (kurzfristige) **Verbesserung der Ertragssituation** eines Unternehmens durch die Realisierung stiller Reserven gehört zu den gängigsten Maßnahmen, die in einer Unternehmenskrise ergriffen werden. Dabei ist aber darauf zu achten, daß bei der Veräußerung von Betriebsvermögen unter Aufdeckung stiller Reserven regelmäßig ein gewerbesteuer- und körperschaftsteuerpflichtiger Gewinn entsteht, der – bei optimaler Gestaltung – durch einen bestehenden Verlustvortrag oder durch laufende Verluste des Unternehmens steuerlich neutralisiert werden sollte. Gestaltungsmöglichkeiten ergeben sich in dieser Hinsicht auch durch das vom Standortsicherungsgesetz eingeführte **Wahlrecht**[148] hinsichtlich des **Verlustrücktrages** (bis zu der Höhe von DM 10 Millionen). Danach können

99

---

[145] Vgl. dazu Knobbe-Keuk, S. 108; Häuselmann, BB 1993, S. 1556f.
[146] Vgl. BGH, Urt. v. 21.02.1983, NJW 1983, 2496.
[147] Vgl. Knobbe-Keuk, S. 109.
[147a] Vgl. DStR 1993, 871.
[148] BGBl. 1993 I., 1569; vgl. dazu Schiffers u.a. DB 1994, 1252ff.; Schlarb, BB 1994, 187ff. sowie Dötsch, DB 1993, 1639ff.

die betroffenen Steuerpflichtigen im Unterschied zu der bisherigen Regelung (Vortrag in das zweite bzw. erste Jahr vor dem Verlustjahr) auf den Verlustrücktrag teilweise oder vollständig verzichten.

6. Bilanzpolitik in der Krise[149]

100 In die Strategie der Unternehmensführung zur Bewältigung einer Unternehmenskrise müssen auch bilanzielle Maßnahmen eingebunden werden. Die Bilanzpolitik orientiert sich[150] an finanzpolitischen und publizitätspolitischen Zielen, wie z.B. der **Kontinuität des Gewinnausweises**. Dieses letzte **publizitätspolitische** Ziel tritt in den Zeiten wirtschaftlicher Krisen in den Vordergrund, um das Vertrauen der unternehmensexternen „Adressaten" der Bilanz, wie z.B. Eigenkapitalgeber, Banken sowie die Finanzbehörden in die ungebrochene wirtschaftliche Ertragskraft des jeweiligen Unternehmens zu erhalten. Zu diesen bilanzpolitischen Maßnahmen (ohne Anspruch auf Vollständigkeit) zählen etwa:
- **Sachverhaltsgestaltungen**, d.h. geschäftspolitische Maßnahmen, die vor Ablauf des Geschäftsjahres durchgeführt werden und vorrangig auf die Gestaltung der Bilanz abzielen sollen, wie z.B.:
  - sale and lease back Transaktionen oder die Veräußerung nicht betriebsnotwendiger Vermögensteile des Anlagevermögens oder die
  - vorzeitige Fertigstellung eines langfristigen Auftrages um die Voraussetzungen für die Gewinnrealisierung noch im laufenden Geschäftsjahr zu schaffen.[151]
- Maßnahmen im Bereich der **Sachverhaltsabbildung**, wie z.B. die Ausnutzung von Bilanzierungs- und Bewertungswahlrechten,[152] die sich ggf. zum Ausgleich eines schwachen Jahresergebnisses anbieten könnten sowie
- Maßnahmen im Rahmen **der Verteilung des Jahresüberschusses (Gewinnverwendung)**.

VII. Steuerliche Folgen von Restrukturierungsmaßnahmen

1. Einleitung

101 Im Rahmen der Reorganisation von Unternehmen sind folgende Grundformen zu unterscheiden, die jeweils nach der Rechtsform des Unternehmens differenziert betrachten sind:[153]

---

[149] Vgl. dazu umfassend Küting/Kaiser, S. 1 ff.
[150] Vgl. dazu Küting/Kaiser, S. 5 ff.; Freidank, DB 1982, 337 ff.
[151] Vgl. dazu Knobbe-Keuk, S. 251; Luik, in: Ruppe (Hg.), Gewinnrealisierung im Steuerrecht, Köln 1981, S. 103 f.
[152] Umfassender Überblick dazu bei Küting/Kaiser, S. 12 ff.
[153] Vgl. zu den gesellschaftsrechtlichen Grundlagen die Unternehmensreorganisation Teil B RN 1 ff.

- **Verschmelzungen** oder Einbringungen, falls die Übertragung der Aktivitäten eines Unternehmens unter Aufgabe der ursprünglich bestehenden rechtlichen und wirtschaftlichen Einheit auf eine neue oder bereits vorher bestehende unternehmerische Einheit (siehe unten 2.); 102
- die **Spaltung**, d. h. die Teilung der Aktivitäten eines Unternehmens in neue unternehmerische Einheiten, wobei unter Umständen aber der bisherige Unternehmenskern als unternehmerische Einheit fortbestehen kann (siehe dazu unten 3.) sowie die 103
- **Umwandlung**, d. h. die Veränderung der Rechtsform des bestehenden Unternehmens (siehe unten 4.). 104

Weiterhin sind **Reorganisations- und Restrukturierungsmaßnahmen** zu behandeln, die die rechtliche Struktur oder die betriebliche Struktur des Unternehmens verändern, wie z.B. die Schaffung einer Holdingstruktur (siehe dazu 5.) oder die Schaffung eines Spartenkonzerns, wobei hier die Schaffung einer **Holdingstruktur** als Beispiel für eine derartige Reorganisationsmaßnahme herausgegriffen werden soll.[154] 105

Bei der Durchführung derartiger Restrukturierungsmaßnahmen ist aus steuerlicher Sicht darauf zu achten, daß die **Kosten für Reorganisations- und Restrukturierungsmaßnahmen**, die insbesondere durch die Freisetzung von Mitarbeitern ausgelöst werden,[155] auch von der unternehmerischen Einheit getragen werden, die von den Restrukturierungsmaßnahmen profitiert. Werden Kosten für Restrukturierungsmaßnahmen unter Körperschaften so alloziert, daß diese von Gesellschaften getragen werden, die nicht von der Restrukturierung profitieren, so kann ggf. eine verdeckte Gewinnausschüttung zugunsten einer Konzern-Muttergesellschaft vorliegen, die dann steuerlich zu erheblichen Mehrbelastungen für die deutsche Tochtergesellschaft führt, die dann letztlich die Kosten einer Konzernrestrukturierung trägt. 106

2. Verschmelzung

Bei der Verschmelzung im Wege der Aufnahme ist hinsichtlich der steuerlichen Konsequenzen zwischen der Besteuerung der untergehenden Gesellschaft auf der einen und der Übernehmenden auf der anderen Seite und schließlich der des Gesellschafters der untergehenden Gesellschaft zu unterscheiden.[156] 107

a) Besteuerung der untergehenden Gesellschaft

aa) Gewinnrealisierung. Für die Besteuerung der übertragenden Gesellschaft ist gemäß § 11 Abs. 2 Satz 1 UmwStG davon auszugehen, daß die übergehenden Wirtschaftsgüter in der steuerlichen Schlußbilanz mit 108

---

[154] Vgl. zum Holdingstandort Deutschland Kraushaar/Krebs/Herzig/Storck, Holdingstandort Deutschland – neue Aspekte durch das Standortsicherungsgesetz in IDW (Hg.), Bericht über die Steuerfachtagung 1993, Düsseldorf, 1993, S. 251 ff.
[155] Vgl. dazu Teil C RN 96 ff.
[156] Für die zivilrechtlichen Fragen der Verschmelzung durch Aufnahme s. o. Teil A RN 165 ff.; die steuerlichen Fragen sollen hier nur im Hinblick auf die Verschmelzung von GmbH auf GmbH behandelt werden; Einzelheiten s. etwa Schaumburg/Rödder, WiB 1995, 10 ff.

Eilers

dem **Wert der für die Übertragung gewährten Gegenleistung** anzusetzen sind.

Für den Fall, daß keine Gegenleistung gewährt wird, ist das Betriebsvermögen mit dem **Teilwert** (ohne Firmenwert) anzusetzen, § 11 Abs. 2 UmwStG.

In Mischfällen, in denen beispielsweise eine Beteiligung der übernehmenden an der übertragenden GmbH besteht, sind anteilig der Teilwert und der Wert der Gegenleistung anzusetzen.[157]

109 bb) **Buchwertfortführung.** Auf Antrag ist eine Buchwertfortführung zulässig (§ 11 Abs. 1 UmwStG), so daß die unter aa) aufgezeigten Folgen nicht eintreten. Die Buchwertfortführung setzt jedoch neben der Antragstellung voraus, daß die Besteuerung der **stillen Reserven** bei der übernehmenden Gesellschaft **sichergestellt** ist und eine **Gegenleistung** entweder **entfällt** oder lediglich in der **Gewährung von Gesellschaftsrechten** besteht.[158] Damit ist eine Buchwertfortführung ausgeschlossen, wenn die aufnehmende GmbH beschränkt steuerpflichtig ist.[159]

b) **Besteuerung der aufnehmenden Gesellschaft**

110 aa) **Übernahmegewinn oder -verlust.** Die aufnehmende Gesellschaft hat die auf sie übergehenden Wirtschaftsgüter mit den in der **steuerlichen Schlußbilanz** der übertragenden Körperschaft enthaltenen Werten **zu übernehmen.** Dabei hat die Verschmelzung bei der übernehmenden GmbH, unabhängig von dem Wertansatz bei der übertragenden Gesellschaft, keine Gewinnauswirkung, wobei im einzelnen wie folgt zu differenzieren ist:

Besteht die **Gegenleistung** der aufnehmenden Gesellschaft in der **Gewährung neuer Anteile**, so ist der Vermögensübergang bei der aufnehmenden Gesellschaft als gesellschaftsrechtliche Einlage steuerlich erfolgsneutral.

In der Konstellation der Beteiligung der übernehmenden an der übertragenden GmbH ergibt sich ein buchmäßiger Übernahmegewinn oder -verlust, wenn die zu übernehmenden Bilanzwerte der übertragenden GmbH den Buchwert der Anteile **über- oder unterschreiten**. Für die Einkommensermittlung bleibt dieser Gewinn oder Verlust außer Ansatz und ist außerhalb der Bilanz abzuziehen bzw. hinzuzurechnen,[160] so daß ein Übernahmeverlust weder abzugs- noch rücktragsfähig ist.

Ein Übernahmegewinn ist demgegenüber steuerpflichtig, soweit die

---

[157] Widmann/Mayer, RN 5840 und 5887 ff.
[158] Dehmer, § 14 UmwStG, RN 10.
[159] Vgl. dazu Widmann/Mayer, RN 5893 ff. und 5970; App, GmbHR 1991, 474; vgl. aber zur „europäischen" Spaltung, die von der Fusionsrichtlinie erfaßt wird, Sass, DB 1990, 2340.
[160] Widmann/Mayer, RN 6039; BFH, Urt. vom 18.10.1989, BStBl. II, 1990, S. 92.

Eilers

tatsächlichen Anschaffungskosten der Anteile an der übertragenden GmbH den Buchwert übersteigen, § 12 Abs. 2 Satz 2 UmwStG.[161]

Schließlich ergeben sich auch dann ertragsteuerliche Auswirkungen, wenn zwischen den Gesellschaften Forderungen und Verbindlichkeiten bestehen, die unterschiedlich bilanziert werden, wobei es sich um den sog. Übernahmegewinn zweiter Stufe handelt.

bb) Addition des verwendbaren Eigenkapitals. Das Vermögen der übertragenden GmbH geht durch die Verschmelzung im Wege der Gesamtrechtsnachfolge auf die aufnehmende Gesellschaft über. Eine Regelung über die Folgerungen für das verwendbare Eigenkapital enthält § 38 KStG. Dabei wird das verwendbare Eigenkapital der übertragenden GmbH dem der aufnehmenden GmbH hinzugerechnet. 111

cc) Verlustvortrag. Da Verlustvorträge der übertragenden GmbH mit der Verschmelzung untergehen,[162] gilt es, Verlustvorträge vor oder in der Verschmelzung durch entsprechende Gestaltung zu nutzen. 112

Dabei besteht zum einen die Möglichkeit, auf eine Buchwertfortführung zu verzichten. Zum anderen können stille Reserven durch Vorabveräußerung einzelner Wirtschaftsgüter aufgedeckt werden. Schließlich ist bei Bestehen von sehr hohen Verlustvorträgen zu erwägen, eine Verschmelzung auf die Gesellschaft vorzunehmen, die über die Verlustvorträge verfügt.

Bei diesen Gestaltungen bringt das neue Umwandlungssteuergesetz eine **entscheidende Erleichterung.** Das Gesetz (§ 12 Abs. 3 UmwStG) ermöglicht, bei Verschmelzungen die bestehenden Verlustvorträge der übernehmenden wie der übertragenden Gesellschaft zu addieren, so daß bei einer Verschmelzung die Verlustvorträge der übertragenden Gesellschaft in jedem Fall erhalten bleiben. Damit entfällt aus steuerlicher Sicht die Notwendigkeit, bei Verschmelzungen die übernehmende Gesellschaft nach dem Gesichtspunkt der höheren verwertbaren Verlustvorträge auszuwählen. 113

c) Besteuerung der Gesellschafter der untergehenden Gesellschaft

Die Verschmelzung ist für die Gesellschafter der untergehenden GmbH **steuerneutral,** soweit sie **keine baren Zuzahlungen** erhalten. 114

Dabei gelten bei Anteilen im **Betriebsvermögen** die Geschäftsanteile an der übertragenden GmbH als zum Buchwert veräußert und die an ihre Stelle tretenden Anteile der übernehmenden GmbH als zu diesem Wert angeschafft, § 13 Abs. 1 UmwStG.

Bei Anteilen im **Privatvermögen** im Sinne des § 17 EStG hingegen gelten die Anteile als zu den Anschaffungskosten veräußert und die neuen

---

[161] Engl, A. 1403, RN 20.
[162] Widmann/Mayer, RN 6225; BFH, Urt. vom 23.10. 1991, BFH/NV 1992, S. 408.

Anteile als mit diesem Wert angeschafft (§ 13 Abs. 2 Satz 1 UmStG), wobei die erworbenen Anteile ebenfalls als Anteile im Sinne des § 17 EStG gelten, § 13 Abs. 2 Satz 2 UmwStG.

Bei betrieblich gehaltenen Anteilen bzw. Anteilen im Sinne des § 17 EStG sind bare Zuzahlungen steuerpflichtig, soweit die Barzahlung dem der Barzahlung entsprechenden Anteil am Buchwert der untergehenden Anteile übersteigt.[163]

d) Personengesellschaften

115 Auch die Verschmelzung von **Personengesellschaften,** d. h. die Einbringung des Betriebs- oder der Mitunternehmeranteile der einen Personengesellschaft in eine andere gegen Einräumung von Gesellschaftsanteilen an dieser, die den Gesellschaftern der untergehenden Personengesellschaft gewährt werden, ist steuerneutral unter Buchwertfortführung möglich (§ 24 UmwStG). Allerdings sind auch in diesen Fällen die **Restriktionen** in der Anwendung des § 24 UmwStG, die oben dargestellt worden sind,[164] zu beachten.

3. Spaltung

116 Die **Spaltung von Körperschaften** bzw. die **Realteilung von Personengesellschaften** ist das rechtliche Instrument, um kleinere und flexiblere Unternehmenseinheiten zu schaffen. Diese Einheiten können dann ggf. schnell und mit eigener Ergebnisverantwortung am Markt agieren. Die Spaltung eines Unternehmens in kleinere Unternehmenseinheiten kann dann ggf. mit der Schaffung einer **Holdingstruktur**[165] verbunden werden.

117 Wie im Gesellschaftsrecht wird auch im Steuerrecht zwischen drei Arten der Spaltung, der Aufspaltung, der Abspaltung und der Ausgliederung unterschieden.[166]

Während bisher lediglich für die Ausgliederung eine **gesetzliche Regelung** besteht,[167] ist die steuerneutrale Spaltung von Körperschaften in §§ 15, 16 UmwStG geregelt.[168]

---

[163] Widmann/Mayer, RN 6318 und 6317.
[164] Vgl. dazu oben RN 26 ff.
[165] Vgl. dazu Teil B RN 416 ff.
[166] Vgl. hierzu oben Teil B RN 293.
[167] Eine steuerneutrale Auf- oder Abspaltung von Kapitalgesellschaften war bisher nur aufgrund eines Erlasses des Bundesfinanzministeriums, des sog. Spaltungserlasses möglich, vgl. dazu unten RN 119. Eine Ausnahme gilt nur für Gesellschaften, deren sämtliche Geschäftsanteile oder Aktien sich unmittelbar oder mittelbar in der Hand der Treuhandanstalt befinden, gemäß dem Gesetz über die Spaltung der von der Treuhandanstalt verwalteten Unternehmen (SpTrUG) vom 05.04. 1991, BGBl. I, 854 vgl. dazu oben Teil B RN 323.
[168] Das Gesetz zur Änderung des Umwandlungssteuerrechtes v. 28.10. 1994, BGBl. I 3267 (vgl. § 27 UmwStG) trat zum 1.1. 1995 in Kraft. Im folgenden wird die bisherige Rechtslage als auch die neue Rechtslage dargestellt.

Eilers

VII. Steuerliche Folgen von Restrukturierungsmaßnahmen

a) Ausgliederung

Die reine **Ausgliederung** eines Betriebes, eines Teilbetriebes oder eines Mitunternehmeranteiles, d. h. die Einbringung in eine Kapitalgesellschaft gegen Gewährung von Gesellschaftsanteilen ist unter den Voraussetzungen des § 20 Abs. 1 i. V. m. Abs. 2, Abs. 4 UmwStG bzw. des § 23 UmwStG steuerneutral möglich. Voraussetzung ist, daß es sich jedenfalls um einen sog. Teilbetrieb, d. h. um einen mit einer gewissen Selbständigkeit ausgestatteten, organisch geschlossenen Teil des Gesamtbetriebes, der für sich allein lebensfähig ist, handelt.[169]

118

Ferner setzt die Steuerfreiheit die **Verdoppelung** der in dem übertragenen Teilbetrieb vorhandenen stillen Reserven voraus, d. h. einmal die Fortführung der Buchwerte durch die übernehmende Kapitalgesellschaft[170] und zum anderen die Fortführung der stillen Reserven in den erhaltenen Anteilen, d. h. deren Aktivierung mit den Buchwerten des übertragenen Teilbetriebes.[171]

b) Aufspaltung und Abspaltung

Eine steuerneutrale **Aufspaltung** und **Abspaltung** war bis zum 31.12. 1994 nur unter den Voraussetzungen des sog. **Spaltungserlasses**[172] möglich. Der Spaltungserlaß erklärt in Ziff. 2 die steuerrechtlichen Vorschriften über die Verschmelzung (§§ 14 bis 16 und 19 UmwStG a. F.) aus Billigkeitsgründen auf Antrag für sinngemäß anwendbar. Im Schrifttum wird bezweifelt, ob der Spaltungserlaß eine ausreichende Rechtsgrundlage für die steuerneutrale Durchführung einer Spaltung bietet.[173] Solange das Gesetz zur Änderung des Umwandlungssteuerrechtes noch nicht in Kraft getreten ist, empfiehlt sich daher **die Einholung einer verbindlichen Auskunft**, um die Steuerneutralität einer beabsichtigten Spaltung abzusichern. Das Gesetz zur Änderung des Umwandlungssteuerrechtes folgt im wesentlichen der Regelung des sog. Spaltungserlasses, enthält jedoch einige **Erleichterungen** für die Steuerpflichtigen gegenüber dem sog. Spaltungserlaß.

119

Zunächst wird die Regelung des sog. Spaltungserlasses dargestellt, im Anschluß daran werden abweichende Regelungen in dem Gesetz zur Änderung des Umwandlungsteuerrechtes beschrieben.

aa) Spaltungserlaß. Eine steuerneutrale Auf- oder Abspaltung von Kapitalgesellschaften ist gemäß dem Spaltungserlaß unter den folgenden Voraussetzungen möglich:[174]

120

---

[169] Vgl. zum Teilbetriebsbegriff oben RN 12.
[170] Vgl. § 20 Abs. 2 UmwStG.
[171] Vgl. § 20 Abs. 4 UmwStG.
[172] BMF-Schreiben vom 09.01. 1992, IV/B 7-S 1978–37/91, BStBl. I 1992, 47; vgl. ferner koordinierter Erlaß OFD Erfurt, v. 12.01. 1993, DStR 1993, 948.
[173] Vgl. Nachweise bei Thiel, in: Herzig, S. 1, 4.; Wassermeyer, DStR 1993, 589 ff.
[174] Diese Regelungen gelten gemäß Ziff. 6 des BMF-Schreibens vom 09.01. 1992 für Spaltungen von Genossenschaften ab 01.01. 1992 entsprechend.

121 (1) Sowohl die Obergesellschaft als auch die übernehmende Kapitalgesellschaft müssen **unbeschränkt steuerpflichtig** sein. Eine grenzüberschreitende Spaltung ist daher aufgrund des Spaltungserlasses nicht begünstigt.[175] Die sog. europäische Fusionsrichtlinie[176] sieht die erfolgsneutrale Durchführung grenzüberschreitender Spaltungen vor. Die Umsetzung dieses Teiles der Fusionsrichtlinie soll durch das Gesetz zur Änderung des Umwandlungssteuerrechtes erfolgen.

122 (2) Bei der **übernehmenden Kapitalgesellschaft** muß es sich um eine **neugegründete Gesellschaft** handeln. Die Neugründung muß grundsätzlich im Wege der Sachgründung erfolgen, allerdings ist eine **Bargründung** zur **Vorbereitung der Spaltung** unschädlich, wenn die übertragende Kapitalgesellschaft allein Gesellschafterin der neu gegründeten Gesellschaft ist.[177]

> Das Erfordernis der Gründung einer neuen Gesellschaft ergibt sich daraus, daß der Spaltungserlaß lediglich eine Auf- oder Abspaltung zur Fortführung des bisherigen unternehmerischen Engagements zuläßt.[178] Erfolgt zur Vorbereitung der Spaltung zunächst eine Bargründung und wird in die neu gegründete Gesellschaft im Anschluß an die Bargründung der Betrieb, Teilbetrieb oder Mitunternehmeranteil eingebracht, so liegt an sich eine **verdeckte Sachgründung** vor.[179] Im Falle einer verdeckten Sachgründung ist § 20 Abs. 1 UmwStG nicht anwendbar, da in diesem Fall die Voraussetzung der Gewährung neuer Gesellschaftsrechte als Gegenleistung für die eingebrachten Wirtschaftsgüter nicht gegeben ist. Der Einbringende erhält keine neuen Anteile an der Kapitalgesellschaft, sondern vielmehr eine Forderung gegen die Gesellschaft[180] auf Rückgewähr der eingebrachten Wirtschaftsgüter. Abweichend davon ist es gemäß dem Spaltungserlaß für die Steuerneutralität der Spaltung unschädlich, wenn zur Vorbereitung der Spaltung eine Bargründung erfolgt, allerdings nur unter der Voraussetzung, daß die übertragende Kapitalgesellschaft Alleingesellschafterin der neu gegründeten Gesellschaft ist. Dies ist eine Folge der **einheitlichen Betrachtung** der verschiedenen gesellschaftsrechtlich aufeinanderfolgenden Rechtsvorgänge gemäß Ziff. 2 des Spaltungserlasses.

123 (3) Es muß, bezogen auf den Kreis der Gesellschafter insgesamt, **Personenidentität** bestehen, d. h. es darf im Rahmen der Aufspaltung bzw. Abspaltung weder ein Gesellschafter ausscheiden noch ein Gesellschafter **neu** eintreten. Eine Beteiligungsidentität ist nicht erforderlich.[181] Ent-

---

[175] Vgl. Ziff. 2. a) des BMF-Schreibens vom 09.01.1992; Krebs, BB 1992, 184, 186; derselbe, in: Herzig, S. 36 ff.

[176] Richtlinie des Rates der Europäischen Gemeinschaften vom 23.07.1990 über das gemeinsame Steuersystem für Fusionen, Spaltungen, die Einbringung von Unternehmensteilen und den Austausch von Anteilen, die Gesellschaften verschiedener Mitgliedstaaten betreffen, Amtsblatt EG Nr. L 225/1.

[177] Vgl. Ziff. 2 b) des BMF-Schreibens vom 09.01.1992.

[178] Vgl. Ziff. 2 f) des BMF-Schreibens vom 09.01.1992; Thiel, in: Herzig, Besteuerung der Spaltung von Kapitalgesellschaften, S. 1, 6.

[179] Vgl. dazu oben Teil B RN 36.

[180] BFH, Urt. v. 01.07.1992, BStBl. II 1993, 131; Urt. v. 24.03.1987, BStBl. II 1987, 705, 707; OFD Köln vom 03.05.1990, DStR 90, 358; Dehmer, § 20 UmwStG, Anm. 44.

[181] Vgl. Ziff. 2 c) des BMF-Schreibens vom 09.01.1992.

Eilers

sprechend verlangt Ziff. 2 h) des Spaltungserlasses, daß über die Gewährung von Gesellschaftsrechten hinausgehende Gegenleistungen nicht erbracht werden dürfen. Ein ausscheidender Gesellschafter dürfte daher nicht in Geld entschädigt werden. Nachdem der Spaltungserlaß lediglich Personenidentität insgesamt verlangt, ist eine Aufspaltung bzw. Abspaltung zur Trennung von Gesellschafterstämmen steuerneutral möglich.[182]

(4) Die Besteuerung der **stillen Reserven** sowohl in **dem übertragenen** 124 **Teilbetrieb** als auch in den **untergehenden Gesellschaftsanteilen** muß sichergestellt sein.[183] Die Sicherstellung der Besteuerung der stillen Reserven des übertragenen Teilbetriebes wird durch die Fortführung der bisherigen Buchwerte durch die übernehmende Gesellschaft erreicht. Die Besteuerung der stillen Reserven in den untergehenden Gesellschaftsanteilen ist durch die Fortführung der Buchwerte in den durch die Abspaltung oder Aufspaltung entstehenden neuen Anteilen gewährleistet, wenn die durch die Spaltung entstandenen Anteile

- zu einem **steuerpflichtigen inländischen Betriebsvermögen** gehören oder
- **wesentliche Beteiligungen** i. S. d. § 17 EStG sind oder
- wenn es sich um **einbringungsgeborene Anteile** i. S. d. § 21 UmwStG handelt und die Anteile vor der Spaltung in ein inländisches Betriebsvermögen eingebracht werden. Die Einbringung der einbringungsgeborenen Anteile in ein inländisches Betriebsvermögen vor der Spaltung ist notwendig, da sich die Steuerverhaftung gemäß § 21 UmwStG nicht ohne weiteres auf die Anteile an der übernehmenden Kapitalgesellschaft erstreckt.[184]

Wird im Rahmen der Spaltung aus einer **nicht wesentlichen Beteili-** 125 **gung** eine **wesentliche Beteiligung** i. S. d. § 17 EStG, gilt als Anschaffungskosten für diese Beteiligung der gemeine Wert im Zeitpunkt der Spaltung.[185] Es soll mit dieser Fiktion vermieden werden, daß Wertsteigerungen aus der Zeit vor der Spaltung in die Steuerverhaftung gemäß § 17 EStG einbezogen werden.[186]

Wird umgekehrt aus einer **wesentlichen Beteiligung** i. S. d. § 17 EStG 126 eine **nicht wesentliche Beteiligung**, so gilt § 16 Abs. 2 UmwStG a. F. (= § 13 UmwStG n. F.) entsprechend. Gemäß § 16 Abs. 2 Satz 2 UmwStG a. F. gelten die im Zuge einer Verschmelzung gewährten Anteile als Anteile i. S. d. § 17 EStG und gemäß § 16 Abs. 2 Satz 1 UmwStG gelten die Anschaffungskosten der alten Anteile zugleich als Anschaffungskosten der neuen Anteile. Durch die entsprechende Anwendung des § 16 Abs. 2 a. F. UmwStG wird sichergestellt, daß die auf die neue Beteiligung über-

---

[182] Vgl. dazu das Beispiel bei Krebs, BB 1992, 184, 186.
[183] Vgl. Ziff. 2 d) des BMF-Schreibens vom 09.01.1992.
[184] Vgl. Thiel, in Herzig, S. 8.
[185] Vgl. Ziff. 2 d) Satz 3 des BMF-Schreibens vom 09.01.1992.
[186] Thiel, in Herzig, S. 8; Krebs, BB 1992, 184, 186.

Eilers

gehenden stillen Reserven auch **künftig** der Besteuerung unterliegen. Andererseits werden auch künftige Wertsteigerungen des nicht wesentlichen Anteils erfaßt.[187] Zur Vermeidung dieser für den Gesellschafter ungünstigen Rechtsfolge ist zu empfehlen, rechtzeitig vor der Spaltung die wesentliche Beteiligung an der übertragenden Kapitalgesellschaft in eine nicht wesentliche Beteiligung umzuwandeln, z.B. durch schenkweise Übertragung von Teilen der wesentlichen Beteiligung auf Familienangehörige, die dann nach Ablauf von 5 Jahren ihre nicht wesentliche Beteiligung steuerfrei veräußern können.[188] Die Zerlegung einer wesentlichen Beteiligung in mehrere nicht wesentliche Beteiligungen ist nicht mißbräuchlich i.S.d. § 42 AO, es sei denn, die Schenkung erfolgt unter der Auflage, die Anteile weiter zu veräußern.[189]

127 (5) Die übertragenen **Gegenstände** müssen einen **Teilbetrieb** i.S.d. Umwandlungssteuergesetzes darstellen,[190] d.h. es muß sich um einen mit einer gewissen Selbständigkeit ausgestatteten, organisch geschlossenen Teil des Gesamtbetriebs handeln, der für sich allein lebensfähig ist. Als Teilbetrieb gilt auch ein **Mitunternehmeranteil** oder die Beteiligung an einer Kapitalgesellschaft, die das gesamte Nennkapital der Gesellschaft umfaßt.[191] Der Spaltungserlaß orientiert sich damit an § 20 Abs. 1 UmwStG.

128 Diese Voraussetzung korrespondiert mit der weiteren Voraussetzung, daß das unternehmerische Engagement in anderer Form fortgesetzt werden muß; dies ist beim Verkauf oder Tausch einzelner Wirtschaftsgüter in der Regel nicht der Fall. Ist ein Mitunternehmeranteil oder eine Beteiligung an einer Kapitalgesellschaft innerhalb eines Zeitraumes von 5 Jahren vor der Spaltung durch Übertragung von Wirtschaftsgütern, die **keinen Teilbetrieb** bilden, erworben oder aufgestockt worden, ist eine steuerneutrale Spaltung nicht möglich.[192]

129 Eine **Beteiligung an einer Kapitalgesellschaft** gilt nur dann als Teilbetrieb i.S.d. Ziff. 2 e) des BMF-Schreibens vom 09.01. 1992, wenn sie das **gesamte Nennkapital** der Kapitalgesellschaft umfaßt.

Diese restriktive Voraussetzung steht im Widerspruch zu § 20 Abs. 6 UmwStG in der Fassung des Steueränderungsgesetzes 1992. Durch das Steueränderungsgesetzes 1992 ist die EG-Fusions-Richtlinie umgesetzt worden und die Beteiligungsgrenze für eine steuerneutrale Einbringung von Anteilen an einer Kapitalgesellschaft gesenkt worden. Voraussetzung gemäß § 20 Abs. 6 Satz 1 UmwStG 1992 ist, daß die übernehmende Gesellschaft aufgrund ihrer Beteiligung einschließlich der übernommenen Anteile

---

[187] Vgl. Dehmer, § 16 UmwStG, Anm. 3 b).
[188] Vgl. § 17 Abs. 1 Satz 5 EStG.
[189] Vgl. Schmidt, 1994, § 17 Anm. 15 b), 20 c) mit Hinweis auf BFH, Urt. v. 28.01. 1972, BStBl. II 1972, 322.
[190] Vgl. Ziff. 2 e) des BMF-Schreibens vom 09.01. 1992; vgl. dazu ausführlich Blumers/Kramer, DB 1993, 852 ff.
[191] Vgl. Ziff. 2 e) Satz 2 des BMF-Schreibens vom 09.01. 1992.
[192] Vgl. Ziff. 2 e) Satz 4 des BMF-Schreibens vom 09.01. 1992.

Eilers

nachweisbar unmittelbar die Mehrheit der Stimmrechte an der Gesellschaft hat, deren Anteile eingebracht werden.

Im Falle der **Abspaltung** muß auch das der übertragenen Kapitalgesellschaft verbleibende Vermögen einen Teilbetrieb bilden.[193] 130

(6) Die übernehmende Gesellschaft muß das **unternehmerische Engagement** der übertragenen Gesellschaft in bezug auf diesen Teilbetrieb **fortführen**, d. h. die Aufspaltung oder Abspaltung darf nicht dazu dienen, den Teilbetrieb an außenstehende Personen zu veräußern.[194] 131

Eine Fortführung des bisherigen unternehmerischen Engagements in anderer Form wird insbesondere angenommen, wenn die Abspaltung der Verbesserung der Unternehmensstruktur innerhalb eines Konzerns (Restrukturierung) oder der Trennung von Gesellschafterstämmen dient.[195] Erfolgt hingegen ein Verkauf innerhalb von 5 Jahren nach der Spaltung, wird davon ausgegangen, daß die Spaltung der Veräußerung an außenstehende Personen gedient hat, und die Steuerneutralität wird rückwirkend versagt.[196]

Soll die Spaltung der **Trennung von Gesellschafterstämmen** dienen, ist weiterhin Voraussetzung, daß die Beteiligungen an der zu spaltenden Gesellschaft mindestens 5 Jahre vor der Spaltung bestanden haben.[197] 132

(7) Die an der Spaltung beteiligten Gesellschaften müssen die Voraussetzungen für die **Vertretung der Arbeitnehmer** in den Organen der Gesellschaft erfüllen, die vor der Spaltung bestanden haben.[198] Diese Voraussetzung entspricht der Regelung in Artikel 11 Abs. 1 b) der EG-Fusions-Richtlinie. Ziff. 2 g) des Spaltungserlasses verlangt nicht nur, daß die Mitbestimmung an sich aufrecht erhalten wird, sondern daß die Mitbestimmung in ihrer bisherigen Qualität erhalten wird. 133

(8) Eine über die Gewährung von Gesellschaftsrechten **hinausgehende Gegenleistung** darf im Rahmen der Spaltung nicht erbracht werden.[199] Ein **Spitzenausgleich** ist daher nicht möglich. Diese Regelung entspricht § 14 Abs. 2 Nr. 2 UmwStG a. F. 134

Gemäß Ziff. 2 h) Satz 2 des BMF-Schreibens vom 09.01.1992 steht es einer Gegenleistung gleich, wenn im Zusammenhang mit der Spaltung Einlagen geleistet und innerhalb von 5 Jahren zurückgezahlt werden. Gemeint sind Zuwendungen an einen anderen Gesellschafter unter Einschaltung der Gesellschaft.[200] 135

---

[193] Vgl. Ziff. 2 e) des BMF-Schreibens vom 09.01.1992.
[194] Vgl. Ziff. 2 f) des BMF-Schreibens vom 09.01.1992.
[195] Vgl. Ziff. 2 f) Satz 2 des BMF-Schreibens vom 09.01.1992.
[196] Vgl. Ziff. 2 f) Satz 3 bis 5. Gemäß Ziff. 5 des BMF- Schreibens vom 09.01.1992 sind daher die Veranlagungen und die gesonderten Feststellungen der an der Spaltung beteiligten Kapitalgesellschaften und ihrer Gesellschafter nach § 165 AO insoweit vorläufig durchzuführen.
[197] Vgl. Ziff. 2 f) Satz 6 des BMF-Schreibens vom 09.01.1992.
[198] Vgl. Ziff. 2 g) des BMF-Schreibens vom 09.01.1992.
[199] Vgl. Ziff. 2 h) des BMF-Schreibens vom 09.01.1992.
[200] Vgl. Krebs, BB 1992, 184, 187; Thiel, a.a.O., S. 17.

Unschädlich ist es, wenn der Wert des einzubringenden Teilbetriebs z. B. durch die Zuordnung von flüssigen Mitteln oder Schulden gegenüber dem bei der übertragenden Kapitalgesellschaft verbleibenden Vermögen erhöht oder vermindert wird, und dies gilt entsprechend für den Fall der Aufspaltung.[201]

136 (9) Das für **Ausschüttungen verwendbare Eigenkapital** der übertragenden Kapitalgesellschaft ist nach Maßgabe der Steuerbilanzen (§ 29 KStG) den an der Spaltung beteiligten Kapitalgesellschaften so zuzuordnen, daß sie oder ihre Gesellschafter durch die Anrechnung oder Vergütung von Körperschaftsteuer keine Vorteile erlangen, die sie ohne die Spaltung nicht erlangt hätten.[202] Soweit diese Grenze bei der Aufteilung des Eigenkapitals beachtet wird, sind die an der Spaltung beteiligten Gesellschaften in der Aufteilung des Eigenkapitals frei.[203] Grundsätzlich ist eine Aufteilung im Verhältnis der Teilwerte der durch die Spaltung getrennten Teilbetriebe nicht zu beanstanden.[204]

137 (10) **Verluste** i.S.d. § 10 d EStG, die bei der übertragenden Kapitalgesellschaft noch nicht ausgeglichen sind, gehen auch nicht anteilig auf die übernehmende Kapitalgesellschaft über.[205] Bei der Abspaltung bleibt der nicht ausgeglichene Verlust der übertragenden Gesellschaft allerdings erhalten.

138 bb) **Das neue Gesetz zur Änderung des Umwandlungssteuerrechtes.** Das neue Gesetz sieht in § 15 Abs. 1 die entsprechende Anwendung der §§ 11 bis 13 (Verschmelzung oder Vermögensübertragung auf eine andere Körperschaft) unter den in § 15 Abs. 1 bis Abs. 4 UmwStG genannten Voraussetzungen vor.

Die in § 15 Abs. 1 bis 4 UmwStG genannten Voraussetzungen entsprechen grundsätzlich der Regelung des Spaltungserlasses. **Abweichungen** enthält die Regelung in dem Gesetz zur Änderung des Umwandlungssteuerrechtes hinsichtlich der Nutzung des nicht ausgeglichenen Verlustes sowie die Auswirkungen der Aufspaltung oder Abspaltung auf die Eigenkapitalgliederung:

139 – Gemäß § 15 Abs. 4 UmwStG ist ein verbleibender Verlustabzug i. S. d. § 10 d Abs. 3 Satz 2 EStG im Verhältnis der übergehenden Vermögensteile zu dem bei der übertragenden Körperschaft vor der Spaltung beste-

---

[201] Vgl. Ziff. 2 h) Satz 3 und 4 des BMF-Schreibens vom 09.01. 1992, vgl. dazu das Beispiel bei Krebs, BB, 1992, 184, 187.
[202] Vgl. Ziff. 2 i) des BMF-Schreibens vom 09.01. 1992.
[203] Krebs, BB 1992, 184, 188; derselbe in: Cahier de droit fiscal internaional LXXIXb, S. 167, 177.
[204] Thiel, a.a.O., S. 18 m.w.N.. Grundlegend zu den Aufteilungsfragen vgl. Wochinger, DB 1992, 163; Herzig, DB 1986, 1401; Krebs, BB 1992, 184, 188.
[205] Vgl. Ziff. 3 des BMF-Schreibens vom 09.01. 1992.

Eilers

VII. Steuerliche Folgen von Restrukturierungsmaßnahmen

henden Vermögen aufzuteilen, wie es in der Regel in den Angaben zum Umtauschverhältnis der Anteile im Spaltungs- und Übernahmevertrag oder im Spaltungsplan zum Ausdruck kommt. Soweit der Spaltungs- und Übernahmevertrag oder der Spaltungsplan keine Angaben zum Umtauschverhältnis der Anteile macht, ist das Verhältnis der gemeinen Werte der übergebenden Vermögensteile zu dem vor der Spaltung vorhandenen Vermögen gemäß § 15 Abs. 4 Satz 2 UmwStG maßgebend;
– Gemäß Artikel 2 Nr. 5 des Gesetzes zur Änderung des Umwandlungssteuerrechtes werden in das Körperschaftsteuergesetz Vorschriften über die Auswirkungen einer Aufspaltung bzw. Abspaltung auf die **Eigenkapitalgliederung** aufgenommen. Nach § 38 KStG sollen die §§ 38 a und 38 b eingefügt werden. Gemäß § 38 a Abs. 1 Satz 1 und Satz 2 KStG ist die Aufteilung der nach den §§ 30 bis 37 KStG ermittelten Eigenkapitalanteile der übertragenden Kapitalgesellschaft im Verhältnis der übergehenden Vermögensteile zu dem bei der übertragenden Kapitalgesellschaft vor der Spaltung bestehenden Vermögen zuzuordnen.

Das neue Gesetz zur Änderung des Umwandlungssteuerrechtes sieht in § 16 UmwStG auch die Möglichkeit einer **steuerneutralen Aufspaltung oder Abspaltung auf eine Personengesellschaft** vor und erklärt die §§ 3 bis 8, 10 und 15 UmwStG für entsprechend anwendbar. Die Gliederung des Eigenkapitals richtet sich dann nach § 38 a Abs. 1 Satz 3 KStG.

Insgesamt sind die Regelungen zur Spaltung von Kapitalgesellschaften im deutschen Steuerrecht immer noch **restriktiv**. Dabei behindern vor allem das Erfordernis der **Gesellschafteridentität**[206] sowie das Erfordernis der **Fortführung des bisherigen unternehmerischen Engagements** den Einsatz der Spaltung als flexibles Instrument der Unternehmensreorganisation.

c) Realteilung von Personengesellschaften

Die Realteilung einer Personengesellschaft ist steuerneutral möglich, wobei die Buchwertfortführung gemäß § 24 UmwStG zulässig ist, wenn das aus dem Gesellschaftsvermögen der Personengesellschaft ausgeschiedene Wirtschaftsgut in ein Betriebsvermögen übergeht.[207] In der zitierten Entscheidung hat der Bundesfinanzhof auch zur steuerlichen Behandlung einer Realteilung der Personengesellschaft **mit Spitzenausgleich** Stellung genommen. Danach führt die Zahlung eines Spitzenausgleiches bei einer Realteilung mit Buchwertfortführung nicht zur Gefährdung der gewinnneutralen Realteilung des Gesellschaftsvermögens, löst allerdings auf seiten des Empfängers des Spitzenausgleichs die Veräußerungsge-

---

[206] Vgl. dazu oben RN 123.
[207] Vgl. BFH-Urt. v. 01.02. 1992, DStR 1994, 819ff. = BStBl. 1994 II 607; vgl. dazu aber den Nichtanwendungserlaß des BMF vom 11.8. 1994, BStBl. 1994 I 601.

winnbesteuerung aus, für die die Steuervergünstigung der §§ 16, 34 EStG **nicht** beansprucht werden kann. Dieser Spitzenausgleich zählt jedoch nicht zum Gewerbeertrag.[207a]

141 Bei einer Realteilung mit Realisierung der stillen Reserven entsteht durch die Zahlung eines Spitzenausgleichs von einem Realteiler an einen anderen ein Aufgabegewinn bei der Gesellschaft, der entsprechend dem Verhältnis der Kapitalkonten in der steuerlichen Schlußbilanz auf die Personengesellschaft verteilt wird. Der Begünstigte der Spitzenausgleichszahlung kann allerdings die Steuerbegünstigung der §§ 16, 34 EStG[208] beanspruchen. Der BFH läßt auch die gewinneutrale Fortführung der Buchwerte nach Realteilungsgrundsätzen zu, wenn nur bei einem Realteiler die stillen Reserven in den übernommenen Wirtschaftsgütern aufgedeckt werden.[209]

4. Umwandlung

142 Eine erschöpfende Darstellung der steuerlichen Behandlung der Umwandlungsfälle würde den Rahmen dieses Beitrages sprengen. Zu verweisen ist auf die handhabbare Darstellung des bisherigen Rechts von Schwedhelm.[210] Festzuhalten ist, daß die wesentlichen Umwandlungsfälle, d.h. die Wandlung der Rechtsform eines Unternehmens ohne steuerpflichtige Aufdeckung der stillen Reserven schon nach dem jetzt geltenden Umwandlungssteuerrecht vollzogen werden kann. Das neue Umwandlungssteuerrecht erweitert diese Möglichkeiten noch durch die Möglichkeit einer steuerneutralen Umwandlung einer Personengesellschaft in eine Kapitalgesellschaft (§ 14 UmwStG).

5. Holding

143 Die Schaffung einer **Holdingstruktur** zählt zu den häufigsten Reorganisationsmaßnahmen. Unter der konzernleitenden Holding können dann Tochtergesellschaften in eigenen Geschäftsfeldern agieren und mit eigener Ergebnisverantwortung am Markt tätig sein. Für steuerliche Zwecke können **Verluste** in einzelnen Tochtergesellschaften der Holding durch die Herstellung von **körperschaftsteuerlicher** und **gewerbesteuerlicher Organschaft** zwischen Holding und Tochtergesellschaft **ausgeglichen** werden.[211]

144 Dabei anerkennt die Finanzverwaltung die Tätigkeit einer **konzernleitenden** Holding erst dann, wenn sie eine konzernleitende und verwalten-

---

[207a] Vgl. BFH, Urt. v. 17.2. 1994, BStBl. 1994 II 809 = DStR 1994, 1418.
[208] Vgl. dazu oben RN 11 ff.
[209] Vgl. BFH, a.a.O., 822.
[210] Die Unternehmensumwandlung, 1993. Vgl. auch Rödder, DStR 1994, 1349 ff.
[211] Vgl. zu den Organschaftsvoraussetzungen oben RN 68 f.

VII. Steuerliche Folgen von Restrukturierungsmaßnahmen

de Tätigkeit im Hinblick auf mindestens 2 Beteiligungsgesellschaften ausübt.[212]

Die Holding kann dadurch geschaffen werden, daß aus einer existierenden operativen Gesellschaft im Wege der Ausgliederung[213] Teilbetriebe bzw. 100%ige Beteiligungen an Kapitalgesellschaften **ausgegliedert** werden und die bisherige operative Gesellschaft als zukünftige Konzernholding verbleibt. Eine solche Ausgliederung kann **steuerneutral** gemäß § 20 Abs. 6 i.V.m. § 20 Abs. 1 UmwStG durchgeführt werden. Es ist aber auch denkbar (und ggf. im Hinblick auf Haftungsrisiken, die mit der bisherigen operativen Konzerngesellschaft verbunden sind, vorzuziehen), eine neue Gesellschaft zu gründen und in diese dann Teilbetriebe aus der bisherigen Konzerngesellschaft einzubringen **gegen Gewährung von Anteilen** an der neuen Konzernholding.

Der **Holdingstandort** Deutschland[214] hat seit dem 01.01.1994 erheblich an Attraktivität gewonnen, da der neu eingeführte § 8 b KStG es unter bestimmten Voraussetzungen ermöglicht, Beteiligungen an ausländischen Kapitalgesellschaften steuerfrei zu veräußern.[215]

---

[212] Vgl. zur konzernleitenden Holding, BFH, Urt. v. 17.12.1969, BStBl. II, 1970, 257; zur Berücksichtigung von Konzernspartenorganisation Raupach, IStR 1993, 194 (198).

[213] Vgl. dazu oben RN 118.

[214] Vgl. zum Holdingstandort Deutschland Kraushaar/Krebs/Herzig/Storck, Holdingstandort Deutschland – neue Aspekte durch das Standortsicherungsgesetz in IDW (Hg.), Bericht über die Steuerfachtagung 1993, Düsseldorf, 1993, S. 251 ff.; Bühner, DB 1993, 285 ff.

[215] Vgl. zu den damit zusammenhängenden Problemen in § 8 b KStG Eilers/Nowack, IStR 1994, 218 ff; Krebühl, DB 1994, 494 ff; Ritter BB 1994, 509 ff. sowie Förster, DB 1994, 385 ff.

Teil F. Kartellrecht

	RN
I. Überblick	1
II. Unternehmens- und Beteiligungskauf und andere konzentrative Formen der Reorganisation von Unternehmen	3
1. Europäische Fusionskontrolle	4
a) Anwendungsbereich	5
aa) Gemeinschaftsweite Bedeutung	6
bb) Zusammenschlußbegriff	9
b) Untersagungsvoraussetzungen	25
aa) Abgrenzung des relevanten Marktes	26
bb) Marktbeherrschung	29
cc) Begründung bzw. Verstärkung einer marktbeherrschenden Stellung	34
dd) Nebenabreden	36
c) Verfahren	42
aa) Anmeldung	42
bb) Vorprüfungsverfahren	43
cc) Hauptverfahren	46
dd) Vollzugsverbot	47
ee) Allgemeine Verfahrensvorschriften	48
d) Rechtsschutz	49
e) Verhältnis zu anderen Wettbewerbsvorschriften	51
aa) Verhältnis zu Art. 85 und 86 EGV	51
bb) Verhältnis zur nationalen Fusionskontrolle	52
2. Deutsche Fusionskontrolle	53
a) Der Unternehmensbegriff	54
b) Der Zusammenschlußbegriff	55
aa) Vermögenserwerb	56
bb) Anteilserwerb	59
cc) Unternehmensverträge	63
dd) Personelle Verflechtung	64
ee) Sonstige Verbindung mit beherrschendem Einfluß	65
ff) Wettbewerblich erheblicher Einfluß	68
gg) Einschränkungen und Erweiterungen des Zusammenschlußbegriffs	70
c) Anwendbarkeit des GWB auf Auslandszusammenschlüsse	76
d) Anmelde- und Anzeigepflichten	79
aa) Anmeldung	80
bb) Anzeige	83
cc) Berechnung der relevanten Unternehmensdaten	84
dd) Anmelde- bzw. anzeigpflichtige Unternehmen	89
ee) Inhalt der Anmeldung bzw. Anzeige	90
e) Untersagungsvoraussetzungen	93
aa) Marktbeherrschende Stellung	94
bb) Begründung oder Verstärkung einer marktbeherrschenden Stellung	109
cc) Abwägungsklausel	111
dd) Ministererlaubnis	113

Montag

    f) Verfahren 114
        aa) Untersagungsverfahren 114
        bb) Verfahren der Ministererlaubnis 122
III. Kooperative Formen der Reorganisation von Unternehmen 123
  1. Reorganisation und das Kartellverbot der Art. 85 I EGV und § 1 GWB .. 125
    a) Art. 85 EGV 126
    b) § 1 GWB 129
    c) Verhältnis von Art. 85 EGV zu § 1 GWB 131
  2. Kooperative Gemeinschaftsunternehmen 134
    a) Rechtslage nach Gemeinschaftsrecht 134
        aa) Behandlung kooperativer Gemeinschaftsunternehmen nach Art. 85 I EGV 136
        bb) Freistellungsmöglichkeit kooperativer Gemeinschaftsunternehmen nach Art. 85 III EGV 144
        cc) Strukturelle kooperative Gemeinschaftsunternehmen 158
    b) Rechtslage nach dem GWB 160
  3. Kooperation ohne die Gründung eines Gemeinschaftsunternehmens ... 166
    a) Spezialisierungsvereinbarungen 166
        aa) Rechtslage nach Gemeinschaftsrecht 167
        bb) Rechtslage nach dem GWB 171
    b) Krisenkartelle 177
        aa) Rechtslage nach Gemeinschaftsrecht 178
        bb) Rechtslage nach dem GWB 181
    c) Gegenseitige Belieferung 185
        aa) Rechtslage nach Gemeinschaftsrecht 186
        bb) Rechtslage nach dem GWB 188

Literatur

Helmut Bergmann, Nachfragemacht in der Fusionskontrolle, 1989; *Sir Leon Brittan*, Encouragement of Cooperation between Undertakings: A New Policy for Cooperative Joint Ventures, auszugsweise veröffentlicht in WuW 1993, 209; *Bunte/Sauter*, EG-Gruppenfreistellungsverordnungen, 1988; *Andreas Diem*, Überblick über das EWR-Kartellrecht, WuW 1994, 522; *T.A. Downes/David Mac Dougal*, Significantly Impeding Effective Competition: Substantive Appraisal under the Merger Regulation, European Law Review 1994, 286; *Volker Emmerich*, Fusionskontrolle 1990/1991, AG 1991, 413; *Volker Emmerich*, Kartellrecht, 6. Aufl., (1991); *Gleiss/Hirsch*, Kommentar zum EG-Kartellrecht, 4. Aufl., 1993; *Winfried Grützner/Thomas Reimann/ Holger Wissel*, Richtiges Verhalten bei Kartellamtsermittlungen im Unternehmen, 3. Aufl., 1993; *Immenga/Mestmäcker*, Kommentar zum Kartellgesetz, 2. Aufl., 1992; *Thinam Jakob-Siebert*, Wettbewerbspolitik im europäischen Wirtschaftsraum; WuW 1992, 387; *Joachim Jickeli*, Marktzutrittschranken im Recht der Wettbewerbsbeschränkungen, 1990; *Erhard Kantzenbach*, Unternehmenskonzentration und Wettbewerb, WuW 1994, 294; *Kleinmann/Bechtold*, Kommentar zur Fusionskontrolle, 2.Aufl., 1989; *Valentine Korah*, R & D and the EEC Competition Rules, 1986; *Wernhard Möschel*, Die EG-Gruppenfreistellung für Forschungs- und Entwicklungsgemeinschaften, RIW 1985, 261; *Frank Montag*, Strukturelle Kooperative Gemeinschaftsunternehmen, RIW 1994, 918; *Frank Montag*, Die unterbliebene Revision der Fusionskontrollverordnung, Business Law Europe (20.09. 1993), 2; *Frank Montag/Rüdiger Dohms*, Minderheitsbeteiligungen im deutschen und EG-Kartellrecht- Teil 1: Formelle Zusammenschlußkontrolle, WuW 1993, 5; *Michael Reynolds*, The Role of Competition Law in Central and Eastern Europe, International Business Lawyer 1992, 510; *Jochim Sedemund*, Kartellrechtliche Probleme, in: Hölters (Hrsg.), Handbuch des Unternehmenskaufs, 3.Aufl. 1990, 519ff; *Jochim Sedemund/Frank Montag*, Fusionskontrolle, in: Dauses (Hrsg.), Handbuch des EG-Wirtschaftsrechts, (Loseblatt, Stand 1993) H.I 10; *Edgar Stein*, Der wettbewerbsrechtlich erhebliche Einfluß in der Fusionskontrolle, 1994; *Dallal Stevens*, The Comfort Letter, Old Problems, New Developments, European Competition Law Review 1994, 81; *Von der Groeben/Thiesing/Ehlermann*, Kommentar zum EWG-Vertrag, 4.Aufl., 1991.

I. Überblick

1   Kauf und Reorganisation von Unternehmen können auch kartellrechtlich relevante Sachverhalte sein. Das liegt beim Unternehmenskauf auf der Hand, ist bei der Reorganisation jedoch nicht unbedingt naheliegend. Bekanntlich unterscheidet sowohl das Wettbewerbsrecht der Europäischen Gemeinschaft als auch Deutschlands prinzipiell zwischen wettbewerbsbeschränkendem Verhalten (Verbot wettbewerbsbeschränkender Absprachen) und wettbewerbsgefährdenden Marktstrukturen (Kontrolle von Zusammenschlüssen). Aus diesem Ansatzpunkt des Kartellrechts ergibt sich zunächst, daß rein innerbetriebliche Reorganisationsmaßnahmen für das Kartellrecht irrelevant sind, da sie weder unter das Verbot wettbewerbsbeschränkender Absprachen fallen, weil ein drittes Unternehmen nicht beteiligt ist, noch Auswirkungen auf die Marktstrukturen haben. Gegenstand der kartellrechtlichen Prüfung sind daher nur Sachverhalte, an denen mindestens zwei voneinander unabhängige, nicht zu derselben Unternehmensgruppe gehörende Unternehmen beteiligt sind. Dies ist beim Unternehmens- und Beteiligungskauf regelmäßig der Fall. Deshalb ist der Unternehmens- und Beteiligungskauf den speziellen Regeln über die Zusammenschlußkontrolle unterworfen und wird – in bestimmten Fällen der Gründung von Gemeinschaftsunternehmen – zusätzlich noch nach dem Kartellverbot geprüft. Zwischen reiner interner Reorganisation und externem Wachstum durch Unternehmenskauf sind jedoch weitere Formen der Reorganisation denkbar, an denen mehrere Unternehmen beteiligt sind. Dazu gehören etwa alle Arten von kooperativen Gemeinschaftsunternehmen, in denen zwei oder mehrere Unternehmen ihre Aktivitäten im Bereich von Forschung und Entwicklung, Produktion oder Vertrieb ganz oder teilweise bündeln, ebenso wie Vereinbarungen zwischen Wettbewerbern über die Spezialisierung auf die Herstellung bestimmter Produkte oder die gegenseitige Belieferung. Ein klassisches Instrument der Reorganisation ganzer Branchen ist schließlich das Strukturkrisenkartell, in dem sich alle oder zumindest ein erheblicher Teil der zu einer Branche gehörenden Unternehmen verpflichten, strukturell bedingte Überkapazitäten abzubauen. Diese kooperativen Formen der Reorganisation unterliegen sämtlich dem Kartellverbot.

2   Im folgenden sollen die europäischen und deutschen Wettbewerbsregeln über Zusammenschlüsse sowie über kooperative Formen der Reorganisation dargestellt werden. Sind die beteiligten Parteien in mehreren europäischen Staaten tätig, müssen u. U. anstelle der oder zusätzlich zu den deutschen und EG-Regeln die jeweiligen nationalen Wettbewerbs-

ordnungen[1] bzw. die Wettbewerbsregeln des am 1.1.1994 in Kraft getretenen Abkommens über den Europäischen Wirtschaftsraum[2] beachtet werden. Das materielle Kartellrecht des EWR-Abkommens ist identisch mit dem materiellen Kartellrecht des EG-Vertrages. Der EWR-Vertrag enthält jedoch zusätzlich Kompetenzzuweisungen, nach denen sich für bestimmte Sachverhalte die Zuständigkeit der Europäischen Kommission oder der EFTA-Überwachungsbehörde bestimmt. Hinzu kommen die zum Teil ganz unterschiedlichen nationalen Kartellgesetze, die u. U. gleichzeitig oder anstelle des deutschen oder des EG-Kartellrechts zur Anwendung kommen. Da die Darstellung dieser Regeln den Rahmen dieses Buches sprengen würde, ist auf sie verzichtet worden. Als Faustregel sollten die Unternehmen die Anwendbarkeit des Kartellrechts derjenigen Länder prüfen, in denen ihr Unternehmenskauf oder ihre Kooperationsvereinbarung Auswirkungen auf den Wettbewerb hat, es sei denn, das EG- oder das EWR-Kartellrecht regelt den Sachverhalt bereits abschließend.

II. Unternehmens- und Beteiligungskauf und andere konzentrative Formen der Reorganisation von Unternehmen

Der Kauf eines Unternehmens oder die Gründung eines Gemeinschaftsunternehmens kann zur Erhöhung der Unternehmenskonzentration und damit zu einer Verschlechterung der Marktstrukturen führen. Eine Herausforderung jeder Wettbewerbspolitik gegenüber Unternehmenskonzentrationen ist das richtige Gleichgewicht zwischen optimalen Marktstrukturen und optimalen Unternehmensgrößen.[3] Einerseits wird der Wettbewerb durch atomistische Marktstrukturen gefördert; andererseits gibt es bestimmte Größenvorteile, die durch Unternehmenskonzentrationen erlangt werden können und volkswirtschaftlich positiv zu beurteilen sind.[4] Der Bewältigung dieses Spannungsverhältnisses dienen die Regeln der Fusionskontrolle.

3

---

[1] Hierzu ist die in die deutsche Sprache übersetzte Gesetzsammlung von Siegfried Klaue hilfreich: Die Europäischen Gesetze gegen Wettbewerbsbeschränkungen sowie die entsprechenden Vorschriften der wichtigsten außereuropäischen Partnerländer (Loseblatt Stand 1992). Siehe auch Reynolds, The Role of Competition Law in Central and Eastern Europe, International Business Lawyer 1992, S 510.

[2] ABlEG 1994 L 1/4. Ferner hierzu Jakob-Siebert, Wettbewerbspolitik im europäischen Wirtschaftsraum, WuW 1992, S 387; Diem, Überblick über das EWR-Kartellrecht, WuW 1994, S 522.

[3] Kantzenbach, Unternehmenskonzentration und Wettbewerb, WuW 1994, S 294, 297.

[4] Zu den Vor- und Nachteilen der Konzentration vgl. Monopolkommission, Hauptgutachten 1984/85. Gesamtwirtschaftliche Chancen und Risiken wachsender Unternehmensgrößen (1986).

1. Europäische Fusionskontrolle

4 Die materielle Anwendung der im Jahre 1989 eingeführten europäischen Fusionskontrolle erfolgt in zwei Schritten: Zunächst ist zu prüfen, ob ein Zusammenschluß überhaupt in den Anwendungsbereich der europäischen Fusionskontrolle fällt. Falls diese Ausgangsfrage zu bejahen ist, stellt sich zweitens die Frage, ob der Zusammenschluß eine marktbeherrschende Stellung begründet oder verstärkt.

a) Anwendungsbereich

5 Der Anwendungsbereich der Fusionskontrollverordnung[5] erstreckt sich nur auf Zusammenschlüsse von gemeinschaftsweiter Bedeutung. Zusammenschlüsse ohne gemeinschaftsweite Bedeutung unterliegen dem nationalen Fusionskontrollrecht.

6 **aa) Gemeinschaftsweite Bedeutung.** Ein Zusammenschluß ist gemäß Art. 1 II FKVO von gemeinschaftsweiter Bedeutung, wenn:
- der weltweite Gesamtumsatz der beteiligten Unternehmen mehr als 5 Mrd. ECU beträgt und
- der gemeinschaftsweite Gesamtumsatz von mindestens zwei der beteiligten Unternehmen jeweils mehr als 250 Mio. ECU beträgt und
- keines der beteiligten Unternehmen in ein und demselben Mitgliedstaat jeweils mehr als zwei Drittel ihres gemeinschaftsweiten Gesamtumsatzes erzielt.[6]

7 Für die Berechnung des **Gesamtumsatzes** sind nach Art. 5 I FKVO die Umsätze zusammenzurechnen, welche die beteiligten Unternehmen im letzten Geschäftsjahr mit Waren und Dienstleistungen erzielt haben und die dem normalen geschäftlichen Tätigkeitsbereich der Unternehmen zuzuordnen sind. Hiervon abzuziehen sind Erlösschmälerungen, die Mehrwertsteuer und andere unmittelbar auf den Umsatz bezogene Steuern. Beim Erwerb von Unternehmensteilen finden gemäß Art. 5 II FKVO nur solche Umsätze Eingang in die Bewertung, die dem tatsächlich übernommenen Tätigkeitsbereich zuzurechnen sind.[7] Zu den beteiligten Unternehmen zählen für die Zwecke der Umsatzberechnung nicht nur die unmittelbar am Zusammenschluß beteiligten Unternehmen, sondern auch die mit ihnen verbundenen Unternehmen (Art. 5 IV lit. b–d FKVO). Diese Vorschriften ermöglichen die Zurechnung der Umsätze

---

[5] Verordnung (EWG) Nr. 4064/89 der Kommission vom 21. Dezember 1989 über die Kontrolle von Unternehmenszusammenschlüssen, ABlEG 1989 L 395/1, Corrigendum vom 21.9. 1990, ABlEG 1990 L 257/13 (im folgenden „FKVO"), dazu näher Sedemund/Montag, Fusionskontrolle, in: Hdb. d. EG-Wirtschaftsrechts, H.I 10.

[6] Die Kommission hatte vorgeschlagen, den Betrag des weltweiten Gesamtumsatzes auf 2 Mrd. ECU und die de-minimis-Schwelle auf 100 Mio. ECU herabzusetzen, diesen Vorschlag jedoch mangels Durchsetzbarkeit wieder zurückgezogen, 23. Wettbewerbsbericht der Kommission (1994), Tz. 61 ff.

[7] Urteil des EuGH v. 24.3. 1994, Rs. T-3/93, Rdnr. 102 ff., Air France/Kommission = WuW/E EWG/MUV 973.

von Tochter-, Mutter- und Schwestergesellschaften. Ferner enthält Art. 5 V FKVO eine Sonderregelung für den Fall, daß die am Zusammenschluß beteiligten Unternehmen gemeinsam ein drittes Unternehmen beherrschen. In diesem Fall wird der Umsatz des Gemeinschaftsunternehmens in die Berechnung einbezogen, jedoch in der Weise beschränkt, daß jedem Unternehmen der Umsatz zu gleichen Teilen zuzurechnen ist.

Bei der Prüfung der Umsatzschwellen der FKVO hat sich die geographische Zuordnung der Umsätze vor allem in Dienstleistungsbranchen, wo die Dienstleistung nationale Grenzen überschreitet, wie beispielsweise im Flugverkehr[8] als schwierig erwiesen. Nach Auffassung der Kommission ist der Ort des Erwerbs der Ware bzw. der Dienstleistung entscheidend.[9]

bb) **Zusammenschlußbegriff.** Die FKVO soll nur Handlungen erfassen, die zu einer dauerhaften Veränderung der Struktur der beteiligten Unternehmen (Zusammenschluß) führen.[10] Nach Art. 3 I der FKVO liegt ein Zusammenschluß vor, wenn
– zwei oder mehrere, bisher voneinander unabhängige Unternehmen fusionieren (Fusion), oder
– eine oder mehrere Personen, die bereits mindestens ein Unternehmen kontrollieren, oder ein oder mehrere Unternehmen durch den Erwerb von Anteilsrechten oder Vermögenswerten, durch Vertrag oder in sonstiger Weise die unmittelbare oder mittelbare Kontrolle über die Gesamtheit oder über Teile eines oder mehrerer anderer Unternehmen erwerben (Kontrollerwerb).

Fusion. Unter den Begriff „Fusion" fällt die Verschmelzung durch Aufnahme oder durch Neugründung.[11] Verschmelzung durch Aufnahme bezeichnet die Übertragung des gesamten Aktiv- und Passivvermögens einer oder mehrerer Gesellschaften im Wege der Auflösung ohne Abwicklung auf eine andere Gesellschaft. Verschmelzung durch Neugründung ist der Vorgang, durch den mehrere Gesellschaften ihr gesamtes Aktiv- und Passivvermögen im Wege der Auflösung ohne Abwicklung auf eine neugegründete Gesellschaft übertragen.[12] Keine Fusion im Sinne

---

[8] Entsch. der Kommission v. 5.12. 92, IV/157, Air France/Sabena = WuW/E EV 1948; Entsch. der Kommission v. 13.9. 91, IV/M130, Delta Airlines/Pan Am, Tz. 9; Entsch. der Kommission v. 27.11. 92, IV/M259, British Airways/TAT, Tz. 14.
[9] Entsch. der Kommission v. 21.5. 1992, IV/M213, Hong Kong and Shanghai Bank/Midland, Tz. 8 = WuW/E EV 1863.
[10] 23. Erwägungsgrund FKVO.
[11] Für den Bereich der Aktiengesellschaft ist die Begriffsbestimmung harmonisiert worden durch Art. 3 und 4 der sogenannten Fusions-Richtlinie des Rates vom 9.10. 1978 (3. Richtlinie des Rates betreffend die Verschmelzung von Aktiengesellschaften) ABlEG 1978 L 295/36.
[12] Siehe beispielsweise Entsch. der Kommission v. 4.5. 1993, IV/M291, KNP/BT/VRG, Tz. 7.

des Art. 3 I FKVO liegt vor, wenn die fusionierenden Unternehmen vor der Fusion nicht voneinander unabhängig waren.[13]

11   **Kontrollerwerb.** Ein Zusammenschluß liegt ferner bei dem in der Praxis häufigsten Fall des Erwerbs der Kontrolle über ein anderes Unternehmen vor. Kontrolle im Sinne der FKVO wird durch Rechte, Verträge oder andere Mittel begründet, die einzeln oder zusammen unter Berücksichtigung aller Umstände die Möglichkeit gewähren, einen bestimmenden Einfluß auf die Tätigkeit eines Unternehmens auszuüben (Art. 3 III FKVO). Dies gilt insbesondere für den Erwerb von Eigentums- oder Nutzungsrechten an der Gesamtheit oder an Teilen des Vermögens des Unternehmens oder von Rechten oder Verträgen, die einen bestimmenden Einfluß auf die Zusammensetzung, die Beratungen oder Beschlüsse der Organe des Unternehmens gewähren. Der Zusammenschlußtatbestand des **Kontrollerwerbs** ist in drei Alternativen erfüllt: bei Erlangung der alleinigen Kontrolle über ein Unternehmen, beim Übergang von gemeinsamer zu alleiniger Kontrolle sowie bei der Erlangung der gemeinsamen Kontrolle.

12   Der **Erwerb alleiniger Kontrolle** über ein anderes Unternehmen ist bei einer Mehrheitsbeteiligung in der Regel unproblematisch zu bejahen.[14] Eine Minderheitsbeteiligung ist demgegenüber nur dann als Kontrollerwerb zu qualifizieren, wenn weitere Umstände hinzukommen. So kann eine Minderheitsbeteiligung von 39% am stimmberechtigten Kapital die Kontrolle über ein Unternehmen begründen, wenn sich die übrigen Aktien in Streubesitz befinden,[15] das erwerbende Unternehmen trotz geringer Beteiligung einen wesentlichen Einfluß auf die Zusammensetzung der Organe hat[16] oder die relativ niedrige Kapitalbeteiligung tatsächlich einer Hauptversammlungsmehrheit entspricht, da z.B. die übrigen Aktionäre auf den Hauptversammlungen nicht anwesend sind,[17] oder weil Stimmrechte übertragen worden sind.[18]

---

[13] Beispielsweise: Entsch. der Kommission v. 1.10. 1993, IV/M354, American Cyanamid/Shell, Tz. 6 = WuW/E EV 2099; Entsch. der Kommission v. 8.3. 1994, IV/M397, Ford/Hertz (Keine Veränderung des Einflusses).
[14] 23. Wettbewerbsbericht der Kommission (1994) Tz. 255; Entsch. der Kommission v. 25.11. 1993, IV/M391, BAI/Banca Popolare di Lecco; Entsch. der Kommission v. 9.8. 1993, IV/M357, Commerzbank/CCR.
[15] Entsch. der Kommission v. 10.12. 1990, IV/M025, Arjomari-Prioux A/Wiggins T. Appleton, Tz. 4, = WuW/E EV 1554.
[16] Entsch. der Kommission v. 25.9. 92, IV/M258, CCIE/GTE, Tz. 7: Erwerb von 19% der Stimmrechte und ständiger Sitz im Vorstand sowie Recht, den Vorstandsvorsitzenden, der wiederum ein Vetorecht bei allen wichtigen Entscheidungen hat, zu ernennen; Entsch. der Kommission v. 14.4. 92, IV/M192, Banesto/Totta: Möglichkeit der Ernennung von sieben der dreizehn Verwaltungsratsmitglieder.
[17] Entsch. der Kommission v. 19.12. 1991, IV/M159, Mediobanca/Generali, Tz. 7.
[18] Mediobanca/Generali (oben Fn. 17), Tz. 7; Entsch. der Kommission v. 14.4. 92, IV/M192, Banesto/Totta, Tz. 15: 46,5% Kapitalbeteiligung entsprechen 60% der Hauptversammlung. Ferner hierzu Montag/Dohms, Minderheitsbeteiligungen im deutschen und EG-Kartellrecht – Teil 1: Formelle Zusammenschlußkontrolle, WuW 1993, 5, 13ff.

Montag

II. Unternehmens- und Beteiligungskauf

Erwerb gemeinsamer Kontrolle. Ein Zusammenschluß in Form des Erwerbs der gemeinsamen Kontrolle ist regelmäßig bei der Gründung eines Gemeinschaftsunternehmens gegeben. Nach Auffassung der Kommission liegt gemeinsame Kontrolle vor, wenn die Gründer bei Entscheidungen über die Tätigkeit des GU aufeinander angewiesen sind, und zwar entweder aufgrund der Rechte, die sie an dem GU erworben haben, oder aufgrund von Verträgen oder sonstigen Umständen.[19] Unproblematisch ist die Feststellung gemeinsamer Kontrolle bei einer jeweils paritätischen Beteiligung der beiden Mutterunternehmen.[20] Aber auch bei ungleicher Beteiligung kommt eine gemeinsame Kontrolle in Betracht, wenn die Minderheitsgesellschafter bei strategisch wichtigen Entscheidungen des GU aufgrund von Rechten, Verträgen oder sonstigen Umständen mitentscheiden können.[21] Diese Rechte der Minderheitsgesellschafter müssen jedoch über die übliche Rechtsstellung der Minderheitsaktionäre zum Schutz ihrer Investition hinausgehen.[22] Zu den strategisch wichtigen Entscheidungen gehören beispielsweise Entscheidungen über größere Investitionen,[23] Akquisition und Veräußerung von Unternehmensteilen[24] sowie der Abschluß wichtiger Finanzgeschäfte.[25] Zu den üblichen Rechten der Minderheitsaktionäre gehört z.B. das Vetorecht bei Entscheidungen über die Sitzverlegung oder die Abwicklung der Gesellschaft.[26]

13

---

[19] Bekanntmachung der Kommission über Konzentrations- und Kooperationstatbestände nach der Verordnung (EWG) Nr. 4064/89 des Rates vom 21. Dezember 1989 über die Kontrolle von Unternehmenszusammenschlüssen, ABlEG 1990 C 203/10, Tz. 11 (im folgenden „Konzentrationsbekanntmachung"). Die Kommission hat eine Neufassung dieser Bekanntmachung angekündigt, vgl. 23. Wettbewerbsbericht der Kommission (1994), Tz. 61 ff.

[20] Entsch. der Kommission v. 21.12.1993, IV/M358, Pilkington-Techint/IV, ABlEG L 158 (1994). 24 Rdnr. 5.; Entsch. der Kommission v. 23.09.1993, IV/M360, Arvin/ogefi; Tz. 7; Entsch. der Kommission v. 22.10.1993, IV/M376, Synthomer/Yule Catto, Tz. 7; Entsch. der Kommission v. 30.08.1993, IV/M319, BHF/CCF/Charterhouse, Tz. 4; Entsch. der Kommission v. 5.7.1993, IV/M285, Pasteur-Mérieux/Merck, Tz. 12.

[21] Entsch. der Kommission v. 14.7.92, IV/M229, Thomas Cook/LTU/West LB, Tz. 8 = WuW/E EV 1979: Beteiligungsverhältnisse 90%-10% und Vereinbarung der obligatorischen Zustimmung beider Parteien bei strategisch wichtigen Entscheidungen des GU; s.a. 23. Wettbewerbsbericht der Kommission (1994), Tz. 259 für weitere Nachweise.

[22] Entsch. der Kommission v. 3.8.1993, IV/M343, Société Générale de Belgique/Générale de Banque, Tz. 6 ff.; Entsch. der Kommission v. 7.10.1993, IV/M365, Thyssen/Balzer, Tz. 6; Entsch. der Kommission v. 13.1.1992, IV/M176, Sunrise, Tz. 15 = WuW/E EV 1795; Entsch. der Kommission v. 31.7.1991, IV/M012, Varta/Bosch, Tz. 3 = WuW/E EV 1701; Entsch. der Kommission v. 19.12.1991, IV/M139, VIAG/EB Brühl, Tz. 7 = WuW/E EV 1806; Entsch. der Kommission v. 24.7.1991, IV/M088, Elf/Enterprise, Tz. 4 = WuW/E EV 1673.

[23] Entsch. der Kommission v. 30.06.1993; IV/M346, JCSAT/SAJAC, Tz. 5.

[24] Entsch. der Kommission v. 25.6.1993, IV/M349, Aegon/Scottish Equitable, Tz. 7.

[25] Thyssen/Balzer (oben Fn. 22) Tz. 6.

[26] Entsch. der Kommission v. 29.4.1991, IV/M073, Usinor/AD, Tz. 4; Entsch. der Kommission v. 30.7.1991, IV/M062, Eridania/ISI, Tz. 5.

14 Übergang von gemeinsamer zu alleiniger Kontrolle. Ein (erneuter) Zusammenschluß ist auch dann gegeben, wenn die bisher gemeinsam ausgeübte Kontrolle in eine alleinige Kontrolle übergeht.[27] Ein solcher Übergang kann bei Übertragung von Anteilen auf den anderen Partner oder durch die Aufspaltung des GU in voneinander unabhängige Teile, die jeweils von einem Partner kontrolliert werden, vorliegen.[28]

15 Ein Kontrollerwerb liegt jedoch nicht nur bei der Gründung eines Gemeinschaftsunternehmens vor, sondern auch bei nachfolgendem Erwerb von Anteilen an dem Gemeinschaftsunternehmen.[29] Bei wechselseitigen Kapitalbeteiligungen, dem sog. „cross shareholding", kann eine gemeinsame Kontrolle zum einen bei gleicher Beteiligung und bei ungleicher Beteiligung nur dann angenommen werden, wenn weitere Umstände vorliegen, die auf die Schaffung einer wirtschaftlichen Einheit hindeuten.[30] Solche Umstände sind u. a. der Zwang zu gemeinsamen Entscheidungen, ein reduzierter Verhaltensspielraum sowie eine weitgehende Identität der wirtschaftlichen Interessen.[31]

16 Abgrenzung zwischen kooperativen und konzentrativen Gemeinschaftsunternehmen. Nicht jedes Gemeinschaftsunternehmen ist jedoch als Zusammenschluß im Sinne der FKVO anzusehen. Die FKVO erfaßt nur sog. „konzentrative" Gemeinschaftsunternehmen. Erfüllt ein Gemeinschaftsunternehmen nicht den Konzentrationstatbestand des Art. 3 FKVO, ist es kooperativer Natur und anhand des Art. 85 EGV zu beurteilen.[32] Die Einordnung als konzentratives GU hängt von zwei (einer positiven und einer negativen) Bedingungen ab. Zunächst muß das GU **auf Dauer alle Funktionen einer selbständigen wirtschaftlichen Einheit** erfüllen. Zum zweiten darf das GU **keine Koordinierung des Wettbewerbsverhaltens** der beteiligten Unternehmen mit sich bringen.

17 Dauerhafte Erfüllung aller Funktionen einer selbständigen wirtschaftlichen Einheit. Um diese Voraussetzung zu erfüllen, muß das GU als selbständiger Anbieter oder Nachfrager auf dem Markt auftreten. Das ist der Regel nicht der Fall, wenn das GU nur mit Hilfsfunktionen für die Mütter betraut wurde.[33] Ein Indiz für die Übernahme von nur einzelnen Unternehmensfunktionen untergeordneter Natur durch das GU ist der

---

[27] Entsch. der Kommission v. 11.10. 1993, IV/M196, Volvo/Procordia, Tz. 6; Entsch. der Kommission v. 30.06. 1993, IV/M350, West LB/Thomas Cook, Tz. 5 = WuW/E EV 2087; Entsch. der Kommission v. 04.02. 1993, IV/M304, Volkswagen/VAG, Tz. 4.
[28] Beispielsweise: Entsch. der Kommission v. 3.12.1993, IV/M382, Philips/Grundig = WuW/E EV 2113; Entsch. der Kommission v. 19.12. 1991, IV/M138, Campsa; Entsch. der Kommission v. 30.4. 1992, IV/M197, Solvay-Laporte/Interox = WuW/E EV 1847.
[29] Konzentrationsbekanntmachung, (oben Fn. 19) Tz. 11.
[30] Konzentrationsbekanntmachung, (oben Fn. 19) Tz. 40.
[31] Entsch. der Kommission v. 7.11. 1990, IV/M004, Renault/Volvo, Tz. 5 = WuW/E EV 1542.
[32] Siehe unten Rdnr. 126 ff.
[33] Entsch. der Kommission v. 13.4. 1992, IV/M168, Flachglas/Vegla, Tz. 13.

II. Unternehmens- und Beteiligungskauf

Umstand, daß das GU seine Erzeugnisse ausschließlich den Gründerunternehmen zur Verfügung stellt[34] bzw. seinen Bedarf ausschließlich bei diesen deckt. Machen diese Lieferungen nur einen geringen Teil der Geschäftstätigkeit des GU aus, ist jedoch seine Selbständigkeit nicht in Frage gestellt.[35] Das Gleiche gilt, wenn die Mutterunternehmen einen Teil der Erzeugnisse des GU vertreiben.[36]

Bei der Prüfung der **Selbstständigkeit des GU** ist die Frage, ob es in der Lage ist, seine eigene Geschäftspolitik zu betreiben, von entscheidender Bedeutung.[37] Das GU muß in der Lage sein, selbstständig zu planen, zu entscheiden und zu handeln. Zweifel an einer eigenen Geschäftspolitik sind dann angebracht, wenn es für seine Tätigkeit auf die Nutzung von Anlagen angewiesen ist, die weiterhin in die Betriebe der Gründer integriert sind.[38] Personelle Verflechtungen zwischen den Organen der GU und der Gründer können ebenfalls einer eigenen Geschäftspolitik entgegenstehen. 18

Indizien für eine selbständige wirtschaftliche Einheit sind eigene Produktionsstätten, die Übertragung von Produktionsmitteln und Arbeitnehmern auf das GU,[39] die unwiderrufbare Übertragung von Lizenzen[40] sowie eigene Forschung und Entwicklung.[41] Indizien, die gegen eine selbständige wirtschaftliche Einheit sprechen, sind zeitlich begrenzte Lizenzen[42] sowie die Durchführung von Forschung und Entwicklung ausschließlich durch die Gründerunternehmen.[43] 19

Außerdem muß das GU als selbständige wirtschaftliche Einheit **auf Dauer angelegt** sein. Dies ist der Fall, wenn es seine Tätigkeiten zeitlich unbegrenzt oder zumindest langfristig ausübt.[44] Bei dieser Frage steht weniger die formelle Vereinbarung der Lebensdauer des GU im Vordergrund als vielmehr die personelle und sachliche Ausstattung des GU, die eine solide Basis für die Existenz und Selbständigkeit des GU auf lange Sicht bilden. Die Dauerhaftigkeit wird in diesem Sinne bejaht werden 20

---

[34] Exxon/Shell, ABlEG 1994 L 144/20 Tz. 44.
[35] Entsch. der Kommission v. 22.12. 1993, IV/M394, Mannesmann/RWE/Deutsche Bank, Tz. 10.
[36] Entsch. der Kommission v. 9.12. 1991, IV/M149, Lucas/Eaton, Tz. 12.
[37] Konzentrationsbekanntmachung (oben Fn. 19) Tz. 18.
[38] Ebd.
[39] Entsch. der Kommission v. 22.10. 1993, IV/M376, Sythomer/Yule Catto, Tz. 8; Entsch. der Kommission v. 29.04. 1993, IV/M310, Harrisons & Crosfield/AKZO, Tz. 10 = WuE/E EV 2053.
[40] JCSAT/SAJAC (oben Fn. 23) Tz. 7; Entsch. der Kommission v. 12.3. 1993, IV/M292, Ericsson/Hewlett Packard, Tz. 7; Lucas/Eaton (oben Fn. 36) Tz. 12.
[41] Entsch. der Kommission v. 28.7. 1992, IV/M160, Elf Atochem/Rohm & Haas, Tz. 9c.
[42] Entsch. der Kommission v. 6.2. 1991, IV/M058, Baxter/Nestlé/Salvia, Tz. 6 = WuW/E EV 1579.
[43] Entsch. der Kommission v. 5.7. 1993, IV/M285, Pasteur-Mérieux/Merck, Tz. 14f.
[44] Konzentrationsbekanntmachung (oben Fn. 19) Tz. 17.

können bei umfangreichen finanziellen Aufwendungen seitens der Gründer sowie bei der Einbringung wesentlichen technischen oder kommerziellen Know-hows in das GU.[45]

21 Keine Koordinierung des Wettbewerbsverhaltens. Ein GU, das dauerhaft alle Funktionen einer selbständigen wirtschaftlichen Einheit erfüllt, ist nur dann konzentrativ, wenn es keine Koordinierung des Wettbewerbsverhaltens zwischen den beteiligten Unternehmen bezweckt oder bewirkt. Eine solche Koordinierung darf weder im Verhältnis zwischen den Gründern untereinander noch zwischen irgendeinem der Gründerunternehmen einerseits und dem GU andererseits bestehen.[46]

22 Das entscheidende Kriterium ist, ob die Gründer in dem Markt des Gemeinschaftsunternehmens oder in vor- oder nachgelagerten bzw. benachbarten Märkten tätig bleiben. Treten die Gründer weder auf den Märkten des GU noch auf vor- oder nachgelagerten bzw. benachbarten Märkten auf, besteht keine Gefahr der Koordinierung.[47] Eine Koordinierung ist jedoch nach Auffassung der Kommission in den Fällen wahrscheinlich, in denen die Mutterunternehmen sich nicht aus dem Markt des GU zurückziehen,[48] sich nur teilweise zurückziehen[49] oder sich zwar aus dem Markt zurückgezogen haben, ihre Rückkehr aber möglich ist.[50] Die Kommission hat eine Verhaltenskoordinierung jedoch in Fällen verneint, in denen die Gründer und das GU weiterhin auf denselben sachlich relevanten aber auf unterschiedlichen, weit von einander entfernten bzw. außerhalb der Gemeinschaft liegenden geographischen Märkten tätig blieben.[51]

23 Bleibt nur eines der Mutterunternehmen weiterhin auf dem Markt des GU tätig, besteht dann keine Vermutung für eine Verhaltenskoordinierung, wenn das auf dem Markt verbleibende Unternehmen die wirtschaftliche Führung des GU übernommen hat, während das aus dem Markt ausgeschiedene Unternehmen mit seiner Beteiligung am GU eher

---

[45] Harrisons & Crosfield/AKZO (oben Fn. 39) Tz. 13–14.
[46] Konzentrationsbekanntmachung (oben Fn. 19) Tz. 20.
[47] Ebd. Tz. 22; JCSAT/SAJAC (oben Fn. 23) Tz. 8; Entsch. der Kommission v. 22.12.1993, IV/M392, Hoechst/Schering, Tz. 12; Thyssen/Balzer (oben Fn. 22) Tz. 7.
[48] Pasteur-Mérieux/Merck (oben Fn. 20) Tz. 13 ff.; Entsch. der Kommission v. 24.7.1991, IV/M088, Elf/Enterprise, Tz. 6 = WuW EV 1673; Konzentrationsbekanntmachung (oben Fn. 19) Ziff. 20 & 33.
[49] Entsch. der Kommission v. 24.6.1991, IV/M093, Appollinaris/Schweppes, Tz. 8 = WuW EV 1657.
[50] Entsch. der Kommission v. 28.6.1991, IV/M101, Dräger/IBM/HMP, Tz. 1 = WuW EV 1635; Entsch. der Kommission v. 18.1.1993, IV/M293, Philips/Thomson/SAGEM, Tz. 18.
[51] Bericht der Kommission an den Rat über die Anwendung der Verordnung über Unternehmenszusammenschlüsse, KOM(93) 385 endg., S. 18; Entsch. der Kommission v. 8.7.1992, IV/M236, Ericsson/Ascom, Tz. 14 ff. = WuW/E EV 1995; Entsch. der Kommission v. 13.2.1992, IV/M162, James River/Rayne, Tz. 4 = WuW EV 1873.

II. Unternehmens- und Beteiligungskauf

finanzielle als wirtschaftliche Interessen verfolgt[52] oder wenn sich die Tätigkeit des im Markt bleibenden Unternehmens nur in geringem Maße mit der des Gemeinschaftsunternehmens überschneidet.[53]

Aber selbst wenn beide Mutterunternehmen aus dem Markt des GU ausscheiden, ist eine Verhaltenskoordinierung nicht ausgeschlossen, wenn die Gründerunternehmen in einem vor- oder nachgelagerten Markt tätig bleiben.[54] Sind die Gründer auf diesen Märkten Konkurrenten, besteht die Gefahr des sog. „spill-over"-Effekts.[55] Sind Gründerunternehmen und GU auf unterschiedlichen Märkten tätig, richtet sich die Frage einer eventuellen Verhaltenskoordinierung danach, inwieweit die Gründer in Zukunft wieder bzw. erstmals auf den Markt treten können. Nach den Grundsätzen der Kommission zur Beurteilung des potentiellen Wettbewerbs[56] genügt es für das Vorliegen potentiellen Wettbewerbs nicht, daß der Wiedereintritt bzw. erstmalige Markteintritt jederzeit aus organisatorischen, technischen und finanziellen Gründen möglich ist. Der Markteintritt muß vielmehr für die Gründer im Lichte aller objektiven Umstände eine echte Alternative, einen wirtschaftlich vernünftigen Weg darstellen. Die Vereinbarung eines Wettbewerbsverbotes zwischen den Gründern und dem GU bedeutet nicht unbedingt, daß die Gefahr der Koordinierung ausgeschlossen ist,[57] kann aber u.U. als Indiz hierfür dienen.[58]

b) Untersagungsvoraussetzungen

Zusammenschlüsse, die in den Anwendungsbereich der FKVO fallen, sind zu untersagen, wenn sie mit dem Gemeinsamen Markt unvereinbar sind (Art. 2 I FKVO). Mit dem Gemeinsamen Markt sind diejenigen Zu-

---

[52] Entsch. der Kommission v. 21.12.1993, IV/M358, Pilkington-Techint/SIV, ABlEG 1994 L 158/24 Tz. 8; Entsch. der Kommission v. 15.10.1993, IV/M337, Knorr-Bremse/Allied Signal, Tz. 11 = WuW/E EV 2104; Entsch. der Kommission v. 23.10.1991, IV/M086, Thomson/Pilkington, Tz. 12 = WuW/E EV 1724; Entsch. der Kommission v. 22.1.1992, IV/M133, Ericsson/Kolbe, Tz. 13 = WuW/E EV 1799; Entsch. der Kommission v. 28.9.1992, IV/M256, Linde/Fiat, Tz. 8 = WuW/E EV 1989; Air France/Sabena, (oben Fn. 8), Tz. 14; Entsch. der Kommission v. 17.11.1992, IV/M 141, UAP/Transatlantic/Sun Life, Tz. 16; Entsch. der Kommission v. 6.4.1992, IV/M 189, Generali/BCHA, Tz. 12; Entsch. der Kommission v. 5.11.1992, IV/M 254, Fortis/La Caixa, Tz. 5; British Airways/TAT, (oben Fn. 8) Tz. 12; Thyssen/Balzer (oben Fn. 22) Tz. 7.
[53] Entsch. der Kommission v. 1.7.1993, IV/M326, Toyota/Walter Frey, Tz. 7.
[54] Konzentrationsbekanntmachung (oben Fn. 19) Tz. 20 & 33; Entsch. der Kommission v. 28.7.1992, IV/M117, Koipe-Tabacalera/Elosua, Tz. 14; Sunrise (oben Fn. 22) Tz. 41f.; Entsch. der Kommission v. 28.4.1992, IV/M188, Herba/IRR, Tz. 8ff. = WuW EV 1977; Philips/Thomson/SAGEM (oben Fn. 50) Tz. 19.
[55] Philips/Thomson/SAGEM (oben Fn. 50) Tz. 19.
[56] 13. Wettbewerbsbericht der Kommission (1984), Tz. 55.
[57] Elf/Enterprise (oben Fn. 22) Tz. 7.
[58] Aegon/Scottish Equitable (oben Fn. 24) Tz. 14; Entsch. der Kommission v. 17.3.1993, IV/M136, Matra/Cap Gemini Sogeti, Tz. 9 = WuW/E EV 2041.

sammenschlüsse unvereinbar, die eine beherrschende Stellung begründen oder verstärken und die wirksamen Wettbewerb im gemeinsamen Markt oder in einem wesentlichen Teil desselben erheblich behindern. Die Beurteilung der Vereinbarkeit eines Zusammenschlusses mit dem gemeinsamen Markt erfolgt in der Praxis in zwei Schritten: Feststellung des relevanten Marktes und Prüfung der Entstehung oder Verstärkung einer marktbeherrschenden Stellung.

26 aa) **Abgrenzung des relevanten Marktes.** Die Feststellung einer marktbeherrschenden Stellung bedarf der Abgrenzung des relevanten Marktes in produkt- bzw. dienstleistungsbezogener (sachlicher) und geographischer Hinsicht. Der **sachlich relevante Markt** wird üblicherweise nach dem sog. Bedarfsmarktkonzept bestimmt. Danach gehören zum sachlich relevanten Markt alle Produkte bzw. Dienstleistungen, die vom Verbraucher aufgrund ihrer Eigenschaften, ihrer Preislage und ihres Verwendungszwecks als austauschbar angesehen werden.[59] Die Austauschbarkeit beurteilt sich in erster Linie aus der Sicht der Nachfrager, d. h. danach, welches Produkt aus der Sicht des Konsumenten eine Alternative darstellt. Diese Beurteilung stützt sich u. a. auf folgende Kriterien: Kaufmotive der Verbraucher, Eigenschaften und technische Zusammensetzung, Verwendungsmöglichkeiten sowie die Reaktion auf Preisschwankungen. Die Kommission berücksichtigt daneben aber auch die Austauschbarkeit auf der Anbieterseite, d. h. die Möglichkeit anderer Hersteller, ihre Produktion auf das betreffende Erzeugnis umzustellen.[60] Diese Produktionsflexibilität hängt sowohl von den mit der Umstellung verbundenen Kosten als auch von den gesetzlichen Rahmenbedingungen ab. Bereitet die Umstellung der Produktion keine technischen, kommerziellen oder finanziellen Schwierigkeiten,[61] ist ein einheitlicher Markt auch dann anzunehmen, wenn aus der Sicht der Nachfrager eine Austauschbarkeit nicht besteht.[62]

27 Neben dem Kriterium der Austauschbarkeit berücksichtigt die Kommission die auf dem betreffenden Produktmarkt herrschenden Wettbewerbsbedingungen. Dies kann dazu führen, daß an sich austauschbare

---

[59] 23. Wettbewerbsbericht der Kommission (1994), Tz. 273; Aérospatiale-Alenia/de Havilland, AB1EG 1991 L 334/42 Tz. 10; Entsch. der Kommission v. 10. 8. 1992, IV/M206, Rhône-Poulenc/SNIA II, Tz. 15 ff. = WuW/E EV 1983.

[60] Entsch. der Kommission v. 4.5. 1993, IV/M291, KNP/BT/VRG, Tz. 34 & 55; Mannesmann/Hoesch, AB1EG 1993 L 114/34; Aérospatiale-Alenia/De Havilland (oben Fn. 59); Lucas/Eaton (oben Fn. 36); Entsch. der Kommission v. 30. 9. 1992, IV/M214, Du Pont/ICI, Tz. 23; Entsch. der Kommission v. 6. 6. 1991, IV/M081, VIAG/Continental Can, Tz. 13 = WuW/E EV 1626; 23. Wettbewerbsbericht der Kommission (1994), Tz. 276.

[61] Aérospatiale-Alenia/De Havilland (oben Fn. 59); Magnetti Marelli/CEAC, AB1EG 1991 L 222/38; Varta/Bosch (oben Fn. 22).

[62] Elf Atochem/Rohm & Haas (oben Fn. 41) Tz. 15; Entsch. der Kommission v. 4. 10. 1992, IV/M239, Avesta/British Steel/NCC, Tz. 20 ff.

Montag

Produkte im Hinblick auf die für sie geltenden Wettbewerbsbedingungen einem anderen Produktmarkt zugeordnet werden. So unterteilte die Kommission z. B. den Zuckermarkt wegen der unterschiedlichen Wettbewerbsbedingungen in zwei Untermärkte, einen Markt für industrielle Abnehmer und einen für den Einzelhandel.[63] So wie unterschiedliche Vertriebswege für ein identisches Produkt zur Feststellung unterschiedlicher Märkte führen können, kann die Verwendung gleicher Vertriebswege einen einheitlichen sachlichen Markt begründen.[64]

Der **geographisch relevante Markt** umfaßt nach der Legaldefinition **28** des Art. 9 Abs. 7 FKVO das Gebiet, in dem die beteiligten Unternehmen als Anbieter oder Nachfrager von Waren oder Dienstleistungen auftreten, in dem die Wettbewerbsbedingungen hinreichend homogen sind[65] und das sich von den benachbarten Gebieten unterscheidet.[66] Maßgeblich für die Bestimung des geographisch relevanten Marktes sind insbesondere Art und Eigenschaften der betroffenen Produkte oder Dienstleistungen, die Existenz von Marktzutrittsschranken oder Verbraucherpräferenzen, deutlich unterschiedliche Marktanteile der Unternehmen zwischen benachbarten Gebieten oder wesentliche Preisunterschiede.[67] So kann das Bestehen erheblicher Preisunterschiede zur Annahme eines nationalen Marktes führen,[68] während umgekehrt vergleichbare Preise in den Mitgliedstaaten für einen gemeinschaftsweiten Markt[69] sprechen. Ein weiterer Faktor, dem insbesondere bei der Abgrenzung nationaler bzw. lokaler von gemeinschaftsweiten Märkten Bedeutung zukommt, sind rechtliche, tatsächliche oder finanzielle Marktzutrittsschranken sowie die Bedeutung nationaler Marken.[70] Inwieweit rechtliche Marktzutrittsschranken – wie z. B. unterschiedliche Normen oder steuerliche Unterschiede – für die Annahme eines nationalen statt eines gemeinschaftsweiten Marktes sprechen, hängt vom Stand und den Wirkungen der EG-

---

[63] Eridania/ISI (oben Fn. 26) Tz. 18; siehe auch Magnetti Marelli/CEAC (oben Fn. 61); Varta/Bosch (oben Fn. 22); Entsch. der Kommission v. 23.9. 1991, IV/M134, Mannesmann/Boge, Tz. 8 ff.
[64] Entsch. der Kommission v. 21.1. 1992, IV/M182, Inchcape/IEP, Tz. 8; Avesta/British Steel/NCC (oben Fn. 62) Tz. 23.
[65] Entsch. der Kommission v. 10.5. 1993, IV/M284, Hoechst/Wacker, Tz. 14.
[66] S. auch Entsch. der Kommission v. 20.12. 1990, IV/M026, Cargill/Unilever = WuW/E EV 1609.
[67] 23. Wettbewerbsbericht der Kommission (1994), Tz. 278 ff.
[68] Entsch. der Kommission v. 15.9. 1993, IV/M362, Nestlé/Italgel, Tz. 12 ff.; 22. Wettbewerbsbericht der Kommission (1993), Tz. 237.
[69] Rhône-Poulenc/SNIA II (oben Fn. 59) Tz. 19 ff.
[70] Entsch. der Kommission v. 5.8. 1992, IV/M232, PepsiCo/General Mills, Tz. 12; Rhône-Poulenc/SNIA II (oben Fn. 59) Tz. 19 ff.; Entsch. der Kommission v. 9.12. 1992, IV/M277, Delmonte/Royal Foods/Anglo American, Tz. 26 ff.; Entsch. der Kommission v. 15.9. 1993, IV/M362, Nestlé/Italgel, Tz. 12 ff.; Entsch. der Kommission v. 22.7. 1992, IV/M190, Nestlé/Perrier, Tz. 21 ff.; s. a. 23. Wettbewerbsbericht der Kommission (1994) Tz. 279.

Rechtsangleichung ab.[71] Sind durch die Harmonisierung gemeinschaftsweit einheitliche Bedingungen geschaffen worden, spricht dies für die Annahme eines gemeinschaftsweiten Marktes.[72] Zusammenfassend läßt sich sagen, daß ein gemeinschaftsweiter Markt üblicherweise durch geringe Preisunterschiede zwischen den Mitgliedstaaten,[73] eine von den Unternehmen verfolgte Politik der Skalenerträge, geringe Transportkosten sowie einen hohen Grad an Marktdurchdringung gekennzeichnet ist.[74] Umgekehrt sprechen große Preisunterschiede, geringer Handel zwischen den Mitgliedstaaten oder hohe Transportkosten eher für einen begrenzten nationalen oder regionalen Markt.

29 bb) **Marktbeherrschung.** In einem zweiten Schritt ist zu prüfen, ob der Zusammenschluß auf dem festgestellten relevanten Markt eine marktbeherrschende Stellung begründet oder verstärkt. Die Bestimmung des Begriffs der marktbeherrschenden Stellung erfolgt in Anlehnung an die Rechtsprechung zu Art. 86 EGV. Unter dem Begriff der Marktbeherrschung ist eine wirtschaftliche Machtstellung zu verstehen, die es einem Unternehmen ermöglicht, sich seinen Wettbewerbern, seinen Abnehmern und den Verbrauchern gegenüber in einem nennenswerten Umfang unabhängig zu verhalten.[75]

30 Bei der Prüfung, ob eine marktbeherrschende Stellung vorliegt, greift die Kommission im wesentlichen auf folgende Beurteilungskriterien zurück:[76]

– Marktanteil,
– Stellung der Wettbewerber,
– Struktur der Nachfrageseite (Wahlmöglichkeiten der Lieferanten und Abnehmer, Zugang zu den Beschaffungs- und Absatzmärkten),
– Ausmaß des potentiellen Wettbewerbs durch neue Marktzutritte oder Kapazitätsausbau existierender Wettbewerber,
– Notwendigkeit der Aufrechterhaltung und der Entwicklung wirksamen Wettbewerbs im Gemeinsamen Markt,

---

[71] Entsch. der Kommission v. 2.4. 1993, IV/M286, Zürich/MMI, Tz. 7; Entsch. der Kommission v. 21.12. 1992, IV/M283, Waste Management/SAE, Tz. 18 f.; Entsch. der Kommission v. 25.9. 1992, IV/M258, CCIE/GTE, Tz. 14 f.; Linde/Fiat (oben Fn. 52).

[72] Entsch. der Kommission v. 4.1. 1991, IV/M024, Mitsubishi/UCAR, Tz. 10 = WuW/E EV 1557; Entsch. der Kommission v. 18.1. 1991, IV/M050, AT&T/NCR, Tz. 13 = WuW/E EV 1563.

[73] Mitsubishi/UCAR (oben Fn. 72) Tz. 10; AT&T/NCR (oben Fn. 72) Tz. 13.

[74] Hoechst/Wacker (oben Fn. 65) Tz. 14; Harrisons & Crosfield/AKZO (oben Fn. 39) Tz. 26; Mannesmann/Hoesch (oben Fn. 60) Tz. 28; DuPont/ICI (oben Fn. 60) Tz. 29; Avesta/British Steel/NCC (oben Fn. 62) Tz. 24 ff.

[75] S. zuletzt Urteil des GEI v. 12.12. 1991, Rs. T-30/89, Slg. 1991, S. II-1439, Rdnr. 90, Hilti/Kommission; Entsch. der Kommission v. 19.7. 1991, IV/M068, Tetra Pak/Alfa-Laval, Tz. 3.3 = WuW/E EV 1644; Magnetti Marelli/CEAC (oben Fn. 61) Tz. 16(b). Ausführlicher Downes/MacDougal, Significantly Impeding Effective Competition: Substantive Appraisal under the Merger Regulation, Eur. L. Rev 1994, S. 286, 291.

[76] 21. Wettbewerbsbericht der Kommission (1992), S. 407.

II. Unternehmens- und Beteiligungskauf 561

– Interessen der Zwischen- und Endverbraucher sowie die Entwicklung des technischen und wirtschaftlichen Fortschritts.

Marktanteil. Ausgangspunkt bei der Beurteilung, ob eine marktbeherrschende Stellung vorliegt, sind die Marktanteile der Unternehmen.[77] Anders als das deutsche Recht[78] kennt das Gemeinschaftsrecht keine Vermutungstatbestände für das Vorliegen einer marktbeherrschenden Stellung. Liegt der Marktanteil der beteiligten Unternehmen unter 25 %, besteht jedoch die Vermutung, daß keine marktbeherrschende Stellung vorliegt.[79] Ein höherer Marktanteil ist zwar ein starkes Indiz für das Bestehen einer beherrschenden Stellung,[80] kann aber durch Faktoren wie die Marktmacht der verbleibenden Wettbewerber, die Nachfragemacht der Abnehmer sowie durch niedrige Marktzutrittsschranken neutralisiert werden.[81] So hat die Kommission eine beherrschende Stellung trotz eines Marktanteils von 83 % verneint, da dem Unternehmen nur ein einziger Nachfrager gegenüberstand.[82] Umgekehrt begünstigt eine zersplitterte Nachfrage die Feststellung einer marktbeherrschenden Stellung.[83] Die Marktanteile müssen im Hinblick auf die Strukturen des betreffenden Marktes sowie hinsichtlich vergangener bzw. künftiger Entwicklungen bewertet werden. So relativiert sich z.B. die Bedeutung hoher Marktanteile auf sog. dynamischen Märkten, die durch hohe Wachstumsraten und einen ständigen Wandel der Marktanteile gekennzeichnet sind.[84] Desweiteren geben gegenwärtig hohe, aber stetig abnehmende Marktanteile nicht immer die wahre Marktmacht eines Unternehmens wider.[85] Andererseits können schon geringe Marktanteile eine beherrschende Marktstellung begründen, wenn der Abstand zu den nächsten Wettbewerbern groß ist[86] oder die anderen Wettbewerber weit gestreut sind.[87]

31

---

[77] Urteil des EuGH v. 3.7. 1991, Rs. C- 62/86, Slg. 1991, S 3359, Rdnr. 60, Akzo/Kommission.
[78] Siehe unten Rdnr. 103 ff.
[79] 15. Erwägungsgrund FKVO.
[80] Ebd.
[81] Entsch. der Kommission v. 28.5. 1993, IV/M344, Codan/Hanfnia, Tz. 10; Entsch. der Kommission v. 19.4. 1993, IV/M320, Ahold/Jeronimo Martins/Inovação, Tz. 22; Entsch. der Kommission v. 24.6. 1991, IV/M097, Péchiney/Usinor-Sacilor, Tz. 14f.; Tetra Pak/Alfa-Laval (oben Fn. 75) Tz. 3.3; Entsch. der Kommission v. 10.6. 1991, IV/M072, Sanofi/Sterling Drug, Tz. 24.
[82] Alcatel-Telettra, ABlEG 1991 L 122/48 Tz. 38.
[83] KNP/BT/VRG (oben Fn. 12); Aérospatiale-Alenia/De Havilland (oben Fn. 59).
[84] Tetra Pak/Alfa Laval (oben Fn. 75) Tz. 4; Entsch. der Kommission v. 2.9. 1991, IV/M129, Digital/Philips, Tz. 18; Entsch. der Kommission v. 2.12. 1991, IV/M102, TNT/GD Net, Tz. 43.
[85] Entsch. der Kommission v. 10.8. 1992, IV/M189, Péchiney/VIAG, Tz. 14; Entsch. der Kommission v. 4.9. 1992, IV/M235, Elf Aquitaine-Thyssen/Minol, Tz. 11.
[86] Magnetti Marelli (oben Fn. 61) Tz. 16; Varta/Bosch (oben Fn. 22) Tz. 32; Mitsubishi/UCAR (oben Fn. 72) Tz. 11 ff.
[87] Entsch. der Kommission v. 28.4. 1992, IV/M126, Accor/Wagons Lits, Tz. 25.

Wettbewerbliche Vorteile, die neben den Marktanteilen die Marktmacht des Zusammenschlusses widergeben, sind die wirtschaftliche Macht und die Finanzkraft,[88] die zu Marktschließungseffekten durch die Abschreckung potentieller Wettbewerber führen können (sog. „foreclosure effect"),[89] sowie der technische Vorsprung des Unternehmens.[90]

32 **Stellung der Wettbewerber.** Ein wichtiger Faktor bei der Beurteilung der Marktmacht sind die Wettbewerbsbedingungen des Marktes. Insbesondere in einem oligopolistischen Markt prüft die Kommission, ob zwischen den verbleibenden Konkurrenten ein wirksamer Wettbewerb stattfindet, der die Konzentrationswirkungen des Zusammenschlusses ausgleicht[91] oder der erst durch den Zusammenschluß ermöglicht wird.[92] Dabei berücksichtigt die Kommission Zahl und Stärke (Marktanteile und Finanzkraft)[93] der Konkurrenten sowie ihren Abstand zu anderen Unternehmen.[94]

33 **Potentieller Wettbewerb.** Hohe Marktanteile sind nicht geeignet, eine marktbeherrschende Stellung zu begründen, wenn mit potentiellem Wettbewerb von Unternehmen von innerhalb oder außerhalb[95] der EU zu rechnen ist. In zeitlicher Hinsicht verlangt die Kommission, daß die marktbeherrschende Stellung nur vorübergehender Natur ist, also der Marktzutritt neuer Konkurrenten innerhalb einer Frist erfolgt, die ausreicht, um das betreffende Unternehmen daran zu hindern, seine Wirtschaftskraft auszunutzen.[96] Die Wahrscheinlichkeit eines solchen potentiellen Wettbewerbs bemißt sich vorrangig nach Ausmaß und Intensität der Marktzutrittsschranken. Diese Schranken können rechtlicher bzw. administrativer Natur sein, so z.B. der fehlende Zugang zu gewerblichen Eigentumsrechten,[97] verwaltungstechnische Bürden für kleine Unternehmen oder Hindernisse im Rahmen des öffentlichen Auftragswesens.

---

[88] Entsch. der Kommission v. 10.1.1991, IV/M037, Matsushita/MCA, Tz. 6.
[89] VIAG/Continental Can (oben Fn. 60) Tz. 42; Accor/Wagons-Lits (oben Fn. 87) Tz. 25.
[90] DuPont/ICI (oben Fn. 60) Tz. 33.
[91] Entsch. der Kommission v. 27.4.1992, IV/M202, Thorn EMI/Virgin Music, Tz. 21 ff.
[92] Rhône-Poulenc/SNIA (oben Fn. 59) Tz. 7.2. 3; Mannesmann/RWE/Deutsche Bank, (oben Fn. 35) Tz. 23 f.
[93] Mannesmann/Hoesch (oben Fn. 60): nachfolgende Wettbewerber hielten nur jeweils Anteile von 15 %; jedoch handelte es sich bei ihnen um die wichtigsten Stahlerzeuger der Gemeinschaft.
[94] Varta/Bosch (oben Fn. 22) Tz. 32.
[95] Harrisons & Crosfield/AKZO (oben Fn. 39) Tz. 32.
[96] Harrisons & Crosfield/AKZO (oben Fn. 39) Tz. 31; Du Pont/ICI (oben Fn. 60) Tz. 44; Nestlé/Perrier (oben Fn. 70) Tz. 90 ff.; Aérospatiale-Alenia/de Havilland (oben Fn. 59) Tz. 63; Mannesmann/Hoesch (oben Fn. 60): absehbarer Marktzutritt; KNP/BT/VRG (oben Fn. 12) Tz. 30: beherrschende Stellung nicht nur vorübergehender Natur.
[97] Tetra Pak/Alfa-Laval (oben Fn. 75) Tz. 3.4.

Marktzutrittsschranken können auch technischer bzw. kommerzieller Natur sein, so z. B. Schwierigkeiten beim Zugang zur erforderlichen Technologie[98] sowie Verbraucherpräferenzen bezüglich bestimmter etablierter Marken.[99] Weitere Marktzutrittsschranken tatsächlicher Natur sind insbesondere eine hohe Konzentration auf dem betreffenden Markt,[100] eine abnehmende Nachfrage und hohe Anlauf- und Entwicklungskosten.[101] Kriterien für die Beurteilung des potentiellen Wettbewerbs sind ferner die Finanzkraft sowie die Möglichkeit anderer Unternehmen, auf eine gesteigerte Nachfrage zu reagieren. Potentieller Wettbewerb erscheint unwahrscheinlich in Sektoren, die durch Überkapazitäten gekennzeichnet sind bzw. nur schwache Steigerungsraten aufweisen.[102]

cc) **Begründung bzw. Verstärkung der marktbeherrschenden Stellung.** 34
Die Untersagung eines Zusammenschlusses kommt nach der FKVO nur dann in Betracht, wenn durch die Begründung oder Verstärkung einer marktbeherrschenden Stellung wirksamer Wettbewerb in der EU oder in einem wesentlichen Teil derselben erheblich behindert wird (Art. 2 III FKVO). Die zusätzliche Voraussetzung, daß die Begründung bzw. Verstärkung der marktbeherrschenden Stellung eine erhebliche Behinderung des Wettbewerbs mit sich bringen muß, deutet darauf hin, daß die Entstehung oder Verstärkung der marktbeherrschenden Stellung nicht *per se* verboten ist. Der Wettbewerb wird z. B. nicht erheblich behindert, wenn nachgewiesen werden kann, daß es sich nur um eine vorübergehende Marktbeherrschung handelt, die mit dem zu erwartenden Marktzutritt starker Wettbewerber in kurzer Zeit ausgehöhlt würde.[103]

Im Rahmen ihrer Prüfung berücksichtigt die Kommission ebenfalls die 35
Auswirkung des Zusammenschlusses auf die Entwicklung des technischen und wirtschaftlichen Fortschritts. Allerdings deutet die Entscheidungspraxis der Kommission darauf hin, daß das Argument der Förderung des technischen und wirtschaftlichen Fortschritts nur dann einem Verbot des Zusammenschlusses entgegensteht, wenn die Vorteile an den Verbraucher weitergegeben werden.[104]

dd) **Nebenabreden.** In der Praxis werden häufig zusätzliche Klauseln 36
in die Zusammenschlußvereinbarung aufgenommen, die ggfls die Handlungsfreiheit der Parteien einschränken. Sie werden von der Kommission

---

[98] KNP/BT/VRG (oben Fn. 12) Tz. 26; Tetra Pak/Alfa-Laval (oben Fn. 75) Tz. 3.4.
[99] KNP/BT/VRG, (oben Fn. 12) Tz. 29; Entsch. der Kommission v. 15.3.1993, IV/M312, Sanofi/Yves Saint Laurent, Tz. 10.
[100] Nestlé/Perrier (oben Fn. 70) Tz. 34.
[101] KNP/BT/VRG, (oben Fn. 12) Tz. 47 ff..
[102] Nestlé/Perrier (oben Fn. 70).
[103] Aérospatialé-Alenia/De Havilland (oben Fn. 59) Tz. 53.
[104] Aérospatialé-Alenia/De Havilland (oben Fn. 59) Tz. 69; Accor/Wagons-Lits (oben Fn. 87).

dann zusammen mit dem Zusammenschluß freigegeben, wenn sie mit der Durchführung des Zusammenschlusses unmittelbar verbunden und für diese notwendig sind (sog. „Nebenabreden").[105] Diese Nebenabreden spielen vor allem bei Gemeinschaftsunternehmen eine große Rolle. Die Qualifizierung als Nebenabrede setzt eine Einschränkung der Handlungsfreiheit, die unmittelbare Verbundenheit mit und die Notwendigkeit für die Durchführung des Zusammenschlusses voraus.

37 Der Begriff der Einschränkung bezieht sich nur auf die Handlungsfreiheit der an einem Zusammenschluß beteiligten Unternehmen. Hiervon ausgeschlossen sind Beschränkungen zu Lasten Dritter.[106] Die Beschränkungen können sowohl den Gründern als auch dem GU auferlegt werden. Sofern das GU zusätzlichen Einschränkungen unterworfen ist, richtet sich die Einordnung als Nebenabrede danach, inwieweit diese nur den geschäftlichen Zweck des GU konkretisieren bzw. begrenzen. Bei Beschränkungen des GU sowie der Gründer hinsichtlich der Preise, Mengen und des Kundenstamms handelt es sich nach Auffassung der Kommission nicht mehr um Nebenabreden. Zweitens muß die Einschränkung mit der Durchführung des Zusammenschlusses unmittelbar verbunden,[107] d.h. gegenüber dem Hauptgegenstand des Zusammenschlusses von untergeordneter Bedeutung sein.[108] Drittens muß die Einschränkung für die Durchführung des Zusammenschlusses notwendig sein. Dies ist der Fall, wenn ohne sie der Zusammenschluß entweder gar nicht oder nur unter ungewissen Voraussetzungen, zu wesentlich höheren Kosten, über einen spürbar längeren Zeitraum oder mit erheblich geringeren Erfolgsaussichten durchgeführt werden könnte.[109] Entgegen der Bekanntmachung unterscheidet die Kommission in der Praxis nicht zwischen der unmittelbaren Verbundenheit und der Notwendigkeit.[110]

38 In ihrer Bekanntmachung zu Nebenabreden klassifiziert die Kommission drei in der Praxis häufig verwendete Klauseln als Nebenabrede. So geht sie grundsätzlich davon aus, daß **Wettbewerbsverbote** in der Regel für den Zusammenschluß notwendig sind.[111] Derartige Verbote müssen

---

[105] 25. Erwägungsgrund, FKVO.
[106] Bekanntmachung der Kommission über Nebenabreden zu Zusammenschlüssen nach der Verordnung (EWG) Nr. 4064/89 des Rates vom 21. Dezember 1989 über die Kontrolle von Unternehmenszusammenschlüssen, ABlEG Nr. C 203 (1990) S 5, Rdnr. 3 (im folgenden „Bekanntmachung über Nebenabreden").
[107] Ebd., Teil II. 3.
[108] Ebd., Teil II. 4.
[109] Ebd., Teil II. 5.
[110] Vgl. beispielsweise: Entsch. der Kommission v. 6.1. 1994, IV/M392, Hoechst/Schering, Tz. 36.
[111] Bekanntmachung über Nebenabreden (oben Fn. 106) Teil III, A; Entsch. der Kommission v. 30.8. 1993, IV/M319, BHF/CCF/Charterhouse, Tz. 21; Aegon/Scottish Equitable (oben Fn. 24) Tz. 20; Harrisons & Crosfield/AKZO (oben Fn. 39) Tz. 38.

II. Unternehmens- und Beteiligungskauf

aber auf einen akzeptablen Zeitraum[112] bzw. hinsichtlich des räumlichen oder gegenständlichen Anwendungbereichs[113] auf das absolut notwendige Maß beschränkt werden. Bei einer Unternehmensveräußerung ist nach Auffassung der Kommission ein Zeitraum von fünf Jahren angemessen,[114] wenn die Übertragung des Unternehmens den Kundenstamm und das Know-how mit einschließt. Wenn die Übertragung sich nur auf den Kundenstamm erstreckt, gilt dagegen ein Zeitraum von zwei Jahren als ausreichend.[115] Nur in Ausnahmefällen kann auch ein unbefristetes Wettbewerbsverbot als zulässige Nebenabrede angesehen werden.[116]

In vielen Unternehmenskauf- oder Joint-Venture-Verträgen werden **Liefer- und Bezugspflichten** zwischen dem Veräußerer und dem Erwerber oder zwischen dem GU und den Mutterunternehmen vereinbart.[117] Sie können für eine Übergangszeit notwendig sein, um zu verhindern, daß die Lieferung bzw. der Bezug durch die Aufspaltung bisher integrierter Tätigkeiten unterbrochen werden.[118] In der Regel ist die Übergangszeit auf einen Zeitraum von drei bis fünf Jahren beschränkt.[119] Alleinbelieferungs- oder Alleinbezugspflichten sind dagegen selten notwendig und daher nur ausnahmsweise als Nebenabreden zulässig.[120]

Lizenzen. Bei Zusammenschlüssen durch Unternehmenserwerb haben die Veräußerer oftmals ein Interesse daran, Inhaber der gewerblichen und kommerziellen Eigentumsrechte zu bleiben, um diese in anderen als den übertragenen Tätigkeitsbereichen weiterhin nutzen zu können. Vor diesem Hintergrund wird die Erteilung von Lizenzen von der Kommission als für die Durchführung des Zusammenschlusses notwendig angesehen. Dasselbe gilt auch bei der Gründung eines konzentrativen GU.[121] Die Vergabe der Lizenz kann zulässigerweise auch mit der Verpflichtung des GU verbunden werden, keine Erzeugnisse herzustellen, die mit den lizenzierten Erzeugnissen im Wettbewerb stehen.

---

[112] Entsch. der Kommission v. 30.4. 1992, IV/M197, Solvay-Laporte/Interox, Tz. 49; Entsch. der Kommission v. 17.7. 1991, IV/M105, ICL/Nokia Data, Tz. 16.
[113] Magnetti Marelli/CEAC (oben Fn. 61); Viag/Continental Can (oben Fn. 60).
[114] Siehe beispielsweise Matra/Cap Sogeti (oben Fn. 58) Tz. 19.
[115] Bekanntmachung über Nebenabreden (oben Fn. 106) Teil III. A. 2.
[116] ICL/Nokia Data (oben Fn. 112) Tz. 16.
[117] Entsch. der Kommission v. 8.2. 1991, IV/M009, Fiat Geotech/Ford New Holland, Tz. 7 ff. = WuW/E EV 1611; ICL/Nokia Data (oben Fn. 112) Tz. 16; Entsch. der Kommission v. 21.3. 1991, IV/M070, Otto/Grattan, Tz. 5 f.; s. a. 22. Wettbewerbsbericht der Kommission (1993) Tz. 263.
[118] Bekanntmachung über Nebenabreden (oben Fn. 106) Teil II. C. 1. & 2.
[119] Entsch. der Kommission v. 19.12. 1991, IV/M113, Courtaulds/SNIA, Tz. 7, 31; Rhône-Poulenc/SNIA (oben Fn. 59) Tz. 5.2. 1; BHF/CCF/Charterhouse (oben Fn. 20) Tz. 18.
[120] Bekanntmachung über Nebenabreden (oben Fn. 106) Teil II. C. 3.
[121] Bekanntmachung über Nebenabreden (oben Fn. 106) Teil II. B. 1., 2. & V.B. Siehe beispielsweise Thomson/Pilkington (oben Fn. 52); Hoechst/Schering (oben Fn. 47) Tz. 35.

41 Ferner fallen Service- und Supportleistungen, Klauseln, die die Mutterunternehmen eines GU verpflichten, diesem Zugang zu ihren F&E-Ergebnissen zu gewährleisten,[122] oder Darlehensverträge zwischen dem GU und den Mutterunternehmen[123] unter den Begriff der zulässigen Nebenabreden.[124]

c) Verfahren

42 aa) Anmeldung. Fällt ein Zusammenschluß in den Anwendungsbereich der FKVO, ist er innerhalb einer Woche nach dem Vertragsschluß, der Veröffentlichung des Kauf- oder Tauschangebots oder des Erwerbs einer die Kontrolle begründenden Beteiligung bei der Kommission anzumelden (Art. 4 I FKVO). Kommen die Unternehmen dieser Anmeldepflicht nicht oder nicht vollständig nach, ist die Kommission befugt, ein Bußgeld in Höhe von bis zu 50.000 ECU zu verhängen (Art. 14 I lit. a FKVO). Allerdings hat die Kommission bisher von einer Sanktion bei verspäteten Anmeldungen abgesehen, wenn bei der Umsatzberechnung, der Bestimmung des Zeitpunktes des Zusammenschlusses oder bei der Einstufung als konzentratives bzw. kooperatives GU Schwierigkeiten auftraten.[125] Der Anmeldepflicht unterliegen alle am Zusammenschluß beteiligten Unternehmen. Zusammenschlüsse in Form einer Fusion oder der Begründung einer gemeinschaftlichen Kontrolle sind von den an der Fusion oder der Begründung der gemeinschaftlichen Kontrolle Beteiligten gemeinsam anzumelden. In den anderen Fällen ist die Person oder das Unternehmen, die oder das die Kontrolle über die Gesamtheit oder über Teile eines oder mehrerer Unternehmen erwirbt, anmeldepflichtig (Art. 4 II FKVO). Weitere Einzelheiten der Anmeldung sind in der Durchführungsverordnung 2367/90 niedergelegt.[126]

43 bb) Vorprüfungsverfahren. Die Prüfung des angemeldeten Zusammenschlusses erfolgt in zwei Phasen: dem Vorprüfungsverfahren und dem Hauptverfahren. In der ersten Phase prüft die Kommission zunächst, ob der Zusammenschluß überhaupt in den Anwendungsbereich der FKVO fällt, d. h. ob die für die Annahme einer gemeinschaftsweiten Bedeutung notwendigen Umsatzschwellen erreicht worden sind und ob es sich bei dem Vorhaben um einen Zusammenschluß im Sinne von

---

[122] Entsch. der Kommission v. 25. 9. 1992, IV/M258, CCIE/GTE, Tz. 31.
[123] Ebd., Tz. 30.
[124] Zu weiteren Beispielen von zulässigen Nebenabreden vgl. 22. Wettbewerbsbericht der Kommission (1993) Tz. 264.
[125] Air France/Sabena (oben Fn. 8) Tz. 21; Entsch. der Kommission v. 24. 2. 1992, IV/M166, Torras/Sarrio, Tz. 3.
[126] Verordnung Nr. 2367/90 der Kommission vom 25.07. 1990 über die Anmeldungen, die Fristen sowie über die Anhörung nach der Verordnung Nr. 406/89 des Rates über die Kontrolle von Unternehmenszusammenschlüssen, ABlEG 1990 L 219/5, zuletzt geändert durch Verordnung Nr. 3666/93, ABlEG L 1993 L 336/1.

Montag

Art. 3 FKVO handelt. Hält die Kommission die FKVO für nicht anwendbar, stellt sie dies durch Entscheidung fest (Art. 6 I lit. a FKVO).

Wenn das Vorhaben in den Anwendungsbereich der FKVO fällt, prüft die Kommission summarisch die Vereinbarkeit des Zusammenschlußvorhabens mit dem Gemeinsamen Markt. Kommt sie zu dem Ergebnis, daß der Zusammenschluß keinen Anlaß zu ernsthaften Bedenken hinsichtlich seiner Vereinbarkeit mit dem Gemeinsamen Markt gibt, so erklärt sie den Zusammenschluß für vereinbar mit dem Gemeinsamen Markt (Art. 6 I lit. b FKVO). Andernfalls leitet sie das Hauptverfahren ein (Art. 6 I lit. c FKVO). In der Praxis hat die Kommission ihre Prüfung in der weitaus überwiegenden Zahl der Fälle innerhalb des Vorprüfungsverfahrens abgeschlossen und nur in wenigen Ausnahmefällen das Hauptverfahren eingeleitet. Diese zügige Bearbeitung der Zusammenschlußfälle liegt jedenfalls zum Teil auch darin begründet, daß die Unternehmen üblicherweise schon vor Einreichung der vollständigen Anmeldung Kontakt mit der Kommission aufnehmen, so daß der Kommission häufig schon lange vor Beginn der Monatsfrist das Zusammenschlußvorhaben bekannt ist und sie sich entsprechend darauf einstellen kann. In nicht seltenen Fällen wird ihr auch vorab der Entwurf einer Anmeldung zugeleitet, der dann nach entsprechenden Hinweisen der Kommission überarbeitet und in seine endgültige Fassung gebracht wird. **44**

Für den Erlaß der Entscheidungen der Vorprüfphase ist der Kommission eine Frist von einem Monat gesetzt (Art. 10 I FKVO).[127] Normalerweise beginnt die Frist am Tag des Eingangs der Anmeldung. Sind jedoch die bei der Anmeldung zu erteilenden Auskünfte unvollständig, beginnt die Frist erst bei Eingang der vollständigen Auskünfte.[128] Ergeht innerhalb dieser Frist keine Entscheidung der Kommission, so gilt das Vorhaben als gebilligt (Art. 10 VI FKVO). **45**

cc) **Hauptverfahren.** Kommt die Kommission zu dem Ergebnis, daß ein in den Anwendungsbereich der FKVO fallender Zusammenschluß ernsthafte Bedenken bezüglich seiner Vereinbarkeit mit dem Gemeinsamen Markt aufwirft, leitet sie die zweite Phase, das Hauptverfahren, ein, in dem eine genauere Überprüfung der Auswirkungen des Zusammenschlusses stattfindet. Im Rahmen des Hauptverfahrens muß sie die Vereinbarkeit oder Unvereinbarkeit des Vorhabens abschließend feststellen und den beteiligten Unternehmen eine entsprechende Entscheidung zustellen (Art. 8 II und 5 FKVO). Für diese Entscheidung ist der Kommis- **46**

---

[127] Ausnahmsweise beträgt die Frist sechs Wochen, wenn der Kommission eine Mitteilung eines Mitgliedstaates gem. Art. 9 II FKVO zugeht.
[128] Der Inhalt der Anmeldung umfaßt Angaben über das Zusammenschlußvorhaben, die betroffenen Märkte und die beteiligten Unternehmen. Die genaue Gestaltung und der erforderliche Inhalt der Anmeldung ist in der Verordnung Nr. 2367/90 (oben Fn. 126) geregelt.

sion eine Vier-Monats-Frist gesetzt (Art. 10 VI FKVO), bei deren Überschreiten die Vereinbarkeit mit dem Gemeinsamen Markt fingiert wird.[129] Den beteiligten Unternehmen stehen während dieses Hauptverfahrens eine Reihe von Beteiligungsrechten – u. a. Recht zur (schriftlichen) Stellungnahme, Anhörung und Akteneinsicht – zu. Vor dem Erlaß der Entscheidung muß die Kommission die Stellungnahme des Beratenden Ausschusses, der mit Beamten der Mitgliedstaaten besetzt ist, einholen (Art. 19 III FKVO). Die abschließende Entscheidung der Kommission kann mit Bedingungen und Auflagen versehen werden[130] und ist im Amtsblatt zu veröffentlichen (Art. 20 FKVO).

47   dd) **Vollzugsverbot.** Grundsätzlich darf ein Vorhaben weder in der Zeit vor noch während der auf die Anmeldung folgenden drei Wochen vollzogen werden (Art. 7 I). Auf Antrag kann die Kommission aber die Parteien vom Vollzugsverbot befreien, wenn dies notwendig ist, um schweren Schaden von einem oder mehreren der beteiligten Unternehmen oder von Dritten abzuwenden (Art. 7 IV FKVO). Dies ist insbesondere bei sog. Sanierungsfusionen der Fall.[131] Rechtsgeschäfte, die trotz Vollzugsverbots abgeschlossen werden, sind nach Art. 7 FKVO bis zur endgültigen Entscheidung schwebend unwirksam.

48   ee) **Allgemeine Verfahrensvorschriften.** Die FKVO enthält detaillierte Verfahrensbestimmungen (Auskunftsverlangen, Nachprüfungsbefugnisse der Kommission, Anhörung Beteiligter und Dritter, Berufsgeheimnis), die im wesentlichen jenen der Verordnung Nr. 17 im Anwendungsbereich der Art. 85, 86 EGV entsprechen (Art. 11–20).

d) **Rechtsschutz**

49   Die FKVO sieht ausdrücklich vor, daß das betroffene Unternehmen gegen eine abschließende Entscheidung nach Art. 8 FKVO über die Vereinbarkeit des Zusammenschlusses mit dem Gemeinsamen Markt sowie gegen Bußgeldentscheidungen gemäß Art. 173 II EGV Nichtigkeitsklage erheben kann (Art. 21 I FKVO). Seit 1989 ist für direkte Klagen im Bereich des Wettbewerbsrechts das Gericht erster Instanz und nicht mehr der EuGH zuständig. Entscheidungen über die Nichtanwendbarkeit bzw. Vereinbarkeit des Vorhabens mit dem Gemeinsamen Markt, die die Kommission im Rahmen des Vorprüfungsverfahrens nach Art. 6 I lit. a und b FKVO erläßt, sind anfechtbar, da sie für die betroffenen Unternehmen sowie die Kommission verbindliche Rechtswirkungen erzeugen. Gleiches gilt für die Vereinbarkeitsfiktion des Art. 10 VI FKVO. Anders

---

[129] Ebd.
[130] Vgl. beispielsweise Magnetti Marelli/CEAC (oben Fn. 61).
[131] Entsch. der Kommission v. 20.8. 1991, IV/M116, Kelt/American Express, Tz. 7; Entsch. der Kommission v. 28.5. 1993, IV/M341, Deutsche Bank/Banco de Madrid, Tz. 1.

zu bewerten ist die Entscheidung der Kommission nach Art. 6 I lit. c FKVO, das Hauptverfahren einzuleiten, da es sich hierbei um eine vorbereitende Maßnahme handelt.[132]

Dritte sind gemäß Art. 173 II EGV klagebefugt, wenn sie darlegen können, daß sie durch eine an ein anderes Unternehmen gerichtete Entscheidung individuell und unmittelbar betroffen sind. Eine solche Betroffenheit wird von der Rechtsprechung bejaht, wenn das Drittunternehmen im Rahmen des Verwaltungsverfahrens angehört wurde[133] oder schlüssig darlegt, daß die Kommissionsentscheidung seine Wettbewerbsposition spürbar beeinträchtigt. Abweichend davon ist ein Mitbewerber auch dann betroffen, wenn die Kommission in einem Zusammenschlußfall von Amts wegen, d. h. ohne daß eine Anmeldung vorgelegen hätte, zu der Entscheidung kommt, daß die FKVO etwa wegen Nichterreichens der Umsatzschwellen nicht anwendbar ist, da in solchen Fällen keine Möglichkeit zur Ausübung der Verfahrensrechte in einem ordentlichen Fusionskontrollverfahren besteht.[134] 50

e) **Verhältnis zu anderen Wettbewerbsvorschriften**

aa) **Verhältnis zu Art. 85 und 86 EGV.** Auf Vorhaben, die den Zusammenschlußtatbestand der FKVO nicht erfüllen (z.B. kooperative GU) und damit nicht in den Anwendungsbereich der FKVO fallen, finden die Art. 85 und 86 EGV weiterhin Anwendung.[135] In der Literatur ist auch die Frage erörtert worden, ob auf Zusammenschlüsse neben der FKVO die Wettbewerbsvorschriften des EGV parallel angewendet werden können. Die FKVO kann als sekundäres Gemeinschaftsrecht die Anwendbarkeit primären Gemeinschaftsrechts nicht ausschließen. Deshalb bleiben die Art. 85 und 86 EGV auch auf Zusammenschlüsse im Sinne des Art. 3 der FKVO anwendbar. Allerdings schließt die FKVO die Anwendung der Verordnung Nr. 17 aus, so daß die Kommission allein auf der Grundlage des Art. 89 einschreiten könnte. Nach dieser Bestimmung sind ihre Ermittlungs- und Vollzugsbefugnisse jedoch so beschränkt, daß ein Vorgehen nach Art. 85 bzw. Art. 86 eher unwahrscheinlich ist. Ferner 51

---

[132] Urteil des EuGH v. 11.11.1981 Rs. 60/81, Slg. 1981, 2639, 2652, IBM; Urteil des GEI v. 18.5.1994, Rs. T-37/92, S. 11, Bureau européen des unions des consommateurs/Kommission.

[133] Urteil des EuGH v. 25.10.1977, Rs. 26/76, Slg. 1977, 1875, 1903, Metro/SABA I; Urteil des EuGH v. 4.10.1983, Rs. 191/82, Slg. 1983, 2913, 2935, FEDIOL; Urteil des EuGH v. 11.10.1983, Slg. 1983, 3045, 3063, Demo-Studio Schmidt; Urteil des EuGH v. 20.3.1985, Rs. 264/82, Slg. 1985, 849, 864, Timex/Council; Urteil v. 28.1.1986, Rs. 169/84, Slg. 1986, 391, 414, Cofaz; Art. 18 IV FKVO sieht ausdrücklich die Anhörung Dritter vor; jetzt ausdrücklich GEI, Urteil vom 19.5.1994, Rs. T-2/93, Tz. 44ff., Air France/Kommission.

[134] Urteil des GEI v. 24.3.1994, Rs. T-3/93, Air France/Kommission = WuW/E EWG/MUV 973, Tz. 81.

[135] Konzentrationsbekanntmachung (oben Fn. 19) Tz. 1.

hat die Kommission die Absicht bekundet, „normalerweise" Art. 85 und 86 nicht auf Zusammenschlüsse im Sinne von Art. 3 der FKVO anzuwenden.[136]

52 bb) **Verhältnis zur nationalen Fusionskontrolle.** Bei Zusammenschlüssen von gemeinschaftsweiter Bedeutung dürfen die Mitgliedstaaten ihr innerstaatliches Fusionskontrollrecht nicht anwenden (Art. 21 II FKVO). Sie können jedoch nach Maßgabe des Art. 9 der sog. „deutschen Klausel", beantragen, daß Zusammenschlußvorhaben, die eine beherrschende Stellung zu begründen oder zu verstärken drohen, durch die wirksamer Wettbewerb auf einem gesonderten Markt in diesem Mitgliedstaat erheblich behindert würde, den nationalen Wettbewerbsbehörden zugewiesen werden.[137] Handelt es sich bei dem räumlichen Referenzmarkt um einen lokalen Markt, ist eine Verweisung wahrscheinlicher als bei der Feststellung eines nationalen Marktes.[138] Bei Zusammenschlüssen, die einen nationalen Markt betreffen, kommt eine Verweisung dann in Betracht, wenn das Ausmaß des zwischenstaatlichen Handels gering ist, so daß die Auswirkungen des Zusammenschlusses praktisch auf das Gebiet eines Mitgliedstaates beschränkt bleiben.[139] Bei zwei vom Bundeskartellamt gestellten Anträgen hat die Kommission eine Verweisung abgelehnt, weil eine marktbeherrschende Stellung nach ihrer Ansicht nicht vorlag.[140] Umgekehrt ist die Kommission befugt, auf Antrag eines Mitgliedsstaates die FKVO auf einen Zusammenschluß anzuwenden, der keine gemeinschaftsweite Bedeutung hat, sofern dieser Zusammenschluß den Handel zwischen Mitgliedsstaaten beeinträchtigt (Art. 22 III FKVO).[141] Das Verfahren muß spätestens binnen eines Monats nach der Unterrichtung des Mitgliedsstaates über den Zusammenschluß oder dessen Durchführung eröffnet werden (Art. 22 IV FKVO).

2. Deutsche Fusionskontrolle

53 Beim Unternehmenskauf bzw. bei sonstigen konzentrativen Formen der Reorganisation von Unternehmen (im wesentlichen Gründung von Gemeinschaftsunternehmen), die nicht der europäischen Fusionskon-

---

[136] Erklärung für das Ratsprotokoll v. 19.12.1989, abgedruckt in: WuW 1990, S 240, 243.
[137] Vgl. beispielsweise Mc Cormick/CPC/Rabobank/Ostmann, 23. Wettbewerbsbericht der Kommission (1994), Tz. 318 ff.
[138] 23. Wettbewerbsbericht der Kommission (1994) Tz. 320.; Dies ist allerdings nicht zwingend: vgl. Entsch. der Kommission v. 05.05.94, VIAG/Bayernwerk, wo das Land Bayern als erheblicher Teil des Gemeinsamen Marktes bewertet wurde.
[139] Entsch. der Kommission v. 10.02.92, IV/M180, Steetley/Tarmac.
[140] Siehe Siemens/Philips und Mannesmann/Hoesch, 22. Wettbewerbsbericht der Kommission (1993) S 161.
[141] Vgl. beispielsweise Entsch. der Kommission v. 17.2.1993, IV/M278, British Airways/Dan Air, Tz. 2.

trolle unterliegen, etwa weil sie die Umsatzschwellen nicht erreichen, ist das auf Zusammenschlüsse anzuwendende nationale Wettbewerbsrecht zu beachten. Die Anwendung der deutschen Fusionskontrolle[142] kommt bei allen Zusammenschlüssen in Frage, die eine Inlandsauswirkung (§ 98 II GWB) haben. Nach den §§ 23 ff. GWB sind Zusammenschlüsse dem BKartA anzuzeigen oder anzumelden und können untersagt werden, wenn durch sie eine marktbeherrschende Stellung entsteht oder verstärkt wird. Das Gesetz knüpft dabei an die Merkmale des Zusammenschlusses zwischen Unternehmen sowie der Entstehung bzw. Verstärkung einer marktbeherrschenden Stellung an. Diese Tatbestandsmerkmale sollen im folgenden näher dargelegt werden. Schließlich werden die wesentlichen Abschnitte des Fusionskontrollverfahrens behandelt.

a) Der Unternehmensbegriff

Die Vorschriften des GWB über Zusammenschlüsse beziehen sich nur auf den Zusammenschluß von **Unternehmen**. Mangels gesetzlicher Definition hat die Rechtsprechung den Unternehmensbegriff konkretisiert. In der Regel genügt die wirtschaftliche Tätigkeit in der Erzeugung oder im geschäftlichen Verkehr mit Waren oder gewerblichen Leistungen für die Annahme eines Unternehmens. Danach zählen Handelsgesellschaften stets und BGB-Gesellschaften, Vereine und Verbände nur unter der Voraussetzung, daß sie am marktwirtschaftlichen Leistungsaustausch teilnehmen, zu den Unternehmen. Öffentlich rechtliche Körperschaften sind dann als Unternehmen anzusehen, wenn sie unternehmerisch tätig werden.[143] Demzufolge kann beispielsweise ein Gemeinschaftsunternehmen zur Abfallbeseitigung zwischen privaten Entsorgern und den Kommunen in den Anwendungsbereich der §§ 23 GWB[144] fallen. Auch natürliche Personen gelten als Unternehmen, soweit sie unternehmerisch tätig werden, z.B. im Rahmen freiberuflicher Tätigkeiten Architekten, Wirtschaftsprüfer, Rechtsanwälte und Ärzte. Schließlich gelten nach § 23 I S 10 GWB, der sog. „Flick-Klausel", auch natürliche Personen, die eine Mehrheitsbeteiligung an einem Unternehmen halten, als Unternehmen im Sinne der Fusionskontrolle.

54

b) Der Zusammenschlußbegriff

Im Gegensatz zur FKVO enthält das GWB einen vollständigen Katalog von Zusammenschlußtatbeständen, der zwischen sechs Formen unterscheidet:

55

---

[142] Einen speziell auf den Unternehmenskauf zugeschnittenen Überblick verschafft Sedemund, Kartellrechtliche Probleme, in: Hölters (Hrsg.), Handbuch des Unternehmenskaufs, S 519 ff.
[143] BGH WuW/E 1661, 1662.
[144] Tätigkeitsbericht des BKartA 1991/1992, S 131, 132.

- Vermögenserwerb
- Anteils- und Stimmrechtserwerb
- Unternehmensverträge
- personelle Verflechtungen
- jede sonstige Verbindungen, durch die ein anderes Unternehmen beherrscht werden kann
- jede Verbindung, die die vorgenannten Voraussetzungen zwar nicht erfüllt, durch die aber unmittelbar oder mittelbar ein wettbewerblich erheblicher Einfluß auf ein anderes Unternehmen ausgeübt werden kann.

56 **aa) Vermögenserwerb.** Diese Zusammenschlußalternative (§ 23 II Nr. 1 GWB) erfaßt die Fälle der Unternehmensverschmelzung bzw. -umwandlung, in denen das Betriebsvermögen als Ganzes oder zu einem wesentlichen Teil ohne Abwicklung auf ein anderes Unternehmen übertragen wird, sowie den in der Praxis häufigen Fall des Erwerbs eines wesentlichen Vermögensteils eines Unternehmens durch ein anderes Unternehmen.

57 Es muß sich stets um den Erwerb von Aktivvermögen handeln.[145] Der Begriff des Vermögens erfaßt alle geldwerten Güter des Unternehmens, ohne Rücksicht auf Art, Verwendung und gesonderte Verwertbarkeit.[146] Dazu gehören nicht nur Eigentum und andere dingliche Rechte, Forderungen und Immaterialgüterrechte, sondern u.a. auch tatsächliche Werte wie Good-will, Betriebsgeheimnisse, soweit sie als Gegenstand des Geschäftsverkehrs in Betracht kommen und für sie üblicherweise ein Entgelt bezahlt wird. Die Annahme eines Vermögenserwerbs scheitert nicht daran, daß ein zu erwerbendes Unternehmen oder Teilunternehmen Verluste gemacht hat. Nach der Rechtsprechung ist eine unzureichende Ertragslage kein Indiz für die objektive Wertlosigkeit des Unternehmens.[147]

58 Der Tatbestand des Vermögenserwerbs setzt ferner voraus, daß das Vermögen **ganz oder zu einem wesentlichen Teil** erworben wird. Die Frage, wann ein Teil des Betriebsvermögens als wesentlich anzusehen ist, richtet sich danach, ob es sich um betriebliche Einheiten mit eigenständiger Bedeutung handelt, deren Erwerb geeignet ist, die Stellung des Erwerbers auf dem betroffenen Markt zu verändern.[148] Dabei kommt es

---

[145] Nach herrschender Meinung liegt bei alleinigem Erwerb des Passivvermögens kein Vermögenserwerb vor: Mestmäcker, in: Immenga/Mestmäcker § 23 Rdnr. 151; Kleinmann/Bechtold, § 23 Rdnr. 44.
[146] KG WuW/E OLG3591, 3593 »Coop Schleswig-Holstein – Deutscher Supermarkt«, KG WuW/E OLG »Folien und Beutel«.
[147] KG WuW/E OLG 3591, 3593 »Coop Schleswig-Holstein – Deutscher Supermarkt«.
[148] BGH WuW/E 1570, 1573 »Kettenstichnähmaschinen«; KG WuW/E OLG 3591, 3594, 230 »Coop Schleswig-Holstein/Deutscher Supermarkt«; KG WuW/E OLG 4771, 4775 »Folien und Beutel«; Definition in: Merkblatt des BKartA zur Zusammenschlußkontrolle nach §§ 23 ff. GWB (1980), abgedruckt in WuW 1981 S 183.

weniger auf die eigenständige Bedeutung der betrieblichen Teileinheit an,[149] als darauf, ob der Vermögenswert die tragende Grundlage der Stellung des Veräußerers auf dem Markt darstellt und geeignet ist, diese Marktstellung auf den Erwerber zu übertragen. So haben BKartA und BGH etwa den Erwerb eines bekannten Warenzeichens und des dazugehörenden Teilgeschäftsbetriebs als Zusammenschluß angesehen,[150] wobei entscheidend darauf abgestellt wurde, daß der Erwerber durch den Erwerb spezifischer Vermögensbestandteile in die vom Veräußerer am Markt gehaltene Position einrückte."[151]

bb) **Anteilserwerb.** Ein Zusammenschluß ist ferner gegeben, wenn **Anteile an einem anderen Unternehmen erworben werden**. Ein Zusammenschluß durch Anteilserwerb liegt nach § 23 II Nr. 2 GWB jeweils beim Erreichen bestimmter Beteiligungsschwellen vor, nämlich wenn die Anteile allein oder zusammen mit sonstigen, dem Unternehmen bereits gehörenden Anteilen

- 25 % des Kapitals **oder** der Stimmrechte des anderen Unternehmens erreichen oder
- 50 % des Kapitals **oder** der Stimmrechte des anderen Unternehmens erreichen oder
- dem Unternehmen eine Mehrheitsbeteiligung im Sinne des § 16 I des Aktiengesetzes gewähren.

Bei diesen drei Arten des Anteilserwerbs handelt es sich um jeweils **voneinander unabhängige Zusammenschlußtatbestände**. Daher ist jede Kapitalaufstockung, die eine der drei Grenzen überschreitet (also auch z.B. von 50,0 % auf 50,1 %), ein erneuter Zusammenschluß.[152]

Die Bezugnahme auf den Erwerb von Anteilen am Kapital **oder** an den Stimmrechten erfaßt zum einen den **Kapitalerwerb ohne Stimmrechte** sowie zum anderen den **Erwerb von Stimmrechten bei nur geringer Kapitalbeteiligung** aufgrund besonderer vertraglicher Ausgestaltung, wie z.B. im Rahmen von Treuhandverhältnissen oder durch Stimmbindungsverträge.[153] Um Umgehungen zu verhindern, liegt ein Zusammenschluß nach § 23 II Nr. 2 GWB auch dann vor, wenn dem Erwerber durch Vertrag, Satzung, Gesellschaftsvertrag oder Beschluß eine Rechtsstellung eingeräumt wird, die bei einer Aktiengesellschaft ein Aktionär mit einer

---

[149] Der Erwerb einer betrieblichen Einheit, unabhängig von deren qualitativer Größe, ist in der Regel als Vermögenserwerb anzusehen: BGH WuW/E 1655, 1655 »Zementmahlanlage II«.
[150] BKartA WuW/E 2377, 2378 »Melitta/Kraft«, bestätigt durch BGH Urteil vom 7.7. 1992, WuW/E 2783 »Melitta/Frapan«.
[151] BKartA WuW/E 2377, 2378 »Melitta/Kraft«.
[152] Siehe beispielsweise BGH WuW/E 2013, 2015 »VEW/Gelsenwasser«. Bei der Errechnung der Anteile werden auch die Anteile, die einem abhängigen oder beherrschenden Unternehmen im Sinne des § 17 Aktiengesetzes oder einem Konzernunternehmen im Sinne des § 18 Aktiengesetzes verbundenen Unternehmen gehören, einbezogen: BGH WuW/E 2882, 2885 »Zurechnungsklausel«.
[153] BGH WuW/E 1112, 1113 »Gruner + Jahr/Zeit«.

Beteiligung von 25 % innehat (§ 23 II Nr. 2 S 4 GWB). Die wertende Beurteilung erstreckt sich auf eine Gesamtbetrachtung unter Einbeziehung aller dem Erwerber eingeräumten Befugnisse.[154] Zu den relevanten Rechten gehören die Sperrminorität bei Satzungsänderungen, Kapitalveränderungen, Unternehmensverträgen sowie das Recht zur Abberufung von Aufsichtsratsmitgliedern. Ein Zusammenschluß ist schon dann zu bejahen, wenn dem Erwerber lediglich die wesentlichen Sperrechte – wie das Veto gegen Änderungen des Gesellschaftsvertrages, des Gesellschaftszwecks und der Kapitalausstattung – eingeräumt werden.[155]

62 Auch ein **Anteilserwerb mehrerer Unternehmen an einem anderen Unternehmen** („Gemeinschaftsunternehmen") kann den Zusammenschlußtatbestand erfüllen (§ 23 II Nr. 2 S 3 GWB).[156] Voraussetzung dafür ist, daß die jeweiligen Kapital- bzw. Stimmrechtsbeteiligungen von mindestens zwei der Mutterunternehmen die 25 %-ige Beteiligungsschwelle an dem Gemeinschaftsunternehmen überschreiten. Obwohl die Zahl der beteiligten Mutterunternehmen kartellrechtlich unerheblich ist, erfüllt die Gründung eines Unternehmens, an dem fünf Unternehmen eine gemeinsame Gesellschaft mit je 20 %-igen Anteilen beteiligt sind, den Zusammenschlußtatbestand des Art. 23 II Nr. 2 S 3 GWB nicht.[157] Dies schließt aber nicht aus, daß die Transaktion einen anderen Zusammenschlußtatbestand erfüllt.[158]

63 cc) **Unternehmensverträge.** Auch Verträge, durch die ein Unternehmen die Leitungsmacht über ein anderes Unternehmen erlangt, können zu einem Zusammenschluß im Sinne des GWB führen (§ 23 II Nr. GWB). Dieser Tatbestand liegt vor, wenn durch Vertrag zwischen mindestens zwei Unternehmen
- ein Konzern im Sinne des § 18 Aktiengesetzes gebildet oder der Kreis der Konzernunternehmen erweitert wird oder
- sich das eine Unternehmen verpflichtet, sein Unternehmen auf Rechnung des anderen Unternehmens zu führen oder seinen Gewinn ganz oder zum Teil an das andere Unternehmen abzuführen (vgl. § 291 AktG) oder
- dem einen Unternehmen der Betrieb des anderen Unternehmens ganz oder zu einem wesentlichen Teil verpachtet oder sonst überlassen wird.

64 dd) **Personelle Verflechtung.** Ein Zusammenschluß im Sinne des GWB kann auch dadurch bewirkt werden, daß die Personengleichheit von mindestens der Hälfte der Mitglieder des Aufsichtsrates, des Vorstandes oder

---

[154] BGH WuW/E 2443, 2446 »Singener Wochenblatt«.
[155] BGH, AG 1993, 334, 336 »Iserlohner Kreisanzeiger«.
[156] Vgl. beispielsweise BKartA WuW/E 2515, 2517 „Stadt-Anzeiger-Leipzig".
[157] Allgemeine Meinung: Kleinmann/Bechtold, Kommentar § 23 Rdnr. 126.
[158] Beispielsweise § 23 II Nr. 5 GWB; vgl. unten Rdnr. 65.

eines der sonstigen zur Geschäftsführung berufenen Organe eines Unternehmens herbeigeführt wird (§ 23 II Nr. 4 GWB). Die Tatsache, daß die personelle Verflechtung nicht mit einer Kapitalverflechtung einhergeht, schließt das Vorliegen dieses Tatbestands nicht aus, da der Erwerb von Kapital- bzw. Stimmrechten hier rechtlich unerheblich ist. § 23 II Nr. 4 GWB ist nicht nur als erfüllt anzusehen, wenn Personengleichheit innerhalb des gleichen Organs zweier Gesellschaften besteht, sondern auch bei Identität der Personen, die unterschiedlichen Organen angehören.[159] Nach herrschender Meinung gehören Beiräte, Gesellschafterausschüsse, Beratungsgremien und Gesellschaftsversammlungen nicht zu den geschäftsführenden Organen im Sinne des § 23 II Nr. 4 GWB.[160]

ee) Sonstige Verbindung mit beherrschendem Einfluß. Ein Zusammenschluß im Sinne des GWB liegt auch bei jeder sonstigen Verbindung von Unternehmen vor, aufgrund derer ein oder mehrere Unternehmen unmittelbar oder mittelbar einen **beherrschenden Einfluß** auf ein anderes Unternehmen ausüben können (§ 23 II Nr. 5 GWB). Dieser sog. Auffangtatbestand kommt subsidiär bei sonstigen Verbindungen zwischen Unternehmen zur Anwendung. Damit erfaßt diese Bestimmung insbesondere Erwerbstatbestände, die nicht den Tatbestand des Anteilserwerbs erfüllen, weil sie die 25%-ige Beteiligungsschwelle nicht überschreiten. 65

Die Frage, ob ein beherrschender Einfluß vorliegt, muß anhand des aktienrechtlichen Beherrschungsbegriffs (§ 17 AktG) beantwortet werden. Beherrschender Einfluß wird dann zu bejahen sein, wenn ein Unternehmen ein anderes Unternehmen seinem Willen unterwerfen kann, wobei es allein auf die gesellschaftsrechtlich verankerte Möglichkeit – z.B. durch Stimmbindungsverträge –, nicht aber auf die tatsächliche Ausübung ankommt.[161] Rein faktische Einflußmöglichkeiten auf die Geschäftstätigkeit – so etwa aus langfristigen Liefer-, Darlehens- und Lizenzverträgen – sind jedoch nicht ausreichend. 66

Der Tatbestand des § 23 II Nr. 5 GWB erfaßt nicht nur die Beherrschung eines Unternehmens durch ein anderes Unternehmen, sondern auch die **gemeinsame Beherrschung eines anderen Unternehmens** (also eines Gemeinschaftsunternehmens). Anders als beim Anteilserwerb im Sinne von § 23 II Nr. 3 GWB reicht für die Annahme eines Zusammenschlusses in der Form eines Gemeinschaftsunternehmens das bloße Nebeneinander von Beteiligungen hier nicht aus. Die Feststellung einer Beherrschung im Sinne von § 23 II Nr. 5 GWB setzt nach der Rechtsprechung des BGH voraus, daß über die für Personalgesellschaften typische 67

---

[159] BKartA WuW/E 1475 »Heindl/Holtzmann«.
[160] Kleinmann/Bechtold, § 23 Rdnr. 152; Mestmäcker, in: Immenga/Mestmäcker, § 23 Rdnr. 208.
[161] KG WuW/E OLG 3051, 3066 »Morris/Rothmans«.

Montag

gemeinsame Interessenlage und Leitungsmacht der Gesellschafter hinaus weitere Umstände vorliegen, die eine gesicherte einheitliche Einflußnahme einer Gruppe von beteiligten Unternehmen oder der Gesamtheit derselben auf der Grundlage einer auf Dauer angelegten Interessengleichheit erwarten lassen.[162] Weitere Indizien für eine solche Beherrschung sind das Verbot der Abtretung von Geschäftsanteilen an Dritte sowie die Zugehörigkeit der Gesellschafter zur gleichen Branche.[163]

68 ff) **Wettbewerblich erheblicher Einfluß.** Schon der Erwerb von erheblichem Einfluß auf ein anderes Unternehmen kann als Zusammenschluß im Sinne von § 23 GWB angesehen werden, ohne daß die Voraussetzungen der 25%-Schwelle beim Anteilserwerb, der Personengleichheit oder des beherrschenden Einflusses erfüllt sind (§ 23 II Nr. 6 GWB). Voraussetzung ist die Begründung einer Verbindung von Unternehmen und die Möglichkeit, durch diese Verbindung einen **wettbewerblich erheblichen Einfluß** auszuüben. In der Regel liegt eine Verbindung zwischen Unternehmen bei einer einseitigen oder gegenseitigen **Minderheitsbeteiligung** vor. Die weitere Voraussetzung, daß die Verbindung einen wettbewerblich erheblichen Einfluß bewirkt, deutet darauf hin, daß grundsätzlich nur Verbindungen zwischen aktuellen oder potentiellen Wettbewerbern erfaßt werden.[164]

69 Eine Unternehmensverbindung fällt dann unter diesen Tatbestand, wenn aufgrund des gesamten zwischen den Unternehmen bestehenden Beziehungsgeflechts zu erwarten ist, daß der Wettbewerb zwischen den beteiligten Unternehmen **so erheblich eingeschränkt wird, daß die Unternehmen nicht mehr unabhängig auf dem Markt auftreten.**[165] Im Unterschied zum Tatbestand des § 23 II Nr. 2 S 4 müssen die Einflußmöglichkeiten (Informations-, Mitsprache- und Kontrollmöglichkeiten) nicht rechtlich abgesichert sein; eine **tatsächliche Einflußmöglichkeit** reicht vielmehr aus. So nahm das BKartA einen Zusammenschluß zwischen Gillette und Wilkinson an, obwohl Gillette nur eine 22,9%-ige Beteiligung an der Holding, in die Wilkinson eingebracht worden war, erwarb, da diese Beteiligung mit umfangreichen Begleitvereinbarungen (wie z.B. Vorkaufsrechten, Gebietsabgrenzungs- und Exklusivlieferverträgen sowie Vereinbarungen, die Gillette Einfluß auf die Finanzausstattung und die Verschuldensstruktur von Wilkinson erlaubten) verbunden war.[166] Das BKartA sah den Tatbestand des § 23 II Nr. 6 GWB ebenfalls bei ei-

---

[162] BGH WuW/E 1810, 1811 »Transportbeton Sauerland«.
[163] BKartA WuW/E 2204, 2208 »Morris/Rothmans II«; BGH WuW/E 2337, 2339 »Hussel/Mara«; BGH WuW/E 2620, 2622 »Springer/Kieler Zeitung«; KG WuW/E 4075, 4076.
[164] Allgemeine Meinung: Montag/Dohms, WuW 1993, S 5, 8.
[165] Begründung des Regierungsentwurfs, BT-Drucks. 11/4610, S 20.
[166] Gillette/Wilkinson: Tätigkeitsbericht BKartA 1991/1992, S 23.

ner Anteilsaufstockung von 19,1 % auf 22,31 % als erfüllt an, weil das erwerbende Unternehmen zusammen mit verbundenen und „befreundeten" Unternehmen eine faktische Hauptversammlungsmehrheit habe.[167]

gg) **Einschränkungen und Erweiterungen des Zusammenschlußbegriffs.** Von besonderer Bedeutung im Zusammenhang der Reorganisationsproblematik ist der Tatbestand des § 23 III S 1 GWB, wonach ein Zusammenschluß auch dann vorliegen kann, wenn die beteiligten Unternehmen schon vorher im Sinne von § 23 II GWB zusammengeschlossen waren, es sei denn, daß der Zusammenschluß zu keiner wesentlichen Verstärkung der bestehen Unternehmensverbindung führt. Diese Vorschrift ist für die interne Reorganisation von Unternehmen insofern von Bedeutung, als sie eine Einschränkung des Zusammenschlußtatbestands dahin bewirkt, daß das Vorliegen eines Zusammenschlusses verneint wird, wenn keine wesentliche Verstärkung der bestehenden Verbindung eintritt.

Zunächst müssen die Unternehmen schon im Sinne von § 23 II GWB zusammengeschlossen sein, wobei schon eine 25 %-ige Beteiligung diese Voraussetzung erfüllen kann (§ 23 II Nr. 2 lit. a GWB). Zweitens setzt § 23 III S 1 GWB voraus, daß ein sogenannter „Zweitzusammenschluß"[168] erfolgt, der die bereits bestehende Verbindung wesentlich verstärkt. Soweit der Erwerb weiterer Anteile oder der Abschluß der übrigen in § 23 II genannten Verträge nicht zu einer solchen wesentlichen Verstärkung führt, handelt es sich um eine fusionsrechtlich unbedenkliche, konzerninterne Reorganisation. Das einfachste Beispiel ist die Aufstockung einer Mehrheitsbeteiligung auf eine 100 %-ige Beteiligung.[169]

Entscheidend für das Vorliegen des Zweitzusammenschlusses ist eine Änderung der Entscheidungsautonomie der zusammengeschlossenen Unternehmen. So fällt nach der herrschenden Meinung der Abschluß eines Beherrschungsvertrags zwischen der Mutter und ihrer 100 %-igen Tochter nicht unter § 23 III S 1, denn das Tochterunternehmen hatte bereits vor dem Abschluß des Vertrags keine ausreichende Entscheidungsautonomie.[170] Das Gleiche gilt für die Gründung einer 100 %-igen Tochtergesellschaft sowie bei der Verschmelzung einer Tochter- mit einer Muttergesellschaft bzw. zweier, demselben Konzern angehörender 100 %-iger Tochtergesellschaften. In solchen Konstellationen erfolgt keine Änderung des Entscheidungsspielraums der Tochtergesellschaft.

---

[167] Allianz/Dresdner Bank: Tätigkeitsbericht BKartA 1991/1992, S 139; ferner hierzu Montag/Dohms, WuW 1993, S 10.
[168] Kleinmann/Bechtold, § 23 Rdnr. 210.
[169] BGH WuW/E 2276, 2280 »Süddeutscher Verlag/Donau Kurier«.
[170] Mestmäcker, in: Immenga/Mestmäcker § 23 Rdnr. 241; Kleinmann/Bechtold, Kommentar § 23, Rdnr. 44.

73 Anders liegt der Fall bei der Erhöhung einer Minderheitsbeteiligung im Sinne des § 23 II Nr. 6 GWB auf eine Mehrheitsbeteiligung.[171] Hier liegt eine wesentliche Verstärkung der bestehenden Verbindung vor, wenn das minderheitsbeteiligte Unternehmen vorher keine weiteren Befugnisse hinsichtlich der Gesellschaft hatte. Selbst die Aufstockung einer Beteiligung von unter 25 % auf 50 % erfüllt in der Regel den Tatbestand des § 23 III S 1 GWB, wenn die Beteiligung von unter 25 % einen Tatbestand des § 23 II GWB erfüllte.[172] Verfügt ein Gesellschafter bereits über eine 50 %-ige Beteiligung, erfüllt die Erhöhung auf eine Mehrheitsbeteiligung den Tatbestand des § 23 III S 1 GWB,[173] es sei denn, daß der Gesellschafter bereits zuvor aufgrund besonderer Rechte Kontrolle über das Unternehmen ausüben konnte.

74 Schließlich ist ein Zusammenschluß von zwei Unternehmen auch als ein Zusammenschluß der von ihnen abhängigen Unternehmen anzusehen (§ 23 III S 4 GWB). Diese sog. „Zusammenschlußfiktion"[174] hat besonders für ausländische Unternehmen, die über eine Tochtergesellschaft in Deutschland verfügen, praktische Bedeutung. Durch diese Bestimmung können Fusionsaktivitäten ausländischer Mütter über ihre inländischen Töchter kontrolliert werden. Das BKartA kann zwar nicht den Zusammenschluß zwischen den ausländischen Müttern, wohl aber die Teilfusion der Töchter im Inland untersagen.[175]

75 Eine weitere praktische Bedeutung hat diese Klausel bezüglich der Anzeigepflicht. Da in der Anzeige bestimmte Angaben über jedes beteiligte Unternehmen anzugeben sind,[176] muß die Anzeige des (fingierten) Zusammenschlusses der inländischen Tochtergesellschaften die erforderlichen Angaben über ihre ausländischen jeweilige Muttergesellschaft enthalten.

c) Anwendbarkeit des GWB auf Auslandszusammenschlüsse

76 Die Tatsache, daß ein Unternehmens- oder Beteiligungskauf oder die Bildung eines Gemeinschaftsunternehmens zwischen ausländischen oder zwischen einem ausländischen und einem deutschen Unternehmen stattfindet, schließt die Anwendung der deutschen Zusammenschlußkontrolle nicht aus. Nach § 98 II S 2 GWB erstreckt sich der Anwendungsbereich des GWB auf Wettbewerbsbeschränkungen, die sich auf dem Inlandsmarkt auswirken. Zwar erfaßt § 98 II S 1 GWB nicht jede Inlands-

---

[171] BGH WuW/E 2276, 2280 »Süddeutscher Verlag/Donau Kurier«.
[172] BGH WuW 2276, 2280 »Süddeutscher Verlag/Donau Kurier«.
[173] Tätigkeitsbericht des BKartA 1979/80, S 66 »Bayer/Agfa«.
[174] Kleinmann/Bechtold, § 23 Rdnr. 239.
[175] KG WuW/E OLG 3051 »Morris/Rothmans«. Zur Anwendung der Fusionskontrolle auf Zusammenschlüsse, an denen ausländische Unternehmen beteiligt sind, siehe unten Rdnr. 76.
[176] Siehe unten Rdnr. 90.

II. Unternehmens- und Beteiligungskauf

wirkung, sondern setzt zur Vermeidung einer uferlosen Ausdehnung des internationalen Anwendungsbereichs des GWB eine Eingrenzung und Konkretisierung der maßgebenden Inlandswirkungen nach dem **Schutzzweck** der jeweils in Frage kommenden Sachnorm voraus.[177] Da die Zusammenschlußkontrolle sich auf Wettbewerbsbeschränkungen durch Strukturveränderungen richtet,[178] fällt ein Zusammenschluß in den Anwendungsbereich der deutschen Zusammenschlußkontrolle, wenn er sich unmittelbar und spürbar auf die Struktur des deutschen Marktes auswirkt.[179]

Der Praxis des BKartA sowie der Rechtsprechung der Gerichte lassen sich folgende Grundsätze entnehmen, nach denen sich beurteilt, ob Inlandsauswirkungen im Sinne von § 98 II GWB bei Zusammenschlüssen vorliegen:[180]

77

– Wird der Zusammenschluß im Inland durchgeführt, ist die Inlandsauswirkung stets gegeben, selbst wenn es sich bei den beteiligten Unternehmen um ausländische Unternehmen handelt. Ein solcher Inlandszusammenschluß liegt z. B. vor beim Anteilserwerb eines inländischen Unternehmens oder der Gründung eines Gemeinschaftsunternehmens im Inland.

– Ein im Ausland realisierter Zusammenschluß hat dann Auswirkungen im Inland, wenn die beteiligten Unternehmen bereits vor dem Zusammenschluß im Inland direkt über Tochtergesellschaften, Niederlassungen oder Importeure tätig waren. Ein solcher Zusammenschluß gilt gem. § 23 III S 4 GWB hinsichtlich der inländischen Töchter als im Inland realisiert.

– Bei der Gründung von Gemeinschaftsunternehmen im Ausland richtet sich die Inlandsauswirkung danach, ob zukünftige Lieferungen ins Inland wahrscheinlich sind oder ob die Produktion der inländischen Unternehmen einen erheblichen Zuwachs erfährt.

Die Tatsache, daß dem Zusammenschluß nach einer ausländischen Rechtsordnung, denen die Zusammenschlußbeteiligten unterliegen, kei-

78

---

[177] BGH WuW/E 1613, 1614 »Organische Pigmente«; BGH WuW/E 1276, 1279 »Ölfeldrohre«; KG WuW/E OLG 2419, 2420 »Synthetischer Kautschuk II«.
[178] BGH WuW/E 1501, 1506 »Kfz-Kupplungen«: „Der Zweck der Zusammenschlußkontrolle ist, eine Unternehmenskonzentration zu verhindern, die die strukturellen Wettbewerbsbedingungen auf dem Markt derart verändert, daß die Funktionsfähigkeit des Wettbewerbs nicht mehr gewährleistet ist, von einer bestimmten Schwelle aber der Wettbewerb noch mehr eingeschränkt wird oder aber die Chance für ein Wiederaufleben des erlähmten Wettbewerbs sich noch mehr verschlechtert".
[179] BKartA WuW/E 2521, 2626 »Zahnradfabrik Friedrichshafen/Allison«. Ob ein spürbarer Einfluß vorliegt, hängt jeweils vom Einzelfall ab und kann nur unter sorgfältiger Berücksichtigung und Abwägung aller in Betracht kommenden Umstände festgestellt werden.
[180] Grundsätze des BKartA über Inlandswirkungen im Sinne des § 98 II GWB bei Unternehmenszusammenschlüssen, Tätigkeitsbericht des BKartA (1975), S 45.

ne rechtlichen Schranken gesetzt sind, schließt die Anwendung der deutschen Fusionskontrolle nicht aus.[181]

d) **Anmelde- und Anzeigepflichten**

79   Ist ein Unternehmens- oder Beteiligungskauf oder die Gründung eines Gemeinschaftsunternehmens als Zusammenschluß im Sinne des § 23 II GWB anzusehen und fällt dieser in den Anwendungsbereich des GWB, stellt sich weiter die Frage, ob der Zusammenschluß schon vor seinem Vollug beim BKartA angemeldet werden muß oder ob eine nachträgliche Anzeige des bereits vollzogenen Zusammenschlusses ausreicht.

80   aa) **Anmeldung.** Zur Vermeidung von nur mit großen Schwierigkeiten durchzuführenden Entflechtungen bereits vollzogener Zusammenschlüsse sieht das Gesetz weitgehende Anmeldepflichten für Zusammenschlußvorhaben vor. Gemäß § 24 a GWB ist ein Vorhaben anzumelden, wenn:
– mindestens eines der am Zusammenschluß beteiligten Unternehmen im letzten Geschäftsjahr Umsatzerlöse von mindestens zwei Milliarden DM hatte, **oder**
– mindestens zwei der am Zusammenschluß beteiligten Unternehmen im letzten Geschäftsjahr Umsatzerlöse von jeweils einer Milliarde DM oder mehr hatten, **oder**
– der Zusammenschluß nach Landesrecht, durch Gesetz oder sonstigen Hoheitsakt bewirkt werden soll.

81   Anmeldepflichtige Vorhaben unterliegen bis zur ausdrücklichen bzw. durch den Ablauf der Fristen des § 24 a II S 1 GWB konkludenten Entscheidung über die Vereinbarkeit mit dem GWB einem **Vollzugsverbot** (§ 24 a IV GWB). Wird das Vorhaben dennoch durchgeführt, liegt eine Ordnungswidrigkeit vor (§ 38 I Nr. 8 GWB), die zur Verhängung von Bußgeldern führen kann. Ferner sind in diesem Fall alle Rechtsgeschäfte zur Durchführung des Zusammenschlusses gemäß § 24 a IV GWB **schwebend unwirksam**.[182] Die schwebende Unwirksamkeit endet erst bei rechtskräftiger Untersagung bzw. Nichtuntersagung des Zusammenschlusses.

82   **Das Vorhaben** ist anzumelden, sobald die Parteien über den Zusammenschluß und dessen Form eine Einigung erzielt haben. Allerdings steht es den Unternehmen frei, Gebrauch gemacht wird. Das BKartA akzeptiert sogar die Anmeldung alternativer Vorhaben.

83   bb) **Anzeige.** Liegen die Voraussetzungen der Anmeldepflicht des § 24 a GWB nicht vor, kann der Zusammenschluß vollzogen werden. Er muß jedoch **unverzüglich** nach Vollzug beim BKartA angezeigt werden,

---

[181] KG WuW/E OLG 3051, 3059 »Morris-Rothmans«.
[182] BGH WuW/E 1556, 1559 »Weichschaum II«.

wenn die beteiligten Unternehmen insgesamt im letzten Geschäftsjahr **Umsatzerlöse von mindestens 500 Mio DM** hatten (§ 23 I S 1 GWB). Was noch unverzüglich ist, kann nur im Einzelfall bestimmt werden. Analog zu § 121 BGB ist unverzüglich als „ohne schuldhaftes Zögern" zu verstehen. In der Regel gilt, je komplizierter die Verhältnisse, desto länger die Frist.[183] Kommen die Beteiligten dieser Pflicht vorsätzlich oder fahrlässig nicht nach, begehen sie eine Ordnungswidrigkeit, die zur Verhängung von Bußgeldern führen kann (§ 39 I Nr. 2. GWB). Der relevante Zeitpunkt, wann ein Zusammenschluß vollzogen ist, hängt von der Art des Zusammenschlusses ab.[184] Innerhalb **eines** Jahres nach Erhalt der Anzeige kann das BKartA den Zusammenschluß prüfen und gegebenenfalls untersagen. Die wichtigsten Daten der angezeigten Unternehmenszusammenschlüsse werden im Bundesanzeiger veröffentlicht.

cc) **Berechnung der relevanten Unternehmensdaten.** Da die Anmelde- bzw. Anzeigepflicht von den Umsatzerlösen abhängt, kommt der Berechnung der Umsatzerlöse große Bedeutung zu. Nach § 23 I S 1 GWB werden die Umsätze aller **beteiligten Unternehmen** im letzten vor dem Zusammenschluß endenden Geschäftsjahr zusammengerechnet. Das Gesetz enthält keine Definition des Begriffes der beteiligten Unternehmen. Vielmehr bestimmt sich der Kreis der beteiligten Unternehmen nach dem jeweils erfüllten Zusammenschlußtatbestand.[185]

Beim **Vermögenserwerb**[186] nach § 23 II Nr. 1 GWB sind Beteiligte sowohl der Veräußerer als auch der Erwerber. Beim **Anteilserwerb**[187] nach § 23 II Nr. 2 GWB sind das erwerbende und das Unternehmen, dessen Anteile veräußert werden, am Zusammenschluß beteiligt. Der Veräußerer der Anteile gilt nur dann als beteiligtes Unternehmen, wenn bei ihm noch mindestens 25 % der Anteile verbleiben; in diesem Fall fingiert § 23 II Nr. 2 S 3 GWB einen Zusammenschluß zwischen den Muttergesellschaften. Bei Zusammenschlüssen durch **Unternehmensverträge**[188] nach § 23 II Nr. 3 GWB sind die Vertragspartner als Beteiligte anzusehen. Bei der **Herbeiführung von Personengleichheit**[189] gelten diejenigen Unternehmen als beteiligt, deren Organe übereinstimmend besetzt sind. Bei sonstigen **Unternehmensverbindungen mit beherrschendem Einfluß**[190] nach § 23 II Nr. 5 GWB gelten das beherrschende sowie das beherrschte Unternehmen als am Zusammenschluß beteiligt.

---

[183] Kleinmann/Bechtold, § 23 Rdnr. 418.
[184] Zu den Zeitpunkten für die jeweiligen Zusammenschlußtatbestände siehe: Kleinmann/Bechtold, § 23 Rdnr. 17.
[185] Vgl. Merkblatt zur Zusammenschlußkontrolle (oben Fn. 148).
[186] Siehe oben Rdnr. 56 ff.
[187] Siehe oben Rdnr. 59 ff.
[188] Siehe oben Rdnr. 63 ff.
[189] Siehe oben Rdnr. 64 ff.
[190] Siehe oben Rdnr. 65 ff.

86 Ist ein beteiligtes Unternehmen ein abhängiges oder herrschendes Unternehmen im Sinne des § 18 AktG oder ein Konzernunternehmen im Sinne von § 18 AktG, so sind für die Berechnung der Umsatzerlöse die verbundenen Unternehmen als einheitliches Unternehmen anzusehen (§ 23 I S 2 GWB, sog. „Verbundsklausel").[191] Allerdings haben die Unternehmen die Möglichkeit diese Abhängigkeitsvermutung des § 17 II AktG damit zu widerlegen, daß der Kapitalmehrheit keine Stimmenmehrheit entspricht. Nach der sog. „Mehrmütterklausel" sind ferner die Umsatzdaten **aller ein Tochterunternehmen gemeinsam beherrschenden Mutterunternehmen** zu berücksichtigen (§ 23 I S 2, 2. HS GWB). Für die Annahme gemeinsamer Beherrschung reicht ein aufeinander Angewiesensein allein nicht aus, es müssen vielmehr noch weitere Umstände hinzukommen, die eine sichere Grundlage für die Ausübung gemeinsamer Herrschaft bilden.[192] Anhaltspunkte einer gemeinsamen Beherrschung sind z.B die weitgehende Interessengleichheit, ein Einigungszwang in allen wichtigen Fragen der Geschäftsführung oder eine Vereinbarung über eine einheitliche Stimmabgabe.

87 Bei der Berechnung der Umsatzerlöse wird der weltweit erzielte **Konzernumsatz** zugrundegelegt, der alle Tätigkeitsbereiche der beteiligten Unternehmen umfaßt. Dies gilt auch für auf ausländischen Märkten erzielte Umsätze. Umsatzerlöse aus Lieferungen und Leistungen zwischen demselben Konzern angehörenden Unternehmen bleiben aber außer Betracht. Bei Gemeinschaftsunternehmen gilt diese Regel mit der Einschränkung, daß nur Umsätze auf den Märkten einbezogen werden dürfen, auf denen das Gemeinschaftsunternehmen tätig wird. Als Umsätze gelten z.B. auch die Gebühreneinnahmen der öffentlich-rechtlichen Rundfunkanstalten.[193]

88 Bei der Ermittlung der Umsatzerlöse ist von § 158 I und II AktG auszugehen.[194] Die Mehrwertsteuer und die Verbrauchssteuern bleiben außer Betracht. Soweit der Geschäftsbetrieb eines Unternehmens im Vertrieb von Waren (Handel) besteht, sind die dabei erzielten Umsatzerlöse nur zu drei Vierteln in Ansatz zu bringen. Weitere Sonderregeln gibt es für die Berechnung der Umsatzerlöse von Versicherungsunternehmen, Kreditinstituten und Bausparkassen sowie Zeitschriften und Zeitungen.

89 **dd) Anmelde- bzw. anzeigepflichtige Unternehmen.** Anmelde- bzw. anzeigepflichtig sind alle am Zusammenschluß **beteiligten Unternehmen**

---

[191] BGH WuW/E 1608, 1610 »Westdeutsche Allgemeine Zeitung«.
[192] BKartA WuW/E 1876, 1879 »REWE/Florimex«, BKartA WuW/E 1897, 1900 »Hussel/Mara«, BKartA WuW/E 2488, 2490 »Bayrische Asphalt-Mischwerke«, KG WuW/E OLG 3577, 3682 »Hussel/Mara«.
[193] WDR/Radio NRW, KG bestätigte die Untersagungsverfügung des BKartA: WuW/E OLG 4811: Tätigkeitsbericht BKartA 1991/1992, S 130.
[194] Merkblatt zur Zusammenschlußkontrolle (oben Fn. 148).

II. Unternehmens- und Beteiligungskauf

(§ 23 IV GWB). Wie bereits erörtert bestimmt sich der Kreis der beteiligten Unternehmen nach dem jeweils erfüllten Zusammenschlußtatbestand.[195] Um eine Vielzahl von Einzelanmeldungen zu vermeiden, wird die Anmeldung bzw. Anzeige in der Praxis von nur einem Unternehmen für alle abgegeben. Da die Tochtergesellschaften von im Ausland fusionierenden Müttern als beteiligte Unternehmen anzusehen sind, müssen sie beim BKartA den Zusammenschluß der Mütter gemäß § 23 II S 3 GWB anmelden bzw. anzeigen.

ee) **Inhalt der Anmeldung bzw. Anzeige.** Anmeldung und Anzeige müssen folgende Daten enthalten (§§ 23 V, 24 a I S 3 GWB):[196] 90
– Form des Zusammenschlusses,
– Firma oder sonstige Bezeichnung,
– Ort der Niederlassung oder Sitz der Gesellschaft,
– Art des Geschäftsbetriebes,
– Marktanteile über 20 % und Umsatzerlöse,
– Höhe der erworbenen und der insgesamt gehaltenen Beteiligung (beim Anteilserwerb).

Darüber hinaus kann das BKartA von jedem beteiligten Unternehmen Auskunft über Marktanteile einschließlich der Grundlagen für ihre Berechnung oder Schätzung sowie über den Umsatzerlös bei einer bestimmten Art von Waren oder gewerblichen Leistungen verlangen, den das Unternehmen im letzten Geschäftsjahr erzielt hat (§ 23 VI S 1 GWB). Dies gilt auch für Unternehmen, die mit den am Zusammenschluß unmittelbar beteiligten Unternehmen verbunden sind (§ 23 VI S 2 GWB).[197] 91

Die Abgabe einer Anmeldung bzw. einer Anzeige kann mit Verwaltungszwang durchgesetzt werden.[198] Außerdem kann ein Bußgeld verhängt werden, wenn die Angaben unvollständig oder nicht rechtzeitig eingegangen sind. Wer vorsätzlich oder fahrlässig eine Anzeige nicht unverzüglich vornimmt oder dabei unrichtige oder unvollständige Angaben macht, begeht eine Ordnungswidrigkeit (§ 39 I S 2 GWB), die mit einer Geldbuße bis zu fünfzigtausend DM geahndet werden kann (§ 39 I GWB). 92

e) **Untersagungsvoraussetzungen**

Ein Zusammenschluß mit inländischer Auswirkung im Sinne des GWB ist gem. § 24 II S 1 GWB zu untersagen, wenn zu erwarten ist, daß durch ihn eine marktbeherrschende Stellung entsteht oder verstärkt wird, 93

---

[195] Siehe oben Rdnr. 55 ff.
[196] Zu den erforderlichen Angaben vgl. Merkblatt zur Zusammenschlußkontrolle (oben Fn. 148).
[197] Zum Begriff des verbundenen Unternehmens siehe oben Rdnr. 86.
[198] BGH WuW/E 1126, 1127 »Schaumstoff II«.

es sei denn, die beteiligten Unternehmen wiesen nach, daß durch den Zusammenschluß auch Verbesserungen der Wettbewerbsbedingungen eintreten und daß diese Verbesserungen die Nachteile der Marktbeherrschung überwiegen.

94   aa) **Marktbeherrschende Stellung.** Ob ein Zusammenschluß zu einer marktbeherrschenden Stellung führt, ist aufgrund aller für den Markt relevanten Faktoren zu entscheiden (Gesamtbetrachtungsweise). Unter Berücksichtigung der Marktstrukturen sowie des Wettbewerbsverhaltens der Unternehmen wird geprüft, ob ein Unternehmen marktbeherrschend i. S. d. § 22 I GWB ist, d. h. ob es ohne Wettbewerber oder keinem wesentlichen Wettbewerb ausgesetzt ist oder über einen „überragenden Verhaltensspielraum" verfügt oder einen der Oligopoltatbestände des Gesetzes erfüllt. Zur Beurteilung der Marktstellung muß zunächst der relevante Markt abgegrenzt werden, auf dem dann die Wettbewerbsbedingungen untersucht werden.

95   **Feststellung des relevanten Marktes.** Die Abgrenzung des relevanten Marktes nimmt ebenso wie in der europäischen Fusionskontrolle einen wichtigen Platz im Rahmen der deutschen Fusionskontrolle ein, da hier die Weichen für die Feststellung einer beherrschenden Marktstellung gestellt werden. Die Definition eines engen relevanten Marktes erleichtert die Feststellung einer marktbeherrschenden Stellung des betreffenden Unternehmens. Der relevante Markt hat eine sachliche und eine räumliche Dimension.

96   **Sachlich relevanter Markt.** Zur Ermittlung des sachlich relevanten Marktes wird auf die **Austauschbarkeit der Erzeugnisse bzw. Dienstleistungen aus der Sicht der Marktgegenseite** abgestellt. Bei einem Zusammenschluß auf der Angebotsseite muß also auf die Sicht des Abnehmers/ Verbrauchers abgestellt werden. In solchen Fällen gehen das BKartA und die Rechtsprechung von dem Bedarfsmarktkonzept aus, wonach solche Erzeugnisse als marktgleichwertig zu betrachten sind, die sich nach ihren Eigenschaften, ihrem wirtschaftlichen Verwendungszweck sowie ihrer Preislage so nahestehen, daß der verständige Verbraucher sie als für die Deckung eines bestimmten Bedarfs geeignet und in berechtigter Weise abwägend miteinander vergleicht und als gegeneinander austauschbar ansieht.[199] Von den verschiedenen Kriterien zur Bestimmung des relevanten Marktes kommt dem Verwendungszweck die größte Bedeutung zu. Zu einem einheitlichen Markt gehören alle diejenigen Waren, auch wenn sie sich in Einzelheiten wie Konstruktion, Qualität, Preis und dergleichen voneinander unterscheiden, die aufgrund im wesentlichen gleicher Eigen-

---

[199] KG WuW/E OLG 995, 996 »Handpreisauszeichner«, BGH WuW/E 1435, 1440 »Vitamin B 12«, BGH WuW/E 2150, 2153 »Rheinmetall/WMF«; BKartA WuW/ E 2591, 2593 »Fresenius/Schiwa«.

II. Unternehmens- und Beteiligungskauf

schaften und Verwendungszwecke geeignet sind, trotz dieser Unterschiede in den Einzelheiten, beim Verbraucher einen bestimmten Bedarf auf zumutbare, gleichwertige Weise zu decken.[200] Die Zugehörigkeit zu unterschiedlichen Preis- bzw. Qualitätsklassen kann dazu führen, daß Produkte mit an sich ähnlichen oder gleichen Eigenschaften vom Verbraucher nicht als gleichwertig angesehen werden. So kann der Markt für ein bestimmtes Produkt in verschiedenen Untermärkten abgegrenzt werden.[201]

Bei der Abgrenzung des sachlich relevanten **Nachfragemarktes**, der vor allem bei Zusammenschlüssen im Lebensmitteleinzelhandel eine wesentliche Rolle spielt, geht es um die Frage, ob für den Anbieter gleichwertige Ausweichmöglichkeiten bestehen.[202] Eine derartige Möglichkeit wird für den Anbieter in der Regel dann bestehen, wenn er nach verständiger Anschauung mit seinem Angebot von Waren oder Leistungen auf andere Nachfrager mit ihren Handels- und Vertriebsleistungen ausweichen kann.[203] Eine Ausweichmöglichkeit wird nach der Rechtsprechung[204] und der allgemeinen Meinung[205] auch für Hersteller angenommen, die bei verständiger Würdigung ihre Produktion und ihren Vertrieb umstellen können.

Räumlich relevanter Markt. Ausgehend vom Geltungsbereich des GWB kommt nach der Entscheidungspraxis des BKartA grundsätzlich das gesamte Bundesgebiet als räumlich relevanter Markt in Betracht.[206] Regionale und lokale Märkte sind dann anzunehmen, wenn die Tätigkeit der beteiligten Unternehmen aufgrund objektiver Umstände – z.B. infolge hoher Transportkosten – in anderen Regionen ausgeschlossen ist.[207] Neben objektiven Kriterien sind jedoch auch Verbrauchergewohnheiten zu berücksichtigen, so daß z.B. ein eng umgrenzter räumlicher Markt dann verneint werden muß, wenn die Verbraucher für bestimmte Produkte längere Anfahrtswege in Kauf nehmen.[208] Das BKartA berücksichtigt den Umstand, daß nach der Herstellung des Binnenmarktes und des EWR viele Märkte mindestens europaweit definiert werden müssen, in

---

[200] KG WuW/E OLG 3759, 3760 »Pillsbury – Sonnen-Bassermann«.
[201] BGH WuW/E 2150, 2153 »Edelstahlbestecke«: Edelstahlbestecke getrennter Markt von Bestecken; KG WuW/E OLG 3577, 3585 »Hussel – Mara«: Kosmetikmarkt in verschiedene Untermärkte unterteilt.
[202] KG WuW/E OLG 3367, 3370 »Metro – Kaufhof«; KG WuW/E OLG 3577, 3585 »Hussel – Mara«. Ausführlich zur Marktabgrenzung vgl. Bergmann, Nachfragemacht in der Fusionskontrolle (1989) S 44 ff.
[203] KG WuW/E OLG 3577, 3585 »Hussel – Mara«.
[204] BGH WuW/E 1501, 1502 »Kfz-Kupplungen«; KG WuW/E OLG 3577, 3585 »Hussel – Mara«.
[205] Möschel, in: Immenga/Mestmäcker, § 22 Rdnr. 41; Kleinmann/Bechtold, § 22 Rdnr. 102.
[206] KG WuW/E 4537, 4541 »Linde/Lansing«.
[207] Kleinmann/Bechtold, § 22 Rdnr. 88.
[208] BGH WuW/E 2771, 2773 »Kaufhof/Saturn«.

der Praxis nicht bei der Abgrenzung des räumlich relevanten Marktes sondern bei den auf diesem Markt herrschenden Wettbewerbsbedingungen, insbesondere beim potentiellen Wettbewerb.

99 **Marktbeherrschung.** Die Frage, ob der Zusammenschluß eine **beherrschende Stellung** auf dem relevanten Markt verstärkt oder begründet, beurteilt sich gem. § 22 I und II GWB danach ob:
- ein Unternehmen ohne Wettbewerber ist oder keinem wesentlichen Wettbewerb ausgesetzt ist (Monopolstellung);
- ein Unternehmen im Verhältnis zu seinen Wettbewerbern eine überragende Marktstellung hat;
- zwischen mehreren Unternehmen aus tatsächlichen Gründen kein wesentlicher Wettbewerb stattfindet (Oligopolstellung) und das Oligopol in seiner Gesamtheit keinem wesentlichen Außenwettbewerb ausgesetzt ist oder im Verhältnis zu den restlichen Wettbewerbern eine überragende Marktstellung inne hat.

100 Ein Unternehmen besitzt nach dem Wortlaut des § 22 I Nr. 1 GWB ein **Monopol**, wenn es ohne Wettbewerber ist oder **wesentlicher Wettbewerb** fehlt. Beispiele hierfür sind die verschiedenen Verwaltungsmonopole des Staates sowie öffentliche Versorgungsunternehmen.[209] Ein Unternehmen ist auch dann marktbeherrschend, wenn es im Verhältnis zu seinen Wettbewerbern eine **überragende Marktstellung** hat (§ 22 I Nr. 2 GWB). Nach ständiger Rechtsprechung kann ein Unternehmen eine überragende Marktstellung haben, obwohl es wesentlichem Wettbewerb ausgesetzt ist.[210] Daher können Zusammenschlüsse zwischen Unternehmen mit geringen **absoluten** Marktanteilen eine marktbeherrschende Stellung begründen oder verstärken, wenn sie im Verhältnis zu den Konkurrenten einen **relativ** großen Marktanteil haben.

101 Nach der Entscheidungspraxis des BKartA und der Gerichte ergibt sich die Marktmacht eines Unternehmens sowohl aus den markt- und unternehmensbezogenen strukturellen Merkmalen als auch aus der Analyse einzelner hervortretender wettbewerblicher Abläufe (sog. Gesamtbetrachtungsweise).[211] Dabei kommt den **Marktanteilen** der zusammenzuschließenden Unternehmen eine besondere Bedeutung zu.[212] Ebenso wie ein hoher Marktanteil für das Bestehen einer marktbeherrschenden Stellung spricht, ist ein **niedriger Marktanteil** ein Indiz für das Gegenteil.[213] Entscheidend ist jeweils, ob nach den tatsächlichen Verhältnissen zu erwarten ist, daß der Vorsprung vor den Wettbewerbern nach dem

---

[209] LKartB, WuW/E 345, 350 »Gaspreisvergleich«.
[210] BGH WuW/E 2783, 2791 »Warenzeichenerwerb«.
[211] BKartA WuW/E 2521, 2530 »Zahnradfabrik Friedrichshafen/Allison«.
[212] BGH WuW/E 2771, 2773 »Kaufhof/Saturn«; BGH WuW/E 1749 »Klöckner/Becorit«; BGH WuW/E 2575, 2580 »Kampffmeyer/Plange«; BKartA WuW/E 1653, 1655 »Babcock-Artos«; KG WuW/E 2862, 2863 »Rewe – Florimex«.
[213] BGH WuW/E 2771, 2773 »Kaufhof/Saturn«.

Zusammenschluß so groß und aus besonderen Gründen so gefestigt ist, daß von einem Verhaltensspielraum auszugehen ist, der durch den Wettbewerb nicht hinreichend kontrolliert wird.[214] So kann ein Unternehmen mit geringen Marktanteilen (12 %) eine marktbeherrschende Stellung innehaben, wenn der Abstand zu den anderen Wettbewerbern sehr groß ist.[215] Zwar hat der Abstand erhebliche Indizwirkung für das Bestehen eines vom Wettbewerb nicht mehr hinreichend kontrollierten Verhaltensspielraums, dieser Vorsprung muß jedoch zum einen groß genug und zum anderen strukturell verfestigt sein.[216] Darüber hinaus müssen die Finanzkraft, der Zugang zu den Beschaffungs- und Absatzmärkten, Verflechtungen mit anderen Unternehmen, die Existenz von Marktzutrittsschranken, die Fähigkeit, sein Angebot oder seine Nachfrage auf andere Waren oder Leistungen umzustellen, der Grad des Wachstums des betreffenden Industriezweiges und die Innovationstätigkeit berücksichtigt werden (§ 22 I Nr. 2 GWB). Ein an sich für eine Marktbeherrschung sprechendes Strukturelement, wie z.B. ein hoher Marktanteil, kann durch einen geringen Verhaltensspielraum neutralisiert werden, so zum Beispiel, wenn keine oder nur sehr niedrige Marktzutrittsschranken feststellbar sind.[217]

Im Rahmen der **Oligopolklausel** des § 22 II GWB gelten zwei oder mehr Unternehmen als marktbeherrschend, wenn sowohl untereinander (Innenverhältnis) als auch mit Dritten (Außenverhältnis) kein wesentlicher Wettbewerb mehr stattfindet. Liegen diese Voraussetzungen vor, wird jedes Oligopolmitglied als marktbeherrschend behandelt.[218] Wettbewerb im Innenverhältnis kann z.B. bei Gruppenbewußtsein, d.h. bei gleichgerichteten Interessen und wechselseitiger Abhängigkeit – insbesondere Reaktionsgebundenheit in bezug auf Preise –, ausgeschlossen sein. 102

In §§ 22 III und 23 a GWB hat der Gesetzgeber von den Unternehmen **widerlegbare Vermutungen** für das Vorliegen einer marktbeherrschenden bzw. überragenden Stellung geschaffen. Allerdings entheben diese Vermutungen das BKartA nicht einer umfassenden Prüfung der Untersagungsvoraussetzungen. Auf sie darf erst dann zurückgegriffen werden, wenn die in Betracht kommenden Feststellungen zur Frage der marktbeherrschenden Stellung getroffen worden sind und ihre Würdigung zu keinem Ergebnis führt.[219] Andererseits kommt die Vermutung immer 103

---

[214] BGH WuW/E 2772, 2774 »Kaufhof/Saturn«.
[215] KG WuW/E OLG 2862, 2864 »Rewe – Florimex«.
[216] BGH WuW/E 2771 »Kaufhof/Saturn«.
[217] BKartA WuW/E 2247, 2259 »Hüls/Condea«; BGH WuW/E 1501, 1504 »Kfz-Kupplungen«. Ausführlicher zum Begriff der Martzutrittsschranken: Jickeli, Marktzutrittsschranken im Recht der Wettbewerbsbeschränkungen (1990).
[218] KG WuW/E OLG 2093, 2094 »Bituminöses Mischgut«.
[219] KG WuW/E OLG 2539, 2541 »Braun/Almo«; BGH WuW/E 1749, 1754 »Klöckner – Becorit«.

104 Ein **Monopol** wird vermutet, wenn ein Unternehmen auf dem relevanten Markt einen Marktanteil von mindestens einem Drittel hat und seine Umsatzerlöse im vergangenen Geschäftsjahr 250 Millionen überstiegen (§ 22 II Nr. 2 GWB). Nach der allgemeinen **Oligopolvermutung** sind drei oder weniger Unternehmen marktbeherrschend, wenn sie zusammen einen Marktanteil von 50 % oder mehr, oder fünf oder weniger Unternehmen zusammen einen Marktanteil von mindestens zwei Dritteln erreichen und sie Umsatzerlöse von jeweils mehr als 100 Millionen DM im letzten abgeschlossenen Geschäftsjahr erzielt haben (§ 22 II Nr. 2 GWB). Diese Vermutung kann dann widerlegt werden, wenn wesentlicher Wettbewerb im Innenverhältnis herrscht oder bei Fehlen wesentlichen Wettbewerbs im Innenverhältnis das Oligopol wesentlichem Wettbewerb im Außenverhältnis ausgesetzt ist.[221]

105 Da die Vermutung der Marktbeherrschung im Sinne von § 22 III Nr. 2 GWB von den Unternehmen leicht widerlegt werden konnte, wurde mit der qualifizierten Oligopolvermutung des § 23 a II GWB eine echte **Beweislastumkehr zu Lasten der beteiligten Unternehmen** eingeführt. Die Unternehmen müssen beweisen, daß auch nach dem Zusammenschluß im Innenverhältnis wesentlicher Wettbewerb zwischen ihnen zu erwarten ist oder daß das Oligopol im Verhältnis zu seinen Wettbewerbern – d. h. also im Außenverhältnis – keine überragende Marktstellung hat. Allerdings ist es den Unternehmen in der Praxis häufig gelungen, auch diese qualifizierte Oligopolvermutung zu widerlegen.[222] Dabei müssen sie sich auf strukturelle und langfristig bestehende Bedingungen, wie z. B. niedrige Marktzutrittsschranken, Innovation etc. stützen können.[223]

106 Die Vermutungstatbestände des § 23 a I GWB (Eindringungs-, Verstärkungs- und Großfusionsvermutung) dienen dem BKartA einerseits als Aufgreifkriterium, zum anderen sollen sie die Wirkung materieller Beweislastregeln entfalten.[224] Liegen die Vermutungsvoraussetzungen vor, kann man davon ausgehen, daß mit hoher Wahrscheinlichkeit durch den Zusammenschluß eine überragende Marktstellung entstehen oder verstärkt werden wird.[225] Nach ständiger Rechtsprechung gehen die ver-

---

[220] BGH WuW/E 2231, 2237 »Metro/Kaufhof«.
[221] BKartA, Tätigkeitsbericht 1989/90 S 99 »Deilmann-Heine/Walter«.
[222] Vgl. Emmerich, Fusionskontrolle 1990/1991, AG 1991, S 413, 419: „In aller Regel gelingt den Unternehmen ihre Widerlegung, so daß § 23a GWB heute unbedenklich gestrichen werden könnte."
[223] BKartA AG 1986, 377, 379f. »NUR/ITS«.
[224] KG WuW/E OLG 2862, 2867 »Rewe – Florimex«.
[225] So Mestmäcker, in: Immenga/Mestmäcker, § 23a Rdnr. 8.

bleibenden Zweifel zu Lasten der am Zusammenschluß beteiligten Unternehmen.[226]

Eine Vermutung für die Entstehung bzw. Verstärkung einer überragenden Marktstellung greift ein, wenn das erwerbende Unternehmen Umsatzerlöse von mindestens 2 Mrd. DM[227] erreicht und das erworbene Unternehmen auf einen überwiegend mittelständlich strukturierten Markt tätig ist. Diese Resourcenbetrachtung soll vor allem das Eindringen von Großunternehmen in mittelständisch strukturierte lokale und regionale Märkte kontrollieren (sog. „Eindringungsvermutung" nach § 23 a I Nr. 1 a GWB). Unternehmen mit einem Umsatz **von bis zu 150 Mio. DM** können als mittelständisch angesehen werden. Die Vermutung kann von den Unternehmen z.B. dadurch widerlegt werden, daß nachgewiesen wird, daß auf diesem Markt bereits ein anderes Großunternehmen tätig ist. So ist sie widerlegt, wenn trotz eines Marktanteils der zusammengeschlossenen Unternehmen von 30% lebhafter Wettbewerb auf dem Markt fortbesteht.[228] 107

Schließt sich ein Unternehmen mit Umsatzerlösen von mindestens 2 Mrd. DM mit einem marktbeherrschenden Unternehmen zusammen und werden auf dem beherrschten Markt mindestens 150 Mio. DM umgesetzt, so wird die Verstärkung einer überragenden Marktstellung vermutet (sog. Verstärkungsvermutung, § 23a I Nr. 1b GWB). Unabhängig von den jeweiligen Marktanteilen knüpft die „Großfusionsvermutung" des § 23 a I Nr. 2 GWB allein an die finanziellen Resourcen der beteiligten Unternehmen an. Danach wird eine marktbeherrschende Stellung vermutet, wenn die beteiligten Unternehmen Umsatzerlöse von mindestens 12 Mrd. DM und zwei dieser Unternehmen Umsatzerlöse von mindestens je 1 Mrd. erzielen (§ 23a I Nr. 2 GWB). Gemeinschaftsunternehmen, die auf einem Markt tätig sind, auf dem weniger als 750 Mio. DM umgesetzt werden, sind von dieser Vermutung ausgenommen (§ 23a I Nr. 2 GWB). 108

bb) Begründung oder Verstärkung einer marktbeherrschenden Stellung. Im Rahmen einer Zukunftsprognose hat das BKartA festzustellen, ob durch den Zusammenschluß eine marktbeherrschende Stellung begründet oder verstärkt wird. Das Element der Verstärkung ist immer dann zu prüfen, wenn schon **vor dem Zusammenschluß** eine marktbeherrschende Stellung eines beteiligten Unternehmens bestand. Eine Verstärkung kann dann vorliegen, wenn das Unternehmen seine Marktantei- 109

---

[226] BGH WuW/E 1501, 1502 »Kfz-Kupplungen«; KG WuW/E OLG 3367, 3382 »Metro – Kaufhof«.
[227] Auch die Umsätze der mit den beteiligten Unternehmen verbundenen ausländischen Gesellschaften sind zu berücksichtigen: KG WuW/E OLG 3367, 3383 »Metro – Kaufhof«.
[228] BKartA, Tätigkeitsbericht 1989/90, S 91 »BSN/Birkel«.

Montag

le erhöht.[229] Anders als im Rahmen der europäischen FKVO kommt es auf eine **wesentliche Verstärkung** der marktbeherrschenden Stellung **nicht an**.[230] Nach ständiger Rechtsprechung setzt eine Verstärkung der Marktstellung einen Zugewinn an Marktanteilen nicht voraus.[231] Sie kann auch bei gleichbleibenden Marktanteilen vorliegen, wenn der Zusammenschluß potentielle Wettbewerber vom Marktzutritt abhält[232] oder zu einem Zuwachs an Finanzkraft führt, der die errungene Marktstellung festigt und sichert.[233] Je größer die Marktstellung der beteiligten Unternehmen vor dem Zusammenschluß war, desto mehr Gewicht wird dem verbleibenden Wettbewerb auf dem Markt zugemessen, so daß schon der Erwerb nur geringer Marktanteile ausreicht, eine Verstärkung der marktbeherrschenden Stellung zu bejahen.[234]

110 In diesem Rahmen ist weiter zu prüfen, ob der Zusammenschluß für die Entstehung bzw. die Verstärkung der marktbeherrschenden Stellung ursächlich war.[235] Die Kausalität ist insbesondere in den sog. Sanierungsfällen zu verneinen, d. h. in den Fällen, in denen das übernommene Unternehmen ohne den Zusammenschluß aus dem Markt ausscheiden müßte und die Marktstellung des ausscheidenden Unternehmens dem anderen Unternehmen dann zwangsläufig auch zufallen würde.[236] Außer in Sanierungsfällen bereitet das Kausalitätserfordernis in der Praxis keine Schwierigkeiten.[237]

111 cc) **Abwägungsklausel.** Führt der Zusammenschluß zur Entstehung oder Verstärkung einer marktbeherrschenden Stellung, hat das BKartA ihn zu untersagen, es sei denn, die beteiligten Unternehmen können nachweisen, daß durch den Zusammenschluß auch Verbesserungen der Wettbewerbsbedingungen eintreten und daß diese die Nachteile der Marktbeherrschung überwiegen (§ 24 I Halbs. 2 GWB). Subjektive Vorteile, die nur den beteiligten Unternehmen – wie z. B. Rationalisierung – zugute kommen, haben nur Einfluß auf die Abwägung nach § 24 I GWB,

---

[229] BKartA WuW/E 2591, 2603 »Fresenius/Schiwa«; BKartA WuW/E 2529, 2533 »Zahnradfabrik Friedrichshafen/Allison«.
[230] BGH WuW/E 2783, 2793 »Warenzeichenübertragung«; BGH WuW/E 1501, 1512 »Kfz-Kupplungen«; BGH WuW/E 1685, 1691 »Springer/Elbe Wochenblatt«.
[231] BGH WuW/E 2731, 2737 »Inlandstochter«.
[232] BGH WuW/E 2150, 2157 »Rheinmetall/WMF«, BGH AG 1986, 362, 364f. »SZ/Donaukurier«, BKartA WuW/E 2428, 2433 »Nordfleisch/CG Hannover«; BGH WuW/E 1501, 1507 »Kfz-Kupplungen«.
[233] BKartA, AG 1993, S 571 »HaGe Kiel/RHG Hannover«; BGH WuW/E 2150, 2157 »Edelstahlbestecke«; BGH WuW/E 1501, 1509 »Kfz-Kupplungen«.
[234] BGH WuW/E 1615 »Springer/Elbe Wochenblatt«; BGHZ 82, 1, 5 »Springer/MZV«.
[235] BGH WuW/E 1655, 1660 »Zementmahlanlage II«; WuW/E 2743, 2747 »Stormaner Tageblatt«; KG WuW/E 4547, 4555 »Lübecker Nachrichten/Stormaner Tageblatt«.
[236] BGH WuW/E 1655, 1660 »Zementmahlanlage II«.
[237] Emmerich, Kartellrecht, S 385.

wenn sie sich auch strukturell auf den Gesamtmarkt auswirken.[238] Allerdings fällt die Abwägung nur dann für die Unternehmen positiv aus, wenn diese Vorteile nicht auch mit weniger wettbewerbsbeschränkenden Mitteln erreicht werden können.[239]

Die beteiligten Unternehmen tragen die Beweislast für die Verbesserung der Wettbewerbsbedingungen.[240] Die Vorteile des Zusammenschlusses überwiegen z. B. in Fällen, in denen der Zusammenschluß zwar zu einer Verschlechterung der Wettbewerbsbedingungen auf einem Markt, aber zu Vorteilen auf Drittmärkten führt, so insbesondere, wenn die Marktbeherrschungseffekte auf unbedeutenden Märkten, die wettbewerblichen Verbesserungen auf bedeutenden Märkten zu verzeichnen sind.[241] Aber auch auf demselben Markt kann ein Zusammenschluß sowohl Nachteile als auch Vorteile mit sich bringen. Ein horizontaler Zusammenschluß zur Sanierung eines Unternehmens ist als positiv zu bewerten, wenn eines der fusionierenden Unternehmen andernfalls vom Markt verschwinden würde.[242] Allerdings kann eine Verstärkung der finanziellen Grundlage eines auf mehreren Märkten tätigen Unternehmens nicht als eine im Rahmen der Abwägungsklausel des § 24 I GWB relevante Strukturverbesserung auf einem bestimmten Markt bewertet werden, wenn offen ist, ob das Unternehmen die zusätzlichen finanziellen Mittel gerade dazu benutzen wird, Verluste aus einer unwirtschaftlichen Betätigung auf diesem Markt auszugleichen.[243] Die Tatsache, daß ein konkursreifes Unternehmen durch einen mächtigen Marktkonkurrenten aufgekauft wird, kann allerdings nicht als Verbesserung der Wettbewerbsbedingungen angesehen werden.[244] Erforderlich ist dazu vielmehr nach Auffassung des BGH, daß die wirtschaftlichen Verhältnisse auf dem betreffenden Markt es diesem Marktteilnehmer derart nahelegen, seine zusätzlichen Mittel für eine weitere Wettbewerbstätigkeit auf diesem Markt einzusetzen, daß dieses Verhalten mit ausreichender Wahrscheinlichkeit erwartet werden kann.[245] Darüber hinaus stellt ein Zusammenschluß, der lediglich zur Erhaltung der bisherigen Angebotspalette eines Marktes oder zur Eröffnung eines neuen Marktes führt, nach allgemeiner Auffassung[246] keine Verbesserung der Wettbewerbsbedingungen dar. Au-

---

[238] »Heidelberger Zement/Malik«, AG 1988, S 352, 354; BGH Beschluß v. 8.2.1994, WM 1994, S 1046, 1048.
[239] BKartA WuW/E 1571, 1582 »Kaiser/VAW«; BGH WuW/E 1533, 1540 »Erdgas Schwaben«.
[240] KG AG 1990, 163, 167.
[241] BGH WuW/E 1854, 1861 »Zeitungsmarkt München«.
[242] BGH WuW/E 2899, 2902 »Anzeigenblätter«; BGH Beschluß v. 8.2.1994, WM 1994, S 1046, 1048.
[243] BGH Beschluß v. 8.2.1994, WM 1994, S 1046, 1048.
[244] BKartA WuW/E 1653, 1655 »Babcock/Artos«.
[245] BGH Beschluß v. 8.2.1994, WM 1994, S 1046, 1049.
[246] Emmerich, Kartellrecht S 417.

ßerwettbewerbliche Faktoren – wie etwa die Verbesserung der Arbeitsmärkte – können nicht im Rahmen dieser Abwägung, sondern erst auf der Ebene der Ministererlaubnis berücksichtigt werden.

113 **dd) Ministererlaubnis.** Hat das BKartA den Zusammenschluß untersagt, besteht die Möglichkeit, beim Bundeswirtschaftsminister einen Antrag auf Erteilung der Erlaubnis des Zusammenschlusses zu stellen (§ 24 III S 1 GWB). Die **Ministererlaubnis** wird unter der Voraussetzung erteilt, daß der Zusammenschluß durch ein überragendes Interesse der Allgemeinheit gerechtfertigt ist oder die Nachteile des Zusammenschlusses durch **gesamtwirtschaftliche Vorteile** aufgewogen werden und das Ausmaß der Wettbewerbsbeschränkung die marktwirtschaftliche Ordnung nicht gefährdet (§ 24 III GWB). Ein solcher Vorteil kann in der Erhaltung von Arbeitsplätzen,[247] der Vermeidung des Verlusts wertvollen technischen Know-hows[248] sowie in einer Steigerung der internationalen Wettbewerbsfähigkeit liegen.[249] Obwohl der Wirtschaftsminister einen breiten Beurteilungsspielraum hat,[250] wurde die überwiegende Mehrzahl der Anträge abgelehnt.

f) Verfahren

114 **aa) Untersagungsverfahren.** Das BKartA kann nach Eingang einer Anmeldung oder Anzeige oder **von Amts wegen** ermitteln, wenn es von einem Zusammenschlußvorhaben Kenntnis erlangt (§ 24 II S 2 GWB). Neben den allgemeinen Bestimmungen der §§ 51 ff. GWB gelten für das Untersuchungsverfahren im Rahmen der Fusionskontrolle einige Sonderregelungen.

115 **Ermittlungsbefugnisse.** Das BKartA verfügt über weitgehende Ermittlungsbefugnisse. Es kann beispielsweise von den beteiligten Unternehmen **Auskünfte über Marktanteile und Umsatzerlöse** verlangen (§ 23 VI GWB) und auch von Drittunternehmen Angaben über deren wirtschaftliche Verhältnisse (§ 46 GWB). Es ist ferner befugt, die geschäftlichen Unterlagen dieser Unternehmen einzusehen (§ 46 I GWB) und Durchsuchungen und Beschlagnahmen durchzuführen (§ 55 GWB).[251]

116 Den beteiligten Unternehmen muß Gelegenheit gegeben werden, zu den Vorwürfen Stellung zu nehmen. An dem Verfahren vor der Kartellbehörde sind die folgenden Parteien beteiligt (§ 51 II GWB):
– derjenige, welcher die Einleitung des Verfahrens beantragt hat;
– die Unternehmen, gegen die sich das Verfahren richtet;

---

[247] WuW/E BWM 177, 181 »IBH-Wibau«.
[248] WuW/E BWM 159, 162 »Thyssen-Hüller«.
[249] WuW/E BWM 177, 180 »IBH-Wibau«.
[250] Kleinmann/Bechtold, § 24 Rdnr. 297.
[251] Da die Reichweite der Ermittlungsbefugnisse von erheblicher praktischer Bedeutung sein können, wird verwiesen auf: Grützner/Reimann/Wissel, Richtiges Verhalten bei Kartellamtsermittlungen im Unternehmen, 3. Aufl. (1993).

II. Unternehmens- und Beteiligungskauf 593

- Personen, deren Interessen durch die Entscheidung erheblich berührt werden und die die Kartellbehörde auf ihren Antrag zu dem Verfahren beigeladen hat;
- in Fällen eines Anteils- oder Vermögenserwerbs auch der Veräußerer.

Ist ein Drittunternehmen, dessen Interessen durch die Entscheidung 117 erheblich berührt werden, beigeladen, hat es dieselben Verfahrensrechte wie die beteiligten Unternehmen, jedoch **keinen Anspruch auf Einleitung eines Fusionskontrollverfahrens** durch das BKartA.[252]

Untersagungsverfügung. Kommt das BKartA zu dem Ergebnis, daß 118 der Zusammenschluß gegen § 24 I GWB verstößt, muß er untersagt werden. Nach allgemeiner Meinung räumt das Gesetz dem BKartA kein Ermessen ein.[253] Das BKartA hat die Möglichkeit, **einstweilige Anordnungen** zu treffen, um die negativen Auswirkungen eines Zusammenschlusses bis zur Entscheidung in der Hauptsache so gering wie möglich zu halten (§ 56 GWB). Die abschließende Untersagungsverfügung muß begründet und allen Verfahrensbeteiligten zugestellt werden (§ 57 GWB).

Zusagen. Um eine Untersagungsverfügung abzuwenden, können die 119 beteiligten Unternehmen und das BKartA einen Vertrag schließen, in dem die Unternehmen bestimmte Zusagen machen, die dem Vorhaben den wettbewerbswidrigen Charakter nehmen. Bei diesen Zusagen handelt es sich um öffentlich rechtliche Verträge nach § 54 VwVfG, die nach § 57 VwVfG der Schriftform unterliegen. Zudem verlangt eine Weisung des Bundeswirtschaftsministers, daß die Zusageregelungen im Bundesanzeiger und im Tätigkeitsbericht des BKartA veröffentlicht werden.[254] In der Praxis lassen sich folgende Zusagen unterscheiden: **Veräußerungszusagen**, mit denen sich die Unternehmen verpflichten, bestimmte Betriebsstätten oder Betriebsanteile an Dritte zu veräußern; **Öffnungszusagen**, mit denen die Unternehmen Dritten den Zugang zu bestimmten Märkten eröffnen, sowie **Einflußbegrenzungszusagen**, bei denen sich die Unternehmen z.B. zu einer Stimmrechtsbeschränkung verpflichten. Nicht ganz geklärt ist die Frage nach der Durchsetzung dieser Zusagen. So bestehen insbesondere Zweifel an der Praxis des BKartA, in die Vereinbarungen eine Klausel einzufügen, nach der seine Befugnis zur Überprüfung und Entflechtung der Zusammenschlüsse dann wieder auflebt, wenn sich die Unternehmen nicht an ihre Zusagen halten.

Rechtsmittel. Gegen eine Untersagungsverfügung kann Beschwerde 120 beim Kammergericht eingelegt werden (§ 62 IV GWB). Die Beschwerde

---

[252] BGH WuW/E 1556 »Weichschaum III«, KG WuW/E OLG 1758 »Weichschaum II«.
[253] Emmerich, Kartellrecht, S 431.
[254] Allgemeine Weisung des BWiM gemäß § 49 GWB über die Veröffentlichung von Zusagen vom 25.3.1976, Bundesanzeiger Nr. 66 vom 3.4.1976.

hat keine **aufschiebende Wirkung**, so daß die Unternehmen weiterhin daran gehindert sind, den Zusammenschluß zu vollziehen (§ 63 I GWB). Ein Antrag auf einstweilige Anordnung der Gestattung des Vollzugs des Zusammenschlusses hat dann Aussicht auf Erfolg, wenn die Unternehmen geltend machen können, daß die behördliche Untersagung unter schweren formellen und ggfls. materiellen Fehlern leidet und ihnen im Falle der Aufrechterhaltung des Vollzugsverbotes schwere und irreparable Schäden entstehen würden.[255] Gegen Hauptsacheentscheidungen des Kammergerichts kann beim BGH Rechtsbeschwerde eingelegt werden (§ 73 I GWB).

121 **Entflechtungsverfahren.** Nach § 24 VI GWB kann das BKartA, die Auflösung eines vollzogenen Zusammenschlusses anordnen. Voraussetzung hierfür ist, daß die Untersagungsverfügung unanfechtbar geworden ist und, falls die beteiligten Unternehmen beim Bundeswirtschaftsminister eine Ministererlaubnis beantragt haben,[256] die Ablehnung dieses Antrags. Darüber hinaus kann das BKartA nach § 24 Abs. 7 GWB zur Durchsetzung seiner Anordnung ein Zwangsgeld von 10.000 bis eine Million DM festsetzen. Das BKartA hat bisher nur geringen Gebrauch von dieser Befugnis gemacht,[257] was darauf zurückzuführen sein dürfte, daß die Mehrzahl der untersagten Zusammenschlüsse der präventiven Kontrolle unterliegen.

122 **bb) Verfahren der Ministererlaubnis.** Grundsätzlich kann eine Ministererlaubnis erst nach Vorliegen einer Untersagungsverfügung durch das BKartA erteilt werden. Der Antrag ist **innerhalb eines Monats** nach Zustellung der Untersagungsverfügung zu stellen (§ 24 IV S 1 GWB). Der Bundeswirtschaftsminister muß gem. § 24 b V S 7 GWB innerhalb von **vier Monaten** nach Stellung des Antrags und nach Einholen eines Sondergutachtens der Monopolkommission entscheiden. Gegen diese Entscheidung ist die Beschwerde beim Kammergericht zulässig (§ 62 IV GWB), das jedoch nicht die Würdigung der gesamtwirtschaftlichen Lage überprüfen kann (§ 70 V S 2 GWB).

III. Kooperative Formen der Reorganisation von Unternehmen

123 Neben den soeben behandelten konzentrativen Formen der Reorganisation (Unternehmens- und Beteiligungskauf sowie Gründung von konzentrativen Gemeinschaftsunternehmen) und den rein internen Reorganisationmaßnahmen gibt es eine dritte Kategorie von Maßnahmen, die unter dem Begriff der Reorganisation im weitesten Sinne zusammenge-

---

[255] KG WuW/E OLG 2419, 2421 »Synthetischer Kautschuk II«.
[256] Siehe oben Rdnr. 113.
[257] Ausnahmsweise: BKartA, AG 1991, S 181 »Kampffmeyer/Plange«.

faßt werden können. Dies sind die hier als kooperative Formen der Reorganisation bezeichneten Maßnahmen, auf die die im folgenden dargestellten kartellrechtlichen Regeln Anwendung finden. Eine kooperative Reorganisationsmaßnahme ist eine Maßnahme, die von einem Unternehmen nicht allein (intern) oder extern (Kauf oder Verkauf von Unternehmen bzw. Unternehmensbereichen) sondern in Kooperation mit dritten Unternehmen durchgeführt wird. Typische Beispiele von kooperativen Reorganisationsmaßnahmen, die zur Krisenbewältigung eingesetzt werden, sind die Zusammenlegung von Forschungs- und Entwicklungsaktivitäten oder der Produktion in Gemeinschaftsunternehmen mit Wettbewerbern, der Abschluß von Spezialisierungsvereinbarungen oder der Kapazitätsabbau im Rahmen eines branchenumfassenden Strukturkrisenkartells.

Allen kooperativen Reorganisationsmaßnahmen ist gemeinsam, daß sie 124 eine Koordinierung des Wettbewerbsverhaltens der an ihnen beteiligten Unternehmen mit sich bringen können. Die Unternehmen müssen sich daher vor Ergreifung derartiger kooperativer Reorganisationsmaßnahmen vergewissern, daß diese nicht in Konflikt mit den anwendbaren europäischen oder deutschen Kartellrechtsvorschriften mit der Folge der zivilrechtlichen Unwirksamkeit und des Risikos der Verhängung von Bußgeldern durch die zuständigen Kartellbehörden geraten.

1. Reorganisation und das Kartellverbot der Art. 85 I EGV und § 1 GWB

Sowohl der EG-Vertrag als auch das GWB enthalten ein Verbot wett- 125 bewerbsbeschränkender Absprachen. Allerdings gibt es unter bestimmten Voraussetzungen die Möglichkeit, von diesen Verboten kraft Gesetzes oder durch Entscheidung der Kartellbehörde freigestellt zu werden. Im folgenden sollen zunächst die Grundzüge des europäischen und des deutschen Kartellverbots dargestellt werden. Danach soll ihre Anwendbarkeit im Hinblick auf die in der Praxis gebräuchlichsten kooperativen Formen der Reorganisation wie die Gründung kooperativer Gemeinschaftsunternehmen, Spezialisierungsvereinbarungen, Krisenkartelle und gegenseitige Belieferung dargelegt werden.

a) Art. 85 EGV

Nach Art. 85 I EGV sind alle Vereinbarungen zwischen Unterneh- 126 men, Beschlüsse von Unternehmensvereinigungen und aufeinander abgestimmten Verhaltensweisen verboten, die den Handel zwischen Mitgliedstaaten der EU beeinträchtigen und eine Beschränkung des Wettbewerbs innerhalb der Gemeinschaft bezwecken oder bewirken. Diese Bestimmung nennt drei Voraussetzungen für einen Verstoß gegen Art. 85 I EGV: Vereinbarungen, Beschlüsse einer Unternehmungsvereinigung oder aufeinander abgestimmte Verhaltensweisen, Wettbewerbsbeschränkung und Beeinträchtigung des innergemeinschaftlichen Handels. Im Bereich der Reorganisationsmaßnahmen dürfte es sich regelmäßig um vertragliche Absprachen handeln, so daß diesem Tatbestandsmerkmal an dieser Stelle keine weitere Aufmerksamkeit geschenkt werden muß. Das Tatbestandsmerkmal der **Wettbewerbsbeschränkung** liegt vor, wenn die Absprache die Wettbewerbsfreiheit der Parteien oder die Marktstellung Dritter beeinträchtigt. Allerdings werden nur Wettbewerbsbeschränkungen, die sich **spürbar** auf die Marktverhältnisse auswirken, von Art. 85 I EGV erfaßt. Die Kommission verneint die Spürbarkeit des wettbewerbsbeschränkenden Verhaltens der Unternehmen, wenn die Waren oder Dienstleistungen, die Gegenstand der Vereinbarung sind und die sonstigen Waren oder Dienstleistungen der beteiligten Unternehmen, die vom Verbraucher als gleichartig angesehen werden, im betroffenen Gebiet der Gemeinschaft nicht mehr als 5 % des Marktes sämtlicher dieser Waren oder Dienstleistungen ausmachen und der Gesamtumsatz der beteiligten Unternehmen innerhalb eines Geschäftsjahres 200 Millionen ECU nicht überschreitet.[258] Schließlich muß die Absprache geeignet sein, den Handel zwischen Mitgliedstaaten zu beeinträchtigen. Eine solche Beeinträchtigung ist gegeben, wenn die Absprache sich mittelbar oder unmittelbar auf die Ein- oder Ausfuhr von Waren bezieht, oder wenn sie die Abschottung eines nationalen Marktes innerhalb der Gemeinschaft bewirkt. Diese Voraussetzung wird inzwischen so weit ausgelegt, daß sie nach allgemeiner Auffassung in der Praxis nur noch geringe Bedeutung hat.[259]

127 Gegen Art. 85 I EGV verstoßende Vereinbarungen sind automatisch nichtig (Art. 85 II EGV), es sei denn, daß sie die Voraussetzungen einer **Freistellung** erfüllen. Nach Art. 85 III EGV kann das Verbot des Art. 85 I EGV im Wege einer Einzelfreistellung für nicht anwendbar erklärt werden, wenn vier Bedingungen kumulativ erfüllt sind:
- Die Vereinbarung muß zur Verbesserung der Warenerzeugung oder verteilung oder zur Förderung des technischen oder wirtschaftlichen Fortschritts beitragen.
- Der Verbraucher muß an dem entstehenden Gewinn angemessen beteiligt sein.
- Die Vereinbarung darf den beteiligten Unternehmen keine Beschränkungen auferlegen, die für die Verwirklichung dieser Ziele nicht unerläßlich sind.
- Die Vereinbarung darf keine Möglichkeiten eröffnen, für einen wesentlichen Teil der betreffenden Waren den Wettbewerb auszuschalten.

---

[258] Bekanntmachung der Kommission über Vereinbarungen von geringer Bedeutung, die nicht unter Art. 85 I des EWG-Vertrags fallen, ABlEG 1986 C 231/2 (im folgenden: Bagatellbekanntmachung).
[259] Gleiss/Hirsch, Rdnr. 233.

III. Kooperative Formen der Reorganisation von Unternehmen

Freistellungsverfahren. Das Freistellungsverfahren ist im wesentlichen 128 in der Verordnung 17/62[260] geregelt. Gemäß dieser Verordnung kann eine Freistellung ausschließlich durch die Kommission gewährt werden (Art. 9 I). Die Erteilung einer Freistellung setzt die vorherige Anmeldung der Vereinbarung bei der Kommission voraus (Art. 4 I VO 17/62). Die Kommission hat bzgl. bestimmter, häufig anzutreffender Vereinbarungen sogenannte **Gruppenfreistellungsverordnungen** erlassen, wonach bestimmte Arten von Vereinbarungen vom Verbot des Art. 85 I EGV pauschal freigestellt werden.[261] Erfüllt eine Vereinbarung die Tatbestandsmerkmale einer Gruppenfreistellung, ist sie vom Verbot des Art. 85 I EGV befreit, ohne bei der Kommission angemeldet werden zu müssen.

b) § 1 GWB

Ähnlich wie Art. 85 I EGV enthält § 1 GWB ein umfassendes Kartell- 129 verbot, wonach Verträge, die Unternehmen oder Unternehmensvereinigungen zu einem gemeinsamen Zweck schließen, und Beschlüsse von Unternehmensvereinigungen unwirksam sind, soweit sie geeignet sind, die Erzeugung oder die Marktverhältnisse für den Verkehr mit Waren oder gewerblichen Leistungen durch Beschränkung des Wettbewerbs zu beeinflussen. Der wichtigste Unterschied zwischen § 1 GWB und Art. 85 I EGV besteht darin, daß § 1 GWB nur Verträge „zu einem gemeinsamen Zweck" erfaßt. Nach der neueren, wohl herrschenden Meinung ist dieses Tatbestandsmerkmal dann erfüllt, wenn ein Vertrag dazu bestimmt und geeignet ist, mittelbar oder unmittelbar den aktuellen oder potentiellen Wettbewerb zwischen den beteiligten Unternehmen zu regeln, so daß er in diesem Sinne „horizontalen Charakter" trägt.[262] Nach Zugrundelegung dieser Definition dürfte der gemeinsame Zweck bei den hier im Vordergrund stehenden kooperativen Formen der Reorganisation regelmäßig zu bejahen sein, worauf im einzelnen noch zurückzukommen sein wird.

Das GWB kennt anders als Art. 85 III EGV keine allgemeine Freistel- 130 lungsmöglichkeit. Vielmehr enthält das Gesetz einige spezifische gesetzliche Ausnahmen,[263] die in zwei Gruppen unterteilt werden können. Die §§ 2–8 GWB enthalten Kartelltatbestände, die im Einzelfall als wirksam angesehen werden können.[264] Dagegen enthalten §§ 99–103a GWB einen

---

[260] Verordnung (EWG) Nr. 17/62 des Rates, ABlEG 1962, S 204 (im folgenden: VO 17/62).
[261] Ausführlich zu den Gruppenfreistellungen: Bunte/Sauter, EG-Gruppenfreistellungsverordnungen (1988); Wiedemann, Kommentar zu den Gruppenfreistellungsverordnungen des EWG-Kartellrechts (1989).
[262] Emmerich, Kartellrecht § 5 V mit weiteren Nachweisen.
[263] Darüber hinaus gibt es eine Reihe von sog. außergesetzlichen Rechtfertigungsgründen, wie z.B. der Schutz der Umwelt, vgl. hierzu Emmerich, Kartellrecht, S 74 ff.
[264] Diese Ausnahmemöglichkeiten können noch weiter in drei Gruppen unterteilt werden: Anmelde-, Widerspruchs- und Erlaubniskartelle.

umfangreichen Ausnahmekatalog zugunsten bestimmter Unternehmen und Wirtschaftszweige wie z. B. Verkehrsunternehmen (§ 99 GWB), landwirtschaftliche Erzeugerbetriebe (§ 100 GWB) oder Versorgungsunternehmen (§ 103 GWB).

c) Verhältnis von Art. 85 EGV zu § 1 GWB

131 Das **Verhältnis zwischen Gemeinschafts- und nationalen Recht**, soweit beide Rechte nach ihrem jeweiligen Anwendungsbereich grundsätzlich auf denselben Sachverhalt Anwendung finden, ist nach dem Grundsatz des Vorrangs des Gemeinschaftsrechts zu lösen.[265] Das bedeutet, daß das nationale Recht auf denselben Sachverhalt nur insofern anwendbar ist, als es nicht in Konflikt mit dem europäischen Recht gerät. Dies gilt sowohl für die Anwendung der nationalen Wettbewerbsvorschriften durch die Gerichte als auch für Verwaltungsakte der nationalen Wettbewerbsbehörden. Nach ständiger Rechtsprechung des EuGH dürfen die Mitgliedstaaten keine Maßnahmen ergreifen oder aufrechterhalten, die die Wirksamkeit von positiven Eingriffen der Kommission zur Förderung der Ziele des Vertrages beeinträchtigen können.[266]

132 Daraus folgt zunächst, daß das nationale Recht ein Verhalten nicht erlauben darf, das nach Gemeinschaftsrecht verboten ist. Schwieriger ist die umgekehrte Frage, ob das nationale Recht ein nach Gemeinschaftsrecht erlaubtes Verhalten dennoch verbieten darf. Es ist unstreitig, daß die nationalen Wettbewerbsbehörden eine nach Art. 85 III EGV von der Kommission freigestellte Vereinbarung nicht untersagen dürfen. Problematisch ist dagegen die Anwendung des nationalen Rechts auf Vereinbarungen, die die Voraussetzungen einer Gruppenfreistellung erfüllen. Auch wenn die Kommission in solchen Fällen keine Einzelentscheidung trifft, ist die Gruppenfreistellung als positive Maßnahme der Kommission anzusehen, die die Untersagung durch die nationalen Wettbewerbsbehörden ausschließt.[267] Im Gegensatz dazu ist die Anwendung des nationalen Rechts auf Vereinbarungen, die die Kommission in der Form eines Negativattests gebilligt hat, nicht ausgeschlossen. Da das Negativattest eine bloße Feststellung ist, daß Art. 85 I EGV keine Anwendung auf die vorliegende Vereinbarung findet, steht einer Anwendung des nationalen Wettbewerbsrechts das Gemeinschaftsrecht nicht entgegen. Theoretisch gilt das gleiche für Unbedenklichkeitsschreiben (sog. „comfort letter")[268] der Kommission, die eine formlose Absichtserklä-

---

[265] Urteil des EuGH v. 13.2. 1969, Rs. 14/68, Slg. 1969, S 1, Rdnr. 6, Walt Wilhelm/Bundeskartellamt.
[266] Ebd., Rdnr. 5 f.; Urteil des EuGH v. 10.7. 1980, Verb. Rs. 253/78 und 1–3/79, Slg. 1980, S 2327, 2374 Rdnr. 15, Procureur de la République/Giry und Guerlain.
[267] Gleiss/Hirsch, Einl. Rdnr. 71.
[268] Ferner hierzu Stevens, The Comfort Letter: Old Problems, New Developments, ECLR 1994, S 81.

rung der Kommission sind, nicht gegen eine angemeldete Vereinbarung einzuschreiten. Für den Fall, daß nationale Wettbewerbsbehörden beabsichtigen, gegen eine solche Vereinbarung einzuschreiten, besteht für die betroffenen Unternehmen die Möglichkeit, sich erneut an die Kommission zu wenden, um eine formelle Freistellungsentscheidung zu erwirken, die die Anwendung des nationalen Rechts ausschließen würde.

Für die Unternehmenspraxis bedeutet der Vorrang des Gemeinschaftsrechts, daß heute die weitaus überwiegende Zahl der unter das Kartellverbot fallenden Sachverhalte nach europäischem und nicht mehr nach deutschem Kartellrecht zu beurteilen ist. Dies gilt jedenfalls regelmäßig für Vereinbarungen von Unternehmen, die im gesamten Bundesgebiet oder darüber hinaus tätig sind, und die die Schwellen für die Spürbarkeit der Wettbewerbsbeschränkung im Sinne des Art. 85 I EGV übersteigen (weltweiter Gesamtumsatz der beteiligten Unternehmen über 200 Mio. ECU oder Anteil der beteiligten Unternehmen am Markt der von der Absprache betroffenen Waren oder Dienstleistungen von mehr als 5 %).[269] Diese Schwellen für die Anwendbarkeit des Gemeinschaftsrechts sind so niedrig, daß auch die mittelständische Wirtschaft häufig erfaßt wird. Die Anwendbarkeit des europäischen Kartellrechts gegenüber dem deutschen Kartellrecht ist jedoch keinesfalls ein Nachteil für die Unternehmen, da das europäische Kartellrecht auf Grund der in Art. 85 III EGV vorgesehenen Freistellungsmöglichkeit und der zahlreichen Gruppenfreistellungsverordnungen der Kommission größere Handlungsspielräume eröffnet, als dies das weniger flexible deutsche Kartellrecht tut. Aus diesen Gründen steht bei der nachfolgenden Erörterung das europäische Kartellrecht im Vordergrund. 133

2. Kooperative Gemeinschaftsunternehmen

a) Rechtslage nach Gemeinschaftsrecht

Eine wichtige Form der Unternehmenskooperation mit dem Ziel der Reorganisation der beteiligten Unternehmen ist das kooperative GU. Ein kooperatives GU liegt nach der Legaldefinition des Art. 3 II FKVO dann vor, wenn 134

– das GU nicht auf Dauer angelegt ist, insbesondere wenn seine Tätigkeit nach dem Willen der Gründer von vorneherein auf einen kurzen Zeitraum beschränkt ist;
– das GU nicht alle Funktionen einer selbständigen wirtschaftlichen Einheit erfüllt, insbesondere wenn es von seinen Gründern lediglich mit der Wahrnehmung bestimmter Teilfunktionen eines Unternehmens betraut wurde (Teilfunktions-GU);

---

[269] Bagatellbekanntmachung (oben Fn. 258), Tz. 7.

– oder das GU zwar alle Funktionen einer selbständigen wirtschaftlichen Einheit erfüllt (Vollfunktions-GU), jedoch eine Koordinierung des Wettbewerbsverhaltens der Gründer im Verhältnis zueinander oder im Verhältnis zu dem Gemeinschaftsunternehmen mit sich bringt.

135 Für die schwierige Abgrenzung zwischen konzentrativen GU, die der Fusionskontrolle unterliegen, und kooperative GU, auf die das Kartellverbot Anwendung findet, kann auf die obigen Ausführungen[270] verwiesen werden. Nachfolgend sollen zunächst die materiellrechtliche Zulässigkeit von kooperativen GU, sodann die Freistellungsmöglichkeiten für eigentlich dem Kartellverbot unterliegende kooperative GU und schließlich bestimmte Verfahrensfragen erörtert werden.

136 **aa) Behandlung kooperativer Gemeinschaftsunternehmen nach Art. 85 I EGV.** Die Beurteilung kooperativer Gemeinschaftsunternehmen richtet sich grundsätzlich nach Art. 85 EGV. Wie bereits ausgeführt, knüpft Art. 85 I EGV an eine Wettbewerbsbeschränkung an, die den Handel zwischen Mitgliedstaaten spürbar beeinträchtigt.[271] Für die Beurteilung der eventuell wettbewerbsbeschränkenden Auswirkung eines kooperativen GU berücksichtigt die Kommission die Beziehungen zwischen den beteiligten Unternehmen sowie Auswirkungen auf Dritte. Ist das GU eine selbständige wirtschaftliche Einheit, also ein Vollfunktions-GU,[272] sind außerdem die Beziehungen zwischen den Gründern und dem GU zu berücksichtigen.

137 **Wettbewerb zwischen den Gründern.** Eine Beschränkung des Wettbewerbs zwischen den Gründern kommt nur für die Fälle in Betracht, in denen die Gründer aktuelle oder potentielle Wettbewerber[273] sind. Potentieller Wettbewerb ist dann anzunehmen, wenn jedes der Gründerunternehmen nach realistischer Betrachtungsweise in der Lage ist, die dem GU übertragenen Aufgaben selbst zu erfüllen.[274] Inwieweit die Gründer diese Möglichkeit besitzen, richtet sich nach den Umständen des Einzelfalls. Die Kommission hat einen Katalog von Fragen entwickelt, deren Beantwortung über die bestehenden Möglichkeiten der Gründer, individuell statt gemeinsam tätig zu werden, Aufschluß geben soll.[275] Diese Fragen sind auf die finanziellen Ressourcen, die Verfügbarkeit der not-

---

[270] Siehe oben Rdnr. 16 ff.
[271] Siehe oben Rdnr. 126.
[272] Beispielsweise: Aegon/Scottish Equitable (oben Fn. 24) Tz. 9 ff; Hoechst/Wakker (oben Fn. 65) Tz. 6; Harrisons & Crosfield/AKZO (oben Fn. 39) Tz. 9 ff; Entsch. der Kommission v. 19.3.1993, IV/M295, SITA/-RPC/SCORI, Tz. 12 ff.
[273] Elopak/Metal Box, ABlEG 1990 L 209/15.
[274] Bekanntmachung der Kommission über die Beurteilung kooperativer Gemeinschaftsunternehmen nach Artikel 85 des EWG-Vertrages ABlEG 1993 C 43/2, Tz. 18 (im folgenden „GU-Bekanntmachung"). Ford/VW, ABlEG 1993 L 20/14, 16 Tz. 19; Astra, ABlEG 1993 L 20/23, 29 Tz. 16; Exxon/Shell (oben Fn. 34) Tz. 50.
[275] GU-Bekanntmachung (oben Fn. 274) Tz. 19.

III. Kooperative Formen der Reorganisation von Unternehmen

wendigen Technik, die Ausgestaltung des Vertriebsnetzes, die Nachfragesituation, die mit einem eigenen Tätigwerden verbundenen technischen und finanziellen Risiken sowie die Existenz von Marktzutrittsschranken gerichtet. Gelangt die Kommission zu dem Ergebnis, daß die Gründerunternehmen aktuelle oder potentielle Konkurrenten sind, geht sie normalerweise davon aus, daß, Spürbarkeit vorausgesetzt,[276] die Gründung des GU eine Beschränkung des Wettbewerbs im Sinne von Art. 85 I EGV mit sich bringt,[277] auch wenn die Parteien keine wettbewerbsbeschränkenden Klauseln in den Vertrag aufgenommen haben.[278]

Auswirkungen des GU auf die Stellung Dritter. Inweiweit sich die Wettbewerbsbedingungen für dritte Unternehmen durch die Gründung eines GU verschlechtern, richtet sich zum einen nach den Beziehungen zwischen dem GU und den Gründern und zum anderen nach der Marktmacht der beteiligten Unternehmen.[279] Die Übertragung einzelner Tätigkeiten der bisher miteinander konkurrierenden Gründer auf das GU verringert in der Regel die Wahlmöglichkeiten Dritter, so z.B. wenn die Gründer auf eine eigene Einkaufs- bzw. Verkaufstätigkeit zugunsten des GU verzichten oder wenn die Gründer das GU mit der Produktion von Vor- oder Zwischenprodukten beauftragen. Diese negativen Auswirkungen werden noch verschärft, wenn die betroffenen Märkte stark oligopolistische Strukturen aufweisen und Ausschließlichkeits- und Präferenzbeziehungen zwischen den Gründern und dem GU bestehen. Desweiteren kann die Existenz eines GU, in dem wirtschaftlich bedeutende Unternehmen ihre jeweilige Wirtschaftsmacht vereinigt haben, eine Marktzutrittsschranke darstellen und dritte Unternehmen von einem Tätigwerden in diesem Bereich abschrecken. **138**

Die Gründung eines GU zwischen Nicht-Wettbewerbern stellt in der Regel keine Wettbewerbsbeschränkung dar.[280] Dies gilt für GU auf jeder Stufe der Wertkette einschließlich des Kundendienstes.[281] Ein Einkaufs-GU für Abnehmer verschiedener Branchen ist solange kartellrechtlich unbedenklich, wie den Lieferanten ausreichende Möglichkeiten bei der Kundenwahl bleiben. Eine Beeinträchtigung der Versorgungs- und Absatzmöglichkeiten dritter Unternehmen ist in der Regel auch dann zu verneinen, wenn das GU ausschließlich für die Gründer Vor- oder Zwischenprodukte herstellt, es sei denn, die Gründer verfügen als Nachfrager oder Anbieter der betreffenden Erzeugnisse über eine starke Machtstellung. Handelt es sich bei dem GU um ein Vollfunktions-GU, richten sich die Auswirkungen auf Dritte danach, inwieweit die Tätigkeiten des **139**

---

[276] Siehe oben Rdnr. 126.
[277] Ford/VW (oben Fn. 274) Tz. 18 ff.; Fiat/Hitachi, ABlEG 1993 L 20/10, 12 Tz. 20 ff.
[278] Fiat/Hitachi, (oben Fn. 277) Tz. 20.
[279] GU-Bekanntmachung (oben Fn. 274) Tz. 23.
[280] Elopak/Metal Box, (oben Fn. 273).
[281] GU-Bekanntmachung (oben Fn. 274) Tz. 32.

GU in einem engen sachlichen Bezug zu den Tätigkeiten der Gründer stehen. Wettbewerbsbeschränkende Auswirkungen zu Lasten Dritter können sich insbesondere dann ergeben, wenn das GU in vor- oder nachgelagerten Märkten der Gründer tätig wird, sofern es sich bei den Gründern um marktmächtige Unternehmen handelt. Ausschlußwirkungen gegenüber Dritten können auch entstehen, wenn das GU in einem Markt tätig wird, das dem Markt des einen Gründers vor- und dem Markt des anderen Gründers nachgelagert ist.

140 **Verhältnis zwischen den Gründerunternehmen und dem GU.** Das Verhältnis zwischen den Gründern und dem GU gewinnt in der Regel nur dann Bedeutung, wenn es sich bei dem GU um ein Vollfunktionsunternehmen handelt.[282] In diesem Fall können die Gründer und das GU versucht sein, die räumlichen Märkte, die Produktmärkte sowie die Kundschaft untereinander aufzuteilen, worin die Kommission eine Beschränkung des Wettbewerbs im Sinne von Art. 85 I EGV sieht.[283]

141 **Netze von Gemeinschaftsunternehmen.** Eine wichtige Frage bei der Beurteilung von kooperativen GU ist, ob das fragliche GU Teil eines Netzes von GU ist. Gründen zwei Konkurrenten mehrere GU, kann dies zu einer Verstärkung der Bindungen zwischen den Gründern führen, so daß auch der zwischen ihnen noch bestehende Wettbewerb weiter geschwächt wird.[284] Aber auch die Errichtung eines solchen Netzes zwischen nicht miteinander konkurrierenden Gründerunternehmen kann eine zusätzliche Wettbewerbsbeschränkung, nämlich zwischen den einzelnen GU, darstellen.[285]

142 **Beurteilung der wichtigsten Arten von Gemeinschaftsunternehmen.** Auf der Grundlage der vorstehend dargestellten Grundsätze gibt die Kommission in ihrer Bekanntmachung zu kooperativen Gemeinschaftsunternehmen Anhaltspunkte für ihre Beurteilung der verschiedenen Arten von Gemeinschaftsunternehmen. Dabei sind zunächst GU zwischen Nichtwettbewerbern grundsätzlich unproblematisch, unabhängig davon, ob es sich um Teilfunktions-GU oder um Vollfunktions-GU handelt. Probleme können allenfalls dann auftreten, wenn durch die Zusammenarbeit der Gründer der Marktzugang dritter Unternehmen erheblich erschwert wird.[286] Konkret bedeutet dies:

- Von Nichtwettbewerbern errichtete GU für F&E, Produktion oder den Warenvertrieb einschließlich des Kundendienstes, ebenso wie Einkaufs-

---

[282] Ebd. Tz. 21. Die Gründung eines Teilfunktions-GU zwischen aktuellen bzw. potentiellen Konkurrenten stellt in der Regel eine Wettbewerbsbeschränkung dar, denn die Wahrscheinlichkeit der Verhaltenskoordinierung ist gegeben, Exxon/Shell (oben Fn. 34) Tz. 55.
[283] GU-Bekanntmachung (oben Fn. 274) Tz. 24.
[284] Ebd. Tz. 28.
[285] Lichtwellenleiter, ABlEG 1986 L 236/30 Tz. 48.
[286] GU-Bekanntmachung (oben Fn. 274), Tz. 32.

III. Kooperative Formen der Reorganisation von Unternehmen 603

GU für Abnehmer aus verschiedenen Branchen fallen grundsätzlich nicht unter das Kartellverbot.[287]
- Ebenso sind GU unbedenklich, die ausschließlich für die Gründer Vor- oder Zwischenprodukte herstellen oder die Produktion eines oder mehrerer der Gründer weiterverarbeiten, es sei denn, sie führen zu einer erheblichen Beeinträchtigung der Versorgungs- und Absatzmöglichkeiten dritter Unternehmen.[288]
- Vollfunktions-GU zwischen Wettbewerbern sind jedenfalls dann unbedenklich, wenn das GU Tätigkeiten wahrnimmt, die von denjenigen der Gründer entfernt sind. Je enger der sachliche Bezug zwischen der Tätigkeit des GU und der Tätigkeit seiner Gründer, desto eher können Wettbewerbsbeschränkungen auftreten.[289]

Auch für Gemeinschaftsunternehmen zwischen Wettbewerbern unterscheidet die Kommission verschiedene Fallgruppen, wobei die Anwendung von Art. 85 I EGV immer dann in Betracht kommt, wenn die Tätigkeit des GU einen sachlichen Bezug zur Tätigkeit der Gründer hat. Im einzelnen gilt für GU zwischen Wettbewerbern folgendes: 143
- Ein F&E-GU verstößt ausnahmsweise gegen Art. 85 I EGV, wenn es die individuelle Tätigkeit der Gründer auf diesem Gebiet ausschließt oder wenn durch die Zusammenarbeit auch der Wettbewerb der Gründer auf dem Markt der Forschungsergebnisse eingeschränkt wird.[290]
- Verkaufs-GU für die Erzeugnisse konkurrierender Hersteller sind traditionelle horizontale Kartelle und verstoßen daher grundsätzlich gegen Art. 85 I EGV.[291]
- Einkaufs-GU zwischen Wettbewerbern sind je nach den Umständen des Einzelfalls dann bedenklich, wenn sie den Beteiligten eine Vorzugsstellung beim Zugang zu den Versorgungsquellen verschaffen, die Wahlmöglichkeiten der Lieferanten stark einschränken oder zu einer deutlichen Abschwächung des Preiswettbewerbs zwischen den beteiligten Unternehmen führen.[292]
- Im Falle von Produktions-GU, die für ihre konkurrierenden Gründer Vor- oder Zwischenprodukte herstellen, prüft die Kommission die Wettbewerbsbeschränkungen im Einzelfall. Bei Produktions-GU, die nur die Weiterverarbeitung der von den Gründern hergestellten Ausgangsstoffe oder Halbwaren zu Fertigerzeugnissen vornehmen, welche anschließend zum Zwecke des Vertriebs an die Gründer zurückgeliefert werden, geht sie dagegen regelmäßig von einem Verstoß gegen Art. 85 I aus.[293]

---

[287] Ebd. Tz. 33.
[288] Ebd. Tz. 34.
[289] Vgl. im einzelnen ebd. Tz. 35.
[290] Ebd. Tz. 37.
[291] Ebd. Tz. 38.
[292] Ebd. Tz. 39.
[293] Ebd. Tz. 40.

– Vollfunktions-GU zwischen Wettbewerbern sind schließlich stets bedenklich, wenn sie auf dem gleichen Markt tätig werden wie die Gründer, und bedürfen jedenfalls einer genauen Prüfung, wenn sie auf den Gründern vor- oder nachgelagerten Märkten oder benachbarten Märkten mit hochgradiger Reaktionsverbundenheit tätig werden.[294]

144 bb) **Freistellungsmöglichkeit kooperativer Gemeinschaftsunternehmen nach Art. 85 III EGV.** Kooperative GU, die nach den vorstehend dargelegten Regeln gegen Art. 85 I EGV verstoßen, sind automatisch nichtig, es sei denn, daß sie die Bedingungen einer Gruppenfreistellung erfüllen oder eine Einzelfreistellung gem. Art. 85 III EGV erhalten. Hinsichtlich dieser Freistellungsmöglichkeiten ist wiederum zwischen den einzelnen Typen der GU zu unterscheiden.

145 **Kooperative GU im Bereich der Forschung und Entwicklung** sind ohne weiteres freigestellt, wenn sie die Bedingungen der F&E-Gruppenfreistellungsverordnung erfüllen.[295] Die F&E-GVO findet Anwendung auf die gemeinsame F&E von Erzeugnissen oder Verfahren mit oder ohne gemeinsamer Verwertung der Ergebnisse sowie auf die gemeinsame Verwertung der Ergebnisse gemeinsamer F&E, die von denselben Unternehmen aufgrund vorher von ihnen geschlossener Vereinbarungen durchgeführt worden ist (Art. 1 I F&E-GVO). Die Verwertung umfaßt ihrerseits die Herstellung neuer bzw. verbesserter Produkte bzw. die Benutzung eines neuen oder verbesserten Verfahrens, die Vermarktung sowie die Erteilung von Lizenzen an Dritte. In den Anwendungsbereich der F&E-GVO fällt grundsätzlich auch der gemeinsame Vertrieb der Vertragserzeugnisse. In diesem Fall darf aber der Marktanteil der Vertragserzeugnisse, die Gegenstand der Zusammenarbeit sind, 10% nicht überschreiten (Art. 3 a F&E-GVO).

Umfaßt die F&E-Kooperation nur die Produktion, nicht aber den Vertrieb, so gilt eine Marktanteilsschwelle von 20%.

146 Die F&E-GVO enthält eine sog. weiße und eine schwarze Liste von beschränkenden Klauseln, die grundsätzlich zulässig bzw. unzulässig sind. Zu der Liste der zulässigen Nebenabreden (Art. 4 F&E-GVO) gehören u. a.
– die Verpflichtung, während der Durchführung des F&E-Programms im Programmbereich oder in einem diesem eng verwandten Bereich nicht selbständig oder zusammen mit Dritten F&E zu betreiben,
– die Verpflichtung, während der Durchführung des F&E-Programms im Programmbereich oder in einem diesem eng verwandten Bereich keine Vereinbarungen über F & E mit Dritten zu schließen,

---

[294] Ebd. Tz. 41.
[295] Verordnung (EWG) Nr. 418/85 der Kommission vom 19. Dezember 1984 über die Anwendung von Artikel 85 Absatz 3 des Vertrages auf Gruppen von Vereinbarungen über Forschung und Entwicklung, ABlEG 1985 L 53/5 zuletzt geändert durch Verordnung Nr. 151/93, ABlEG 1993 L 21/8 (im folgenden „F&E-GVO").

III. Kooperative Formen der Reorganisation von Unternehmen 605

- die Verpflichtung, Vertragserzeugnisse ausschließlich von Vertragspartnern, gemeinsamen Einrichtungen oder Unternehmen oder von dritten Einrichtungen oder Unternehmen zu beziehen, die gemeinsam mit der Herstellung betraut worden sind,
- die Verpflichtung der Vertragspartner, sich gegenseitig ihre Erfahrungen bei der Verwertung der Ergebnisse mitzuteilen und sich ausschließliche Lizenzen an Verbesserungs- und Anwendungserfindungen zu gewähren.

Die F&E-GVO gilt dagegen nicht, wenn die Vertragspartner im Zuge **147** der GU ihre Freiheit beschränken (Art. 6 F & E-GVO),
- selbständig oder gemeinsam mit Dritten, F&E in Bereichen zu betreiben, die mit dem Programmbereich nicht verwandt sind oder nach Durchführung des F&E-Programms im Programmbereich oder in einem diesem verwandten Bereich zu betreiben,
- Preise für den Verkauf von Vertragserzeugnissen an Dritte festzusetzen oder
- die Mengen der herzustellenden oder zu verkaufenden Vertragserzeugnisse oder die Zahl der Benutzungshandlungen für die Vertragsverfahren festzusetzen.

Hierbei handelt es sich nur um einige Beispiele aus der weißen und **148** schwarzen Liste.[296] Für Vereinbarungen, die weder in der weißen noch in der schwarzen Liste enthalten sind, können die Unternehmen im Wege des sog. Widerspruchsverfahrens eine Befreiung erwirken. Eine Vereinbarung gilt als freigestellt, wenn sie bei der Kommission angemeldet worden ist und die Kommission binnen sechs Monaten keinen Widerspruch gegen die Freistellung erhebt (Art. 7 I der F&E-GVO).

GU zum Zweck des gemeinsamen Einkaufs. Einkaufs-GU von Wettbe- **149** werbern verstoßen grundsätzlich gegen Art. 85 I EGV, weil sie den Wettbewerb zwischen den am GU beteiligten Unternehmen über die einzelnen Einkaufsbedingungen ausschalten.[297] Für Einkaufs-GU gibt es keine Gruppenfreistellung, und die Kommission hat angekündigt, solche GU nur ausnahmsweise freizustellen, wenn die Gründer die Möglichkeit zu individuellen Einkäufen behalten.[298] Eine Ausschließlichkeitsklausel, wonach die Parteien sich verpflichten, ausschließlich im Rahmen des GU einzukaufen, ist aus der Sicht der Kommission nicht für die Zusammenarbeit unerläßlich.

---

[296] Siehe Art. 4, 5 & 6 der F&E-GVO. Ausführlicher hierzu Korah, R & D and the EEC Competition Rules (1986); Möschel, Die EG-Gruppenfreistellung für Forschungs- und Entwicklungsgemeinschaften, RIW (1985) S 261.
[297] Intergroup, ABlEG 1975 L 212/23, 25 Tz. 3; Socemas, ABlEG 1968 L 201/4, 6.
[298] GU-Bekanntmachung (oben Fn. 274) Tz. 61; Zur Entscheidungspraxis der Kommission: FRUBO, ABlEG 1974 L 237/16; Screensport/EBU, ABlEG 1991 L 63/32; Ijsselcentrale, ABlEG 1991 L 28/32.

Montag

150 **Kooperative GU im Bereich der Produktion.** Ob ein kooperatives GU im Bereich der Produktion gegen Art. 85 I EGV verstößt, hängt hauptsächlich vom Bestehen eines Wettbewerbsverhältnisses zwischen den Gründern ab. Spürbarkeit vorausgesetzt, fallen Produktions-GU zwischen aktuellen oder potentiellen Wettbewerbern grundsätzlich unter Art. 85 I EGV.[299] Sind die Gründer weder aktuelle noch potentielle Konkurrenten, liegt keine Beschränkung des Wettbewerbs im Sinne von Art. 85 I EGV vor, solange die Gründer weder als Nachfrager noch als Anbieter der Erzeugnisse über eine starke Marktstellung verfügen.[300]

151 Zwar existiert für Produktions-GU keine spezifische GVO, doch ist für sie die Gruppenfreistellungsverordnung für Spezialisierungsvereinbarungen von besonderer Bedeutung.[301] Die Spezialisierungs-GVO findet Anwendung auf kooperative Produktions- GU, denen eine Vereinbarung der Gründer zugrundeliegt, bestimmte Erzeugnisse nur gemeinsam im Rahmen des GU herzustellen. Sie gilt aber nur unter den Bedingungen (Art. 3 Spezialisierungs-GVO), daß:

– der Anteil der Erzeugnisse, die Gegenstand der Spezialisierung sind, und der sonstigen Erzeugnisse der beteiligten Unternehmen, die vom Verbraucher aufgrund ihrer Eigenschaften, ihrer Preislage und ihres Verwendungszwecks als gleichartig angesehen werden, in der EG oder in einem wesentlichen Teil nicht mehr als 20 % des Marktes aller dieser Erzeugnisse ausmacht (umfaßt die Zusammenarbeit auch den gemeinsamen Vertrieb, sinkt diese Marktanteilsschwelle auf 10 %) und
– der Gesamtumsatz aller beteiligten Unternehmen innerhalb eines Geschäftsjahres eine Milliarde ECU nicht überschreitet.

Falls ein Produktions-GU die Umsatzschwelle der Spezialisierungs-GVO überschreitet, kann es trotzdem in den Genuß der Freistellungswirkung kommen, wenn es bei der Kommission angemeldet wird und diese binnen sechs Monaten keinen Widerspruch erhebt (Art. 4 I Spezialisierungs-GVO).

152 Wie die F&E-GVO enthält die Spezialisierungs-GVO eine Liste von grundsätzlich erlaubten Nebenabreden (Art. 2 der Spezialisierungs-GVO). Hierzu gehören u. a. die Verpflichtungen:

– keine Spezialisierungsvereinbarungen über gleiche oder austauschbare Erzeugnisse mit Dritten abzuschließen,
– Erzeugnisse, die Gegenstand der Spezialisierung sind, ausschließlich von Vertragspartnern, gemeinsamen Unternehmen oder gemeinsam mit der Herstellung beauftragten Dritten zu beziehen,

---

[299] Beispielsweise: GEC-Weir, ABlEG 1977 L 327/26, 31; Vacuum Interrupters, ABlEG 1977 L 48/32 Tz. 16; Carbon Gas Technologie, ABlEG 1983 L 376/17, 18 f.
[300] GU-Bekanntmachung (oben Fn. 274) Tz. 34.
[301] Verordnung (EWG) Nr. 417/85 der Kommission vom 19. Dezember 1984 über die Anwendung von Artikel 85 Absatz 3 des Vertrages auf Gruppen von Spezialisierungsvereinbarungen, ABlEG 1985 L 53/1 zuletzt geändert durch Verordnung Nr. 151/93, ABlEG 1993 L 21/8 (im folgenden „Spezialisierungs-GVO").

III. Kooperative Formen der Reorganisation von Unternehmen 607

– mit dem Vertrieb der Erzeugnisse, die Gegenstand der Spezialisierung sind, ausschließlich das GU zu betrauen.

Im Gegensatz zu der F&E-GVO[302] enthält die Spezialisierungs-GVO keine schwarze Liste von unzulässigen Vertragsklauseln.

Erfüllt ein Produktions-GU die Bedingungen einer Gruppenfreistellung nicht, muß es bei der Kommission angemeldet werden, um die automatische Nichtigkeit zu vermeiden. Die Freistellungsfähigkeit eines Produktions-GU hängt im Einzelfall von der Aufgabenstellung des GU ab. Wenn das GU gegründet wird, um neue Kapazitäten für die Herstellung eines bestimmten Produkts zu schaffen, das die Produkte der Gründer ergänzt, oder um die Herstellung eines neues Produktes aufzunehmen, ist die Kommission im allgemeinen bereit, eine Freistellung zu gewähren.[303] Skeptischer steht die Kommission der Zusammenlegung von Produktionskapazitäten bzw. deren Reduzierung im Rahmen eines Produktions-GU gegenüber.[304] Obwohl derartige GU zu einer Rationalisierung beitragen können, ist die angemessene Beteiligung der Verbraucher am entstehenden Gewinn nach ihrer Auffassung nicht gesichert. Je größer die beteiligten Unternehmen, desto unwahrscheinlicher sei es, daß sie die Vorteile der Zusammenarbeit weitergäben. Als Orientierungspunkt für die Marktmacht legt die Kommission einen Marktanteil von 20% zugrunde.[305] 153

GU zum Zweck des gemeinsamen Verkaufs. In der Regel stellt eine Vereinbarung zwischen nicht miteinander in Wettbewerb stehenden Unternehmen zum gemeinsamen Verkauf keine Beschränkung des Wettbewerbs im Sinne von Art. 85 I EGV dar.[306] Nach der GU-Bekanntmachung werde aber Gemeinschaftsunternehmen zwischen Wettbewerbern zum Zweck gemeinsamen Verkaufs stets vom Verbot des Artikels 85 Absatz 1 erfaßt.[307] Die Beschränkung des Wettbewerbs liegt darin, daß die Unternehmen nicht mehr auf dieser entscheidenden Stufe der Wertkette im Wettbewerb miteinander stehen[308] und daher die Wahlmöglichkeiten des Käufers eingeschränkt sind.[309] Der Entscheidungspraxis der Kommission lassen sich zwei Sachverhalte entnehmen, bei deren Vorliegen ein Verkaufs-GU nicht unter Art. 85 I fällt, und zwar sofern die Kooperation: 154

---

[302] Siehe oben Rdnr. 145.
[303] Vgl. z.B. Exxon/Shell (oben Fn. 34).
[304] GU-Bekanntmachung (oben Fn. 274) Tz. 63.
[305] Ebd.
[306] Bekanntmachung über Vereinbarungen, Beschlüsse und aufeinander abgestimmte Verhaltensweisen, die eine zwischenbetriebliche Zusammenarbeit betreffen, ABlEG 1968 C 75/3, 6; berichtigt ABlEG 1968 C 93/3. Wild/Leitz, ABlEG 1972 L 61/27.
[307] GU-Bekanntmachung (oben Fn. 274).
[308] 5. Wettbewerbsbericht der Kommission (1978), Tz. 34.
[309] Centraal Stikstof Verkoopkantoor, ABlEG 1978 L 242/15, 27.

- zwischen kleinen und mittleren Wettbewerbern eingegangen wird und somit keine spürbare Auswirkung auf den Wettbewerb mit sich bringt;[310] oder
- lediglich einen nationalen Markt bzw. einen Markt außerhalb der EG betrifft,[311] so daß keine Beeinträchtigung des zwischenstaatlichen Handels in der EG vorliegt.

155 Ebenso wie bei Einkaufs-GU gibt es keine Gruppenfreistellungsverordnung für Verkaufs-GU. Da die Kommission davon ausgeht, daß das Verkaufs-GU zu einer Vereinheitlichung des Angebots führt und daher keine Vorteile für die Verbraucher bringt, ist sie nur ausnahmsweise bereit, Verkaufs-GU eine Freistellung zu erteilen.[312] Eine solche Ausnahme liegt vor,[313] wenn die Vereinbarung zwischen konkurrierenden Herstellern über den gemeinsamen Verkauf

- Bestandteil eines umfassenden Kooperationsvorhaben ist, und
- das gesamte Kooperationsvorhaben günstig zu beurteilen ist, und
- der gemeinsame Vertrieb für den Erfolg der Kooperation „maßgebend" ist.

156 So wäre z. B. die Freistellung eines Verkaufs-GU von Herstellern, die sich wechselseitig spezialisiert haben, aber weiterhin die gesamte Palette der betreffenden Erzeugnisse anbieten möchten, oder die eine gemeinsame Verwertung der Ergebnisse gemeinsamer F&E auch auf der Vertriebsstufe sicherstellen wollen, nicht ausgeschlossen.[314] Andernfalls kommt eine Freistellung nur bei Vorliegen besonderer Umstände in Betracht.[315]

157 **Vollfunktions-GU.** Ein Vollfunktions-GU ist eine selbständige wirtschaftliche Einheit, die von mindestens zwei anderen Unternehmen gemeinsam kontrolliert wird. Vollfunktions-GU fallen regelmäßig unter die FKVO, es sei denn, daß sie entweder eine Koordinierung des Wettbewerbsverhaltens mit sich bringen oder nicht auf Dauer angelegt sind. In der Regel stellen kooperative Vollfunktions-GU nach der Auffassung der Kommission Elemente dynamischen Wettbewerbs dar und verdienen als solche grundsätzlich eine positive Beurteilung.[316] Im Rahmen dieser

---

[310] Bekanntmachung über Vereinbarungen, Beschlüsse und aufeinander abgestimmte Verhaltensweisen, die eine zwischenbetriebliche Zusammenarbeit betreffen, ABlEG 1968 C 75/3, Teil II.6; 1. Wettbewerbsbericht der Kommission (1972) Tz. 17; Alliance de constructeurs francais de machines-outils, ABlEG 1968 L 201/1.
[311] 1. Bericht der Kommission über die Wettbewerbspolitik (1972) Tz. 12; Supexie, ABlEG 1971 L 10/12; SEIFA, ABlEG 1969 L 173/8; C.F.A., ABlEG 1968 L 276/29; Cobelaz-Synthetic Prods. Mfrs., ABlEG 1968 L 276/13; 19. Wettbewerbsbericht der Kommission (1990) Tz. 4; SAFECO, ABlEG 1973 L 13/44.
[312] GU-Bekanntmachung (oben Fn. 274) Tz. 60. Zur negativen Einstellung der Kommission gegenüber Verkaufs-GU vgl. Kali und Salz, ABlEG 1974 L 19/22; Centraal Stikstof Verkoopkantoor, ABlEG 1978 L 242/15; SCPA, ABlEG 1973 L 217/3; Cimbel, ABlEG 1972 L 303/24; Cementregeling voor Nederland, ABlEG 1972 L 303/7; Hudsons Bay, ABlEG 1988 L 316/43; Nederlandse Cement-Handelsmaatschappij, ABlEG 1972 L 22/16.
[313] GU-Bekanntmachung (oben Fn. 274) Tz. 60.
[314] GU-Bekanntmachung (oben Fn. 274) Tz. 60; SOPELEM/Vickers, ABlEG 1978 L 70/47; UIP, ABlEG 1989 L 226/25.
[315] GU-Bekanntmachung (oben Fn. 274) Tz. 60.
[316] Ebd., Tz. 64.

Bewertung nimmt die Marktstellung der beteiligten Unternehmen eine entscheidende Rolle ein. Als Anhaltspunkt für die Marktmacht soll die in den GVO genannte Marktanteilsgrenze von 10% gelten. Unterhalb dieser Schwelle ist eine Einzelfreistellung grundsätzlich möglich, wenn auch die sonstigen Umstände einen wirksamen Wettbewerb gewährleisten.[317]

cc) **Strukturelle kooperative Gemeinschaftsunternehmen.** Zwischen den rein kooperativen und den rein konzentrativen GU sind die sog. strukturellen kooperativen GU einzuordnen.[318] Unter diesen Begriff fallen, alle kooperativen Gemeinschaftsunternehmen, deren Schaffung weitgehende Veränderungen in der Struktur der beteiligten Unternehmen bewirkt.[319] Es handelt sich hierbei hauptsächlich um Gemeinschaftsunternehmen im Bereich der Produktion und Gemeinschaftsunternehmen, die sowohl die Herstellung als auch die Vermarktung bestimmter Erzeugnisse übernehmen. 158

Die Qualifizierung als strukturelles kooperatives GU wirkt sich weniger bei der materiellrechtlichen Beurteilung als vielmehr bei der verfahrensrechtlichen Behandlung aus. Materiellrechtlich werden sie ebenso wie die übrigen kooperativen GU nach Art. 85 EGV geprüft; die grundsätzlich positive Bewertung dieser GU kommt erst im Rahmen der Freistellungsmöglichkeiten zum Tragen.[320] Seit dem 1.1.1993 hat die Kommission das Verwaltungsverfahren für strukturelle kooperative GU im Rahmen einer zwei-phasigen Prüfung beschleunigt, indem sie es dem Verfahren nach der FKVO angeglichen hat. Die Kommission veröffentlicht innerhalb von vier Wochen nach Eingang der Anmeldung eine Bekanntmachung über das GU und bietet Dritten Gelegenheit zur Stellungnahme.[321] Innerhalb von zwei Monaten nach Eingang der Anmeldung teilt sie den Beteiligten mit, ob sie ein Unbedenklichkeitsschreiben bzw. eine formelle Entscheidung in der Form eines Negativattests oder einer Freistellung erteilen will oder ob sie ernsthafte Zweifel an der Vereinbarkeit des Vorhabens mit den Wettbewerbsregeln der EG hat.[322] In letzterem Fall führt sie im Rahmen einer zweiten Prüfungsphase eine ausführliche Untersuchung durch, an deren Ende eine positive oder ablehnende, förmliche Entscheidung steht. Strukturelle kooperative GU haben also 159

---

[317] Ebd., Tz 64.
[318] Ausführlich zum Begriff des strukturellen kooperativen GU vgl. Montag, Strukturelle kooperative Gemeinschaftsunternehmen, RIW 1994, 918.
[319] 23. Wettbewerbsbericht der Kommission (1994) Tz. 193.
[320] Communication of Sir Leon Brittan, Encouragement of cooperation between undertakings: a new policy for cooperative joint ventures, auszugsweise veröffentlicht in WuW 1993, S 217.
[321] Vgl. beispielsweise Fujitsu/AMD, AB1EG 1993 C 310/9; Nickelodeon, AB1EG 1993 C 341/8.
[322] 22. Wettbewerbsbericht der Kommission (1993), Tz. 124.

den Vorteil, daß die beteiligten Unternehmen in der Regel innerhalb von zwei Monaten eine Antwort der Kommission zu ihrem Vorhaben erhalten werden.

b) Rechtslage nach dem GWB

160 Die Gründung eines Gemeinschaftsunternehmens bringt nicht nur eine Änderung der Marktstruktur mit sich, sondern u. U. auch die Gefahr der Verhaltenskoordinierung zwischen den Mutterunternehmen einerseits und den Mutterunternehmen und dem Gemeinschaftsunternehmen andererseits. Gründen zwei oder mehr Unternehmen ein Gemeinschaftsunternehmen, geht das BKartA von einer zumindest partiellen Interessenharmonisierung der beteiligten Unternehmen aus. Die wettbewerblichen Auswirkungen dieser sog. Teilfusion[323] werden grundsätzlich im Rahmen der Zusammenschlußkontrolle geprüft.[324] Da aber die Anwendung der Zusammenschlußkontrolle die gleichzeitige Anwendung von § 1 GWB nicht ausschließt,[325] stellt sich die Frage, wann diese Vorschrift, die auf die Verhaltenskoordinierung gerichtet ist, zur Anwendung kommt. Bei der Beantwortung dieser Frage ist die Unterscheidung zwischen konzentrativen und kooperativen Gemeinschaftsunternehmen entscheidend.

161 **Unterscheidung zwischen kooperativen und konzentrativen Gemeinschaftsunternehmen.** Während konzentrative Gemeinschaftsunternehmen ausschließlich anhand der Fusionskontrolle überprüft werden, unterliegen die sog. kooperativen Gemeinschaftsunternehmen nicht nur der Zusammenschlußkontrolle, sondern auch dem Kartellverbot.

162 **Konzentrative Gemeinschaftsunternehmen.** Ein Gemeinschaftsunternehmen ist dann als konzentrativ anzusehen, wenn[326]
– es sich um ein funktionsfähiges Unternehmen mit den wesentlichen Unternehmensfunktionen handelt;
– es marktbezogene Leistungen erbringt und nicht ausschließlich auf einer vor- oder nachgelagerten Stufe für die Muttergesellschaft tätig wird;
– die Muttergesellschaften selbst auf dem sachlichen Markt des Gemeinschaftsunternehmens nicht oder nicht mehr tätig sind und deshalb auf die Wahrnehmung ihrer Kapitalbeteiligungen beschränkt sind.

Es handelt sich hier also um ein Vollfunktions-GU, das selbständig plant, entscheidet und agiert.[327]

---

[323] Emmerich, Kartellrecht, S 367; Kleinmann/Bechtold, § 23 Rdnr. 124.
[324] Siehe oben Rdnr. 4 ff.
[325] OLG Frankfurt WuW/E OLG 4323, 4324 »Nassauische Landeszeitung«; BGH WuW/E 2169, 2170 »Mischwerke«; »Heidelberger Zement/Malik«, Aktiengesellschaft 1988, S 352, 355.
[326] OLG Frankfurt WuW/E OLG 4323, 4324 »Nassauische Landeszeitung«; BGH WuW/E 2169, 2172 »Mischwerke«.
[327] BGH WuW/E 2169, 2172 »Mischwerke«.

III. Kooperative Formen der Reorganisation von Unternehmen

Kooperative Gemeinschaftsunternehmen. Liegen die genannten Voraussetzungen nicht vor, handelt es sich um ein kooperatives Gemeinschaftsunternehmen, das (auch) dem Kartellverbot des § 1 GWB unterliegt. Es ist im Einzelfall zu prüfen, ob mittels des Gemeinschaftsunternehmens zwischen den Muttergesellschaften eine wettbewerbsbeschränkende horizontale Verhaltenskoordinierung stattfindet.[328]

163

In der Praxis unterscheidet man zwischen vier Konstellationen.[329] Zunächst liegt in der Regel keine Beschränkung des Wettbewerbs vor, wenn die Mutterunternehmen weder in einem aktuellen noch potentiellen Konkurrenzverhältnis stehen. Das gleiche gilt für die zweite Konstellation, bei der Mutterunternehmen in einem aktuellen oder potentiellen Konkurrenzverhältnis stehen, aber das GU auf einem anderen sachlich relevanten Markt tätig wird.[330] § 1 GWB findet demgegenüber regelmäßig Anwendung, wenn die Mutterunternehmen als Wettbewerber zu betrachten sind und das GU auf demselben Markt tätig ist. Im vierten Fall wird ein GU zwischen Wettbewerbern gegründet, in das ein oder beide Mutterunternehmen ihre Tätigkeit einbringen. In beiden Variationen dieses Falles geht die allgemeine Meinung davon aus, daß kein Verstoß gegen § 1 GWB vorliegt.[331]

164

Neben der Auswirkung der Gründung des kooperativen GU werden die wettbewerblichen Auswirkungen der das GU begleitenden Vereinbarungen gem. § 1 GWB geprüft. In diesem Zusammenhang ist zwischen Vertragsbestimmungen zu unterscheiden, die die Tätigkeit des GU und solchen die das Verhalten der Mutterunternehmen selbst regeln.[332] Nach herrschender Meinung fallen den Gemeinschaftsunternehmen auferlegte wettbewerbsbeschränkende Verpflichtungen grundsätzlich nicht unter § 1 GWB, weil es sich nur um die Ausübung der internen Leitungsbefugnisse der Mutterunternehmen handelt.[333] Bestimmungen, die den Mutterunternehmen wettbewerbsbeschränkende Verpflichtungen entweder in ihrer Beziehung zum GU, zueinander oder mit Dritten auferlegen, sind dagegen nicht mit § 1 GWB vereinbar, soweit sie nicht für das Funktionieren des GU erforderlich sind. So verstößt etwa ein Wettbewerbsverbot nicht gegen § 1 GWB, wenn es dem Bestand und der Erhaltung des GU dient.[334]

165

---

[328] BGH WuW/E 2169, 2171 »Mischwerke«.
[329] Kleinmann/Bechtold, Einl. Rdnr. 126 ff.
[330] Allgemeine Meinung: Kleinmann/Bechtold, Einl. Rdnr. 128.
[331] Kleinmann/Bechtold, Einl. Rdnr. 131.
[332] Vgl. BGH WuW/E 1901, 1903 »Transportbeton-Vertrieb II«.
[333] Immenga, in: Immenga/Mestmäcker, § 1 Rdnr. 528; Kleinmann/Bechtold, Einl. Rdnr. 132.
[334] BGH WuW/E 2047, 2048 »Werbeagentur«; BGH WuW/E 1901, 1903 »Transportbeton-Vertrieb II«.

3. Kooperation ohne Gründung eines Gemeinschaftsunternehmens

a) Spezialisierungsvereinbarungen

166 In einigen Fällen kann die Reorganisation eines Unternehmens durch Spezialisierungsvereinbarungen mit anderen Unternehmen unterstützt werden.[335] Eine Spezialisierung liegt vor, wenn zwei oder mehrere Unternehmen sich verpflichten, bestimmte Erzeugnisse weder herzustellen noch herstellen zu lassen und es ihren Vertragspartnern zu überlassen, diese Erzeugnisse herzustellen oder herstellen zu lassen oder bestimmte Erzeugnisse nur gemeinsam herzustellen oder herstellen zu lassen. Diese Verpflichtung kann nur einem (einseitige Spezialisierung) oder beiden Unternehmen (gegenseitige Spezialisierung) auferlegt werden. Normalerweise betrifft eine Spezialisierungsvereinbarung die Produktionsstufe der Wertkette, sie kann aber auch den Vertrieb mitumfassen.

167 **aa) Rechtslage nach Gemeinschaftsrecht.** Da eine Spezialisierungsvereinbarung den Verzicht mindestens eines Partners auf die eigene Produktion bzw. den Vertrieb zur Folge hat, stellt sie eine Wettbewerbsbeschränkung im Sinne von Art. 85 I EGV dar. Vorausgesetzt, daß das Spürbarkeitserfordernis erfüllt ist und die Vereinbarung den zwischenstaatlichen Handel beeinträchtigt, verstoßen sowohl einseitige als auch gegenseitige Spezialisierungsvereinbarungen gegen Art. 85 I EGV.[336]

168 In ihrer Freistellungspraxis geht die Kommission davon aus, daß Spezialisierungsvereinbarungen zwischen Unternehmen wegen ihrer wirtschaftlichen Vorteile – insbesondere ihrer Rationalisierungseffekte – grundsätzlich positiv zu beurteilen sind.[337] Wie bereits erwähnt,[338] hat die Kommission eine Gruppenfreistellungsverordnung für Spezialisierungsvereinbarungen erlassen, die oben bereits erörtert wurde. Auch wenn eine Spezialisierungsvereinbarung die Bedingungen der GVO nicht erfüllt, kommt in der Regel für sie eine Einzelfreistellung in Betracht. Die Kommission geht davon aus, daß Spezialisierung zu einer Rationalisierung des Betriebes führen kann, von der auch die Verbraucher profitieren, solange ausreichender Wettbewerb auf dem betroffenen Markt besteht.[339] Allerdings werden Spezialisierungsvereinbarungen zwischen marktstarken Unternehmen nicht freigestellt.[340]

---

[335] Vgl. beispielsweise das Umstrukturierungsvorhaben zwischen Shell und Akzo, 14. Wettbewerbsbericht der Kommission (1985) Tz. 85 sowie zwischen Enichem und ICI, ABlEG 1987 L 50/18.

[336] Prym/Beka, ABlEG 1973 L 296/24.

[337] 3. Erwägungsgrund der Spezialisierungs-GVO (oben Fn. 301).

[338] Siehe oben Rdnr. 151.

[339] 1. Wettbewerbsbericht der Kommission (1972) Tz. 28; Iveco/Ford, ABlEG 1988 L 230/39 Tz. 41; Alcatel/Espace/ANT, ABlEG 1990 L 32/19, 24; VW-MAN, ABlEG 1983 L 376/11, 14; Rockwell/Iveco, ABlEG 1983 L 224/19, 25.

[340] Bayer/Gist-Brocades, ABlEG 1976 L 30/13, 20.

Montag

Hinsichtlich zusätzlicher beschränkender Absprachen in einer der Spe- 169
zialisierungsvereinbarungen kann die GVO als Richtschnur dienen.
Demzufolge sind die folgenden Verpflichtungen freistellungsfähig
(Art. 3 I Spezialisierungs-GVO):

– die Verpflichtung, Vertragspartner mit Erzeugnissen zu beliefern, die Gegenstand der
 Spezialisierung sind und dabei Mindestqualitäten einzuhalten;
– die Verpflichtung, von Erzeugnissen, welche Gegenstand der Spezialisierung sind,
 Mindestmengen und Ersatzteile auf Lager zu halten;
– die Verpflichtung, den Kunden- und Garantiedienst für Erzeugnisse, die Gegenstand
 der Spezialisierung sind, zu übernehmen.

Wettbewerbsverbote, die es einer Partei untersagen, in einen Bereich 170
wieder einzutreten, der dem anderen Unternehmen im Wege der Spezialisierung übertragen wurde, sind in der Regel freistellungsfähig,[341] solange sie auf den Zeitraum der Spezialisierung beschränkt bleiben.[342] Andererseits werden Klauseln über die Zuteilung von Produktionsquoten, die Vereinbarung von Gewinnausgleichssystemen, Preisbindungen sowie alle Formen eines absoluten Gebietsschutzes in der Regel nicht freigestellt.

bb) Rechtslage nach dem GWB. Spezialisierungsverträge verstoßen ge- 171
gen § 1 GWB, weil sie den Verzicht mindestens eines Partners auf bestimmte wettbewerbliche Tätigkeiten umfassen. Das GWB sieht aber vor, daß das Kartellverbot nicht für Spezialisierungskartelle gilt, wenn zwei Voraussetzungen vorliegen (§ 5a I GWB).

Zunächst muß der Spezialisierungsvertrag die Rationalisierung wirt- 172
schaftlicher Vorgänge zum Gegenstand haben. Eine solche Rationalisierung liegt in der Regel vor, wenn die Spezialisierung durch gegenseitige Arbeitsteilung die Unternehmen in die Lage versetzt, bestimmte Größenvorteile („economies of scale bzw. scope") zu erzielen. Das Gesetz unterscheidet nicht zwischen Wirtschaftsstufen, so daß § 5a GWB sowohl auf Spezialisierung im Bereich der Forschung, Entwicklung und Produktion als auch im Bereich des Vertriebs möglich ist.[343]

Zweitens setzt § 5a I GWB voraus, daß die Spezialisierung einen we- 173
sentlichen Wettbewerb auf dem Markt bestehen läßt. Obwohl das Gesetz keine Definition des Begriffs des wesentlichen Wettbewerbs enthält, ist er inhaltsgleich mit demselben Begriff des § 22 I GWB.[344] In erster Linie sind die Marktanteile der beteiligten Unternehmen auf dem betreffenden Markt zu berücksichtigen. Hohe bzw. niedrige Marktanteile sind jedoch nicht allein ausschlaggebend. Darüber hinaus berücksichtigt das BKartA u. a. die Struktur des Marktes, das Marktverhalten der Unternehmen und

---

[341] Jaz-Peter, ABlEG 1978 L 61/17.
[342] VW-MAN (oben Fn. 339) Tz. 33; Iveco/Ford (oben Fn. 339) Tz. 34.
[343] Immenga, in: Immenga/Mestmäcker, § 5a Rdnr. 28.
[344] Herrschende Meinung: Immenga, in: Immenga/Mestmäcker, § 5a Rdnr. 38; Emmerich, Kartellrecht, S 103.

ihre Finanzkraft. Obwohl das BKartA mit Blick auf diese Faktoren Spezialisierungskartelle mit über 65% Marktanteil gebilligt hat,[345] findet eine Obergrenze von etwa 20% Marktanteil in der Literatur allgemeine Zustimmung.[346]

174 Die Freistellung der Spezialisierung umfaßt nicht nur die Spezialisierungsvereinbarung, sondern auch alle sonstigen Abreden der in § 5a II oder 3 GWB bezeichneten Art, solange sie zur Durchführung der Spezialisierung erforderlich sind (§ 5a I Satz 2 GWB). Als Beispiele werden in der Literatur Absprachen über gemeinsamen Vertrieb, über eine Gewinnpooling, einheitliche Normen und Typen und über einheitliche Qualitäten genannt.[347] Ob solche Abreden für die Spezialisierung erforderlich sind, hängt davon ab, ob sie der Verwirklichung der Spezialisierung dienen.[348] Obwohl die Verwaltungspraxis im allgemeinen großzügig bei der Beantwortung dieser Frage ist,[349] gibt es eine Reihe von Zusatzabsprachen, die für nicht erforderlich gehalten werden. Dies gilt vor allem für Absprachen über die Aufteilung von Märkten und Gebieten sowie Preisabsprachen.[350]

175 Selbst wenn die Spezialisierung die Voraussetzungen des § 5a GWB nicht erfüllt, kommt eine Ausnahme gem. § 5 II GWB in Betracht.[351] Nach dieser Vorschrift gilt das Kartellverbot nicht für Vereinbarungen, die wirtschaftlichen Vorgängen dienen, sofern diese geeignet sind, die Leistungsfähigkeit oder Wirtschaftlichkeit der beteiligten Unternehmen in technischer, betriebswirtschaftlicher oder organisatorischer Beziehung wesentlich zu steigern und dadurch die Befriedigung des Bedarfs zu verbessern.

176 Um in den Genuß der Freistellung zu kommen, muß das Spezialisierungskartell bei der Kartellbehörde angemeldet werden (§ 9 I GWB). Es gilt als freigestellt, wenn die Kartellbehörde nicht binnen einer Frist von drei Monaten widerspricht (§ 5a III GWB).

b) **Krisenkartelle**

177 Die Reorganisation eines Unternehmens kann in Zeiten struktureller Überkapazitäten auch im Rahmen eines Krisenkartells erfolgen. Ein Krisenkartell liegt vor, wenn sich mindestens zwei Unternehmen verpflichten, die Produktion ganz oder teilweise stillzulegen, einen Betrieb zu schließen oder Kapazitäten abzubauen. Anlaß solcher Kartelle ist in der Regel ein dauerhafter Rückgang der Nachfrage auf dem betreffenden Markt.

---

[345] BKartA WuW/E 953, 955 »Sisalkordel«.
[346] Emmerich, Kartellrecht, S 104; Immenga/Mestmäcker, § 5a Rdnr. 42.
[347] Emmerich, Kartellrecht, S 104.
[348] Immenga, in: Immenga/Mestmäcker, 125a Rdnr. 53.
[349] Emmerich, Kartellrecht, S 105.
[350] Immenga, in: Immenga/Mestmäcker, § 5a Rdnr. 56.
[351] BKartA WuW/E 1643, 1644 »Anhängevorrichtungen«.

Montag

III. Kooperative Formen der Reorganisation von Unternehmen 615

aa) Rechtslage nach Gemeinschaftsrecht. Da Krisenkartelle in der Regel eine Einschränkung der Erzeugung umfassen, fallen sie grundsätzlich unter das Kartellverbot des Art. 85 I lit. b EGV.[352] Selbst wenn es sich um einen regionalen Markt wie z.B. den Markt für Ziegelsteine handelt, geht die Kommission davon aus, daß das Kartell sich auf den zwischenstaatlichen Handelsverkehr auswirkt, da Einfuhren aus anderen Mitgliedstaaten durch die Wettbewerbsbeschränkung beeinträchtigt werden.[353] Obwohl der Kommission die positiven Auswirkungen von Krisenkartellen bekannt sind,[354] ist der Umstand, daß das Krisenkartell eine gesellschaftspolitisch positiv zu beurteilende Kapazitätsanpassung ermöglicht, bei der Anwendung von Art. 85 I EGV unerheblich. Solche außerwettbewerblichen Faktoren dürfen erst bei der Anwendung von Art. 85 III EGV berücksichtigt werden. Im Rahmen der Beurteilung nach Art. 85 I ist es weiterhin unerheblich, ob die nationalen Wettbewerbsbehörden die Absprachen der Unternehmen untereinander duldeten oder sogar förderten.[355] 178

Da es für Krisenkartelle keine Gruppenfreistellung gibt, müssen die Parteien eines Krisenkartells einen Antrag auf Einzelfreistellung nach Art. 85 III EGV stellen. In der Vergangenheit sind nur relativ wenige Anträge gestellt und genehmigt worden.[356] In bezug auf Krisenkartelle zur Überwindung struktureller Anpassungsschwierigkeiten hat die Kommission die Kriterien bekannt gemacht, die sie bei der Gewährung von Einzelfreistellungen nach Art. 85 III EGV berücksichtigen will.[357] Voraussetzung für eine Freistellung ist zunächst, daß sich die betreffende Industrie in einer Krise befindet, die **dauerhaft und strukturell** und nicht nur konjunkturell bedingt ist. Des weiteren muß sich die Kartellvereinbarung ausschließlich auf die Erreichung eines koordinierten Abbaus von Überkapazitäten beziehen und sich auf absolut notwendige Regelungen beschränken und darf keine Preis- oder Mengenabsprachen umfassen.[358] Andererseits reicht für eine Freistellung der Nachweis der Unternehmen, daß das Strukturkrisenkartell den Rationalisierungsprozeß schneller vorantreibt als dies ohne Zusammenarbeit möglich wäre.[359] 179

---

[352] Stichting Baksteen, ABlEG 1994 L 131/15 Tz. 15; Zinkbleche, ABlEG 1982 L 362/40, 48; Kunstfasern, ABlEG 1984 L 207/17, 22; BPCL/ICI, ABlEG 1984 L 212/1, 5; Bayer/BP Chemicals, ABlEG 1988 L 150/35, 39.
[353] Stichting Baksteen (oben Fn. 352) Tz. 17.
[354] 23. Wettbewerbsbericht der Kommission (1994), Tz. 82.
[355] IEA, ABlEG 1983 L 376/30, 34; Feuerversicherung, ABlEG 1985 L 35/20, 25; Aluminiumeinfuhren aus Osteuropa, ABlEG 1985 L 92/1, 38, 39.
[356] Vgl. beispielsweise Stichting Baksteen, ABlEG 1994 L 131/15; Enichem/ICI, ABlEG 1987 L 50/18; ENI/Montedison, ABlEG 1986 L 5/13; BPCL/ICC, ABlEG 1984 L 212/1.
[357] 12. Wettbewerbsbericht der Kommission (1982), Tz. 38.
[358] Ebd. Tz. 39; 23. Wettbewerbsbericht der Kommission (1994), Tz. 84.
[359] ENI/Montedison, ABlEG 1986 L 5/13, 18.

180 In der Regel verlangt die Kommission außerdem, daß das Krisenkartell einen ganzen Wirtschaftszweig erfasst, sich also auf eine sektorale Vereinbarung stützt.[360] Sie ist aber bereit, Vereinbarungen zwischen einer begrenzten Anzahl von Unternehmen ausnahmsweise freizustellen, die zu einer wechselseitigen Spezialisierung führen und auf diese Weise die Stilllegung überschüssiger Kapazitäten ermöglichen.[361]

181 bb) **Rechtslage nach dem GWB.** Strukturkrisenkartelle verstoßen grundsätzlich gegen § 1 GWB, können aber unter den Voraussetzungen des § 4 GWB von der zuständigen Kartellbehörde genehmigt werden.[362] Zunächst muß ein auf **nachhaltiger Änderung** der Nachfrage beruhender Absatzrückgang vorliegen. Nachhaltig ist jede wesentliche Änderung der Nachfrage, die sich vorhersehbar über einen längeren Zeitraum erstrecken wird, für den ein auf diesem Nachfragerückgang beruhender, nicht leistungsgemäßer bzw. übermäßiger Ausscheidungsprozeß zu erwarten ist.[363]

182 Zweitens muß das Kartell **notwendig** sein, um eine **planmäßige** Anpassung der Kapazität an den Bedarf herbeizuführen, d.h. der Kapazitätsabbau darf sich nicht mit weniger einschneidenden Maßnahmen als den vorgesehenen bewerkstelligen lassen.[364] Darüber hinaus setzt das Planmäßigkeitserfordernis voraus, daß die Anpassung auf Dauer und aufgrund eines **Kapazitätsabbauplans** erfolgt.[365] Der Kartellvertrag darf auch keine Zusatzabreden enthalten, die nicht zur Erreichung des verfolgten Zwecks notwendig sind. Obwohl dies nur im Einzelfall beurteilt werden kann, schließt das BKartA nicht aus, daß Preis- und/oder Quotenabsprachen notwendig sein können, wenn ein Preisverfall kurzfristig den Bestand einer Mehrzahl von Unternehmen bedroht, so daß eine planmäßige Kapazitätsanpassung ohne Preis- oder Quotenabsprachen in der zur Verfügung stehenden Zeit nicht vorgenommen werden kann.[366]

183 Drittens setzt das Gesetz voraus, daß der Kartellvertrag unter Berücksichtigung der Gesamtwirtschaft und des Gemeinwohls geschlossen wird. Daß das Krisenkartell eventuell zu höheren Verbraucherpreisen führen könnte, schließt eine Erlaubnis nicht aus.[367] Vielmehr zielt die

---

[360] 12. Wettbewerbsbericht der Kommission (1982), Tz. 39.
[361] Ebd. Tz. 40; 23. Wettbewerbsbericht der Kommission (1994), Tz. 86. Beispiele: ENI/Montedison, ABlEG 1987 L 5/13, 18; Bayer/BP Chemicals, ABlEG 1988 L 150/35, 39.
[362] Dazu Bekanntmachung des BKartA Nr. 37/78 vom 31. März 1978, BAnz. Nr. 66 S 4 = WuW/E 1978, S 268.
[363] Ebd.; BKartA WuW/E 2049, 2055 »Betonstahlmatten«.
[364] BKartA WuW/E 2049, 2058 »Betonstahlmatten«.
[365] BKartA WuW/E 2049, 2057 »Betonstahlmatten«.
[366] Bekanntmachung Nr. 37/78 (oben Fn. 362.)
[367] BKartA WuW/E 2049, 2060 »Betonstahlmatten«.

III. Kooperative Formen der Reorganisation von Unternehmen

Prüfung auf die gesellschaftlichen Auswirkungen des fortbestehenden Ungleichgewichts zwischen Nachfrage und Angebot. Nach der Entscheidungspraxis des BKartA muß die Änderung auch zu einer Existenzgefährdung der Unternehmen führen.[368] Ein Indiz hierfür liegt vor, wenn in der Vergangenheit leistungsfähige kleine und mittlere Unternehmen bereits aus dem Markt ausscheiden mußten.[369]

Verfahrensrechtlich setzt die Wirksamkeit eines Krisenkartells die vorherige Anmeldung sowie Erteilung einer Erlaubnis durch das BKartA voraus (§ 4 GWB). Kommt das BKartA zu dem Ergebnis, daß dem angemeldeten Krisenkartell eine Erlaubnis zu gewähren ist, soll diese in der Regel nicht für einen längeren Zeitraum als drei Jahre erteilt werden (§ 11 I GWB). In der Praxis kommt der Ausnahmemöglichkeit für Krisenkartelle allerdings nur wenig Bedeutung zu. Bisher hat das BKartA die Voraussetzungen nur in zwei Fällen als erfüllt angesehen und nur unter strengen Auflagen seine Erlaubnis erteilt.[370]

184

c) Gegenseitige Belieferung

Als Teil oder Ergebnis einer Reorganisation können Unternehmen schließlich Liefervereinbarungen treffen, in denen sie sich einseitig oder gegenseitig verpflichten, den jeweils anderen mit bestimmten Produkten zu beliefern. Häufig sind derartige Liefervereinbarungen auch Teil weitergehender Absprachen. So kann ein Unternehmen sich z.B. dazu entschließen einen unwirtschaftlichen Betrieb unter der Voraussetzung stillzulegen, daß sein Wettbewerber sich verpflichtet, ihm die von der Stilllegung betroffenen Produkte zu liefern. Auch im Rahmen von Spezialisierungsvereinbarungen oder bei der Gründung von Gemeinschaftsunternehmen spielen Liefervereinbarungen eine Rolle. In diesen Fällen werden sie üblicherweise als Nebenabrede geprüft. Nachfolgend soll kurz die Rechtslage dargestellt werden, wenn es sich bei der Liefervereinbarung um die Hauptabsprache handelt.

185

aa) Rechtslage nach Gemeinschaftsrecht. Nach ständiger Entscheidungspraxis der Europäischen Kommission liegt eine Wettbewerbsbeschränkung im Sinne des Art. 85 I EGV vor, wenn zwei Hersteller desselben Produkts vereinbaren, sich gegenseitig zu beliefern.[371] Die Wettbewerbsbeschränkung liegt darin, daß die Parteien auf die Belieferung des eigenen Betriebs verzichten. Der angestrebte Rationalisierungserfolg durch Einsparung von Transportkosten kann zwangsläufig nur eintreten, wenn sich die Vertragspartner gegenseitig zur Abnahme derselben Menge

186

---

[368] BKartA WuW/E 2049, 2056 »Betonstahlmatten«.
[369] BKartA WuW/E 2049, 2056 »Betonstahlmatten«.
[370] BKartA WuW/E 2049 »Betonstahlmatten«; BKartA WuW/E 2271 »Leichtbauplatten«.
[371] Flachglas, ABlEG 1989 L 33/44 Tz. 70; Zinkbleche (oben Fn. 352) S 47.

zu denselben Konditionen verpflichten, um jeweils die Abnehmer in ihrem Einzugsbereich beliefern zu können. Mit derartig wechselseitigen Verpflichtungen schränken sie über die bloße Belieferung eines Wettbewerbers hinaus ihre eigenen wettbewerblichen Möglichkeiten ein. Sind ein oder beide Partner nicht in der Lage, ein bestimmtes Produkt selbst herzustellen, liegt kein Verzicht auf die Eigenproduktion und daher keine Wettbewerbsbeschränkung im Sinne von Art. 85 I EGV vor.[372] Der Bezug des Produktes von Wettbewerber muß aber in diesem Fall die einzige Möglichkeit sein, um eine Ergänzung der Produktpalette zu erreichen.

187 Die Entscheidungspraxis der Kommission zeigt, daß sie nur unter ganz bestimmten Umständen bereit ist, Absprachen über gegenwärtige Lieferungen vom Verbot des Art. 85 I EGV freizustellen. Zunächst können gelegentliche, kurzfristig vereinbarte Lieferungen zwischen Konkurrenten wettbewerbsrechtlich zulässig sein. Dies setzt aber voraus, daß die Kollegenlieferung die Vorratsbildung sicherstellt und daß die lieferunfähige Partei sich in vorübergehenden Schwierigkeiten befindet.[373] Eine Freistellung für zeitlich unbefristete Kollegenlieferungsvereinbarungen kommt regelmäßig nicht in Betracht.[374] Darüber hinaus werden solche Schwierigkeiten nur unter besonderen Umständen angenommen. So hat die Rechtsprechung selbst eine gegenseitige Lieferung im Falle „ernster Betriebsstörungen" unabhängig von ihrer Natur und Ursache für unzulässig erachtet.[375]

188 **bb) Rechtslage nach dem GWB.** Kollegenlieferungsvereinbarungen verstoßen nach herrschender Meinung nicht gegen § 1 GWB, wenn die Partner nicht in der Lage sind, die Waren selbst oder in genügendem Umfang im Verhältnis zur Nachfrage zu produzieren.[376] Kartellrechtliche Probleme entstehen erst, wenn die Kollegenlieferungvereinbarung einen **Verzicht auf Eigenproduktion** bedeutet. Ein solcher Verzicht ist als eine Wettbewerbsbeschränkung und daher als Verstoß gegen § 1 GWB anzusehen.[377]

189 Das GWB enthält keine spezifische Ausnahme für Kollegenlieferungvereinbarungen. In der Praxis werden sie eingesetzt, um Vereinbarungen über Produktionsspezialisierung zu ergänzen. In solchen Fällen wird die Vereinbarung über die Kollegenlieferungen als Zusatzabrede geprüft, wobei ihre **Erforderlichkeit** im Vordergrund steht.[378] Im allgemeinen

---

[372] Industrieverband Solnhofener Natursteinplatten, ABlEG 1980 L 318/32 Tz. 40.
[373] Zinkbleche (oben Fn. 352).
[374] Zinkbleche (oben Fn. 352) S 48.
[375] Urteil des EuGH v. 28. 3. 1984, Verbundene Rs. 29 u.30/83, Slg. 1984, S 1679, 1706 Rdnr. 268, CRAM und Rheinzink/Kommission.
[376] Immenga, in: Immenga/Mestmäcker, § 1 Rdnr. 268.
[377] BKartA WuW/E 953, 955 »Sisalkordel«.
[378] Siehe oben Rdnr. 165.

werden Vereinbarungen, wonach die Partner die von ihnen nicht mehr hergestellte bzw. angebotene Waren von ihren Kollegen beziehen, um ihre Abnehmern weiterhin das volle Sortiment anbieten zu können, als zulässige Nebenabrede anzusehen sein.[379] Dies setzt aber voraus, daß eine zulässige Spezialisierung vorliegt. Eine nicht mit einer zulässigen Spezialisierung verbundene Kollegenlieferungsvereinbarung, die den Verzicht auf Eigenproduktion umfaßt, verstößt gegen § 1 GWB und kann aus diesem Grund nicht in den Genuß des Ausnahmetatbestandes kommen.

---

[379] BKartA WuW/E 953, 956 »Sisalkordel«; Immenga, in: Immenga/Mestmäcker, § 5a Rdnr. 50.

TEIL G: Umweltrecht

	RN
I. Die Organisation des betrieblichen Umweltschutzes	1
1. Einleitung	1
2. Grundsätze der Betriebsorganisation	5
a) Die Organisationspflichten der Unternehmensleitung	5
b) Gesellschaftsrechtliche Leitungspflichten unter Beachtung öffentlich-rechtlicher Ge- und Verbote	6
c) Der Grundsatz der Gesamtverantwortung	8
d) Die Geschäftsverteilung	9
aa) Die gesellschaftsrechtliche Ausgangslage	9
bb) Öffentlich-rechtliche Anforderungen an die Führungsorganisation auf der Leitungsebene	13
e) Grundsätze der Delegation und Pflichtenübertragung	14
3. Die haftungs- und strafrechtliche Verantwortung von Führungskräften im Umweltbereich	20
a) Haftungsprinzipien	20
b) Die strafrechtliche Verantwortung der Unternehmensleitung und leitender Mitarbeiter für Umweltstraftaten	23
4. Auf dem Weg zum gläsernen Unternehmen	26
a) Die Mitteilungspflichten nach § 52 a BImSchG	26
aa) Der „Verantwortliche für Umweltschutz"	27
bb) Betriebsorganisation als Betreiberpflicht	29
cc) Inhalt und Umfang der Mitteilungspflicht nach § 52 a Abs. 1 BImSchG	30
b) Die Notwendigkeit einer umweltschutzsichernden Betriebsorganisation	32
5. Das effektive Umweltschutzmanagement	35
a) Inhalt der rechtskonformen Betriebsorganisation	35
aa) Organisationsplanung	37
bb) Das Umweltschutz-Organigramm	39
cc) Die Organisationsform	47
dd) Schnittstellenbewältigung	49
b) Grundsätze des integrierten Umweltschutzes	53
6. Die Betriebsbeauftragten für Umweltschutz	54
a) Allgemeine Grundsätze zum Recht der Betriebsbeauftragten	57
aa) Die Aufgaben und die Stellung der Betriebsbeauftragten	57
bb) Die Funktion der Betriebsbeauftragten	60
cc) Die Pflichten der Unternehmensführung	61
dd) Auswahl und Bestellung der Betriebsbeauftragten	62
ee) Grundverhältnis	78
ff) Haftung	85
b) Der Betriebsbeauftragte für Immissionsschutz	89
aa) Rechtsgrundlagen	89
bb) Adressaten	90
cc) Aufgaben und Befugnisse	92
dd) Persönliche und fachliche Qualifikation	96
ee) Bestellung	97

c) Der Störfallbeauftragte 104
   aa) Rechtsgrundlagen............................ 104
   bb) Adressaten.................................. 105
   cc) Aufgaben und Befugnisse 106
   dd) Persönliche und fachliche Qualifikation 108
d) Der Betriebsbeauftragte für Abfall 112
   aa) Rechtsgrundlagen............................ 112
   bb) Adressaten.................................. 113
   cc) Aufgaben und Befugnisse 117
e) Der Betriebsbeauftragte für Gewässerschutz 121
   aa) Rechtsgrundlagen............................ 121
   bb) Adressaten.................................. 122
   cc) Aufgaben und Befugnisse 126
   dd) Persönliche und fachliche Qualifikation 129
   ee) Bestellung 130
f) Der Gefahrstoffbeauftragte 132
   aa) Rechtsgrundlagen............................ 132
   bb) Adressaten.................................. 133
   cc) Persönliche und fachliche Qualifikation 134
   dd) Bestellung 137
g) Der Gefahrgutbeauftragte 139
   aa) Rechtsgrundlagen............................ 139
   bb) Adressaten.................................. 140
   cc) Aufgaben und Befugnisse 142
   dd) Persönliche und fachliche Qualifikation 143
   ee) Bestellung 145
h) Der Beauftragte für die Biologische Sicherheit 148
   aa) Rechtsgrundlagen............................ 148
   bb) Adressaten.................................. 149
   cc) Aufgaben und Befugnisse 151
   dd) Persönliche und fachliche Qualifikation 153
   ee) Bestellung 157
i) Der Strahlenschutzbeauftragte 159
   aa) Rechtsgrundlagen............................ 159
   bb) Adressaten.................................. 160
   cc) Aufgaben und Befugnisse 162
   dd) Persönliche und fachliche Qualifikation 164
   ee) Bestellung 165
j) Der Beauftragte für Datenschutz 168
   aa) Rechtsgrundlagen............................ 168
   bb) Adressaten.................................. 169
   cc) Aufgaben und Befugnisse 170
   dd) Persönliche und fachliche Qualifikation 172
   ee) Bestellung 173
k) Der Sicherheitsbeauftragte 174
   aa) Rechtsgrundlagen............................ 174
   bb) Adressaten.................................. 175
   cc) Aufgaben und Befugnisse 176
   dd) Persönliche und fachliche Qualifikation 177
   ee) Bestellung 178
l) Fachkräfte für Arbeitssicherheit (Sicherheitsingenieure, -techniker
   und -meister) 179
   aa) Rechtsgrundlagen............................ 179

	bb) Adressaten	180
	cc) Aufgaben und Befugnisse	181
	dd) Persönliche und fachliche Qualifikation	182
	ee) Bestellung	183
m)	Betriebsärzte	186
	aa) Rechtsgrundlagen	186
	bb) Adressaten	187
	cc) Aufgaben und Befugnisse	189
	dd) Persönliche und fachliche Qualifikation	190
	ee) Bestellung	191
	ff) Haftung	193
7.	Wege zum effektiven betrieblichen Umweltschutz	194
	a) Die Umweltziele der Unternehmensleitung	203
	b) Die Bestandsaufnahme (Ist-Analyse)	205
	c) Umweltchecklisten	208
8.	Das Umweltschutz-Handbuch	225
	a) Grundzüge	225
	b) Aufbau und Inhalt	229
9.	Die Erarbeitung einer wirksamen umweltschutzsichernden Betriebs- organisation auf der Grundlage der DIN/ISO 9000–9004	258
	a) Total Quality Management (TQM)	260
	b) Die DIN/ISO 9000–9004 (Betriebliche Qualitätssicherung)	262
	c) Die praktische Anwendung und Umsetzung der DIN/ISO 9000–9004	271
	aa) Festlegung der Qualitätspolitik	273
	bb) Aufbau des Qualitätssicherungssystems	274
	cc) Festlegung des Ablaufplans	281
	dd) Dokumentation	282
	ee) Durchführung interner Qualitätssicherungs-Audits	286
	d) Vorteile durch die Anwendung der DIN/ISO 9000–9004	290
	e) Die Zertifizierung	298
	aa) Der „werbende Faktor"	299
	bb) Umfang und Ablauf des Zertifizierungs-Audits	300
	cc) Beauftragung und Auswahl der Zertifizierungsstelle	308
	f) Zusammenfassung	312
10.	Die „Umwelt-Audit-Verordnung"	313
	a) Grundzüge	313
	b) Inhalt und Ablauf des Teilnahmeverfahrens	323
	c) Auswahl der unabhängigen „Umweltgutachter" und Umsetzung der „Umwelt-Audit-Verordnung"	346
11.	Die Grundzüge des betrieblichen Arbeitsschutz- und Sicherheitsrechts	348
	a) Die arbeitsrechtlichen Fürsorge- und Schutzpflichten	349
	b) Anforderungen des betrieblichen Arbeitsschutzes	353
	aa) Allgemeiner Betriebs- und Gefahrenschutz	354
	bb) Gewährleistung angemessener Arbeitsplatzbedingungen	361
	cc) Hygiene	366
	dd) Allgemeiner Gesundheitsschutz	367
	ee) Arbeitszeitschutz	368
	ff) Sonderschutz für bestimmte Arbeitnehmergruppen	370
	c) Betriebliche Organisation	371
	d) Mitbestimmungsrechte der Personalvertretung	372
	e) Staatliche Aufsicht und Kontrolle	373
12.	Sicherstellung der notwendigen Kontroll- und Korrekturmaßnahmen	374
13.	Anforderungen und Notwendigkeit innerbetrieblicher Dokumentation	380

14. Der aktive Umweltschutz 384
   a) Prävention vor Rechtschutz 384
   b) Öffentlichkeitsarbeit 386

II. Das Altlastenrisiko 389
   1. Einleitung 390
   2. Die rechtlichen Grundlagen der Altlastenhaftung 394
      a) Der Altlastenbegriff 394
      b) Das Altlastenrisiko – Verantwortung und Haftung für „Altlasten" . 397
   3. Die ordnungsrechtliche Verantwortung für Altlasten 402
      a) Inhalt und rechtliche Grundlagen 402
      b) Ordnungspflichten für Altlasten nach dem Abfallgesetz des Bundes 404
      c) Ordnungspflichten für Altlasten nach dem Wasserhaushaltsgesetz . 407
      d) Ordnungspflichten für Altlasten nach dem Bundesimmissionsschutzgesetz 409
      e) Spezialgesetzliche Regelungen in den neuen Bundesländern 410
      f) Ausblick: Das neue Bodenschutzgesetz 411
      g) Das Abfall- und Bodenschutzrecht der Länder 414
      h) Ordnungspflichten für Altlasten nach dem allgemeinen Polizei- und Ordnungsrecht der Länder 416
         aa) Eingriffsbefugnisse der zuständigen Polizei- und Ordnungsbehörden 419
         bb) Die polizei- und ordnungsrechtlichen Verantwortlichen 452
         cc) Rechtschutz 477
   4. Zivilrechtliche Haftung 479
      a) Deliktische Haftung aus unerlaubter Handlung 480
      b) Wasserrechtliche Gefährdungshaftung 483
      c) Haftung nach dem Umwelthaftungsgesetz 486
      d) Sonstige Gefährdungshaftungstatbestände 487
      e) Beseitigungs- und Abwehransprüche 488
      f) Vertragliche Gewährleistungs- und Haftungsansprüche 489
      g) Der Schadensersatzpflichtige 492
   5. Die Strafrechtliche Verantwortlichkeit für Altasten 496
      a) Straftaten gegen die Umwelt 496
      b) Persönliche Verantwortung der Mitglieder der Unternehmensleitung und der Mitarbeiter von Unternehmen für Umweltstraftaten 500
      c) Verfolgungsvoraussetzungen 505
      d) Rechtsfolgen der Tat 506
   6. Risikovorsorge und Haftungsvermeidungsstrategien bei einem Unternehmenskauf 509
      a) Ausgangssituation 509
      b) Die gebotene Aufklärung der Altlastensituation vor Abschluß des Kaufvertrages 511
      c) Risikovorsorge durch vorbeugende Vertragsgestaltung 517
      d) Die Altlasten-Haftungsfreistellung in den neuen Bundesländern ... 530
         aa) Die Grundzüge der Haftungsfreistellung 530
         bb) Praktische Handhabung und die Überleitung von Freistellungsbescheiden auf Rechtsnachfolger 533
   7. Allgemeine Haftungs- und Kostenvermeidungsstrategien beim Umgang mit Altlastenfällen 536
      a) Grundzüge 536
      b) Checkliste: Haftungsvoraussetzungen 537
      c) Die effiziente Bewältigung von Altlasten 539

Kummer

G. Umweltrecht

    aa) Die Ermittlung des sofortigen Handlungsbedarfs 541
    bb) Auswahl und Beauftragung der notwendigen Fachkräfte 544
    cc) Erfassung: Infomationssammlung und Erarbeitung eines
        Erkundungsprogramms 547
    dd) Orientierende Untersuchung 552
    ee) Erstbewertung 555
    ff) Vertiefte Untersuchung 556
  d) Die Festlegung des Sanierungskonzepts 558
  e) Verhandlungsstrategien gegenüber den zuständigen Behörden 568
  f) Versicherungsschutz 570
8. Rückstellungen für Altlasten in der Unternehmensbilanz 572
  a) Ausgangslage 572
  b) Geheimhaltungspflicht der Finanzbehörde 579

Anhang: Die wichtigsten Altlastenregelungen der einzelnen Bundesländer – ab *Seite 827.*

Literatur

Appel/Schlarmann, Haftungsprobleme bei Ölschäden, VersR 1973, 993; *Arning/ Käß*, Betriebs- und Gefahrenschutz, Loseblattsammlung; *Artz*, Entwurf eines Umweltinformationsgesetzes vorgelegt, ZRP 1993, 18; *Backhermes*, Die Rechtsstellung des Strahlenschutzbeauftragten, BB 1978, 1697; *Bartels*, Rückstellungen für öffentlich-rechtliche Umweltschutzverpflichtungen bei Neulastfällen, BB 1992, 1311; *Behnke*, in: Pohle: Die Umweltschutzbeauftragten, 1992, S. 9; *Boeker*, Umwelthaftungsgesetz: zeitlicher Anwendungsbereich und Beweislast für Altlast (§ 23), VersR 1991, 962; *Brandt*, Altlastenrecht, 1993; *Brandt/Schlabach*, Polizeirecht, 1989; *Breuer*, „Altlasten" als Bewährungsprobe der polizeilichen Gefahrenabwehr und des Umweltschutzes, JuS 1986, 359; *Breuer*, Rechtsprobleme der Altlasten, NVwZ 1987, 751; *Breuer*, Öffentliches und privates Wasserrecht, 2. Aufl. 1987; *Brummer/Müller*, Handbuch für die Umweltpraxis im Betrieb, 1994; *Bültmann*, Auswirkungen des europäischen Umweltrechts auf das deutsche Umwelthaftungsrecht, UPR Special Band 5, 1994, 85; *Bundesminister für Umweltschutz, Naturschutz und Reaktorsicherheit*, Hinweise zur Auslegung der sog. „Freistellungsklausel für Altlasten" im Einigungsvertrag, 08.05.1991; *Conrad/Wolf*, Freistellung von der Altlastenhaftung – Leitfaden für Investoren, Unternehmen und Verwaltung in den neuen Bundesländern,1991; *Crezelius*, Zur Bildung von Rückstellungen für Umweltschutzmaßnahmen, DB 1992, 1353; *Denck*, Arbeitsschutz und Mitbestimmung des Betriebsrats, ZfA 1976, 447; *Dörner*, Unfallversicherung im Betrieb, Loseblattsammlung; *Deutsches Institut für Urbanistik*, Altlastenstudie, NVwZ 1987, 62; *Diederichsen*, Verantwortlichkeit für Altlasten – Industrie als Störer?, BB 1988, 917; *Diederichsen/Wagner*, Das UmweltHG zwischen gesetzgeberischer Intention und interpretatorischer Phantasie,VersR 1993, 641; *Dittmann*, Rechtsfragen militärischer Altlasten, UPR 1992, 338; *Dombert/Reichert*, Altlasten in den neuen Bundesländern: Die Freistellungsklausel des Einigungsvertrages, NVwZ 1991, 744; *Dombert*, Altlastensanierung in der Rechtspraxis, 1990; *Drews/Wake/Vogel/Martens*, Gefahrenabwehr, 9.Aufl. 1986; *Dreyhaupt*, Handbuch für Immissionsschutzbeauftragte, 1977; *Dreyhaupt*, Der Immissionsschutzbeauftragte im Spannungsfeld zwischen Unternehmer und Überwachungsbehörde, GfS-Information Nr. 81, 2; *Ebenroth/Willburger*, Die strafrechtliche Verantwortung des Vorstandes für Umweltstraftaten und gesellschaftsrechtliche Vermeidungsstrategien, BB 1991, 1941; *Ebenroth/Wolff*, Umweltaltlastenverantwortung in den neuen Bundesländern, Sonderveröffentlichung des Betriebs-Beraters, 1992; *Ehrich*, Der betriebliche Datenschutzbeauftragte, DB 1991, 1981; *Eilers*, Rückstellungen für Rücknahmepflichten, in: Herzig, Bilanzierung von Umweltlasten und Umweltschutzverpflichtungen, 1994; *Eilers*, Rückstellungen für Umweltschutzverpflichtungen in: Harzburger Steuerprotokoll 1993, S.337; *Eilers/Schröer*, Der Schutz der betrieblichen Informationssphäre im Umweltinformationsgesetz, BB 1993, 1025; *Eilers/Thiel*, Unternehmenskauf – Environmental Due Diligence, M&A Review 1992, 408; *Ellringmann*, Muster-Handbuch Umweltschutz 1993; *Enders*, Rechtsprobleme der Behandlung von Abfallaltanlagen und Altlasten in den neuen Bundesländern, DVBl. 1993, 82; *Feldhaus*, Umweltschutzsichernde Betriebsorganisation, NVwZ 1991, 927; *Feldhaus*, Umwelt-Audit und Betriebsorganisation im Umweltrecht, UPR Special Band 5, 1994, 9; *Förschle/Hermann/Mandler*, Umwelt-Audits, DB 1994, 1093; *Förschle/Scheffels*, Die Bilanzierung von Umweltschutzmaßnahmen aus bilanztheoretischer Sicht, DB 1993, 1197; *Franßen*, Grundzüge des Umweltrechts; *Franzheim*, Moderne Organisationsformen – ein Risikofaktor im Umweltstrafrecht, UPR Special Bd. 5, 1994, 77; *Franzheim*, Strafrechtliche Probleme der Altlasten, ZfW 1987, 9; *Franzheim*, Der Verfall des Vermögensvorteils in Umweltstrafsachen – sein Umfang und seine Besprechung, WISTRA 1989, 87; *Franzius/Stegmann/Wolf*, Handbuch der Altlastensanierung,

1988; *Friauf*, Festschrift für Wacke, 1972, S. 293 ff.; *Friauf*, Polizei- und Ordnungsrecht, in: Von Münch, Besonderes Verwaltungsrecht, 8. Aufl., 1988; *Führ*, Umweltmanagement und Umweltbetriebsprüfung – neue EG-Verordnung zum „Öko-Audit" verabschiedet, NVwZ 1993, 858; *Führ*, Umweltbewußtes Management durch „Öko-Audit" ?, EuZW 1992, 468; *Giesberts*, Die gerechte Lastenverteilung unter mehreren Störern: Auswahl und Ausgleich insbesondere in Umweltschadensfällen, 1990; *Glaubitz*, Mitbestimmung des Betriebsrats gemäß § 87 Abs. 1 Nr. 7 BetrVG bei Regelungen über den Arbeitsschutz, BB 1977, 1403; *Götz*, Die Entwicklung des allgemeinen Polizei- und Ordnungsrechts (1984 bis 1986), NVwZ 1987, 858; *Greeno/Hadstrom/DiBerto*, Environmental Auditing: Fundamentals and Techniques, 2. Aufl., 1987; *Gurlit*, Europa auf dem Weg zur gläsernen Verwaltung?, ZRP 1989, 253; *Hansmann*, Der Betriebsbeauftragte für Immissionsschutz, Luftverunreinigung 1975, 1; *Henckels*, Von AQLtzu TQM – Prüfaufwand im Wandel der Zeit/Qualität und Zuverlässigkeit – Zeitschrift für Industrielle Qualitätssicherung, 1991, 564; *Henn*, Auf Herz und Nieren prüfen; Die Öko-Audit-Verordnung der EG legt einen Bewertungsmaßstab für die Umweltleistung von Unternehmen fest, Müllmagazin 1993, 10; *Herschel*, Der Begriff der Ruhepause, DB 1965, 515; *Herschel*, Die Lage der Ruhepausen, DB 1965, 553; *Herschel*, Haupt- und Nebenpflichten im Arbeitsverhältnis, BB 1978, 569; *Herzig*, Rückstellungen wegen öffentlich-rechtlicher Verpflichtungen, insbesondere Umweltschutz, DB 1990, 1341; *Herzig*, Steuerorientierte Grundmodelle des Unternehmenskaufs, DB 1990, 133; *Hohmann*, Einschränkungen der Kostentragungspflicht des Grundstückseigentümers beim Ablagern von Giftfässern, DVBl. 1984, 997; *Hüttig*, Die Rechtsstellung des Betriebsrats nach dem Gesetz über Betriebsärzte, Sicherheitsingenieure und andere Fachkräfte für Arbeitssicherheit, DB 1975, 594; *Hunold*, Zum Einfluß der ArbStättV und die Mitwirkungs- und Mitbestimmungsrechte des Betriebsrates, DB 1976, 1059; *Hurst*, Probleme der Zustandshaftung nach dem Polizei- und Ordnungsrecht im Falle der Rechtsnachfolge, DVBl. 1963, 804; *Jahn*, Zertifizierung von Qualitätssicherungs-Systemen in: Masing, Handbuch der Qualitätssicherung, 2. Aufl. 1988, S. 923 ff.; *Jensberger*, Strukturierte Bewertung und Auswahl von Sanierungsverfahren für Altstandorte und Altablagerungen, Altlasten-Spektrum 1/1992; 17; *Jörissen*, Die Umwelthaftung und ihre Versicherbarkeit aus Sicht des Versicherers, UPR Special Band 5, 1994, 95; *Jung*, Gesundheitsvorsorge und Arbeitsmedizin, NJW 1985, 2729; *Kahl*, Die neuen Aufgaben und Befugnisse des Betriebsbeauftragten nach Wasser-, Immissionsschutz- und Abfallrecht; *Kappus*, Wirtschaftliche und technische Notwendigkeiten als Ausnahme vom gewerberechtlichen Verbot der Sonntagsarbeit, BB; *Kloepfer*, Die Verantwortlichkeit für Altlasten im öffentlichen Recht, NuR 1987, 7; *Kloepfer*, Umweltrecht, 2. Aufl., 1993; *Kniep*, Umwelt-Audit – Ein betriebliches Führungsinstrument?, GewArch. 1993, 193; *Knopp*, Altlastenrecht in der Praxis unter Berücksichtigung des Rechts der neuen Bundesländer, 1992; *Knopp/Striegl*, Umweltschutzorientierte Betriebsorganisation zur Risikominimierung, BB 1992, 2009; *Knopp*, Selbstanzeigepflicht bei Bodenkontaminationen, NVwZ 1988, 1004; *Knopp*, „Altlasten"-Regelungen im hessischen Abfallrecht, DÖV 1990, 683; *Knopp*, Absicherungsstrategien beim Grundstückskauf und betriebsinterne Vorsorge, NJW 1992, 2657; *Knopp*, Die Duldung behördlicher Untersuchungsmaßnahmen und die Kostentragung bei Verdacht von Kontaminationen im Boden und/oder Grundwasser, BB 1988, 923; *Koch*, Bodensanierung nach dem Verursacherprinzip, 1985; *Köck*, Indirekte Steuerung im Umweltrecht: Abgabenerhebung, Umweltschutzbeauftragte und „Öko-Auditing", DVBl. 1994, 27; *Koffka*, Mitwirkung des Betriebsrats bei der Einführung neuer Technologien, PersF 1986, 488;Kohler-Gehrig, Der gesamtschuldnerische Innenausgleich zwischen Zustands- und Verhaltensstörer in Polizei- und Ordnungsrecht, NVwZ 1992, 1049; *Kretz*, Rechtsgrundlagen und Rechtsprobleme der Altlastensanierung in der Verwaltungspraxis, UPR, 1993, 41; *Kuene*, Betriebsbeauftragte für Umweltschutz, Umwelt 1979, 405; *Kullmann*, Die Rechtsprechung des BGH zum Produkthaftpflichtrecht in den Jahren 1991/92, NJW 1992, 2669; *Kummer*, Bauplanungsrecht – Gestaltungsmöglichkeiten der Standortplanung und -realisierung, in: von Drygalski/Welter, Immobilienhandbuch Ost, 1993; *Kummer*, Haftungsrecht, in: Messerschmidt, Deutsche Rechtspraxis – Hand- und Schulungsbuch, 1991; *Kunig/Schwermer/Versteyl*, Abfallgesetz-Kommentar, 2. Aufl., 1992; *Kupsch*, Bilanzierung von Umweltlasten in der Handelsbilanz, BB 1992, 2320; *Kwiatkowski*, Produktionsorientierter Umweltschutz aus technischer und betriebswirtschaftlicher Sicht, UPR Special Band 5, 1994, 107; *Landmann/Rohmer/Hansmann*, Umweltrecht III, Loseblattsammlunng; *Landsberg/Lülling*, Das neue Umwelthaftungsgesetz, DB 1990, 2205; *Landsberg/Lülling*, Umwelthaftungsrecht, 1991; *Lauff*, Das Umwelt-Audit in der betrieblichen Praxis, 1993; *Lauff*, Umwelt-Audits als eigenverantwortliches Management-Instrument, ET 1992; *Lechelt*, § 52 Abs. 1 BimSchG – Eine „immissionsschutzrechtliche Generalklausel"?, DVBl. 1993, 1048; *Lemke/Polthier*, Abwehr betrieblicher Störfälle, Loseblattsammlung; *Löwisch*, Fragen zur Mitbestimmung bei der Einführung neuer Technologien, ArbuR 1987, 96; *Lübbe/Wolff*, Die EG-Verordnung zum Umwelt-Audit, DVBl. 1994, 361; *Mache*, Umweltrecht, 1994; *Meinberg/Möhrenschlager/Link*, Umweltstrafrecht, 1989; *Messerschmidt*, Umweltschutz und technische Sicherheit im Unternehmen, UPR 1994, 140; *Muhr*, Gesundheit und Sicherheit am Arbeitsplatz aus gewerkschaftlicher Sicht, SozSich 1982, 65; *Michael/Thull*, Die Verantwortlichkeit für DDR-Altlasten beim Erwerb von Altanlagen, BB Beilage 30 zu Heft 24/1990; *Michel*, Die Freistellung von der Altlastenhaftung gemäß Artikel 1 § 4 Abs. 3 URG als Instrument des Risikomanagements beim Grundstückserwerb in den neuen deutschen Bundesländern, BauR 1991, 265; *Migge*, Qualitätssicherungsverträge: Versuch einer Zwischenbilanz aus der Sicht der betrieblichen Praxis, VersR 1992, 665; *Nauschütt*, Altlasten, 1990; *Oerder*, Ordnungspflichten und Altlasten, NVwZ 1992, 1031; *Oerder*, Altlasten in der anwaltlichen Praxis, DVBl. 1992, 691; *Ossenbühl*, Staatshaftung für Altlasten, DÖV 1992, 761; *Paetow*, Das Abfallrecht als Grundlage der Altlastensanierung, NVwZ 1990, 510; *Paßlick*, Altlasten aus Sicht der Eingriffsverwaltung und der Bauleitplanung, DVBl. 1992, 675; *Pape*, Die Bewältigung von Altlasten in der Praxis, NJW 1994, 409; *Papier*, Altlasten und polizeiliche Störerhaftung, DVBl. 1985, 873; *Papier*, Die Verantwortlichkeit für Altlasten im öffentlichen Recht, NVwZ 1986, 256; *Pflug*, Checkliste Umweltschutz – Fragenkatalog zur Erkennung von Schwachstellen im betrieblichen Umweltschutz, 1992; *Piens/Schulte/Graf Vietzthum*, Bundesberggesetz, 1983; *Pietzker*, Polizeirechtliche Störerbestimmung nach Pflichtwidrigkeit und Risikosphäre, DVBl. 1984, 457; *Raeschke-Kessler*, Amtshaftung und vertragliche Haftung bei Altlasten, DVBl. 1992, 683; *Raeschke-Kessler/Schendel/Schuster*, Umwelt und Betrieb, Loseblattsammlung; *Rehbinder*, Ein Betriebsbeauftragter für Umweltschutz?, 1972; *Reuter*, Umwelthaftung, Strikte Organisation und kreative Unordnung, DB 1993, 1605; *Reuter*, Altlasten und Grundstückskauf, BB 1988, 497; *Rodegra/Gogrewe*, Zum Unternehmenskauf in den neuen Bundesländern – Ein Überblick nach den jüngsten Gesetzesänderungen, DtZ 1991, 353; *Roesler*, Die Legalisierungswirkung gewerbe- und immissionsschutzrechtlicher Genehmigungen vor dem Hintergrund der Altlastenproblematik, 1993; *Rohe/Siegmann/Scharrer*, Betriebliches Umweltmanagement, Zeitschrift für Betriebswirtschaft, ZfB-Ergänzungsheft 2/90; *Rolland*, Produkthaftungsgesetz, 1990; *Salter*, European Environmental Law Review 1993, 11; *Schaub*, Arbeitsrechts-Handbuch, 7. Aufl., 1992; *Schenke*, Rechtsnachfolge in polizeiliche Pflichten?, GewArch 1971, 1; *Scherer*, Umwelt-Audits – Instrument zur Durchsetzung des Umweltrechts im europäischen Binnenmarkt?, NVwZ 1993, 11; *Schimikowski*, Umwelthaftungsrecht und Umwelthaftpflichtversicherung, 2. Aufl., 1994; *Schimikowski*, Haftung und Qualitätssicherung, PHI 1993, 80; *Scholz/ Schneider*, GmbHG – Kommentar 8. Aufl. § 43 Rdnr. 34; *Schink*, Grenzen der Störerhaftung bei der Sanierung von Altlasten, VerwArch 1991, 357; *Schink*, Amtsermittlung und

Gefahrenforschung, DVBl. 1989, 1182; *Schink,* Wasserrechtliche Probleme der Sanierung von Altlasten, DVBl. 1986, 161; *Schink,* Die Verantwortung für Altlasten, VIZ 1992, 6; *Schlabach/Simon,* Die Rechtsnachfolge beim Verhaltensstörer, NVwZ 1992, 143; *Schlüter/Badde,* Die Geltung der AZO für leitende Angestellte, DB 1976, 1229; *Schmidt-Salzer,* Umwelthaftungsrecht, 1992; *Schmidt-Salzer,* Strafrechtliche Produktverantwortung, NJW 1990, 2966; *Schmidt-Salzer,* Produkthaftung, 2. Aufl., 1988, Bd. I „Strafrecht"; *Schneider,* Gesellschaftsrechtliche und öffentlich-rechtliche Anforderungen an eine ordnungsgemäße Unternehmensorganisation, DB 1993, 1909; *Schneider/Eichholz,* Die umweltrechtliche Verantwortlichkeit des Sicherungsnehmers, ZIP 1990, 18; *Scholz,* Gewerberecht und Bundes-Immissionsschutzrecht, 4. Aufl., 1986; *Schöttler,* Der Betriebsbeauftragte für Immissionsschutz, DB 1975, 1013 und BB 1976, 205; *Schröder,* Auskunft und Zugang in Bezug auf Umweltdaten als Rechtsproblem, NVwZ 1990, 905; *Schwerdtner,* Die Lastenverteilung unter mehreren Störern, NVwZ 1992, 141; *Schwerdtner,* Fürsorge- und Treuepflichten im Arbeitsverhältnis, ZfA 1979, 1; *Seibert,* Zum Zusammenhang von Ordnungs- und Kostentragungspflicht, DVBl. 1985, 328; *Seibert,* Altlasten in der verwaltungsgerichtlichen Rechtsprechung, DVBl. 1992, 665; *Sellner/Schnutenhaus,* Umweltmanagement und Umweltbetriebsprüfung („Umwelt-Audit") – Ein wirksames, nicht ordnungsrechtliches System betrieblichen Umweltschutzes, NVwZ 1993, 928; *Siegel,* Umweltschutz im Jahresabschluß, BB 1993, 326; *Speiser,* Der Schutzbeauftragte nach dem Bundesimmissionsschutzgesetz, BB 1975, 1325; *Spindler,* in: Sietz/von Saldern, Umweltschutz-Management und Öko-Auditing, 1993, S. 9; *Stadie,* DVBl. 1990, 501; *Stahlmann,* Umweltverantwortliche Unternehmensführung, 1994; *Staupe,* Rechtliche Aspekte der Altlastensanierung, DVBl. 1988, 606; *Steger,* Umweltmanagement – Erfahrungen und Instrumente einer umweltorientierten Unternehmensstrategie; *Steiner,* Technische Kontrolle im privaten Bereich – insbesondere Eigenüberwachung und Betriebsbeauftragte, DVBl. 1987, 1133; *Stich/Porger,* Immissionsschutzrecht des Bundes und der Länder – Kommentar, Loseblattsammlung; *Stich,* Die Betriebsbeauftragten für Immissionsschutz, Gewässerschutz und Abfall, GewArch 1976, 145; *Stober,* Ladenschlußnovelle und Ladenschlußkonzeption, NZA 1986, 273; *Striewe,* Rechtsprobleme der Altlastenbeseitigung, ZfW 1986, 273; *Szelinski,* Der Umweltschutzbeauftragte, WiVerw 1980, 266; *Tettinger,* Der Immissionsschutzbeauftragte – ein Beliehener, DVBl. 1976, 752; *Thiedemann,* Die strafrechtliche Vertreter- und Unternehmenshaftung, NJW 1986, 1842; *Ule/Laubinger/Fluck,* Bundesimmissionsschutzgesetz, Loseblattsammlung; *Ule/Rasch,* Allgemeines Polizei- und Ordnungsrecht, 2. Aufl., 1982; *Versteyl,* Abfall und Altlasten, 1993; *von Ebner,* Die „Zuverlässigkeits-Prüfung" im Umweltrecht, UPR Special, Band 5, 1994, 37; *Waskow,* Betriebliches Umweltmanagement – Anforderungen nach der Audit-Verordnung der EG, 1994; *Wiebe,* EG-rechtliche Grenzen des deutschen Wettbewerbsrechts am Beispiel der Umweltwerbung, EuZW 1994, 41; *Wicke,* Der Umweltschutzbeauftragte: Grundpfeiler der Organisation des betrieblichen Umweltschutzes, in: Wicke/Haasis/Schafhausen/Schulz, Betriebliche Umweltökonomie, 1992, S. 68; *Wiebe,* Umweltschutz durch Wettbewerb – Das betriebliche Umweltschutzsystem der EG, NJW 1994, 289; *Wiese,* Zur rechtlichen Bedeutung der Richtlinien der Berufsgenossenschaft, RdA 1976, 77; *Winter,* Das umweltbewußte Unternehmen, 5. Aufl., 1993; *Wlotzke,* Arbeitsschutz – Probleme und Weiterentwicklung, BArbBl. 1981, Heft 3, S. 32; *Wlotzke,* Öffentlich-Rechtliche Arbeitsschutznahmen und privatrechtliche Rechte und Pflichten des einzelnen Arbeitnehmers, Festschrift für Hilger/Stumpf, S. 723; *Wolber,* Die Zusammenarbeit zwischen Technischem Aufsichtsdienst der Unfallversicherungsträger und den Betriebsvertretungen, BlStSozArbR 1980, 1; *Würtenberger,* Polizei- und Ordnungsrecht, in: Achterberg/Püttner, Besonderes Verwaltungsrecht Band II, 1992; *Ziehm,* Die Störerverantwortlichkeit für Boden- und Wasserverunreinigungen, 1989; *Zmarzlik,* Zur Änderung des Jugendarbeitsschutzgesetzes, DB 1986, 2349.

Kummer

I. Die Organisation des betrieblichen Umweltschutzes

Umsetzung des effektiven Umweltschutzes in die betriebliche Praxis bei der Reorganisation von Wirtschaftsunternehmen und umweltrechtliche Risikobewertung beim Unternehmenskauf

1. Einleitung

1   Die Verschärfungen des Umweltverwaltungs-,[1] des Umwelthaftungs-[2] und des Umweltstrafrechts,[3] die wachsende Vollzugsfreudigkeit und Verwaltungskraft der Umwelt- und Strafbehörden sowie das in der Öffentlichkeit nach wie vor zunehmende Umwelt- und Anspruchsbewußtsein haben den Stellenwert des Umweltschutzes in den letzten Jahren auch in der Unternehmenspolitik radikal verändert. Jedes zukunftsorientierte Unternehmen ist gezwungen, sich rechtzeitig auf die wachsenden Anforderungen des Umweltschutzes einzustellen und ein wirksames betriebliches Umweltschutzmanagement zu praktizieren. Der Umweltschutz hat sich zum festen Bestandteil jeder verantwortungsvollen Unternehmensorganisation entwickelt. Umweltorientierte Unternehmensführung und -strukturierung verlangt schon längst mehr als die bloße Erfüllung der gesetzlichen und behördlichen Umweltschutzanforderungen. Zur umweltbewußten – zukunftsorientierten, innovativen und kosteneffektiven – Unternehmensführung ist es erforderlich, daß alle Ansatzpunkte für umweltrelevante und umweltverbessernde Maßnahmen genutzt werden. Dazu zählen innerbetriebliche Maßnahmen wie die Umstellung auf rohstoff-, energie- und wassersparende Produktionsverfahren ebenso wie die Optimierung der Anlagensicherheit und eine gezielte Öffentlichkeitsarbeit („Öko-Marketing", „Umweltzeichen" usw.). Wesentlich zur Profitabilität eines Unternehmens beitragen kann auch die Erhöhung des Anteils umweltfreundlicher Produkte und Dienstleistungen. Hierauf zielende Absatzaktivitäten haben bei allgemein wachsendem Umweltbewußtsein gute Perspektiven. Immer mehr Unternehmen erkennen, daß eine umweltorientierte Unternehmensführung Voraussetzung und Chance für die künftige Entwicklung des Unternehmens ist.

---

[1] Feldhaus, NVwZ 1991, 927; Sellner/Schnutenhaus, NVwZ 1993, 928 (m.w.N. in Fußnote 1).
[2] Bültmann, Auswirkungen des europäischen Umweltrechts auf das deutsche Umwelthaftungsrecht, UPR Special Band 5, 1994, S. 85; Schimikowski, Umwelthaftungsrecht und Umwelthaftpflichtversicherung, 2. Aufl., 1994.
[3] Vgl. hierzu beispielsweise die jüngste Verschärfung des Umweltstrafrechtes durch das Zweite Gesetz zur Bekämpfung der Umweltkriminalität (31. Strafrechtsänderungsgesetz) vom 27. Juni 1994 (BGBl. I S. 1440); Franzheim, Moderne Organisationsformen – Ein Risikofaktor im Umweltstrafrecht, UPR Special Band 5, 1994.

Verstöße gegen die vielzähligen umweltrechtlichen Bestimmungen und behördlichen Anordnungen können empfindliche haftungs-, ordnungs- und sogar strafrechtliche Konsequenzen für die betroffenen Unternehmen und deren Entscheidungsträger persönlich zur Folge haben. Schon deshalb ist es für jeden Erwerber eines Unternehmens unverzichtbar geworden, sich vor Abschluß des Kaufvertrages von dem aktuellen „Umweltstatus" des zu erwerbenden Unternehmens zu überzeugen. Nur auf dieser Grundlage ist es ihm möglich, die mit dem Erwerb des Unternehmens verbundenen Risiken und Chancen verläßlich zu beurteilen. Die zu klärenden Fragen – *liegen alle für den Betrieb des Unternehmens erforderlichen Genehmigungen und Erlaubnisse vor? Bestehen eventuelle Schwachstellen und Haftungsrisiken, zum Beispiel infolge von Altlasten? Bestehen Organisationsdefizite? Werden alle Möglichkeiten zur Kostenminimierung und Rationalisierung des betrieblichen Ablaufs ausgeschöpft? Sind die eingesetzten Verfahrenstechniken und die hergestellten Produkte gesetzeskonform und zukunftsorientiert, oder sind Beschränkungen absehbar? Existiert ein ausreichender Versicherungsschutz? etc.* – geben nicht nur Aufschluß über mögliche Haftungsrisiken, sondern auch über die Rentabilität des zu erwerbenden Unternehmens, und damit zugleich über die Profitabilität des beabsichtigten Unternehmenskaufs selbst. Angesichts der fundamentalen Bedeutung des Umweltrechts für die operativen Voraussetzungen des Unternehmens, wäre es nahezu unverantwortlich, würde der potentielle Käufer diese Gesichtspunkte bei den Kaufverhandlungen unberücksichtigt lassen und keiner Überprüfung durch hierauf spezialisierte Berater zuführen. 2

Die gleiche Ausgangssituation besteht bei der Reorganisation von Unternehmen, bei denen sich über Jahre hinweg mehr oder weniger zufällig gewachsene Strukturen herausgebildet haben: Trotz des wachsenden Umweltbewußtseins und der Umweltsensibilität von Kunden, Verbrauchern und Vertragspartnern sind die Bemühungen um einen betrieblichen Umweltschutz häufig sektoral und ohne methodischen Ansatz geblieben. Unabhängig davon, daß unkoordinierte Einzelbemühungen ohne eine auf der Grundlage einer Kosten-Nutzen-Analyse festgelegten Prioritätenliste oft ineffizient sind und unnötige Kosten verursachen, ist eine systematische Gesamtschau des aktuellen Umweltstatus' des Unternehmens schon aufgrund der Komplexität des heutigen Umweltrechts zwingend erforderlich, um eine sichere und effektive Unternehmensführung für die Zukunft sicherstellen zu können. 3

Im Rahmen dieses Buches können unmöglich die Grundzüge des *materiellen* Umweltverwaltungs-, Umwelthaftungs- und Umweltstrafrechts aufgezeigt werden; dies würde auch der Aufgabenstellung dieses Werkes nicht gerecht werden. Ziel der folgenden Ausführungen soll es vielmehr sein, einen ersten – praxisbezogenen – Überblick über die Anforderungen an eine umweltgerechte Betriebsorganisation zu vermitteln, deren 4

Einhaltung für jedes zukunftsorientierte Unternehmen unverzichtbar sind. Abgesehen von dem Haftungs- und Kostenrisiko im Falle von Organisationsdefiziten stellt sich für den Erwerber eines Unternehmens regelmäßig die Frage, ob und gegebenenfalls inwieweit das zu erwerbende Unternehmen die Anforderungen an eine umweltgerechte Unternehmensführung verwirklicht bzw. welcher Aufwand für eine entsprechende Umstrukturierung erforderlich ist. Das gleiche gilt für die Reorganisation bestehender Unternehmen. Die Ausführungen sind daher für beide Fälle gleichermaßen relevant. In den Kapiteln I. 2 bis 6 soll daher zunächst ein Überblick über die Grundsätze und zentralen Anforderungen an eine umweltgerechte Betriebsorganisation gegeben werden. In Form von „Checklisten" sollen die Kapitel I. 7 und I. 8 sodann erste Hilfestellungen für eine Beurteilung der Unternehmenssituation unter umweltrechtlichen Gesichtspunkten geben, die in den Kapiteln I. 9 bis 14 für einzelne Teilaspekte weiter vertieft werden.

2. Grundsätze der Betriebsorganisation

a) Organisationspflichten der Unternehmensleitung

5   Die Verantwortung für den ordnungsgemäßen und gefahrlosen Betrieb eines Unternehmens und des Vertriebs seiner Produkte trägt zunächst und in erster Linie die Unternehmensleitung. Es gehört zu der originären Aufgabe der Unternehmensleitung, das Unternehmen so zu organisieren, daß die Einhaltung sämtlicher gesetzlicher und behördlicher Anforderungen in allen Unternehmensbereichen und in allen Betriebsphasen sichergestellt ist und zwar sowohl hinsichtlich der notwendigen Betriebsgenehmigungen und des Produktionsverfahrens als auch in Bezug auf den Vertrieb der von ihm hergestellten Güter und angebotenen Dienstleistungen. Aufgrund ihrer allgemeinen Verkehrssicherungs- und Fürsorgepflichten ist die Unternehmensleitung fernerverpflichtet, alle möglichen und zumutbaren Maßnahmen zu treffen, um Personen- und/oder Sachschäden Dritter zu vermeiden.[4] Kommt die Unternehmensleitung diesen Organisationspflichten nicht oder nicht ausreichend nach, trifft sie ein **Organisationsverschulden**. Das Organisationsverschulden ist in der Verletzung der allgemeinen Sorgfaltspflicht begründet, nicht verhindert zu haben, daß beispielsweise durch Koordinationsmängel, durch eine mangelnde Kontrolle oder eine falsche Auswahl von Verantwortlichen im Unternehmen die durch die Arbeitsteilung der Ablauforganisation entstehenden Gefahren nicht beseitigt werden.[5] Eine Verletzung der Organisationspflichten begründet die unmittelbare persönliche Verantwortung

---

[4] Schmidt-Salzer, Umwelthaftungsrecht, 1992, RN 131.
[5] Franzheim, Moderne Organisationsformen – Ein Risikofaktor im Umweltstrafrecht, UPR Special Band 5, 1994, 77.

der Mitglieder der Geschäftsleitung in bezug auf eine mögliche haftungsrechtliche Inanspruchnahme (Schadensersatzansprüche, Schmerzensgeldansprüche), ordnungsrechtliche Maßnahmen (Bußgeldbescheide etc.) und sogar in bezug auf strafrechtliche Konsequenzen.

b) **Gesellschaftsrechtliche Leitungspflichten unter Beachtung öffentlich-rechtlicher Gebote und Verbote**

Die Mitglieder der Unternehmensleitung unterliegen einer doppelten Pflichtenstellung. Aufgrund ihrer organisationsrechtlichen Stellung und ihres Anstellungsvertrages obliegen ihnen zum einen besondere Leitungspflichten gegenüber dem Unternehmen.[6] So gehört es insbesondere zu ihren Pflichten, für eine ordnungsgemäße Aufbau- und Ablauforganisation im Unternehmen zu sorgen und sicherzustellen, daß alle gesetzlichen und behördlichen Vorgaben eingehalten werden. Im Hinblick darauf, wie die Unternehmensleitung die ordnungsgemäße Organisation des Unternehmens im Einzelfall sicherstellt, ist ihr grundsätzlich ein breites Ermessen eingeräumt. Beschränkt wird diese **Organisationsfreiheit** allerdings zunehmend durch eine Vielzahl **öffentlich-rechtlicher Organisationspflichten**. Diese – besonderen – Organisationspflichten obliegen den Mitgliedern der Unternehmensleitung nicht nur im Verhältnis gegenüber dem Unternehmen, sondern gegenüber jedermann. Ihre Erfüllung unterliegt der behördlichen Kontrolle und ist mit dem üblichen verwaltungsrechtlichen Instrumentarium durchsetzbar.

6

Die Zunahme öffentlich-rechtlicher Verhaltenspflichten, insbesondere im Bereich des Umweltrechts, führt zu einem vielfach kritisierten Verlust an Selbstverantwortung und Gestaltungschancen. Problematisch ist bei dieser Entwicklung insbesondere die hiermit verknüpfte Kriminalisierung des Managements; denn es wird kaum noch ein Gesetz oder eine Verordnung erlassen, das/die nicht einen umfangreichen Anhang mit Strafbestimmungen oder zumindest Ordnungswidrigkeitstatbestände für den Fall eines Verstoßes enthält. Hinzu kommt, daß diese Bestimmungen häufig unbestimmt und schwer verständlich sind, so daß ihre „sichere" Befolgung schwierig ist.[7]

7

c) **Der Grundsatz der Gesamtverantwortung**

Sind innerhalb der Unternehmensleitung mehrere Vorstandsmitglieder oder Geschäftsführer bestellt, so gilt – unabhängig von der jeweiligen Ausgestaltung der Geschäftsführungsbefugnis – der **Grundsatz der Gesamtverantwortung**.[8] Danach steht jedes Mitglied des Vorstandes und jeder Geschäftsführer persönlich für die Gesetzmäßigkeit der Unterneh-

8

---

[6] Schneider, DB 1993, 1909 (1911).
[7] Tiedemann, NJW 1986, 1842; Schneider, DB 1993, 1909.
[8] Scholz/Schneider, GmbHG – Kommentar, 8. Aufl., § 43 RN 34.

mensleitung sowie für die Einhaltung der Bestimmungen der Gesellschaftssatzung bzw. des Gesellschaftsvertrages, der Grundregeln ordnungsgemäßer Unternehmensführung sowie für die Zweckmäßigkeit der Leitungsentscheidungen ein.[9] Dies gilt auch dann, wenn das Unternehmen aus der Mitte des Vorstandes bzw. der Geschäftsführung ein Mitglied für bestimmte Aufgaben – wie beispielsweise gemäß § 52a Abs. 1 BImSchG – als „Verantwortlichen der Geschäftsleitung" benennen muß.[10]

d) Die Geschäftsverteilung

9 aa) Die gesellschaftsrechtliche Ausgangslage. Aus dem Grundsatz der Gesamtverantwortung folgt nicht, daß jedes Mitglied des Vorstandes bzw. der Geschäftsleitung auch persönlich sämtliche Organisations- und Leitungspflichten wahrnehmen muß.[11] Dies würde die Unternehmenswirklichkeit auch völlig verkennen. Der Grundsatz der Gesamtverantwortung ist vielmehr im Verhältnis zur Organisationsfreiheit und zu den Grundregeln einer ordnungsgemäßen Unternehmens- und Betriebsorganisation zu sehen. *Wie* ein Unternehmen auf der Unternehmensführungsebene konkret organisiert und geleitet werden muß, steht im Ermessen des jeweiligen Unternehmens. So können die Mitglieder des Vorstandes bzw. der Geschäftsleitung es beispielsweise bei der gesetzlichen Grundregelung belassen, indem sie das Unternehmen gemeinsam leiten und alle Entscheidungen gemeinsam treffen und ausführen. Dies wird – wenn überhaupt – allerdings nur bei kleineren Unternehmen durchführbar sein. Nahezu regelmäßig ist eine sinnvolle **Geschäfts- bzw. Ressortverteilung** erforderlich. Angesichts der komplexen Führungsaufgaben, die auf der Leitungsebene eines Unternehmens getroffen werden müssen, ist dies nicht zuletzt auch unter juristischen Gesichtspunkten im Regelfall sogar gefordert, um einer Beanstandung wegen „quantitativer und/oder qualitativer Überbelastung und Überforderung der Geschäftsleitung" (Organisationsverschulden!) zu entgehen.

10 Bei einer mehrköpfigen Unternehmensleitung können die Leitungsaufgaben durch Geschäftsordnung aufgeteilt und einzelnen Mitgliedern des Vorstandes bzw. der Geschäftsführung zugewiesen werden (sog. Geschäfts- oder Ressortverteilung). Die Zuständigkeitsverteilung darf jedoch nicht willkürlich geschehen. **Voraussetzung für eine ordnungsgemäße Geschäftsverteilung** ist,[12] daß
– der Entscheidungsbereich, der dem einzelnen Mitglied der Unternehmensleitung zugewiesen wird, überhaupt „**zuweisungsfähig**" ist. Es

---

[9] BGH NJW 1990, 2560.
[10] Schneider, DB 1993, 1009 (1912).
[11] Schneider, DB 1993, 1909 (1911).
[12] Scholz/Schneider, GmbHG – Kommentar, § 42 RN 36.

I. Die Organisation des betrieblichen Umweltschutzes

darf sich also nicht um eine der sog. „existentiellen Aufgaben" der Unternehmensleitung handeln, die zwingend in der Verantwortung des Gremiums aller Mitglieder des Vorstandes bzw. der Geschäftsleitung verbleiben muß;
- das mit der Zuständigkeit betraute Mitglied des Vorstandes bzw. der Geschäftsleitung muß die erforderliche **persönliche und fachliche Qualifikation** besitzen, um die zugewiesenen Aufgaben erfüllen zu können. Bei besonderen Aufgaben, die ein sehr spezialisiertes Fachwissen erfordern, kann dies im Einzelfall Probleme aufwerfen; hier ist ggfs. ein sachverständiger Mitarbeiter oder ein Außenstehender in beratender Funktion zusätzlich heranzuziehen;
- eine **eindeutige Abgrenzung der einzelnen Zuständigkeiten** gewährleistet ist.

Durch die Geschäftsverteilung wird der Grundsatz der Gesamtverantwortung nicht aufgehoben.[13] Verändert wird jedoch der *Inhalt* der den Mitgliedern der Unternehmensleitung gegenüber dem Unternehmen (der Gesellschaft) obliegenden Pflichten. Das zuständige Mitglied des Vorstandes bzw. der Geschäftsführung trägt nunmehr die volle **Handlungsverantwortlichkeit** für den ihm zugewiesenen Aufgabenbereich (sog. Ressortverantwortlichkeit).[14] Es muß in diesem Bereich durch entsprechende Organisation und Überwachung der Mitarbeiter für rechtmäßiges Verhalten sorgen. Für die übrigen Mitglieder der Geschäftsleitung entfällt die Verantwortung für diese Aufgabenbereiche zwar nicht. Ihre Pflichten beschränken sich jedoch darauf, das für das betreffende Ressort zuständige Mitglied der Geschäftsleitung in angemessener Weise zu „überwachen".[15] Erkennen die übrigen Mitglieder Säumnisse des Ressortverantwortlichen, müssen sie widersprechen (sog. **Widerspruchspflicht**); wird erkennbar, daß von dem Ressortverantwortlichen Pflichten nicht erfüllt werden, müssen sie für deren Wahrnehmung sorgen (sog. **Erfüllungspflicht**).

In der spektakulären „Lederspray-Entscheidung"[16] hat der Bundesgerichtshof unter anderem Kriterien für die konkreten Anforderungen an diese Kontroll- und Überwachungspflichten der nicht ressortverantwortlichen Mitglieder der Unternehmensleitung aufgestellt. Die Anforderungen bewegen sich auf einem hohen Niveau. Gleichwohl ist ein Vorstands- bzw. Geschäftsführungsmitglied nicht verpflichtet, ständig argwöhnen zu müssen, daß seine Vorstands- bzw. Geschäftsführerkollegen pflichtvergessen sind.[17] Solange kein Anlaß besteht, an der verantwortli-

11

12

---

[13] BGH, DB 1990, 1859 (1862).
[14] Schneider, DB 1993, 1909 (1912).
[15] BGH, DB 1994, 2534; Schneider, DB 1993, 1909 (1912).
[16] BGH, NJW 1990, 2560.
[17] Schneider, DB 1993, 1909 (1912).

Kummer

chen Aufgabenerfüllung zu zweifeln, bedarf es keiner gezielten Nachforschung. Eine solche weitergehende **Erkundigungs- und Aufklärungspflicht** ergibt sich erst, wenn die objektive Lage des Unternehmens, wie etwa bei einer angespannten Liquiditätslage,[18] ein Tätigwerden des Gesamtgremiums verlangt. Dasselbe gilt, wenn (konkrete) Hinweise bestehen, daß ein Mitglied der Unternehmensleitung seinen Aufgaben nicht nachkommt.

13   bb) **Öffentlich-rechtliche Anforderungen an die Führungsorganisation auf der Leitungsebene.** Die genannten Aufgaben und Pflichten der Mitglieder des Vorstandes bzw. der Geschäftsführung beziehen sich nur auf das gesellschaftsinterne Verhältnis. Die Pflichten obliegen den Mitgliedern der Geschäftsleitung gegenüber der Gesellschaft, nicht aber gegenüber Dritten. Wie die Pflichten im Einzelfall wahrgenommen werden, steht schon deshalb im grundsätzlichen Ermessen des jeweiligen Unternehmens selbst.[19] Unabhängig davon stellt der Gesetzgeber jedoch in zunehmendem Maße auch **öffentlich-rechtliche Anforderungen an die Organisation** von Unternehmen mit mehrköpfiger Geschäftsleitung und deren konkrete Ausgestaltung. Als wichtigste Beispiele sind hierzu die Bestellung eines „Umweltverantwortlichen" aus der Mitte der Geschäftsleitung gemäß § 52a Abs. 1 BImSchG die Verpflichtung zur Bestellung nachgeordneter Mitarbeiter zu „Betriebsbeauftragten" zu nennen.

e) **Grundsätze der Delegation und Pflichtenübertragung**

14   Umweltschutz ist – wie jede grundsätzliche Frage der betrieblichen Organisation – zunächst und in erster Linie Chef-Sache. Zwangsläufig kann die Unternehmensleitung selbst jedoch nicht alles leisten, sondern ist darauf angewiesen, Arbeitsbereiche und -abläufe zu delegieren. Die Aufgaben, mit denen ein funktionierender Umweltschutz in einem Unternehmen heutzutage verbunden ist, sind einerseits zu vielfältig und zu komplex, um von einer Einzelperson bzw. von einem kleinen Gremium verantwortlich wahrgenommen werden zu können. Andererseits kann betrieblicher Umweltschutz nur dann voll wirksam sein, wenn alle Mitarbeiter eines Unternehmens in die Verantwortung zu aktiver Mitarbeit einbezogen werden. Würde sich die Unternehmensleitung die alleinige Entscheidung, Durchführung und Kontrolle in allen relevanten Fragen des Umweltschutzes allein zumuten, würde daher im Gegenteil in aller Regel ein Organisationsverschulden vorliegen; die Unternehmensleitung ist daher sogar verpflichtet, zu delegieren.

---

[18] Vgl. hierzu BFH, GmbHR 1989, 170 f.
[19] Schneider, DB 1993, 1909 (1914).

Kummer

I. Die Organisation des betrieblichen Umweltschutzes 637

Soweit die Unternehmensleitung bzw. das nach der Geschäftsordnung 15
hierfür zuständige Mitglied der Unternehmensleitung einzelnen Aufgaben und Sachfunktionen auf nachgeordnete Mitarbeiter delegiert, gehört es zu der ihm obliegenden Führungsverantwortung, dafür zu sorgen, daß sich die Mitarbeiter bei der Ausübung ihrer Tätigkeit an die rechtlichen Vorgaben halten. Das bedeutet zwar nicht, daß sich die Mitglieder der Unternehmensleitung rechtswidriges Verhalten der Mitarbeiter per se zurechnen lassen müssen. Wohl aber haben die Mitglieder der Unternehmensleitung dafür einzustehen, daß die betreffenden Mitarbeiter sorgfältig ausgewählt, angelernt und im gebotenen Umfang überwacht werden.[20]

Voraussetzung für eine ordnungsgemäße Delegation[21] ist daher, daß
- die betreffende Aufgabe überhaupt delegierbar ist. Aufgrund der heutzutage notwendigerweise arbeitsteiligen Aufbau- und Ablauforganisation eines Wirtschaftsunternehmens ist die Delegationsfähigkeit der betreffenden Aufgaben die Regel; ausgenommen sind jedoch solche Aufgaben, die von einer derart zentralen Bedeutung für das Unternehmen sind, daß sie der Entscheidungszuständigkeit des Vorstandes bzw. der Geschäftsführung vorbehalten bleiben müssen;
- der betreffende Mitarbeiter die persönliche und fachliche Qualifikation besitzt, um die ihm zugewiesene Aufgabe ordnungsgemäß zu erfüllen (sog. „**Auswahlpflicht**"). Mitglieder des Vorstandes bzw. der Geschäftsleitung, die die notwendige Sorgfalt bei der Auswahl fachkundiger und zuverlässiger Personen vermissen lassen, verletzen automatisch ihre Organisationspflichten;
- der Mitarbeiter in dem gebotenen Umfang in seinen Aufgabenbereich eingewiesen wird („**Einweisungspflicht**");
- der Mitarbeiter mit ausreichenden Sachmitteln versehen wird („**Ausstattungspflicht**");
- der Mitarbeiter in angemessener Weise fortgebildet wird („**Fortbildungspflicht**");
- die ordnungsgemäße Aufgabenerfüllung durch den Mitarbeiter laufend überwacht wird („**Überwachungspflicht**"). Dabei ist es nicht erforderlich, daß die Überwachung von der Unternehmensleitung selbst wahrgenommen wird; es genügt, wenn das hierfür zuständige Mitglied der Unternehmensleitung andere – geeignete (und wiederum selbst überwachte) – nachgeordnete Mitarbeiter mit der Überwachung beauftragt.

Die „richtige" Delegation von Aufgaben und deren Überwachung er- 16
fordern zunächst die Schaffung einer klaren innerbetrieblichen Organisationsstruktur, aus der sich die jeweiligen Zuständigkeiten unmittelbar

---

[20] Mache, Umweltrecht, RN 466.
[21] Kummer, Haftungsrecht, in: Messerschmidt, Deutsche Rechtspraxis – Hand- und Schulungsbuch, 1991, § 6 RN 36.

Kummer

und eindeutig ableiten lassen.[22] Mängel bei der Pflichtendelegation können dazu führen, daß die Delegation nicht ordnungsgemäß erfolgt ist und mithin keine zivil- und strafrechtliche Enthaftung der Unternehmensleitung stattfindet.[23] Soweit Umweltpflichten ganz oder teilweise auf Produktionsteams delegiert werden, muß daher in Umwelt-Handbüchern oder sonstigen betrieblichen Richtlinien insbesondere festgelegt werden, wie der Umweltschutz in den einzelnen Abteilungen organisiert werden soll.

17 Bei der notwendigen Festschreibung der Maßgaben, wie und von wem die Anforderungen des Umweltschutzes im Unternehmen zu erfüllen sind, muß die festgelegte Aufbau- und Ablauforganisation konkret beschrieben werden.[24] Durch die Einführung des **Lean Managements** und die hiermit verbundene Aufgliederung des Unternehmens in selbständige „Business Units" wird die Feststellung der Verantwortlichkeiten innerhalb des Unternehmens in der Regel erschwert. Durch die Unübersichtlichkeit der Verantwortungsstränge und Pflichtendelegationen können leicht **Organisations- und – vor allem – Delegationsfehler** entstehen, die dazu führen können, daß die Verantwortlichkeit bei demjenigen verbleibt, dessen Pflichten auf nachgeordnete Organisationseinheiten übertragen werden sollten. Ist die Pflicht beispielsweise unmittelbar von der Unternehmensleitung übertragen worden, und ist die Delegation nicht ordnungsgemäß erfolgt, so bleiben die Mitglieder der Unternehmensleitung, bzw. das für den betreffenden Aufgabenbereich zuständige Ressortmitglied, für Delegationsfehler voll verantwortlich.[25]

18 **Fehler bei der Pflichtendelegation** können häufig dadurch geschehen, daß die Zuständigkeiten bei der Delegation auf zwei nachgeordnete Stellen aufgespalten werden und die Abgrenzung der jeweiligen Pflichten nicht präzise genug erfolgt. Die zwangsläufige Folge hiervon ist entweder der Abbruch notwendiger Handlungsketten oder aber Entscheidungsnotstandssituationen durch widersprechende Anweisungen, die beide zu einer Störung der Ablauforganisation führen können.

19 Die Aufgaben- und Pflichtendelegation auf mittlere und untere Unternehmensebenen befreit die Unternehmensleitung nicht von ihren **originären Leitungspflichten**. Wann immer der Unternehmensleitung Schwachstellen bekannt werden, die durch die allgemeinen Organisationsmaßnahmen nicht ausreichend abgedeckt sind, muß sie daher eingreifen und die nach der besonderen Sachlage erforderlichen Korrekturmaßnahmen treffen.[26]

---

[22] Knopp/Striegl, BB 1992, 2009 (2016).
[23] Franzheim, UPR Special, Band 5, 1994, 77 (82).
[24] Adams/Löhr in: Adam/Eidam Die Organisation des betrieblichen Umweltschutzes, S. 130, 139; Franzheim, UPR Special, Band 5, 1994, 77 (82).
[25] Franzheim, UPR Special, Band 5, 1994, 77 (82).
[26] Schmidt-Salzer, NJW 1990, 2966 (2970).

3. Die haftungs- und strafrechtliche Verantwortung von Führungskräften im Umweltbereich

a) Haftungsprinzipien

Mängel in der umweltschutzsichernden Betriebsorganisation können zu ordnungs-, haftungs- und sogar strafrechtlichen Konsequenzen führen.[27] Eine der zentralen Fragen im Zuge von betrieblichen Umweltschadensfällen ist darauf gerichtet, ob und ggfs. welche Mitarbeiter hierfür „den Kopf hinzuhalten haben".

Rechtlich eindeutig sind die Fälle, in denen ein konkretes Tun oder Unterlassen eines Einzelnen den konkreten Schaden ausgelöst hat. Derjenige, der durch sein unmittelbares Verhalten Schaden stiftet, kann für die hierdurch entstehenden Folgen – einmal abgesehen von den arbeitsrechtlichen Besonderheiten im zivilrechtlichen Haftungsrecht – in Anspruch genommen werden.[28] Zusätzlich kann sich eine Verantwortung für den eingetretenen Schaden jedoch auch aus der Verletzung von Organisationspflichten ergeben. Sowohl die straf- als auch die zivilrechtliche Haftung knüpfen insoweit an die innerbetriebliche Zuständigkeit/Verantwortlichkeit der einzelnen Mitarbeiter eines Unternehmens an. Neben dem eigentlichen „Täter" kann danach jeder im Unternehmen haftbar werden, wenn ihm insoweit ein Organisationsverschulden (das heißt eine Verletzung von Organisations-, Auswahl- und/oder Überwachungspflichten) vorgeworfen werden kann.[29] In Anspruch genommen werden können dabei *alle* maßgeblichen Entscheidungsträger (Geschäftsführer, Betriebsleiter, Abteilungsleiter etc.). Auch (Mehrheits-)Entscheidungen von Gremien können das einzelne Mitglied dieses Gremiums von seiner Haftung nicht entlasten, sondern erstrecken die Haftung im Gegenteil auch auf die übrigen Entscheidungsträger (sog. **Haftungsvervielfachung**).[30]

Bei Ordnungswidrigkeiten (Bußgeldverfahren) und im Rahmen der zivilrechtlichen Haftung können sowohl das Unternehmen als auch die verantwortlichen Personen selbst in Anspruch genommen werden. Die persönliche Inanspruchnahme Einzelner ist hier allerdings regelmäßig noch nicht allzu empfindlich: Zivilrechtliche Haftungsfolgen werden in der Praxis meist durch das Unternehmen und dessen Versicherung aufgefangen. Für die strafrechtliche Verfolgung gilt dies allerdings nicht: Zwar ist die Übernahme von Geldstrafen durch das Unternehmen jedenfalls

---

[27] Feldhaus, NVwZ 1991, 927 (934).
[28] BGH, NJW 1990, 2560; Schmidt-Salzer, Umwelthaftungsrecht, RN 134 ff.; Ebenroth/Willburger, BB 1991, 1941 (1942).
[29] Mache, Umweltrecht, RN 466.
[30] Schmidt-Salzer, Produkthaftung, Band III 1, 2. Aufl. 1990, RN 4268 und 4282; Reuter DB 1993, 1605 (1606).

dann nicht strafbar, wenn in dem Unternehmen eine (ansonsten effektive) umweltgerechte Betriebsorganisation eingerichtet worden ist.[31] Die persönlichen Bedrängnisse eines Strafverfahrens, den Makel einer Vorstrafe oder sogar eine Gefängnisstrafe kann das Unternehmen jedoch nicht ausgleichen.

b) **Die strafrechtliche Verantwortung der Unternehmensleitung und leitender Mitarbeiter für Umweltstraftaten**

23 Juristische Personen sind strafrechtlich nicht verantwortlich.[32] Die **strafrechtliche Verantwortung** trifft vielmehr diejenigen Organe und Mitarbeiter persönlich, die durch ihr Handeln/Unterlassen den jeweiligen Straftatbestand verwirklicht haben.[33] Bei unternehmensbezogenen Umweltbeeinträchtigungen trifft auch hier die Verantwortung primär die Mitglieder der Unternehmensleitung. Für sie könnte deshalb die Versuchung naheliegen, zu versuchen, sich ihrer strafrechtlichen Verantwortung dadurch zu entziehen, daß sie die Verantwortung für den Bereich des *Umweltschutzes* an nachgeordnete Mitarbeiter delegieren. Ein solcher Versuch wäre jedoch von vornherein untauglich. Aufgrund ihrer **Grundzuständigkeit** kann sich die Unternehmensleitung ihrer grundsätzlichen strafrechtlichen Verantwortung für die Organisation des Unternehmens nämlich auch durch eine Delegation von Aufgaben und Zuständigkeiten nicht entziehen. Die für den Betrieb des Unternehmens wesentlichen Grundentscheidungen müssen von der Unternehmungsleitung selbst getroffen werden; dies ergibt sich aus dem unter anderem in § 76 Abs. 1 AktG verankerten Prinzip der Leitungsmacht des Vorstandes.[34] Die **originären Organisations-, Aufsichts- und Kontrollpflichten** verbleiben also stets bei der Unternehmensleitung. Bei ihrer Verletzung können sich die zuständigen Organmitglieder strafbar machen. Eine vollständige Delegation der Aufgaben des Umweltschutzes auf nachgeordnete Mitarbeiter würde zwangsläufig ein **Organisationsverschulden** und damit eine mögliche Strafbarkeit bei entsprechenden Störfällen etc. begründen.[35]

24 Für die Beziehungen zwischen den Mitgliedern der Unternehmensleitung untereinander gilt folgendes: Ist einem Mitglied das Ressort „Umweltschutz" übertragen worden, so wird sich ein staatsanwaltschaftliches Ermittlungsverfahren wegen eines Umweltvergehens zwar primär zunächst gegen ihn richten. Die **Gesamtverantwortung** der übrigen Mitglieder der Unternehmensleitung bleibt hiervon jedoch unberührt; sie bleiben zur Überwachung und Kontrolle des Ressortverantwortlichen

---

[31] BGH NJW, 1991, 990 (992 f.); Ebenroth/Willburger, BB 1991, 1942 (1944); Reuter DB 1993, 1605.
[32] Ebenroth/Willburger, BB 1991, 1941; Knopp/Stiegel, BB 1992, 2009 (2012).
[33] Tiedemann, NJW 1986, 1842.
[34] Ebenroth/Willburger, 1991, 1941 (1942).
[35] Schmidt-Salzer, NJW 1990, 2970.

I. Die Organisation des betrieblichen Umweltschutzes

verpflichtet. Verstoßen sie gegen diese Pflichten, können auch sie verantwortlich gemacht werden.

In der Praxis richten sich die Ermittlungen der Staatsanwaltschaft 25 vornehmlich gegen die für die betroffene Aufgabe zuständigen Mitglieder der Geschäftsleitung und/oder den Betriebs- und/oder Werksleiter. Ebenso wie die haftungsrechtliche Verantwortung trifft jedoch auch die strafrechtliche Verantwortung für das ordnungsgemäße Funktionieren der Aufbau- und Ablauforganisation eines Unternehmens *alle* für den betreffenden Teilbereich verantwortlichen Mitarbeiter, die mit einer eigenen Entscheidungs- und Weisungsbefugnis ausgestattet sind. (Nachgeordnete) Mitarbeiter sind zusätzlich verantwortlich, sofern sie ihnen mit Entscheidungs- und Weisungskompetenz[36] übertragene Aufgaben schuldhaft verletzt haben (sog. **Topdown-Prinzip**).[37]

4. Auf dem Weg zum gläsernen Unternehmen

a) Die Mitteilungspflichten nach § 52a BImSchG

Sowohl die Europäische Union[38] als auch der Bund[39] und die Länder[40] 26 verfolgen mit ihren jüngsten Gesetzgebungsmaßnahmen zunehmend die Tendenz, die Unternehmen zu einer immer größer werdenden **Transparenz** zu zwingen. Schon heute unterliegen die deutschen Unternehmen einer kaum noch überschaubaren Fülle unterschiedlichster Offenlegungs-, Auskunfts-, Mitteilungs-, Überwachungs- und Dokumentationspflichten.[41] Bereits die Störfall-Verordnung hat die Betreiber bestimmter genehmigungsbedürftiger Anlagen dazu gezwungen, ihre betriebliche Organi-

---

[36] Ebenroth/Willburger, BB 1991, 1941 (1942).
[37] Reuter, DB 1993, 1605 (1605).
[38] Bspw. durch die Richtlinie 90/313/EWG des Rates vom 07.06.1990 über den freien Zugang zu Informationen über die Umwelt (ABlEG Nr. L 158 v. 23.06.1990), vgl. hierzu Artz, ZRP 1993, 18; Eilers/Schröer, BB 1993, 1025; Gurlit, ZRP 1989, 253; oder durch die Verordnung (EWG) Nr. 1836/93 über die freiwillige Beteiligung gewerblicher Unternehmen an einem Gemeinschaftssystem für das Umweltmanagement und die Umweltbetriebsprüfung (ABlEG Nr. L 168 v. 10.07.1993).
[39] Bspw. durch das Umweltinformationsgesetz vom 19.05.1994 (BGBl. I S. 1490) und durch das Gesetz zur Vermeidung, Verwertung und Beseitigung von Abfällen vom 27.09.1994 (BGBl. I S. 2705).
[40] Bspw. in Nordrhein-Westfalen durch § 5b und § 5c des Landesabfallgesetzes in der (neuen) Fassung vom 15.12.1993 (GVBl. S. 987).
[41] **Beispiele für Regelungen über die Offenlegung betriebsbezogener Umweltdaten:** § 10 BImSchG i. V. m. §§ 8ff. der 9. BImSchV (Anlagengenehmigung), § 15 BImSchG i. V. m. §§ 8ff. der 9. BImSchV (Wesentliche Änderung genehmigungsbedürftiger Anlagen), § 9 i. V. m. § 7 Abs. 1 sowie § 11a der 12. BImSchV (Störfall-Verordnung – Offenlegung der Sicherheitsanalyse, Information der Öffentlichkeit über getroffene Sicherheitsmaßnahmen), § 18 der 17. BImSchV (Verordnung über Abfallverbrennungsanlagen), §§ 11 ff. GenTG i. V. m. der GenTVfV und der GenTAnhV, § 9 UVPG.

Fortsetzung Fußnote 41:

Beispiele für die Erhebung von Informationen im Zuge von Genehmigungs- und Zulassungsverfahren:
*vorhaben- und anlagenbezogene Genehmigungsverfahren: §§ 63, 66 BauO NW i. V. m. BauPrüfVo NW Bauantrag und Bauvoranfrage, § 10 BImSchG i. V. m. §§ 4 ff. der 9. BImSchV (Anlagengenehmigung), § 15 BImSchG i. V. m. §§ 4 ff. der 9. BImSchV (Genehmigungsverfahrensverordnung – Wesentliche Änderung genehmigungsbedürftiger Anlagen), § 16 BImSchG, § 19 e WHG (Errichten von Rohrleitungsanlagen zum Befördern von wassergefährdenden Stoffen), §§ 7 ff. und §§ 50 ff. BBerG (ggfs. i. V. m. § 2 UVP-V Bergbau), §§ 10 DampfkV (Dampfkesselverordnung – Errichtung und Betrieb von Dampfkesselanlagen), § 49 LWG NW (Errichtung oder wesentliche Veränderung einer Aufbereitungsanlage für die öffentliche Trinkwasserversorgung).
*produktbezogene Zulassungsverfahren: §§ 16 ff. i. V. m. § 20 und § 22 ChemG (Anmeldung neuer Stoffe), §§ 4 ff. ChemG i. V. m. ChemPrüfV (Anmeldung neuer Stoffe), §§ 21 ff. AMG (Zulassung von Arzneimitteln), § 9 und §§ 11 ff. PflSchG i. V. m. der PflanzenschutzmittelVO (Inverkehrbringen von Pflanzenschutzmitteln), §§ 24 ff. PflSchG (Inverkehrbringen von Pflanzenschutzgeräten)

Beispiele für Verpflichtungen zu periodisch wiederkehrenden Mitteilungen und Anzeigen:
§ 4 der 11. BImSchV i. V. m. § 27 BImSchG (Emissionserklärung), § 11 AbwAG (AbwasserabgabenG, Abwasserabgabenerklärung), § 75 LWG NW (Abgabenerklärung), §§ 19, 20 Kreislaufwirtschafts- und Abfallgesetz (Mitteilung der betrieblichen Abfallkonzepte und der Abfallbilanzen), § 8 WRMG, § 19 PflSchG (Art und Menge der ausgeführten Pflanzenschutzmittel.

Beispiele für Regelungen über die Erhebung von umweltrelevanten Betriebsinformationen im Rahmen von besonderen Auskunfts- und Anzeigepflichten:
§ 12 Gesetz über Umweltstatistiken (periodische Auskunftspflichten aus Gründen statistischer Erhebung), § 52 a BImSchG (Mitteilung der betrieblichen Umweltschutzorganisation), § 55 Abs. 1 BImSchG (Anzeige der Bestellung des Immissionsschutzbeauftragten), § 58 c BImSchG (Anzeige der Bestellung des Störfallbeauftragten), § 16 BImSchG (Änderungen genehmigungsbedürftiger Anlagen), §§ 10, 10 a AbfG (Stilllegung von Abfallentsorgungsanlagen), § 11 c Abs. 1 AbfG (Anzeige der Bestellung des Betriebsbeauftragten für Abfall), § 42 BWaldG, § 9 WRMG (Mitteilung der Rahmenrezeptur), §§ 16, 16 c, 20 ff. ChemG (Mitteilungspflichten bei angemeldeten neuen Stoffen), §§ 16 a, 16 b, 16 c, 20 ff. ChemG (Mitteilungspflichten bei von der Anmeldepflicht ausgenommenen neuen Stoffen), §§ 16 d, 16 e, 20 ff. ChemG i. V. m. ChemGift-InfoV (Mitteilungspflichten bei Zubereitungen).

Beispiele für betriebliche Dokumentationspflichten:
§§ 29 ff. BImSchG (Emissionsbericht), §§ 7, 8 der 12. BImSchV (Störfall-Verordnung – Sicherheitsanalyse), § 11 der 2. BImSchV (Halogen-Kohlenwasserstoff-Verordnung), § 5 der 3. BImSchV (Verordnung über Schwefelgehalt von Heizöl), §§ 24 ff. der 13. BImSchV (Großfeuerungsanlagenverordnung), § 12 der 17. BImSchV (Verordnung über Abfallverbrennungsanlagen), § 12 Nr. 5 AtomG i. V. m. §§ 62 ff. StrlSchV, § 37 WHG i. V. m. § 157 ff. LWG NW (Wasserbuch), §§ 3, 5 Verordnung über Art und Häufigkeit der Selbstüberwachung von Abwasserbehandlungsanlagen und Abwassereinleitungen (Ermittlung und Aufzeichnung von Betriebskenndaten), § 11 Abs. 2 AbfG (Abfallnachweisbücher), § 18 GefStoffV (Aufzeichnung und Aufbewahrung von Meßergebnissen der Maximalen Arbeitsplatzkonzentration MAK), § 34 GefStoffV (Gefahrstoffverordnung – Vorsorgekartei), § 17 Abs. 3 FutMG (Futtermittelbücher), § 6 GenTG i. V. m. GenTAufzV.

Beispiele für Auskunfts- und Offenlegungspflichten im Rahmen konkreter Überwachungsmaßnahmen:
§§ 160 ff. StPO (Allgemeine Ermittlungsrechte der Staatsanwaltschaft), §§ 24 a ff.

Kummer

sation in Teilbereichen offenzulegen.[42] Große Aktualität hat die pflichtige **Offenlegung betriebsinterner Vorgänge** und Verantwortungsstrukturen jedoch mit der Einführung des § 52a BImSchG durch das Dritte Gesetz zur Änderung des Bundesimmissionsschutzgesetzes vom 11.05.1990[43] erhalten: § 52a BImSchG verpflichtet alle Betreiber von (nach dem Bundesimmissionsschutzgesetz) genehmigungsbedürftigen Anlagen, den zuständigen Behörden das für die Aufgaben des Immissionsschutzrechts verantwortliche Mitglied der Geschäftsleitung zu benennen und mitzuteilen, auf welche Weise sichergestellt ist, daß die dem Schutz vor schädlichen Umwelteinwirkungen und vor sonstigen Gefahren, erheblichen Nachteilen und erheblichen Belästigungen dienenden Vorschriften und Anordnungen bei dem Betrieb der genehmigungsbedürftigen Anlage beachtet werden.

§ 52a BImSchG lautet:
„Mitteilungspflichten zur Betriebsorganisation
(1) Besteht bei Kapitalgesellschaften das vertretungsberechtigte Organ aus mehreren Mitgliedern oder sind bei Personengesellschaften mehrere vertretungsberechtigte Gesellschafter vorhanden, so ist der zuständigen Behörde anzuzeigen, wer von Ihnen nach den Bestimmungen über die Geschäftsführungsbefugnis für die Gesellschaft die Pflichten des Betreibers der genehmigungsbedürftigen Anlage wahrnimmt, die ihm nach diesem Gesetz und nach den auf Grund dieses Gesetzes erlassenen Rechtsverordnungen und allgemeinen Verwaltungsvorschriften obliegen. Die Gesamtverantwortung aller Organmitglieder oder Gesellschafter bleibt hiervon unberührt.

---

und § 139b GewO (Allgemeine Überwachungs- und Untersuchungsrechte der Gewerbeaufsichtsämter), § 76, 77 BauO NW (Bauüberwachung und Bauzustandsbesichtigung), § 52 BImSchG, § 19 Abs. 2 AtomG, § 11 Abs. 4 AbfG, § 21 WHG, § 2 Wassersicherstellungsgesetz, § 117 LWG NW, § 9 Abs. 2 GefahrgG, § 9 GBefG, § 8 GGVE (Gefahrgutverordnung Eisenbahnen), § 6 Abs. 2 AltölG, § 21 ChemG, § 10 WRMG (Wasch- und Reinigungsmittelgesetz), §§ 41 ff. LMBG (Lebensmittel- und Bedarfsgegenständegesetz), §§ 64 ff. AMG, § 25 GenTG, § 38 PflSchG, § 8 DMG (Düngemittelgesetz), § 19 FutMG (Futtermittelgesetz).
Beispiele für Meldepflichten bei Stör- und Schadensfällen:
§ 11 der 12. BImSchV (Störfall-Verordnung), § 28 Dampfkesselverordnung, §§ 33 ff. Druckbehälterverordnung, § 17 ElexV, § 28 GenTG, § 18 Abs. 4 LWG NW in Verbindung mit dem Gemeinsamen Runderlaß über Maßnahmen beim Austreten von Mineralölen und sonstigen wassergefährdenden Stoffen vom 30.01.1991 (SMBL NW S. 770).
Beispiele für Auskunfts- und Informationsrechte Dritter:
*gegenüber Umwelt- und sonstigen Verwaltungsbehörden: § 4 Abs. 1 Umweltinformationsgesetz, § 29 VwVfG (Allgemeines Akteneinsichtsrecht zur Verteidigung rechtlicher Interessen), § 100 i.V.m. § 99 VwGO (Akteneinsichtsrecht in Behördenakten vor dem Verwaltungsgericht), § 9 UHG (Gesetz über die Umwelthaftung – Auskunftsanspruch bei vermeintlicher Anlagenhaftung), § 160 LWG NW (Einsichtnahme in das Wasserbuch bei berechtigtem Interesse), § 4 LandespresseG NW (Informationsrecht der Presse),
*gegenüber den betroffenen Unternehmen selbst: § 8 UHG (Gesetz über die Umwelthaftung – Auskunftsanspruch des Geschädigten gegen den Anlageninhaber).
Vergleiche hierzu schließlich auch die zahlreichen Anzeige-, Auskunfts- und Einsichtsrechte in bezug auf Altlasten(-verdachtsflächen): RN 414.

[42] Vgl. § 11 und § 9 i.V.m. § 7 Abs. 1 der 12. BImSchV.
[43] BGBl. I S. 870.

(2) Der Betreiber der genehmigungsbedürftigen Anlage oder im Rahmen ihrer Geschäftsführungsbefugnis die nach Absatz 1 Satz 1 anzuzeigende Person, hat der zuständigen Behörde mitzuteilen, auf welche Weise sichergestellt ist, daß die dem Schutz vor schädlichen Umwelteinwirkungen und vor sonstigen Gefahren, erheblichen Nachteilen und erheblichen Belästigungen dienenden Vorschriften und Anordnungen beim Betrieb beachtet werden."

27 aa) Der „Verantwortliche für Umweltschutz". Soweit ein Unternehmen eine oder mehrere nach dem Bundesimmissionsschutzgesetz genehmigungsbedürftige Anlagen betreibt, fordert § 52a Abs. 1 BImSchG von Kapitalgesellschaften mit einem mehrköpfigen Vorstand und von Personengesellschaften mit mehreren vertretungsberechtigten Gesellschaftern die Benennung desjenigen Mitgliedes des Vorstandes bzw. desjenigen geschäftsführenden Gesellschafters, das/der die Pflichten des Betreibers der genehmigungsbedürftigen Anlage wahrnimmt. Sind die umweltbezogenen Aufgaben des Unternehmens auf mehrere Mitglieder des Vorstandes bzw. der Geschäftsführung verteilt, müssen diese insgesamt – unter Angabe ihrer jeweiligen Verantwortungsbereiche – benannt werden.[44] Bei der Verteilung der Verantwortungsbereiche muß jedoch eine klare Zuständigkeitsabgrenzung vorgenommen werden; dies ergibt sich bereits aus den in § 5 BImSchG verankerten Betreiber-Grundpflichten, zu denen nicht zuletzt auch auf der Ebene der Geschäftsleitung eine klare Aufgabenzuteilung und -abgrenzung als eine der wichtigsten Merkmale einer sachgerechten Betriebsorganisation gehört.[45]

28 Die Benennung des „Umweltschutzverantwortlichen" nach § 52a Abs. 1 BImSchG ändert weder etwas an der Gesamtverantwortung[46] der Unternehmensleitung im Außenverhältnis, noch an der Verantwortlichkeit innerhalb des Unternehmens. Für die Vertretung, Geschäftsführung und die Haftung bleiben nach wie vor die einschlägigen gesellschaftsrechtlichen Vorschriften und die, die Geschäftsführung und Vertretung der Gesellschaft betreffenden Entscheidungen des Unternehmens maßgeblich.[47] Hierauf verweist nicht zuletzt § 52a Abs. 1 Satz 2 BImSchG, nach dem die Gesamtverantwortung aller Organmitglieder bzw. Gesellschafter ungeachtet der Mitteilung des „Umweltschutzverantwortlichen" ausdrücklich unberührt bleibt. Rein faktisch wird die Mitteilung jedoch dazu führen, daß der benannte „Umweltschutzverantwortliche" im Außenverhältnis zum vornehmlichen Ansprechpartner in allen umweltbezogenen Unternehmensfragen wird, auf den sich zumindest zunächst auch alle eventuellen Haftungsansprüche und etwaigen Ermittlungen im

---

[44] Feldhaus, NVwZ 1991, 927 (928).
[45] BT-Drucksache 11 4909, S. 37, 46; Feldhaus, NVwZ 1991, 927 (929).
[46] BT-Drucksache 11 4909, S. 37, 46; Feldhaus, NVwZ 1991, 927 (929).
[47] BT-Drucksache 11/4909, S. 46; Feldhaus, NVwZ 1991, 927 (929); Feldhaus, Bundes-Immissionsschutzgesetz-Kommentar, § 52a BImSchG.

I. Die Organisation des betrieblichen Umweltschutzes

Rahmen eventueller staatsanwaltschaftlicher Ermittlungsverfahren konzentrieren werden.

bb) Betriebsorganisation als Betreiberpflicht. § 52a Abs. 1 BImSchG begründet in Verbindung mit § 5 BImSchG eine rechtlich verbindliche Grundpflicht zur **umweltschutzsichernden Betriebsorganisation**.[48] Weder § 52a Abs. 1 BImSchG noch § 5 BImSchG schreiben dabei eine bestimmte Organisationsform vor.[49] Der Gesetzgeber unterstellt vielmehr, daß eine umweltschutzsichernde Betriebsorganisation vorhanden ist, welche die Erfüllung der immissionsschutzrechtlichen Vorschriften und Anordnungen sicherstellt. Die **Organisationsfreiheit** des Unternehmens bleibt also unangetastet. 29

cc) Inhalt und Umfang der Mitteilungspflicht nach § 52a Abs. 1 BImSchG. § 52a BImSchG enthät keine konkreten Vorgaben darüber, welche Angaben der Betreiber konkret mitteilen muß.[50] Auch die Verwaltungspraxis ist hierzu nicht einheitlich. Regelmäßig erscheinen jedoch zumindest folgende Angaben zur Betriebsorganisation erforderlich zu sein:[51] 30

(1) Angabe des „Umweltverantwortlichen" aus dem Kreis der Unternehmensleitung gemäß § 52a Abs. 1 BImSchG unter Namensnennung.
(2) Angabe der Aufbauorganisation des Unternehmens und Vorlage eines Organisationsplans[52] (Verantwortlichkeiten in den einzelnen Organisationseinheiten, Weisungsbefugnisse unter den Linienverantwortlichen, Organisationsstruktur etc.).[53]
(3) Angaben zu den Aufgaben und der Einbindung zentraler Dienste und Stabsstellen, die Eigenkontrollmaßnahmen durchführen.[54]
(4) Angaben zu der Organisation und der Einbindung der Immissionsschutz- und Störfallbeauftragten.[55]
(5) Angaben zu den Überwachungs- und Wartungskonzepten, Kontrollregelungen, die getroffenen Regelungen für den Fall von Betriebsstörungen (Meldewege, Ablaufverfahren etc.), innerbetriebliche Entscheidungsbefugnisse, Berichtspflichten.[56]

---

[48] Feldhaus, NVwZ 1991, 927 (929); Landmann/Rohmer/Hansmann, § 52 aRN 7, 19.
[49] Feldhaus, NVwZ 1991, 927 (928).
[50] Feldhaus, NVwZ 1991, 927 (928).
[51] Feldhaus, NVwZ 1991, 927 (933f.).
[52] So: Landmann/Rohmer/Hansmann, § 52a RN 10; demgegenüber halten die Vorlage eines Organigramms für nicht zwingend erforderlich: Feldhaus, NVwZ 1991, 927 (934); Ule/Laubinger/Fluck, § 52a RN D 14.
[53] Büge, DB 1990, 2409.
[54] Ule/Laubinger/Fluck, § 52a RN D 14.
[55] Landmann/Rohmer/Hansmann, § 52a RN 12; Ule/Laubinger/Fluck, § 52a RN D 15.
[56] Landmann/Rohmer/Hansmann, § 52a RN 13.

(6) Angaben über die praktizierte Aufklärung und Schulung von Betriebsangehörigen.[57]

Weitere Angaben können aufgrund spezieller Vorschriften erforderlich sein, insbesondere nach der Störfall-Verordnung.

31 An die Detaillierungstiefe der Angaben sollten keine zu hohen Anforderungen gestellt werden. Entscheidend ist eine übersichtliche, klare und knappe Darstellung aller wesentlichen Angaben, die den praktischen Bedürfnissen der Betriebe und Behörden gerecht wird.[58] Insbesondere bei größeren Unternehmen kann auf Umweltschutz-Handbücher, Betriebs-Handbücher und auf sonstige Leitlinien und Richtlinien etc. Bezug genommen werden.

b) Die Notwendigkeit einer umweltschutzsichernden Betriebsorganisation

32 Die Offenlegung der innerbetrieblichen Umweltschutzorganisation setzt selbstverständlich voraus, daß das betroffene Unternehmen überhaupt über eine den rechtlichen Anforderungen entsprechende Betriebsorganisation verfügt. Sofern noch nicht geschehen, ist es für die Betroffenen daher unverzichtbar, schnellstmöglich eine den gesetzlichen Anforderungen entsprechende **umweltschutzsichernde Betriebsorganisation** einzurichten und umzusetzten, um

– den Anforderungen von § 52a Abs. 2 in Verbindung mit § 5 BImSchG gerecht zu werden,
– rechtliche Konfliktsituationen zu verhindern (Beanstandungen und Auseinandersetzungen mit den Behörden, die bis zu Betriebsstillegungen und Verkehrsverboten für Produkte führen können),
– zu vermeiden, in öffentlichen Mißkredit zu geraten,
– einen wirksamen Versicherungsschutz sicherzustellen.

33 Die Einrichtung einer umweltgerechten Betriebsorganisation steht nicht zuletzt auch im Interesse zur Vermeidung von zivilrechtlichen Schadensersatzansprüchen und einer persönlichen strafrechtlichen Inanspruchnahme der Mitglieder der Unternehmensleitung sowie leitender Mitarbeiter für Organisationsdefizite.

34 Ein kompetentes Umweltschutz-Management-System ist aber nicht nur unter haftungsrechtlichen Gesichtspunkten unverzichtbar. Für die Einführung einer (gegebenenfalls sogar zertifizierten)[59] umweltschutzsichernden Betriebsorganisation sprechen regelmäßig auch folgende betriebswirtschaftlichen und allgemein ökonomischen Gesichtspunkte:

– Förderung eines positiven Umweltimages des Unternehmens und seiner Produkte

---

[57] Ule/Laubinger/Fluck, § 52a RN D 19.
[58] Feldhaus, NVwZ 1991, 927 (933f.).
[59] RN 298ff.

- Verbesserung der Kundenzufriedenheit
- Förderung von Wettbewerbsvorteilen
- Erleichteter Qualitäts- und Konformitätsnachweis gegenüber Kunden und Behörden und Vertrauensgrundlage für die Effektivität und Organisation des Unternehmens
- Frühzeitige (und gezielte) Erkennung und Beseitigung von betrieblichen Schwachstellen mit entsprechenden Kosteneinsparungsmöglichkeiten
- Rationalisierungs-, Rentabilitäts- und Kostenreduzierungseffekte
- Verbesserung der Arbeitssicherheit und Arbeitsplatzqualität
- Wirtschaftlicher Versicherungsschutz durch geringere Prämienzahlungen.

5. Das effektive Umweltschutzmanagement

a) Inhalt der rechtskonformen Betriebsorganisation

Bis heute existieren keine umfassenden verbindlichen Bestimmungen darüber, wie eine umweltschutzsichernde Betriebsorganisation konkret auszusehen hat.[60] Gesetzliche Vorschriften bestehen nur vereinzelt für einige sekturale Teilbereiche.[61] Regelmäßig ist es sinnvoll, sich bei der Reorganisation von Wirtschaftsunternehmen an diese Vorschriften, aber auch an die in der Praxis gängigen **technischen Standards und Richtlinien** anzulehnen.

Anhaltspunkte für den Aufbau einer umweltgerechten Betriebsorganisation bieten insbesondere:
- Die 12. BImSchV (Störfallverordnung)
- Sonstige sekturale Organisationsregelungen, zum Beispiel 1 n der GentechniksicherheitsVO und in den Regelungen über die Bestellung von Betriebsbeauftragten für Umweltschutz
- Die internationale Normenreihe DIN ISO 9000 bis 9004
- Die EG-Verordnung über die freiwillige Beteiligung gewerblicher Unternehmen an einem gemeinschaftlichen Öko-Audit-System
- Die sicherheitstechnischen Regeln des Kerntechnischen Ausschusses KTA 1401[62]
- Die Entwürfe der British Standards Institution vom 10.06.1991 über „Environmental Management Systems".[63]

---

[60] Feldhaus, NVwZ 1991, 927 (928).
[61] Beispielsweise in § 6 der 12. BImschV (Störfallverordnung), in der GentechniksicherheitsVO und in den Regelungen über die Bestellung und die Aufgaben der gesetzlichen Betriebsbeauftragten.
[62] Vgl. Bundesanzeiger Nr. 44a vom 04.03.1988.
[63] BSI Standards Document 91–53 255 (Part 1), Document 91/53 256 (Part 2) und Document 91/53 257 (Part 3).

37 aa) Organisationsplanung. Die optimale Organisationsform und -struktur eines Unternehmens ist stets von den konkreten Umständen und Bedürfnissen des Einzelfalls abhängig. Maßgebende Kriterien sind unter anderem der Gegenstand des Unternehmens, seine Größe, seine Struktur und Gliederung, seine personelle Struktur sowie seine Einbettung in die äußere Umgebung.

38 Jede Betriebsorganisation beruht auf innerbetrieblichen Regelungen, durch die die verschiedenen Betriebseinrichtungen, -funktionen und -abläufe zum Erreichen des Unternehmensziels planvoll verknüpft werden müssen. Hierzu gehört vor allem eine klare, übersichtliche und **sachgerechte Aufbau- und Ablaufplanung.** Kriterien für eine optimale, den rechtlichen Anforderungen gerecht werdende Betriebsorganisation sind dabei regelmäßig:

– Eine eindeutige und übersichtliche Festlegung der Aufbauorganisation, die festlegt, wer wofür wann zuständig ist: Klare und sachgerechte Regelung der Zuständigkeiten, Aufgaben und Weisungsbefugnisse, der Unternehmensleitung, der Linienverantwortlichen und der Betriebsbeauftragten (Organigramm, Organisationsplan, Stellenbeschreibungen etc.);[64]
– Eindeutige Delegations- und Entscheidungsprinzipien;
– Eine eindeutige und sachgerechte Regelung und Dokumentation der Ablauforganisation durch Betriebshandbücher, Pflichtenhefte und Arbeitsanweisungen, z.B. zur Sicherstellung der notwendigen Kontroll- und Korrekturmaßnahmen einschließlich der Gewährleistung einer ausreichenden Erfolgskontrolle und der innerbetrieblichen Informations- und Meldeketten;
– Effektive Regelungen zur Bewältigung von neuralgischen „Schnittstellen";
– Klare und übersichtliche Struktur der Aussagen;
– Deutlich abgestufte personelle Veranwortlichkeiten;
– Eine Vermeidung von Entscheidungsnotstandssituationen und Interessenkonflikten durch eine sachgerechte Zuordnung der individuellen Aufgabenbereiche und Weisungskompetenzen;
– Die Erfassung aller relevanten betrieblichen Erfordernisse;
– Eine umsichtige Auswahl und der Einsatz qualifizierter Mitarbeiter sowie der Gewährleistung der notwendigen Schulungs- und Fortbildungsmaßnahmen;
– Die Vermeidung von Überforderungen und sonstigen unzumutbaren Belastungen der Mitarbeiter.

39 bb) Das Umweltschutz-Organigramm. Umweltschutz ist zunächst und in erster Linie Chefsache. Die Unternehmensleitung trägt die Verantwortung für die Organisation und die Festlegung der richtigen Ziele

---

[64] Knopp/Striegl, BB 1992, 2009 (2010); Reuter DB 1993, 1605.

der betrieblichen Umweltpolitik. Sie kann jedoch nicht alles leisten, sondern muß delegieren. Ein wirkungsvoller praktizierter Umweltschutz setzt daher die effektive Einbindung aller Mitarbeiter voraus. Dies bedingt wiederum eine klare und übersichtliche Verteilung und Zuordnung von Zuständigkeiten, Kompetenzen und Aufgaben. Hierzu sind präzise – schriftlich niedergelegte – detaillierte **Stellenbeschreibungen** und **Arbeitsanweisungen** erforderlich. Die Zuordnung von Aufgaben und Zuständigkeiten muß sachgerecht erfolgen, wobei stets die persönlichen und fachlichen Fähigkeiten der eingesetzten Mitarbeiter zu berücksichtigen sind. Die Aufgaben- und Zuständigkeitsbereiche ihrerseits müssen klar voneinander abgegrenzt sein. „Schnittstellen" verdienen dabei eine besonders umsichtige Regelung. Um einen ersten Überblick über die wesentlichen Strukturen der Aufbau- und Ablauforganisation des Unternehmens zu erhalten, bietet es sich regelmäßig an, ein aktuelles **Organigramm** anzufertigen.

Beispiele für die Zuständigkeitsmatrix der einzelnen Umweltschutzbereiche:

1. Verantwortungsbereich „Gesamtbereich Umweltschutz" 40

Die zentrale Aufgabe des Verantwortlichen für den Gesamtbereich Umweltschutz ist es, den Umweltschutz im gesamten Unternehmen zu organisieren und zu überwachen. Er trägt die Gesamtverantwortung für die Einhaltung und die Koordination des Umweltschutzes zwischen und innerhalb sämtlicher Betriebs- und Unternehmensteile.

Zu seinen Aufgaben gehören insbesondere:

(a) Einhaltung aller einschlägigen gesetzlichen Vorschriften und behördlichen Anordnungen
(b) Genehmigungsmanagement (Ausarbeitung und Einreichung von Genehmigungsanträgen) und Behördenkontakte
(c) Überprüfung des Unternehmens auf sachgerechte und effiziente Organisationsstrukturen und Kontrolle der Einhaltung der betrieblichen Umweltorganisation
(d) Ansprechpartner und Bindeglied für die Verantwortlichen der einzelnen Umweltschutz-Teilbereiche einschließlich Regelung und Schlichtung von Kompetenzfragen
(e) Beratung der Teilbereichsverantwortlichen und Koordination der Teilbereiche
(f) Informations- und Berichterstattung an die Unternehmensleitung (Hinweise auf Schwachstellen, Tendenzen und Absichten des Gesetzgebers, die das Firmeninteresse berühren, Hinweise auf zukunftsorientierte Technologien und Produktionsverfahren etc.)
(g) Hinwirken auf die Einführung von zukunftsorientierten umweltschützenden Technologien und der Ausschöpfung von Kosten- und/oder Aufwandsminimierungspotentialen

Kummer

DAS UMWELTORGANIGRAMM

Die optimale Organisationsform und -struktur eines Unternehmens ist von den konkreten Umständen und Bedürfnissen des Einzelfalls abhängig.
Nachfolgend ein Beispiel für eine klassische Organisationsform.
Je nach Größe und Struktur des Unternehmens können mehrere Sachbereiche unter einem Verantwortlichen zusammengefaßt werden.

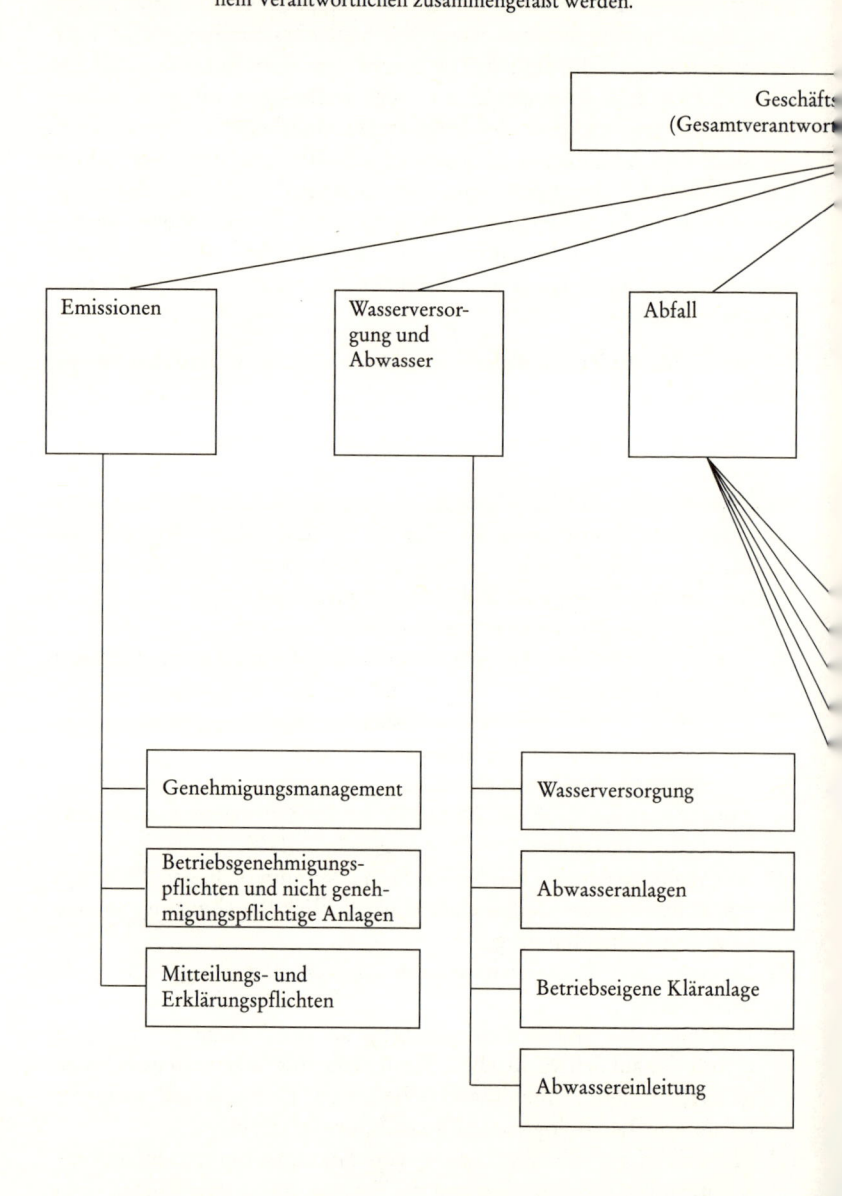

```
                                                        Geschäfts
                                                   (Gesamtverantwort

    Emissionen         Wasserversor-        Abfall
                       gung und
                       Abwasser


    ├─ Genehmigungsmanagement          ├─ Wasserversorgung

    ├─ Betriebsgenehmigungs-           ├─ Abwasseranlagen
       pflichten und nicht geneh-
       migungspflichtige Anlagen

    └─ Mitteilungs- und                ├─ Betriebseigene Kläranlage
       Erklärungspflichten
                                       └─ Abwassereinleitung
```

Kummer

schutz
n und Überwachung)

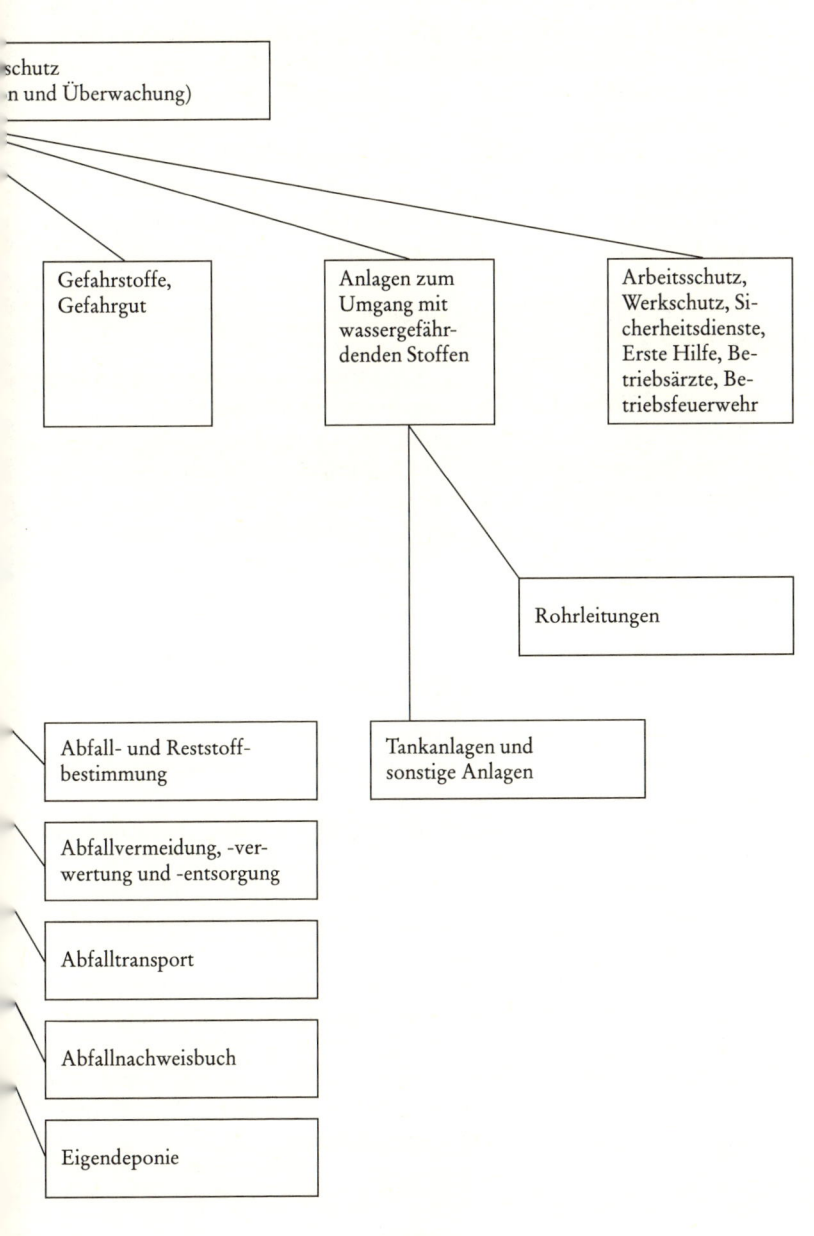

- Gefahrstoffe, Gefahrgut
- Anlagen zum Umgang mit wassergefährdenden Stoffen
- Arbeitsschutz, Werkschutz, Sicherheitsdienste, Erste Hilfe, Betriebsärzte, Betriebsfeuerwehr
- Rohrleitungen
- Abfall- und Reststoffbestimmung
- Tankanlagen und sonstige Anlagen
- Abfallvermeidung, -verwertung und -entsorgung
- Abfalltransport
- Abfallnachweisbuch
- Eigendeponie

Kummer

41 2. Verantwortungsbereich „Emissionen"
Zu den Aufgaben des Verantwortungsbereichs „Emissionen" können u. a. gehören:
(a) Genehmigungsmanagement (Überprüfung der Einhaltung der gesetzlichen Bestimmungen und behördlichen Anordnungen; Feststellung der Notwendigkeit, die Vorbereitung, Planung, Koordinierung und Durchführung von Genehmigungsverfahren einschließlich von rechtzeitigen Verlängerungsanträgen bei befristeten Genehmigungen und der rechtzeitigen Beantragung von eventuell notwendig werdenden Genehmigungen)
(b) Anlagen- und Ersatzteilbeschaffung einschließlich Bevorratung
(c) Einhaltung der Betreiberpflichten für genehmigungspflichtige und nicht genehmigungspflichtige Anlagen (Vermeidung schädlicher Umwelteinwirkungen und sonstiger Gefahren u. a. im Hinblick auf Lärmschutz, Luftreinhaltung und der Einhaltung aller sonstigen gesetzlichen und behördlichen Vorgaben)
(d) Wartung und Kontrolle
(e) Anlagen-, Produktions- und Verfahrensoptimierung (Vermeidung unnötigen Verbrauchs von Energien und Ressourcen etc.)
(f) Störfallplanung und Ausarbeitung von Alarmplänen
(g) Einhaltung der gesetzlichen und behördlichen Mitteilungs- und Erklärungspflichten (z. B. ordnungsgemäße Abgabe der Mitteilungen nach § 16 BImSchG und der Emissionserklärungen gemäß § 27 Abs. 1 BImSchG)
(h) Behördenkontakte
(i) Meldung von Betriebsstörungen
(j) Informations- und Berichtspflichten gegenüber dem Gesamtbereich Umweltschutz und/oder der Unternehmensleitung

42 3. Verantwortungsbereich „Wasserversorgung und Abwasser"
Zu den Aufgaben des Verantwortungsbereichs „Wasserversorgung und Abwasser" können u. a. gehören:
(a) Einhaltung aller einschlägigen gesetzlichen Bestimmungen und behördlichen Anordnungen,
(b) Aufbau und Organisation eines Wasserversorgungs- und Abwasserkonzepts (Überwachung und Koordination aller Unternehmensbereiche und externen Vertragspartner)
(c) Frisch- und Betriebswasserversorgung (Sicherstellung, Überwachung, Vertragsmanagement, Hinwirken auf Einsparungsmöglichkeiten etc.)
(d) Abwasseranlagen: Kanäle, Leitungen, Gruben, Schächte, Becken, Abscheider, Reinigungsvorrichtungen etc. (Organisation, Funktionsgewährleistung, Überwachung, Instandhaltung)

(e) Abwassereinleitung (Genehmigungs- und Erlaubnismanagement, Überwachung)
(f) Abwasserabgaben (rechtzeitige Abgabe der Abwasserabgabenerklärungen, Hinwirken auf Einsparungsmöglichkeiten)
(g) Hinwirken auf Einsparungs- und Optimierungsmöglichkeiten (Einführung von Wasserkreislauf- und sonstigen Recyclingverfahren, Einsatz neuer Technologien, Prüfung von Wasserwiederaufbereitungsmöglichkeiten etc.)
(h) Kontrolle, Überwachung und Instandhaltung der Meßeinrichtungen, Erstellung von Rückstellproben, Überprüfung der Abwasseranlagen auf eventuelle Leckagen
(i) Meldung von Betriebsstörungen und sonstigen Störfällen
(j) Behördenkontakte
(k) Dokumentation und Mitteilungspflichten (Betriebstagebuch, Eigenkontrollberichte etc.)
(l) Informations- und Berichtspflichten gegenüber dem Gesamtbereich Umweltschutz und/oder der Unternehmensleitung

4. Verantwortungsbereich „Abfall"

43

Zu den Aufgaben des Verantwortungsbereichs „Abfall" können u. a. gehören:

(a) Einhaltung aller einschlägigen gesetzlichen Bestimmungen und behördlichen Anordnungen
(b) Aufbau und Organisation eines Abfallkonzepts (Überwachung und Koordination aller Unternehmensbereiche und externen Vertragspartner wie z. B. Entsorgungsunternehmen)
(c) Abfall- und Reststoffbestimmung (Anlage von DIN-Sicherheitsblättern etc.)
(d) Vorrangige Abfallvermeidung und Abfallverwertung (Überprüfung der Verfahrenstechniken und des Rohstoffeinsatzes auf Alternativen und Substitutionsmöglichkeiten, Erarbeitung von Vermeidungs- und Rationalisierungsstrategien, Einführung von Getrenntsammlungen, Aufbau und Koordination von Abfallbörsen etc.)
(e) Abfallentsorgung (Organisation und Überwachung)
(f) Abfalltransport (Organisation, Genehmigung und Überwachung)
(g) Dokumentation (Abfallnachweisbücher, betriebliche Abfallbilanzen, Entsorgungsnachweise, Begleitscheine etc.)
(h) Eventuelle Eigendeponie (Genehmigung, Organisation und Überwachung)
(i) Gefahrenhinweise, Störfallplanung und die Ausarbeitung von Alarmplänen
(j) Behördenkontakte
(k) Meldung von Schwachstellen, Engpässen und sonstigen Störungen

(l) Informations- und Berichtspflichten gegenüber dem Gesamtbereich Umweltschutz und/oder der Unternehmensleitung

5. Verantwortungsbereich „Gefahrstoffe und Gefahrgut"

Zu den Aufgaben des Verantwortungsbereichs „Gefahrstoffe und Gefahrgut" können u. a. gehören:
(a) Einhaltung aller gesetzlichen Bestimmungen und behördlichen Anordnungen
(b) Aufbau und Organisation eines sicheren und effektiven Gefahrstoff- und Gefahrgutmanagements (Überwachung und Koordination aller Unternehmensbereiche einschließlich externer Vertragspartner, vornehmlich im Gefahrgutbereich)
(c) Bestandsaufnahme (Ermittlung von Art und Menge der vorhandenen Gefahrstoffe)
(d) Ermittlung der Stoffeigenschaften und Gefahrenpotentiale (auch von möglichen Zersetzungsprodukten)
(e) Allgemeine Schutzmaßnahmen
(f) Überwachung (Einhaltung der Maximalen Arbeitsplatzkonzentration MAK-Werte, der Technischen Richtkonzentration TRK und/oder der Biologischen Arbeitsplatztoleranzwerte BAT)
(g) Erarbeitung von speziellen Schutz- und Betriebsanweisungen
(h) Aufklärung und Information der Mitarbeiter
(i) Einstufung, Verpackung und Kennzeichnung der Gefahrstoffe und des Gefahrgutes
(j) Hinwirken auf Substituierungsmöglichkeiten durch mindergefährliche Stoffe
(k) Entsorgung
(l) Betriebsärztliche Betreuung
(m) Erarbeitung von Störfallplänen, Erste-Hilfe-Maßnahmen etc.
(n) Mitteilungs- und Erklärungspflichten
(o) Behördenkontakte
(p) Meldung von Störfällen
(q) Anlage und Pflege der Gefahrstoffkartei – DIN Sicherheitsblätter etc.
(r) Informations- und Berichtspflichten gegenüber dem Gesamtbereich Umweltschutz und/oder der Unternehmensleitung

6. Verantwortungsbereich „Anlagen zum Umgang mit wassergefährdenden Stoffen"

Zu den Aufgaben des Verantwortungsbereichs „Anlagen zum Umgang mit wassergefährdenden Stoffen" können u. a. gehören:
(a) Einhaltung aller gesetzlichen Bestimmungen und behördlichen Anordnungen
(b) Aufbau und Organisation eines effektiven Anlagenmanagements (Genehmigungswesen, Funktionsgewährleistung, Überwachung, Instandhaltung etc.)

Kummer

(c) Ermittlung und Einstufung der in dem Unternehmen vorhandenen wassergefährdenden Stoffe (Sammlung der Datenblätter und Erstellung eines Bestandsplans)
(d) Ermittlung der vorhandenen Anlagen zum Herstellen, Behandeln oder Verwenden wassergefährdender Stoffe sowie der vorhandenen Anlagen zum Lagern, Abfüllen und Umschlagen wassergefährdender Stoffe und ihrer jeweils zuständigen Verantwortungsbereiche
(e) Ermittlung mit welchen (und in welchen Mengen) wassergefährdenden Stoffen in den jeweiligen Anlagen gearbeitet wird
(f) Genehmigungs- und Anzeigenmanagement
(g) Abnahme- und Prüfmanagement
(h) Überwachung und Kontrollmaßnahmen (Meßeinrichtungen, Überprüfung auf Leckagen etc.)
(i) Wartungs- und Instandhaltungsmaßnahmen
(j) Erarbeitung von Betriebsanweisungen
(k) Erarbeitung von Schutzmaßnahmen und die Überprüfung ihrer Einhaltung
(l) Störfallplanung, Ausarbeitung von Alarmplänen und Sofortmaßnahmen
(m) Meldung und Behandlung von Störfällen
(n) Behördenkontakte
(o) Dokumentation
(p) Informations- und Berichtspflichten gegenüber dem Gesamtbereich Umweltschutz und/oder der Unternehmensleitung

Die Aufstellung eines Organigramms kann nur eine bildhafte Darstellung von Zuordnungen, Zuständigkeits- und Aufgabenverteilungen sowie von funktionellen Beziehungen zum Ausdruck bringen. Das Organigramm ist daher lediglich ein – wenngleich auch wichtiges – Hilfsmittel und für sich genommen noch nicht ausreichend, um eine umweltschutzgerechte Betriebsorganisation in der betrieblichen Praxis zu implementieren. Unternehmensrealität erhält das Organigramm erst durch die tatsächliche Schaffung und Verteilung von – konkret und detailliert definierten – Zuständigkeiten, Aufgaben, Verantwortlichkeiten, Weisungskompetenzen sowie Handlungs- und Berichtspflichten. Gleichwohl ist das Organigramm ein unverzichtbares Instrument, um zunächst überhaupt einmal die grundsätzliche Struktur der betrieblichen Organisation eines Unternehmens deutlich zu machen und seine **funktionalen Zusammenhänge** sowie **personellen Zuordnungen** aufzuzeigen. 46

cc) **Die Organisationsform.** Die Wahl der „richtigen" Organisationsform ist von den Anforderungen des konkreten Einzelfalls abhängig. Die postulate „Klarheit" der Organisation und der „Einsträngigkeit der Entscheidungslinien" werden am besten durch das Organisationsmodell des 47 sog. **Fayol'schen Einliniensystems** verwirklicht.[65] In diesem Modell darf eine untergeordnete Stelle nur von der von ihr übergeordneten Stelle Anweisungen erhalten. Jede Stelle hat sich streng an ihre vorgesetzte bzw. untergebene Stelle zu halten und darf keine Instanz „überspringen". Klarheit und Einsträngigkeit ergeben sich bei diesem Prinzip von selbst. Die Nachteile einer solchen Organisationsform liegen freilich ebenso auf der Hand: lange Instanzenwege, unnötige Belastung der Zwischeninstanzen, Informations- und Entscheidungsverzögerungen, geringe Flexibilität und Anpassungsfähigkeit an veränderte Bedingungen.

48 Entscheidungswege können beispielsweise dadurch verkürzt werden, indem den unteren Instanzen erlaubt wird, mit instanzengleichen Hierarchiestufen unmittelbar zu kommunizieren (sog. **fayol'sche Brücke**) und/oder gleichzeitig übergeordnete Instanzen ermächtigt werden, den untergeordneten Instanzen Anweisungen zu erteilen, auch wenn ihnen diese nicht unmittelbar unterstellt sind (sog. **Mehrliniensystem**).[66] Zwangsläufig werden damit jedoch die „Klarheit der Organisation" und die „Einsträngigkeit der Entscheidungslinien" beeinträchtigt, was eine besonders sorgfältige Struktur und Kontrolle der Ablauforganisation voraussetzt.[67]

49 dd) **Schnittstellenbewältigung.** Alle Punkte, in denen sich Kompetenzen, Aufgaben und Verantwortlichkeiten mehrerer Mitarbeiter berühren oder gar überschneiden, sind neuralgische Punkte in jeder Betriebsorganisation. Sie sollten weitgehend vermieden werden und – soweit sie unverzichtbar sind – beim Aufbau der Organisationsstruktur ganz besonders beachtet werden.[68] Wenn sich solche Schwachstellen häufen, kann die Funktionsfähigkeit der betrieblichen Organisation leicht in Gefahr geraten.

50 Inhaltlich sind zwei Arten dieser Schwachstellen zu unterscheiden: Schnittstellen in den Aufgaben und Kompetenzen eines einzelnen Mitarbeiters einerseits und Schnittstellen bei der Verteilung von Aufgaben und Kompetenzen unter mehreren Mitarbeitern anderseits. Der erste Fall kann leicht in die Situation eines **Interessenkonfliktes** führen. Bei dem betroffenen Mitarbeiter kann sich schnell ein **Entscheidungsnotstand** aufbauen, der aus einer Unsicherheit im Erkennen der notwendigen Prioritäten eigener Entscheidungen resultiert. Je kleiner ein Unternehmen, um so größer ist die Gefahr der Bildung solcher Schwachstellen; je kleiner der Personalbestand in einem Unternehmen ist, um so mehr Aufgaben unterschiedlicher Art werden dem einzelnen Mitarbeiter übertragen.

51 Die zweite Art der genannten Schwachstellen dürfte hingegen eher bei größeren Unternehmen vorkommen. Für eine funktionierende Ablaufor-

---

[65] Reuter, DB 1993, 1605 (1605); Franzheim, UPR Special Band 5, 1994, 77 (78).
[66] Reuter, DB 1993, 1605 (1606).
[67] Franzheim, UPR Special Band 5, 1994, 77 (78f.).
[68] Reuter, DB 1993, 1605 (1606).

ganisation sind sie zumeist noch gefährlicher: Ist eine solche Schwachstelle Ursache für den Abbruch einer notwendigen Handlungskette, so kann schnell zu falschem Handeln bzw. einem Unterlassen und zu falschen Entscheidungen mit den daraus resultierenden negativen Folgen führen.

Zur Vermeidung solcher Schwachstellen sind klare und eindeutige Festlegungen von Zuständigkeiten, Kompetenzen und Entscheidungsprioritäten erforderlich. 52

b) Grundsätze des integrierten Umweltschutzes

Unternehmensbezogener Umweltschutz bedeutet **integrierter Umweltschutz**. Die Anforderungen an eine umweltgerechte Betriebsorganisation beschränken sich nicht nur auf die Vorkehrungen zum Schutz vor schädlichen Umwelteinwirkungen oder sonstigen Gefahren im Sinne von § 5 BImSchG.[69] Schon längst sind die umweltschutzbezogenen Pflichten integrierter Bestandteil sämtlicher Unternehmensbereiche geworden. Schon wegen der natürlichen Einheit der betriebsorganisatorischen Regelungen und der Vorteile, die eine umfassend strukturierte und dokumentierte Betriebsorganisation als Entlastungsinstrument gegenüber haftungs- und strafrechtlicher Inanspruchnahme beinhaltet, liegt es nahe, daß die Betriebsorganisation durch Einbeziehung auch der nicht obligatorischen Bereiche **umfassend** ausgestaltet wird. 53

Zu den Aufgabenbereichen des integrierten Umweltschutzes gehören unter anderem:

1. **Fundamentaler Umweltschutz**
   - Genehmigungsmanagement
   - Standortsicherung
2. **Operativer Umweltschutz**
   - Produktion und Produktionsverfahren
   - Produktentwicklung und Design (einschließlich Kennzeichnung und Erarbeitung der notwendigen Kundeninformationen)
   - Qualitätssicherung
   - Anlagentechnik und Wartung
   - Emissionen (Luft, Lärm etc.)
   - Abwasser
   - Abfall
   - Energie
   - Rohstoffeinsatz
   - Lagerung und Verpackung
   - Transport und Logistik

---

[69] Feldhaus, NVwZ 1991, 927 (929).

- Umgang mit gefährlichen Stoffen und Substanzen
- Boden und Grundwasser
- Arbeitssicherheit und Unfallverhütung
- Allgemeine Gesundheitsvorsorge
- Hygiene
- Werkschutz/Brandschutz
- Störfall- und Alarmfallplanung

3. **Funktioneller Umweltschutz**
- Internes Informations- und Meldeverfahren
- Prüf- und Kontrollverfahren einschließlich Prüfmittelüberwachung
- Fehler- und Korrekturmanagement (Behandlung fehlerhafter Einheiten und Festlegung von Korrekturmaßnahmen)
- Innerbetriebliche Kommunikation und Fortbildung
- Mitarbeiterschulung
- Eignungsprüfung und Beurteilung von Lieferanten und sonstigen Geschäftspartnern
- Öffentlichkeitsarbeit (unter Berücksichtigung der räumlichen, rechtlichen, gesellschaftlichen und sozialen Einbettung des Unternehmens in seine Umgebung sowie seiner Nachbarschaftsbeziehungen etc.)

4. **Regulativer Umweltschutz**
- Rechtschutz
- Vertragswesen
- Versicherungsschutz

5. **Sonstiges**
- Investitions- und Kostenmanagement
- Budgetplanung
- Statistische Kontrolle
- Dokumentation

6. Die Betriebsbeauftragten für Umweltschutz

54   Betrieblicher Umweltschutz ist zunächst und in erster Linie Chefsache.[70] Die Unternehmensleitung trägt die Verantwortung für die Festlegung und die Umsetzung der betrieblichen Umweltpolitik. Sie kann jedoch nicht alles leisten. Ein wirkungsvoller betrieblicher Umweltschutz setzt die aktive Mitwirkung aller Mitarbeiter des Unternehmens voraus. Bei jedem einzelnen Mitarbeiter müssen das notwendige Umweltbewußtsein und die erforderlichen Kenntnisse für ein der Umweltpolitik des Unternehmens

---

[70] Die Tutzinger Erklärung vom April 1988 (abgedruckt in: IWL – Umweltbrief 6/1988) enthält als Überschrift den Grundsatz „Umweltschutz ist eine eigenverantwortliche Aufgabe der Unternehmensführung"; Knopp/Striegl, BB 1992, 2009.

gerecht werdendes Verhalten am Arbeitsplatz geschaffen werden. Dies erfordert nicht zuletzt eine zielgerechte Sensibilisierung und eine kompetente innerbetriebliche **Informations- und Schulungspolitik**.[71]

Eine zentrale Funktion sowohl für die innerbetriebliche Schulung und Information, als auch für die Koordinierung der umwelttechnischen Unternehmensbelange besitzen die betrieblichen **Umweltschutzbeauftragten**. Gerade in dem immer komplizierter werdenden Bereich des technischen Sicherheits- und des Umweltschutzrechts bedarf es mehr und mehr der Unterstützung und Steuerung eines kompetenten Fachmanns als koordinierende, kontrollierende und innovative Kraft, sei es bei der innerbetrieblichen Schulung und Information der Mitarbeiter, bei den notwendigen Sicherheits- und Erfolgskontrollen, dem Aufzeigen eventueller Schwachstellen oder bei der Beratung der Unternehmensleitung in Bezug auf den Einsatz und die Entwicklung zukunftsorientierter Technologien und Produkte sowie der gezielten Ausschöpfung von Kosteneinsparungs- und Abgabenminimierungpotentialen. Als „Umweltnavigator" eines Unternehmens nimmt der Betriebsbeauftragte damit eine zentrale Schlüsselfunktion für die umweltschutzsichernde Betriebsorganisation ein.[72]

Zu Unrecht werden „Umweltschutzbeauftragte" unternehmensintern noch vereinzelt als „hemmender und kostenintensiver Faktor" angesehen. Die mit ihrer Schlüsselfunktion eröffneten Vorteile liegen auf der Hand: Mit Hilfe ihrer überwachenden und aufklärenden Tätigkeit lassen sich nicht nur Haftungsrisiken ausschließen bzw. minimieren. Die beratenden und innovativen Aufgaben der Betriebsbeauftragten ermöglichen unter der Voraussetzung eines richtigen Aufgabenverständnisses und der erforderlichen Sachkompetenz erhebliche **Einsparungen der laufenden Umweltschutzkosten**, beispielsweise durch die Eliminierung von Schwachstellen, der Minimierung von unnötigem Energie- und Rohstoffverbrauch sowie durch gezielte Rationalisierungseffekte und Abgabeneinsparungen. Durch die Anregung moderner Produktionsverfahren und Technologien sowie der Entwicklung umwelt- und zukunftsorientierter Produkte bzw. Dienstleistungen kann der Betriebsbeauftragte sogar von wettbewerbsfördernder Bedeutung sein. In diesem richtigen (Aufgaben-) Verständnis sollten sich Unternehmensleitung und Betriebsbeauftragte daher nicht als Gegensätze, sondern vielmehr als Partner bei der Verfolgung eines gemeinsamen Unternehmenziels ansehen und begreifen. Schon aus den genannten Gründen sollte sich jedes Unternehmen eingehend über die Notwendigkeit und den Nutzen einer gegebenenfalls sogar **freiwilligen Bestellung** von Betriebsbeauftragten sowie über ihre Aufgaben und ihre sinnvolle organisatorische Eingliederung in das Unternehmen orientieren.

---

[71] Knopp/Striegl, BB 1992, 2009 (2018).
[72] Feldhaus, NVwZ 1991, 927 (929); Feldhaus, Umwelt-Audit und Betriebsorganisation, UPR Special Bd. 5, 1994, S. 9 (32).

a) Allgemeine Grundsätze zum Recht der Betriebsbeauftragten

57 aa) Die Aufgaben und die Stellung der Betriebsbeauftragten. Die gesetzlich vorgeschriebenen Betriebsbeauftragten[73] üben eine zentrale Funktion bei dem Aufbau und der Durchführung eines effektiven betrieblichen Umweltschutzes aus. Ihre vornehmliche Aufgabe besteht darin, die Unternehmensleitung und die sonstigen Betriebsverantwortlichen bei der Bewältigung ihrer umweltschutzrechtlichen und sonstigen organisatorischen Verpflichtungen zu **unterstützen**. Die Betriebsbeauftragten haben unter anderem die Aufgabe, die Betriebsangehörigen über die arbeitsplatzrelevanten Umweltschutzaspekte zu unterrichten, Warnhinweise zu erteilen, die Geschäftsleitung bei Investitionen und Anschaffungen zu beraten, auf die Einführung verbesserter Verfahren und Erzeugnisse hinzuwirken und die Einhaltung der einschlägigen gesetzlichen Vorschriften und behördlichen Anordnungen zu überwachen, insbesondere durch Kontrollen, Messungen, Mängelanzeigen und Verbesserungsvorschlägen.[74]

58 Bei dem Betriebsbeauftragten handelt es sich um eine rein innerbetriebliche Institution und **keine öffentlich-rechtliche Kontrollinstanz**. Die Betriebsauftragten verfügen über keine öffentlich-rechtlichen Befugnisse und stehen auch in keinem Beleihungs- und/oder Auftragsverhältnis zum Staat.[75] In ihrem Grundverhältnis mit dem jeweiligen Unternehmen werden sie auf rein zivilrechtlicher Basis auf der Grundlage eines Arbeits- oder eines Dienstvertrages tätig.[76] Sie sind ein „Mann des Betriebes" und keine „Außenstelle" oder „Vertrauensperson" der Aufsichtsbehörden.[77] Mit Ausnahme des Strahlenschutzbeauftragten[78] unterliegen sie keiner doppelten Pflichtenbindung. Für sie bestehen in der Regel insbesondere auch keine Informations- und Rechenschaftspflichten gegenüber den Behörden.[79] Lediglich die Beauftragten für die Biologische Sicherheit unter-

---

[73] Zu nennen sind inbesondere der Betriebsbeauftragte für Immissionsschutz (§§ 53 ff. BImSchG), der Störfallbeauftragte (§ 58a BImSchG), der Betriebsbeauftragte für Abfall (§ 11a AbfG), der Betriebsbeauftragte für Gewässerschutz (§ 21a WHG), der Gefahrstoffbeauftragte (§ 11 Abs. 4 GefStoffV), der Gefahrgutbeauftragte (§ 1 GbF), der Beauftragte für die Biologische Sicherheit (§ 6 Abs. 4 GenTG), der Strahlenschutzbeauftragte (§ 29 StrlSchV), der Beauftragte für den Datenschutz (§ 36 BDSG), die Sicherheitsbeauftragten (§ 719 RVO), die Fachkräfte für Arbeitssicherheit (§ 5 ASiG) und die Betriebsärzte (§ 1 ASiG).
[74] Brunner/Müller, Handbuch für die Umweltpraxis im Betrieb, S. 79; Feldhaus, NVwZ 1991, 927 (929f.).
[75] Backherms, BB 1978, 1697 (1698); Scholz, Gewerberecht und Bundesimmissionsschutzgesetz II. Aufl., S. 113; Szelinski, WiVerw. 1980, 266 (267f.); Tettinger, DVBl. 1976, 752 (753ff.).
[76] Szelinski, WiVerw. 1980, 266 (280).
[77] Köhler, ZfW 1976, 332 (326); Rehbinder, Ein Betriebsbeauftragter für Umweltschutz?; Speiser, BB 1975, 1325 (1327); Stich, GewArch 1976, 145.
[78] vgl. § 30 Abs. 1 S. 3 StrlSchV.
[79] Tettinger, DVBl. 1976, 752 (758).

liegen einer partiellen Auskunftspflicht gegenüber der Verwaltung; auf Verlangen sind sie verpflichtet, der zuständigen Landesbehörde die zur Überwachung der Einhaltung der relevanten Rechtsvorschriften und behördlichen Anordnungen erforderlichen Auskünfte zu erteilen (auch insofern besteht also keine aktive Informationsverpflichtung).[80]

Das Minimum an Aufgaben, das einem „Umweltschutzbeauftragten" zu übertragen ist, besteht darin, 59
- einen den Schutzvorschriften entsprechenden umweltschonenden Betriebsablauf durch Überwachung der betrieblichen Anlagen und Prozesse zu gewährleisten,
- die Entwicklung und die Einrichtung umweltfreundlicher Verfahren und Produkte zu initiieren und zu unterstützen und
- die Mitarbeiter des Unternehmens über mögliche Gefahren für die Umwelt und über Maßnahmen und Einrichtungen zu deren Vermeidung aufzuklären.[81]

Es bleibt der Unternehmensleitung vorbehalten, diese Aufgaben zu ergänzen und konkret auszugestalten.[82]

bb) Die Funktion der Betriebsbeauftragten. Die wesentlichen Funktionen der Betriebsbeauftragten bestehen in der 60
- **Kontroll- und Überwachungsfunktion:** Unter der Kontroll- und Überwachungsfunktion wird die Verpflichtung des Betriebsbeauftragten verstanden, die Einhaltung der einschlägigen Rechtsvorschriften und behördlichen Anordnungen sowie die allgemeinen Sicherheitsvoraussetzungen zu überwachen. Zu diesem Zweck hat der Beauftragte die Betriebsstätten und Anlagen regelmäßig auf ihre Sicherheit und auf die Einhaltung der gesetzlichen Bestimmungen, Genehmigungsvoraussetzungen und behördlichen Auflagen zu kontrollieren und die hierfür erforderlichen Messungen vorzunehmen.[83]
- **Mitteilungs- und Informationsfunktion:** Die Mitteilungs- und Informationsfunktion des Betriebsbeauftragten besteht in der Erteilung von Hinweisen auf festgestellte Mängel oder sonstige eventuelle betriebliche Schwachstellen an die Unternehmensführung und/oder Werksleitung.
- **Aufklärungs- und Schulungsfunktion:** Die Aufklärungs- und Schulungsfunktion umfaßt die Aufklärung und Schulung der Betriebsangehörigen über die im und durch den Betrieb verursachten schädlichen

---

[80] Brunner/Müller, Handbuch für die Umweltpraxis im Betrieb, S. 75.
[81] Brunner/Müller, Handbuch für die Umweltpraxis im Betrieb, S. 76.
[82] Behnke, in: Pohle, Die Umweltschutzbeauftragten, 1992, S. 9 ff.; Knopp/Striegl, BB 1992, 2009, 2014; Wicke, Der Umweltschutzbeauftragte: Grundpfeiler der Organisation des betrieblichen Umweltschutzes, in: Wicke/Haasis/Schafhausen/Schulz, Betriebliche Umweltökonomie, 1992, S. 68 ff.
[83] Stich, GewArch. 1976, 146 (149); Szelinski, WiVerw. 1980, 266 (273 f.).

Umwelteinwirkungen (Emissionen, Gewässerbelastungen, von Abfällen ausgehende Gefährdungen etc.) sowie über Einrichtungen und Maßnahmen zu ihrer Verhinderung, die Unterrichtung über den Inhalt der wesentlichen einschlägigen Rechtsvorschriften und behördlichen Anordnungen sowie eine regelmäßige Berichterstattung an die Geschäftsleitung.[84]

- **Initiativfunktion:** Die sogenannte Initiativ- oder Vorsorgefunktion des Betriebsbeauftragten beinhaltet die Verpflichtung zur Hinwirkung auf die Entwicklung und Einführung umweltfreundlicher Verfahren einschließlich der Bemühung um die Reduzierung der Abfall- und Abwassermengen sowie um eine schadlose Verwertung deX bei dem Betrieb anfallenden „Reststoffe".[85]

61 cc) Pflichten der Unternehmensleitung. Für die Unternehmensleitung besteht die Verpflichtung,

- die nach dem Gesetz **vorgeschriebenen Betriebsbeauftragten** in der erforderlichen Anzahl zu bestellen;
- die Betriebsbeauftragten **sachgerecht auszuwählen** (zum Betriebsbeauftragten darf nur bestellt werden, wer die zur Erfüllung der Aufgaben erforderliche Sachkunde und Zuverlässigkeit[86] besitzt);
- die Betriebsbeauftragten **schriftlich zu bestellen**; insbesondere in den Fällen, in denen mehrere Betriebsbeauftragte für einen Sachbereich bestellt werden, sind die ihnen im einzelnen obliegenden **Aufgaben genau zu bezeichnen** und sachgerecht sowie eindeutig voneinander abzugrenzen; die Bestellung des Betriebsbeauftragten muß der zuständigen Behörde **angezeigt** werden;
- bei der Bestellung mehrerer Betriebsbeauftragter für die erforderliche **Koordinierung** bei der Wahrnehmung ihrer Aufgaben untereinander zu sorgen;
- die Betriebsbeauftragten bei der Erfüllung ihrer Aufgaben zu **unterstützen** und ihnen insbesondere die hierfür erforderlichen **persönlichen und sachlichen Hilfsmittel** zur Verfügung zu stellen sowie für eine ausreichende **Aus- und Fortbildung** zu sorgen;
- vor **Investitionsentscheidungen** eine **Stellungnahme** des für das betreffende Ressort verantwortlichen Betriebsbeauftragten einzuholen;
- dafür zu sorgen, daß die Betriebsbeauftragten ihre Vorschläge und Bedenken unmittelbar dem Entscheidungsträger (Unternehmensleitung bzw. Werksleitung) vortragen können (sog. **Vortragsrecht**);
- dafür zu sorgen, daß die Betriebsbeauftragten wegen der Erfüllung der ihnen übertragenen Aufgaben nicht benachteiligt werden (sog. **Benachteiligungsverbot**).

---

[84] Szelinski, WiVerw. 1980, 266 (273f.).
[85] Stich, GewArch. 1976, 146 (149).
[86] RN 69ff.

I. Die Organisation des betrieblichen Umweltschutzes

dd) Auswahl und Bestellung der Betriebsbeauftragten 62
(1) Die Verpflichtung zur Bestellung von Betriebsbeauftragten. Die Entscheidung über die **Bestellung eines oder mehrerer Betriebsbeauftragten** steht nicht in der freien Entscheidung der Unternehmensleitung. In den einschlägigen umweltrechtlichen Bestimmungen ist im einzelnen vorgeschrieben, unter welchen Voraussetzungen welche Unternehmen welche Betriebsbeauftragten bestellen müssen; in Einzelfällen kann sich die Verpflichtung zur Bestellung eines Betriebsbeauftragten auch aus einer entsprechenden Anordnung der hierfür zuständigen Behörde ergeben.[87]

Zur Bestellung der Betriebsbeauftragten ist der für den jeweiligen Betrieb bzw. die jeweilige Anlage **Verantwortliche** verpflichtet. Nach der Terminologie der einschlägigen Umweltgesetze wird der Verantwortliche dabei entweder als „Betreiber"[88] oder als „Benutzer"[89] bezeichnet.[90] Betreiber ist, wer eine Anlage auf eigene Rechnung und in eigener Verantwortung betreibt; der Begriff des wasserrechtlichen „Benutzers" ist in § 3 WHG definiert.

Organisatorisch obliegt die Bestellung der Betriebsbeauftragten der jeweiligen Unternehmensleitung. Kommt sie ihrer Verpflichtung zur Bestellung eines Beauftragten nicht nach, so kann durch die nach dem jeweiligen Landesrecht zuständige Behörde eine Ordnungsverfügung erlassen und mit den Mitteln des Verwaltungszwangs durchsetzen.[91]

(2) Die notwendige Anzahl der zu bestellenden Betriebsbeauftragten. 63
Die notwendige **Anzahl** der zu bestellenden Betriebsbeauftragten ergibt sich aus den konkreten Bedürfnissen und Anforderungen der wirksamen Aufgabenerfüllung. Gesetzliche Vorgaben bestehen nur vereinzelt; wieviele Betriebsbeauftragte bestellt werden müssen, ist grundsätzlich der sachgerechten Entscheidung der hierfür verantwortlichen Unternehmensleitung vorbehalten.

Die Zahl der Beauftragten ist so zu bemessen, daß eine sachgerechte Erfüllung ihrer Aufgaben gewährleistet ist. Grundsätzlich soll für jeden Betrieb bzw. für jede genehmigungsbedürftige Anlage ein Beauftragter für den betreffenden Sachbereich bestellt werden. Sofern die Erfüllung der ihm übertragenen Aufgaben durch einen einzigen Beauftragten nicht gewährleistet ist, kann die zuständige Behörde anordnen, daß zusätzliche Beauftragte zu bestellen sind. Bei der Bestellung mehrerer Beauftragter für einen Betrieb bzw. Sachbereich müssen die Aufgabenbereiche eindeutig festgelegt und voneinander abgegrenzt werden.

---

[87] Brunner/Müller, Umweltpraxis im Betrieb, S. 71; Szelinski, WiVerw. 1980, 266 (278).
[88] So z. B. § 53 Abs. 1 BImSchG und § 11a Abs. 1 AbfG.
[89] So z. B. § 21a WHG.
[90] Szelinski, WiVerw. 1980, 266 (272).
[91] Brunner/Müller, Umweltpraxis im Betrieb, S. 71.

64 *(3) Gemeinsame Beauftragte.* Die Bestellung eines **gemeinsamen Betriebsbeauftragten** für mehrere Anlagen ist grundsätzlich zulässig, sofern die sachgemäße Erfüllung der gesetzlichen Aufgaben hierdurch nicht gefährdet wird.

65 *(4) Mehrfachbeauftragte.* Oft besteht für ein Unternehmen die Verpflichtung, Betriebsbeauftragte nach verschiedenen Umweltgesetzen für unterschiedliche Aufgabenbereiche zu bestellen (z. B. einen Immissionsschutz-, einen Abfall- und einen Gewässerschutzbeauftragten). Abgesehen von einzelnen Ausnahmen ist es grundsätzlich möglich, diese unterschiedlichen Aufgaben ein und derselben Person zu übertragen (sog. **Mehrfachbeauftragter**), sofern die ordnungsgemäße Aufgabenerledigung gewährleistet bleibt und der Beauftragte die Qualifikation für alle Aufgabenbereiche besitzt. In Einzelfällen wird für eine Mehrfachbeauftragung die Zustimmung der zuständigen Behörde verlangt.

66 *(5) Konzernbeauftragte.* Für Konzernunternehmen kann die zuständige Behörde unter Umständen auch die Bestellung eines für den gesamten Konzernbereich zuständigen Betriebsbeauftragten gestatten. Ausdrücklich geregelt ist dies für die Aufgabenbereiche des Immissionsschutz-, des Störfall- und des Abfallbeauftragten. Die Bestellung eines **Konzernbeauftragten** kann zur Koordinierung und besseren Informationsaustausch zwischen den einzelnen Konzernunternehmen sinnvoll sein. Bei der Bestellung eines Konzernbeauftragten muß jedoch darauf geachtet werden, daß die Aufgaben der Betriebsbeauftragten innerhalb der einzelnen Konzernunternehmen selbst nicht vernachlässigt werden.

67 *(6) Nicht-betriebsangehörige (externe) Betriebsbeauftragte.* Von praktischer Bedeutung ist schließlich auch die Möglichkeit, **externe Fachkräfte** als Betriebsbeauftragte zu bestellen. Die einschlägigen Umweltgesetze gehen zwar davon aus, daß es sich bei den Betriebsbeauftragen grundsätzlich um betriebsangehörige Mitarbeiter handelt. Die Bestellung von externen Betriebsbeauftragten ist ausdrücklich nur im Immissionsschutz- und in dem Abfallrecht zugelassen. Daraus kann jedoch nicht abgeleitet werden, daß die Beauftragten in allen anderen Fällen stets Angehörige des Betriebes sein müssen. Sofern nichts anderes ausdrücklich geregelt ist, ist vielmehr auch hier die Beauftragung externer Beauftragter grundsätzlich zulässig, sofern die sachgemäße Erledigung der gesetzlichen Aufgaben sichergestellt ist. In Einzelfällen ist die Bestellung von externen Betriebsbeauftragten von einer Zulassung durch die zuständige Behörde abhängig.

68 Gerade für kleinere und mittelständische Unternehmen, für die die Bestellung eines ausreichend qualifizierten betriebsangehörigen Umweltschutzbeauftragten in besonders spezialisierten Teilbereichen kaum tragbar wäre, wird damit ein wirksamer Umweltschutz vielfach überhaupt erst ermöglicht. Ob und gegebenenfalls inwieweit die Beauftragung externer Fachkräfte (auch unter finanziellen und organisatorischen Aspekten) sinnvoll ist, muß stets anhand des konkreten Einzelfalls entschieden werden.

(7) Auswahlkriterien. Als Betriebsbeauftragte dürfen nur solche Personen bestellt werden, die über die zur Erfüllung ihrer Aufgaben erforderliche **Fach- bzw. Sachkunde** und **Zuverlässigkeit** verfügen. Die Beurteilung der erforderlichen Qualifikationen und die Auswahl des Betriebsbeauftragten obliegt der Unternehmensleitung. Die zuständigen Behörden besitzen lediglich ein Interventionsrecht. Danach können sie die Bestellung eines anderen Betriebsbeauftragten verlangen, wenn die persönlichen und fachlichen Qualifikationen des bestellten Beauftragten nicht ausreichen. 69

Welche Voraussetzungen an die notwendige Fach- bzw. Sachkunde im Einzelfall geknüpft werden, ist nur zum Teil gesetzlich geregelt.[92] Die Spezialregelungen für die Immissionsschutz- und Störfallbeauftragten in der 5. BImSchV besitzen insoweit eine Leitbildfunktion. 70

„Fachkunde" setzt die erforderlichen Kenntnisse in dem betreffenden – ganzen – Fachgebiet voraus.[93] Demgegenüber bezieht sich die bloße „Sachkunde" nur auf einen bestimmten Betrieb bzw. eine bestimmte Anlage. Der Begriff „Sachkunde" enthält damit gegenüber dem Begriff „Fachkunde" ein Minus.[94] 71

Unabhängig von seinen fachlichen Fähigkeiten muß der Betriebsbeauftragte sowohl das Vertrauen der Unternehmensleitung als auch das der Mitarbeiter geniessen, um seine Funktionen und Aufgaben effektiv erfüllen zu können. Der Erfolg seiner Tätigkeit setzt nicht zuletzt seine hohe Akzeptanz und Motivationsfähigkeit bei den Mitarbeitern des Unternehmens voraus. Die Aufgaben des Betriebsbeauftragten verlangen daher nicht nur eine fachliche Qualifikation, sondern darüber hinaus auch eine nachhaltige **soziale Handlungskompetenz** mit folgenden Fähigkeiten: 72
- **Komplexe Disposition**: Kommunikationsfähigkeit, Kooperationsfähigkeit etc.;
- **Emotionale Fähigkeiten**: Souveränität, kritisches Engagement etc.;
- **Kognitive Fähigkeiten**: Kreativität, Abstraktionsfähigkeit, kritische Reflektion etc.

---

[92] Vgl. die Übersicht in Von Ebner UPR Special Band 5, 1994, 37 (48 f.).
[93] So ausdrücklich in § 8 Abs. 1 Nr. 1 der 5. BImSchV.
[94] Von Ebner, UPR Special Band 5, 1994, 37 (49); Szelinski, WiVerw 1980, 266 (276 f.); zu den Anforderungen der „Fachkunde" im einzelnen: VG Stade, Beschluß vom 10.07.1990–3 B 14/90; zu dem Begriff der „Zuverlässigkeit" im einzelnen: Von Ebner, UPR Special Band 5, 1994, 37.

73 (8) *Organisatorische Eingliederung.* Zur Vermeidung von Interessenkonflikten und Entscheidungsnotstandssituationen sollte der Betriebsbeauftragte regelmäßig **außerhalb der Linienverantwortung** unmittelbar der Unternehmensleitung oder – bei größeren Unternehmen – der Werksleitung unterstellt werden.[95] Aufgrund der spezifischen Aufgabenstellung des Betriebsbeauftragten verbietet es sich, daß einzelne Mitglieder der Unternehmensleitung oder der Werksleitung selbst die Funktion eines Betriebsbeauftragten übernehmen; andernfalls würde der „Kontrollierte" selbst zum „Kontrolleur" werden; Interessenkonflikte und Entscheidungsnotstandssituationen sind bei einer solchen Konstellation vorprogrammiert. Bei kleineren und mittleren Unternehmen ist es häufig nicht möglich, für die Aufgaben der Betriebsbeauftragten des Umweltschutzes eine selbständige eigene Stelle zu kreieren. Hier können daher Kompromisse erforderlich sein. Gerade in diesen Fällen besteht jedoch um so mehr die Aufgabe der Unternehmensleitung dafür zu sorgen, daß die Betriebsbeauftragten stets die notwendige „Rückendeckung" erhalten. Die Unternehmensleitung ist gehalten, durch ihre eigene engagierte Unterstützung für die notwendige Akzeptanz des Betriebsbeauftragten und Sensibilisierung bei den nachgeordneten Angestellten und Mitarbeitern zu sorgen.

74 Qualifizierte Betriebsbeauftragte sind keineswegs unliebsame „Kontrolleure", „Verhinderer" oder „Kostentreiber"; im Gegenteil können sie bei einer verantwortungsvollen Erledigung ihrer Aufgaben eine wichtige Trichterfunktion erfüllen, **wertvolle Impulse für unternehmensstrategische Innovationen** setzen sowie Kosteneinsparungen und Rationalisierungseffekte ermöglichen.[96] Nur in einem partnerschaftlichen Gesamtklima ist es dem Betriebsbeauftragten möglich, seine Aufgaben effektiv und unternehmensfördernd zu erfüllen.

75 (9) *Form der Bestellung.* Alle Betriebsbeauftragten müssen **schriftlich bestellt** werden. Sofern die Bestellung nicht schriftlich erfolgt, soll dies die Nichtigkeit der Bestellung zur Folge haben. Da die Nichtigkeit nur den Bestellungsakt und nicht das (arbeitsrechtliche bzw. dienstvertragsrechtliche) Grundverhältnis erfaßt, hat dies zur Konsequenz, daß der betroffene Beauftragte zwar nicht als Beauftragter im Sinne der gesetzlichen Vorschriften angesehen werden kann, im Rahmen seines Dienst- bzw. Angestelltenverhältnisses aber gleichwohl bei dem Unternehmen angestellt bzw. von dem Unternehmen beauftragt ist.

76 Im Interesse einer wirksamen Betriebsorganisation sollten die übertragenen Aufgaben in der **Bestellungsurkunde** genau bezeichnet werden. Der Katalog der übertragenen Aufgaben sollte in der Urkunde fortlau-

---

[95] Knopp/Striegl, BB 1992, 2009 (2016); Szelenski, WiVerw. 1980, 266 (275).
[96] Knopp/Striegl, BB 1992, 2009 (2016).

fend aktualisiert werden und sich auch in dem zu grundeliegenden Arbeits- bzw. Dienstvertrag wiederspiegeln.

Die Bestellung des Beauftragten muß **der zuständigen Behörde angezeigt** werden. Zumindest bei dem Immissionsschutzbeauftragten muß aus der Anzeige nicht nur hervorgehen, wer zum Betriebsbeauftragten bestellt worden ist. Insbesondere muß sich aus der Urkunde auch ergeben, welche Aufgaben dem Beauftragten übertragen und wie bei der Bestellung mehrerer Betriebsbeauftragter ihre Aufgaben voneinander abgegrenzt worden sind. Weiterhin muß die Anzeige die notwendigen Angaben über die Fachkunde und die Zuverlässigkeit des Beauftragten enthalten. Eine Verpflichtung zur Anzeige des Ausscheidens des Beauftragten soll nach zumindest herrschender Auffassung nicht bestehen; wenngleich es aber regelmäßig sinnvoll ist, sie im Zusammenhang mit der (pflichtigen) Anzeige der Bestellung des neuen Beauftragten zu tätigen. 77

ee) **Grundverhältnis.** Von der Bestellung zum Betriebsbeauftragten zu unterscheiden ist der Abschluß des jeweils zugrundeliegenden Arbeits- bzw. Dienstvertrages (sog. **Grundverhältnis**). Für das Grundverhältnis des angestellten Betriebsbeauftragten gelten die allgemeinen Regelungen des Arbeitsrechts mit folgenden Besonderheiten: 78

Für den in der Praxis häufigen – und regelmäßig auch sinnvollen – Fall, daß ein bereits bestehender Mitarbeiter als Betriebsbeauftragter bestellt wird, können sich eine Reihe **betriebsverfassungsrechtlicher Fragen** ergeben: 79

(1) Mehrere Umweltgesetze sehen vor, daß der Betreiber den **Betriebsrat** vor der Bestellung des jeweiligen Beauftragten unterrichten muß.[97] Entsprechendes gilt bei Veränderungen im Aufgabenbereich und bei der Abberufung des Beauftragten. Vereinzelt können die Beauftragten sogar nur mit Zustimmung des Betriebsrates bestellt und abberufen werden.[98] 80

(2) Unbeschadet dieser speziellen Regelungen können **Mitwirkungsrechte** des Betriebs gemäß §§ 99 ff. BetrVG bestehen, wenn es sich bei der Bestellung des Betriebsbeauftragten in Bezug auf das Grundverhältnis um eine Versetzung im Sinne von § 95 Abs. 3 BetrVG handelt, das heißt, wenn sich durch die Bestellung der Arbeitsbereich des Betroffenen verändert oder mit der Bestellung eine erhebliche Änderung der Umstände verbunden ist, unter denen seine Arbeit zu leisten ist. **Mitbestimmungsrechte** des Betriebsrates gemäß § 87 Abs. 1 Nr. 7 BetrVG bestehen dann, wenn der Beauftragte in den Arbeitsschutz integriert ist. 81

---

[97] So z.B. § 55 Abs. 1 a BImSchG für die Bestellung des Immissionsschutzbeauftragten.
[98] So beispielsweise Betriebsärzte und Fachkräfte für Arbeitssicherheit gemäß § 9 Abs. 2 ASiG.

82   Bei den oft gegensätzlichen Zielrichtungen eines Unternehmens – Bestrebungen zur Gewinnsteigerung einerseits, Bemühungen zur Vermeidung und Verminderung von Umweltbelastungen sowie zur Einführung umweltfreundlicher Verfahren andererseits – wird der Betriebsbeauftragte als das „Umweltgewissen" des Unternehmens nicht selten in eine „Frontstellung" gegenüber der Unternehmensleitung und den Betriebsleitern geraten. Um ihn vor Nachteilen zu schützen, sehen die Umweltgesetze ausdrücklich vor, daß die Beauftragten wegen der Erfüllung der ihnen übertragenen Aufgaben nicht benachteiligt werden dürfen (sog. **Benachteiligungsverbot**). Maßnahmen des Arbeitgebers, die gegen das Benachteiligungsverbot verstoßen, sind unwirksam.

83   Als „normaler Arbeitnehmer" kann der Betriebsbeauftragte unter Beachtung der arbeitsrechtlichen Schutzbestimmungen jedoch gleichwohl jederzeit aus seinem „Amt" als Betriebsbeauftragter **abberufen** werden. Soll der Beauftragte zugleich auch aus dem Grundverhältnis **entlassen** werden, gelten jedoch die allgemeinen arbeitsrechtlichen Vorschriften. Soll der Beauftragte lediglich von seiner Beauftragtenfunktion entbunden werden (ohne, daß das Grundverhältnis berührt wird), ist jedoch in der Regel die Zustimmung des Beauftragten oder eine Änderungskündigung erforderlich, da der Beauftragte mit seinem betreffenden Amt grundsätzlich einen „besonders herausgehobenen Arbeitsplatz" verliert.

84   Das Benachteiligungsverbot begründet regelmäßig keinen speziellen Kündigungsschutz. Ausnahmen bestehen lediglich für den Immissionsschutzbeauftragten:[99] Ist dieser zugleich Arbeitnehmer des Anlagenbetreibers, ist eine Kündigung des Arbeitsverhältnisses gemäß § 58 Abs. 2 BImSchG nur zulässig, wenn Tatsachen vorliegen, die den Arbeitgeber zu einer fristlosen Kündigung aus wichtigem Grund berechtigen. Um eine Umgehung des Kündigungsschutzes zu verhindern, z. B. indem die Unternehmensleitung den Beauftragten zunächst abbestellt und erst im Anschluß daran auch das Arbeitsverhältnis aufkündigt, genießen die Immissionsschutzbeauftragten auch einen **nachwirkenden Kündigungsschutz**. Nach der Abberufung eines Immissionsschutzbeauftragten ist eine Kündigung für die Dauer von einem Jahr unzulässig, sofern keine Tatsachen vorliegen, die den Arbeitgeber zur außerordentlichen Kündigung aus wichtigem Grund berechtigen.

ff) Haftung

85   *(1) Haftung des Betreibers.* Die einschlägigen Umweltgesetze enthalten für die Verletzung der im Zusammenhang mit der Verpflichtung zur Bestellung von Betriebsbeauftragten bestehenden Betreiberpflichten **Bußgeldtatbestände**. Unternehmen, die die für sie gesetzlich vorgeschriebenen Betriebsbeauftragten nicht bestellen oder gegen bestimmte Durchführungs-

---

[99] Vgl. aber auch zu den Besonderheiten bei dem Datenschutzbeauftragten, RN 173.

I. Die Organisation des betrieblichen Umweltschutzes

und/oder Organisationspflichten verstoßen, handeln ordnungswidrig und dokumentieren hierin zugleich Organisationsdefizite, die den Vorwurf eines Organisationsverschuldens rechtfertigen können. Umgekehrt vermag die Bestellung eines Betriebsbeauftragten die Unternehmensleitung für sich genommen nicht von ihren Leitungs- und Organisationspflichten zu befreien. Die zivilrechtliche Haftung und strafrechtliche Verantwortung des Unternehmens bzw. der einzelnen Mitglieder der Unternehmensleitung für die ordnungsgemäße Wahrnehmung ihrer **Leitungs- und Organisationspflichten** bleibt hiervon unberührt. Verletzt der Betriebsbeauftragte seine Pflichten und werden hierdurch bei Dritten Schäden hervorgerufen, so muß sich das Unternehmen das pflichtwidrige Verhalten des Betriebsbeauftragen zurechnen lassen; für den Schadensausgleich im Innenverhältnis zwischen dem Unternehmen und dem Betriebsbeauftragten können die Grundsätze der **gefahrengeneigten Arbeit** anwendbar sein.

(2) Haftung des Betriebsbeauftragten. Soweit der Betriebsbeauftragte seine Aufgaben verletzt, ist er hierfür persönlich sowohl **zivilrechtlich als auch strafrechtlich voll verantwortlich**. Schwieriger ist die Haftungs- und Verantwortungssituation in den Fällen, in denen der Betriebsbeauftragte seinen (lediglich unterstützenden und beratenden) Pflichten vollauf nachgekommen ist, er sich mit seinen Empfehlungen jedoch nicht hat durchsetzen können und deshalb Schäden oder sonstige Störfälle hervorgerufen worden sind. In diesen Fällen kommt es sowohl für die zivilrechtliche Haftung als auch für die straf- und ordnungsrechtliche Verantwortung des Betriebsbeauftragten entscheidend darauf an, in welchem Umfang er die Möglichkeit hatte, eigenverantwortlich auf den Betriebsablauf Einfluß zu nehmen. 86

Da die Betriebsbeauftragten nach ihrem gesetzlichen Leitbild lediglich unterstützende und beratende Funktionen besitzen und keine Entscheidungsgewalt ausüben, scheidet eine zivilrechtliche Haftung der Beauftragten für ein von der Erfüllung ihrer gesetzlichen Aufgaben unabhängiges Organisationsverschulden nach überwiegender Auffassung ebenso aus, wie eine strafrechtliche Verantwortung[99a]. Grundsätzlich sehen die einschlägigen Umweltgesetze keine unmittelbare Organisations- bzw. Erfolgsverantwortung des Betriebsbeauftragten vor, so daß diese in der Regel auch keine **Garantenstellung** für die ordnungsgemäße Organisation des Unternehmens einnehmen. 87

Etwas anderes kann sich jedoch in den Fällen ergeben, in denen dem Betriebsbeauftragten zusätzlich zu seinen gesetzlichen Aufgaben Ent-

---

[99a] Gieseke/Wiedemann/Czychowske. Wasserhaushaltsgesetz-Kommentar, 6. Auflage, § 324 StGB RN. 24; Köhler. ZfW 1976. 344; Rehbinder, Betriebsbeauftragter, S. 13; Truxa, ZfW 1980, 224; Wernicke, NJW 1977, 1663; a. A.: Herrmann, ZStW 1991, 299; Horn, NJW 1981, 10; Salzwedel, ZfW 1980, 213; Salzwedel, Umweltrecht, S. 608.

scheidungskompetenzen und Weisungsbefugnisse eingeräumt werden und er damit in die Linienverantwortung einbezogen wird[99b]. In diesen Fällen ist der Betriebsbeauftragte in seinem Aufgabenbereich auch organisatorisch verantwortlich, mit der Folge, daß er in eine grundsätzliche zivilrechtliche Haftung und strafrechtliche Verantwortung einrückt. Auch daran wird deutlich, wie wichtig es ist, den Betriebsbeauftragten organisatorisch möglichst außerhalb der Linienverantwortung in Stabsfunktion unmittelbar an die Geschäfts- bzw. Werksleitung anzubinden[99c].

Unabhängig davon unterliegt der Betriebsbeauftragte aber selbstverständlich der zivilrechtlichen Haftung und strafrechtlichen Verantwortung für die ordnungsgemäße Ausübung seiner gesetzlichen Pflichten. Ferner kann eine Strafbarkeit in Form der Beihilfe[99d] an der Tat des im Betrieb Verantwortlichen[99e] in Betracht kommen, wenn der Haftungs- bzw. Verbotsfall bei ordnungsgemäßer Erfüllung der gebotenen Kontroll-, Informations- und/oder Initiativpflichten des Betriebsbeauftragten vermieden worden wäre.

88 In einer Grundsatzentscheidung zur strafrechtlichen Verantwortlichkeit von Betriebsbeauftragten im Umweltschutz hat das Oberlandesgericht Frankfurt am Main am 22.05. 1987 (1 Ss 401/86, NJW 1987, 2753) folgende Feststellungen getroffen:

„... Täter innerhalb eines Unternehmens ist der für den Gewässerschutz letztlich Verantwortliche oder die von ihm bevollmächtigte Person. ... Dies bestimmt sich nach den allgemeinen Regeln, namentlich nach § 14 StGB. ...

Ausweislich der festgestellten Tatsachen kann dem weiteren Angeklagten (als Gewässerschutzbeauftragtem) nur ein Unterlassen hinsichtlich der nachteiligen Veränderung des Gewässers vorgeworfen werden. Tauglicher Täter eines Unterlassungsdelikts ist gemäß § 13 StGB nur derjenige, der eine Garantenstellung hat, d. h., der aus Rechtsgründen dafür einstehen muß, daß der strafrechtlich mißbilligte Erfolg nicht eintritt. Im Regelfall ist davon auszugehen, daß sich der Pflichtenkreis des Gewässerschutzbeauftragten auf die gesetzlichen Anforderungen des § 21b WHG beschränkt, d. h., daß er im Blick auf das Gewässer nicht als sogenannter „Schutzgarant", sondern als Überwachungsgarant anzusehen ist. ... Er hat somit nicht für die Reinheit des Wassers, sondern nur für die Erfüllung seiner gesetzlichen ... Kontroll-, Informations- und Initiativpflichten einzustehen. Aus der gesetzlichen Regelung ergibt sich ferner, daß der Gewässerschutzbeauftragte keine Entscheidungsbefugnis bzw. Anordnungsbefugnis hat. In § 21e WHG ist lediglich bestimmt, daß er seine Vorschläge oder Bedenken unmittelbar der entscheidenden Stelle vortragen kann. Mangels Entscheidungsbefugnis kann ein Gewässerschutzbeauftragter daher in der Regel nicht als Täter angesehen werden. ... In diesen Fällen ist aber stets zu

---

[99b] OLG Frankfurt, ZfW 1988, 241; Gieseke/Wiedemann/Czychowski, Wasserhaushaltsgesetz-Kommentar, 6. Auflage, § 324 StGB, RN. 24; Schendel, Probleme des Umweltstrafrechts in: Meinberg-Möhrenschlager-Link, Umweltstrafrecht, S. 254.

[99c] OLG Frankfurt, ZfW 1988, 241; Gieseke/Wiedemann/Czychowski, Wasserhaushaltsgesetz-Kommentar, 6. Auflage, § 324 StGB, RN. 24; Ranft, ZStW 97, 268; vgl. auch Wernicke, NJW 1977, 1663.

[99d] § 27 StGB.

[99e] „Entscheidende Stelle" i. S. v. § 21e WHG.

I. Die Organisation des betrieblichen Umweltschutzes

prüfen, ob nicht neben der Bestellung zum Gewässerschutzbeauftragten eine betriebsinterne Übertragung von Entscheidungsbefugnissen stattgefunden hat. Soweit ihm im Rahmen der Betriebsorganisation auch Entscheidungs- und Anordnungsbefugnisse übertragen worden sind, die nicht auf seiner Stellung als Gewässerschutzbeauftragter beruhen, sondern primär einen Bezug auf Produktionssteuerung und Abwasseranfall haben, kann sich eine sogenannte Beschützergarantenstellung ergeben, die zu einer Bestrafung als Täter führt. . . ."

Zur Abgrenzung von Täterschaft und Teilnehmern:
„Soweit das Tatgericht zu der Auffassung gelangt, daß eine derartige Übertragung nicht vorliegt, ist eine Bestrafung als Teilnehmer in Betracht zu ziehen. Eine Teilnehmerverantwortlichkeit setzt voraus, daß der Gehilfe zu der nachteiligen Veränderung des Gewässers Hilfe geleistet hat, indem er pflichtwidrig als Garant seinen Kontroll-, Informations- und Initiativpflichten nicht nachgekommen ist, obwohl ihm das möglich und zumutbar war. Die ... vorwerfbaren Handlungsdefizite könnten darin gesehen werden, daß er es unterließ, der Betriebsleitung eine Warnung zukommen zu lassen. . . . Ein Hilfeleisten durch Unterlassen ist jedoch nur dann anzunehmen, wenn die Verschmutzung oder nachteilige Veränderung des Mains durch die gebotenen Kontroll-, Informations- oder Initiativpflichten abgewendet oder zumindest die Vollendung oder Fortsetzung der strafbaren Handlung erschwert hätte. . . ."

b) Der Betriebsbeauftragte für Immissionsschutz

aa) Rechtsgrundlagen. §§ 53 ff. Bundesimmissionsschutzgesetz (BImSchG); 89

5. Verordnung zur Durchführung des BImSchG (Verordnung über Immissionsschutz- und Störfallbeauftragte – 5. BImSchV)

bb) Adressaten. Die **Verpflichtung zur Bestellung** eines oder mehrerer Betriebsbeauftragter für Immissionsschutz ergibt sich aus § 53 BImSchG in Verbindung mit § 1 Abs. 1 der 5. BImSchV. Danach sind alle Betreiber einer im Anhang I der 5. BImSchV bezeichneten genehmigungsbedürftigen Anlage verpflichtet, einen Betriebsangehörigen als Immissionsschutzbeauftragten zu bestellen. Befreiungen sind nach § 6 der 5. BImSchV aufgrund von behördlichen Ausnahmeentscheidungen möglich. 90

Unter besonderen Umständen[100] können die zuständigen Behörden die Bestellung eines oder mehrerer Immissionsschutzbeauftragter gemäß § 52 Abs. 2 BImSchG auch für **sonstige Anlagen** anordnen, soweit dies wegen der Art und/oder der Größer der genehmigungsbedürftigen Anlage, infolge der von ihr ausgehenden Emissionen, wegen technischer Probleme bei der Emissionsbegrenzung oder der Eigenschaft der Erzeugnisse – bei bestimmungsgemäßer Verwendung schädliche Umwelteinwirkungen durch Luftverunreinigungen, Geräusche oder Erschütterungen hervorzurufen – im Einzelfall erforderlich ist. 91

Gemäß § 2 der 5. BImSchV können die zuständigen Behörden ferner anordnen, daß im Einzelfall **mehrere Immissionsschutzbeauftragte** für eine Anlage bestellt werden müssen; die Zahl der Beauftragten ist so zu

---

[100] Vgl. hierzu Landmann/Rohmer/Hansmann, Umweltrecht, vor § 1 5. BImSchV RN 3.

bemessen, daß eine sachgerechte Erfüllung der in § 54 BImSchG bezeichneten Aufgaben gewährleistet ist.

92 **cc) Aufgaben und Befugnisse.** Gemäß § 54 BImSchG berät der Immissionsschutzbeauftragte den Betreiber der genehmigungsbedürftigen Anlage und die Betriebsangehörigen in allen Angelegenheiten, die für den betrieblichen Immissionsschutz bedeutsam sein können. Er ist insbesondere berechtigt und verpflichtet,
(1) auf die Entwicklung und Einführung
- **umweltfreundlicher Verfahren,** einschließlich Verfahren zur Vermeidung bzw. ordnungsgemäßen und schadlosen Verwertung der bei dem Betrieb entstehenden Reststoffe oder deren Beseitung als Abfall sowie zur Nutzung von entstehender Wärme,
- umweltfreundlicher Erzeugnisse;
(2) die **Einhaltung der Vorschriften des BImSchG** und der dazu **erlassenen Rechtsverordnungen** sowie die Bedingungen und **Auflagen der Anlagengenehmigung** zu **überwachen** (soweit dies nicht bereits Aufgabe der Störfallbeauftragten nach § 58b Abs. 1 BImSchG ist). Zu den Überwachungsaufgaben gehören insbesondere die regelmäßige Kontrolle der Betriebsstätte, Messungen von Emissionen bzw. Immissionen, die Mitteilung festgestellter Mängel sowie die Ausarbeitung und Präsentation von Vorschlägen über Maßnahmen zur Beseitigung dieser Mängel;
(3) die Betriebsangehörigen über die von der Anlage verursachten schädlichen Umwelteinwirkungen **aufzuklären** sowie über die Einrichtungen und Maßnahmen zu ihrer Verhinderung unter Berücksichtigung der sich aus dem BImSchG oder der diversen Durchführungsverordnungen des BImSchG ergebenden Pflichten.

93 Nach § 54 Abs. 2 BImSchG ist der Betriebsbeauftragte für Immissionsschutz verpflichtet, dem Anlagenbetreiber jährlich einen **Bericht** über die getroffenen und beabsichtigten Maßnahmen seines Aufgabenbereichs zu erstatten. Er ist berechtigt, seine Vorschläge und Bedenken unmittelbar der Geschäftsleitung vorzutragen (§ 57 BImSchG). Das **Vortragsrecht** muß durch geeignete innerbetriebliche Organisationsmaßnahmen sichergestellt sein.

94 Die Unternehmensleitung ist nach § 55 Abs. 4 BImSchG verpflichtet, den Immissionsschutzbeauftragten bei der Erfüllung seiner Aufgaben zu **unterstützen** und ihm die erforderlichen Räumlichkeiten, Einrichtungen, Geräte und sonstigen Sachmittel sowie das zur Erfüllung seiner Aufgaben erforderliche Personal zur Verfügung zu stellen und ihm die Teilnahme an Schulungen und Fortbildungsveranstaltungen zu ermöglichen.

95 Vor **Investitionsentscheidungen** und Entscheidungen über die Einführung von neuen Verfahren und Erzeugnissen, die für den Immissionsschutz bedeutsam sein können, ist die Unternehmensleitung verpflichtet,

I. Die Organisation des betrieblichen Umweltschutzes

eine Stellungnahme des Immissionsschutzbeauftragten einzuholen (§ 56 BImSchG). Die Stellungnahme hat jedoch lediglich beratenden Charakter und besitzt keine Bindungswirkung.

dd) Persönliche und fachliche Qualifikation. Der Immissionsschutzbeauftragte muß die zur Erfüllung seiner Aufgaben erforderliche **Fachkunde und Zuverlässigkeit** besitzen.[101] Die Anforderungen an die **Fachkunde** sind im einzelnen in § 7 und § 8 der 5. BImSchV festgelegt. Die konkreten Anforderungen orientieren sich an dem Umfang und dem Inhalt der übertragenen Aufgaben, der Größe des Unternehmens und der Komplexität der zu überwachenden Produktionsprozesse. Als Voraussetzung für den Nachweis der erforderlichen Fachkunde schreibt § 7 der 5. BImSchV grundsätzlich einen Hochschulabschluß auf den Gebieten des Ingenieurwesens, der Chemie oder der Physik sowie eine zweijährige praktische Tätigkeit an vergleichbaren Anlagen vor. Ausnahmen sind nach § 8 der 5. BImSchV im jeweiligen Einzelfall mit Zustimmung der zuständigen Behörde möglich. Nach § 7 Nr. 2 5. BImSchV ist für den Nachweis der erforderlichen Fachkunde ab dem 01.02. 1994 zusätzlich die Teilnahme an einem oder mehreren von der zuständigen obersten Landesbehörde anerkannten **Lehrgängen** erforderlich, in denen die in Anhang II der 5. BImSchV aufgeführten Kenntnisse vermittelt werden. Gemäß § 9 der 5. BImSchV hat der Betreiber ferner dafür Sorge zu tragen, daß der Beauftragte regelmäßig, mindestens jedoch alle zwei Jahre, an Fortbildungsmaßnahmen teilnimmt. Die Anforderungen an die **Zuverlässigkeit** ergeben sich im einzelnen aus § 10 der 5. BImSchV. 96

ee) Bestellung. Die Unternehmensleitung ist verpflichtet, den Immissionsschutzbeauftragten schriftlich zu bestellen. Die ihm zugewiesenen Aufgaben müssen dabei genau bezeichnet werden. Vor der Bestellung des Immissionsschutzbeauftragten ist die Unternehmensleitung verpflichtet, den Betriebsrat unter Angabe der für den Beauftragten vorgesehenen Aufgaben zu unterrichten. Entsprechendes gilt bei einer Veränderung des Aufgabenbereichs des Beauftragten und/oder seiner Abberufung. 97

Die Unternehmensleitung ist verpflichtet, der zuständigen Behörde die Bestellung des Immissionsschutzbeauftragten, seine Aufgaben, eventuelle Veränderungen seines Aufgabenbereichs sowie seine eventuelle Abberufung unverzüglich **anzuzeigen.** 98

Der Gesetzgeber geht von dem Regelfall aus, daß für jede genehmigungsbedürftige Anlage ein Immissionsschutzbeauftragter bestellt wird. Nur in besonders zu begründenden Einzelfällen ist die zuständige Behörde berechtigt, mehrere Immissionsschutzbeauftragte für eine einzelne Anlage zu verlangen. Werden mehrere Immissionsschutzbeauftragte be- 99

---

[101] Vgl. § 55 Abs. 2 BImSchG.

stellt, ist die Unternehmensleitung verpflichtet, für die erforderliche Koordinierung bei der Wahrnehmung ihrer Aufgaben zu sorgen; hierzu ist unter anderem regelmäßig ein „**Ausschuß für Umweltschutz**" zu bilden. Die Unternehmensleitung ist auch dann zu entsprechenden Koordinierungsmaßnahmen verpflichtet, wenn neben einem oder mehreren Immissionsschutzbeauftragten zugleich auch noch Betriebsbeauftragte nach anderen gesetzlichen Vorschriften bestellt werden (Störfallbeauftragter, Abfallbeauftragter etc.). Die Unternehmensleitung ist schließlich auch dazu verpflichtet, für ein ordnungsgemäßes Zusammenarbeiten zwischen dem Betriebsbeauftragten einerseits und den im Bereich des Arbeitsschutzes beauftragten Personen anderseits zu sorgen.

100 Grundsätzlich soll für jede genehmigungsbedürftige Anlage ein gesonderter Immissionsschutzbeauftragter bestellt werden. Nach § 3 der 5. BImSchV ist es jedoch möglich, für mehrere Anlagen einen **gemeinsamen Immissionsschutzbeauftragten** zu bestellen, sofern die sachgemäße Erfüllung der ihm obliegenden Aufgaben hierdurch nicht gefährdet wird.

101 Der Immissionsschutzbeauftragte kann neben den Aufgaben des Immissionsschutzes auch die Aufgaben eines Beauftragten nach den Bestimmungen anderer Umweltgesetze wahrnehmen (sog. **Mehrfachbeauftragter**). So ist es beispielsweise möglich, die Funktionen des Betriebsbeauftragten für Immissionsschutz in die des Beauftragten für Gewässerschutz und des Beauftragten für Abfall auf ein und dieselbe Person zu vereinigen. Zur Verfolgung eines effizienten und zugleich rationellen Umweltschutzes ist eine entsprechende Bündelung im Regelfall sogar sinnvoll. Insbesondere bei Kleinbetrieben und mittelständischen Unternehmen hat es sich in der Unternehmenspraxis bewährt, für die drei Grundbereiche des betrieblichen Umweltschutzes, den Immissionsschutz und den Gewässerschutz sowie die Abfallwirtschaft, einen gemeinsamen Betriebsbeauftragten (sog. Mehrfachbeauftragten) zu bestellen.

102 Ist der Anlagenbetreiber unter der einheitlichen Leitung eines herrschenden Unternehmens zusammengefaßt (Konzern), ist es unter den Voraussetzungen des § 4 der 5. BImSchV möglich, mit Gestattung der zuständigen Behörde einen gemeinsamen Immissionsschutzbeauftragten für den **Konzernbereich** zu bestellen.[102]

103 § 1 Abs. 1 der 5. BImSchV geht davon aus, daß grundsätzlich nur Betriebsangehörige zum Immissionsschutzbeauftragten bestellt werden. Mit Zustimmung der zuständigen Behörde können jedoch auch **externe Berater** als Immissionsschutzbeauftragte bestellt werden. Gemäß § 5 Abs. 1 der 5. BImSchV soll die Behörde die Bestellung externer Berater gestatten, wenn die sachgemäße Erfüllung der in § 54 BImSchG bezeichneten Aufgaben nicht gefährdet wird.

---

[102] Vgl. zu weiteren Einzelheiten: Landmann/Rohmer/Hansmann, Umweltrecht, § 4 5. BImSchV RN 5 ff.

c) Der Störfallbeauftragte

aa) Rechtsgrundlagen. §§ 58a ff. Bundesimmissionsschutzgesetz (BImSchG) 5. Verordnung zur Durchführung des BImSchG (Verordnung über Immissionsschutz- und Störfallbeauftragte – 5. BImSchV)

104

bb) Adressaten. Gemäß § 58a BImSchG in Verbindung mit § 1 Abs. 2 der 5. BImSchV sind die Betreiber von Anlagen im Sinne von § 1 Abs. 2 der Störfall-Verordnung verpflichtet, einen betriebsangehörigen Störfallbeauftragten zu bestellen. Ausnahmen können sich durch Befreiung durch die zuständige Behörde gemäß § 6 der 5. BImSchV ergeben.

105

Gemäß § 58a Abs. 2 BImSchG kann die zuständige Behörde anordnen, daß Betreiber genehmigungsbedürftige Anlagen, für die die Bestellung eines Störfallbeauftragten nicht allgemein vorgeschrieben ist, einen oder mehrere Störfallbeauftragte bestellen müssen, soweit dies im Hinblick auf die Art und Größe der Anlage wegen der bei einer Störung des bestimmungsgemäßen Betriebs auftretenden Gefahren für die Allgemeinheit und die Nachbarschaft im Einzelfall erforderlich ist.

cc) Aufgaben und Befugnisse. Gemäß § 58c BImSchG (vgl. jedoch auch § 58c Abs. 3 BImSchG) berät der Störfallbeauftragte den Betreiber in allen Angelegenheiten, die für die Sicherheit der Anlage bedeutsam sein können. Er ist berechtigt und verpflichtet,

106

(1) auf die **Verbesserung der Sicherheit** der Anlage hinzuwirken;
(2) dem Betreiber bekanntgewordene Störungen des bestimmungsgemäßen Betriebes unverzüglich **mitzuteilen;**
(3) **die Einhaltung der Vorschriften** des BImSchG und der hierzu erlassenen Rechtsverordnungen sowie die Erfüllung erteilter Bedingungen und **Auflagen im Hinblick auf die Verhinderung von Störungen des bestimmungsgemäßen Betriebes der Anlage zu überwachen, insbesondere** durch die Kontrolle der Betriebsstätte in regelmäßigen Abständen, die Mitteilung festgestellter Mängel und Vorschläge zur Beseitigung dieser Mängel;
(4) **Mängel,** die den vorbeugenden und abwehrenden Brandschutz sowie die technische Hilfeleistung betreffen, unverzüglich dem Betreiber zu melden.

Gemäß § 58b Abs. 2 BImSchG muß der Störfallbeauftragte dem Betreiber darüber hinaus jährlich einen **Bericht** über die getroffenen und beabsichtigten Maßnahmen erstatten. Er ist verpflichtet, die von ihm ergriffenen Maßnahmen schriftlich aufzuzeichnen und mindestens fünf Jahre aufzubewahren. Vor **Investitionsentscheidungen,** vor der Planung von Betriebsanlagen und vor der Einführung von neuen Arbeitsverfahren und Arbeitsstoffen muß der Anlagenbetreiber eine Stellungnahme des Störfallbeauftragen einholen (§ 58c Abs. 2 BImSchG). Ferner ist der

107

Beauftragte berechtigt, seine **Vorschläge und Bedenken** unmittelbar der Geschäftsleitung vorzutragen.

108 **dd) Persönliche und fachliche Qualifikation.** Als Störfallbeauftragter darf nur bestellt werden, wer die zur Erfüllung seiner Aufgaben erforderliche **Fachkunde und Zuverlässigkeit** besitzt. Die Anforderungen an die erforderliche Fachkunde ergeben sich im einzelnen aus § 7 in Verbindung mit Anhang II. B und § 8 der 5. BImSchV. In der Regel wird der Abschluß eines Studiums auf den Gebieten des Ingenieurwesens, der Chemie oder Physik gefordert. Eine technische Fachschulausbildung kann gemäß § 8 Abs. 1 Nr. 1 der 5. BImSchV als Voraussetzung der Fachkunde anerkannt werden, wenn sie auf einem Fachgebiet erworben wurde, dem die betreffende Anlage hinsichtlich ihrer Anlagen- oder Verfahrenstechnik oder ihres Betriebes zuzuordnen ist. Eine Ausbildung in anderen Fachgebieten kann nach § 8 Abs. 2 der 5. BImSchV nur unter bestimmten Voraussetzungen (Gleichwertigkeit) anerkannt werden. Ab dem 01. 02. 1994 wird als Voraussetzung der Fachkunde unter anderem auch die Teilnahme an **anerkannten Lehrgängen** im Sinne von § 7 Nr. 2 der 5. BImSchV gefordert. Die Anforderungen der erforderlichen **Zuverlässigkeit** ergeben sich im einzelnen aus § 10 der 5. BImSchV.

109 Gemäß § 9 der 5. BImSchV hat der Anlagenbetreiber dafür Sorge zu tragen, daß der Beauftragte regelmäßig, mindestens jedoch alle zwei Jahre, an **Fortbildungsmaßnahmen** mit dem dort angegebenen Inhalt teilnimmt.

110 **ee) Bestellung.** Die Bestellung erfolgt **schriftlich durch den Betreiber** der genehmigungspflichtigen Anlage. Vor der Bestellung muß der Betreiber den Betriebs- und Personalrat unter Angabe der zur Übertragung beabsichtigten Aufgaben unterrichten. Der Anlagenbetreiber muß der zuständigen Behörde die Bestellung des Störfallbeauftragten, seine Aufgaben sowie eventuelle Veränderungen seines Aufgabenbereichs und dessen Abberufung unverzüglich anzeigen. Werden mehrere Beauftragte bestellt, muß der Betreiber für die erforderliche Koordinierung sorgen; diese erfolgt u. a. durch die Bildung eines „**Ausschusses für Umweltschutz**". Entsprechendes gilt, wenn neben dem Störfallbeauftragen auch noch weitere Beauftragte für andere Aufgabenbereiche bestellt werden.

111 Der Störfallbeauftragte kann zugleich auch Beauftragter nach anderen, dem Umweltschutz dienenden Bestimmungen sein. Gemäß § 1 Abs. 3 in Verbindung mit § 3 der 5. BImSchV dürfen von dem Störfallbeauftragten insbesondere auch die Aufgaben des Immissionsschutzbeauftragten wahrgenommen werden, sofern die sachgemäße Erfüllung der ihm übertragenen Aufgaben hierdurch nicht beeinträchtigt wird.

Für die Beauftragung eines **Konzernbeauftragten** und/oder **externer Beauftragter** gelten die Ausführungen zu dem Bundesimmissionsschutzbeauftragten entsprechend.

Kummer

I. Die Organisation des betrieblichen Umweltschutzes

d) Der Betriebsbeauftragte für Abfall

aa) Rechtsgrundlagen. §§ 11 a ff. Abfallgesetz (AbfG), Verordnung 112 über Betriebsbeauftragte für Abfall.

bb) Adressaten. Die **Verpflichtung zur Bestellung** eines Abfallbeauf- 113 tragten besteht für alle Betreiber von **ortsfesten Abfallbeseitigungsanlagen** (§ 4 Abs. 1 AbfG) und für die Betreiber von **Produktionsanlagen**, in denen regelmäßig Abfälle im Sinne von § 2 Abs. 2 AbfG (**Sondermüll**) anfallen.

Hinsichtlich der Abfallbeseitigungsanlagen wird diese Pflicht in § 1 114 der „Verordnung über Betriebsbeauftragte für Abfall" für bestimmte Anlagen mit einem festgesetzten Durchsatz beschränkt. Bei der in der Praxis zu beobachtenden Konzentration von Abfallbeseitigungseinrichtungen zu Anlagen mit großem Durchsatz hat diese Einschränkung allenfalls für noch vereinzelt bestehende Kleinstanlagen Bedeutung. Prinzipiell kann davon ausgegangen werden, daß alle nennenswerten Anlagen von der Pflicht zur Bestellung eines Betriebsbeauftragten erfaßt werden.

Schwieriger handhabbar ist wegen der komplizierten Verweisungs- 115 technik die Verpflichtung bei Produktionsanlagen mit einem bestimmten Abfallanfall. Ein Betriebsbeauftragter ist für solche Anlagen nur dann zu bestellen, wenn Abfälle im Sinne von § 2 Abs. 2 AbfG anfallen. Die Verordnung für Betriebsbeauftragte für Abfall verweist insoweit in § 1 Abs. 2 S. 2 direkt auf die Verordnung zur Bestimmung von Abfällen nach § 2 Abs. 2 des Abfallbeseitigungsgesetzes (sog. Abfallbestimmungs-Verordnung, BGBl. 1977 S. 773).

Unabhängig davon kann die zuständige Behörde die Bestellung eines 116 Abfallbeauftragten im Einzelfall anordnen, wenn dieser wegen besonderer Schwierigkeiten bei der Entsorgung der Abfälle erforderlich ist.

cc) Aufgaben und Befugnisse. Der Betriebsbeauftragte für Abfall ist 117 berechtigt und verpflichtet,

(1) den Weg der Abfälle von ihrer Entstehung bzw. Anlieferung bis zu ihrer Entsorgung zu überwachen,

(2) die Einhaltung der für die Entsorgung von Abfällen geltenden Gesetze und Rechtsverordnungen sowie der aufgrund dieser geltenden Vorschriften erlassenen Anordnungen, Bedingungen und Auflagen zu überwachen, regelmäßige Kontrollen der Betriebsstätte durchzuführen, festgestellte Mängel mitzuteilen und Vorschläge zur Mängelbeseitigung zu unterbreiten,

(3) die Betriebsangehörigen über schädliche Umwelteinwirkungen der Abfälle aufzuklären und sie über Einrichtungen und Maßnahmen zur Abfallverhinderung unter Berücksichtigung der einschlägigen Abfallgesetze und Rechtsverordnungen zu informieren,

Kummer

(4) in Betrieben, in denen regelmäßig besonders überwachungsbedürftige (gefährliche) Abfälle im Sinne von § 2 Abs. 2 AbfG (Sondermüll) anfallen und die in § 1 Abs. 2 BetriebsbeauftragtenV aufgezählt sind,
- auf die Entwicklung und Einführung umweltfreundlicher Verfahren zur Abfallreduzierung,
- auf die ordnungsgemäße und schadlose Verwertung der im Betrieb entstehenden Reststoffe und
- soweit eine Verwertung technisch nicht möglich oder unzumutbar ist, auf die ordnungsgemäße Entsorgung dieser Reststoffe als Abfälle,

hinzuwirken,

(5) bei dem Betrieb von Abfallentsorgungsanlagen auf Verbesserungen des Entsorgungsverfahrens und eine Verwertung der Abfälle hinzuwirken.

118   Der Abfallbeauftragte muß dem Betreiber der betreffenden Anlage jährlich einen Bericht über die in seinem Aufgabenbereich getroffenen und beabsichtigten Maßnahmen zukommen lassen (sog. **Berichtspflicht**). Er ist berechtigt, seine Vorschläge und Bedenken der Geschäftsleitung unmittelbar vorzutragen. Vor Investitionsentscheidungen, die für die Abfallentsorgung bedeutsam sein können, muß seine Stellungnahme eingeholt werden.

119   Dem Betriebsbeauftragten müssen die zur Erfüllung seiner Aufgaben benötigten Hilfsmittel zur Verfügung gestellt werden.

120   dd) **Persönliche und fachliche Qualifikationen.** Gemäß § 13 c Abs. 2 S. 2 AbfG muß der Betriebsbeauftragte für Abfall die zur Erfüllung seiner Aufgabe erforderliche Sachkunde und Zuverlässigkeit besitzen.

e) Der Betriebsbeauftragte für Gewässerschutz

121   aa) **Rechtsgrundlagen.** §§ 21 a ff. Wasserhaushaltsgesetz (WHG)

122   bb) **Adressaten.** Die Verpflichtung zur Bestellung eines Betriebsbeauftragten für Gewässerschutz richtet sich an **Benutzer von Gewässern**. Eine „Wassernutzung"[103] im Sinne des WHG liegt u. a. vor bei
- dem Entnehmen und Ableiten von Wasser aus oberirdischen Gewässern,
- dem Entnehmen fester Stoffe aus oberirdischen Gewässer, soweit dies auf den Zustand des Gewässers oder auf den Wasserabfluß einwirkt,
- dem Einbringen und Einleiten von Stoffen in oberirdische Gewässer,
- dem Einleiten von Stoffen in das Grundwasser,
- dem Entnehmen, Zutagefördern, Zutageleiten und Ableiten von Grundwasser,
- dem Aufstauen, Absenken und Umleiten von Grundwasser durch Anlagen die hierzu bestimmt oder geeignet sind, sowie
- allen sonstigen Maßnahmen, die geeignet sind, dauernd oder in einem nicht unerheblichen Ausmaß schädliche Verunreinigungen der physika-

---

[103] Vgl. § 3 WHG.

lischen, chemischen oder biologischen Beschaffenheit des Wassers im Sinne von § 1 WHG herbeizuführen.

Konkret sind solche „Benutzer von Gewässern" generell zur Bestellung eines Gewässerschutzbeauftragten verpflichtet, die aufgrund einer wasserrechtlichen Erlaubnis oder Bewilligung als Direkteinleiter[104] berechtigt sind, an einem Tag insgesamt mehr als 750 Kubikmeter Abwasser einzuleiten. Maßgeblich ist dabei lediglich die Möglichkeit einer entsprechenden Einleitungsmenge auf der Grundlage der betroffenen Erlaubnis/Bewilligung; ob die zulässige Einleitungsmenge tatsächlich ausgeschöpft wird, ist unerheblich. Bei der Ermittlung der Einleitungsmenge kommt es nicht auf die Einleitung durch die jeweiligen Einzelanlage, sondern – insbesondere auch bei mehreren Einleitungen eines Betriebes – auf die Gesamtabwassermenge an, die von dem betreffenden Betrieb direkt eingeleitet wird.[105] Abzusetzen sind allerdings diejenigen Abwassermengen, die nicht direkt abgeleitet werden, sondern beispielsweise einer kommunalen Kläranlage zugeführt werden.[106] Einleitungen aus betriebseigenen Kläranlagen sind hingegen wiederum einzubeziehen.

123

Darüber hinaus kann eine Verpflichtung zur Bestellung eines Gewässerschutzbeauftragten auf Einzelfallanordnung durch die zuständige Behörde erfolgen, und zwar
(1) bei (direkter oder indirekter) Einleitung von Abwasser in Gewässer oder Abwasseranlagen[107] sowie
(2) bei einem Betrieb von Anlagen zum Umgang mit wassergefährdenden Stoffen.[108]

124

Zur Zeit ist bei den Behörden die Neigung festzustellen, bei nahezu allen Einleitungsgenehmigungen zugleich auch die Bestellung eines oder sogar mehrerer Gewässerschutzbeauftragter anzuordnen, und zwar selbst bei geringen Abwassermengen oder Schadstoffkonzentrationen.[109]

125

cc) Aufgaben und Befugnisse. Die Rechte und Pflichten der Gewässerschutzbeauftragten ergeben sich aus den Vorschriften der §§ 21b ff. WHG. Danach sind die Gewässerschutzbeauftragten u.a. dazu berechtigt und verpflichtet,[110]
(1) die im Interesse des Gewässerschutzes stehenden gesetzlichen Vorschriften und behördlichen Anordnungen (Bedingungen und Auflagen) zu überwachen, insbesondere durch regelmäßige Kontrollen der

126

---

[104] Szelinksi, WiVerw. 1980, 266 (270).
[105] Szelinski, WiVerw. 1980, 266 (270).
[106] Sieder/Zeitler, Wasserhaushaltsgesetz, § 21a, RN 13.
[107] Vgl. § 21a Abs.2 WHG und § 4 Abs. Nr.2 WHG.
[108] Vgl. § 19i Abs.3 WHG.
[109] Mache, Umweltrecht, RN 35.
[110] Brunner/Müller, Handbuch für die Umweltpraxis im Betrieb, S.71f.; Mache, Umweltrecht, RN 111 ff.

Abwasseranlagen im Hinblick auf ihre Funktionsfähigkeit, den ordnungsgemäßen Betrieb sowie deren Wartung durch Messungen des Abwassers nach Mängeln und Eigenschaft sowie durch Aufzeichnungen der Kontrollen und Meßergebnisse; festgestellte Mängel sind mit einem Vorschlag für Beseitigungsmaßnahmen der Unternehmens- bzw. Werksleitung mitzuteilen;

(2) auf die Anwendung geeigneter Abwasserbehandlungsverfahren, einschließlich Verfahren zur ordnungsgemäßen Bewertung bzw. Beseitigung der bei der Abwasserbehandlung entstehenden Reststoffe hinzuwirken;

(3) auf die Entwicklung und Einführung von
   a) innerbetrieblichen Verfahren zur Vermeidung oder Verminderung des Abwasseranfalles nach Art und Menge,
   b) und von umweltfreundlichen Produktionsverfahren hinzuwirken;

(4) die Betriebsangehörigen über die in dem Betrieb verursachten Gewässerbelastungen sowie über die Einrichtungen und Maßnahmen zu ihrer Verhinderung unter Berücksichtigung der wasserrechtlichen Vorschriften aufzuklären.

127   Der Gewässerschutzbeauftragte muß dem „Benutzer des Gewässers" darüber hinaus jährlich einen Bericht über die in seinem Auftragsbereich getroffenen und beabsichtigten Maßnahmen vorlegen. Er ist berechtigt, seine Vorschläge und Bedenken unmittelbar der Geschäftsleitung vorzutragen. Vor Investitionsentscheidungen, die für den Gewässerschutz bedeutsam sein können, muß eine Stellungnahme des Gewässerschutzbeauftragten eingeholt werden.

128   Die zuständige Behörde kann die Aufgabe des Gewässerschutzbeauftragten im Einzelfall näher regeln, soweit es die Belange des Gewässerschutzes erfordern.

129   **dd) Persönliche und fachliche Qualifikationen.** Der Gewässerschutzbeauftragte muß die zur Erfüllung seiner Aufgaben erforderliche **Fachkunde** und **Zuverlässigkeit** besitzen. Die Anforderungen werden von dem Gesetzgeber nicht im einzelnen festgelegt. Da der Betriebsbeauftragte in der Lage sein muß, die ihm zugewiesenen Aufgaben fach- und sachgerecht zu erfüllen, orientiert sich seine notwendige Qualifikation dabei nach den ihm im Einzelfall übertragenen Aufgabenbereichen. Die Aufgaben des Gewässerschutzbeauftragten erfordern alle für ihre ordnungsgemäße Durchführung notwendigen technischen, naturwissenschaftlichen, betriebswirtschaftlichen und rechtlichen Fachkenntnisse und Erfahrungen. Anhaltspunkte darüber, was im Einzelfall unter den Begriffen „Fachkunde" und „Zuverlässigkeit" zu verstehen ist, können § 5 der 6. BImSchV entnommen werden.

130   **ee) Bestellung.** Die Bestellung des Gewässerschutzbeauftragten muß schriftlich durch den verantwortlichen „Benutzer des Gewässers" erfol-

I. Die Organisation des betrieblichen Umweltschutzes 681

gen. Der Benutzer hat die Bestellung der zuständigen Behörde anzuzeigen. Werden mehrere Gewässerschutzbeauftragte bestellt, muß ihre erforderliche Koordinierung durch die Bildung eines Arbeitsausschusses sichergestellt werden. Gleiches gilt, wenn in dem Betrieb neben dem Gewässerschutzbeauftragten auch noch weitere Beauftragte nach anderen gesetzlichen Vorschriften bestellt werden.

Der Betriebsbeauftragte für Gewässerschutz kann auch zugleich Beauftragter nach anderen, dem Umweltschutz dienenden Bestimmungen sein. Bei der Bestellung eines Mehrfachbeauftragten muß aber stets darauf geachtet werden, daß die ordnungsgemäße Aufgabenerfüllung gewährleistet bleibt und keine Überlastung des Beauftragten eintritt. Die Bestellung von **externen Beratern** als Gewässerschutzbeauftragte ist zulässig. Regelmäßig sollte aber zuvor eine Abstimmung mit der zuständigen Wasserbehörde erfolgen. 131

f) Der Gefahrstoffbeauftragte

aa) **Rechtsgrundlagen.** § 11 Abs. 4 Gefahrstoffverordnung (GefStoffV) 132

bb) **Adressaten.** Die Bestellung eines Gefahrstoffbeauftragten ist Voraussetzung für die Erteilung der Erlaubnis für das Inverkehrbringen „sehr giftiger" oder „giftiger" Stoffe und Zubereitung gemäß Anhang VI und „sehr giftiger" und „giftiger" Stoffe, die nach § 4 Abs. 1 und Abs. 2 des Chemikaliengesetzes angemeldet werden (§ 11 Abs. 1 GefStoffV). Die Bestellung eines Gefahrstoffbeauftragten ist ferner erforderlich für das erstmalige Inverkehrbringen von Stoffen und/oder Zubereitungen nach § 11 Abs. 1 GefStoffV.[111] 133

cc) **Persönliche und fachliche Qualifikation.** Die § 11 Abs. 1 GefStoffV erforderliche Erlaubnis kann nur erhalten, wer die **Sachkenntnis** nach § 13 GefStoffV nachweisen kann, die erforderliche **Zuverlässigkeit** besitzt und mindestens 18 Jahre alt ist. 134

Die notwendige Sachkenntnis besitzt, wer 135
(1) die von der zuständigen Behörde nach § 13 Abs. 2 GefStoffV durchgeführte Prüfung bestanden hat oder
(2) die Approbation als Apotheker besitzt oder
(3) berechtigt ist, die Berufsbezeichnung „Apothekenassistent" zu führen oder
(4) die Erlaubnis zur Ausübung der Tätigkeit unter der Berufsbezeichnung „Pharmazeutisch-Technischer Assistent" besitzt oder
(5) die Prüfung zum anerkannten Abschluß „Geprüfter Schädlingsbekämpfer"/„Geprüfte Schädlingsbekämpferin" bestanden hat.

Die erforderliche Zuverlässigkeit besitzt, wer die Gewähr für eine ordnungsgemäße Ausübung der Aufgabe als Gefahrgutbeauftragter bietet. 136

---

[111] Vgl. § 11 Abs. 7 GefStoffV.

137 **dd) Bestellung.** Die Bestellung des Gefahrstoffbeauftragten muß schriftlich erfolgen. Sie ist der zuständigen Behörde ebenso wie jeder Wechsel des Beauftragten unverzüglich anzuzeigen. Bei Unternehmen mit mehreren Betrieben muß grundsätzlich in jedem Betrieb ein Gefahrstoffbeauftragter vorhanden sein. Die Bestellung eines betriebsübergreifenden Beauftragten ist regelmäßig nicht möglich. Der Gefahrstoffbeauftragte muß in die Koordinierung zwischen den übrigen Betriebsbeauftragten wirksam einbezogen werden.

138 Regelmäßig wird der Gefahrstoffbeauftragte eines Betriebes zugleich auch Stoffe und Zubereitungen gemäß § 12 GefStoffV abgeben, für deren Inverkehrbringen nach Anhang VI Spalte 9 GefStoffV eine besondere Sachkenntnis erforderlich ist. Eine solche „Doppelfunktion" ist unter den Voraussetzungen von § 12 GefStoffV zulässig. Die Bestellung externer Dritter als Gefahrstoffbeauftragte soll jedoch nicht möglich sein.

g) Der Gefahrgutbeauftragte

139 **aa) Rechtsgrundlagen.**
§§ 1 ff. Gefahrgutbeauftragtenverordnung (GbV).

140 **bb) Adressaten.** Die **Verpflichtung zur Bestellung eines Gefahrgutbeauftragten** besteht für alle Unternehmer und Inhaber von Betrieben, die
(1) in einem Kalenderjahr mindestens 50 t (netto) gefährliche Güter im Sinne der für die Beförderung gefährlicher Güter mit Eisenbahnen, Straßen-, Wasser- und Luftfahrzeugen geltenden Vorschriften, soweit die Beförderung dieser Güter von den betreffenden Gefahrgutvorschriften ausnahmsweise ausgenommen ist oder aber
(2) radioaktive Stoffe der Anlage A, Klasse 7, Bl. 5 bis 13, sowie „nicht nur gelegentlich gefährliche Güter" im Sinne der Anlage B, Anhang B 8, RN 280 001, Liste I, der „Gefahrgutverordnung Straße" versenden, befördern oder zur Beförderung verpacken oder übergeben.

141 Darüber hinaus kann die Bestellung eines Gefahrgutbeauftragten von der zuständigen Behörden **angeordnet** werden, wenn
(1) von der Art und Menge der gefährlichen Güter besondere Gefahren für die öffentliche Sicherheit oder Ordnung, oder inbesondere für die Allgemeinheit, für wichtige Gemeinschaftsgüter, für Leben und Gesundheit von Menschen sowie für Tiere, andere Sachen und die Umwelt ausgehen können oder
(2) in dem Unternehmen/Betrieb wiederholt und/oder schwerwiegend den Verpflichtungen zuwidergehandelt wurde, die nach dem Gesetz über die Beförderung gefährlicher Güter oder nach den aufgrund dieses Gesetzes erlassenen Rechtsvorschriften dem Unternehmer, Betriebsinhaber oder Gefahrgutbeauftragten obliegen.

142 **cc) Aufgaben und Befugnisse.** Der Gefahrgutbeauftragte ist berechtigt und verpflichtet,

I. Die Organisation des betrieblichen Umweltschutzes 683

(1) die Einhaltung der Vorschriften über die Beförderung gefährlicher Güter durch die Beauftragten[112] und die sonstigen verantwortlichen Personen (z. B. Fahrzeugführer, Schiffsführer etc.) zu überwachen;
(2) schriftliche Aufzeichnungen über seine Überwachungstätigkeit zu führen unter Angabe des Zeitpunktes der Überwachung, der Namen der überwachten Personen und der überwachten Geschäftsvorgänge;
(3) die Namen der beauftragten Personen und deren Schulung aufzuzeichnen;
(4) Mängel, die die Sicherheit bei dem Transport gefährlicher Güter beeinträchtigen, unverzüglich dem Unternehmer bzw. Inhaber des Betriebes anzuzeigen und
(5) innerhalb eines halben Jahres nach Ablauf des jeweiligen Geschäftsjahres einen Jahresbericht zu erstellen.

Die pflichtigen Aufzeichnungen des Gefahrgutbeauftragten müssen drei Jahre aufbewahrt und der Überwachungsbehörde auf Verlangen zur Prüfung vorgelegt werden.

dd) **Persönliche und fachliche Qualifikation.** Gemäß § 2 Abs. 1 GbV 143 muß der Gefahrgutbeauftragte über die zur Ausübung seiner Tätigkeit notwendige **Zuverlässigkeit und Sachkunde** verfügen. „Sachkundig" ist, wer ausreichende Kenntnisse über die für seinen Bereich maßgebenden Vorschriften über gefährliche Güter besitzt.[113] Die erforderliche Sachkunde muß durch eine besondere Schulung erworben werden. Als zuverlässig gilt, wer die Gewähr für die ordnungsgemäße Ausübung der ihm als Gefahrgutbeauftragter obliegenden Aufgaben bietet. Anhaltspunkte darüber, welche Anforderungen an die Zuverlässigkeit des Beauftragten zu stellen sind, können u. a. § 10 der 5. BImSchV entnommen werden.

Nach jeweils drei Jahren muß der Gefahrgutbeauftragte an einer Fort- 144 bildungsveranstaltung teilnehmen. Die Teilnahme muß der Überwachungsbehörde durch entsprechende Bescheinigungen nachgewiesen werden können. Die Schulungen erfolgen im Rahmen eines von der zuständigen Industrie- und Handelskammer anerkannten Lehrgangs; abweichend hiervon können Bund und Länder für ihren Aufgabenbereich eigene Schulungen veranstalten. Bis zum 01.10.1991 war es möglich, einen Mitarbeiter zum Gefahrgutbeauftragten zu bestellen, der seit mindestens einem Jahr im gleichen Unternehmen Aufgaben wahrgenommen hat, die mit denen eines Gefahrgutbeauftragten vergleichbar sind; für diese Mitarbeiter entfällt die erste Schulungsverpflichtung.

ee) **Bestellung.** Die Bestellung des Gefahrgutbeauftragten muß schrift- 145 lich durch den Inhaber des jeweiligen Betriebes erfolgen. Der Name des Gefahrgutbeauftragten muß im Betrieb – und auf Verlangen – der zustän-

---

[112] Vgl. § 5 Abs. 1 S. 1 GbV.
[113] Von Ebner, UPR Special Band 5, 1994, 37 (49).

digen Behörde bekanntgegeben werden. Sofern kein (pflichtiger) Gefahrgutbeauftragter bestellt ist, gilt automatisch der Unternehmer bzw. der Inhaber des Betriebes selbst als Gefahrgutbeauftragter. Im Hinblick auf die hiermit zwangsläufig verbundene Gefahr von Interessenkonflikten und Entscheidungsnotstandssituationen, die initiell auf ein Organisationsdefizit und damit auf eine Verletzung der unternehmerischen Organisationsverpflichtungen hindeuten können, sollte diese Konstellation möglichst vermieden werden.

146 Der Gefahrgutbeauftragte kann zugleich auch Betriebsbeauftragter nach anderen gesetzlichen Vorschriften sein (sogenannter Mehrfachbeauftragter), sofern die ordnungsgemäße Aufgabenerfüllung gewährleistet bleibt. Vor einer solchen Mehrfachbestellung sollte die zuständige Behörde konsultiert werden. Der Gefahrgutbeauftragte muß in die Koordinierung mit den übrigen Betriebsbeauftragten wirksam einbezogen werden.

147 Nach § 1 Abs. 1 S. 2 GbV können auch externe Dritte zum Gefahrgutbeauftragten bestellt werden. Um eventuellen Anordnungen der Fachbehörden nach § 1 Abs. 3 GbV vorzubeugen, ist es erfahrungsgemäß sinnvoll, die Bestellung externer Berater zuvor mit der zuständigen Behörde abzuklären.

h) Der Beauftragte für die Biologische Sicherheit

148 aa) **Rechtsgrundlagen.** § 6 Abs. 4 Gentechnik-Gesetz (GenTG), §§ 16 ff. Gentechnik-Sicherheitsverordnung (GenTSV)

149 bb) **Adressaten.** Beauftragte für die Biologische Sicherheit müssen von allen natürlichen und juristischen Personen bestellt werden, die gentechnische Arbeiten oder Freisetzungen im Sinne von § 3 GenTG durchführen.

150 Die Bestellung eines Beauftragten für die Biologische Sicherheit ist Voraussetzung für die Genehmigung zur Errichtung und zum Betrieb einer gentechnischen Anlage und zur Freisetzung und zum Inverkehrbringen gentechnisch veränderter Organismen.

151 cc) **Aufgaben und Befugnisse.** Der Beauftragte für die Biologische Sicherheit ist berechtigt und verpflichtet,
(1) die Erfüllung der auf die Sicherheit gentechnischer Arbeiten bezogenen Aufgaben des jeweiligen Projektleiters zu überwachen, insbesondere durch regelmäßige Kontrollen der Laboratorien und Produktionsstätten, der Mitteilung festgestellter Mängel durch Vorschläge zu Maßnahmen zur Beseitigung dieser Mängel;
(2) den Betreiber, den Betriebs- bzw. Personalrat sowie die sonst verantwortlichen Personen zu beraten,
- bei der Planung, Ausführung und Unterhaltung von Einrichtungen, in denen ein Umgang mit gentechnisch veränderten Organismen erfolgt,

I. Die Organisation des betrieblichen Umweltschutzes 685

- bei der Beschaffung von Einrichtungen und Betriebsmitteln und der Einführung von Verfahren zur Nutzung von gentechnisch veränderten Organismen,
- bei der Auswahl und Erprobung von persönlichen Schutzausrüstungen und
- vor der Inbetriebnahme von Einrichtungen und Betriebsmitteln sowie vor der Einführung von Verfahren zur Nutzung von gentechnisch veränderten Organismen.

Der Beauftragte muß dem Betreiber jährlich einen schriftlichen Bericht über die getroffenen und beabsichtigten Maßnahmen erstatten. Vor der Beschaffung von Einrichtungen und Betreibsmitteln, die für die Sicherheit gentechnischer Arbeiten bedeutsam sein können, ist der Betreiber verpflichtet, eine Stellungnahme des Beauftragten für die Biologische Sicherheit einzuholen. Der Beauftragte ist seinerseits berechtigt, seine Vorschläge und Bedenken unmittelbar der Geschäftsleitung vorzutragen. 152

dd) Persönliche und fachliche Qualifikation. Der Beauftragte für die Biologische Sicherheit muß die erforderliche **Zuverlässigkeit** und **Sachkunde** besitzen. Die Anforderungen an die Sachkunde des Beauftragten sind in § 17 GenTSV geregelt. Der Beauftragte muß danach u. a. über Kenntnisse in klassischer und molekularer Genetik, über praktische Erfahrungen im Umgang mit Mikroorganismen und über die erforderlichen Kenntnisse bezüglich Sicherheitsmaßnahmen und Arbeitsschutz bei gentechnischen Arbeiten verfügen. 153

Die Sachkunde muß nachgewiesen werden durch 154
(1) den Abschluß eines naturwissenschaftlichen, medizinischen oder tiermedizinischen Hochschulstudiums,
(2) eine mindestens dreijährige Tätigkeit auf dem Gebiet der Gentechnik, insbesondere der Mikrobiologie, der Zellbiologie, Virologie oder der Molekularbiologie und
(3) eine Bescheinigung über den Besuch einer Fortbildungsveranstaltung auf der folgende Kenntnisse vermittelt werden:
- Gefährdungspotentiale von Organismen unter besonderer Berücksichtigung der Mikrobiologie,
- Sicherheitsmaßnahmen für gentechnische Laboratorien,
- Sicherheitsmaßnahmen für gentechnische Produktionsbereiche und
- Rechtsvorschriften für Sicherheitsmaßnahmen für gentechnische Laboratorien und Produktionsbereiche sowie des Arbeitsschutzes.

Die zuständige Behörde kann im Einzelfall auch den Abschluß einer gleichwertigen anderen Aus-, Fort- oder Weiterbildung als Nachweis der erforderlichen Sachkunde anerkennen. 155

Für den Fall, daß in seinem Zuständigkeitsbereich mit human-, tier- oder pflanzenpathogenen Organismen gearbeitet wird, benötigt der Beauftragte 156 darüber hinaus eine Erlaubnis zum Arbeiten mit Krankheitserregern gemäß §§ 19 ff. Bundesseuchengesetz oder §§ 2 ff. Tierseuchenerreger-Verordnung bzw. den einschlägigen Pflanzenschutzrechtlichen Vorschriften.

157   ee) **Bestellung.** Die Bestellung des Beauftragten muß schriftlich durch den Betreiber nach Anhörung des Betriebs- oder Personalrats erfolgen. Soweit es im Hinblick auf die Art oder den Umfang der gentechnischen Arbeiten erforderlich ist, müssen mehrere Beauftragte bestellt werden; sie bilden sodann den „Ausschuß für biologische Sicherheit".

158   Die zuständige Behörde kann auf Antrag auch die Bestellung externer Berater gestatten, wenn die sachgerechte Erfüllung der Aufgaben des Beraters[114] sichergestellt bleibt.

i) Der Strahlenschutzbeauftragte

159   aa) **Rechtsgrundlagen.** § 6 Abs. 1 Nr. 3 und §§ 29 ff. Strahlenschutzverordnung (StrlSchV),
Richtlinie über die Fachkunde von Strahlenschutzbeauftragten in Kernkraftwerken und sonstigen Anlagen zur Spaltung von Kernbrennstoffen.[115]

160   bb) **Adressaten.** Die Fälle, in denen ein Strahlenschutzbeauftragter bestellt werden muß, sind in § 29 Abs. 2 StrlSchV geregelt. Strahlenschutzbeauftragte müssen danach u. a. in allen Betrieben bestellt sein, in denen
(1) radioaktive Stoffe im Sinne von § 2 Abs. 1 Nr. 2 AtG gelagert, bearbeitet, beseitigt oder sonst verwendet werden (hierunter können u. U. bereits Hilfsstoffe für lebensmitteltechnische oder sonstige Versuchslaboratorien etc. fallen)
(2) Anlagen im Sinne von § 15 StrlSchV betrieben werden (Plasmaanlagen, Elektronenbeschleuniger, Ionenbeschleuniger etc.)
(3) Kernbrennstoffe aufbewahrt werden
(4) eine ortsfeste Anlage zur Erzeugung, Bearbeitung oder Verarbeitung von Kernbrennstoffen oder zur Aufbereitung bestrahlter Kernbrennstoffe betrieben wird.

161   Die Bestellung von Strahlenschutzbeauftragten ist u. a. Voraussetzung für die zum Umgang mit radioaktiven Stoffen[116] erforderlichen Genehmigung nach § 3 Abs. 1 StrlSchV.

162   cc) **Aufgaben und Befugnisse.** Die Pflichten des Strahlenschutzbeauftragten sind in § 31 Abs. 2 StrlSchV dezidiert aufgezählt. Im Rahmen des ihm übertragenen Aufgabenbereichs ist der Strahlenschutzbeauftragte insbesondere berechtigt und verpflichtet, dafür zu sorgen, daß die Strahlenschutzgrundsätze und Schutzvorschriften im Sinne von § 31 Abs. 2 StrlSchV sowie die einschlägigen behördlichen Anordnungen eingehalten

---

[114] Vgl. § 18 Gentechniksicherheitsverordnung.
[115] GMBl. 1991, S. 56.
[116] Vgl. § 6 Abs. 1 Nr. 3 StrlSchV.

und bei Gefahr für Leben, Gesundheit oder bedeutende Sachgüter unverzüglich alle geeigneten Maßnahmen zur Gefahrenabwehr getroffen werden. Der Strahlenschutzbeauftragte ist ferner verpflichtet, dem Strahlenschutzverantwortlichen[117] (zumeist die Geschäftsleitung) unverzüglich alle Mängel mitzuteilen, die den Strahlenschutz beeinträchtigen. Der Strahlenschutzverantwortliche hat den Strahlenschutzbeauftragten seinerseits unverzüglich über alle Maßnahmen zu unterrichten, die dessen Aufgaben und Befugnisse betreffen. Der Strahlenschutzverantwortliche und der Strahlenschutzbeauftragte sind verpflichtet, bei der Erfüllung ihrer Aufgaben mit dem Betriebs- bzw. Personalrat und den Fachkräften für Arbeitssicherheit[118] zusammenzuarbeiten und sie in allen wichtigen Angelegenheiten des Strahlenschutzes zu beraten.

Der Strahlenschutzbeauftragte ist verpflichtet, die ihm übertragenen 163 Aufgaben eigenverantwortlich wahrzunehmen. Gegenüber den übrigen, gesetzlich vorgeschriebenen Betriebsbeauftragten nimmt der Strahlenschutzbeauftragte insoweit eine Sonderstellung ein, als er gegenüber der Unternehmensführung stärker verselbständigt ist und einer – doppelten – Pflichtenstellung sowohl gegenüber seinem Arbeitgeber als auch gegenüber den zuständigen Behörden (z.B. im Bezug auf Mitteilungspflichten etc.) unterliegt.[119] Verletzt er seine Pflichten, so kann dies als Ordnungswidrigkeit geahndet werden.[120]

dd) Persönliche und fachliche Qualifikation. Der Strahlenschutzbeauf- 164 tragte muß die zur Erfüllung seiner Aufgaben erforderliche **Zuverlässigkeit** und **Fachkunde** besitzen.[121] Als zuverlässig gilt, wer die Gewähr für eine ordnungsgemäße Wahrnehmung seiner zugewiesenen Aufgaben bietet.

ee) Bestellung. Die Bestellung muß schriftlich durch den zuständigen 165 Strahlenschutzverantwortlichen erfolgen. Die Anzahl der erforderlichen Strahlenschutzbeauftragten ergibt sich aus der Notwendigkeit und den Anforderungen des jeweiligen Einzelfalls. Dem Beauftragten dürfen nur solche Aufgaben übertragen werden, die er aufgrund seiner Stellung im Betrieb und der ihm übertragenen Befugnisse erfüllen kann.

Die Bestellung des Strahlenschutzbeauftragten, die ihm übertragenen 166 Aufgaben sowie eventuelle Veränderungen seines Aufgabenbereichs und seine Abberufung sind der zuständigen Behörde unverzüglich anzuzeigen.[122] Dem Strahlenschutzbeauftragten und dem Betriebsrat müssen eine Abschrift der Anzeige ausgehändigt werden.

---

[117] Vgl. § 29 Abs. 1 StrlSchV.
[118] RN 179 ff.
[119] Backherms, BB, 1978, 1697 (1698 ff.).
[120] Vgl. § 87 Abs. 2 Nr. 4, 5, 7 und 11.
[121] Vgl. § 29 Abs. 4 StrlSchV.
[122] Vgl. § 29 Abs. 3 Satz 1 StrlSchV.

167 Die Bestellung von **externen Beratern** als Strahlenschutzbeauftragte ist nicht zulässig. Die Möglichkeit externe Beratungsdienste auf freiwilliger Basis zusätzlich in Anspruch zu nehmen, bleibt hiervon aber selbstverständlich unberührt.

j) Der Beauftragte für Datenschutz

168 aa) **Rechtsgrundlagen.** §§ 36 ff. Bundesdatenschutzgesetz (BDSG)

169 bb) **Adressaten.** Die **Verpflichtung** zur Bestellung eines Beauftragten für Datenschutz besteht für alle natürlichen und juristischen Personen, Gesellschaften und sonstige Personenvereinigungen des privaten Rechts, wenn sie
- personenbezogene Daten[123] automatisiert verarbeiten und damit in der Regel mindestens fünf Arbeitnehmer ständig beschäftigen[124] oder
- personenbezogene Daten auf andere Weise verarbeiten und damit in der Regel mindestens zwanzig Arbeitnehmer ständig beschäftigt werden.[125]

170 cc) **Aufgaben und Befugnisse.** Der Beauftragte für Datenschutz ist verpflichtet, die Ausführung und Beachtung der Datenschutzvorschriften sicherzustellen. Dabei hat er insbesondere
(1) die ordnungsgemäße Anwendung der Datenverarbeitungsprogramme zu überwachen, mit deren Hilfe personenbezogene Daten verarbeitet werden sollen;
(2) die bei der Verarbeitung personenbezogener Daten tätigen Personen durch geeignete Maßnahmen mit den datenschutzrechtlichen Vorschriften vertraut zu machen, und zwar bezogen auf die besonderen Verhältnisse des jeweiligen Geschäftsbereichs und der sich daraus ergebenden besonderen Erfordernisse;
(3) bei der Auswahl der mit der Verarbeitung personenbezogener Daten beschäftigten Personen beratend mitzuwirken.

171 Gemäß § 36 Abs. 4 BDSG unterliegt der Datenschutzbeauftragte einer Verschwiegenheitspflicht hinsichtlich der Identität des Betroffenen sowie der Umstände, die Rückschlüsse auf den Betroffenen zulassen. Von seiner Verschwiegenheitspflicht kann der Datenschutzbeauftragte nur von dem Betroffenen selbst befreit werden.[126]

172 dd) **Persönliche und fachliche Qualifikation.** Der Beauftragte für Datenschutz muß die zur Erfüllung seiner Aufgabe erforderliche **Zuverlässigkeit** und **Fachkunde** besitzen.

173 ee) **Bestellung.** Der Datenschutzbeauftragte muß innerhalb eines Monates nach der Aufnahme seiner Tätigkeit schriftlich bestellt werden. Er

---

[123] Vgl. § 3 Abs. 1 BDSG.
[124] Vgl. § 36 Abs. 1 Satz 1 BDSG.
[125] Vgl. § 36 Abs. 1 Satz 2 BDSG.
[126] BR-Drucksache 618/88, S. 137; Ehrich, DB 1991, 1981.

untersteht unmittelbar dem Vorstand bzw. der Geschäftsleitung. Bei der Ausübung seiner Aufgaben ist er **weisungsfrei**. Gemäß § 36 Abs. 3 BDSG kann die Bestellung zum Beauftragten für den Datenschutz lediglich auf Verlangen der Aufsichtsbehörde oder in entsprechender Anwendung von § 620 BGB **widerrufen** werden. Hiermit soll ein stärkerer Schutz gegen die Abberufung des Beauftragten und eine Festigung seiner Unabhängigkeit gegenüber dem Arbeitgeber erreicht werden.[127] Auf die Kündigung des – von der Bestellung als Datenschutzbeauftragten unabhängigen – Arbeitsverhältnisses finden die Vorschriften des Kündigungsschutzgesetzes und die vertraglich vereinbarten bzw. die in den §§ 622 ff. BGB in Verbindung mit § 2 Abs. 1 AngKSchG vorgesehenen **Kündigungsfristen** Anwendung[128] (sofern kein wichtiger Grund im Sinne von § 626 Abs. 1 BGB vorliegt). Im Gegensatz zu der Einstellung, Versetzung und Kündigung eines Datenschutzbeauftragten in bezug auf sein arbeitsrechtliches Grundverhältnis unterliegen die Bestellung und der Widerruf der Bestellung des Beauftragten zu bzw. aus seinem Amtsverhältnis **keinen Mitbestimmungsrechten** des Betriebsrates gemäß §§ 99 ff. BetrVG.[129] Die Bestellung eines **Außenstehenden** (externen) als Datenschutzbeauftragten ist zulässig.[130]

k) Der Sicherheitsbeauftragte

aa) **Rechtsgrundlagen.** § 719 Reichsversicherungsordnung (RVO) 174

bb) **Adressaten.** Die **Verpflichtung zur Bestellung** eines oder mehrerer 175 **Sicherheitsbeauftragten** besteht grundsätzlich für alle Unternehmen mit mehr als zwanzig Beschäftigten. Durch Satzung der zuständigen Berufsgenossenschaft kann allgemein geregelt werden, daß in Betrieben mit geringerer Unfallgefahr ein Sicherheitsbeauftragter erst bei einer höheren Beschäftigungsanzahl bestellt werden muß.

cc) **Aufgaben und Befugnisse.** Die Sicherheitsbeauftragten sind ver- 176 pflichtet, den Unternehmer bei der Durchführung des Unfallschutzes zu unterstützen und sich fortlaufend von dem Vorhandensein und der ordnungsgemäßen Benutzung der vorgeschriebenen Schutzvorrichtungen fortlaufend zu überzeugen. Sind mehr als drei Sicherheitsbeauftragte bestellt, so bilden sie einen „Sicherheitsausschuß". Arbeitgeber, Betriebs- bzw. Personalrat und die Sicherheitsbeauftragten bzw. der Sicherheitsausschuß sollen mindestens einmal im Monat zu einem Erfahrungsaustausch zusammentreffen. Stellen die Sicherheitsbeauftragten Mängel fest, sind sie verpflichtet, den Arbeitgeber hierüber umgehend zu benachrichtigen.

---

[127] BR-Drucksache 618/88, S. 137.
[128] Beder, CR 1990, 618 (619).
[129] Ehrich, DB 1991, 1981 (1982).
[130] Hörle, WRP 1977, 628 (631); Ehrich, DB 1991, 1981 (1982); anders: Louis, Grundzüge des Datenschutzrechts, 1981, RN 306, der die Berufung eines externen Datenschutzbeauftragten aus praktischen Gründen für unangebracht hält.

177 **dd) Persönliche und fachliche Qualifikation.** Die Ausbildung der Sicherheitsbeauftragten muß durch die jeweils zuständige Berufsgenossenschaft unter Beteiligung der zuständigen Landesbehörde erfolgen. Die unmittelbaren Ausbildungskosten und die damit zusammenhängenden Fahrt-, Unterbringungs- und Verpflegungskosten werden von den Berufsgenossenschaften übernommen.

178 **ee) Bestellung.** Die Bestellung des Sicherheitsbeauftragten muß durch den Arbeitgeber unter Mitwirkung des Betriebsrates erfolgen. Die notwendige Anzahl der Sicherheitsbeauftragten ergibt sich aus den einschlägigen Unfallverhütungsvorschriften.

l) Fachkräfte für Arbeitssicherheit (Sicherheitsingenieure, -techniker und -meister)

179 **aa) Rechtsgrundlagen.** §§ 5 ff. des Gesetzes über Betriebsärzte, Sicherheitsingenieure und andere Fachkräfte für Arbeitssicherheit (ASiG)

180 **bb) Adressaten.** Fachkräfte für Arbeitssicherheit sind in allen Betrieben zu bestellen, in denen die Bestellung derartiger Fachkräfte erforderlich ist wegen
  (1) der Betriebsart und der damit für die Arbeitnehmer verbundenen Unfall- und Gesundheitsgefahren
  (2) der Zahl der beschäftigten Arbeitnehmer und die Zusammensetzung der Arbeitnehmerschaft
  (3) der Betriebsorganisation, insbesondere im Hinblick auf die Zahl und Art der für den Arbeitsschutz und die Unfallverhütung Verantwortlichen.
Die im Einzelfall notwendige Anzahl der Fachkräfte ergibt sich aus der von den Berufsgenossenschaften erlassenen Unfallverhütungsvorschrift „Sicherheitsingenieure und andere Fachkräfte für Arbeitssicherheit" (VBG 122).

181 **cc) Aufgaben und Befugnisse.** Die Fachkräfte für Arbeitssicherheit unterstützen den Arbeitgeber in allen Fragen der Arbeitssicherheit einschließlich der menschengerechten Gestaltung der Arbeit insbesondere durch
  (1) die **Beratung des Arbeitgebers** und der für den Arbeitsschutz verantwortlichen Personen (z.B. bei der Planung, Ausführung und Unterhaltung von Betriebsanlagen und von sozialen sowie sanitären Einrichtungen, bei der Beschaffung von technischen Arbeitsmitteln und der Einführung von Arbeitsverfahren und Arbeitsstoffen, bei der Auswahl und Erprobung von Körperschutzmitteln und bei der Gestaltung der Arbeitsplätze, des Arbeitsablaufs, der Arbeitsumgebung und in sonstigen Fragen der Ergonomie);
  (2) die **sicherheitstechnische Überprüfung** der Betriebsanlagen, technischen Arbeitsmittel und Arbeitsverfahren;

(3) die **Beobachtung** der Durchführung des Arbeitsschutzes und der Unfallverhütung, der Meldung der bei den regelmäßigen Begehungen der Arbeitsstätten eventuell festgestellten Mängel, der Kontrolle der Benutzer von Körperschutzmitteln, der Untersuchung der Ursachen von Arbeitsunfällen, der Auswertung der Untersuchungsergebnisse und Vorschläge an den Arbeitgeber zur Verhütung von Arbeitsunfällen;
(4) die **Sicherstellung**, daß sich alle Beschäftigten den Anforderungen des Arbeitsschutzes und der Unfallverhütung entsprechend verhalten, insbesondere durch Belehrungen über die Unfall- und Gesundheitsgefahren sowie durch Mitwirkung an Schulungsveranstaltungen des/der Sicherheitsbeauftragten.

dd) Persönliche und fachliche Qualifikation. Die Fachkräfte müssen die für die Erfüllung der ihnen übertragenen Aufgaben erforderliche – durch anerkannte Lehrgänge erworbene – bereichsspezifische sicherheitstechnische Fachkunde verfügen. Sicherheitsingenieure müssen darüberhinaus zur Führung der Berufsbezeichnung „Ingenieure" berechtigt sein.[131] 182

ee) Bestellung. Die Bestellung muß schriftlich durch den jeweiligen Arbeitgeber erfolgen. Der Arbeitgeber ist verpflichtet, der zuständigen Behörde und dem zuständigen Träger der gesetzlichen Unfallversicherung die Anzahl und die Arbeitszeit der im Betrieb tätigen Sicherheitsingenieure, -techniker und -meister innerhalb von sechs Wochen nach Ablauf eines jeden Kalenderjahres schriftlich mitzuteilen. 183

In Betrieben, in denen Betriebsärzte oder Fachkräfte für Arbeitssicherheit bestellt sind, muß ein Arbeitsschutzausschuß gebildet werden. Dieser setzt sich zusammen aus dem Arbeitgeber oder einem von ihm Beauftragten, zwei von dem Betriebsrat bestimmten Betriebsratsmitgliedern, den Betriebsärzten, den Fachkräften für Arbeitssicherheit und den Sicherheitsbeauftragten nach § 719 RVO. 184

Die Fachkräfte für Arbeitssicherheit unterstehen unmittelbar dem Betriebsleiter. Sie sind bei der Anwendung ihrer sicherheitstechnischen Fachkunde unabhängig und unterliegen insoweit keiner Weisungsbefugnis.[132] Können sie sich mit dem Betriebsleiter über die zutreffenden Maßnahmen nicht verständigen, so sind sie gehalten, ihren Vorschlag unmittelbar dem Arbeitgeber zu unterbreiten; lehnt auch dieser den Vorschlag ab, muß er dies schriftlich begründen.[133] 185

m) Betriebsärzte

aa) Rechtsgrundlagen. §§ 1 ff. des Gesetzes über Betriebsärzte, Sicherheitsingenieure und andere Fachkräfte für Arbeitssicherheit (ASiG) 186

---

[131] Vgl. § 7 Abs. 1 und 2 ASiG.
[132] Vgl. § 8 ASiG.
[133] Vgl. § 8 Abs. 3 ASiG.

187 **bb) Adressaten.** Zur Bestellung von Betriebsärzten sind alle Betriebe verpflichtet, in denen ein oder mehrere Betriebsärzte erforderlich sind wegen
(1) der Betriebsart und der damit für die Arbeitnehmer verbundenen Unfall- und Gesundheitsgefahren,
(2) der Zahl der beschäftigten Arbeitnehmer und die Zusammensetzung der Arbeitnehmer und die Zusammensetzung der Arbeitnehmerschaft und
(3) der Betriebsorganisation, insbesondere im Hinblick auf die Zahl und die Art der für den Arbeitsschutz und die Unfallverhütung verantwortlichen Personen.

188 Eine ärztliche Betreuung ist danach erforderlich, wenn nach der spezifischen Art des Betriebes und der darin anfallenden Arbeit Unfall- und Gesundheitsgefahren für die Arbeitnehmer bestehen. Wie viele Betriebsärzte bestellt werden müssen ergibt sich aus der von den Betriebsgenossenschaften gemäß § 708 Abs. 1 Nr. 4 RVO erlassenen Unfallverhütungsvorschrift „Betriebsärzte" (VBG 123).

189 **cc) Aufgaben und Befugnisse.** Dem Betriebsarzt obliegt die Unterstützung des Arbeitgebers beim Arbeitsschutz und der Unfallverhütung in allen Fragen des Gesundheitsschutzes, insbesondere durch
(1) die **Beratung des Arbeitgebers** und der für die Unfallverhütung verantwortlichen Personen bei der Planung, Ausführung und Unterhaltung von Betriebsanlagen und von sozialen sowie sanitären Einrichtungen, bei der Beschaffung von technischen Arbeitsverfahren und Arbeitsstoffen, bei arbeitsphysiologischen, arbeitspsychologischen und sonstigen ergonomischen sowie arbeitshygienischen Fragen, bei der Organisation der Ersten Hilfe im Betrieb, bei Fragen des Arbeitsplatzwechsels sowie der Eingliederung und Wiedereingliederung Behinderter in den Arbeitsprozeß;
(2) die **Untersuchung der Arbeitnehmer,** deren arbeitsmedizinische Beurteilung und Beratung sowie durch die Erfassung und Auswertung der Untersuchungsergebnisse;
(3) die **Beobachtung der Durchführung des Arbeitsschutzes** und der Unfallverhütung, Meldung der bei regelmäßigen Begehungen der Arbeitsstätten festgestellten Mängel, Sicherstellung der Benutzung von Körperschutzmitteln, Untersuchung der Ursachen von arbeitsbedingten Erkrankungen, Auswertung der Untersuchungsergebnisse und Vorschläge zur Verhütung dieser Erkrankungen an den Arbeitgeber;
(4) die **Sicherstellung,** daß sich alle im Betrieb Beschäftigten den Anforderungen des Arbeitsschutzes und der Unfallverhütung entsprechend verhalten und
(5) die **Schulung** bzw. Einsatzplanung der Helfer in Erster Hilfe.

Kummer

I. Die Organisation des betrieblichen Umweltschutzes

dd) Persönliche und fachliche Qualifikation. Betriebsärzte müssen berechtigt sein, den ärztlichen Beruf auszuüben und über die zur Erfüllung der ihnen übertragenen Aufgaben erforderliche arbeitsmedizinische Fachkunde verfügen.

ee) Bestellung. Die Bestellung muß schriftlich durch den Arbeitgeber erfolgen. Den zuständigen Behörden müssen innerhalb von sechs Wochen nach Ablauf eines jeden Kalenderjahres die Anzahl und die Arbeitszeit der im Betrieb tätigen Betriebsärzte mitgeteilt werden. In Betrieben, in denen mehrere Betriebsärzte oder Fachkräfte für Arbeitssicherheit bestellt sind, muß ein Arbeitsausschuß gebildet werden. Dieser Ausschuß setzt sich zusammen aus dem Arbeitgeber oder einem von ihm Beauftragten, zwei vom Betriebsrat bestimmten Betriebsratsmitgliedern, den Betriebsärzten, den Fachkräften für Arbeitssicherheit und den Sicherheitsbeauftragten nach § 719 RVO. Die Betriebsärzte unterstehen unmittelbar dem Betriebsleiter. Bei der Anwendung ihrer arbeitsmedizinischen Fachkunde sind sie unabhängig und unterliegen insoweit keiner Weisungsgewalt.[134] Können sie sich mit den Betriebsleitern nicht über die zutreffenden Maßnahmen verständigen, sind sie gehalten, ihren Vorschlag unmittelbar dem Arbeitgeber (Unternehmensleitung) zu unterbreiten; beabsichtigt auch er den Vorschlag abzulehnen, so muß er dies schriftlich begründen.[135] Der Betriebsrat erhält eine Abschrift.

In welcher Rechtsform der Betriebsarzt beschäftigt wird, bleibt dem Arbeitgeber überlassen. Möglich sind sowohl eine hauptberufliche Beschäftigung aufgrund eines Arbeitsvertrages, die nebenberufliche Beschäftigung eines freiberuflichen Arztes aufgrund eines Arbeits- oder Dienstvertrages oder auch die Inanspruchnahme eines überbetrieblichen arbeitsmedizinischen Dienstes.[136] Bei der Entscheidung des Arbeitgebers, ob er einen Betriebsarzt einstellen, einen freiberuflichen Arzt verpflichten oder sich einem überbetrieblichen Dienst anschließen will, besitzt der Betriebsrat ein Initiativ- und Mitbestimmungsrecht gemäß § 87 Abs. 1 Nr. 7 BetrVG.[137] Gleiches gilt bei einer Abberufung und einer Aufgabenerweiterung.

ff) Haftung. Da zwischen dem Betriebsarzt und dem Arbeitnehmer kein Behandlungsvertrag besteht, ist der Betriebsarzt im Falle eines Kunstfehlers keinen unmittelbaren vertraglichen Schadensersatzansprüchen des Geschädigten ausgesetzt. Ansprüche aus unerlaubter Handlung bleiben hiervon jedoch unberührt. Auch eine mittelbare Inanspruchnah-

---

[134] Vgl. § 8 ASiG.
[135] Vgl. § 8 Abs. 3 ASiG.
[136] Für die mit den Betriebsärzten abzuschließenden Verträge sind Musterverträge herausgegeben worden.
[137] BAG, AP I § 87 BetrVG 1972 Arbeitssicherheit.

Kummer

me durch den Arbeitgeber ist unter Umständen möglich. Sofern die durch die Untersuchung und/oder Behandlung verursachten Körper- und/oder Gesundheitsschäden einen Arbeitsunfall darstellen, ist eine Haftung des Betriebsarztes und des Arbeitgebers für Körperschäden ausgeschlossen;[138] eine Haftung für Sachschäden bleibt hiervon jedoch unberührt bestehen.

7. Wege zum effektiven betrieblichen Umweltschutz

194 Nach der Klärung der Grundanforderungen einer umweltgerechten Betriebsorganisation stellt sich zwangsläufig die weiterführende Frage, wie und auf welche Weise eine solche Organisation entwickelt und in die betriebliche Praxis umgesetzt werden kann. Ebenso wie eine wirksame Betriebsorganisation selbst, so erfordert auch die **Einführung und die Umsetzung eines effizienten Umweltmanagements** einen systematischen Ansatz. Auch hier verbietet es sich, Empfehlungen schablonenhaft zu übernehmen. Stets sind die Besonderheiten und die konkrete Situation des Unternehmens zu berücksichtigen.[139] Grundsätzlich bietet sich jedoch folgende Vorgehensweise an:

195 Der Weg zum wirksamen betrieblichen Umweltschutz

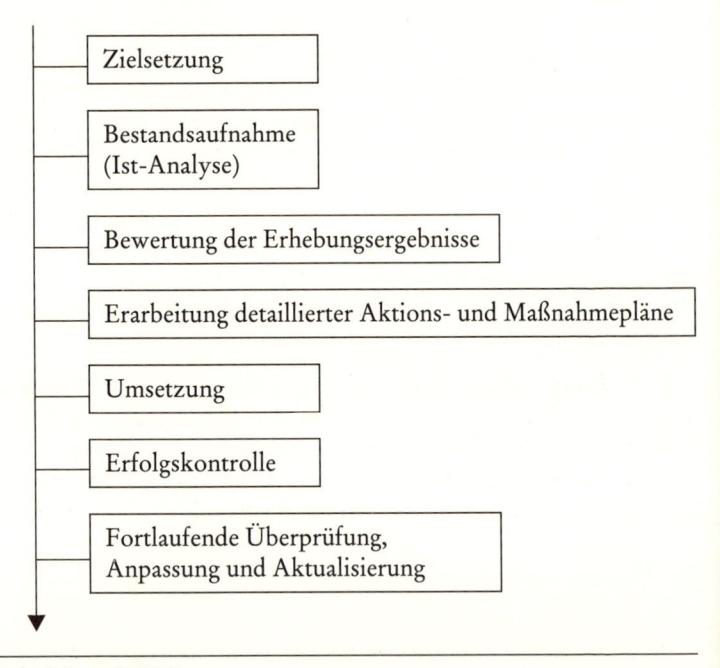

- Zielsetzung
- Bestandsaufnahme (Ist-Analyse)
- Bewertung der Erhebungsergebnisse
- Erarbeitung detaillierter Aktions- und Maßnahmepläne
- Umsetzung
- Erfolgskontrolle
- Fortlaufende Überprüfung, Anpassung und Aktualisierung

---

[138] Vgl. §§ 636, 637 RVO.
[139] Knopp/Striegl, BB 1992, 2009 (2010).

Der richtige Weg zum effektiven betrieblichen Umweltschutz:
Beispiel für eine Ablauforganisation[140]

Erster Schritt: Zielfestlegung und Projektvorbereitung Arbeitsschritte: 1. Festlegung der Einzelziele 2. Abgrenzung des Untersuchungsrahmens 3. Auswahl der „Projektmannschaft" 4. Festlegung der Projektorganisation 5. Planung und Festlegung des Projektablaufs	196
Zweiter Schritt: Bestandsaufnahme/Ist-Analyse der Objektsituation Arbeitsschritte: 1. Beschaffung der relevanten Objekt- und Umfeldinformationen 2. Beschaffung der Kosteninformationen (als Basis für die spätere „Kosten-Nutzen-Analyse") 3. Ermittlung der Unternehmensstrukturen und -funktionen 4. Ermittlung der lösungsbedingten Vorgaben 5. Zuordnung der Kostengruppen zu den einzelnen Betriebsbereichen und -funktionen	197
Dritter Schritt: Bewertung des Erhebungsergebnisses und Beschreibung des Soll-Zustandes Arbeitsschritte: 1. Auswertung der Informationen 2. Festlegung der Soll-Funktionen und Soll-Ergebnisse 3. Festlegung der lösungsbedingten Vorgaben 4. Zuordnung der Kostenziele zu den jeweiligen Soll-Funktionen	198
Vierter Schritt: Entwicklung von Lösungsideen Arbeitsschritte: 1. Vorhandene Ideen sammeln 2. Neue Ideen entwickeln	199

---

[140] Auf der Basis des „Wertanalysearbeitsplans" nach DIN 69910.

Kummer

200 | **Fünfter Schritt: Erarbeitung detaillierter Aktions- und Maßnahmepläne**
Arbeitsschritte:
1. Festlegung der Bewertungskriterien
2. Bewertung der Lösungsideen
3. Kosten-Nutzen-Analyse
4. Verdichtung und Darstellung der Lösungsansätze
5. Ausarbeitung von Aktions- und Maßnahmeplänen
6. Erstellung einer Entscheidungsvorlage
7. Herbeiführung der Entscheidung

201 | **Sechster Schritt: Umsetzung – Verwirklichung der Lösungen**
Arbeitsschritte:
1. Festlegung der Ablauforganisation
2. Einleitung der Projektrealisierung
3. Erfolgskontrolle
4. Dokumentation
5. Abschluß des Projektes (Abschlußbericht)

202 Als **Hilfsmittel** für den Aufbau und für die Umsetzung eines effizienten Umweltschutzmanagements bieten sich regelmäßig an:
* Die Dokumentation der Organisationsstrukturen des Unternehmens durch die Erarbeitung eines Organigramms,
* Die Erarbeitung eines Umweltschutz-Handbuchs,
* Die Durchführung interner und/oder externer Öko-Audits,
* Die Einführung eines Qualitätssicherungssystems,
* Die Einrichtung eines effektiven Prüf-, Kontroll- und Dokumentationssystems,
* Die Erarbeitung eines wirksamen Störfallmanagements,
* Die Erarbeitung und Anwendung von Mustertexten (beispielsweise für Umweltschutz- und Qualitätssicherungsvereinbarungen mit Lieferanten etc.),
* Die Beteiligung an „Qualitätszirkeln" und die Einführung eines „Mitarbeiter-Vorschlagssystems",
* Die Bearbeitung von Beurteilungs- bzw. Fragebögen, z.B. über die Bewertung von Lieferanten und Produkten etc.

Auf welche Hilfsmittel im Einzelfall sinnvollerweise zurückzugreifen ist, ist von den spezifischen Anforderungen und der konkreten Situation des jeweiligen Unternehmens abhängig.

Kummer

I. Die Organisation des betrieblichen Umweltschutzes

a) Die Umweltziele der Unternehmensleitung

Die Umweltpolitik eines Unternehmens wird durch ihre Zielsetzung bestimmt. Die Qualität des betrieblichen Umweltschutzes kann daher nur so gut sein, wie die ihr zugrundeliegenden Ziele. Die Ziele einer umweltgerechten Betriebsorganisation müssen sich wiederum an die Bedürfnisse des konkreten Einzelfalls ausrichten. Die Erarbeitung einer verantwortungsbewußten Betriebsorganisation beginnt daher regelmäßig mit der (dokumentierten) Festlegung der Unternehmensziele durch die Unternehmensleitung und – im zweiten Schritt – mit der Durchführung einer detaillierten Bestandsaufnahme. Nur so ist es möglich, den aktuellen Status eines Unternehmens, eventuell vorhandene Schwachstellen und die hiermit verbundenen Haftungspotentiale sowie Entwicklungs-, Rationalisierungs- und Effektivitätspotentiale und damit die Werthaltigkeit des Unternehmens insgesamt, ausreichend zu bestimmen.

203

Beispiele für die Formulierung umweltbezogener Unternehmensziele

* Förderung des Umweltschutzes
* Verbesserung der „Umweltqualität" des Unternehmens
* Sicherstellung und Nachweis der Einhaltung aller einschlägigen gesetzlichen Vorschriften und behördlichen Anordnungen
* Minderung von Umwelt- und Haftungsrisiken
* Verringerung der Gefahr von Rechtstreitigkeiten
* Innovative und zukunftsgerichtete Marktorientierung
* Steigerung der Angebotsqualität und der Wettbewerbsfähigkeit
* Entwicklung und Einsatz von umweltschonenden Anlagen und Produktionsverfahren
* Einsparung von Energie- und Rohstoffressourcen
* Abfallvermeidung
* Entwicklung energiesparender, umweltschonender, zukunftsorientierter und innovativer Produkte und Dienstleistungen
* Förderung eines positiven Umweltimages des Unternehmens sowie seiner Produkte und Dienstleistungen
* Verbesserung der Kundenzufriedenheit
* Verbesserung der Möglichkeit, gute Umweltschutzleistungen gezielt zu erkennen und zu prämieren
* Schaffung eines erhöhten Bewußtseins aller Mitarbeiter für Umweltschutzmaßnahmen und -verantwortlichkeiten
* Verbesserung der Arbeitssicherheit und der Arbeitsplatzqualität
* Mitarbeitergewinnung und -motivation
* Schaffung einer effektiven und umfassenden Dokumentation als Beweisgrundlage und als Basis für die Erarbeitung und Anwendung betriebswirtschaftlicher Statistik- und Controllinginstrumente

204

* Ermöglichung von gesicherten Kosten-Nutzen-Analysen (ökologische Wertanalysen) und einer gezielteren (kostensparenden) Investitionspolitik
* Aufbau von statistischen Controllinginstrumenten
* Erkennung und gezielte Ausschöpfung von Produkt- und Verfahrensoptimierungspotentialen
* Erkennung und gezielte Ausschöpfung von Kostensenkungspotentialen (beispielsweise beim Energie- und Wasserverbrauch sowie im Abgabenwesen etc.)
* Förderung guter Beziehungen zu Behörden
* Frühzeitige Erkennung und gezielte Beseitigung von betrieblichen Schwachstellen und Haftungsrisiken
* Wirtschaftlicherer Versicherungsschutz durch geringere Prämienzahlungen für Umweltrisikoabsicherungen

b) Die Bestandsaufnahme (Ist-Analyse)

205 Eine sorgfältige und umfassende Bestandsaufnahme unter gleichsam technischen, betriebswirtschaftlichen und – nicht zuletzt – auch rechtlichen Gesichtspunkten ist ein unverzichtbares Element sowohl beim Unternehmenskauf als auch bei der Reorganisation eines Unternehmens. Aufgrund der Vielzahl und der Komplexität der zu berücksichtigenden Anforderungen, ist es dabei regelmäßig angezeigt, externe betriebswirtschaftliche und juristische Berater beizuziehen, die über ausreichende praktische Erfahrungen und über das notwendige spezialisierte Wissen verfügen. Der hiermit verbundene Aufwand wird erfahrungsgemäß durch die bei einer kompetenten Beratung um ein vielfaches höher liegende Kosteneinsparung aufgewogen, sei es durch Optimierungseffekte beim Ablauf und bei der Durchführung der Unternehmensbewertung selbst bzw. die Minimierung und Abwendungen von Haftungsrisiken und durch das Aufzeigen von Kosteneinsparungsmöglichkeiten im Abgaben-, Produktions- und/oder Versicherungsbereich.

206 Als Erkenntnisquellen für die Durchführung der Bestandsaufnahme kommen insbesondere in Betracht:
* Betriebs- und Anlagepläne (Fließdiagramme etc.) und sonstige betriebs- und anlagenbezogene Unterlagen
* Genehmigungsunterlagen
* Abnahmeprotokolle, Prüfzertifikate und Untersuchungsberichte (z. B. des Gewerbeaufsichtsamtes, des TÜV oder der Berufsgenossenschaften)
* sonstige Unterlagen aus dem Bereich der Eigen- und/oder der Fremdüberwachung (Meßprotokolle, Wartungsbücher, betriebliche Abfallbilanzen, Abfall- und Wasserbücher etc.)
* Gefahrstofflisten, Sicherheitsblätter, Vorsorgekartei

* Emissionserklärungen, Abfall- und Wasserbücher sowie sonstige Unterlagen aus der Eigen- und Fremdüberwachung
* Behördenkorrespondenz
* Versicherungspolicen und Versicherungsberichte
* Verträge (mit Zulieferern, externen Dienstleistern (z. B. für die Bereiche Abfallentsorgung, Engineering, Consulting), Abnehmern etc.)
* Mitarbeiterbefragungen (soweit dies die Situation zuläßt und keine ungewünschte bzw. kontraproduktive Sensibilisierung verursacht)
* Unterlagen über interne und externe Anregungen, Störfälle, Beschwerden und/oder Beanstandungen.

Ziel der Bestandsaufnahme ist es, die bestehenden Betriebsabläufe festzustellen, auf ihre Rechtskonformität und Effizienz zu überprüfen, eventuelle Schwachstellen zu identifizieren und Möglichkeiten für Verfahrens- und/oder Kostenoptimierungen zu erkennen. Auf dieser Grundlage sind sodann detaillierte Aufgaben festzulegen, die – unter gleichzeitiger Gewährleistung einer jederzeitigen Erfolgskontrolle – mit Hilfe von detaillierten Aktions- und Maßnahmeplänen erledigt und in die betriebliche Praxis umgesetzt werden. Durch die Bestandsaufnahme ist es möglich und sollte erreicht werden, eine vollständige und wirklichkeitsnahe Übersicht über die „tatsächlich geübte Praxis" aller relevanten Betriebsbereiche des betreffenden Unternehmens zu erhalten. Eine aktive Einbindung aller bzw. gezielt ausgewählter Mitarbeitergruppen bei der Durchführung der Bestandsaufnahme ermöglicht zugleich die für die Praktizierung eines umweltgerechten Betriebsablaufs notwendige Sensibilisierung und Bewußtseinsbildung bei den einbezogenen Mitarbeitern auf allen Unternehmensebenen.

c) Umweltchecklisten

Sowohl bei dem Kauf als auch bei der Reorganisation von Unternehmen ist die Bewertung der aktuellen Unternehmenssituation von zentraler – existenzieller – Bedeutung. Versäumte Umweltschutzmaßnahmen, veraltete und kostenintensive bzw. ggfs. sogar mit drohenden gesetzlichen Sanktionen belegten Technologien und Produkte sowie Schwachstellen in der betrieblichen Organisation und sonstige Haftungsrisiken können dem Erwerber/Inhaber des Unternehmens im Einzelfall hohe Zusatzkosten verursachen, die sich nicht selten auf die Rentabilität eines Unternehmens(kaufs) spürbar nachteilig auswirken können. Aufgrund der komplexen sowie aufgaben- und funktionsübergreifenden Anforderungen des modernen Umweltschutzrechts ist daher eine eingehende Bestandsaufnahme und kompetente Analyse der Unternehmenssituation auch unter umweltrechtlichen Gesichtspunkten für jede Unternehmenstransaktion und Reorganisation nahezu unerläßlich geworden.

Zur Gewährleistung eines möglichst rationellen aufwandssparenden und gleichwohl alle relevanten Aspekte umfassenden Vorgehens erfordert die Überprüfung des aktuellen Umweltstatus eines Unternehmens einen methodischen Ansatz. Insbesondere kleinere und mittelständische Unternehmen verfügen nicht über die Zeit, die Fülle der von ihnen zu verarbeitenden Informationen zum betrieblichen Umweltschutz unternehmensspezifisch zu verdichten. Für die Bewertung der Risiko- und Entwicklungspotentiale eines Unternehmens haben sich in der Praxis daher sogenannte „Umweltchecklisten"[141] als wertvolles Instrument erwiesen. Mit ihrer Hilfe lassen sich nicht nur mögliche Haftungsrisiken und Wettbewerbsdefizite ermitteln; auf ihrer Grundlage ist es zugleich auch möglich, Rentabilitäts- und Kosteneinsparungspotentiale sowie Marktchancen aufzuspüren und gezielten Lösungsmöglichkeiten zuzuführen.

Checkliste: Umweltsituation
Beispiel für eine „Umweltcheckliste"[142]

210 1. Standort / Betriebsstätte

> (1) Standortausweisung (Bebauungsplan/Flächennutzungsplan etc.). Bestehen Nutzungsbeschränkungen aufgrund von besonderen Ausweisungen des Standortes und/oder der Umgebung (z. B. aufgrund von Festsetzugen als Landschaftsschutz- oder Naturschutzgebiet, Wassereinzugsgebiet, Trinkwasserzone etc.)? Sind derartige Nutzungsbeschränkungen zu befürchten (Ermittlung der Nutzungsmöglichkeiten des Betriebsgeländes und der umliegenden Grundstücke an Hand von Kataster- und Lageplänen)?
> (2) Umgebungssituation: Vorhandene Nachbarnutzungen (Nutzungsart, Abstand etc.)
> (3) Sind Änderungen der Standort- und/oder Planungssituation bzw. des Gebietscharakters zu erwarten (akuelle Planungs- und/ oder Siedlungsvorhaben etc.)?
> (4) Erschließung und Infrastruktur: Öffentliche Verkehrsmittel, Schienenanschluß, Zufahrtsstraßen, Abwasserkanäle etc.
> (5) Anzahl, Art und Standard der vorhandenen ortsfesten Anlagen, der ortsveränderlichen technischen Einrichtungen sowie des Gebäudebestandes (Alter, Erhaltungszustand, sind Änderungsmöglichkeiten aufgrund des baulichen, räumlichen und/oder verfahrenstechnischen Zuschnitts beschränkt etc.)?

---

[141] Ellringmann, Muster-Handbuch Umweltschutz/Methodische Hinweise zur Ermittlung von Haftungsrisiken, S. 186 ff.; Pflug, Checkliste Umweltschutz – Fragenkatalog zur Erkennung von Schwachstellen im betrieblichen Umweltschutz; Winter, Das umweltbewußte Unternehmen, S. 88 ff.
[142] Eilers/Thiel, Unternehmenskauf – Environmental Due Diligence, M & A Review 1992, 408; Elbringmann, Muster-Handbuch Umweltschutz, S. 186 ff

(6) Größe und Entwicklungsmöglichkeiten des Betriebsgeländes (sind Erwartungs-, Modernisierungs- und sonstige Anpassungsmaßnahmen durchführbar)?
(7) Bestehende Erweiterungsmöglichkeiten durch Hinzukauf angrenzender Grundstücke?
(8) Boden- und Untergrundbeschaffenheit (Bodengutachten, Tragfähigkeit etc.)
(9) Grundwasserstand
(10) Sind Boden- und/oder Grundwasserbelastungen bekannt? Sind Sanierungs-, Sicherungs- und/oder Erkundungsmaßnahmen erforderlich (sachlicher und zeitlicher Umfang, Art und Intensität der hierdurch bedingten Betriebsbeschränkungen, sonstige Beeinträchtigungen, Kosten etc.)? Ergeben sich hieraus Nutzungsbeschränkungen (z.B. Verteuerungen oder sogar Ausschluß von evtl. notwendigen Betriebserweiterungen und/oder sonstigen baulichen Maßnahmen auf dem Betriebsgelände)?
(11) Existieren Hinweise auf Altlasten aufgrund bisheriger Nutzungen?

2. Genehmigungen und behördliche Anordnungen

(1) Welche rechtlichen Vorschriften sind für den Betrieb/Standort, das Produktionsverfahren und für die produzierten und/oder vertriebenen Güter und/oder Dienstleistungen einschlägig?
(2) Werden alle gesetzlichen und behördlichen Anforderungen in bezug auf den Betrieb mit seinen Anlagen und Gebäuden, das Produktionsverfahren und die hergestellten Produkte bzw. angebotenen Dienstleistungen erfüllt?
(3) Liegen alle notwendigen Genehmigungen und Erlaubnisse vor?
(4) Werden die Genehmigungen und Erlaubnisse in allen Punkten eingehalten?
(5) Enthalten einzelne Genehmigungen und/oder Erlaubnisse ungewöhnliche, stark belastende Auflagen oder sonstige Nebenbestimmungen? Lassen sich diese ablösen?
(6) Sind die Genehmigungen/Erlaubnisse befristet oder unbefristet erteilt? Falls befristet, wann laufen sie ab? Ist eine langfristige Verlängerung der Genehmigung gesichert?
(7) Sind verschärfte Genehmigungsauflagen oder sogar die Notwendigkeit von Änderungsgenehmigungen zu befürchten?
(8) Sind gesetzliche Neuregelungen mit veränderten/erhöhten Anforderungen zu erwarten? Ggfs. welche mit welchen Auswirkungen und Kostenimplakationen?

212 ### 3. Produktion

> (1) Welche genehmigungspflichtigen und/oder anzeigebedürftigen Anlagen werden betrieben (Alter, Standard, Leistungsfähigkeit)? Ermöglichen sie eine kostenrentable Umstellung auf zukunftsorientierte Produktionstechniken)?
> (2) Welche Stoffe werden bei der Produktion eingesetzt?
> (3) Art und Menge der bei der Produktion anfallenden Abfälle, des Ausschusses und der Nebenprodukte
> (4) Art und Umfang/Intensität von Umweltbelastungen bei Normalbetrieb (Lärm, Abgase, Erschütterungen etc.)
> (5) Besondere Gefahrenquellen/Störfallrisiko
> (6) Entwicklungsrisiken/Produktrisiken
> (7) Schall- und sonstige Immissionsschutzeinrichtungen
> (8) Arbeitssicherheit
> (9) Art und Menge der eingesetzten Gefahrstoffe und wassergefährdenden Stoffe
> (10) Bestehende oder drohende betriebsrelevante Produktions- bzw. Produktverbote (z. B. FCKW)
> (11) Prüf- und Kontrollwesen
> (12) Wartung und Instandhaltung
> (13) Meßtechnik und Dokumentationswesen

213 ### 4. Emissionen

> (1) Art, Umfang/Intensität und Ausdehnung der betriebsrelevanten Emissionen (Gase, Dämpfe, Gerüche, Geräusche, Erschütterungen etc.)
> (2) Ortsüblichkeit der Emissionen
> (3) Emissionsausbreitung
> (4) Zusammenwirken der betriebsbedingten Emissionen mit anderen Emissionen bzw. sonstigen Vorbelastungen
> (5) Einhaltung technischer Richtwerte (TA-Lärm, TA-Luft etc.)
> (6) Wirtschaftlich vertretbare Möglichkeiten zur Reduzierung der Emissionen
> (7) Reinigungs- und Filteranlagen, Lärmschutz- und Rückhaltevorrichtungen

214 ### 5. Energie/Rohstoffeinsatz

> (1) Art und Menge der verbrauchten Energie
> (2) Einrichtungen und Möglichkeiten zur Nutzung alternativer Energiequellen (Sonne, Wind, Abluft, Abwärme etc.)

(3) Art und Menge der benötigten Rohstoffe (Reduzierungsmöglichkeiten? Substituierungsmöglichkeit von Gefahrstoffen?)
(4) Einsparungs- und Rationalisierungsmöglichkeiten

6. Abfall/Entsorgung 215

(1) Abfallvermeidungsmöglichkeiten
(2) Untersuchung von Abfallstoffen auf ihre Wiederverwertbarkeit
(3) Ordnungsgemäße Ermittlung der Abfallarten und -mengen
(4) Bestehen langfristige Entsorgungsmöglichkeiten (Deponiekapazitäten, Entfernung, Transportmöglichkeiten und -genehmigungen, Kosten)?
(5) Zwischenlagerung und Abtransport von umweltgefährdenden Abfallstoffen und Sondermüll
(6) Besondere Entsorgungspflichten
(7) Abhängigkeit von Entsorgungseinrichtungen
(8) Zusammenarbeit mit qualifizierten und zuverläßigen Entsorgern?

7. Abwasser 216

(1) Art und Zustand der vorhandenen Abwasser- und Abwasserbehandlungsanlagen (einschließlich innerbetrieblicher Rohleitungen)
(2) Abwasserabgaben (aktuelle Höhe, Einsparungsmöglichkeiten etc.)
(3) Verbrauchs-/Minimierungsmöglichkeiten
(4) Abwassereinleitung (Anschluß an das kommunale Abwassernetz? Eigene Klärvorrichtungen? Einleitungsgenehmigungen?)
(5) Rückhaltevorrichtungen

8. Lagerung 217

(1) Art und Menge der gelagerten Stoffe
(2) Bestandsaufnahme der Lager, Tanks und sonstigen Lagerstätten
(3) Sicherheit der Lager (mögliche Gefahren: Feuer, Grundwasser, Gasentwicklung, Schutzvorrichtungen und Schutzmaßnahmen etc.)
(4) Durchschnittliche Lagerzeit
(5) Vorliegen aller erforderlichen Genehmigungen und Erlaubnisse?

218 9. Transport/Vertrieb

> (1) Länge der Transportwege
> (2) Eingesetzte Transportmittel und mögliche Alternativen
> (3) Art und Standard der Transportfahrzeuge und -behältnisse
> (4) Zwischenlagerung
> (5) Möglichkeiten der Verlagerung des Haftungsrisikos auf Transportpersonen/Versicherungen?
> (6) Ist die verkehrliche Erschließung zu allen Betriebszeiten gesichert (LKW-Verkehr auch zu Nachtzeiten möglich etc.)?
> (7) Existieren Lärmschutzfestsetzungen, ggfs. welche für welche Tages- und Nachtzeiten (LKW-Zuliefererverkehr, aber auch relevant für das Produktionsverfahren selbst)?
> (8) Organisation von Gefahrgut- und Sondermülltransporten
> (9) Verträge mit Transportunternehmen
> (10) Versicherungsmöglichkeiten

219 10. Betriebsorganisation

> (1) Verfügt das Unternehmen über eine eindeutige, übersichtliche und sachgerechte Aufbau- und Ablauforganisation?
> (2) Existiert ein aktuelles Organigramm?
> (3) Aufgaben- und Zuständigkeitsmatrix: Verfügt das Unternehmen über klare und sachgerechte Zuständigkeitsverteilungen und Aufgabenzuweisungen in bezug auf die Unternehmensleitung, die Linienverantwortlichen und die Umweltschutzbeauftragten (Stellenbeschreibungen)?
> (4) Verfügt das Unternehmen über klare, eindeutige und sachgerechte Delegations- und Entscheidungsprinzipien?
> (5) Wie ist die effektive Bewältigung von „Schnittstellen" gewährleistet?
> (6) Ist eine sachgerechte Durchführung der Ablauforganisation einschließlich der innerbetrieblichen Informations- und Meldeketten gesichert (durch dokumentierte Arbeitsanweisungen etc.)?
> (7) Umweltschutzmanagement: Ist die Umweltschutzpolitik des Unternehmens durch die Unternehmensleitung festgelegt und in Kraft gesetzt worden?
> (8) Ist die Umweltschutzpolitik auf allen Ebenen des Untenehmens bekannt und wird sie beachtet?
> (9) Existiert ein Umweltschutzprogramm mit der Angabe von Maßnahmen, Terminen, Verantwortlichen und Mitteln?
> (10) Existieren Leitwerte für den Umweltschutz?
> (11) Werden die Auswirkungen von Umweltbeeinträchtigungen regelmäßig erfaßt und bewertet?

I. Die Organisation des betrieblichen Umweltschutzes

(12) Existiert ein aktuelles und sachgerechtes Umweltschutz-Handbuch?
(13) Ist das Handbuch vollständig und verständlich?
(14) Sind alle relevanten Unternehmensbereiche erfaßt und entsprechend der DIN/ISO 9001 beschrieben?
(15) Wurde das Handbuch von der Unternehmensleitung geprüft und freigegeben?
(16) Wurde ein Verteiler für das Handbuch festgelegt?
(17) Wird die in dem Handbuch festgelegte Aktualisierung und Dokumentationslenkung befolgt?
(18) Wird die Übereinstimmung des Handbuches mit den Forderungen der Umweltgesetzgebung und der behördlichen Anforderungen in geeigneten Intervallen überprüft?
(19) Wurde der zuständigen Behörde eine Person nach § 52a Abs. 1 BImSchG (Umweltschutzverantwortlicher) mitgeteilt?
(20) Verfügt das Unternehmen über alle notwendigen Betriebsbeauftragten?
(21) Haben die zuständigen Behörden die Bestellung von (zusätzlichen) Betriebsbeauftragten für den Umweltschutz gefordert? Falls ja, für welche Bereiche?
(22) Werden von dem Unternehmen Umweltschutzbeauftragte auf freiwilliger Basis eingesetzt und ja, für welche Bereiche?
(23) Sind die Umweltschutzbeauftragten organisatorisch sachgerecht eingegliedert worden?
(24) Besitzen die Betriebsbeauftragten die notwendige Sachkunde und Zuverlässigkeit?
(25) Nehmen sie regelmäßig an Fortbildungs- und Schulungsprogrammen teil?
(26) Wurden die Betriebsbeauftragten der zuständigen Behörde schriftlich mitgeteilt? Besitzen die Betriebsbeauftragten eine Kopie der Behördenmitteilung?
(27) Werden externe Betriebsbeauftragte für den Umweltschutz eingesetzt? Falls ja, wer und in welchen Bereichen?
(28) (Wann) wurden externe oder interne Umwelt-Audits durchgeführt?
(29) Verfügt das Unternehmen über ein effektives und ausreichendes Überwachungs-, Prüf- und Kontrollmanagement?
(30) Wie ist die rechtzeitige Durchführung von notwendigen Korrekturmaßnahmen sichergestellt?
(31) Erfolgt eine ausreichende Eigen- und Fremdüberwachung?
(32) Existieren funktionierende Informations- und Meldeketten?
(33) Welche Störfall- und sonstige Schadensrisiken bestehen?
(34) Existieren sachgerechte aktuelle Störfallpläne, Alarmpläne, Gefahrenabwehrpläne etc.?

> (35) Wie wird die Einhaltung der Arbeitsplatz- und Arbeitsschutzanforderungen sichergestellt?
> (36) Werden die gültigen Sicherheits- und betrieblichen Unfallverhütungsbestimmungen beachtet? Welche betriebliche Unfallverhütungsmaßnahmen existieren? Sind sie ausreichend? Sind sie noch situationsgerecht?
> (37) Besteht ein ausreichender Sicherheits- und Werkschutz?
> (38) Ist die betriebsärztliche und Erste-Hilfe-Versorgung gewährleistet?
> (39) Wie ausgeprägt ist die Sensibilisierung und Motivation der Mitarbeiter sowie das Umwelt- und Haftungsbewußtsein der Belegschaft?
> (40) Erfolgen gezielte Informations- und Schulungsmaßnahmen für Mitarbeiter?

11. Dokumentation

Wichtiger Bestandteil für die Bewertung der Unternehmenssituation ist ferner die Überprüfung des Unternehmens auf die Existenz einer übersichtlichen, vollständigen und aktuellen Dokumentation. Hierzu gehören unter anderem:

> (1) Aufgaben- und Zuständigkeitsmatrix (Organigramm, Stellenbeschreibungen, Delegations- und Entscheidungsprinzipien etc.)
> (2) Umweltschutzprogramm des Unternehmens
> (3) Umweltschutzorganisationsplan
> (4) Umweltschutz-Handbuch
> (5) Sicherheitsanalyse (zumindest sofern einzelne Anlagen des Unternehmens in den Anwendungsbereich der 12. BImSchV (Störfall-Verordnung) fallen)
> (6) Schriftlich dokumentierte Ablauforganisation: Arbeitsanweisungen, Pflichtenhefte und besondere Handbücher, z.B. über die Sicherstellung von Kontroll- und Korrekturmaßnahmen einschließlich der Gewährleistung einer ausreichenden Erfolgskontrolle, über die Sicherstellung der innerbetrieblichen Informations- und Meldeketten sowie Störfall- und Alarmpläne, Unfallschutzmaßnahmen etc.
> (7) Genehmigungsunterlagen (einschließlich der Antragsunterlagen)
> (8) Betriebs- und Anlagenpläne
> (9) Behördenkorrespondenz
> (10) Betriebliche Abfallbilanzen, Abfall- und Wasserbücher
> (11) Emissionserklärungen und sonstige Unterlagen aus dem Bereich der Eigen- und/oder Fremdüberwachung (Meßprotokolle, Wartungsbücher etc.)

(12) Abnahmeprotokolle, Prüfzertifikate, Untersuchungsberichte etc. (z. B. des Gewerbeaufsichtsamts, des TÜV und der Berufsgenossenschaften)
(13) Protokolle über Besprechungen und/oder Betriebsbegehungen der Berufsgenossenschaften, Versicherungsgesellschaften etc.)
(14) Aktuelle Gefahrstofflisten, Sicherheitsdatenblätter, Vorsorgekartei
(15) Mitteilung nach § 52a BImSchG
(16) Bestellungsurkunden der Betriebsbeauftragten und die Mitteilungsschreiben an die Behörden
(17) Fachkundenachweise der Betriebsbeauftragten einschließlich der Nachweise über die Teilnahme an Schulungs- und Fortbildungsveranstaltungen
(18) Versicherunspolicen und sonstige Versicherungsunterlagen
(19) Verträge

12. Finanzierung/Kosten-Controlling 221

(1) Nach welchen Regeln werden Umweltinvestitionen geplant und veranlaßt?
(2) Wie ist die Zuordnung von Umweltschutzkosten zu den jeweiligen Verursachern geregelt?
(3) Nach welchen Kriterien erfolgt die vollständige Erfassung aller umweltbezogenen Ausgaben und Kosten einschließlich der daraus abzuleitenden Kostenanalyse (existieren Öko-Controlling, Kosten-Nutzen-Analyseverfahren, Öko-Bilanzierungen etc.)
(4) Existieren statistische Hilfsmittel für eine gezielte Kosten- und Budgetplanung?
(5) Werden die Betriebsbeauftragten für Umweltschutz in die Planung von Investitionen und in die Budgetplanung einbezogen?
(6) Ist eine zentralisierte Erfassung aller Umweltschutzkosten und die Ausschöpfung aller Einsparungs- und Rationalisierungsmöglichkeiten sichergestellt?
(7) Ist sichergestellt, daß alle Abgabenreduzierungsmöglichkeiten ausgeschöpft werden?
(8) Werden alle Förderungs- und Subventionsmöglichkeiten für betriebliche Umweltschutzmaßnahmen ausgeschöpft?
(9) Werden alle Bilanzrückstellungspflichten und -möglichkeiten für umweltschutzbedingte Belastungen beachtet bzw. ausgeschöpft?

222 13. Sonstiges

> (1) (Wo) sind zusätzliche Einsparungs- und/oder Rationalisierungseffekte möglich?
> (2) Sichtung der bisherigen Schadens- und Beanstandungsfälle
> (3) Bewertung der allgemeinen und spezifischen Haftungsrisiken und betrieblichen Schwachstellen (drohende Konsequenzen, Art und Höhe möglicher Schäden etc.)
> (4) Risikoabsicherung: Überprüfung des bestehenden Versicherungsschutzes
> (5) Vertragswesen: Überprüfung der bestehenden Verträge mit Zulieferern, Abnehmern und externen Beratern auf Möglichkeiten einer Optimierung und zur Reduzierung evtl. Haftungsrisiken
> (6) Öffentlichkeitsarbeit: Umweltmarketing (Umweltzeichen etc.), Behördenkontakte, Pressearbeit etc. Existiert eine Umwelterklärung für Behörden und die Öffentlichkeit? Falls ja, entspricht sie den Anforderungen der „Öko-Audit-Verordnung"?

223 Aufgrund der individuellen Besonderheiten und spezifischen Anforderungen eines jeden einzelnen Unternehmens, sind die Checklisten nicht schematisch („nach Gebrauchsanweisung") anwendbar. Sie können nur eine Orientierungshilfe darstellen, die den Beteiligten dabei helfen sollen, keinen wesentlichen Umstand zu übersehen. Dabei kann es in Einzelfällen durchaus notwendig werden, noch weitere zusätzliche Prüfungen vorzunehmen; ebensogut ist es möglich, daß einige der aufgeführten Prüfungspunkte nicht erforderlich sind. Zur Vermeidung eines unnötigen Kosten- und Arbeitsaufwandes sollte dies bereits im Vorfeld sorgfältig geprüft und festgelegt werden.

224 Ein Vorteil der „Umweltchecklisten" liegt in ihrer baukastensystembedingten Anwenderfreundlichkeit und Anpassungsfähigkeit. Gerade als Hilfsmittel bei Reorganisationsmaßnahmen erweist sich dies als besonders nutzbringend: Das Baukastensystem erlaubt dem Unternehmer weitgehend selbst darüber zu entscheiden, in welchem Umfang, mit welchen Prioritäten und in welchem Zeitrahmen er in seinem Unternehmen ein umweltorientiertes Betriebsorganisationssystem verwirklichen will. So kann er sich beispielsweise zunächst gezielt darauf beschränken, nur diejenigen Umweltschutzmaßnahmen durchzuführen, die problemlos, mit überschaubarem Aufwand und kurzfristig zur Vermeidung von substantiellen Haftungsrisiken und/oder zur Senkung unnötiger Kosten führen, und dadurch auf eine schnelle spürbare Risikominimierung und Ertragsverbesserung hinwirken. Durch die sukzessive Abarbeitung der weiteren „Aufgabenfelder" in der Reihenfolge einer vorher im einzelnen festzulegenden Prioritätenliste, kann schließlich mittelfristig das gesamte

I. Die Organisation des betrieblichen Umweltschutzes

Unternehmen auf ein integriertes Umweltschutzmanagementsystem ausgerichtet werden, das durch die einzelnen Durchführungsmaßnahmen nach und nach auf eine immer breitere Basis gestellt wird.

8. Das Umweltschutz-Handbuch

a) Grundzüge

Zur Unterstützung des Umweltschutz-Managements und zur Dokumenation einer ordnungsgemäßen Betriebsorganisation ist es heute „Stand der Technik", ein betriebliches Umweltschutz-Handbuch zu erarbeiten. Das Umweltschutz-Handbuch soll der Geschäftsleitung, der Betriebsleitung und allen nachgeordneten, mit der Durchführung und der Überwachung von Umweltschutzaufgaben zuständigen Mitarbeitern ermöglichen, den gesamten Umweltbereich des Unternehmens effizient und sachgerecht zu organisieren. 225

Umweltschutz-Handbücher können als wertvolle Grundlage dienen, praktizierten Umweltschutz systematisch als einsichtige und verständliche Maßnahme auf alle Mitarbeiter auf allen Ebenen des Unternehmens zu übertragen. Neben ihrem dokumentarischen Wert besitzen Umweltschutz-Handbücher damit eine wichtige integrierende Aufgabe. Grundvoraussetzung für die Erfüllung dieser Aufgabe ist es, daß das Umweltschutzhandbuch stets handlich, übersichtlich, vollständig und aktuell bleibt. Um dies zu gewährleisten, muß das Handbuch alle wichtigen Anweisungen für die Steuerung, Durchführung, Überwachung und Dokumentation des Unternehmens enthalten. Das Handbuch muß von der Unternehmensleitung geprüft und freigegeben werden. Die Ausgabe des Handbuchs sollte – personenbezogen – nach einem festgelegten Verteiler erfolgen. Die Verteilung und die Empfangnahme sollte unterschriftlich bestätigt werden. 226

Das Umweltschutz-Handbuch ist nur dann tauglich, wenn es die jeweils aktuelle Situation des Unternehmens zutreffend erfaßt. Das Handbuch muß daher ständig auf seine Aktualität überprüft und wenn nötig, geändert werden. Notwendige Überarbeitungen und Änderungen sind von den hierfür zuständigen (vorab zu definierenden) Stellen zu veranlassen und von der Unternehmensleitung zu überwachen. Um den Aktualisierungsdienst zu vereinfachen ist es in der Regel sinnvoll, das Umweltschutz-Handbuch in der Form eines (festen) Schnellhefters anzulegen, damit ein Austausch von aktualisierten Kapiteln erleichtert wird. Die Anlage einer Loseblattsammlung darf allerdings nicht dazu führen, daß die Vollständigkeit und die systematische Ordnung des Umweltschutz-Handbuches gefährdet wird. Dies erfordert eine strenge Eigendisziplinierung bei der Führung und Aktualisierung des Handbuchs, die durch entsprechende Arbeitsanweisungen flankiert werden sollte. Hierzu gehören insbesondere konkrete und verständliche Angaben dazu, welche Seiten 227 an welcher Stelle ergänzt werden sollen bzw. welche Seiten gegen welche Nachlieferungen ausgetauscht werden sollen; ferner sollte festgelegt werden, von wem an wen welche „Nachlieferungen" verteilt werden müssen und wer für die ordnungsgemäße Aktualisierung des betreffenden Handbuchexemplars verantwortlich ist.

228 Der dokumentarische Wert und Nutzen eines Umweltschutz-Handbuchs kann nur erreicht werden, wenn aus dem Handbuch (mit Empfangsbestätigung bzw. Bearbeitungsvermerk und Datumsangabe) hervorgeht,
 – wann das Handbuch von wem erarbeitet worden ist,
 – wann das Handbuch von wem an wen verteilt worden ist,
 – wann und von wem welche Aktualisierung vorgenommen wurde,
 – wann und an wen die Aktualisierung verteilt und
 – in das jeweilige Handbuchexemplar eingearbeitet worden ist.

b) Aufbau und Inhalt

229 Aufbau und Inhalt des betrieblichen Umweltschutz-Handbuches sind stets von den spezifischen Anforderungen und Bedürfnissen des jeweiligen Einzelfalls abhängig. Eine schablonenhafte Übernahme von Mustertexten und -entwürfen wäre untauglich und verfehlt.

230 Bei mehrgliedrigen Unternehmen mit mehreren Betrieben und/oder Werken sowie für Unternehmen mit Geschäftsbereichen, die substantiell unterschiedlichen umweltbezogenen Anforderungen unterliegen, bietet sich regelmäßig folgender Aufbau an:

(1) Die Erarbeitung eines generellen Umweltschutz-Rahmenhandbuchs mit der Formulierung der allgemeinen Zielsetzungen und Anforderungen des Unternehmens sowie den übergreifenden Umweltschutzanweisungen.

(2) Die Erarbeitung zusätzlicher nachgeordneter „besonderer Umweltschutz-Handbücher" für die einzelnen Werke, Betriebsteile bzw. Geschäftsbereiche mit werks- und/ oder abteilungsspezifischen Umweltschutzanweisungen.

231 Vorbehaltlich der stets notwendigen betriebsspezifischen Anpassung und Ausrichtung eines Umweltschutz-Handbuchs könnte ein solches Handbuch beispielsweise wie folgt aufgebaut werden:[143]

---

[143] Vgl. aber auch die Empfehlungen für den Aufbau und die Gliederung des „Qualitätssicherungs-Handbuchs" nach DIN/ISO 9001.

I. Teil A: Register   232
- Inhaltsverzeichnis,
- Abkürzungen, Begriffsdefinitionen
- Geltungsbereich
- Verteiler (unter Angabe des Verteildatums und der Empfangsbestätigung)
- Angaben des Änderungsdienstes mit jeweiliger Datumsangabe

II. Teil B: Allgemeiner Teil   233

1. Vorwort
Umweltschutzziele des Unternehmens: Vorstellung des Unternehmens und Grundsatzerklärung der Untnehmensleitung zur Umweltpolitik des Unternehmens und ihrer Zielsetzung.

2. Rechtliche Grundlagen
* Ziel und Zweck
* Aufstellung (unter Angabe des Datums der letzten Änderung) und Auszüge aus den relevanten Gesetzen und Verordnungen einschließlich einer kurzen Erläuterung ihres Inhaltes und ihrer Bedeutung
* Behördliche Auflagen
* Interne Vorschriften und Richtlinien

III. Teil C: Aufbauorganisation   234
Fortlaufend aktualisierte Aufstellung der Zuständigkeiten und Aufgaben der Unternehmenseinheiten und deren Mitarbeiter, bestehend aus:
* einem Organigramm, in dem durch ein Schaubild unter Darstellung der wesentlichen Zuordnungen und Wechselwirkungen die Organisationsstrukturen des Unternehmens aufgezeigt werden und
* der Festlegung der Delegations- und Entscheidungsprinzipien des Unternehmens sowie
* der Festlegung der
  - Entscheidungsverantwortungen,
  - Durchführungsverantwortungen,
  - Mitwirkungs-/Kontrollverantwortungen und der
  - Informationspflichten
  der einzelnen Unternehmenseinheiten und Mitarbeiter für alle relevanten Unternehmens- und Betriebsbereiche
* unter gleichzeitiger Festlegung der jeweiligen
  - Aufgaben, Zuständigenkeiten und Kompetenzen (Stellenbeschreibungen) und
  - Pflichten (Arbeitsanweisungen).

IV. Teil D: Ablauforganisation

235 An dieser Stelle sollte eine Beschreibung der Aufgaben und Optimierungsziele der einzelnen Umweltschutzgeschäftsbereiche des Unternehmens mit jeweils konkreten Zuständigkeits- und Stellenbeschreibungen sowie Arbeitsanweisungen erfolgen. Dabei kann es im Einzelfall sinnvoll sein, Mustertexte, Formulare, Dokumente, Checklisten und ein Verzeichnis von allen relevanten Gesetzen, Genehmigungen und behördlichen Anordnungen, die den spezifischen Aufgabenbereich betreffen, beizufügen oder an der jeweiligen Stelle auf ein zentrales Fundstellenregister zu verweisen.

236 Für die Untergliederung der Ablauforganisation sind unter anderem folgende (Unter-)Kapitel in Betracht zu ziehen:

237 **1. Umweltmanagementsystem**
* Ziel und Zweck
* Begriffsbestimmungen
* Umweltschutzpolitik
* Umweltschutzprogramm
* Umweltschutzorganisation
* Planungs- und Kontrollinstrumente
* Gefahrenabwehr- und Sicherheitsmanagement

238 **2. Prozeßlenkung**
* Ziel und Zweck
* Begriffsbestimmungen
* Gehmigungsmanagement (Betriebs- und Anlagengenehmigungen etc.)
* Umweltrelevante Produktionsverfahren
* Emissionen
* Gewässerschutz (Abwasserbelastungen, Abwasserabgaben etc.)
* Abfallmanagement (Vermeidung, Wiederverwertung, geordnete Entsorgung etc.)
* Gefahrstoffe
* Gefahrgut
* Energie
* Resourcen/Rohstoffeinsatz
* Vorbeugende Wartung/Instandhaltung
* Arbeitssicherheit
* Brandschutz/Werkschutz
* Gesundheitsvorsorge/Hygiene
* Informationspflichten, innerbetriebliche Meldeketten
* Verfahrens- und Arbeitsanweisungen
* Ablaufschemata

3. Prüfungen — 239
* Ziel und Zweck
* Begriffsbestimmungen
* Nachweis des bestimmungsgemäßen Betriebes
* Qualitätssicherungssystem
* Überwachungspläne und -protokolle
* Kataster
* Berichte
* Ablaufschema

4. Korrekturmaßnahmen — 240
* Ziel und Zweck
* Begriffsbestimmungen
* Verantwortlichkeiten
* Melde- und Entscheidungssystem
* Vorbeugende Maßnahmen, Gefahrenabwehr
* Sofortmaßnahmen bei Mängeln und Störungen
* Verfahrens- und Arbeitsanweisungen
* Ablaufschema

5. Prüfmittel — 241
* Ziel und Zweck
* Begriffsbestimmungen
* Umgang mit Prüfmitteln

6. Identifikation und Rückverfolgbarkeit — 242
* Ziel und Zweck
* Begriffsbestimmungen
* Kennzeichnung von Produkten
* Kennzeichnung von Behältern

7. Lenkung fehlerhafter Produkte — 243
* Ziel und Zweck
* Behandlung fehlerhafter Produkte

8. Forschung und Entwicklung — 244
* Ziel und Zweck
* Begriffsbestimmungen
* Forschungs- und Entwicklungsplanung (Produktdesign, Produktionsverfahren, Einführung zukunftsorientierter Technologien etc.)
* Ergebnisse von Forschung und Entwicklung
* Arbeitsanweisungen
* Ablaufschema

9. Handhabung, Lagerung, Verpackung und Versand — 245
* Kennzeichnungen
* Verpackungen

* Logistik (Lagerung und Transport)
* Materialwirtschaft
* Marketing
* Umweltzeichen
* Querverweise auf das Qualitätshandbuch

246 **10. Beschaffung/Materialwirtschaft**
* Ziel und Zweck
* Begriffsbestimmungen
* Beschaffungsablauf
* Beschaffungsunterlagen
* Verfahrens- und Arbeitsanweisungen
* Ablaufschema

247 **11. Vertragsprüfung**
* Ziel und Zweck
* Begriffsbestimmungen
* Vertragsarten
* Pflichtenhefte
* Rücknahmeverpflichtungen
* Forderungen von Auftraggebern
* Verfahrensanweisungen
* Ablaufschema

248 **12. Dokumentation/Aufzeichnungen**
* Ziel und Zweck
* Begriffsbestimmungen
* Sammlungen
* Querverweise auf andere Kapitel des Handbuchs
* Verfahren und Zuständigkeiten
* Arbeitsanweisungen
* Ablaufschema

249 **13. Lenkung der Dokumente**
* Ziel und Zweck
* Begriffsbestimmungen
* Verfahren und Zuständigkeiten
* Dokumentenmatrix
* Änderungen
* Abäufe

250 **14. Interne Audits**
* Ziel und Zweck
* Begriffsbestimmungen
* Zuständigkeiten und Auditpersonal
* Planung und Ablauf des Audits

* Auditbericht
* Zertifizierungsaudit
* Korrekturmaßnahmen und Erfolgskontrolle
* Wiederholungsaudits
* Verfahrensanweisungen

15. Schulung 251
* Ziel und Zweck
* Ausbildungsbedarf
* Ausbildungs- und Schulungsmaßnahmen
* Regelmäßigkeit und Frequenz von Weiterbildungen
* Dokumentation
* Abläufe

16. Kundendienst 252
* Ziel und Zweck
* Leistungen des Kundendienstes und der Kundenberatung
* Zuständigkeiten
* Abläufe

17. Öffentlichkeitsarbeit 253
* Ziel und Zweck
* Instrumente
* Öko-Sponsoring
* Behördenkontakte/Behördenumgang
* Zuständigkeiten
* Verfahrensanweisung
* Ablauf

18. Statistische Verfahren/Finanzierung 254
* Ziel und Zweck
* Risikoabschätzungsmethode
* Erfassung und Minimierung der Umweltschutzkosten/ Ausschöpfung von Kostensenkungspotentialen
* Budget- und Investitionsplanung
* Kosten-Nutzen-Analyse
* Abgabenplanung
* EDV-Einsatz
* Entwicklung und Nutzung statistischer Kontroll- und Planungsinstrumente
* Zuständigkeiten
* Ablauf

19. Rechtschutz 255

20. Versicherungsschutz 256

257 **V. Teil E: Sammlung und Dokumentation**
Um eine praktische Handhabung des Handbuchs zu gewährleisten, bietet es sich regelmäßig an, dem Handbuch die für die tägliche Arbeit wichtigsten Unterlagen, bzw. Auszüge hiervon, beizufügen. Hierfür kommen unter anderem in Betracht:
- Gesetze
- Verordnungen
- Interne und externe Richtlinien
- Audits (Umwelt- bzw. Abschlußberichte)
- Sonstiges (Abnahmebescheinigungen, Protokolle über die letzten Betriebsbegehungen der Berufsgenossenschaften und Versicherungen etc.)
- Fundstellenregister für die einschlägigen Betriebs-, Anlagen- und Produktgenehmigungen.

9. Die Erarbeitung einer wirksamen umweltschutzsichernden Betriebsorganisation auf der Grundlage der DIN/ISO 9000–9004

258 Ergänzend zu den sektoralen umweltschutzrechtlichen Bestimmungen lassen sich wesentliche Elemente einer umweltschutzsichernden Betriebsorganisation nicht zuletzt auch aus den international geltenden **DIN/ISO-Normen über Qualitätssicherungssysteme** ableiten.[144] Bei der Normenreihe DIN/ISO 9000–9004[145] handelt es sich um in der Praxis allgemein anerkannte Grundsätze und Leitlinien für die Einführung und Ausgestaltung betrieblicher Qualitätssicherungssysteme. Ihre Empfehlungen enthalten unter anderem Grundsätze für die Verantwortung der Unternehmenleitung,[146] die Festlegung von Zuständigkeiten, Befugnissen und Delegationsprinzipien, Maßnahmen zur Lenkung und Koordinierung in Schnittstellenbereichen,[147] Ablaufverfahren,[148] die Dokumentation des Qualitätssicherungssystems in einem Qualitätssicherungshandbuch,[149] regelmäßige Überprüfungen des Qualitätssicherungssystems durch interne Audits,[150] die Überwachung und Instandhaltung technischer Einrichtungen[151] sowie Schulungs- und Fortbildungsmaßnahmen der Mitarbeiter,[152] um hier nur einige exemplarische Beispiele zu nennen.

---

[144] Adams, Konsequenzen für den Umweltschutz, Praxiskommentar zur 3. Novelle zum BImSchG, 1990, Erl. zu § 52 a.
[145] Zu beziehen bei der Beuth-Verlag GmbH, Berlin.
[146] Vgl. Ziffer 4.1 bis 4.3 von DIN/ISO 9004.
[147] Vgl. Ziffer 5.2. 2 von DIN/ISO 9004.
[148] Vgl. Ziffer 5.2. 5 von DIN/ISO 9004.
[149] Vgl. Ziffer 5.3. 2 von DIN/ISO 9004.
[150] Vgl. Ziffer 5.4 von DIN/ISO 9004.
[151] Vgl. Ziffer 11.3 von DIN/ISO 9004.
[152] Vgl. Ziffer 18 von DIN/ISO 9004.

I. Die Organisation des betrieblichen Umweltschutzes

Die Anwendung der DIN/ISO 9000–9004 beruht auf **freiwilliger Basis**; 259
gesetzliche Vorschriften, die ihre Anwendung vorschreiben würden, existieren nicht. Aufgrund ihrer abstrakt generellen Ausgestaltung ist die Normenreihe **auf alle Branchen und Unternehmensformen anwendbar.** Ihre Grundprinzipien lassen sich insbesondere auch auf eine umweltschutzsichernde Betriebsorganisation übertragen.[153]

a) Total Quality Management (TQM)

Das Thema „Qualität" war in der betrieblichen Praxis lange Zeit lediglich mit der (bloßen) Qualitätskontrolle der hergestellten Produkte verbunden. Die traditionelle „Null-Fehler-Strategie", die nur den Fertigungsprozeß und das Fertigungsergebnis im engeren Sinne im Blickfeld hatte, war zwar ein wichtiger, aber schließlich nur *ein* singulärer Aspekt dessen, was sich heute unter dem Schlagwort „TQM"(= Total Quality Management) zunehmend in der betrieblichen Praxis durchsetzt. Total Quality Management bedeutet nach DIN/ISO 8402 „unternehmensweite Qualitätssicherung". Vor dem Hintergrund des sich in den letzten zehn Jahren nachhaltig verschärften Produkt- und Umwelthaftungsrechts und der weiter zunehmenden Anspruchssensibilität der Verbraucher und sonstigen Öffentlichkeit, hat sich in dem Bewußtsein zukunftsorientierter Unternehmensleitungen schon längst niedergeschlagen, daß das traditionelle Qualitätsdenken, das lediglich von vordefinierten Produktanforderungen einer Entwicklungsabteilung bestimmt wurde, viel zu kurz greift. Unabhängig von den durch Gesetzgeber und Rechtsprechung gesteigerten Haftungsrisiken bestimmt sich „Qualität" für ein modernes innovatives und zukunftsorientiertes Unternehmen nicht zuletzt auch durch die Konkurrenzsituation und die Kundenerwartung, und zwar sowohl hinsichtlich der angebotenen Produkte und Dienstleistungen als auch in bezug auf Beratung, Service und Kommunikation. 260

Die Wettbewerbsstärke und die Kundenzufriedenheit eines Wirt- 261
schaftsunternehmens werden maßgeblich von dessen Organisation und der hierdurch bestimmten Leistung des Unternehmens geprägt. Ein funktionierendes Qualitätssicherungssystem bildet dabei die Grundlage für eine durchschlagende operative Leistungsfähigkeit und Akzeptanz. Ein effektives Qualitätssicherungssystem wiederum setzt eine funktionierende und effiziente Betriebsorganisation mit einem wirksamen Qualitätsmanagement voraus. Die Einführung von Qualitätszirkeln und Qualitätssicherheitsvereinbarungen, die Einrichtung eines betrieblichen Vorschlagswesens, gezielte Schulungen und Fortbildungen der Mitarbei-

---

[153] Feldhaus, NVwZ 1991, 927 (931); Die internationalen Normungsausschüsse erarbeiten derzeit auf der Grundlage der DIN/ISO 9000–9004 eine technische Normenreihe, die auf die spezifischen Anforderungen einer umweltschutzsichernden Betriebsorganisation zugeschnitten sind.

ter, Maßnahmen zur Verbesserung der Motivation, Information und Kommunikation sowie die Einführung von zukunftsweisenden Produktions- und Qualitätssicherungstechniken wie beispielsweise die FMEA (Fehler-Möglichkeits-und-Einfluß-Analyse) oder der SPC (Statistische Prozeßregelung) können hierzu wertvolle flankierende Elemente darstellen.[154] Für jedes Unternehmen besteht die Herausforderung, die für seine individuellen Bedingungen relevanten Kundenerwartungen zu ermitteln, die Qualitätsziele zu definieren und daraus die Elemente eines eigenen TQM-Konzeptes zu entwickeln.

b) Die DIN/ISO 9000–9004 (Betriebliche Qualitätssicherung)

262   aa) Das Verlangen nach einer systematischen Durchführung und methodischen Dokumentation betrieblicher Qualitätssicherungs-Maßnahmen gewinnt vor dem oben aufgezeigten Hintergrund weltweit immer größere Bedeutung. Die steigenden Anforderungen der Verbraucher, der sich verschärfende Wettbewerb, der zunehmende Kostendruck, das drohende Risiko aus Produkt- und Umwelthaftung in Anspruch genommen zu werden, und die beweistechnische Notwendigkeit, die Produktions- und Produktqualität fortlaufend dokumentarisch festhalten zu müssen,[155] zwingen zur Anwendung einer wirksamen Qualitätssicherung. Ziel eines jeden herstellenden Unternehmens muß es daher sein, die gesetzlich geforderte, vereinbarte und die von dem Markt darüber hinaus allgemein erwartete Qualität seiner Produkte und Leistungen umfassend und wirksam sicherzustellen. Auch mit einer noch so hohen Zahl von „Stichprobenkontrollen" allein läßt sich dieses Ziel nicht erreichen; Qualität läßt sich nicht „hineinkontrollieren".[156] Etwaige Produktionsschwachstellen und Produktfehler müssen vielmehr bereits im Vorfeld systematisch erkannt und eliminiert werden. Dies kann aber nur durch ein umfassendes und planmäßig angelegtes **Qualitätsmanagement** (d. h. durch ein Qualitätssicherungssystem) erreicht werden. Qualität und Qualitätsmanagement sind essentielle Bestandteile jeglichen unternehmerischen Handels, um auf den Märkten der Zukunft dauerhaft bestehen zu können.

263   bb) Die Anforderungen an solche Qualitätssicherungssysteme sind nicht gesetzlich geregelt. Als Orientierungshilfe sind Ende der siebziger und Anfang der achtziger Jahre unterschiedliche nationale technische Normen über die Ausgestaltung und Anwendung von Qualitätssicherungssystemen für verschiedenste Branchen entwickelt worden. Nicht zuletzt aufgrund des sich mehr und mehr internationalisierenden Wettbewerbs hat

---

[154] Henckels, Qualität und Zuverlässigkeit, 1991, 564; Hollmann, PHI 1989,146; Migge, PHI 1991, 186; Migge, PHI 1991, 198; Migge, VersR 1992, 665 (666/670f.).

[155] BGHZ 104, 323; BGH, BB 1993, 248; BGH, NJW 1975, 1827; OLG Köln, VersR1991, 348; OLG Köln, VersR 1991, 347; OLG Köln, VersR 1990, 861; OLG Karlsruhe VersR 1986, 46; Kullmann, NJW 1992, 2669 (2676ff.).

[156] Feldhaus, NVwZ 1991, 927 (931).

I. Die Organisation des betrieblichen Umweltschutzes

sich diese Normenvielfalt jedoch schon bald als unpraktikabel herausgestellt. **Als vereinheitlichte und weltweit anerkannte Verständigungs- und Bezugsgrundlage** wurden daher im Jahre 1987 die internationale Normenreihe ISO 9000–9004 erarbeitet. Noch im selben Jahr (Herbst 1987) wurde die Normenreihe von dem CEN[157] unverändert als Europäische Normenreihe[158] übernommen und in Deutschland zusätzlich als nationales Normenwerk[159] bestätigt. Sämtliche Normenreihen die ISO 9000–9004, die EN 29000–29 004 sowie die DIN 9000–9004 – sind wortgleich.

cc) Qualitätssicherungssysteme besitzen sowohl betriebsinterne als auch betriebsexterne Funktionen. Nach innen dienen sie als innerbetriebliches Führungselement; gleichzeitig besitzen sie Außenwirkung, indem sie eine solide Vertrauensgrundlage für die Qualität des Unternehmens und seiner Produkte bzw. Dienstleistungen schaffen.[160] Als international anerkannte Bezugsgrundlage bieten die DIN/ISO 9000–9004 wertvolle Hilfestellungen für den Aufbau und die Dokumentation von betrieblichen Qualitätssicherungssystemen. Gleichzeitig bilden sie zunehmend eine standardisierte Grundlage für Qualitätssicherungsvereinbarungen im Rahmen von Lieferverträgen. Aufgrund ihrer generellen Ausgestaltung und internationalen Akzeptanz ermöglichen die DIN/ISO 9000–9004 zudem erstmals eine weltweit anerkannte **Zertifizierung** von betrieblichen Qualitätssicherungssystemen auf freiwilliger Basis durch unabhängige Zertifizierungsstellen. Gegenstand einer solchen Zertifizierung ist die Feststellung, daß in dem zertifizierten Unternehmen ein betriebliches Qualitätssicherungssystem existiert, das den Anforderungen der DIN/ISO 9000–9004 gerecht wird. Die Bedeutung derartiger Qualitätssicherungs-System-Zertifikate (für rein interne Zwecke, wie z. B. für die Sensibilisierung und Motivation der Mitarbeiter, aber auch zu Marketingzwecken etc. nach außen) hat in den letzten Jahren sprunghaft zugenommen. Die Zertifizierung entwickelt sich zunehmend als ein selektierendes Entscheidungskriterium bei Auftragsvergaben. Mehr und mehr Unternehmen gehen dazu über, von ihrem Handelspartner eine DIN/ISO 9000–9004-Zertifizierung zu erwarten. Zumindest in einigen Branchen hat die – für eine freiwillige Anwendung konzipierte – DIN/ISO 9000–9004 daher bereits zu einer faktischen Selbstbindung geführt; ein Effekt, der in den nächsten Jahren voraussichtlich noch weiter zunehmen wird.

264

dd) Gegenstand der DIN/ISO 9000–9004 ist (lediglich) die Beschreibung von abstrakt generellen *Grundsätzen* betrieblicher Qualitätssicherungssysteme; die Feststellung von **Qualitätseigenschaften bestimmter Produktionsverfahren** und/oder Produkte selbst wird hiervon nicht um-

265

---

[157] Europäisches Komitee für Normung.
[158] EN 29000–29004.
[159] DIN 9000–9004.
[160] Feldhaus, NVwZ 1991, 927 (931).

Übersicht über die weltweite Übernahme der Normenreihe ISO 9000 über Qualitätssicherungssysteme

	Qualitätsmanagement und Qualitätsnormen – Leitfaden zum Ausbau und Anwendung	Qualitätssicherungssysteme – Modell zur Darlegung der Qualitätssicherung in Design, Entwicklung, Montage und Kundendienst	Qualitätssicherungssysteme – Modell zur Darlegung der Qualitätssicherung in Produktion und Montage	Qualitätssicherungssysteme – Modell zur Darlegung der Qualitätssicherung bei der Endprüfung	Qualitätsmanagement und Elemente eines Qualitätssicherungssystems – Leitfaden
ISO	ISO 9000:1987	ISO 9001:1987	ISO 9002:1987	ISO 9003:1987	ISO 9004:1987
CEN/CENELEC	EN 29000	EN 29001	EN 29002	EN 29003	EN 29004
			Identische Regelungen		
Australien	AS 3900	AS 3901	AS 3902	AS 3903	AS 3904
Belgien	NBN-EN 29000	NBN-EN 29001	NBN-EN 29002	NBN-EN 29003	NBN-EN 29004
Brasilien	NB 9000:1990	NB 9000:1990	NB 9000:1990	NB 9000:1990	NB 9000:1990
Chile	NCH-ISO 9000	NCH-ISO 9001	NCH-ISO 9002	NCH-ISO 9003	NCH-ISO 9004
Dänemark	DS/ISO 9000	DS/ISO 9001	DS/ISO 9002	DS/ISO 9003	DS/ISO 9004
Deutschland	DIN ISO 9000	DIN ISO 9001	DIN ISO 9002	DIN ISO 9003	DIN ISO 9004
Finnland	SFS-ISO 9000	SFS-ISO 9001	SFS-ISO 9002	SFS-ISO 9003	SFS-ISO 9004
Frankreich	NF-EN 29000	NF-EN 29001	NF-EN 29002	NF-EN 29003	NF-EN 29004
Griechenland	ELOT EN 29000	ELOT EN 29001			
Großbritannien	BS 5750:1987 Pt 0	BS 5750:1987 Pt 1	BS 5750:1987 Pt 2	BS 5750:1987 Pt 3	BS 5750:1987 Pt 4
Indien	IS 14000:1988	IS 14001:1988	IS 14002:1988	IS 14003:1988	IS 14004:1988
Irland	IS/ISO 9000	IS/ISO 9001	IS/ISO 9002	IS/ISO 9003	
Island	IST ISO 9000:1987	IST ISO 9001:1987	IST ISO 9002:1987	IST ISO 9003:1987	IST ISO 9004:1987
Israel	SI 2000:1990	SI 2001:1990	SI 2002:1990	SI 2003:1990	SI 2004:1990
Italien	UNI/EN 29000-1987	UNI/EN 29000-1987	UNI/EN 29000-1987	UNI/EN 29000-1987	UNI/EN 29000-1987
Japan	JIS Z 9900–1991	JIS Z 9900–1991	JIS Z 9900–1991	JIS Z 9900–1991	JIS Z 9900–1991
ehem. Jugoslawien	JUS-ISO 9000	JUS-ISO 9001	JUS-ISO 9002	JUS-ISO 9003	JUS-ISO 9004
Kanada	–	–	–	–	CSA Q420–87
Kolumbien	ICONTEC-ISO 9000	ICONTEC-ISO 9001	ICONTEC-ISO 9002	ICONTEC-ISO 9003	ICONTEC-ISO 9004

I. Die Organisation des betrieblichen Umweltschutzes

Kuba	NC-ISO 9000	NC-ISO 9001	NC-ISO 9002	NC-ISO 9003	NC-ISO 9004
Malaysien	MS-ISO 9000–1991	MS-ISO 9001–1991	MS-ISO 9002–1991	MS-ISO 9003–1991	MS-ISO 9004–1991
Neuseeland	NZS 9000:1990	NZS 9001:1990	NZS 9002:1990	NZS 9003:1990	NZS 9004:1990
Niederlande	NEN-ISO 9000	NEN-ISO 9001	NEN-ISO 9002	NEN-ISO 9003	NEN-ISO 9004
Norwegen	NS-ISO 9000:1988	NS-ISO 9001:1988	NS-ISO 9002:1988	NS-ISO 9003:1988	NS-ISO 9004:1988
Österreich	Ö Norm EN 29000	Ö Norm EN 29001	Ö Norm EN 29002	Ö Norm EN 29003	Ö Norm EN 29004
Pakistan	PS:3000:90	PS:3001:90	PS:3002:90	PS:3003:90	PS:3004:90
Phillipinen	PNS ISO 9000:1989	PNS ISO 9001:1989	PNS ISO 9002:1989	PNS ISO 9003:1989	PNS ISO 9004:1989
Polen	ISO 9000	ISO 9001	ISO 9002	ISO 9003	ISO 9004
Portugal	EM 29000	EM 29001	EM 29002	EM 29003	EM 29004
Rumänien	RS ISO 9000	RS ISO 9001	RS ISO 9002	RS ISO 9003	RS ISO 9004
Russland		Gost 40.9001-88	ISO 40.9002-88	ISO 40.9003-88	–
Schweden	SS-ISO 9000	SS-ISO 9001	SS-ISO 9002	SS-ISO 9003	SS-ISO 9004
Schweiz	SN EN 29000:1990	SN EN 29001:1990	SN EN 29002:1990	SN EN 29003:1990	SN EN 29004:1990
Singapur	SS ISO 9000	SS ISO 9001	SS ISO 9002	SS ISO 9003	SS ISO 9004
Spanien	UNE 66900	UNE 66901	UNE 66902	UNE 66903	UNE 66904
Südafrika	SABS 0157:Part 0	SABS 0157:Part I	SABS 0157:Part II	SABS 0157:Part III	SABS 0157:Part IV
Tanzania	TZS 500:1990	TZS 501:1990	TZS 502:1990	TZS 503:1990	TZS 504:1990
Thailand	TISI ISO 9000	TISI ISO 9001	TISI ISO 9002	TISI ISO 9003	TISI ISO 9004
Trinidas u. Tobago	TTS 165 400:1988	TTS 165 401:1988	TTS 165 402:1988	TTS 165 403:1988	TTS 165 404:1988
Tunesien	NT 110.18-1987	NT 110.19-1987	NT 110.20-1987	NT 110.21-1987	NT 110.22-1987
Tschechoslowakei	CSN ISO 9000	CSN ISO 9001	CSN ISO 9002	CSN ISO 9003	CSN ISO 9004
Ungarn	MI 18990-1988	MI 18991-1988	MI 18992-1988	MI 18993-1988	MI 18994-1988
USA	ANSI/ASQC Q 90	ANSI/ASQC Q 91	ANSI/ASQC Q 92	ANSI/ASQC Q 93	ANSI/ASQC Q 94
Zimbabwe	SAZ 300	SAZ 301	SAZ 302	SAZ 303	SAZ 304
Zypern	CYS ISO 9000	CYS ISO 9001	CYS ISO 9002	CYS ISO 9003	CYS ISO 9004

Vergleichbare Regelungen

China	GB/T 10300.1-88	GB/T 10300.2-88	GB/T 10300.3-88	GB/T 10300.4-88	GB/T 10300.5-88
Jamaica		JS 167:Part 1:1990	JS 167:Part 2:1990	JS 167:Part 3:1990	JS 167:Part 4:1990
Venezuela	COVENIN 3000	COVENIN 3001	COVENIN 3002	COVENIN 3003	COVENIN 3004

Kummer

faßt. Ein auf der Grundlage der DIN/ISO 9000–9004 eingerichtetes Qualitätssicherungs-System bzw. ein entsprechendes Qualitätssicherungssystem-Zertifikat kann jedoch im Einzelfall Voraussetzung für eine Produktzertifizierung sein, beispielsweise um das CE-Zeichen als europäisches Freihandelszeichen für die hiervon bereits betroffenen sogenannten „geregelten" Produktgruppen zu erlangen. Schon jetzt ist abzusehen, daß die DIN/ISO 9000–9004 daher auch für die Produktqualitäts-Zertifizierung zunehmende Bedeutung erlangen werden.

266 Als gleichsam **nationale, europäische und internationale Normenreihe** sind die DIN/ISO 9000–9004 nicht nur in der Europäischen Union und in den EFTA-Staaten anerkannt, sondern weit darüber hinaus. Eine Übersicht über diejenigen Staaten, in denen die Normenreihe bislang übernommen worden ist, ergibt sich aus dem vorstehenden Schaubild.

267 „Bereits innerhalb kurzer Zeit haben sich die DIN/ISO 9000–9004 in der Praxis als **allgemeingültige Leitlinien** für die Einführung und Optimierung von betrieblichen Qualitätssicherungssystemen durchgesetzt. Ihr großer Vorteil besteht darin, daß sie aufgrund ihrer abstrakt allgemein gehaltenen Anforderungen branchenübergreifend in nahezu allen Produkt- und Dienstleistungsbereichen einsetzbar sind.

268 ee) Inhaltlich sind die DIN/ISO 9000–9004 wie folgt gegliedert: Die DIN/ISO 9001 bis 9003 enthalten **drei alternative Modelle** für die Konzeption und Umsetzung betrieblicher Qualitätssicherungssysteme mit jeweils unterschiedlichem Umfang und unterschiedlicher Anwendungstiefe. Flankiert werden die DIN/ISO 9001 bis 9003 durch die Norm DIN/ISO 9004, einem allgemeinen Leitfaden über die inhaltlichen Anforderungen der einzelnen Qualitätssicherungselemente. Die DIN/ISO 9000 schließlich enthält Grundsätze über die sinnvolle Auswahl unter den in den DIN/ISO 9001 bis 9003 angebotenen unterschiedlichen Qualitätssicherungselementen.

269 Der Inhalt der DIN/ISO 9000–9004 läßt sich wie folgt zusammenfassen:

– **DIN/ISO 9000:** „Qualitätsmanagement und Qualitätsnormen (Leitfaden zur Auswahl und Anwendung."
– **DIN/ISO 9001:** „Qualitätssicherungs-Systeme – Modell zur Darlegung der Qualitätssicherung in Design, Entwicklung, Montage und Kundendienst." Es handelt sich hierbei um die umfassenste Möglichkeit der Qualitätssicherung von der Produktentwicklung bis hin zum Kundendienst, bei der jeder Geschäftsbereich in das Qualitätssicherungs-System einbezogen wird.
– **DIN/ISO 9002:** „Qualitätssicherungs-Systeme – Modell zur Darlegung der Qualitätssicherung in Produkt und Montage." Hier werden lediglich die Qualitätsanforderungen für die Bereiche Produktion und Montage behandelt.
– **DIN/ISO 9003:** „Qualitätssicherungs-Systeme – Modell zur Darlegung der Qualitätssicherung bei der Endprüfung." Diese Norm befaßt sich lediglich mit den Qualitätssicherungsanforderungen bei der Durchführung von End- bzw. Ausgangskontrollen.
– **DIN/ISO 9004:** „Qualitätsmanagement und Elemente eines Qualitätssicherungs-Systems (Leitfaden)."

I. Die Organisation des betrieblichen Umweltschutzes

Ergänzt werden die DIN/ISO 9000–9004 durch die Normenreihe ISO 10011 „Qualitätsaudits (Leitfaden für das Audit von Qualitätssicherungssystemen – Auditdurchführung)" und durch die technische Norm ISO 10012 „Meßmittelmanagement". **270**

c) Die praktische Anwendung und Umsetzung der DIN/ISO 9000–9004

Die DIN/ISO 9000–9004 beschreiben lediglich in abstrakt genereller Form eine Palette von einzelnen Elementen, mit denen betriebliche Qualitätssicherungssysteme entwickelt und in die Praxis umgesetzt werden können. Die Auswahl der für das jeweilige Unternehmen konkret geeigneten Elemente, der Umfang, in dem sie von dem Unternehmen sinnvollerweise übernommen werden sollten, und die **individuelle Ausgestaltung und Umsetzung** dieser Grundsätze ist von den jeweiligen Umständen des Einzelfalls abhängig und beinhaltet die zentrale Herausforderung und Aufgabe bei der Installation eines DIN/ISO-gerechten betrieblichen Qualitätssicherungssystems.[161] **271**

Die wirksame Qualitätssicherung eines Unternehmens wird durch zahlreiche individuelle interne und externe Einflüsse und Anforderungen geprägt, wie beispielsweise des Unternehmensgegenstandes, der Größe des Unternehmens, seiner organisatorischen und betrieblichen Struktur und der Art und Ausgestaltung seiner Lieferbeziehungen. Ein effektives Qualitätssicherungssystem muß stets auf die **spezifischen Anforderungen und Belange** des jeweiligen Unternehmens zugeschnitten sein. Die Formulierung eines für alle Unternehmen gleichermaßen allgemeingültigen Qualitätssicherungskonzeptes ist daher nicht möglich. Folglich beschränken sich die DIN/ISO 9000–9004 auch auf nur abstrakt generelle Regelungen und allgemein gehaltene Grundsätze, die nach Maßgabe der jeweiligen betrieblichen Anforderungen und Bedürfnisse im konkreten Einzelfall adaptiert werden müssen. **272**

Die DIN/ISO 9000–9004 gehen dabei von folgenden Grundsätzen aus:

aa) Festlegung der Qualitätspolitik. Ein effizientes Qualitätsmanagement setzt klare Zielsetzungen voraus. Grundvoraussetzung für ein Qualitätssicherheitsmanagement ist daher zunächst, daß die hierfür zuständige Unternehmensleitung die **Qualitätspolitik** ihres Unternehmens festsetzt. Diese Zielsetzung kann beispielsweise folgende Elemente enthalten: **273**
- Einhaltung aller relevanten gesetzlichen und behördlichen Anforderungen,
- lückenlose und übersichtliche Dokumentation des Produktionsablaufs und der Produktqualität als Grundlage für den Nachweis der Einhaltung aller Organisationspflichten und zur präventiven Beweissicherung für den Fall einer eventuellen haftungsrechtlichen Inanspruchnahme,

---

[161] Migge, VersR 1992, 665 (670).

Kummer

- Erfüllung der vertraglich vereinbarten Qualitätsanforderungen der zu erbringenden Dienstleistungen und/oder der zu liefernden Produkte,
- Erfüllung der Verbraucher- und/oder Kundenerwartungen,
- Sicherstellung einer gleichbleibend hohen Produkt- bzw. Dienstleistungsqualität,
- Qualitäts- und Leistungsoptimierung,
- Verbesserung der Arbeitssicherheit und der Arbeitsplatzqualität,
- Sensibilisierung und Bewußtseinsbildung auf allen Unternehmensebenen,
- Optimierung des Vertragswesens,
- Erarbeitung von Qualitätssicherungssystemen als Grundlage für die Anwendung statistischer Methoden zur Ermöglichung von Wirtschaftlichkeitsanalysen,
- gezielte Ausschöpfung von Rationalisierungs- und Wirtschaftlichkeitseffekten,
- Umsetzung des Qualitätssicherheitssystems als Grundlage für Qualitätssicherungsvereinbarungen mit Zulieferanten,
- Zertifizierung des Unternehmens oder einzelner Betriebsteile.

274 **bb) Aufbau des Qualitätssicherungs-Systems.** Als zweiten Schritt muß die Unternehmensleitung durch die Entwicklung eines **Qualitätssicherungssystems** alle notwendigen Maßnahmen ergreifen, um sicherzustellen, daß die klar definierte Qualitätspolitik des Unternehmens von allen Mitarbeitern und Vertragspartnern verstanden, verwirklicht und fortlaufend aufrechterhalten wird. Um tatsächlich eine effektive Qualitätssicherung gewährleisten zu können, muß das Qualitätssicherungssystem dabei den spezifischen Anforderungen und Belangen des Unternehmens sowie der von ihm hergestellten Produkte bzw. der von ihm angebotenen Dienstleistungen gerecht werden. Dies kann unter Berücksichtigung folgender Elemente sichergestellt werden:

275 *(1) Aufbau- und Ablauforganisation.* Eine Grundvoraussetzung für ein wirksames Qualitätssicherungssystem ist die Festlegung der **Auf- und Ablauforganisation** des Unternehmens mit klaren und sachgerechten Regelungen über die Verantwortlichkeiten, Aufgaben, Weisungsbefugnisse sowie der Produktions- und Informationsabläufe (Organigramm, Stellenbeschreibungen und Arbeitsanweisungen).[162]

276 *(2) Integration aller relevanten Geschäftsbereiche.* Qualitätssicherheit beschränkt sich nicht nur auf das eigentliche Produktionsverfahren und das Produkt selbst, sondern ist Gegenstand und Aufgabe eines **jeden Geschäftsbereichs** eines Unternehmens. Die Qualitätssicherung schließt daher regelmäßig unter anderem folgende Elemente ein:

---

[162] Vgl. RN 38, 234 ff.

I. Die Organisation des betrieblichen Umweltschutzes

- Produktdesign, Produktspezifizierung und Produktentwicklung,
- Produktion (Produktionsverfahren, Produktionsablauf, Einführung neuer Technologien etc.),
- Beschaffung (Rohstoffe, Produktionsanlagen, Auswahl von qualifizierten Zulieferern und sonstigen Vertragspartnern),
- Qualitätsprüfung, Fehleridentifikation, Rückverfolgbarkeit (Dokumentation),
- Prüfmittelüberwachung,
- Korrekturmaßnahmen,
- Produktbeobachtung,
- Marketing/Marktforschung,
- Verpackung,
- Lagerung,
- Transport/Vertrieb,
- technische Unterstützung und Instandhaltung (Kundendienstservice etc.),
- Versicherungswesen.

(3) Mitarbeiterauswahl. Ein wesentliches Element einer effektiven Qualitätssicherung ist ferner die sachgerechte Auswahl und der Einsatz qualifizierter und zuverlässiger Mitarbeiter. **277**

(4) Schulung und Fortbildung. Zur effektiven Qualitätssicherung gehören weiter die verantwortungsbewußte Anleitung, Schulung, Motivation und Fortbildung aller Betriebsangehörigen nach Maßgabe der jeweiligen Erfordernisse. **278**

(5) Sachmittel. Zur Durchführung einer effektiven Qualitätssicherung müssen die hierfür erforderlichen und geeigneten Sachmittel bereit gestellt werden (Produktionsanlagen, Fertigungseinrichtungen, Prüfmittel etc.). **279**

(6) Korrektur und Störfallplanung. Zur wirksamen Qualitätssicherung gehören ferner eine den konkreten Erfordernissen und Gefahrenpotentiale entsprechende Fehlerbeseitigungs-, Korrektur- und Störfallplanung (z.B. durch die Erarbeitung von betrieblichen Handbüchern über den Umgang mit Beanstandungen von Kunden, Vertragspartnern, Behörden, Nachbarn sowie über die Durchführung von eventuellen Rückrufaktionen und sonstigen Schadensminderungsmaßnahmen). **280**

cc) Festlegung des Ablaufplans. Das Qualitätssicherungssystem muß so organisiert sein, daß alle qualitätsbeeinflußenden Tätigkeiten angemessen koordiniert und gesteuert werden. Dies ist nur möglich, wenn die Ziele und die Ausführung aller qualitätsbeeinflußenden Tätigkeiten eindeutig definiert werden. Hierzu gehören insbesondere die Festlegung innerbetrieblicher Kontroll- und Korrekturmaßnahmen. **281**

Kummer

282 **dd) Dokumentation.** Das beste Qualitätssicherungssystem ist nichts wert, wenn seine Existenz im Krisenfall Dritten gegenüber nicht schnell und kompetent dokumentiert werden kann. Das Qualitätssicherungssystem muß daher eine leichte, übersichtliche, vollständige und aktuelle Sammlung aller relevanten Qualitätsdokumente und Aufzeichnungen sicherstellen. Als wertvolle Bestandteile des Dokumentationswesens haben sich folgende Maßnahmen erwiesen:

283 *(1) Qualitätssicherungs-Handbuch.* Wichtiger Bestandteil bei der Installation und der Umsetzung eines betrieblichen Qualitätssicherungssystems ist die Erarbeitung eines – stets auf aktuellem Stand zu haltenden – „Qualitätssicherungs-Handbuchs".[163] Die vornehmliche Aufgabe eines solchen Qualitätssicherungs-Handbuchs besteht darin, eine **vollständige und übersichtliche Beschreibung des Qualitätssicherungssystems** bereitzustellen, mit dem die Erfüllung der Organisationsverpflichtungen gegenüber Behörden, Vertragspartnern und sonstigen Dritten nachgewiesen werden kann. Für größere Unternehmen mit mehreren Werken und/oder spezifisch sehr unterschiedlichen Geschäftsbereichen bietet es sich dabei regelmäßig an, ein „Rahmen-Qualitätssicherungs-Handbuch" für das Gesamtunternehmen zu entwickeln, in dem die Grundsätze der Qualitätspolitik des Unternehmens einheitlich zusammengefaßt und dokumentiert werden. Auf der Grundlage dieses „Rahmen-Qualitätssicherungs-Handbuchs" sollten sodann besondere „Qualitätssicherungs-Handbücher" für die einzelnen Werke und/oder Geschäftsbereiche entwickelt werden, die auf deren jeweilige spezifischen Bedürfnisse zugeschnitten sind und konkrete Handlungsvorgaben und -empfehlungen enthalten.

284 *(2) Qualitätssicherungspläne.* Ein ebenso wichtiger Bestandteil der betrieblichen Dokumentation sind **schriftliche Qualitätssicherungspläne**.[164] Darin sollten u. a. festgelegt werden:
– die zu erfüllenden Qualitätsziele,
– die konkrete Zuordnung von Verantwortungen und Befugnissen, Weisungskompetenzen (einschließlich eventueller Arbeitsplatzbeschreibungen) für alle unterschiedlichen Entwicklungs- und Produktionsphasen,
– die dabei jeweils anzuwendende Verfahrenstechnik mit konkreten Durchführungs- und Arbeitsanweisungen,
– konkrete Ablauf- und Durchführungsprogramme für Qualitätsprüfungen, Untersuchungen, Produktbeobachtungen im freien Markt, Korrekturmaßnahmen einschließlich der Durchführung eventueller Rückholaktionen und die Durchführung externer oder interner Audits.

---

[163] Vgl. Ziffer 5.3.2 von DIN 9004.
[164] Vgl. Ziffer 5.3.3 der DIN 9004.

Kummer

(3) Qualitätsaufzeichnungen. Insbesondere zur Beweissicherung unverzichtbar ist schließlich die Dokumentation und Aufbewahrung der **Qualitätsaufzeichnungen** betreffend Design, Qualitätsprüfungen, Begutachtungen, Audits, Reviews etc. Hierzu gehören Meßprotokolle, Prüfergebnisse, Zweitproben, aber auch Abnahmeprotokolle, Protokolle über Betriebsbegehungen von Versicherern und so weiter. 285

ee) **Durchführung interner Qualitätssicherungs-Audits.** Nichts ist beständiger als der Wandel und die Veränderung. Dies gilt gerade auch für die immer schnellebiger werdenden wirtschaftlichen Prozesse, sei es durch die Einführung neuer Produktionsverfahren, neuer gesetzlicher Anforderungen oder eines sonstigen Wandels der sonstigen sozialen politischen und wirtschaftlichen Rahmenbedingungen. Ein Qualitätssicherungs-System ist daher zwangsläufig nur dann effektiv und wirksam, wenn es „a jour" gehalten wird und es stets dem aktuellen Stand, der aktuellen Struktur und den aktuellen Anforderungen des betreffenden Unternehmens entspricht. Das Qualitätssicherungssystem und die zu ihm gehörenden Elemente müssen daher *regelmäßig* in internen Audits untersucht und neu bewertet werden.[165] Es sollte daher von vornherein festgelegt werden, in welchen Abständen das Qualitätssicherungssystem auf seine Aktualität überprüft werden soll, damit eventuell notwendig gewordene Anpassungen durchgeführt werden können. Darüber hinaus muß sichergestellt werden, daß eine Überprüfung und Anpassung auch außerhalb der regelmäßigen Intervalle erfolgt, wenn bestimmte Ereignisse wie z. B. Reorganisationen oder sonstige Umstrukturierungen des Unternehmens dies erfordern. 286

Erfahrungsgemäß sind Audits regelmäßig mit einem nicht unerheblichen Zeit-, Arbeits- und Kostenaufwand verbunden. Die hierdurch ausgelöste innerbetriebliche Unruhe ist oft ein weiterer unliebsamer Nebeneffekt derartiger Untersuchungen, und zwar unabhängig davon, ob das Audit von externen Beratern oder von internen Mitarbeitern durchgeführt wird. Um diese negativen Begleiteffekte zu minimieren und gleichzeitig ein sowohl effektives wie vollständiges Auditing zu gewährleisten, sollten die Audits strukturiert nach einem bestimmten vorgegebenen **Auditplan** durchgeführt werden. Als Mindestelemente sollten in dem Auditplan festgelegt werden: 287
– der Grund und die Zielsetzung des Audits,
– die im einzelnen durchzuführenden Tätigkeiten,
– die erforderliche persönliche, soziale und fachliche Qualifikation derjenigen Mitarbeiter, die das Audit durchführen sollen,
– die bei der Durchführung des Audits einzuhaltenden Verfahren, einschließlich der Berichterstattung und des Vorschlagswesens,

---

[165] Vgl. Ziffer 5.4 von DIN 9004; für das Auditieren von Qualitätssicherungs-Systemen existiert mit der technischen Norm DIN ISO 10011 ein eigener Leitfaden.

– die Frequenz, in der die Audits regelmäßig wiederholt werden sollen, und Beispiele für besonder Anläße, in denen ein vollständiges oder teilweises Audit auch außerhalb des regelmäßigen Turnus durchgeführt werden muß.

288 Bei der Durchführung des Audits selbst muß eine stets objektive Bewertung aller relevanten Elemente des Qualitätssicherungssystems hinsichtlich ihrer Effektivität und Eignung gewährleistet sein.

289 Die Durchführung eines Audits allein ist für sich genommen noch wirkungslos. Als zwangsläufige Konsequenz der Untersuchungen vor Ort muß eine korrekte und **vollständige Berichterstattung gegenüber der Unternehmensleitung** erfolgen, die in einer Weiterverfolgung der getroffenen Feststellungen durch die Anordnung notwendiger Korrektur- und sonstiger Anpassungsmaßnahmen mündet. Hierzu ist es erforderlich, daß die aus dem Audit folgenden Feststellungen, Schlußforderungen und Empfehlungen der Unternehmensleitung in geeignet dokumentierter Form mit konkreten Entscheidungsvorschlägen zur Beurteilung vorgelegt werden. Die Unternehmensleitung prüft daraufhin die Empfehlungen und setzt sodann die erforderlichen bzw. opportunen Maßnahmen fest. Um eine ausreichende Erfolgskontrolle zu gewährleisten, sollte sie dabei zugleich auch eine konkrete Frist vorgeben, innerhalb derer die Maßnahmen umgesetzt werden müssen. Das Ergebnis und der Erfolg der Maßnahmen müssen sodann ihrerseits kontrolliert und dokumentiert werden.

d) Vorteile durch die Anwendung der DIN/ISO 9000–9004

290 Die Anwendung der in der DIN/ISO 9000–9004 verankerten Grundsätze bei der Errichtung, Ausgestaltung und Umsetzung betrieblicher Organisations-, insbesondere Qualitätssicherungssysteme, ist aus den genannten Gründen mit einer Reihe von Vorteilen verbunden und hat sich in der Praxis als sinnvoll erwiesen. Zugunsten ihrer Anwendung stehen im allgemeinen folgende Argumente zur Verfügung:

291 – Aufgrund ihres abstrakt generellen Ansatzes sind die DIN/ISO 9000–9004 (nach entsprechender Adaption) wie kaum eine andere technische Normenreihe oder sonstige Richtlinien geeignet, als Grundlage für die Ausgestaltung einer effektiven und den rechtlichen Anforderungen gerecht werdenden Betriebsorganisation insgesamt zu dienen.

292 – Aufgrund der universellen Akzeptanz der DIN/ISO 9000–9004 kann der Nachweis einer effektiven Qualitätssicherung bei einer normenkonformen Ausrichtung der Betriebsorganisation/ des Qualitätssicherungssystems gegenüber Kunden, Behörden, Gerichten, Versicherungen und sonstigen Dritten leichter geführt werden, als bei der Anwendung von individuellen Organisations- und Qualitätssicherungsmaßnahmen.

293 – Als weltweite Verständigungs- und Bezugsgrundlage kann bei der Anwendung der DIN/ISO 9000–9004 eine noch bessere und transparente-

I. Die Organisation des betrieblichen Umweltschutzes

re Grundlage für das Vertrauen in die Organisations- und Qualitätsfähigkeit des betreffenden Unternehmens und seiner Produkte bzw. Dienstleistungen erreicht werden.

- Mehr und mehr Handelsunternehmen (z.Zt. vorwiegend noch bei technischen Produkten) gehen dazu über, von ihren Handelspartnern ein mit den DIN/ISO 9000–9004 konformes Qualitätssicherungssystem zu verlangen. Es ist abzusehen, daß eine normengerechte Ausgestaltung der betrieblichen Organisations- und Qualitätssicherungsmaßnahmen im Wettbewerb mittelfristig generell erwartet wird, so daß insofern eine freiwillige Selbstbindung eintritt. **294**

- Aufgrund ihres abstrakt generellen und allgemein gehaltenen Charakters bieten sich die DIN/ISO 9000–9004 gerade auch für größere Unternehmen an, deren Organisations- und Qualitätspolitik sich in den vergangenen Jahren möglicherweise unterschiedlich voneinander entwickelt hat, um eine gruppenweite Vereinheitlichung der grundsätzlichen Unternehmenspolitik in Bezug auf betriebliche Organisationsstrukturen und Qualitätssicherung zu erreichen und den Austausch von relevanten Informationen zwischen den einzelnen Unternehmensteilen bzw. Geschäftsbereichen zu erleichtern. **295**

- DIN-gerechte Qualitätssicherungssysteme können ggfs. ferner als Voraussetzung für zukünftige Zertifizierungen von hergestellten Produkten bzw. angebotenen Dienstleistungen benutzt werden. **296**

- DIN-gerechte Betriebsorganisations- und Qualitätssicherungssysteme sind aufgrund ihrer universellen Akzeptanz ferner geeignet, einen wirtschaftlicheren Versicherungsschutz durch geringere Prämienzahlungen zu erreichen. **297**

e) Die Zertifizierung

DIN/ISO 9000–9004-konforme Qualitätssicherungs-Systeme können sowohl für rein interne Zwecke (Motivation der Mitarbeiter, Aufdeckung von etwaigen Schwachstellen, zur Optimierung und Rationalisierung des Betriebsablaufs und/oder zur Vermeidung bzw. Minimierung von Haftungsrisiken) als auch zur Außenwirkung benutzt werden. Die auf den Firmenbögen verwendete Aussage „zertifiziert nach DIN 9001 ...." ist schon längst zum Marketingelement und Wettbewerbsfaktor geworden. Voraussetzung für eine entsprechende Aussage ist jedoch die Zertifizierung durch eine unabhängige Prüfstelle. Für die hieran interessierten Unternehmen besteht seit einiger Zeit die Möglichkeit, sich das Bestehen eines den DIN/ISO 9000–9004 entsprechenden Qualitätssicherungssystems von derartigen unabhängigen Stellen zertifizieren (bestätigen) zu lassen.[166] Ein solches Zertifikat wird nach erfolgreicher Durchführung eines Qualitätssicherheits-Audits durch die Zertifizierungsstelle **298**

---

[166] Zacher in: Lemke/Polthier, Abwehr betrieblicher Störfälle, Nr. 1150, S. 12 f.

erteilt, in dem bestätigt wird, daß das zertifizierte Unternehmen über ein den DIN/ISO 9000–9004 konformes Qualitätssicherungssystem verfügt, das umfassend auf seine Funktionsfähigkeit geprüft wurde und laufend überwacht wird. Das zertifizierte Unternehmen wird daraufhin in ein zentrales Register aufgenommen und ist berechtigt, auf die Zertifizierung im Rahmen seiner Geschäftstätigkeit werbend hinzuweisen. Anders als bei der Öko-Audit-Verordnung ist jedoch nicht vorgesehen, daß auch der Abschlußbericht der Zertifizierungsstelle veröffentlicht wird.

299 aa) Der „werbende Faktor". Entsprechend der Zielsetzung und des Gegenstandes der DIN/ISO 9000–9004 handelt es sich bei der Zertifizierung um ein „System-Zertifikat" und nicht um ein „Produkt-Zertifikat". Zertifiziert wird also das Bestehen eines betrieblichen Qualitätssicherungssystems und nicht die Qualität einzelner Produkte oder Dienstleistungen. Auf die Zertifizierung darf daher auch nur im Zusammenhang mit dem Unternehmen generell hingewiesen werden und nicht im Zusammenhang mit einzelnen Produkten oder angebotenen Dienstleistungen. Eine produktbezogene Werbung mit der Zertifizierung wäre wettbewerbswidrig und mithin unzulässig.

300 bb) Umfang und Ablauf des Zertifizierungs-Audits. Der Geltungsbereich und der Inhalt der Zertifizierung ist von dem jeweiligen Umfang des Audits abhängig. Es ist daher von vorrangiger unternehmensstrategischer Bedeutung, zunächst zu klären, **welcher Zertifizierungsinhalt und -gegenstand** überhaupt angestrebt werden soll. Dabei ist unter anderem festzustellen, auf welche Geschäftsbereiche, auf welche Betriebe/Einzelwerke etc. sich das Audit (und damit die Zertifizierung) erstrecken soll. Der darauf zugeschnittene Umfang des Audits sollte sodann konkret in dem zwischen dem zu zertifizierenden Unternehmen und der Zertifizierungsstelle zu schließenden Vertrag festgelegt werden.

301 Der Ablauf des Zertifizierungsverfahrens selbst vollzieht sich regelmäßig in folgenden fünf Phasen:

302 *Phase 1: Vorgespräch.* In einem ersten Vorgespräch wird zwischen dem Unternehmen und der Zertifizierungsstelle der Umfang und der Ablauf des Verfahrens sowie die Voraussetzungen der Zertifizierung geklärt.

303 *Phase 2: Vorbereitung auf das Zertifizierungs-Audit.* Die Zertifizierungsstelle übergibt dem Unternehmen sodann einen umfangreichen Fragebogen, der von internen Mitarbeitern ausgefüllt werden muß. Die Antworten ergeben bereits einen **ersten Überblick über den aktuellen Status** der vorhandenen Qualitätssicherungsmaßnahmen, insbesondere, ob das Unternehmen bereits ein zertifizierungsfähiges Qualitätssicherungssystem besitzt oder ob und ggfs. wo noch Nachbesserungen erforderlich sind. Nur auf dieser Grundlage kann eine gezielte und damit effektive (arbeits- und kostensparende) Durchführung des eigentlichen Zertifizierungs-Audits durch die externen Mitarbeiter gewährleistet werden.

Kummer

Phase 3: Prüfung der Qualitätssicherungs-System-Unterlagen. Zur Vertiefung dieser ersten Plausibilitätsprüfung sollten der Zertifizierungsstelle parallel hierzu eine Kopie aller relevanten Unterlagen übergeben werden, aus dem sich die bestehenden Organisationsstrukturen und Qualitätssicherungsmaßnahmen ablesen lassen. (Auf die Vereinbarung einer strengen Geheimhaltungsverpflichtung der Zertifizierungsstelle sollte in dem zugrundeliegenden Vertrag strengstens geachtet werden.) Bei den relevanten Unterlagen handelt es sich im wesentlichen um das Qualitätssicherungs-Handbuch (soweit bereits vorhanden), das die Organisationsstrukturen des Unternehmens, die Betriebsabläufe, Verantwortlichkeiten und Verfahrensanweisungen etc. beinhaltet.

Phase 4: Zertifizierungs-Audit. Als nächster Schritt wird von der Zertifizierungsstelle sodann im Unternehmen vor Ort überprüft, ob die „Papierform" auch den tatsächlichen Verhältnissen entspricht. Im wesentlichen erfolgt dies durch mehr oder weniger ausführliche Befragungen von Mitarbeitern aus allen relevanten Unternehmensebenen und Geschäftsbereichen. Um den Betriebsablauf dabei möglichst wenig zu stören, bietet es sich regelmäßig an, vor der Durchführung der Befragungen einen gemeinsam abgestimmten **Koordinierungs- und Ablaufplan** festzulegen.

Phase 5: Eventuelle Korrekturmaßnahmen und Erteilung des Zertifikates. Von der Zertifizierungsstelle ist sodann ein **Abschlußbericht** zu erarbeiten und der Unternehmensleitung vorzulegen, der die wesentlichen Feststellungen, Ergebnisse, Schlußfolgerungen und Empfehlungen aus dem durchgeführten Audit enthält. Soweit die Anforderungen der DIN/ISO 9000–9004 noch nicht erfüllt sind, müssen die erforderlichen **Korrektur- bzw. Anpassungsmaßnahmen** fristgebunden festgelegt und ihre erfolgreiche Adaption kontrolliert werden. Werden die Anforderungen der DIN/ISO 9000–9004 (in dem zu prüfenden Umfang) schließlich vollständig erfüllt, so erteilt die Zertifizierungsstelle das entsprechende Zertifikat.

Die Feststellungen der Zertifizierungsstelle beschränken sich zwangsläufig nur auf eine Momentaufnahme der aktuellen Situation des zu zertifizierenden Unternehmens. Die Gültigkeit eines Zertifikats muß daher zeitlich beschränkt sein. Grundsätzlich gilt ein Zertifikat dementsprechend nur für drei Jahre, und auch dies nur unter der Voraussetzung, daß in jährlichen Abständen sogenannte **Kontroll-Audits** mit jeweils positivem Ergebnis durchgeführt werden. Eine Verlängerung des Zertifikats ist möglich, sofern vor Ablauf der Gültigkeitsdauer ein erfolgreiches **Folge- bzw. Wiederholungs-Audit** durchgeführt wird.

cc) Beauftragung und Auswahl der Zertifizierungsstelle. Ein effektives und gleichzeitig effizientes (kosten- und aufwandsminimierendes) Zertifizierungs-Audit ist von einer sachgerechten und umsichtigen Auswahl der Zertifizierungsstelle sowie vertraglichen Vereinbarungen zwischen dem Unternehmen und der Zertifizierungsstelle über die Durchführung der Zertifizierungsleistungen abhängig. In dem mit der Zertifizierungsstelle abzuschließenden Vertrag sollten insbesondere geregelt werden: Inhalt und Umfang der Zertifizierung und des notwendigen Audits, der Ablauf und die zeitliche Dauer der einzelnen Zertifizierungsphasen unter Festlegung von klaren Fristen, Koordinierungsregelungen, Vergütungsfragen sowie die Vereinbarung einer strikten Geheimhaltungsverpflichtung.

309 Mindestens ebenso wichtig für den Erfolg und die Effektivität des Audits ist die **sachgerechte Auswahl** der betreffenden Zertifizierungsstelle. Als Zertifizierungsstelle können nur zugelassene Prüfstellen beauftragt werden. In Deutschland sind bislang nur relativ wenige Zertifizierungsstellen zugelassen. Ihre Erfahrungen, Tätigkeitsschwerpunkte und spezifischen Ausrichtungen sind zum Teil höchst unterschiedlich. Umso wichtiger ist es, sich über die Kompetenz und die Eignung der zu beauftragenden Zertifizierungsstelle im Vorfeld genauestens zu orientieren. Als Ansprechpartner kommt hierfür unter anderem die Deutsche Gesellschaft zur Zertifizierung von Qualitätssicherungssystemen mit Sitz in Berlin und Frankfurt/Main in Betracht.

310 Aufgrund des europaweiten Ansatzes der DIN/ISO 9000–9004 (EN 29000–29004) besteht für die zu zertifizierenden Unternehmen keine Verpflichtung, auf eine inländische Prüfstelle zurückzugreifen. Die Zertifizierungen können beispielsweise auch genauso gut von einer anerkannten Zertifizierungsstelle aus einem anderen Mitgliedsstaat der Europäischen Union vorgenommen werden. Die Zertifizierungsstellen stehen daher in einem internationalen Wettbewerb.

311 Erfahrungsgemäß ist es zweckmäßig, die Auswahl der Zertifizierungsstelle nach folgenden Kriterien vorzunehmen:
– Qualifizierung in dem relevanten Aufgaben- und Sachgebiet,
– Bearbeitungsdauer,
– Kosten,
– Reputation (als wertbildender Faktor für die „Güte" des Zertifikates in der Außendarstellung) der Zertifizierungsstelle,
– Anforderungsprofil der Zertifizierungsstelle.[167]

f) **Zusammenfassung**

312 Die Einführung und die Zertifizierung eines normenkonformen Qualitätsmanagementsystems erlangt eine immer größere Bedeutung. Zahlreiche Unternehmen in Deutschland und in dem europäischen Ausland

---

[167] Ungeachtet der harmonisierten Zulassungsvoraussetzungen für Zertifizierungsstellen, beispielsweise durch die Normenreihe DIN/EN 45000–45014, bestehen zwischen den Zertifizierungsstellen zum Teil erhebliche Niveauunterschiede.

durchlaufen bereits Zertifizierungsverfahren bzw. sind schon zertifiziert. Aufgrund der universellen Akzeptanz der DIN/ISO 9000–9004 wird der Nachweis eines (zertifizierten) normgerechten Qualitätssicherheitssystems zunehmend zum Markt- und Wettbewerbsfaktor. Schon wird von einzelnen Handelsunternehmen (zumindest branchensektorell) gefordert, daß ihre Lieferanten über ein zertifiziertes Qualitätssicherungssystem gemäß DIN/ISO 9000–9004 verfügen. Ein normgerechtes Qualitätsmanagementsystem und eine entsprechende Zertifizierung wird daher verstärkt Voraussetzung dafür werden, überhaupt als Lieferant von Produkten und/oder Anbieter von Dienstleistungen in Betracht gezogen zu werden.

10. Die „Umwelt-Audit-Verordnung"

a) Grundzüge

Ein wesentliches Hilfsmittel für die Erarbeitung und Umsetzung einer umweltgerechten Betriebsorganisation stellt mit zunehmender Bedeutung die von dem Umweltministerrat der Europäischen Union am 29.06. 1993 verabschiedete „Verordnung über die freiwillige Beteiligung gewerblicher Unternehmen an einem Gemeinschaftssystem für das Umweltmanagement und die Umweltprüfung" (**Umwelt-Audit-Verordnung**)[168] dar. **313**

Schon seit einigen Jahren ist vor allem in größeren Unternehmen die Begutachtung und Darstellung der Umweltpolitik des Unternehmens durch interne oder externe Gutachter üblich geworden. Von vielen Betrieben werden regelmäßig **Umweltberichte** herausgegeben, die die Öffentlichkeit über die Umweltbemühungen des Unternehmens informieren (zum Beispiel über Verringerungen der Emissionen, Verfahrensverbesserungen, Verbesserung der Produkte, Entsorgungslösungen etc.). Begriffe wie „Öko-Bilanzen", „Risikoanalyse", „Umwelt-Controlling", „Umwelt-Qualitätszirkel" und dergleichen stehen synonym für die zunehmenden Bemühungen der Unternehmen, ihre Umweltschutzleistungen zu systematisieren und gegenüber der Öffentlichkeit in übersichtlicher Form zu dokumentieren. **314**

In Reaktion auf die verschärfte Umweltgesetzgebung werden in den USA bereits seit Mitte der siebziger Jahre interne **Umwelt-Audits** durchgeführt, mit denen systematische Bestandsaufnahmen und Prüfungen des in dem jeweiligen Unternehmen verwirklichten Umweltschutzes im Hinblick auf **315**
– die Einhaltung der umweltrelevanten gesetzlichen und behördlichen Vorschriften,

---

[168] Verordnung (EWG) Nr. 1836/93 des Rates der Europäischen Gemeinschaften vom 29.06.1993 (ABl. Nr. L 168/1).

- die Funktionsfähigkeit betrieblicher Umwelt-Managementsysteme und
- die Einhaltung der Zielvorgaben und Leistungswerte des betrieblichen Umweltschutzes

erfolgen.[169] Vornehmlich durch die Iniatiative einiger Tochtergesellschaften US-amerikanischer Unternehmen wurde diese Praxis Mitte der achtziger Jahre auch in Europa aufgegriffen. Der in den achtziger Jahren wachsende umweltpolitische Druck auf die Unternehmen gab für die Internationale Handelskammer (ICC) 1988 sodann den Anstoß, die bis dahin gewonnenen Erfahrungen in einem Positionspapier zusammenzufassen.[170] Auf der Basis dieses **ICC-Positionspapiers** entwickelte die Kommission der Europäischen Gemeinschaft im Zuge ihres umweltpolitischen Aktionsprogramms schließlich ein eigenes Umwelt-Audit-Konzept, das sie am 18.12. 1990 in einem ersten offiziellen Entwurf der „Umwelt-Audit-Verordnung" vorlegte.[171]

316 Nach mehreren Entwurfsfassungen und inhaltlichen Änderungen ist die am 29.06. 1993 verabschiedete **„Umwelt-Audit-Verordnung"** am 13.07. 1993 in Kraft getreten und gilt ab dem 13.04. 1995 unmittelbar in jedem Mitgliedsstaat der Europäischen Union. Parallel hierzu haben auf nationaler und internationaler Ebene Arbeiten zur **Normung von Umwelt-Managementsystemen** begonnen, die Hilfestellungen für die konkrete Ausgestaltung umweltgerechter Betriebsorganisationen liefern sollen.[172]

317 Die „Umwelt-Audit-Verordnung" eröffnet den gewerblichen Unternehmen die Möglichkeit, sich auf freiwilliger Basis an einem standortbezogenen Zertifizierungssystem zu beteiligen, das ihnen nach erfolgreicher Überprüfung ihres Qualitätsstandards durch unabhängige „Umweltgutachter" das Recht zur Verwendung eines entsprechenden Zertifizierungssymbols, der sogenannten „Teilnahmeerklärung"[173] verschafft.

---

[169] Förschle/Hermann/Mandler, BB 1984, 1093; Scherer, NVwZ 1983, 11 (11f.).
[170] Internationale Handelskammer, Umweltschutz-Audits, 1989.
[171] Förschle/Hermann/Mandler, DB 1984, 1093.
[172] Schon 1991 wurde von der ISO („International Organization for Standardization") die „Strategic Advisory Group on Environment" mit dem Ziel gegründet, Umweltschutzgesichtspunkte in den internationalen Normungsprozeß einzubeziehen, um Ansatzpunkte für eine weltweite Harmonisierung der Umweltschutzanforderungen zu gewinnen. Im Juni 1993 wurde der Ausschuß in das Technical Committee TC 207 „Environmental Management" überführt, dem verschiedene Arbeitsgruppen zuarbeiten. Erste Arbeitsergebnisse („General Principles of Environmental Auditing" und „Auditing of Environmental Management Systems") liegen seit kurzem vor. In Deutschland wurde von dem DIN Ende 1992 der Normungsausschuß „Grundlagen Umweltschutz" mit den Arbeitsgruppen „Umweltmanagersysteme" und „Umweltaudit" gegründet. In Großbritannien liegt bereits seit 1992 eine vom British Standard Institute entwickelte – allerdings sehr allgemein gehaltene – Norm zum Umweltschutzmanagement vor („British Standard 7750"-„Specification for Environmental Management Systems").
[173] Vgl. Art. 10 der „Umwelt-Audit-Verordnung".

Ziel der „**Umwelt-Audit-Verordnung**" ist die Förderung einer fortlaufenden und kontinuierlichen Verbesserung des betrieblichen Umweltschutzes durch
- die Festlegung und Umsetzung standortbezogener Umweltpolitik und Umweltmanagementsysteme durch die teilnehmenden Unternehmen,
- eine systematische, objektive und regelmäßig wiederholte Überprüfung und Bewertung der Leistungsfähigkeit dieser Instrumente sowie
- die Bereitstellung von Informationen über die Umweltschutzleistungen des Unternehmens für die Öffentlichkeit.

Mit der „Umwelt-Audit-Verordnung" soll ein Verfahren installiert werden, mit dem die von den Produktionsstandorten der jeweiligen Unternehmen ausgehenden Umweltauswirkungen methodisch erfaßt, bilanziert und die notwendigen Schritte zur Durchführung von Verbesserungsmaßnahmen eingeleitet und überwacht werden können.[174] Mit der (freiwilligen) Teilnahme an dem „Umwelt-Audit-System" verpflichtet sich das betreffende Unternehmen, für die angemeldeten Betriebsstandorte ein **Umweltprogramm** und ein **Umweltschutzinstrumentarium** (sog. Umweltmanagementsystem) für alle umweltrelevanten Tätigkeiten an dem betreffenden Standort zu entwickeln und umzusetzen. Die erfolgreiche Umsetzung dieses Instrumentariums muß durch eine erste (interne) Betriebsprüfung (sog. „**Umweltprüfung**") kontrolliert werden. Auf der Grundlage der Umweltprüfung ist eine Umwelterklärung vorzubereiten, in der die ökologisch relevanten Tätigkeiten des Unternehmens an dem betreffenden Standort dargestellt und bewertet werden. Die Richtigkeit dieser Umwelterklärung muß sodann durch zugelassene, unabhängige „Umweltgutachter" validiert werden. Die validierte Umwelterklärung wird der zuständigen Stelle des jeweiligen Mitgliedsstaates vorgelegt. Das Unternehmen wird daraufhin (standortbezogen) in eine in dem EG-Amtsblatt zu veröffentlichende „Teilnehmerliste" aufgenommen und ist fortan berechtigt, das „**Umwelt-Audit-Zeichen**" (sog. „Teilnahmeerklärung") als Zertifikat für die erfolgreiche Teilnahme an dem „Umwelt-Audit-System" in der Öffentlichkeit zu verwenden. Gleichzeitig ist das Unternehmen verpflichtet, die validierte Umwelterklärung der Öffentlichkeit zur Verfügung zu stellen und die Leistungsfähigkeit seines Umwelt-Managementsystems durch in ein- bis dreijährigen Intervallen periodisch zu wiederholende Umweltprüfungen fortlaufend zu kontrollieren.

318

---

[174] Führ, EuZW 1992, 468; Führ, NVwZ 1993, 858 (858f.); Henn, Müllmagazin 1993, 10; Köck, DVBl. 1994, 27; Lauff, Das Umwelt-Audit in der betrieblichen Praxis, 1993; Lauff, Umwelt-Audits als eigenverantwortliches Management-Instrument, ET 1992; Sietz/von Saldern, Umweltschutz-Management und Öko-Auditing, 1993; Waskow, Betriebliches Umweltmanagement -Anforderungen nach der Audit-Verordnung der EG, 1994.

319 Entgegen den ursprünglichen Vorstellungen der EG-Kommission ist die Beteiligung an dem Umwelt-Audit-System **freiwillig**.[175] Zur Beteiligung an dem „Umwelt-Audit-System" sind samtliche Unternehmen berechtigt, die eine „gewerbliche Tätigkeit"[176] im Sinne von Art. 2 i der Verordnung ausüben.[177] Das „Umwelt-Audit" ist **standortbezogen**: Gegenstand des Audits und der daran anknüpfenden Zertifizierung ist lediglich der oder die von dem Unternehmen konkret angemeldeten – räumlich abgegrenzten – Unternehmensstandorte.[178]

320 Noch ist unklar, ob die „Umwelt-Audit-Verordnung" als Einstieg in eine Deregulierung des umweltpolitischen Ordnungsrechts oder – im Gegenteil – als weiterer Schritt auf dem Weg zu einer umweltorientierten Rechenschaftspflicht angesehen werden muß.[179] Jedenfalls ist die „Umwelt-Audit-Verordnung" derzeit mit hohen Erfolgserwartungen besetzt. Grundlage hierfür ist der Anreiz, der von ihr als Instrument zur Aktivierung unternehmerischer Selbststeuerung ausgeht.[180] Mit Rücksicht auf die Informationsfunktion der Verordnung kann die Teilnahme an dem „Umwelt-Audit-System" sowohl zur Förderung eines **positiven Unternehmensimages** beitragen; aufgrund seiner Kontrollfunktion handelt es sich bei dem „Umwelt-Audit-System" darüber hinaus aber auch um ein organisatorisches **Führungsinstrument** und ein Hilfsmittel zur unternehmerischen **Risikovorsorge**. Angesichts des Aufwandes und der Kosten eines umfassenden Umwelt-Audits bleibt gleichwohl abzuwarten, ob die aktuelle Euphorie im Zuge der Verordnung berechtigt ist und sich das „Umwelt-Audit-System" auch für mittelständische und kleinere Unternehmen als praktikabel erweisen wird. Viel wird davon abhängen, in welchem Umfang sich die ersten Unternehmen dazu entschließen werden, sich als „Vorreiter" an dem „Umwelt-Audit-System" zu beteiligen und dadurch gegebenenfalls eine Sogwirkung mit dem Effekt einer faktischen Selbstbindung für die übrigen Unternehmen auslösen. Nicht zuletzt aufgrund der in Art. 13 der „Umwelt-Audit-Verordnung" ausdrücklich vorgesehenen staatlichen Förderung derartiger Maß-

---

[175] Förschle/Hermann/Mandler, DB 1994, 1093 (1094); Führ, NVwZ 1993, 858 (860); Scherer, NVwZ 1993, 11 (12).

[176] „Gewerbliche Tätigkeit" im Sinne der Verordnung ist jede Tätigkeit, die unter die Abschnitte C und D der Verordnung (EWG) Nr. 3037/90 des Rates vom 09.10.1990 betreffend „Die statistische Systematik der Wirtschaftszweige in der Europäischen Gemeinschaft" (ABl. Nr. L 293, S. 1) fällt, sowie die Erzeugung von Strom, Gas, Dampf und Heißwasser und das Recycling, die Behandlung, die Vernichtung und die Entlagerung von festen oder flüssigen Abfällen.

[177] Vgl. Artikel 3 Satz 1 der Verordnung.

[178] Vgl. Art. 2 k der Verordnung; Förschle/Hermann/Mandler, DB 1994 1093 (1094); Lübbe-Wolff, DVBl. 1994, 361 (362); Scherer, NVwZ 1993, 11 (13).

[179] Förschle/Hermann/Mandler, DB 1994, 1093.

[180] Lübbe-Wolff, DVBl. 1994, 361 (372).

Kummer

I. Die Organisation des betrieblichen Umweltschutzes 737

nahmen ist schon jetzt absehbar, daß eine Reihe von Pilotprojekten durchgeführt werden.[181]

Eine Beteiligung an dem „Umwelt-Audit-System" bedeutet – nicht selten hohe – Kosten, zusätzlichen Arbeitsaufwand und (nicht immer uneingeschränkt vorteilhafte) Unternehmenstransparenz. Vor einer (freiwilligen) Teilnahme an dem „Umwelt-Audit-System" sollte daher stets eine eingehende **Kosten-Nutzen-Analyse** vorgenommen werden. Für eine Teilnahme an dem Gemeinschaftssystem und eine Umweltbetriebsprüfung sprechen dabei unter anderem folgende Aspekte: 321

Der primäre Vorteil des Umweltschutz-Audits besteht in der Förderung des Umweltschutzes sowie in der Unterstützung zur Dokumentation der **Einhaltung der einschlägigen Umweltgesetze und behördlichen Auflagen**. Ein weiterer – sich hieraus zwangsläufig ableitender – Vorteil liegt in der **Verminderung der Gefahr von rechtlichen Konfliktsituationen** mit haftungsrechtlichen oder sogar strafrechtlichen Konsequenzen. Das „Umwelt-Audit-System" ermöglicht eine methodische Überprüfung der betrieblichen Praxis, weist auf mögliche Schwachstellen hin und warnt die Verantwortlichen somit im Idealfall rechtzeitig vor möglichen Problemen. 322

Umweltschutz-Audits bieten damit unter anderem folgende Vorteile:
– Reduzierung der Gefahren einer zivilrechtlichen Umwelthaftung und einer strafrechtlichen Verantwortung durch Verstöße gegen Umweltvorschriften,[182]
– Förderung des Bewußtseins der Mitarbeiter für Umweltschutzmaßnahmen und -verantwortlichkeiten,[183]
– Verbesserung des innerbetrieblichen Informationsflußes,
– Ermöglichung einer aktuellen Umweltdatenbank für die interne Erkenntnis- und Entscheidungsfindung der Unternehmensführung in bezug auf Investitionsplanungen etc.,
– Kostensenkungen durch verbesserte Betriebsabläufe nach Einführung des Umweltmanagementsystems und der Durchführung von Umweltbetriebsprüfungen (Hinweise auf mögliche Kosteneinsparungen und Rationalisierungsmöglichkeiten),[184]
– Imagewerbung für das Unternehmen (vertrauens- und qualitätsbildender Faktor gegenüber Kunden und Geschäftspartnern),
– Förderung guter Beziehungen zu den Behörden, die durch die Dokumentation des Audits von der Art und der Qualität der praktizierten Umweltschutzmaßnahmen besser überzeugt werden können,
– Reduzierung der Versicherungsprämien.[185]

---

[181] Erste Projekte sind bereits in Baden-Württemberg, Sachsen und im Saarland angelaufen.
[182] Jost, DB 1990, 2381; Reuter, DB 1993, 1605; Scherer, NVwZ 1993, 11 (16).
[183] Sellner/Schnutenhaus, NVwZ 1994, 930.
[184] Glaser, Umwelt (VDI), 1993, 326.
[185] Lübbe-Wolff, DVBl. 1964, 361 (373).

b) Inhalt und Ablauf des Teilnahmeverfahrens

323 Der Weg zur Zertifizierung vollzieht sich im wesentlichen in zwei Schritten: Der Entwicklung und Implementierung eines Umweltmanagementsystems und der hieran anschließenden Durchführung von Umwelt-Audits durch interne Prüfer und externe „Umweltgutachter". Im einzelnen läuft die Teilnahme an dem „Umwelt-Audit-System" in folgenden Stufen ab:

324 *1. Festlegung der „Umweltpolitik".* Grundlage und Ausgangspunkt für die Beteiligung an dem „Umwelt-Audit-System" ist die schriftliche Festlegung der „**Umweltpolitik**" des Unternehmens durch die (oberste) Unternehmensleitung.[186] Die inhaltliche Ausgestaltung der Umweltpolitik wird durch die Verordnung weitgehend vorgegeben.[187] Sie muß die Einhaltung aller einschlägigen Umweltvorschriften und die Verpflichtung zur angemessenen kontinuierlichen Verbesserung des betrieblichen Umweltschutzes umfassen. Hierzu gehören unter anderem die Förderung des umweltbezogenen Verantwortungsbewußtseins bei den Arbeitnehmern auf allen Ebenen sowie die Einführung von Prognosebeurteilungen in bezug auf die Umweltauswirkungen der betrieblichen Abläufe und Produkte. Die Umweltpolitik muß sich damit auf alle durch die Unternehmenstätigkeit berührten bzw. beeinflußbaren Umweltbelange und Verhaltensoptionen beziehen, bis hin zur Auswahl und Änderung von Produktionsverfahren, der Produktplanung und der Beeinflußung des Umweltverhaltens von Auftragnehmern und Lieferanten.[188]

Die festzulegenden Gesamtziele und Handlungsgrundsätze müssen auf das Unternehmen als Ganzes und nicht nur auf den jeweiligen Standort bezogen sein.[189] Nach Anhang I Teil A Ziffer 2 der Verordnung muß die „Umweltpolitik" den Beschäftigten des Betriebes mitgeteilt und der Öffentlichkeit zugänglich gemacht werden.

325 *2. Bestandsaufnahme.* Im nächsten Schritt muß sodann durch eine erste standortbezogene Bestandsaufnahme der aktuelle „Ist-Zustand" des betrieblichen Umweltschutzes ermittelt werden.[190] Die **Bestandsaufnahme** muß die Erhebung aller wesentlichen umweltrelevanten Informationen umfassen, wie zum Beispiel Energieverbrauch, Rohstoffeinsatz, Abfallaufkommen, Emissionen, Lärm und die Organisation des betrieblichen Umweltschutzes.[191] Zu dem Gegenstand der Bestandsaufnahme gehören damit unter anderem folgende Fragestellungen: Auswahl der Pro-

---

[186] Artikel 3a in Verbindung mit Anhang I Teil A Ziffer 1 und 2.
[187] Artikel 2a in Verbindung mit Anhang I, Teil A, Teil C und Teil D.
[188] Lübbe-Wolff, DVBl. 1994, 361 (363f.); Führ, NVwZ 1993, 858 (859); Förschle/Hermann/Mandler, DB 1994, 1093 (1096).
[189] Lübbe-Wolff, DVBl. 1994, 361 (363).
[190] Vgl. Artikel 3b in Verbindung mit Artikel 2b und Anhang I Teil C der Verordnung.
[191] Sellner/Schnutenhaus, NVwZ 1994, 930.

duktionsverfahren; Bewertung, Kontrolle und Verhütung der Auswirkungen der jeweiligen betrieblichen Tätigkeiten auf die Umweltmedien; Auswahl der Produktionsverfahren; Produkt-Management (Entwurf, Design, Verpackung, Transport, Verwendung und Entsorgung); Bewirtschaftung, Einsparung und Auswahl von Rohstoffen und Energien; Wasserwirtschaft und Einsparungsmöglichkeiten; Abfall-Management (Vermeidung, Recycling, Transport und Entsorgung); Verhütung von Störfällen und Arbeitsunfällen; Information, Schulung und Sensibilisierung der Belegschaft in Bezug auf ökologische Fragestellungen; externe Informationen und Öffentlichkeitsarbeit.[192]

Bei der **Informationsbeschaffung** kann unter anderem auf folgende Techniken zurückgegriffen werden: Interviews mit den am Standort beschäftigten Mitarbeitern, Prüfung der Betriebs- und Ausrüstungsbedingungen, Überprüfung der schriftlichen Betriebsanweisungen und anderer einschlägiger Dokumente einschließlich der vorhandenen Genehmigungen und sonstiger Behördenkorrespondenz.[193]

3. *Umweltprogramm.* Auf der Grundlage der Ergebnisse dieser ersten Bestandsaufnahme muß für den betreffenden Standort sodann ein „**Umweltprogramm**" entwickelt werden.[194] Das Umweltprogramm dient zur Vorbereitung des späteren Umwelt-Audits und beinhaltet eine – mit Zeitvorgaben versehene – Konkretisierung der unternehmerischen Umweltpolitik für den betreffenden Standort.[195] Das Umweltprogramm muß konkrete (fristgebundene) Ziele enthalten und diejenigen Maßnahmen beschreiben, die das Unternehmen zur Verbesserung des betrieblichen Umweltschutzes an dem betreffenden Standort durchführen will. Notwendiger Inhalt ist dabei sowohl die Festlegung der Zuständigkeiten und Verantwortungen für jeden Aufgabenbereich und auf jeder Unternehmensebene als auch die Festlegung der Verfahren und Mittel, mit denen diese Ziele erreicht werden sollen.

4. *Umweltmanagementsystem.* Parallel hierzu sind die an dem „Umwelt-Audit-System" teilnehmenden Unternehmen verpflichtet, für den betreffenden Standort ein **Umweltmanagementsystem** zu entwickeln und in die betriebliche Praxis umzusetzen, das die Einhaltung der (verordnungskonformen) Umweltpolitik und Umweltprogramme des Unternehmens gewährleistet.[196] Das Umweltmanagementsystem definiert die Aufbau- und Ablauforganisationsstrukturen des Unternehmens und bestimmt die Ausgestaltung der umweltbezogenen Kontroll- und Entscheidungsprozesse einschließlich der internen Abläufe, die die Unternehmens-

---

[192] Scherer, NVwZ 1993, 11 (13).
[193] Greeno/Hadstrom/DiBerto, Environmental Auditing: Fundamentals and Techniques, 2. Aufl., 1987, S. 79 ff.
[194] Vgl. Artikel 3 c der „Umwelt-Audit-Verordnung".
[195] Führ, NVwZ 1993, 858 (859); Lübbe-Wolff, DVBl. 1994, 361 (364 f.).
[196] Vgl. Artikel 2 e und Artikel 3 c der Umwelt-Audit-Verordnung.

leitung in die Lage versetzen, alle technischen, gesetzlichen und betriebswirtschaftlichen Aspekte der Unternehmenstätigkeit zu bewältigen und die Umweltziele und -programme des Unternehmens zu erfüllen.[197] Kriterien und Anhaltspunkte für die konkrete Ausgestaltung des Managementsystems ergeben sich aus dem Anhang I der „Umwelt-Audit-Verordnung".

328 5. *Umweltbetriebsprüfung.* Sobald das Umweltprogramm aufgestellt und das Umweltmanagementsystem installiert worden ist, wird an dem betreffenden Standort eine interne **„Umweltbetriebsprüfung"** durchgeführt. Hiermit soll systematisch und objektiv bewertet und dokumentiert werden, in wie weit die gesetzlichen und selbstgesteckten Umweltziele erreicht werden, das Umweltprogramm erfüllt wird und sich das Umweltmanagementsystem in der Praxis bewährt.[198] Die Prüfung kann sowohl durch eigene Mitarbeiter des Unternehmens als auch durch externe Personen und Berater durchgeführt werden.[199]

329 Aufgabe der Umweltbetriebsprüfung ist die Bewertung der Effizienz und Leistungsfähigkeit des bestehenden Umweltmanagementsystems im Hinblick auf die Einhaltung der gesetzlichen Anforderungen und der betrieblichen Umweltziele und -programme. Die **Anforderungen** ergeben sich im einzelnen aus Anhang II der „Umwelt-Audit-Verordnung". Als Bewertungskriterien kommen unter anderem die Erstellung von Energie- und Stoffbilanzen sowie die Ermittlung der Produktions- und Abfallströme in Betracht, deren Ergebnisse sodann in eine „Gesamt-Umwelt-Bilanz" der Aktivitäten des betreffenden Standortes einmünden.[200]

330 Um eine effektive und effiziente Durchführung der Betriebsprüfung zu gewährleisten, sollte vor dem Beginn der Prüfung ein konkreter Ablaufplan festgelegt werden.[201] Die erfolgreiche Durchführung der Umweltbetriebsprüfung setzt insbesondere voraus, daß
– die eingesetzten Mitarbeiter/Berater über hinreichende, an den spezifischen Anforderungen des Unternehmens ausgerichtete, fachliche Kompetenzen und Erfahrungen verfügen (mit Rücksicht auf die Komplexität und die Breite der Prüfpalette wird in der Regel ein multidisziplinär zusammengesetztes Prüfungsteam erforderlich sein);[202]
– die eingesetzen Mitarbeiter/Berater von den zu überprüfenden Abteilungen und Bereichen organisatorisch unabhängig sind, um eine objektive Bestandsaufnahme und Bewertung zu ermöglichen;

---

[197] Förschle/Hermann/Mandler, DB 1994, 1093 (1095); Lübbe-Wolff, DVBl. 1994, 361 (365).
[198] Vgl. Artikel 2f in Verbindung mit Artikel 3d und Artikel 4 der „Umwelt-Audit-Verordnung"; Sellner/Schnutenhaus, NVwZ 1994, 930.
[199] Vgl. Artikel 3 Absatz 1 Satz 1 der „Umwelt-Audit-Verordnung".
[200] Führ, NVwZ 1993, 858 (860).
[201] Vgl. hierzu auch RN 287.
[202] Förschle/Hermann/Mandler, DB 1994, 1093 (1098).

– die für eine erfolgreiche Durchführung der Umweltbetriebsprüfung erforderlichen Sachmittel zur Verfügung gestellt werden.

6. Prüfbericht. Die Umweltbetriebsprüfung endet mit einem der Unternehmensleitung vorzulegenden **Prüfbericht**, in dem die Feststellungen und Schlußfolgerungen aus der Umweltbetriebsprüfung festgehalten werden. Die Aufgabe des Berichtes besteht darin, den erfassten Prüfungsumfang zu dokumentieren, die Unternehmensleitung zielbezogen über die Ergebnisse der Prüfung zu informieren und die Notwendigkeit von eventuell erforderlichen Korrekturmaßnahmen aufzuzeigen.[203]

331

7. Korrekturmaßnahmen und Programmanpassung. Ergeben sich aus dem Prüfbericht Defizite, sind von der Unternehmensleitung geeignete **Korrekturmaßnahmen** anzuordnen und eine Erfolgskontrolle sicherzustellen. Gegebenenfalls muß das Umweltprogramm so abgeändert werden, daß die Umweltziele an dem betreffenden Standort erreicht werden können.[204]

332

8. Umwelterklärung. Als nächster Verfahrensschritt muß eine von der Unternehmensleitung gebilligte standortspezifische **Umwelterklärung** erstellt werden.[205] Aufgabe der Umwelterklärung ist es, zuverlässige objektive Informationen über die umweltorientierten Leistungen des Unternehmens bereit zu stellen. Die Umwelterklärung ist für die **Öffentlichkeit** bestimmt und soll daher in knapper[206] verständlicher Form verfasst werden. Bei Bedarf können zusätzliche technische Unterlagen beigefügt werden.

333

Der **Inhalt der Umwelterklärung** wird von der „Umwelt-Audit-Verordnung" nicht abschließend vorgegeben. Gemäß Artikel 5 Absatz 3 der „Umwelt-Audit-Verordnung" muß die Umwelterklärung insbesondere enthalten:

334

– eine Beschreibung der Tätigkeit des Unternehmens an dem betreffenden Standort;
– eine Beurteilung aller wichtigen Umweltfragen im Zusammenhang mit den relevanten Tätigkeiten;
– eine Zusammenfassung der quantitativen Angaben über Schadstoffemissionen, Abfallaufkommen, Rohstoff-, Energie- und Wasserverbrauch und anderer bedeutender umweltrelevanter Aspekte (idealerweise bietet es sich an, eine auf den Standort bezogene Öko-Bilanz vorzulegen);
– sonstige Faktoren, die den betrieblichen Umweltschutz betreffen;

---

[203] Vgl. Anhang II Teil F der „Umwelt-Audit-Verordnung".
[204] Lübbe-Wolff, DVBl. 1994, 361 (365f.).
[205] Vgl. Artikel 2 h in Verbindung mit Artikel 3f und Artikel 5 der „Umwelt-Audit-Verordnung".
[206] Ohne daß die Umwelterklärung dadurch jedoch unvollständig oder unrichtig wird.

– eine Darstellung der Umweltpolitik, des Umweltprogramms und des Umweltmanagementsystems des Unternehmens für den betreffenden Standort;
– den Termin für die Vorlage der nächsten Umwelterklärung.

335 Die erste Umwelterklärung muß zusätzlich die in Anhang V der „Umwelt-Audit-Verordnung" genannten Angaben enthalten.

336 9. *Validierung: Überprüfung der Umwelterklärung durch einen externen „Umweltgutachter".* Um sicherzustellen, daß die Umwelterklärung mit den Anforderungen der „Umwelt-Audit-Verordnung" im Einklang steht und der „gelebten Wirklichkeit" des Unternehmensstandortes entspricht, muß die Umwelterklärung sodann von einem unabhängigen – zugelassenen – **externen „Umweltgutachter" auf ihre Richtigkeit überprüft werden.**[207] Aufgabe des „Umweltgutachters" ist es, zu überprüfen, ob
– das zu zertifizierende Unternehmen eine der „Umwelt-Audit-Verordnung" entsprechende schriftliche Selbstverpflichtung übernommen und den Anforderungen der Verordnung gerechtwerdende „Umweltprogramme" und (funktionierende) „Umweltmanagementsysteme" eingerichtet hat,
– die „Bestandsaufnahme" und die erste interne „Umweltbetriebsprüfung" ordnungsgemäß durchgeführt wurden,
– die Angaben der Umwelterklärung zutreffen und alle für den Standort relevanten ökologischen Aspekte in angemessener Weise berücksichtigt wurden.

337 Entsprechend der Zielsetzung der „Umwelt-Audit-Verordnung" handelt es sich bei dem Audit um eine Systemprüfung; Gegenstand der Prüfung ist es mithin nicht, zu überprüfen, ob alle für den Standort geltenden umweltrelevanten Vorschriften im einzelnen eingehalten werden (Einzelprüfung), sondern vielmehr sicherzustellen, daß ein standortspezifisches Management- und Kontrollsystem existiert, daß die Einhaltung der gesetzlichen Vorschriften und die Anforderungen der „Umwelt-Audit-Verordnung" gewährleistet.[208] **Aufgaben und Inhalte des Audits** sind in Anhang II B der „Umwelt-Audit-Verordnung" näher dargestellt.

338 Die **Durchführung des Audits** erfolgt in einem dreistufigen Verfahren durch die Einsichtnahme in alle umweltbezogenen Unterlagen des Unternehmens, den sich hieran anschließenden Prüfungen vor Ort, einschließlich der Durchführung von Interviews mit Mitarbeitern, und durch die Ausarbeitung eines abschließenden Berichtes für die Unternehmensleitung.[209] Die Aufgabe des „Umweltgutachters" ist es, in gezielten

---

[207] Lübbe-Wolff, DVBl. 1984, 361 (366 ff.); Förschle/Hermann/Mandler, DB 1984, 1093 (1095/1098 f.); Scherer, NVwZ 1993, 11 (14); Sellner/Schnutenhaus, NVwZ 1994, 930 f.
[208] Förschle/Hermann/Mandler, DB 1994, 1093 (1099).
[209] Scherer, NVwZ 1993, 11 (14).

Stichproben nach Maßgabe der von ihm zuvor festzulegenden Prüfungsstrategie „Funktionskontrollen" des Systems durchzuführen. Regelmäßig wird der Prüfungsaufwand dabei umso geringer ausfallen, je aussagefähiger die dem „Umweltgutachter" zur Verfügung gestellten Unterlagen und je geringer die Zweifel an der Qualität des Umweltmanagementsystems sind. Grundregeln über die Durchführung des Audits ergeben sich aus Anhang II B der „Umwelt-Audit-Verordnung".

10. Audit-Bericht. Der „Umweltgutachter" faßt seine Prüfungsergebnisse in einem **Bericht** an die Unternehmensleitung zusammen, in dem er auf eventuelle organisatorische und/oder technische Mängel und sonstige Verstöße gegen die „Umwelt-Audit-Verordnung" hinweist.

11. Zertifizierung. Wenn der „Umweltgutachter" im Anschluß an gegebenenfalls erforderliche Korrekturmaßnahmen feststellt, daß
– die Umweltpolitik und das Umweltmanagementsystem des Standortes den Anforderungen der „Umwelt-Audit-Verordnung" entsprechen und alle relevanten Aspekte und Fragestellungen berücksichtigen und
– die Umwelterklärung den tatsächlichen Gegebenheiten entspricht und die Voraussetzungen der „Umwelt-Audit-Verordnung" erfüllt,
erklärt der „Umweltgutachter" die Umwelterklärung für gültig (sogenannte **Zertifizierung**). Andernfalls muß er die Zertifizierung verweigern.

12. Eintragung des Standortes. Im Anschluß an das externe Audit wird die von dem externen „Umweltgutachter" validierte Umwelterklärung bei der von dem jeweiligen Mitgliedsstaat als hierfür „zuständig" erklärten Stelle eingereicht. Diese bestätigt die Teilnahme an dem „Umwelt-Audit-System", verleiht dem zertifizierten Unternehmen das „Umwelt-Audit-Zeichen" (die sogenannte **Teilnahmeerklärung**) und veranlaßt, daß der zertifizierte Standort in das im Europäischen Amtsblatt jährlich veröffentlichte „Standortregister" eingetragen wird.[210] Die Eintragung ist nach Artikel 11 der „Umwelt-Audit-Verordnung" gebührenpflichtig.

13. Verleihung und Verwendung der „Teilnahmeerklärungen". Die zum Nachweis der erfolgreichen Zertifizierung verliehene „**Teilnahmeerklärung**" besteht gemäß Anhang IV der „Umwelt-Audit-Verordnung" aus dem als Europa-Symbol vertrauten Zwölf-Sterne-Kranz, der die Worte „EG-System für das Umweltmanagement und die Umweltbetriebsprüfung" umschließt sowie einer rechts daneben angeordneten Erläuterung, aus der sich ergibt, ob das betreffende Unternehmen mit einem (näher bezeichneten) Standort, mit mehreren Standorten, mit allen Standorten und/oder in einem oder mehreren Mitgliedsstaaten der EU eingetragen ist.

---

[210] Förschle/Hermann/Mandler, DB 1994, 1093 (1095, 1099); Führ, NJW 1993, 858 (859); Lübbe-Wolff, DVBl. 1984, 361 (370f.); Sellner/Schnutenhaus, NVwZ 1994, 931.

343   Die standortbezogene Teilnahmeerklärung darf weder für die Zwecke der Produktwerbung verwendet werden noch auf den Erzeugnissen des Unternehmens oder auf Verpackungen von Erzeugnissen abgedruckt werden.[211] Verwendet werden dürfen die Teilnahmeerklärung jedoch auf dem Briefkopf sowie auf allgemeinen Broschüren, Berichten und Informationsdokumenten des Unternehmens, als Schautafel an dem zertifizierten Standort, auf den Umwelterklärungen und sonstigen Presseinformationen des Unternehmens sowie für die **Werbung des Unternehmens**, sofern sich diese nicht auf spezielle Produkte oder Dienstleistungen bezieht.[212]

344   *14. Veröffentlichung der Umwelterklärungen.* Gemäß Art. 3 g der „Umwelt-Audit-Verordnung" sind die teilnehmenden Unternehmen nach Eintragung ihres Standortes verpflichtet, die von dem „Umweltgutachter" bestätigten Umwelterklärungen auf Anfrage der Öffentlichkeit zur Verfügung zu stellen.

345   *15. Folgeaudits.* Zur Aufrechterhaltung der Zertifizierung ist das Unternehmen verpflichtet, das Audit-Verfahren mindestens alle drei Jahre zu wiederholen. Die Häufigkeit der Folgeaudits wird nach Maßgabe von Art. 4 Abs. 2 i. V. m. Anhang II H der „Umwelt-Audit-Verordnung" auf der Grundlage von Leitlinien festgesetzt, die die EG-Kommission noch im einzelnen nach dem von Art. 19 der Verordnung vorgegebenen Verfahren festlegen wird.[213]

c) Auswahl der unabhängigen „Umweltgutachter" und Umsetzung der „Umwelt-Audit-Verordnung"

346   Die Bundesrepublik Deutschland hat der EG-Kommission bislang (Stand Dezember 1994) weder diejenige Stelle angezeigt, die das Standortverzeichnis führen soll, noch hat sie diejenigen Stellen (**Akkreditierungsstellen**) benannt, die für die Zulassung und die Aufsicht der „Umweltgutachter" verantwortlich sein sollen.[214]

347   Ebenso wie bei der Qualitätssicherungs-Systemprüfung im Rahmen der DIN/ISO 9000–9004 sind die deutschen Unternehmen jedoch nicht darauf angewiesen, in Deutschland zugelassene „Umweltgutachter" zu beauftragen: Die Umwelt-Audits und die sich daran anschließende Zertifizierung können auch von anderen „Umweltgutachtern" vorgenommen werden, die in anderen Mitgliedstaaten der Europäischen Union zugelassen sind.[215] Die deutschen Unternehmen können daher ohne weiteres

---

[211] Vgl. Artikel 10 Absatz 3 der „Umwelt-Audit-Verordnung".
[212] Scherer, NVwZ 1993, 11 (14); Sellner/Schnutenhaus, NVwZ 1994, 931.
[213] Förschle/Hermann/Mandler, DB 1984, 1093 (1094); Lübbe-Wolff, DVBl. 1994, 361 (371 f.).
[214] Zu dem aktuellen Verhandlungs- und Diskussionsstand: Förschle/Hermann/Mandler, DB 1994, 1093 (1099 f.); Sellner/Schnutenhaus, NVwZ 1994, 932 f.
[215] Sellner/Schnutenhaus, NVwZ 1994, 933.

auf bereits im Ausland zugelassene Gutachter zurückgreifen. Insbesondere in Großbritannien ist der Aufbau der Zulassungssysteme bereits weit fortgeschritten.[216] Der gesetzliche Rahmen für das Anforderungsprofil der zugelassenen „Umweltgutachter" ergibt sich aus Anhang III A.1 der „Umwelt-Audit-Verordnung". Hinsichtlich der Auswahlkriterien gelten im übrigen die Ausführungen in RN 309 ff. sinngemäß.

11. Die Grundzüge des betrieblichen Arbeitsschutz- und Sicherheitsrechts

Betrieblicher Umweltschutz beginnt nicht erst an der Grenze des Werkgeländes, sondern bezieht sich auch auf die Situation innerhalb des Werkes, vor allem auf die Situation der Arbeitsplätze. Der **Arbeitsschutz** muß daher zumindest in wichtigen Teilbereichen als integrierter Bestandteil des Umweltschutzes angesehen werden.[217] Bei der Beachtung und Umsetzung des betrieblichen Arbeitsschutz- und Sicherheitsrechts handelt es sich um eine Grundvoraussetzung für eine den gesetzlichen Voraussetzungen entsprechende Betriebsorganisation. Unternehmen, in denen die arbeitsschutz- und sicherheitsrechtlichen Anforderungen nicht eingehalten werden bzw. in denen die Einhaltung nicht durch ausreichende organisatorische Maßnahmen sichergestellt ist, laufen (zusätzlich zu den Ahndungsmöglichkeiten bei Verstößen gegen die jeweiligen arbeitsschutzrechtlichen Anforderungen) Gefahr, bei Schadens- und Haftungsfällen von vornherein die indizierte Vermutung eines Organisationsverschuldens ausräumen zu müssen.

348

a) Die arbeitsrechtlichen Fürsorge- und Schutzpflichten

Das Arbeitsschutzrecht ist in der Bundesrepublik Deutschland nicht einheitlich geregelt. Inhalt und Umfang der **betrieblichen Schutzpflichten und Sicherheitsanforderungen** ergeben sich aus zahlreichen unterschiedlichen gesetzlichen Regelungen;[218] zum Teil folgen sie auch aus ungeschriebenen Grundsätzen, die von der Rechtsprechung entwickelt worden sind oder aus technischen Richtlinien und Normen, die beispielsweise von den Berufsgenossenschaften und anderen staatlichen bzw. halbstaatlichen Institutionen bei der Beurteilung des einzuhaltenden Standards zugrundegelegt werden.

349

Arbeitsrechtliche Fürsorge- und Schutzpflichten können sich im einzelnen ergeben aus:
– gesetzlichen Vorschriften und behördlichen Anordnungen,
– freiwilligen Betriebsvereinbarungen und
– den Grundsätzen der allgemeinen Fürsorgepflicht.

350

---

[216] Salter, European Environmental Law Review 1993, 117 ff.; ANDS Report 219, April 1993, 10.
[217] Mache, Umweltrecht, RN 419.
[218] Piens/Schulte/Graf Vitzthum, Bundesberggesetz, § 55, RN 39 und 42.

351 Aufgrund seiner allgemeinen Fürsorge- und Verkehrssicherungspflicht ist der Arbeitgeber generell verpflichtet, sicherzustellen, daß alle Mitarbeiter und sonstige Dritte, die sich auf dem Firmengelände aufhalten, vor Gefahren und Schäden geschützt werden.[219] Dies beinhaltet insbesondere die Verpflichtung, sämtliche Bauten, Räume, Vorrichtungen und Gerätschaften so einzurichten und zu unterhalten, daß die Arbeitnehmer und sonstige Dritte, die hiermit in Berührung kommen können, vor Gefahren für Leib und Leben, Gesundheit und ihre materiellen Güter ausreichend geschützt sind (sogenanntes Vorsorgeprinzip). Inhalt und Umfang der Schutzpflichten sind stets von den betriebsspezifischen Anforderungen des Einzelfalls abhängig und lassen sich daher nicht allgemeingültig beschreiben.

352 Als notwendiger Bestandteil des Arbeitsverhältnisses ist die Fürsorgepflicht des Arbeitgebers unabdingbar. Sie kann daher vertraglich weder ausgeschlossen noch eingeschränkt werden.[220] Die Einhaltung des betrieblichen Arbeitsschutzes wird von staatlichen Behörden überwacht. Zuständig sind die nach dem jeweiligen Landesrecht ermächtigten Behörden, zumeist die Staatlichen Gewerbeaufsichtsämter. Verstöße gegen die arbeitsrechtlichen Fürsorge- und Schutzpflichten können Schadensersatzansprüche auslösen und zum Wegfall des Versicherungsschutzes führen.[221] Vielfach stellen sie darüber hinaus sogar Straftatbestände oder Ordnungswidrigkeiten dar.[222]

b) Anforderungen des betrieblichen Arbeitsschutzes

353 Bei dem betrieblichen Arbeitsschutz unterscheidet man zwischen den Bereichen des **Betriebs- und Gefahrenschutzes** und dem **sozialen Arbeitsschutz**. Nach den Grundsätzen des Betriebs- und Gefahrenschutzes sind die Arbeitnehmer vor allen Gefahren zu schützen, die von der Arbeitsstätte und ihren technischen Einrichtungen, den eingesetzten Arbeitsstoffen und den technischen Arbeitsmitteln ausgehen können. Zu den Aufgaben des sozialen Arbeitsschutzes gehören unter anderem die allgemeine medizinische Betreuung, der Arbeitszeitschutz sowie die Beachtung besonderer Fürsorgepflichten gegenüber bestimmten Arbeitnehmergruppen (z. B. aufgrund der einschlägigen Jugend- und Mutterschutzbestimmungen). Die wichtigsten Fallgruppen lassen sich wie folgt zusammenfassen:

354 aa) **Allgemeiner Betriebs- und Gefahrenschutz.** Die wichtigste **Aufgabe des betrieblichen Sicherheitsschutzes** besteht in der Fürsorge für Leben und Gesundheit der Angestellten und sonstigen Betriebsangehörigen. Infolge der unterschiedlichen Anforderungen der jeweiligen Gewer-

---

[219] Herschel, BB 1978, 569; Muhr, SozSich 1982, 65; Schwerdtner, ZfA 1979, 1; Weber, RdA 1980, 290; Wlotzke, BArbBl. 1981, 32; Wolf, DB 1971, 1863.
[220] Schaub, Handbuch des Arbeitsrechts, § 108 I.5.
[221] Mache, Umweltrecht, RN 434.
[222] Vgl. beispielsweise § 147 GewO.

I. Die Organisation des betrieblichen Umweltschutzes

bezweige und der ständig fortschreitenden technischen Entwicklung mit den hiermit verbundenen spezifischen Gefahrenpotentialen hat der deutsche Gesetzgeber davon abgesehen, den betrieblichen Gefahrenschutz abschließend zu regeln. Statt dessen hat er sich darauf beschränkt, Rahmenvorschriften zu erlassen, die durch zahlreiche Durchführungsbestimmungen und technische Regelungen konkretisiert werden. Die nachfolgenden Ausführungen können daher nur einen ersten Überblick über die wesentlichen Grundsätze des Gefahrenschutzrechts vermitteln.

(1) Gefahrlose Einrichtung der Betriebsgebäude und Arbeitsräume. 355
Nach §§ 617, 618 BGB ist der Arbeitgeber verpflichtet, alle Arbeitsstätten, die er im Rahmen des Arbeitsverhältnisses zur Verfügung stellt, so einzurichten und zu unterhalten, daß die Arbeitnehmer gegen Gefahren für Leben und Gesundheit geschützt sind. Über die konkret notwendige Gestaltung, Beschaffenheit und Ausstattung der betrieblichen Anlagen und Arbeitsräume, einschließlich der zu beachtenden Brandschutzvorkehrungen, existieren zahlreiche gesetzliche, behördliche und technische Vorschriften. Einschlägig sind in erster Linie die Arbeitsstättenverordnung mit ihren diversen Durchführungsrichtlinien. Darüber hinaus bestehen aber auch noch zahlreiche weitere spezielle Arbeitsschutzverordnungen und Sondervorschriften.[223]

(2) Technischer Arbeitsschutz. Sämtliche **Arbeitsräume, Vorrichtungen** 356
und Gerätschaften (Maschinen, Werkzeuge, Kraftfahrzeuge, etc.) müssen so eingerichtet sein, daß Arbeitnehmer soweit wie möglich vor Schäden geschützt sind.[224] Nach dem Gesetz über technische Arbeitsmittel (Gerätesicherheitsgesetz)[225] und seinen diversen Durchführungsverordnungen müssen alle Arbeitsgeräte den allgemein anerkannten Regeln der Technik und den einschlägigen Arbeits- und Unfallverhütungsvorschriften entsprechen. Neben der Beachtung notwendiger Schutzvorrichtungen beinhaltet dies insbesondere auch die Verpflichtung des Arbeitgebers

---

[223] Vgl. beispielsweise §§ 120a ff. GewO; §§ 32 ff. JArbschG; das Gerätesicherheitsgesetz mit seinen diversen Durchführungsverordnungen; die Dampfkesselverordnung: die Druckbehälterverordnung; die Verordnung über elektrische Anlagen in explosionsgefährdeten Räumen; die Acetylenverordnung; die Verordnung über Anlagen zur Lagerung, Abfüllung und Beförderung brennbarer Flüssigkeiten zu Lande; die Verordnung über das Hochdruckleitungen; die Arbeitsstoffverordnung; die Gefahrstoffverordnung; die Chemikalienverbotsverordnung; das Chemikaliengesetz; das Strahlenschutzvorsorgegesetz; die Strahlenschutzverordnung; die Röntgenverordnung; die Sprengstoffverordnung; die Aufzugsverordnung.

[224] Vgl. § 120a GewO; Beispiele für Sicherheitskonzepte und vorbeugende Maßnahmen zur Anlagensicherheit bei *Seeliger* in: Lemke/Polthier, Abwehr betrieblicher Störfälle, Nr. 4410 S. 1 ff.; Lemke, Betriebliches Sicherheitskonzept, in: Lemke/Polthier, Abwehr betrieblicher Störfälle, Nr. 7010.

[225] In der Fassung der Bekanntmachung vom 23.10.1992 (BGBl. I S. 1793), zuletzt geändert am 27.12.1993 (BGBl. I S. 2378).

zur Unterweisung der Arbeitnehmer in der umsichtigen Bedienung sowohl der Arbeitsgerätschaften als auch der Unfallsicherungsmittel (Feuerlöscher etc.). Besondere Anforderungen können sich zusätzlich unter anderem ergeben aus der Druckbehälterverordnung,[226] der Dampfkesselverordnung,[227] der Verordnung über Anlagen zur Lagerung, Abfüllung und Beförderung brennbarer Flüssigkeiten zu Lande,[228] der Maschinenverordnung,[229] der Verordnung über elektrische Anlagen in explosionsgefährdeten Räumen,[230] der Acetylenverordnung[231] und der Aufzugsverordnung,[232] um hier nur einige Spezialgesetze zu nennen.

357 Der technische Arbeitsschutz umfaßt schließlich auch die notwendigen Maßnahmen zur Gewährleistung des sicheren **Umgangs mit gefährlichen Arbeitsstoffen und Substanzen**. Die hierzu einschlägigen Vorschriften ergeben sich vornehmlich aus der Gefahrstoffverordnung,[233] der Chemikalienverbotsverordnung,[234] dem Chemikaliengesetz,[235] der Arbeitsstoffverordnung,[236] der Sprengstoffverordnung sowie den Regelungen des Gefahrgutgesetzes einschließlich deren Durchführungsbestimmungen.[237] In bezug auf den Umgang mit Gefahrstoffen ist der Arbeitgeber nach der Gefahrstoffverordnung verpflichtet, die in den §§ 16 ff. Gefahrstoffverordnung beschriebenen Maßnahmen zum Schutz des menschlichen Lebens, der menschlichen Gesundheit und der Umwelt zu treffen und die dabei im jeweiligen Einzelfall relevanten Arbeitsschutz- und Unfallverhütungsvorschriften zu beachten. Ferner ist er verpflichtet, die allgemein anerkannten, sicherheitstechnischen, arbeitsmedizinischen und hygienischen Regeln über Einstufung, Sicherheitsinformation und

---

[226] Vom 21.04. 1989 (BGBl. I S. 843).
[227] Vom 27.02. 1980 (BGBl. I S. 173).
[228] Vom 27.02. 1980 (BGBl. I.S. 173).
[229] Vom 12.05. 1993 (BGBl. I S. 704).
[230] Vom 27.01. 1980 (BGBl. I S. 173).
[231] Vom 27.02. 1980 (BGBl. I S. 173).
[232] Vom 27.02. 1980 (BGBl. I S. 173).
[233] Vom 25.09. 1991 (BGBl. I S. 1931), zuletzt geändert am 26.10. 1993 (BGBl. I S. 1782 ff.).
[234] Vom 14.10. 1993 (BGBl. I S. 1720).
[235] In der Fassung der Bekanntmachung vom 14.03. 1990 (BGBl. I S. 521), zuletzt geändert am 05.06. 1991 (BGBl. I S. 1218).
[236] „Verordnung über gefährliche Arbeitsstoffe" in der Fassung vom 26.08. 1986 (BGBl. I S. 1470).
[237] Vgl. u. a. das Gesetz über die Beförderung gefährlicher Güter vom 06.08. 1975 (BGBl. I S. 2121), zuletzt geändert am 27.12. 1993 (BGBl. I S. 2378); die Gefahrgutverordnung Straße in der Fassung der Bekanntmachung vom 26.11. 1993 (BGBl. I S. 2022/ BGBl. 1994 I S. 908), zuletzt geändert am 27.12. 1993 (BGBl. I S. 2378); die Gefahrgutverordnung Eisenbahn in der Fassung der Bekanntmachung vom 10.06. 1991 (BGBl. I S. 1224), zuletzt geändert am 27.12. 1993 (BGBl. I S. 2378); die Gefahrgutverordnung-Binnenschiffahrt in der Fassung der Bekanntmachung vom 30.06. 1977 (BGBl. I S. 1119), zuletzt geändert am 07.04. 1992 (BGBl. I S. 860) und die Gefahrgutverordnung See vom 24.07. 1991 (BGBl. I S. 1714), zuletzt geändert am 06.06. 1994 (BGBl. I S. 1416).

I. Die Organisation des betrieblichen Umweltschutzes

Arbeitsorganisation sowie die sonstigen gesicherten arbeitswissenschaftlichen Erkenntnisse hinsichtlich des Umgangs mit gefährlichen Stoffen einzuhalten.[238] Die maßgeblichen „Regeln und Erkenntnisse" für den Umgang mit Gefahrstoffen ergeben sich wiederum aus den von dem „Ausschuß für Gefahrstoffe" (AGS) gemäß § 52 GefahrstoffVO erarbeiteten „Technischen Regeln für Gefahrstoffe" (TRGS) und den „Technischen Regeln für gefährliche Arbeitsstoffe" (TRgA).[239]

Im Rahmen seiner Fürsorge- und Vorsorgeverpflichtungen besteht für den Arbeitgeber in bezug auf den Umgang mit gefährlichen Stoffen eine umfassende **Überwachungspflicht**.[240] Die betreffenden Meßergebnisse sind aufzuzeichnen und für die Dauer von mindestens 30 Jahren aufzubewahren. Stellt sich bei den Messungen heraus, daß gefährliche Stoffe frei werden, muß zunächst versucht werden, das Freiwerden dieser Gefahrstoffe durch Änderungen des Produktions- bzw. des Arbeitsverfahrens zu verhindern. Nur wenn dies nach dem Stand der Technik nicht möglich sein sollte, ist der Arbeitgeber berechtigt (und auch verpflichtet) die Arbeitnehmer durch technische passive Vorrichtungen, wie beispielsweise Absauganlagen, Kapselungen etc. zu schützen. Sollte auch dies nicht möglich sein, kann (muß) auf persönliche Schutzausrüstungen (Schutzkleidung etc.) ausgewichen werden.

Eine weitere Verpflichtung aus der Gefahrstoffverordnung betrifft die Notwendigkeit, **Betriebsanweisungen** zu erstellen, in der die Arbeitnehmer auf die bei dem Umgang mit dem jeweiligen Stoff verbundenen Gefahren hingewiesen werden und in der gleichzeitig die erforderlichen Schutzmaßnahmen und Verhaltensregeln festgelegt werden.[241] Einzelheiten und Formulierungsbeispiele können der TRGS 550 „Betriebsanweisung und Unterweisung nach § 20 GefahrstoffVO" entnommen werden. Die Betriebsanweisungen müssen an den betroffenen Arbeitsplätzen ausgehängt werden. Zusätzlich müssen die dort beschäftigten Arbeitnehmer in einem persönlichen Gespräch mit dem Inhalt der Anweisungen vertraut gemacht werden; dies gilt entsprechend auch für alle Mitarbeiter, die eine Beschäftigung an solchen Arbeitsplätzen neu aufnehmen. Die Durchführung, der Inhalt und der Zeitpunkt der Aufklärung ist schriftlich in einem Protokoll festzuhalten, das von dem aufklärenden und von dem aufgeklärten Mitarbeiter gegengezeichnet wird. Die Unterweisungen müssen mindestens einmal jährlich wiederholt werden. Das Vorliegen der erforderlichen Betriebsanweisungen (in vollständiger und verständlicher Form) wird von den Gewerbeaufsichtsämtern und den Berufsgenossenschaften regelmäßig kontrolliert. Nicht zuletzt im Hinblick

---

[238] Vgl. § 17 Abs. 1 GefahrstoffVO.
[239] OVG NW, Urteil vom 20.10.1992–1 K 4356/8; Mache, Umweltrecht, Rn. 420f.
[240] Vgl. § 18 GefahrstoffVO.
[241] Vgl. § 25 GefahrstoffVO.

auf die üblichen Nachfragen und Überprüfungen im Zuge eventueller Schadens- und sonstiger Störfälle, sollte daher korrekt darauf geachtet werden, daß alle notwendigen Betriebsanweisungen in der hierfür erforderlichen Form vorliegen und aktuell gehalten werden, um später keinen unangenehmen empfindlichen Beanstandungen ausgesetzt zu werden.

360 *(3) Unfallverhütungsvorschriften.* Eine Sonderaufgabe des Gefahrenschutzes besteht in der Beachtung der **betrieblichen Unfallverhütungsvorschriften.**[242] Die einschlägigen Unfallverhütungsvorschriften werden von den zuständigen Berufsgenossenschaften gemäß §§ 712ff. RVO im Rahmen ihrer Satzungsautonomie aufgestellt und überwacht.[243] Sie wenden sich an die jeweiligen Mitgliederunternehmen der betreffenden Berufsgenossenschaft und ihrer Beschäftigten.[244] Die Unfallverhütungsvorschriften beinhalten Regelungen über die erforderlichen Maßnahmen zur Verhütung von Arbeitsunfällen, zur Durchführung ärztlicher Untersuchungen, der Beachtung der allgemeinen Sicherheitsvorkehrungen (z.B. die Benutzung von Schutzkleidungen) sowie über die Einhaltung von Meldepflichten für den Fall, daß an Produktionseinrichtungen und/oder Sicherheitseinrichtungen Mängel erkennbar werden sollten.

361 **bb) Gewährleistung angemessener Arbeitsplatzbedingungen.** Nach der Arbeitsstättenverordnung ist der Arbeitgeber verpflichtet, die Arbeitsstätte (einschließlich der erforderlichen Sozialeinrichtungen) nach Maßgabe der allgemein anerkannten sicherheitstechnischen, arbeitsphysiologischen und arbeitsmedizinischen Erkenntnisse einzurichten und zu betreiben.[245] Bei der Ausgestaltung des Arbeitsplatzes und der dem jeweiligen Mitarbeiter zugewiesenen Tätigkeit müssen **angemessene Arbeitsbedingungen** und eine humane Arbeitsumgebung geschaffen werden. Insbesondere müssen Arbeitnehmer von negativen Umwelteinflüssen (Lärm, Vibrationen, Nässe, Kälte, Lichtmangel, Staub, Gase, Zugluft, mangelhafte Klimatisierung usw.) und unzumutbaren Belastungen (z.B. durch eine zeitliche und/oder sachliche Überbeanspruchung) geschützt werden.[246] Die Einzelheiten der Anforderungen, die zum Teil erhebli-

---

[242] Arning-Käß, Betriebs- und Gefahrenschutz, Loseblattsammlung; Dörner, Unfallversicherung im Betrieb, Loseblattsammlung; Eiermann, AR-Blattei, D Unfallverhütung I, Unfallverhütungsvorschriften der Berufsgenossenschaften; Wiese, RdA 1976, 1977; Wolber, BlStSozArbR 1980, 1.
[243] Marburger, VersR 1983, 597 (600); Pieper, BB 1987, 273.
[244] Migge, VersR 1992, 665 (668).
[245] Vgl. § 3 ArbStättV.
[246] Neben der Arbeitsstättenverordnung ergeben sich wesentliche Anforderungen unter anderem aus der Strahlenschutzverordnung, dem Strahlenschutzvorsorgegesetz, der Acetylenverordnung, der Arbeitsstoffverordnung und aus der Technischen Anleitung zum Schutz gegen Lärm (TA Lärm) vom 16.07. 1986 (Beilage BAnz. Nr.137) sowie aus der Technischen Anleitung zur Reinhaltung der Luft (TA Luft) vom 27.02. 1986 (GMBl. S. 95, 202).

I. Die Organisation des betrieblichen Umweltschutzes

chen Einfluß auf das Produktionsverfahren und die eingesetzten Technologien haben, sind in der Arbeitsstättenverordnung geregelt.[247] Zu der Gewährleistung angemessener Arbeitsplatzbedingungen gehören schließlich auch die Errichtung und die Zurverfügungstellung der nach § 120b und § 120c GewO erforderlichen Sozialeinrichtungen.[248]

Zum Schutz der Gesundheit am Arbeitsplatz wird von der Deutschen Forschungsgemeinschaft[249] jährlich die sog. „MAK-Werte-Liste"[250] veröffentlicht, in der alle gesundheitsgefährdenen Arbeitsstoffe aufgeführt sind. Gleichzeitig wird angegeben, unter welchen Bedingungen (z.B. Zeitdauer und/oder Konzentration) ein Umgang mit diesen Stoffen zulässig ist. Dabei sind der MAK-Wert (Maximale Arbeitsplatzkonzentration), der TRK-Wert (Technische Richtkonzentration) und der BAT-Wert (Biologische Arbeitsstofftoleranz) zu unterscheiden.[251] 362

Der **MAK-Wert** beschreibt die höchstzulässige Konzentration eines Arbeitsstoffes als Gas, Dampf oder Schwebstoff in der Luft am Arbeitsplatz, die auch bei langfristiger, in der Regel täglich achtstündiger Exposition, die Gesundheit der Beschäftigten im Regelfall nicht beeinträchtigt 363

---

[247] Nach § 15 Abs. 1 ArbStättV ist der Arbeitnehmer beispielsweise verpflichtet, den Schallpegel in den Arbeitsräumen so niedrig zu halten, wie es nach Art des Betriebes *möglich* ist (Minimierungsgebot). Diese Anforderung wird erfüllt, wenn die Schallbelastung (einschließlich aller von Außen einwirkenden oder durch die Betriebsanlagen selbst verursachten Geräusche) in jedem Arbeitsraum entsprechend den Unfallverhütungsvorschriften, den allgemein anerkannten Regeln der Lärmminderungstechnik und den sonstigen gesicherten arbeitswissenschaftlichen Erkenntnissen gemindert wird. Dies beinhaltet beispielsweise die Verpflichtung, daß alle neuzubeschaffenden Maschinen dem Stand der Lärmminderungstechnik entsprechen müssen und an alten Maschinen zusätzliche Schallschutzmaßnahmen (gegebenenfalls nach Übergangsfristen) vorgenommen werden müssen; ferner, daß durch raumakustische Maßnahmen etc. die Schallausbreitung in den Arbeitsräumen so eingedämmt wird, daß die Lärmeinwirkungen dem fortschrittlichen Stand der Lärmminderungstechnik entsprechen. Die einzuhaltenden Schallschutzpegel ergeben sich im einzelnen aus § 15 Abs. 1 ArbStättV. Sofern Arbeitsmittel bzw. Arbeitsverfahren angewendet werden müssen, bei denen die Pegel – trotz Anwendung aller nach den Regeln der Technik verfügbaren Lärmschutzmaßnahmen – nicht eingehalten werden können, muß ein Lärmminderungsprogramm, beispielsweise entsprechend § 6 UVV „Lärm" (VBG 121) durchgeführt werden.

[248] Z.B. Pausenräume gemäß § 29 ArbStättV und ASR 29/1–4, Bereitschaftsräume gemäß § 30 ArbStättV und ASR 30, Liegeräume gemäß § 31 ArbStättV und ASR 31, Räume für körperliche Ausgleichsübungen gemäß § 33 ArbStättV, Umkleideräume und Kleiderablagen gemäß § 34 ArbStättV und ASR 34/1–5, Waschräume bzw. Waschgelegenheiten gemäß § 35 ArbStättV und ASR 35/1–4 sowie Toilettenräume gemäß § 37 ArbStättV und ASR 37/1.

[249] Bei der Deutschen Forschungsgemeinschaft handelt es sich um einen Zusammenschluß namhafter Wissenschaftler, der Parlamente und Behörden insbesondere in Fragen des Schutzes der Gesundheit vor toxischen Stoffen am Arbeitsplatz berät.

[250] Der vollständige Titel lautet „Maximale Arbeitsplatzkonzentrationen und Biologische Arbeitsstofftoleranzwerte der Senatskommission zur Prüfung gesundheitsschädlicher Arbeitsstoffe der Deutschen Forschungsgemeinschaft".

[251] Zur Begriffsdefinition vgl. § 3 Abs. 5 bis 7 GefahrstoffV.

und diese nicht unangemessen belästigt. Wie oft, in welcher Höhe und über welchen Zeitraum Überschreitungen zulässig sind, wird in der MAK-Werte-Liste stoffabhängig angegeben.

364 Da sich für verschiedene krebserzeugende und erbgutverändernde Arbeitsstoffe keine MAK-Werte ermitteln lassen, drücken die **TRK-Werte** diejenigen Konzentrationen eines gefährlichen Stoffes als Gas, Dampf oder Schwebstoffe in der Luft am Arbeitsplatz aus, die nach dem Stand der Technik erreicht werden dürfen und als Anhaltspunkt für die Schutzmaßnahmen und meßtechnische Überwachung am Arbeitsplatz herangezogen werden können. Die Einhaltung der TRK-Werte mindert das Risiko einer Gesundheitsbeeinträchtigung, insbesondere vor Krebserkrankungen, kann dies aber nicht vollständig ausschließen. Der Arbeitgeber hat die technische Ausrüstung und die Schutzmaßnahmen daher so zu gestalten, daß die TRK-Werte nach Möglichkeit unterschritten wird.

365 Der **BAT-Wert** beschreibt die höchstzulässige Quantität eines Arbeitsstoffes, die ohne Gefahr einer Gesundheitsschädigung in Kauf genommen werden kann. Die BAT-Werte werden nur für solche Arbeitsstoffe angegeben, die über die Lunge oder über die Körperoberfläche in den menschlichen Organismus eintreten können. Ebenso wenig wie der MAK-Wert ist der BAT-Wert jedoch geeignet, biologische Grenzwerte für lang andauernde Belastungen aus der allgemeinen Umwelt, etwa durch Verunreinigungen der freien Atmosphäre oder auch von Nahrungsmitteln, anhand konstanter Umrechnungsfaktoren abzuleiten. Die Einhaltung der BAT-Werte entbindet den Arbeitgeber daher nicht von einer Überwachung der Arbeitsstoffkonzentration in der Luft, soweit entsprechende MAK-Werte vorliegen. Rückschlüsse sind weder in die eine noch in die andere Richtung zulässig. Aus den genannten Gründen ist jedem Unternehmen anzuraten, sich die jeweils aktuellen MAK-Werte-Listen regelmäßig (jährlich) zu beschaffen und diese auf ihre konkrete Einhaltung vor Ort zu überprüfen. Ergänzende bzw. zusätzliche Grenzwerte für berufsbedingte Expositionen können darüber hinaus den einschlägigen Veröffentlichungen der Europäischen Union entnommen werden.[252]

366 **cc) Hygiene.** Nach der Arbeitsstättenverordnung und der Gewerbeordnung[253] ist der Arbeitgeber verpflichtet, den Betrieb und den Be-

---

[252] Grundlage sind folgende Richtlinien (jeweils mit zahlreichen Aktualisierungen): 67/548/EWG vom 27.06. 1967 (ABl. Nr. L 196, S.1), 80/1107/EWG vom 03.12. 1980 (ABl. Nr. L 327, S.8), 88/642/EWG vom 16.12. 1988 (ABl. Nr. L 356, S.74) und 90/394/EWG vom 28.06. 1990 (ABl. Nr. L 196, S.1); die Veröffentlichungen erfolgen unter anderem im Anhang I der Richtlinie 67/548/EWG und in den deutschen TRGS 500 „Schutzmaßnahmen beim Umgang mit krebserzeugenden Gefahrstoffen", TRGS 900 „Grenzwerte" und der TRGS 905 „Verzeichnis krebserzeugender, erbgutverändernder und fortpflanzungsgefährdender Stoffe".
[253] Vgl. § 120a GewO.

triebsablauf so zu regeln, daß die einschlägigen hygienerechtlichen Anforderungen eingehalten werden.

dd) Allgemeiner Gesundheitsschutz. Nach Maßgabe des Arbeitssicherheitsgesetzes ist der Arbeitgeber weiter verpflichtet, die **medizinische Vorsorge** und Versorgung seiner Angestellten (einschließlich Erster-Hilfe-Dienste)[254] sicherzustellen.[255] Eine betriebsärztliche Betreuung kann erforderlich werden, wenn nach der Art des Betriebes und der darin anfallenden Arbeiten regelmäßig latente Unfall- und Gesundheitsgefahren für die Arbeitnehmer bestehen. Die Voraussetzungen für eine notwendige Bestellung von Betriebsärzten und die ihnen dann im Einzelfall zu übertragenden Aufgaben ergeben sich aus dem ASiG und aus der Unfallverhütungsvorschrift „Betriebsärzte" (VPG 123) der zuständigen Berufsgenossenschaften und aus dem Arbeitssicherheitsgesetz.

367

ee) Arbeitszeitschutz. Zur Gewährleistung einer sicheren, der Belastbarkeit der Arbeitnehmer entsprechenden Abwicklung des betrieblichen Alltags bestehen zahlreiche Vorschriften über die **Dauer und die Gestaltung der zulässigen Arbeitszeit.**[256] Die zentralen Regelungen befinden sich in der Arbeitszeitverordnung und deren Ausführungsvorschriften. Daneben existieren zusätzliche Regelungen für besondere Arbeitnehmergruppen[257] und bestimmte Betriebsgattungen.[258]

368

Zum Arbeitszeitschutz gehören insbesondere:

369

– die Einhaltung der zulässigen Höchstdauer der regelmäßigen Arbeitszeit (grundsätzlich 8 Stunden pro Werktag),
– die Einhaltung der vorgeschriebenen Beschränkungen über den Beginn und das Ende der regelmäßigen Arbeitszeit,
– die Einhaltung der vorgeschriebenen Arbeitspausen und Ruhezeiten sowie
– die Beachtung des grundsätzlichen Verbots von Sonn- und Feiertagsarbeit (§§ 105 b ff. GewO).

ff) Sonderschutz für bestimmte Arbeitnehmergruppen. Aufgrund ihrer besonderen Schutzwürdigkeit und/oder wegen den besonderen An-

370

---

[254] Vgl. §§ 38 und § 39 ArbStättV.
[255] Jung, NJW 1985, 2729; Schaub, Arbeitsrechts-Handbuch, 7. Aufl., § 154 II.
[256] Anzinger, NZA 1986, 589; Herschel, DB 1965, 515; Herschel, DB 1965, 553; Kappus, BB 1987, 120; Meisel/Hiersemann, Arbeitszeitordnung, 2. Aufl., 1978; Schlüter/Badde, DB 1976, 1229; Stober, NZA 1986, 273.
[257] Arbeitszeitregelungen für besondere Arbeitnehmergruppen sind beispielsweise in dem JArbSchG und in dem MuSchG enthalten. Arbeitszeitrechtliche Sonderbestimmungen für Kraftfahrer ergeben sich beispielsweise aus § 15a StVZO; für Luftfahrtbesatzungen ist die 2. DVO zur Betriebsordnung für Luftfahrtgeräte zu beachten.
[258] Für sog. gefährliche Betriebe bzw. gefährliche Arbeiten bestehen arbeitszeitrechtliche Sonderregelungen beispielsweise in der Verordnung über die Arbeitszeit in Kokereien und Hochofenwerken vom 20.01.1925 (RGBl. I S.5) in der Fassung der Veröf-

forderungen und Belastungen bestimmter Tätigkeiten bestehen gegenüber einzelnen Arbeitnehmern besondere Fürsorge- und Schutzpflichten. So bestehen beispielsweise bei der Beschäftigung von Jugendlichen zahlreiche Tätigkeitsverbote, Arbeitsbeschränkungen und Sondervorschriften über die gesundheitliche Betreuung und die Aufklärung über Unfall- und Gesundheitsgefahren.[259]

c) Betriebliche Organisation

371 Auch unter dem Blickwinkel des betrieblichen Arbeitsschutz- und Sicherheitsrechts ist der Arbeitgeber verpflichtet, die organisatorischen Voraussetzungen zu schaffen, um einen effektiven Arbeitsschutz zu gewährleisten (**Organisationspflicht**). Unter bestimmten Voraussetzungen besteht die Verpflichtung zur Bestellung von Sicherheitsbeauftragten und anerkannten Fachkräften für Arbeitssicherheit, die die ordnungsgemäße Durchführung des Arbeitssicherheitsschutzes unterstützen sollen.[260] Unverzichtbar für die ordnungsgemäße Organisation des betrieblichen Arbeitsschutzes ist ferner eine den Anforderungen des jeweiligen Betriebes angemessene Störfallplanung, die Einrichtung eines effektiven Kontroll- und Meldewesens und die Beachtung einer ordnungsgemäßen Dokumentation im Rahmen der betrieblichen Eigen- und Fremdüberwachung.

---

fentlichung im BGBl. III Nr. 8050-3, der Verordnung über die Arbeitzeit in Stahlwerken, Salzwerken, Walzwerken und anderen Anlagen der Großeisenindustrie vom 16.07. 1926 (RGBl. I S.221) in der Fassung der Veröffentlichung im BGBl. III Nr. 5080-6, der Verordnung über die Arbeitzeit in der Zementindustrie vom 26.03. 1929 (RGBl. I S.82) in der Fassung der Veröffentlichung im BGBl. III Nr. 8050-7, in der Verordnung über die Arbeitzeit in Metallhütten vom 09.02. 1927 (RGBl. I S.59) in der Fassung der Veröffentlichung im BGBl. III Nr. 8050-5, in der Verordnung über die Arbeitzeit in Gaswerken vom 09.02. 1927 (RGBl. I S.59) in der Fassung der Veröffentlichung im BGBl. III Nr. 8050-4, der Verordnung über Arbeiten Druckluft (Druckluftverordnung) vom 04.10. 1972 (BGBl. I S.1909) geändert am 12.04. 1976 (BGBl. I S.962), der Verordnung zum Schutz gegen Schädigungen durch Röntgenstrahlen und radioaktiver Stoffe in nichtmedizinischen Betrieben (RöntgenVO) vom 07.02. 1941 (RGBl. I S.68) geändert am 22.05. 1981 (BGBl. I S.445) und der Verordnung vom Schutz gegen Staublungenerkrankungen (Silikose) in der keramischen Industrie in der Fassung vom 31.03. 1965 (BGBl. I S.228). Für das Schank- und Gastwirtschaftsgewerbe bestehen beispielsweise arbeitszeitrechtliche Sonderbestimmungen in der Anordnung über Ruhezeiten für Gefolgschaftsmitglieder in Gast- und Schankwirtschaften vom 23.04. 1940 (RArbBl. III S.128) in der Fassung der Veröffentlichung im BGBl. III Nr. 8050-11, in der Anordnung betreffend Freizeit für die Gefolgschaftsmitglieder in Gast- und Schankwirtschaften vom 05.12. 1940 (RArbBl. III S.310) in der Fassung der Veröffentlichung im BGBl. III Nr. 8050-12 und in den Runderlassen vom 10.02. 1941 (RArbBl. III S.34) und vom 15.03. 1941 (RArbBl. III S.124).

[259] Bachmann/Lührs, JArbSchG-Kommentar, 6.Aufl., 1985; Zmarzlik, DB 1986, 2349; vgl. auch § 21 Abs. 4 GefahrstoffV.

[260] RN 174ff. bzw. RN 179ff.

d) Mitbestimmungsrechte der Personalvertretung

Der Personalvertretung (Betriebsrat) stehen bei der Einführung, Durchführung und Überwachung des betrieblichen Arbeitsschutzes sowie bei der Gestaltung der Arbeitsplätze, des Arbeitsablaufs und der Arbeitsumgebung zahlreiche **Mitbestimmungs-** bzw. **Beteiligungsrechte** nach §§ 80ff. BetrVG zu.[261] Auf Einzelheiten kann hier nicht eingegangen werden.

e) Staatliche Aufsicht und Kontrolle

Die Einhaltung der Arbeitsschutz- und Sicherheitsvorschriften wird von staatlichen Aufsichtsorganen überwacht. Zuständig sind – je nach Aufgabengebiet und den unterschiedlichen Zuständigkeitsregelungen der Bundesländer – die Gewerbeaufsichtsämter, die staatlichen Gewerbeärzte, die Berufsgenossenschaften (für die Überwachung der einschlägigen Unfallverhütungsvorschriften), die Ordnungs- und Polizeibehörden sowie einzelne Sonderaufsichtsbehörden. Zur Durchführung ihrer **Kontroll- und Überwachungsaufgaben** sind die Behörden befugt, Arbeitsstätten zu betreten und zu untersuchen, die Erteilung von Auskünften und die Vorlage von Unterlagen zu verlangen sowie technische Prüfungen und Untersuchungen von Stoffproben vorzunehmen. Sollten Mängel und/oder Gesetzesverstöße festgestellt werden, sind sie berechtigt, Anordnungen zur Behebung des Mangels oder – in gravierenden Fällen – vorläufige Betriebsstillegung zu erlassen. Schon zur Vermeidung derartiger Maßnahmen und Ahndungen ist es erforderlich, eine funktionierende Betriebsorganisation auch unter Berücksichtigung der aktuellen Anforderungen des betrieblichen Arbeitsschutz- und Sicherheitsrechts zu gewährleisten.

12. Sicherstellung der notwendigen Kontroll- und Korrekturmaßnahmen

Der Betrieb genehmigungsbedürftiger Anlagen und die Durchführung umweltrelevanter Tätigkeiten ist im Regelfall an die Einhaltung behördlicher Auflagen gebunden. Als Grundvoraussetzung für die störungsfreie Aufrechterhaltung des Betriebes muß organisatorisch sichergestellt werden, daß die Auflagen und sonstigen Nebenbestimmungen zu jedem Zeitpunkt eingehalten werden. Hierzu ist ein klar definiertes **Kontroll- und Korrekturmaßnahmen-Management** erforderlich, mit dem nicht zuletzt auch eine wirksame Erfolgskontrolle gewährleistet werden muß. Auch für die Errichtung und die Durchführung eines solchen Kontroll-

---

[261] Denck, DB 1980, 2132; Glaubitz, BB 1977, 1403; Hüttig, DB 1975, 594; Hunold, DB 1976, 1059; Koffka, PersF 1986, 488; Löwisch, ArbuR 1987, 96; von Seggern, PersR 1986, 47; Spitzner, BlStSozArbR 1981, 257.

und Korrekturmaßnahmen-Managements ist die Festlegung einer eindeutigen Aufbau- und Ablauforganisation unerläßlich. Als begleitende Hilfsmittel für die mit den durchführenden Aufgaben zu betrauenden Mitarbeiter und zur besseren und leichteren Dokumentation der wirksamen Kontrollmaßnahmen bietet es sich regelmäßig an, standartisierte Musterformulare und Mustertexte zu entwerfen, die die einzelnen Arbeitsschritte wiedergeben und von den zuständigen Mitarbeitern nach erfolgreicher Durchführung abgezeichnet werden müssen. Bei dem Aufbau eines solchen Managements sind insbesondere folgende Fragen zu klären und eindeutig festzulegen:

375   1. **Bestandsaufnahme:** Zunächst ist im Rahmen einer **Bestandsaufnahme** zu klären, welche gesetzlichen Vorgaben eingehalten werden müssen und – darüber hinaus – welche Genehmigungen mit welchen Auflagen und Nebenbedingungen existieren. Die danach betriebsrelevanten Anforderungen sollten zur Vorbereitung detaillierter Prüf- und Überwachungspläne in einer Übersicht zusammengefaßt werden.
Beispiel:

Auflagen der zuständigen Behörden		
Standort: Köln		
Bereich	Anlage/Tätigkeit	Auflage
Werk 1	Feuerungsanlage	Grenzwerte: .... Bestellung eines Immissionsschutzbeauftragten
	Abwasser	Grenzwerte: .... Führen Abwassertagebuch Messung vierteljährlich Jährlicher Abwasserbericht
Werk 2	Abfüllplatz (Hof)	Einhaltung der Schutzmaßnahmen A.5, A.7, B 13 und C 24
	Wasserentnahme	Begrenzung auf m3/Jahr

376   2. **Ablauforganisation:**
Sodann muß folgendes festgelegt werden:
* Was ist konkret zu kontrollieren?
* Welche Werte/Bedingungen müssen eingehalten werden?
* Wie müssen die Kontrollen durchgeführt werden (Auswahl und Festlegung des Prüfverfahrens und der Prüfmittel)?
* Worauf müssen welche Untersuchungen gerichtet sein (Auswahl und Festlegung der Prüfparameter)?
* Wer ist für die jeweiligen Kontrollen verantwortlich (Auswahl der mit der Kontrolltätigkeit zu betrauenden Mitarbeiter)?

Kummer

I. Die Organisation des betrieblichen Umweltschutzes 757

* In welcher Frequenz sollen die einzelnen Prüf- und Kontrollmaßnahmen durchgeführt werden?
* Was ist zu veranlassen, wenn die einzuhaltenden Werte/Bedingungen nicht erfüllt werden (Festlegung der betriebsinternen Informations- und Meldeketten und des weiteren Verfahrensablaufs mit der Sicherstellung einer wirksamen Erfolgskontrolle)?

3. **Erfolgskontrolle:** Die erfolgreiche Durchführung der Prüf- und Kontrollmaßnahmen muß ihrerseits kontrolliert werden. Hierzu bietet es sich regelmäßig an, daß die durchführenden Mitarbeiter ihre (nach einem standarisierten Muster vorbereiteten) Prüfbögen dem Abteilungs- oder Werksleiter in einer bestimmten Frequenz vorlegen, der die Vorlage und die Kontrolle der durchführenden Überwachungstätigkeit seinerseits durch eine Unterschriftsleistung bestätigt. 377

4. **Korrekturmaßnahmen:** Sind Abweichungen von dem vordefinierten einzuhaltenden Grenzwerten etc. festzustellen oder besteht sonstiger Handlungsbedarf, müssen die hierzu notwendigen **Korrekturmaßnahmen** eingeleitet werden. Hierfür muß von der zuständigen Stelle im Einzelfall festgelegt werden, wer welche Maßnahmen, mit welchem Ergebnis innerhalb welcher Frist, auf welche Art und Weise durchzuführen hat. Der erfolgreiche Abschluß der Korrekturmaßnahmen ist seinerseits zu kontrollieren und zu dokumentieren. 378

5. **Prüfverfahren- und Prüfmittelkontrolle:** In das Kontroll- und Korrekturmaßnahmen-Management einzubeziehen sind ferner regelmäßige Überprüfungen der angewandten Prüfverfahren auf ihre Tauglichkeit sowie die Gewährleistung der jederzeitigen Einsatzfähigkeit und Meßgenauigkeit der verwendeten Prüfmittel. 379

13. Anforderungen und Notwendigkeit innerbetrieblicher Dokumentation

Die Unternehmen in Deutschland sind einer immer stärker werdenden Dokumentationspflicht ausgesetzt, sei es durch ausdrückliche gesetzliche **Dokumentationspflichten**[262] oder im Rahmen der Verpflichtung zur 380

---

[262] Vgl. hierzu beispielsweise §§ 29 ff. BImSchG (Emissionsbericht), § 58 b Abs. 2 BImSchG (Anfertigen, Fortschreiben und Bereithalten der Sicherheitsanalyse), § 11 der 2. BImSchV (Halogen-Kohlenwasserstoff-Verordnung), § 5 der 3. BImSchV (Verordnung über Schwefelgehalt und Heizöl), §§ 24 ff. der 13. BImSchV (Großfeuerungsanlagenverordnung), § 12 der 17. BImSchV (Verordnung über Abfallverbrennungsanlagen), § 12 Nr. 5 AtomG i. V. m. §§ 62 ff. StrlSchV, § 37 WHG i. V. m. §§ 157 ff. LWG NW (Wasserbuch), §§ 3, 5 der Verordnung über Wert und Häufigkeit der Selbstüberwachung von Abwasserbehandlungsanlagen und Abwassereinleitungen (Ermittlung und Aufzeichnung von Betriebskenndaten), § 11 Abs. 2 AbfG (Abfall-Nachweisbücher), §§ 19, 20 Kreislaufwirtschafts- und Abfallgesetz (betriebliches Abfallwirtschaftskon-

Durchführung bzw. Duldung von Eigen-[263] und Fremdüberwachungsmaßnahmen.[264] Zusätzlich zwingen Gesetzgeber und Rechtsprechung die Unternehmen immer mehr in die Situation, sich bei (vermeintlichen) Haftungsfällen entlasten zu müssen. Die Rechtsprechung zur generellen Beweislastumkehr für den Bereich der deliktischen Produkthaftung seit der bekannten Limonadenflaschen-Entscheidung des Bundesgerichtshofs vom 07.06. 1988,[265] die Einführung der verschuldensunabhängigen Produkthaftung nach dem Produkthaftungsgesetz und die Beweislast(umkehr)regelungen in § 6 des Umwelthaftungsgesetzes sind hierfür nur einige Beispiele aus der jüngeren Vergangenheit. Die betroffenen Unternehmen geraten dadurch zunehmend in die Zwangslage, für jede Betriebsphase und sämtliche betriebliche Abläufe den Nachweis eines rechtskonformen Betriebs erbringen zu müssen. Dies setzt im Einzelfall nicht nur die Einrichtung von komplizierten, kosten- und arbeitsaufwendigen Meß- und Meßerhebungsverfahren voraus; erforderlich ist auch die zur Beweisführung notwendige Dokumentation.

381 Zur ordnungsgemäßen und effizienten Dokumentation der relevanten Umweltschutzaufzeichnungen sollte ein systematisiertes Verfahren zur Identifikation, Sammlung, Indexierung, Ordnung, Speicherung, Aufbewahrung, Pflege und Bereitstellung aller notwendigen Unterlagen eingeführt und fortlaufend aktualisiert werden. Die Umweltschutzaufzeichnungen müssen sorgfältig aufbewahrt werden, um jederzeit den Nachweis antreten zu können, daß die intern und extern vorgegebenen gesetzlichen sowie betrieblichen Umweltanforderungen erfüllt werden und das Umwelt-Management-System wirkungsvoll funktioniert. Um diese Funktion erfüllen zu können, müssen alle Umweltschutzaufzeichnungen leserlich, vollständig, aktuell und übersichtlich geordnet sein. Ferner müssen sie eine eindeutige Zuordnung zu den betreffenden Betriebsteilen, Sachgebieten und Produkten etc. ermöglichen. Abgesichert

---

zept und Abfallbilanzen) und § 5 b LAbfG NW (betriebliches Abfallwirtschaftskonzept), § 18 GefStoffV (Aufzeichnung und Aufbewahrung von Meßergebnissen der MAK-Maximalen Arbeitsplatzkonzentrationswerte), § 34 GefStoffV (Vorsorgekartei), § 17 Abs. 3 FutMG (Futtermittelbücher), § 6 GenTG i. V. m. der GenTAufzV.

[263] Beispiele für die pflichtige Eigenüberwachung: §§ 11 ff. der 17. BImSchV (Verordnung über Abfallverbrennungsanlagen), § 125 BBergG, § 60 LWG NW (Selbstüberwachung für Direkteinleiter), § 60 a LWG NW (Selbstüberwachung für Indirektleiter), § 61 LWG NW (Selbstüberwachung für Abwasseranlagen).

[264] Beispiele für pflichtige Fremdüberwachungsmaßnahmen: §§ 26, 28, 29, 31 BImSchG (Emissionsmessungen), § 29 a BImSchG (Sicherheitstechnische Prüfung), §§ 14 ff. der 1. BImSchV (Verordnung über Kleinfeuerungsanlagen), §§ 21 ff. der 13. BImSchV (Großfeuerungsanlagenverordnung), § 12 der 2. BImSchV (Halogen-Kohlenwasserstoff-Verordnung), § 11 Abs. 4 Satz 5 AbfG, § 50 LWG NW (Trinkwasserversorgungsbetriebe), §§ 15 ff. DampfK (Dampfkesselverordnung), §§ 9 ff. sowie §§ 16 f. und 28 ff. Druckbehälterverordnung, §§ 12 ff. ElexV (Verordnung über elektrische Anlagen), § 21 Abs. 6 ChemG, § 3 Abs. 1 Nr. 2 Pflanzenschutzgesetz.

[265] BGHZ 104, 323; Vorinstanz: OLG Frankfurt, VersR, 1985, 890.

Kummer

durch Verhütungsmaßnahmen gegen unfreiwillige Verluste (z. B. durch die Anfertigung von Zweitkopien, einer datenelektronischen Speicherung und die Anfertigung von Sicherheitskopien, einer Mikroverfilmung etc.) müssen sie so aufbewahrt und in Ordnung gehalten werden, daß ein jederzeit leichter Zugriff möglich ist. Die Aufzeichnungen müssen so strukturiert werden, daß auch ein Außenstehender schnell und umfassend über die Qualität des internen Umweltschutz-Managements informiert werden kann. Insbesondere bei Störfällen mit akutem Handlungsbedarf ist eine derartige Dokumentation in der Praxis ein wichtiges – oft unverzichtbares – Element zur Vertrauens- und Überzeugungsbildung gegenüber Behörden und Gerichten. Die Aufbewahrungsdauer der jeweiligen Unterlagen sollte unter dem Gesichtspunkt der beweistechnischen Opportunität festgelegt werden, wobei die im Einzelfall bestehenden gesetzlichen Vorgaben selbstverständlich berücksichtigt werden müssen.

Als Bestandteil der Dokumentation kommen unter anderem folgende Unterlagen in Betracht:
1. Aufbau- und Zuständigkeitsmatrix: Organigramm, Stellenbeschreibungen, Delegations- und Entscheidungsprinzipien etc.,
2. Umweltschutzprogramm des Unternehmens,
3. Umweltschutzorganisationsplan,
4. Umweltschutz-Handbuch,
5. Sicherheitsanalyse,
6. schriftlich dokumentierte Ablauforganisation: Arbeitsanweisungen, Pflichtenhefte und besondere Handbücher z. B. über die Sicherstellung der innerbetrieblichen Kontroll- und Korrekturmaßnahmen einschließlich ihrer Erfolgskontrolle, über den Ablauf und die Gewährleistung der innerbetrieblichen Informations- und Meldeketten, Störfallmaßnahmen und Alarmpläne, Anordnungen der Unfallverhütungs- und Unfallschutzmaßnahmen etc.,
7. betriebliche Abfallbilanzen, Abfall- und Wasserbücher,
8. Emissionserklärungen und sonstige Aufzeichnungen aus dem Bereich der Eigen- und/oder Fremdüberwachung (Meßprotokolle, Wartungsbücher etc.),
9. Genehmigungsunterlagen (einschließlich Antragsunterlagen),
10. Betriebs- und Anlagenpläne (Lagepläne, Bauzeichnungen, Fließdiagramme etc.),
11. Behördenkorrespondenz,
12. Abnahmeprotokolle, Prüfzertifikate, Untersuchungsberichte etc., z. B. des Gewerbeaufsichtsamtes, des TÜV und der Berufsgenossenschaften,
13. Protokolle über Besprechungen und/oder Betriebsbegehungen beispielsweise durch die Berufsgenossenschaften oder den Versicherer,
14. aktuelle Gefahrstofflisten, Sicherheitsdatenblätter, Vorsorgekatei,
15. Mitteilung nach § 52a BImSchG,

16. Bestellungsurkunden der Betriebsbeauftragten, einschließlich der entsprechenden Mitteilungsschreiben an die Behörden,
17. Fachkundennachweise der Betriebsbeauftragten einschließlich der Nachweise über deren Teilnahme an Schulungs- und Fortbildungsveranstaltungen,
18. Versicherungspolicen und sonstige Versicherungsunterlagen,
19. Verträge.

383 Ein effektives Dokumentationsmanagement ist zwingend erforderlich. Zuviel Dokumentation an der falschen Stelle kann jedoch gerade im Hinblick auf die zunehmenden Kontroll- und Zugriffsbefugnisse staatlicher Institutionen und der gleichermaßen zunehmenden Auskunfts- und Informationsrechte Dritter[266] schädlich sein. Die Dokumentation muß daher sinnvoll und sensibel verwaltet werden. Durch eine effiziente Zentralisierung und Systematisierung muß einerseits gewährleistet sein, daß die zuständigen Mitarbeiter des Unternehmens selbst stets sicheren und schnellen Zugang zu allen notwendigen Dokumenten erhalten. Andererseits muß vermieden werden, daß „das falsche Material" Dritten unbeabsichtigt und unkontrolliert „in die Hände fällt". Für sensible Unterlagen, wie z. B. für negative Untersuchungsergebnisse, Störfallberichte, Beanstandungen, Reklamationen etc., kann sich daher gegebenenfalls auch eine dezentralisierte Aktenführung anbieten.

14. Der aktive Umweltschutz

a) Prävention vor Rechtschutz

384 Effizienter Umweltschutz ist **aktiver Umweltschutz**. Das nach wie vor steigende Umweltbewußtsein in der Öffentlichkeit hat in den letzten Jahren nachweislich zur verstärkten Nachfrage nach umweltverträglichen Gütern und Dienstleistungen geführt. „Umweltschutz" hat sich schon längst zu einem Marketinginstrument für die Produkt- und Imagepflege entwikelt.[267] Auch das „Umweltimage" eines Unternehmens selbst wird mehr und mehr zu einem Kriterium für die Konkurrenzfähigkeit im Wettbewerb.[268]

385 Im Falle verzögerter Umweltschutzmaßnahmen ist der Handlungsdruck für die betroffenen Unternehmen später häufig so groß, daß eine kostensenkende Synchronisation von umweltrechtlich und betriebswirtschaftlich motivierten Investitionen kaum noch realisiert werden kann. Eine rechtzeitige Anpassung an zwangsläufige Entwicklungen sind daher nicht nur im Sinne eines vorsorgenden Umweltschutzes notwendig, son-

---

[266] Vgl. RN 26.
[267] Zu den rechtlichen Grenzen umweltbezogener Werbung nach dem deutschen Wettbewerbsrecht, vgl. insbesondere Wiebe, EuZW 1994, 41.
[268] RN 264, 298.

dern in der Regel zugleich auch betriebswirtschaftlich sinnvoll und angezeigt. Unternehmen, die auf gesetzliche und behördliche Anforderungen lediglich reagieren und ein zurückhaltendes passives Verhalten an den Tag legen, laufen Gefahr, technische und marktstrategische Entwicklungen zu versäumen. Derartige negative Entwicklungen können und sollten von vornherein durch eine gezielte aktive Umweltschutzpolitik verhindert werden.

b) Öffentlichkeitsarbeit

Aktiv betriebener Umweltschutz mit einer gezielten Öffentlichkeitsarbeit fördert das Vertrauen sowohl gegenüber den Behörden als auch gegenüber den privaten Nachbarn. Er ist damit geeignet, eventuelle Mißtrauenspotentiale abzubauen und persönliche Bindungen zu schaffen, die dazu führen sollten, restriktivierende Maßnahmen von Behörden und privaten Dritten zu vermeiden. Für zukunftsorientierte Unternehmen ist es daher unverzichtbar, gute kooperative Beziehungen zu den zuständigen Behörden – auf sachlicher Ebene – aber auch zu ihrer Nachbarschaft aufzubauen und zu pflegen. 386

Jedes Unternehmen ist daher aufgerufen, sich einen Überblick über die für ihn relevanten Fachämter und die dort zuständigen Sachbearbeiter zu verschaffen und auf diese selbst aktiv zuzugehen, um den allgemeinen Kontakt und das Vertrauen auf diese selbst in die Kompetenz und Qualität des Unternehmens mit seinen unternommenen Umweltschutzmaßnahmen zu fördern. Gleiches gilt sinngemäß für das Verhältnis zur lokalen Presse, den politischen Gremien der Standortgemeinde, Interessenverbänden und -organisationen und den unmittelbaren Nachbarn. 387

Aufgrund der wachsenden Umweltsensibilisierung und ausgelöst durch medienwirksame Störfälle in der jüngsten Vergangenheit besteht in der Öffentlichkeit gegenüber umweltsensiblen Industrienutzungen regelmäßig Fragebedarf. Betroffene Unternehmen sollten daher grundsätzlich selbst – gezielt – aktiv über ihr Unternehmen und die von ihnen unternommenen Umweltschutzmaßnahmen informieren. Um so weniger besteht das Risiko, daß ihnen gegebenenfalls unliebsame Fragen gestellt werden. Auch hier gilt der Grundsatz: Agieren ist besser als reagieren. Für vertrauensbildende Maßnahmen gibt es zahlreiche Möglichkeiten, angefangen bei dem sog. „Öko-Sponsoring" bis hin zur Beteiligung an Gemeindeprojekten und der Durchführung von Sonderveranstaltungen („Tag der offenen Tür" etc.) auf lokaler Ebene. Ziel eines jeden Unternehmens sollte es sein, daß sich die Bürger- und Gemeindevertreter mit „ihrem" Unternehmen identifizieren. 388

II. Das Altlastenrisiko

389 Altlastenprobleme und Lösungen in der betrieblichen Praxis unter besonderer Berücksichtigung des Unternehmenskaufs und der Reorganisation von Wirtschaftsunternehmen

1. Einleitung

390 Der Boden und das Grundwasser bilden als wichtige Bestandteile unserer ökologischen Systeme die natürliche Lebensgrundlage für Menschen, Tiere und Pflanzen. Schadstoffe aus der Industrie, der Land- und Forstwirtschaft sowie aus den privaten Haushalten, sind die Quelle vielfältiger Beeinträchtigungen der Boden- und Wasserqualität. Die hiermit verbundene „Altlastenproblematik" ist seit Mitte der achtziger Jahre mehr und mehr in den Blickpunkt der Öffentlichkeit gerückt. Konkreter Anlaß hierfür waren zunächst einige spektakuläre Giftfunde auf Altdeponien und Industriegrundstüken. Folgt man dem Ergebnis einer Umfrage des Bundesministers für Umwelt, Naturschutz und Reaktorsicherheit, sind bis heute bundesweit rund 140.000 **Verdachtsflächen** erfaßt. Die Erhebungen sind aber noch längst nicht abgeschlossen.

391 Um die Relevanz von Altlasten und den zu ihrer Bewältigung erforderlichen Handlungsbedarf für die betriebliche Praxis vollständig und zutreffend zu erfassen, ist es zunächst wichtig, die hiermit regelmäßig verbundenen **Problemstellungen** kennenzulernen. Altlasten sind problematisch, weil sie
- notwendige betriebliche Investitionen des betroffenen Unternehmens hemmen,
- zu **Produktions- und Nutzungseinschränkungen** führen,
- den Wert der betroffenen Grundstücke mindern
  und ihre **Beleihbarkeit** ausschließen und
- eine Verpflichtung zu kostenaufwendigen Boden- und/oder Grundwassersanierungen, Schadensersatzansprüche und sogar strafrechtliche Ahndungen auslösen können.

392 Nahezu jede betriebliche Aktivität ist auf die Nutzung von Grund und Boden angewiesen. Die Altlastenproblematik ist damit für jede Unternehmensakquisition mit Liegenschaften relevant. Aber auch bei Umstrukturierungen von Wirtschaftsunternehmen zwingt die Altlastenproblematik zu mehreren wichtigen Entscheidungen, die im Zuge der **Reorganisation** sachgerecht und sowohl kosten- als auch risikominimierend getroffen werden müssen; aufgrund ihrer oft beträchtlichen Kosten- und Haftungsimplikationen können Altlasten in Einzelfällen sogar den Anlaß zu Unternehmensreorganisationen geben.[269]

---

[269] RN 393, 535.

Altlasten sind Kostenlasten. Nicht selten übersteigen die Kosten einer 393
Bodensanierung den eigentlichen **Verkehrswert** des Grundstücks im unbelasteten Zustand.[270] Bei dem Erwerb von Unternehmen und/oder Grundstücken geht es daher aus Sicht des Erwerbers vornehmlich darum, das erwerbende Unternehmen vor überraschenden Kostenbelastungen infolge von versehentlich unerkannt gebliebenen „Altlasten" zu schützen, die aufgrund ihrer zumeist leicht sechs bis sogar achtstelligen Beträge zu einem – für die verantwortlichen Entscheidungsträger auch persönlichen – Fehlschlag der gesamten Investition führen können. Ebenso große Relevanz besitzt die „Altlastenproblematik" jedoch auch bei der Reorganisation von Unternehmen, sei es in Bezug auf den kostenwirtschaftlichen Umgang mit den Altlasten oder bei der Anwendung präventiver Risikovermeidungsstrategien, wie beispielsweise der **Auslagerung kontaminierter Grundstücke** oder der Übertragung von Altlastenflächen auf eine von der eigentlichen Betriebsgesellschaft getrennten Grundstücks- bzw. **Immobiliengesellschaft**.[271] Schließlich sind auch die mit der Altlastenproblematik verbundenen **bilanziellen Gesichtspunkte** zu berücksichtigen. Die folgende Darstellung soll daher in den Kapiteln II.2 bis 5 zunächst einen Überblick über die Grundsätze des Altlastenrechts geben. In Kapitel II.6 sollen die für den **Unternehmenskauf** relevanten Gesichtspunkte sodann näher erörtert und in Kapitel II.7 generelle **Risiko- und Kostenvermeidungsstrategien** für den Umgang mit „Altlastenfällen" aufgezeigt werden. In Kapitel II.8 soll schließlich eine kurze Einführung zu der bilanziellen und **steuerrechtlichen Behandlung** von Altlasten erfolgen.

2. Die rechtlichen Grundlagen der Altlastenhaftung

a) Der Altlastenbegriff

Nach wie vor existiert weder eine einheitliche abschließende gesetzli- 394
che Regelung für Altlasten, noch ist der **Begriff „Altlast"** bisher bundesweit allgemein verbindlich definiert worden.[272] Der Begriff „Altlast" wird daher noch allzu häufig undifferenziert in wechselnden Zusammenhängen in Bezug auf Deponien, Betriebsstandorten, allgemeingenutzten Grundstücken und Gewässern verwendet, ohne daß dabei berücksichtigt wird, wann und auf welche Art und Weise die jeweilige Kontamination entstanden ist. Diese Sprachverwirrung erschwert nicht nur die rechtliche Handhabung von „Altlastenfällen", sondern auch die praktische Bewältigung der hiermit verbundenen Problemstellungen.

---

[270] Vgl. hierzu beispielsweise die Studie des Deutschen Instituts für Urbanistik, abgedruckt in NVwZ 1987, 62; Schneider/Eichholz, ZIP, 1990, 18.
[271] RN 535.
[272] Eine einheitliche Begriffsbestimmung ist jedoch in § 4 Nr. 3 des Referenten-Entwurfs des neuen Bundes-Bodenschutzgesetzes vom 07.02. 1994 vorgesehen.

395 Wie kaum in einem anderen Gebiet, zwingt der verantwortungsvolle und effektive Umgang mit Altlasten zum konstruktiven Zusammenwirken der technischen und der juristischen Disziplinen. Grundvoraussetzung für eine effiziente Problembewältigung ist, zunächst eine für beide Disziplinen eindeutige und einheitliche Begriffsbestimmung: Nicht jede Bodenverunreinigung ist nämlich bereits eine „Altlast". Erdreich ohne jede Schadstoffanreicherung dürfte angesichts allseits wachsender Umweltbelastungen, insbesondere in städtischen Industrie- und Ballungsgebieten und deren näheren Umgebung, selten sein. Kostenträchtig, und damit zur „Altlast" – auch im übertragenen Sinne, wird eine Bodenverunreinigung grundsätzlich erst dann, wenn ihre Schadstoffwerte so hoch sind, daß Maßnahmen zur Abwehr von Gefahren für die öffentliche Sicherheit erforderlich sind. Um ein einheitliches Verständnis des Begriffs sicherzustellen, sollen daher – entsprechend der vorgesehenen Definition in dem Referenten-Entwurf des neuen Bundes-Bodenschutzgesetzes vom 07.02. 1994 – unter „**Altlasten**" im Sinne der folgenden Ausführungen alle „Altablagerungen und Altstandorte verstanden werden, durch die schädliche Bodenveränderungen oder sonstige Gefahren für den Einzelnen oder die Allgemeinheit hervorgerufen werden".[273] Unter **Altablagerungen** sollen (ebenfalls entsprechend der Begriffsbestimmung im Referenten-Entwurf des Bundes-Bodenschutzgesetzes vom 07.02. 1994) wiederum alle stillgelegten Abfallentsorgungsanlagen sowie sonstige Grundstücke verstanden werden, auf denen Abfälle behandelt, gelagert oder abgelagert worden sind.[274] Als **Altstandorte** sollen schließlich alle Grundstücke mit stillgelegten Anlagen angesehen werden (lediglich mit Ausnahme solcher Anlagen, deren Stillegung einer Genehmigung nach dem Atomgesetz bedarf), sowie alle sonstigen Grundstücke, auf denen mit umweltgefährdenden Stoffen umgegangen worden ist, soweit die Grundstücke gewerblichen Zweken dienten oder im Rahmen wirtschaftlicher Unternehmungen Verwendung fanden.[275]

---

[273] Vgl. jedoch auch die unterschiedlichen Definitionen in den einschlägigen Landesgesetzen, wie z.B. in: § 22 Abs. 4 LAbfG Baden-Württemberg, Art. 26 Abs. 4 Bay AbfAlG, § 16 Abs. 3 HessAbfAG, § 18 Abs. 1 Nds. AbfG, § 28 Abs. 1 LAbfG NW, § 25 LAbfWAG Rheinland-Pfalz, § 25 Abs. 1 LAbfVG Brandenburg, § 22 Abs. 4 AbfAlG Mecklenburg-Vorpommern, § 29 Abs. 2 AbfG Sachsen-Anhalt und § 16 Abs. 3 AbfAG Thüringen.

[274] Vgl. jedoch auch die unterschiedlichen Definitionen in den einschlägigen Landesgesetzen, wie z.B. in: § 22 Abs. 2 LAbfG Baden-Württemberg, Art. 26 Abs. 1 Bay-AbfAlG, § 18 Abs. 2 Nds. AbfG, § 28 Abs. 3 LAbfG NW, § 25 Abs. 2 LAbfWAG Rheinland-Pfalz, § 25 Abs. 3 LAbfVG Brandenburg, § 22 Abs. 1 AbfAlG Mecklenburg-Vorpommern, § 29 Abs. 3 AbfG Sachsen-Anhalt.

[275] Vgl. jedoch auch die unterschiedlichen Definitionen in den einschlägigen Landesgesetzen, wie z.B. in: § 22 Abs. 3 LAbfG Baden-Württemberg, Art. 16 Abs. 2 Bay-AbfAlG, § 18 Abs. 3 Nds. AbfG, § 28 Abs. 4 LAbfG NW, § 25 Abs. 3 LAbfWAG Rheinland-Pfalz, § 25 Abs. 4 LAbfVG Brandenburg, § 22 Abs. 2 AbfAlG Mecklenburg-Vorpommern und § 29 IV AbfG Sachsen-Anhalt.

Kummer

II. Das Altlastenrisiko

„Altlast" in dem hier verwendeten Sinne sind danach zusammengefaßt: 396
alle Belastungen des Bodens durch Schadstoffe aus wirtschaftlicher oder gewerblicher Nutzung, von denen eine Gefahr für die öffentliche Sicherheit oder Ordnung ausgeht.

b) Das Altlastenrisiko – Verantwortung und Haftung für „Altlasten"

Eine der häufigsten Fragestellungen im Zusammenhang mit der Bewältigung von Altlasten betrifft die mögliche Inanspruchnahme zu Sanierungsmaßnahmen und die **Haftung** für durch die Altlast hervorgerufene Schäden. 397

Die Verantwortung für Altlasten ist umfassend. Systematisch sind drei Verantwortungs- und Haftungsbereiche zu unterscheiden: 398
– die **ordnungsrechtliche Verantwortung**,
– die **zivilrechtliche Haftung** und
– die **strafrechtliche Verantwortung**.

Die **ordnungsrechtliche Verantwortung** betrifft die Frage, wer von den zuständigen Behörden zur Erkundung, Sicherung und/oder Sanierung von Boden- und/oder Grundwasserkontaminationen auf der Grundlage verwaltungsrechtlicher Bescheide (sog. Ordnungsverfügungen) in Anspruch genommen werden kann. 399

Die **zivilrechtliche Haftung** beinhaltet demgegenüber die Verpflichtung, gegenüber Dritten für alle Schäden aufzukommen, die diesen infolge einer Beeinträchtigung durch Boden- und/oder Grundwasserkontaminationen aus dem eigenen Verantwortungsbereich entstanden sind. 400

Die **strafrechtliche Verantwortung** betrifft schließlich die unter der staatlichen Strafgewalt stehende Möglichkeit zur Ahndung von Umweltvergehen und -verbrechen. 401

3. Die ordnungsrechtliche Verantwortung für Altlasten

a) Inhalt und rechtliche Grundlagen

Kontaminationen eines Grundstücks können erhebliche Einwirkungen auf Mensch und Umwelt haben. Zum einen stört die Belastung die natürlichen Bodenfunktionen, so daß das Pflanzenwachstum gehemmt sein kann und Bodenfrüchte für den menschlichen Verzehr ungeeignet werden können (z.B. Schwermetallbelastungen im Gemüse etc.). Noch ernstere Konfliktsituationen entstehen, wenn Menschen durch unmittelbaren Kontakt mit den Schadstoffen Schaden nehmen können (z.B. durch die Aufnahme kontaminierter Asche auf Sportplätzen durch Kinder oder durch Belastungen des Grundwassers infolge einer Ausdehnung von Schadstoffen über den Grundwasserpfad). Es liegt auf der Hand, daß die zuständigen Ordnungsbehörden für solche Fälle über **Eingriffsbefugnisse** verfügen (müssen), um Gefahren und Störungen für die öffentliche Sicherheit und Ordnung abzuwehren. 402

403 Leider existiert nach wie vor keine einheitliche Rechtsgrundlage, die die **öffentlich-rechtliche (ordnungsrechtliche) Verantwortung** für Altlasten zusammenfassend regelt. Die einschlägigen Bestimmungen sind in einer Vielzahl unterschiedlicher Gesetze enthalten, was die Transparenz und die sichere rechtliche Handhabung in der Praxis oft erschwert. Je nach Art, Ursache und Zeitpunkt der betreffenden Kontamination können sich die Rechtsgrundlagen (sogenannte Ermächtigungsgrundlagen) für die Heranziehung zur Erforschung und/oder zur Beseitigung von Altlasten bzw. zur Erstattung der hierfür erforderlichen Kosten aus den spezialgesetzlichen Regelungen des Abfall-, des Wasser- und/oder des Immissionsschutzrechts oder aus dem (subsidiären) allgemeinen Polizei- und Ordnungsrecht der Länder ergeben.[276] In den folgenden Ausführungen soll ein kurzer Überblick über die wichtigsten Regelungen gegeben werden. Ausdrücklich ausgeklammert werden soll dabei jedoch die Sonderproblematik der Verantwortlichkeit für militärische Altlasten, beispielsweise aufgrund des NATO-Truppenstatuts und des NATO-Zusatzabkommens.[277]

b) Ordnungspflichten für Altlasten nach dem Abfallgesetz des Bundes

404 Das Gesetz über die Vermeidung und Entsorgung von Abfällen (Abfallgesetz – AbfG) besitzt für die Handhabung von Altlastenfällen eine nur eingeschränkte Relevanz. Ursächlich ist hierfür zunächst der in § 1 Absatz 1 AbfG verankerte **Abfallbegriff**: Abfall setzt danach die Eigenschaft als *bewegliche Sache* voraus.[278] Dies schließt es nach herrschender Auffassung aus, abgelagerte Stoffe, die sich im Laufe der Zeit dergestalt mit dem Boden verbunden haben, daß sie im sachenrechtlichen Sinne wesentliche Bestandteile des Bodens geworden sind, noch als Abfall anzusehen. Von dem Anwendungsbereich des Abfallrechts werden solche Ablagerungen erst wieder in dem Zeitpunkt erfaßt, in dem sie als kontaminiertes Erdreich ausgekoffert und damit wieder zu einer beweglichen Sache werden.[279]

405 Mit den §§ 9, 10 Absatz 2, 11 Absatz 1 und Absatz 4 AbfG regelt das Abfallgesetz nur vereinzelte Altlastenaspekte im Hinblick auf Altanlagen, sowie deren Sanierung und Überwachung. So kann der Inhaber einer ortsfesten Abfallentsorgungsanlage nach § 10 Absatz 2 AbfG verpflichtet werden, das Gelände, das für die Abfallentsorgung verwendet worden ist,

---

[276] Eingehend dazu Schink, DVBl. 1986, 161; Brandt, Altlastenrecht, 1993; Kretz, UPR 1993, 41; Pape, NJW 1974, 409; Schimikowski, PHI 1993, 80 (81); Versteyl, Abfall und Altlasten, 1993, S. 197 ff.
[277] Vgl. hierzu den Überblick in: Dittmann, UPR 1992, 338.
[278] VGH Mannheim, NVwZ 1990, 781; Seibert, DVBl. 1992, 665.
[279] VGH Mannheim, NVwZ 1990, 781; Franzheim, ZfW 1987, 9 (15); Kunig/Schwermer/Versteyl, Abfallgesetz-Kommentar, 2. Aufl., 1992, Anh. §§ 10, 10a, Rdn. 1 ff.; Oerder, NVwZ 1992, 1031.

auf seine Kosten zu rekultivieren und sonstige Vorkehrungen zu treffen, die erforderlich sind, um Beeinträchtigungen des Wohls der Allgemeinheit zu verhüten. Daß zu den „sonstigen Vorkehrungen" im Sinne von § 10 Absatz 2 AbfG auch alle notwendigen Maßnahmen zur Gefahrenabwehr gehören können, entspricht zwar der heute herrschenden Auffassung.[280] Aufgrund des **verfassungsrechtlichen Rückwirkungsverbotes** bezieht sich das Abfallrecht dabei jedoch nur auf solche (Abfallentsorgungs-)Anlagen, die nach des Inkrafttreten des Abfallgesetzes (dem 11.06. 1972) stillgelegt worden sind. Für Anlagen, die bereits vor dem 11.06. 1972 stillgelegt worden sind, ist das Abfallgesetz somit nicht einschlägig.[281] In den neuen Bundesländern können Sanierungsauflagen sogar nur dann auf § 10 Absatz 2 AbfG gestützt werden, wenn die betroffene Anlage nach dem 01.07. 1990 (dem Inkrafttreten des Umweltrahmengesetzes) erfolgt ist.[282]

Adressat einer Sanierungsverfügung nach § 10 Absatz 2 AbfG kann im übrigen nur der (ehemalige) Anlageninhaber sein, nicht aber ein mit diesem nicht identischer Grundstückeigentümer. Nach Auffassung des VGH Mannheim[283] handelt es sich bei der Regelung des § 10 Absatz 2 AbfG um eine Spezialermächtigung, die die Möglichkeit eines Einschreitens auf der Grundlage anderer Gesetze, insbesondere nach dem Wasserrecht, in Bezug auf Altanlagen ausschließt. Ob § 10 Absatz 2 AbfG auch die Inanspruchnahme des Handlungs- und/oder Zustandsstörers nach dem allgemeinen Polizei- und Ordnungsrecht ausschließt, ist jedoch noch nicht abschließend geklärt.[284] 406

c) **Ordnungspflichten für Altlasten nach dem Wasserhaushaltsgesetz**

Auch das **Wasserhaushaltsgesetz** (WHG) bietet nur eingeschränkte Möglichkeiten zur Bewältigung der Altlastenproblematik. Das WHG enthält selbst keine unmittelbare Ermächtigungsgrundlage, auf die Maßnahmen zur Beseitigung altlastenbedingter Umweltbeeinträchtigungen gestützt werden könnten. Soweit Vorschriften des WHG verletzt werden, kann insofern jedoch auf die (subsidiären) Generalklauseln des allgemeinen Polizei- und Ordnungsrechts in Verbindung mit den jeweiligen Verbots- 407

---

[280] Paetow, NVwZ 1990, 510 (516); Oerder, NVwZ 1992, 1031 (1032).
[281] Breuer, NVwZ 1987, 751 (753); Oerder, NVwZ 1992, 1031 (1032); Schink, VerWArch 1991, 357 (361); Kritisch: Paetow, NVwZ 1990, 510.
[282] Oerder, NVwZ 1992, 1031 (1032); wegen des verfassungsrechtlichen Rückwirkungsverbotes wäre eine Anwendung von § 10 Absatz 2 AbfG auch vor dem 01.07. 1990 stillgelegte Anlagen nur zulässig gewesen, wenn die bis dahin geltenden gesetzlichen Bestimmungen der DDR gleichlautende Sanierungs- und Rekultivierungspflichten bei einer Stillegung der Anlagen vorgesehen hätte. Dies ist jedoch nicht der Fall; vgl. hierzu Schinck, VIZ 1992, 6 (10).
[283] VGH Mannheim, NVwZ 1988, 562.
[284] So wohl: VG Hamburg, Urteil vom 24.01. 1991–13 VG 569/89; verneinend: Seibert, DVBl. 1992, 665; die Frage ist beispielsweise dafür relevant, ob neben dem Depo-

normen des WHG zurückgegriffen werden.²⁸⁵ Maßgeblich sind danach insbesondere die Regelungen in § 26 Absatz 2²⁸⁶ und in § 34 Absatz 2 WHG.²⁸⁷

408 Von dem Anwendungsbereich des WHG sind jedoch alle Ablagerungen und sonstige Verstöße gegen die einschlägigen Verbotsvorschriften ausgenommen, die bereits vor Inkrafttreten des WHG (01.03. 1960) abgeschlossen waren;²⁸⁸ in den neuen Bundesländern sind sogar nur solche Verstöße erfaßt, die seit dem 01.07. 1990 erfolgt sind.²⁸⁹ Die „klassischen" Altlasten aus den unmittelbaren Nachkriegsjahren fallen damit von vornherein nicht in den Anwendungsbereich des WHG.

d) Ordnungspflichten für Altlasten nach dem Bundesimmissionsschutzgesetz

409 Mit dem am 01.09. 1990 in Kraft getretenen Dritten Gesetz zur Änderung des **Bundesimmissionsschutzgesetzes**²⁹⁰ (BImSchG) wurden die **Betreiber-Grundpflichten** des § 5 Absatz 1 Nr. 1 und 3 BImSchG auf bereits stillgelegte Anlagen ausgedehnt. (vgl. § 5 Absatz 3 BImSchG). Nachträgliche Anordnungen zur Beseitigung und zur Abwehr von Gefahren, die aus dem Betrieb einer genehmigungsbedürftigen der Anlage resultieren, können seitdem gemäß § 17 BImSchG auch für Altanlagen innerhalb von 10 Jahren nach Einstellung ihres Betriebes getroffen werden.²⁹¹ Für Altlasten ergibt sich hieraus gleichwohl nur ein begrenzter Anwendungsbereich: § 5 Abs. 3 Nr. 1 BImSchG verpflichtet den Verantwortlichen nämlich ebensowenig wie § 5 Abs. 1 Nr. 1 BImSchG, bereits eingetretene Schäden zu beseitigen. Aus § 5 Abs. 3 Nr. 2 BImSchG läßt sich auch keine Verpflichtung ableiten, durch Immissionen verursachte Bodenverunreinigungen auf Nach-

---

niebetreiber auch derjenige in Anspruch genommen werden kann, der (zumindest auch) schadstoffhaltige Abfälle in die Deponie (mit oder ohne Gestattung) verbracht hat.

²⁸⁵ Oerder, NVwZ 1992, 1031 (1032).
²⁸⁶ § 26 Absatz 2 WHG lautet:
„*§ 26 Einbringen, Lagern und Befördern von Stoffen*
(1) ....
(2) Stoffe dürfen an einem Gewässer nur so gelagert oder abgelagert werden, daß eine Verunreinigung des Wassers oder eine sonstige nachteilige Veränderung seiner Eigenschaften oder des Wasserabflusses nicht zu besorgen ist. Das gleiche gilt für Beförderung von Flüssigkeiten und Gasen durch Rohrleitungen".
²⁸⁷ § 34 Absatz 2 WHG lautet:
„*§ 34 Reinhaltung*
(1) ....
(2) Stoffe dürfen nur so gelagert oder abgelagert werden, daß eine schädliche Verunreinigung des Grundwassers oder eine sonstige nachteilige Veränderung seiner Eigenschaften nicht zu besorgen ist. Das gleiche gilt für die Beförderung von Flüssigkeiten und Gasen durch Rohrleitungen".
²⁸⁸ Schink, DVBl. 1986, 281; Schink, VerwArch 1991, 361; Striewe, ZfW 1986, 273.
²⁸⁹ Oerder, NVwZ 1992, 1031 (1032).
²⁹⁰ BGBl. I S. 870.
²⁹¹ Vgl. § 17 Absatz 4 a BImSchG.

bargrundstücken zu beseitigen; § 17 Abs. 1 S. 2 BImSchG ermächtigt nämlich nur zu anlagenbezogenen Anordnungen. Unabhängig davon erstrecken sich die Betreiber-grundpflichten aus § 5 Absatz 3 BImSchG aufgrund des verfassungsrechtlichen Rückwirkungsverbotes ohnehin nur auf solche Anlagen, die erst nach Inkrafttreten der 3. Novelle zum Bundesimmissionsschutzgesetz (01. 09. 1990) stillgelegt worden sind.[292]

e) Spezialgesetzliche Regelungen in den neuen Bundesländern

Nach Maßgabe des **Umweltrahmengesetzes** (URG) vom 29. 06. 1990[293] und des Einigungsvertrages vom 31. 08. 1990[294] gilt das Umweltrecht des Bundes – unter Berücksichtigung zahlreicher Überleitungsvorschriften – grundsätzlich auch in den neuen Ländern. Aufgrund des Rückwirkungsverbots ist eine Inanspruchnahme auf der Grundlage der übergeleiteten Rechtsvorschriften jedoch gleichwohl nur in Bezug auf solche schädigende Ereignisse zulässig, deren Entstehung im Zeitpunkt der Überleitung des neuen Rechts noch nicht abgeschlossen war.[295] Damit verbleibt es regelmäßig bei dem früheren DDR-Recht: Während des Bestehens der DDR war hier auf „Altlasten" allgemeines Polizeirecht anwendbar, und zwar entweder das Volkspolizeigesetz der DDR aus dem Jahre 1968 oder das kraft Gewohnheitsrecht fortgeltende Preussische Polizeiverwaltungsgesetz aus dem Jahre 1931. Für den (kurzen) Zeitraum zwischen der Wiedervereinigung und dem Inkrafttreten der entsprechenden Landespolizeigesetze – längstens jedoch bis zum 31. 12. 1991 – galt im übrigen das Gesetz über die Aufgaben und Befugnisse der Polizei vom 13. 09. 1990.

410

f) Ausblick: Das neue Bodenschutzgesetz

Neben dem Abfallgesetz, dem Wasserhaushaltsgesetz und dem Bundesimmissionsschutzgesetz existieren auf Bundesebene weitere altlastenspezifische Regelungen unter anderem in dem Atomgesetz, dem Baugesetzbuch, dem Bundesnaturschutzgesetz, dem Chemikaliengesetz, dem Düngemittelgesetz, dem Pflanzenschutzgesetz, dem Raumordnungsgesetz, der Strahlenschutzverordnung und in dem Tierkörperbeseitigungsgesetz. Um diese unglückliche Zersplitterung zu mildern, hat der Bundesminister für Umwelt, Naturschutz und Reaktorsicherheit am 15. September 1992 einen ersten – rechtspolitisch schon lange geforderten – Referentenentwurf eines Gesetzes zum Schutz des Bodens (**Bodenschutzgesetz**) vorgelegt. In der Zwischenzeit existiert ein bereits überarbeiteter Entwurf in der Fassung vom 07. Februar 1994. Vorgesehen sind in dem neuen Gesetz unter anderem Regelungen über die Erfassung, Untersuchung und Bewertung altlastenverdächtiger Flächen (§ 17 in Verbindung

411

---

[292] Oerder, NVwZ 1992, 1031 (1032).
[293] BGBl. I S. 649.
[294] BGBl. II S. 889.
[295] Michael/Thull, BB Beilage 30 zu Heft 24/1990.

mit § 12 Absatz 1), Verpflichtungen zur Beseitigung von Altlasten bzw. zur Vornahme gleichwertiger Sicherungsmaßnahmen (§ 18), Verpflichtungen zur Vorlage eines Sanierungsplans (§§ 19, 20) sowie zahlreiche Ermächtigungen zum Erlaß von ergänzenden Rechtsverordnungen, unter anderem zur verbindlichen Festlegung von bundeseinheitlichen Gefahren- und Interventionswerten. In § 22 sollen die behördlichen Überwachungskompetenzen geregelt werden. Mitteilungs- und Meldepflichten des betroffenen Verursachers und des Eigentümers bzw. des Nutzungsberechtigten des betroffenen Grundstücks sind in § 23 und § 26 vorgesehen. Die Eingriffsermächtigung zur Anordnung sanierungsrelevanter Maßnahmen soll in § 24 verankert werden. Die Kostentragungspflicht der Verantwortlichen soll sich aus § 25 ergeben, der durch eine – in der Sache mehr als sinnvolle – Regelung über den internen Haftungsausgleich zwischen mehreren Verantwortlichen/Verpflichteten ergänzt werden soll.[296]

412 Ebenfalls neu – und zu begrüßen – ist die vorgesehene **Beschränkung der Haftung derjenigen Grundstückseigentümer** (als Zustandsverantwortliche), die das betroffene Grundstück gutgläubig lastenfrei erworben haben: Diese sollen von einer Kostentragungspflicht freigestellt werden, soweit die zur Gefahrenbeseitigung angeordneten Maßnahmen den privatnützigen Gebrauch des Grundstücks ausschließen. Letzteres soll immer dann der Fall sein, wenn die zur Durchführung der Maßnahmen erforderlichen Kosten den Verkehrswert des Grundstücks[297] unter Berücksichtigung der Maßnahmen übersteigen.

413 Bei der Bewältigung von Bodenverunreinigungen und hierdurch verursachten Grundwasserschäden wird das Bodenschutzgesetz damit zukünftig eine zentrale Bedeutung erlangen.

g) Das Abfall- und Bodenschutzrecht der Länder

414 Zunehmende Bedeutung für die Handhabung von Altlastenfällen besitzen (bis dahin) auch die spezialgesetzlichen abfall- und bodenschutzrechtlichen Regelungen der einzelnen Bundesländer. In zunehmenden Maße haben die Länder in ihren – das Abfallrecht des Bundes ergänzenden – **Landesabfallgesetzen** besondere Vorschriften zur Bewältigung von Altlasten geschaffen. Die Vorschriften enthalten unter anderem Begriffsbestimmungen,[298] Regelungen über die Erhebung von Altlasten und Altlastenverdachtsflächen sowie über den Aufbau von **Altlastenkatastern**.[299]

---

[296] Vgl. § 25 Absatz 5 und Absatz 6 des Referenten-Entwurfes in der Fassung vom 07.02.1994.
[297] Vgl. § 194 BauGB.
[298] Vgl. Fußnoten 253–255.
[299] Vgl. § 23 Abs. 2 LAbfG Baden Württemberg, Art. 27 BayAbfAlG, § 20 Nds. AbfG, § 29 und § 31 LAbfG NW, § 17 Abs. 1 und § 26 Hess. AbfAG, §§ 26, 27 LAbfWAG Rheinland-Pfalz, §§ 27, 29 LAbfVG Brandenburg, §§ 23, 25 AbfAlG Mecklenburg-Vorpommern, §§ 30, 31 AbfG Sachsen-Anhalt, § 16 Saarl. AbfG und §§ 17 AbfAG Thüringen.

Ferner begründen sie besondere **Anzeige-**[300] und **Auskunftspflichten,**[301] aber auch spezielle Eingriffsbefugnisse (Ermächtigungsgrundlagen) zur Vornahme von **Gefahrenerforschungsmaßnahmen** (Erstuntersuchungen) und zur Anordnungen von **Sanierungsmaßnahmen.**[302]

Als spezialgesetzliche Regelungen gegenüber dem allgemeinen Polizei- und Ordnungsrecht besitzen die abfallrechtlichen Landesvorschriften daher eine zunehmend große Bedeutung bei der Behandlung von Altlastenfragen. Dies gilt umso mehr, als einzelne Regelungen von den Grundsätzen des allgemeinen Polizei- und Ordnungsrechts abweichen und teilweise sogar noch über die Eingriffsbefugnisse des Polizei- und Ordnungsrechts hinausgehende Anordnungen ermöglichen. Die kompetente Bearbeitung von „Altlastenfällen" ist daher nur noch nach gründlicher Auseinandersetzung mit den jeweiligen landesrechtlichen Spezialvorschriften möglich. Auszüge aus den wichtigsten Bestimmungen sind in dem **Anhang** abgedruckt. 415

h) Ordnungspflichten für Altlasten nach dem allgemeinen Polizei- und Ordnungsrecht der Länder

Soweit spezialgesetzliche Regelungen fehlen, gelten nach wie vor die subsidiären (nachrangigen) Bestimmungen des allgemeinen Polizei- und Ordnungsrechts. Angesichts der aufgezeigten Zersplitterung und der defizitären Regelungsdichte der spezialgesetzlichen Altlastenregelungen besitzt das allgemeine **Polizei- und Ordnungsrecht** daher nach wie vor eine zentrale Bedeutung bei der Bewältigung von Altlastenfällen, auch wenn es durch die spezialgesetzlichen Landesregelungen mehr und mehr zurückgedrängt wird. 416

Auch die Polizei- und Ordnungsgesetze sind Landesrecht. Im großen und ganzen übereinstimmend sehen sie vor, daß die zuständigen Polizei- und Ordnungsbehörden berechtigt (und verpflichtet) sind, alle notwendigen Maßnahmen zu treffen, um eine im Einzelfall bestehende **Gefahr für die öffentliche Sicherheit oder Ordnung** abzuwehren. Dabei kann dem Verantwortlichen insbesondere aufgegeben werden, Gefahrenerforschungseingriffe zu dulden und selbst Sicherungs- und/oder Sanierungsmaßnahmen zur Beseitigung von Altlastengefahren auf eigene Kosten durchzuführen. 417

---

[300] Vgl. § 7 Abs. 1 BodSchG Baden-Württemberg, § 27 Abs. 4 und Abs. 5 LAbfVG Brandenburg, § 19 Abs. 5 Hess. AbfAG, § 19 Abs. 2 Nds AbfG, § 29 Abs. 4 LAbfG NW, § 30 Abs. 1 AbfGWA Rheinland-Pfalz, § 10 Abs. 3 EGAB Sachsen, § 18 Abs. 4 AbfAG Thüringen.
[301] Art. 28 Abs. 2 BayAbfAlG, § 19 Abs. 3 Hess. AbfAG sowie § 17 Abs. 1 und § 18 Abs. 3 AbfAG Thüringen.
[302] Vgl. 24 LAbfG Baden-Württemberg, § 7 Abs. 3 BodSchG Baden-Württemberg, Art. 28 Abs. 2 BayAbfAlG, § 28 Abs. 1 LAbfVG Brandenburg, § 17 Abs. 2 und § 19 Abs. 2 Hess. AbfAG, § 9 und § 10 ABs. 4 EGAB Sachsen sowie § 17 Abs. 2 und Abs. 3 und § 18 Abs. 2 AbfAG Thüringen.

418 Ebenso legen die Polizei- und Ordnungsgesetze fest, an wen zur Gefahrenabwehr erforderliche Anordnungen gerichtet werden können, daß heißt wer im polizei- und ordnungsrechtlichen Sinne als „verantwortlich" gilt. Traditionell unterscheidet das Polizei- und Ordnungsrecht dabei zwischen dem sogenannten **Handlungsstörer,** der die zu beseitigende Gefahr durch eigenes Tun oder Unterlassen geschaffen hat und dem sogenannten **Zustandsstörer,** der aufgrund seiner faktischen Sachherrschaft für die zu beseitigende Gefahrenquelle verantwortlich ist. Ordnungsrechtlich verantwortlich für die Beseitigung bzw. Sicherung von Altlasten sind danach sowohl derjenige, der die Verunreinigung selbst verursacht hat, als auch derjenige, in dessen Herrschaftsbereich sich die betreffende Kontamination befindet bzw. realisiert hat (daß heißt der Eigentümer oder beispielsweise auch der bloße Mieter des belasteten Grundstücks), und zwar grundsätzlich unabhängig davon, ob er die Verunreinigung selbst herbeigeführt hat oder hiervon ebenfalls nur als bloßes „Opfer" betroffen ist.[303] Nur unter besonderen Voraussetzungen des **polizeilichen Notstandes** darf ausnahmsweise auch ein „Nichtstörer" – gegen Entschädigung – in Anspruch genommen werden.

419 aa) **Eingriffbefugnisse der zuständigen Polizei- und Ordnungsbehörden.** Kraft ihres Gesetzesauftrages sind die zuständigen Polizei- und Ordnungsbehörden berechtigt und verpflichtet, alle erforderlichen Maßnahmen zu treffen, um konkrete Gefahren für die öffentliche Sicherheit oder Ordnung abzuwehren. Zu den polizei- und ordnungsrechtlich geschützten Rechtsgütern der „**öffentlichen Sicherheit**" zählen unter anderem die menschliche Gesundheit, das Eigentum, aber auch die Reinheit des Grundwassers als zentrales Element des Wasserhaushaltes und der Wasserwirtschaft.[304] Die Durchführung dieser Aufgaben steht im pflichtgemäßen **Ermessen** der zuständigen Polizei- und Ordnungsbehörden und wird durch den allgemeinen **Verhältnismäßigkeitsgrundsatz** begrenzt.

420 Die einschlägigen Bestimmungen in dem hier exemplarisch herangezogenen Gesetz über den Aufbau und die Befugnisse der Ordnungsbehörden in Nordrhein-Westfalen (OBG NW) lauten:

421 *§ 14 Voraussetzungen des Eingreifens*
(1) Die Ordnungsbehörden können die notwendigen Maßnahmen treffen, um eine im einzelnen Falle bestehende Gefahr für die öffentliche Sicherheit oder Ordnung abzuwehren.
(2) Zur Erfüllung von Aufgaben, die die Ordnungsbehörden nach besonderen Gesetzen und Verordnungen durchführen, haben sie die dort vorgesehenen Befugnisse. Soweit solche Gesetzes und Verordnungen Befugnisse der Ordnungsbehörden nicht enthalten, haben sie die Befugnisse, die ihnen nach diesem Gesetz zustehen.

---

[303] Vgl. hierzu auch RN 465 f.
[304] BVerwG, ZfW 1974, 296 (300).

II. Das Altlastenrisiko

§ 15 Grundsatz der Verhältnismäßigkeit 422
(1) Von mehreren möglichen und geeigneten Maßnahmen haben die Ordnungsbehörden diejenige zu treffen, die den Einzelnen und die Allgemeinheit voraussichtlich am wenigsten beeinträchtigt.
(2) Eine Maßnahme darf nicht zu einem Nachteil führen, der zu dem angestrebten Erfolg erkennbar außer Verhältnis steht.
(3) Eine Maßnahme ist nur so lange zulässig, bis ihr Zweck erreicht ist oder sich zeigt, daß er nicht erreicht werde kann.

§ 16 Ermessen 423
Die Ordnungsbehörden treffen ihre Maßnahmen nach pflichtgemäßem Ermessen.

§ 20 Form 424
(1) Anordnungen der Ordnungsbehörde, die durch von bestimmten Personen oder einem bestimmten Personenkreis ein Handeln, Dulden oder Unterlassen verlangt oder Zurücknahme einer rechtliche vorgesehenen ordnungsbehördlichen Erlaubnis oder Bescheinigung ausgesprochen wird, werden durch schriftliche Ordnungsverfügungen erlassen. Der Schriftform bedarf es nicht bei Gefahr in Verzug; die getroffene Anordnung ist auf Verlagen schriftlich zu bestätigen, wenn hieran ein berechtigtes Interesse besteht.
(2) Ordnungsverfügungen dürfen nicht lediglich den Zweck haben, die den Ordnungsbehörden obliegende Aufsicht zu erleichtern. Schriftliche Ordnungsverfügungen müssen eine Rechtsmittelbelehrung enthalten.

§ 21 Wahl der Mittel 425
Kommen zur Abwehr einer Gefahr mehrere Mittel in Betracht, so genügt es, wenn eines davon bestimmt wird. Dem Betroffenen ist auf Antrag zu gestatten, ein ebenso wirksames Mittel anzuwenden, sofern die Allgemeinheit dadurch nicht stärker beeinträchtigt wird. Der Antrag kann nur bis zum Ablauf einer dem Betroffenen für die Ausführung der Verfügung gesetzen Frist, andernfalls bis zum Ablauf der Klagefrist, gestellt werden.

§ 22 Fortfall der Voraussetzungen 426
Fallen die Voraussetzungen einer Ordnungsverfügung, die fortdauernde Wirkung ausübt, fort, so kann der Betroffene verlangen, daß die Verfügung aufgehoben wird. Die Ablehnung der Aufhebung gilt als Ordnungsverfügung.

Grundvoraussetzung für das Eingreifen der Polizei- und Ordnungsbehörden ist, daß für die geschützten Rechtsgüter eine **konkrete Gefahr** besteht. Es muß also die hinreichende Wahrscheinlichkeit bestehen, daß eines der geschützten Rechtsgüter bei ungehindertem Geschehensablauf in absehbarer Zeit beeinträchtigt werden würde. Damit ist einer der zentralen Problempunkte des Altlastenrechts angesprochen: der Gefahrenbegriff. 427

(1) Der Gefahrenbegriff. Eine polizei- oder ordnungsrechtliche Inanspruchnahme ist (regelmäßig) nur zulässig, sofern und soweit sie erforderlich ist, um eine **konkrete Gefahr** für die öffentliche Sicherheit oder Ordnung abzuwehren. Übertragen auf die Altlastenfälle bedeutet dies, daß eine Inanspruchnahme des Altlastenverantwortlichen nur möglich ist, wenn von der Altlast eine konkrete Gefahr für die ordnungsrechtlich geschützten Rechtsgüter[305] ausgeht. 428

---

[305] Hierzu zählen beispielsweise die menschliche Gesundheit, das Eigentum Dritter, aber auch die Reinheit des Grundwassers als zentrales Element des Wasserhaushaltes und der Wasserwirtschaft, vgl. BVerwG, ZfW 1974, 296 (300).

429 Eine **konkrete Gefahr** liegt nur dann vor, wenn die hinreichende Wahrscheinlichkeit besteht, daß – bei ungehindertem Ablauf des Geschehens – in absehbarer Zeit ein Schaden für die öffentliche Sicherheit oder Ordnung eintritt. Von einem bloßen **Gefahrenverdacht** spricht man hingegen, wenn objektive Sachverhaltsumstände zwar auf eine Gefahrensituation schließen lassen, eine solche Gefahrensituation jedoch weder belegt noch – anhand von konkreten Umständen – als hinreichend wahrscheinlich angenommen werden kann. Eine solche bloße „Gefahrenverdachtssituation" vermag nur Maßnahmen zur Erforschung der vermuteten Gefahren zu rechtfertigen, keinesfalls aber die Anordnung von Maßnahmen zur (potentiellen) Gefahrenabwehr (Sanierungsverfügungen etc.) selbst.

430 Es gehört daher zu den vornehmlichen und schwierigsten Aufgaben bei der Bewältigung von Altlastenfällen exakt zu ermitteln, ob in der jeweiligen Situation bereits eine konkrete Gefahr für die öffentliche Sicherheit vorliegt oder nur ein bloßer Gefahrenverdacht. Zwar ist nach der Rechtsprechung anerkannt, daß umso geringere Anforderungen an die Wahrscheinlichkeit des Schadenseintritts gestellt werden müssen, je größer und folgenschwerer der zu befürchtende Schaden ist.[306] Unter welchen Voraussetzungen die polizeipflichtige „Gefahrenschwelle" jedoch im Einzelfall überschritten ist, wird gleichwohl offen gelassen und kann zwangsläufig nur anhand der konkreten Umstände des jeweiligen Einzelfalls festgestellt werden.

431 Die zuständige Behörde muß danach auf der Grundlage einer ausreichenden Gefahrenbeurteilung (sogenannte Gefährdungsabschätzung) jeweils individuell entscheiden, ob (und ggfs. inwiefern) nach den konkreten Umständen des Einzelfalls Handlungsbedarf besteht. Unter Abschätzung der Risiken für die potentiell betroffenen Schutzgüter muß sie in jedem Einzelfall diejenige Gefahrenschwelle ermitteln, bei deren Überschreitung das betreffende Risiko nicht mehr toleriert werden kann (sogenannter Eingriffsschwellenwert).

432 Allein der Umstand, daß auf einem Grundstück Schadstoffe aufgefunden wurden, rechtfertigt damit noch keine Anordnung von Sanierungsverfügungen oder vergleichbarer ordnungsbehördlicher Eingriffe. Maßgeblich ist, ob von den Schadstoffen eine konkrete Gefahr für die öffentliche Sicherheit ausgeht, beispielsweise durch mögliche Ausgasungen oder ein eventuelles Einsickern in das Grundwasser. Entscheidend ist damit die Frage des jeweiligen Gefährdungspotentials:

433 (a) Für die Beurteilung des konkreten **Gefährdungspotentials** von Altlasten existieren (noch) keine verbindlichen Vorgaben und allgemeingültige Bewertungskriterien. Insbesondere existieren keine gesetzlichen Höchstwerte, daß heißt **Grenzwerte**, die keinesfalls überschritten werden dürfen. Ebensowenig verfügen wir in der Bundesrepublik Deutschland

---

[306] BVerwG, NJW 1970, 1890; OVG NW, NVwZ 1989, 987.

Kummer

über allgemein anerkannte Zahlenwerte in Form von schadstoffspezifischen Konzentrationsangaben. Zur Einschätzung des Handlungsbedarfs beim Umgang mit Altlasten greifen die Polizei- und Ordnungsbehörden daher hilfsweise regelmäßig auf Richtwerte aus anderen Gesetzen, Verordnungen und die gebräuchlichen technischen Leitfäden und Richtlinien zurück, wie beispielsweise der sogenannten **„Niederländischen Liste"**, der **„Brandenburgischen Liste"**, der **„Berliner Liste"**[307] oder der noch reletiv jungen nutzungs- und schutzgutbezogenen **„Sachsen-Anhalt-Liste"**. Einen großen Verbreitungsgrad besitzt insbesondere die „Niederländische Liste", die eine differenzierte Schadstoffbewertung auf der Grundlage von drei unterschiedlich hohen Konzentrationsniveaus enthält:

- **Niveau A** beschreibt den sogenannten „Referenzwert", der der natürlichen Stoffkonzentration und -zusammensetzung des Bodens entspricht; wird der Referenzwert eingehalten, besteht kein weiterer Handlungsbedarf;
- **Niveau B** beschreibt den „Prüfwert" für vertiefende Untersuchungen; wird der Prüfwert überschritten, sind zusätzliche – vertiefende – Untersuchungen erforderlich; bleiben die gemessenen Konzentrationen unterhalb des Niveaus des „Prüfwertes", sind vertiefende Untersuchungen nur ausnahmsweise in bestimmten Sondersituationen (z. B. bei Vorliegen besonders empfindlicher Böden) angezeigt;
- **Niveau C** beschreibt den sogenannten „Sanierungsschwellenwert"; wird der Schwellenwert überschritten, sind regelmäßig Sicherungs- und/oder Sanierungsmaßnahmen erforderlich. Bleiben die schadstoffspezifischen Konzentrationen unter dem Schwellenwert, ist eine Sanierung hingegen gewöhnlich nicht erforderlich.

In jedem Einzelfall muß sorgfältig geprüft werden, ob die als Hilfsmittel zur **Gefährdungsabschätzung** zugrunde gelegten Leitfäden und Richtlinien verwendungsfähig und für eine repräsentative Bewertung der konkreten Situation tatsächlich geeignet sind. Denkbar ungeeignet wäre es beispielsweise, die Werte der Trinkwasserverordnung als Maßstab für die Beurteilung einer potentiellen Gefahrenlage in Bezug auf Grundwasser- und/oder Bodenschadstoffgehalte zugrundezulegen. Gleiches gilt mitunter auch für die oben genannten „Listen", die schon aufgrund ihrer Generalität nur **Orientierungswerte** beinhalten können und nicht auf jede Sondersituation ohne weiteres anwendbar sind. Bei der Prüfung der Rechtmäßigkeit von Ordnungsverfügungen und – fast noch wichtiger – im Rahmen der regelmäßigen Diskussionen mit den zuständigen Behördenvertretern im Vorfeld ordnungsrechtlicher Verfügungen und Zwangsmaßnahmen, sollte daher in jedem Fall ein einschlägig spezialisiertes und

434

---

[307] „Bewertungskriterien für die Beurteilung kontaminierter Standorte in Berlin – Berliner Liste" vom 19.11.1990 (Amtsblatt für Berlin Nr. 65 vom 28.12.1990, S. 2464 ff.).

kompetentes Ingenieurbüro zur Bewertung der (tatsächlichen) Gefahrensituation hinzugezogen werden.

435 (b) Keine der vorbezeichneten Listen ist verbindlich. Bei den hierin angebenen Konzentrationswerten handelt es sich nur um bloße Anhaltspunkte und Orientierungswerte. **Orientierungswerte** dienen jedoch nur als Vergleichsgrößen für eine medien- bzw. schutzgutorientierte Beurteilung und besitzen insofern lediglich einen Richtwertcharakter. Keinesfalls können sie schablonenhaft angewendet werden. Die Bewertung des **Gefährdungspotentials** altlastverdächtiger Flächen allein auf den Vergleich von analytischen Befunden mit Orientierungs- bzw. Richtwerten zu stützen, wäre nicht ausreichend. Das konkrete Gefährdungspotential von Schadstoffen im Untergrund läßt sich nicht nach allgemein- bezogenen starren Kriterien beurteilen, sondern ist stets von den situationsgebundenen (nutzungs- und schutzgutbezogenen) Umständen des jeweiligen Einzelfalls abhängig. Die hierfür maßgeblichen Beurteilungskriterien sind insbesondere

436 – die spezifische **Stoffcharakteristik**:
Ob von im Erdreich eingelagerten Schadstoffen konkrete Gefahren ausgehen, ist unter anderem von der jeweiligen Stoffmenge, der Stoffkonzentration und dem stoffspezifischen Wirkungspotential abhängig. Sind die Schadstoffe fest eingelagert, ohne daß die Gefahr besteht, daß sie durchAusgasungsprozesse in die Luft oder durch Versickern in das Grundwasser gelangen können, besteht regelmäßig kein Handlungsbedarf. Die Schadstofffreiheit des Bodens ist für sich genommen (noch) nicht geschützt. Für die Gefährdungsabschätzung ist daher in erster Linie eine Beurteilung der räumlichen und zeitlichen Ausbreitungsmöglichkeiten der Schadstoffe maßgeblich. Sind die Schadstoffe unter den situationsabhängigen Umständen beispielsweise nicht ausgasungsfähig und/oder liegen sie in einer nicht löslichen Verbindung vor, die ein Auswaschen in das Grundwasser ausschließen (bzw. nicht mit hinreichender Wahrscheinlichkeit annehmen lassen), sind die Voraussetzungen für ein ordnungsrechtliches Eingreifen nicht gegeben;

437 – die **Wertigkeit** der (potentiell) gefährdeten Rechtsgüter:
Die Annahme einer Gefahr für die öffentliche Sicherheit oder Ordnung hängt im Einzelfall davon ab, welches Rechtsgut (potentiell) beeinträchtigt werden kann. Je wichtiger das bedrohte Schutzgut und je größer das Ausmaß des möglichen Schadens ist, um so geringere Anforderungen werden an die Schadenswahrscheinlichkeit gestellt.[308] Schon deshalb ist es sinnvoll, alle möglichen Immissionpfade, z.B. die Luft (beispielsweise in Bezug auf Ausgasungen durch die anaerobe Zersetzung anorganischer Substanzen), den Boden (z.B. in Bezug auf mögliche Verwehungen auf unversiegelten Oberflächen oder durch Auswaschungen) und

---

[308] OVG NW, NVwZ 1989, 987.

das Wasser (beispielsweise in Form von primärem Sickerwasser, Niederschlagswasser oder sonstigem Fremdwasserzutritt) zu ermitteln und die Wahrscheinlichkeit einer Migration und deren spezifischen Gefahrenpotentiale zu ermitteln;
- die lokalen geologischen und hydrologischen **Verhältnisse**: 438
Aus den genannten Gründen sind für die Bewertung des Gefährdungspotentials in erster Linie die räumlichen und zeitlichen Ausbreitungsmöglichkeiten der konkreten Schadstoffe relevant. Ist beispielsweise ein – selbst hoch konzentrierter – Schadstoff im Einzelfall fest in undurchlässigen Gesteinsschichten eingeschlossen, ohne in das Grundwasser gelangen zu können (sogenannte Einkapselung) oder ist ein Eindringen in das Grundwasser aufgrund der konkreten Untergrundsituation ausgeschlossen bzw. nicht hinreichend wahrscheinlich, besteht kein Handlungsbedarf; der Fall liegt jedoch gänzlich anders, wenn zu befürchten ist, daß Schadstoffe kurzfristig in das Grundwasser eindringen können, beispielsweise aufgrund eines lediglich sandigen und/oder kiesigen Untergrundes oder einer wechselnden Höhe des Grundwasserspiegels mit der Gefahr einer unmittelbaren Schadstoffauswaschung;
- die konkrete **Nutzung** des betroffenen Grundstücks: 439
Die Gefährdungsabschätzung muß notwendigerweise auch nutzungsbezogen erfolgen. Zwangsläufig ist ein und dieselbe Konzentration eines bestimmten Schadstoffs hinsichtlich ihres Gefährdungspotentials unterschiedlich zu beurteilen, je nachdem ob sich der Schadstoff in einer versiegelten Industrie- oder Gewerbefläche mit einer befestigten und undurchlässigen Oberfläche oder aber beispielsweise auf einem unbefestigten Kinderspielplatz befindet;
- die besondere **Situationsgebundenheit** und standortspezifischen Faktoren: 440
Die Beurteilung des konkreten Gefährdungspotentials ist schließlich auch von der besonderen Situationsgebundenheit und den individuellen Besonderheiten des betroffenen Standortes abhängig. So wird bei einer Gefährdungsabschätzung beispielsweise berücksichtigt werden müssen, wenn sich die Verunreinigungen inmitten oder aber im Einzugsbereich eines Wasserschutzgebietes oder einer Trinkwasserzone befinden. Ebenso wird danach zu differenzieren sein, ob sich der betroffene Standort in der Nähe von sensiblen Nutzungen (Wohnsiedlungen etc.) befindet oder aber inmitten eines industriellen Ballungsraums liegt. Von maßgeblicher Relevanz sind dabei insbesondere auch die sogenannten „Referenzwerte", das heißt die Boden(vor)belastungen der Flächen außerhalb des Einwirkungsbereichs. Sind diese beispielsweise mit identisch oder vergleichbar hohen Schadstoffkonzentrationen belastet, wäre es grundsätzlich unangemessen und unverhältnismäßig (da im Ergebnis wirkungslos), Sanierungsmaßnahmen auf den kleinen Flächenausschnitt eines einzigen Betriebsgrundstücks zu konzentrieren.

Die Situation insgesamt würde hierdurch nicht verbessert werden können.

441 Die Orientierungs- und Richtwerte der einschlägigen Listen und Leitlinien sind daher stets nach Maßgabe der besonderen Umstände des jeweiligen Einzelfalls zu relativieren.

442 Zusammenfassend ist das konkrete Gefährdungspotential von Altlasten insbesondere abhängig von
* den spezifischen Eigenschaften der konkreten Schadstoffe,
* der Quantität der betroffenen Schadstoffe,
* den relevanten Immissionspfaden (Ausbreitungsmöglichkeiten),
* der konkreten Mobilität/Immobilität der Schadstoffe,
* den geologischen und hydrologischen Behältnissen, wie z.B. der Durchlässigkeit und Mächtigkeit des Untergrundes, der Tiefe des Grundwasserspiegels, der Fließrichtung und Geschwindigkeit des Grundwassers und dem Versiegelungsgrad des Oberbodens etc.,
* der Exposition und der Wertigkeit der (potentiell) gefährdeten Schutzgüter,
* den nutzungs-, situations- und standortspezifischen Besonderheiten (z.B. die Lage in einer Trinkwasserzone etc.) und von
* eventuellen Vorbelastungen des Grundwassers und der umliegenden Grundstücke.

443 Gerade bei der Abgrenzung zwischen „Gefahr" und bloßem „Gefahrenverdacht" eröffnen sich anhand der genannten Kriterien wichtige Ermessenskriterien und wertvolle Argumentationspunkte.

444 *(2) Die Inanspruchnahme zu Gefahrenerforschungsmaßnahmen (Gefahrenerforschungseingriffe).* Die ordnungsrechtliche Inanspruchnahme ist unproblematisch, wenn aufgrund der hinreichenden Wahrscheinlichkeit eines Schadenseintritts eine konkrete – objektive – Gefahrensituation besteht. Schwieriger sind jedoch die Fälle, in denen lediglich ein **Gefahrenverdacht** vorliegt, daß heißt erste Anzeichen oder Befunde auf die Möglichkeit einer Verunreinigung des Bodens und/oder des Grundwassers mit umwelt- oder gesundheitsgefährdenden Schadstoffen hinweisen, jedoch noch weitere Ermittlungen notwendig sind, um das tatsächliche Gefährdungspotential und die eventuelle Notwendigkeit von Sicherungs- und/oder Sanierungsmaßnahmen festzustellen (z.B. durch das Niederbringen von Grundwasserpegeln, der Entnahme von Wasserproben, der Durchführung von Probebohrungen, der Erstellung hydrologischer Gutachten etc.). Da die polizei- und ordnungsrechtlichen Generalklauseln eine konkrete Gefahr voraussetzen, ist es zumindest nach herrschender Auffassung nicht möglich, potentielle Störer zur Durchführung derartiger (bloßer) **Gefahrenerforschungsmaßnahmen**[309] heranzuziehen,

---

[309] Zum Begriff: Schink, DVBl. 1989, 1182.

sofern (noch) keine ausreichenden Belege für eine konkrete Gefahrensituation vorliegen.[310] Ein bloßer Gefahrenverdacht, der eine weitere Gefährdungsabschätzung erfordert, rechtfertigt nach herrschender Auffassung ausschließlich Untersuchungsmaßnahmen durch die zuständigen Behörde selbst.[311] Sogar ein durch Tatsachen erhärteter Gefahrenverdacht berechtigt die Behörde noch nicht, von dem (potentiell) Verantwortlichen weitere Sachverhaltsaufklärungen zu verlangen, ihm also beispielsweise aufzugeben, die Behörde durch die Einholung von Sachverständigengutachten und der Durchführung von Untersuchungsmaßnahmen in die Lage zu versetzen, sich ein Bild über die Notwendigkeit einer Anordnung von eventuellen Gefahrenabwehrmaßnahmen zu verschaffen. Nach den allgemeinen Grundsätzen des Verwaltungsverfahrensrechts[312] ist es zunächst Sache der Behörde, mögliche Gefahrensituationen von Amts wegen zu ermitteln.[313] Nach zumindest herrschender Auffassung können die betroffenen Grundstückseigentümer und sonstigen Nutzungsberechtigten im Falle eines bloßen Gefahrenverdachts lediglich zur Duldung behördlich veranlaßter Untersuchungsmaßnahmen verpflichtet werden.[314] Die Betroffenen können also allenfalls verpflichtet werden, die Durchführung weiterer Erkundungsmaßnahmen auf ihrem Betriebsgelände zu dulden. Sollte sich der Gefahrenverdacht bestätigen, kann die Behörde dem hierfür Verantwortlichen allerdings nachträglich die für die Untersuchungen aufgewendeten Kosten auferlegen.[315]

Beispiel: In gewachsenen Industriestandorten ist es häufig schon üblich geworden, **445** daß die zuständigen Bauordnungsbehörden die Erteilung von Baugenehmigungen für notwendige betriebliche Umbaumaßnahmen von der Vorlage eines Altlastengutachtens abhängig machen. Ausgangspunkt ist die Überlegung der Verwaltung, daß sich auf dem Grundstück Altlasten befinden *könnten*; regelmäßig verfügt die Behörde jedoch über keine konkreten Anhaltspunkte darüber, ob das Grundstück tatsächlich verunreinigt ist, geschweige denn, ob konkreter Handlungsbedarf für eine Gefahrenabwehr besteht. Die Behörde besitzt damit aber keine rechtliche Grundlage dafür, die

---

[310] Vgl. hierzu jedoch auch die zum Teil unklaren Ermächtigungsgrundlagen in den jeweiligen Landesgesetzen, wie bspw. in: § 24 LAbfG Baden-Württemberg, § 17 Abs. 2 und § 19 Abs. 2 Hess AbfG, § 28 Abs. 1 LAbfVG Brandenburg, § 9 und § 10 Abs. 4 EGAB Sachsen sowie § 17 Abs. 2 und 3 und § 18 Abs. 2 AbfAG Thüringen.
[311] OVG Koblenz, NVwZ 1987, 240; Paßlick, DVBl. 1992, 675; Giesberts, S. 163 ff.; Schink, DVBl. 1989, 1182; Seibert, DVBl. 1992, 667.
[312] Vgl. § 24 Abs. 1 VwVfG.
[313] VGH Kassel, NVwZ 1991, 498; Breuer, NVwZ 1987, 751 (754); Papier, DVBl. 1985, 873.
[314] VGH Mannheim, AgrarR 1985, 201; VGH Kassel, NVwZ 1986, 660; Breuer, NVwZ 1987, 751 (754); vgl. hierzu jedoch auch die Fußnote 34 mit den spezialgesetzlichen Ermächtigungsgrundlagen in den jeweiligen Ländergesetzen.
[315] VGH Mannheim, NVwZ 1990, 784; OVG Lüneburg, NVwZ 1987, 617; OVG Koblenz, DÖV 1992, 270; OVG Koblenz, NVwZ 1987, 240; VG Karlsruhe, ZfW 1985, 55; Enders, DVBl. 1993, 82 (86); Knopp, BB 1988, 923; Papier, DVBl. 1985, 873.

Durchführung von Boden- oder Grundwasseruntersuchungen verlangen zu können; vorbehaltlich spezialgesetzlicher Ermächtigungsgrundlagen ist die Kopplung an die Erteilung der Baugenehmigung in solchen Fällen rechtswidrig und kann vor den Verwaltungsgerichten angegriffen werden. Trotz der damit zwangsläufig verbundenen Verzögerung der Baumaßnahme und ihrer „atmosphärischen Belastungen" ist eine solche Intervention häufig auch zweckmäßig, da es nicht im Interesse des betroffenen Unternehmens liegen kann, auf eigene Kosten möglicherweise tatsächlich Altlasten aufzudeken, die (dann) einen ganz erheblichen Handlungs- und Kostenaufwand verursachen.

446 Andererseits sind aber auch durchaus Sachverhaltskonstellationen denkbar, in denen eine freiwillige Durchführung derartiger Sondierungsmaßnahmen sinnvoll ist. Dies ist insbesondere dann der Fall, wenn dringende Anhaltspunkte dafür bestehen, daß die Behörde die geforderten Sondierungsmaßnahmen anderenfalls selbst – zum Beispiel zur Ergänzung ihres Altlastenkatasters – durchführen würde und (nach betriebsinternen Kenntnissen) das Risiko besteht, daß im Zuge der Sondierungen nachhaltige Schadstoffbelastungen aufgedeckt werden könnten. Würde das betroffene Unternehmen in diesem Fall die freiwillige Durchführung einer Bodenuntersuchung ablehnen, würde es die Einflußnahmemöglichkeit auf das nachfolgende Verfahren aufgeben; insbesondere wäre es ihm nicht mehr bzw. nur noch sehr eingeschränkt möglich, mit zu beeinflussen, wo Probenahmen mit welcher analytischer Auswertung erfolgen.

447 *(3) Beschränkungen der Eingriffsbefugnisse durch den Verhältnismäßigkeitsgrundsatz.* Bei der Auswahl ihrer Mittel und der Anordnung ihrer Maßnahmen unterliegen die Ordnungsbehörden dem allgemeinen **Verhältnismäßigkeitsgrundsatz**. Übermäßige und unzumutbare Eingriffe sind unzulässig und rechtswidrig. Die Maßnahmen der Behörden müssen **verhältnismäßig** sein, daß heißt

– sie müssen erforderlich und geeignet sein, um das verfolgte Ziel (Gefahrenbeseitigung) zu erreichen,

– sie dürfen nicht zu einem Nachteil führen, der zu dem angestrebten Erfolg erkennbar außer Verhältnis steht und

– es muß sich bei ihnen jeweils um das mildeste Mittel handeln; stehen den Behörden mehrere geeignete Maßnahmen zur Verfügung, so müssen sie also diejenige treffen, die den einzelnen Betroffenen und die Allgemeinheit am wenigsten beeinträchtigt.

448 So ist es beispielsweise unzulässig, umfangreiche Sanierungsmaßnahmen anzuordnen, obwohl bereits sehr viel weniger einschneidende (bloße) **Sicherungsmaßnahmen** ausreichen würden, um die konkrete Gefahrensituation zu beseitigen. Oft können nämlich bereits relativ einfache und kostengünstige Sicherungsmaßnahmen[316] genügen, um das Gefährdungspotential auf ein zu tolerierendes Niveau zu beschränken. Darüber hinausgehende Anordnungen wären in diesem Fall unverhältnismäßig und damit rechtswidrig. Sanierungsverfügungen stellen daher die stets die ultima ratio dar.

---

[316] Z. B. eine Abdeckung und Versiegelung der Oberfläche und/oder die Abdichtung der Basis einer kontaminierten Mülldeponie, die Einkapselung der Schadstoffherde oder eine sonstige Unterbrechung des Belastungspfades etc. im Gegensatz beispielsweise zu einer Auskofferung des gesamten Erdreichs und/oder der Durchführung aufwendiger Bodenluft-Absaugverfahren, in denen die Schadstoffkonzentrationen selbst eliminiert werden.

II. Das Altlastenrisiko

Im Rahmen des Verhältnismäßigkeitsgrundsatzes besitzt auch der Ge- 449
fahrenbegriff eine weitergehende Bedeutung: Er bestimmt nämlich nicht
nur die Eingriffsvoraussetzungen sondern auch die jeweiligen **Eingriffs-
grenzen**. Eine ordnungsrechtliche Inanspruchnahme ist nur zulässig, sofern und *soweit* sie zur Beseitigung der konkreten Gefahr erforderlich
ist. Im Gegensatz zu vereinzelten spezialgesetzlichen Sonderregelungen
in den einschlägigen Landesgesetzen berechtigen die polizei- und ordnungsrechtlichen Generalklauseln hingegen nicht zur Anordnung von
Maßnahmen, die eine „**Gesamtsanierung**" der Altlast und eine **Gefahren-
vorsorge** für die Zukunft beinhalten. Grundsätzlich können daher keine
Sanierungsmaßnahmen bis zu einer Grundstücksreinigung gefordert
werden, sondern nur bis zum Erreichen des polizeilichen Schwellenwer-
tes (Grenzwert der noch hinehmbaren Schadstoffkonzentration).[317] Auf
der Grundlage des allgemeinen Polizei- und Ordnungsrechts können
ebensowenig Rekultivierungs- wie andere Maßnahmen verlangt werden,
die nicht dazu dienen, eine konkret bestehende Gefahr abzuwehren, sondern (lediglich) Vorsorge dafür zu treffen, daß in Zukunft Gefahren erst
garnicht entstehen.[318] Bei der Festlegung des Sanierungsziels und der
Überprüfung der Rechtmäßigkeit von eventuellen Sanierungsverfügungen sollten auch diese Gesichtspunkte besonders berücksichtigt werden.

(4) Beschränkungen der ordnungsrechtlichen Eingriffsbefugnisse durch 450
die Legalisierungswirkung öffentlich-rechtlicher Genehmigungen. Die
ordnungsrechtliche Verantwortung ist verschuldensunabhängig. Der
Verantwortliche kann sich seiner ordnungsrechtlichen Haftung insbesondere nicht mit dem Einwand entziehen, daß die Gefährlichkeit und/oder
die umweltschädigenden Auswirkungen von Ablagerungen etc. nach
dem damaligen Stand der Technik nicht erkennbar waren. Auf eine subjektive Vorwerfbarkeit des Verhaltens kommt es gerade nicht an. Soweit
also nicht ausnahmsweise besondere schutzwürdige Vertrauenspositio-
nen vorliegen, trägt der Verursacher das Risiko eines zukünftigen Er-
kenntnisfortschrittes über die Gefährlichkeit seines Verhaltens.

In Einzelfällen kann eine polizei- oder ordnungsrechtliche Inanspruch- 451
nahme des Verhaltensstörers jedoch aufgrund der **Legalisierungswirkung**
einer behördlichen Genehmigung ausgeschlossen sein. Nach herrschender
Auffassung sollen gewerberechtliche und immissionsschutzrechtliche Genehmigungen ebenso wie wasserrechtliche Bewilligungen eine Legalisie-

---

[317] Oerder, NVwZ 1992, 1031, 1032; Paßlick, DVBl. 1992, 691 (693); sowie Schink, VerwArch 1991, 357 (367).
[318] Vgl. aber auch die Regelung in § 20 Abs. 1 Nr. 2 in Verbindung mit § 21 des Hessischen AbfG, nach der Sanierungsverantwortliche auch zu Maßnahmen zur Wiedereingliederung von Altlasten in die Natur und Landschaft (Rekultivierungsmaßnahmen) verpflichtet werden können soll; kritisch gegenüber der Zulässigkeit einer solchen Regelung: Oerder, NVwZ 1992, 1031 (1032).

rungswirkung besitzen, die eine ordnungsrechtliche Inanspruchnahme für die Folge des genehmigten Verhaltens ausschließt.[319] Ob und ggfs. inwieweit diese Legalisierungswirkung eingreift, ist jedoch umstritten. Von der herrschenden Auffassung wird sie angenommen für gewerberechtliche und immissionsschutzrechtliche Genehmigungen sowie für wasserrechtliche Bewilligungen; für wasserrechtliche Erlaubnisse, bergrechtliche Betriebsplanzulassungen und schlichte Baugenehmigungen soll eine Legalisierungswirkung hingegen nicht bestehen.[320] Jedenfalls vermag sich die Legalisierungswirkung nur auf die ausdrücklich genehmigten Vorgänge zu beziehen.[321] Es muß daher in jedem Fall sorgfältig geprüft werden, welchen Erklärungsinhalt die erteilte Genehmigung hatte, daß heißt in welchem Umfang die Behörde dem Genehmigungsadressaten die Unbedenklichkeit seines Handelns bestätigt hat.[322] Ob eine Legalisierungswirkung auch bereits aufgrund bloßer **behördlicher Duldung** des gefahrverursachenden Verhaltens begründet werden kann, ist umstritten.[323]

452   bb) **Die polizei- und ordnungsrechtlichen Verantwortlichen.** Liegt eine Gefahr im ordnungsrechtlichen Sinne vor, kann die zuständige Behörde die zur Beseitigung der Gefahr notwendigen Maßnahmen gegen die hierfür „Verantwortlichen" richten. Das Polizei- und Ordnungsrecht unterscheidet dabei zwischen dem **Handlungsstörer**, der die betreffende Gefahr selbst geschaffen hat, und dem sogenannten **Zustandsstörer**, der als Eigentümer oder Besitzer der betroffenen Sache in Anspruch genommen werden kann. Handlungsstörer im Sinne des Polizei- und Ordnungsrechts ist jede natürliche oder juristische Person, die durch ihr Verhalten eine Gefahr für die öffentliche Sicherheit oder Ordnung verursacht hat. Zustandsstörer sind der Eigentümer und auch der Inhaber der tatsächlichen Gewalt über die Sache, von der die Gefahr für die öffentliche Sicherheit oder Ordnung ausgeht. Übertragen auf die Altlastenfälle bedeutet dies, daß zur Beseitigung bzw. Sicherung von Altlasten – auf eigene Kosten – sowohl derjenige herangezogen werden kann, der die Verunreinigungen verursacht hat, als auch derjenige, in dessen Herrschaftsbereich sich die Kontaminiationen befinden bzw. realisiert haben, das heißt der Eigentümer oder beispielsweise auch der bloße Mieter des belasteten Grundstücks, und zwar unabhängig davon, ob sie bei der Verunreinigung selbst mitgewirkt haben.

---

[319] Kloepfer, Umweltrecht, § 12 Rdn. 142; Papier, NVwZ 1986, 258; Schink, DVBl. 1986, 166; Oerder, NVwZ 1992, 1031 (1034); Roesler, Die Legalisierungswirkung gewerbe- und immissionsschutzrechtlicher Genehmigungen vor dem Hintergrund der Altlastenproblematik, 1993, S. 212 ff.; zurückhaltend: VGH Mannheim, NVwZ 1990, 781.
[320] Dombert, Altlastensanierung in der Rechtspraxis, S. 67.
[321] Kloepfer, Umweltrecht, § 12 Rdn. 142; Papier, NVwZ 1986, 258; Schink, DVBl. 1986, 166.
[322] Kunig/Schwermer/Versteyl, Abfallgesetz-Kommentar, §§ 10, 10a Rdn. 33.
[323] Seibert, DVBl. 1992, 672.

Kummer

Die einschlägigen Vorschriften des Nordrhein-Westfälischen Gesetzes 453
über den Aufbau und die Befugnisse der Ordnungsbehörden (OBG
NW) lauten:

§ 17 Verantwortlichkeit für das Verhalten von Personen 454
(1) Verursacht eine (natürliche oder juristische; Anmerkung des Verfassers) Person eine Gefahr, so sind die Maßnahmen gegen diese Person zu richten.
(2) Ist die Person noch nicht 14 Jahre alt, entmündigt oder unter vorläufige Vormundschaft gestellt, können Maßnahmen auch gegen die Person gerichtet werden, die zur Aufsicht über sie verpflichtet ist.
(3) Verursacht eine Person, die zu einer Verrichtung bestellt ist, die Gefahr in Ausübung der Verrichtung, so können Maßnahmen auch gegen die Person gerichtet werden, die die andere zu der Verrichtung bestellt hat.
(4) Die Absätze 1 bis 3 sind nicht anzuwenden, soweit andere Vorschriften dieses Gesetzes oder andere Rechtsvorschriften bestimmen, gegen wen eine Maßnahme zu richten ist.

§ 18 Verantwortlichkeit für den Zustand von Sachen 455
(1) Geht von einer Sache eine Gefahr aus, so sind die Maßnahmen gegen den Eigentümer zu richten.
(2) Die Ordnungsbehörde kann ihre Maßnahmen auch gegen den Inhaber der tatsächlichen Gewalt richten. Sie muß ihre Maßnahmen gegen den Inhaber der tatsächlichen Gewalt richten, wenn er diese gegen den Willen des Eigentümers oder eines anderen Verfügungsberechtigten ausübt oder auf einem im Einverständnis mit dem Eigentümer schriftlich oder protokollarisch gestellten Antrag von der zuständigen Ordnungsbehörde als alleinverantwortlich anerkannt worden ist.
(3) Geht die Gefahr von einer herrenlosen Sache aus, so können die Maßnahmen gegen denjenigen gerichtet werden, der das Eigentum an der Sache aufgegeben hat.
(4) § 17 Abs. 4 gilt entsprechend.

§ 19 Inanspruchnahme nicht verantwortlicher Personen 456
(1) Die Ordnungsbehörde kann Maßnahmen gegen andere Personen als die nach den §§ 17 oder 18 Verantwortlichen richten, wenn
1. eine gegenwärtige erhebliche Gefahr abzuwehren ist,
2. Maßnahmen gegen die nach den §§ 17 oder 18 Verantwortlichen nicht oder nicht rechtzeitig möglich sind oder keinen Erfolg versprechen,
3. die Ordnungsbehörde die Gefahr nicht oder nicht rechtzeitig selbst oder durch Beauftragte abwehren kann und
4. die Personen ohne erhebliche eigene Gefährdung und ohne Verletzung höherwertiger Pflichten in Anspruch genommen werden können.
(2) Die Maßnahmen nach Abs. 1 dürfen nur aufrecht erhalten werden, solange die Abwehr der Gefahr nicht auf andere Weise möglich ist.
(3) § 17 Abs. 4 gilt entsprechend.

(1) Der Handlungsstörer. Die Voraussetzungen für eine Inanspruch- 457
nahme des **Handlungsstörers** sind rechtlich regelmäßig unproblematisch.
Als Handlungsstörer ist jede natürliche und juristische Person verantwortlich, die die zu beseitigende Gefahr zumindest mitverursacht hat.[324]
Die Verursachung kann durch positives Tun oder durch Unterlassen ei-

---

[324] Zu den verschiedenen Kausalitätstheorien, der Theorie der „unmittelbaren Verursachung": Drews/Wacke/Vogel/Martens, Gefahrenabwehr, S. 310 f.; OVG NW, NVwZ 1985, 355; OVG Hamburg, DÖV 1983, 1016; Seibert, DVBl. 1992, 670; der „Theorie der Rechtswidrigkeit der Verursachung": Pietzcker, DVBl. 1984, 457; Schink, VerwArch 1991, 357 (372) ff.; Staupe, DVBl. 1988, 606.

nes gebotenen gefahrenabwehrenden Handelns erfolgen.[325] Eine Verpflichtung zur Gefahrenabwehr ist nur dann anzunehmen, wenn sie sich aus einer Gebotsnorm[326] oder aus einer Garantenstellung aus vorangegangenem gefährlichen Tun ergibt.[327] Die ordnungsrechtliche Verantwortlichkeit ist verschuldensunabhängig. Sie trifft den Verantwortlichen daher unabhängig davon, ob er die Gefahrensituation vorsätzlich oder fahrlässig oder ggfs. gänzlich unverschuldet verursacht hat. Soweit die polizeirechtliche Gefahr durch unternehmerische Tätigkeit entstanden ist, können neben dem Unternehmen auch die für die gefahrbegründende Tätigkeit verantwortlichen Mitglieder der Unternehmensleitung persönlich in Anspruch genommen werden. Dies ist insbesondere für die Fälle relevant, in denen das betreffende Unternehmen in der Zwischenzeit liquidiert wurde oder aus sonstigen Gründen nicht mehr (wirtschaftlich) greifbar ist.

458 Bei Altlasten, insbesondere bei Abfallablagerungen, ist die (Gesamt-)Gefahr häufig durch mehrere voneinander unabhängige Handlungsbeiträge verschiedener Störer herbeigeführt worden, wobei jeder Verursachungsanteil für sich genommen bereits zu einer (Teil-)Gefahr geführt hat. In diesen Fällen gilt folgendes: Soweit die Verursachungsanteile der jeweiligen Störer feststehen und diese isoliert für sich beseitigt werden können, haften die betroffenen Störer nur für ihren eigenen Verursachungsanteil.[328] Eine **Gesamtverantwortlichkeit** besteht hingegen in den Fällen, in denen die Verursachungsanteile – etwa in der Form von Abfallablagerungen – untrennbar miteinander verbunden sind und sich zu einer „Gesamtaltlast" vereinigt haben und/oder sich die jeweiligen Verursachungsanteile nicht (mehr) exakt ermitteln lassen. Die Störer stehen in diesen Fällen in einer Art Risiko- bzw. Gefahrengemeinschaft und können beide für die gesamte Gefahrenbeseitigung herangezogen werden.[329]

459 Die Verantwortlichkeit des Handlungsstörers ist zeitlich unbegrenzt. Dies bedeutet, daß auch die Verursacher von „Uraltlasten" noch heute in Anspruch genommen werden können, sofern die übrigen (objektiven)

---

[325] OVG NW, NVwZ 1985, 355 (356); Breuer, JuS 1986, 359 (361); Drews/Wakke/Vogel/Martens, Gefahrenabwehr, S. 307 ff.; Brandt/Schlabach, Polizeirecht, RN. 163; Ziehm, Die Störerverantwortlichkeit für Boden- und Wasserverunreinigungen, 1989.

[326] Diederichsen, BB 1988, 917 (919); Papier, NVwZ 1986, 256 (260); Koch, Bodensanierung nach dem Verursacherprinzip, S. 15f. (der zur Begründung einer öffentlich-rechtlichen Garantenpflicht auch zivilrechtliche Verhaltenspflichten als ausreichend ansieht).

[327] Brandt/Schlabach, Polizeirecht, RN. 163.

[328] OVG NW, DÖV 1964, 559 (560).

[329] VGH Baden-Württemberg, UPR 1994, 271 (272f.); VGH Baden-Württemberg, NVwZ 1990, 781, 784; VGH Mannheim, VBlBW 1991, 30; VG Köln, Urteil vom 29.05.1990–14 K 2730/87; anders: OVG Hamburg NVwZ 1990, 788.

Voraussetzungen für ein polizeiliches bzw. ordnungsbehördliches Einschreiten vorliegen. Bei Personen- und Personenhandelsgesellschaften bleiben die Gesellschaftsschulden auch nach Beendigung der Gesellschaft als persönliche Verbindlichkeiten der persönlich haftenden Gesellschafter bestehen.[330] Anders verhält es sich hingegen bei Kapitalgesellschaften: unbeschadet einer etwaigen persönlichen Haftung eines oder einzelner Mitarbeiter des Unternehmens infolge *eigenen* polizeiwidrigen Handels/ Unterlassens, erlischt die polizeiliche Verantwortlichkeit von Kapitalgesellschaften im Falle ihrer Liquidation regelmäßig nach den allgemeinen gesellschaftsrechtlichen Vorschriften.[331] Bei Personen- und Personenhandelsgesellschaften bleiben die Gesellschaftsschulden jedoch auch nach Beendigung der Gesellschaft als persönliche Verbindlichkeiten der persönlich haftenden Gesellschafter auch über den Bestand der Gesellschaft hinaus bestehen.[332] Sowohl bei Kapital- als auch bei Personen- und bei Personenhandelsgesellschaften kann im Einzelfall jedoch auch eine Übertragung der ordnungsrechtlichen Verantwortlichkeit auf einen **Rechtsnachfolger** in Betracht kommen.[333] Dabei ist danach zu differenzieren, ob ein Fall der **Gesamtrechtsnachfolge** oder der **Einzelrechts-** bzw. **Sonderrechtsnachfolge** vorliegt. Im Falle einer bloßen Einzelrechtsnachfolge[334] soll eine Übertragung der ordnungsrechtlichen Verantwortlichkeit jedenfalls nach herrschender Auffassung nicht möglich sein.[335] In diesen Fällen wird der Rechtsnachfolger als neuer Eigentümer bzw. faktischer Sachherr des kontaminierten Grundstücks allerdings zumeist als Zustandsverantwortlicher in Anspruch genommen werden können.

---

[330] Vgl. § 733 Abs. 1 und § 735 BGB sowie §§ 128, 158 HGB; Schlabach/Simon, NVwZ 1992, 141, 145 f.

[331] Vgl. §§ 264 ff. AktG und §§ 272 ff. in Verbindung mit § 73 GmbHG; Schlabach/Simon, NVwZ 1992, 141, 146.

[332] Vgl. § 733 Abs. 1 und § 735 BGB sowie §§ 128, 158 HGB; Schlabach/Simon, MVbZ 1992, 141 (145 f.).

[333] Nach früher herrschender Meinung wurde die Polizeipflicht als öffentlich-rechtliche Verpflichtung als rein höchstpersönliche Rechtsposition angesehen und die Möglichkeit einer Rechtsnachfolge infolge des höchstpersönlichen Charakters der Verantwortlichkeit verneint; so beispielsweise noch: VGH München, BayVBl. 1970, 328 f.; Hurst, DVBl. 1963, 804; Schenke, GewArch 1971, 1 (4,7).

[334] Beispielsweise durch die isolierte Übertragung des kontaminierten Grundstücks ohne daß dabei die Voraussetzungen von § 419 BGB erfüllt werden. Kunig/Schwermer/Versteyl, Abfallgesetz, AnH. §§ 10, 10 a; Schlabach/Simon, NVwZ 1992, 141 (144); vereinzelt ist die Rechtsnachfolge in die Polizeipflicht im Rahmen der Singularsukzession jedoch ausdrücklich geregelt, so beispielsweise in § 78 Satz 3 LBO Rheinland-Pfalz.

[335] Nach früher herrschender Meinung wurde die Polizeipflicht als öffentlich-rechtliche Verpflichtung als rein höchstpersönliche Rechtsposition angesehen und die Möglichkeit einer Rechtsnachfolge infolge des höchstpersönlichen Charakters der Verantwortlichkeit verneint; so beispielsweise noch: VGH München, BayVBl. 1970, 328 f.; Hurst, DVBl. 1963, 804; Schenke, GewArch 1971, 1 (4,7).

Kummer

460 Im Gegensatz zur Einzelrechtsnachfolge wird die Übertragung von Ordnungspflichten im Rahmen der Gesamtrechtsnachfolge von der herrschenden Auffassung bejaht.[336] Relevant ist dies beispielsweise für **Umwandlungen** und **Verschmelzungen** von Kapitalgesellschaften, für den Fall eines **Unternehmenskaufs** durch die Übernahme der betreffenden Geschäftsanteile (Share (Deal) und schließlich auch für Unternehmenskäufe im Rahmen eines sogenannten Asset Deals, sofern dabei die Voraussetzungen von § 419 BGB erfüllt werden. Die Übertragung der ordnungsrechtlichen Verantwortlichkeit wird dabei im einzelnen abgeleitet: bei der Umwandlung und Verschmelzung von Kapitalgesellschaften aus § 5 UmwandlungsG bzw. aus § 346 Absatz 3, § 353 Absatz 5 und § 359 Absatz 2 AktG, bei der Firmenübernahme aus § 25 HGB, bei dem Unternehmenskauf – unter der Übernahme des gesamten Vermögens aus §§ 414, 415, 419 BGB bzw. und bei Erben aus §§ 1922, 1967 BGB.[337] Nach herrschender Auffassung soll eine Übertragung der Ordnungspflichten in diesen Fällen unabhängig davon möglich sein, ob die Verpflichtung im Zeitpunkt der Veräußerung bereits durch den Erlaß eines entsprechenden Verwaltungsaktes *konkretisiert* war oder nicht.[338]

461 *(2) Der Zustandsstörer.* Häufig ist eine Inanspruchnahme des Handlungsstörers nicht mehr möglich, weil dieser (bzw. sein Verursachungsbeitrag) nicht mehr ermittelt werden kann, weder er noch ein ordnungspflichtiger Gesamtrechtsnachfolger mehr existiert oder dieser über keine finanziellen Mittel (mehr) verfügt, um die notwendigen Maßnahmen zur Gefahrenabwehr durchführen zu können. Nicht zuletzt deshalb können nach dem allgemeinen Polizei- und Ordnungsrecht neben dem eigentlichen Verursacher auch der Eigentümer und der Nutzer des Altlastengrundstücks zur Gefahrenbeseitigung herangezogen werden.

462 Diese Zustandsstörerhaftung wird mit der Sozialbindung des Eigentums gemäß Art. 14 GG gerechtfertigt.[339] Da ein Handlungsstörer oft nicht mehr feststellbar ist und/oder wirtschaftlich „dingfest" gemacht werden kann, greifen die Ordnungsbehörden in der Praxis häufig auf den – leicht zu ermittelnden – aktuellen Eigentümer des Altlastengrund-

---

[336] Beispielsweise durch die isolierte Übertragung des kontaminierten Grundstücks ohne daß dabei die Voraussetzungen von § 419 BGB erfüllt werden. Kunig/Schwermer/Versteyl, Abfallgesetz, AnH. §§ 10, 10 a; Schlabach/Simon, NVwZ 1992, 141 (144); vereinzelt ist die Rechtsnachfolge in die Polizeipflicht im Rahmen der Singularsukzession jedoch ausdrücklich geregelt, so beispielsweise in § 78 Satz 3 LBO Rheinland-Pfalz.

[337] Hierzu im einzelnen auch: VGH München, ZfW 1989, 147; Stadi, DVBl. 1990, 501.

[338] OVG NW, UPR, 1984, 279 (280); VGH Kassel, NuR 1991, 81; Schlabach/Simon, NVwZ 1992, 141, 145; anders jedoch Papier in: NVwZ 1986, 256 (262), der eine Übertragung der Ordnungspflichten nur in dem Fall möglich hält, in dem sich die Polizeipflicht im Zeitpunkt der Übertragung bereits durch den Erlaß eines entsprechenden Verwaltungsaktes gegenüber dem Rechtsvorgänger konkretisiert hatte.

[339] BayVGH, DVBl. 1986, 1283.

stücks als **Zustandsverantwortlichen** zurück. Dies ist auch ein Grund, weshalb bei dem Erwerb eines (potentiell) belasteten Grundstücks erhöhte Vorsicht geboten ist. Mit dem Erwerb rückt der neue Eigentümer automatisch in die Zustandverantwortlichkeit ein und wird zum potentiellen Adressaten einer Sanierungsverfügung.

Ob und ggfs. inwieweit der Zustandsstörer auch zur Beseitigung von **Grundwasserschäden** herangezogen werden kann, ist umstritten. Einerseits wird eine entsprechende Verantwortung abgelehnt, da das Grundwasser nach der Naßauskiesungs-Entscheidung des Bundesverfassungsgerichts[340] nicht mehr zum Grundstückseigentum zugerechnet wird und sich daher außerhalb der privaten Eigentümerherrschaft bewegt; demzufolge könne – so die entsprechende Auffassung – für das Grundwasser selbst auch keine ordnungsrechtliche Verantwortlichkeit des Grundstückseigentümers und/oder des Grundstücksbesitzers bestehen.[341] Nach anderer Auffassung soll sich eine Verantwortung für Grundwasserbelastungen jedoch gleichwohl in den Fällen ergeben können, in denen die Grundwasserverunreinigung durch eine Schadstoffbelastung des darüberliegenden Erdreichs des betroffenen Grundstücks verursacht worden ist.[342]

463

Anders als die Verantwortlichkeit des Verhaltensstörers endet die Zustandsverantwortlichkeit für ein Grundstück automatisch mit der Aufgabe der Eigentümerstellung bzw. dem Verlust der tatsächlichen Sachgewalt.[343] Da die Zustandverantwortlichkeit eigentumsbezogen ist, geht sie im Falle der Veräußerung des betroffenen Grundstücks automatisch auf den Erwerber über. Ist die Polizeipflicht im Zeitpunkt der Veräußerung des Grundstücks bereits durch den Erlaß einer entsprechenden Ordnungsverfügung konkretisiert, kommt eine unmittelbare **Rechtsnachfolge** in die sich aus dem Bescheid ergebenden Ordnungspflichten (zumindest nach herrschender Meinung) in Betracht, wenn die Verpflichtung sachbezogen ist und keine unvertretbare Handlung beinhaltet;[344] andernfalls bedarf es eines gesonderten Einschreitens gegenüber dem neuen Eigentümer.[345]

464

Die (schuldensunabhängige) Zustandhaftung ist für den in Anspruch genommenen Eigentümer/Besitzer häufig mit empfindlichen Härten verbunden, da er – unabhängig von der Kostenbelastung – Behinderungen

465

---

[340] BVerfGE 85, 300.
[341] Goetz, NVwZ 1987, 863; Papier, DVBl. 1985, 873 (877).
[342] VGH Mannheim, NVwZ 1983, 294 (295); VGH Mannheim, DÖV 1986, 249; Diederichsen, BB 1988, 917 (920).
[343] Von Münch, Besonderes Verwaltungsrecht, 3. Abschnitt, II 2b, S. 236.
[344] BVerwG, NJW 1971, 1624; OVG Koblenz, NVwZ 1985, 431; VGH Mannheim, NJW 1977, 861; Kloepfer, NoR 1987, 7 (17); Papier, DVBl. 1985, 873 (879); ablehnend: Stadie, DVBl. 1990, 501 (507f.).
[345] Beispielsweise durch den Erlaß einer weiteren Ordnungsverfügung.

des betrieblichen Ablaufs und der Unternehmensplanung in Kauf nehmen muß. Dies gilt umso mehr, als es ihm im Regelfall noch nicht einmal möglich ist, seinerseits auf den Verursacher der Schadstoffbelastungen zurückzugreifen und diesen in **Regreß** zu nehmen. Selbst wenn es ihm gelingen sollte, den Verantwortlichen ausfindig zu machen, und selbst wenn dieser auch noch über ausreichende finanzielle Mittel verfügen sollte, fehlen häufig die notwendigen rechtlichen Grundlagen für eine interne Inanspruchnahme.[346]

466 Gerade wegen der nur eingeschränkten Regreßmöglichkeiten des Zustandsverantwortlichen wird die unbeschränkte Haftung des Grundstückseigentümers für die von seinem Grundstück ausgehenden Gefahren zumindest in bestimmten Fallgruppen als unbillig empfunden. Eine Beschränkung der Altlastenhaftung wird insbesondere in den Fällen erwogen, in denen sich der Eigentümer selbst in einer Opferposition befindet, weil sein Grundstück allein durch Fremdeinwirkungen in Mitleidenschaft gezogen und dadurch zu einer Gefahr für die öffentliche Sicherheit oder Ordnung geworden ist.[347] Die postulierte **Beschränkung der Zustandshaftung** wird dabei aus den Grenzen der Sozialbindung des Eigentums, dem Übermaßverbot, aber auch aus dem Gesichtspunkt der übergeordneten Allgemeinbezogenheit der Gefahrenquellen abgeleitet. Der Umfang der Zustandshaftung soll sich in diesen Fällen auf eine reine **Duldungspflicht** beschränken, die notwendigen Gefahrenabwehrmaßnahmen auf seinem Grundstück – auf fremde Rechnung – durchführen zu lassen.[348] Mit § 21 Absatz 1 Satz 1 Nr. 3 des Hessischen AbfAG hat diese Auffassung auch bereits Eingang in der Gesetzgebung gefunden.[349] Die Rechtsprechung ist diesen Überlegungen jedoch (bislang) nicht gefolgt.[350]

467 *(3) Auswahlermessen bei mehreren Ordnungspflichtigen.* Das allgemeine Polizei- und Ordnungsrecht stellt die Inanspruchnahme des Handlungsstörers und des Zustandsstörers grundsätzlich gleichwertig

---

[346] RN 472f.
[347] Friauf, Festschrift für Wacke, 1972, 293; Uhle/Rasch, Allgemeines Polizei- und Ordnungsrecht, § 5 ME PolG Rdn. 12.
[348] OVG NW, UPR 1989, 454; Breuer, NVwZ 1987, 751 (756); Bielfeld, DÖV 1989, 441 (446); Hermann, DÖV 1987, 666 (674); Götz, NVwZ 1987, 858 (862); Paetow, NVwZ 1990, 510 (518); Papier, NvWZ 1986, 256 (261); Pietzcker, DVBl. 1984, 457 (463); Seibert, DVBl. 1985, 328 (329); Schwerdtner, NVwZ 1992, 141; offen gelassen: BVerwG, NVwZ 1991, 475.
[349] Nach § 21 Absatz 1 Satz 1 Nr. 5 Hessisches AbfAG ist derjenige Grundstückseigentümer, der eine bestehende Verunreinigung beim Erwerb des Grundstücks weder kannte noch kennen mußte, von der Sanierungsverantwortlichkeit freigestellt.
[350] VGH Mannheim, NVwZ-RR 1991, 27; VGH Mannheim, ZfW 1987, 33; VGH Mannheim, NVwZ 1986, 325; OVG Lüneburg, Urteil vom 27.01. 1986–3 OVG B 163/85; VG Kassel, Urteil vom 07.05. 1987 – IV/4 E 927/86; vgl. aber auch die kritischen Ausführungen in VGH München, NVwZ 1986, 942 (945).

Kummer

II. Das Altlastenrisiko

nebeneinander. Vorbehaltlich spezialgesetzlicher Regelungen[351] steht es daher im pflichtgemäßen Ermessen der Behörde, ob sie den Handlungsstörer oder den Zustandsstörer, oder ggfs. beide nebeneinander[352] in Anspruch nimmt.[353] Zumal der Zustandsverantwortliche den eigentlichen Verursacher der Altlasten in den meisten Fällen nicht mehr erfolgreich in Anspruch nehmen kann,[354] haben die Polizei- und Ordnungsbehörden bei der Ausübung ihres **Auswahlermessens** auf die Interessenlage des Zustandsverantwortlichen jedoch besonders Rücksicht zu nehmen. Dem Prinzip der materiellen Gerechtigkeit folgend, sind die Behörden daher bei *gleichwertiger* Zugriffsmöglichkeit grundsätzlich gehalten, den für die Altlasten verantwortlichen Verursacher vorrangig vor dem bloßen Zustandsstörer in Anspruch zu nehmen.[355]

Von einer Verpflichtung, den Handlungsstörer generell vorrangig in Anspruch nehmen zu müssen, kann jedoch gleichwohl keine Rede sein.[356] Das Prinzip der materiellen Gerechtigkeit vermag nur eine „Richtung" anzugeben. Ausschlaggebend für die Ausübung des behördlichen Auswahlermessens ist letztlich die Notwendigkeit einer **effektiven Gefahrenabwehr**. Gerade dringende Gefahrensituationen lassen eine langwierige Ermittlung des verantwortlichen Verursachers oftmals nicht mehr zu; häufig ist der Verursacher auch wirtschaftlich überhaupt nicht (mehr) in der Lage, die notwendigen Maßnahmen zur Gefahrenbeseitigung durchzuführen. Die Grundsätze der materiellen Gerechtigkeit einerseits (Postulat der Lastengerechtigkeit) stehen daher in einem unmittelbaren Spannungsverhältnis mit der Notwendigkeit einer effektiven Gefahrenabwehr andererseits (Postulat der größtmöglichen Wirksamkeit der ordnungsbehördlichen Maßnahme).[357] Bei der Ermessensausübung hat die Behörde daher insbesondere auch in Rechnung zu stellen, auf welche Weise die entstandene Gefahr zeitlich und qualitativ am effektivsten bekämpft werden kann.[358] Es entspricht daher der – ermessens-

---

[351] Wie sie vereinzelt bereits in den neuen Landesabfallgesetzen zu finden sind.
[352] VG Karlsruhe, ZfW 1985, 63; vgl. hierzu auch die landesrechtlichen Spezialvorschriften in § 10 Absatz 1 BodSchG Baden-Württemberg, § 21 Absatz 1 Hessisches AbfAG, § 28 Absatz 3 LAbfWAG Rheinland-Pfalz, § 10 Absatz 1 EGAB Sachsen und § 20 Absatz 1 AbfAG Thüringen.
[353] VGH Mannheim, NVwZ-RR 1991, 27.
[354] RN 472f.
[355] OVG NW, DVBl. 1964, 683 (684); VGH Kassel, NJW 1984, 1368 (1369); BayVGH, DVBl. 1986, 1283 (1285); Kloepfer, NuR 1987, 7 (18); Ossenbühl, DÖV 1976, 463 (471); OVG Lüneburg, NVwZ 1990, 786; VGH Kassel, DÖV 1987, 260; Götz, NVwZ 1987, 858.
[356] BVerwG, UPR 1991, 192; VGH München, NVwZ 1986, 942 (944); VG Karlsruhe, VBlBW 1985, 152 (156); VGH Kassel, NVwZ 1987, 260 (261); Kormann, UPR 1983, 281 (284).
[357] VGH Kassel, NVwZ 1992, 1101; Giesberts, S. 68 ff.
[358] OVG Münster, DVBl. 1971, 828 (829); VGH München, BayVBl. 1982, 435 (437); VGH Kassel, NVwZ 1987, 260 (261).

fehlerfreien – zunehmenden Praxis der Ordnungsbehörden, immer dann auf den Zustandsstörer zuzugreifen, wenn die Heranziehung des Handlungsstörers Schwierigkeiten bereitet, etwa weil der Nachweis der Verursachung nur schwer geführt werden kann oder weil der Handlungsstörer zur effektiven Gefahrenabwehr nicht in der Lage ist.[359]

469 Gleichwohl wäre es verfehlt und angreifbar, schematisch auf den Zustandsstörer zuzugreifen: Im Rahmen ihres pflichtgemäßen **Auswahlermessens** sind die Polizei- und Ordnungsbehörden verpflichtet, den Sachverhalt hinreichend aufzuklären und darzulegen, warum gerade der Zustandsstörer belangt wird. Bei dieser Entscheidung sind eine Vielzahl – oftmals gegensätzlicher – Gesichtspunkte abzuwägen, wie beispielsweise die Wirksamkeit und Schnelligkeit des Eingreifens,[360] die Leistungsfähigkeit des Pflichtigen,[361] die zivilrechtlichen Beziehungen zwischen den Beteiligten,[362] der jeweilige Verantwortungsbereich bzw. die jeweilige Risikosphäre,[363] der Grad des jeweiligen Verschuldens,[364] die Schwere des jeweiligen Verursachungsbeitrags,[365] der Gerechtigkeitsgrundsatz,[366] die Billigkeit, Zumutbarkeit und Verhältnismäßigkeit,[367] die jeweilige Schadensnähe[368] sowie der Vorrang wettbewerbsschonender Eingriffe.[369] Nicht selten werden die Behörden aus Gründen der Arbeitsökonomie und der Effektivität bei der Gefahrenabwehr davon abgehalten, diesen Prüfungs- und Abwägungsaufwand gegenüber allen potentiell in Betracht zu ziehenden Verantwortlichen aufzubringen. Werden die aufgezeigten Kriterien jedoch nicht bzw. nicht ausreichend berücksichtigt, wird das Auswahlermessen zwangsläufig fehlerhaft ausgeübt und der betreffende Bescheid damit angreifbar.

470 Steht fest, daß die abzuwehrende Gefahr von mehreren Verantwortlichen gemeinsam oder unabhängig voneinander verursacht worden ist, sollen die zuständigen Behörden diese anteilig (pro rata) in Anspruch nehmen.[370] Eine starre Verpflichtung der Verwaltung, in derartigen Fäl-

---

[359] VGH München, NVwZ 1986, 942; VGH Mannheim, DÖV 1986, 250; VGH Kassel, ZfW 1987, 10; Schlabach, NVwZ 1992, 143; Schink, DVBl. 1986, 161.
[360] VGH München, UPR 1989, 198; OVG NW, DVBl. 1971, 829; OVG NW, DVBl. 1973, 928; VGH Mannheim, VBlBW 1990, 260; OVG NW, Sonderheft ZfW 1989, 30; Giesberts, S. 154 ff.
[361] VGH Mannheim, ZfW 1981, 105.
[362] VGH Mannheim, DÖV 1986, 250; VGH München, NVwZ 1986, 942; ausdrücklich offengelassen von BVerwG NVwZ 1990, 474 (475).
[363] OVG NW, NVwZ 1985, 355 (356); OVG NW, UPR 1989, 454; VGH Mannheim, 1986, 250.
[364] VGH München, UPR 1989, 198.
[365] VGH München, NuR 1989, 260.
[366] Papier, NVwZ 1986, 256 (263).
[367] VGH München, DÖV 1986, 978; Kloepfer, NuR 1987, 7 (10).
[368] OVG Saarlouis, NuR 1986, 217; VG Karlsruhe, ZfW 1985, 62.
[369] Schink, DVBl. 1986, 460 (468).
[370] VGH Baden-Württemberg, UPR 1974, 271 (272 f.); BayVGH, BayVBl. 1978, 340;

len stets alle Verantwortlichen komulativ (anteilig) in Anspruch zu nehmen, besteht jedoch nicht. Erst in einer noch relativ jungen Entscheidung vom 19.10. 1993 hat der Baden-Württembergische Verwaltungsgerichtshof festgestellt, daß in den Fällen, in denen verschiedene Anlagenbetreiber nacheinander zu einer Verunreinigung des Bodens/Grundwassers beigetragen haben, auch derjenige von ihnen allein zur gesamten Sanierung herangezogen werden kann, der den möglicherweise geringen Beitrag zu der Verunreinigung geleistet hat.[371] Hierfür ist lediglich Voraussetzung, daß sein Anteil an der Verunreinigung auch für sich betrachtet, ein Einschreiten der Behörden unter dem Gesichtspunkt der Verhältnismäßigkeit rechtfertigen würde, das heißt, daß von ihm ein wesentlicher bzw. erheblicher Verunreinigungsbeitrag gesetzt worden ist.

(4) Interner Schuldnerausgleich. Die allgemeinen Polizei- und Ordnungsgesetze der Länder sehen keine Ausgleichsansprüche zwischen dem Zustands- und dem Handlungsstörer vor. Die sachgerechte Ausübung des Störerauswahlermessens[372] ist daher umso wichtiger, weil sich die Geltendmachung von Aufwendungs- und/oder Schadensersatzansprüchen eines einmal in Anspruch genommenen Zustandsstörers gegenüber dem Altlastenverursacher und sonstigen Beteiligten im Innenverhältnis häufig als schwierig erweist. Vertragliche oder gesetzliche Ersatzansprüche sind vielfach nicht existent oder bereits verjährt. Auch sonstige **Rückgriffsmöglichkeiten** laufen vielfach leer:

• **Ansprüche des in Anspruch genommenen Zustandsstörers gegenüber dem Handlungsstörer.** Soweit keine spezialgesetzlichen Ausgleichsansprüche eingreifen,[373] ist eine erfolgreiche Inanspruchnahme des Handlungsstörers durch den von den Behörden in Anspruch genommenen Zustandsstörer im Innenverhältnis regelmäßig schwierig. Nach der bisherigen Rechtssprechung des Bundesgerichtshofs soll ein privatrechtlicher **Ausgleichsanspruch** gegenüber dem Verursacher der Altlasten weder aus dem Gesichtspunkt der **Geschäftsführung ohne Auftrag**, noch nach den Grundsätzen des **internen Gesamtschuldnerausgleichs** gemäß § 426 BGB bestehen. Eine Geschäftsführung ohne Auftrag nach §§ 627, 683 BGB soll nicht vorliegen, weil der Zustandsstörer mit der Durchführung der

---

VG Karlsruhe, ZfW 1985, 63; OVG NW, DÖV 1964, 559 (560); Drews/Wacke/Vogel/Martens, Gefahrenabwehr, S. 303; Giesberts, S. 79 ff.; vgl. hierzu auch die landesrechtlichen Spezialvorschriften in § 10 Abs. 1 BodSchG Baden-Württemberg, § 21 Abs. 1 Hessisches AbfAG, § 28 Abs. 3 LAbfWAG – Rheinland-Pfalz, § 10 Abs. 1 EGAB Sachsen und § 20 Abs. 1 AbfAG Thüringen.

[371] VGH Baden-Württemberg, UPR 1994, 271.
[372] RN 467 ff.
[373] Vgl. § 21 Absatz 1 Hessisches AbfAG, § 28 Absatz 3 LAbfWAG Rheinland-Pfalz, § 20 Absatz 1 AbfAG Thüringen, § 13 Absatz 3 Bremisches Ausführungsgesetz zum Gesetz über die Vermeidung und Entsorgung von Abfällen, aber auch § 10 Absatz 3 BodSchG Baden-Württemberg und § 10 Absatz 5 EGAB Sachsen.

Sanierungsauflagen ein eigenes Geschäft durchführt.[374] Auch ein Gesamtschuldnerausgleich nach § 426 BGB soll nicht eröffnet sein, da sich Zustands- und Handlungsstörer nicht gleichrangig gegenüber stehen, solange der Handlungsstörer seinerseits nicht durch eine entsprechende Ordnungsverfügung in Anspruch genommen worden ist.[375] Zumindest Letzteres erscheint jedoch weder überzeugend, noch führt die betreffende Rechtssprechung im Einzelfall zu befriedigenden Ergebnissen.[376]

473 Soweit die Verursachung der Altlasten bereits vor dem Erwerb des Grundstücks durch den in Anspruch genommenen Zustandsverantwortlichen abgeschlossen war (was häufig der Fall ist) scheidet auch eine Inanspruchnahme aus **unerlaubter Handlung** gemäß § 823 Absatz 1 BGB mangels Verletzung des Integritätsinteresses aus, da der Erwerber eines bereits kontaminierten Grundstücks zu keinem Zeitpunkt Inhaber von mangelfreiem Eigentum war.[377] Eine Inanspruchnahme des Verursachers ist nur in den Fällen möglich, in denen der Geschädigte beweisen kann, daß die Schadstoffe erst nach dem Erwerb des Grundstücks entstanden bzw. in das Grundstück eingetragen wurden. Ein solcher Beweis läßt sich jedoch häufig nicht mehr führen. Etwas anderes kann sich auch ergeben, wenn sich der in Anspruch genommene Zustandsstörer Schadensersatzansprüche seines Voreigentümers wegen etwaiger Altlastenschäden hat abtreten lassen. Auch eine haftungsrechtliche Inanspruchnahme nach § 22 WHG und/oder § 823 Absatz 2 BGB in Verbindung mit einschlägigen spezialgesetzlichen abfall- und/oder wasserrechtlichen Vorschriften scheidet in der Regel aus.[378]

474 • **Ansprüche gegen den Grundstücksverkäufer und früheren Eigentümer.** Zwar handelt es sich bei Bodenkontaminationen um **Sachmängel** im Sinne des gesetzlichen Gewährleistungsrechts.[379] Eine Inanspruchnahme des früheren Eigentümers aus vertraglichen Gewährleistungsansprüchen wird gleichwohl regelmäßig ausscheiden, da **Gewährleistungs- und Haftungsansprüche** in dem Grundstückskaufvertrag häufig wirksam

---

[374] BGH, NJW 1981, 2457 (2458); BGH, NJW 1990, 2058; Appel/Schlarmann, VersR 1973, 993 (994/997); Diederichsen, BB 1988, 917 (918); Papier, NVwZ 1986, 256 (263); Reuter, BB 1988, 497 (500).
[375] BGH NJW 1981, 245 (248); BGH, BB 1986, 2289 (2291); BGH, NJW 1990, 2058; OLG Düsseldorf, NVwZ 1989, 993 (997); Breuer, JuS 1986, 359 (364); so auch: Giesberts, S. 199 ff.; offenlassend: VGH Kassel, NJW 1984, 1197 (1198).
[376] Kritisch auch: Breuer, NVwZ 1987, 751; Dombert, Altlastensanierung in der Rechtspraxis, 1990, S. 61; Kloepfer/Thull, DVBl. 1989, 1121 (1125 ff.); Kohler/Gehring, NVwZ 1992, 1049, 1050; Raeschke-Kessler, DVBl. 1992, 689; Seibert, DÖV 1983, 964; Seibert, DVBl. 1992, 673; Oerder, NVwZ 1992, 1031 (1038).
[377] BGH, NuR 1987, 141; BGH NJW 1983, 810.
[378] Marburger, Sonderdruck aus „Jahrbuch des Umwelt- und Technikrechts" 1987, Band III, S. 107 ff. m. w. N.
[379] LG Bochum, BB 1989, 651.

ausgeschlossen worden und darüber hinaus in der Regel verjährt sind; gemäß § 477 BGB verjähren Gewährleistungsansprüche für Grundstücke innerhalb eines Jahres nach Besitzübergang.[380] Im übrigen sind die kaufrechtlichen Gewährleistungsansprüche grundsätzlich nur auf die Rückgängigmachung des Kaufvertrages (Wandelung) oder auf die Herabsetzung des Kaufpreises (Minderung) gerichtet.[381] Schadensersatz kann nur ausnahmsweise verlangt werden, wenn der Verkäufer die Altlastenfreiheit des Grundstücks ausdrücklich zugesichert oder das Vorliegen von Verunreinigungen – trotz konkreter Anhaltspunkte – „ins Blaue hinein" verneint hatte.[382] Auch eine Haftung aus unerlaubter Handlung gemäß § 823 Abs. 1 BGB scheidet aus: Der Verkauf eines bereits mängelbelasteten Grundstücks stellt nach anerkannter Rechtsprechung keine Eigentumsverletzung dar, da der Erwerber hier von vornherein nur *mängelbehaftetes* Eigentum erhält.[383]

- **Ansprüche gegen die Kommune als Planungsträger.** Altlasten können unter Umständen auch Ersatzansprüche gegen die öffentliche Hand auslösen. Bei der Aufstellung von Bauleitplänen (und auch bei der Erteilung von Baugenehmigungen) sind die Gemeinden verpflichtet, unter anderem Gesundheitsgefahren zu berücksichtigen, die von Altlasten ausgehen.[384] Die Gemeinden können sich daher gemäß § 839 Absatz 1 BGB unter dem Gesichtspunkt der **Amtshaftung** schadensersatzpflichtig machen, wenn sie das bestehende Gefahrenpotential für die menschliche Gesundheit im Zuge ihrer Aufgabenerfüllung unberücksichtigt lassen und bei Dritten infolgedessen Schäden entstehen.[385] Ob und ggfs. inwieweit der Geschädigte Schadensersatz beanspruchen kann, ist jedoch stets Frage des Einzelfalls. Zu berücksichtigen sind von der Gemeinde nur solche Gefahrenpotentiale, die ihr im Zeitpunkt der schadensauslösenden Entscheidung bekannt sind oder bekannt sein müßten.[386] Einer Gefähr-

475

---

[380] Vgl. hierzu jedoch auch die Rechtsprechung zu den kaufvertraglichen Aufklärungspflichten des Verkäufers bei eindeutigen Hinweisen auf das Vorhandensein von Altlasten (beispielsweise aufgrund von Vornutzungen des Grundstücks) und der sich hieraus ergebenden Möglichkeit einer dreißigjährigen Verjährungsfrist und der Inanspruchnahme auf Schadensersatz: BGH NJW 1991, 2900; BGH, UPR 1992, 25; BGH, UPR 1994, 62.
[381] Vgl. Fußnote 360.
[382] Vgl. Fußnote 360.
[383] BGH, NuR 1987, 141; BGH, BB 1986, 2290 (2291); BGH, NJW 1983, 810; Reuter, BB 1988, 497 (500).
[384] Kummer in: Bauplanungsrecht – Gestaltungsmöglichkeiten der Standortplanung und -realisierung, in: von Drygalski/Welter, Immobilienhandbuch Ost, S. 557; entsprechende Kennzeichnungspflichten bei der Aufstellung von Flächennutzungs- und Bebauungsplänen ergeben sich aus § 5 Absatz 3 Nr. 3 bzw. aus § 9 Absatz 5 Nr. 3 BauGB.
[385] BGHZ 106, 323; BGH, UPR 1992, 261; BGH, DÖV 1991, 799; Knopp, NJW 1992, 2657; Ossenbühl, DÖV 1992, 761; Raeschke-Kessler, DVBl. 1992, 683.
[386] BGH, VersR 1989, 396.

dungshaftung für unerkennbare Schadstoffbelastungen unterliegt die Gemeinde ebenso wenig wie einer Verpflichtung zur Überprüfung des zu beplanenden Areals ohne hinreichende Verdachtsmomente. Auch die bloße Kenntnis von einer früheren Nutzung eines Geländes, etwa als Zechen- und Kokereigelände, gibt noch keinen Anlaß zu Bodenuntersuchungen, solange keine konkreten Anhaltspunkte für Bodenkontaminationen vorliegen.[387]

476 Da mit der planerischen Ausweisung eines Geländes zu Bauzwecken kein allgemeines Vertrauen dahingehend begründet wird, daß das betreffende Gebiet nach seiner Bodenbeschaffenheit und -struktur für eine Bebauung geeignet ist,[388] sind grundsätzlich nur diejenigen Schäden zu ersetzen, die Folge der von der Altlast ausgehenden Gesundheitsgefahren sind.[389] Dies schließt unter Umständen aber auch Aufwendungen für Bauten ein, die wegen drohender Gesundheitsgefahren unbewohnbar sind. Ebenso wie die betroffenen Grundstückseigentümer sind auch Mieter eines unbewohnbar gewordenen Hauses als unmittelbar in ihrer Gesundheit Betroffene ebenfalls in den **Schutzbereich der Amtspflichten** einzubeziehen; gleichwohl scheiden Ersatzansprüche des Mieters regelmäßig wegen anderweitiger Ersatzmöglichkeiten (gegenüber dem Vermieter nach § 538 Absatz 1 BGB) gemäß § 839 Absatz 1 Satz 2 BGB aus.[390]

477 cc) **Rechtschutz.** Ordnungsbehördliche Maßnahmen, insbesondere auch im Zuge der Altlastenbewältigung, ergehen als Bescheid in der Form eines Verwaltungsaktes im Sinne von § 35 Verwaltungsverfahrensgesetz. Hiergegen kann der Betroffene **Widerspruch** bei der zuständigen Behörde und – bei einem etwaig negativen Abschluß des Widerspruchsverfahrens durch einen abschlägigen Widerspruchsbescheid – **Anfechtungsklage** bei dem zuständigen Verwaltungsgericht einlegen.

478 Der Widerspruch und die Anfechtungsklage haben nach § 80 Abs. 1 VwGO grundsätzlich **aufschiebende Wirkung,** das heißt, daß der angefochtene Verwaltungsakt bis zur rechtskräftigen Entscheidung über das betreffende Rechtsmittel nicht vollzogen werden darf. Gerade im Zusammenhang mit der Altlastenproblematik sind insoweit jedoch häufig Ausnahmen zu beachten: So entfällt die aufschiebende Wirkung beispielsweise bei unaufschiebbaren Anordnungen und Maßnahmen von Polizeivollzugsbeamten.[391] Gleiches gilt, wenn die zuständige Fachbehörde die **sofortige Vollziehung** der verfügten Maßnahme anordnet. In diesen Fällen besteht für den Betroffenen die Möglichkeit, den vorzeiti-

---

[387] BGH, UPR 1992, 438; BGH, VersR 1993, 1148; BGH NJW 1994, 253 (255).
[388] BGH, UPR 1992, 439.
[389] BGH, VersR 1989, 369; BGH, VersR 1989, 961.
[390] Leinemann, NVwZ 1992, 146.
[391] Vgl. § 80 Abs. 1 Nr. 2 VwGO.

II. Das Altlastenrisiko

gen Vollzug durch einen entsprechenden Antrag bei der betreffenden Behörde[392] bzw. durch die Erwirkung eines entsprechenden Beschlusses beim Verwaltungsgericht[393] zu verhindern, in dem er beantragt, die aufschiebende Wirkung seines Rechtsmittels wieder herzustellen bzw. anzuordnen.

4. Zivilrechtliche Haftung

Altlasten sind Umweltschäden, die regelmäßig weitere Sach-, Vermögens- und/oder Gesundheitsschäden auslösen. Damit stellt sich zwangsläufig die Frage der privatrechtlichen Haftung und der Geltendmachung von Schadensersatzansprüchen. 479

a) Deliktische Haftung aus unerlaubter Handlung

Auch die **zivilrechtliche Haftung** für Altlasten ist nicht einheitlich geregelt. Die zentralen Bestimmungen ergeben sich aus § 823 BGB. Nach § 823 Absatz 1 BGB ist derjenige zum Ersatz des Schadens verpflichtet, der dadurch entsteht, daß ein Dritter infolge einer von ihm schuldhaft (vorsetzlich oder fahrlässig) verursachten Kontamination in seiner Gesundheit beeinträcht oder in seinem Eigentum (beispielsweise durch die Verunreinigung seines Grundstücks durch den Eintrag von Schadstoffen) verletzt wird. 480

Da das **Grundwasser** nach der Naßauskiesungsentscheidung des Bundesverfassungsgerichts[394] nicht mehr zum Grundstückseigentum gehört, läuft die zivilrechtliche Haftung nach § 823 Abs. 1 BGB jedoch in den Fällen häufig leer, in denen lediglich das Grundwasser durch Schadstoffeintrag belastet wird; in diesen Fällen können Schadensersatzansprüche aber gegebenenfalls aus § 823 Abs. 2 BGB in Verbindung mit der Verletzung einschlägiger Schutzgesetze abgeleitet werden. Als Schutzgesetz im Sinne von § 823 Absatz 2 BGB kommen insbesondere wasser-, abfall-, immissionsschutz- und strafrechtliche Bestimmungen in Betracht, so daß auch die Verletzung spezifischer Sorgfalts- und Betreiberpflichten Schadensersatzansprüche auslösen kann.[395] Ob und ggfs. mit welchem spezifi- 481

---

[392] Vgl. § 80 Abs. 4 VwGO.
[393] Vgl. § 80 Abs. 5 VwGO.
[394] BVerfGE 85, 300.
[395] Die zentralen Bestimmungen des Wasserhaushaltsgesetzes lauten:
§ 19 g Anlagen zum Lagern, Abfüllen und Umschlagen wassergefährdender Stoffe
(1) Anlagen zum Lagern und Abfüllen wassergefährdender Stoffe müssen so beschaffen sein und so eingebaut, aufgestellt, unterhalten und betrieben werden, daß eine Verunreinigung der Gewässer oder eine sonstige nachteilige Veränderung ihrer Eigenschaften nicht zu besorgen ist.
(2) . . . .
§ 19 i Pflichten des Betreibers
Der Betreiber einer Anlage nach § 19 g Abs. 1 und Abs. 2 hat ihre Dichtigkeit und die Funktionsfähigkeit der Sicherheitseinrichtungen ständig zu überwachen. . . . .

schen Schutzbereich es sich bei den spezialgesetzlichen umweltrechtlichen Vorschriften um **Schutzgesetze** im Sinne von § 823 Absatz 2 BGB handelt, muß in jedem Einzelfall sorgfältig geprüft werden. Wichtig ist, darauf zu achten, daß die meisten Schutzgesetze im Sinne von § 823 Absatz 2 BGB erst in den letzten Jahren in Kraft getreten sind und daher auf bereits zuvor entstandene Altlasten häufig keine Anwendung finden.

482 Die deliktische Haftung besteht unabhängig davon, ob zwischen dem Schadensersatzverpflichteten und dem Geschädigten vertragliche Beziehungen bestehen. Die deliktische Haftung ist grundsätzlich **verschuldensabhängig**. Regelmäßig obliegt es dem Geschädigten, alle haftungsbegründenden Vorausetzungen zu beweisen. Im Rahmen der deliktischen Haftung kann sich der Anspruchsteller hinsichtlich des **Nachweises der Schadensursächlichkeit** bestimmter Immissionen, aber auch hinsichtlich des **Nachweises der Rechtswidrigkeit** des Verhaltens und des Verschuldens des Emittenten auf zahlreiche Beweiserleichterungen nach den allgemeinen Grundsätzen stützen. Ansprüche aus deliktischer Haftung **verjähren** gemäß § 852 BGB regelmäßig in dreißig Jahren von der Begehung der schädigenden Handlung an, spätestens jedoch innerhalb von drei Jahren von dem Zeitpunkt, in welchem der Geschädigte von dem Schaden und der Person des Ersatzpflichtigen Kenntnis erlangt.

b) Wasserrechtliche Gefährdungshaftung

483 Von zentraler Bedeutung für die Haftung für Gewässerschäden sind die **Gefährdungshaftungstatbestände** des § 22 WHG. Sie lauten:

§ 22 Haftung für die Änderung der Beschaffenheit des Wassers
(1) Wer in ein Gewässer Stoffe einbringt oder einleitet oder wer auf ein Gewässer derart einwirkt, daß die physikalische, chemische oder biologische Beschaffen-

---

§ 19k Besondere Pflichten beim Befüllen und Entleeren
Wer eine Anlage zum Lagern wassergefährdender Stoffe befüllt oder entleert, hat diesen Vorgang zu überwachen und sich vor Beginn der Arbeiten vom ordnungsgemäßen Zustand der dafür erforderlichen Sicherheitseinrichtungen zu überzeugen. Die zulässigen Belastungengrenzen der Anlagen und der Sicherheitseinrichtungen sind beim Befüllen oder Entleeren einzuhalten.
§ 26 Einbringen, Lagern und Befördern von Stoffen
(1) Feste Stoffe dürfen in ein Gewässer nicht zu dem Zweck eingebracht werden, sich ihrer zu entledigen. Schlammige Stoffe rechnen nicht zu den festen Stoffen.
(2) Stoffe dürfen an einem Gewässer nur so gelagert oder abgelagert werden, daß eine Verunreinigung des Wassers oder eine sonstige nachteilige Veränderung seiner Eigenschaften oder des Wasserabflusses nicht zu besorgen ist. Das gleiche gilt für die Beförderung von Flüssigkeiten und Gasen durch Rohrleitungen.
§ 34 Reinhaltung
(1) . . . .
(2) Stoffe dürfen nur so gelagert oder abgelagert werden, daß eine schädliche Verunreinigung des Grundwassers oder eine sonstige nachteilige Veränderung seiner Eigenschaften nicht zu besorgen ist. Das gleiche gilt für die Beförderung von Flüssigkeiten und Gasen durch Rohrleitungen.

heit des Wassers verändert wird, ist zum Ersatz des daraus einem anderen entstehenden Schadens verpflichtet. Haben mehrere die Einwirkungen vorgenommen, so haften sie als Gesamtschuldner.

(2) Gelangen aus einer Anlage, die bestimmt ist, Stoffe herzustellen, zu verarbeiten, zu lagern, abzulagern, zu befördern oder wegzuleiten, derartige Stoffe in ein Gewässer, ohne in dieses eingebracht oder eingeleitet zu sein, so ist der Inhaber der Anlage zum Ersatz eines daraus einem anderen entstehenden Schadens verpflichtet; Absatz 1 Satz 2 gilt entsprechend. Die Ersatzpflicht tritt nicht ein, wenn der Schaden durch höhere Gewalt verursacht ist.

§ 22 WHG erfaßt jedoch nur Gewässerschäden, die nach Inkrafttreten **484** des WHG, das heißt nach dem 01.01.1960, entstanden sind. Eine **Handlungshaftung** gemäß § 22 Absatz 1 WHG scheidet häufig aus, weil es an einer zweckbestimmten, gewässerbezogenen Zuführung fester, flüssiger oder gasförmiger Stoffe fehlt (und zwar unabhängig davon, ob man im Rahmen des § 22 Absatz 1 WHG ein finales, bewußt auf das Ziel des Einleitens oder Einbringens gerichtetes Handeln verlangt).[396] Der Tatbestand von § 22 Absatz 1 WHG kann jedoch auch durch Unterlassen erfüllt werden, vorausgesetzt, es besteht eine Rechtspflicht, die nachteilige Veränderung der Gewässerbeschaffenheit zu verhindern.[397] Eine solche Pflicht kann sich im Einzelfall ergeben, wenn jemand in seinem Verantwortungsbereich einen gefahrdrohenden Zustand schafft oder andauern läßt.[398] Die **Anlagenhaftung** nach § 22 Absatz 2 WHG richtet sich ausschließlich gegen den Inhaber der schadensursächlichen Anlage, nicht aber gegen den hiervon unabhängigen Eigentümer des betroffenen Grundstücks.

Die Haftung nach § 22 WHG ist **verschuldensunabhängig**. Im Einzel- **485** fall kann die Haftung gemäß § 11 Abs. 1 WHG ausgeschlossen sein, wenn die Schädigung konkret auf einer hoheitlich bewilligten Nutzung beruht (sogenannte **Legalisierungswirkung**); zu beachten ist jedoch auch hier die eingeschränkte Entschädigungsmöglichkeit nach § 10 Abs. 2 WHG. Hinsichtlich der **Verjährung** findet § 852 Abs. 1 BGB entsprechende Anwendung. Die Verjährungsfrist beträgt danach 30 Jahre, längstens jedoch 3 Jahre ab dem Zeitpunkt, in dem der Verletzte von der Entstehung des Schadens und der Person des Ersatzpflichtigen Kenntnis erlangt.

c) Haftung nach dem Umwelthaftungsgesetz

Da das **Umwelthaftungsgesetz** nur solche Schäden erfaßt, die nach dem **486** 31.12.1990 verursacht worden sind,[399] ist das Gesetz für Altlastenfälle von nur geringer Relevanz. Die Beweislast dafür, daß die schadensverursachende Umwelteinwirkung nach dem 31.12.1990 verursacht worden ist,

---

[396] So beispielsweise Breuer, Öffentliches und privates Wasserrecht, 2. Aufl., 1987, Rdn. 784.
[397] BGH, VersR 1976, 272.
[398] Wiedemann, AgrarR 1976, 281.
[399] Boecken, VersR 1991, 962; Landsberg/Lülling, DB 1990, 2205 (2211); Schmidt/Salzer, VersR 1991, 9 (17).

trägt nach herrschender Auffassung der Anspruchsteller.[400] Umstritten ist, ob bei der Bestimmung des „Verursachungszeitpunktes" auf den Zeitpunkt der Emission des betreffenden Schadstoffs oder auf den Zeitpunkt der Immission auf das geschützte Rechtsgut abgestellt werden muß.[401]

d) Sonstige Gefährdungshaftungstatbestände

487 Nach § 2 Haftpflichtgesetz ist der Inhaber einer Anlage zur Abgabe von Elektrizität, Gasen, Dämpfen oder Flüssigkeiten sowie sonstiger Stromleitungs- oder Rohrleitungsanlagen verpflichtet, alle Schäden zu ersetzen, die durch die Wirkungen derartiger Energien oder Stoffe entstehen.

e) Beseitigungs- und Abwehransprüche

488 Die vorgenannten Haftungsregelungen berechtigen den Geschädigten Ersatz für den ihm entstandenen Schaden zu verlangen. Ebenso kann der Ersatzpflichtige nach diesen Regelungen aber auch zur Beseitigung des eingetretenen (faktischen) Schadens und zur Durchführung geeigneter **Abwehrmaßnahmen** zur Verhinderung einer fortgesetzten weiteren Schädigung in Anspruch genommen werden. Ein zusätzlicher **Beseitigungs- und Unterlassungsanspruch** ergibt sich aus § 1004 BGB. Entsprechende Abwehranprüche können im Einzelfall jedoch u. a. nach § 14 BImSchG[402] und nach § 906 BGB[403] ausgeschlossen sein.

---

[400] OLG Köln, r+s 1993, 457; Schmidt-Salzer, Haftungsrecht, § 23 UmweltHG Rdn. 14 ff.; anderer Auffassung: Landsberg/Lülling, Umwelthaftungsgesetz, § 23 Rdn. 4; Rolland, Produkthaftungsrecht, 1990, § 16 ProdHaftG RN 5.

[401] Boecken, VersR 1991, 962 (964); Diederichsen/Wagner, VersR 1993, 641 (651).

[402] § 14 BImSchG lautet (Hervorhebungen durch Autor):
§ 14 Ausschluß von privatrechtlichen Abwehransprüchen
Auf Grund privatrechtlicher, nicht auf besonderer Titel beruhender Ansprüche zur Abwehr benachteiligender Einwirkungen von einem Grundstück auf ein benachbartes Grundstück kann **nicht die Einstellung des Betriebs** *einer Anlage verlangt werden, deren* **Genehmigung unanfechtbar** *ist; es können nur Vorkehrungen verlangt werden, die die benachteiligenden Wirkungen ausschließen. Soweit solche Vorkehrungen nach dem Stand der Technik nicht durchführbar oder wirtschaftlich nicht vertretbar sind, kann lediglich Schadensersatz verlangt werden.*

[403] § 906 BGB lautet:
§ 906 Zuführung unwägbarer Stoffe
(1) Der Eigentümer eines Grundstücks kann die Zuführung von Gasen, Dämpfen, Gerüchen, Rauch, Ruß, Wärme, Geräuschen, Erschütterungen und ähnliche von einem anderen Grundstück ausgehende Einwirkungen insoweit nicht verbieten, als die Einwirkung die Benutzung seines Grundstücks nicht oder nur unwesentlich beeinträchtigt.
(2) Das gleiche gilt insoweit, als eine wesentliche Beeinträchtigung durch eine ortsübliche Benutzung des anderen Grundstücks herbeigeführt wird und nicht durch Maßnahmen verhindert werden kann, die Benutzern dieser Art wirtschaftlich unzumutbar sind. Hat der Eigentümer hiernach eine Einwirkung zu dulden, so kann er von dem Benutzer des anderen Grundstücks einen angemessenen Ausgleich in Geld verlangen, wenn die Einwirkung eine ortsübliche Benutzung seines Grundstücks oder dessen Ertrag über das zumutbare Maß hinaus beeinträchtigt.

Kummer

II. Das Altlastenrisiko

f) Vertragliche Gewährleistungs- und Haftungsansprüche

Unbeschadet der allgemeinen deliktischen Haftungsansprüche können zusätzliche vertragliche Gewährleistungs- und Haftungsansprüche eingreifen, sofern zwischen dem Geschädigten und dem für den Schadenseintritt Verantwortlichen vertragliche Beziehungen bestehen. Im Rahmen der Altlastenhaftung kommen vertragliche Ansprüche regelmäßig nur zwischen dem Käufer und dem Verkäufer eines kontaminierten Grundstücks in Betracht. Von zentraler Relevanz ist dabei die allgemeine kaufrechtliche Gewährleistungsregelung für Sachmängel in § 459 BGB.

Daß es sich bei Altlasten um Sachmängel im Sinne von § 459 BGB handelt, ist allgemein anerkannt.[404] Gleichwohl sind die kaufrechtlichen Gewährleistungs- und Haftungsregelungen bei Altlastenfällen nur von untergeordneter Bedeutung, sofern die Haftungslage zugunsten des Erwerbers nicht durch zusätzliche vertragliche Regelungen modifiziert worden ist.[405] Diese nur eingeschränkte Relevanz hat im wesentlichen folgende Gründe:

* Altlasten werden häufig erst Jahre nach dem Verkauf des betroffenen Grundstücks erkannt. Oft ist der Verkäufer zu diesem Zeitpunkt überhaupt nicht mehr greifbar, sei es in tatsächlicher oder wirtschaftlicher Hinsicht.
* Vielfach sind Gewährleistungsansprüche vertraglich ausgeschlossen worden.
* Gemäß § 477 BGB verjähren die Gewährleistungsansprüche regelmäßig bereits nach Ablauf eines Jahres nach der Übergabe des Grundstücks. Da Altlasten jedoch häufig erst Jahre nach dem Vollzug des Kaufvertrages zu Tage treten, sind eventuelle Ansprüche häufig verjährt.[406]
* Nach § 462 BGB kann der Käufer im Falle eines Sachmangels grundsätzlich nur Rückgängigmachung des Kaufs (Wandelung) oder Herabsetzung des Kaufpreises (Minderung) verlangen. Ersatz des ihm infolge der Altlasten entstandenen Schadens (z.B. Sanierungskosten sowie Betriebsunterbrechungsschäden etc.) kann er nach § 463 BGB hingegen nur in den Fällen beanspruchen, in denen ihm der Verkäufer die Altlastenfreiheit ausdrücklich zugesichert hat oder ihm arglistig verschwiegen hat, daß das verkaufte Grundstück nicht mit Altlasten belastet ist. Dies ist jedoch zumeist nicht der Fall.[407]

Bereits die vorstehenden Ausführungen belegen die Wichtigkeit einer umsichtigen, vorbeugenden Vertragsgestaltung.[408]

---

[404] BGH, BB 1989, 57; LG Bochum, BB 1989, 651.
[405] RN 516 ff.
[406] Vgl. hierzu jedoch auch Fußnote 360.
[407] Vgl. jedoch auch Fußnote 360.
[408] Siehe hierzu RN 516 ff.

g) Der Schadensersatzpflichtige

492 **Schadensersatzpflichtig** sind alle natürlichen und juristischen Personen, die den einschlägigen Haftungs- bzw. Gewährleistungstatbestand erfüllt haben. Bei einer Schädigung im Rahmen gewerblicher Tätigkeiten sind dies zunächst einmal die verantwortlichen Unternehmen als juristische Personen, daneben aber regelmäßig auch die individuellen Mitglieder der Geschäftsleitung und gegebenenfalls auch leitende und sonstige Angestellte, sofern sie für den betreffenden Aufgabenbereich zuständig und mit eigenen Weisungsrechten ausgestattet waren.

493 Grundsätzlich nicht schadensersatzpflichtig sind hingegen die (**Umwelt-**)**Betriebsbeauftragten**, sofern sie nicht ausnahmsweise in Linienverantwortung eingebunden worden sind[409] und sie ihren unterstützenden Aufgaben nachgekommen sind.

494 Unternehmen haften auch für ihre Angestellten und **Erfüllungsgehilfen** bzw. **Verrichtungsgehilfen**; das Verschulden ihrer Mitarbeiter und Erfüllungs- bzw. Verrichtungsgehilfen müssen sie sich in der Regel gemäß § 278 BGB bzw. § 831 BGB zurechnen lassen. Eine **Haftungsfreistellung** („**Exculpation**") ist unter Umständen durch die Delegierung der betreffenden Aufgaben auf nachgeordnete Unternehmensebenen möglich, wenn die ordnungsgemäße Erledigung der Aufgaben durch ausreichende organisatorische Maßnahmen sichergestellt ist. Eine Enthaftung des Delegierenden tritt nur insoweit ein, als er seine Sorgfaltspflichten bei der umsichtigen Auswahl, Anleitung und Überwachung des Delegationsempfängers erfüllt hat.[410]

495 Im Falle einer Firmenfortführung und/oder bei der Übernahme des wesentlichen Vermögens des Schadensersatzpflichtigen kann sich die zivilrechtliche Haftung gemäß § 25 HGB bzw. § 419 BGB auch auf den **Rechtsnachfolger** fortsetzen.

5. Die strafrechtliche Verantwortlichkeit für Altlasten

a) Straftaten gegen die Umwelt

496 Mit Wirkung zum 01.07.1980 wurden die bis dahin auf einzelne sektorale Spezialgesetze verteilten Bestimmungen des **Umweltstrafrechts** aus ihrem bisherigen gesetzlichen Umfeld herausgelöst und mit einigen Modifikationen in den §§ 324 bis 330d StGB zusammengefaßt. Infolge des nach wie vor wachsenden Umweltbewußtseins sowie des personellen und technischen Ausbaus der Ermittlungsbehörden haben die Verfolgun-

---

[409] Was aufgrund der für sie damit zwangsläufig vorgegebenen Möglichkeit von Interessenkonfliktsituationen bereits persé den Vorwurf einer unzureichenden Betriebsorganisation und damit eine Inanspruchnahme der Unternehmensleitung wegen Organisationsverschuldens begründen kann.

[410] BGH, NJW 1990. 2560; Reuter, DB 1993, 1605.

gen von Umweltdelikten in den vergangenen Jahren deutlich zugenommen.[411] Für die industrielle Praxis sind sich dabei vor allem die vier Grundtatbestände der unbefugten Gewässerverunreinigung (§ 324 StGB), der unbefugten Luftverunreinigung und Lärmbelästigung (§ 325 StGB), der umweltgefährdenden Abfallbeseitigung (§ 326 StGB) und das unerlaubte Betreiben von Anlagen (§ 327 StGB) von besonderer Relevanz.

Nach dem bisherigen Umweltstrafrecht war die Reinhaltung des Bodens im wesentlichen nur durch den Straftatbestand der umweltgefährdenden Abfallbeseitigung gemäß § 326 StGB in Bezug auf unbefugte Verunreinigungen durch Abfälle partiell geschützt.[412] Mit dem durch das 31. Strafrechtsänderungsgesetz vom 27. Juni 1994 neu eingefügten § 324a StGB wurden **Bodenverunreinigungen** erstmals umfassend sanktioniert.[413] § 324a StGB lautet:

§ 324a Bodenverunreinigung
(1) Wer unter Verletzung verwaltungsrechtlicher Pflichten Stoffe in den Boden einbringt, eindringen läßt oder freisetzt und diesen dadurch
1. in einer Weise, die geeignet ist, die Gesundheit eines anderen, Tiere, Pflanzen oder andere Sachen von bedeutendem Wert oder ein Gewässer zu schädigen, oder
2. in bedeutendem Umfang
verunreinigt oder sonst nachteilig verändert, wird mit Freiheitsstrafe bis zu fünf Jahren oder mit Geldstrafe bestraft.
(2) Der Versuch ist strafbar.
(3) Handelt der Täter fahrlässig, so ist die Strafe Freiheitsstrafe bis zu drei Jahren oder Geldstrafe.

In den neuen Bundesländern ist das Umweltstrafrecht des Bundes übernommen worden. Bereits zuvor existierten in der **ehemaligen DDR** mit den § 191a StGB DDR auch schon Strafbestimmungen zum Schutz von Wasser, Boden und Luft, die dann verwirklicht waren, wenn der Täter unter Verletzung gesetzlicher oder beruflicher Pflichten den Boden, das Wasser oder die Luft mit schädlichen Stoffen verunreinigte und dadurch eine Gemeingefahr herbeiführte. Durch den Einigungsvertrag wurde § 191a StGB DDR mit folgendem Wortlaut modifiziert:

§ 191a – Verursachung einer Umweltgefahr
(1) Wer unter Verletzung verwaltungsrechtlicher Pflichten eine Verunreinigung des Bodens mit schädlichen Stoffen oder Krankheitserregern in bedeutendem Umfange verursacht, wird mit Freiheitsstrafe bis zu fünf Jahren oder mit Geldstrafe bestraft.
(2) Der Versuch ist strafbar.

---

[411] Schmidt-Salzer, VersR 1990, 124; Reuter, DB 1993, 1605.
[412] Vgl. jedoch auch den ergänzenden Strafrechtsschutz durch § 329 Absatz 3 StGB im Bezug auf besonders schützenswerte Böden und durch § 330 Absatz 2 StGB bezüglich gärtnerisch und landwirtschaftlich genutzter Böden.
[413] Zweites Gesetz zur Bekämpfung der Umweltkriminalität vom 27.06. 1994 (BGBl. I S. 1440).

(3) Handelt der Täter fahrlässig, so ist die Strafe Freiheitsstrafe bis zu zwei Jahren oder Geldstrafe.
(4) Verwaltungsrechtliche Pflichten i.S.d. Abs. 1 verletzt, wer gegen eine Rechtsvorschrift, eine vollziehbare Untersagung, Anordnung oder Auflage verstößt, die dem Schutz des Bodens vor Verunreinigung dient.

499 Trotz ihrer Unterschiedlichkeiten gilt für alle umweltrechtlichen Strafbestimmungen gemeinsam folgendes: **Genehmigungskonformes Verhalten** ist aufgrund des Grundsatzes der Verwaltungsakzessorietät strafrechtlich irrelevant; wer sich genehmigungskonform verhält, kann sich also grundsätzlich nicht strafbar machen. Die Straftatbestände erfassen darüber hinaus stets nur ein schuldhaftes Verhalten; neben der Erfüllung der objektiven Straftatbestandvoraussetzungen und der Rechtswidrigkeit seines Handelns muß bei dem Verantwortlichen also stets ein **schuldhaftes Verhalten** in Form von Vorsatz oder Fahrlässigkeit hinzukommen. Aufgrund des **verfassungsrechtlichen Rückwirkungsverbotes** sind nur solche Handlungen (und strafrechtlich relevante Unterlassungen) strafbar, für die die betreffenden Straftatbestände bereits im Zeitpunkt ihrer Verwirklichung bestanden; in jedem Einzelfall ist daher zu prüfen, ob das relevante Verhalten „im Zeitpunkt der Tat" bereits unter Strafe gestellt war. Gerade bei Altlastenfällen ist dies von besonderer Bedeutung.

b) Persönliche Verantwortung der Mitglieder der Unternehmensleitung und der Mitarbeiter von Unternehmen für Umweltstraftaten

500 Juristische Personen sind nicht strafrechtlich verantwortlich. Die **strafrechtliche Verantwortung** für unternehmensbezogene Umweltstraftaten trifft daher nicht das betroffene Unternehmen, sondern diejenigen Organe und Mitarbeiter des betroffenen Unternehmens persönlich, die durch ihre Handlung einen Straftatbestand verwirklicht haben.[414] Danach ergibt sich folgende Situation:

501 Rechtlich eindeutig sind diejenigen Fälle, in denen ein Mitglied der Geschäftsleitung oder ein sonstiger Mitarbeiter des Unternehmens unmittelbar selbst eine strafrechtlich relevante Handlung vornimmt oder vornehmen läßt.[415] Nach den allgemeinen Regeln von Täterschaft und Teilnahme[416] können sie unproblematisch – vom Arbeitnehmer als sogenannter Letztverursacher bis hin zum Vorstandsmitglied – strafrechtlich persönlich zur Verantwortung gezogen werden.[417]

---

[414] Schmidt-Salzer, Produkthaftung, 2. Auflage 1988, Band I „Strafrecht", RN 1071 ff.; Tiedemann, NJW 1986, 1842 ff.
[415] BGH, NJW 1990, 2560; Ebenroth/Willburger, BB 1991, 1941 (1942); Schmidt-Salzer, Umwelthaftungsrecht, RN 134 ff.
[416] Vgl. §§ 25 ff. StGB.
[417] BGH, NJW 1990, 2560; Reuter, DB 1993, 1605; Ebenroth/Willburger, BB 1991, 1941 (1942).

II. Das Altlastenrisiko

Schwieriger gestalten sich die Fälle, in denen die Umweltbeeinträchtigung nicht durch Einzelpersonen hervorgerufen wurde, sondern ihren Ursprung in allgemeinen „Unternehmungen" der industriellen Produktion hat. In diesen Fällen trifft die strafrechtliche Veranwortung zunächst die Mitglieder der Geschäftsleitung bzw. des Vorstandes, da es aufgrund ihrer Funktion als vertretungsberechtigte Organe des Unternehmens[418] in ihre Zuständigkeit fällt, von der Produktion ausgehende Gefahren zu vermeiden. Die Unternehmensleitung könnte daher versuchen, sich ihrer strafrechtlichen Verantwortung dadurch zu entziehen, daß sie die Verantwortung für den Bereich des Umweltschutzes an nachgeordnete Mitarbeiter, wie z. B. Werks-, Betriebs- oder Schichtleiter delegiert, die nach der herrschenden Auffassung nur dann strafrechtlich verantwortlich sind, wenn ihnen neben der bloßen Zuständigkeit für die Wahrnehmung der betreffenden Aufgaben auch eine entsprechende innerbetriebliche Entscheidungsmacht und Weisungskompetenz übertragen wird.[419] Allerdings darf nicht übersehen werden, daß die Verantwortung für wesentliche Grundentscheidungen des Unternehmens nach dem **„Prinzip der Leitungsmacht"** stets bei der Unternehmensleitung selbst verbleibt. Daß Fragen des Umweltschutzes zu den unternehmerischen Grundaufgaben gehören, ist unzweifelhaft. Folglich können sich die Mitglieder der Unternehmensleitung ihrer strafrechtlichen Verantwortung durch eine Veranwortungsdelegation nicht vollständig entziehen: Bei ihnen verbleiben stets die grundlegenden Organisations-, Aufsichts- und Kontrollpflichten, bei deren Verletzung sie sich nach § 13 StGB durch Unterlassen strafbar machen können.

502

Als Ergebnis kann somit festgehalten werden, daß sich das Risiko der Geschäftsleitungsmitglieder, wegen Umweltdelikten gemäß §§ 324 ff. StGB persönlich strafrechtlich zur Verantwortung gezogen zu werden, effektiv nur durch die Implementierung eines wirksamen Umwelt-Controlling-Systems ausscheiden läßt. Grundvoraussetzung hierfür ist, daß die Verantwortung für den Bereich des Umweltschutzes bei einem Mitglied der Geschäftsführung (bzw. bei mehreren Mitgliedern nur nach eindeutig geregelter Aufgaben- und Kompetenzverteilung) angesiedelt ist und den nachgeordneten Mitarbeitern lediglich Überwachungspflichten und -kompetenzen übertragen werden, nicht aber die eigentliche „Grundverantwortung" für den Umweltbereich.

503

Heftig umstritten und im einzelnen noch ungeklärt ist die Frage, ob Grundstückseigentümer und -besitzer für von anderen hervorgerufene Altlasten strafrechtlich in Anspruch genommen werden können, weil sie es **unterlassen** haben, zumutbare Sicherungs- und/oder Sanierungsmaßnahmen durchzuführen. Nach einer vertretenen Auffassung soll bei-

504

---

[418] Vgl. § 14 Abs. 1 Nr. 1 StGB.
[419] Dreher/Tröndle, Strafgesetzbuch-Kommentar, 44. Aufl., § 324 RN 9.

spielsweise der Erwerber eines mit Altlasten belasteten Grundstücks dafür verantwortlich sein, daß aus der Altlast Sickerwasseraustritt, sofern er die hiermit verbundenen Grundwassergefahren nicht innerhalb einer ihm zumutbaren Frist beseitigt.[420] Ob dieser Auffassung zumindest in dieser Generalität gefolgt werden kann, erscheint jedoch zweifelhaft.

c) Verfolgungsvoraussetzungen

505 Bezüglich des Straftatbestandes der umweltgefährdenden Abfallbeseitigung gemäß § 326 StGB dürfte in Bezug auf Altlastenfälle in der Regel **Strafverfolgungsverjährung** eingetreten sein. Die Verjährung beträgt fünf Jahre; bei fahrlässiger Begehung tritt die Strafverfolgungsverjährung innerhalb von drei Jahren ein. Problematischer verhält es sich bei dem Tatbestand der Gewässerverunreinigung nach § 324 StGB: Bei § 324 StGB beginnt die Verjährungsfrist erst mit der Beendigung der Gewässerverunreinigung. Wird nun durch Altablagerungen im Boden im Laufe der Zeit das Grundwasser beispielsweise durch in das Erdreich eindringendes Oberflächenwasser fortlaufend verunreinigt, ist die Verjährungsfrist noch überhaupt nicht in Gang gesetzt worden. Da Schadstoffe oft lange Zeit in „Altlasten" lagern, kann kontaminiertes Wasser häufig noch nach Jahrzehnten in das Grundwasser gelangen. Infolge der andauernden Schädigung ist eine Verfolgungsverjährung daher in der Praxis regelmäßig noch nicht eingetreten.

d) Rechtsfolgen der Tat

506 Gegen Ersttäter werden bei Fahrlässigkeitsdelikten in der Regel „nur" **Geldstrafen** verhängt. Bei Vorsatztaten muß, insbesondere bei § 330 StGB, auch mit Freiheitsstrafen gerechnet werden. Der zulässige Strafrahmen ergibt sich aus dem jeweiligen Straftatbestand. Geldstrafen werden dabei nicht in absoluten Beträgen festgesetzt, sondern in Tagessätzen. Je nach Schwere der Tat beträgt die Anzahl der festgesetzten Tagessätze zwischen mindestens 5 und höchstens 360. Die Höhe der Tagessätze richtet sich nach den individuellen persönlichen und wirtschaftlichen Verhältnissen des Täters (Netto-Monatseinkommen abzüglich dauernder Belastungen etc.).

507 Als im privaten Rechtsverkehr **vorbestraft** gilt, wer zu einer Geldstrafe von über 90 Tagessätzen verurteilt worden ist. Als häufig empfindliche weitere Konsequenz eines Umweltstrafverfahrens bleibt jedoch stets der mit der Durchführung eines Ermittlungs- und/oder Strafverfahrens zwangsläufig verbundene Imageverlust des betroffenen Unternehmens.

508 Nach §§ 73 ff. StGB können die Vermögensvorteile, die ein Unternehmen durch rechtswidriges Handeln ihrer Mitarbeiter erlangt hat, eingezogen werden. Hierzu sollen – zumindest nach einzelner Auffassung –

---

[420] Franzheim, WISTRA 1989, 87; Franzheim, ZfW 1987, 9.

auch die Unternehmensgewinne gehören, die durch die Einsparung an sich notwendiger Umweltschutzvorkehrungen erzielt worden sind.[421]

6. Risikovorsorge und Haftungsvermeidungsstrategien beim Unternehmenskauf

a) Ausgangssituation

Altlasten können mit erheblichen Kostenbelastungen verbunden sein. Bei dem Verkauf eines Unternehmens besitzt der Veräußerer daher regelmäßig ein großes Interesse daran, die Haftung für eventuelle Altlasten durch den Ausschluß jedweder Gewährleistung für etwaige Sachmängel so weit wie möglich auszuschließen. Derartige **Gewährleistungsausschlüsse** sind zulässig. In den Fällen, in denen der Veräußerer über eindeutige Hinweise auf das (mögliche) Vorliegen von Altlasten verfügt, ist er jedoch verpflichtet, den Käufer hierüber – auch ungefragt – aktiv aufzuklären. Anderfalls wäre der Gewährleistungsausschluß infolge „arglistigen Verschweigens" gemäß § 476 BGB nichtig; gleichzeitig würde sich der Veräußerer dem Risiko einer (vollen) Schadensersatzpflicht nach § 463 Satz 2 BGB mit einer nach § 477 Abs. 1 BGB grundsätzlich dreißigjährigen Verjährungsfrist aussetzen.[422] Eine solche **Offenbarungspflicht** besteht für den Veräußerer jedoch nur dann, wenn eindeutige Hinweise auf mögliche Altlasten vorliegen. Bloße Anhaltspunkte reichen nicht aus.[423] Die Grenze zwischen „eindeutigen Hinweisen" und „bloßen Anhaltspunkten" ist fließend. Der Veräußerer kann dem Risiko einer eventuellen Inanspruchnahme nach § 463 BGB in Verbindung mit § 476 BGB jedoch dadurch vorbeugen, daß er den Käufer über alle eventuell bedeutsamen Umstände informiert und dies vertraglich festgehalten wird. Eine solche Regelungen könnte beispielsweise lauten:

„Dem Käufer ist bekannt, daß das Grundstück ..... im Zeitraum von ..... bis .... als ..... genutzt wurde und deshalb ökologische Altlasten nicht auszuschließen sind. Dem Käufer ist der aktuelle Zustand des Grundstücks durch eingehende Ortsbesichtigungen bekannt. Der Käufer hat Gelegenheit gehabt, das Grundstück und das Grundwasser auf eventuelle Verunreinigungen untersuchen zu lassen."

Im Gegensatz zu dem Verkäufer besitzt der Erwerber ein vitales Interesse daran, möglichst jedes Haftungsrisiko wegen eventueller Altlasten auszuschließen: Als Zustandsverantwortlicher kann der Erwerber eines Altlastengrundstücks auch dann in Anspruch genommen werden, wenn er die Verunreinigungen nicht selbst verursacht hat. Angesichts der hohen Kosten für die ingenieurtechnische Bearbeitung von Altla-

---

[421] Franzheim, WISTRA 1989, 87.
[422] BGH, UPR 1994, 62; BGH, UPR 1992, 25; BGH, WM 1970, 162.
[423] BGH, UPR 1994, 62.

stenfällen und einer Deponierung von eventuell auszukoffernden Kontaminationsmaterial können auf den Erwerber ganz erhebliche Kosten zukommen. Nicht selten erweisen sich Altlasten darüber hinaus auch deshalb als problematisch, weil sie notwendige bauliche Maßnahmen auf dem kontaminierten Grundstück blockieren oder zumindest signifikant verteuern. Hinzu kommt, daß eine Regreßnahme bei dem Verursacher häufig ausscheidet, sei es, weil der Verursacher nicht mehr leistungsfähig ist, sein Verursachungsbeitrag nicht mehr zweifelsfrei nachgewiesen werden kann oder weil die hierfür notwendigen rechtlichen Grundlagen fehlen.[424]

b) Die gebotene Aufklärung der Altlastensituation vor Abschluß des Kaufvertrages

511 Unabhängig von dem **Kostenrisiko** bedeuten Altlasten für gewerblich genutzte Grundstücke häufig auch Gewinnausfälle und sonstige **Beeinträchtigungen**, zum Beispiel dadurch, daß der Betriebsablauf durch die Sanierungsmaßnahmen behindert wird oder notwendige bauliche Maßnahmen verhindert werden. Dabei ist auch folgender Aspekt zu berücksichtigen:

512 Selbst in den Fällen, in denen sich in dem Erdreich eines Grundstücks Verunreinigungen befinden, besteht in der Regel kein weiterer Handlungsbedarf, solange von den Schadstoffen keine Gefahr für die öffentliche Sicherheit ausgeht. Dies ändert sich jedoch schlagartig, wenn das kontaminierte Erdreich im Zuge von Gründungsarbeiten oder sonstigen baulichen Maßnahmen ausgekoffert wird. Sobald die feste Verbindung des verunreinigten Erdreichs durch Aushub gelöst wird, wird dieses zur „beweglichen Sache" und damit automatisch zu „**Abfall**", der nach den allgemeinen abfallrechtlichen Grundsätzen einer geordneten gefahrlosen Entsorgung zugeführt werden muß.[425] Häufig handelt es sich bei dem kontaminierten Aushub sogar um „gefährlichen Abfall" (Sondermüll),

---

[424] RN 471 ff.
[425] BVerwG, Urteil vom 24.06. 1993–7 C 11.92; OVG Lüneburg, NuR 1987, 86; OVG Koblenz, NVwZ 1985, 436; OVG NW, NuR 1983, 243; OLG Zweibrücken, NVwZ 1983, 180; VGH Mannheim, NVwZ 1990, 781; Altenmüller, DÖV 1978, 27 (29); Franzen, Grundzüge des Umweltrechts, S. 411 f.; Oerder, NVwZ 1992, 1032; Paetow, NVwZ 1990, 510 (512 f.); Nach den Grundsätzen des sogenannten „objektiven Abfallbegriffs" kann die Abfalleigenschaft von kontaminiertem Abbruch- bzw. Aushubmaterial in der Regel auch nicht dadurch ausgeschlossen werden, daß dem Aushub noch ein Gebrauchs- oder Handelswert als Wirtschaftsgut zuerkannt werden kann: VGH Kassel, NJW 1987, 393; OVG Berlin OVGE 15, 138; VGH Kassel, NVwZ 1986, 662; OVG Lüneburg, Urteil vom 25.03. 1982–3 OVG A 143/81; Hess. VGH, ZfW 1974, 362 (363 f.); Eckert, NVwZ 1987, 951 (952); vgl. hierzu jedoch auch für mögliche Argumentationsansätze: OLG Hamm, NuR 1980, 134; OLG Karlsruhe, Die Justiz 1977, 25; OLG Köln, MDR 1981, 518; OLG Zweibrücken, NVwZ 1983, 180; OVG NW, NVwZ 1983, 243; OLG Düsseldorf, NuR 1984, 76; BayObLG NJW 1975, 396; OVG Hamburg, DÖV 1975, 862.

der nur auf besonderen Deponien abgelagert werden darf. Selbst wenn überhaupt ausreichende Deponiekapazität in der Umgebung vorhanden sein sollte, sind die hiermit verbundenen Entsorgungskosten erheblich. Werden Altlasten angetroffen, wird die Durchführung baulicher Maßnahmen von den Baugenehmigungsbehörden regelmäßig von einer vertiefenden Gefährungsabschätzung und der Erarbeitung eines Sanierungs- bzw. Entsorgungskonzeptes abhängig gemacht. Dringend notwendige betriebliche Erweiterungen und Modernisierungen können sich hierdurch um mehrere Monate verzögern.

Bereits die vorstehenden Ausführungen machen deutlich, daß selbst die bestmögliche Vertragsgestaltung nicht in der Lage ist, sämtliche Altlastenrisiken auszuschließen. Die umsichtigste Regelung ist wertlos, wenn nachträglich Altlasten zu Tage treten sollten, die betriebsnotwendige Investitionen verhindern oder zumindest erheblich verzögern. Dies gilt um so mehr, wenn noch nicht einmal eine Regreßnahme möglich ist, weil der Verkäufer über keine ausreichenden wirtschaftlichen Mittel mehr verfügt. Für den Erwerber ist es daher sinnvoll, sich bereits *vor* einer vertraglichen Bindung mit dem Käufer **über den Zustand** des zu erwerbenden Grundstücks und das Vorliegen eventueller Altlasten zu **vergewissern**. Nur so kann er das Altlastenrisiko beurteilen und sich eine ausreichende Bewertungsgrundlage für die Bemessung des Kaufpreises verschaffen. **513**

Der Erwerber von Unternehmen mit Betriebsgrundstücken sollte sich daher vor dem Abschluß des Kaufvertrages eingehend danach erkundigen, ob bereits Altlastenfälle bekannt geworden sind oder ob aufgrund sensibler Nutzungen und/oder Vornutzungen bzw. eventueller Stör- oder Schadensfälle (Leckagen, Arbeitsunfälle mit wassergefährdenden Stoffen, durch Kriegseinwirkungen zerstörte Anlagen etc.) **Anhaltspunkte für mögliche Altlasten** bestehen. Die Richtigkeit der Auskünfte sollte er sich vom Verkäufer ausdrücklich zusichern lassen. Darüber hinaus sollte sich der Erwerber durch **Ortsbesichtigungen** selbst ein Bild über die aktuelle Grundstückssituation und eventuelle altlastenrelevante Nutzungen in der Nachbarschaft verschaffen.[426] Als zusätzliche Erkenntnisquellen kommen unter anderem eine Einsichtnahme in das **Altlastenkataster**[427] und in die **Bauleitpläne**[428] in Betracht. In den meisten Bundesländern werden bereits Altlastenkataster geführt, in denen Altlastenverdachtsflächen mit Angaben über die physikalische, chemische und biologische Beschaffenheit des Bodens und sich hieraus etwaig ergebender Nutzungseinschränkungen eingetragen sind. Die Zugriffsmöglichkeiten **514**

---

[426] Abhängig von ihrem Migrationsverhalten können Schadstoffe durchaus auch von Nachbargrundstücken eingetragen worden sein/eingetragen werden.
[427] RN 414.
[428] RN 475, Fußnote 364.

auf diese Informationen ergeben sich entweder aus den spezialgesetzlichen Vorschriften[429] oder aus § 4 des Umweltinformationsgesetzes.

515 Zumindest in den Fällen, in denen Verdachtsmomente in Bezug auf das Vorliegen von Altlasten bestehen, kann es sich anbieten, vor dem Abschluß des Kaufvertrages **Gefahrenerforschungsmaßnahmen** durch gezielte Boden- und Grundwasseruntersuchungen durchzuführen. Bei sachgerechter Planung kann häufig schon durch kleinere (wenig kosten- und zeitintensive) Maßnahmen ein für die weitere Orientierung ausreichender Plausibilitätsstatus gewonnen werden.[430] Aus den genannten Gründen[431] sollten in die Untersuchungen insbesondere auch diejenigen Teile des Betriebsgrundstücks einbezogen werden, auf denen bauliche Maßnahmen vorgesehen sind; nur so kann geklärt werden, ob die beabsichtigten Investitionen unproblematisch durchgeführt werden können.

516 Vor der Veranlassung von Boden- und/oder Grundwasseruntersuchungen sollte jedoch geprüft werden, ob und gegebenenfalls inwieweit nach den Abfall- und Bodenschutzgesetzen des jeweiligen Bundeslandes **Mitteilungs- bzw. Auskunftspflichten** bestehen. Die Grundstückseigentümer sind bereits in mehreren Bundesländern verpflichtet, Anhaltspunkte und/oder Erkenntnisse über Altlastenfälle den zuständigen Behörden selbständig anzuzeigen oder zumindest auf Anfrage Auskunft zu erteilen.[432] Mit Rücksicht auf das Risiko einer möglichen „**Selbstanzeige**" für den Fall, daß bei den Untersuchungen tatsächlich Altlasten zum Vorschein treten sollten, wird der (potentielle) Veräußerer regelmäßig nicht bereit sein, Altlastenuntersuchungen auf seinem Grundstück zu dulden. Aufgrund seiner möglichen Inanspruchnahme als Zustandsverantwortlicher kann es aber nicht zuletzt auch im Interesse des (potentiellen) Erwerbers liegen, daß keine unnötigen Erkenntnisse über Schadstoffbelastungen des Bodens oder des Grundwassers zu Tage gefördert werden; zumindest in den Fällen, in denen der potentielle Käufer ein übergeordnetes Erwerbsinteresse besitzt und seine Kaufentscheidung nicht von der Altlastenfreiheit des Grundstücks abhängig macht. In diesen Fällen kann es sich alternativ anbieten, auf eine Altlastenuntersuchung zu verzichten und das Altlastenrisiko (auf der Basis einer Plausibilitätsbewertung) lediglich bei der Bemessung des Kaufpreises zu berücksichtigen. Ein Kaufpreisabschlag kann im Einzelfall sogar steuerlich interessant sein, zum

---

[429] Vgl. zum Beispiel § 3 der Hess. Verdachtsflächendatei-Verordnung.

[430] So können beispielsweise die Einrichtung von zwei Grundwassermeßstellen an den Grundstücksgrenzen im Anstrom- bzw. im Abstrombereich des Grundwassers wertvolle Aussagen über die Belastung des Grundwassers und über die Herkunft eventueller Verunreinigungen (Eintrag von außen oder Schadstoffquelle auf dem eigenen Grundstück) liefern.

[431] RN 512.

[432] Vgl. RN 414; zum Umfang und zur Rückwirkungsproblematik der Mitteilungs- und Auskunftspflichten: Knopp, NVwZ 1988, 1004.

Beispiel, weil Altlasten bei der Berechnung des Einheitswertes wertmindernd berücksichtigt werden können.[433]

c) Risikovorsorge durch vorbeugende Vertragsgestaltung

Unabhängig von der vorbeugenden Aufklärung der tatsächlichen Grundstückssituation erfordert die Altlastenproblematik in jedem Einzelfall eine **umsichtige Vertragsgestaltung**. Dabei muß aus Sicht des Erwerbers sichergestellt sein, daß das Haftungs- und Kostenrisiko vollständig erfaßt und auf den Veräußerer „durchgestellt" wird.

Trotz der bereits seit einigen Jahren anhaltenden Altlastendiskussion werden die mit der Altlastenproblematik verbundenen Risiko- und Problemstellungen in Unternehmens- und/oder Grundstückskaufverträgen oft noch immer nicht ausreichend berücksichtigt, weil die juristischen Berater des Erwerbers meist nicht über die hierzu notwendigen Spezialkenntnisse verfügen. Zur Erläuterung mag hierzu das folgende Negativbeispiel dienen:

„Der Verkäufer trägt die gesetzliche Gewährleistung für etwaige Altlasten."

Diese für den Käufer vermeintlich zufriedenstellende Regelung wird ihm im Ernstfall kaum weiterhelfen können. Sie leidet unter folgenden Defiziten: der verwendete Begriff „Altlasten" ist bereits für sich genommen unklar; im Streitfall wird es daher schwierig sein, zu ermitteln, was von der Gewährleistungsregelung überhaupt erfaßt werden soll. Gänzlich unberücksichtigt gelassen wurde eine Freistellung und Haftung für Grundwasserschäden; gerade Grundwassersanierungen sind aber kostenintensiv. Da der Verkäufer keine Zusicherung vornimmt, daß das Grundstück altlastenfrei ist, beschränken sich die Gewährleistungsrechte des Käufers nur auf die Wandelung und Minderung; eine Kostenfreistellung ist nicht vereinbart; Schadensersatzansprüche nach § 463 BGB kommen nicht in Betracht. Auch eine Verlängerung der gesetzlichen Verjährungsfrist fehlt; etwaige Gewährleistungsansprüche würden daher gemäß § 477 Absatz 1 Satz 2 BGB bereits ein Jahr nach der Übergabe des Grundstücks verjähren.

Der Käufer eines Unternehmens mit Betriebsgrundstücken besitzt ein vitales Interesse daran, von sämtlichen Altlastenrisiken weitestmöglich freigestellt zu werden und den Verkäufer entstehenden Schäden in Anspruch nehmen zu können. Eine diese Interessen berücksichtigende Vertragsregelung sollte – idealiter – folgende Elemente beinhalten:

(1) Eine sichere Vertragsgestaltung setzt zunächst eindeutige **Begriffsbestimmungen** voraus. Solange keine allgemeingültige Definition für den Begriff „Altlasten" existiert,[434] sollte bei seiner Verwendung da-

---
[433] FG Hamburg, Entscheidung vom 10.04. 1987 – III 372/84.
[434] RN 394.

her genau definiert werden, was die Vertragspartner hierunter verstehen; insbesondere sollte geklärt werden, ob nur solche Verunreinigungen erfaßt werden sollen, die ein polizeiliches bzw. ordnungsbehördliches Einschreiten erfordern, das heißt, eine Gefahr für die öffentliche Sicherheit oder Ordnung darstellen, oder ob eine umfassende Haftung/Freistellung für alle Schäden und Aufwendungen beabsichtigt ist, die durch eventuelle Verunreinigungen entstehen.

522 (2) Zur Klarstellung sollte ausdrücklich geregelt werden, auf welche Art von „Altlasten"/„Verunreinigungen" sich die Haftungs- bzw. Freistellungsregelung bezieht. Nachdem das Bundesverfassungsgericht seit seiner Naßauskiesungs- Entscheidung zwischen den Eigentums- und Sachherrschaftsverhältnissen an Grund und Boden einerseits und an dem Grundwasser andererseits unterscheidet, sollte insbesondere klargestellt werden, daß die Haftungs- und Freistellungsregelungen auch für Verunreinigungen des **Grundwassers** gelten.

523 (3) Insbesondere bei bebauten Grundstücken sollte der Käufer ferner darauf achten, daß auch diejenigen (Mehr-)Kosten erfaßt werden, die durch Verunreinigungen von aufstehenden und/oder in das Erdreich eingebrachten Bauten und Anlagen entstehen (Bergungs-, Sortier-, Vorbehandlungs-, Reinigungs- und Entsorgungskosten schadstoffhaltiger oder sonst problembelasteter Bauteile (Eternit, Asbest etc.). Häufig wird übersehen, daß sich auf dem Grundstück sowie unter der Erdoberfläche Gebäude und Anlagen befinden, die im Zuge beabsichtigter Umnutzungen abgebrochen bzw. baufrei gemacht werden müssen. Nicht selten sind diese Gebäude und Anlagen infolge ihrer vorangegangenen Nutzung verunreinigt. Das kontaminierte Abbruchmaterial unterliegt damit den abfallrechtlichen Sonderbehandlungs- und Entsorgungspflichten, so daß der Käufer darauf Wert legen sollte, daß sich die Freistellungsklausel ausdrücklich auch auf Verunreinigungen aufstehender und in das Erdreich eingebrachter Gebäude und Anlagen bezieht.

524 (4) Neben dem „Haftungsrahmen" muß schließlich auch die beabsichtigte **Rechtsfolge** (das heißt die vollständige Einstandspflicht des Verkäufers für alle Kosten und Schäden) eindeutig geregelt sein. Hierzu gehört insbesondere die Verpflichtung zur Freistellung von allen Kosten und Schäden, die dem Käufer infolge der (definierten) Verunreinigungen des Bodens und/oder des Grundwassers entstehen sollten (insbesondere infolge einer ordnungsbehördlichen oder zivilrechtlichen Inanspruchnahme). Geregelt werden sollte ferner die Verpflichtung zur Erstattung aller hervorgerufener Schäden (zum Beispiel Betriebsunterbrechungsschäden etc.) sowie die Verpflichtung zur Zahlung einer Entschädigung für eine Wertminderung des Grundstücks. Hilfreich ist nicht zuletzt auch eine ausdrückliche Zusicherung darüber, wie das betreffende Grundstück in den letzten Jahren genutzt

wurde und die Versicherung, daß bei dem Verkäufer keine Anhaltspunkte für irgendwelche Verunreinigungen bekannt sind.

(5) Die zu erstattenden Kosten sollten durch eine beispielhafte Aufzählung präzisiert werden (neben den Kosten der eigentlichen Sicherungs- bzw. Sanierungsmaßnahmen gehören hierzu insbesondere auch die Kosten der Gefahrenerforschung einschließlich der analytischen und der sonstigen Ingenieurleistungen sowie die Entsorgungs- und Rekultivierungskosten). 525

(6) Vorsorglich sollte sich der Käufer ferner alle „altlastenrelevanten" Ersatzansprüche des Verkäufers gegen Drittverursacher (Voreigentümer, Nachbarn etc.) abtreten lassen. 526

(7) Trotz der modernen Nachweisverfahren kann im nachhinein häufig nicht mehr ermittelt werden, ob bestimmte Verunreinigungen bereits vor dem Gefahrenübergang vorgelegen haben oder erst nachher entstanden sind. Aus Sicht des Käufers wäre daher eine **Beweislastregelung** wünschenswert, die ihn davon befreit, seinerseits nachweisen zu müssen, daß eventuelle Altlasten bereits im Zeitpunkt des Gefahrenübergangs vorhanden waren. 527

(8) Altlasten treten häufig erst mehrere Jahre nach dem Grundstückskauf zu Tage. Gemäß § 477 Absatz 1 Satz 2 BGB beträgt die gesetzliche Gewährleistungsfrist für Grundstücke dem gegenüber jedoch nur ein Jahr. Für den Käufer ist es daher von großem Interesse, die Verjährungsfrist angemessen zu verlängern; gegebenenfalls könnte auch geregelt werden, daß die Verjährungsfrist erst in Gang gesetzt wird, sobald der Käufer von Grund und Höhe des Anspruchs Kenntnis erlangt hat. 528

(9) Um auszuschließen, daß der Käufer an einem kontaminierten Grundstück gebunden bleibt, sollte der Vertrag idealtypischerweise schließlich auch noch durch ein entsprechendes **Rücktrittsrecht** des Käufers ergänzt werden. Die Hinterlegung von Bankbürgschaften oder sonstige Sicherheiten zur Absicherung der Kaufpreisrückzahlung wird der Käufer in den meisten Fällen allerdings nicht durchsetzen können. 529

d) Die Altlastenhaftungsfreistellung in den neuen Bundesländern

aa) Die Grundzüge der Haftungsfreistellung. Zur Beseitigung der sich aus einer eventuellen Haftungs- und Sanierungsverantwortung des Erwerbers von Grundstücken und Altanlagen in den neuen Bundesländern ergebenden Investitionshemmnissen, sehen Artikel 1 § 4 Absatz 3 und Artikel 4 § 3 des Umweltrahmengesetzes (URG) in der Fassung von § 12 des „Gesetzes zur Beseitigung von Hemmnissen und der Privatisierung von Unternehmen und zur Förderung von Investitionen" vom 22.03. 1991[435] vor, daß die Eigentümer, Besitzer und Erwerber von Anlagen und 530

---

[435] BGBl. I S. 766.

Grundstücken auf Antrag von der Verantwortung für die durch den Betrieb der betreffenden Anlage bzw. durch die Benutzung des Grundstücks vor dem 01.07. 1990 verursachten Schäden **freigestellt** werden können.[436] Die Freistellung kann sich sowohl auf öffentlich-rechtliche als auch auf privatrechtliche Ansprüche beziehen. Bei der Freistellung von privatrechtlichen Ansprüchen treten an die Stelle von Abwehr- und/oder Unterlassungsansprüchen Dritter Ansprüche auf Schadensersatz in Geld, wobei die Freistellung auch – umfassend – für diese Schadensersatzansprüche ausgesprochen werden kann.

531 Die Entscheidung über die Freistellung erfolgt durch die zuständigen Landesbehörden im Einvernehmen mit der obersten Landesbehörde. Die Entscheidung steht im **pflichtgemäßen Ermessen**; ein unmittelbarer Anspruch des Antragstellers besteht mithin nicht. Maßgeblich für die Ausübung des Ermessens sind das wirtschaftliche Interesse des Eigentümers/Besitzers bzw. Erwerbers, die Interessen der von dem Betrieb der Anlage bzw. der Nutzung des jeweiligen Grundstücksgeschädigten, wirtschaftspolitische Erwägungen (zum Beispiel Auswirkungen auf die Fortführung des Unternehmens und die Erhaltung bzw. Schaffung von Arbeitsplätzen), die Risiken, die dem Land durch eine Freistellung hinsichtlich der Inanspruchnahme auf Schadensersatz und etwaiger Sanierungskosten entstehen, sowie die Auswirkungen auf die Umwelt. Nach Maßgabe des pflichtgemäßen Ermessens kann die Freistellung unbeschränkt oder teilweise erfolgen und mit Nebenbestimmungen versehen werden.

532 Die Freistellung bezieht sich nur auf solche Anlagen und Grundstücke, die gewerblichen Zwecken dienen oder im Rahmen wirtschaftlicher Unternehmungen Verwendung finden. Wichtig ist schließlich, daß von der Freistellung lediglich solche **Schäden** erfaßt werden, die bereits vor dem **01.07.** 1990 verursacht worden sind, was im Einzelfall zu erheblichen Beweisschwierigkeiten führen kann.

533 **bb) Die praktische Handhabung und die Überleitung von Freistellungsbescheiden auf Rechtsnachfolger.** Die Haftungsfreistellungs-Möglichkeit hat in der betrieblichen Praxis eine nur untergeordnete Bedeutung erlangt. In Ermangelung der benötigten finanziellen Mittel sind Freistellungen bis heute nur in wenigen Ausnahmefällen erfolgt. Es ist zu vermuten, daß die Freistellungsbehörden ihr Ermessen auch weiterhin restriktiv ausüben werden. Die Sinnhaftigkeit eines Freistellungsantrags

---

[436] Vgl. hierzu im einzelnen: Conrad/Wolf, Freistellung von der Altlastenhaftung – Leitfaden für Investoren, Unternehmen und Verwaltung in den neuen Bundesländern, 1991; Dombert/Reichert, NVwZ 1991, 744; Ebenroth/Wolff, Umweltverantwortung in den neuen Bundesländern, Sonderveröffentlichung des Betriebs-Beraters, 1992; Knopp, Altlastenrecht in der Praxis unter Berücksichtigung des Rechts der neuen Bundesländer, 1992; Michael/Thull, Die Verantwortlichkeit für DDR-Altlasten beim Erwerb von Altanlagen, BB Beilage 30 zu Heft 24/1990; Michel, BauR 1991, 265.

Kummer

muß vor diesem Hintergrund relativiert werden. Die gilt umso mehr unter Berücksichtigung des Umstandes, daß die Freistellungsbehörden für die Bearbeitung des Freistellunganträges unter anderem die Vorlage von Altlastengutachten und sonstigen Angaben über den Zustand von Grund und Boden einschließlich des Grundwassers fordern und die Antragsteller damit Gefahr laufen, den zuständigen Behörden durch diese „**Selbstanzeige**" selbst alle notwendigen Informationen für eine spätere ordnungsrechtliche Inanspruchnahme zur Verfügung zu stellen.

Die Beantragung der Haftungsfreistellung war bis zum 29.03.1992 befristet. Da die Antragsfrist bereits abgelaufen ist, ist die Freistellungsmöglichkeit von nur noch eingeschränkter Relevanz. Für zukünftige Erwerber kommt lediglich eine Überleitung bestehender Freistellungsbescheide in Betracht, die trotz der personenbezogenen Kriterien für die Ermessensausübung der Freistellungsentscheidung gemäß § 399 BGB mit behördlicher Zustimmung möglich sein soll.[437] 534

Für zukünftige Erwerber von Unternehmen ist daher (nur noch) zu klären, ob bereits ein Freistellungsbescheid zu Gunsten des Veräußerers vorliegt, gegebenenfalls mit welchem Inhalt, und ob und gegebenenfalls unter welchen Voraussetzungen die Freistellungsbehörde einer Übertragung des Bescheides auf den (potentiellen) Erwerber zustimmen würde. Für die – häufigeren – Fälle, in denen kein Freistellungsbescheid vorliegt, sollte geklärt werden, ob und gegebenenfalls mit welchem Inhalt eine Freistellung beantragt wurde und ob dieser Antrag fristgemäß bei der zuständigen Behörde eingegangen ist. Sollte dies der Fall sein, wäre neben dem aktuellen Bearbeitungsstand des Freistellungsverfahrens insbesondere abzufragen, über welche Angaben die Behörden bereits verfügen bzw. welche Angaben für die weitere Bearbeitung des Antrags noch offengelegt werden müssen. Angesichts des Risikos einer unfreiwilligen „Selbstanzeige" sollte schließlich auch geklärt werden, ob sich der „potentielle" Erwerber verpflichten muß, das Freistellungsverfahren aktiv zu fördern und zu Ende zu führen.[438] 535

7. Allgemeine Haftungs- und Kostenvermeidungsstrategien beim Umgang mit Altlastenfällen

a) Grundsätze

Aufgrund ihrer komplexen Problemstellungen kann eine risiko- und kostenminimierende Behandlung von Altlastenfällen nur in enger Zusammenarbeit mit hierauf spezialisierten Juristen und Ingenieuren erfolgen. Zugunsten der betroffenen Unternehmen sind regelmäßig mehrere 536

---

[437] Vgl. Nr. 8 der Hinweise zur Auslegung der sogenannten „Freistellungsklausel für Altlasten" im Einigungsvertrag des Bundesministers für Umwelt, Naturschutz und Reaktorsicherheit vom 08.05.1991.
[438] In vielen Treuhandverträgen ist eine entsprechende Verpflichtung enthalten.

Kummer

Vermeidungsstrategien denkbar, zum Beispiel durch die Ausgliederung von kontaminierten Grundstücken oder durch gesellschaftsrechtliche Umstrukturierungen. Denkbar ist beispielsweise eine Eindämmung des Haftungsrisikos durch die Gründung einer reinen Eigentums- und Besitzgesellschaft als Gesellschaft mit beschränkter Haftung, auf die verunreinigte oder altlastenverdächtige Grundstücke übertragen werden, während das Stammunternehmen als reine Betriebsgesellschaft nur noch für das operative Geschäft zuständig ist. Sollte das Stammunternehmen auf eine fortgesetzte Nutzung des betroffenen Grundstücks angewiesen sein (und daher als Zustandsverantwortlicher herangezogen werden können), könnte unter Umständen zumindest eine Risikoeingrenzung dadurch erfolgen, daß das mit dem Grundstück verbundene operative Geschäft auf eine neu zu gründende Tochtergesellschaft übertragen wird. Bei der Anwendung und der Ausgestaltung derartiger gesellschaftsrechtlicher Maßnahmen muß stets berücksichtigt werden, daß eine Haftung für den jeweiligen Rechtsnachfolger[439] möglichst ausgeschlossen ist.

b) Checkliste: Haftungsvoraussetzungen

537 Bei jeder Inanspruchnahme muß sorgfältig geprüft werden, ob die objektiven und subjektiven Voraussetzungen für eine Inanspruchnahme überhaupt vorliegen. Vorbehaltlich abweichender spezialgesetzlicher Regelungen ist eine ordnungsbehördliche Inanspruchnahme beispielsweise nur dann zulässig, wenn sie zur Abwehr einer konkreten Gefahr für die öffentliche Sicherheit oder Ordnung erforderlich ist. Bei einer (drohenden) Sanierungsverfügung sollte daher sorgfältig untersucht werden, ob eine derartige Gefahr tatsächlich vorliegt. Hierfür reicht es noch nicht aus, daß sich in dem Erdreich des Grundstücks Schadstoffe befinden; maßgeblich ist vielmehr, welches **Gefährdungspotential** diese besitzen.[440] Soweit die Behörde zur Beurteilung des Gefährdungspotentials auf Konzentrations-Orientierungswerte zurückgreift, muß hinterfragt werden, ob diese überhaupt generell geeignet sind und auch der besonderen Situation gerecht werden (nutzungs- und situationsbezogene Bewertung).[441] Nach Ermittlung der relevanten Emissionspfade (Boden, Bodenluft, Grundwasser) ist ferner zu prüfen, ob die Schadstoffe (und gegebenenfalls in welcher Konzentration) überhaupt migrationsfähig sind.[442]

538 Ebenso große Aufmerksamkeit verdient die Frage des in Anspruch genommenen **Störers** und der **Störerauswahl:** Der potentiell in Anspruch Genommene sollte zunächst überprüfen, ob die festgestellten Verunreinigungen von einem benachbarten Grundstück stammen und – beispiels-

---

[439] Vgl. zu den Grundsätzen: RN 459f.
[440] RN 432ff.
[441] RN 435ff.
[442] RN 438.

weise über das Grundwasser – von außen eingetragen wurden. Hierzu sollte bspw. ermittelt werden, ob Nachbarbetriebe mit Stoffen und Substanzen umgehen (bzw. umgegangen sind), die die vorgefundenen Kontaminationen unter Berücksichtigung des jeweiligen Belastungspfades verursacht haben könnten. Bei Grundwasserkontaminationen lassen sich Fremdeintragungen beispielsweise auch recht leicht durch die Einrichtung von jeweils einer Grundwassermeßstelle an der Grundstücksgrenze im An- bzw. Abstrombereich des Grundwassers feststellen: Ist die Schadstoffbelastung bereits im Anstrombereich vorhanden und liegt im Abstrombereich keine signifikante Änderung vor, wird man regelmäßig davon ausgehen können, daß die Verunreinigungen *ausschließlich* von außen eingetragen werden und daß sich auf dem eigenen Grundstück keine (zusätzlichen) Schadstoffquellen befinden. Aus Sicht des potentiell in Anspruch Genommenen ist es regelmäßig sinnvoll, frühzeitig selbständig alle in Betracht kommenden Verantwortlichen zu ermitteln, um auf eine für ihn günstige Störerauswahl oder eine anteilige Inanspruchnahme von mehreren Verantwortlichen hinzuwirken. Dies gilt nicht zuletzt mit Rücksicht auf die Schwierigkeiten, die ein erst einmal ordnungsrechtlich in Anspruch genommener Störer bei der Verfolgung von internen Haftungsausgleichsansprüchen gegenüber potentiellen Mitstörern besitzt.[443]

c) **Die effiziente Bewältigung von Altlasten**

Eine effektive und ökonomische Bewältigung von Altlasten setzt ein gezieltes Vorgehen mit einem klar strukturierten Verfahrensablauf voraus. Nur so kann sichergestellt werden, daß die kostengünstigsten, kurzfristigsten und mit dem geringsten Eingriff in die betriebliche Nutzung verbundenen Maßnahmen ergriffen werden. Die erforderlichen Arbeitsschritte können wie folgt zusammengefaßt werden:

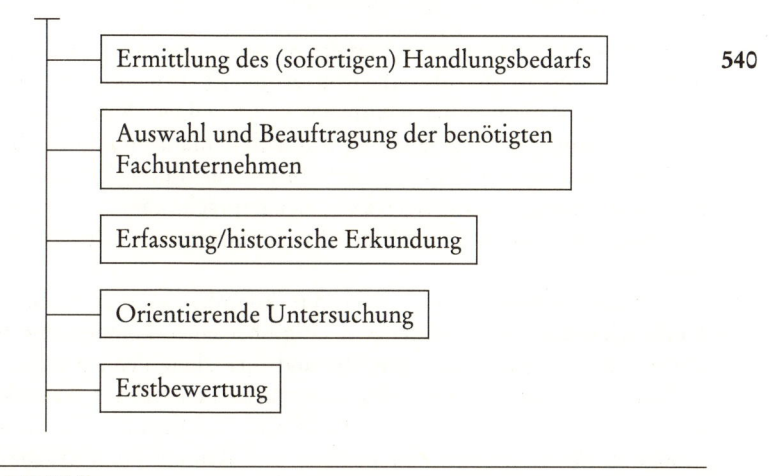

- Ermittlung des (sofortigen) Handlungsbedarfs
- Auswahl und Beauftragung der benötigten Fachunternehmen
- Erfassung/historische Erkundung
- Orientierende Untersuchung
- Erstbewertung

---

[443] RN 471 ff.

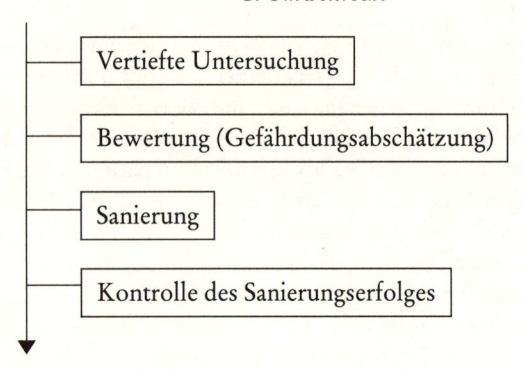

```
├─ Vertiefte Untersuchung
├─ Bewertung (Gefährdungsabschätzung)
├─ Sanierung
└─ Kontrolle des Sanierungserfolges
      ▼
```

541 **aa) Ermittlung des sofortigen Handlungsbedarfs.** Handlungsbedarf in bezug auf Altlasten kann entstehen infolge von zufälligen Funden, z. B. bei Ausschachtungsarbeiten, infolge von Informationen von Mitarbeitern oder Nachbarn und aufgrund von Betriebsunfällen.

542 Der Handlungsbedarf kann sich ergeben aus **rechtlichen Verpflichtungen**, zum Beispiel bei Anhaltspunkten für eine Grundwassergefährdung oder eine Gefahr für Leib und Leben etc., und aus allgemeinen **ökonomischen** und **betriebswirtschaftlichen** Gründen, beispielsweise im Hinblick auf das Investitions- und Haftungsrisiko des Unternehmens, in bezug auf Rückstellungsbildungen in der Bilanz und hinsichtlich zukünftiger Nutzungsmöglichkeiten des betroffenen Grundstücks.

543 Der Handlungsbedarf kann einmünden in Sofortmaßnahmen zur Schadensbeseitigung und Schadensbegrenzung bei Gefahr im Verzug, Anzeigen und Mitteilungen gegenüber den zuständigen Umweltbehörden aufgrund gesetzlicher Verpflichtungen und/oder in die Erarbeitung und Umsetzung eines Sanierungskonzeptes.

544 **bb) Auswahl und Beauftragung der notwendigen Fachkräfte.** Die Bewältigung von Altlasten ohne die frühzeitige Hinzuziehung eines qualifizierten und erfahrenen Ingenieurbüros ist undenkbar. Eine kosten- und haftungsminimierende Behandlung von Altlastenfällen macht regelmäßig auch die Beratung durch spezialisierte Juristen erforderlich, insbesondere zur Vorbereitung notwendiger Behördengespräche und zur Festlegung des maßgeblich von der rechtlichen Risikobewertung abhängigen weiteren Vorgehens.

545 Altlastensanierungen sind nicht nur komplex sondern auch teuer. Umso wichtiger ist es, bereits frühzeitig über einen kompetenten Beraterstab zu verfügen, damit sachliche und finanzielle Fehlentwicklungen verhindert werden und eine effiziente und kosteneffektive Abwicklung sichergestellt ist. Die Auswahl der Fachkräfte und Berater sollte nach folgenden Kriterien erfolgen: Kompetenz und Renommée, Verfügbarkeit, zeitliche Disposition und Kosten.

Bei der Beauftragung des Ingenieurbüros ist eine präzise Beschreibung 546
des Auftragsgegenstandes wichtig. Sanierungsverfahren entwickeln sich
regelmäßig „step-by-step". Es ist daher in der Regel nicht sinnvoll, bereits zu Beginn der Zusammenarbeit einen „Komplettauftrag" zu erteilen.

cc) **Erfassung: Informationssammlung und Erarbeitung eines Erkun-** 547
dungsprogramms. Bereits die zur Ermittlung des konkreten Handlungsbedarfs erforderlichen Gefahrenerforschungsmaßnahmen können einen erheblichen Umfang annehmen. Es ist daher wichtig, bereits frühzeitig eine effiziente Ermittlung der relevanten Schadstoffherde durch gezielte **Gefahrenerforschungsmaßnahmen** mit einem geringstmöglichen Aufwand sicherzustellen. Vor den eigentlichen Bodenuntersuchungen sollten daher regelmäßig alle Daten und Informationen über den Standort gesammelt und darauf ausgewertet werden, ob und gegebenenfalls welche **Hinweise auf Schadstoffbelastungen** bestehen. Eine solche Bestandsaufnahme kann insbesondere enthalten:

- **Allgemeine Standortdaten,** wie zum Beispiel Lage, Größe, Versiege- 548
lungsgrad, Bebauung und Nutzung des betroffenen Grundstücks, Art und Umfang benachbarter Nutzungen (lassen sich hieraus beispielsweise Anhaltspunkte dafür ableiten, daß die Schadstoffe von außen eingetragen werden?);
- **Standortbegehung:** Gibt es Anzeichen für Veränderungen an Pflanzen, 549
Wachstumsdepressionen oder Pflanzenschäden? Sind fremdartige Gerüche, Gasaustritte oder Grundwasserverunreinigungen an Betriebs- bzw. Beobachtungsbrunnen etc. festzustellen?
- **Historische Erkundung:** Wie wurde das Grundstück früher in welchem 550
Zeitraum genutzt? Wo wurden zu welchem Zeitpunkt welche umweltsensiblen Substanzen gelagert oder verarbeitet? Wo befanden sich sensible Betriebseinrichtungen (Entfettungsanlagen, Galvanikhallen, Betriebstankstellen, Tanklager, Wäschereien etc.)? Gibt es Anzeichen für künstliche Verfüllungen und/oder Kriegsschäden? Sind Betriebsunfälle oder sonstige Störfälle (Leckagen von Rohrleitungen und Tanks etc.) bekannt? (Bei der Recherche sind alle relevanten Faktoren zu ermitteln, die zu einer Kontamination des Bodens und/oder des Grundwassers mit umweltschädigenden Stoffen geführt haben können.)

Als Informationsquellen kommen in Betracht: aktuelle und alte 551
Grundstücks- und Betriebspläne, Fotomaterial, sonstige Geschäftsunterlagen, Bauleitpläne, Behördenakten, Altlastenkataster, Luftbilder sowie geologische und hydrogeologische Bodenkarten. Auf dieser Grundlage kann dann gezielt festgelegt werden, **was, wo, wie, worauf** untersucht werden soll (zum Beispiel in welchen Teilbereichen Boden- und/oder Grundwasserproben auf welche Schadstoffgruppen untersucht werden sollen). Durch eine gründliche Bestandsaufnahme und historische Er-

kundungen können die Anzahl der andernfalls notwendig werdenden Rammkernsondierungen bzw. Grundwassermeßstellen regelmäßig beschränkt werden. Hierdurch können erhebliche Kosten eingespart werden.

552 **dd) Orientierende Untersuchung.** Vor der Durchführung einer ersten orientierenden Untersuchung vor Ort sollte eine Untersuchungsplanung erstellt werden. Bei der Planung sollte insbesondere berücksichtigt werden, welche Informationen für die (erste Gefährdungs-)Bewertung mit welcher Genauigkeit in welchem Bearbeitungsstadium erforderlich sind und welche Untersuchungsverfahren und Vorgehensweisen konkret am besten geeignet sind.

553 Flächendeckende Erkundungsmaßnahmen kosten nicht nur Zeit, sondern auch viel Geld. Die ersten Rammkernsondierungen sollten daher sinnvoller Weise an Stellen erfolgen, an denen nach dem Ergebnis der historischen Erkundung mit hoher Wahrscheinlichkeit Schadenszentren bestehen. Für eine rationelle Erkundung eventueller Grundwasserbelastungen ist es regelmäßig sinnvoll, zunächst die **Grundwasserfließrichtung** zu bestimmen und sodann zwei Pegel an der jeweiligen Grundstücksgrenze einzurichten, und zwar einer im Anstrom- und einer im Abstrombereich; auf diese Art und Weise läßt sich mit nur zwei Beobachtungspegeln feststellen, ob und gegebenenfalls wie sich die Schadstoffkonzentrationen innerhalb des Grundstücks verändern. Zugleich werden damit Erkenntnisse über mögliche Schadstofffremdeintragungen gewonnen, die auf andere Störer und Verursacher hinweisen. Bei der Erarbeitung des Erkundungsplans sollte auch darauf geachtet werden, ob nicht bereits bestehende Betriebsbrunnen als Beobachtungsbrunnen benutzt werden können; all dies spart Zeit und Kosten.

554 Die Erkundungsziele der ersten orientierenden Untersuchung sollten eine Erkundung der Hydrologie und Geologie im Umfeld einschließen, insbesondere die Ermittlung der „Background"-Belastung (Vorbelastungen) des Bodens und des Grundwassers sowie eventuelle Beaufschlagungen aus dem Standort selbst.

555 **ee) Erstbewertung.** Im Rahmen der Erstbewertung muß auf der Grundlage der Ergebnisse der orientierenden Untersuchung unter anderem festgestellt werden, ob und gegebenenfalls welche Sofortmaßnahmen zur Gefahrenabwehr ergriffen werden müssen, und ob und gegebenenfalls inwiefern vertiefende Untersuchungen erforderlich sind.

556 **ff) Vertiefte Untersuchung.** Um die für die Gefährdungsschätzung erforderlichen Informationen zusammenzutragen, sollen im Zuge der vertieften Untersuchung die relevanten Ausbreitungspfade erfaßt, die vorhandenen Verunreinigungen nach Art, Menge und räumlicher Verteilung charakterisiert sowie akute Belastungen und/oder Gefährdungen für

Schutzgüter erkannt werden. Auf der Basis des Ergebnisses der orientierenden Untersuchung muß hierzu ein speziell auf den konkreten Standort zugeschnittenes Untersuchungsprogramm aufgestellt werden, das die Möglichkeit einer Modifizierung in der Vorgehensweise offenhält.

Auch hier sind Kosteneinsparungsmöglichkeiten durch eine sinnvolle Planung zu berücksichtigen: So kann die **Lokalisierung** von Schadstoffherden und Eintragungsstellen und eine **kleinräumige Abgrenzung** von festgestellten Kontaminationszentren beispielsweise entweder durch eine flächige Ausweitung der Rammkernsondierungen und Beobachtungsbrunnen erfolgen. Gegebenenfalls ist es aber auch möglich, über bereits eingerichtete Beobachtungsbrunnen Grundwasserabsenkungen durchzuführen und die Grundwasserfließrichtung damit gezielt so zu verändern, daß der Richtungsverlauf des Schadstoffeintrags verfolgt und die Schadstoffherde ermittelt werden können.

d) Die Festlegung des Sanierungskonzepts

Vorbehaltlich abweichender Spezialregelungen in den einschlägigen Ländergesetzen können von den Ordnungsbehörden nur die zur Gefahrenabwehr **erforderlichen** und **verhältnismäßigen** Maßnahmen verlangt werden. Altlastenfälle enden daher nur selten in einer „Gesamtsanierung" des betroffenen Grundstücks. Stets ist zu prüfen, ob die betreffende Gefahr nicht bereits durch wenige einschneidende und kostengünstigere Maßnahmen beseitigt werden kann. Als solche Maßnahmen kommen – in der Reihenfolge ihrer Priorität – beispielsweise in Betracht:

1. *Bloße* **Schutzmaßnahmen** *wie zum Beispiel*
   – *Nutzungseinschränkungen,*
   – *Evakuierungen,*
   – *Belüftungen,*
   – *Überwachungen*
2. **Sicherungsmaßnahmen** *wie zum Beispiel*
   – *massive hydraulisch und/oder pneumatische Maßnahmen (Grundwasserabsenkungen und -umleitungen etc.),*
   – *Einkapselungen,*
   – *Immobilisierung,*
   – *Unterbrechung der Kontaminationswege*
3. **Sanierungsmaßnahmen** *wie zum Beispiel*
   – *Auskofferung des Erdreichs,*
   – *Bodenluftabsaugung,*
   – *chemisch-physikalische Behandlungen (Extraktion, Stripping, Oxidation etc.),*
   – *thermische Behandlung.*

Welche Maßnahmen im Einzelfall angewendet werden können/müssen ist von dem konkreten Gefährdungspotential und dem sich daraus ableitenden Handlungsbedarf abhängig.

Kummer

Im Sinne der Gefahrenabwehr müssen Sanierungsmaßnahmen nur bis zu einer hinnehmbaren/tolerablen Schadstoffkonzentration durchgeführt werden; eine Komplettsanierung auf „Null-Belastungs-Werte" kann nicht verlangt werden. Notwendiger Bestandteil des Sanierungskonzeptes ist daher die Festlegung des jeweiligen **Sanierungsziels**, das heißt die Festlegung der Konzentrationswerte für die betroffenen Schadstoffgruppen, die unter Berücksichtigung der standortspezifischen Gegebenheiten, der Ausbreitungsmöglichkeiten und der Empfindlichkeit der betroffenen/gefährdeten Schutzgüter noch toleriert werden können, ohne von einer Gefahr für die öffentliche Sicherheit oder Ordnung ausgehen zu müssen.

563 Zentraler Gegenstand der Festlegung des Sanierungskonzeptes ist die Auswahl der geeigneten **Sanierungsmethode:** Im Regelfall kann das Sanierungsziel durch mehrere unterschiedliche Sanierungsverfahren und -techniken erreicht werden.[444] Die Auswahl der Sanierungsmethode hat ganz erhebliche Auswirkungen auf die Kosten und die Dauer der Sanierung. Die Auswahl unter den in Betracht kommenden Verfahren sollte regelmäßig unter Berücksichtigung der Kriterien „Kosten", „Dauer" und „geringstmögliche betriebliche Behinderung (Nutzungseinschränkung)" erfolgen.

564 Sanierungsmaßnahmen sind häufig mit Nutzungseinschränkungen für das betroffene Grundstück verbunden. Eine kurze Sanierungsdauer ist daher besonders in den Fällen wichtig, in denen eine unbeschränkte Nutzung des Standortes dringend benötigt wird. Eine längere **Verfahrensdauer** ermöglicht andererseits jedoch eine gestreckte Finanzierung mit entsprechenden Zinsvorteilen; allerdings müssen dabei auch die höheren laufenden Kosten infolge der längeren Sanierungsdauer gegengerechnet werden.

565 Von erheblicher Bedeutung ist ferner der Ort, an dem die Sanierung durchgeführt werden soll. Zu unterscheiden ist dabei zwischen Sanierungsmaßnahmen, bei denen die Schadstoffe an Ort und Stelle belassen werden („**In-Situ**", zum Beispiel passive hydraulische und pneumatische Maßnahmen, Einkapselungen wie beispielsweise Oberflächenabdichtungen, Basisabdichtungen, Grundwasserabsenkungen etc.), Behandlungen an Ort und Stelle („**on site**", wie zum Beispiel die Auskofferung und Reinigung des kontaminierten Erdreichs mit anschliessender Wiederverfüllung, chemisch-physikalisch Behandlungen wie beispielsweise Extraktion, Stripping, Adsorption, Oxidation, Reduktion, Fällung etc.) und die

---

[444] Einen ausführlichen Überblick über Methoden und Kosten der Altlastensanierung geben Franzius/Stegmann/Wolf in: Handbuch der Altlastensanierung, 1988, Kapitel 5. Dort findet sich auch eine Beschreibung einiger der gängigen Sanierungsverfahren wie bspw. die Gasfassung, Einkapselung, Dichtwand-Methode, In-Situ-Verfahren, Extraktionsverfahren, Thermische Verfahren und Verfestigungsverfahren etc.; vgl. hierzu auch: Jessberger, Altlasten-Spektrum 1/92, 17ff.; Nauschütt, Altlasten, 1990, S. 46ff.

Anwendung von Verfahren und Behandlungen außerhalb des kontaminierten Standortes („**off site**", zum Beispiel die Auskofferung und Umlagerung des kontaminierten Erdreichs mit anschließender Deponierung). Deponieraum ist heutzutage nicht nur selten geworden, sondern auch teuer. Oft sind Spezialtransporte zu relativ weit entfernt liegenden Deponien erforderlich. Als Alternative zur Deponierung von kontaminiertem Erdaushub („off site") ist mitunter die Behandlung, Zwischenlagerung und spätere Wiederverfüllung des gereinigten Aushubs an Ort und Stelle („on site") möglich. Durch partielle Reinigungen und Durchmischungen mit unbelastetem Bodenaushub lassen sich gegebenenfalls auch Konzentrationswerte erreichen, die eine Ablagerung des Aushubs auf einer normalen Hausmülldeponie zulassen, so daß die (teurere) Inanspruchnahme einer Sondermülldeponie entbehrlich bzw. eingeschränkt werden kann.

Vor der Auswahl der Sanierungsmethode sollten alle in Betracht kommenden Alternativen einer eingehenden **Kostenschätzung** unterzogen werden. Zu den Sanierungskosten gehören insbesondere: Beratungskosten, der Aufwand für Erkundungsmaßnahmen und die Analytik, eventuelle (Zwischen-)Lagerungskosten von Aushubmaterial, Behandlungskosten (Stofftrennung, Waschung etc.), Transportkosten, Deponie- und Renaturierungskosten sowie eventuelle Genehmigungskosten. **566**

Zu einer effektiven Sanierungsplanung gehören ferner die Festlegung des **zeitlichen Ablaufs**, der in Anspruch zu nehmenden **Grundstücksbereiche** sowie die rechtzeitige **Beantragung** eventuell erforderlicher wasser-, abfall- und/oder immissionsschutzrechtlicher Erlaubnisse bzw. **Genehmigungen** (zum Beispiel für die Installation von Behandlungsanlagen, für die Einrichtung und den Betrieb von Grundwasserbrunnen etc.). **567**

e) Verhandlungsstrategie gegenüber den zuständigen Behörden

Die Verhandlungsstrategie gegenüber den zuständigen Behörden ist stets von den konkreten Umständen des jeweiligen Einzelfalls abhängig. Bei einer drohenden Anordnung von Sanierungsmaßnahmen besteht jedoch die grundsätzliche Zielrichtung, eine größtmögliche Einflußnahme auf das weitere Verfahren zu behalten und die weiteren Maßnahmen auf das notwendige und damit auf das am wenigsten belastende Maß zu beschränken. **568**

Das traditionelle Eingriffsmittel der zuständigen Fachbehörden besteht in dem Erlaß von Sanierungsverfügungen, in denen sie unter Fristsetzung die Durchführung bestimmter Sicherungs- und/oder Sanierungsmaßnahmen anordnen können. Zur Erhaltung einer größtmöglichen Einflußnahme und Steuerung der weiteren Maßnahmen ist es daher im Regelfall von vorrangiger Bedeutung, den Erlaß solcher Anordnungen zu verhindern. Hierzu kann es notwendig werden, mit den Behörden in einen offenen, kooperativen Dialog zu treten und die erforderlichen – miteinander abzu- **569** stimmenden – Gefahrenerforschungs- und Sanierungsmaßnahmen auf freiwilliger Basis durchzuführen. In diesen Fällen sind die Verwaltungsbehörden häufig bereit, auf den Erlaß hoheitlicher Ordnungsverfügungen zu verzichten. Die Kunst der Verhandlungsführung besteht darin, den Behörden das für eine einvernehmliche Regelung notwendige Maß an Kooperationsfähigkeit und Mitwirkungsbereitschaft zu dokumentieren, ohne dabei das Interesse des betroffenen Unternehmens an einer ökonomischen und möglichst wenig belastenden Vorgehensweise zu gefährden. Unter Umständen kann es sogar sinnvoll sein, den Abschluß eines öffentlich-rechtlichen Sanierungsvertrages anzubieten, um der Anordnung einer Sanierungsverfügung vorzubeugen; dies kommt insbesondere in den Fällen in Betracht, in denen das betroffene Unternehmen an einem (partiellen) Vertrauensschutz gegenüber einer möglichen Inanspruchnahme zu nachträglich verschärften Anforderungen interessiert ist.

f) Versicherungsschutz

570 Nahezu alle größeren Versicherer bieten spezielle **Altlastenversicherungsmodelle** aus einer kombinierten Betriebshaftpflicht- und Gewässerschadenversicherung an. Für relativ hohe Prämien wird dabei allerdings überwiegend nur partieller Versicherungsschutz gewährt. Regelmäßig beinhalten die Versicherungen keine Pauschaldeckung; bei dem Abschluß des Versicherungsvertrages sollte daher darauf geachtet werden, daß alle altlastenrelevanten (und nur diese) Stoffe und Substanzen mit in den Versicherungsschutz integriert werden.

571 Gerade in Bezug auf Altlastenfälle ist es ferner wichtig, den zeitlichen Beginn des Versicherungsschutzes explizit festzulegen (maßgeblich ist meist der „Eintritt des Schadensfalls") und eine klarstellende Regelung aufzunehmen, ab wann von dem „Eintritt des jeweiligen Schadensfalls" im Sinne des Versicherungsvertrages ausgegangen werden kann; letzteres ist insbesondere für über Jahre hinweg andauernde Verunreinigungen wichtig, bei denen im Nachhinein oft nicht mehr festgestellt werden kann, zu welchem Zeitpunkt welche Schadstoffe in den Boden bzw. in das Grundwasser gelangt sind. Nur durch eine umsichtige vertragliche Regelung kann ein sachlich und zeitlich lückenloser Versicherungsschutz gewährleistet werden.

8. Rückstellungen für Altlasten in der Unternehmensbilanz

a) Ausgangslage

572 Die Verpflichtung, Altlasten sanieren zu müssen und gegebenenfalls für weitergehende Schäden einzustehen, kann weitreichende Auswirkungen auf die Bilanz des betroffenen Unternehmens haben. Gemäß § 5 Abs. 1 EStG in Verbindung mit § 249 Abs. 1 Satz 1 HGB müssen für sogenannte „ungewisse Verbindlichkeiten" **Rückstellungen** in der Handels-

II. Das Altlastenrisiko

und Steuerbilanz gebildet werden, die den Gewinn des Unternehmens in dem betreffenden Jahr mindern.[445] Die Pflicht zur Bildung von Rückstellungen für ungewisse Verbindlichkeiten setzt allgemein voraus,
- das Bestehen oder die Wahrscheinlichkeit des künftigen Entstehens einer Verbindlichkeit dem Grund und/oder der Höhe nach,[446]
- die wirtschaftliche Verursachung der Verbindlichkeit in der Zeit vor dem Bilanzstichtag,[447] und
- daß der Schuldner mit seiner Inanspruchnahme ernsthaft rechnen muß; die bloße Möglichkeit des Bestehens oder Entstehens einer Verbindlichkeit reicht zur Bildung einer Rückstellung hingegen noch nicht aus.[448]

Generell gelten diese Grundsätze auch für öffentlich-rechtliche Verpflichtungen, und zwar unabhängig davon, ob es sich um eine Geld- oder eine Sachleistungsverpflichtung handelt.[449] Voraussetzung ist jedoch, daß die öffentlich-rechtlichen Verbindlichkeiten ausreichend „konkretisiert" sind. So hat der Bundesfinanzhof in seinen einschlägigen Entscheidungen unter anderem festgestellt:

„Ungewisse öffentlich-rechtliche Verpflichtungen müssen nach der Rechtsprechung des BFH darüber hinaus hinreichend konkretisiert sein, sei es durch eine Verfügung der zuständigen Behörde, die ein bestimmtes Handeln vorsieht, sei es unmittelbar durch das Gesetz selbst, wenn dieses in sachlicher Hinsicht ein inhaltlich genau bestimmtes Handeln vorsieht, in zeitlicher Hinsicht ein Handeln innerhalb eines bestimmten Zeitraums fordert und dieses Handeln sanktionsbewährt ist".[450]

Die Finanzverwaltung beharrt bis heute auf einem „traditionellen" Konkretisierungserfordernis und will eine Rückstellungsbildung für Altlasten nur zulassen, wenn
- gegen das betroffene Unternehmen bereits eine **Sanierungsverfügung** erlassen worden ist,
- für das betroffene Unternehmen eine Sanierungsverpflichtung bereits unmittelbar aufgrund einer gesetzlichen Vorschrift[451] besteht, ohne daß es einer weiteren behördlichen Maßnahme bedarf oder
- das betroffene Unternehmen einen **öffentlich-rechtlichen Vertrag** abgeschlossen hat, indem es sich freiwillig einer Sanierungsverpflichtung unterworfen hat.

---

[445] BFHE 167, 334; BGH, BB 1989, 1518; Eilers, Deutsches Steuerrecht, 1991, S. 147 ff.
[446] BFH, DB 1991, 786; BFH, DB 1987, 867.
[447] BFH, DB 1992, 1500; BFH, DB 1987, 2075.
[448] BFH, DB 1991, 786; BFH, DB 1988, 1297; BFH, DB 1985, 260.
[449] BFH, DB 1992, 1806; BFHE, 158, 58; BFHE, 150, 140; Eilers, Rückstellungen für Umweltschutzverpflichtungen in: Harzburger Steuerprotokoll, 1993, 337 (340).
[450] BFH, DB 1992, 1806; BFH, DB 1989, 2252.
[451] Wie z.B. nach § 10 Abs. 2 AbfG; vgl. hierzu BFH, Bundessteuerblatt II 1983, 670 (672).

575 Die finanzgerichtliche Rechtsprechung ist demgegenüber nicht einheitlich: So ist beispielsweise das Finanzgericht Münster in einer Entscheidung vom 10.06.1990[452] zunächst der restriktiven Auffassung der Finanzverwaltung gefolgt. Nur drei Monate später hat ein anderer Senat des Finanzgerichts Münster diese Entscheidung jedoch wieder erheblich relativiert.[453] Demgegenüber hat das Finanzgericht Baden-Württemberg in einem Beschluß vom 19.12.1991[454] erneut eine restriktive Position vertreten und Rückstellungen für Altlastensanierungen selbst für die Fälle abgelehnt, in denen sich ein durch behördliche Ermittlungsmaßnahmen dokumentierter Gefahrenverdacht bereits gegen ein bestimmtes Unternehmen richtet.

576 In seiner Entscheidung vom 19.10.1993 hat sich der VIII. Senat des Bundesfinanzhofs (erstmals) mit der Frage der Rückstellungsbildung wegen öffentlich-rechtlicher Verpflichtung zur Beseitigung von Umweltschäden auseinandergesetzt: Nach seinen Feststellungen dürfen Rückstellungen für derartige öffentlich-rechtliche Verpflichtungen erst dann gebildet werden, wenn die die Verpflichtung zur Rückstellungsbildung begründenden Tatsachen der zuständigen Fachbehörde bereits bekannt geworden sind oder dies unmittelbar bevorsteht.[455] Diese Kenntnis kann nach der Auffassung des BFH beispielsweise durch Information („Selbstanzeige") der Steuerpflichtigen an die zuständige Umweltbehörde hergestellt werden.

577 In der Literatur ist sowohl die Position des BFH als auch die Praxis der Finanzverwaltung auf heftige Kritik gestoßen.[456] Ungeachtet dessen hält der Bundesminister der Finanzen an den postulierten „besonderen Konkretisierungserfordernissen" für öffentlich-rechtliche Verbindlichkeiten fest und folgt damit im wesentlichen der Entscheidung des BFH vom 19.10.1993. Nach dem Bundesminister für Finanzen soll eine Konkretisierung der rückstellungsfähigen Verbindlichkeiten nur dann vorliegen, wenn der Steuerpflichtige die zuständigen Fachbehörden über die Schadstoffbelastung *und* die von ihm ergriffenen Maßnahmen bzw. den von ihm aufgestellten Sanierungsplan unterrichtet hat.[457]

---

[452] FG Münster, BB 1990, 1806.
[453] FG Münster, DStR 1991, 1146.
[454] FG Baden-Württemberg, EFG 1993, 13.
[455] BFH, DB 1994, 18 (19).
[456] Herzig, DB 1994, 20; Eilers, Rückstellungen für Rücknahmepflichten in: Herzig, Bilanzierung von Umweltlasten und Umweltschutzverpflichtungen, 1994; vgl. hierzu auch: Bartels, BB 1992, 1311; Eilers, Deutsches Steuerrecht 1991, 147ff.; Eilers, Rückstellungen für Umweltschutzverpflichtungen, in: Harzburger Steuerprotokoll, 1993, 337ff.; Förschle/Scheffels, DB 1993, 1197; Herzig, DB 1990, 1341; Kupsch, BB 1992, 2320.
[457] Vgl. den Erlaß des Bundesministers der Finanzen über die Behandlung von „ertragssteuerlichen Fragen im Zusammenhang mit schadstoffbelasteten Wirtschaftsgütern" in seiner aktuellen Fassung von 1994.

Die Unzulässigkeit einer Rückstellung besagt allerdings noch nichts 578
über die Zulässigkeit einer **Teilwertabschreibung**.[458] Nach der Rechtsprechung des BFH ist eine Teilwertabschreibung gemäß § 6 Abs. 1 Nr. 2 in Verbindung mit Abs. 1 Nr. 1 Satz 3 EStG und zum eingeschränkten Niederstwertprinzip bei Anlagenvermögen geboten, wenn die Altlast zu einer dauernden Wertminderung des betroffenen Grundstücks geführt hat und in der Bilanz noch nicht berücksichtigt worden ist.[459]

b) Geheimhaltungspflicht der Steuerbehörden

Informationen, die das betroffene Unternehmen den Finanzbehörden 579
zur Begründung einer Rückstellungsbildung mitteilt, unterliegen in vollem Umfang dem **Steuergeheimnis** nach § 30 AO. Gemäß § 30 Abs. 4 Nr. 5 AO dürfen die Finanzbehörden derartige Informationen nur ausnahmsweise an Strafverfolgungs- und Ordnungsbehörden weitergeben, wenn dies der Verfolgung von schwerwiegenden Umweltstraftaten dient. Dieser fachspezifische steuerrechtliche Geheimnisschutz bleibt zumindest grundsätzlich auch von dem neuen **Umweltinformationsgesetz** unberührt.

---

[458] Vgl. zum Sachstand unter anderem Eilers, Rückstellungen für Umweltschutzverpflichtungen, in: Harzburger Steuerprotokoll 1993, 337 (345 ff.); Förschle/Scheffels, DB 1993, 1197 ff.
[459] BFH, DB 1994, 18 (19 f.).

Anhang:
Übersicht über die wichtigsten Altlastenregelungen der einzelnen Bundesländer

I. Baden-Württemberg

1. Gesetz über die Vermeidung und Entsorgung von Abfällen und die Behandlung von Altlasten in Baden-Württemberg (Landesabfallgesetz – LabfG) vom 08. Januar 1990 (GBl. S. 1), geändert durch das Bodenschutzgesetz vom 24. Juni 1991 (GBl. S. 434)

§ 21 Beseitigung verbotener Ablagerungen
Wer in unzuläßiger Weise Abfälle entsorgt, ist zur Beseitigung des rechtswidrigen Zustandes verpflichtet.

§ 22 Begriffsbestimmungen und sachlicher Geltungsbereich
(1) Altlastverdächtige Flächen im Sinne dieses Gesetzes sind Altablagerungen und Altstandorte, soweit die Besorgnis besteht, daß sie durch das Wohl der Allgemeinheit (§ 2 Abs. 1 Satz 2 AbfG) beeinträchtigt ist oder künftig beeinträchtigt wird. Keine altlastenverdächtigen Flächen im Sinne dieses Gesetzes sind Flächen, die durch Einwirkung von Luft- oder Gewässerverunreinigungen, durch Aufbringen von Stoffen im Zusammenhang mit landwirtschaftlicher oder gärtnerischer Nutzung oder durch vergleichbare Nutzungen verunreinigt wurden.
(2) Altablagerungen sind Flächen, auf denen vor dem 01. März 1972
1. Anlagen zum Ablagern von Abfällen betrieben wurden, die vor Inkrafttreten dieses Gesetzes stillgelegt worden sind oder
2. Abfälle behandelt, gelagert oder abgelagert worden sind.
Altablagerungen sind auch sonstige vor Inkrafttreten dieses Gesetzes abgeschlossene Aufhaldungen und Verfüllungen.
(3) Altstandorte sind Flächen stillgelegter Anlagen, in denen mit gefährlichen, insbesondere wassergefährdenden Stoffen umgegangen worden ist.
(4) Altlasten sind die in Abs. 1 genannten Flächen.

§ 23 Erfassung altlastverdächtiger Flächen
(1) Das Amt für Wasserwirtschaft und Bodenschutz führt soweit erforderlich Erhebungen zur Erfassung altlastverdächtiger Flächen durch und unterstützt die Ermittlungen der Wasserbehörde über das Vorliegen von Altlasten. Die Aufgabe anderer Behörden zur Ermittlung und Abwehr von Gefahren bleiben unberührt.
(2) Altlastverdächtige Flächen und Altlasten werden in einer bei den Ämtern für Wasserwirtschaft und Bodenschutz und der Landesanstalt für Umweltschutz gefährdeten Datei erfaßt.
(3) Die Weitergabe personenbezogener Daten und anderer Informationen an die zuständige Stelle zur Erfüllung der in Abs. 1 und 2 genannten Aufgaben ist zulässig. § 11 Abs. 4 und 5 AbfG ist, soweit es sich um Altstandorte handelt, entsprechend anwendbar.

§ 24 Erkundung von Altlasten
Die Wasserbehörde trifft bei Altlasten diejenigen Maßnahmen und Anordnungen, die ihr nach pflichtgemäßem Ermessen zur Untersuchung von Art, Umfang und Ausmaß der Verunreinigungen erforderlich erscheinen (Erkundung).

§ 25 Sanierung und Überwachung von Altlasten

(1) Ziel der Sanierung ist bei Altablagerungen die Herstellung eines dem Wohl der Allgemeinheit (§ 2 Abs. 1 Satz 2 AbfG) entsprechenden Zustandes, bei Altstandorten darüber hinaus die Beseitigung der Besorgnis der Verunreinigung des Wassers.

(2) Die Wasserbehörde kann die zur Sanierung und Überwachung einer Altlast erforderlichen Maßnahmen anordnen.

§ 26 Bewertungskommission

Bei der unteren Wasserbehörde wird eine Bewertungskommission gebildet. Ihr gehören Vertreter der fachlich berührten Landesbehörden an. Die Bewertungskommission hat die Ergebnisse der Erkundung zu bewerten, Empfehlungen für die Sanierung zu erteilen und die Wasserbehörde bei Sanierungsentscheidungen zu beraten. Die oberste Wasserbehörde wird ermächtigt, durch Rechtsverordnung das Nähere über Zusammensetzung, Berufung der Mitglieder, Aufgaben und Geschäftsführung der Bewertungskommission zu regeln.

§ 27 Sanierungsplan

Die Wasserbehörde kann zur Vorbereitung von Anordnungen nach § 25 die Erstellung eines Sanierungsplanes verlangen, der insbesondere enthält:
1. Maßnahmen zur Verhütung, Verminderung oder Beseitigung von Beeinträchtigungen des Wohls der Allgemeinheit durch die Altlast (Sicherungs- und Dekontaminationsmaßnahmen);
2. Maßnahmen zur Wiedereingliederung von Altlasten in Natur und Landschaft (Rekultivierungsmaßnahmen).

2. Gesetz zum Schutz des Bodens (Bodenschutzgesetz – BodSchG) vom 24. Juni 1991 (GBl. S. 434)

§ 4 Verpflichtung zum Bodenschutz

(1) Jeder ist verpflichtet, sich so zu verhalten, daß Bodenbelastungen auf das nach den Umständen unvermeidbare Maß beschränkt werden.

(2) Bei der Planung und Ausführung von Baumaßnahmen und anderen Veränderungen der Erdoberfläche sind die Belange des Bodenschutzes nach § 1 zu berücksichtigen, insbesondere ist auf einen sparsamen und schonenden Umgang mit dem Boden zu achten.

§ 7 Mitwirkungspflichten

(1) Der Grundstückseigentümer und der Inhaber der tatsächlichen Gewalt über ein Grundstück sind verpflichtet, eine Bodenbelastung, bei der Gefahren für das Leben oder für die Gesundheit von Menschen oder für bedeutende Sachwerte oder erhebliche Beeinträchtigungen des Naturhaushaltes nicht ausgeschlossen werden können, oder den Verdacht auf eine solche Bodenbelastung unverzüglich der Bodenschutzbehörde oder der technischen Fachbehörde mitzuteilen. Das gleiche gilt für denjenigen, der die Bodenbelastung verursacht hat (Verursacher).

(2) Der Eigentümer und der Inhaber der tatsächlichen Gewalt über ein Grundstück sowie derjenige, der aufgrund von Tatsachen als Verursacher einer Bodenbelastung in Betracht kommt, haben der Bodenschutzbehörde oder der technischen Fachbehörde und deren Beauftragten alle Auskünfte zu erteilen und die Unterlagen vorzulegen, die diese zur Erfüllung der Aufgaben nach diesem Gesetz benötigen. Der zur Auskunft Verpflichtete kann die Auskunft auf solche Fragen verweigern, deren Beantwortung ihn selbst oder einen der im § 383 Abs. 1 Nr. 1 bis 3 der Zivilprozeßordnung bezeichneten Angehörigen der Gefahr strafgerichtlicher Verfolgung oder eines Verfahrens nach dem Gesetz über Ordnungswidrigkeiten aussetzen würde.

(3) Der Grundstückseigentümer und der Inhaber der tatsächlichen Gewalt über ein Grundstück sind verpflichtet, den Bodenschutzbehörden, den technischen Fachbehörden und deren Beauftragten zur Wahrnehmung der Aufgaben nach diesem Gesetz den

Zutritt zu Grundstücken und die Vornahme von Ermittlungen, insbesondere die Entnahme von Bodenproben zu gestatten. Zur Verhütung von dringenden Gefahren für die öffentliche Sicherheit und Ordnung ist auch der Zutritt zu Wohnräumen und die Vornahme von Ermittlungen in Wohnräumen zu gewähren. Das Grundrecht der Unverletzlichkeit der Wohnung (Artikel 13 des Grundgesetzes) wird insoweit eingeschränkt.

§ 8 Bodenüberwachung

(1) Die Bodenschutzbehörden und die technischen Fachbehörden haben darüber zu wachen, daß die Vorschriften dieses Gesetzes eingehalten und auferlegte Verpflichtungen erfüllt werden. Sie haben von dem Einzelnen und dem Gemeinwesen Gefahren abzuwehren, die von Bodenbelastungen ausgehen und durch die öffentliche Sicherheit oder Ordnung bedroht wird, und von Bodenbelastungen ausgehende Störungen der öffentlichen Sicherheit oder Ordnung zu beseitigen, soweit es im öffentlichen Interesse geboten ist. Die Aufgaben anderer Behörden zur Ermittlung und Abwehr von Gefahren bleiben unberührt.

(2) Die Bodenschutzbehörden treffen zur Wahrnehmung dieser Aufgaben diejenigen Anordnungen, die ihnen nach pflichtgemäßem Ermessen erforderlich erscheinen.

§ 9 Maßnahmen zum Schutz und zur Sanierung des Bodens

(1) Zum Schutz und zur Sanierung des Bodens kann die Bodenschutzbehörde unter den in § 8 genannten Voraussetzungen insbesondere
1. Untersuchungsmaßnahmen anordnen, wenn Erkenntnisse vorliegen, aufgrund derer eine Bodenbelastung zu vermuten ist,
2. wenn eine Bodenbelastung festgestellt wird, ihre Beseitigung, oder soweit dies technisch möglich oder unzumutbar ist, ihre Verminderung durch geeignete Maßnahmen verlangen,
3. bestimmte Arten der Bodennutzung und den Einsatz bestimmter Stoffe verbieten oder beschränken,
4. Maßnahmen zur Wiederherstellung der in § 1 genannten Funktionen des Bodens, insbesondere eine Rekultivierung, verlangen,
5. zur Vorbereitung von Anordnungen nach Nr. 2 die Erstellung eines Sanierungsplanes verlangen,
6. wenn die Beseitigung der Bodenbelastung nicht möglich oder unzumutbar ist, die zur Überwachung und Sicherung erforderlichen Maßnahmen anordnen.

(2) Die Bodenschutzbehörde kann zum vorbeugenden Schutz des Bodens zur Vermeidung zu erwartender Bodenbelastungen immissionsschutzrechtliche Anordnungen bei den zuständigen Behörden veranlassen.

§ 10 Verpflichtete

(1) Zur Duldung oder Erfüllung von Anordnungen nach den §§ 8 und 9 sind verpflichtet
1. der Verursacher oder derjenige, der aufgrund gesetzlicher Vorschriften für das Verhalten des Verursachers einzustehen hat,
2. der Grundstückseigentümer und der Inhaber der tatsächlichen Gewalt über ein Grundstück.

Über die Auswahl bei der Heranziehung von Verpflichteten entscheidet die Bodenschutzbehörde nach pflichtgemäßem Ermessen. Bei der Heranziehung ist der Grundsatz der Verhältnismäßigkeit zu beachten, insbesondere sind unbillige Härten zu vermeiden. Die Bodenschutzbehörde kann auch mehrere Verpflichtete heranziehen.

(2) Können die nach Absatz 1 Verpflichteten nicht oder nicht rechtzeitig herangezogen werden, so kann die Bodenschutzbehörde Untersuchungsmaßnahmen selbst durchführen oder durchführen lassen und die Bodenbelastung selbst beseitigen oder vermindern oder durch einen Beauftragten beseitigen oder vermindern lassen.

(3) Die Kosten von den nach §§ 8 und 9 angeordneten Maßnahmen trägt der Verpflichtete. Darüber hinaus können unter Beachtung der in Absatz 1 genannten Grund-

sätze die Kosten für Maßnahmen nach Absatz 2 sowie für sonstige Untersuchungen, soweit sie zur Feststellung einer Bodenbelastung geführt haben, dem Verpflichteten auferlegt werden. Mehrere Verpflichtete haften als Gesamtschuldner.

(4) Soweit von den Verpflichteten die Erstattung der von ihnen nach Absatz 3 zu tragenden Kosten nicht erlangt werden kann, fallen diese dem Kostenträger der unteren Bodenschutzbehörde zur Last. Die im Einzelfall DM 10.000,– übersteigenden Kosten werden dem Kostenträger der unteren Bodenschutzbehörde auf Antrag vom Land erstattet. Der Erstattungsbetrag wird zur Hälfte aus der Finanzausgleichsmasse A (§ 1b Nr. 1 des Gesetzes über den kommunalen Finanzausgleich) vorweg entnommen.

§ 13 Festschreibung von Bodenbelastungsgebieten

(1) Gebiete, in denen erhebliche Bodenbelastungen festgestellt werden, können zur Sanierung des Bodens oder aus Gründen der Vorsorge für die menschliche Gesundheit oder zur Vorsorge gegen erhebliche Beeinträchtigungen des Naturhaushaltes durch Rechtsverordnung als Bodenbelastungsgebiete festgesetzt werden.

(2) In der Rechtsverordnung sind der Gegenstand, der wesentliche Zweck und die erforderlichen Verbote, Beschränkungen und Schutzmaßnahmen zu bestimmen. Insbesondere kann vorgeschrieben werden, daß in diesen Gebieten
1. der Boden auf Dauer oder je nach Art und Maß der Bodenbelastungen auf bestimmte Zeit nicht oder nur eingeschränkt genutzt werden darf,
2. nur bestimmte Nutzungen zugelassen sind,
3. bestimmte Stoffe nicht eingesetzt werden dürfen,
4. der Grundstückseigentümer oder der Inhaber der tatsächlichen Gewalt über ein Grundstück näher festzulegende Maßnahmen zur Beseitigung oder Verminderung von Bodenbelastungen zu dulden oder durchzuführen hat.

§ 15 Bodenzustandskataster

(1) Bei der Landesanstalt für Umweltschutz wird ein Bodenzustandskataster geführt. Das Bodenzustandskataster beschreibt die physikalische, chemische und biologische Beschaffenheit des Bodens, die Bodennutzung sowie Nutzungseinschränkungen aufgrund von Anordnungen nach §§ 8, 9 und 11 sowie Festsetzungen in Bodenbelastungsgebieten.
....

§ 16 Dauerbeobachtungsflächen

Um den Zustand und die Veränderung der Beschaffenheit von Böden, die für die Gebiete des Landes typisch sind, zu erkennen und zu überwachen, wird ein Netz von Dauerbeobachtungsflächen durch die Landesanstalt für Umweltschutz eingerichtet und betreut.
....

§ 17 Bodenprobenbank

Zur Sicherung von Feststellungen über den Zustand des Bodens und zur Beurteilung von Veränderungen des Bodens kann Material von ausgewählten Bodenproben durch die Landesanstalt für Umweltschutz oder Beauftragte der Bodenschutzbehörden untersucht und unter Bezeichnung von Ort, Zeitpunkt und Verfahren der Probenentnahme in einer bei der Landesanstalt für Umweltschutz geführten Bodenprobenbank eingelagert werden.

§ 18 Bodendatenbank

(1) Bei der Landesanstalt für Umweltschutz wird eine Bodendatenbank geführt.
....
(2) Jeder erhält auf Antrag Auskunft über Daten zu Bodenbeschaffenheit und zu Bodenbelastungen, die in der Bodendatenbank geführt werden......
(3) Für die Erteilung der Auskunft wird eine Gebühr nach dem Landesgebührengesetz erhoben.

3. Verordnung des Umweltministeriums über die Altlasten-Bewertungskommission (KommissionsVO)
vom 16. Oktober 1990 (GBl. S. 392)

4. Verwaltungsvorschrift des Umweltministeriums über die Neufassung des Bußgeldkatalogs zur Ahndung von Ordnungswidrigkeiten im Bereich des Umweltschutzes
vom 23. September 1991 – Az. 23–8809.20 – (GMBl. S. 969)

II. Bayern

1. Gesetz zur Vermeidung, Verwertung und sonstigen Entsorgung von Abfällen und zur Erfassung und Überwachung von Altlasten in Bayern (Bayerisches Abfallwirtschafts- und Altlastengesetz – BayAbfAlG)
vom 27. Februar 1991 (GVBl. S. 64)

Art. 26 Begriffsbestimmung und Geltungsbereich
(1) Altablagerungen sind verlassene und stillgelegte Ablagerungsplätze, auf denen Abfälle behandelt, gelagert oder abgelagert wurden (insbesondere Abfalldeponien) und frühere Abfallablagerungen außerhalb von Abfallentsorgungsanlagen.
(2) Altstandorte sind Grundstücke stillgelegter Anlagen oder sonstiger Flächen, in oder auf denen mit umweltgefährdenden Stoffen umgegangen wurde, insbesondere im Rahmen industrieller oder sonstiger gewerblicher Tätigkeit.
(3) Altlastverdächtige Flächen sind Altablagerungen und Altstandorte, wenn eine Gefahr für die öffentliche Sicherheit und Ordnung zu vermuten ist, deren tatsächliches Vorliegen erst nach weiteren Untersuchungen bejaht oder verneint werden kann.
(4) Altlasten sind Belastungen der Umwelt, vor allem des Bodens und des Wassers, durch Stoffe (Abfälle und sonstige umweltgefährdende Stoffe im Bereich von Altablagerungen und Altstandorten, wenn aufgrund einer Gefährdungsabschätzung feststeht, daß eine Gefahr für die öffentliche Sicherheit und Ordnung vorliegt und zur Wahrung des Wohls der Allgemeinheit Sanierungsmaßnahmen erforderlich sind.
(5) Der sechste Teil dieses Gesetz gilt nicht für Munitions- und Kampfmittelablagerungen und für Flächen, die durch radioaktive Stoffe oder durch flächenhafte landwirtschaftliche Bodennutzung verunreinigt sind.

Art. 27 Erfassung von Altablagerungen und Altstandorten, Altlastenkataster
(1) Die Behörden, Gerichte und sonstigen Stellen des Staates, die Gemeinden, die Landkreise, die Bezirke und die sonstigen juristischen Personen des öffentlichen Rechts teilen den Behörden, deren Zuständigkeiten berührt sein können, und dem Landesamt für Umweltschutz die ihnen vorliegenden Erkenntnisse über Altablagerungen und Altstandorte mit. Das Landesamt für Umweltschutz unterrichtet die nach Satz 1 zuständigen Behörden soweit dies für Untersuchungs-, Überwachungs- oder Sanierungsmaßnahmen geboten ist. Untersuchungs-, Sanierungs- und Überwachungsmaßnahmen an altlastenverdächtigen Flächen und Altlasten sowie den Abschluß und das Ergebnis solcher Maßnahmen teilen die nach Satz 1 zuständigen Behörden dem Landesamt für Umweltschutz mit.
(2) Das Landesamt für Umweltschutz erfaßt aufgrund der Mitteilungen nach Absatz 1, aufgrund eigener Ermittlungen und sonstiger Erkenntnisse altlastenverdächtige Flächen und Altlasten im Altlastenkataster. In diesem Kataster werden auch Untersuchungs-, Sanierungs- und Überwachungsmaßnahmen sowie deren Ergebnisse dokumentiert. Das Landesamt für Umweltschutz berät und unterstützt Maßnahmen zur Ermittlung, Untersuchung, Sanierung und Überwachung von altlastenverdächtigen Flächen und Altlasten.

(3) Die Pflichten zur Ermittlung von altlastenverdächtigen Flächen und Altlasten und zur Abwehr von Gefahren sowie weitere Berichtspflichten auf Grund anderer Rechtsvorschriften bleiben unberührt.

Art. 28 Überwachung und Befugnisse
(1) Soweit nicht in diesem Gesetz oder anderen Rechtsvorschriften abweichend geregelt, ist für die Überwachung von altlastenverdächtigen Flächen und Altlasten die Kreisverwaltungsbehörde zuständig.

(2) Zur Überwachung von Altstandorten und Altablagerungen haben die Eigentümer und Nutzungsberechtigten solcher Flächen den Behörden, deren Zuständigkeit berührt sein können, und den von ihnen beauftragten Personen das Betreten von Grundstücken, Geschäfts- und Betriebsräumen, die Einsicht in Unterlagen und die Vornahme von technischen Ermittlungen und Prüfungen zu gestatten sowie die erforderlichen Auskünfte zu erteilen. Satz 1 gilt entsprechend für frühere Eigentümer und Nutzungsberechtigte von Altstandorten und Altablagerungen. Das Grundrecht auf Unverletzlichkeit der Wohnung (Artikel 13 des Grundgesetzes) wird insoweit eingeschränkt. Befugnisse nach anderen Rechtsvorschriften bleiben unberührt.

Art. 30 Anordnungen für den Einzelfall
Die Regierung kann zur Verhütung oder Unterbindung von Verstößen gegen das Abfallgesetz, dieses Gesetz oder die aufgrund der genannten Gesetze erlassenen Rechtsvorschriften anordnen und für den Einzelfall treffen, soweit eine solche Ermächtigung nicht in anderen abfallrechtlichen Vorschriften enthalten ist; im Rahmen der Überwachungsaufgabe nach Artikel 29 Abs. 2 Satz 3 werden die Anordnungen von der Kreisverwaltungsbehörde erlassen. Artikel 29 Abs. 3 gilt entsprechend. Im Rahmen seiner Überwachungsaufgabe nach Artikel 29 Abs. 2 Satz 2 und Abs. 3 erläßt das Bergamt die Anordnungen nach Satz 1.

Art. 31 Beseitigung verbotener Ablagerungen
(1) Wer in unzulässiger Weise Abfälle behandelt, lagert oder ablagert, ist zur Beseitigung des rechtswidrigen Zustands verpflichtet.

(2) Die Kreisverwaltungsbehörde kann die erforderlichen Anordnungen erlassen. Sind solche Anordnungen nicht oder nur unter unverhältnismäßigem Aufwand möglich oder nicht erfolgversprechend, so hat die Kreisverwaltungsbehörde den rechtswidrigen Zustand auf Kosten des Pflichtigen zu beseitigen oder beseitigen zu lassen.

2. Gesetz über das Landesstrafrecht und das Verordnungsrecht auf dem Gebiet der öffentlichen Sicherheit und Ordnung (Landesstraf- und Verordnungsgesetz – LStVG)
In der Fassung der Bekanntmachung vom 19. November 1970 (GVBl. S. 601), zuletzt geändert durch das Bayerische Abfallgesetz vom 25. Juni 1973 (GBl. S. 324)

III. Brandenburg

Vorschaltgesetz zum Abfallgesetz für das Land Brandenburg (Landesabfallvorschaltgesetz – LAbfVG)
vom 20. Januar 1992 (GVBl. S. 16)

§ 25 Begriffsbestimmungen und sachlicher Geltungsbereich
(1) Altlasten sind Altablagerungen und Altstandorte, sofern von diesen nach den Erkenntnissen einer im einzelnen Fall vorausgegangenen Untersuchung und einer darauf beruhenden Beurteilung durch die zuständige Behörde eine Gefahr für die öffentliche Sicherheit oder Ordnung ausgeht.

(2) Altlast-Verdachtsflächen sind Altablagerungen und Altstandorte, soweit ein hinreichender Verdacht besteht, daß von ihnen eine Gefahr für die öffentliche Sicherheit und Ordnung ausgeht oder künftig ausgehen kann.

Kummer

(3) Altablagerungen sind
1. stillgelegte Anlagen zum Ablagern von Abfällen,
2. sonstige stillgelegte Aufhaldungen und Verfüllungen,
3. auf sonstigen Flächen vor dem 01. Juli 1990 abgelagerte Abfälle.
(4) Altstandorte sind
1. Grundstücke stillgelegter Anlagen, in denen mit umweltgefährdenden Stoffen umgegangen worden ist, soweit es sich um Anlagen der gewerblichen Wirtschaft oder im Bereich öffentlicher Einrichtungen gehandelt hat, ausgenommen der Umgang mit Kernbrennstoffen und sonstigen radioaktiven Stoffen im Sinne des Atomgesetzes.
2. Grundstücke, auf denen insbesondere im Bereich der gewerblichen Wirtschaft und im Bereich öffentlicher Einrichtungen einschließlich ehemaliger militärischer Liegenschaften sonst mit umweltgefährdenden Stoffen umgegangen worden ist, ausgenommen der Umgang mit Kernbrennstoffen und sonstigen radioaktiven Stoffen im Sinne des Atomgesetzes, das Aufbringen von Abwasser, Klärschlamm, Fäkalien oder ähnlichen Stoffen und festen Stoffen, die aus oberirdischen Gewässern entnommen worden sind, sowie das Aufbringen und Anwenden von Pflanzenbehandlungs- und Düngemitteln.
(5) Die Vorschriften des 6. Abschnittes dieses Gesetzes dienen nicht dem Aufsuchen und Bergen von Kampfmitteln.

§ 26 Grundlagenermittlung

(1) Das Landesumweltamt erarbeitet in Zusammenwirkung mit Sachverständigen und Behörden, deren Belange berührt sind, fachlichen Grundlagen für die Ermittlung und Abwehr von Gefahren, die von Altablagerungen und Altstandorten ausgehen können. Es ermittelt ferner den Stand, der für die Gefahrenabwehr gegenüber Altlasten bedeutsamen Technik und fördert dessen Entwicklung.
(2) Das Landesumweltamt gibt über seine Ermittlungen den zuständigen Behörden des Landes und des Bundes, den Gemeinden und Gemeindeverbänden sowie anderen Trägern öffentlicher Belange Auskunft.

§ 27 Erhebungen über Altablagerungen und Altstandorte

(1) Die unteren Abfallwirtschaftsbehörden führen Erhebungen über Altlast-Verdachtsflächen durch. Erhebungen über Altlast-Verdachtsflächen, die beim Aufsuchen, Gewinnen, Aufbereiten und Weiterverarbeiten von Bodenschätzen entstanden sind, führt die zuständige Bergbehörde durch. Sie teilt die ihr vorliegenden Daten, Tatsachen und Erkenntnisse der öffentlich zuständigen Abfallwirtschaftsbehörde mit.
(2) Haben andere Behörden Altablagerungen oder Altstandorte zu überwachen, unterstützen diese die unteren Abfallwirtschaftsbehörden bei den Erhebungen nach Abs. 1. Bei Erhebungen nach Abs. 1 sind für die Ermittlung und Abwehr von Gefahren und zur Feststellung der Ordnungspflichtigen benötigten Daten, Tatsachen und Erkenntnisse zu sammeln und aufzubereiten, die bei Behörden und Einrichtungen des Landes, Gemeinden und Gemeindeverbänden vorhanden sind oder über die Dritte nach diesem Gesetz oder nach anderen Gesetzen Auskunft zu geben haben. Die Erhebungen können sich auch auf sonstige Angaben Dritter erstrecken, sofern diese dem Zweck der Erhebungen dienen. Die Erhebungen nach Abs. 1 umfassen Daten, Tatsachen und Erkenntnisse über
1. Lage, Größe und Zustand der Altablagerungen und Altstandorte,
2. den früheren Betrieb und die stillgelegten Anlagen und Einrichtungen,
3. Art, Menge und Beschaffenheit der Abfälle und Stoffe, die abgelagert worden sein können oder mit denen umgegangen worden sein kann,
4. Umwelteinwirkungen einschließlich möglicher Gefährdungen der Gesundheit, die von den Altablagerungen und Altstandorten ausgehen oder zu besorgen sind,
5. frühere, bestehende und geplante Nutzungen der Altablagerungen und Altstandorte und ihrer Umgebung,

Kummer

6. Eigentümer und Nutzungsberechtigte, frühere Eigentümer und Nutzungsberechtigte, Inhaber stillgelegter Abfallentsorgungsanlagen oder sonstiger stillgelegter Anlagen sowie
7. die sonstigen für die Ermittlung und Abwehr von Gefahren und die Feststellung der Ordnungspflichtigen bedeutsamen Sachverhalte und Rechtsverhältnisse.

(3) Die Behörden und Einrichtungen des Landes, die Gemeinden und Gemeindeverbände teilen der in Abs. 1 genannten Behörde die ihnen vorliegenden Daten, Tatsachen und Erkenntnisse über Altablagerungen und Altstandorte mit.

(4) Eigentümer und Nutzungsberechtigte von Grundstücken sind verpflichtet, ihnen bekannt gewordene Ablagerungen von Abfällen im Sinne von § 2 Abs. 2 AbfG auf ihren Grundstücken unverzüglich der unteren Abfallwirtschaftsbehörde anzuzeigen.

(5) Für die Anzeigepflicht nach Abs. 4 findet § 11 Abs. 5 AbfG Anwendung.

§ 28 Untersuchung und Gefahrenabwehr

(1) Die untere Abfallwirtschaftsbehörde trifft bei Altlast-Verdachtsflächen und Altlasten die notwendigen Maßnahmen, um die Gefahrenlage und die sonstigen Voraussetzungen ihre Einschreitens zu ermitteln und festzustellen. Weitergehende Regelungen des Bundesberggesetzes bleiben unberührt.

(2) Die untere Abfallwirtschaftsbehörde kann bei Altlasten die notwendigen Maßnahmen treffen, um eine im einzelnen Falle bestehende Gefahr für die öffentliche Sicherheit oder Ordnung abzuwehren, soweit eine Anordnung nicht nach § 10a oder § 10 Abs. 2 AbfG ergehen kann. Dabei kann vom Verantwortlichen die Vornahme der notwendigen Untersuchungen zur Festlegung des Umfanges der Maßnahmen verlangt werden.

(3) Die untere Abfallwirtschaftsbehörde trifft ihre Maßnahmen und Anordnungen nach pflichtgemäßem Ermessen.

(4) Auf die entstehenden Kosten findet auch § 21 entsprechende Anwendung.

§ 29 Kataster

(1) Die unteren Abfallwirtschaftsbehörden führen ein Kataster über die in ihren Zuständigkeitsbereich fallenden Altlast-Verdachtsflächen. In die Kataster sind die Daten, Tatsachen und Erkenntnisse aufzunehmen, die über die Altlast-Verdachtsflächen erhoben und bei deren Untersuchung, Beurteilung und Sanierung sowie bei der Durchführung sonstiger Maßnahmen oder der regelmäßigen Überwachung ermittelt werden. Die Kataster sind laufend fortzuschreiben.

(2) Die unteren Abfallwirtschaftsbehörden übermitteln dem Landesumweltamt zur Wahrnehmung der ihm übertragenen Aufgaben die in diesem Zusammenhang gewonnenen Daten, Tatsachen und Erkenntnisse. Diese werden von dem Landesumweltamt in Dateien geführt und in Karten dargestellt. Die oberste Abfallwirtschaftsbehörde kann in Verwaltungsvorschriften die Form bestimmen, in der sie in Satz 1 genannten Daten, Tatsachen und Erkenntnisse an das Landesumweltamt zu übermitteln sind.

(3) Die oberste Abfallwirtschaftsbehörde kann sich über den Inhalt der Kataster unterrichten.

(4) Für den Inhalt der Kataster und Dateien besteht eine zeitlich unbeschränkte Aufbewahrungspflicht. Die oberste Abfallwirtschaftsbehörde kann Ausnahmen zulassen.

§ 30 Weitergabe von Erkenntnissen

(1) Die unteren Abfallwirtschaftsbehörden und das Landesumweltamt sind befugt, anderen Behörden und Einrichtungen des Landes sowie den Gemeinden und Gemeindeverbänden Daten, Tatsachen und Erkenntnisse über Altablagerungen und Altstandorte mitzuteilen, soweit dies zur Wahrnehmung der diesen Stellen obliegenden Aufgaben erforderlich ist. Auf Verlangen teilen die katasterführenden Behörden ihnen vorliegende Daten, Tatsachen oder Erkenntnisse den Eigentümern und Nutzungsberechtigten mit. Sie können auch Dritte unterrichten, soweit diese ein berechtigtes Interesse an der Kenntnis der zu übermittelnden Daten darlegen.

II. Das Altlastenrisiko

(2) Soweit Behörden oder andere Stellen Erkenntnisse über Altablagerungen und Altstandorte der Öffentlichkeit zugänglich machen, darf die Bekanntgabe keine Angaben erhalten, die einen Bezug auf eine bestimmte oder bestimmbare natürliche Person zulassen. Dies gilt nicht, wenn solche Angaben offenkundig sind oder ihre Bekanntgabe zur Abwehr von Gefahren oder aus anderen überwiegenden Gründen des Gemeinwohls erforderlich ist.

§ 31 Ausgleichspflicht

Hat sich durch eine Maßnahme nach § 28 der Nutzwert eines betroffenen Grundstückes wesentlich erhöht, kann die zuständige Behörde vom Eigentümer einen Ausgleich in Geld verlangen.

IV. Bremen

Verordnung über die Entsorgung von Abfällen außerhalb von Abfallentsorgungsanlagen vom 06. September 1976 (GVBl. S. 196), geändert durch Verordnung vom 22. Juni 1993 (GBl. S. 186)

§ 3 Bodenaushub

Bodenaushub, soweit er nicht mit wassergefährdenden Stoffen verunreinigt ist, darf außerhalb von Abfallbeseitigungsanlagen abgelagert werden. Die Bestimmungen der Bremischen Landesbauordnung vom 21. September 1971 (Brem.GBl. S. 207–2130-d-1) sowie sonstige Vorschriften und Genehmigungserfordernisse bleiben unberührt.

§ 4 Bauschutt

Bauschutt darf außerhalb von Abfallentsorgungsanlagen nur mit Genehmigung der nach § 1 Abs. 1 des Bremischen Ausführungsgesetzes zum Gesetz über die Vermeidung und Entsorgung von Abfällen in der Fassung der Bekanntmachung vom 15. September 1988 (Brem.GBl. 241–2129-e-1) zuständigen Stadtgemeinde abgelagert werden. Die Bestimmungen der Bremischen Landesbauordnung sowie sonstige Vorschriften und Genehmigungserfordernisse bleiben unberüht.

V. Hessen

1. Gesetz über die Vermeidung, Verminderung, Verwertung und Beseitigung von Abfällen und die Sanierung von Altlasten (Hessisches Abfallwirtschafts- und Altlastengesetz – HAbfAG)
in der Fassung vom 26. Februar 1991 (GVBl. I. S. 106, GVBl. II 89-1), geändert durch Sonderabfallabgabengesetz vom 26. Juni 1991 (GVBl. I S. 218) und durch Gesetz vom 15. Dezember 1992 (GVBl. I S. 634)

§ 16 Zweck der Altlastensanierung, Begriffsbestimmungen

(1) Zweck der Altlastensanierung ist es, altlastenverdächtige Flächen zu erfassen, zu untersuchen, zu überwachen sowie Altlasten zu sanieren und damit zur nachhaltigen Sicherung der natürlichen Lebensgrundlagen beizutragen.

(2) Altlastenverdächtige Flächen im Sinne dieses Gesetzes sind:
1. stillgelegte Abfallentsorgungsanlagen und Grundstücke außerhalb von stillgelegten Entsorgungsanlagen, auf denen Abfälle behandelt, gelagert oder abgelagert worden sind (Altablagerungen),
2. Grundstücke von stillgelegten industriellen oder gewerblichen Betrieben sowie Liegenschaften, deren militärische Nutzung aufgegeben wurde, in denen so mit Stoffen umgegangen wurde, daß Beeinträchtigungen des Wohls der Allgemeinheit im Sinne des § 2 Abs. 1 Satz 2 des Abfallgesetzes nicht auszuschließen sind (Altstandorte),

soweit ein hinreichender Verdacht besteht, daß von ihnen Auswirkungen ausgehen, die das Wohl der Allgemeinheit wesentlich beeinträchtigen oder künftig beeinträchtigen werden.

(3) Altlasten sind die in Abs. 2 genannten Flächen, wenn nach § 18 Satz 1 festgestellt ist, daß von ihnen wesentliche Beeinträchtigungen des Wohls der Allgemeinheit ausgehen.

§ 17 Erfassung und Untersuchung von altlastenverdächtigen Flächen (Erstuntersuchung)

(1) Altlastenverdächtige Flächen werden in einer bei der Hessischen Landesanstalt für Umwelt geführten Verdachtsflächendatei erfaßt. Hierbei haben diejenigen, die nach § 21 Abs. 1 zur Durchführung von Sanierungsmaßnahmen verpflichtet sein können, im erforderlichen Umfang mitzuwirken, insbesondere durch die Erteilung von Auskünften und die zur Verfügungstellung von Unterlagen. Die Gemeinden und die Entsorgungspflichtigen sind verpflichtet, die ihnen vorliegenden Erkenntnisse über Altablagerungen und Altstandorte der Hessischen Landesanstalt für Umwelt mitzuteilen. Näheres, insbesondere zum Inhalt, zur Nutzung und zur Weitergabe der Erkenntnisse aus der Verdachtsflächendatei, bestimmt der für die Altlastensanierung zuständige Minister im Einvernehmen mit dem Minister des Inneren durch Rechtsverordnung.

(2) Die zuständige Behörde ordnet im erforderlichen Umfang Maßnahmen zur Untersuchung von Art, Umfang und Ausmaß der Verunreinigungen, die von Altlasten verdächtigen Flächen ausgehen, auf Kosten der Verantwortlichen im Sinne von § 21 Abs. 1 (1. Untersuchung). Als Untersuchungsmaßnahmen können insbesondere die Entnahme und Untersuchung von Luft-, Wasser- und Bodenproben sowie die Errichtung und der Betrieb von Kontrollstellen angeordnet werden. § 22 Abs. 1 Satz 1 findet entsprechend Anwendung, wenn ein Verantwortlicher im Sinne des § 21 Abs. 1 nicht oder nicht rechtzeitig in Anspruch genommen werden kann.

(3) Altlastenverdächtige Flächen und festgestellte Altlasten sind im Liegenschaftskataster nachzuweisen.

§ 18 Feststellen einer Altlastbewertungskommission

Die zuständige Behörde trifft die Entscheidung über das Vorliegen einer Altlast. Sie soll ihrer Entscheidung die Empfehlung einer Bewertungskommission zugrundelegen. Näheres über Einrichtung, Aufgaben und Zusammensetzung der Bewertungskommission bestimmt der für die Altlastensanierung zuständige Minister durch Rechtsverordnung.

§ 19 Überwachung von altlastenverdächtigen Flächen und Altlasten

(1) Die nach § 18 Satz 1 festgestellten Altlasten unterliegen der Überwachung durch die zuständige Behörde. Dies gilt auch für altlastenverdächtige Flächen, bei denen das Vorliegen einer Altlast nicht festgestellt wurde, aber noch ein hinreichender Verdacht des § 16 Abs. 2 besteht.

(2) Bedienstete und andere von der zuständigen Behörde beauftragten Personen sind zur Durchführung der Aufgabe nach Abs. 1 berechtigt,
1. Altlasten und altlastenverdächtige Flächen und damit zusammenhängende Betriebsgebäude und Anlagen,
2. Grundstücke in der Umgebung und im Einwirkungsbereich von Altlasten und altlastenverdächtigen Flächen nur nach rechtzeitiger vorheriger Ankündigung, bei Gefahr im Verzug auch ohne vorherige Ankündigung

zu betreten und dort erforderliche Prüfungen und Messungen vorzunehmen, insbesondere Luft-, Wasser- und Bodenproben zu entnehmen und Meßstellen einzurichten. Grundstückseigentümer und Nutzungsberechtigte sind verpflichtet, Überwachungsmaßnahmen nach Satz 1 zu dulden und den Zugang zu den Grundstücken, Betriebsgebäuden und Anlagen zu ermöglichen. Art. 13 des Grundgesetzes wird nach Maßgabe dieses Absatzes eingeschränkt, soweit eine dringende Gefahr für die öffentliche Sicherheit besteht.

(3) Bedienstete und andere von der zuständigen Behörde beauftragte Personen können, soweit erforderlich, Auskunft über Betrieb, Anlagen, Einrichtungen und sonstige der Überwachung unterliegende Gegenstände sowie Einsicht in Betriebsunterlagen verlangen von
1. Inhabern, ehemaligen Inhabern oder deren Rechtsnachfolgern der auf altlastenverdächtigen Flächen errichteten Anlagen,
2. Grundeigentümern und Nutzungsberechtigten altlastenverdächtiger Flächen,
3. ehemaligen Grundeigentümern und Nutzungsberechtigten altlastenverdächtiger Flächen,
4. Ablagerern und Erzeugern oder deren Rechtsnachfolgern von auf altlastenverdächtigen Flächen gelagerten Stoffen.
Dies gilt auch in den Fällen des § 16 Abs. 3.

(4) Wer zu Maßnahmen nach Abs. 1 bis 3 Anlaß gegeben hat, ist zum Ersatz der Kosten der notwendigen Maßnahmen verpflichtet. Hierzu gehören auch die Kosten der Durchführung, Auswertung und Bewertung von einzelnen technischen Prüfungen, Messungen und Proben sowie die Kosten der Ermittlung von Sanierungsverantwortlichen. Kostenpflichtig ist danach insbesondere derjenige, der eine Verunreinigung des Bodens oder des Grundwassers herbeigeführt hat. Wird zwar eine Verunreinigung, aber nicht deren Verursachungen festgestellt, so sind nach § 21 Abs. 1 Sanierungsverantwortliche unter den dort genannten Voraussetzungen kostenpflichtig.

(5) Die zuständige Behörde kann die Durchführung eigener Kontrollmaßnahmen nach § 6 Abs. 1 und 2 für altlastenverdächtige Flächen nach § 16 Abs. 2 anordnen. Sie kann dabei festlegen, daß der Pflichtige nach Abs. 4 das Vorhandensein von Bodenverunreinigungen, bei denen der hinreichende Verdacht einer Beeinträchtigung des Wohls der Allgemeinheit besteht, unverzüglich mitzuteilen hat. Im übrigen findet § 6 Abs. 3 entsprechend Anwendung.

§ 20 Behördliche Anordnungen zur Sanierung einer Altlast

(1) Die zuständige Behörde liegt den Sanierungsumfang der festgestellten Altlast fest, trifft die zur Durchführung der Sanierung erforderlichen Maßnahmen und Anordnungen und überwacht sie. Die Anordnungen sind gegen die Sanierungsverantwortlichen nach § 21 Abs. 1 zu richten. Die zuständige Behörde kann im Rahmen der erforderlichen Maßnahmen von den Sanierungsverantwortlichen nach § 21 Abs. 1 die Erstellung eines Sanierungsplanes verlangen und enthält:
1. Maßnahmen zur Verhütung, Verminderung und Beseitigung von Beeinträchtigungen des Wohls der Allgemeinheit durch die Altlast (Sicherungs- und Dekontaminationsmaßnahmen);
2. Maßnahmen zur Wiedereingliederung von Altlasten in Natur und Landschaft (Rekultivierungsmaßnahmen).
Der Sanierungsplan ist von der zuständigen Behörde zu genehmigen.

(2) Die §§ 4 und 5, § 6 Abs. 3, § 7 Abs. 1, §§ 8 und 9 und §§ 40 bis 43 und § 64 bis 70 des Hessischen Gesetzes über die öffentliche Sicherheit und Ordnung in der jeweils geltenden Fassung gelten entsprechend. Die Erstattungspflicht nach § 69 des Hessischen Gesetzes über die öffentliche Sicherheit und Ordnung trifft die nach § 21 Abs. 1 Verantwortlichen.

(3) § 10 Abs. 2 und § 11 des Abfallgesetzes bleiben unberührt.

(4) Eine behördliche Anordnunft oder eine behördliche Zustimmung zur Durchführung von Maßnahmen nach Abs. 1 und nach § 17 schließt nach anderen Rechtsvorschriften erforderliche Zulassungen ein, wenn sie im Einvernehmen mit der jeweils zuständigen Behörde ergangen ist. Planfeststellungen und förmliche Verfahren nach anderen gesetzlichen Vorschriften bleiben davon unberührt.

§ 21 Sanierungsverantwortlichkeit
(1) Zur Durchführung der Sanierung sind verpflichtet:
1. Inhaber sowie ehemalige Inhaber oder deren Rechtsnachfolger von Anlagen auf Altlasten im Sinne des § 16 Abs. 3, soweit die Verunreinigungen durch diese Anlagen verursacht worden sind;
2. der Ablagerer, der Abfallerzeuger oder deren Rechtsnachfolger bei Flächen nach § 16 Abs. 2 Nr. 1;
3. sonstige Verursacher der Verunreinigungen, wenn von ihnen wesentliche Beeinträchtigungen des Wohls der Allgemeinheit ausgehen;
4. sonstige Personen, die aufgrund anderer Vorschriften eine Verantwortung für die Verunreinigungen oder hiervon ausgehende Beeinträchtigungen des Wohls der Allgemeinheit trifft;
5. der Grundeigentümer, es sei denn, daß er bestehende Verunreinigung beim Erwerb weder kannte noch kennen mußte. Dies gilt nicht für den Erwerb sanierter Flächen;
6. der ehemalige Grundeigentümer, es sei denn, daß ihm eine bestehende Verunreinigung während der Zeit des Eigentums oder des Besitzes nicht bekannt wurde.

Die Auswahl bei der Heranziehung von Sanierungsverantwortlichen nach Satz 1 Nr. 1 bis 6 trifft die zuständige Behörde nach pflichtgemäßem Ermessen; sie kann auch mehrere Sanierungsverantwortliche heranziehen und die Kosten anteilmäßig geltend machen. Mehrere Sanierungsverantwortliche haben untereinander einen Ausgleichsanspruch. Dabei hängt die Verpflichtung zum Ersatz untereinander von den Umständen ab, inwieweit der Schaden vorwiegend von dem einen oder anderen verursacht worden ist.

(2) Die Sanierungsverantwortlichkeit nach Abs. 1 entfällt, wenn der Verantwortliche im Zeitpunkt des Entstehens der Verunreinigung darauf vertraut hat, daß eine Beeinträchtigung der Umwelt nicht entstehen könne, und wenn dieses Vertrauen unter Berücksichtigung der Umstände des Einzelfalls schutzwürdig ist.

§ 22 Altlastensanierungsgesellschaft
(1) In den Fällen, in denen ein Sanierungsverantwortlicher nicht oder nicht rechtzeitig in Anspruch genommen werden kann, und in den Fällen des § 21 Abs. 2 übernimmt der Träger der Altlastensanierung im Rahmen eines aufzustellenden Finanzierungsplanes die Durchführung der Sanierung; in diesem Fall kann der Träger die zu sanierenden Flächen erwerben. Die Übernahme der Durchführung der Sanierung kommt insbesondere dann in Betracht, wenn wegen der Dringlichkeit einer Sanierungsmaßnahme die Rechtskraft einer Anordnung nach § 20 Abs. 1 nicht abgewartet werden kann. Die Altlastensanierungsgesellschaft beteiligt sich nach Maßgabe des Sanierungsprogramms nach Abs. 3 an der Sanierung, wenn bei mehreren Sanierungsverantwortlichen nach § 21 Abs. 1 Satz 2 die behördliche Anordnung oder der Ausgleichsanspruch nach § 21 Abs. 1 Satz 3 gegen einen oder mehrere Sanierungsverantwortliche aus tatsächlichen oder rechtlichen Gründen nicht durchgesetzt werden kann.

(2) Der für die Altlastensanierung zuständige Minister bestimmt durch Rechtsverordnung den Träger der Altlastensanierung (Altlastensanierungsgesellschaft).

(3) Zur Erfüllung ihrer Aufgaben nach Abs. 1 erstellt die Altlastensanierungsgesellschaft ein vierjähriges Sanierungsprogramm, das jährlich fortzuschreiben ist. Es enthält die zu erwartenden Sanierungsmaßnahmen nach Abs. 1 in der zeitlichen Reihenfolge ihrer geplanten Durchführung sowie die jeweils zu erwartenden Kosten.

(4) Auf Antrag der Altlastensanierungsgesellschaft kann die zuständige Behörde Eigentümer und sonstige Nutzungsberechtigte von Flächen nach § 16 Abs. 2 und 3 verpflichten, Überwachungs- und Sanierungsmaßnahmen zu dulden. Ist der Eigentümer oder sonstige Nutzungsberechtigte nicht verantwortlich nach § 21, so kann die Duldungsanordnung mit der Festlegung einer Ausgleichszahlung an den Eigentümer oder sonstigen Nutzungsberechtigten verbunden werden, wenn sich die Durchführung der Maßnahmen für ihn als unbillige Härte darstellt.

Kummer

II. Das Altlastenrisiko

(5) Unbeschadet der Pflichtaufgaben nach Abs. 1 kann die Altlastensanierungsgesellschaft weitere Aufgaben übernehmen, insbesondere die Beratung und Unterstützung der Landesregierung und der mit der Sanierung von altlastenverdächtige Flächen befaßten Behörden sowie die technische und organisatorische Beratung von Sanierungsverantwortlichen und Eigentümern altlastenverdächtiger Flächen.

(6) Zur Erfüllung ihrer Aufgaben kann die Altlastensanierungsgesellschaft Dritte beauftragen, Gesellschaften gründen oder sich an bestehenden Gesellschaften beteiligen.

(7) Ist in den Fällen des § 19 Abs. 4 ein Kostenerstattungsanspruch gegen einen möglichen Sanierungsverantwortlichen nicht durchsetzbar, so geht die Zahlungsverpflichtung auf die Altlastensanierungsgesellschaft über. Das gleiche gilt in den Fällen des § 17 Abs. 2 Satz 3 und des § 20 Abs. 2 Satz 2.

§ 23 Altlastenfinanzierungsumlage

(1) Das Land erhebt jährlich von den Entsorgungspflichtigen eine Altlastenfinanzierungsumlage. Das Aufkommen der Umlage wird zweckgebunden für die Untersuchung und Sanierung kommunal verursachter Altlasten verwendet.

(2) Die Höhe der Umlage wird von dem für die Altlastensanierung zuständigen Ministerium im Benehmen mit den kommunalen Spitzenverbänden festgelegt. Sie bemißt sich nach dem vorgesehenen Untersuchungs- und Sanierungsaufwand. Hierbei ist das Sanierungsprogramm nach § 22 Abs. 3 zu berücksichtigen, soweit Sanierungsfälle betroffen sind, bei denen die Altlast kommunale und gewerbliche Anteile enthält.

(3) Umlagegrundlage ist die im Gebiet des Umlagepflichtigen im Haushaltsjahr voraussichtlich anfallende Menge der abzulagernden oder zu verbrennenden, in Haushaltungen anfallenden Abfälle. Mehr- und Mindermengen werden bei der Veranschlagung der Umlage spätestens im zweiten auf das Ausgleichsjahr folgenden Haushaltsjahr berücksichtigt. Bei der Vergabe der Mittel ist die Leistungsfähigkeit der kommunalen Sanierungsverantwortlichen zu berücksichtigen. Deren Eigenanteil am Sanierungsaufwand zehn bis dreißig von Hundert. Für die Abwelzung der Umlage gilt § 2 Abs. 2. Näheres regelt der für die Altlastensanierung zuständige Minister durch Verwaltungsvorschrift.

§ 24 Kosten

Entfallen die Hinderungsgründe für eine Inanspruchnahme des Verantwortlichen in den Fällen des § 22 Abs. 1 nach Übernahme der Aufgabe durch die Altlastensanierungsgesellschaft, so kann diese eine Erstattung ihrer notwendigen Aufwendungen zur Durchführung von Maßnahmen von den Verantwortlichen nach § 21 Abs. 1 verlangen. Dies gilt entsprechend in den Fällen des § 22 Abs. 7 für Kostenerstattungsansprüche. Ist die Sanierungsgesellschaft im Rahmen des § 22 Abs. 1 tätig geworden, so geht der Anspruch auf Ausgleichszahlungen nach § 25 auf sie über. Dies ist im Festsetzungsbescheid nach § 25 zu regeln.

§ 25 Wertzuwachsausgleich

Wird durch Maßnahmen nach § 20 Abs. 1, die nicht durch einen Grundeigentümer vorgenommen worden sind, der Verkehrswert eines Grundstückes erhöht, so ist der Grundeigentümer zur Zahlung eines Ausgleichsbetrages in Höhe des Unterschiedes des Verkehrswertes, abzüglich der ihm für die Maßnahmen zur Last fallenden Kosten, an denjenigen verpflichtet, der die Kosten der Sanierung getragen hat. Die für die Anordnung der Maßnahme zuständige Behörde setzt den Ausgleichsbetrag fest. Der Ausgleichsbetrag ruht als öffentliche Last auf dem Grundstück.

2. Verordnung über die Einrichtung und Führung einer Verdachtsflächendatei (Verdachtsflächendatei-Verordnung)

§ 1 Gegenstand der Verdachtsflächendatei

(1) In der Verdachtsflächendatei werden Daten über altlastenverdächtige Flächen erfaßt, die für eine Ermittlung und Bewertung der von diesen Flächen ausgehenden Be-

einträchtigungen des Wohls der Allgemeinheit, für die Entscheidung über das Vorliegen einer Altlast und für die Durchführung oder Anordnung von Überwachungs-, Gefahrenabwehr- und Sanierungsmaßnahmen notwendig sind.

(2) Der Umfang der in die Verdachtsflächen aufzunehmenden Daten ergibt sich aus der Anlage.

§ 2 Dateiführung und -fortschreibung

(1) Die Verdachtsflächendatei wird von der Hessischen Landesanstalt für Umwelt geführt. Sie erhebt die Daten von den Mitwirkungspflichtigen nach § 17 Abs. 1 Satz 2 des Hessischen Abfallwirtschafts- und Altlastengesetzes und nimmt die Mitteilungen der Gemeinden und Entsorgungspflichtigen nach § 17 Abs. 1 Satz 3 des Hessischen Abfallwirtschafts- und Altlastengesetzes entgegen.

(2) Über die Aufnahme in die Datei entscheidet das für die Abfallentsorgung zuständige Ministerium. In bestimmten Fällen kann diese Entscheidung dem Regierungspräsidium übertragen werden. Wird festgestellt, daß eine altlastenverdächtige Fläche nicht vorliegt, ist die erfaßte Fläche von der Hessischen Landesanstalt für Umwelt aus der Datei zu löschen.

§ 3 Einsichtnahme- und Auskunftsrechte

Einsicht in personenbezogene Daten der Verdachtsflächendatei wird nur gewährt, wenn ein berechtigtes Interesse glaubhaft gemacht wird und keine Anhaltspunkte dafür bestehen, daß überwiegende schutzwürdige Belange des Betroffenen beeinträchtigt werden. Satz 1 gilt für Auskünfte entsprechend.

3. Verordnung zur Errichtung einer Bewertungskommission (Bewertungskommissions-Verordnung)
vom 29. Januar 1990 (GVBl. I. S. 35)

4. Verordnung zur Bestimmung des Trägers der Altlastensanierung (Altlastensanierungsträger-Verordnung)
vom 30. Oktober 1989 (GVBl. I. S. 436)

5. Meldedienstliche Erfassung der Umweltschutzdelikte auf den Gebieten des Wasserrechts, Abfallrechts und des Emmissionsschutzrechts

Gemeinsamer Runderlaß des Hessischen Ministers des Innern, des Hessischen Ministers für Landwirtschaft und Umwelt und des Hessischen Sozialministers vom 24. September 1975 (Staatsanzeiger S. 1877)

VI. Mecklenburg-Vorpommern

Abfallwirtschaft- und Altlastengesetz für Mecklenburg-Vorpommern (AbfAlG M-V)
vom 04. August 1992 (GVBl. S. 450), GS (Meckl.-Vorp. Gl. Nr. 2129–1, geändert durch § 15 des Enteignungsgesetzes vom 02. März 1993 (GVBl. S. 178)

§ 22 Begriffsbestimmungen und Geltungsbereich

(1) Altablagerungen sind verlassene und stillgelegte Ablagerungsplätze, auf denen Abfälle behandelt, gelagert oder abgelagert wurden (insbesondere Abfalldeponien) und frühere Abfallablagerungen außerhalb von Abfallentsorgungsanlagen.

(2) Altstandorte sind Grundstücke stillgelegter Anlagen oder sonstige Flächen, in oder auf denen mit umweltgefährdenden Stoffen umgegangen wurde, insbesondere im Rahmen industrieller oder sonstiger gewerblicher Tätigkeit.

(3) Altlastenverdächtige Flächen sind Altablagerungen und Altstandorte, sofern eine Gefahr für die öffentliche Sicherheit und Ordnung zu vermuten ist, deren tatsächliches Vorliegen erst nach weiteren Untersuchungen bejaht oder verneint werden kann.

Kummer

(4) Altlasten sind Belastungen der Umwelt, vor allem des Bodens und des Wassers durch Stoffe (Abfälle und sonstige umweltgefährdende Stoffe) im Bereich von Altablagerungen und Altstandorten, wenn aufgrund einer Gefährdungsabschätzung feststeht, daß eine Gefahr für die öffentliche Sicherheit und Ordnung vorliegt und zur Wahrung des Wohls der Allgemeinheit Sanierungsmaßnahmen erforderlich sind.

(5) Der fünfte Teil dieses Gesetzes gilt nicht für Flächen, die durch radioaktive Stoffe im Sinne von § 2 Atomgesetz oder durch flächenhafte landwirtschaftliche Bodennutzung verunreinigt sind.

§ 23 Erfassung von Altablagerungen und Altstandorten, Altlastenkataster

(1) Alle Behörden, Gerichte und sonstigen Stellen des Landes, die Gemeinden, Landkreise und die sonstigen juristischen Personen des öffentlichen Rechts teilen den Behörden, deren Aufgabenbereich berührt wird, und dem Landesamt für Umwelt und Natur die ihnen vorliegenden Erkenntnisse über Altablagerungen und Altstandorte mit. Das Landesamt für Umwelt und Natur unterrichtet die berührten Behörden, soweit dies für die Untersuchungs-, Überwachungs- oder Sanierungsmaßnahmen geboten ist. Derartige Maßnahmen an altlastenverdächtigen Flächen und Altlasten sowie deren Abschluß und Ergebnis teilen die berührten Behörden dem Landesamt für Umwelt und Natur mit.

(2) Das Landesamt für Umwelt und Natur erfaßt aufgrund der Mitteilungen nach Abs. 1 aufgrund eigener Ermittlungen und sonstiger Erkenntnisse altlastenverdächtige Flächen und Altlasten im Altlastenkataster. In diesem Kataster werden auch Untersuchungs-, Sanierungs- und Überwachungsmaßnahmen sowie deren Ergebnis dokumentiert. Das Landesamt für Umwelt und Natur berät und unterstützt Maßnahmen zur Ermittlung, Untersuchung, Sanierung und Überwachung von altlastenverdächtigen Flächen und Altlasten.

(3) Die Pflichten zur Ermittlung von altlastenverdächtigen Flächen und Altlasten und zur Abwehr von Gefahren sowie weitere Berichtspflichten aufgrund anderer Rechtsvorschriften bleiben unberührt.

§ 24 Überwachung und Befugnisse

(1) Soweit nicht in anderen Rechtsvorschriften abweichend geregelt, unterliegen die altlastenverdächtigen Flächen und Altlasten der Überwachung durch die zuständige Abfallbehörde.

(2) § 11 Abs. 4 AbfG gilt entsprechend.

§ 25 Datenschutz, Weitergabe von Daten an Dritte

(1) Die Weitergabe personenbezogener Daten und Informationen an die zuständigen Behörden zur Erfüllung ihrer Aufgaben nach § 23 ist zulässig.

(2) Auf Verlangen erteilen die Behörden, die nach § 23 Daten über Altlastverdachtsflächen oder Altlasten sammeln, den Betroffenen Auskunft über die zu ihrer Person gespeicherten Informationen. Sie können ihnen vorliegende Daten, Tatsachen oder Erkenntnisse auch Eigentümern, Nutzungsberechtigten und Dritten auf deren Kosten mitteilen, soweit diese ein berechtigtes Interesse an der Kenntnis der zu übermittelnden Daten darlegen. Satz 2 gilt nicht, soweit schutzwürdige Belange Betroffener dem entgegen stehen.

(3) Soweit Behörden oder andere Stellen Informationen über Altlastverdachtsflächen oder Altlasten der Öffentlichkeit zugänglich machen, darf die Bekanntgabe keine Angaben enthalten, die einen Bezug auf eine bestimmte oder bestimmbare natürliche Person zulassen. Dies gilt nicht, wenn die Bekanntgabe der Information zur Abwehr von Gefahren oder aus anderen überwiegenden Gründen des Gemeinwohls unerläßlich ist.

VII. Niedersachsen

Niedersächsisches Abfallgesetz (NAbfG)
Vom 21. März 1990 (GVBl. S 91) geändert durch Gesetz vom 07. November 1991 (GVBl. S 295).

§ 18 Begriffsbestimmungen
(1) Altlasten sind Altablagerungen und Altstandorte, von denen wegen der von ihnen für den Boden, ein Gewässer oder die Luft ausgehenden Belastungen Gefahren für die öffentliche Sicherheit oder Ordnung ausgehen.
(2) Altablagerungen sind
1. stillgelegte Anlagen zum Ablagern von Abfällen,
2. Grundstücke, auf denen vor dem 11. Juni 1972 Abfälle abgelagert worden sind,
3. sonstige stillgelegte Aufhaldungen und Verfüllungen.
(3) Altstandorte sind
1. Grundstücke, auf denen sich stillgelegte Anlagen befinden oder befunden haben, in denen mit Stoffen umgegangen worden ist, die geeignet sind, nachhaltig Boden, Wasser oder Luft zu verändern (umweltgefährdende Stoffe), soweit es sich um Anlagen im Bereich der gewerblichen Wirtschaft, des Bergbaus oder öffentlicher Einrichtungen gehandelt hat; ausgenommen ist der Umgang mit Kernbrennstoffen und sonstigen radioaktiven Stoffen im Sinne des Atomgesetzes;
2. Grundstücke, auf denen im Bereich der gewerblichen Wirtschaft, des Bergbaus oder öffentlicher Einrichtungen sonst mit umweltgefährdenden Stoffen umgegangen worden ist; ausgenommen sind der Umgang mit Kernbrennstoffen und sonstigen radioaktiven Stoffen im Sinne des Atomgesetzes, das Aufbringen von Abwasser, Klärschlamm, Fäkalien oder ähnlichen Stoffen und von festen Stoffen, die aus oberirdischen Gewässern entnommen worden sind, sowie das Aufbringen und Anwenden von Pflanzenbehandlungs- und Düngemitteln.
(4) Die Vorschriften dieses Gesetzes über Altlasten dienen nicht dem Aufsuchen und Bergen von Kampfmitteln.

§ 19 Weitergabe von Informationen, Anzeigepflicht
(1) Zur Feststellung, ob von Altstandorten oder Altablagerungen Gefahren für die öffentliche Sicherheit oder Ordnung ausgehen, teilen die Behörden und Einrichtungen des Landes, die Gemeinden und Landkreise den zuständigen Behörden die ihnen vorliegenden Informationen über Altablagerungen und Altstandorte mit, auch wenn diese Informationen ursprünglich für einen anderen Zweck erhoben worden sind.
(2) Eigentümerinnen, Eigentümer und Nutzungsberechtigte von Grundstücken sind verpflichtet, ihnen bekanntgewordene Ablagerungen von Abfällen im Sinne von § 2 Abs. 2 AbfG auf ihren Grundstücken unverzüglich der unteren Abfallbehörde anzuzeigen. Soweit Grundstücke betroffen sind, die der Bergaufsicht unterliegen, ist die Anzeige dem Bergamt zu erstatten. § 11 Abs. 5 AbfG findet Anwendung.

§ 20 Verzeichnis der Altablagerungen und Altstandorte
(1) Auf der Grundlage des Liegenschaftskatasters ist ein Verzeichnis der im Lande festgestellten Altablagerungen und Altstandorte zu führen. In das Verzeichnis sollen die Informationen aufgenommen werden, die für die Beurteilung der Umweltbelastungen, für Maßnahmen zur Abwehr von Gefahren und für die Sanierung von Bedeutung sind. Das Landesministerium bestimmt das Nähere über den Inhalt des Verzeichnisses durch Verordnung.
(2) Auf Verlangen erteilen die das Verzeichnis führenden Behörden den Betroffenen Auskunft über die in dem Verzeichnis zu ihrer Person gespeicherten Informationen.
(3) Die Behörden, die das Verzeichnis führen, übermitteln Informationen aus dem Verzeichnis an andere Behörden und öffentliche Stellen, soweit dies zur Wahrnehmung

ihrer Aufgaben auf dem Gebiet der Gefahrenermittlung, Gefahrenabwehr, Überwachung oder Planung erforderlich ist. Jede Person, die ein berechtigtes Interesse daran darlegt, kann Auskunft aus dem Verzeichnis und auf seine Kosten Auszüge daraus verlangen. Dies gilt nicht, soweit dem schutzwürdige Belange Betroffener entgegenstehen.

(4) Soweit Behörden oder andere Stellen Informationen über Altablagerungen oder Altstandorte der Öffentlichkeit zugänglich machen, darf die Bekanntgabe keine Angaben enthalten, die einen Bezug auf eine bestimmte oder bestimmbare natürliche Person zulassen. Dies gilt nicht, wenn die Bekanntgabe der Information zur Abwehr von Gefahren oder aus anderen überwiegenden Gründen des Gemeinwohls unerläßlich ist.

VIII. Nordrhein-Westfalen

1. Abfallgesetz für das Nordrhein-Westfalen (Landesabfallgesetz – LAbfG)
Vom 21. Juni 1988 (GVBl. S 250) geändert durch Gesetze vom 20. Juni 1989 (GVBl. S 366), vom 14. Januar 1992 (GVBl. S 32) und vom 15. Dezember 1993 (GVBl. S 987).

§ 28 **Begriffsbestimmungen und sachlicher Geltungsbereich**
(1) Altlasten sind Altablagerungen und Altstandorte, sofern von diesen nach den Erkenntnissen einer im einzelnen Fall vorausgegangenen Untersuchung und einer darauf beruhenden Beurteilung durch die zuständige Behörde eine Gefahr für die öffentliche Sicherheit oder Ordnung ausgeht.
(2) Altlast-Verdachtsflächen sind Altablagerungen und Altstandorte, soweit ein hinreichender Verdacht besteht, daß von ihnen eine Gefahr für die öffentliche Sicherheit oder Ordnung ausgeht oder künftig ausgehen kann.
(3) Altablagerungen sind
1. stillgelegte Anlagen zum Ablagern von Abfällen,
2. Grundstücke, auf denen vor dem 11. Juni 1972 Abfälle abgelagert worden sind,
3. sonstige stillgelegte Aufhaldungen und Verfüllungen.
(4) Altstandorte sind
1. Grundstücke stillgelegter Anlagen, in denen mit umweltgefährdenden Stoffen umgegangen worden ist, soweit es sich um Anlagen der gewerblichen Wirtschaft oder im Bereich öffentlicher Einrichtungen gehandelt hat, ausgenommen der Umgang mit Kernbrennstoffen und sonstigen radioaktiven Stoffen im Sinne des Atomgesetzes,
2. Grundstücke, auf denen im Bereich der gewerblichen Wirtschaft und im Bereich öffentlicher Einrichtungen sonst mit umweltgefährdenden Stoffen umgegangen worden ist, ausgenommen der Umgang mit Kernbrennstoffen und sonstigen radioaktiven Stoffen im Sinne des Atomgesetzes, das Aufbringen von Abwasser, Klärschlamm, Fäkalien oder ähnlichen Stoffen und von festen Stoffen, die aus oberirdischen Gewässern entnommen worden sind, sowie das Aufbringen und Anwenden von Pflanzenbehandlungs- und Düngemitteln.
(5) Die Vorschriften des Siebten Teils dieses Gesetzes dienen nicht dem Aufsuchen und Bergen von Kampfmitteln.

§ 29 **Erhebungen über Altlast-Verdachtsflächen**
(1) Die unteren Abfallwirtschaftsbehörden führen Erhebungen über Altlast-Verdachtsflächen durch. Erhebungen über Altlast-Verdachtsflächen, die durch Aufsuchen, Gewinnen, Aufbereiten und Weiterverarbeiten von Bodenschätzen entstanden sind, führt das Landesoberbergamt durch; dies gilt auch dann, wenn die Bergaufsicht geendet hat.
(2) Haben andere Behörden Altablagerungen oder Altstandorte zu überwachen, unterstützen diese die unteren Abfallwirtschaftbehörden über das Landesoberbergamt bei den Erhebungen nach Abs. 1. Bei Erhebungen nach Abs. 1 sind die für die Erforschung und Abwehr von Gefahren und die für die Feststellung der Ordnungspflichti-

Kummer

gen benötigten Daten, Tatsachen und Erkenntnisse zu sammeln und aufzubereiten, die bei Behörden und Einrichtungen des Landes, Gemeinden und Gemeindeverbänden sowie dem Entsorgungsverband vorhanden sind oder über die Dritte nach diesem Gesetz oder nach anderen Gesetzen Auskunft zu geben haben; die Erhebungen können sich auch auf sonstige Angaben Dritter erstrecken, sofern diese dem Zweck der Erhebungen dienen. Die Erhebungen nach Abs. 1 umfassen Daten, Tatsachen und Erkenntnisse über

1. Lage, Größe und Zustand der Altlast-Verdachtsflächen,
2. den früheren Betrieb und die stillgelegten Anlagen und Einrichtungen,
3. Art, Menge und Beschaffenheit der Abfälle, die abgelagert worden sein können oder mit denen umgegangen worden sein kann,
4. Umwelteinwirkungen einschließlich möglicher Gefährdungen der Gesundheit, die von den Altlast-Verdachtsflächen ausgehen oder zu besorgen sind,
5. frühere, bestehende oder geplante Nutzungen der Altlast-Verdachtsflächen und ihrer Umgebung,
6. Eigentümer und Nutzungsberechtigte, frühere Eigentümer und Nutzungsberechtigte, Inhaber stillgelegter Abfallentsorgungsanlagen oder sonstiger stillgelegter Anlagen sowie
7. die sonstigen für die Erforschung und Abwehr von Gefahren und die Feststellung der Ordnungspflichtigen bedeutsamen Sachverhalte und Rechtsverhältnisse.

(3) Die Behörden und Einrichtungen des Landes, die Gemeinden und Gemeindeverbände sowie der Entsorgungsverband teilen den in Abs. 1 genannten Behörden die ihnen vorliegenden Daten, Tatsachen und Erkenntnisse über Altablagerungen und Altstandorte mit.

(4) Eigentümer und Nutzungsberechtigte von Grundstücken sind verpflichtet, ihnen bekannt gewordene Ablagerungen von Abfällen im Sinne von § 2 Abs. 2 AbfG auf ihren Grundstücken unverzüglich der unteren Abfallwirtschaftbehörde anzuzeigen. Soweit Grundstücke betroffen sind, die der Bergaufsicht unterliegen, ist die Anzeige dem Bergamt zu erstatten.

(5) Für die Anzeigepflicht nach Abs. 4 findet § 11 Abs. 5 AbfG Anwendung.

§ 30 Grundlagenermittlung

(1) Das Landesumweltamt und die Staatlichen Umweltämter ermitteln im Zusammenwirken mit Sachverständigen und Behörden, deren Belange berührt sind, die fachlichen Grundlagen für die Erforschung und Abwehr von Gefahren, die von Altablagerungen und Altstandorten ausgehen können. Sie werden dabei vom Geologischen Landesamt unterstützt. Das Landesumweltamt und die Staatlichen Umweltämter ermitteln ferner den Stand, der für die Gefahrenabwehr gegenüber Altlasten bedeutsamen Technik und beteiligen sich an deren Entwicklung.

(2) Das Landesumweltamt und die Staatlichen Umweltämter geben über ihre Ermittlungen den zuständigen Behörden des Landes und des Bundes, den Gemeinden und Gemeindeverbänden sowie anderen Trägern öffentlicher Belange Auskunft.

§ 31 Kataster

(1) Die unteren Abfallwirtschaftbehörden und das Landesoberbergamt führen ein Kataster über die in ihren Zuständigkeitsbereich fallenden Altlast-Verdachtsflächen. In die Kataster sind die Daten, Tatsachen und Erkenntnisse aufzunehmen, die über Altlast-Verdachtsflächen erhoben und bei deren Untersuchung, Beurteilung und Sanierung sowie bei der Durchführung sonstiger Maßnahmen oder der regelmäßigen Überwachung ermittelt werden. Die Kataster sind laufend fortzuschreiben.

(2) Die unteren Abfallwirtschaftbehörden und das Landesoberbergamt übermitteln den Staatlichen Umweltämtern zur Wahrnehmung der in § 30 Abs. 1 genannten Aufgaben sowie der Aufgaben auf dem Gebiet der Wasser- und Abfallwirtschaft die in diesem Zusammenhang gewonnenen Daten, Tatsachen und Erkenntnisse. Diese werden

von den Staatlichen Umweltämtern in Dateien geführt und in Karten dargestellt. Die oberste Abfallwirtschaftbehörde kann in Verwaltungsvorschriften die Form bestimmen, in denen die in Satz 1 genannten Daten, Tatsachen und Erkenntnisse an die Staatlichen Umweltämter zu übermitteln sind.

(3) Die obere und die oberste Abfallwirtschaftbehörde sowie das Landesumweltamt und die Landesanstalt für Ökologie, Landesentwicklung und Forstplanung können sich über den Inhalt des Katasters unterrichten.

(4) Für den Inhalt der Kataster und Dateien besteht eine zeitlich unbeschränkte Aufbewahrungspflicht. Ausnahmen können die Aufsichtsbehörden gegenüber den allgemeinen- und Sonderordnungsbehörden sowie das Landesumweltamt gegenüber den Staatlichen Umweltämtern zulassen.

§ 32 Weitergabe der Erkenntnisse

(1) Die unteren Abfallwirtschaftbehörden und das Landesoberbergamt treffen bei den Altlast-Verdachtsflächen, die unter § 10 Abs. 2 und § 11 Abs. 1 AbfG fallen, die erforderlichen Maßnahmen und Rangordnungen. Sie unterrichten in den Fällen, in denen die Erforschung und Abwehr von Gefahren anderen Behörden obliegt, diese über die Ergebnisse der Erhebungen nach § 29 Abs. 1. Die Aufgaben dieser Behörden bleiben unberührt.

(2) Die katasterführenden Behörden, die Staatlichen Umweltämter und das Landesumweltamt sind befugt, anderen Behörden und Einrichtungen des Landes sowie den Gemeinden und Gemeindeverbänden Daten, Tatsachen und Erkenntnisse über Altlast-Verdachtsflächen mitzuteilen, soweit dies zur Wahrnehmung der diesen Stellen obliegenden Aufgaben erforderlich ist. Auf Verlangen teilen die katasterführenden Behörden ihnen vorliegende Daten, Tatsachen oder Erkenntnisse den Eigentümern und Nutzungsberechtigten mit; sie können auch Dritte unterrichten, soweit diese ein berechtigtes Interesse an der Kenntnis der zu übermittelnden Daten darlegen.

(3) Soweit Behörden oder andere Stellen Erkenntnisse über Altlast-Verdachtsflächen der Öffentlichkeit zugänglich machen, darf die Bekanntgabe keine Angaben enthalten, die einen Bezug auf eine bestimmte oder bestimmbare natürliche Person zulassen. Dies gilt nicht, wenn solche Angaben offenkundig sind oder ihre Bekanntgabe zur Abwehr von Gefahren oder aus anderen überwiegenden Gründen des Gemeinwohls erforderlich ist.

§ 33 Verlassene Anlagen

(1) Soweit für Abfallentsorgungsanlagen, die vor Inkrafttreten des Landesabfallgesetzes vom 18. Dezember 1973 stillgelegt worden sind, nach anderen Bestimmungen Maßnahmen der in § 10 Abs. 2 AbfG genannten Art nicht möglich sind, obliegen diese den Kreisen und kreisfreien Städten. Die Eigentümer und Nutzungsberechtigten der betroffenen Grundstücke sind verpflichtet, die Durchführung der erforderlichen Maßnahmen zu dulden.

(2) Hat sich durch Maßnahmen nach Abs. 1 der Nutzungswert eines betroffenen Grundstücks wesentlich erhöht, kann der Kreis oder die kreisfreie Stadt vom Eigentümer einen Ausgleich in Geld verlangen.

2. Gesetz über die Gründung des Abfallentsorgungs- und Altlastensanierungsverbandes Nordrhein-Westfalen
Vom 21. Juni 1988 (GVBl. S 268, ber. S 355)

IX. Rheinland-Pfalz

Landesabfallwirtschaft- und Altlastengesetz (LAbfWAG)
In der Fassung vom 30. April 1991 (GVBl. S 251), geändert durch Gesetz vom 14. Juli 1993 (GVBl. S 396)

§ 21 Verbotswidrig entsorgte Abfälle
(1) Wer in unzulässiger Weise Abfälle entsorgt, ist zur Beseitigung des rechtswidrigen Zustandes verpflichtet.
(2) ......
(3) ......
(4) Eigentümer und Besitzer von Grundstücken sind verpflichtet, ihnen bekannt gewordene Ablagerungen von Abfällen im Sinne des § 2 Abs. 2 des Abfallgesetzes auf ihren Grundstücken unverzüglich der zuständigen Behörde anzuzeigen. Die Anzeigepflicht besteht nicht, wenn die Ablagerungen gemäß § 9 Abs. 1 des Abfallbeseitigungsgesetzes in der Fassung vom 05. Januar 1977 (BGBl. I S 41,288) angezeigt worden sind. Für die Anzeigepflicht findet § 11 Abs. V des Abfallgesetzes entsprechende Anwendung.
(5) § 22 Abs. 1 bleibt im übrigen unberührt.

§ 22 Überwachung
(1) Die zuständige Behörde überwacht die Erfüllung der nach dem Abfallgesetz und diesem Gesetz oder aufgrund dieser Gesetze begründeten Verpflichtungen. Dabei wird sie von den Fachbehörden unterstützt. Die zuständige Behörde trifft die zur Beseitigung festgestellter Verstöße notwendigen Anordnungen. Sie hat im Rahmen ihrer Zuständigkeit zugleich die Befugnisse einer Polizeibehörde nach dem Polizeiverwaltungsgesetz. Werden Abfälle in einem der Bergaufsicht unterliegenden Betrieb entsorgt, so ist auch das Bergamt für die Überwachung nach Satz 1 zuständig. Anordnungen nach Satz 3, die den bergtechnischen Betriebsablauf berühren können, ergehen im Einvernehmen mit dem Bergamt.
(2) Die untere Abfallbehörde überwacht die Erfüllung der nach § 9 Abs. 1 Satz 2 begründeten Verpflichtung. Soweit dies erforderlich ist, kann sie nach § 11 Abs. 2 bis 4 des Abfallgesetzes Nachweise und Auskünfte verlangen.
(3) Die untere Abfallbehörde und die Ortspolizeibehörde haben die obere Abfallbehörde von allen Vorgängen zu unterrichten, die ein Eingreifen der oberen Abfallbehörde erfordern können.

§ 24 Ziel der Altlastensanierung
Ziel der Sanierung von Altlasten ist es, einen dem Wohl der Allgemeinheit entsprechenden Zustand herzustellen und zur Sicherung der natürlichen Lebensgrundlagen des Menschen nachhaltig beizutragen.

§ 25 Begriffsbestimmungen und sachlicher Geltungsbereich
(1) Altlasten im Sinne dieses Gesetzes sind Altablagerungen und Altstandorte, sofern von ihnen Gefährdungen für die Umwelt, insbesondere die menschliche Gesundheit ausgehen.
(2) Altablagerungen sind stillgelegte Anlagen zum Ablagern von Abfällen sowie sonstige Grundstücke, auf denen Abfälle behandelt, gelagert oder abgelagert wurden.
(3) Altstandorte sind Flächen stillgelegter Anlagen, auf denen mit umweltgefährlichen Stoffen umgegangen wurde. Nicht als Altstandort im Sinne dieses Gesetzes gelten Flächen, auf denen eine Vollbenutzung besteht, bei der mit vergleichbaren umweltgefährlichen Stoffen umgegangen wird.
(4) Altlastverdächtige Flächen im Sinne dieses Gesetzes sind Altablagerungen und Altstandorte, soweit nach der Erfassungsbewertung (§ 26 Abs. 2) zu besorgen ist, daß

durch sie das Wohl der Allgemeinheit beeinträchtigt ist oder künftig beeinträchtigt wird.

(5) Die Bestimmungen des Zweiten Teils dieses Gesetzes gelten nicht für das Aufsuchen und Bergen von Kampfmitteln und für Kernbrennstoffe sowie sonstige radioaktive Stoffe im Sinne des Atomgesetzes.

(6) Die wasserrechtlichen Vorschriften bleiben unberührt.

§ 26 Erfassung und Bewertung

(1) Das Landesamt für Umweltschutz und Gewerbeaufsicht führt Erhebungen über Altablagerungen und Altstandorte durch. Erhoben werden Daten, Tatsachen und Erkenntnisse über Altablagerungen und Altstandorte. Die Erhebungsergebnisse werden in einem Altablagerungs- und Altstandortkataster gespeichert. Das Kataster ist laufend fortzuschreiben. Die Erhebungsergebnisse sind zeitlich unbeschränkt aufzubewahren; die oberste Behörde kann Ausnahmen zulassen. Solange eine Gefahrenbeurteilung nicht durchgeführt ist, sind die Erhebungsergebnisse nur an die zuständige Behörde sowie auf Verlangen an die Träger der Bauleitplanung und an die Baugenehmigungsbehörden zu übermitteln, soweit dies zur Erfüllung der ihnen gesetzlich obliegenden Aufgaben erforderlich ist.

(2) Die zuständige Behörde führt bei Altablagerungen und Altstandorten eine Bewertung durch, ob die betroffenen Flächen als altlastverdächtig einzustufen sind (Erfassungsbewertung).

(3) Die zuständige Behörde führt bei den aufgrund der Erfassungsbewertung gemäß Absatz 2 als altlastverdächtig eingestuften Flächen die notwendigen Untersuchungen über Art, Umfang und Ausmaß der festgestellten Verunreinigungen und deren Auswirkungen auf das Wohl der Allgemeinheit durch, soweit dies zur Ermittlung der Voraussetzungen ihres Einschreitens erforderlich ist (Gefahrenerforschungseingriff).

(4) Die zuständige Behörde trifft aufgrund der Bewertung der Untersuchungsmaßnahmen nach den Absätzen 2 und 3 die Entscheidung darüber, ob eine Fläche als Altlast einzustufen ist (Gefahrenbeurteilung).

(5) Vor der Gefahrenbeurteilung hört die zuständige Behörde den Eigentümer und den Nutzungsberechtigten an. Die Absicht, im Rahmen des Gefahrenforschungseingriffs Grundstücke zu betreten und Untersuchungen vorzunehmen, ist dem Eigentümer und dem Nutzungsberechtigten vorher bekanntzugeben. § 1 Abs. 1 des Landesverwaltungsverfahrensgesetzes in Verbindung mit § 28 Abs. 2 und 3 des Verwaltungsverfahrensgesetzes gelten entsprechend.

(6) Bei der Erfassung und der Bewertung können sich die zuständigen Behörden Dritter bedienen.

(7) Die Bestimmungen über die Überwachung von Grundstücken in § 11 Abs. 4 und 5 des Abfallgesetzes sind für Altstandorte entsprechend anzuwenden.

§ 27 Verdachtsflächen- und Altlastenkataster

(1) Altlastverdächtige Flächen und Altlasten werden beim Landesamt für Umweltschutz und Gewerbeaufsicht in einem zentralen Verdachtsflächen- und Altlastenkataster auf der Grundlage des Liegenschaftskatasters geführt.

(2) Die zuständige Behörde erstellt für ihren Bezirk das Verdachtsflächen- und Altlastenkataster. Sie übermittelt alle Daten, Tatsachen und Erkenntnisse, die bei der Untersuchung, Bewertung und regelmäßigen Überwachung von Altablagerungen und Altstandorten ermittelt werden, an das Landesamt für Umweltschutz und Gewerbeaufsicht zur Aufnahmen in das zentrale Verdachtsflächen- und Altlastenkataster.

(3) Das Verdachtsflächen- und Altlastenkataster ist laufend fortzuschreiben. Es ist zeitlich unbeschränkt aufzubewahren; die oberste Behörde kann Ausnahmen zulassen.

(4) Flächen, die gemäß § 26 Abs. 4 als Altlast eingestuft werden, sind im Verdachtsflächen- und Altlastenkataster zu kennzeichnen. Die Entscheidung über die Einstufung als Altlast ist in dem zuständigen Katasteramt zum Zwecke der Aufnahme eines Hinweises in das Liegenschaftskataster mitzuteilen.

Kummer

(5) Die zuständige Behörde teilt dem Grundstückeigentümer die Aufnahme seines Grundstücks in das Verdachtsflächen- und Altlastenkataster sowie die Kennzeichnung als Altlast mit. § 12 des Landesdatenschutzgesetzes bleibt unberührt.

(6) Nutzungsberechtigten und Eigentümern von Nachbargrundstücken ist auf Antrag Auskunft über die im Verdachtsflächen- und Altlastenkataster gespeicherten Daten zu gewähren, soweit ein berechtigtes Interesse dargelegt wird. Im übrigen bleibt § 7 des Landesdatenschutzgesetzes unberührt.

(7) Der Inhalt des Verdachtsflächen- und Altlastenkatasters wird von der zuständigen Behörde anderen Behörden und Einrichtungen des Landes der Gemeinden, der Landkreise und kreisfreien Städte zur Wahrnehmung der diesen Stellen auf dem Gebiet der Gefahrenermittlung, Gefahrenabwehr, Überwachung oder Planung gesetzlich obliegenden Aufgaben übermittelt. Soweit die zuständige Behörde Angaben über altlastverdächtige Flächen der Öffentlichkeit zugänglich macht, darf die Bekanntgabe keine personenbezogenen Daten (§ 3 Abs. 1 des Landesdatenschutzgesetzes) enthalten. Dies gilt nicht, wenn solche Angaben offenkundig sind oder ihre Bekanngabe zur Abwehr von Gefahren oder aus anderen überwiegenden Gründen des Wohls der Allgemeinheit erforderlich ist.

(8) Grundstückseigentümer oder Nutzungsberechtigte können verlangen, daß Daten im Verdachtsflächen- und Altlastenkataster berichtigt werden, soweit deren Unrichtigkeit erwiesen ist. Soweit sich Daten im Verdachtsflächen- und Altlastenkataster als unrichtig erwiesen haben, sind sie unverzüglich zu löschen oder zu berichtigen.

(9) Soweit dieses Gesetz keine entgegenstehenden Regelungen trifft, gelten die Bestimmungen des Landesdatenschutzgesetzes.

§ 28 Sanierung von Altlasten

(1) Die zuständige Behörde kann die zur Sanierung erforderlichen Maßnahmen anordnen, soweit die Anordnung nicht nach § 10 Abs. 2 des Abfallgesetzes ergehen kann. Dabei kann vom Veranwortlichen (§§ 4 und 5 des Polizeiverwaltungsgesetzes von Rheinland-Pfalz) die Vornahme der notwendigen Untersuchungen zur Festlegung des Sanierungsumfanges verlangt werden. Soweit die zuständige Behörde vor der Anordnung nach Satz 1 Gefahrenerforschungsmaßnahmen durchgeführt hat, kann sie die Erstattung der Kosten verlangen.

(2) Der Verantwortliche hat auf Verlangen der zuständigen Behörde einen Sanierungsplan vorzulegen und, soweit dies erforderlich ist, zu ergänzen. Dieser soll insbesondere enthalten:
1. Maßnahmen zur Verhütung, Verminderung oder Beseitigung von Gefahren und Beeinträchtigungen für das Wohl der Allgemeinheit durch die Altlast,
2. Maßnahmen zur Wiedereingliederung der betroffenen Flächen in Natur und Landschaft.

Der Sanierungsplan bedarf der Genehmigung der zuständigen Behörde.

(3) Die Auswahl bei der Heranziehung der Verantwortlichen trifft die zuständige Behörde nach pflichtgemäßem Ermessen; sie kann auch mehrere Verantwortliche heranziehen und die Kosten anteilmäßig geltend machen. Mehrere Verantwortliche haben untereinander einen Ausgleichsanspruch. Dabei hängt die Verpflichtung zum Ausgleich untereinander davon ab, inwieweit der Schaden von jedem der Verantwortlichen verursacht worden ist.

§ 29 Träger der Altlastensanierung

(1) Soweit nach den Feststellungen der zuständigen Behörde ein Verantwortlicher nicht oder nicht rechtzeitig in Anspruch genommen werden kann, übernimmt ein nachAbsatz 7 zu bestimmender Träger der Altlastensanierung die Durchführung der Sanierung von Altlasten im Rahmen eines von ihm aufzustellenden Finanzierungsplan. Er untersteht der Fachaufsicht der zuständigen Behörde.

(2) Die zuständige Behörde kann den Träger mit der Beteiligung an der Sanierung beauftragen, wenn mehrere Verantwortliche zur Sanierung verpflichtet sind, von denen

II. Das Altlastenrisiko

einer oder mehrere nicht oder nicht rechtzeitig in Anspruch genommen werden können.

(3) Der Träger kann weitere Aufgaben übernehmen, insbesondere
1. die Landesregierung und die mit der Sanierung von Altlasten befaßten Behörden beraten und unterstützen,
2. die Verantwortlichen und Eigentümer altlastverdächtiger Flächen technisch und organisatorisch beraten.

(4) Der Träger erstellt ein vierjähriges Sanierungsprogramm, das jährlich vorzuschreiben ist. Es enthält die zu erwartenden Sanierungsmaßnahmen in der zeitlichen Reihenfolge ihrer geplanten Durchführung sowie die jeweils zu erwartenden Kosten. Das Sanierungsprogramm und seine Fortschreibung bedarf der Genehmigung der obersten Abfallbehörde.

(5) Die zuständige Behörde kann die unmittelbare Ausführung durch den Träger anordnen, wenn der Zweck der Maßnahme durch Inanspruchnahme des Verantwortlichen nicht oder nicht rechtzeitig erreicht werden kann. In diesem Fall ist der von der Maßnahme Betroffene unverzüglich zu unterrichten.

(6) Zur Erfüllung seiner Aufgaben kann der Träger mit Genehmigung der zuständigen Behörde Dritte beauftragen, Gesellschaften gründen oder sich an bestehenden Gesellschaften beteiligen, soweit diese die Voraussetzungen des Absatzes 7 Satz 1 erfüllen. 1 Satz 2 gilt entsprechend.

(7) Der Träger muß durch seine Kapitalausstattung, seine innere Organisation sowie die Fach- und Sachkunde der Mitarbeiter Gewähr für eine ordnungsgemäße Aufgabenwahrnehmung bieten. Der Minister für Umwelt und Gesundheit wird ermächtigt, durch Rechtsverordnung den Träger der Altlastensanierung zu bestimmen und das Nähere zu regeln.

§ 30 Kosten

(1) Sind dem Träger bei der Durchführung von Sanierungsmaßnahmen nach § 29 Abs. 2 Kosten entstanden, ist der Verantwortliche zum Ersatz verpflichtet. § 6 Abs. 2 Satz 1 des Polizeiverwaltungsgesetzes von Rheinland-Pfalz gilt entsprechend.

(2) Entfallen die Hinderungsgründe für eine Inanspruchnahme des Verantwortlichen nach Übernahme der Aufgabe durch den Träger, so kann dieser eine Erstattung seiner notwendigen Aufwendungen zur Durchführung von Sanierungsmaßnahmen von dem Verantwortlichen verlangen.

§ 31 Öffentlich-rechtliche Verantwortlichkeiten

Soweit für Abfallentsorgungsanlagen, die vor dem 11. Juni 1972 stillgelegt wurden, nach anderen Bestimmungen Maßnahmen der in § 10 Abs. 2 des Abfallgesetzes genannten Art nicht befördert werden können, obliegen diese den Landkreisen und kreisfreien Städten als öffentlich-rechtliche Verbindlichkeit. § 19 Abs. 2 gilt entsprechend.

§ 32 Ausgleichspflicht

Wer durch Sanierungsmaßnahmen nach den §§ 29 und 31 einen besonderen Vorteil erlangt, ist entsprechend seinem Vorteil zur Zahlung eines Ausgleichsbetrages an denjenigen verpflichtet, der die Kosten der Sanierung getragen hat. Im Streitfall setzt die zuständige Behörde den Kostenanteil fest.

X. Saarland

Saarländisches Abfallgesetz (SAbfG) vom 03. Juni 1987 (Amtsblatt S. 849)

§ 16 Altablagerungskataster

Bei dem Landesamt für Umweltschutz ist ein Altablagerungskataster zu führen, auszuwerten und vorzuschreiben, in das Altablagerungen im Sinne des § 11 Abs. 1 Satz 2 AbfG aufzunehmen sind. Soweit erforderlich, haben hierbei die Pflichtigen nach § 10 Abs. 2 und § 11 Abs. 4 AbfG auf Anordnung der zuständigen Behörde mitzuwirken.

XI. Sachsen

Erstes Gesetz zur Abfallwirtschaft und zum Bodenschutz im Freistaat Sachsen (EGAB) vom 12. August 1991 (GVBl. S. 306)

§ 7 Ziele und Grundsätze des Bodenschutzes

(1) Der Boden ist als Naturkörper und Lebensgrundlage für Menschen, Tiere und Pflanzen in seinen Funktionen zu erhalten und vor Belastungen zu schützen.

(2) Jeder soll durch sein Verhalten, bei dem Einwirkungen auf den Boden verbunden sein können, die nach den Umständen erforderliche Sorgfalt anwenden, um eine nachteilige Veränderung der Beschaffenheit des Bodens zu verhindern.

(3) Land, Kommunen und die sonstigen juristischen Personen des öffentlichen Rechts haben bei Planungen, Baumaßnahmen und sonstigen Vorhaben die Ziele und Grundsätze des Bodenschutzes zu berücksichtigen.
§ 1 Abs. 3 Satz 3 bis 5 sowie Abs. 4 gilt entsprechend.

§ 8 Boden und belastete Flächen

(1) Boden im Sinne dieses Gesetzes ist die die obere überbaute und nicht überbaubare Schicht der festen Erdkruste einschließlich des Grundes fließender und stehender Gewässer, soweit sie durch menschliche Aktivitäten beeinflußt werden kann.

(2) Bodenbelastungen im Sinne dieses Gesetzes sind für Änderungen der Beschaffenheit des Bodens insbesondere durch stoffliche Einwirkungen, bei denen die Besorgnis besteht, daß die Funktionen des Bodens als Naturkörper oder als Lebensgrundlage für Menschen, Tiere und Pflanzen erheblich oder nachhaltig beeinträchtigt werden.

(3) Die Besorgnis im Sinne von Absatz 2 besteht insbesondere bei
1. Flächen, die durch Einwirkung von Schadstoffen im Zusammenhang mit Luft- oder Gewässerverunreinigungen oder durch Abwasser belastet sind,
2. Flächen, auf denen mit den in § 10 Abs. 4 Nr. 1 bis 3 genannten Stoffen umgegangen wird oder wurde,
3. altlastenverdächtigen Flächen, wie Altablagerungen und Altstandorten,
4. Flächen, die im Zusammenhang mit militärischer Nutzung verunreinigt wurden,
5. Flächen, die mit radioaktiven Stoffen belastet sind,
6. Flächen, die im Zusammenhang mit bergbaulicher Nutzung belastet sind.

Keine Bodenbelastungen im Sinne dieses Gesetzes sind Veränderungen der Beschaffenheit des Bodens, die im Zusammenhang mit einer nachgewiesenen ordnungsgemäßen Land- und Forstwirtschaft entstehen.

§ 9 Maßnahmen des Bodenschutzes

(1) Zum Schutz des Bodens und zur Wahrnehmung der Aufgaben nach diesem Gesetz kann die zuständige Behörde, die in § 12 Abs. 2 genannten Maßnahmen treffen, insbesondere
1. Untersuchungs- und Sicherungsmaßnahmen anordnen,
2. die Erstellung von Sanierungsplänen verlangen,
3. Maßnahmen zur Beseitigung, Verminderung und Überwachung einer Bodenbelastung anordnen,
4. Maßnahmen zur Verhütung, Verminderung oder Beseitigung von Beeinträchtigungen des Wohls der Allgemeinheit, die durch eine Bodenbelastung hervorgerufen werden, anordnen,
5. bestimmte Arten der Bodennutzung und den Einsatz bestimmter Stoffe bei der Bodennutzung verbieten oder beschränken.

(2) Die zuständige Behörde kann zum Schutz oder zur Sanierung des Bodens oder aus Gründen der Vorsorge für die menschliche Gesundheit oder zur Vorsorge gegen erhebliche Beeinträchtigung des Naturhaushaltes durch Rechtsverordnung Bodenbela-

Kummer

stungsgebiete festlegen für Flächen, auf denen erhebliche Bodenbelastungen festgestellt werden. In der Rechtsverordnung sind der räumliche Bereich festzulegen und die erforderlichen Verbote, Beschränkungen und Schutzmaßnahmen zu bestimmen. § 5 Abs. 1 Satz 2 bis 6 gilt entsprechend.

§ 10 Verpflichtete
(1) Zur Durchführung von Maßnahmen nach § 12 Abs. 2 sind verpflichtet
1. der Verursacher,
2. der Grundstückseigentümer und
3. der Inhaber der tatsächlichen Gewalt über ein Grundstück.

Die zuständige Behörde entscheidet nach pflichtgemäßem Ermessen, welcher der Verpflichteten heranzuziehen ist. Sie kann auch mehrere Verpflichtete heranziehen.

(2) Können die nach Abs. 1 Verpflichteten nicht oder nicht rechtzeitig herangezogen werden, so kann die zuständige Behörde die erforderlichen Maßnahmen, insbesondere Untersuchungsmaßnahmen sowie Maßnahmen zur Beseitigung oder Verminderung von Bodenbelastungen, selbst durchführen. Sie kann hierzu auch Dritte beauftragen. Der von der Maßnahme Betroffene ist unverzüglich zu unterrichten.

(3) Die Verpflichteten nach Absatz 1 haben die ihnen bekanntgewordenen oder von ihnen verursachten nicht unerheblichen Bodenbelastungen unverzüglich der zuständigen Behörde anzuzeigen. Sie haben der zuständigen Behörde alle Auskünfte zu erteilen und die Unterlagen vorzulegen, die diese zur Erfüllung der Aufgaben nach diesem Gesetz benötigt; § 5 Abs. 5 Satz 3 gilt entsprechend.

(4) Die Verpflichteten nach Absatz 1 Nr. 2 haben der zuständigen Behörde und deren Beauftragten zur Wahrnehmung der Aufgaben nach diesem Gesetz das Betreten von Grundstücken zu gestatten und die Durchführung von Untersuchungen und sonstigen erforderlichen Maßnahmen zu dulden. Der Satz 1 gilt auch für Grundstücke, auf denen
1. Abfälle behandelt, gelagert oder abgelagert werden,
2. Abfälle im Sinne von § 2 Abs 2 AbfG anfallen,
3. mit wassergefährdenden Stoffen im Sinne des Wasserhaushaltsgesetzes, mit gefährlichen Stoffen im Sinne des Chemikalienrechts oder mit Gefahrgütern im Sinne des Gefahrgutrechts umgegangen wird.
4. Die in den Nummer 1 bis 3 genannten Handlungen nicht mehr vorgenommen werden

sowie für Gebiete im Einwirkungsbereich dieser Grundstücke. § 5 Abs. 5 Satz 3 bis 5 gilt entsprechend.

(5) Die Kosten für Maßnahmen nach § 9 Abs. 1 trägt der Verpflichtete. Kosten für Maßnahmen nach Absatz 2 sowie für sonstige Untersuchungen können dem Verpflichteten auferlegt werden, soweit sie zur Feststellung einer Bodenbelastung geführt haben. Mehrere Verpflichtete haften als Gesamtschuldner.

(6) Sind Bodenbelastungen vor dem 01. Juli 1990 zu einem Zeitpunkt enstanden, zu dem der Grundstückseigentümer keine tatsächliche Gewalt über sein Grundstück inne hatte, so kann dem Eigentümer bei einer Inanspruchnahme nach Absatz 1 insoweit Freistellung von dieser Verpflichtung gewährt werden, als eine Durchführung der Maßnahmen für ihn nicht zumutbar ist. Artikel 1 § 4 Abs. 3 des Umweltrahmengesetzes vom 29. Juni 1990 (GBl. I Nr. 42 S. 649) gilt in der jeweils geltenden Fassung mit Ausnahme der dort genannten Antragsfrist entsprechend.

XII. Sachsen-Anhalt

Abfallgesetz des Landes Sachsen-Anhalt (AbfG LSA) vom 14. Novermber 1991 (GVBl. S. 422)

§ 29 altlastverdächtige Flächen und Altlasten

(1) Altlastverdächtige Flächen im Sinne dieses Gesetzes sind Altablagerungen und Altstandorte, soweit die Besorgnis besteht, daß von ihnen Gefährdungen für die Umwelt, insbesondere die menschliche Gesundheit ausgehen oder zu erwarten sind. Keine altlastverdächtigen Flächen im Sinne dieses Gesetzes sind Flächen, die durch Einwirkung von Luft- oder Gewässerverunreinigungen durch Aufbringen von Stoffen im Zusammenhang mit landwirtschaftlicher oder gärtnerischer Nutzung und dadurch vergleichbare Nutzung verunreinigt worden sind.

(2) Altlasten sind Altablagerungen und Altstandorte, sofern von Ihnen Gefährdungen für die Umwelt, insbesondere die menschliche Gesundheit, ausgehen.

(3) Altablagerungen sind
1. verlassene oder stillgelegte Ablagerungsplätze mit kommunalen oder gewerblichen Abfällen,
2. stillgelegte Aufhaldungen oder Verfüllungen mit Produktionsrückständen, auch in Verbindung mit Bergmaterial oder Bauschutt,
3. in der Vergangenheit vorgenommene illegale Ablagerungen von Abfällen oder sonstigen Rückständen.

(4) Altstandorte sind
1. Grundstücke stillgelegter Anlagen, einschließlich der Nebeneinrichtungen,
2. nicht mehr verwendete Leitungs- oder Kanalsysteme,
3. sonstige Betriebsflächen oder Grundstücke aus den Bereichen der gewerblichen Wirtschaft oder öffentlicher Einrichtungen, in denen oder auf denen mit umweltgefährdenden Stoffen umgegangen worden ist.

(5) Die Vorschriften dieses Gesetzes über altlastverdächtige Flächen und über Altlasten gelten nicht für Flächen, auf denen mit Kampfmitteln oder Kernbrennstoffen oder sonstigen radioaktiven Stoffen im Sinne des Atomgesetzes in der Fassung vom 15. Juli 1985 (BGBl. I S. 1565), zuletzt geändert durch Artikel I des Gesetzes zur Verbesserung der Überwachung des Außenwirtschaftsverkehrs und zum Verbot von Atomwaffen, biologischen und chemischen Waffen vom 05. November 1990 (BGBl. I S. 2428), umgegangen worden ist.

§ 30 Erfassung

(1) Die zuständige Behörde erfaßt altlastenverdächtige Flächen und Altlasten. Andere Behörden, die Anhaltspunkte oder Tatsachen für das Vorliegen einer altlastverdächtigen Fläche oder einer Altlast besitzen, unterstützen die zuständige Behörde bei der Erfassung und stellen ihr ihre Informationen zur Verfügung. Die Personen, die im Besitz von Vermutungen oder Tatsachen über altlastverdächtige Flächen oder Altlasten sind, sind der zuständigen Behörde gegenüber anzeige- und auskunftspflichtig; § 11 Abs. 5 des Abfallgesetzes gilt entsprechend. Die Aufgaben anderer Behörden zur Ermittlung oder Abwehr von Gefahren bleiben unberührt.

(2) Die in § 11 Abs. 4 Satz 1 des Abfallgesetzes bezeichneten Personen haben der zuständigen Behörden die zur Durchsetzung ihrer Aufgaben nach Abs. 1 Satz 1 erforderlichen Auskünfte zu erteilen; die Gestattungs- und Unterstützungspflichten des § 11 Abs. 4 Satz 2 bis 5 und Abs. 5 des Abfallgesetzes gelten für sie entsprechend.

§ 31 Datei

(1) Die zuständigen Behörden übermitteln ihre Daten, Tatsachen und Erkenntnisse über altlastverdächtige Flächen und Altlasten dem Landesamt für Umweltschutz. Die-

ses nimmt die bei ihm vorhandenen Informationen in eine Datei auf, um diese nach Maßgabe des Datenschutzgesetzes für öffentliche und nichtöffentliche Stellen vorzuhalten. Dabei sind altlastverdächtige Flächen und Altlasten, getrennt nach Altablagerungen und Altstandorten, gesondert zu führen.

(2) Die oberste Abfallbehörde wird ermächtigt, durch Verordnung das Nähere über den Aufbau und den Inhalt der Datei nach Absatz 1 zu bestimmen.

XIII. Thüringen

Gesetz über die Vermeidung, Verminderung, Verwertung und Beseitigung von Abfällen und die Sanierung von Altlasten
Thüringer Abfallwirtschaft- und Altlastengesetz (ThabfAG) vom 31. Juli 1991
(GVBl. S. 273)

§ 16 Zweck der Altlastensanierung, Begriffsbestimmungen
(1) Zweck der Altlastensanierung ist es, altlastenverdächtige Flächen zu erfassen, zu untersuchen und zu überwachen sowie Altlasten zu sanieren und damit zur nachhaltigen Sicherung der natürlichen Lebensgrundlagen beizutragen.
(2) Altlastenverdächtige Flächen im Sinne dieses Gesetzes sind:
1. stillgelegte Abfallentsorgungsanlagen und Grundstücke außerhalb von stillgelegten Abfallentsorgungsanlagen, auf denen Abfälle behandelt, gelagert oder abgelagert worden sind (Altablagerungen), soweit ein hinreichender Verdacht besteht, daß von ihnen Auswirkungen ausgehen, die das Wohl der Allgemeinheit wesentlich beeinträchtigen oder künftig beeinträchtigt werden;
2. Grundstücke von stillgelegten industriellen, gewerblichen oder sonstigen Anlagen (Altstandorte), in denen mit Stoffen so umgegangen wurde, daß der hinreichende Verdacht besteht, daß der Boden, das Wasser oder die Luft wesentlich beeinträchtigt sind oder künftig beeinträchtigt werden.
(3) Altlasten sind die in Absatz 2 genannten Flächen, wenn feststeht, daß von ihnen wesentliche Beeinträchtigungen des Wohls der Allgemeinheit ausgehen.

§ 17 Erfassung und Untersuchung von altlastenverdächtigen Flächen (Erstuntersuchung)
(1) Altlastenverdächtige Flächen werden in einer bei der Landesanstalt für Umwelt geführten Verdachtsflächendatei erfaßt. Hierbei haben diejenigen, die nach § 20 Abs. 1 zur Durchführung von Sanierungsmaßnahmen verantwortlich sein könnten, im erforderlichen Umfang mitzuwirken. Die Gemeinden und Entsorgungspflichtigen sind verpflichtet, die ihnen vorliegenden Erkenntnisse für Altablagerungen und Altstandorte der Landesanstalt für Umwelt mitzuteilen. Näheres, insbesondere zum Inhalt, zur Nutzung und zur Weitergabe der Erkenntnisse aus der Verdachtsflächendatei bestimmt die oberste Abfallbehörde im Einvernehmen mit dem Innenminister durch Rechtsverordnung.
(2) Die obere Abfallbehörde führt im erforderlichen Umfang Maßnahmen zur Untersuchung von Art, Umfang und Ausmaß der Verunreinigungen, die von altlastenverdächtigen Flächen ausgehen, durch (Erstuntersuchung). Als Untersuchungsmaßnahmen können insbesondere die Entnahme und Untersuchung von Luft-, Wasser- und Bodenproben durchgeführt werden; weiterhin kommt die Errichtung und der Betrieb von Kontrollstellen in Betracht. Die nach § 20 Abs. 1 Verantwortlichen haben die erforderlichen Maßnahmen zu dulden.
(3) Maßnahmen der Erstuntersuchung können gegenüber den nach § 20 Abs. 1 Verantwortlichen angeordnet werden, wenn feststeht, daß von der altlastenverdächtigen Fläche wesentliche Beeinträchtigungen des Wohls der Allgemeinheit ausgehen und durch die Erstuntersuchung lediglich Art, Umfang und Ausmaß der Verunreinigung ermittelt werden soll.

Kummer

§ 18 Überwachung von altlastenverdächtigen Flächen und Altlasten

(1) Altlasten sowie altlastenverdächtige Flächen unterliegen der Überwachung durch die obere Abfallbehörde.

(2) Bedienstete und andere von der oberen Abfallbehörde beauftragte Personen sind zur Durchführung der Aufgabe nach Abs. 1 berechtigt:
1. Altlasten und altlastenverdächtige Flächen und damit zusammenhängende Betriebsgebäude und Anlagen sowie
2. Grundstücke in der Umgebung und im Einwirkungsbereich von Altlasten und altlastenverdächtigen Flächen nach vorheriger Ankündigung, bei Gefahr im Verzug auch ohne vorherige Ankündigung zu betreten und dort erforderliche Prüfungen und Messungen vorzunehmen, insbesondere Luft-, Wasser- und Bodenproben zu entnehmen und Meßstellen einzurichten. Grundstückseigentümer und Nutzungsberechtigte sind verpflichtet, Überwachungsmaßnahmen nach Satz 1 zu dulden und den Zugang zu den Grundstücken, Betriebsgebäuden und Anlagen zu ermöglichen. Artikel 13 des Grundgesetzes wird nach Maßgabe dieses Absatzes eingeschränkt, soweit eine dringende Gefahr für die öffentliche Sicherheit und Ordnung besteht.

(3) Bedienstete und andere von der oberen Abfallbehörde beauftragte Personen können, soweit erforderlich, Auskunft über Betrieb, Anlagen, Einrichtungen und sonstige der Überwachung unterliegende Gegenstände sowie Einsicht in Betriebsunterlagen verlangen von:
1. Inhabern, ehemaligen Inhabern oder deren Rechtsnachfolgern der auf altlastenverdächtigen Flächen errichteten Anlagen;
2. Grundeigentümern und Nutzungsberechtigten altlastenverdächtiger Flächen;
3. ehemaligen Grundeigentümern und Nutzungsberechtigten altlastenverdächtiger Flächen;
4. Ablagerern und Erzeugern oder deren Rechtsnachfolgern von auf altlastenverdächtigen Flächen lagernden Stoffen.

Dies gilt auch in den Fällen des § 16 Absatz 3.

(4) Die obere Abfallbehörde kann die Durchführung von Eigenkontrollmaßnahmen nach § 7 Abs. 1 und 2 unter den Voraussetzungen des § 17 Abs. 3 für altlastenverdächtige Flächen sowie uneingeschränkt für Altlasten anordnen. Sie kann unter den genannten Voraussetzungen festlegen, daß die nach § 20 Abs. 1 Verantwortlichen das Vorhandensein von Bodenverunreinigungen, bei denen der hinreichende Verdacht einer Beeinträchtigung des Wohls der Allgemeinheit besteht, unverzüglich mitzuteilen haben. § 7 Abs. 3 findet entsprechende Anwendung.

§ 19 Behördliche Anordnungen zur Sanierung einer Altlast

(1) Die obere Abfallbehörde legt den Sanierungsumfang fest, trifft die zur Durchführung der Sanierung der Altlast und der von ihr ausgehenden Umweltbeeinträchtigungen erforderlichen Maßnahmen und Anordnungen und überwacht sie. Die Anordnungen sind gegen die Sanierungsverantwortlichen nach § 20 Abs. 1 zu richten. Die obere Abfallbehörde kann im Rahmen der erforderlichen Maßnahmen von den Sanierungsverantwortlichen nach § 20 Abs. 1 die Erstellung eines Sanierungsplans verlangen, der enthält:
1. Maßnahmen zur Verhütung, Verminderung oder Beseitigung von Beeinträchtigungen des Wohls der Allgemeinheit durch die Altlast (Sicherungs- und Dekontaminationsmaßnahmen);
2. Maßnahmen zur Wiedereingliederung von Altlasten in Natur und Landschaft (Rekultivierungsmaßnahmen).

Der Sanierungsplan ist von der oberen Abfallbehörde zu genehmigen.

(2) Die §§ 4 bis 9, 69 bis 75 des Gesetzes über die Aufgabe und Befugnisse der Polizei finden, soweit dieses Gesetz nichts anderes bestimmt, entsprechende Anwendung. § 8 Abs. 2 des Gesetzes über die Aufgaben und Befugnisse der Polizei gilt mit der Maßgabe, daß die nach § 20 Sanierungsverantwortlichen zum Ersatz der Kosten verpflichtet sind.

§ 74 des Gesetzes über die Aufgaben und Befugnisse der Polizei gilt mit der Maßgabe, daß Aufwendungsersatz von den nach § 20 Verantwortlichen verlangt werden kann.
(3) § 10 Abs. 2 und § 11 AbfG bleiben unberührt.
(4) Eine behördliche Anordnung oder eine behördliche Zustimmung zur Durchführung von Maßnahmen nach den §§ 17 und 19 Abs. 1 schließt nach anderen Rechtsvorschriften erforderliche Zulassungen ein, wenn sie im Einvernehmen mit der jeweils zuständigen Behörde ergangen ist. Planfeststellungen und förmliche Verfahren nach anderen gesetzlichen Vorschriften bleiben davon unberührt.

§ 20 Sanierungsverantwortlichkeit
(1) Zur Durchführung der Sanierung sind verpflichtet:
1. Inhaber sowie ehemalige Inhaber oder deren Rechtsnachfolger von Anlagen auf Altlasten im Sinne des § 16 Abs. 3, soweit die Verunreinigungen durch diese Anlagen verursacht worden sind;
2. der Ablagerer, der Abfallerzeuger oder deren Rechtsnachfolger;
3. sonstige Verursacher der Verunreinigungen, wenn von ihnen wesentliche Beeinträchtigungen des Wohls der Allgemeinheit ausgehen;
4. sonstige Personen, die auf Grund anderer Rechtsvorschriften eine Verantwortung für die Verunreinigungen oder hiervon ausgehende Beeinträchtigungen des Wohl der Allgemeinheit trifft;
5. der Grundeigentümer sowie der ehemalige Grundeigentümer, es sei denn, der Inhaber der tatsächlichen Gewalt hat während der Zeit der Verursachung der Altlast diese gegen den Willen des Grundeigentümers ausgeübt.
Die Auswahl bei der Heranziehung von Sanierungsverantwortlichen nach Satz 1 Nr. 1 bis 5 trifft die obere Abfallbehörde nach pflichtgemäßem Ermessen; sie kann auch mehrere Sanierungsverantwortliche heranziehen und die Kosten anteilmäßig geltend machen. Zu den Kosten zählen auch die Kosten der Erstuntersuchung nach § 17 sowie Kosten der Überwachung nach § 18 Abs. 2. Mehrere Sanierungsverantwortliche haben untereinander eine Ausgleichsanspruch. Dabei hängt die Verpflichtung zum Ersatz untereinander von den Umständen ab, inwieweit der Schaden vorwiegend von dem einen oder anderen verursacht worden ist.
(2) Die Sanierungsverantwortlichkeit nach Absatz 1 entfällt, wenn der Verantwortliche im Zeitpunkt des Entstehens der Verunreinigung oder des Umgangs mit Abfällen oder Stoffen darauf vertraut hat, daß eine Beeinträchtigung der Umwelt nicht entstehen könne und wenn dieses Vertrauen unter Berücksichtigung der Umstände des Einzelfalles schutzwürdig ist.

§ 21 Altlastenbeseitigungsfinanzierung
Die Landesregierung wird ermächtigt, von den Entsorgungspflichtigen nach § 2 Absatz 1 sowie von dem Träger der Sonderabfallentsorgung durch Rechtsverordnung eine Abgabe zu erheben. Bei der Erhebung der Abgabe ist als Bemessungsgrundlage auf die Menge der erzeugten Abfälle abzustellen, wobei der Abgabesatz nach der Schwierigkeit der umweltverträglichen Entsorgung, der Vermeidbarkeit sowie der Verwertbarkeit der Abfälle zu differenzieren ist. Das Abgabeaufkommen ist insbesondere zweckgebunden für die Erkundung und Bewältigung ökologischer Gefahren, Schäden und Folgelasten, die durch Altablagerungen entstanden sind, einzusetzen.

§ 22 Wertzuwachsausgleich
Wird durch Sanierungsmaßnahmen, die nicht durch den Grundeigentümer vorgenommen worden sind, der Verkehrswert eines Grundstückes erhöht, so kann der Grundeigentümer zur Zahlung eines Ausgleichsbetrages in Höhe des Unterschiedes des Verkehrswertes, abzüglich der ihm für die Maßnahmen zur Last fallenden Kosten, an denjenigen verpflichtet werden, der die Kosten der Sanierung getragen hat. Die für die Anordnung der Maßnahme zuständige Behörde setzt den Ausgleichsbetrag fest. Der Ausgleichsbetrag ruht als öffentliche Last auf dem Grundstück.

Kummer

Sachverzeichnis

Die Buchstaben bezeichnen die einzelnen Teile des Handbuches, die Zahlen geben die jeweilige Randnummer innerhalb dieses Teiles an.

Abfallbeauftragter G 99, G 112 ff.
Abfallbilanz G 26, G 380, G 382
Abfallkonzept G 26, G 43
Abfallrecht G 404 ff., G 414 ff.
Abfallwirtschaftskonzept G 380
Abfindung C 106, D 35
– Abfindung im bestehenden Arbeitsverhältnis D 37
– Abfindung von laufenden Renten D 38
– Abfindungsangebot B 195, B 372
– Abfindungsbeträge C 106
– Abfindungsverbot D 36
– außerordentliche Einkünfte C 108
– Berechnungsformel C 107
– Besteuerung C 108
– halber Steuersatz C 108, E 11
– Höhe der Abfindungen D 39
– Obergrenze C 107
– Sozialversicherungsfreiheit C 108
– Sozialversicherungspflichtigkeit C 108
– Steuerfreiheit C 108
– Verzicht D 36
Abgabenordnung A 127, E 91
Ablauforganisation G 25, G 38, G 51, G 196, G 201, G 235, G 275, G 376
Ablaufplan C 148
Abmahnung C 129
Abrechnungsbilanz A 47
Abschlußbericht G 201
Abspaltung B 4, B 295, B 319, B 335, B 344, C 12
Abwägungsklausel F 111
Abwasserabgabenerklärung G 26
Akkreditierungsstellen G 346
Akteneinsichtsrecht G 26
Aktienemission A 208
Aktiengesellschaft A 198, A 170, B 92, B 178, B 261, B 275, B 336 ff.
– kleine B 112
Aktiver Umweltschutz G 384 ff.
Alleingesellschafter B 290, B 291
Alt-Verbindlichkeiten A 102 ff., A 109
Altablagerungen G 395
Altersgrenze, flexible C 177

Alterssicherung, tarifliche C 140
Altlasten A 233, G 389 ff.
– Altlastenkataster G 414, G 514
– Begriff G 394 ff.
– Haftungsfreistellung G 530 ff.
Altschulden B 37
Altstandorte G 395
Änderung von Arbeitsbedingungen C 60, C 149
Änderungskündigung C 157
– betrieblichbedingte C 158
– personenbedingte C 158
– soziale Auswahl C 160
– verhaltensbedingte C 158
– Zumutbarkeit C 160
Änderungsschutzklage C 157
Anfechtungsklage B 221 ff.
Anhörung des Betriebsrates C 126
Anhörungsverfahren C 127
Anmeldepflicht in der deutschen Fusionskontrolle F 80
– Inhalt der Anmeldung F 90
Anmeldung B 257, B 390
– Abspaltung B 335
– Ausgliederung B 335
– Formwechsel B 378
– Kapitalerhöhung B 105, B 170
– Sonderregelungen B 378
– Spaltung B 313
– verbundene B 257
Anrechnung übertariflicher Entgelte C 195
Anspruchsgrundlagen D 12
– Betriebsvereinbarung D 14
– Einzelzusage D 13
– Gesamtzusage D 13
– Tarifvertrag D 15
– Vertragliche Einheitsregelung D 13
Anstalt des öffentlichen Rechts B 411
Anteile B 298, B 304, B 414
Anteilserwerb A 14
Anteilserwerb als Zusammenschlußtatbestand des GWB F 59
Anteilsinhaber B 235, B 321
Anteilsverhältnisse B 380

Picot

Anwachsung B 36, B 47, B 52 ff., B 58 ff.,
B 241
– Austrittsmodell B 59
– Übertragungsmodell B 58
Anzeigepflicht G 414
Anzeigepflicht in der deutschen Fusionskontrolle F 83
– Inhalt F 90
Arbeit am Wochenende C 152
Arbeitnehmer B 298, B 372, C 24
Arbeitnehmerähnliche Personen C 24
Arbeitsbedingungen
– Änderung C 60, C 149
– Arbeitszeit C 150 ff.
Arbeitsentgelt C 190
Arbeitskampf C 144
– legaler Streik C 146
– Warnstreik/Demonstrationsstreik C 147
– wilder Streik C 145
– zulässige Ziele C 146
Arbeitsplatz C 186
Arbeitsschutz G 348 ff.
Arbeitssicherheit G 34, G 348 ff.
Arbeitsverhältnisse B 301
Arbeitsvertraglicher Änderungsvorbehalt C 182
Arbeitszeit C 150
– Höchstarbeitszeit C 151
– Lage der Arbeitszeit C 156
– Länge der täglichen Arbeitszeit C 151
Arbeitszeitflexibilisierung C 150
Arbeitszeitschutz G 368 ff.
Arbeitszeitverkürzung C 170 ff., C 173
– ohne Lohnausgleich C 170
Asset Deal A 13, B 46, C 6, C 10, E 36 ff., G 460
– Abschreibungsdauer E 42
– Abschreibungsmethode E 42
– Ergänzungsbilanz E 43
– Kaufpreisaufteilung/Geschäftswert E 38 ff.
Aufbauorganisation G 25, G 38, G 275, G 234
Aufhebungsvereinbarungen C 28, C 142
Aufklärungspflicht G 12
Aufsichtsrat B 231, B 375, C 82
– Mitbestimmungsbeibehaltung B 319
Aufspaltung B 4, B 295
Aufteilung des Vermögens B 300
Ausgliederung B 4, B 56, B 295, B 311, B 319, B 334, B 335, B 344, B 345, B 414
– Anmeldung B 335, B 344

– Ausgliederungsbeschluß B 311
– Ausgliederungs- und Übernahmevertrag B 349
– Definition B 295
– Einzelkaufmann B 56, B 345, B 351
– Genossenschaften B 344
– Gesamtrechtsnachfolge B 351
– „Holzmüller"-Urteil B 312, B 413
– Umwandlungsverbot B 348
– Vermögensübersicht B 350
Ausgliederung zur Neugründung B 352
Ausgliederung zur Aufnahme B 349
Auskehrung B 414
Auskunftspflichten G 414
Ausländische Personengemeinschaft B 292
Auslandszusammenschlüsse F 76
Auswahlermessen G 467 ff.
Auswahlgesichtspunkte C 134
Auszubildender C 24, C 140

Barabfindung B 195, B 384 ff.
BAT-Wert G 365
Beauftragter für die Biologische Sicherheit G 148 ff.
Bedarfsmarktkonzept F 26
– in der deutschen Fusionskontrolle F 96
Befristung C 178, C 196
– Kontrolle C 196
– sachlicher Grund C 196
Beherrschender Einfluß als Voraussetzung eines Zusammenschlusses gemäß § 23 II Nr.5 GWB F 65
Benachteiligungsanfechtung A 201
Benachteiligungsverbot G 61, G 82 ff.
Berater A 96
– Haftung der A 96
Berliner Liste G 433
Beschäftigungsmöglichkeit, anderweitige C 133
Besitzgesellschaft C 12
Besitzstand C 30
Besitzstandswahrung C 35
Besonderer Kündigungsschutz C 136 ff.
– Auszubildende C 140
– Betriebsratsmitglieder C 139
– Mutterschutz C 138
– Schwerbehinderte C 137
– tarifliche Alterssicherung C 140
– Wehrdienstleistende C 140
Besserungsschein E 97
Bestimmtheitsgrundsatz A 35, B 24, B 25, B 29, B 302
Beteiligungserwerb A 14

Sachverzeichnis

Betrieb C 16
- Betriebsmittel C 18
- Leitungsbefugnis C 11
Betriebliche Rentenanwartschaften C 110
- Abfindung von C 110
- Abfindungsverbot C 110
- unverfallbare C 110
- verfallbare C 110
Betriebliche Altersversorgung D 2
- Aufgabe D 2
- Begriff D 4
- Finanzvolumen D 6
- gesetzliche Grundlage D 4
- Verbreitung D 5
Betriebliche Übung C 191
Betriebsänderung C 6, C 61 ff.
- Ablaufplanung C 61
- einstweilige Verfügung C 95
- Entfall der Sozialplanspflicht C 116
- geplante Betriebsänderung C 70
- grenzüberschreitende C 72
- Nachteilsausgleich C 93
- Ordnungswidrigkeit C 93
- Unterrichtung bei juristischen Personen C 71
Betriebsanweisungen G 359
Betriebsarzt G 44, G 186 ff.
Betriebsaufspaltung B 326, C 12, E 24 ff.
Betriebsbeauftragte G 54 ff.
- Abfallbeauftragter G 112 ff.
- Beauftragter für die Biologische Sicherheit G 148 ff.
- Beauftragter für Immissionsschutz G 89 ff.
- Betriebsarzt G 186 ff.
- Datenschutzbeauftragter G 168 ff.
- Fachkräfte für Arbeitssicherheit G 179 ff.
- Gefahrgutbeauftragter G 139 ff.
- Gefahrstoffbeauftragter G 132 ff.
- Gewässerschutzbeauftragter G 121 ff.
- Sicherheitsbeauftragter G 174 ff.
- Störfallbeauftragter G 104 ff.
- Strahlenschutzbeauftragter G 159 ff.
Betriebsbedingte Kündigung C 55, C 131
- außerbetriebliche Gründe C 131, C 133
- dringende betriebliche Erfordernisse C 55
- innerbetriebliche Gründe C 131, C 133
- Rationalisierungsmaßnahmen C 131
Betriebsgesellschaft C 12, E 24
Betriebsidentität C 38

Betriebsmittel C 11, C 18
- materielle C 11
Betriebsorganisation G 1 ff., G 5 ff.
Betriebsrat B 306, C 68, 126, G 79 ff., G 372
Betriebsratsmitglieder C 139
Betriebssteuern A 127
Betriebsstillegung C 15, C 55
Betriebsteil C 16, C 17
Betriebsübergang A 125, B 231, B 301, B 317, C 5, C 76
- Abgrenzung zur Gesamtrechtsnachfolge D 76
- Aufhebungsverträge C 28
- betriebsbedingte Kündigung C 54
- Eintritt in Rechte und Pflichten C 23
- Geltungsbereich C 8
- gesamtschuldnerische Haftung C 49
- Gratifikation C 46
- Haftung im Innenverhältnis C 47
- Haftungssystem C 46
- immaterielle Betriebsmittel C 11
- individualrechtliche Ansprüche C 27
- kollektive Kündigung C 28
- kollektivrechtliche Ansprüche C 36
- Kündigungsschutz C 50 ff.
- materielle Betriebsmittel C 11
- neue Bundesländer C 59
- Pensionsansprüche C 27
- Personenkreis D 76
- prozessuale Fragen C 57
- Rechtsfolgen D 77
- durch Rechtsgeschäft C 21
- Rückübertragung C 22
- selbständiges Kündigungsverbot C 51
- bei Spaltung B 301
- Umgehungsgeschäft C 28, C 28
- bei Verschmelzung B 231
- Zeitpunkt C 26
Betriebsübergang und unmittelbare Pensionszusage D 78
- Besitzstandsproblematik D 86
- Differenzierung anhand der Anspruchsgrundlagen D 78
- Kollision von kollektivvertraglichen Grundlagen D 83
Betriebsübergang und Unterstützungskasse D 102
- Allgemeines D 102
- Kollisionsfragen D 104
Betriebsübergang und Direktversicherung D 90
- Personenkreis D 90
- Kollisionsfragen D 92

Betriebsübergang und Pensionskasse D 95
- Allgemeines D 97
- Kollisionsfragen D 97
Betriebsüblichkeit C 168
Betriebsvereinbarung C 36, C 164, G 350
Betriebsvereinbarung, ablösende D 72
- Änderungsvorbehalt D 73
- Begriff D 64, D 72
- Betriebsvereinbarungsoffenheit D 73
- kollektiver Günstigkeitsvergleich D 72
- Wegfall der Geschäftsgrundlage D 73
Betriebsvereinbarung, nachfolgende D 64
- Begriff D 64
- Besitzstandsabstufung D 66
- rentennahe Personen D 71
- sachlich-proportionale Gründe D 70
- triftige Gründe D 68
- zwingende Gründe D 67
- Zeitkollisionsregel D 65
Betriebsverlegung C 189
Betriebsversammlung
- außerordentliche C 81
Beurkundung A 161, B 202
- im Ausland B 203
Bezugsrecht B 107, B 155
Bezugsrechtsausschluß B 107, B 111 ff.
- vereinfachter B 112
Bilanz A 36
- Schlußbilanz B 225 f.
Bilanzgarantie E 83 ff.
Bodenschutzgesetz G 411, G 413
Branchenüblichkeit C 168
Brandenburgische Liste G 433
British Standards Institution G 36
Buchwertfortführung B 225, E 109

Checklisten E 83, G 208 ff.
Closing A 67, A 187
culpa in contrahendo A 18, A 23, A 25, A 74, A 75 ff.

Datenschutzbeauftragter G 168 ff.
Dauerschuldverhältnisse A 53, A 120, A 121
Delegation G 14 ff.
Demonstrationsstreik C 147
Deutsche Fusionskontrolle F 53
Dienstleistungsbetrieb C 20
Differenzhaftung A 103, B 71, B 103, B 155, B 257
Diskriminierungsverbot C 193

Dokumentation G 38, G 220, G 248, G 257, G 380 ff.
Dokumentationspflicht G 26
Due Diligence A 8, A 29, A 65, E 81, E 82, E 83, G 208 ff.
Duldungspflicht G 466
Durchführungsweg D 7
- Direktversicherung D 9
- Pensionskasse D 10
- unmittelbare Pensionszusage D 8
- Unterstützungskasse D 11

Eigenkapital
- für Ausschüttungen verwendbares E 136
- Gliederung E 139
Eigenkapitalgarantie E 84
Eigenschaften, zusicherungsfähige A 71 ff.
Eigenüberwachungsmaßnahmen G 380
Einbringung eines Unternehmens B 11, B 51
Eingruppierung C 195
Einigungsstelle C 90
Einigungsstellenspruch
- Ermessensfehler C 115
- Überprüfung durch das Arbeitsgericht C 114
- Verbindlichkeit C 113
Einkaufs-GU F 149
Einkommensteuer E 18
- bei Entschädigung E 22
- bei Spekulationsgewinn E 20
- bei Veräußerung E 18
Einlage B 35, B 71 ff.
Einstweilige Verfügung C 95
Einzelkaufmann
- Ausgliederung B 345 ff.
- Firma B 347
Einzelrechtsnachfolge B 48, G 460
Einzelrechtsübertragung B 412
Einzelunternehmen B 22
- stiller Gesellschafter B 22
Einzelwirtschaftsgüter E 36 ff.
Emissionsbank B 115, B 116
- Publikumsgesellschaften B 115
Emissionsbericht G 380
Emissionserklärung G 26, G 382
Endloshaftung A 119
Entflechtungsverfahren F 121
Enthaftung ausgeschiedener Gesellschafter A 121
Entlassungen
- anzeigepflichtige C 74, C 85
Entlassungssperre C 124

Picot

Sachverzeichnis

Erbbaurechte A 161
Erfüllungsübernahme C 27
Ergänzungsbilanz B 13, E 43
Erholungsurlaub C 174
Ermessenskontrolle C 181
Ermittlungsbefugnisse des BKartA in der Fusionskontrolle F 115
Ermittlungsverfahren G 24
Erstattungspflicht C 141
Ertrag A 69, A 72
Ertragsteuern
– bei Asset Deal E 36
– bei Share Deal E 46
– bei Teilwertabschreibung E 46
Europäische Fusionskontrolle F 4
– Anwendungsbereich F 5
– Untersagungsvoraussetzungen F 25
– Verfahren F 42
Externe Betriebsbeauftragte G 67 ff.

Fachkräfte für Arbeitssicherheit G 179 ff.
Fachkunde G 69 ff., G 96, G 108, G 129, G 164, G 172
Fachliche Qualifikation G 10
Fälligkeits- und Anrechnungsklausel C 102
Fayol'sche Einliniensystem G 47
Fayol'sche Brücke G 48
Fehler des Unternehmens A 68 ff.
Finanzkraft F 31
Firma A 42, A 105, B 199, B 347, B 375
Firmenfortführung A 105 ff., A 106
– Rechtsschein der A 106
Firmentarifvertrag C 37
Flexible Altersgrenze C 177
FMEA (Fehler-Möglichkeits-und-Einfluß-Analyse) G 261
Foreclosure effect F 31
Formvorschriften B 33
Formwechsel B 4, B 365 ff., B 386
– Anmeldung B 378
– eingetragene Genossenschaft B 407, B 408
– Eintragung B 367
– Firma B 375
– Gründungsprüfung B 390
– Gründungsvorschriften B 375
– Identität des Rechtsträgers B 365, B 380, B 392
– Inhaber von Sonderrechten B 382
– Kapitalgesellschaften B 393
– KGaA B 397, B 406
– landwirtschaftliche Produktionsgenossenschaft B 363

– Mängel B 381
– Nachhaftung B 392
– Negativerklärung B 379
– Personenhandelsgesellschaften B 386, B 394
– Prüfungsverband B 408
– rechtsfähiger Verein B 411
– Schadensersatz B 383
– Schutz des Gläubigers B 382
– Umwandlungsbeschluß B 367, B 388
– Wirkungen B 380, B 404
Fortbildungspflicht G 15
Freistellung C 105
Freistellungsvereinbarungen A 131
Freizeitausgleich C 168
Fremdüberwachungsmaßnahmen G 380
Fremdvergabe C 14
Funktionsnachfolge C 14
Fürsorgepflicht G 5, G 349 ff.

Garantenstellung G 87
Garantiehaftung A 65
Garantien A 88
– Arten von A 88
Garantieversprechen A 85 ff.
Gebietskörperschaften B 354
Gefahr für die öffentliche Sicherheit oder Ordnung G 417 ff.
Gefährdungsabschätzung G 434 ff.
Gefährdungspotential G 537
Gefahrenbegriff G 428 ff.
Gefahrenerforschung G 414, G 443, G 515, G 547
Gefahrenverdacht G 444
Gefahrgut G 44, G 139 ff.
Gefahrgutbeauftragter G 139 ff.
Gefahrstoffbeauftragter G 132 ff.
Gefahrstoffe G 44, G 132 ff., G 357
Gefahrstoffkartei G 44
Gefahrstoffliste G 382
Gegenseitige Liefervereinbarungen F 185
– Rechtlage nach Gemeinschaftsrecht F 186
– Rechtslage nach dem GWB F 188
Geheimhaltungsinteressen des Unternehmens B 208
Geheimhaltungspflicht G 579
Geheimhaltungsvereinbarung A 19
Gemeinsame Beherrschung im Rahmen des § 23 II Nr. 5 GWB F 67
Gemeinschaftsunternehmen
– Abgrenzung zwischen kooperativen und konzentrativen Gemeinschaftsunternehmen F 16

Picot

– Arten F 142
– Netze von F 141
Genehmigtes Kapital B 133 ff.
Genossenschaft mit beschränkter Haftung (TOO) A 240
Genossenschaften B 278, B 280, B 283, B 342, B 407
– Abspaltung B 344
– Ausgliederung B 344
– Ausschlagungsrecht B 283
– Formwechsel B 407, B 408
– Generalversammlung B 281, B 343
– Nachschußpflicht B 284
– Verschmelzung B 278, B 285
Gesamtbetriebsrat C 69
Gesamtbetriebsvereinbarung C 38
Gesamtrechtsnachfolge B 228, B 315, B 351, D 107, G 460
– Begriff D 107
– Fallgestaltungen D 108
Gesamtrechtsnachfolge und Durchführungsweg D 112
Gesamtrechtsnachfolge und Rechtsgrundlage D 110
Gesamtschuldner A 118, A 141, B 322, B 383
Gesamtverantwortung G 24, G 28
Geschäftsanteile B 249, B 400, B 409
Geschäftsführer C 24
Geschäftsordnung G 10
Geschäftsverteilung G 9 ff.
Geschlossene Aktiengesellschaft A 242
Gesellschaft
– fehlerhafte B 37
Gesellschaften bürgerlichen Rechts B 45, B 241
– Verschmelzung B 241
Gesellschafterversammlung A 169, B 334, B 395
Gesellschafterwechsel B 40 ff.
Gesellschaftsvertrag B 18
Gestaltungsspielraum E 30 ff.
– Gestaltungsmißbrauch und § 42 AO E 31 ff.
Gesundheitsschutz G 366
Gewährleistung A 15
– gemäß Kaufrecht A 15
Gewährleistungsklausel im Unternehmenskaufvertrag E 3
Gewässerschutzbeauftragter G 121 ff.
Gewerbesteuer A 130
– bei Kombinationsmodell E 70 ff.
– bei Share Deal E 51
Gewerbesteuerbelastung E 71

– bei Organschaft E 72
– ohne Organschaft E 71
Gewinnanspruch B 298
Gewinnausschüttung B 414
Gewinnverwendung E 100
Gläubigerschutz B 227, B 238
Gleichbehandlung C 35, C 193
Gleichbehandlungsgrundsatz C 174
Gleitender Übergang in den Ruhestand C 177
Gleitklausel A 49
Gleitzeitarbeit C 176
– einfache C 176
– qualifizierte C 176
GmbH A 55 ff., A 57, B 248, B 259, B 332
– Gewinnanspruch A 57
– GmbH-Konzern B 426
– Kapitalerhöhung B 146
– Kapitalherabsetzung B 178
– Spaltung B 332
– Teilung von Geschäftsanteilen B 255
– Verschmelzung durch Neugründung B 259
– Verschmelzung B 248
GmbH & Co. KG B 19 ff., B 241
– Publikumsgesellschaft B 21
GmbH-Anteile A 55 ff., A 165
– Übertragung von A 55 ff.
– Teilung B 255
Gratifikation C 29
Grunderwerbsteuer
– bei Asset Deal E 45
– bei Share Deal E 48 ff.
– bei Steuerklauseln E 89
Grundkapital B 68 ff., B 340
Grundpflichten G 409
Grundsatz des Vorrangs des Gemeinschaftsrechts F 131
Grundsatz der Gesamtverantwortung G 8, G 9
Gründungsprüfung B 390
Gründungsvorschriften B 240, B 329, B 375
Grundverhältnis G 78 ff., G 173
Grundwasserschäden G 413, G 463 ff.
Gruppenfreistellungsverordnung A 38, F 128
– F & E Gruppenfreistellungsverordnung F 145
– Spezialisierungsgruppenfreistellungsverordnung F 152
Günstigkeitsprinzip C 164

Sachverzeichnis

Haftung B 322, B 422, B 428, G 5, G 20 ff.,
G 21, G 22, G 85 ff., G 193, G 397 ff.,
G 452 ff.
- Beschränkung B 361
- Einzelkaufmann B 351
- grenzüberschreitender Konzern B 428
- Konzern B 422
- Spaltung B 322
- strafrechtliche Verantwortung G 20 ff.,
G 401, G 496 ff.
- zivilrechtliche Haftung G 20 ff., G 400,
G 479 ff.
- steuerliche Haftung E 91
Haftungsfrage D 22
- Mithaftung D 22
- Primärhaftung D 22
Handlungsstörer G 11, G 418, G 452 ff.
Handlungsverantwortlichkeit G 11
Handlungsvollmacht C 34
Hauptversammlung A 170, A 173,
B 96 ff., B 263, B 267, B 337, B 395
Haustarifvertrag C 163
Holding E 143
- Holdingstandort E 144
- konzernleitende Holding E 144
Holdingstrukturen B 416

ICC-Positionspapier G 315
Immissionsschutzbeauftragter G 89 ff.
Individualrechtliche Ansprüche C 27
Industrielle Sonntagsarbeit C 153
Industrieschuldverschreibung A 220
Inhaber von Sonderrechten B 323, B 372
Insolvenzsicherung D 18
- Pensions-Sicherungs-Verein a.G. D 20
- Versorgungsanwartschaften D 19
- Versorgungsempfänger D 18
Integrierter Umweltschutz G 53
Interessenabwägung C 130, C 132
Interessenausgleich C 71, C 85, C 86,
C 87, C 92
- Einigungsstelle C 90, C 92
- Einigungsversuch C 88
- Präsident des Landesarbeitsamtes
C 89
- Schriftform C 86
- Versuch C 88
Interner Gesamtschuldnerausgleich
G 471 ff.
Investitionsvorranggesetz A 228

Jahresabschlüsse B 250
Job-Sharing-Arbeit C 172
Joint-Venture C 35

Kapital, genehmigtes B 133
Kapitalaufbringung B 68, B 69, B 71
Kapitalerhöhung B 64, B 92, B 115, B 117,
B 256, B 257, B 268, B 269, B 402, B 405
- Aktiengesellschaft B 92 ff.
- Ausgabe der neuen Aktien B 272
- Bezugsrecht B 107, B 110, B 111
- Differenzhaftung B 103
- Durchführung B 117, B 121
- Eintragung ins Handelsregister B 105
- Emissionsbank B 117
- Formen B 92
- GmbH B 146 ff.
- Kapitalerhöhungsbeschluß B 95, B 100,
B 257, B 270
- Mindesteinlagen B 117
- Nachgründungsvorschriften B 104
- Sacheinlagen B 99
- Sachkapitalerhöhung B 101
- Treuhänder B 272
- Verbot der Unterpari-Emission B 98
- Zeichnung der Aktien B 106
Kapitalerhöhung aus Gesellschaftsmitteln B 142, B 173 ff.
Kapitalerhöhung bei der GmbH B 146 ff.
- Bekanntmachung B 170
- Bezugsrecht B 155
- Einbringungsbilanz B 172
- Einlagen B 162, B 168, B 169
- Eintragung B 170 ff.
- Geschäftsanteil B 152
- Jahresbilanz B 176
- Kapitalerhöhung aus Gesellschaftsmitteln B 146, B 173 ff.
- Kapitalerhöhungsbeschluß B 148 ff.
B 175
- Ordnungsgemäßheit B 171
- Rücklagen B 176
- Schütt-aus-hol-zurück-Verfahren
B 173
- Stammkapitalerhöhung gegen Einlagen B 146 ff.
- Treupflicht B 153
- Übernahme B 154 ff., B 158
- Wertprüfung B 172
- Zeichnungsvertrag B 160
Kapitalerhöhung der AG A 206 ff., 92 ff.
Kapitalerhöhung, bedingte B 122 ff.,
B 126, B 271
- Bezugserklärung B 130
- Optionsanleihen B 123
- Sacheinlagen B 128
- Satzungsänderung B 126
- Unternehmenszusammenschluß B 124

- Wandelschuldverschreibungen B 123
- Zeichnungsvertrag B 130
Kapitalerhöhungsbeschluß B 114, B 149 ff., B 176
Kapitalgesellschaften A 54 ff., B 65 ff., B 290, B 394, B 414
- Formwechsel B 393 ff.
- Kapitalaufbringung B 68
- Kapitalschutz B 68
- Verschmelzung B 189 ff.
Kapitalherabsetzung B 65, B 178 ff., B 405, B 414
- Aktiengesellschaft B 178
- Arten B 180
- Ausschüttungen B 179
- Bekanntmachungen B 187
- Buchsanierung B 182
- Einziehung von Aktien B 184
- Gleichbehandlungsgrundsatz B 184
- GmbH B 178
- Kapitalherabsetzungsbeschluß B 181, B 187
- Kapitalschnitt B 178
- ordentliche Kapitalherabsetzung B 181, B 187
- Sperrjahr B 187
- verdeckte Sacheinlagen B 179, B 186
- vereinfachte Kapitalherabsetzung B 182, B 187, B 188
- Wiedererhöhung des Kapitals B 183
Kapitalschutz B 68
Kartellrecht A 150, A 154
- europäisches A 154
Kartellverbot des Art. 85 EGV F 126
- Freistellung F 127
- Verhältnis zu § 1 GWB F 131
Kartellverbot des § 1 GWB F 129
- Ausnahmen F 130
- Verhältnis zu Art. 85 EGV F 131
Kauf von Gesellschaftsrechten an einer Kapitalgesellschaft (s. Share Deal)
Kaufpreis A 43, A 45, A 46, A 48
- Bestimmung A 43
- negativer A 45
- Sicherung des A 48
- variabler A 46
KGaA
- Formwechsel B 397, B 406
- Kleinaktionäre B 401
Know-How
- als Sacheinlage B 99
Know-How-Träger C 20
Know-How-Übertragung A 40
Kollektivrechtliche Ansprüche C 36

Kombinationsmodell E 62 ff.
- und § 42 AO E 73 ff.
- Mißbrauch E 73
- unter Berücksichtigung von beschränkt Steuerpflichtigen (§ 50 c EStG) E 78 ff.
- und Verkehrssteuern E 80
Kommanditanteile A 166
Kommanditbeteiligung A 133
Kommanditist B 14, B 38, B 42
- Ausscheiden B 42
- Eintritt B 38
- Haftung B 14, B 38, B 39, B 43
- Sonderrechtsnachfolge B 43
Komplementär-Wechsel A 137
Konkretisierung der Arbeitspflicht C 183
Konkurs A 107, A 200
Konkursverwalter A 107, A 201
Kündigungstheorie A 121
Kontrollerwerb F 11
- Erwerb alleiniger Kontrolle F 12
- Erwerb gemeinsamer Kontrolle F 13
- Übergang von gemeinsamer zu alleiniger Kontrolle F 14
Konzentrative Gemeinschaftsunternehmen F 162
Konzern B 416 ff.
- Abhängigkeitsverhältnis B 417
- Beherrschungsvertrag B 417
- einheitliche Leitung B 424
- faktischer Konzern B 419
- Haftung B 422
- qualifiziert faktischer GmbH-Konzern B 426
- Schadensersatzpflicht B 425
- Spaltung B 415
- Unternehmensvertrag B 421
- vereinfachte K.-Verschmelzung B 273
- und verdeckte Sacheinlage B 85, B 87
- Vertragskonzern B 419
- Weisungen B 423
Konzernbeauftragte G 66
Konzernbetriebsvereinbarung C 38
Konzerninterne Reorganisation F 71
Konzernumsatz F 87
Konzernverschmelzung B 273 ff.
Kooperative Gemeinschaftsunternehmen F 134
- Freistellung nach Art. 85 III EGV F 144
- im Bereich Forschung und Entwicklung F 145
- im GWB F 160

Sachverzeichnis

- im Gemeinschaftsrecht F 134
- strukturelle F 158

Körperschaft B 411
Kosten-Controlling G 221
Kosten-Nutzen-Analyse G 3, G 254, G 321
Krisenbewältigungsmechanismen E 3
Krisenkartelle F 177
- Rechtslage nach Gemeinschaftsrecht F 178
- Rechtslage nach dem GWB F 181

Kündigung D 57
- Abmahnung C 129
- Begriff D 57
- Besitzstände D 62
- betriebsbedingte C 127, C 128
- individualvertragliche Grundlage D 57
- kollektivvertragliche Grundlage D 59
- Nachwirkung D 61
- personenbedingte C 127, C 128, C 130
- Rechtsfolgen D 60
- soziale Rechtfertigung C 128
- verhaltensbedingte C 128, C 129
- wegen häufiger Kurzerkrankungen C 130

Kündigung, betriebsbedingte C 55
- dringende betriebliche Erfordernisse C 55

Kündigungsfristen C 135
Kündigungsschutz G 84
- besonderer C 136 ff.

Kündigungsschutzprozeß C 101
Kurzarbeit C 179
Kurzarbeitergeld C 180

Landwirtschaftliche Produktionsgenossenschaft B 362
- Formwechsel B 363
- Spaltung B 362

Lean Management G 17
Lederspray-Entscheidung G 12
Legalisierungswirkung G 450 ff., G 485
Leistungsort C 186
Leitende Angestellte
- Sprecherausschuß C 185

Leitungsmacht C 26
Leitungspflicht G 6, G 19
Letter of Intent A 9, A 24
Leveraged Buy-Out A 195
Liefer- und Bezugspflichten F 38
Linienverantwortung G 73
Liquidation des Arbeitgebers D 114
- Abfindungen D 118

- Abwicklungsmaßnahmen D 115
- Begriff D 114

Lizenzen F 39
Lizenzvertrag A 38

MAK-Wert G 44, G 363
Management Buy-Out A 195
Marktabgrenzung in der europäischen Fusionskontrolle F 26
- geographisch relevanter Markt F 28
- sachlich relevanter Markt F 26

Marktanteil F 31
- bei der Marktabgrenzung im Rahmen des § 22 GWB F 101

Marktbeherrschende Stellung als Untersagungsvoraussetzung eines Zusammenschlusses im GWB F 94
- Monopol F 100

Marktbeherrschung F 29
- Begründung oder Verstärkung einer marktbeherrschenden Stellung in der europäischen Fusionskontrolle F 34
- Begründung oder Verstärkung einer marktbeherrschenden Stellung in der deutschen Fusionskontrolle F 109

Marktbeherrschungsvermutungen F 103
Marktzutrittsschranken F 33
Massenentlassungsanzeige C 119 ff.
- Anzahl der Entlassungen C 121
- Entlassungssperre C 124
- erneute Anzeige C 125
- Stellungnahme des Betriebsrates C 122
- Zeitraum für Entlassungen C 124

Maßnahmen zur Neuordnung D 33
- gesetzliche Grenzen D 34

Mehrarbeit C 166, C 167
Mehrfachbeauftragte G 65, G 101
Mehrliniensystem G 48
Mehrmütterklausel F 86
Minderheitsrechte B 251
Minderung A 91
Ministererlaubnis F 113
- Verfahren F 122

Mitarbeiter-Vorschlagssystem G 202
Mitbestimmung B 319, D 16
- betriebliche Lohngestaltung D 16
- erzwingbare C 96
- Leistungsplan D 17
- Sozialeinrichtungen D 16

Mitbestimmungsbeibehaltungsregelung B 319
Mitbestimmungsrecht C 169, C 171, C 176, C 188
Mitgliedschaften B 380

Picot

Mitteilungspflicht G 26
Mitunternehmeranteil E 127
Mutterschutz C 138

Nachfolgeklauseln B 32
Nachfragemarkt F 97
Nachgründungsvorschriften B 104, B 277
Nachhaftung B 55, B 247, B 324, B 392
– Verschmelzung B 247
Nachhaftungsbegrenzung D 120
– Allgemeines D 120
– bisherige Rechtslage D 122
– neue Rechtslage: Nachhaftungsbegrenzungsgesetz D 124
– Nachhaftung von ehemals persönlich haftenden Gesellschaftern B 247, D 121
– Übergangsregelung D 127
Nachhaftungsbegrenzungsgesetz A 118, B 247, D 124
Nachschußpflicht B 284, B 410
Nachtarbeitsverbot C 152
Nachteilsausgleich C 93
Nachteilsausgleichspflicht C 71
Nachwirkung C 164
Nebenabreden F 36
Negativ-Attest A 159
Negativerklärung B 220
Nennbeträge der Aktien B 400
Neuordnung von betrieblicher Altersversorgung D 24
– außerbetriebliche Gründe D 25
– Gründe und Motive D 24
– innerbetriebliche Gründe D 26
Niederländische Liste G 433
Notarielle Beurkundung B 237, B 380

Öffentlich-rechtlicher Vertrag G 574
Öffentliche Sicherheit G 419
Öffentlichkeitsarbeit G 1, G 253, G 386 ff.
Öko-Audit G 36, G 202, G 250, G 313 ff.
Öko-Audit-Verordnung G 298
Öko-Bilanzen G 314
Öko-Marketing G 1
Oligopolklausel F 102
Oligopolvermutung F 104
– qualifizierte F 105
Option A 9, A 26
Optionsanleihe A 212
Ordnungsbehördliche Eingriffe G 432
Organigramm G 38, G 39 ff., G 202
Organisationsdefizit G 4
Organisationsform G 47 ff.

Organisationsfreiheit G 6, G 29
Organisationspflichten G 5 ff., G 6, G 85, G 371
Organisationsplanung G 37
Organisationsverschulden G 5, G 14, G 21, G 23
Organmitglieder B 231, B 318, B 325
Orientierungswerte G 434 ff.
Ortswechsel C 188
Outsourcing C 14

Partiarische Darlehen A 221
Patente A 39
Pausen C 152
Pensions-Sicherungs-Verein C 27
Pensionsanspruch C 27
Pensionsgeschäfte A 222
Personalplanung C 68
Personalvertretung G 372
Personelle Verflechtung als Zusammenschlußtatbestand des GWB F 64
Personengemeinschaft, ausländische B 292
Personengesellschaft A 59 ff., B 8 ff., B 24 ff.
– Anwachsung B 36, B 52, B 58
– Beiträge B 10, B 11 ff.
– Bestimmtheitsgrundsatz B 24, B 25, B 29
– Bewertung B 13
– Eintragung in das Handelsregister B 34
– Formvorschriften B 12, B 33
– Gesellschafterwechsel B 40
– Gesellschaftsvertrag B 8, B 18
– GmbH & Co. KG B 19
– Gründung B 8, B 15, B 30, B 33
– Kernbereich B 25, B 27
– Mehrheitsbeschlüsse B 25
– Nachfolgeklauseln B 31
– Neuaufnahme von Gesellschaftern B 30
– Realteilung B 61
– Sonderrechtsnachfolge B 43
– stille Reserven B 13
– Treuepflicht B 26
– Umstrukturierung B 24, B 25
– Umwandlung B 45, B 46, B 52, B 64
– Umwandlung der Beteiligung B 44
– Verbindlichkeiten B 16, B 37
– Verschmelzung B 28, B 58
– Wirksamkeit des Eintrittes B 17
– Zustimmung B 25
Personenhandelsgesellschaften B 241, B 330, B 386

Sachverzeichnis

- Formwechsel B 386
- Spaltung B 330
- Verschmelzung B 21, B 189
Persönliche Qualifikation G 10
Pflichtenübertragung G 14 ff.
Polizei- und Ordnungsrecht G 416 ff.
Potentieller Wettbewerb F 33
Präsentationsklauseln B 32
Präsident des Landesarbeitsamtes C 77
Produktions-GU F 150
Produktionsbetrieb C 19
Prokura C 34
Provisionsanspruch C 32
Prozeßlenkung G 238
Prüfmittel G 241, G 379
Prüfung
- des Verschmelzungsvertrages B 250
Prüfungsverbände B 289, B 354
Publikumsgesellschaften B 21, B 29, B 41, B 115
Punktation A 23

Qualitätsmanagement G 262
Qualitätspolitik G 273
Qualitätssicherung G 53, G 258 ff.
Qualitätssicherungs-System G 202, G 258 ff., G 274
Qualitätssicherungs-Audits G 286
Qualitätssicherungspläne G 284
Qualitätssicherungs-Handbuch G 258, G 283
Qualitätszirkel G 202

Rangrücktrittserklärung E 98
Realteilung B 61 ff.
Rechtsfähiger Verein B 287, B 354
Rechtskauf A 12, A 54, A 99
Rechtsnachfolge G 459, G 464, G 532
Rechtspersönlichkeit A 167
Rechtsscheinhaftung A 106
Rechtsträger B 191, B 283, B 293, B 296
- Identität B 365
Reduktion, geltungserhaltende A 150
REGON-System A 265
Reinvestition E 10
Relevanter Markt bei der Feststellung einer marktbeherrschenden Stellung im GWB F 95
- räumlich relevanter Markt F 98
- sachlich relevanter Markt F 96
Reorganisation G 389, G 392
Ressortverantwortlichkeit G 11
Ressortverteilung G 9 ff.
Restitutionsansprüche A 232

Restrukturierung C 1
- Vorbereitung C 4
Restrukturierungsmaßnahmen E 101 ff.
Risikovorsorge G 509 ff.
Rückstellungen G 572 ff.
Rücktritt vom Vertrag A 91
Rückwirkungsverbot G 405, G 499
Ruhestand
- gleitender Übergang in den Ruhestand C 177
Ruhezeiten C 152

Sacheinlage B 49, B 71, B 99, B 113, B 162, B 164, B 256, B 269
- Bezugsrechtsausschluß B 113
- Differenzhaftung B 155
- Einbringung eines Unternehmens B 51, B 163
- Einzahlung B 169
- Formvorschrift B 51
- Haftungsbegrenzung B 51
- Prüfung der Werthaltigkeit B 71, B 89, B 101, B 258
- Sacheinlagevertrag B 51, B 102, B 164
Sacheinlage, verdeckte B 49, B 72 ff., B 413
- Aufrechnung mit Einlageforderungen B 72
- Einbeziehung von Dritten B 86
- Einbeziehung von Konzernunternehmen B 85
- Erwerbsgeschäft B 73
- Gelddarlehen B 73
- Heilung B 90
- Nachgründung B 75
- Prüfung der Werthaltigkeit B 89
- Rechtsfolgen B 73
- Reihenfolge der Zahlungsvorgänge B 88
- Schütt-aus-hol-zurück-Verfahren B 77, B 81
- Tatbestand B 79, B 80
- Umwidmung B 91
- zweite EG-Richtlinie zur Harmonisierung des Gesellschaftsrechts B 74, B 78
Sachgründung B 413
Sachkapitalerhöhung B 413
Sachkauf A 12, A 54 ff., A 100
Sachkunde G 69 ff., G 120, G 134, G 143, G 153
Sachmängelhaftung A 63
Sachsen-Anhalt-Liste G 433
Sachübernahme B 50
Sale-Lease-Back Operationen A 205

Sanierung
- Sanierungsabsicht E 97
- Sanierungsbedürftigkeit E 96
- Sanierungseignung E 97
- Sanierungsgewinn E 95
Sanierungskonzept G 543, G 558 ff.
Sanierungsmaßnahmen G 414, G 448, G 561
Sanierungsverfügung G 406, G 432, G 449, G 574
Schachtelprivileg E 71
Schadensersatz A 74, A 98, B 238, B 239, B 325, B 383
- Formwechsel B 383
- Organmitglieder B 325
- Verwaltungsträger B 238
Schichtarbeit C 152, C 169
Schließung für den Neuzugang D 52
Schuldscheindarlehen A 219
Schutzmaßnahmen G 559
Schutzpflicht G 349 ff.
Schutzwirkung zugunsten Dritter A 96
Schwarze Liste der F & E - GVO F 146
Schwerbehinderte C 137
Share Deal A 14, C 7, E 46 ff., G 460
- Betriebsaufgabe E 54
- Betriebseinstellung E 55
- Betriebsunterbrechung E 54
- Betriebsverpachtung E 54
- Mantelkauf E 52 ff.
- Übertragung von Anteilen E 56
Sicherheitsanalyse G 380, G 382
Sicherheitsbeauftragter G 174 ff.
Sicherheitsdatenblatt G 44, G 382
Sicherheitsleistung B 238, B 361, B 382
Sicherungsmaßnahmen G 411, G 448, G 560
Sicherungsübereignung A 129
Side-Step E 64
Singularsukzession A 13, A 161, A 200
Sittenwidrigkeit A 146
Sonderpflichten B 249
- Geschäftsanteile B 249
Sonderrechte B 298
- Geschäftsanteile B 249, B 372, B 382
Sonderrechtsnachfolge A 134, G 459
Sonderzahlung C 29
Sonntagsarbeit C 152
- Zulässigkeit industrieller Sonntagsarbeit C 153
Soziale Auswahl C 52, C 133
- horizontale Vergleichbarkeit C 133
- vertikale Vergleichbarkeit C 133
Sozialplan C 85, C 96, C 105, C 112, C 116

- Abfindungen C 106
- Betriebsvereinbarungscharakter C 100
- erzwingbare Mitbestimmung C 96
- Fälligkeits- und Anrechnungsklausel C 102
- leitende Angestellte C 111
- Maximalbeträge für Abfindungen C 107
- Schriftform C 99
Sozialplananspruche C 28
Sozialversicherung C 108
Sozialversicherungsbeiträge
- rückständige C 33
Spaltung B 4, B 293 ff., B 304, B 412, C 12, E 116, E 117
- Abspaltung B 295, E 119
- Aktiengesellschaften B 336
- als Restrukturierungsmaßnahme E 103
- Anmeldung B 313, B 358
- Anteilsinhaber B 321
- Arbeitsverhältnisse B 317
- Aufspaltung B 295, E 119
- Ausgliederung B 295, E 118
- Ausgründung B 414
- Auskehrung B 414
- Ausschluß der Übertragbarkeit B 316
- außerhalb des Umwandlungsgesetzes B 412 ff.
- Bargründung zur Vorbereitung der Spaltung E 122
- Betriebsaufspaltung B 326
- Betriebsübergang B 317
- Einziehung der Anteile B 414
- Gebietskörperschaften B 354
- Genossenschaften B 342
- Gesamtrechtsnachfolge B 315
- GmbH B 332
- Haftung B 321
- Kapitalgesellschaften B 412
- Kapitalherabsetzung B 330, B 340, B 414
- Konzernverbund B 415
- Körperschaften E 116
- landwirtschaftliche Produktionsgenossenschaften B 362
- Liquidation B 414
- Mitbestimmung B 319
- Organmitglieder B 318, B 325
- Personenhandelsgesellschaften B 330
- Prüfungsverbände B 354
- rechtsfähige Vereine B 354
- Sachgründung B 332, B 413
- Sachkapitalerhöhung B 413
- Sicherheitsleistung B 362

Sachverzeichnis

- Spaltungsbericht B 357
- Spaltungserlaß E 120
- Spaltungshinweis B 358
- Stiftungen B 354
- Trennung von Gesellschafterstämmen E 132
- Treuhandanstalt B 293, B 355
- verhältniswahrende B 304
- Versicherungsvereine auf Gegenseitigkeit B 354
- Wirksamwerden B 314

Spaltung zur Aufnahme B 297
Spaltung zur Neugründung B 328
Spaltungsbericht B 307
Spaltungsbeschluß B 309 ff.
Spaltungsplan B 305
- Änderungen B 305

Spaltungsprüfung B 307, B 308
Spaltungsstichtag B 298
Spaltungs- und Übernahmevertrag B 297 ff., B 298
- Änderungen B 305
- Betriebsrat B 306
- Betriebsübergang B 301 ff.
- Inhalt B 298
- notarielle Beurkundung B 297

SPC (Statistische Prozeßregelung) G 261
Spezialisierungsvereinbarungen F 166
- Rechtslage nach dem GWB F 171
- Rechtslage nach Gemeinschaftsrecht F 167

Spitzenausgleich B 63, E 134, E 140
Sprecherausschuß der leitenden Angestellten C 75, C 185
- Unterrichtung C 75

Spruchverfahren B 5, B 217, B 218, B 385
Spürbarkeitserfordernis F 126
Stammkapital B 252, B 253, B 333, B 390
Stammeinlagen B 154
- Mindesthöhe B 335

Statement of Non-disclosure A 21
Steuergeheimnis G 579
Steuerklauseln E 85 ff.
Steuerliche Ausgangssituation E 4 ff.
- für Erwerber E 23
- für Veräußerer E 4 ff.
- Steuerfreiheit E 5 ff.
- vergünstigter Steuersatz E 10 ff.

Stiftung B 354
Stiller Gesellschafter B 22
Störfallbeauftragter G 99, G 104 ff.
Störfallmanagement G 202
Störfallverordnung G 36
Strahlenschutzbeauftragter G 159 ff.

Streik
- legaler Streik C 146
- Warnstreik/Demonstrationsstreik C 147
- wilder Streik C 145

Streikarbeit C 184
Subventionen A 223
Surrogationsprinzip B 236

Tarifgebundenheit C 36
Tarifliche Alterssicherung C 140
Tarifvertrag C 36, C 195
Tarifvorbehalt C 164
Tarifvorrang C 164
Tarifzuständigkeit C 36
Technische Standards G 35
Teilbetrieb A 127, E 12
Teilnahmeerklärung G 317, G 318, G 341 ff.
Teilwertabschreibung G 578
- von Anteilen E 46

Teilzeitarbeit C 170, C 173
Top-down-Prinzip G 25
Total Quality Management G 260 ff.
Treuepflicht B 27
Treuhandanstalt A 226, B 293, B 355, B 359
Treuhandgesetz A 226
TRK-Wert G 364
Tutzinger Erklärung G 54

Überarbeit C 166, C 168
Übergang der Verbindlichkeiten B 351
Übergangsstichtag A 51, A 60, A 188
Übernahme von Stammeinlagen B 154 ff.
- Beurkundung B 159
- Vollmacht B 159
- Zeichnungsvertrag B 160

Übernahmegewinn/Verlust E 110
Übernahmevertrag B 297
Übertarifliche Bezahlung C 160
Übertragung von Versorgungsverpflichtungen D 41
- Erfüllungsübernahme D 50
- Regelungen im Innenverhältnis D 51
- Schuldbefreiende Übertragung D 41
- Schuldbeitritt D 49
- Übertragung bei Unterstützungskasse D 44
- Übertragung auf nicht in § 4 BetrAVG genannte Versorgungsträger D 45
- Übertragung laufender Renten D 42

Überwachungspflicht G 12, G 15, G 21, G 26, G 358

Umgruppierung C 195
Umsatz A 69, A 72
Umsatzsteuer A 130
– bei Asset Deal E 44
– bei Share Deal E 47
Umsatzberechnung F 84
Umsetzung C 186
Umstrukturierung
– Personengesellschaften B 24
Umtauschverhältnis der Anteile B 206, B 298
Umwandlung B 3, B 46, B 52, B 64, G 460
– Anwachsung B 47
– Arten B 3
– einer Beteiligung B 44
– Einzelunternehmen B 46
– Personengesellschaften B 46, B 64
– Rechtsträger B 3
– Sachgründung B 49
– Sachkapitalerhöhung B 49
– Übertragung an eine Kapitalgesellschaft B 48
– umwandlungsfähige Unternehmen B 3
Umwandlungsbericht B 367 ff., B 387
– verbundene Unternehmen B 368
Umwandlungsbeschluß B 367, B 368, B 371 ff., B 396, B 388, B 402
– Inhalt B 372
– Kapitalerhöhung B 402
– Klagen gegen die Wirksamkeit B 374
– Mehrheitserfordernisse B 371
– sachliche Rechtfertigung B 373
– Zustimmungserklärungen einzelner Anteilsinhaber B 371
UmwandlungsG B 2 ff., G 460
Umwandlungsverbot B 348
Umwelt-Audit-Verordnung G 313 ff.
Umwelt-Controlling G 314
Umwelt-Managementsystem G 34, G 316, G 237, G 317, G 327
Umwelterklärung G 344, G 333 ff.
Umweltgutachten G 317
Umweltgutachter G 336 ff., G 346 ff.
Umwelthaftungsgesetz G 486
Umweltinformationsgesetz G 26, G 579
Umweltpolitik G 54, G 324
Umweltprogramm G 326
Umweltrahmengesetz A 233, G 410, G 530
Umweltschutz-Audit G 313 ff.
Umweltschutzbeauftragter G 54 ff.
– Abfallbeauftragter G 112 ff.
– Beauftragter für die Biologische Sicherheit G 148 ff.

– Betriebsarzt G 186 ff.
– Datenschutzbeauftragter G 168 ff.
– Fachkräfte für Arbeitssicherheit G 179 ff.
– Gefahrgutbeauftragter G 139 ff.
– Gefahrstoffbeauftragter G 132 ff.
– Gewässerschutzbeauftragter G 121 ff.
– Immissionsschutz G 89 ff.
– Sicherheitsbeauftragter G 174 ff.
– Störfallbeauftragter G 104 ff.
– Strahlenschutzbeauftragter G 159 ff.
Umweltschutz-Handbuch G 202, G 225 ff., G 382
Umweltschutzmanagement G 1, G 35 ff., G 194, G 237, G 317, G 327
Umweltschutz-Management-System G 34
Umweltschutzverantwortlicher G 13, G 27 ff.
Umweltschutzziele des Unternehmens G 233
Umweltstatistiken G 26
Umweltzeichen G 1
Umweltschutzziele der Unternehmensleitung G 203 ff.
Unerlaubte Handlung A 134
Unfallverhütungsvorschriften G 360
Unterdeckung A 135
Unternehmen B 1, B 163, B 416
– Begriff A 3, B 1
– Konzernunternehmen B 416 ff.
Unternehmensbegriff des GWB F 54
Unternehmensbilanz G 572 ff.
Unternehmenskauf A 5, A 179, A 200, A 204, A 225, A 236, C 5, G 389, G 460, G 509 ff.
– Ablauf A 5
– Beschränkungen und Mitwirkungsrechte Dritter A 179
– Finanzierung A 204 ff.
– in der Krise und im Konkurs A 200
– in Osteuropa A 236 ff.
– von der Treuhandanstalt A 225 ff.
Unternehmenskrise E 93 ff.
Unternehmenspacht C 21
Unternehmensrestrukturierung B 5
Unternehmensverträge B 232, B 420 ff.
Unternehmensverträge als Zusammenschlußtatbestand des GWB F 63
Unterrichtung
– des Aufsichtsrats C 82
– der Belegschaft C 63
– des Betriebsrats B 197, C 63
– der Betriebsversammlung C 81

Sachverzeichnis

- der Gesellschafter B 244, B 250
- der Minderheitsgesellschafter C 83
- des Präsidenten des Landesarbeitsamtes C 77
- der Schwerbehindertenvertretung C 76
- des Sprecherausschusses der leitenden Angestellten C 75
- des Wirtschaftsausschusses C 63, C 65
- sonstige C 84

Untersagungsverfahren der deutschen Fusionskontrolle F 114
Untersagungsverfügung F 118
- Rechtsmittel F 120

Untersagungsvoraussetzungen der deutschen Fusionskontrolle F 93
Unverfallbarkeit D 20
- Altersgrenze D 21
- Höhe D 21
- Unverfallbarkeitsbescheinigung D 21
- Voraussetzungen D 20

Urheberrechte A 41

Variable Arbeit C 172
Verantwortung G 5, G 20 ff., G 85 ff., G 397 ff., G 452 ff.
- Ordnungsrechtliche Verantwortung G 402 ff.
- Strafrechtliche Verantwortung G 20 ff., G 401, G 496 ff.
- Zivilrechtliche Haftung G 20 ff., G 400, G 479 ff.

Veräußerungsvorgang E 25
Verbindlichkeiten A 69, A 72, A 103
Verbrauchsteuer A 130
Verbundklausel F 86
Verdachtsflächen G 390
Verdeckte Einlage E 97
Verfahren B 5
- Eintragung B 5, B 34, B 219, B 315, B 359
- Spaltungsvertrag B 5, B 297 ff.
- Spruchverfahren B 5, B 217, B 218, B 385
- Umwandlungsbericht B 5, B 367 ff.
- Umwandlungsbeschluß B 371 ff.
- Verschmelzungsvertrag B 5, B 193 ff.

Verfahren bei der Anmeldung eines Zusammenschlusses im Anwendungsbereich der FKVO F 42
- Anmeldung F 42
- Hauptverfahren F 46
- Vorprüfungsverfahren F 43

Verfahrensvorschriften der FKVO F 48
Vergleichbare freie Arbeitsplätze C 133

Verhältnis der FKVO zu Art. 85 und 86 EGV F 51
Verhältnis der FKVO zum nationalen Kartellrecht F 52
Verhältnismäßigkeitsgrundsatz G 419, G 447 ff.
Verjährung A 83 ff, D 23
- Rentenstammrecht D 23
- Rentenzahlungsbetrag D 23

Verkauf von Einzelwirtschaftsgütern (s. Asset Deal)
Verkehrssicherungspflicht G 5
Verkehrswert G 393
Verlustrücktrag E 99
Verlustübernahme B 422, B 426
Verlustvortrag E 112
Vermögenserwerb als Zusammenschlußtatbestand des GWB F 56
Vermögensübernahme A 112, A 129
Vermögensübersicht B 350
Vermögensübertragung B 4, B 364, C 12
Vermutungen des § 23 a I GWB F 106
- Eindringungsvermutung F 107
- Großfusionsvermutung F 108
- Verstärkungsvermutung F 108

Verschleierte Sacheinlage (s. Sacheinlage, verdeckte)
Verschmelzung B 4, B 58, B 189 ff., C 12, E 107 ff., G 460
- Aktiengesellschaft B 261
- Alleingesellschafter B 290, B 291
- Anfechtungsklage B 221
- Anmeldung B 219, B 224
- Anstellungsverträge von Organmitgliedern B 231
- Anteilsinhaber B 235
- Arbeitnehmer B 197, B 231
- Aufnahme eines 100%igen Tochterunternehmens B 198
- Aufsichtsrat B 231
- ausländische Personengemeinschaft B 292
- Bedingungen B 200
- Befristungen B 200
- Beteiligung sonstiger Rechtsträger B 286
- Beteiligung einer aufgelösten Personenhandelsgesellschaft B 242
- Betriebsübergang B 231
- Bilanzkontinuität B 226
- Durchführung B 243, B 252
- Eintragung ins Register B 227
- Eintragungssperre B 220
- Firmenfortführung B 189

- Fortbestand von Unternehmensverträgen B 232
- gegenseitige Verträge B 231
- gegenseitige Verträge mit Dritten B 233
- Genossenschaften B 278 ff.
- Gesamtrechtsnachfolge B 189, B 228
- Gesellschaften bürgerlichen Rechts B 241
- Gewinnrealisierung bei E 108
- Gläubigerschutz B 227, B 238
- GmbH B 248, B 259
- GmbH & Co. KG B 241
- Kapitalerhöhung B 252 ff., B 268, B 269
- Kapitalgesellschaften B 189, B 290
- Konzernverschmelzung B 273
- Kostentragung B 200
- Minderheitsrechte B 251
- Mischverschmelzungen B 191
- Nachhaftung B 247
- natürliche Person B 290
- Negativerklärung B 220
- notarielle Beurkundung B 202, B 237
- Personengesellschaften B 189, B 241, E 115
- Prüfung B 246
- Prüfungsverbände B 288
- Rechte Dritter B 236
- rechtsfähige Vereine B 287
- Restrukturierungsmaßnahmen E 102
- Sacheinlagen B 269
- Schadensersatzansprüche B 238, B 239
- Schlußbilanz B 225
- schwebender Prozeß B 234
- Schwestergesellschaften B 254
- Stichtag B 226
- Stammkapital B 252, B 253
- Surrogationsprinzip B 236
- Übergang der Verbindlichkeiten B 230
- Unterrichtung der Gesellschafter B 213, B 244
- Verfügungsbeschränkungen B 229
- Verschmelzung durch Aufnahme B 190, B 192, B 248, B 261
- Verschmelzung durch Neugründung B 190
- Verschmelzungsbericht B 204
- Verschmelzungsbeschluß B 214, B 250
- Verschmelzungsprüfung B 210
- Verschmelzungsstichtag B 196
- Verschmelzungsvertrag B 193 ff., B 243
- Versicherungsvereine auf Gegenseitigkeit B 289
- Wahlrecht B 253
- Wesen B 218
- Wirkung B 228

Verschmelzung durch Aufnahme B 248 ff.
- Aktiengesellschaft B 261

Verschmelzung durch Neugründung B 240 ff.
- Aktiengesellschaft B 275
- Genossenschaft B 285
- GmbH B 259

Verschmelzungsbericht B 204 ff., B 244
Verschmelzungsbeschluß B 214 ff., B 251
- Abfindung B 217, B 218
- Klage gegen die Wirksamkeit B 216
- notarielle Beurkundung B 215
- Spruchverfahren B 217, B 218

Verschmelzungsprüfung B 210 ff.
- Auskunftsrecht B 212
- Testat B 212
- Verschmelzungsprüfer B 211
- Verzicht B 212

Verschmelzungsvertrag B 224, B 248, B 263, B 279
- Empfangsbestätigung B 224
- Prüfung B 250
- Zuleitung an Betriebsrat B 224

Versetzung C 181, C 185, C 186
Versicherungsschutz G 34, G 256, G 352, G 570 ff.
Versicherungssteuer A 130
Versicherungsverein auf Gegenseitigkeit B 289, B 354, B 411
Vertragsform A 160 ff.
Vertragsgegenstand A 33 ff., A 54
- beim Kauf als Asset Deal A 33 ff.
- beim Kauf als Share Deal A 54

Verwirkung A 194, C 58
Vollfunktions-GU F 157
Vollzugsverbot F 47
Vorstände C 24
Vorvertrag A 9, A 27

Wandelschuldverschreibungen A 211
Wandlung A 74, A 191
Warenzeichen A 38, B 11
Warnstreik C 147
Wasserbuch G 26, G 382
Wassergefährdende Stoffe G 45
Wasserhaushaltsgesetz G 407, G 483
Wehrdienstleistende C 140
Weisungsrecht B 423, C 154, C 186
Werkdienstwohnung C 29
Werkmietwohnung C 29
Wettbewerblich erheblicher Einfluß iSd. § 23 II Nr. 6 GWB F 68

Sachverzeichnis

Wettbewerbsbeschränkung iSd. Art. 85 EGV F 126
Wettbewerbsverbot A 145, C 30
Widerruf D 54
– Wegfall der Geschäftsgrundlage D 54
– Widerrufsvorbehalt D 54
– Wirtschaftliche Notlage D 55
– Zustimmung des PSVaG D 56
Widerspruchsrecht C 39 ff.
– Adressat C 42
– Frist C 41
– kollektive Ausübung C 45
– Rechtsmißbrauch C 44
– bei Spaltung B 317
– Unterrichtung der Arbeitnehmer C 41
– Verlust C 44
– Wahlrecht C 42
– Weiterbeschäftigungsmöglichkeit C 53
– Zeitpunkt C 41
Wilder Streik C 145
Wirtschaftliche Angelegenheiten C 66
Wirtschaftsausschuß
– Beratung C 65
– Umfang der Unterrichtung C 67
– Unterrichtung C 65
– Zeitpunkt der Unterrichtung C 67

Zertifizierung G 264, G 298, G 317, G 340
Zertifizierungs-Audit G 303, G 305
Zertifizierungsstelle G 264, G 302, G 308 ff.
Ziel der Neuordnung D 27
– Einführung von betrieblicher Altersversorgung D 28
– Verbesserungen D 29
– Verschlechterungen D 32
– Wechsel des Durchführungsweges D 30
– wertneutrale Änderungen D 20
Zusagenpraxis des BKartA in der Fusionskontrolle F 119
Zusammenschlußbegriff
– der deutschen Fusionskontrolle F 55
– der europäischen Fusionskontrolle F 9
Zusammenschlußfiktion F 74
Zustandsstörer G 418, G 452 ff.
Zuverlässigkeit G 69, G 96, G 108, G 120, G 129, G 134, G 143, G 153, G 164, G 172
Zwischenbilanz B 265

Bickmann/Schad

Integratives Management
Das Ende des Thomas-Prinzips

Von Roland Bickmann und Marcus Schad

1995. IX, 222 Seiten. Gebunden ca. DM 58.–
ISBN 3 406 39030 7   erscheint im März 1995

Nicht nur Zahlen
In vielen Unternehmen hat die Entwicklung in den letzten Jahren dazu geführt, daß immer stärker verfeinerte Controlling-Konzepte den Blick auf betriebswirtschaftliche Erfolgsgrößen verengt haben. Daß Unternehmen auch „Sozialsysteme" mit einer eigenen Kultur sind, gerät dabei in den Hintergrund. Für einen nachhaltigen Unternehmenserfolg gilt es jedoch, beide Sichtweisen zu vereinen.

Lean über alles?
Anhand zahlreicher praktischer Beispiele sowie eigener empirischer Erkenntnisse werden die Modevokabeln unserer Tage – von Lean über Business Reengineering und Total Quality Management (TQM) bis ISO 9000 – kritisch und lebhaft kommentiert.

Die neue Sicht
Dieses Buch zeigt, wie die geforderte Synthese des „Unternehmens als Zahlenwerk" mit der Unternehmenskultur vollzogen werden kann. Dabei wird mit Blick auf den durch die Multimedia-Techniken bevorstehenden Wandel in Wirtschaft und Gesellschaft die Zwangsläufigkeit einer neuen Sicht des Unternehmens verdeutlicht.

Die Integrationsebenen
Kern des Buches sind in langjähriger Beratungspraxis entwickelte, z.T. neuartige „Bausteine der Unternehmenskultur" (tools), die es dem Manager ermöglichen, aufgrund konkreter Handlungsweisungen sowohl die Integrationsebene der Mitarbeiter als auch die der neuen Unternehmenssicht zu vernetzen.

Verlag C. H. Beck · 80791 München

Dahlems (Hrsg.)

Handbuch des Führungskräfte-Managements

Herausgegeben von Dr. Rolf Dahlems, Geschäftsführender Gesellschafter, Ward Howell International Unternehmensberatung, Düsseldorf

1994. XIV, 712 Seiten. Gebunden DM 168,–
ISBN 3 406 37636 3

Die Verschärfung des Wettbewerbs in Europa und auf anderen Schlüsselmärkten, die zunehmende Risikobehaftung von Entscheidungen und die – nicht nur von den Mitarbeitern betriebene – Einforderung von Führungsqualitäten zeichnen ein neues Anforderungsprofil des Managers in Wirtschaft und Verwaltung. Dies gilt sowohl für Vorstände und Geschäftsführer als auch für Abteilungsleiter, für Leitende Ingenieure ebenso wie für Product Manager, für Spitzenbeamte wie für Gewerkschaftsmanager.

Was kennzeichnet heutzutage eine Führungskraft? Wie wird und bleibt man eine solche? Welche Aufgaben hat sie und welchen Einfluß übt sie aus? Wie beendet ein Manager seine Karriere? Antworten hierauf und auf eine Vielzahl weiterer Management-Fragen gibt dieses neue Kompendium:

- **Führung und Führungskräfte** (Definition in Gesetz und Praxis, Aufgaben, Führung in Wirtschaft und Militär, Unternehmenskultur und Leitbilder, Führungsnachwuchs)
- **Akquisition** (Trainee-Programme, Personalberatung, Vermittlung durch die Bundesanstalt für Arbeit)
- **Karriere** (Karriereschritte, Beurteilungsmethoden und -systeme, Training, Betreuung, Coaching und Mentoring, Frauen im Management)
- **Vergütung und Versorgung** (Entgeltfindung, flexible und individuelle Vergütungssysteme, Vertragsformen und -inhalte)
- **Pensionierung und Freisetzung** (Firmenpensionsmodelle, Outplacement, Abfindung, Vorbereitung auf den Ruhestand)
- **Internationale Aspekte** (internationales Führungskräfte-Management, Führungskräftepolitik in internationalen Konzernen, Auslandsentsendung und -vergütung)
- **Interessenvertretung** (Führungskräfte im Aufsichtsrat, Interessenvertretungen von Führungskräften)
- **Führungskräfte und Unternehmensentwicklung** (Moral und Macht, Know-how-Schutz vor Wirtschaftsspionage, Umweltmanager, Wertewandel und Organisationsentwicklung, der Manager von morgen)

Verlag C. H. Beck · 80791 München